Deutsche Literaturgeschichte

Von den Anfängen bis zur Gegenwart

Von
Wolfgang Beutin, Matthias Beilein, Klaus Ehlert,
Wolfgang Emmerich, Christine Kanz, Bernd Lutz,
Volker Meid, Michael Opitz, Carola Opitz-Wiemers,
Ralf Schnell, Peter Stein und Inge Stephan

Achte, aktualisierte und erweiterte Auflage

Mit 555 Abbildungen

Verlag J.B. Metzler
Stuttgart · Weimar

Gedruckt auf chlorfrei gebleichtem, säurefreiem und alterungsbeständigem
Papier

Bibliografische Information der Deutschen Nationalbibliothek
Die Deutsche Nationalbibliothek verzeichnet diese Publikation in der Deutschen
Nationalbibliografie; detaillierte bibliografische Daten sind im Internet
über < http://dnb.d-nb.de > abrufbar.

ISBN 978-3-476-02453-4

© 2013 J.B. Metzlersche Verlagsbuchhandlung
und Carl Ernst Poeschel Verlag GmbH in Stuttgart
www.metzlerverlag.de
info@metzlerverlag.de

Einbandgestaltung: Willy Löffelhardt
Satz: typopoint GbR, Ostfildern
Druck und Bindung: CPI – Ebner & Spiegel GmbH, Ulm

Printed in Germany
Juli 2013

Verlag J.B. Metzler Stuttgart · Weimar

Inhaltsverzeichnis

Vorwort zur achten Auflage

Es ist zu berichten, was sich verändert hat. Der gesamte Text einschließlich der Bibliographien wurde kritisch durchgesehen. Kleine sachliche Veränderungen und Korrekturen wurden stillschweigend vorgenommen, ohne dass dies hier im Einzelnen angezeigt und begründet werden kann. Das Unterkapitel »Der Literaturbetrieb« zu »Die Literatur der Bundesrepublik« wurde aufgrund der auf vielen Ebenen immer deutlicher zutage tretenden Konsequenzen des technologischen Wandels von Matthias Beilein (Universität Tübingen) vollkommen neu verfasst. Das abschließende Kapitel »Tendenzen in der deutschsprachigen Gegenwartsliteratur seit 1989« wurde von Michael Opitz und Carola Opitz-Wiemers – mit Ausnahme des Sonderfalls Theater – bis in unsere Tage fortgeschrieben und, wo nötig, ergänzt. Ein kurzer Epilog von Bernd Lutz bildet einen notwendigen und zu beherzigenden Schlusspunkt unserer Darstellung der nahezu 14 Jahrhunderte umfassenden Geschichte der deutschsprachigen Literatur.

Mai 2013

Vorwort zur siebten Auflage

Die Autorinnen und Autoren haben diese Neuauflage durchgesehen und, wo nötig, stillschweigend verbessert. Die Literaturangaben wurden aktualisiert und erweitert. Im Kapitel »Die Literatur der Bundesrepublik« ist der Abschnitt »Die Neue Frankfurter Schule« (S. 645–648) hinzugekommen. Verändert und wesentlich erweitert wurde das Kapitel »Tendenzen der deutschsprachigen Gegenwartsliteratur seit 1989«, das bis in die unmittelbare Gegenwart fortgeführt wurde.

Dieses Kapitel sah sich vor eine Reihe von Schwierigkeiten gestellt, die im Rahmen einer einbändigen Literaturgeschichte nicht lösbar sind. Zum einen wirken die Instanzen der Literaturvermittlung wie Verlage und Literaturkritik, öffentliche Lesungen aus Erstveröffentlichungen oder Neuerscheinungen, Buchbesprechungen, Preis- oder Stipendienverleihungen auf unser Bild des literarischen Lebens ein. Verkünder finden sich allerorten, die mit hohen Prädikaten um sich werfen und in einer unübersehbaren Vielfalt und Fülle dessen, was heute den Namen »Literatur« für sich beansprucht, mehr Verwirrung als Klarheit schaffen. Zum anderen, und das ist recht so, hat sich der Literaturleser als Zeitgenosse und hoch engagierter Experte längst sein eigenes Bild der Gegenwartsliteratur gemacht, die seine persönlichen Vorlieben und Abneigungen spiegeln. Wenn er sich gelegentlich wundert, dass ausgerechnet sein ›Lieblingsautor‹ hier nur am Rande mitgeführt wird, so signalisiert diese Differenz, dass die Verfasserinnen und Verfasser der vorliegenden Literaturgeschichte bei der Qual der Wahl auch nur eine Auswahl vornehmen konnten.

Die »Deutsche Literaturgeschichte« legt zwar ihren Schwerpunkt deutlich auf die deutschsprachige Literatur seit 1945, sie spricht aber ebenso emphatisch von der Literatur der Vergangenheit und versucht, ihre seit dem Mittelalter lebendigen und gegenwärtigen Momente bewusst zu machen. Diesem Ansatz ist sie seit ihrer ersten Auflage verpflichtet und hat damit ihrerseits Schule gemacht.

Mai 2008

Mittelalterliche Literatur

Europa und ›Deutschland‹ im Mittelalter – skizzenhaft

Begrifflich, historisch, geographisch und politisch sind Vorbemerkungen notwendig, um nicht den Eindruck zu erwecken, mit der Geschichte der deutschsprachigen Literatur beginne auch die universale Weltgeschichte, sei diese mit jener gar gleichzusetzen. Die Weltgeschichte ist längst tätig und wirksam, manifestiert sich seit Jahrtausenden in mesopotamischen, ägyptischen, aztekischen, indianischen, orientalischen, afrikanischen, griechischen, römischen Kulturformationen und vielen anderen mehr. Was sie eint: Sie haben ihre einstige Bedeutung verloren und sind längst Gegenstand des mythisch-historischen Gedächtnisses geworden. Zuletzt haben die Römer das Kernland Europa besetzt gehalten und bis heute vielfach sichtbare Zeugnisse ihrer Anwesenheit hinterlassen; nun – im ›Mittelalter‹, von dem zu berichten ist – waren es die muslimischen Araber, die Nordafrika und das halbe Spanien okkupiert hatten. Sie bringen nicht nur ihre reichhaltige Kultur, ihre Religion, ihre Architektur, ihre Musik, ihre Literatur mit, sondern auch weit gefächerte wissenschaftliche Kenntnisse, die als lateinische Übersetzungen von Toledo oder Salamanca aus in allen wissbegierigen europäischen Ländern, auch in fränkische, alemannische, bairische Dialektsprache übersetzt und handschriftlich verbreitet werden. Dennoch gilt: Dieses ›Germanien‹ – die Bezeichnung der einstigen römischen Provinz – ist zu Beginn des Mittelalters in seiner politischen und kulturellen Entwicklung vergleichsweise weit zurück und befindet sich auf dem Niveau von heidnischen Stammesfürstentümern. Dieses Germanien ist – einem konservativen Prädikat nach – noch nicht in die Geschichte des zukünftigen »Heiligen Römischen Reichs« eingetreten. Dieses setzt als bestimmende politisch-kulturelle Großformation, als Nachfolge des antiken »Römischen Reichs« und im Gegensatz zum oströmischen »Byzantinischen Reich« unter Karl dem Großen ein und wird in zahlreichen Auseinandersetzungen der kirchlichen (*sacerdotium*), der weltlichen (*imperium*), der territorialen Mächte und des Kaisertums im Verlauf des 15. und 16. Jahrhunderts zu einer auf das deutsche Reichsvolk bezogenen imperialen Institution, die schließlich 1806 im Kampf gegen den französischen Kaiser Napoléon, den selbst ernannten Neuordner Europas, als »Heiliges Römisches Reich deutscher Nation« zerbricht.

Begrifflich unterscheiden die ersten europäischen – niederländischen – Humanisten des 14. und 15. Jahrhunderts die Antike, das Mittelalter und ihre gegenwärtige Neuzeit im Bezug auf Literatur, Philosophie und Sprache. Im Hinblick auf

Der Begriff Europa

Dem thronenden Kaiser nähern sich, barfuß und demütig, die Personifikationen der vier Provinzen des Reiches: Sclavinia, Germania, Gallia und Roma (Reichenau, um 1000).

die Weltgeschichte bleibt es bei der traditionellen Trennung von jüdisch-heidnischem Altertum und neuzeitlichem, christlichem Erlösungshorizont, der offen ist. Verändert wird diese Balance, als das osmanische und das russische Reich, muslimische und griechisch-orthodoxe Tendenzen auf den Plan treten und den römisch-katholisch geprägten Begriff vom mittelalterlichen und in Folge frühneuzeitlichem christlichem ›Abendland‹ an den Rand zu drängen drohen. Es ist kein Zufall, dass der katholische Erzbischof von Canterbury, Anselm, mit seinem ontologischen Gottesbeweis nachweist, dass über Gott – den seinen – hinaus nichts Größeres gedacht werden kann (*aliquid quo nihil maius cogitari possit*), Gott infolge dessen existiert und damit die katholische Kirche in allen menschlichen Belangen legitimierter Vormund der gesamten Menschheit ist. Dieser Anspruch ist Ausdruck eines geistigen Machtkampfs, welcher der territorialen und politischen Expansion der katholischen Kirche gleichrangig zur Seite zu stellen ist. An einem von ihr garantierten Status der Erlösung des Menschengeschlechts von der Erbsünde und der Hinführung der Menschheit auf ein kommendes Gottesreich sei also grundsätzlich nicht zu rütteln, sondern es sei nur eine Frage der Zeit und des bedingungslosen Glaubens an die katholische Allmacht.

Europa als Ort   Räumlich fußt das Mittelalter nur zum Teil auf dem Schauplatz der griechischen und römischen Antike. Geographisch sind dies die Länder der Königreiche England, Irland, Schottland, Wales, Frankreich, Kastilien, Portugal, Aragonien,

Polen, Ungarn, Thessalonike, das römische (fränkische) Reich mit den deutschen
Ländern in der Mitte, die russischen Fürstentümer, das Reich der islamischen
Almoraviden (bis nach Spanien reichend), das Reich der Fatimiden (Nordafrika)
und das byzantinische Reich Rum (mit Damaskus und Jerusalem). Nach Norden
und Westen offen, gilt das Mittelmeer südlich als Grenze gegenüber den in Spanien eingedrungenen Arabern. Die zugehörige politische Formation des Mittelalters ist die des dynastischen Feudalismus.

In seinen zeitlichen Grenzen bewegt sich das Mittelalter zwischen der konstan-
tinischen Wende 313, der Zeit der Völkerwanderung, der christlichen Missions-
bewegung, den eindrucksvollen profanen und sakralen Bauwerken der Romanik
und Gotik, der Entstehung eines ständisch organisierten Stadtbürgertums, der
bis heute sichtbaren Stadtentwicklung selbst und dem Thesenanschlag Martin
Luthers 1517 und der Entdeckung Amerikas 1492 als äußerlichen historischen
Daten. Andere Betrachtungen sind möglich. Politisch die frühmodern prosperierende, weltoffene, dem Fernhandel zugewandte Stadtrepublik Venedig als früh-
neuzeitlicher Ausgangspunkt, ideengeschichtlich die volksfrömmige Wirkung
des heiligen Franz von Assisi (Befreiung der gläubigen Seele aus den Fesseln der
katholischen Kirche, Wendung zu einem eher der Neuzeit entsprechenden natürlichen Verhältnis von Mensch, Gott und Natur), literaturgeschichtlich des zum
poeta laureatus gekrönten Dichterfürsten Francesco Petrarca (dennoch: Bestei-
gung des Mont Ventoux am 26. April 1336 als Befreiung von höfischer Etikette,
ein äußerliches Datum sich manifestierender neuzeitlicher Subjektivität, der einsetzenden Renaissance in Italien), theatergeschichtlich der Aufbruch des modernen Gewissens (*Hamlet*) im dramatischen Werk William Shakespeares, einem
Werk des unsicheren Übergangs aus feudalistischen Mustern, die kunstgeschicht-
liche Interpretation des Malers Giotto di Bondone oder die architekturgeschicht-
liche des Castel del Monte legen frühere Daten für das Ende des Mittelalters – um
1400 – nahe.

Grenzerfahrungen im modernen Sinn wurden in diesem auf Freizügigkeit angelegten Europa nicht gemacht. Wahrnehmbare Grenzen, Erfahrungen des Fremden, Neuen und Ungewohnten in der Hauptsache, entstanden im Inneren der
Länder und Regionen, bildeten Lebens- und Sprachgewohnheiten, das Alltägliche, Ess- und Trinkgewohnheiten, der spürbare Geruch der Lebensmittel, der
Vorräte an – kostbarem – Geräuchertem, Geselchtem, Rüben, Gemüse oder Ge-
würzen, einem an den Jahreszeiten, dem christlichen Kalender orientierten Angebot von Lebensmitteln, die Architektur der Verkehrswege zu Wasser und zu
Lande (Handelswege, Pilgerrouten z.B.), die Städte und Straßen, die Lebhaftig-
keit der Plätze und Häuser, die ortsüblichen Bettler, die Lahmen, Verkrüppelten
und Siechen, Fleckfiebrigen, Räudigen, Elefantösen, Gichtigen, Pestkranken
(Krankheitsbilder, die sich nicht versteckten, sondern zum selbstverständlichen,
zum panischen Alltag gehörten), die Kleidung, die Mode, der alltägliche Markt
und dessen Lärm, der persönliche, lebhaft-beredte Umgang miteinander, eine nie
versiegende Quelle des Witzes, des Anekdotischen, der Novellistik. Wer im Mittelalter provenzalisch, aragonisch, rheinfränkisch, bairisch oder niederdeutsch
sprach, äußerte sich auf regionalem Hintergrund, sprach ›fremd‹ und war
schlecht verständlich. Wer aus dem alemannischen Sprachgebiet an den Niederrhein oder ins Bayerische kam, löste mit seinem angeborenen Dialekt, seiner
›Zunge‹, einen Grad von Befremdung aus, der trotz der weitgehenden schrift-
sprachlichen Nivellierung der Dialekte bis heute anhält. Eine assimilierende neuhochdeutsche Schriftsprache, die auch Alltagssprache war, existierte als grundle-

*Europa im Mittelalter –
zeitlich*

*Grenzerfahrungen,
Erfahrungen des Fremden*

gendes Verständigungsmittel bis in das 16. Jahrhundert hinein nicht – trotz des Fränkisch-Alemannischen, das sich um 1170 als Literatursprache nur sehr vorsichtig herauswagt. Repräsentativer, normierender Ausdruck jedenfalls ist dieser Mischdialekt nicht geworden. Universalsprache, die europaweit verstanden wurde, war das Mittellateinische. Wer aber, außer der dünnen Schicht der städtischen und der geistlichen Gelehrten, die überdies das Privileg erworben hatten, lesen und schreiben zu können, beherrschte dieses Idiom schon? Nicht einmal die Spitzen der politischen und administrativen Nomenklatur, die überwiegend zu den Analphabeten zu rechnen waren. Man ist also gut beraten, wenn man bei Betrachtung des Mittelalters trotz der übergreifenden Konstrukte religiöser und politischer Natur den Regionalismen aller Schattierungen verstärkte Aufmerksamkeit widmet.

Jüdisches Gedächtnis, jüdisches Leiden

Doch nicht nur diesen. Grenzerfahrung, Erfahrung der Andersartigkeit, des Fremden weist auch auf die jüdische Bevölkerung hin, die im gesamten mittelalterlichen Europa in zahllosen Ghetto-Gemeinden anzutreffen war und ihr Handelsleben, ihr kultisch-religiöses Leben mehr geduldet als geachtet, ja sichtbar ausgegrenzt und stets gefährdet, in Toledo, Rom oder Köln entfaltete (vgl. den »Geldjuden« und dessen Schicksal bei William Shakespeare: *The Merchant of Venice*). Zurückliegende, weit ausgreifende historische Darstellungen wie die von Franz Delitzsch, *Zur Geschichte der jüdischen Poesie* (1836) und Abraham Berliner, *Aus dem inneren Leben der deutschen Juden im Mittelalter* (1871), belegen den hohen Rang der rabbinischen Gelehrten in literarischer und gesellschaftlicher Hinsicht. Franz Delitzsch bezeichnete die beiden Jahrhunderte zwischen 940 und 1140 geradezu als goldenes und silbernes Zeitalter jüdischer Dichtkunst. Unübersehbar ist auch die Rolle, welche die mittelalterlichen Juden in ganz Europa bei der islamischen Vermittlung griechisch-römischer Kultur mit dem christlichen Okzident gespielt haben (Moritz Steinschneider, *Die hebräischen Übersetzungen des Mittelalters und die Juden als Dolmetscher*, 1893). Defizite der gegenwärtigen Mittelalterwissenschaft sind hier, trotz einer spürbaren Zunahme der jüdischen Studien in den letzten Jahren, generell anzumelden.

Charlemagne

Karl der Große ist als erster mittelalterlicher Kaiser im Jahr 800 in Rom vom Papst zum Kaiser des »Heiligen Römischen Reiches« gekrönt worden. Karl ist die machtpolitisch strahlendste Gestalt seiner Zeit. In lang andauernden militärischen Kämpfen – u. a. gegen das islamische Spanien (Rückzugsgefecht gegen feindliche Basken bei Roncevalles, vgl. das *Rolandslied*) – setzte er sich gegen die Sachsen, die Bayern, die Avaren durch, um sie seiner fränkischen Vorherrschaft zu unterwerfen. Damit verbunden war eine gewaltige territoriale Expansion im Süden, Südwesten und Osten Europas, mit der Karl sein Territorium neben dem Kalifat von Bagdad, neben Byzanz zum alles beherrschenden Zentrum ausbaute (»der Vater Europas«, dessen Idee sich heute in der jährlichen Verleihung des Karlspreises in Aachen spiegelt). Die Vision eines christlich geeinten Europa schien im Frankenreich Karls des Großen äußerlich sichtbare Gestalt anzunehmen. Auch nach innen: durch die Stärkung der Reichsaristokratie, die Stärkung der zentralen Rechtshoheit, die durch Königsboten – mit allen notwendigen Kompetenzen ausgestattete Reichs- bzw. Kaiser-Missare – überwacht wurde, die Stärkung der mit zahlreichen Schenkungen und Privilegien bedachten katholischen Kirche als innenpolitischem Ordnungsfaktor, einhergehend mit einer umfassenden Bildungsreform, deren Ziele er mit einer Hofschule lenkte, an der er hochrangige Gelehrte wie Alkuin versammelte. Von ihr ausgehend haben christliche Frömmigkeitsbewegung, geistliche Gelehrsamkeit, eine heute nicht mehr vertraute Geschichtsschreibung aus dem Geist der christlichen Endzeiterwartung und Erlösung aus dem irdischen ›Jammertal‹, Kunst und Literatur richtungweisende, neuartige Impulse empfangen. Dies nicht nur für den fränkischen, sondern auch für den germanischen Reichsteil, als dessen Kaiser beider Reiche er regierte.

Das zunächst schwäbische Herzogtum mit geistlichem Zentrum im Kloster Lorch entwickelte sich in einer komplizierten Geschichte seit dem 9. Jahrhundert durch Heirat und Vererbung bis zur Königswürde (König Philipp von Schwaben), die nicht nur auf Frankreich (Burgund), sondern auch – programmatisch im Sinn einer transregionalen christlichen Heilserwartung – auf Süditalien (Sizilien, später auch Sardinien) übergriff. Wendungen kündigen sich mit der Kaiserwürde Friedrichs II. (Kaiserkrönung 1220) an; teils durch Heirat, Tod der Söhne und Töchter, wurde er unbestrittener Erbe weit gestreuter Territorien, auch des Königreichs beider Sizilien. Bemerkenswert ist seine bereits zu Lebzeiten festgestellte, heute als abenteuerlich erscheinende Interpretation durch den zeitgenössischen Historiker Gottfried von Viterbo: Demnach sei Friedrich Barbarossa das letzte Glied einer auf das Stadtkönigtum Sparta zurückreichenden »Kaiserkette«, mit dem das unmittelbare »Weltende« (in der neutestamentarischen Apokalypse des Johannes 20, 1–7 verkündet) nun bevorstehe. Erst in jüngster Zeit ist der Blick auf das troianische Erbe der Antike und des Mittelalters in den Kaisergenealogien gelenkt worden. Der aus dem endlich nach langjähriger Belagerung durch die Spartaner zerstörten kleinasiatischen Troia flüchtende König Aeneas – in der Überlieferung der *Aeneis* des römischen Dichters Vergil – war nicht nur dynastischer Gründer Roms und damit innerantik-mythischer Ausgangspunkt der Kaisergenealogien des Römischen Reichs, er reichte bis in die Legitimationsstrategien des mittelalterlichen Kaisertums hinein. Als solcher Kaiser stammte man in direkter Linie von Aeneas ab – so die Franken, die Briten, die Habsburger, die Staufer usw.; mithin galt die *Aeneis* des Vergil (wie Ovid und Statius kanonischer und damit weit bekannter Schulautor) neben der Bibel als wichtigster pseudohistorischer Text für das mittelalterliche Selbstverständnis und wurde zahlreich übersetzt und verbreitet. Der Stauferkönig Friedrich II. schließlich war trotz aller zeitgenössischen heilsgewissen Beschwörungen aus dem Geist der katholischen Endzeittheologie ein tatkräftiger Befürworter der Reichseinigung und einer kompromissbereiten Versöhnung von weltlicher und geistlicher Macht, ihr Konfliktpotential stets vor Augen.

*Staufische
Reichspolitik*

Eine romantische Wiederentdeckung

Die deutsche Literatur des Mittelalters liegt nicht so überschaubar vor uns, wie dies für spätere Epochen gelten mag oder gilt. Vergegenwärtigen wir uns zum einen, dass sie von den frühesten Zeugnissen in der Mitte des 8. bis zu ihrem Ausklang im 15. Jahrhundert einen Zeitraum von etwa acht Jahrhunderten umfasst, eine längere Zeitspanne also, als die Literatur vom Frühhumanismus bis in die allerjüngste Moderne beansprucht. Die Überlieferung von Handschriftlichem erscheint zunächst als spärlich und zufällig; eine Schätzung des Umfangs der ein für alle Male untergegangenen und dem historischen Zugriff entschwundenen Literatur ist im Verhältnis zur erhaltenen nicht möglich. Im Unterschied zur deutschen Literatur – und dies gilt selbstverständlich auch für andere nationale Literaturen – seit dem 15. Jahrhundert, deren Ausmaß und Verhältnis wir dank der

*Was wissen wir von
den Anfängen?*

Glorifizierung der deutschen Vergangenheit: Heinrich der Löwe verteidigt Friedrich Barbarossa gegen die rebellierenden Römer (Gemälde von F. und J. Riepenhausen, 1825).

Weltgeschichte als Heilsgeschehen?

durch den Buchdruck gesteigerten Auflagenzahl und damit Bewahrungschance gut kennen, steht der Literatur der Frühzeit entgegen, dass sie ausschließlich mündlich tradiert wurde und selbst mit dem Aufkommen der schriftlichen Fixierung dem Liebhaber-Interesse späterer Generationen unterworfen war. Absichtsvolles Sammeln und authentisches Archivieren der mündlichen Tradition waren nicht üblich. Sehr viel stärker als in anderen Epochen sind wir bei der mittelalterlichen Literatur auf die mehr oder weniger geistreiche Rekonstruktion der vermutlichen Literaturverhältnisse angewiesen. Diese über mehrere Jahrhunderte zu beschreibende Literatur erweckt den Eindruck, als habe sie sich zunächst nur »spärlich gerührt« und erst »allmählich entfaltet«. Ursache für diesen Eindruck ist unsere schriftliche Kultur, der zufolge wir Literatur unmittelbar mit der schriftlichen bzw. gedruckten Fixierung als Handschrift, Codex oder Buch gleichsetzen. Über die Form und Funktion mündlich vorgetragener und weitervererbter Stammes- und Gemeinschaftsliteratur in der Vor- und Frühgeschichte fast aller Völker sind einigermaßen umfassende Aussagen kaum realistisch.

Mangelndes Tatsachenwissen ist also ein wichtiger Grund, weshalb wir uns bei der Einschätzung der mittelalterlichen Literatur, insbesondere der heidnischen, selten schriftlichen Frühzeit auf unsicherem Boden bewegen. Entscheidender noch für unsere Auffassung vom Mittelalter und dessen Literatur ist – nach philologischen Ansätzen im Humanismus, nach den editorischen Bemühungen von Bodmer und Breitinger um die Heidelberger Liederhandschrift und das *Nibelungenlied* in der Mitte des 18. Jahrhunderts – ihre Wiederentdeckung durch die deutsche Romantik; trotz allem der Zeit möglichen philologischem Ernst wurde sie ihrer Bedeutung nach übertrieben und utopisch aufgeladen – in der romantischen Kunstprogrammatik um 1800 sichtbar durch die Polarisierung von klassisch-endlichem Formwillen, repräsentiert durch die dem damaligen Sprachgebrauch nach »heidnisch-jüdische« Antike, und romantisch-unendlicher Progression, der das heilsgeschichtlich orientierte christliche Mittelalter nach Ansicht der Romantiker zuzuordnen war. Diese Wiederentdeckung des Mittelalters erfolgte zu einem Zeitpunkt, als sich im Zug der rationalistischen Aufklärungskritik eine reflexive Geschichtsauffassung bildete, die sich nicht mehr mit den Tatsachen allein, sondern auch mit deren fortschrittlich-rückschrittlicher universalgeschichtlicher Deutung befasste. Schockierende Ernüchterungen durch die Leiden unter den Napoleonischen Kriegen mögen dazu beigetragen haben. Jenseits der traditionellen christlichen Geschichtsteleologie, die durchgängig Weltgeschichte als Heilsgeschehen verstanden hat, wurde das romantische Mittelalterbild Ausgangspunkt der nationalpädagogischen Sammlungsbewegung des 19. Jahrhunderts. Dem ordnete sich mühelos die reaktionär anmutende Aufwertung des »abendländischen Katholizismus« unter, und in der Tat hat die romantische Generation der Künstler und Literaten zahlreiche religiöse »Kunst«-Konversionen aus diesem geschichtsphilosophischen Grund zu verzeichnen. Novalis ging in seinem Roman *Heinrich von Ofterdingen* (1802 erschienen) so weit, den Protestantismus der »Insurgenz« zu bezichtigen und damit hinter den Kampf um »alten« und »neuen« Glauben während der durch Martin Luther 1517 ausgelösten Reformationskämpfe zurückzugreifen.

Schon der romantische Begriff ›Mittelalter‹ ist für heutige philologisch-historische Begriffe unscharf. Er umfasste die frühgeschichtliche Zeit bis hin zu Albrecht Dürer, und erst das Zeitalter der Herausbildung der neuzeitlichen Subjektivität durfte den Anspruch der Moderne stellen. Die romantisierenden Zeitgenossen, allen voran Ludwig Tieck, Heinrich Wackenroder, die Brüder Schlegel und Novalis sahen im Mittelalter eine heilsgeschichtlich ausgesöhnte Epoche, die durch ihre klare ständisch-hierarchische Gesellschaftsstruktur, durch den Primat von christlicher Religiosität als *dem* Verständigungsmedium über das Verhältnis von Gott, Mensch und Welt und durch die scheinbar stabilen Verhältnisse des staufischen Reichs nach innen und nach außen ein glänzendes, geschichtsloses Gegenbild zu dem vom Kampf gegen Napoléon, ersten Entfremdungserfahrungen (u. a. der gesellschaftlichen Ohnmacht von Kunst und Literatur), wirtschaftlicher und sozialer Depression und einer dezidierten Aufklärungskritik bestimmten Zeithintergrund zu Beginn des 19. Jahrhunderts bildete. Unter diesem Eindruck stand Friedrich Schlegels Votum: »Der revolutionäre Wunsch, das Reich Gottes zu realisieren, ist der elastische Punkt der progressiven Bildung und der Anfang der modernen Geschichte.« Ähnlich lässt sich Novalis in seinem programmatischen Buch *Die Christenheit oder Europa* (1799) vernehmen: »Es waren schöne glänzende Zeiten, wo Europa ein christliches Land War, wo Eine Christenheit diesen menschlich gestalteten Weltteil bewohnte; Ein großes gemeinschaftliches Interesse verband die entlegensten Provinzen dieses weiten geistlichen Reichs. Ohne große weltliche Besitztümer lenkte und vereinigte Ein Oberhaupt die großen politischen Kräfte. Eine zahlreiche Zunft, zu der jedermann den Zutritt hatte, stand unmittelbar unter demselben und vollführte seine Winke und strebte mit Eifer seine wohltätige Macht zu befestigen, jedes Glied dieser Gesellschaft wurde allenthalben geehrt, und wenn die gemeinen Leute Trost oder Hülfe, Schutz oder Rat bei ihm suchten und gerne dafür seine mannigfaltigen Bedürfnisse reichlich versorgten, so fand es auch bei den Mächtigeren Schutz, Ansehn und Gehör, und alle pflegten diese auserwählten, mit wunderbaren Kräften ausgerüsteten Männer wie Kinder des Himmels, deren Gegenwart und Zuneigung mannigfachen Segen verbreitete. Kindliches Zutrauen knüpfte die Menschen an ihre Verkündigungen. Wie heiter konnte jedermann sein irdisches Tagewerk vollbringen, da ihm durch diese heiligen Menschen eine sichere Zukunft bereitet und jeder Fehltritt durch sie vergeben, jede mißfarbige Stelle des Lebens durch sie ausgelöscht und geklärt wurde. Sie waren die erfahrnen Steuerleute auf dem großen unbekannten Meere, in deren Obhut man alle Stürme geringschätzen und zuversicht-

Der romantische Begriff ›Mittelalter‹

lich auf eine sichre Gelangung und Landung an der Küste der eigentlichen vaterländischen Welt rechnen durfte.«

In solchem kunsttheoretischen wie geschichtsphilosophischen Programm meldet sich die Wiederentdeckung des Mittelalters, dessen Aktualisierung als Gegenbild zum modernen Unbehagen, als rückwärts gewandte Utopie an. Die frühe Germanistik als neue wissenschaftliche Disziplin, vertreten durch die Brüder Grimm, durch Karl Lachmann, Moriz Haupt u. a. m., war der rationalistische Ausdruck dieser Sehnsucht. War diese Germanistik im Kontext der Aufdeckung der Geschichte der deutschen Nationalliteratur und der Geschichte der deutschen Sprache zunächst an einem emphatischen Volksbegriff orientiert und schien Gelehrten wie Jakob Grimm die Verbindung von Germanistik und Geschichtswissenschaft als selbstverständlich – zum politischen Fall sollte sie werden, als das geschichtsphilosophische Modell durch Nationalliberale wie Adam Müller und den auf dem Berliner Marsfeld mit Studenten den freiheitskriegerischen, antinapoleonischen Sinn seiner Subjekt-Philosophie exerzierenden Philosophen Johann Gottlieb Fichte zweckgemäß auf die preußische Vorherrschaft in Deutschland zugespitzt wurde. Demnach bildete das deutsche Volk nunmehr als mythische Kategorie den irrationalen Faktor der nationalen, nach der Niederlage Napoléons 1815, der Burschenschaftsbewegung und dem Wartburgfest von 1819 inkriminierten und vom Deutschen Bund verfolgten deutschnationalen Sammlungsbewegung. Militante Kategorien wie »Frankreich, Deutschlands Erbfeind« resultieren aus dieser Auffassung und haben die tatsächliche Entwicklung wie die Ideologiegeschichte Deutschlands bis in den Ersten und den – auf Revanche sinnenden – Zweiten Weltkrieg hinein bestimmt. Für diese Kontinuität spricht nicht nur – nach dem militärischen Sieg über Frankreich 1870/71 – das auf deutsche »Wesentlichkeit« ausgerichtete Mittelalterbild der Romantik, sondern vor allem der Reichspropagandakitsch der Gründerzeit, sprechen Richard Wagner und Bayreuth ebenso wie die deutschnationalen bis nationalsozialistischen Vereinnahmungen der »heroischen« Vorzeit des deutschen Volkes (deutscher »Geistesstrom« in der Wertkette um 1934: Germanen, Nibelungenlied, Gotik, Martin Luther, deutscher Idealismus, Richard Wagner, Friedrich Nietzsche, Nationalsozialismus, Adolf Hitler – so in auflagenstarken Berufsschulbüchern der 1930er Jahre).

In diesem nationalistischen Kontext der philologischen Erforschung und ideologischen Wertung des deutschen Mittelalters nimmt es nicht wunder, dass erst am Ende des Zweiten Weltkriegs eine gültige gemeineuropäische Perspektive des Mittelalters entwickelt werden konnte. Ernst Robert Curtius hat in seinem Epoche machenden Buch *Europäische Literatur und lateinisches Mittelalter* (1948), oft in hartnäckiger Auseinandersetzung mit einem der wichtigsten, noch der nationalliberalen Germanistik des 19. Jahrhunderts verhafteten Mediävisten, Gustav Ehrismann, die gemeineuropäische Verflechtung der mittelalterlichen Literaturen vor Augen geführt. Die angelsächsische, die deutsche, die französische, die italienische, die spanische Literatur des Mittelalters hängen eng miteinander zusammen und beeinflussen sich, wechselweise tonangebend, gegenseitig; sie fußen gemeinsam auf der lateinischen und griechischen Antike, ein Einwirken islamisch-arabischer Kulturideale und Dichtungsformen ist – in der kulturkämpferischen Auseinandersetzung mit anderen Religionen, nicht zuletzt dem Judentum – unübersehbar. Es hat im Sinne der Romantiker und ihrer philologischen, universitären Sachwalter eine autochthone deutsche Entwicklung nie gegeben, sie entsprang geschichtsphilosophischem Wunschdenken. Diese Erkenntnis hat

Gegenbild des Unbehagens an der Moderne nach 1800

Tristan im Dienst der völkisch-nationalen Erneuerung

Ernst Robert Curtius, Philologe von europäischem Format

Ernst Robert Curtius auch auf die philologische Praxis zu übertragen gesucht: »Im 20. Jahrhundert hat man vielfach der Altertumswissenschaft das wertsetzende Beiwort ›klassisch‹ entzogen, aber sie selbst ist dem Vermächtnis ihrer Gründer treu geblieben. Diese universale, Philologie und Geschichte vereinende Auffassung der Antike ist ein schönes Vorrecht der deutschen Altertumsforschung geblieben und hat reiche Frucht getragen. Von der Erforschung des Mittelalters kann das Gleiche leider nicht gesagt werden. Die Mittelalter-Forschung entstand im Zeichen der Romantik und hat die Spuren dieser Abkunft nie abgestreift. Altgermanisches Reckentum, Minnesang und Ritterzeiten – um sie wob die Romantik duftige Bilder. Die deutsche Erhebung von 1813 verschmolz sie mit dem nationalen Wollen einer neuen Jugend. Forscher, unter denen manche zugleich Dichter waren, stellten die Texte her und wirkten am Bilde deutscher Vergangenheit [...] Nur die Zusammenarbeit der verschiedenen Mittelalter-Wissenschaften kann das kulturhistorische Problem des höfischen und ritterlichen Ethos lösen, wenn es lösbar ist. Der mittelalterliche Philolog muß die mittelalterliche Geschichtswissenschaft danach abfragen, was sie über die mittelalterlichen Standesideale, ihre konkreten politischen, militärischen, wirtschaftlichen Bedingtheiten mitzuteilen weiß [...] Diese Andeutungen genügen vielleicht, um zu zeigen, daß wir eine neue Mittelalter-Wissenschaft auf breitester Grundlage brauchen.«

Am thesenhaften, theorielastigen Zugriff auf das Mittelalter wird sich grundsätzlich nichts ändern; er wird stets stärker ins Auge fallen als bei den folgenden Epochen. Aber der universalistische, auf das synkretistische Mittelalter Europas – Schmelztiegel heidnischer, arabisch-islamischer, jüdischer, christlicher, griechisch-orthodoxer Strömungen – konzentrierte Blick, dem Ernst Robert Curtius hartnäckig das Wort redet, erscheint heute, wenngleich nicht ganz einfach im Beschreibungsmodell »deutsche oder besser: deutsch-sprachige – als Möglichkeit einer transnationalen Verständigung – Literaturgeschichte« einzulösen, mehr denn je als angemessen, ja selbstverständlich. *Das Mittelalter, eine universalistische These*

Germanisch-heidnische Dichtung, Heldenlied

Die ersten bekannten Textzeugnisse auf germanischem Boden sind nur in ganz wenigen Beispielen, zudem in Überlieferungen späterer Zeit, erhalten. Sie sind volkssprachige Dialektdenkmäler, und damit kann – aufgrund der sprachgeographischen Analyse – der Ort oder der Sprachraum ihrer endgültigen Niederschrift lokalisiert werden. Diese frühesten Texte sind Zeugnisse heidnisch-germanischer Religiosität; die frühe, deutschnationale Germanistik hat sie als Sprachdenkmäler behandelt. Das feierlich gesprochene oder gesungene Wort war Begleiter magischer Rituale, in denen um Schutz und Beistand der Stammesgottheiten gebeten wurde. Opferverse, Orakelsprüche und Zauberformeln mögen sich angeschlossen haben, wie sie vor allem außerhalb des europäischen Kulturkreises bekannt geworden sind. Der gesamte Umkreis der alltäglichen Sorgen, Nöte und Hoffnungen einer politisch als Stamm, wirtschaftlich vorwiegend als Tausch-, Haus- und Agrargesellschaft – mit umfangreichen Handelsbeziehungen in alle Himmelrichtungen – verfaßten Gesellschaft wird in diese Textformen einzubeziehen sein. *Erste Textzeugnisse*

Aus heidnisch-germanischer Vorzeit stammen die beiden bekanntesten Zeugnisse, die *Merseburger Zaubersprüche*, die erst im 10. Jahrhundert (Kloster Fulda) schriftlich festgehalten worden sind. Während im ersten Spruch zauberkundige *Magischer Zauber*

Frauen die Fesseln von Gefangenen lösen sollen, setzt der zweite Spruch mit einem epischen Bericht ein, der in zwei Stabreimlangzeilen gefasst ist: Phol und Wodan reiten in den Wald, als sich ein Pferd das Bein verrenkt. Auf einer zweiten Sprechebene setzt nun der magische Heilungsversuch ein; er wird dreifach wiederholt, weil er die beiden ersten Male misslingt, und erst als Wodan in seiner Eigenschaft als Herr der Zauberkunst selbst beschworen wird, ist die Heilung des Pferdes in Aussicht. Dann folgen, auf einer dritten, imperativischen Sprechebene, die Krankheitsanrede und der Heilungsbefehl. Der klare Aufbau des zweiten *Merseburger Zauberspruchs,* der gleichgeordnete Wechsel der Sprechebenen, in denen magische Kräfte zu sehen sind, die Geschehnisse bewirken, weist ihn als aus germanischer Frühzeit stammend aus. Das Vertrauen in die Hilfsbereitschaft wie die Wirkungsmacht der germanischen Götterwelt ist ungebrochen und kommt selbstbewusst zum Vortrag. Andere bekannt gewordene Zeugnisse magischer Spruchdichtung sind nicht mehr so eindeutig und zum Teil in Sprechweise wie Beschwörungsformel christlich überlagert (Anbetung Jesu Christi und der Mutter Maria im *Lorscher Bienensegen*).

Völkerwanderung

Die Zeit der Völkerwanderung hat dieses magisch-natürliche Bewusstsein der germanischen Stämme verändert und erweitert. Ihre Begegnung mit den fremden und ihnen überlegenen Kulturen Spaniens, Italiens und Nordafrikas veränderte deren Selbstauffassung, weil jetzt das Kriegerische dominieren musste. Eine neue Heldendichtung war die natürliche Folge der oft jahrhundertelang andauernden Stammeskämpfe und Wanderbewegungen. Während der Zeit der Völkerwanderung entstanden mehrere Sagenkreise, so der *ostgotische* mit der Dietrichsage, der Hildebrandsage und dem Lied von der Rabenschlacht, der *alemannische* mit Walther und Hildegund, der *westgotische* mit der Hunnenschlachtsage, der *nordgermanische* mit den Sagen von Beowulf, Wieland dem Schmied, Hilde und Gudrun, und der *burgundische* mit der Sage von den Nibelungen. Diese Sagenkreise sind – nicht nur im Mittelalter – vielfältig bearbeitet und verändert worden und haben nicht selten ihre ursprüngliche Gestalt ganz verloren.

Hildebrandlied

Als wichtigstes Literaturzeugnis jenes Zeitraums gilt das *Hildebrandlied,* das in einem Fuldaer Codex aus der zweiten Hälfte des 8. Jahrhunderts aufgefunden wurde. Dieser Codex enthält in der Hauptsache zwei Schriften des Alten Testaments, die *Weisheit König Salomons* und den *Jesus Sirach.* Auf der ersten und der letzten Seite haben dann zwei Schreiberhände zu Beginn des 9. Jahrhunderts das *Hildebrandlied* eingetragen, soweit der Platz reichte. Erhalten sind 68 Stabreimlangzeilen; das Lied ist unvollständig, der Schluss fehlt. Das *Hildebrandlied* entstammt dem gotisch-langobardischen Sagenkreis. Die erhaltene Niederschrift aber – als Abschrift einer älteren Vorlage, kaum des Originals – ist mit oberdeutschen und niederdeutschen Spracheigenheiten durchsetzt. Der sagengeschichtliche Weg des *Hildebrandlieds* weist nach Bayern, seine Sprachgestalt muss also ursprünglich oberdeutsch gewesen sein. Es gehört zur Heldendichtung um die Gestalt Dietrichs von Bern, so dass wir seinen Ursprung noch weiter südlich vermuten müssen. Bayern, das Kloster Freising vor allem, war der literarische Umschlagplatz von Dichtung und weltlich-geistlicher Gebrauchsprosa auf dem Weg nach Norden. Wahrscheinlich ist das Lied in Fulda bearbeitet und auf einem niederdeutschen Sprachstand verfasst worden; diese Vermutung liegt nahe, weil Fulda in seiner Frühzeit zahlreiche bairischstämmige Mönche beherbergte und lebhafte Beziehungen zum Kloster Regensburg unterhielt, das Freising allmählich den literarischen Rang abgelaufen hatte. Die Handlung dieses einzig erhaltenen, wenngleich fragmentarischen heroischen Heldenlieds ist kurz: Hildebrand hat als

Gefolgsmann Dietrichs von Bern auf dem Rückzug vor Odoaker vor dreißig Jahren Frau und Sohn in seiner Heimat zurücklassen müssen. Als er endlich heimkehrt, trifft er auf einen Helden der feindlichen Seite. Er erkennt ihn als seinen Sohn und gibt sich selbst zu erkennen. Aber der Sohn misstraut ihm, wittert ein Ausweichen des Alten vor dem Kampf und verschärft seine durchaus legitime Feindesschelte. Nun muss sich Hildebrand an seiner empfindlichsten Stelle getroffen fühlen, seiner Kriegerehre. Damit wird der Kampf zwischen Vater und Sohn unvermeidlich. An dieser Stelle bricht die Fuldaer Fassung ab.

Aus anderen Quellen ist bekannt, dass Hildebrand seinen Sohn tötet. Spätere Fassungen kennen einen versöhnlicheren Schluss, doch haben sie mit der ursprünglichen Gestalt des Liedes kaum mehr etwas gemein. Gerade in der Unausweichlichkeit, in der es die schicksalhafte Begegnung zwischen Vater und Sohn dramatisiert, ist das *Hildebrandlied* der Fuldaer Fassung der ältesten Schicht der heroisch-heidnischen Heldendichtung zuzuordnen. Die rhetorische Grundform ist der Dialog, die kampfeslustige Wechselrede, die auch aus der nordischen heroischen Dichtung bekannt ist. Dennoch repräsentiert es nicht die älteste heroische Dichtung, es setzt ja die Dietrichsage bereits voraus. Viel wahrscheinlicher handelt es sich beim *Hildebrandlied* um eine späte Sprossdichtung dieses Sagenkreises. Dem Anschein nach hat ein langobardischer Dichter des 7. Jahrhunderts einen Wanderstoff aufgegriffen, der keinen Stammesbezug aufwies, und ihn in allen Einzelheiten der gebotenen Gefolgschaftstreue und des auch in der widersprüchlichsten Situation unverbrüchlichen Kriegerethos dem Sagenkreis um Dietrich von Bern zugedichtet.

Die Träger dieser heroischen althochdeutschen Stabreimdichtung sind Hofsänger. Ihre Dichtung ist Standesdichtung für die Ohren der adligen Stammesfürsten, deren kriegerische Taten sie verherrlichten. Mit der Verdrängung des germanischen Stammesfürstentums und dessen Gefolgschaften verliert nicht nur das heroische Lied, sondern auch der Stand dieser Hofsänger rasch an Bedeutung (Mitte des 9. Jahrhunderts). Der neue Dichter- und Gelehrtentypus ist ausschließlich in den katholischen Klöstern zu finden, und er wird die Literatur bis Mitte des 12. Jahrhunderts beherrschen. Der heidnische Stammes- und Gefolgschaftssänger, der aus germanischer Vorzeit herüberreicht, wird durch den christlich-katholischen Geistlichen abgelöst. Der Minnesänger als Lehens- und Gefolgsmann einer christlichen Ritterschaft schließt sich dieser Entwicklung nach nahtlos an.

Hofsänger als Träger heroischer Stammesdichtung

Von der karolingischen Renaissance zum Stauferreich: Kulturpolitische Grundlagen

Die Bedeutung des im Jahr 800 im Aachener Dom zum Kaiser des »Heiligen Römischen Reichs« gekrönten Karl für die Förderung und Verbreitung der schriftlichen Kultur im westfränkischen wie im ostfränkischen Reich kann nicht hoch genug angesetzt werden. Als leidenschaftlicher Vermittler von christlicher Bildung, Literatur, Kunst, Ethik und Wissenschaft hat er im Jahr 813 u. a. verordnet: Jedermann soll seine Söhne zur Schule schicken, entweder in ein Kloster oder aber zu einem Priester. So ließ er auch eine Grammatik seiner Muttersprache erarbeiten. In seinem *Heldenliederbuch* ließ er die wichtigste und früheste Stammesliteratur und heroische Heldendichtung sammeln. Karls Kulturpolitik, die *re-*

Karl der Große

novatio studii, war wesentlicher Bestandteil seiner kaiserlichen Reichspolitik, der *renovatio imperii*, und führte zu einer ersten glanzvollen Vergegenwärtigung der während der *dark ages* fast bedeutungslos gewordenen antiken Kunst und Literatur. Vor allem in der Kunstgeschichte spricht man von der karolingischen bzw. ottonischen Renaissance (Romanik), die in weltlicher (Palastbau, Städtebau) wie in sakraler Hinsicht (Dombauten) das Gesicht der Epoche der fränkisch-karolingischen und der sächsischen Kaiser geprägt hat.

Investiturstreit und politischer Zweck des ontologischen Gottesbeweises

Die Zeit Karls des Großen ist nicht mehr von der Christianisierung bestimmt, die im Wesentlichen längst abgeschlossen war; sein Interesse galt dem Ausbau einer starken und gut organisierten Reichskirche, die er freilich seinen imperialen, reichsorientierten Absichten unterwarf. Aber er konnte auch nicht verhindern, dass diese Reichskirche ein eigenes Gewicht gewann und damit zum politischen Faktor wurde, im Laufe der Zeit sogar auf einer eigenständigen, an Rom orientierten Herrschaftssphäre bestand. So sehr es in Karls Absichten lag, den Laienstand der christlichen Kirche und der christlich-antiken Bildung zu unterwerfen und dadurch seinen weltlichen Herrschaftsanspruch zu festigen – in dem Augenblick, in dem die Kirche ihren Autonomieanspruch erhob und zu behaupten begann, dass nicht der Kaiser, sondern Jesus von Nazareth als verheißener Messias und gesalbter Christus Herr der geschichtlichen Endzeit und damit der Erlösung der Christenheit aus dem »Übel« sei, musste dies zwangsläufig auch zu einer tiefen Verunsicherung der Laienschaft führen. Die ideologischen Reichskämpfe – hie weltliches Kaiserreich, da päpstlich repräsentiertes Gottesreich – kündigen sich in diesem Widerspruch an, der selbst noch im modernen staatskirchlichen Status quo sichtbar bleibt. Ausgetragen werden sollte dieser Konflikt als Investiturstreit zwischen dem Papst und den Königen von Frankreich, England und Deutschland. Er entzündete sich an der Frage, wer dazu befugt ist, Bischöfe einzusetzen, der Papst in Rom oder die weltliche Macht. Der Investiturstreit uferte rasch aus; mit seinem berühmt gewordenen und aus diesem Streit hervorgegangenen »ontologischen Gottesbeweis« sicherte der Erzbischof von Canterbury, Anselm, der Kirche nicht nur die theoretische Überlegenheit an einen einzigen, allen anderen Religionen überlegenen Gott (»etwas, worüber hinaus nichts Größeres gedacht werden kann«) gegenüber dem in Spanien spürbar gegenwärtigen Islam und dem in zahlreichen städtischen Gemeinden anwesenden Judentum, sondern auch gegenüber der weltlichen Macht: Allein die katholische Kirche war im Besitz der ewig gültigen Wahrheit. Es ging aber auch um eine Erweiterung des machtpolitischen Instrumentariums der Geistlichkeit und um eine Steigerung der territorialen Expansion der Kirche. Ein Streit, in dem selbst die Kreuzzüge zum Mittel gerieten, den europäischen Adel substanziell zu schwächen, und der erst 1122 mit dem Konkordat von Worms beendet werden sollte.

Die zentrale Rolle der Klöster

Klosterreform

Es ist unbestritten, dass bei der von Karl eingeleiteten christlichen Kulturmission die Klöster die zentrale Rolle gespielt haben. Infolgedessen wurden sie nach Kräften ausgebaut und ihr Besitzstand so weitgehend wie möglich vermehrt. Die Klöster gehörten zu den Großgrundbesitzern des Mittelalters, Oasen landwirtschaftlicher Autarkie, der Experimentierfreude und der Mildtätigkeit gegenüber den sozial Schwachen. Das Klosterleben selbst vollzog sich nach strengen Regeln, meist denen des Benedikt von Nursia, die den gesamten Tagesablauf bestimmten. Damit haben die Klöster sicherlich einen Faktor gebildet, der bereits frühzeitig auf die umgebenden germanischen Stämme eingewirkt und als Zeichen vorbildlicher und höherer Kultur eine Lösung von althergebrachten Sitten und Techniken bewirkt hat. Die Klöster trugen durch ihren frühzeitigen Versuch, im Namen Christi eine Gemeinde zu bilden und sie regelmäßig zu versammeln, einen ersten und wesentlichen Beitrag zur Urbanisierung herkömmlicher Stammesgewohnheiten bei. Das unausgesprochene Ziel bestand in der Verchristlichung des Feudalsystems. Die Klöster waren nicht nur Orte der Entwicklung neuer Gesellschaftsformationen; sie waren zentrale Bildungsinstitutionen. Ihre Aufgabe umfasste die stetige und strenge Unterweisung der Ordens- und der laizistischen Gemeinde im christlichen Glauben ebenso wie die Vermittlung so wichtiger Kulturtechniken wie des Lesens und Schreibens und eines mythisch-historischen Bewusstseins der menschlichen Existenz, das vom Sündenfall bis zur Erlösung durch Jesus Christus reichte. Ihre soziale Funktion für das Seelenleben des mittelalterlichen Menschen, seine soziale Versöhnung und Zufriedenheit ist kaum zu ermessen.

Die cluniazensische Reform des Klosterlebens um 910, verstärkte Resonanz auf die Klosterreform Karls des Großen, lief auf eine klare Absicht hinaus: Es sollte eine asketische und hierarchisch gestufte Verfassung von Christenheit und Kirche geschaffen werden, die der neuen religiösen Militanz nur dienlich sein konnte: ein autarkes, von der weltlichen Macht unangreifbares Klosterwesen, militärischen Bastionen nicht unähnlich. Diese Reform griff rasch über und machte den cluniazensischen Klosterverband zu einem starken politischen Faktor im Reich. Dieser Geist von Cluny entfaltete auch in Deutschland seine Wirksamkeit und ist seit 1070 (Hirsauer Reform) deutlich spürbar. Die Zahl der in Deutschland reformierten Klöster wird auf etwa 150 geschätzt; die davon ausgehenden literarischen Anstöße sind besonders im bairisch-österreichischen Raum sichtbar. Die katholische Kirche bestimmte mit ihrem Machtanspruch nicht nur die öffentliche Diskussion, sie fand im Zuge ihrer Absicht auch zu einer undogmatischen und geistigeren Form der Ansprache an den Laienstand, um ihm das asketische Ideal des Mönchstums nahe zu bringen. Mit dieser Absicht ist zugleich der Beginn der frühmittelhochdeutschen Sprache bezeichnet, die insgesamt von einem »aufklärerischen«, erzieherischen Ton bestimmt ist. Sie wird gelegentlich auch als cluniazensische Literaturepoche bezeichnet. Deren Autoren gehören fast ausschließlich der Geistlichkeit an.

Über lange Zeit hinweg bildete die Lektüre der lateinisch verfassten Heiligen Schrift des Hieronimus, die um die Wende vom 4. zum 5. Jahrhundert entstanden sein muss, den Kernbestand der mönchischen Bildung. Um den Reichtum der Heiligen Schrift voll ausschöpfen zu können, waren umfangreiche Kenntnisse der lateinischen Stilistik und Rhetorik notwendig; dieses im Wesentlichen spätantike, auf den Neuplatoniker Martianus Capella zurückgehende Wissen wurde um die Wende vom 9. zum 10. Jahrhundert von Alkuin, dem Freund und Lehrer Karls des Großen und dem geistigen Initiator der karolingischen Renaissance, im System der *septem artes liberales*, der »Sieben freien Künste« aktualisiert. Dieses Wissen, das in der spätantiken Bedeutung nur von einem »freien« Bürger erworben werden durfte, umfasste als *trivium* die Grammatik, die Dialektik als Vermögen des logischen Denkens und die Rhetorik; hinzu kam als *quadrivium* die Kenntnis der Astronomie, der Arithmetik, der Geometrie und der Musik. Alkuin hat damit den Grund zum später entstehenden *studium* gelegt, das als dritte

Sechs der »Sieben freien Künste«: Dialektik, Rhetorik, Geometrie, Arithmetik, Musik, Astronomie. Kolorierte Federzeichnung zum *Welschen Gast* des Thomasin von Zerclaere (um 1250/60)

Das Wissenssystem der »Sieben freien Künste«

Macht neben *sacerdotium* und *imperium* trat, durch die *artes mechanicae*, die »mechanischen Künste«, neben den *artes prohibitae* (»Schwarzkünste«: Wahrsagerei, Zauberei, Alchemie, Hexenkünste) ergänzt wurde und aus dem die ersten Artistenfakultäten, Keimzellen der europäischen Universitäten, hervorgingen. Das System der »Sieben freien Künste« hat bis in die Renaissance hinein das universitäre Wissenschaftssystem bestimmt; erst dann lösten sich allmählich die zunächst unter den »mechanischen Künsten« zusammengefassten Naturwissenschaften und entfalteten ihr die Moderne beherrschendes Eigenleben.

Auch die Dichtungsauffassung des Mittelalters ordnet sich dem System dieser »Sieben freien Künste« unter. Dichtung ist Bestandteil der rhetorischen Ausbildung und Praxis und in das didaktische System der »Sieben freien Künste« eingebunden. Als Darstellungs- und Ausdruckstechnik ist sie rein theologischen Gesichtspunkten untergeordnet und hat die Funktion der Bibelerläuterung. Eine Dichtungstheorie als eigenständige Form der Weltauslegung fehlt daher. Ein Unterschied zwischen Lyrik und Prosa wird kaum gemacht; bis ins Spätmittelalter gilt Dichtung als gebundene Kunstrede. Erst Alkuin erweitert unter Berufung auf Augustinus den Spielraum des dichterisch Möglichen: Die Dichtung wird – wie die übrigen freien Künste auch – zur karolingischen Hofkunst. Es bilden sich zwei Positionen: die der *poetica divina*, die der Pariser Schultheologie entstammt und für die gesamte geistliche Dichtung des Mittelalters verbindlich ist. Ihr zufolge ist Gott der Schöpfer aller Wesen und Dinge; der Mensch, und damit der Dichter, hat lediglich die Aufgabe, dieses Kunstwerk zu preisen. Auf der anderen Seite steht die immer deutlicher werdende Auffassung der höfischen Dichtung, die das schöpferische Wesen des Menschen hervorhebt. Die Entwicklung gedieh jedoch nicht so weit, dass die gemeinsame Wurzel der rhetorischen Ästhetik der Antike nicht immer wieder durchscheinen würde, der zufolge es keinen Unterschied zwischen dem rhetorischen Ausdruck und der natürlichen Weltordnung gibt.

In den katholischen Klöstern schließlich entstand der wesentliche Handschriftenbestand, teils in einfacher Form der unmittelbaren Abschrift, Glossierung oder Interlinearversion, teils in Form der Bearbeitung (Straffung, Erweiterung) oder Nachdichtung, teils aber auch in Gestalt sorgfältig geschriebener und reichhaltig illustrierter oder illuminierter Prachthandschriften. Das Schreiben selbst war kein Privileg der Geistlichen, in den klösterlichen Schreibschulen wurden oft auch Laien als Kopisten beschäftigt. Mittelalterliche Handschriften wurden auf Pergament geschrieben. Da die Pergamentherstellung, die Bindung und die Einbandgestaltung (Leder, Elfenbein, Holz mit Edelsteinimplementen u. a. m.) teuer und aufwendig waren, war die Fertigung einer Handschrift oft nur mit Hilfe finanzkräftiger Höfe oder Klöster möglich. Ein hohes Ansehen genossen diejenigen, die als Schreiber und Buchillustratoren tätig waren; entsprechend vielseitig mussten kunsthandwerkliches Geschick und Sorgfalt zu Werke gehen. Der Handschrift, dem Codex wurde im Mittelalter eine Beachtung zuteil, von der wir uns keine Vorstellung mehr machen können. Pergamenthandschriften sind relativ selten. Die kommerzielle Herstellung, der kommerzielle Vertrieb von Handschriften ist im Mittelalter unbekannt. Gegen Ende des 14. Jahrhunderts verdrängt das Papier das Pergament als zu teuer und kostspielig gewordenen Grundstoff; eine gesteigerte Nachfrage nach Büchern wird diese Ablösung beschleunigt haben. Der Wert einer Handschrift geht aus der Sorgfalt der mit Tinte aufgetragenen Schrift, den oftmals mit Gold- oder Silbereinlagen geschmückten Initialen und den handkolorierten Illustrationen hervor. Eines der schönsten Beispiele mittelalterlicher Buch-

Prachtinitiale einer hochhöfischen Handschrift

kunst stellt die Heidelberger Liederhandschrift mit ihren 137 Dichterminiaturen dar. Die Handschrift war schon frühzeitig Repräsentationsgegenstand; reichhaltig ausgeschmückte Schriftseiten, teilweise mit Gold und Edelsteinen verzierte Bucheinbände legen davon Zeugnis ab. Namhafte und sehenswerte Handschriftenbestände befinden sich heute in großen Bibliotheken wie der Bayrischen Staatsbibliothek München (Handschriften des *Heliand, Parzifal, Willehalm, Tristan,* des *Nibelungenlieds*), der Österreichischen Nationalbibliothek Wien und der Universitätsbibliothek Heidelberg (Kleine und Große Heidelberger Liederhandschrift).

Unübersehbar im Prozess der Herausbildung der althochdeutschen Literatursprache ist die rege Übersetzertätigkeit, die von den katholischen Klöstern ausging. So wurden zahlreiche antike Autoren (Vergil, Ovid, Tacitus u. a. m.) übertragen, Übertragungen, die oftmals ein halbes mönchisches Leben beanspruchten. Attraktiver Glanzpunkt der Klöster aus heutiger Sicht: Nur dort waren »Bücher«, schriftliche Informationen über Vergangenheit, Gegenwart und Zukunft der Menschheit überhaupt zugänglich. Adelsbibliotheken waren relativ selten. Eine der anregendsten Gestalten auf dem Gebiet der Übertragung antiker und christlich-lateinischer Autoren war Hrabanus Maurus (gestorben 856), ausgezeichneter Kenner der spätantiken christlichen Literatur, Verfasser einer vielbändigen Enzyklopädie des profanen Wissens, Erbauer und einflussreicher Abt des Klosters Fulda und Schüler des Alkuin; Walahfried Strabo, Schüler des Hrabanus Maurus, Abt des Klosters Reichenau am Bodensee und Erzieher Karls des »Kahlen«, setzte diese Tradition fort. Und ein weiterer Mönch aus der Vielzahl der Übersetzer, Notker von Sankt Gallen, ist für die Literatur- und Kulturgeschichte um das Jahr 1000 als gelehrter Kommentator, Philologe und Übersetzer wichtig geworden; er

Die Stunde der Übersetzungen

Hrabanus Maurus

Miniatur von David Aubert, 1476 für die französische Fassung von Boëthius' *De consolatione philosophiae*

hat die wesentlichen Schul- und Musterautoren der klassischen Antike und des frühchristlichen Mittelalters im deutschen Sprachraum eingeführt, so die Schriften Augustins, die *Tröstungen der Philosophie* des Boëthius, die bukolischen Dichtungen von Terenz und Vergil, lateinische Lehrbücher der Rhetorik und der Poetik, Teile der Bibel (Psalmen, Buch Hiob), die *Hermeneutik* (Interpretationskunde) des Aristoteles sowie eine für die Literaturauffassung des Mittelalters grundlegende neuplatonische Schrift, *Die Hochzeit des Merkur mit der Philosophie* von Martianus Capella. Diese bewahrende, vermittelnde und übersetzende Tätigkeit der katholischen Klöster ist in allen Ländern Europas zu beobachten. Dabei dient sie der Propagierung und Ausbreitung des Christentums nicht ausschließlich, sondern die katholische Kirche und die sich allmählich entwickelnden universitären Bildungsinstitutionen eignen sich auch das durch zahlreiche Kommentatoren und Übersetzer zusammengetragene Wissen der griechisch-römischen Antike und des islamisch-arabisches Kulturkreises an.

Klösterliche Bildungsarbeit

Diese Leistung klösterlicher Bildungsarbeit mag erklären, weshalb es zunächst nicht zu einer Wort und Schrift umfassenden volkssprachigen Vertiefung des Althochdeutschen gekommen ist, sondern das Mittellateinische nach wie vor die herrschende Rolle spielte. Aus dem klassischen Latein der römischen Antike (»goldene und silberne Latinität«) hatte sich eine Mischform entwickelt, die starke volkssprachige Assimilationstendenzen aufwies, im grammatischen und rhetorischen Grundbestand jedoch eindeutig war. Diese ungebrochene Dominanz des Lateinischen übertrug sich in Form der lateinischen geistlichen Dichtung des Mittelalters auch auf die Literatur. Hatten im 8. Jahrhundert zahlreiche volkssprachige Ansätze in Liturgie und Predigt bestanden, die einzig geeignet waren, die komplizierten christlichen Glaubensinhalte »unter das Volk« zu tragen, so wurde mit der Synode von Inden (817) und wohl auch unter dem Eindruck des Konflikts zwischen weltlicher und geistlicher Macht das Latein wieder als alleinige Kirchensprache eingeführt und ein volkssprachiger Umgang zwischen christlichen Priestern und heidnischen, d. h. »volkssprachigen« Laien untersagt.

Die besondere Rolle der Übersetzungen

Für die Entstehung der althochdeutschen Schrift- und Literaturdialekte waren Bibelübersetzungen und Bearbeitungen biblischer Stoffe ausschlaggebend. Ein ganz früher Vorläufer ist die gotische Bibelübersetzung des Bischofs Wulfila, der überdies ein eigenes deutschsprachiges Schriftsystem entwarf. In der Hauptsache aber wurden die althochdeutschen Schriftdialekte durch Kommentatoren und Philologen gleichsam aus dem Vokabelheft erarbeitet, aus Glossen und Glossaren. In die Texte antiker Autoren wurden entweder zwischen den Zeilen, zwischen den einzelnen Wörtern oder an den Zeilenrand die deutschen Wörter für zunächst unbekannte lateinische Wörter eingetragen. Auf diese Weise entstanden die sog. Interlinear-, Text- und Marginalglossen. Die Interlinearglossen wurden oftmals zu zusammenhängenden Übersetzungen ausgeweitet, den sog. Interlinearversionen, d. h. zu Wort-für-Wort-Übersetzungen. Als wohl älteste, in althochdeutscher Sprache verfasste (ursprünglich bairische) Übersetzung gilt eine Synonymensammlung, eine Art Wörterbuch, das seinen Namen nach dem ersten Wort im Alphabet erhielt, der sog. *Abrogans* (764/772). Er ist in Freising entstanden und geht auf ein spätantikes Lexikon zurück, das dem Unterricht im *trivium* diente. Es ist das älteste erhaltene »Buch« im deutschen Sprachraum.

Laienstand und Geistlichkeit

Trotz des mittellateinischen Rückschritts verdankt sich die Entwicklung einer althochdeutschen Literatursprache der Begegnung zwischen Laienstand und christlicher Geistlichkeit. So hatte der Syrer Tatian im 2. nachchristlichen Jahrhundert die vier Evangelien des Matthäus, Markus, Lukas und Johannes zu einer fortlaufenden Erzählung des *Neuen Testaments* verschmolzen. Diese *Evangelien-harmonie* wurde während der Amtszeit des bedeutendsten deutschen Abtes im Frühmittelalter, Hrabanus Maurus, im Kloster Fulda vollständig ins Althochdeut-sche übertragen und wird in dieser Form bei der christlichen Unterweisung des Laienstandes zentral gewesen sein. Ein Versuch, die Lebens- und Leidensge-schichte Christi auf die germanisch-altdeutsche Stammesverfassung zu übertra-gen – dies auch im Landschafts- und Zeitkolorit –, liegt mit dem um 830 entstan-denen *Heliand* vor, der altsächsisch verfasst ist und den Versuch einer christlichen Stabreimdichtung wagt. Sein Dichter, fußend auf Tatians *Evangelienharmonie*, dem Matthäus-Kommentar (um 821/22) des Hrabanus Maurus und der angel-sächsischen christlichen Stabreimepik, versucht, Stilprinzipien der heroischen Stabreimdichtung auf die neuen christlichen Inhalte zu übertragen.

Eine der wichtigsten rheinfränkischen Endreimdichtungen begegnet in der *Evangelienharmonie* oder dem *Krist* (um 870). Dieser *Krist* ist von dem elsässi-schen Mönch Otfried von Weißenburg verfasst und setzt sich aus einer selbstän-dig getroffenen Auswahl aus den Evangelien zusammen, die Otfried mit wissen-schaftlichen Kommentaren und Auszügen aus patristischen Schriften versehen hat. Jede Handlungsepisode wird durch eine Exegese und eine Allegorese ausge-deutet und in dreifachem Wortsinn interpretiert (*mystice, moraliter, spiritualiter*). Damit ist deutlich, dass sich Otfried ausschließlich an eine dünne Schicht gebil-deter Adliger und Geistlicher wendet, wie schon seine drei Widmungen an den König Ludwig den Deutschen, den Erzbischof von Mainz und zwei befreundete Mönche verraten. Otfried gibt mit dem komplexen Aufbau seiner *Evangelien-monie* auch seine Literaturauffassung zu erkennen. In einer Weltanschauung, die alle Dinge auf Gott hin ordnet und diese Dinge so betrachtet, als seien sie von ihm geschaffen worden oder aus ihm in stufenweiser Entwicklung hervorgegangen, kann die Literatur nicht mehr und nicht weniger sein als Sinnbildkunst. Ihre einzelnen Gegenstände stellen mehr dar, als sie zunächst scheinen, weil ihre Rea-lität von einem göttlichen Sinn durchwaltet ist, d. h. die Realien werden als Sinn-bilder, Symbole und Allegorien gefasst. Christliche Dichtung ist sinnbildliches Gotteslob. Otfrieds *Evangelienharmonie* ist, als selbständige Leistung eines na-mentlich bekannten Verfassers, ein erster bedeutender Höhepunkt christlicher Dichtung in Deutschland. Überdies: Nach seiner Widmung an König Ludwig den Deutschen, »dessen Macht sich über das ganze fränkische Ostreich erstreckt«, beginnt Otfried mit einer Huldigung an die Franken, die es aufgrund ihrer Kühn-heit und Weisheit ebenso verdient hätten wie einst die Römer, die Botschaft Christi zu vernehmen. Und voller Stolz begründet er, warum er dieses Buch in deutscher Sprache (*theodisce*) – erstmals fällt dieser Begriff in der Dichtung – ge-schrieben hat. Nachdem er es zunächst beklagt, dass die großen Vorbilder der Antike und der lateinisch-christlichen Poesie in der deutschen Sprache nicht er-reichen werde, betont er die Richtigkeit seiner Sprachwahl, indem er darauf hin-weist, dass Gott in der Sprache gelobt sein wolle, die er dem Menschen gegeben hat, so schwer ihm selbst, Otfried von Weißenburg, diese Aufgabe gefallen sei. Ebenso viel Mühe hat Otfried auf die Reimverse der *Evangelienharmonie* verwen-det. Er sucht den regelmäßigen Wechsel von Senkung und Hebung und gestaltet einen höchst anspruchsvollen Reim, der öfter die Klangbindung bis zur letzten betonten Silbe verwirklicht. Bedeutete der christliche Stabreimvers des *Heliand* eine dichtungsgeschichtliche Episode, so wurde Otfrieds Reimvers zu einem Vor-bild, das über Wolframs *Parzifal* bis Goethes *Faust* die deutsche Dichtungsge-schichte durchzieht.

Evangelienharmonie

Der Evangelist Markus, Mitte des 13. Jahr-hunderts

Augustinus' Gottesstaat
in der mittelalterlichen
Vorstellung

*Dominanz des
Lateinischen*

Konnte der Appell der *Evangelienharmonie* an eine volkssprachige Dichtung
nicht überhört werden, die Jahrzehnte bis Mitte des 11. Jahrhunderts waren
denn doch von lateinisch dichtenden Geistlichen bestimmt. Wenn der Anstoß
zu den karolingischen Reformen von weltlicher Macht in reichspolitischer Absicht ausgegangen war, so war die katholische Kirche als Hauptträger dieser
Reformen eifersüchtig auf Distanz zur weltlichen Macht bedacht und witterte
nach dem Tod Karls des Großen die Chance, die Machtverhältnisse zu ihren
Gunsten zu verändern. Das große bildungspolitische Ziel der karolingischen
Reformen, die ost- und westfränkischen Stämme im Zeichen der christlichen
Kirche zu vereinigen und zu integrieren, war rein äußerlich gelungen. Unent-
schieden zwischen Reich und Kirche aber war, ob neben der immer radikaler

aufgeworfenen Forderung, der wahre Christ müsse aus dieser Welt »ausscheiden«, der Anspruch des Reichs auf die Laienschaft aufrechterhalten werden konnte. In dem ständig schwelenden Kampf zwischen *sacerdotium* und *imperium* trat die Kirche selbstbewusst und aggressiv an die Laien heran. Dieser neuen Linie waren innerkirchliche, innerklösterliche Reformen vorausgegangen, die eine straffe, auf Rom orientierte Machtkonzentration bewirkten; die weltliche Suprematie der Ottonen wurde nun angegriffen und infrage gestellt, wo immer sich Gelegenheit dazu bot, zuallererst jedoch der einzelne Christ in einen tiefen Zwiespalt geworfen, der noch in der Spruchdichtung Walthers von der Vogelweide nachklingt.

Ezzolied

Für die Frühphase dieser Literaturentwicklung, an der drei Generationen beteiligt sind, ist das *Ezzolied* sprechendes Beispiel, das um 1060 in Bamberg entstanden ist. Es schildert die Bedeutung Christi für die Erlösung von Menschheit und Welt aus dem Sündenstand. Dem dogmatischen Schema der Erlöserfigur folgend, wird das Leben Christi auf die Geburt, die Taufe und die Passion konzentriert. Mit dem *Ezzolied* soll der exemplarische Lebenslauf Christi vor Augen geführt werden. Das um 1080 entstandene *Memento mori* des Notker von Zwiefalten vermittelt die Erlösungsgewissheit des Christenmenschen und fordert dazu auf, die mönchische Nachfolge Christi anzutreten. Darin ist unübersehbar der cluniazensische Aufruf zur Weltabkehr und zur Askese formuliert. Die Welt selbst wird als verabscheuungswürdig dargestellt; der eigentliche Wert des Menschen erweist sich demnach nicht auf Erden, sondern vor dem Richterstuhl Gottes. Notker von Zwiefalten hat in seinem *Memento mori* den eindringlichen Ton der Bußpredigt verwendet, die bis ins 15. und 16. Jahrhundert zum rhetorischen Grundbestand der Kirche gehören sollte.

Heilsgeschichte

Während die zweite »cluniazensische« Generation mit der Nachschöpfung heilsgeschichtlich bedeutsamer Vorfälle aus der Bibel *(Wiener Exodus:* Moses' Auszug aus Ägypten), der Entwicklung einer lateinisch gehaltenen geistlichen Dramatik, der Niederschrift heilsdogmatischer Predigten und der immer wiederholten Klage über den menschlichen Sündenstand befasst ist, mithin kirchliche Gebrauchsformen dominieren, wächst die christliche Dichtung der dritten Generation stark an. Dabei ist die Legendendichtung besonders hervorzuheben, die über das frühe *Annolied* hinaus ein eigenständiges Gewicht bekommt; daneben steht die Mariendichtung, der Marienpreis, der aus der kultischen Verehrung der Mutter Gottes erwächst und ebenfalls der Legendendichtung zuzurechnen ist; Übergangserscheinungen sind bereits zu beobachten: In das *Marienleben des Priesters Wernher* mischen sich frühmittelhochdeutsche und frühhöfische Stilzüge.

Versepen

Neben der Bußfertigkeit und Jenseitsbeflissenheit der frühmittelhochdeutschen Dichtung melden sich in den Versepen, von Geistlichen im Dienst adliger Auftraggeber verfasst, wie *König Rother* (1150), *Herzog Ernst* (1180) und dem *Rolandslied* (1170), dem frühen *Alexanderlied* (um 1150) Stillagen und Töne an, die auf den Aventiure-Roman der höfischen Zeit hinweisen, aber auch auf den im Mittelalter stets präsenten Mythos der Befreiung Helenas aus der troianischen Gefangenschaft; die wesentlichen Merkmale der höfischen Dichtung – ritterliches Standesideal, Frauendienst, Lehenstreue und Artusideal – sind aufgrund dieser antiken Disposition fassbar, das mittelalterliche Rittertum als Handlungsträger übernimmt, u. a. in der Rolle der Befreier, diese mythische Rolle. Der frühhöfische Versroman setzt sich aus einer Reihe von Erzähltraditionen zusammen und findet reiche Nahrung im Kreuzzugserlebnis; so steht denn auch die Orientfahrt in sei-

Für die Versorgung der Kreuzfahrer mussten aufwendige Vorbereitungen getroffen werden. Diese Miniatur des 13. Jahrhunderts zeigt hoch beladene Pack- und Proviantwagen mit Helmen, Kettenhemden, Schilden, Kochtöpfen, Wasserkrügen beim Aufbruch in das unvorstellbar ferne Palästina.

Orientfahrten:
Die Kreuzzüge

nem Mittelpunkt und bildet damit einen neuen literarischen Ansatz diesseitiger Welterfahrung. Einen wesentlichen Anteil an dieser neuen Entwicklung hat das französische Heldenepos (*chanson de geste*), das seine Stoffe im Umkreis Karls des Großen ansiedelt. Das von dem Regensburger Geistlichen Konrad im Auftrag Heinrichs des Löwen übertragene *Rolandslied* stellt im Unterschied zur französischen Vorlage den Herrschaftsbereich Karls des Großen als reale Verheißung des Gottesreichs dar und zeugt vom verwegenen Geist der Kreuzzüge.

Seit dem altfranzösischen *Rolandslied* ist der Kampf der christlichen Ritterschaft gegen die Heiden, den Islam in der Prägung durch den Propheten Mohammed nicht nur ein die europäische Christenheit, sondern auch die Literatur erregendes Thema. Die christliche Ritterschaft setzt dabei dem passiven, kontemplativen mönchisch-geistlichen Dasein das strahlende Ideal des aktiven, kämpferischen christlichen Ritters entgegen, der seinen heldischen antiken Vorbildern vor Troia, Achill vor allem, gleichzukommen sucht. Das Motiv dieser Dichtung wie der geschichtlichen Vorgänge ist die Befreiung des Heiligen Grabes Jesu Christi in Jerusalem aus den Händen der Mohammedaner. Sieben Kreuzzüge sind insgesamt unternommen worden. Der erste (1096–99) endete mit der Einnahme Jerusalems, der Gründung des christlichen Königreichs Jerusalem und der Provinz Edessa. Nachdem die Provinz Edessa von den Moslems zurückerobert wurde, rief Bernhard von Clairvaux zum zweiten Kreuzzug auf. Er dauerte von 1147 bis 1149; Jerusalem wurde nicht erreicht. Der dritte Kreuzzug wurde als Feldzug des gesamten Reichs geführt, nachdem Jerusalem 1187 durch Sultan Saladin eingenommen worden war. Er dauerte von 1189 bis 1192 und wurde von Kaiser Friedrich I., Philipp II. von Frankreich und König Richard Löwenherz von England angeführt. Auch dieser Kreuzzug scheiterte. Im vierten Kreuzzug (1202–04) wurde Konstantinopel erobert und das Byzantinische Reich zerschlagen. Der fünfte Kreuzzug wurde von Friedrich II. 1228/29 nach dem päpstlichen Bannspruch in friedlicher Absicht unternommen. Nach einem Friedenspakt mit den Heiden ließ sich Friedrich II. zum König von Jerusalem krönen, aber Jerusalem ging schon bald (1244) wieder verloren. Der sechste Kreuzzug (1248–54) endete mit der Gefangennahme des gesamten Heeres. Im siebten Kreuzzug gelangte das Ritterheer nur bis Tunis; mit der Einnahme von Akko im Jahr 1291 endete die Geschichte der Kreuzzüge und der Kreuzfahrerstaaten, dies schon aus einem inneren Grund: Die letzten Kreuzzüge waren von Seiten der Kirche und des Papstes dazu benutzt worden, in erster Linie die militärische und politische Macht der Staufer zu schwächen. Als Kreuzzugsdichter sind zu verzeichnen: der Pfaffe Konrad, Friedrich von Hausen, Heinrich von Rugge, Albrecht von Johansdorf, Hartmann von Aue, Otto von Botenlauben, Walther von der Vogelweide, Rubin, Freidank, Neidhart, der Tannhäuser. Ob sie sämtlich Kreuzfahrer gewesen sind oder aber nur die allerorten greifbaren Themen, Motive und Stoffe der Kreuzfahrten literarisch verarbeitet haben, einem nur halb bewussten Vorbild nacheiferten, ist ungewiss.

Neben den spärlichen, schriftlich überlieferten Literaturzeugnissen wird die alt-, frühneuhochdeutsche und mittelhochdeutsche Dichtung einen erheblichen Anteil mündlich vorgetragener und weitergegebener, teils lateinischer, teils volkssprachlicher Sangesdichtung bis ins 16. Jahrhundert hinein gekannt haben. Markantestes Zeugnis dieses Sachverhalts ist die Vagantendichtung, die bis ins 10. Jahrhundert zurückreicht und im Gegensatz zur geistlichen Dichtung ganz andere, die Höhen und Tiefen des irdischen Daseins bejahende Stillagen kennt. Mit ihrem fröhlichen *memento vivere* (»denke daran, dein Leben zu leben«) versteht sich diese Dichtung der Straßen und der Kneipen als die Sinnlichkeit des irdischen Daseins betonende Kontrafraktur zur christlichen Überzeugung, dass der Mensch sein eigentliches Leben erst nach dem Tod und der Auferstehung zu ewigem Leben genießen werde. Vaganten waren ehemalige Zöglinge, Studenten und Geistliche der Dom- und Klosterschulen, der frühen Universitäten des Mittelalters, die der geistlichen Strenge und Askese entlaufen waren und ein unstetes Wanderleben, das ungehemmte Zechen, die sexuelle Freizügigkeit dem zölibatären Marienpreis vorzogen. Form dieser Dichtung war der mittellateinische Hymnenvers. Die umfangreichste Kenntnis verdanken wir der Sammelhandschrift des Klosters Beuron, die unter dem Namen *Carmina Burana* (in der Vertonung durch Carl Orff populär geworden) bekannt geworden ist; sie stammt aus dem 13. Jahrhundert und versammelt Vagantengedichte des 11. und 12. Jahrhunderts. Als Beispiel ein ebenso beispielhafter wie ergreifend freimütiger Ausschnitt aus der *Vagantenbeichte* des Archipoeta, dessen nähere Lebensumstände wir nicht kennen:

Oral Poetry: Mündlichkeit und Schriftlichkeit

Estuans interius	Heißer scham und reue voll,
ira vehementi	wildem grimm zum raube
in amaritudine	schlag' ich voller bitterkeit
loquor meae menti:	an mein herz, das taube
factus de materia,	windgeschaffen, federleicht,
cinis elementi,	locker wie von staube,
similis sum folio,	gleich' ich loser lüfte spiel,
de quo ludunt venti.	gleich' ich einem laube!
Cum sit enim proprium	Denn indes ein kluger man
viro sapienti	sorglich pflegt zu schauen,
supra petram ponere	daß er mög' auf felsengrund
sedem fundamenti,	seine wohnung bauen
stultus ego comparor	bin ich narr dem flusse gleich,
fluvio labenti,	den kein wehr darf stauen,
sub eodem tramite	der sich immer neu sein bett
nunquam permanenti.	hinwühlt durch die auen.

Feror ego veluti	Wie ein meisterloses schiff
sine nauta navis,	fahr' ich fern dem strande,
ut per vias aeris	wie der vogel durch die luft
vaga fertur avis;	streif' ich durch die lande.
non me tenent vincula,	hüten mag kein schlüssel mich,
non me tenet clavis,	halten keine bande.
quero mihi similes	mit gesellen geh' ich um –
et adiungor pravis.	oh, 's ist eine schande!

Die epische Literatur der Stauferzeit

Friedrich Barbarossa

Die staufische Literaturepoche fällt mit dem Höhepunkt der Regierungszeit Kaiser Friedrich Barbarossas um 1180 und dem Todesdatum Friedrichs II. 1250 zusammen. Der staufisch-welfische Konflikt um die Vorherrschaft im Reich und der beständige Kampf des Kaisertums gegen die päpstlich-kirchliche Bevormundung, insbesondere durch Papst Innozenz II., sollte diese Ära bestimmen, die im Grunde bereits mit dem plötzlichen Tod Heinrichs VI. (1197) beendet war. Zum Zeitpunkt der Thronbesteigung durch Friedrich Barbarossa stand die Literatur noch unter lateinisch-geistlicher Vorherrschaft, und selbst der frühhöfische Versroman war noch fest in der Hand der katholischen Geistlichen. Erst mit Heinrich von Veldekes *Eneit* (nach 1170 begonnen, abgeschlossen 1185/87) gelang der Durchbruch einer neuen ritterlich-höfischen, am antiken Vorbild des dynastischen Ahnvaters Aeneas weltorientierten Standesliteratur, an der drei Dichtergenerationen beteiligt waren. Dieses Datum ist umso bemerkenswerter, als es die vollständige Assimilation der Geschichte vom Untergang des kleinasiatischen, heute türkischen Troia in der deutschen Literatur belegt. Vorausgegangen waren weit ausgreifende lateinische Historiographien Troias, die wie schon Homer und die zahllosen innerantiken »Berichte« den Boden des Tatsächlichen verlassen haben mussten. Das epische Muster für die mittelalterliche Rezeption des Troiastoffs, der neben der biblischen und der weltchronikalen Überlieferung eine säkulare, dennoch mythisch überhöhte Erzähltradition von den Anfangsgründen der Welt entstehen ließ, schuf Benoît de Sainte-Maure mit seinem altfranzösischen *Roman de Troie* (um 1165). Ihm folgte u. a. auch Herbort von Fritzlar, der im Auftrag Hermanns des I., Landgraf von Thüringen, sein *Liet von Troye* (um 1184) schrieb. Zahlreiche weitere Bearbeitungen des Troia-Stoffs sind bis ins 17. Jahrhundert nachzuweisen.

Mythos Troia

Bemerkenswert sind zwei Grundzüge: Einmal die genealogische Verankerung der europäischen Fürstenhäuser in der frühen Antike, die das Gedächtnis der Welt bildete. So führte noch Maximilian I. im 16. Jahrhundert seine Herkunft auf das Geschlecht des Aeneas zurück. Zum anderen erscheint der Kampf um Troia mit allen Attributen der höfisch-ritterlichen Welt um 1200, dem höfischen Comment, dem ritterlichen Zweikampf, mit Minnehandlungen (Paris-Helena, Achill-Polixena, Jason-Medea) und Aventiuren. Die höfisch-ritterliche Welt begründet ihre zentralen ethischen Werte, auch das Minnekonzept im dramatischen Geschehen um Troia, das der edlen und schönen Helena wegen in grauer Vorzeit viele Jahre lang belagert worden sein soll.

Die Jahre von 1170 bis 1250 bilden die wichtigste Epoche der mittelalterlichen deutschen Literatur. Es entwickelt sich in der höfischen Gesellschaft nicht nur

Andromache beschwört Hektor, nicht in die Schlacht zu gehen. *Histoire de Troie* (Handschrift von 1469)

eine fränkisch-alemannische Verkehrssprache, sondern auch eine Literatursprache, die zum ersten Mal den Primat des Lateinischen brechen kann und über ein höchst nuanciertes Ausdrucksvermögen verfügt. Erst jetzt wird deutsche Sprache in ihren dialektalen Abwandlungen zu einer Literatursprache von Rang. Die tonangebenden Dichtungsformen sind von nun an das ritterliche Epos und die Minnelyrik; die religiöse Dichtung tritt in ihrer Bedeutung zurück; eine bemerkenswerte geistliche Lehrdichtung ist erst in der dritten Generation der staufischen Literaturepoche zu verzeichnen.

Aeneas verlässt das brennende Troia mit Vater und Sohn. Vergil-Handschrift des 15. Jahrhunderts

Die Bezeichnung ›staufische Literaturepoche‹ ist kein äußerliches politisch-historisches Etikett; die Literatur reift zum repräsentativen Ausdruck dieser Epoche heran. Sie lässt sich gedanklich von der Vorstellung des *rex iustus et pacificus*, den Friedrich Barbarossa in den Augen so vieler Zeitgenossen verkörperte, ebenso tragen wie von der Kreuzritteridee, für die wiederum Friedrich Barbarossa das reale, leuchtende Vorbild abgibt – er stirbt 1190 auf dem dritten Kreuzzug –, wie von dem neuen gesellschaftlichen Rang des Dichters bei Hof. Diese Literatur der staufischen Epoche ist adelige Standesdichtung, und daher gehört sie ganz natürlich und selbstverständlich zum repräsentativen Gestus der Hoffeste. Das vielfach bezeugte Mainzer Hoffest von 1184 ist eine der Gelegenheiten, bei denen die staufische Reichsmacht sich selbst darstellte. Es sollen etwa 40 000 bis 70 000 Menschen zusammengekommen sein, eine für die Verhältnisse dieser Zeit ungewöhnliche Zahl; darunter haben sich allein 20 000 Ritter befunden, die gegeneinander zum Turnier antraten. Die Anwesenheit und der Auftritt zahlreicher Dichter und Sänger ist ebenso verbürgt; den Mittelpunkt des Festes bildete die Schwertleite (Ritterschlag) der beiden ältesten Söhne Barbarossas. Das Fest wurde zur Demonstration einer einheitlichen, ritterlich bestimmten europäischen Laienkultur, des universalen staufischen Kaiser- und des Rittertums, auf das sich diese Reichsmacht stützte. Es mag nicht ohne Belang sein, dass die staufische Literatur um die Jahrhundertwende – also um 1200 – ihren Höhepunkt hatte, als das Reich selbst schon von Krisen erschüttert wurde. Ein Dorn im Auge des Papstes zu Rom. Als idealer Standesdichtung blieb dieser Literatur der Blick für die reichspolitische Realität verschlossen. Sie gerät erst mit der Spruchdichtung Walthers von der Vogelweide, die nach 1200 einsetzt und in der sich die Widersprüche der Zeit unüberhörbar zu Wort melden, kritisch ins Blickfeld der neuen reichspolitischen Wirklichkeiten.

Staufische Literaturepoche

Die mittelalterliche Feudalgesellschaft wird von zwei Schichten beherrscht, dem weltlichen und dem geistlichen Stand, vertreten durch Kaiser (*imperium*) und Papst (*sacerdotium*). In allen weltlichen (politischen, wirtschaftlichen und kulturellen) Dingen ist der Kaiser Gott verantwortlich; ihm ist aber auch der Schutz der Kirche anvertraut, und gemeinsam mit dem Papst ist er für das Wohl und Wehe der abendländischen Christenheit verantwortlich, Quelle des ständigen Konflikts mit dem Papst, dem Oberhaupt der katholischen Kirche, der europäischen christlichen Laienschar in Rom. Der Kaiser ist aber auch idealer Vertreter des Ritterstandes und des Reichsvolks. Dieser Ritterstand taucht nicht erst in der staufischen Epoche auf, er ist eine gemeineuropäische Erscheinung. Der Ritter ist zunächst Krieger, gerüsteter Reiter und gibt den Ausschlag bei der Stärke eines Heeres. Wirtschaftlich gesehen ist er dem Landadel zuzuordnen, oder aber er besitzt als Ministerialer zumeist ein Lehen, das vielfältige Formen annehmen kann, ihm aber in jedem Fall regelmäßige Einkünfte sichert. Die Stauferzeit ist eine Zeit der ritterlichen Aufsteiger. Sie entwickeln sich zu tüchtigen Verwaltungsbeamten und haben Reichshofämter in der Verwaltung oder im Heer inne

Geistlicher und weltlicher Stand

oder leben als regionale Statthalter; ihnen unterliegen Rechtsprechung, Ausübung von Münzrecht, Wege- und Zollrecht usw. Am aufkommenden Geldverkehr hat der Ritter noch nicht teil – während Handel und Handwerk gerade zur Stauferzeit einen Aufschwung erleben und sich rasch ein Stadtpatriziat bildet, das Einfluss auf feudale Besitz- und Verkehrsformen zu nehmen sucht. Das Rittertum, ob Freiherren oder Ministeriale (aus unfreiem Stand aufgestiegen), bildet im feudalen Mittelalter die adlige Oberschicht mit einem eindeutigen Führungsanspruch. Der dritte Stand, Bauern und Bürger, hat zu jenem Zeitpunkt weder zu einem standesgemäßen noch literarischen Selbstbewusstsein gefunden. Selbst der erste literarische Bürger, ein Kölner Kaufmann im *Guten Gerhard* des Rudolf von Ems (1220/1225), wird als höfisch-adliger Mensch dargestellt. Aus diesen sozialen Voraussetzungen entwickelt sich das Ständeideal der ritterlich-höfischen Dichtung. Der Ritterstand bildet in sich eine ideale Einheit, in welcher der unbedeutende Kreuzritter gleichrangig neben dem Kaiser steht. Das Lehenswesen stellt ein gemeinsames Band wechselseitiger Abhängigkeit, »Treue« dar, und die Ritterehre besteht in der Wahrung der Standesgesetze und der Sittsamkeit.

Der Begriff ›Ritter‹

    In der staufischen Literatur wird die Bezeichnung ›Ritter‹ nahezu beliebig verwendet; fast alle männlichen Figuren, auch Randfiguren, werden mit diesem Prädikat belegt. Sie werden mit keinem eindeutigen, konventionellen Sozialcharakter konfrontiert. Was ein Ritter ist, wird dichterisch mit jeder Geschichte in Frage gestellt und neu definiert – nur so kann das Publikum, die adelige Oberschicht, die sich ihrer ständischen Identität ja bewusst ist, überrascht und unterhalten werden. Es ist oft genug betont worden, dass sich die ritterliche Dichtung in einem idealen, welt- und realitätsenthobenen Raum bewegt und die Abenteuer und Verwicklungen, die dort begegnen, aus dem Zwang zu erklären seien, den in der Tat stilbildenden Artusdichtungen neue Sichtweisen abzugewinnen; ein erheblicher Anteil aber an der Künstlichkeit epischer Gestaltung dürfte insbesondere im höfischen Unterhaltungsroman (Ulrich von Zazikhofen, Wirnt von Grafenberg u. a. m.) auf das höfische Gefallen am ästhetischen Raffinement zurückgehen. Auch die Prädikate ›ritterlich‹ und ›höfisch‹ sind nicht gleichbedeutend. Mit ›höfisch‹ ist eine menschliche Stilform gemeint, die geistige und körperliche Bildung einbezieht, Sprachkenntnisse ebenso wie Kenntnis fremder Länder, jene Qualitäten eben, die von der höfischen Gesellschaft vorausgesetzt werden. Diese Stilform umfasst auch die Gleichrangigkeit äußerlicher und innerlicher Bildung. Das äußerlich Schöne muss auch innerlich schön sein, anderes ist nicht denkbar. Alles Negative wie Einsamkeit, Verzweiflung, Schmerz (*Parzifal*) darf nur als Durchgangsstadium auf dem Weg zum höfischen Ritter gelten. Harmonischer Gleichklang ist das Leitbild und das höfische Fest dessen Ausdruck, Höhepunkt der gesellschaftlichen Kultur der Stauferzeit.

Kreuzritter

Stichwort ›König Artus‹

    Es ist unsicher, wo in Deutschland die nordfranzösische Artusepik zuerst ihr Publikum ergriffen und zu Bearbeitungen angeregt hat, ob am Niederrhein, für den die geographische Nähe zu Frankreich, aber auch die weiter verbreitete Kenntnis der französischen Sprache spricht, oder aber am Hof des kunst- und literaturfreudigen Pfalzgrafen Hermann von Thüringen, der allerdings erst nach 1180 eine nachhaltige mäzenatische Wirkung auf die Literatur ausgeübt hat und eine Vorliebe für die Bearbeitung antiker Stoffe hegte (Übersetzung der *Metamorphosen* des Ovid durch Albrecht von Halberstadt; *Trojaroman* des Herbort von Fritzlar um 1190). Am Niederrhein waren indessen schon der *Trierer Floyris*, der *Straßburger Alexander* und der *Tristrant* des Eilhart von Oberge (1170/75) bekannt. Als Niederfranke hat denn auch der wichtigste der frühhöfischen Epiker, Heinrich von Veldeke, um 1170 seinen Aeneas-Roman *Eneit* nach dem Vorbild des anglo-normannischen *Roman d'Eneas* begonnen – fertiggestellt hat er ihn freilich am Hof Hermanns von Thüringen (1187/89); wichtiges Zeugnis der Antike-Rezeption und deren standesethischer Grundsätze (Helena-Entführung, Kampf um Troia, Flucht des Aeneas, Gründung moderner Stadt-Formationen wie Rom, antike und mittelalterliche Kaisergenealogie).

Heinrich von Veldeke wurde zwischen 1140 und 1150 geboren und ist vor 1210 gestorben. Mit seinem *Eneit* (d. i. Aeneas) hat er einen der großen antiken Bildungsstoffe des Mittelalters aufgenommen, Vergils Aeneas-Dichtung. Aeneas' Flucht aus Troia, der Aufenthalt bei Dido, die Hadesfahrt, die Landung in Italien, der Kampf um den ihm prophezeiten Königssitz, die Ehe mit Lavinia und die geschichtsträchtige Vision von der Gründung und späteren Größe Roms bilden die Eckpunkte der Handlung, die von Heinrich von Veldeke im lapidaren Berichtsstil vorgetragen wird. Aventiure-Handlungen fehlen ganz. Bezeichnend ist der Zugriff auf den griechischen Troiaroman und den römischen Aeneasroman über die zeitliche Entfernung hinweg. Wie selbstverständlich wird antikes Heroentum in die gegenwärtige ritterliche Standesgemeinschaft herübergeholt; dem christlich-heidnischen Gegensatz beider Kulturen wird dabei keine Bedeutung beigemessen. Von Belang ist allerdings die Minnehandlung um Dido und Lavinia, die konträr gestaltet ist. Beide Frauen sind Beispiele für unglückliche (Dido) und glückliche, von Gott begünstigte Liebe; Lavinia als Siegerin in diesem ungleichen Kampf gehört einer höheren Ordnung an. Sie wird zum Symbol einer autonomen Humanität, in deren Dienst sich der Ritter zu stellen hat. Mit dieser Auffassung wirkte Heinrich von Veldeke richtungweisend; dies umso mehr, als er seine Eneit-Dichtung dem bis dahin ungewohnten reinen Reim unterwarf, der zum Vorbild der höfischen Versepik wurde. Der *Eneit* hat bis ins 15. Jahrhundert gewirkt und ist in zahlreichen Handschriften bzw. Fragmenten nachweisbar.

Die großen Vorbilder des ritterlich-höfischen Versromans der Stauferzeit hat der wohl bedeutendste französische Epiker, Chrétien de Troyes, geschaffen. Zwischen 1160 und 1190 hat er den keltisch-bretonischen Sagenstoff um König Artus in Versromanen wie *Erec, Yvain, Cligès, Lancelot* und *Perceval* zu einer geschlossenen Dichtungswelt jenseits der vorausgegangenen historischen Tatsächlichkeit umgearbeitet: zu der idealen, Raum und Zeit entrückten Artuswelt, die stilbildend weit über Nordfrankreich hinaus gewirkt und zu zahlreichen Bearbeitungen der Versromane Chrétiens angeregt hat. Der gemeineuropäische Grundzug der ritterlich-höfischen Dichtung wird durch diese Tatsache nur unterstrichen, wenngleich der Artusstoff bezeichnende Veränderungen und Umdeutungen, insbesondere im deutschen Versroman, erfährt.

Wie ist diese ideale Artuswelt, die nur modellhaft wiedergegeben werden kann, in sich aufgebaut? In ihrem Zentrum steht König Artus, Inkarnation des hochhöfischen Rittertums, von dessen Hof und Tafelrunde alle Taten des Artuskreises ausgehen und in den sie wieder zurückmünden. Die Artusritter, die keine nationalen oder konfessionellen Schranken kennen, fühlen sich ständisch verbunden und sitzen gleichrangig neben Artus an der Tafelrunde. Königssitz ist zwar das nordfranzösische Nantes, aber sobald ein Artusritter die Tafelrunde verlässt, lösen sich Zeit und Raum schemenhaft auf und die märchenhafte »aventiure« beginnt. Die Artusritter fühlen sich ausschließlich der »aventiure«, die um ihrer selbst willen unternommen wird, und der Minne verpflichtet, der Eroberung der ständisch überhöhten Frau. Ethische Triebkraft ist die ritterliche Standesehre,

Stichwort ›Aventiure‹

Heinrich von Veldeke

*Der Nordfranzose
Chrétien de Troyes*

Ideale Artus-Welt

Die Artusrunde und die
Erscheinung des Gral
(französische Miniatur,
15. Jahrhundert)

die immer wieder erprobt und unter Beweis gestellt werden muss. Die »aventiure« wird im lehensrechtlich begründeten Dienst an der Frau unternommen, und
Minne stellt den Lohn für die in der »aventiure« sich ausdrückende ritterliche
Bewährung dar. In der Minneauffassung der Artusepik gelten Standesschranken
als unüberwindbar; ethisches Ziel der Minne ist die ritterliche Ehre. Sobald ein
Artusritter heimkehrt und König Artus erscheint, breitet sich Feststimmung aus,
bis der Artuskreis durch einen erneut auf »aventiure« ausziehenden Ritter wieder
aufgelöst wird.

*Idealisierte
Standesdichtung*

Fanden zum Zeitpunkt des frühhöfischen Versromans antike Stoffe und Artus-
epen gleichermaßen Anklang, so sollte sich die Versepik der staufischen Literaturepoche ganz auf die Artuswelt verlegen, weil sie in ihr allein das Spielmaterial
für eine höchst kunstvolle Verschränkung märchenhaften, weltentrückten Geschehens und idealisierter Standesdichtung fand. Die Lösungen, die in der epischen Dichtung Hartmanns von Aue, Gottfrieds von Straßburg und Wolframs von
Eschenbach für dieses Standesideal gefunden wurden, überraschten durch die
Verwendung feststehender Verhaltensweisen und Bedeutungen, deren Bekannt-
heit beim höfischen Publikum vorausgesetzt werden durfte; sie arbeiteten nicht
das Normierte, sondern das Offene dieser Konventionen heraus. Nichts wäre un-
angemessener, als in der idealen höfischen Standesdichtung die blanke Illustration, die reale Darstellung eines einmal festgelegten Grundmusters zu sehen. In
dieser Dichtung ist ein individueller Gestaltungswille ebenso am Werk wie eine
undogmatische, neugierige Erfahrungssuche, die ihren selbstbewussten Ausdruck erprobt.

Vieles im Werk Hartmanns von Aue deutet auf diesen ritterlichen Intellektua-
lismus hin, wenngleich er sich nur der ethischen Problematik des vollkommenen
Rittertums zuwendet und dessen religiöse Überhöhung ausspart. In seinem um
1180/85 entstandenen *Erek* verläuft die Handlung zunächst nach dem von Chrétien de Troyes vorgezeichneten »aventiure«-Schema. Erek reitet aus, erringt die
Geliebte und kehrt ehrenvoll an den Hof von König Artus zurück. An diesem
Punkt wären die ästhetischen Mittel des frühhöfischen Versromans bereits erschöpft. Hartmann eröffnet nun aber mit seiner Fortsetzung des Geschehens einen seelischen Bewährungs- und Entscheidungsraum, der das zuhörende höfische Publikum eine wichtige ethische Erfahrung machen lässt. Für Erek und
seine Frau Enite wird die jung erfahrene Minne zur Gefahr, weil sie als bewusstes
Beziehungsmoment zwischen beiden Gatten noch gar nicht in Erscheinung getreten ist. Als Enite eines Tages im Selbstgespräch ihre Unzufriedenheit und Enttäuschung über Ereks tatenloses Leben bei Hofe äußert, erkennt er die Gefahr und
handelt augenblicklich. Er reitet aus, um seine ritterliche Ehre herzustellen. Enite
muss ihm folgen, weil auch sie nicht frei von Schuld ist. Während seiner Abenteuer versinkt Erek in einen todähnlichen Schlaf. Enite glaubt, er sei wirklich tot
und verfällt in Trauer, während sie von einem Grafen stürmisch bedrängt wird.
Als sie ob so viel deutlicher Zuneigung empört aufschreit, erwacht Erek und er-
schlägt den Grafen. Ereks Weg zu einem vollkommenen Ritter ist noch nicht am
Ende. Im Zweikampf muss er lernen, ehrenvoll zu verlieren, weil es nicht allein
darauf ankommen kann, dass gekämpft und gesiegt wird, ohne das »Wozu« zu
erwägen. Auch anhand dieser Fragestellung wird deutlich, wie weit Hartmann
bereits über den frühhöfischen Versroman hinausgeht, denn dort geschah ja die
»aventiure« noch um ihrer selbst willen. Auf seiner letzten Station begegnet Erek
dem Roten Ritter Mabonagrin, der seiner Frau geschworen hat, erst dann wieder
auf »aventiure« zu ziehen, wenn er besiegt wird. Erek kämpft Mabonagrin nieder,
und dieser empfindet seine Niederlage als Befreiung von zwanghafter Minne,
auch dies eine frühhöfische Konstellation, die bei Heinrich von Veldekes *Eneit* in
der Figur der Dido aufgetreten war. Als vollkommener Ritter kehrt Erek mit Enite
an den Hof von König Artus zurück und wird freudig in den Kreis der Artusrunde
aufgenommen.

Als direktes Gegenstück scheint Hartmanns *Iwein* (nach 1200 entstanden) ab-
gefasst zu sein. Diesmal ist es nicht die Maßlosigkeit der Minne, sondern das
Unmaß der »aventiure«, die das höfische Gleichgewicht zu stören droht. Iweins
Drang zur »aventiure« stellt die Minnebindung zu Laudine infrage, die ihn für ein
Jahr entlassen hat; er aber vergisst die Rückkehr. Als ihn die Dienerin Laudines,
Lunete, deswegen beschimpft und verflucht, bricht Iwein zusammen, verfällt
dem Wahnsinn und endet als Eremit. Durch eine Wundersalbe wird er geheilt und
hat das feste Ziel, seine Ehre wiederherzustellen und die Minne Laudines zurück-
zugewinnen. Er besteht eine Kette von Abenteuern; zuletzt kämpft er gegen Ga-
wain, der sich ihm unerkannt in den Weg stellt. Der Kampf wird nicht entschieden, aber Iweins Ritterehre ist wiederhergestellt, und er wird erneut in die
Tafelrunde von König Artus aufgenommen. Unruhig eilt er zu Laudine, die ihm
gesteht, dass auch sie einen Teil der Schuld an seinem ursprünglichen Ehrverlust
trägt, und das Paar ist versöhnt. Der *Iwein* ist das letzte und formvollendetste
Versepos Hartmanns von Aue. Seinem immer wieder durchklingenden ritterlichen
Schematismus ist deutlich anzumerken, dass die Ausdrucksmöglichkeiten der höfischen Versepik in den zwanzig Jahren seit dem *Erek* erschöpft sind. Zeichnete
sich der *Erek* durch die ethisch-moralische Distanz zum frühhöfischen Versroman

Hartmann von Aue

*»Iwein« und »Armer
Heinrich«, »Gregorius«*

deutlich als etwas Neues und Unerhörtes aus, so wird der *Iwein* durch einen klanglosen Schluss beendet, der den ritterlich-höfischen Standeskonventionen zuwiderläuft. Laudine trägt keineswegs Mitschuld am Ehrverlust Iweins. Das Lehensverhältnis, unter dem der Minnedienst zu sehen ist, regelt den Schutz der Herrin und den Dienst des Ritters. Laudine ist in Hartmanns Fassung nicht die Gattin, sondern die Herrin und hat damit das Recht, den Dienst des Ritters aufzukündigen, wenn dieser nicht rechtzeitig zu ihrem Schutz zurückkehrt. Zweifellos, in diesem Stilbruch Hartmanns kündigt sich eine Gleichgültigkeit gegenüber dem literarischen Ziel, der Formulierung ritterlicher Standesethik, an, weil die höfische Konvention als inhaltsleer und wirklichkeitsfremd erkannt ist.

Von Hartmann von Aue sind nur wenige annähernde Daten bekannt. Er wurde zwischen 1160 und 1165 geboren und lebte als Ministeriale, seinen Gönner kennen wir nicht. Er spricht aber klagend von dessen Tod und legt das Kreuzzugsgelübde ab. Er hat wahrscheinlich am dritten Kreuzzug (1189–92) teilgenommen und nach seiner Rückkehr um 1195 den *Armen Heinrich* verfasst, der völlig außerhalb des Artusschemas steht und in Zügen der Legendendichtung zuzuordnen ist (Wechselspiel von Liebe und Opferbereitschaft im Handlungsablauf zwischen dem todkranken Ritter und dem Bauernmädchen, das sein Herzblut für die Genesung des Ritters geben will). Ebenfalls außerhalb der ritterlich-höfischen Wertvorstellungen steht Hartmanns *Gregorius,* eine Büßerlegende, die eng mit dem Kreuzzugserlebnis zusammenhängt und den in ritterlicher Standesdichtung unvorstellbaren, religiös überhöhten Zwiespalt zwischen Gott und Welt thematisiert. Hartmanns Sterbedatum ist nicht bekannt; es liegt mit Sicherheit nach 1210. Hat sich bei Hartmann von Aue das ritterlich-höfische Epos trotz der Schaffung eines innerlichen ethisch-moralischen Reflexions- und Erfahrungsraumes erschöpft und ist die Artuswelt wie schon im frühhöfischen Roman wieder einmal an ihre ästhetischen Grenzen gelangt, so sollen in der *Parzifal*-Dichtung Wolframs von Eschenbach weitere Möglichkeiten einer Selbsterfahrung des Ritterstandes aufgezeigt werden.

Wolfram von Eschenbach

»Schildes ambet ist mîn art«, verkündet Wolfram stolz und weist damit auf seine ritterliche Geburt hin. Vermutlich stammt er aus der Nähe von Ansbach, ist jedoch unbegütert und auf den Lehensdienst angewiesen. Seine Gönner finden sich unter den Grafen von Wertheim, den Grafen von Dürne auf der Wildenburg im Odenwald, aber auch der Pfalzgraf Hermann von Thüringen ist darunter, der bereits frühhöfische Dichter wie Heinrich von Veldeke und später Walther von der Vogelweide gefördert hat. Wolfram von Eschenbach ist der eigenwilligste der drei großen Epiker der staufischen Literaturepoche. So hält er z. B. den höfischen Ritter für aus der Art geschlagen, lehnt dessen Bildung ab, die ja noch immer in den Händen von Geistlichen liegt, und verweigert, wie seine Äußerungen zu Reinmars Dichtung zeigen, auch den Frauendienst. Während Hartmann von Aue in keinem seiner Werke ohne Hinweis auf seine Literaturkenntnisse, sprich Lateinkenntnisse, auskam, behauptet Wolfram von Eschenbach spöttisch-ironisch von sich: »ich enkan keinen buchstaben«; an anderer Stelle sagt er, er sei »künstelôs«, d. h. er hat die geistliche Ausbildung in den »Sieben freien Künsten« nicht erhalten. Wolfram will sich nicht als ungebildet, sondern als frei vom Ballast des Lateinstudiums darstellen. Als selbstbewusster ritterlicher Laie löst er sich damit vollkommen von der geistlichen Unterweisung. Wolframs *Parzifal* gehört zu den meistgelesenen Versepen des Mittelalters; über 75 Handschriften und Fragmente weisen auf die außerordentlich weite Verbreitung hin – von Hartmanns *Iwein* ist nicht einmal ein Bruchteil dessen erhalten. Auch Wolfram fußt mit seinem *Parzi-*

fal auf Chrétien de Troyes, dessen 1185 begonnener *Perceval* allerdings Fragment geblieben ist. Sicherlich aber ist die Parallelhandlung Gawan und Parzifal auf Chrétiens Vorlage zurückzuführen. Wolfram von Eschenbach hat eine weitere Quelle angeführt; einen Kyot, wohl eine phantasievolle Finte, mit der eine geheimnisvolle Autorität vorgetäuscht werden sollte. Der Entwicklungsgang des Parzifal ist klar vorgezeichnet: Er wächst vom ahnungslosen Knaben zum Artusritter heran und wird schließlich Gralskönig, eine Laufbahn, die ihm vorbestimmt ist, von der er aber – so das antike Tragödienschema – keine Kenntnis hat. Im *Parzifal* Wolframs stoßen deutlich zwei Erzählschichten aufeinander, der Artuskreis und die Gralssage. Während Parzifal und Gawan am Artuskreis gleichermaßen teilhaben, ist die Handlung der Gralssage ausschließlich Parzifal vorbehalten. In der neuen religiösen Erfahrung, die dem Artusritter Parzifal durch die Gralsabenteuer möglich wird, geht Wolfram beträchtlich über Hartmann von Aue hinaus. Im Einzelnen wird dies am Versagen des Artusritters während seiner ersten Gralsfahrt sichtbar.

Parzifal wird von seiner Mutter erzogen, die nach dem Rittertod ihres Gemahls in einer einsamen Waldgegend haust; sie hält die ritterliche Welt absichtlich von Parzifal fern, um ihm das Schicksal des Vaters zu ersparen. Er kennt nicht einmal seinen Namen. Ein Trupp vorbeiziehender Ritter weckt jedoch die Neugier des Knaben, er zieht mit ihnen, um die Welt kennen zu lernen. Davon kann ihn auch das Narrengewand nicht abhalten, das ihm seine Mutter bei seinem Aufbruch gegeben hat, um ihn durch sein lächerliches Aussehen vor ernsten Gefahren zu schützen. Die erste Etappe des Wegs zum Gral legt Parzifal ganz innerhalb der Artuswelt zurück, aber er tut dies unwissend und verstrickt sich in erste Schuld. In Unkenntnis der Bedeutung des Minnepfands entreißt er Jeschute, der Gattin des Herzogs Orilus, Ring und Spange; Orilus verstößt seine Gattin und macht sich auf die Suche nach dem Eindringling. Parzifal begegnet Sigune, die um ihren von Orilus getöteten Geliebten trauert. Von Sigune erfährt er seinen Namen: Parzifal. Vor den Toren von Nantes hat Ither, der Rote Ritter, sein Lager aufgeschlagen. Er schickt Parzifal mit einer Herausforderung an Artus in die Stadt. Die buntscheckige, schöne Erscheinung Parzifals erregt die Aufmerksamkeit des Hofs. Parzifal bittet darum, gegen den Roten Ritter Ither kämpfen zu dürfen, und erhält die Erlaubnis zum Zweikampf. Er tötet Ither mit einem Bauernspieß und zieht sich dessen Rüstung an. Eine erste Mutprobe ist bestanden. Ohne an den Hof König Artus' zurückzukehren, reitet Parzifal weiter, noch trägt er das Narrengewand unter der Rüstung. Bei Gurnemanz erlernt Parzifal alle Pflichten und Rechte ritterlich-höfischen Lebens, vor allem aber Selbstbeherrschung und Mäßigung. Gurnemanz gibt ihm den verhängnisvollen Rat, nicht allzu neugierig zu sein: »ir ensult niht vil gefrâgen«.

»Der tumbe Tor Parzifal«

Als formvollendeter Ritter steht Parzifal Condwiramurs bei, als ihre Stadt belagert wird. Er gewinnt sie als Herrin. Damit ist ein wesentliches Ziel des Artusritters erreicht, aber in Parzifals Seele kündigt sich mehr an. Auf seinem Ritt weg von Condwiramurs trifft er auf die Gralsburg, ein Arkanbereich jenseits der real erfahrbaren Artuswelt; er erlebt den Gral und die Gralsmahlzeit, aber er fragt nicht nach dem Grund für die Trauer am Hof, denn sein Lehrer Gurnemanz hat ihm ja geraten, nicht allzu neugierig zu sein. Am nächsten Morgen findet sich Parzifal vor der entvölkerten Burg wieder. Zum ersten Mal hat sich der vollendete Artusritter über die Grenzen dieser Welt hinausgewagt und ist gescheitert.

Der Gral

Wolfram deutet damit unübersehbar auf eine Gefahr der formalen Erstarrung des ritterlich-höfischen Ständebildes hin und konfrontiert sein Publikum mit ei-

Seite aus Wolframs
Willehalm (Handschrift,
Ende des 13. Jahr-
hunderts)

ner unbestimmten religiösen Erfahrung, die im konventionellen Schema von Ehre
und Minne nicht mehr verarbeitbar ist. Wolframs bewusst gesuchter und nach
außen hin betonter Bildungsweg als Autodidakt kann diese Absicht nur unter-
streichen. Parzifal kehrt in die Artuswelt zurück. Wieder trifft er auf Sigune, die
ihm nun erklärt, dass seine Mutter Herzeloyde die Schwester des todkranken
Gralskönigs Amfortas sei. Er trifft auch auf die von ihm unwissend erniedrigte
Jeschute, besiegt Orilus im Zweikampf und stiftet beider Ehe neu. Parzifal kehrt
als vollendetes Mitglied der Tafelrunde an den Hof König Artus' zurück. Wiederum aber meldet die unbegriffene Gralswelt ihren Anspruch auf Parzifal an. Während des Festmahls tritt die Gralsbotin Cundrie auf, verflucht Parzifal im Namen
des Grals und verkündet, dass Parzifal seine Ehre als Artusritter verloren habe.
Parzifal verlässt den Hof unverzüglich, obwohl er sich, ganz in seinen Vorstellungen der Artuswelt befangen, keiner Schuld bewusst ist. Von nun an gerät er als
gottloser Ritter ins Blickfeld, der seinen Abstand zu Gott mit seinem Lehensver-

hältnis begründet. Sein Pferd führt ihn zu Trevrizent, dem er sich als reuiger Sünder vorstellt.

Damit macht Parzifal den entscheidenden Schritt zu einem gottbezogenen Dasein und stellt sich zugleich außerhalb des Artuskreises, eine Tatsache, die ihm durch seine Einsamkeit, durch seine Sehnsucht nach dem Gral und Condwiramurs doppelt deutlich wird: Die Artusrunde kennt die Form der Einsamkeit und der Sehnsucht ja nur im Verlauf der »aventiure«, während des Hoffestes ist sie nicht zugelassen. Abermals erscheint die Gralsbotin Cundrie. Sie verkündet die Aufhebung des Fluchs über Parzifal und seine Berufung zum Gralskönig. Auf seiner erneuten Fahrt zum Gral wählt Parzifal den Heiden Feirefiz als Begleiter und stellt nun auch König Amfortas die von ihm lange erwartete Mitleidsfrage: »oeheim, waz wirret dir?« Der kranke Amfortas wird damit geheilt und Parzifal ist Gralskönig. Feirefiz ist nicht ohne Bedacht in die Gralshandlung einbezogen worden. Er ist Repräsentant eines Heidentum und Christentum umfassenden gottbezogenen Rittertums, das notwendig wird, weil sich in der Realität des Stauferreichs die Frage »Gott oder Welt?«, »Gott oder Teufel?« jeden Tag neu stellt. Die Antwort, die Wolfram gibt, ist ein wichtiges ideelles Bindeglied zum Kreuzrittertum, das von einer neuen Frömmigkeitsbewegung getragen ist. Mehr als eine ideelle Verbindung kann aber nicht gesehen werden, weil päpstliche Machtpolitik in den Kreuzzügen u. a. auch ein Mittel erkannte, die Reichsmacht und den sie tragenden, erhaltenden Ritterstand zu schwächen.

Religiöse Überhöhung des aventiure-Romans

Während von Wolfram von Eschenbach der *Willehalm* (um 1215, unvollendet) und der *Titurel* (um oder nach 1215) als weitere Werke bekannt sind, hat Gottfried von Straßburg ein einziges Epos hinterlassen: *Tristan und Isolde*. Eine Bearbeitung dieses Stoffes war bereits in der frühhöfischen Dichtung begegnet, der *Tristrant* des Eilhart von Oberge. Gottfried von Straßburg nennt als seine Vorlage eine Bearbeitung des Thomas von Britanje, deren Bedeutung ähnlich wie die Artusbearbeitungen durch Chrétien de Troyes einzuschätzen ist: Thomas von Britanje hat diesen Stoff auf die Bedürfnisse der ritterlich-höfischen Welt hin umgearbeitet. Gottfrieds *Tristan und Isolde* ist um 1210 entstanden und unvollendet geblieben. Seine Fortsetzer fand er in Ulrich von Türheim (um 1230) und Heinrich von Freiberg (um 1290). Gottfried von Straßburg entstammt nicht dem Ritter- oder Ministerialenstand, sondern dem Patriziat einer prosperierenden, unruhigen Stadt, deren Geschäfte durch die intensiven Handelsbeziehungen zwischen Frankreich und Deutschland geprägt werden. Gottfried wird als ›meister‹, nicht als ›her‹ bezeichnet. Hohe Bildung zeichnet ihn aus, er besitzt weitreichende Kenntnisse der antiken Geschichte und Literatur, der Theologie und französisch-höfischen Bildung, die ja stets einen Schritt weiter ist als die deutsche. Bedeutsam ist seine Auseinandersetzung mit Wolfram von Eschenbach, den er zwar nicht nennt, der aber doch eindeutig gemeint ist. Er wirft Wolfram schlampigen Umgang mit seiner Vorlage zum *Parzifal* vor und verkennt damit gerade die originale Leistung, die durch die Konfrontation der Artuswelt mit der Gralswelt zustande gekommen war. *Tristan und Isolde* stellt denn auch keine genuine Leistung im Sinne etwa Hartmanns von Aue oder Wolframs dar, sondern ist im Wesentlichen Bearbeitung, sorgfältige Kommentierung und Konzentration der Motivschichten. Für Gottfried von Straßburg, den städtischen Gelehrten, ist Thomas von Britanje eine unumstößliche Autorität, während Wolfram von Eschenbach – als ritterlicher Laie – mit seinem fiktiven Kyot scherzhaft-ironisch umgeht. Gottfried nimmt keine Umgestaltung oder Neukonzeption vor, sondern hält sich an das Aufbauschema der Vorlage, wie dies auch

Tristan und Isolde

Gottfried von Straßburg

Eilhart von Oberge getan hat. Auf die Darstellung von Tristans Jugend und der ersten Irlandfahrt folgt die zweite Irlandfahrt, der Minnetrank und die daraus sich ergebenden Verwicklungen, zuletzt Tristans Verbannung und seine verzweifelten Versuche, an König Markes Hof zurückzukehren. Es ist unverkennbar, dass Gottfried von Straßburg bei seiner Bearbeitung formale Aspekte des Gleichklangs der Reime, der kunstvollen Korrespondenz von Wörtern und Begriffen, von Namen in den Vordergrund gestellt hat. Er ist der rhetorisch gebildetste, auffälligste und bedächtigste unter den mittelhochdeutschen Epikern. Tristan und Isolde nennt er

> ein senedaere und ein senedaerin,
> ein man, ein wîp – ein wîp, ein man,
> Tristan Isolt – Isolt Tristan.

Schon in diesen wenigen Zeilen wird die Wortkunst Gottfrieds sichtbar; er versucht, auf der Ebene des Verses und des etymologischen Gleichklangs den unlösbaren Zauber des Minnetranks zu versinnbildlichen und die Musik des Magischen vorzuspielen, das Tristan und Isolde zu einem Wesen vereinigt hat:

> Tristan und Isôt, ir und ich,
> wir zwei sîn iemer beide
> ein dinc ân underscheide.

An diesem unterschiedslosen Einssein scheitern die Minnevorstellungen der ritterlich-höfischen Welt, und es ist das große Verdienst Gottfrieds, dass er den legendenhaften Kern der Erzählung – die unaufhebbare Wirkung des Minnetranks – ebenso wenig getilgt hat wie Wolfram die Anziehungskraft des Grals und den absoluten Charakter der Mitleidsfrage, die als solche ja nie erörtert oder infrage gestellt wird.

Zweikampf zwischen Tristan und Morolt

Die *Tristan*-Handlung findet einen ersten Höhepunkt im Zweikampf mit Morolt, der den Onkel Tristans, König Marke, tributpflichtig machen will. Tristan überwindet Morolt, trägt aber eine Wunde davon, die nur von der Schwester Morolts, Isolde, der Königin von Irland, geheilt werden kann. Verkleidet begibt sich Tristan auf die Fahrt, wird geheilt und lernt während seines Aufenthalts am Hof die Tochter der Königin kennen, die ebenfalls Isolde heißt. Nach seiner Rückkehr zu König Marke bietet sich Tristan als Brautwerber an; er will im Namen Markes um die Hand der jungen Isolde anhalten. Nach seiner heimlichen Landung besteht er einen wütenden Kampf mit dem Drachen; als er ihn getötet hat, sinkt er bewusstlos zusammen; von Hofleuten wird er aufgefunden und im Bad an seiner Narbe erkannt. Es gelingt Tristan, die ihm wegen Morolt zürnende Königin zu beschwichtigen und seine Brautwerbung bekannt zu geben. Er darf die junge Isolde als Braut zu König Marke führen; auf der Überfahrt nehmen beide versehentlich den Liebestrank ein, den die Königin Isolde für die Hochzeitsnacht Isoldes mit Marke vorgesehen hat. Ein unwiderstehliches Liebesverlangen überkommt Tristan und die junge Isolde, und noch während der Überfahrt geben sie ihm nach. Die Ehe Isoldes und Markes wird geschlossen, ihm aber während der Hochzeitsnacht die noch unberührte Brangäne untergeschoben. Der unstillbare Liebeshunger von Tristan und Isolde, das Versteckspiel und die Entdeckung durch den betrogenen Marke gipfeln in der Verbannung des Liebespaars. Waldleben und die Glückseligkeit der Liebesgrotte schließen sich an. Als sie an den Hof zurückkehren, ist Marke versöhnt, aber er muss zugleich die schicksalhafte Verbundenheit der Liebenden erkennen und untersagt Tristan den Aufenthalt am Hof. Auf seiner Fahrt begegnet Tristan Isolde Weißhand – die Namensgleichheit verführt ihn zu einem vermeintlichen neuen Liebesglück.

An dieser Stelle bricht Gottfrieds Fassung ab. Andere Tristanquellen weisen auf den Fortgang hin. Demnach heiratet Tristan Isolde Weißhand, aber er kann nicht davon ablassen, die wahre Isolde immer wieder aufzusuchen und in die Arme zu schließen. Eines Tages wird Tristan tödlich verwundet, man schickt nach Isolde, weil nur sie ihn heilen kann, aber er stirbt vor ihrer Ankunft. Als sie von seinem Tod erfährt, stirbt auch sie. An diesem Handlungsablauf und der sich daraus ergebenden Einschätzung des Versromans fällt die ungewöhnliche Behandlung der Minne auf. Alle Handlungsstränge sind auf ihre körperliche und seelische Erfüllung hin orientiert. Schon die Tatsache, dass Minne die körperliche Vereinigung der Liebenden einschließt, steht konträr zur ritterlich-höfischen Auffassung, für welche die Ferne zur Frau charakteristisch ist. Die *aventiure*-Elemente (Kampf mit Morolt, Kampf mit dem Drachen) stehen nicht im temperierten Spannungsfeld von ritterlich zu erwerbender Ehre und von Minnelohn durch die Herrin. Sie sind Durchgangsstationen, im Grunde Hindernisse auf dem Weg zur Vereinigung der Liebenden. Ein regelmäßiger Wechsel von Abschied und Rückkehr zur Geliebten, wie ihn die Artusdichtung kennt, ist für Tristan und Isolde undenkbar. Zwar nähert sich die Minnehandlung in der Betonung eines körperlichen neben einem seelischen Moment den Vorstellungen der frühhöfischen Minnelyrik, aber die Liebesbeziehung von Tristan und Isolde hat zugleich einen gesellschaftsfernen, wenn nicht gesellschaftsfeindlichen absoluten Charakter. Sie ist magischer Zwang aus ferner, vorhöfischer Zeit und bewusst dem rationalen, welterfahrenen Verständnis der ritterlich-höfischen Gesellschaft entrückt. Das ist die – gleichsam negative – Botschaft, die Gottfried von Straßburg seinem Publikum überbringen will. Nichts ist für diese Haltung Gottfrieds bezeichnender als die Behandlung der Figur König Markes. Ihm wird bescheinigt, dass er Isolde nur körperlich (»ze lîbe«), nicht aber seelisch (»z'êren«) besitzt und begreift. Er, der höfisch-humane Repräsentant der Minnekonvention, hat in der magisch-religiösen Ordnung, die diese Liebe schafft und die wiederum nur für sie geschaffen ist, keinen Platz: Er wirkt als Eindringling und als Störenfried, oder er kommt zu spät, wie beim Tod der beiden Liebenden. Dass der Tod überhaupt Bestandteil eines Minnekonzepts wird, ist ein weiterer Affront gegen die höfische Verfassung, die um die Pole der Freude und des Festes kreist. In seinem Prolog zu *Tristan und Isolde* wendet sich Gottfried von Straßburg deshalb zuletzt nicht an das höfische Publikum, von dem er wenig Verständnis erwarten darf, sondern an eine standesmäßig nicht fassbare, anonyme Gemeinde der »edlen Herzen«, denen sich Leben auf Tod, Liebe auf Leid zusammenreimt.

Minnekonzeption

Rückgriff auf Germanisch-Heroisches: Das Nibelungenlied

War der frühhöfische Versroman am Niederrhein und in Thüringen, das höfische Versepos am Oberrhein beheimatet, so treffen wir im bairisch-österreichischen Sprachgebiet auf einen Epenbestand, der bis in die germanisch-heroische Litera-

Epik aus der Zeit der Völkerwanderung

tur der Völkerwanderungszeit zurückreicht. Deren Überlieferungsform ist das
gesungene Lied gewesen, wobei der Endreim den Stabreim allmählich abgelöst
haben wird. Eine schriftliche Tradition heroischer Buchepik ist erst nach 1200
nachweisbar. Das *Nibelungenlied* ist im Zeitraum der staufischen Literaturepoche das einzige Heldenepos geblieben, das erhalten wurde. Vom 13. bis zum
16. Jahrhundert sind drei Dutzend Handschriften bekannt; Wolfram von Eschenbach war mit der bairisch-österreichischen Version vertraut, nennt aber deren
Verfasser nicht; dieser wiederum muss den *Iwein* des Hartmann von Aue gekannt haben. Aus der Widmung an den Bischof von Passau, Wolfger von Ellenbrechtskirchen, dessen Amtszeit von 1194 bis 1204 dauerte, kann geschlossen
werden, dass das *Nibelungenlied* zwischen 1200 und 1210 entstanden ist. Während die westfränkische heroische Dichtung ihren ursprünglichen Charakter
recht schnell verloren hat und sich zum »aventiure«- und Minneroman entwickelt *(Rolandslied, Willehalm)*, erhält sich der Charakter als Stammes- und Ge-
folgschaftsdichtung bzw. als Heldenpreislied lange Zeit. Die dem Original näher
stehende deutsche Heldendichtung verzeichnet deshalb auch in den späten Beispielen immer noch geschichtlich verbürgte Helden und Taten, während der
westfränkische Weg ja in die ungeschichtliche, ideale Artuswelt führt. Mit aus
diesem Grund behält die deutsche Heldendichtung das Arsenal von Sippe und
Gefolgschaft, vom Kampf um Sieg oder Tod, von schicksalhafter Begegnung und
heroischer Wechselrede bei, prägende Elemente auch im *Nibelungenlied*. Noch
ein Unterschied fällt auf. Während die westfränkische Tradition den Reimpaarty-
pus als bindendes Element des epischen Vortrags entwickelt, kennt das Heldenlied aus seiner Sangestradition heraus nur die Strophenform. Die Nibelungenliedstrophe setzt sich aus vier Langzeilen zusammen, die an die altgermanische
Stabreimlangzeile anknüpfen. Jede Langzeile baut auf einem vierhebigen Anvers
und einem dreihebigen Abvers auf, nur der letzte Abvers einer jeden Strophe hat
vier Hebungen:

Nibelungenliedstrophe

Es wuchs in Burgonden	ein viel edel magedîn
daz in allen landen	niht schoeners mohte sîn
Kriemhilt geheizen	wart eine schoene wip
darumbe muosen degene	vil verliesen den lip.

Der unbekannte Dichter des *Nibelungenliedes* war vielleicht zwischen Passau
und Wien beheimatet, in einer lebendigen Literaturlandschaft, die über zahlreiche Mäzene verfügte (der Bischof von Passau, der Babenberger Hof in Wien). Er
ist es gewesen, der dem *Nibelungenlied* sein ritterlich-höfisches Gepräge gegeben
und gleichzeitig zu einer Sprache gefunden hat, die sein höfisches Publikum
mitreißen musste. Nicht nur der ungewöhnliche Stoff, dessen heidnisch-germani-
sche Grundzüge immer wieder unter der ritterlichen Patina durchbrechen, sondern vor allem dessen Bändigung in einer schmucklos-klaren, selbstbewussten
Strophik muss einen exotischen Reiz ausgeübt haben. In der Tat ist das Nebeneinander älterer und jüngerer Schichten für das *Nibelungenlied* charakteristisch. Es
ist nicht aus dem Guss einer einmaligen und energischen Bearbeitung. Es setzt
sich zunächst aus zwei Liedfabeln von Siegfried und seiner Ermordung und dem
Untergang der Burgunden am Hof Etzels zusammen. Das oberflächliche Bindeglied ist die Kriemhildgestalt, aber auch sie bildet keine einheitliche Figur, sondern erscheint im ersten Teil als liebliches, umworbenes Mädchen, während sie
im zweiten Teil von den düsteren Zügen der Rache geprägt ist. In dieser Disparat-

heit hat der *Nibelungenlied*-Dichter seinen Stoff vorgefunden und getreulich konserviert. Uneinheitlich sind auch die Helden gestaltet. Während Hagen als heroischer Held klaglos stirbt und damit seine Schicksalsergebenheit demonstriert, gerät in der Gestalt Rüdigers – wie Dietrich von Bern Sinnbild ritterlicher Humanität – die Todesahnung zu einem tragischen Konflikt, den das heroische Heldenlied nicht kennt. Rüdiger wie Dietrich sind »Zutaten« aus späterer Zeit und unterlagen deshalb dem Gestaltungsvermögen des höfischen Dichters. So ist vor allem Dietrich hervorzuheben, der mehrfach die Überlegenheit des höfischen Ritters unter Beweis stellt und den Ablauf der Tragödie verzögert. Dietrich ist aber auch kein Artusritter, weil er die tragische Einsicht in die Schicksalhaftigkeit des Geschehens hat und es selbst zu Ende führt. In krassem Gegensatz zu ihm steht Hagen, eine autochthone Figur der heroischen Frühzeit, der kaltblütig, ja höhnisch den Mord an Siegfried bekennt. Ihm konträr zugeordnet ist die Rächerin Kriemhild, die aus einer gefühlsbetonten, der Reinheit und Ehre ihrer Sippe verpflichteten Haltung heraus handelt. Dass sich Hagen und Kriemhild – eine Frau, und was für eine – als Gegenspieler auf einer gleichwertigen Ebene bewegen, ist für das höfische Publikum ebenfalls ungewohnt. Die Artusepik behandelt nur den positiven Helden großzügig; das Böse und Negative werden von vornherein kenntlich gemacht und abgewertet. Ein weiterer Zug ist wesentlich: Während der Artusroman überwiegend Episoden- oder Kettenroman bleibt, der »aventiure« an »aventiure« reiht, zieht sich durch das *Nibelungenlied* die Gewissheit des schicksalhaften Ausgangs wie ein roter Faden. Zwar kennt sein Dichter alle Register höfischer Prachtentfaltung, Festtagsstimmung und Freude, aber diese Momente erscheinen nie ungebrochen, sondern sind durch Vorahnungen des bösen Endes getrübt. Ein letzter Grundzug muss hervorgehoben werden: Im *Nibelungenlied* wird deutlich, dass heroisches Geschehen historisch verbürgtes einmaliges Geschehen ist. Seine Handlungsträger sind nicht als Typen, sondern als Individualitäten verfasst, und einen entsprechend hohen Rang nimmt deren Tod ein. Auch die Handlungen sind im heroischen Lied nicht wiederholbar, sie ergeben kein Muster, das so oder so besetzt werden kann, wie es die Artusdichtung kennt und wie es im Vergleich des hartmannschen *Erec* mit dem *Iwein* sichtbar geworden ist. Das *Nibelungenlied* ist nur in dieser einmaligen Form denkbar, und in der Tat ist trotz seiner schriftlichen Fixierung keine stil- und literaturbildende Wirkung von ihm ausgegangen. Seine recht merkwürdige und vom Verlauf der deutschen Geschichte mehr als deutlich gezeichnete Wirkungsgeschichte ist ein anderer Fall, der nichts mit der Vergleichsebene, der Herausentwicklung der Artuswelt aus der normannisch-bretonischen Heldendichtung, gemein hat, aber auch kaum etwas mit dem *Nibelungenlied* in seiner Gestalt um 1200.

Nibelungenlied
(Textseite mit Initiale,
15. Jahrhundert)

Wernher der Gärtner, seinem Stand nach nicht näher bezeichnet, aus dem bairisch-österreichischen Sprachraum stammend, hat mit seinem zwischen 1250 und 1280 entstandenen Versepos *Meier Helmbrecht* mit satirischen Akzenten, zuletzt aber doch mit den alten ständehierarchischen Ordnungsvorstellungen auf die von Walther in seiner Spruchdichtung beklagte neue Realität geantwortet. Er hat seiner Erzählung das Gleichnis vom verlorenen Sohn zugrunde gelegt, mit einer entscheidenden Veränderung: Der verlorene Sohn wird bei seiner Rückkehr vom Vater nicht in Gnaden aufgenommen, sondern verstoßen, ein vorweggenommenes Zurechtrücken gottgewollter Ordnung und richtender Gerechtigkeit. Der Sohn – und als Nebenfigur die Tochter – hat gegen das vierte Gebot verstoßen. Meier Helmbrecht, bäuerlicher Herkunft, verachtet seinen Vater und strebt nach den höheren, die ererbten ständischen Grenzen überschreitenden Weihen des

*Ausklang einer großen
Epoche: späthöfische
Ständesatire*

Rittertums. Mit dieser ständischen Verunsicherung, dem offenkundigen Streben nach ständischem Aufstieg ist eine Zeiterscheinung angesprochen, die das unruhige Jahrhundert bestimmt. Meier Helmbrecht schmückt sich mit einer kostbaren Haube, die zum Symbol des angemaßten ritterlichen Standes wird. Konsequent beschreitet er den Weg zum Wegelagerer und Raubritter und kehrt nach Jahresfrist als lautstarker Großprotz zu den Eltern zurück. Er wird dort freudig empfangen, äußert aber unmissverständlich seine Verachtung des bäuerlichen Standes und gibt sich dünkelhaft als vollendeter Ritter aus. Nach Wochenfrist zieht er wieder los und wirbt seine Schwester als Braut für einen seiner Spießgesellen. Meier Helmbrechts illegitimes Streben nach höheren ständischen Weihen zeigt sich nicht nur in der Übertretung der Kleiderordnung (Haube), sondern auch in der Ausrichtung des Hochzeitsmahls, das mit Mundschenk, Truchsess, Kämmerer usw. peinlich genau den Adelscomment kopiert. Während des rauschenden Hochzeitsgelages wird die Beute aus Helmbrechts Raubzügen verprasst, und mitten im Fest erscheint der Richter mit seinen Schergen. Die Kumpane Meier Helmbrechts werden verurteilt und gehängt, er selbst wird geblendet und an Hand und Fuß verstümmelt. Damit ist das irdische Gericht an ihm vollzogen. Mühsam und elend schleppt er sich nach Hause, aber dort verflucht ihn sein Vater: »dein Amt ist der Pflug«. Meier Helmbrecht irrt ratlos umher, bis er ausgerechnet bei einem Bauern Zuflucht sucht, den er zu Beginn seiner Karriere als Raubritter ausgeplündert hat. Statt Brot und Wein bekommt Meier Helmbrecht den Strick und er endet, wie seine Freunde, am Galgen. Seine kostbare Haube, einst Symbol seiner neuen ständischen Identität, liegt zertreten und zerfetzt im Staub. Der *Meier Helmbrecht* Wernhers ist das hervorstechendste Beispiel eines neuen Realismus in der Literatur des Spätmittelalters, den die benachbarten Literaturen in dieser Prägnanz nicht kennen.

Minnesang

Gesellschaftskunst Minnesang

Wie die höfische Versepik ist auch der Minnesang der staufischen Literaturepoche zuzuordnen. Auch er wird vom Ritterstand getragen und ist für ihn ein wesentliches Ausdrucksmittel. Anders als das Versepos spielt der Minnesang als einstimmiger Solovortrag, der gelegentlich schriftlich notiert und von Fiedel, Harfe, Flöte, Dudelsack, Schalmei begleitet wird, eine zentrale Rolle im höfischen Festtagsablauf; nicht selten treten Minnesänger gegeneinander zum Wettstreit an – eine sublime Form des ritterlichen Turniers. Die Minnesänger kommen aus allen Ständen; Könige wie Wilhelm IX. von Aquitanien, Heinrich VI., Friedrich II. und Alfons von Kastilien befinden sich unter ihnen; zahlreiche Burggrafen sind als Minnedichter bekannt; und wenn schon die soziale Wirklichkeit ein immenses Gefälle innerhalb des Ritterstandes kennt, in der Gestalt des Minnesängers stehen Ritter von Geburt und von Vermögen, ärmliche Ministeriale der niedersten Stufe und Unterständische gleichrangig nebeneinander auf. Der Minnesang ist seinem bevorzugten Ort – dem höfischen Fest – und seinem Wesen nach gesellschaftliche Kunst. Er setzt nicht nur die versammelte Ritterschaft, sondern auch die Anwesenheit der Damen voraus. Die Grundkonstellation des Minnesangs ist des Öfteren als paradox bezeichnet worden: Der Minnesänger stimmt ein Werbe- und Preislied auf eine der anwesenden Damen an; ihm ist aber bewusst, dass er seine Dame, die er ›anhimmelt‹, nie erobern wird. Wovon er singt, wird er nie erleben, ein elementarer Grund für die introvertierte Diktion des Minnesangs und sein resignatives Erstarren in der gesellschaftlichen Konvention. Da die Minne eine körperliche Begegnung ausschließt, ist sie ganz als ethische, erzieherische Kraft zu sehen. – Als klassische Form des Minnelieds setzt sich die Stollenstrophe durch – eine dreiteilige Form, die in ihrer Grundstruktur mit den beiden ersten, metrisch gleichwertigen Versen den ersten Stollen, mit den beiden folgenden, die identisch sind, den zweiten Stollen bildet. Diesem »Aufgesang« steht ein im metrischen Bau und in Verszahl abweichender »Abgesang« gegenüber. Hinzu kommt die Melodie, nach der das Minnelied gesungen wird; sie ist für den weitaus größten Teil der Minnelyrik nicht überliefert. Wo in der Spätzeit Melodien erhalten sind, wie bei Neidhart, dem Sänger mit der größten Breitenwirkung, fehlen in der Regel die Angaben über Länge, Kürze und Takt.

Heinrich Frauenlob leitet ein höfisches Orchester.

Die Minnelyrik der staufischen Literaturepoche entwickelt sich in mehreren unterscheidbaren Etappen. Zwischen 1150 und 1170 gibt es eine donauländische Gruppe, die ohne Berührungsmöglichkeit mit der südfranzösischen Troubadourdichtung Minnelyrik hervorbringt (Meinloh von Sevelingen, Burggraf von Regensburg, Kürnberg, Dietmar von Aist, Burggraf von Rietenburg). Zwischen 1170 und 1190 ist am Mittel- und Oberrhein eine Gruppe zu beobachten, die deutliche Berührungspunkte mit der provenzalischen Tradition hat, aber rasch zu einem eigenen Formenbestand findet. Rudolf von Fenis, Heinrich VI., Bernger von Horheim, Heinrich von Rugge, Bligger von Steinach, Heinrich von Veldeke, Friedrich von Hausen, Albrecht von Johansdorf, Hartmann von Aue, Heinrich von Morungen und der Klassiker Reinmar sind die wichtigen Vertreter des »hohen Minnesangs«. Walther von der Vogelweide gilt als Vollender und Überwinder des hohen Minnesangs, weil er als der erlebnishungrigste, weltoffenste und kritischste Dichter seiner Zeit besonders in den späten Liedern der »niederen Minne« und in der Spruchdichtung zu einem neuen, realitätsbezogenen Ausdruck gefunden hat. Die Krise des Minnesangs, die Gefahr der Erstarrung im Konventionalismus, ist schon früher bei Neidhart in seinen Sommer- und Winterliedern fassbar, der mit seinem bewussten Prinzip des Stilbruchs viel Beifall bei seinem durch die Sterilität des Minnesangs bald gelangweilten Publikum fand. Schließlich findet sich eine späte Gruppe am Hof Heinrichs VII. (1220–35) mit Burkhart von Hohenfels und Gottfried von Neufen, bei der sich im Grunde bereits der Übergang von der hohen Minnedichtung zum Gesellschaftslied des Spätmittelalters vollzieht. Außerhalb der ritterlich-höfischen Standesdichtung entwickeln sich neue Formen der Mariendichtung, des Marienpreises und der erotisch gestimmten Pastourelle, welche die Begegnung des Ritters mit dem einfachen Landmädchen thematisiert. Der Minnesang hat Mitte bis Ende des 13. Jahrhunderts seine gesellschaftliche Geltung allmählich verloren; mit Hadloub vollzieht sich der Übergang zum spätmittelalterlichen und frühneuzeitlichen Meistersang.

Entwicklung der Minnelyrik

Wir kennen eine ganze Reihe von Prachthandschriften, in denen in adligem Auftrag die Minnelyrik der Vergangenheit gesammelt wurde. Die drei wichtigsten sind: die Kleine Heidelberger Liederhandschrift, die gegen Ende des 13. Jahrhunderts in Straßburg hergestellt wurde; die Weingartner Handschrift, die um 1300 vermutlich in Konstanz entstanden ist, sie enthält auch Dichterminiaturen, als Auftraggeber kommt der Bischof Heinrich von Klingenberg in Frage; schließlich die Große Heidelberger Liederhandschrift. Sie ist in Zürich zwischen 1300 und 1330 zu datieren und wird als *Manessische Liederhandschrift* bezeichnet. Sie gehört zu den schönsten und kostbarsten Handschriften, ist hierarchisch geordnet und setzt mit Kaiser Heinrich ein. Zeitlich reicht sie vom Kürnberger bis Frauen-

Sammler haben das Wort

lob und Hadloub; sie bietet 137 Dichterminiaturen und 140 Textsammlungen. Sie verdankt ihre Entstehung der Zürcher Patrizierfamilie Manesse, deren reichhaltige Bibliothek über eine große Lieder- und Handschriftensammlung verfügte.

Ursprung des Minnesangs

Im Zusammenhang mit der bis heute, trotz Erich Köhler und Norbert Elias, unbeantworteten Frage nach dem Ursprung des Minnesangs muss betont werden, dass unser Eindruck besonders von der bairisch-österreichischen Frühzeit nur flüchtig sein kann. Die frühe Minnelyrik wurde als sangbares Lied noch nicht gesammelt, es gab dafür ja keinen Grund; das meiste, das Aufschluss über die tatsächlichen Liedverhältnisse (Volkslied, Kirchenlied, Liebesdichtung, Vagantenlyrik usw.) geben könnte, ist untergegangen. Lyrik erscheint uns bis 1200 darum ausschließlich als Minnelyrik. Über ihre Wanderungsbewegung wissen wir, dass, von Südfrankreich ausgehend, die Troubadourlyrik im Norden des Reiches bekannt geworden und von da aus an den Oberrhein vorgedrungen ist. Zur schriftlichen Fixierung einer programmatischen Gesellschaftskunst hat also kein Anlass bestanden.

Falkenlied

Ich zôch mir einen valken mêre danne ein jâr
dô ich in gezamete
als ich in wolte hân,
und ich im sîn gevidere mit golde wol bewant,
er huop sich ûf vil hôhe
und floug in anderiu lant.

Ritterliche Liedkunst

So beginnt eines der bekanntesten Gedichte des frühen Minnesangs, das *Falkenlied* des Kürnbergers, eines österreichischen Ritters, der dieses Lied zwischen 1160 und 1170 geschrieben hat. Alles an diesem *Falkenlied* ist bereits ritterlich. Noch bevor die Troubadourlyrik bekannt wird, ist die Minnedichtung des bairisch-österreichischen Raums in der Lage, aus dem ritterlichen Lebensumkreis sublime Formen der Frauenverehrung zu entwickeln. Die Falkenzucht ist ritterliches Privileg, und die Sorgfalt, mit welcher der Falke geschmückt wird, ist Ausdruck der Sehnsucht nach der fernen Geliebten. Ein anderer Dichter des bairisch-österreichischen Sprachraums, Dietmar von Aist, scheint dem Kürnberger direkt zu antworten, wenn er um 1150 dichtet:

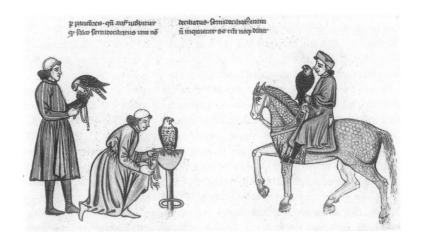

Mittelalterliches
Falkenbuch

Es stuont ein frouwe alleine
und warte uber heide
und warte ir liebes,
so gesach si valken fliegen.
»sô wol dir, valke, daz du bist!
du fliugest, swar dir liep ist.
du erkiusest dir in dem walde
einen boum, der dir gevalle.«
alsô hân ouch ich getân
ich erkôs mir selbe einen man,
den erwelton mîniu ougen.
daz nîdent schoene frouwen.
owê wan lânt si mir mîn liep?
jo engerte ich ir dekeiner trûtes niet.

Wiederum wird der Falke zur Sehnsuchtsmetapher. Schon in dieser frühen Stufe *Sehnsuchtsmetapher*
ist der Minnesang von der Einsamkeits- und Sehnsuchtsgebärde bestimmt, mit
dem wichtigen Unterschied zum hohen Minnesang: Diese Sehnsucht ist stillbar.
Der Minnesang ist keine Erlebnisdichtung, sondern Huldigung oder Abwesen-
heitsklage. Im klassischen Minnesang spricht nur der Mann, die Rolle der Frau –
wie in Dietmars Beispiel – ist nicht vorgesehen, weil sie dann ihre ideale Abstraktheit verlieren würde; sie darf keine Gefühle zeigen, sie ist ja auch nicht
anwesend. Der frühe Minnesang hat eine realistischere Minneauffassung. Der
Kürnberger dichtet weiter:

Wîp unde vederspil diu werdent lîhte zam:
swer sî rehte lucket sô suochent sî den man.
als warb ein schoene ritter um einen frouwen guot.
als ich dar an gedenke, sô stet wol hôhe mîn muot.

Noch kann der werbende Ritter auf die Erfüllung seiner Träume hoffen, weil in
der Frau dieselbe Liebesbereitschaft vorausgesetzt werden darf.

Die drei wichtigsten Dichter des klassischen (hohen) Minnesangs sind Fried- *Klassischer Minnesang*
rich von Hausen, Heinrich von Morungen und Reinmar. Friedrich von Hausen ist
in der unmittelbaren Umgebung Kaiser Friedrichs zu sehen. Er stammt vom Mittelrhein und stirbt während des dritten Kreuzzugs kurz vor Barbarossa am 6. Mai
1190 an den Folgen eines Sturzes vom Pferd. Seine Gedichte sind durchzogen von
der Klage über die Kälte der von ihm verehrten Frau und der Verzweiflung über
ihre Unerreichbarkeit. Schließlich macht er die Minne selbst für seinen Schmerz
verantwortlich:

Wâfenâ, wie hât mich minne gelâzen,
diu mich betwanc, daz ich lie mîn gemüete
An solhen wân, der mich wol mac verwâzen,
ez ensî, daz ich genieze ir güete,
Von der ich bin alsô dicke âne sin.
mich dûhte ein gewin, und wolte diu guote
wizzen die nôt, diu mir wont in mîn muote.

Als »wân« wird die Minne bezeichnet; Friedrich von Hausen fühlt sich von ihr
geschlagen wie von einer Krankheit, es sei denn, die geliebte Frau würde ihn in

Gnaden »güete« aufnehmen, wenn sie von seinem Zustand erfährt. Sie aber grüßt ihn nicht einmal, sondern geht stolz an ihm vorbei. Er fühlt sich im Innersten seines Herzens getroffen, aber er weiß zugleich, dass sie die Einzige ist, der er dienen kann: »seht dêst mîn wân« – wiederholt er seine Selbstanklage und rätselt über dem Wesen der Minne, die ihm seinen Verstand raubt und seinem Körper Schmerz zufügt. Schließlich lehnt er sich auf:

Leiden an der Minne

> Minne, got müeze mich an dir gerechen!
> wie vile mînem herzen der fröuden du wendest!
> Und möhte ich dir dîn krumbez ouge ûz gestechen,
> des het ich reht, wan du vil lützel endest
> An mir solhe nôt, sô mir dîn lîp gebôt.
> und waerest du tôt, sô dûhte ich mich rîche.
> sus muoz ich von dir leben bétwungenlîche.

Heinrich von Morungen

Gott soll ihm beistehen in seinem Kampf gegen die Minne, die ihn so furchtbar zugerichtet hat. Das Auge will er ihr ausstechen, und selbst wenn sie elend zugrunde gehen würde, es wäre ja nur gerechte Rache, und er würde sich glücklich schätzen; so aber muss er sich resignierend als der Unterlegene zu erkennen geben. Man darf nicht vergessen, dass es sich bei diesen Bildern um ein antithetisches Gesellschaftsspiel handelt. Es kommt darauf an, die kühnsten und unerhörtesten Vergleichsebenen zu finden, um dem recht einfachen Minneschema immer wieder neue dichterische Seiten abgewinnen zu können.

Heinrich von Morungen stand im Dienst des Markgrafen von Meißen und soll 1222 im Thomaskloster zu Leipzig gestorben sein. Auch er stellt die Minne als eine magische Macht dar, die ihn ernstlich bedroht:

> Mirst geschên als einem kindelîne,
> daz sîn schônez bilde in einem glase ersach
> Unde greif dar nâch sîn selbes schîne
> sô vil, biz daz ez den Spiegel gar zerbrach.
> Dô wart als sîn wünne ein leitlich ungemach.
> alsô dâhte ich iemer frô ze sîne,
> dô'ch gesach die lieben frouwen mîne,
> von der mir bî liebe leides vil geschach.

Magische Macht der Minne

Die Macht der Minne hat bewirkt, dass ihm die Geliebte im Traum erschienen ist, und deutlich gibt er diesem Traumbild einen erotischen Unterton, indem er von ihrem verheißungsvoll roten Mund berichtet. Diese Anspielung muss aber unverzüglich zurückgenommen werden – und das geschieht wiederum im selben Bild des roten Mundes – antithetisch: Er hat plötzlich Angst, die Geliebte könne sterben (»grôze angest hân ich des gewunnen / daz verblîchen süle ir mündelîn sô rôt«). Er fühlt sich angesichts dieser Angst hilflos wie ein unmündiges Kind, das sein Spiegelbild in einem Brunnen gesehen hat und es in Liebe umarmen will. Von der unstillbaren Sehnsucht wird ihn erst der Tod erlösen. In der Dichtung Heinrichs von Morungen fehlt es nicht an religiösen Anspielungen. Es ist vom Seelenheil des Mannes wie der Frau die Rede, der Frauendienst bewirkt die Aufnahme in die Schar der Seligen, Minne wird mit »herzeliebe« übersetzt und damit in die unmittelbare Nähe der Seelenbeziehung zu Gott gerückt. Sichtbarstes Krisensymptom ist aber, dass die Minne im Grunde vor der Gesellschaft nicht mehr

artikulierbar ist. Damit wird die den Dialog suchende Situation des Minnesangs
als Vortrag während des höfischen Festes zunichte.

Reinmar stammt vermutlich aus dem Elsass. Bewegt hat Gottfried von Straßburg seinen Tod 1210 beklagt. Als der routinierteste und innerlich vielleicht un-
beteiligste Vertreter des hohen Minnesangs führt Reinmar den gesamten For-
menreichtum und die Ausdrucksmöglichkeiten dieser Gattung vor Augen. Sein
Verhältnis zum Minnesang ist ungebrochen, sein Klageton beherrscht alle Register der Standesdichtung; er wird weder religiös überhöht, noch ist sein Minnekonzept in der Realität einholbar.

Klassiker Reinmar

> Ich waen, mir liebe geschehen wil:
> mîn herze hebet sich ze spil,
> ze fröuden swinget sich mîn muot,
> als der valke enfluge tuot
> und der are ensweime.

Adler und Falke, Signaturen ritterlicher Selbstgewissheit und Selbstsicherheit, werden noch mit der freudig empfundenen Minnebereitschaft in Einklang gebracht.

> Die werlt verswîge ich miniu leit
> und sage vil lützel iemen, wer ich bin.
> Ez dunket mich unsaelikeit,
> daz ich mit triuwen allen mînen sin
> Bewendet hân, dar ez mich dunket vil,
> und mir der besten eine
> des niht gelouben wil.

Ein auswendiges, fast mechanisches Aufblättern der Minnesangstereotypen
spricht aus Reinmars Dichtung, die an keiner Stelle die persönliche Betroffenheit
erkennen lässt, welche für Friedrich von Hausen und Heinrich von Morungen so
charakteristisch ist. Ja, Reinmar macht es sich sogar zur Aufgabe, der höfischen
Gesellschaft gegenüber das Bezeichnende des Schmerzes zu verhüllen, weil es in
die ständische Vorstellungswelt nicht hineinpasst. Und so kann denn auch seine
Klage über die Unerreichbarkeit der Geliebten nur behutsam die Ränder des Begehrens streifen.

Stereotypen der Minne

> Und wiste ich niht, daz sî mich mac
> vor al der welte wert gemachen, ob sie wil,
> Ich gediende ir niemer mêre tac:
> sô hât sie tugende, den ich volge unz an daz zil,
> Niht langer, wan die wîle ich lebe.
> noch bitte ich sî, daz sî mir liebez ende gebe.
> waz hilfet daz? ich weiz wol, daz siez niht entuot.
> nu tuo siz durch den willen mîn
> und lâze mich ir tôre sîn
> und neme mîne rede für guot.

Die europäische Minnedichtung wird gemeinhin als erster Anfang einer persönlichen, die Ich-Erfahrung suchenden Lyrik bezeichnet. Das ist formal richtig, aber
gerade die Auseinandersetzung, die Walther von der Vogelweide mit Reinmar

*Auf der Suche
nach dem Ich*

Frauen auf einem Tanzfest

Walther von der
Vogelweide

Walthers Lebensnähe

um das Wesen der Minnedichtung geführt hat – die berühmteste Literaturfehde des Mittelalters –, kreist zentral um Ausdrucksmöglichkeiten des eigenen inneren Erlebens. Erst mit Walthers Minne- und Spruchdichtung kommt individuelle Erfahrung zur lyrischen Geltung, gerät die reichspolitische Gegenwart ins Blickfeld.

Walther von der Vogelweide wurde um 1170 geboren. 1190 befindet er sich unter der Obhut Leopolds V. am Babenberger Hof zu Wien. Nach dem Tod Leopolds V. (1194) übernimmt sein Sohn Friedrich das Patronat und erst nach dessen Ende 1198 verliert Walther von der Vogelweide seinen Lehensanspruch. Ob eine Auseinandersetzung mit Friedrichs Nachfolger Leopold VI. der unmittelbare Anlass war, spielt keine Rolle – für Walther beginnt eine Zeit der unsteten Wanderschaft und der materiellen Unsicherheit, die er in seinen Liedern immer wieder beklagt hat. Im Sommer desselben Jahres steht er bereits in den Diensten Philipps von Schwaben, er findet sich später im Gefolge Ottos IV. und Friedrichs II. Im Jahr 1203 kehrt er im Gefolge des Passauer Bischofs Wolfger von Ellenbrechtskirchen nach Wien zurück, als das Hochzeitsfest Leopolds VI. gefeiert wird. Walthers endgültiger Bruch mit dem klassischen Minnesang ist vollzogen. In den beiden folgenden Jahren kommt der Durchbruch zu einem neuen und unverwechselbaren Dichtungsstil. Als er in den Diensten Friedrichs II. steht, wird er um 1220 mit einem Lehen bei Würzburg belohnt, das ihm sein Auskommen sichert. Der Lebensabschnitt des ruhelosen Wandersängers ist beendet. In einem seiner späten Gedichte widmet sich Walther dem Kreuzzug von 1228/29. Es ist das letzte historische Datum, das sich erschließen lässt. Um 1230 ist er gestorben und in Würzburg begraben worden. Im Laufe der kommenden Jahrhunderte ist sein Grab oftmals aufgesucht und bezeugt worden, es wurde aber auch Gegenstand der Legendenbildung.

Walther von der Vogelweide beginnt als Schüler Reinmars, aber von Anbeginn an ist seine Lyrik von einem helleren, freudigeren Ton durchzogen. Anklänge an die frühe donauländische Dichtung des Kürnbergers und des Dietmar von Aist, die zu seinem unmittelbaren kulturellen Umfeld gehört haben müssen, lassen sich beobachten. Literarisch fassbar wird Walther erst in seiner Auseinandersetzung mit Reinmar. »Gott bewahre mich vor einem traurigen Leben« (»Herre got, gesegene mich vor sorgen / daz ich vil wünneclîche lebe«), sagt er und stellt damit der Trauer und der Klage, die den paradoxen Grundzug der Minnelyrik (Anbetung und Unerreichbarkeit der Geliebten) beherrschen, eine neue Daseinsfreude entgegen. Entscheidend aber ist, dass er seiner Dichtung ein anderes Frauenbild zugrunde legt. Ist die Frau im klassischen Minnesang stets abwesend, in Walthers Dichtung nimmt sie als unmittelbare Begegnung zwischen Mann und Frau lyrische, d. h. mitteilbare, für das Publikum nachvollziehbare Gestalt an.

> Al mîn fröide lît an einem wîbe:
> der herze ist ganzer tugende vol,
> und ist sô geschaffen an ir lîbe
> daz man ir gerne dienen sol.
> ich erwirbe ein lachen wol von ir.
> des muoz sie gestaten mir:
> wie mac siz behüeten,
> in fröwe mich nâch ir güeten.
>
> Als ich under wîlen zir gesitze,
> sô si mich mit ihr reden lât,
> sô benimt sie mir sô gar die witze
> daz mir der lîp alumme gât.
> swenne ich iezo wunder rede kan,
> gesihet si mich einest an,
> sô han ichs vergezzen,
> waz wolde ich dar gesezzen.

Auch Walthers Dichtung ist Minnesang, dem der Frauendienst zugrunde liegt. *Frauendienst*
Auch er verliert den Verstand, aber er verliert ihn, wenn er seine Geliebte sieht oder neben ihr sitzt und mit ihr spricht. Walther unterscheidet sich vom klassischen Minnesang durch sein neues Minneprinzip, das auf Gegenseitigkeit beruht – keine Betonung der Hierarchie also, wie es für eine auf die höfische Adresse konzentrierte Dichtung nahe liegen mag, sondern weltoffenes Zugehen auf die individuelle Frau, die nicht mehr den ›abstrakten‹ höfisch-repräsentativen Typus verkörpert. Diese Haltung wird Walther auf seinen Fahrten nach 1198 gewonnen haben, und er gibt ihr ungeschminkten Ausdruck:

> Ich wil einer helfen klagen, *Lob der sinnlichen Liebe*
> der ouch fröide zaeme wol,
> dazs in alsô valschen tagen
> schoene tugent verliesen sol.
> hie vor waer ein lant gefröut um ein sô schoene wîp:
> waz sol der nû schoener lîp?
> Swâ sô liep bî liebe lît
> gar vor allen sorgen frî,
> ich wil daz des winters zît
> den zwein wol erteilet sî.
> winter unde sumer, der zweier êren ist sô vil
> daz ich die beide loben wil.
> Hât der winter kurzen tac,
> sô hât er die langen naht,
> dazu sich liep bî liebe mac

> wol erholn daz ê dâ vaht.
> waz hân ich gesprochen? wê jâ het ich baz geswigen,
> sol ich iemer sô geligen.

Diesen Preis der sinnlichen Liebe kennen der frühe Minnesang, das Volkslied, das Tagelied, die Pastourelle und die Vagantendichtung. Walther integriert sie in sein Konzept – man beachte das fingierte Erschrecken: Er würde es vorziehen zu schweigen, wenn ihm das unmittelbare Erlebnis versagt bliebe –, macht sie aber nicht zum ausschließlichen Gegenstand. Walther kämpft damit nicht nur gegen die Ungerechtigkeit, ja Hohlheit des klassischen Minnekonzepts an, sondern auch gegen die Erniedrigung und Demütigung des Mannes, die er als unritterlich, als höfisch-dekadent empfindet. Darin liegt die ständische Begründung des Einbezugs der sog. »niederen Minne«. So wird auch Hartmann von Aue empfunden haben, als er der hohen Minne seine Absage erteilte:

Absage an die hohe Minne

> Ze frouwen habe ich einen sin
> als sî mir sint, als bin ich in;
> wand ich mag baz vertrîben
> die zît mit armen wîben.
> swar ich kum, dâ ist ir vil,
> dâ vinde ich die, diu mich dâ wil;
> diu ist ouch mînes herzen spil:
> waz touc mir ein ze hôhez zil?

Es geht nicht ab ohne Kritik auch am Verhalten der höfischen Frau: Den hohen Rang, den ihr die Dichtung einräumt, nutzt sie in arroganter Gleichgültigkeit gegenüber dem Mann aus. Auch Walther unterscheidet – wie hier Hartmann von Aue – »frouwe« und »wîp« und meint damit die ständisch hervorgehobene Frau im Vergleich zur Frau schlechthin; aber er wendet sich nicht wie Hartmann der unteren Frau zu, sondern versucht, das höfische Leitbild zu verändern. Sein Frauenbild ist umfassend und universal zu verstehen, ständisch ist es weder innerhalb noch unterhalb des weltlichen Adels zu fassen.

Walther als staufischer Standesethiker

Bilden neben den Minneliedern die Tagelieder, die Pastourellen und die Kreuzzugsgedichte einen geringeren Anteil der waltherschen Dichtung, so stellt er sich mit seiner seit 1198 sichtbaren Spruchdichtung als erster politischer Dichter deutscher Sprache vor. Die Spruchdichtung, wie sie durch die Moraldidaxe des sog. Spervogel vertreten wird, ist an sich der Lehrdichtung zuzuordnen, aber Walther von der Vogelweide will nicht als Moralist, sondern als staufischer Standesethiker wirken. Die Krise des Reichs trifft ihn 1197 unmittelbar, und wie selbstverständlich äußert er als Dichter, auf den man in Adelskreisen hört, seine Besorgnis über die Zustände im Reich und die Umtriebe des Papstes, der die weltliche Autorität untergraben will. In einem seiner drei »Reichssprüche« fordert er unverhüllt zur Krönung des Staufers Philipp von Schwaben zum neuen König auf:

> Ich hôrte ein wazzer diezen
> und sach die vische fliezen
> ich sach swaz in der weite was,
> velt walt loup rôr unde gras.
> swaz kriuchet unde fliuget
> und bein zer erde biuget,

daz sach ich, unde sage iu daz:
der keinez lebet âne haz.
daz wilt und daz gewürme
die strîtent starke stürme,
sam tuont die vogel under in;
wan daz si habent einen sin
si dûhten sich ze nihte,
si enschüefen starc gerihte.
sie kiesent künege unde reht,
sie setzent hêrren unde kneht.
sô wê dir, tiuschiu zunge,
wie stêt dîn ordenunge!
daz nû diu mugge ir künec hât,
und daz dîn êre alsô zergât.
bekêrâ dich, bekêre.
die cirkel sint ze hêre,
die armen künege dringent dich
Philippe setze en weisen ûf,
und heiz si treten hinder sich.

Walther bezweifelt niemals grundsätzlich das Konkordat von weltlicher und geistlicher Macht, dies wird im ersten seiner Reichssprüche, »Ich saz ûf eime steine«, deutlich. Aber er ist der erste deutsche Laiendichter, der die päpstliche Kurie angreift und sie der Simonie (des Ämterkaufes) bezichtigt. Die Zeit des Interregnums und die Machtgier Papst Innozenz' III. beweisen Walther, dass der staufische Kosmos, der sein Weltbild seit seiner Jugend bestimmt hatte, zerbrochen ist. Diese Erkenntnis bezieht er nicht nur auf die politische Situation, sondern ebenso auf die soziale; die Zeit eines selbstbewussten, das Reich tragenden und erhaltenden staufischen Rittertums ist vorbei. In seiner Elegie hat er dieser Erkenntnis, fern einer ritterlich-christlichen oder ständisch-religiösen Selbstgewissheit, verzweifelten und den Tonlagen der Zeit enthobenen Ausdruck verliehen:

Owê war sint verswunden	alliu mîniu jâr!	*Elegie*
ist mir mîn leben getroumet,	oder ist ez wâr?
daz ich ie wânde ez wœre,	was daz allez iht?
dar nâch hân ich geslâfen	und enweiz es niht.
nû bin ich erwachet,	und ist mir unbekannt
daz mir hie vor was kündic	als mîn ander hant.
liut unde lant, dar inn ich	von kinde bin erzogen,
die sint mir worden frömde	reht als ez sî gelogen.
die mîne gespilen wâren,	die sint træge unt alt.
bereitet ist daz velt,	verhouwen ist der walt:
wan daz wazzer fliuzet	als ez wîlent flôz,
für wâr mîn ungelücke	wânde ich wurde grôz.
mich grüezet maneger trâge,	der mich bekande ê wol.
diu welt ist allenthalben	ungenâden vol.
als ich gedenke an manegen	wünneclîchen tac,
die mir sint enpfallen	als in daz mer ein slac,
iemer mere ouwê.

Owê wie uns mit süezen
ich sihe die gallen mitten
diu Welt ist uzen schœne,
und innân swarzer varwe,
swen si nû habe verleitet,
er wirt mit swacher buoze
dar an gedenkent, ritter:
ir tragent die liehten helme
dar zuo die vesten schilte
wolte got, wan wære ich
sô wolte ich nôtic armman
joch meine ich niht die huoben
ich wolte sælden krône
die mohte ein soldenære
möht ich die lieben reise
sô wolte ich denne singen wol,
niemer mêr ouwê.

dingen ist vergeben!
in dem honege sweben:
wiz grüen unde rôt,
vinster sam der tôt.
der schouwe sînen trôst:
grôzer sünde erlôst.
ez ist iuwer dinc.
und manegen herten rinc,
und diu gewîhten swert.
der sigenünfte wert!
verdienen rîchen solt.
noch der hêrren golt:
êweclîchen tragen
mit sîme sper bejagen.
gevaren über sê,
und niemer mêr ouwê,

Freilich inszeniert er auch, Jahre zuvor, in seinem populärsten Gedicht ein Vexierbild indirekter, diskreter Zeugnisse einer Liebesstunde. Ein versonnener, melan-
cholischer Zwiespalt, ein fröhlich-resignativer Rückblick, der auf ein Neues aus ist.

Under den linden
An der heide,
da unser zweier bette was,
da muget ir vinden
schone beide
gebrochen bluomen unde gras.
Von dem walde in einem tal,
tandarandei,
schone sanc diu nahtegal.

*Ein radikaler Neuerer:
Neidhart*

Neidhart

Neidhart schließlich, jüngerer Zeitgenosse Walthers von der Vogelweide und
Wolframs von Eschenbach, der Sprache nach als bairisch-österreichisch einzuordnen, zeitweise am Wiener Hof lebend, gilt als einer der radikalsten Neuerer
der deutschsprachigen Literatur. Ein Volkssänger, ein Goliard, ein Jahrmarkts-,
Kirchweih- und Wirtshaussänger, ein erster Entertainer, Popstar also, wenngleich
von lokaler Bedeutung, mit zeitgemäß begrenzter medialer Ausstrahlung. Seine
Winter- und Sommerlieder, die auf eine hohe musikalische Begabung hinweisen,
orientiert er an einer ländlich-bäuerlichen Bilder-und Erlebniswelt. Neidhart beherrscht alle Töne der zärtlichen, liebestollen Brautwerbung, der inbrünstigen
Naturverehrung, der sarkastischen Menschendarstellung, der Verfluchung des
menschlichen Unglücks und des überschwänglichen Glücksempfindens. Rauf-
und Rüpelszenen, bäuerliche Tanzvergnügen, der lautstarke, raue Lärm des
Landlebens gehören ebenso zu seinem Repertoire wie eine weit ausgreifende
Naturmetaphorik, in der das sperrige höfische Minnekonzept sein Platzrecht ein
für alle Male verloren hat und einem genialen musikalischen Realismus Platz
macht. Die spätmittel-alterliche Gegenwart Neidharts verlangt offensichtlich här-
tere und deutlichere Bestätigungen dafür, dass es, ob gut oder schlecht, so ist, wie
es ist (als ihm eine geile »Alte«, d. h. unwürdige Ledige, an die Wäsche will):

Ein altiu diu begunde springen
Hôhe alsam ein kitze enbor: sie wolde bluomen bringen.
»tohter, reich mir mîn gewant:
ich muoz an eines knappen hant,
der ist von Ruiwental genant.«
Traranuretun traranuriruntundeie.

Grundzüge der Literatur des Spätmittelalters

Walthers von der Vogelweide um 1220 wiederholt geäußerte Klage über den Sittenverfall bei Rittertum und Volk, über die allgemeine unsichere Situation im Lande und den sichtbaren Schwund der staufischen Reichsmacht darf nicht täuschen. Sie ist ständische Klage, auch wenn sie im Namen der Menschheit zu sprechen scheint. Ihre ideologische Adresse ist das politisch bedeutungslos gewordene staufische Reichsrittertum und nicht die gesamte Menschheit des christlichen Weltkreises. So hellsichtig und vielseitig sich diese Standesdichtung oft darbietet, letzten Endes ist sie dem konservativen Lager zuzuordnen, weil ihr – ihre autoritätsbezogene und typologisch eingeengte Spätphase im 13. Jahrhundert weist deutlich darauf hin – ein aufnahmebereiter, aufnahmefähiger Blick für die neuen reichspolitischen Realitäten zwangsläufig und aus ihrem eigenen Selbstverständnis heraus fehlen muss. Die Epik und Lyrik der Stauferzeit lebt im 13. Jahrhundert weiter, aber sie tut es in Erfüllung eines einmal gefundenen Musters, mit deutlichem Blick zurück. Die Literaturverhältnisse im deutschen Spätmittelalter sind schwierig zu bestimmen. Selbst umfangreiche Darstellungen dieser Jahrhunderte des literarischen Formenwandels und des gesellschaftlichen Ablösungsprozesses haben immer wieder die nicht zu bewältigende Fülle des Stoffs auf der einen und die lückenhafte Literaturforschung auf der anderen Seite beklagt.

Ende des staufischen Rittertums

Die Literatur des 13. und 14. Jahrhunderts ist noch keine bürgerliche Literatur im neuzeitlichen Wortverständnis. Sie ist aber auch nicht mehr, wie im 11. bis in die erste Hälfte des 12. Jahrhunderts, eine Literatur der geistlichen Dichter oder später eine Kunstform der Ritter und Ministerialen. Zwar kann man an Stadtbürgern wie der Zürcher Patrizierfamilie Manesse beobachten, dass sie die ritterliche Dichtung der Stauferzeit zu bewahren und zu erhalten sucht und auf dessen Weiterpflege mäzenatisch einwirkt; es handelt sich dabei aber um die Repräsentationsattitüde einer zu Geld und Ansehen gelangten städtischen Oberschicht, um einen nach rückwärts gewandten Nobilitierungsversuch – keineswegs um einen eigenständigen literarischen Ausdruck des immer mächtiger werdenden Stadtpatriziats. Auch die beiden beliebtesten Figuren der Literatur des 13. bis 15. Jahrhunderts, Bauer und Handwerksgeselle, sind für eine Verbürgerlichung der Literatur von geringer Aussagekraft, weil sie stets im Kontext komischer Dichtung (Schwank, Satire, Fastnachtsspiel) auftreten und selbst dort diametral entgegengesetzte Rollen einnehmen können. Die Summe des Geschriebenen und auch des Überlieferten steigt gewaltig an, Zeichen der sozialen Vertiefung des Bildungswesens insgesamt, aber auch des gesteigerten Bedarfs an Literaturerzeugnissen aller Art, wobei die Fachliteratur bei weitem überwiegt. Dennoch herrscht der mittelalterliche Literaturbegriff auch in den neu entstehenden Formen vor. Er bevorzugt die Reproduktion literarischer Muster, die Bildung typologischer Reihen. Dabei kommen die technischen Verfahren der Zeit zu Hilfe: Die Herstellung

Frühbürgerliche Literatur?

einer Handschriftenkopie, die Nachdichtung eines mittellateinischen oder mittelhochdeutschen Stoffes kommt einer Neuauflage gleich; einen Begriff des geistigen Eigentums, der Originalität oder des Genies kennt auch das Spätmittelalter
noch nicht. Die allgemeine Tendenz zur anonymen Kunstproduktion – wenngleich immer wieder durch Einzelgänger durchbrochen – bleibt gewahrt.

Was ist literarisch neu?

Was ist literarisch neu und zukunftweisend? Der Prosaroman steht in seinen
Anfängen und löst das traditionelle, durch Reimpaare gebundene Versepos allmählich ab. Geistliche und weltliche Dramatik entfalten sich und bilden erste
Ansätze einer autonomen Dramaturgie. Weltliche und geistliche Fachliteratur bieten einen breiten Fächer theologischen bis philosophischen und mathematisch-
naturwissenschaftlichen Schrifttums und legen damit eindeutiger als die Dichtung den Grundstein zur neuhochdeutschen Schriftsprache. Fürstenhöfe, Städte
und Universitäten sind die Zentren dieser neuen Entwicklung. Wie stellt sich die

Zerbrechen der Reichskonzeption

politische und wirtschaftliche Lage dar? Seit dem Tod Heinrichs VI. im Jahr 1197
ist der Reichsverfall im Innern wie im Äußeren immer krasser zutage getreten; die
große frühmittelalterliche Konzeption, das Reich als eine christlich überbaute
und durch die Konstantinische Schenkung legitimierte Fortsetzung des antiken
Imperium Romanum zu gestalten, zerbricht während des Interregnums angesichts der tonangebenden Vormachtstellung Frankreichs und der römischen Kurie. Auf deutschem Boden, gefördert durch den Kampf um die Vormachtstellung
im Reich zwischen den Wittelsbachern, den Habsburgern und den Luxembur-
gern, entwickelten sich die politischen Verhältnisse in die für die kommenden
Jahrhunderte verhängnisvolle Richtung vom kaiserlichen Personenverbandsstaat
zum territorialen Fürstentum. Hatte der kaiserliche Personenverbandsstaat seine
Aufsicht und Wahrung durch ein vielfältiges Lehenssystem delegiert, so begannen nun die Territorialfürsten, alle Macht in ihrer Hand zu vereinigen, indem sie
die Verwaltung, die Besteuerung, die Rechtsprechung usw. neu ordneten und
Reiche innerhalb des Reichs zu bilden begannen. An der politischen Eigenwillig-
keit der Kurfürsten, der weltlichen und geistlichen Fürsten sowie der kleinen und
kleinsten Landherren und Grafen änderte schließlich auch die Reichsreform Kaiser Maximilians I. nichts: In Deutschland begann das Fürstentum, »Außenpolitik
nach innen« zu betreiben. Der Partikularismus drang in das politische, gesellschaftliche und kulturelle Leben ein und setzte für den Verlauf der deutschen
Geschichte bis ins 19. Jahrhundert verhängnisvolle Akzente.

Neue Elite: Das Stadtpatriziat

Nicht nur das politische System, auch die Sozialordnung des Mittelalters
verändert sich, erhält eine umfassendere Bedeutung. War ursprünglich nur
zwischen Geistlichkeit und Laientum unterschieden worden, so kennt das Spätmittelalter die ständische Reihe Geistlichkeit, Rittertum, Bürgerschaft und Bauernschaft. Die Armen blieben außen vor. Vor allem die rasch aufblühenden Städte
erweisen sich als Attraktions- und Integrationspunkte der Stände, d. h. ständische
Grenzen werden nicht mehr als unüberbrückbar angesehen. Die Städte, deren
Luft frei macht, verzeichnen den Zuzug von »verbürgerlichenden« Rittern ebenso
wie von besitzlosen Bauern. Dieser Kräftebedarf der Städte erklärt sich durch die
Steigerung der handwerklichen Produktion, den Ausbau der Handelsbeziehungen (Fernhandel mit den nationalen Nachbarn, den Mittelmeerländern und dem
kolonisierten Osten), durch das Entstehen eines von Angebot und Nachfrage bestimmten Markts. Die traditionell an den Naturalienhandel gewöhnte landwirtschaftliche Produktion gerät dadurch in erhebliche Schwierigkeiten, die große
Teile der Bauernschaft und des Landrittertums erfassen. Ein Übriges bewirken
Missernten und Katastrophen wie die Pestjahre von 1347 bis 1351, als die Bevöl-

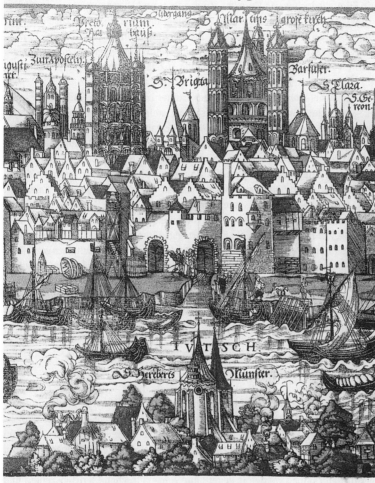

Panorama des aufstrebenden Köln als Beispiel städtischer Expansion

kerung Deutschlands auf die Hälfte zusammenschmolz und im Gefolge der Agrarkrise und des Preisverfalls auch die Grundrenten der Landherren verloren waren. Damit erhält der Konflikt zwischen Bauern und Grundherren einen
konstitutiven politischen Rang. Gegen Ende des 14. Jahrhunderts sind denn auch
die ersten Bauernunruhen in Süddeutschland und Südwestdeutschland zu verzeichnen. In den Städten selbst geben die Stadtpatrizier, zu Reichtum gekommene Handelsherren, den in Fragen der städtischen Repräsentanz, des Bürger- und
Handelsrechts, der Marktordnung, der Wiegeordnung, der Preise und Zölle, der
Polizei und niederen Gerichtsbarkeit ausschlaggebenden Ton an. Erst allmählich
gelingt es den in Zünften oder Gilden organisierten Handwerksmeistern, mit Sitz
und Stimme in die Stadtmagistrate einzudringen. In Städten wie Köln, Frankfurt,

Zürich, Ulm und Augsburg kommt es sogar zu bewaffneten Zunftaufständen, mit denen dies Ziel verwirklicht wird (Mitte des 14. Jahrhunderts). Ihrerseits führen die Zünfte jedoch gegen Gesellen, Zuwanderer und Dienstleute einen deutlichen »Abwehrkampf nach unten«. Wie notwendig dies war, mag die Zusammensetzung der Stadtbevölkerung zeigen: Zwar gehören durchschnittlich 10 Prozent dem Patrizierstand an, aber 50 Prozent sind den Handwerkern zuzurechnen und der Rest gehört der Unterschicht an. In der sozialen Pyramide sind die Handwerker überrepräsentiert und müssen die Aufsteiger abwehren.

Die Kirche im bürgerlichen Alltag

Im täglichen Leben der Stadt wie des Landes hat die Kirche eindeutig die geistige Vormachtstellung, obwohl auch sie von zahlreichen Krisen geschüttelt wird. Die religiöse Dichtung ist ein wesentlicher Bestandteil der Literatur des Spätmittelalters. Das vorbildliche Leben und der Kreuzestod Christi sind die großen Stichwörter dieser Literatur, die angesichts der Wirren der Zeit, des materiellen Elends wie Glücks und des Kampfes aller gegen alle eine jenseitige Erlösungsgewissheit vermittelt. Ob es sich um die das geistliche Jahr begleitende kalendarische Legendensammlung handelt, welche die abendliche Lektüre bildet, oder aber um das geistliche Drama, das aus dem engen liturgischen Zusammenhang herausgelöst und volkssprachig in mehrtägigen und szenenreichen Vorstellungen als Passionsspiel oder Jüngstes Gericht auf dem Dom- oder Kirchplatz vorgeführt wird – stets handelt es sich um Literaturformen, die unmittelbar in die alltägliche Erlebnissphäre des Christenmenschen hineinzureichen und dem, was ihm glücklich oder unglücklich begegnet, einen sofort erkennbaren, christlich-allegorischen Sinn zu verleihen suchen. Die christliche Dichtung des Spätmittelalters hat praktisch-moralischen Charakter.

Geistliches Drama

Volkstümliche Frömmigkeitsbewegung

Das geistliche Drama, die wichtigste Gattung der geistlichen Dichtung, umfasste Osterspiele, Passionsspiele, Marienklagen, Weihnachtsspiele, Leben-Jesu-Spiele, Prophetenspiele, Paradiesspiele, Prozessionsspiele, Legendendramen u. a. m. Im Unterschied zum weltlichen Drama sind seine lateinischen Fassungen bekannt und können mit den neuen volkssprachigen Versionen verglichen werden. Die geistlichen Dramen werden in erster Linie vom städtischen Klerus inszeniert und geleitet, Bürger und Studenten stellen die Akteure. Stets ist das biblische Geschehen zugrunde gelegt, aber bei der Ausgestaltung der einzelnen Szenen und Figuren hatten die Bearbeiter freie Hand. Die Tendenz zu einem immer größeren Figuren- und Szenenaufwand zwang zum Schritt aus der Kirche auf den Marktplatz. Damit vollzog sich eine gewisse Verweltlichung der Szenen- und Personengestaltung (es treten Krämer und Ritter auf, Teufels- und Rüpelszenen haben zum Gaudium der Zuschauer schon schwankhafte Züge). Geistliche Dramen waren über den gesamten deutschen Sprachraum verbreitet. Sie waren standortgebunden und erforderten oftmals eine großflächige, mehrere Ebenen umfassende Simultanbühne, die von den Darstellern erst nach Ende der Vorstellung verlassen werden durfte. Gelegentlich, besonders im Passionsspiel, wurde das geistliche Drama auch in Form eines Umzugs von Szene zu Szene gestaltet. Individualität durften die Schauspieler ihrer Rolle nicht verleihen, sie hatten sich auf repräsentative ständisch-allegorische Chargen zu beschränken.

Das geistliche Drama des Spätmittelalters ist wichtiger Bestandteil einer neuen, volkstümlichen Frömmigkeitsbewegung, deren Kernstück freilich in der Figur der

Simultanbühne – das
große »Ecce-homo«-Spiel

Mutter Maria als gnadenreicher Helferin des sündigen und durch zahlreiche Gefahren geängstigten Menschen besteht; die Gottesmutter wird Gegenstand zahlloser, zunächst mündlich tradierter Marienlegenden; sie findet ebenso Eingang in die Malerei und Bildende Kunst wie in die Kleinepik und die lyrisch-hymnische und dramatische Dichtung. Mit dieser Entwicklung ist ein Anknüpfungspunkt an die zweite und dritte cluniazensische Generation der Legenden- und Mariendichtung gegeben, und es mag dadurch deutlich werden, welch erstaunliche Kontinuität die geistliche Dichtung insgesamt vom 11. bis zum 13. und 14. Jahrhundert zu wahren wusste. Es mag daran ebenso deutlich werden, welch engen sozialen Geltungsbereich die frühhöfische wie die höfisch-ritterliche Dichtung eingenommen hatten. Während die geistliche Dichtung auf breitester Ebene zu volkstümlichenFormen gefunden hat, ist die höfische Dichtung stets auf die adelig-geistliche Führungsschicht und, gewiss schon eingeschränkt gültig, auf das Stadtpatriziat beschränkt geblieben. Während des Zeitraums vom 11. zum 13. Jahrhundert sind die christlichen Grundtöne der Todesgewissheit, der Vergänglichkeit alles Irdischen, der Ungewissheit des Seelenschicksals nach dem Tode gültig und in vollem Umfang durchgehalten worden, ja sie haben doppelbödig in der allegorischen Gestalt der ›Frau Welt‹, in deren Darstellung sich Schönheit und Verwesung, Leben und Tod mischen, frühzeitigen Eingang in die höfisch-ritterliche Dichtung gefunden, so bei Walther von der Vogelweide, Konrad von Würzburg, Frauenlob u. a. m.

Aber diese Tradition trifft nicht mehr auf denjenigen mittelalterlichen Kosmos, dessen Pole zwieträchtig von Papst und Kaiser gebildet werden; die geistige Unsicherheit der Zeit verlangt nach pragmatischeren Orientierungsmustern. Deshalb ist die lehrhafte, moralistische Dichtung, die von Geistlichen wie Laien verfasst wird, für das Spätmittelalter von großer Bedeutung. Es kommt in dieser Dichtung darauf an, den Christen darüber zu belehren, wie er sich in dieser Welt zu verhalten habe, ohne ihr zu verfallen. Diese Dichtung appelliert an die Klugheit des Christenmenschen, der seinen Frieden mit Gott und der Welt als christlich-profaner Quadratur des Zirkels machen soll. Sie stellt keine bürgerliche Ständedidaxe dar, sondern geht im Ansatz von einem christlichen Universalismus aus. Im Angesicht des Jüngsten Gerichts und der Zehn Gebote sind König und Bettler, Bürger und Ritter gleich. Die bevorzugten Gattungen dieser Dichtung sind der Schwank, die Fabel und das Bei-

Lehrhafte Dichtung –
Moralistik

spiel. Hinzuzuzählen sind die traditionell vorhandenen und bis in die spätantike Dichtung zurückreichenden Gattungen der Bibeldichtung, des geistlichen Lehrgedichts, der christlichen Tugendlehre, der Spruchdichtung, der Tierepik und der Chronikdichtung. Eine umfangreiche, kasuistische Betrachtungsweise von Tugend und Laster entwickelt sich, die Erzählung wird erstmals mit der Belehrung verbunden. Erst gegen Ende des 15. Jahrhunderts zeigt die lehrhaft-moralistische Dichtung Züge der städtisch-bürgerlichen Welt. Sie gibt den für sie als christliche Dichtung konstitutiven Dualismus von Diesseits und Jenseits auf und wird zum Medium der städtischen Intelligenz, des Patriziats und des Handwerkerstandes, dessen Meistersang deutlich von dieser Entwicklung geprägt ist.

Schwank und Fastnachtsspiel

Weltliche Literaturformen

Mit Schwank und Fastnachtsspiel sind weltliche Literaturformen des Spätmittelalters vorzustellen, die unterhaltenden Charakter haben. Sie erfreuten sich großer Beliebtheit; ein nicht unwesentlicher Grund für die breit gefächerte Aufnahmebereitschaft des städtischen Publikums gegenüber dem geistlichen Drama wird darin bestanden haben, dass szenische und figürliche Elemente aus der komischen in die geistliche Dichtung übertragen wurden. Während der Schwank eine bis in die Antike zurückreichende Tradition aufweisen kann, tritt das Fastnachtsspiel erstmals im 15. Jahrhundert in schriftlich fixierter Form auf. Das komische Genre des Schwanks entstammt keiner genuin literarischen Form, sondern einer städtisch-bürgerlichen, standesorientierten Lust auf Entspannung, Witz, Satire und Ironie. Der Schwank ist mit dem Märchen, der Anekdote, der Fabel, dem Witz, dem Exempel, der Humoreske verwandt. Ihm zuzuordnen sind u.a. so weitverbreitete Themen der Zeit wie der »Wettlauf des Hasen mit dem Igel«. Die lateinisch überlieferte Schwankdichtung des Mittelalters wirkt direkt auf die im 14./15. Jahrhundert feststellbaren Formen und Themen ein. Im Rahmen der sich entwickelnden Kleinepik verselbständigt sich der Schwank und wird zu einer eigenständigen Erzählform, die von der Pointe bestimmt ist. Die Schwankdichtung des Spätmittelalters wendet sich zunächst an den Adel und das Patriziat, und erst im Lauf des 16. Jahrhunderts kommt der volkstümliche Prosaschwank auf.

Wittenwîlers »Ring«

Aus der Vielzahl der überlieferten Schwankliteratur sei als Beispiel Heinrich Wittenwîlers *Ring* herausgegriffen. Der *Ring* ist in der einzig erhaltenen Abschrift von 1410 überliefert. Sein Verfasser wird darin als noch lebender Fünfzigjähriger bezeugt, der vermutlich aus dem Thurgau stammte. Wittenwîler will mit seinem 10 000 Verse umfassenden *Ring* begreiflich machen, wie es in der Welt zugeht und wie sich der Mensch angesichts der Fährnisse und Komplikationen zu verhalten habe, um keinen Schaden zu nehmen. Im ersten Teil wirbt der Bauernbursche Bertschi Triefnas aus Lappenhausen um das Bauernmädchen Mätzli Rüerenzumpf. Sein »Minnebrief«, dessen stilistischer und inhaltlicher Abstand zu alten Formen und Inhalten des Minnesangs sofort ins Auge fällt, lautet:

> Got grüess dich, lindentolde!
> Lieb, ich pin dir holde.
> Du bist mein morgensterne;
> Pei dir so schlieff ich gerne.
> Mich hat so ser verdrossen,
> Daz du bist so verschlossen

> In dem speicher über tag,
> Daz ich nit geschlaffen mag.
> Dar zuo han ich mich vermessen,
> Daz ich fürbas nit wil essen
> Noch gedrinken dhainer stund,
> Mich trösti dann dein roter mund.
> Dar umb so sag mir an oder ab!
> Daz got dein lieben sele hab!

Verlobung und Hochzeit setzen folgerichtig die Handlung fort. Vor der Hochzeit aber findet eine langatmige Disputation der Bauern über die Vor- und Nachteile des Ehelebens, das männliche und weibliche Schönheitsideal usw. statt. Während des Hochzeitstanzes kommt es zu einer Schlägerei, aus der sich ein Krieg der Dörfer Lappenhausen und Nissingen entwickelt. Bundesgenossen werden angeworben, es erscheinen die Türken und die Russen, die Riesen und Recken der Dietrichepik, Hexen und Zwerge vom Heuberg. Lappenhausen wird dem Erdboden gleichgemacht, und als Bertschi, der einzige Überlebende, Mätzli ebenfalls tot zwischen den Trümmern findet, beschließt er sein Leben als Eremit im Schwarzwald. Mit seinen drei Handlungsschritten ist der *Ring* der Belehrung über die ritterlichen und die musischen Künste (Minneparodie als Motiv der Brautwerbung), der Entwicklung einer Tugendlehre, eines Schülerspiegels, einer Christenlehre, einer Haushaltungslehre und einer Gesundheitslehre (als den parodistischen Gegenständen der »Gelehrtendisputation« vor der Hochzeit), einer ins Farcenhafte übertriebenen Tischzucht während des Hochzeitsmahls und einer Belehrung über das Kriegs- und Belagerungswesen während der abschließenden Kampfhandlungen gewidmet. Wittenwîler hat diese didaktische Absicht im Umfeld der dörflich-bäuerlichen Lebensweise angesiedelt, aber er kritisiert damit keineswegs den vierten Stand; seine »Bauern« sind ins Komische übertriebene Stadtbürger, unter denen er wohl auch sein Publikum gesucht hat, weil sie einzig in der Lage waren, die Summe seiner Anspielungen auf den zeitgenössischen Bildungshorizont zu verstehen. »Das Werk enthält [...] die Synthese der Möglichkeiten spätmittelalterlicher Dichtung. Wir haben damit ein Epos vor uns von inneren Dimensionen, wie es die Zeit schon lange nicht mehr aufzuweisen hatte. Weltbild und Wirklichkeitsauffassung des Dichters ermöglichen seinem eminenten Gestaltungsvermögen die enge Verbindung von kräftigem Naturalismus und willkürlich-grotesker Phantastik, Übersteigerung und Verzerrung« (H. Rupprich). *Minneparodie*

Michail Bachtin, wichtigster Theoretiker dieser spätmittelalterlichen Lachkultur, schreibt: »Das mittelalterliche Lachen ist kein subjektiv-individuelles und kein biologisches Empfinden der Unaufhörlichkeit des Lebens, es ist ein soziales, ein das ganze Volk umfassendes Empfinden. Der Mensch empfindet die Unaufhörlichkeit des Lebens auf dem öffentlichen Festplatz, in der Karnevalsmenge, indem er sich mit fremden Leibern jeden Alters und jeder sozialen Stellung berührt. Er fühlt sich als Glied des ewig wachsenden und sich erneuernden Volkes. Deshalb schließt das festtägliche Lachen des Volkes nicht nur das Moment des Sieges über die Furcht vor den Schrecken des Jenseits, vor dem Geheiligten, vor dem Tod in sich ein, sondern auch das Moment des Sieges über jede Gewalt, über die irdischen Herrscher, über die Mächtigen der Erde, über alles, was knechtet und begrenzt. Indem das mittelalterliche Lachen die Angst vor dem Geheimnis, vor der Welt und vor der Macht besiegte, deckte es furchtlos die Wahrheit über *Spätmittelalterliche Lachkultur*

Welt und Macht auf. Es stellte sich der Lüge und der Beweihräucherung, der Schmeichelei und der Heuchelei entgegen. Die Wahrheit des Lachens »senkte« die Macht, paarte sich mit Fluchen und Schelte. Träger dieser Wahrheit war neben anderen auch der mittelalterliche Narr.«

Geistliches Jahr –
Fastnacht

Auf diese Lachkultur wirkt auch das Fastnachtsspiel ein, das um 1430 zum ersten Mal nachgewiesen werden kann und bald nach 1600 an Bedeutung verliert. Strenger als beim Schwank kann hier der Unterschied zur geistlichen Dichtung gefasst werden, aus einem äußerlichen, stadtgesellschaftlichen Grund. Das den städtischen Alltag prägende geistliche Jahr wurde während der Fastnacht fast völlig unterbrochen. Es steht die vierzigtägige vorösterliche Fastenzeit bevor, die am Aschermittwoch beginnt und auf die vierzigtägige Fastenzeit Christi in der Wüste zurückgeht. Diese Fastenzeit hat sich seit dem 7. Jahrhundert durchgesetzt. Die Fastnacht selbst, die am Dreikönigstag bzw. an Mariae Lichtmess beginnt, soll mit all ihrer Betonung der diesseitigen Sinnenfreude, der Gasterei und der grobianischen Ausgelassenheit einen bewussten Kontrast zur nachfolgenden Askese und inneren Sammlung der Fastenzeit bewirken. Dies ist der innere kirchliche Grund der Fastnacht. Zum anderen aber fällt die Fastnacht mit heidnischen Traditionen des Jahreszeitenkampfes, der Frühlingsspiele, des Winter-Sommer-Kampfes zusammen, die im Spätmittelalter zwar ihren heidnisch-mythischen Charakter längst verloren haben, deren fröhlich-erwartungsvolle Stimmung jedoch beibehalten wird und bis heute an den Masken und Kostümen der alemannisch-süddeutschen Narrenzünfte sichtbar ist.

Fastnachtsspiel

Das gesellige Beisammensein von Männern und Frauen ist grundlegend für die Situation, auf die das Fastnachtsspiel trifft. Es will diese Situation nicht etwa durchbrechen, sondern durch Witz, Parodie oder Rätsel zur Steigerung der ausgelassenen Stimmung beitragen. Der Einzelvortrag der Maske, meist in der Absicht der komischen Selbstdarstellung, dominiert. Vierhebige Reimpaarverse mit vier bis höchstens dreißig Versen sind dabei die Regel:

> Herr der wirt, ich heiß der Tiltapp.
> Ich bin gar ein einveltiger lapp,
> Ich nutz die frauen lieber unten zu zeiten,
> Dann solt ich an einem wilden beren streiten.
> So trink ich lieber Wein, dann sauers Bier,
> so leck ich lieber honig, dann wagensmir.
> So fleuhe ich große erbeit, wo ich sie weiß.
> So verhalt ich unten nimmer keinen scheiß.
> So iß ich zuckermus für hebrein brei.
> Nu bruft, ob ich icht ein einveltiger lapp sei!

Narrengesellschaft

Während mit dem Aufruf des letzten Verses: »Nun sagt doch, ob ich ein großer Trottel bin!«, das Publikum in die Situation einbezogen wird, tauchen neben dem Einzelvortragenden Spielgruppen auf, die von Fest zu Fest ziehen und in gewissem Umfang bereits den autonomen Charakter einer Theatertruppe beanspruchen. Sie wollen allerdings keine starre Trennung zum Publikum, sie stellen sich nicht frontal auf, sondern treten in die Mitte der Zuhörer und bilden eine Narrengesellschaft unter anderen. Im Gegensatz zum geistlichen Drama kennt das Fastnachtsspiel noch keine Bühne und keinen szenischen Ablauf. Ziel des Fastnachtsspiels ist es, die Distanz zwischen den Rezitatoren und ihrem Publikum im Gelächter, im Tanz aufzulösen.

An diesem Beispiel zeigt sich, dass die Vortragenden in der Wahl ihrer sprachlichen Mittel und Anspielungen nicht gerade zimperlich sind. Grobianismus, Fäkalsprache und sexuelle Obszönität gehören zu den elementaren Bestandteilen einer von den engen städtischen Verhaltensregeln sich befreienden Triebwelt. Bewusste Tabuverletzung, eine vitale Freude am Aussprechen des an sich Verbotenen ist deren oberstes Prinzip. Es kommt hinzu, dass die Vortragenden, die ihre Texte meist selbst – nach gängigen Mustern – verfassten, Handwerksgesellen waren, denen nur eine äußerst begrenzte Beziehung zum anderen Geschlecht möglich war; legal wurde sie erst mit der Heirat, d.h. mit dem Erreichen des Meisterstandes. Die beliebteste Figur der Fastnachtsspiele aus Nürnberg, eine der Hochburgen dieser Literaturform, war der Bauer. Er war der städtischen Erlebnissphäre einigermaßen fern und erschien deshalb als die geeignete Projektionsform städtischer Entfremdung und komischer Daseinsbejahung. Die Figur des Bauern hat sowohl einen Passiv- als auch einen Aktivposten innerhalb der spätmittelalterlichen Lachkultur zu verzeichnen. Er lässt nicht nur über sich lachen, er lacht auch über andere.

Tabuverletzung und Freude am Verbotenen

Die besondere Rolle der Fachliteratur

Für das Entstehen einer neuhochdeutschen Schriftsprache – in eins damit der neuhochdeutschen Literatursprache – ist die volkssprachliche Fachliteratur des Spätmittelalters von größerer Bedeutung als die Dichtung, sei sie nun weltlichen oder geistlichen Inhalts. Es ist hier immer wieder betont worden, wie dünn die sozialen Schichten waren, welche die Entwicklung der Literatur auf deutschem Boden trugen; das Heranreifen zu einer lesenden und schreibenden Kulturnation bliebe deshalb unerklärt, wenn nicht auf die Funktion der Fachliteratur bei der Verbreiterung des Bildungswesens und des Sachwissens hingewiesen würde. Ob es sich um theologische Summen, historiographische Weltchroniken, systematisierte Weltlehren, Vogeljagdbücher, mathematische, astrologische Lehrbücher oder Wundarzneien handelte, ihre Verbreitung war stets größer als die der Dichtung und ihre soziale Wirkung um ein Vielfaches komplexer. Der Hinweis mag überraschen, sollte es aber nicht: Das erste deutschsprachige Buch, der *Abrogans,* war ein solches Gebrauchsbuch, ein lateinisch-deutsches Glossar, das zeitlich noch vor dem *Hildebrandlied* liegt. Es braucht nicht betont zu werden, dass die Fachliteratur die Dichtung auch quantitativ bei weitem übersteigt. Dies trifft nicht nur für die Anzahl der Titel zu, sondern ebenso für deren ›Auflagenhöhe‹ bzw. deren Abschriften und deren Überlieferung: »Wir benützen die Zahl der vorhandenen Handschriften einzelner Literaturwerke als Hilfsmittel zur Schätzung ihrer einstigen Verbreitung und Wirkung. Unter der höfischen Dichtung steht der *Parzifal* des Wolfram von Eschenbach hinsichtlich der Zahl der erhaltenen Handschriften an der Spitze: Es sind 86. Unter den frühhumanistischen Literaturwerken hält der *Ackermann aus Böhmen* des Johannes von Tepl den ersten Platz mit 15 Handschriften und 17 Druckausgaben. Demgegenüber sind vom *Schwabenspiegel* ca. 400 Handschriften nachgewiesen, vom *Sachsenspiegel* ca. 270, von Seuses *Büchlein der ewigen Weisheit* ca. 250, von Albrants *Roßarzneibuch* 205, vom *Leben Jesu* des Heinrich von St. Gallen 136, von der *Praktik* des Meisters Bartholomäus ebenfalls über 100. Und diese Literatur war nicht auf wenige literaturbeflissene Zirkel beschränkt, sondern in den Händen aller Stände. Mögen auf jede erhaltene

Zur Erinnerung: Abrogans

Gebrauchsliteratur und ›schöne‹ Literatur

Handschrift zehn oder tausend verlorene Handschriften kommen – oder rund 150, wie es uns am wahrscheinlichsten erscheint –, die Proportion bleibt stets die gleiche: das Fachschrifttum war das weitaus meistverbreitete und das heißt meistgelesene Schrifttum in jenen Jahrhunderten, als die Schriftsprache entstand« (Gerhard Eis). Um die thematische Spannweite und die Struktur dieser Fachliteratur zu beschreiben, ist ein Rückgriff auf das mittelalterliche Bildungssystem notwendig. Es baut im Wesentlichen auf der scholastischen Wissenschaftslehre auf und unterscheidet drei Grundarten von Künsten (»artes«): die »Sieben freien Künste«, die das universitäre Propädeutikum (Vorschule) für alle Fakultäten bilden und von jedem Studenten erlernt werden müssen; ferner die »Mechanischen Künste«, die das Handwerk, das Kriegswesen, Seefahrt und Erdkunde, den Handel, den Landbau und den Haushalt, Forstwesen und Tierkunde, die Heilkunde und die Hofkünste, schließlich die Rechtskunde umfasst; als dritte Reihe folgen die »Verbotenen (schwarzen) Künste«, die unter das Verdikt der Kirche bzw. der Rechtssprechung fallen: die Pseudowissenschaften der Magie und Mantik, das Berufsgaunertum, betrügerische Praktiken von Handwerkern und Kaufleuten.

Neue Wissensordnung

Während die »Sieben freien Künste« – eines freien Bürgers würdige wissenschaftliche Beschäftigungen – die Elementarfächer der Dom- und Klosterschulen, aber auch der Stadtschulen und der artistischen Fakultäten der neu entstehenden Universitäten des Spätmittelalters bildeten, gehörten die »Mechanischen Künste«, die auf zahlreichen antiken Grundlagen beruhten, zum festen Bestand der städtischen Gelehrtenliteratur und nahmen starken Einfluss auf die wirtschaftliche und kulturelle Tiefenstruktur der Städte. Umgekehrt dokumentiert sich der Fortschritt in Medizin, Astronomie, Städtebau, Strassenbau, Handel, Architektur, Botanik, (Al-)Chemie, Fortifikationswesen, Naturkunde und anderem mehr in diesen Schriften. Ihr vielfältiger berufsständischer Wortschatz ist erst zum Teil für die Geschichte der deutschen Sprachentwicklung erschlossen. Das Gewicht der Fachliteratur wird dadurch unterstrichen, dass sie sich im Gegensatz zur Dichtung vom 8. Jahrhundert an ununterbrochen entfaltet und keine Brüche oder Rückentwicklungen kennt; im Gegenteil wird sie zahlreich in andere europäische Sprachen übersetzt, wie umgekehrt die deutsche Fachliteratur von zahllosen Übersetzungen lebt, die sich in den Dienst der Wissensvermittlung stellen. Das Datum 1250, das sich bei der Darstellung der staufischen Literaturepoche als Grenze und Übergang in neue, unbekannte Gefilde der Literatur anbietet, existiert für die deutschsprachige Fachliteratur nicht. Sie wächst nahtlos weiter, den Informationsbedürfnissen der frühbürgerlichen Wissens- und Handelsgesellschaft folgend.

Universalistisches und enzyklopädisches 14. und 15. Jahrhundert – von langer Hand vorbereitet

Die dem Spätmittelalter immer wieder zu bescheinigende Tendenz zum Universalistischen und Enzyklopädischen – Wittenwîlers *Ring* ist ein dichterischer Beleg dafür – schlägt sich am ehesten in der weltlichen Fachliteratur nieder. Eines der frühesten Beispiele ist das *Summarium Henrici*, das um 1010 bei Worms entstand, lateinisch verfasst, aber deutschsprachig glossiert. Es ist in zahlreichen Handschriften nachgewiesen und umfasst den Sprachbestand der Mechanischen Künste und des Rechts. Im Auftrag Heinrichs des Löwen entstand zwischen 1190 und 1195, also mitten im Hochmittelalter Walthers von der Vogelweide oder Wolframs von Eschenbach, der *Lucidarius,* eine umfassende Weltlehre, die das Reich Gottes (Menschen, Tiere, Elemente, Gestirne u. a. m.), das Reich Christi (Kirche, Erlösung von der Erbsünde, Gnadenerwartung) und das Reich des Heiligen Geistes (Jüngstes Gericht, die letzten Dinge) umfasste. Der *Lucidarius* hat wie andere Weltlehren auch als willkommener Steinbruch für dichterische Anspielungen gedient; die Kenntnis dieser Literatur ist für die Interpretation von Dichtung oft unerlässlich. Welche Wirkung vom *Lucidarius* ausgegangen sein wird, mag die Tatsache beweisen, dass er – rekordverdächtig in Sachen Breitenwirkung – in 66 Handschriften und 85 Drucken überliefert ist.

Die wichtigste deutschsprachige Enzyklopädie des Spätmittelalters ist das um 1349/50 entstandene *Buch der Natur* des Regensburger Kanonikus Konrad von Megenburg. Sie fasst die Systematik der Natur in acht Büchern zusammen: Der Mensch und seine Natur, Himmel und Planeten, Tiere, Bäume, Kräuter, Edelsteine, Metalle, Wunderbare Brunnen. So seltsam, zufällig und mitunter schwer verständlich sich diese Fachliteratur als Produkt einer synkretistischen, kosmologisch-christlichen, damit antikes und gegenwärtiges Wissen kompilierende Weltauffassung ausnimmt; sie ist mit der steigenden Bedeutung der Universitäten und des städtischen Gelehrtentums die historische Wurzel der heutigen Fachliteratur, ohne die – einer langen griechisch-lateinischen, islamisch-arabischen und jüdischen Tradition verpflichtet – die natur- und weltwissenschaftlich begründete frühe Neuzeit kaum hätte bestehen können.

Humanismus und Reformation

»O Jahrhundert, o Wissenschaften!« – Der Renaissance-Humanismus

Ulrich von Hutten (1488–1523) war einer der bedeutendsten deutschen Humanisten. In seinem Brief vom 25. Oktober 1518 an den ebenfalls humanistisch gesinnten Nürnberger Patrizier Willibald Pirckheimer drückte er stellvertretend für eine ganze Generation das Lebensgefühl der Humanisten aus, in einer Zeit, in der die geistig-künstlerische Blüte als entscheidender Durchbruch, als Überwindung des Mittelalters angesehen werden konnte: »O Jahrhundert, o Wissenschaften! Es ist eine Lust zu leben, wenn auch noch nicht in der Stille. Die Studien blühen, die Geister regen sich. Barbarei, nimm dir einen Strick und mache dich auf Verbannung gefaßt.« Was Hutten nicht wissen konnte: Zu dem Zeitpunkt, als er das Loblied seines Jahrhunderts sang, erreichte der Renaissance-Humanismus gerade seinen Höhepunkt, um nicht lange danach teils rascher, teils allmählich an Resonanz zu verlieren. Im Jahr 1527, als wieder einmal ein deutscher Herrscher – Kaiser Karl V., der bei anderer Gelegenheit auch als päpstlicher Verbündeter auftrat – Krieg gegen einen Papst führte, verwüsteten die kaiserlichen Söldner, Spanier und Deutsche, das Renaissance-Rom fast völlig, wobei 5000 Einwohner ihr Leben lassen mussten. Es war ein barbarischer Akt, der in der italienischen Geschichte als »Sacco di Roma« bekannt ist und allgemein als Anfang vom Ende der Renaissance gilt.

Humanistischer Überschwang

Die Renaissance war eine neuartige kulturelle Erscheinung, die zahlreiche bis heute noch nachwirkende künstlerische und wissenschaftliche Impulse hervorbrachte. Die Zeitgenossen bezeichneten sie als ›rinascita‹, mit einem italienischen Begriff, den die französische und deutsche Geschichtsschreibung im 19. Jahrhundert durch den inzwischen geläufigeren der ›Renaissance‹ ersetzten. Beide bedeuten ›Wiedergeburt‹ (der Antike). Will man den Akzent auf die Kunstschöpfungen der Epoche legen, bevorzugt man diesen Begriff; will man ihn stärker auf ihre literarischen Bestrebungen, besonders auch ihre philosophischen und Bildungs-Ziele legen, zieht man das Kompositum ›Renaissance-Humanismus‹ vor. Die Renaissance entstand in Italien, also in einem Land, in dem zahlreiche Überreste der (römischen) Antike vorhanden waren und die Erinnerung an diese gespeist hatten. Die Anfänge der Renaissance werden von der neueren Forschung überwiegend in der zweiten Hälfte des 13. Jahrhunderts vermutet (ältere Ansicht: in der Mitte des 15. Jahrhunderts). Nach 1250 (Todesjahr Kaiser Friedrichs II.) bzw. nach dem Ende der Stauferherrschaft (1254) entstand in Italien ein politisches Machtvakuum, in dem sich die Städte, eine neue städti-

Renaissance italienischen Ursprungs

Hutten im Kampf mit
französischen Edelleuten
(Gemälde von Wilhelm von
Lindenschmitt, 1869)

sche Oberschicht und eine dieser eigentümliche Kultur entfalten konnten, konzentriert in Oberitalien und in der Toskana (Hauptort: Florenz). In Deutschland
gab es die frühesten Anzeichen für die Entstehung eines Renaissance-Humanismus allerdings erst anderthalb Jahrhunderte später, in der Zeit um 1400, und
Ansätze einer wirklichen humanistischen Bewegung kaum vor der zweiten Hälfte des 15. Jahrhunderts.

Deutschland vor der
Renaissance

Vor dem Aufkommen des Renaissance-Humanismus bot das deutsche Reich
keineswegs den Anblick eines kulturellen Ödlands, das nur auf seine geistige
Missionierung von außen hätte warten müssen. Die mittelalterliche Kultur hatte
hier in weiten Bereichen noch nicht abgewirtschaftet (Beispiel: die ›gotische‹ Architektur und ihre Kathedralbaukunst), und aus ihr gingen fortgesetzt beachtliche Neuerungen hervor, nicht zuletzt einige religiös-weltanschauliche und künstlerische. So entstanden die wertvollsten Leistungen der deutschen Mystik des
Spätmittelalters zeitlich gleichauf mit dem ersten Höhepunkt der Renaissance in
Italien. Es existieren literarische Verbindungen zwischen der Mystik in Deutschland und der italienischen Dichtung. So wurde Dante von Hildegard von Bingen
(12. Jahrhundert) sowie besonders von der nachfolgenden Frauenmystik beeinflusst. Er setzte den Mystikerinnen des Klosters Helfta (bei Eisleben), der Gestalt
Mechthilds von Magdeburg und (oder) Mechthilds von Hackeborn (vor und um
1300), ein Denkmal in der Gestalt der Matelda in seiner *Göttlichen Komödie*
(deutsch Mechthild = ital. Matelda); ebenso der Novellendichter Boccaccio in
seinem *Decamerone*, allerdings nach seiner Art nicht ohne spöttischen Beiklang.
Das Herzstück der Mystik bildete die Bemühung um die ›unio mystica‹, die Verschmelzung mit Gott im innersten Heiligtum: der Seele der Gläubigen. Wie dem
Renaissance-Humanismus, der den Menschen ein neues Selbstbewusstsein ermöglichte, eignete auch der Mystik, einer überwiegend innerkirchlichen Erscheinung, eine dem Klerus abträgliche Seite: Empfingen die Mystikerinnen und Mystiker ohne Vermittlung der Priester die göttliche Gnade, so wurde die Amtskirche
samt ihrer Hierarchie überflüssig, was ihr natürlich nicht verborgen blieb (es kam
zu Ketzerverfahren gegen den angesehensten deutschen Theoretiker der Mystik,
Meister Eckehart, und zur Verurteilung seiner wichtigsten Lehren 1329). Bereits

1310 hatte in Paris die Mystikerin Marguerite Porète wegen einer angeblich ›häretischen‹ Schrift den Feuertod erlitten.

Mit der *devotio moderna* entstand im 14. Jahrhundert eine neue Frömmigkeitsform, abermals als innerkirchliche Reformbewegung konzipiert (auch ›Brüder vom gemeinsamen Leben‹ benannt), die sich hervorragend in dem Erbauungsbuch des Thomas von Kempen (oder: Thomas a Kempis, um 1380–1471) mit dem Titel *De imitatione Christi* dokumentierte (Über die Nachfolge Christi, Druck 1470), das neben der Bibel zur meistverbreiteten geistlichen Schrift im Christentum wurde. Der später als Haupt des nordeuropäischen Humanismus angesehene Erasmus von Rotterdam (1466 oder 1469–1536) lernte die Grundlagen seiner Gelehrsamkeit, antikes Erbe und Humanismus, in den Schulen der ›Brüder vom gemeinsamen Leben‹ kennen. Weitere Facetten in der Kultur des Spätmittelalters bildeten die neuen Errungenschaften in der Kunst, besonders in der Architektur und Malerei (hier wieder in der Wand- und Altarmalerei; Erfindung und Ausbreitung des Tafelbilds), die von der Kunstgeschichtsschreibung ebenfalls der ›Gotik‹ und ›Spätgotik‹ zugerechnet werden. Eine Sonderentwicklung Westeuropas (Frankreich, Niederlande, England) war die *ars nova*. Sie schloss wie die italienische Renaissance energische Versuche der Aneignung und Kultivierung antiker Inhalte ein, dazu bereits auch das Studium der Natur (Entwicklung von Historienbild, Porträt, Landschaft und Genremalerei, u. a. in der altniederländischen Malerei).

In dieser nordeuropäischen Welt des Spätmittelalters mit ihrem Reichtum kulturellen Lebens keimte der Renaissance-Humanismus nicht ohne menschliches Zutun, denn er wurde hierher durch die kraftvolle Vermittlungstätigkeit italienischer und nordeuropäischer Humanisten überpflanzt. Unter den für den Norden bedeutsamen Italienern ist hier an erster Stelle Enea Silvio Piccolomini zu nennen (1405–1464; seit 1458 als Papst Pius II.), der in Briefen und Lehrwerken unermüdlich die Prinzipien des Renaissance-Humanismus erläuterte und propagierte. Mit seiner Renaissance-Novelle *De duobus amantibus historia* (Geschichte der zwei Liebenden, 1444), einer Ehebruchserzählung um den kaiserlichen Kanzler Caspar Schlick, die nicht ohne allerlei Anzügliches auskommt, wirkte er auf die Entstehung der kurzen Prosa-Genres in Deutschland ein. Dasselbe gilt für die *Facetien* (1452) eines anderen italienischen Autors, Poggio (1380–1459). Sie beeinflussten das Emporkommen der Schwankgattung und der Novellistik nördlich der Alpen stark. Facetien sind kürzeste scherzhafte, in einer überraschenden – dabei nicht selten obszönen – Pointe auslaufende Prosatexte. Poggio, Sekretär mehrerer Päpste, war zugleich ein bekannter Wiederentdecker antiker Werke; C. F. Meyer setzte ihm ein Denkmal in seiner Novelle *Plautus im Nonnenkloster* (nicht der Dichter Plautus ist darin gemeint, sondern ein Plautus-Codex, den Poggio auffindet). Eneas erotische Erzählung war der Kirche ein Ärgernis und dem Verfasser selbst auch, als er das höchste Kirchenamt erlangte. Poggios *Facetien* enthielten doch, obwohl in den Hinterzimmern des Vatikans entstanden, nicht geringen Spott und Hohn auf Kosten der hohen Geistlichkeit. Ähnlich attackierten andere zeitgenössische Humanisten den alten Glauben und die alte Kirche. Die kritische Sonde an einen Grundstein des Papsttums – seine weltliche Herrschaft – legte der italienische Humanist Lorenzo Valla (um 1406–1457), dem es 1440 gelang, die sog. *Donatio Constantini* (Konstantinische Schenkung, frühmittelalterlich) als Fälschung zu entlarven; die Schenkungsurkunde besagte, dass Kaiser Konstantin (Alleinherrscher 324–337) das weströmische Reich an Papst Silvester I. abgetreten habe. Vallas Schrift wiederum wurde zu einem Hauptbeweisstück für Luther in seiner Argumentation gegen das Papsttum. Er verwende-

devotio moderna

Künste

Renaissance-Humanismus in Nordeuropa

Konstantinische Schenkung

»Der Ackermann aus Böhmen«

Der Ackermann disputiert mit dem majestätischen Tod.

Wanderhumanisten

te sie in seinem Kampfprogramm *An den christlichen Adel deutscher Nation* (1520), nachdem er sie in einer der gedruckten Ausgaben kennen gelernt hatte, die Ulrich von Hutten 1518/19 in Basel veranstaltete.

Seit einigen Jahrzehnten ist es üblich, als frühestes Zeugnis der Renaissance-literatur in Deutschland das Streitgespräch mit dem Titel *Der Ackermann aus Böhmen* anzusetzen – in der Tat wäre es ein fulminanter Auftakt. Das Werk stellt zwar ein isoliertes, in seiner Zeit vereinzeltes Experiment dar, zugleich aber schon eine Leistung ersten Ranges, ein Stück avantgardistischen Künstlertums, das in Grundzügen seiner Zeit ein Jahrhundert vorauseilte. Der Autor dieses Gesprächs in Prosa, das im Jahre 1400 oder 1401 entstand und erstmals um 1460 in Bamberg gedruckt wurde, ist Johann von Tepl (um 1350 – etwa 1415), den man dem Umkreis des ›Prager Kanzleihumanismus‹ zurechnet. Von Beruf war er Stadtschreiber, zuletzt in Prag. In seinem Dialog verwendete er als die zwei Hauptgesprächspartner den Ackermann – er ist eigentlich der Schriftsteller und vielleicht dichterischer Wiedergänger des Autors, denn er sagt über sich: »Von vogelwat ist mein pflug« (Mein Arbeitszeug ist aus Vogelgewand, ist die Feder) – sowie den Tod. Als übergeordnete Instanz in dem Streitfall führt Johann zudem den göttlichen Richter ein. Bedeutungsvoll ist allein schon die Verwendung von Prosa: Die neue, neuzeitliche Ausdrucksweise, der bald die Priorität zufallen wird, kündigt sich an. Herkömmlich und für die mittelalterliche Dichtung verbindlich waren Vers und Reim (Prosa nur in der Predigt, in der Historiographie und – als krasse Ausnahme – im *Lancelot*-Roman). Ferner sorgte Johann dafür, dass nicht zwei abstrakte Prinzipien einander gegenübertreten, etwa der Tod und das Leben in allegorischer Gestalt, sondern der Todesallegorie konfrontierte er die Figur eines Menschen, ein Individuum von bestimmtem Beruf und gesellschaftlicher Stellung. Der Tod verficht zum einen seine rigorose mittelalterlich-klerikale Weltanschauung und propagiert die Auffassung von der Nichtigkeit des Lebens, vom Elend alles irdischen Daseins. Zweitens macht er den Herrenstandpunkt geltend: »Doch glauben wir, daß ein Knecht Knecht bleibt, ein Herr Herr.« Damit erhält der Dialog seine soziale Akzentuierung. Gegen diesen Tod, den Verkünder der menschlichen Nichtigkeit und Unterworfenheit, setzt sich der Ackermann-Autor empört zur Wehr. Er zieht den Tod, der ihm die geliebte Frau geraubt hat, vor das Gericht Gottes, und was er dem Widersacher entgegenhält, ist eine moderne Auffassung von Menschenleben und -glück. Seine Ausgangsvorstellung lautet: Der Mensch sei »das großartigste, das kunstreichste und das allerfreieste Werkstück des Schöpfergotts«. Zu seinem Erdenglück tragen wesentlich die Liebe, die Ehe, die Familie bei. Und nicht zuletzt zeichne es den Menschen aus, dass er als einziges Wesen Vernunft besitzt, »den edlen Schatz«. Wegen seines mutigen Protests gegen den Tod gesteht Gott dem Kläger zu, die Ehre sei sein. Jedoch dem Tod bleibt notwendig der Sieg, weil kein Empörer, auch der ehrenhafteste nicht, das Naturgesetz überwinden kann, das Sterben, dem alles Leben anheim fällt. Die *Ackermann*-Dichtung ist ein Bestandteil prononciert humanistischer Auseinandersetzung mit dem alten Glauben sowie dem Menschenbild des Mittelalters.

Gegen Mitte des 15. Jahrhunderts traten in Deutschland zunächst die so genannten ›Wanderhumanisten‹ auf, darunter Peter Luder (um 1410, verschollen seit 1474) und Samuel Karoch von Lichtenberg (um 1440 – nach 1490). Als Studierende und im anschließenden Berufsleben als Hochschullehrer wechselten sie manchmal von Semester zu Semester ihre Wirkungsstätte, teils um sich selbst die ›studia humanitatis‹ anzueignen, teils um darin anderen Studenten Unterricht zu geben. Die humanistische Lehre musste an den deutschen Universitäten, wo die

Scholastik bisher unangefochten dominiert hatte, überhaupt erst einmal installiert werden, in aller Regel gegen den Widerstand der scholastisch geprägten altherkömmlichen Fächer. Die vornehmlichen Unterrichtsgegenstände der Humanisten bildeten: antike Sprachen (in erster Linie das Latein), Rhetorik, Poesie und Geschichte. Ein genialer Zeitgenosse der Wanderhumanisten, in seinem Rebellentum ein verfrühter ›Stürmer und Dränger‹, war der Jurist und Schriftsteller Gregor Heimburg (um 1400–1472). Zunächst im Dienste Enea Silvios als Sekretär beschäftigt, wurde er später der entschlossenste deutsche Gegner dieses Italieners in dessen Amtszeit als Papst. Heimburgs entschieden antirömische polemische Argumentation bildete ein Vorspiel zur Reformation. Enea selber hat von seinem Kontrahenten ein aufschlussreiches Miniaturporträt überliefert: »Es war aber Gregor ein schöner Mann, hochgewachsen, mit blühendem Gesicht, lebhaften Augen, kahlköpfig. Seine Redeweise wie seine Bewegungen hatten etwas Unbeherrschtes. Eigenwillig wie er war, hörte er auf keinen anderen und lebte nach seiner Art, die Freiheit über alles stellend, so denn auch anstößig im Betragen, ohne Schamgefühl und zynisch. In Rom pflegte er nach der Vesper am Monte Giordano sich zu ergehen, schwitzend und als verachte er zugleich die Römer und sein eigenes Amt. Mit überhängenden Stiefelschäften, offener Brust, unbedecktem Haupt, aufgekrempelten Ärmeln kam er mißvergnügt daher, ständig auf Rom, den Papst und die Kurie wie auf die Hitze Italiens schimpfend.«

Gregor Heimburg

Eine weitere Gruppierung deutscher Humanisten des 15. Jahrhunderts wird nach ihrer hervorstechenden Tätigkeit als ›frühhumanistische Übersetzer‹ etikettiert. Ihre Tätigkeit bestand in der Hauptsache darin, das Gedankengut der Renaissance in Deutschland zu popularisieren, indem sie humanistische Grundschriften eindeutschten. So verfasste Niclas von Wyle (um 1410–1478 oder 1479) seit 1461 seine *Translationen,* auch *Translatzen* betitelt, also Übersetzungen, die er 1478 gesammelt edierte. Seine Ausgabe enthält achtzehn Stücke, die beweisen: Der Humanismus wollte in Deutschland nicht vorrangig die Werke der Antike rezipieren. Denn unter allen Texten befindet sich, neben dem eines mittelalterlichen und dem eines zeitgenössischen Schweizer Autors, nur ein einziger der Antike entstammender, bezeichnenderweise eine Erzählung: Lukians *Eselsgeschichte* (2. Jahrhundert n. Chr.). Bei dem stattlichen Rest handelt es sich um nicht weniger als 15 Schriften italienischer Renaissanceautoren; drei rühren von wenig bekannten Verfassern her, zwei von Boccaccio, einer von Petrarca, aber vier von Enea Silvio und sogar fünf von Poggio! Heinrich Steinhöwel (1412–1477 oder 1478) übersetzte bevorzugt Boccaccio, nämlich dessen in der Zeit hochberühmtes Sammelwerk *De claris mulieribus* (Über die berühmten Frauen, 1360/62). Dazu schuf er eine deutsche Version der 100. Novelle des *Decamerone, Griseldis,* die damit in Deutschland populär wurde, d. h. als Volksbuch in Umlauf kam. Die Popularität des Griseldis-Stoffs hielt bis ins 20. Jahrhundert an (Dramatisierung u. a. von G. Hauptmann). Der Kanonikus und Rechtsgelehrte Albrecht von Eyb (1420–1475) lieferte witzige Übersetzungen von Bühnenwerken des römischen Dichters Plautus (den dann Shakespeare erneut ausschöpfte), doch auch Originalwerke – nie ohne Einbeziehung vor allem antiken Quellenmaterials, aber auch von mittelalterlichem –, darunter drei Abhandlungen über eine gegenwärtig wieder aktuelle Problematik: die Geschlechterthematik bzw. Frauenfrage. Am bekanntesten davon wurde *Das Ehebüchlein* (gedruckt Nürnberg 1472).

Übersetzerhumanisten

Als stärkste dichterische Begabung aus der nachfolgenden Generation deutscher Humanisten, ja des deutschen Renaissance-Humanismus überhaupt gilt Conrad Celtis (1459–1508). Von Kaiser Friedrich III. wurde er 1487 in Nürnberg

Conrad Celtis

als erster Deutscher zum Dichter gekrönt. Als Poet trat Celtis vor allem mit den *Quattuor libri amorum* hervor (Vier Bücher Liebesgedichte, 1502), deren Anlehnung an Ovids Liebesgedichte, die *Amores*, er im Titel offen bekannt gab. Der Forschungstätigkeit dieses deutschen ›Erzhumanisten‹, wie man ihn auch genannt hat, ist die Wiederentdeckung eines so wichtigen Werks wie der *Germania* des Tacitus zu verdanken, aber auch die der literarischen Hinterlassenschaft der ersten namentlich bekannten deutschen Dichterin Hrotsvith von Gandersheim, die im 10. Jahrhundert lebte und in lateinischer Sprache schrieb (Edition ihrer Schriften durch Celtis 1501). Daneben erwarb sich Celtis bedeutende Verdienste als kulturpolitischer Organisator. Nach dem Muster der italienischen Akademien, beispielsweise in Florenz, gründete er um 1490 mehrere wissenschaftliche Gesellschaften zur Förderung der Bildung und Künste – er nannte sie ›Sodalitates‹, d. h. Genossenschaften – mit Sitz u. a. in Wien und Heidelberg.

Dunkelmännerbriefe

Im Jahr der Ablassthesen Luthers, 1517, erschien zugleich der von dem deutschen Humanisten Ulrich von Hutten verfasste zweite Teil der Dunkelmännerbriefe (*Epistolae obscurorum virorum*), deren erster Teil bereits zwei Jahre früher vorlag. Dieser erste Teil war hauptsächlich von Huttens Lehrer Crotus Rubeanus (um 1480 – nach 1539) geschrieben worden. Das zweiteilige Werk ist also eine Gemeinschaftsarbeit deutscher Humanisten, eine der Weltliteratur zugehörige glänzende Satire gegen das Leben der herabgesunkenen Geistlichkeit. Sie besteht aus mehr als einhundert erfundenen Briefen, allesamt parodistisch, doch vorgeblich von Vertretern des klerikalen Lagers verfasst, die ihre geistige Beschränktheit, ihre Heuchelei, ihre Verderbtheit und Rückständigkeit im Selbstbekenntnis enthüllen.

Ulrich von Hutten mit dem Dichterlorbeer, den er 1517 erhielt.

In der Person und im Werk Ulrichs von Hutten symbolisiert sich der Wechsel von Teilen der humanistischen Bewegung zur Sache der Reformation. »Daß Teutschland einer Reformation bedürfe«, war dieses Ritters Grundeinsicht, die sich in der Perspektive des päpstlichen Nuntius Aleander, eines Gegners Huttens und Luthers, so ausnahm: »Schon hat er sich einen Umsturz der gesamten deutschen Verhältnisse vorgesetzt.« Für eine Phase der historischen Entwicklung kam Huttens Wirkung derjenigen Luthers gleich oder übertraf sie sogar, denn auch Hutten verstand es, den Empfindungen und Forderungen breiter Schichten des Volks Ausdruck zu geben. Huttens Themen: der Kampf gegen »Tyrannen«, die »doch alle in die Hölle« gehörten; gegen Rom, seine Reichtümer und Machenschaften; die Verbrechen und Kriege der Päpste. Er verkannte nicht, dass seine Inhalte freilich nur in deutscher Sprache große Wirksamkeit entfalten würden, denn das Latein wurde nur von der Bildungselite verstanden; es sei, so erklärte er, »einem jeden nit bekannt«. Sein Übergang vom Latein der Humanisten zur deutschen Sprache zeitigte sogleich die entscheidenden Folgen: Auch andere wichtige Autoren griffen nun zur deutschen Sprache, so dass zum ersten Mal um 1520 eine revolutionäre öffentliche Meinung in Deutschland entstand (zum zweiten Mal erst wieder 1848). Das ganze deutsche Volk, die »Nation«, wurde jetzt von Hutten als Adressat ins Auge gefasst. Folglich übersetzte er seine anfänglich in Latein geschriebenen antiklerikalen Brandschriften in die Volkssprache, oder er ließ sie übersetzen, vor allem das berühmte *Gesprächbüchlin* (Buch der Dialoge, 1521). Seine Sicht der Dinge, die Perspektive eines Adligen, war allerdings nicht wenig durch die Situation und Vorurteile der Klasse eingeengt, der er entstammte: Seine Herkunft aus dem Rittertum blieb ihm stets gegenwärtig, die Belange seines Standes vergaß er nie. Aber Klassenschranken waren in der Idee überwindbar, zumal für den Humanisten Hutten, der sich besserer Einsicht nicht verschloss. Nur »eigene Leistung«, führte er kritisch aus, begründete künftig das Vorrecht, sich als

Huttens *Gesprächbüchlin* von 1521; links vom Titel steht Martin Luther, rechts der Verfasser.

adlig zu erachten, anderer Adel sei wertlos. »Diejenigen, die das Zeug zum Ruhm haben und nutzen, was wir geringschätzen, müssen uns in der Tat vorgezogen werden, selbst wenn sie Söhne von Webern und Schumachern sind.«

Sein letztes Lebensjahrzehnt, besonders die acht Jahre seit 1515, waren für ihn eine Zeit ununterbrochener Kämpfe. Unter seinen Gegnern waren: ein fürstlicher, der regierende Herzog Ulrich von Württemberg, der ihm einen seiner nächsten Angehörigen ermordet hatte; andere weltliche Feudalherren und die geistlichen, allen voran der Papst in Rom. Der Schriftsteller Hutten bevorzugte als Kampfmittel zwar die Schrift, in erster Linie die polemische; aber nicht nur sie wusste er zu handhaben, sondern auch die militärische Waffe – als Soldat in Italien. Die Parole, die sich durch alle seine Veröffentlichungen dieser unruhigen Jahre hindurchzog, lautete »Freiheit«. »Ich sehe, daß an allen Orten an Freiheit gedacht und Bündnisse zu ihrer Verwirklichung gemacht werden«, stellte er zufrieden fest und hoffte, selbst »aller Gemüt zur Wiederbringung allgemeiner Freiheit« anzustacheln. Dabei kalkulierte er mit Bedacht die Gewaltanwendung ein: »Unser Vorsatz kann aber nit wohl ohne Schwertschlag und Blutvergießen Fortschritte machen.«

Freiheitsparole

Etliche Humanisten traten nicht an die Seite der Reformation, sondern setzten sich, häufig in groben Schmähschriften, mit ihr und ihren Repräsentanten auseinander, am schärfsten Erasmus von Rotterdam. Doch auch dieser kritisierte, kaum milder als Luther und die Lutheraner, Dogma und Institution der alten Kirche. Ebenfalls in dem Epochenjahr 1517 veröffentlichte er seine satirische Kampfschrift *Querula pacis* (Die Klage des Friedens). Es ist das erste umfassende Friedensprogramm der Neuzeit, in der Tradition der großen Friedensschriften von Dante und Marsilius von Padua (1. Hälfte 14. Jahrhundert). Der Friede (eine Allegorie) prangert in einem Monolog die Kriege und die Kriegspolitik der Päpste und Kirchenfürsten an. Der Krieg sei nicht unabwendliches Schicksal, sondern Menschenwerk, ein von Menschen gemachtes Übel: »Aber obschon das Leben von selbst so viele kaum tragbare Mühsale mit sich bringt, beschwören die Menschen in ihrem Wahnwitz den weitaus größten Teil der Übel noch eigens herbei.« Verursacher des Kriegs sind ausnahmslos die »Fürsten, die genau wissen, daß die Eintracht des Volkes ihre Macht erschüttert […]. Ein sachliches Erwägen der Kriegsursachen wird erweisen, daß alle Kriege zum Vorteil der Fürsten vom Zaun gebrochen und stets zum Nachteil des Volkes geführt wurden.« Er wendet sich gegen die Einrichtung von »Pflanzschulen des Kriegs« und empfiehlt die Ächtung des Kriegs: »Alle müssen sich gegen den Krieg verschwören und ihn gemeinsam verlästern. Den Frieden aber sollen sie im öffentlichen Leben und im privaten Kreise predigen, rühmen und einhämmern.«

Humanisten gegen Reformation, alte Kirche und Krieg

»Die Grundsuppe des Wuchers, der Dieberei und Räuberei« – Gesellschaftskritik und reformatorische Programme von der »Reformatio Sigismundi« bis Hans Sachs

Die vielleicht berühmteste gesellschaftskritische Passage der deutschen Literatur vor dem *Kommunistischen Manifest* (1848) ist enthalten in Thomas Müntzers Verteidigungsschrift gegen Luther, der *Hochverursachten Schutzrede* (1524). Es ist

Ursache aller Missstände

Aus Müntzers Schmäh-
schrift gegen Luther
(Nürnberg 1524)

*Oppositionelles
Gedankengut*

*Die Ständehierarchie
durchschaut*

ein Werk in Art einer antiken Apologie (wie etwa die *Apologie* des Sokrates) mit Sätzen von großer Entschiedenheit: »Sieh zu, die Grundsuppe des Wuchers, der Dieberei und Räuberei sind unsere Herren und Fürsten. Sie nehmen alle Geschöpfe zum Eigentum. Die Fische im Wasser, die Vögel in der Luft, die Pflanzen auf Erden, ihnen muß alles gehören. Darüber lassen sie dann Gottes Gebot ausgehen unter die Armen und sagen: Gott hat befohlen, du sollst nicht stehlen. Aber selber halten sie sich nicht daran. Indem sie nun alle Menschen peinigen und den armen Ackermann und Handwerksmann und alles, was lebt, schinden und schaben, so muß, wenn einer von diesen sich dann am Allergeringsten vergreift, er hängen. Dazu spricht dann der Doktor Luther: Amen. Die Herren machen das selber, daß ihnen der arme Mann feind wird. Die Ursache des Aufstands wollen sie nicht beseitigen. Wie kann es dann auf die Dauer gutwerden?« Dies ist eine Beschwerde, die nicht erst im Zeitalter der Reformation hörbar wurde, sondern schon Jahrhunderte davor. In einer Zeit, in der sich erstmals oppositionelle Strömungen von beachtlicher Stärke zeigten, die Anfänge eines gegen die gesellschaftlichen Zwänge des Mittelalters gerichteten Widerstands, dichtete Freidank (Mitte des 13. Jahrhunderts): »Die Fürsten unterwerfen mit Gewalt/ Feld, Gebirge, Wasser, Wald,/ dazu an Tieren alles, wild und zahm./ Verführen mit der Luft sehr gern auch so./ Die aber muß uns allen gemeinsamen bleiben:/ Und könnten sie uns den Sonnenschein entwenden,/ desgleichen Winde und den Regen,/ sie ließen sich die Steuer dafür in Gold aufwiegen.«

Aber während in den früheren Jahrhunderten solche Anklage nur spärlich vernehmbar wurde, bekam sie nach 1500 zunehmend Gewicht und fand weithin Gehör. Der Maler Albrecht Dürer erkannte, »daß man uns unser Blut und unseren Schweiß raubt und abstiehlt, und daß das Gestohlene von den Müßiggängern verzehrt wird, was eine Schande und ein Verbrechen ist. Arme kranke Menschen müssen deshalb Hungers sterben.« Der Drucker und Schriftsteller Hans Hergot (hingerichtet 1527 als Märtyrer seiner religiösen Überzeugung), der die weltliche Obrigkeit ebenso ablehnte wie die geistliche, schrieb eindringlich: »Ihr Schriftgelehrten lehrt den Adel, daß er der Kuh nichts in dem Euter lasse und die Milch gänzlich aussauge, auf daß die Jungen keine mehr vorfinden. Wirklich, es ist der Punkt erreicht, daß sie alles ausgesogen haben, weder Milch noch Blut ist mehr da, Frauen und Kinder müssen vor Hunger sterben.« Die Ausgeplünderten waren also die Handwerker und vor allem die Bauern, denn von ihren Erzeugnissen lebte die ganze Nation. So veranschaulichten es die Zeichner in dem »Ständebaum« der Zeit, einer bildlichen Darstellung, die den Gesellschaftsaufbau in Gestalt eines Baumes symbolisierte: unten, als Wurzel und verflochten mit ihr, der Bauer; darüber, auf den ausladenden Ästen, die dem Boden noch am ehesten nahe sind, Handwerker und Kaufleute; dann über diesen die Geistlichkeit und die geistlichen Fürsten, Adel und weltliche Fürsten. Dem Gipfel bereits nahe: Kaiser, Könige und Papst. Auf der höchsten Spitze endlich nochmals zwei Bauern, ein musizierender und ein schlafender, teils Ironie, teils Hinweis, dass die Bauern der Anfang und das Ende von allem sind. Dass die am meisten Geknechteten und Unterdrückten die Bauern waren, berichten – und beklagen – immer wieder die Autoren der Zeit, von anonymen Verfassern bis zu namentlich bekannten, die weltlichen und die geistlichen, ja die bis heute berühmten von Hutten über Thomas Müntzer bis zu Hans Sachs.

Wie deutlich die Gesellschaftsstruktur der Zeit den Zeitgenossen selbst erkennbar war, zeigte Hans Sachs in seinem Fastnachtsspiel *Ein Bürger, Bauer, Edelmann, die holen Krapfen*. Zum Bürger und Edelmann gewendet, erläutert hierin der Bauer: »O ihr tut euch alle beide ernähren,/ Gott weiß wohl wie: Ich darfs nicht nennen«, nämlich durch Ausbeutung bis hin zur gewaltsamen Ausplünderung. Als seine eigene Aufgabe bezeichnet er: »Ackern, Säen,/ Schneiden, Dreschen, Heuen und Mähen,/ Pferdepflege und andere Arbeit mehr./ Hiermit ich euch alle beide ernähr.« Der Bürger verrichtet immerhin produktive Arbeit, jedoch auf weniger mühsame Weise: »Meinen Unterhalt erwerbe ich in der Ruh,/ brauche nicht solch grobe Arbeit zu tun.« Der Adlige aber, im Gegensatz zu ihnen beiden, erklärt, er habe Unterhalt jederzeit am Fürstenhof: »ohne Arbeit, aber mit Rente und Zins«. Und, zum Bauern gekehrt: »Wir haben die Regierung inne,/ alle Macht liegt in unsern Händen./ Du mußt uns liegen unter den Füßen.« So stellte sich in den Augen eines städtischen Dichters, eines Schuhmachers, die Tatsache der Ausbeutung und Unterdrückung dar.

Zu dem Missstand, den die Autoren der Zeit als »Grundsuppe« aller Übel orteten, kam – auch er schon für die damals Lebenden sichtbar – noch ein neuartiger Tatbestand: der Fortschritt, der die alte Ordnung aufbrach, den wichtigsten mittelalterlichen Gegensatz, den Ständedualismus Bauer/Adel zu überlagern begann und die Gesellschaftsstruktur als Ganzes aufzulösen drohte. Ein neuer Regent trat auf die Bühne, mit dem Wort des Hans Sachs: »das Geld«, das »jetzunder in ganzer Welt regiert«. Geld spaltete, so erkannte Sachs, die Menschheit – in große und kleine Diebe und nichts sonst. Wie hatte es dazu kommen können? Die Voraussetzung bildete die Trennung der gewerblichen von der agrarischen Gütererzeugung und die Entfaltung der Stadtkultur, in der sich Warenproduktion und Handel konzentrierten. Das Geld und der Zins – oder die Kaufleute, Händler und Wucherer, die darüber verfügten – trugen immer mehr zur Auflösung der traditionellen, vom Kleinwaren- und Naturalienhandel bestimmten Verhältnisse bei.

Kleine Diebe – große Diebe

Ein Propagandist der Reformation, Johann Eberlin von Günzburg (um 1465–1533), schrieb: »Nachdem die Händler und Kaufleute derart überhand genommen haben, ist der Adel verdorben, die Bürger in den Städten haben nichts, das Landvolk geht betteln.« Der damals erreichte Zustand sei: »Die ganze Menschheit ist auf Kaufen und Verkaufen ausgerichtet [...]. Solche Kaufleute und Händler schaffen nichts als die Zerstörung der Länder und der Christenheit.« Eberlin nahm also deutlich wahr, wie die neue Erscheinung, die auf Kauf und Verkauf gerichtete Gesellschaft, aus sich sogleich einen neuartigen Gegensatz hervorbrachte: den der Kaufleute und Händler hier, der »Bürger in den Städten« sowie der Landleute dort. Ein neues Abhängigkeitsverhältnis entstand: das des Kaufmanns und Händlers – damals auch als »Verleger« bezeichnet (von Waren aller Art; heute nur noch von Büchern und gelegentlich von Bier) – zum Lohnarbeiter. Daher die Beschwerde des Handwerks, die Hans Sachs ausdrückte: »Mit meinem Handwerk, das ich treibe,/ Damit gewinne ich kaum das Brot./ Im Haus ist nichts als Sorge und Not./ Ich arbeite hart Tag und Nacht./ Meine Arbeit wird mir gänzlich verachtet./ Mein Verleger beugt mich aufs äußerste./ Der Kaufmann drückt mir den Preis meines Produkts.« Auf Missstände wie diese reagierten die Schriftsteller der Zeit auf unterschiedliche Art: scharf anklagend oder resignierend, mit Ironie, Satire, Sarkasmus, Hohn oder mit reformatorischer Programmatik – lange Zeit ausschließlich verbal.

Die Menschen: Käufer und Verkäufer

Denn zunächst – im ganzen 15. Jahrhundert – stand in Deutschland die politisch-soziale Revolution noch nicht auf der Tagesordnung. Anders war es im Königreich Böhmen, wo die Hussiten seit 1419 kirchliche Reformen mit kultureller Erneuerung und politischer Revolution verbanden, die Revolution mit militärischer Expansion. Sie nannten sich nach Jan Hus, dem tschechischen Reformator,

Hus und die Hussiten

der 1415, während des Konstanzer Konzils (1414–1418), entgegen der kaiserlichen Zusage freien Geleits verbrannt worden war – was bis heute als historisches Versagen der höchsten weltlichen Instanz bewertet wird. Das Konzil in Konstanz bildete eine von mehreren ähnlichen Versammlungen der höchstrangigen Repräsentanten der Kirche in jenem Jahrhundert, eine Zusammenkunft, von der die Menschen der Zeit eine Reform der unhaltbaren Zustände erwarteten, besonders der kirchlichen (deshalb ›Reformkonzil‹).

Reformschriften

Ihren Reformschriften, in denen sie eine gesellschaftskritische Analyse mit reformatorischer Programmatik vereinten, verliehen die Autoren des 15. und 16. Jahrhunderts gern die Gattungsbezeichnung ›Reformation‹ (in anderer Verwendung meinte sie nach 1517 die Verwirklichung kirchlicher Reformen). Die bekannteste Schrift dieser Art ist die *Reformatio Sigismundi* (Reformation Kaiser Sigismunds, 1439), deren Verfasser den Namen des Kaisers lediglich benutzte, um seinen eigenen Gedanken größeres Gewicht zu verleihen (ein bereits seit der Antike üblicher Griff). Dies Werk war weit verbreitet: seit 1439 in 17 Handschriften sowie von 1476 bis kurz vor dem Bauernkrieg in mehreren Drucken. Drei Generationen vor der Erhebung von 1525 formulierte ein Kritiker hier die Notwendigkeit der Abschaffung der Leibeigenschaft und damit die Beseitigung des Fundaments der gesamten feudalen Produktionsweise: »Es ist eine unerhörte Sache, daß man in der frommen Christenheit das große Unrecht eigens enthüllen muß, welches vor sich geht, wenn einer, obwohl Gott zuschaut, so gierig ist, daß er es wagt, zu einem Menschen zu sprechen: ›Du bist mein eigen! ‹ Es ist daran zu denken, daß Gott [...] uns befreit und von allen Banden löst [...] Darum wisse jedermann, der lebt, der seinen Mitchristen als Eigentum erklärt, daß er nicht Christ ist.« Das bedeutete zugleich die Aktualisierung der alten sächsischen Rechtstradition. Bereits der *Sachsenspiegel* des Eike von Repgow (13. Jahrhundert) hatte die Leibeigenschaft scharf untersagt (allerdings folgenlos). Der Verfasser der *Reformation Kaiser Sigismunds* verkündete darüber hinaus das Widerstandsrecht gegen solche Herren, die sich weigerten, die Leibeigenschaft aufzuheben. Man dürfe diese »ganz abtun«, und sobald ein Kloster sich der Forderung verschließe, müsse man es zerstören. Das Gewitter des Bauernkriegs begann aufzuziehen.

Der ›oberrheinische Revolutionär‹

Ein anderer anonymer Verfasser, der Literaturgeschichtsschreibung als der sog. ›Oberrheinische Revolutionär‹ bekannt, schuf zwischen 1498 und 1510 ein umfassendes Reformprogramm: *Das Buch der hundert Kapitel und vierzig Statuten.* Er ging ebenfalls von der Notwendigkeit aus, die Leibeigenschaft zu beseitigen: »Das ist Diebstahl und schlimmer als jeder andere Diebstahl wegen der damit verbundenen Machtausübung. Der Adlige sagt: ›Du bist mein Eigenmann!‹ Aber die Wahrheit lautet: Wir Deutschen sind frei, frei nach dem Gesetz Kaiser Karls des Großen, alle edel.« Nicht weniger scharf erkannte der Autor einen zweiten Missstand der Zeit, den die Ware-Geld-Beziehung mit sich brachte: »Ein Wucherer [...] ist böser als ein Mörder.« Das Prinzip, das er gegen die von ihm beklagten Übel setzte, gegen den von ihm angeprangerten Eigennutz, heißt: »der gemeine Nutzen«. Diese Entgegensetzung des »Eigennutzes« und des »Gemeinnutzes« ist antikes Erbe, z. B. schon in Ciceros Staatsdenken belegt, und wiederholt sich nun in der gesamten gesellschaftskritischen Literatur der frühen Neuzeit. Es ist das grundlegende Begriffspaar, das sich in den Flugschriften der Bauernkriegszeit und bei Hans Sachs, in dem Buch von den Schildbürgern bis hin zur Literatur der Aufklärung beständig findet.

Sebastian Brant

Es bestimmte auch das Weltbild des wichtigsten Zeitkritikers der deutschen Literatur gegen Ende des 15. Jahrhunderts: Sebastian Brant (1457 oder 1458–

1521). Sein Hauptwerk, *Das Narrenschiff* (1494), nach alter Weise in Reimpaaren abgefasst, stellt alle Gruppierungen der Gesellschaft als Narren vor, die mit dem Narrenschiff nach dem Lande Narragonien reisen. Die Basis dieser Verssatire ist die Klage über den Verfall des Glaubens und, damit zusammenhängend, des Reichs. Warnend wird der Leserschaft das Beispiel des alten Rom vorgehalten: »Zur Freiheit wardst du hingeführt,/ Als dich gemeinsamer Rat (Nutzen) regiert./ Doch als auf Hoffart man bedacht,/ Auf Reichtum und auf große Macht,/ Und Bürger wider Bürger stritt,/ Und des gemeinen Nutzens man gedachte nit,/ Da fing die Macht zu zerfallen an [...].« Brant sah keine Rettung mehr für seine Zeit, weil er keine Möglichkeit einer Besserung erkannte (Narren sind unheilbar); Reformvorschläge machte er nicht. Und doch zeigt seine Dichtung, obwohl ihr Grundzug konservativ war, typisch frühe bürgerliche Denkansätze, so z. B. in der Ablehnung des Geburtsadels zugunsten eines inneren Adels: »Aus Tugend ist aller Adel gemacht«, dessen denn auch der Bürger teilhaftig werden konnte. Brants *Narrenschiff* erlebte in einem Jahrhundert etwa 25 Ausgaben sowie zahlreiche Bearbeitungen und Übersetzungen und wurde im 20. Jahrhundert verfilmt.

Sebastian Brant:
Das Narrenschiff

»Derhalben mußt du, gemeiner Mann, selber gelehrt werden« – Die Entdeckung des Worts als Waffe

Der Siegeszug der zugleich religiösen wie politischen Neuerung des 16. Jahrhunderts im Norden Europas, die unter dem Namen ›Reformation‹ bekannt ist, wurde hauptsächlich durch Literatur mitentschieden, insbesondere durch ein literarisches Medium, das damals seine erste Blütezeit erlebte: die Flugschrift. Die im Spätmittelalter, seit etwa dem ersten Drittel des 14. Jahrhunderts sich anbahnende Veränderung der Gesellschaftsstruktur bewirkte einen Prozess der Bewusstseinsänderung breiter Kreise, und diese wiederum konnten auf die Praxis einwirken. Ein Vorgang, der sich in Sprache vollzog, mittels des geschriebenen und gesprochenen Wortes, der Literatur vor allem, die am weitesten wirkte, das hieß in erster Linie in Form der Gebrauchs- und didaktischen Literatur und Polemik. Was die Menschen neu erfuhren, war die Macht des Worts. Das auf diesem Wege entstehende Bewusstsein bedeutete: Gewinnung von Einsichten in den Zusammenhang der sozialen Realität; Formulierung dieser Einsichten unter den Bedingungen des Zeitalters, Gedanken, Vorstellungen, Ratschläge, Pläne. Die Literatur begann, Einfluss auf den Willen beachtlicher Bevölkerungsteile durch Ideen, Argumente, Forderungen, Kampfrufe, aber auch durch Utopien und phantastische Träume zu nehmen, kurz: Sie leitete zum umgestaltenden Handeln an. Sie stellte so – im Vergleich zu den vorausgegangenen Epochen – etwas prinzipiell Neues dar, einen Bestandteil der umfassenden religiös-politischen Umwälzung, an der sich fast die gesamte deutsche Nation beteiligte, für sie streitend oder sie bekämpfend. Während dieser religiös-politischen Revolution – sie dauerte ein knappes Jahrzehnt, vom Thesenanschlag Martin Luthers in Wittenberg (1517) bis zum Ende des Bauernkriegs, seiner endgültigen Niederlage in den Alpen (1526) – fungierte die Literatur der Zeit nicht als illustrierende Zugabe, als begleitender Kommentar oder Beleg für einen von ihr abgetrennten Vorgang. Sie bildete vielmehr

Anleitung zum umgestaltenden Handeln

Der Bauer lehrt die neue Wahrheit (Holzschnitt von 1521)

einen wesentlichen, die Praxis mitbestimmenden Teil der geschichtlichen Bewegung.

Wirklichkeits- und Menschenbild, Adressatenkreis

Vor allem entwarf sie ein ungewohntes Wirklichkeitsbild, spiegelte die Realität dergestalt, dass sie dem ›gemeinen Mann‹ – so nannte man in der Epoche die Angehörigen der Unterschichten in der Stadt und auf dem Lande – als ebenso überlebt wie veränderungsbedürftig vorgeführt wurde. Der neuen Wirklichkeitsdarstellung entsprach ferner der Entwurf eines erneuerten Menschenbilds: der ›gemeine Mann‹ selbst, der Bauer und der Handwerker, trat als zentrale Figur in die Literatur ein, in der er vorher entweder gar keine oder allenfalls eine Rolle am Rande gespielt hatte; nun stand er gleichberechtigt neben den Rittern, den Geistlichen und den Fürsten, manchmal sogar als Richter über dem Adel und Klerus. Und neu war drittens die Überwindung ständischer und lokaler Schranken. Jetzt wandten sich Schreibende – Handwerker, geistliche und weltliche Gelehrte, Ritter und gelegentlich sogar Fürsten – häufig nicht mehr nur an einen Stand, an einen begrenzten Adressatenkreis, sondern an die Mehrheit der Bevölkerung, an den – wie z. B. Hans Sachs es stets ausdrücklich formulierte – »gemeinen Mann«. Alles in allem war, was hier stattfand, im Zusammenhang mit der kulturellen Revolution eine literarische.

Literaturrevolution

Die Autoren des Zeitalters waren Mitträger einer Literaturrevolution. Jedoch sprachen sie dies nicht aus. Aber sie umschrieben den Sachverhalt, wussten, was sie taten, verkannten nicht die Wirkung ihrer Pamphlete. Luther notierte: »Es meinen etliche, ich hätte dem Papst ohne alle Faust (Gewaltanwendung) mehr Schaden getan, als ein mächtiger König tun könnte, mit Reden und Schreiben.« Und war die Literaturrevolution Bestandteil einer umfassenden Umwälzung, so sprachen die Autoren auch das keineswegs aus; sie hatten den Begriff der ›Reformation‹. Ihren Schriften jedoch gaben sie Inhalte, die nichts anderes waren als die Parolen und Programme einer religiös-politischen Revolution. Und handelte es sich um Verfasser, die sich dieser zu widersetzen versuchten, wie z. B. die ›Kontroverstheologen‹, die Wortführer der Gegenreformation, so wurde die Tatsache der Umwälzung dadurch nur noch einmal bestätigt.

Der Buchdruck, das Neulatein und der Übergang zu den Volkssprachen

Zu den Voraussetzungen des Erfolgs der Reformation gehörte der Buchdruck, der neue Möglichkeiten der Verbreitung des Worts geschaffen hatte, darunter die Herstellung preiswerter ›Gebrauchsliteratur‹. Die Antriebskräfte der umfassenden Veränderungen seit dem Spätmittelalter in Europa waren: psychologisch das zunehmende Gewinnstreben, ökonomisch die Beschleunigung der Warenerzeugung und des Warenumschlags und technologisch-technisch das Aufkommen neuer Produktionsmethoden und Maschinen. Zu den wichtigsten Erfindungen der Epoche zählte der Buchdruck. Er teilte die Literatur- und Mediengeschichte der europäischen Zivilisation in zwei Hälften – vor und nach Gutenberg. Die Neuerungen in der Produktion von Druckerzeugnissen aller Art führten Umstellungen im Verlagswesen und Handel und in den Gewohnheiten des Lesepublikums, das sich jetzt in größerem Maße zu entwickeln begann, herbei. So vollzog sich im Verlauf der Folgejahrhunderte die Umwandlung des Luxusartikels Buch hin zur Massenware.

Der Buchdruck – eine Voraussetzung der Reformation

Die alte Methode der Werkvervielfältigung konnte im Zuge der stürmischen Entwicklung von Verkehrswegen, von Geschäfts- und Handelsbeziehungen den Anforderungen nicht mehr genügen. Die ›Buch‹-Produktion des Mittelalters bestand darin, dass in Schreibwerkstätten eine größere Anzahl von Schreibern zusammengefasst wurde, die nach dem Diktat des ›Diktators‹ je eine Kopie anfertigten. Um 1430 ersetzte man dies langwierige und aufwendige Verfahren, indem man anfing, eine Textseite – oft mit Bildbeigaben versehen (Holzschnitte!) – in eine Holztafel zu schneiden, um diese als Druckmater zu verwenden. So entstanden die sog. ›Blockbücher‹. Zu den weiteren technischen Neuerungen zählte in der Mitte des 15. Jahrhunderts der Kupferstich, der allerdings nicht zur Vervielfältigung von Schriftdokumenten diente. Was also ausstand, war der Druck mit Hilfe beweglicher Buchstaben. Zwar kannte man in China etwa seit dem Jahr 1000 aus Ton gebrannte Einzeltypen, seit dem 14. Jahrhundert auch holzgeschnittene und damit haltbarere, wieder verwendbare Typen. Aber die chinesische Schrift erschien zu kompliziert, als dass sich die Europäer ernsthafte Gedanken über die Brauchbarkeit dieses Verfahrens gemacht hätten.

Ältere Vervielfältigungsweisen

Als Erfinder des Buchdrucks in Europa gilt Johann Gensfleisch, mit dem Wohnplatz Gutenberg in Mainz, daher auch kurz als ›Gutenberg‹ bezeichnet. Über ihn ist wenig Verlässliches bekannt; gerade einmal das genaue Todesdatum (3. Februar 1468). Das von verschiedenen Forschern unterschiedlich vermutete Geburtsdatum lag wohl zwischen 1394 und 1404. Legende ist, dass er mit einem Schlag den Druck mit beweglichen Lettern erfunden hätte (angenommen wird dann meist das Jahr 1440). Fest steht, dass er ihn langfristig plante und etwa ein Jahrzehnt experimentierte. Es ist auch nicht nachzuweisen, dass er der einzige Erfinder war, als den ihn eine ›die großen Männer‹ verklärende Berichterstattung hinstellte. In früher Geschichtsschreibung wurden neben, ja vor ihm andere Zeitgenossen genannt: Fust (den einige mit Faust zusammenwarfen), Schöffer. Gemeinsam mit dem Mainzer Fust stellte Gutenberg zwischen 1449 und 1455 die ›Gutenberg-Bibel‹ her, die seitdem unbestritten als Meisterwerk der typographischen Kunst geschätzt wird.

Gutenbergs Erfindung

Die Erfindung des Buchdrucks löste in Europa einen Innovationsschub aus, dessen Wirkung man neuerdings gern mit der Wirkung der Einführung der elektronischen Medien in der zweiten Hälfte des 20. Jahrhunderts vergleicht. Die

Innovationsschub als Folge

Der Mainzer Johannes
Gutenberg (um 1400–
1468) erfand den Buch-
druck mit beweglichen,
wieder verwendbaren
Buchstaben. Er löste
damit eine Neuerung
aus, deren geistige und
politische Konsequenzen
erst allmählich bewusst
wurden.

Blick in eine Buchdrucker-
werkstatt des 16. Jahr-
hunderts, im Hintergrund
arbeiten die Schriftsetzer.

neue Technik verstärkte zunächst schon die Tendenz zur Verschriftlichung. Damit endete die seit der Vorgeschichte der Menschheit unangetastete Vorherrschaft
der Mündlichkeit, des mündlichen Verständigungsvorgangs. Die nur unschriftlich
existierende, mündlich vorgetragene Dichtung, die unschriftliche Weitergabe von
Informationen oder mündliche Verträge wurden immer seltener. Allerdings kam
der durch die Drucktechnik ausgelöste Innovationsschub erst im Zeitalter der
Aufklärung zu seiner vorläufig höchsten Wirkung, als die Buchproduktion verbil-
ligt, ein leistungsfähigeres Buchhandelssystem eingeführt und die allgemeine Le-
sefähigkeit erreicht worden war.

Sprachgeschichte:
der ältere Zustand

Zu der technischen Umgestaltung kamen mit Beginn der Neuzeit in Europa
erhebliche Veränderungen im Sprachgebrauch. Im Mittelalter war in allen Ländern das Latein als ›heilige‹ Sprache bei Klerikern und Gelehrten im Gebrauch, in
der Bevölkerung im Übrigen die jeweilige regionale Volkssprache, manchmal
auch mehrere davon (in den Niederlanden oder etwa in den deutsch-slawischen
Grenzgebieten). So dienten die Begriffe ›diutisc‹ oder ›tiutsch‹ ursprünglich lediglich zur Bezeichnung der Volkssprache und volks-sprachlicher Sprecher, übrigens
nicht nur in den Territorien des späteren Deutschen Reichs (die Ausdrücke ›dutch‹
und ›dietsch‹ in England und in den Niederlanden bezeichneten die Volkssprachen). Die Volkssprachen bildeten jedoch nicht nur das Verständigungsmittel der
Menschen im Alltag, sondern eigneten sich auch als Sprache mündlich vorgetragener und weitergegebener Dichtung (›oral poetry‹). Die Kleriker benutzten das
Latein in den kirchlichen Amtshandlungen und als Literatursprache. Kam es in
den Anfangszeiten der Dichtkunst schon vor, dass zur schriftlichen Fixierung die
Volkssprachen oder – in Deutschland – die Stammesdialekte, vom altsächsischen
bis zu den oberdeutschen, herangezogen wurden, so geschah dies ausnahmsweise. Erst in der Höhepunktphase der mittelhochdeutschen Dichtung zur Zeit der
staufischen Kaiser gelang in Deutschland die früheste Herausbildung einer eigenen säkularen ›Dichtersprache‹. Soweit in den Jahrhunderten zwischen 500 und
1500 Latein geschrieben wurde, war es im Unterschied zur lateinischen Sprache
der Antike das mittelalterliche oder ›Mittellatein‹. Die aus diesem Jahrtausend
noch erhaltenen Werke, die zum erheblichen Teil bis heute nicht im Druck vorliegen, übertreffen an Zahl die erhaltenen lateinischen Quellen der Römerzeit um
ein Vielfaches.

Die sprachlichen Verschiebungen beim Übergang zur Neuzeit vollzogen sich sehr auffällig im Bereich der Schriftkultur. Mehrere Faktoren führten zur Zurückdrängung des Mittellateins. Die erste Ursache dafür war entgegen dem Anschein nicht das Vordringen der Volkssprachen, sondern die bewusst vorgenommene Änderung der bisher gebrauchten lateinischen Sprache. Die Humanisten konnten sich nicht mit dem mittellateinischen Sprachsystem zufrieden geben, so dass sie ein verbessertes annahmen, das neulateinische, womit sie sich gegen ganze Generationen europäischer Autoren stellten und deren Ausdrucksmedium verwarfen. Mit der antiken Kultur, Kunst und Literatur nahmen sie sprachlich das Latein der Antike zum Vorbild, bevorzugt dasjenige Ciceros (daher der Terminus für die sprachliche Neuerungsbewegung: Ciceronianismus). Mit dem Neulatein war, nach der alt- und mittel-lateinischen Phase in der Geschichte, ein drittes Zeitalter des Lateins und der lateinischen Literatur eröffnet (von der Renaissance bis zur Moderne).

Sprachliche Verschiebungen

Die neulateinische Literatur ist ebenfalls von bedeutendem Umfang. Ihre Dichter und Schriftsteller hohen Ranges in Deutschland waren z. B. Hutten, Celtis und Philipp Melanchthon. Noch die deutschen Barockdichter Opitz, Fleming, Gryphius u. a. verzichteten nicht aufs Neulatein und schufen neben ihren Werken in Deutsch auch (neu)lateinische. Verhältnismäßig lange hielt es sich in der Wissenschaft: nicht zuletzt in der Rechtswissenschaft und Historiographie, in der Philosophie und Mathematik. Dass der Buchdruck ein weiterer Faktor bei der allmählichen Zurückdrängung des Lateinischen sein sollte, ließ sich nicht von Anfang an absehen. Von den etwa 40 000 Büchern, die im 15. Jahrhundert hergestellt wurden und die sich insgesamt in etwa einer halben Million Exemplaren erhalten haben (die sog. ›Wiegendrucke‹), sind drei Viertel in Latein abgefasst. Nur ein Viertel entfällt auf die verschiedenen Nationalsprachen, davon auf das Deutsche 7 %.

Produktion lateinischer Bücher

Auch der Wechsel zu den Volkssprachen trug zur Zurückdrängung des Lateinischen bei. Er vollzog sich nirgends kontinuierlich, sondern in unregelmäßigen Schritten; es gab sogar Beispiele, dass die lateinische Sprache wieder vorrückte, wo sie bereits einmal verdrängt war. In Italien z. B. schrieben Dante, Petrarca und Boccaccio (14. Jahrhundert) neben ihren populäreren Dichtungen in der Volkssprache, die bis heute gelesen werden, auch lateinische Werke, zumeist religiösen, historiographischen oder philosophischen Inhalts. Im 15. Jahrhundert traten Autoren auf, die wieder das Lateinische ausschließlich benutzten (Enea Silvio Piccolomini, Poggio, Valla). Erst die Wende zum 16. Jahrhundert und die Folgezeit brachten hier ein weiteres Vordringen der Volkssprache (wiederum in Werken höchsten Ranges: Ariost, Castiglione, Tasso usw.). In Nordeuropa gab es in derselben Epoche Autoren, die sich ausschließlich des Lateins bedienten (Humanisten wie Erasmus von Rotterdam) oder fast ausschließlich (Melanchthon, mit einem kleinen Anteil deutschsprachiger Schriften), andere, deren Werk fast gleiche Anteile jeweils des Lateins und der Volkssprache zeigt (in Deutschland vor allem Luther, der nicht nur unter Gelehrten wirken wollte), und solche, die lediglich für eine Leserschaft aus den nicht gebildeten Schichten schrieben (am berühmtesten: Hans Sachs) und daher allein die Volkssprache verwendeten.

Die Volkssprachen

Die Verschiebungen zwischen den sprachlichen Systemen (Mittellatein, Neulatein, Volkssprachen) veränderten auch die Produktion sakraler Literatur, für die früher kein Ausdrucksmedium als das Latein zur Verfügung stand: die Bibel, die Bibelepik, das Bibeldrama und das Kirchenlied. Ein wichtiges Zeugnis hierfür sind die Bemühungen um die Übersetzung der Bibel, ihre Überführung aus

Sakrale und Übersetzungsliteratur

den ›heiligen Sprachen‹ (Hebräisch, Griechisch, Latein) in so gut wie alle neueren west- und mitteleuropäischen Volkssprachen, in Deutschland sowohl ins Hoch- als auch ins Niederdeutsche. Bis dahin hatte sie nur in der lateinischen Version des Hieronymus (um 400) gelesen werden dürfen, der *Vulgata* (Bedeutung: die allgemein Geläufige). Die Notwendigkeit der Übertragung war bereits im Mittelalter von den Urhebern der ›Häresien‹ (abweichender religiöser Auffassungen) erkannt worden. In ihrer Nachfolge schufen oder initiierten die Vorreformatoren (Wiclif, Hus) und Reformatoren (Luther, Zwingli, Calvin u. a.) volkssprachliche Fassungen der Bibel, womit die ›Heilige Schrift‹ den unteren Volksschichten erstmals vollständig zugänglich gemacht wurde. Bezeichnend ist, dass die anfänglichen großen Übersetzungsleistungen in Europa Werke betrafen, deren Original in einer der drei ›heiligen Sprachen‹ abgefasst war, gelegentlich sogar in mehreren davon wie die Bibel. Erst in die spätere Neuzeit gehören dann künstlerisch bedeutsame Übertragungen von Werken aus einer europäischen Volkssprache in eine andere (Beispiel: die Shakespeare-Übersetzung der deutschen Romantik).

»Daß wir frei sind und es sein wollen« – Flugschriftenliteratur

Anzahl, Auflagenhöhe, Verbreitung

Die Flugschriftenliteratur im ersten Drittel des 16. Jahrhunderts bildet eines der herausragenden Studienobjekte für jeden, der sich mit der Wirkungsmöglichkeit von Literatur befasst, mit der Frage vor allem der Umsetzung revolutionärer Ziele durch das Wort. Die Zahl der Flugschriften in dem genannten Zeitraum wird auf einige hundert geschätzt und übertrifft vermutlich 1000. Es waren kleine Druckwerke von 3 oder 4 bis zu 50, manchmal 60 Seiten, kaum darüber hinaus, in z. T. schon recht beträchtlicher Anzahl der Exemplare, bis zu 1000 und gelegentlich auch mehr, und nicht selten einer Reihe von Auflagen (u. a. Luthers frühreformatorische Programmschriften). So erlebte der revolutionäre Dialog *Karsthans* (mit dem damals volkstümlichen Begriff für den Bauern im Titel) binnen eines Jahres zehn Auflagen. Und soweit feststellbar, erzielte der bekannteste Forderungskatalog der Aufständischen, die *Zwölf Artikel*, 1525 innerhalb weniger Wochen 24 Auflagen und wurde auch handschriftlich weiter vervielfältigt. In kürzester Frist war er vom Westen Deutschlands bis Ostpreußen, von Tirol bis nach England verbreitet.

Sprache der Flugschriften

Die Sprache der Flugschriften war bestimmt durch das Bestreben der Autoren, größtmögliche Ausdruckskraft und leichte Verständlichkeit miteinander zu verbinden, um so ihr Publikum stärker zu beeinflussen. Drei auffällige Eigentümlichkeiten prägten den Stil: verschwenderische Benutzung von Bibelzitaten (als Beleg für die Nähe zum Evangelium), ausgiebige Verwendung von Redensarten und Sprichwörtern (Volksnähe) sowie ein Wortschatz grober, beleidigender, den Gegner vorsätzlich verletzender Art.

Literarische Gattungen

Nach literarischen Gattungen unterteilt, sind die erhalten gebliebenen Flugschriften der Epoche recht vielfältig: Predigt und Sendbrief, Chronik, Traktat und Mitteilung, Dialog und selbst Drama, Versdichtung und Lied. Als für die Frühzeit der Reformation besonders bezeichnend erscheinen der Sendbrief und der Dialog. Der Sendbrief, der zur Gattung des Briefs gehört, unterschied sich vom Privatbrief dadurch, dass die besprochenen Gegenstände des allgemeinen Interesses sicher waren, also z. B. die kirchlichen Reformen betrafen. Der Dialog ist überhaupt eine der mündlichen Unterredung verwandte Gattung, und in der Frühreformation wirkte er so, als gingen die zahlreichen Diskussionen, die auf Straßen und Plätzen, in Privathäusern und Schenken geführt wurden, unmittelbar in die Literatur ein.

Religiöse Gespräche in der Öffentlichkeit wurden damals oft vor Tausenden von Menschen geführt. Sie ähnelten heutigen ›Podiumsdiskussionen‹, nur dass sie sich im Unterschied zu diesen zuweilen über Wochen hinzogen, mindestens aber tagelang anhielten (Leipzig, Zürich und anderswo). Neben den Religionsgesprächen bewirkten wesentlich die Flugschriften das mit, was als die erstmalig aufkommende freie, öffentliche Meinung gelten darf – ein Faktum, das bereits der Theologe J. G. Herder im 18. Jahrhundert erkannte: eine spirituelle Macht, dargestellt durch Argumente und Worte, die der alten Religion und der herrschenden Politik opponierte. Oder: Die Anschauungen und Willensbekundungen von Unterschichtenangehörigen gewannen in Deutschland für eine kurze welthistorische Spanne überhand über die Vorstellungswelt der oberen Schichten. Der ›gemeine Mann‹ fühlte sich im ganzen Land einbezogen in die religiösen und politischen Kontroversen. Daher griffen die Kirche und der Kaiser – seit 1519 Karl V. – rasch zum Mittel der Zensur. Das berüchtigte Wormser Edikt (1521), gegen Luther und seine Anhänger (z. B. Hutten) gerichtet, verbot die Abfassung, den Druck und Verkauf und jegliche Verbreitung von Büchern, die der alten Kirche und den mit ihr verbündeten weltlichen Fürsten den Kampf ansagten, seien solche Erzeugnisse doch »böser Lehren und Exempel voll«. Die Verfolgungen trafen Autoren, Drucker und Händler mit aller Härte: Ausweisung, Verlust der Bürgerrechte, Gefängnis, Folter und Hinrichtung. Deswegen bewegten sich die Drucker oft außerhalb des geltenden Rechts, und die Verfasser arbeiteten vielfach, um sich nicht unnötig zu gefährden, im Schutz der Anonymität.

Nahmen die Autoren der Reformationszeit in Deutschland fundamentale weltliche und geistliche Missstände wahr, so stellten genau diese die Hauptthematik des gesamten Fundus der Flugschriften dar. Die Verbesserungsvorschläge, die von den Verfassern, besonders aber 1524/26 von den Wortführern im Bauernkrieg kamen, sind unter wenigen verschiedenen Aspekten zusammenzufassen: In nahezu jeder Programmschrift findet sich die Forderung nach Freiheit der unteren Stände – für nichts kämpften die Aufständischen 1524/26 so sehr wie für die Überwindung der Leibeigenschaft. Der dritte der *Zwölf Artikel* verlangte, »daß wir frei sind und es sein wollen«. Es ist die Weigerung, überhaupt noch »eigen« zu sein – erkennbar die Traditionslinie des *Sachsenspiegels* sowie der *Reformatio Sigismundi* und des ›oberrheinischen Revolutionärs‹.

Neben der Freiheitsparole meldete sich an allen Orten die Gleichheitsforderung. Das hieß: die Beanspruchung gleichen *Rechts* für jedermann. Einer der im Aufstandsjahr 1525 zusammentretenden ›Haufen‹, wie die Bauern ihre improvisierten Kriegsscharen benannten, war der ›Taubertaler Haufen‹. Unter seinen Kampfzielen nannte er: »Es sollen auch die Geistlichen und Weltlichen, Adligen und Nichtadligen in Zukunft sich an das allen gemeinsame Bürger- und Bauernrecht halten und nicht mehr sein als jeder andere.« Die Ungleichheit der Stände, wie sie u. a. in dem mittelalterlich-frühneuzeitlichen Rechtsinstitut der Leibeigenschaft äußerte, wurde primär durch Zwang aufrechterhalten. Sichtbare Zeichen des Zwanges waren die Burgen und Klöster. Deren Besitzer, Adel und Geistlichkeit, mussten sich daher von diesen trennen, lautete die strenge Konsequenz; so planten die Aufständischen die Beseitigung aller festen Häuser dieser Art

Religionsgespräche

Erstmals aufkommende freie öffentliche Meinung

Die Themen

Verlangen nach Brüderlichkeit

durch Abbruch oder Verbrennung. Schon während der Dauer der Kämpfe begannen sie ihr Werk. Die Brüderlichkeitsforderung fehlte ebenfalls nicht. So erklärte in dem Dialog *Neu-Karsthans* einer der Unterredner: »In der Kirche Christi soll Gleichheit bestehen, und wir sollen uns alle untereinander als Brüder begegnen.« Im Zusammenhang damit stifteten die Aufständischen der Jahre 1524/26 Bünde, die als ›brüderliche Vereinigungen‹ bezeichnet wurden.

Egalitäre Prinzipien

Den modernen Charakter der sozialen wie politischen Bewegung beweist ferner die Bedeutung, die dem Kampf um egalitäre Prinzipien während dieser Jahre zukam. Dazu gehörte vor allem ein erst einzuübendes Verfahren: die »Wahl«, z. B. die freie Wahl der Pfarrer, ein Ziel, das in so gut wie keinem Programm der Bauern fehlte. Die freie Wahl sollte das Recht der Wähler einschließen, Gewählte, die ihr Amt nicht angemessen ausfüllten, abzusetzen, wie dies heute in allen Demokratien gilt. Die Flugschrift *An die Versammlung gemeiner Bauernschaft* stellt im Kern die Frage, »ob die Versammlung aller die Obrigkeit absetzen darf« – und bejaht sie. Und der anonyme Autor erwog, ob es nicht jetzt an der Zeit sei, Schneider, Schuhmacher und Bauern als Obrigkeiten zu wählen, die in »brüderlicher Treue« zu regieren hätten, um die »christliche Brüderschaft« zu erhalten.

Die Ausbeutungspraktiken der Kirche und Kaufleute

Unter den üblichen Ausbeutungspraktiken waren es besonders zwei, die seit jeher den Zorn des ›gemeinen Mannes‹ hervorriefen: die von den Reichen ausgehende und die kirchliche. Die sehr kleine Schicht der Geistlichkeit hatte ungefähr ein Drittel des gesamten Landes und andere Reichtümer an sich zu bringen gewusst. Hier Änderung zu schaffen, war ein Vorsatz, der in den Flugschriften regelmäßig wiederkehrte. Als Begründung wurde angeführt: »Alles den Armen geraubte Gut ist im Hause der Reichen oder der Priester.« Unter den Reichen verstanden die Autoren die Kaufleute und großen Handelsgesellschaften. Daher argumentierte die zeitgenössische Literatur (und mit ihr Martin Luther), es sei notwendig, die großen Handelsgesellschaften zu beseitigen. Die Forderung erschien z. B. auch in dem als gemäßigt geltenden *Reichsreformentwurf* (oder *Heilbronner Programm*): Es sollten »die Handelsgesellschaften, z. B. die Fugger, Höchstetter, Welser u. dergl., beseitigt werden, weil durch diese jedermann im Warenverkehr nach ihrem Gefallen entmündigt und bedrückt wird«. Hinter den religiösen Auseinandersetzungen erkannten die Flugblattverfasser der Zeit zuweilen recht genau die tiefer liegenden Motive, nicht zuletzt bei dem prominenten Gegner der Reformation, Johann Eck (1486–1543). In einem Dialog wird darauf hingewiesen: »Mein Lieber, der Eck ist kein Narr, er verteidigt die ökonomischen Machenschaften Fuggers.«

Thomas Müntzer

Zwei Reformatoren, ein Propagandist der Reformation

Schneider, Schuhmacher und Bauern als Obrigkeit – der Autor der radikalen Flugschrift An die Versammlung gemeiner Bauernschaft erwog, was bereits im Juli 1524 Thomas Müntzer (um 1490, hingerichtet 1525) bündig in die Formel von der Macht, die nun dem gemeinen Volke gegeben werden müsse, gepresst hatte. Diese Erklärung oder Einsicht wiederholte Müntzer in den Monaten darauf leitmotivisch in einer Reihe von Briefen und Manifesten. Sie sind in einer Sprache verfasst, die das Äußerste an revolutionärer Ausdruckskraft darstellt, dessen die Zeit fähig war.

Er wiederholte besonders in den Kampfwochen von 1525, am 13. Mai nochmals im Feldlager, alle Geschöpfe müssen frei werden, und: »Die Gewalt soll gegeben werden dem gemeinen Volk.« Es ist das Prinzip der Volkssouveränität, das hier verkündet wurde, die früheste Willenserklärung der Demokratie in Deutschland. Wie Luther und andere bedeutende Schriftstellern der Zeit war Müntzer Theologe, doch der Theologe fühlte sich zudem als »Landsknecht Gottes«. Im Unterschied zu Luther, dessen entschiedener Anhänger Müntzer zunächst war, verließ er sich bald jedoch nicht mehr auf die »Gnade« und auf die »Schrift«.

Er sprach vielmehr – und erwies sich damit als Mystiker – von einer spezifi- *Erbe der Mystik* schen »Offenbarung Gottes«. Ihrer müsse der Mensch in sich teilhaftig werden. Und während für Luther das Wort der Bibel maßgeblicher Leitfaden für den Christen zu sein hatte, sollte es nach Müntzer das »innerliche Wort« Gottes sein, auf das der Christ baute. Dies »innerliche Wort« erkämpfte jedoch keiner ohne beharrliches Ringen um die Wahrheit, der er sich bloß in »ernstem Mut« nähern durfte. Diesen ernsten Mut, das stete Ringen um die Wahrheit bezeugen alle Schriften Müntzers, und sie bezeugen insbesondere, dass Müntzer das Erkämp- fen der Wahrheit niemals abgetrennt zu sehen vermochte von dem Kampf um die Herstellung der äußeren Lebensbedingungen, unter denen jeder, vor allem der gemeine Mann, die Verwirklichung eines christlichen Lebens überhaupt erst be- ginnen konnte. Das Offenbarungsprinzip Müntzers unterschied sich von Luthers Lehre auch darin, dass, wenn Nichtchristen die Evangelien zwar nicht anerkann- ten, sie doch jedenfalls die Offenbarung, das innere Wort vielleicht kraft ihrer »menschlichen Vernunft« wahrnahmen. Mit seinem Vernunftbegriff arbeitete Thomas Müntzer der Aufklärung vor, dem ›Zeitalter der Vernunft‹. Den Zusam- *Schriften des Jahres 1524* menhang des Kampfs um die Wahrheit mit dem Ringen um die Herstellung äuße- rer Zustände, unter denen die Wahrheit von allen gehört und im Leben verwirk- licht werden konnte, begründeten sehr eindringlich Müntzers theologisch-politische Schriften. Am wichtigsten davon sind drei, sämtlich aus dem Anfangsjahr des Bauernkriegs (1524): *Auslegung des andern Unterschieds Danielis* (Auslegung des 2. Kapitels des *Buchs Daniel*); *Ausgedrückte Entblößung des falschen Glau- bens* (Ausdrückliche Entlarvung …); *Hochverursachte Schutzrede und Antwort wider das geistlose, sanftlebende Fleisch zu Wittenberg* (womit Luther gemeint war).

Luther als Mönch

Der aufständische Bauer

Wortführer der städtischen Unterschicht

Als politischer Denker war Müntzer zugleich der Wortführer im Kampf einer radikalen Fraktion der städtischen Unterschicht, die den äußersten ›linken‹ Flügel der Volksbewegung der Zeit bildete. Eine Vereinfachung wäre es, ihn, der neben Angehörigen der städtischen Unterschicht Teile der aufständischen Bauern führte, schlechterdings als Bauernführer zu bezeichnen. Bei der Darstellung seiner Politik und seiner Persönlichkeit sind auch heute noch Einschätzungen wie Schwärmer, Utopist usw. nicht selten. Die in der Gestalt Müntzers verunglimpfte radikalprotestantische Fraktion war es schließlich, die – übrigens auch nach Auffassung Luthers – gedanklich vollendete, was der Reformator bloß angebahnt hatte. Müntzer dachte seiner Zeit weit voraus, dachte ungemein sozial, wenn ihm eine religiöse Reform als Umgestaltung des Glaubens und Veränderung im geistlichen Bereich ohne die gleichzeitige Reform der weltlichen Lebensverhältnisse unmöglich erschien. Und bei alledem wies seine Gedankenwelt doch auch ins Mittelalter zurück, wenn er beide, den geistlichen Bereich und den weltlichen, mit dem Wort Gottes regiert wissen wollte (das Prinzip der Theokratie) und z. B. alle Dissidenten zu töten befahl.

Müntzers Reformationsvorhaben

Folgerichtig propagierte er die Umgestaltung der ganzen Gesellschaftsordnung, die wahrscheinlich auf der Gütergemeinschaft aufbauen sollte. Mit der Ausschaltung der Fürstenmacht beabsichtigte Müntzer aber keineswegs, jeden Staat und jede Regierung zu beseitigen, sondern er zielte auf die Volkssouveränität und die bewaffnete Volksmacht schlechthin. Ausgangspunkt der grundlegenden politisch-gesellschaftlichen Umgestaltung, die bei ihm »eine vortreffliche, unüberwindliche Reformation« hieß, bildete die Erkenntnis der Ausbeutung und Unterdrückung des gemeinen Volks durch Fürsten, Adel und Geistlichkeit. Konnte angesichts solcher Zustände der gemeine Mann erwarten, durch Gelehrte aus der nicht selbst verschuldeten Abhängigkeit herausgeführt zu werden? Müntzer war Realist genug, um zu erkennen, dass die Intellektuellen der Zeit sich im Allgemeinen nicht darum gelehrt fühlten, »daß der gemeine Mann ihnen, indem sie ihn lehren, gleich werde«. Zum größeren Teil seien es »gottlose Heuchler und Schmeichler, die da redeten, was die Herren gern hören«, »Schriftgelehrte, die gern fette Brocken essen am Hofe«. Als Ausweg benannte er: »Derhalben mußt du, gemeiner Mann, selber gelehrt werden, auf daß du nicht länger irregeführt werdest.« Der Angeredete vermochte aber nicht gelehrt zu werden – »vorm Bekümmernis der Nahrung« (niedergedrückt durch die Notwendigkeit, seine materiellen Bedürfnisse zu befriedigen). Eine Änderung war unmöglich, solange die »Herren« die Macht besaßen. Deshalb musste sie ihnen zuvor genommen werden. Die Macht stellte sich für Müntzer immer noch biblisch-symbolisch im »Schwert« dar. Er verkündete, »die Gewalt des Schwertes« gehe in diesem Augenblick (1524/25) auf »eine ganze Gemeine« über, auf die Versammlung aller. Und er zitierte in den entscheidenden Monaten leitmotivisch aus dem *Evangelium des Lukas* (1,52): »Er hat abgesetzt die Gewaltigen von ihren Stühlen und erhoben die Geringen.«

Luthers Kampfschrift gegen die Bauern

Während dieser Jahre wirkten allein in Deutschland mehr als hundert Reformatoren für die Erneuerung der Kirche und des christlichen Lebens. Der geschichtsmächtigste darunter allerdings war und blieb Martin Luther, und daher erregte seine Parteinahme im Bauernkrieg, sein feindseliges Auftreten gegen die Bauern die Gemüter der Zeitgenossen. Seine Flugschrift *Wider die räuberischen und mörderischen Rotten der Bauern* (1525) ist eines der am heftigsten umstrittenen Textstücke der deutschen Literaturgeschichte. Es heißt darin, jetzt vermöchten die Fürsten und Kriegsknechte »mit Morden und Blutvergießen den Himmel zu verdienen [...]. Darum, liebe Herren, befreit hier, rettet hier, helft hier, erbar-

Luther mit anderen Reformatoren. Gemälde von Lukas Cranach d. J. (1558)

met euch der armen Leute! Steche, erschlage, würge hier, wer da kann!« Katholische Gegner waren es, die diese fürchterliche Schrift nebst anderen Äußerungen gegen die Bauern als den Versuch des Reformators interpretierten, sich von der Volks- und bäuerlichen Bewegung abzusetzen, um jede Verantwortung, gar Mittäterschaft abzustreiten. Sie verwiesen auf Werke Luthers, in denen er selbst eine Gewaltanwendung nicht nur nicht ausgeschlossen, sondern befürwortet hatte, auch gegen Übergeordnete, z. B. geistliche Obrigkeiten, und besonders zitierten sie die Stelle: »Warum greifen wir sie nicht mit allen Waffen an und waschen unsere Hände in ihrem Blut?«

Eine ausdrucksstarke, obschon z. T. unflätige Satire auf Luther, *Von dem großen Lutherischen Narren* (1522), schrieb damals Thomas Murner (1475–1537), sicherlich unter den katholischen Gegnern der Reformation der dichterisch begabteste. Es ist kein Zufall, dass er darin Luthers Befürwortung der Gewalt aufs Korn nahm. Er fingierte, Luther habe eine Revolutionspartei gegründet, den »Lutherischen Orden«, in dessen Parteiprogramm zu lesen stehe: »Das ist unser Plan und unser Mut,/ Die Hände zu waschen in dem Blut,/ Das wäre eine stolze Lutherei!« Der Franziskanermönch Murner hatte rasch und sehr prononciert gegen Luther Stellung bezogen, u. a. 1520 eine Entgegnung auf Luthers Schrift *An den christlichen Adel* erscheinen lassen, mit dem gleichen Titel wie Luthers Schrift, immer warnend, Luther werde zum Anstifter eines Bauernaufstands, zum modernen Catilina.

Tatsächlich drang die Freiheitsparole von Luthers Forderungen am weitesten, wie er sie in der Schrift *Von der Freiheit eines Christenmenschen* (1520) formulierte. Aber: Nicht den ganzen Menschen erklärte er für frei, nicht das Leib- und zugleich Seelenwesen Mensch, sondern den Menschen lediglich als geistliches Individuum, den »Christenmenschen«. Als Weltmensch und Untertan sollte er der Obrigkeit Gehorsam schulden. Solche Zweiteilung konnte der gemeine Mann nicht mitvollziehen. »Freiheit« bedeutete diesem beides, politische ebenso wie

Murners Satire auf Luther *Von dem großen Lutherischen Narren* (1522)

*Von der Freiheit eines
Christenmenschen*
(Titelblatt von 1520)

*Drei Mauern des
Papsttums*

*Der gemeine Mann wird
verständig*

Bibelverdeutschung

die religiöse Freiheit. Das wiederum verurteilte Luther als unerhört: »Das heißt christliche Freiheit ganz fleischlich machen«, und sein Mitreformator Melanchthon echote getreulich: »Es ist auch ein Frevel und Gewalttat, daß sie nicht wollen leibeigen sein!« Dieser Frevel und diese Gewalttat bedeuteten in Wahrheit die Übersetzung der *Freiheit eines Christenmenschen* ins Diesseitige, ihre Vollendung in der sozialen Realität.

Verkündete Luther ferner, dass nunmehr alle Christen »gleiche Christen« seien, so gestand er wie die Freiheit auch die Gleichheit nur als Gleichheit im Glauben zu. In seiner Schrift *An den christlichen Adel deutscher Nation* (ebenfalls aus dem ›Flugschriftenjahr‹ 1520), deren Hauptthema die Gleichheit aller Christenmenschen ist, versprach er, die drei »Mauern«, hinter der die Papisten sich verschanzt hätten, sämtlich zu schleifen. Erstens die Ungleichheit der Christen, d. h. ihre Unterteilung in den geistlichen Stand (Priesterschaft bzw. Klerus) und den weltlichen (alle Übrigen); denn damit entstand etwas wie eine geistliche ›Machtelite‹; zweitens der Anspruch Roms, allein über sämtliche Fragen der Lehre zu entscheiden (was sei dogmatisch rechtens, was nicht?); drittens die vom Papst vorgenommene Überordnung seines eigenen Amts über die Konzile, mit einem modernen Ausdruck: die ›Vollversammlungen‹ der höchsten kirchlichen Würdenträger (womit die Machtfrage innerhalb der Kirche gestellt war). Gegen die erste Mauer setzte Luther den Satz: »denn alle Christen sind wahrhaftig geistlichen Stands.« Zwar wollte er die Gleichheit auf geistliche Belange beschränken, doch war der Weg kurz bis zu der Frage, die sogar Luther selber nicht unterdrücken konnte: »Warum ist dein Leib, Leben, Gut und Ehre so frei und nicht das meine, obgleich wir doch in gleicher Weise Christen sind, Taufe, Glauben, Geist und alle Dinge gleich haben? Wird ein Priester erschlagen, so liegt ein Land im Interdikt; warum nicht auch, wenn ein Bauer erschlagen wird?« Waren alle Christen geistlichen Stands, mussten sie auch in Fragen der Theologie mitreden dürfen. So fiel die zweite Mauer: das päpstliche Monopol, in der Lehre allein zu entscheiden. Mitzureden hatte hier jetzt ein jeder, ein »geringer Mensch« manchmal eher als der Papst, wurde doch, sagte Luther, »der gemeine Mann verständig«. Also sollte ihm auch die Bibel nicht länger vorenthalten bleiben (ihre Lektüre war den Laien seit dem Hochmittelalter verboten), sondern konnte ihm anvertraut werden. Man musste sie ihm aber erst einmal verdeutschen, denn die *Vulgata* blieb ihm unverständlich.

Luther begann die Bibelübersetzung während seines Wartburgaufenthaltes (seit 1521). Bereits 1522 erschien das *Neue Testament* in deutscher Sprache. 1534 veröffentlichte er das verdeutschte *Alte Testament,* womit nun der gesamte Bibeltext in Übersetzung vorlag. Es war die größte literarische, zugleich sprachschöpferische Leistung des Reformators und der Zeit in Deutschland, ihrer geschichtlichen Wirkung nach nur mit dem dichterischen Werk der deutschen Klassik um 1800 vergleichbar. Zwar schuf Luther nicht ein neues Sprachsystem, nicht die neuhochdeutsche Schriftsprache. Selber erklärte er, er rede nach der sächsischen Kanzlei, »welcher nachfolgen alle Fürsten und Könige in Deutschland, alle Reichsstädte«. Grundlage der sächsischen Kanzleisprache aber war die Sprache der ostmitteldeutschen Kolonialgebiete, das ›Ostmitteldeutsche‹. Jedoch zum volkstümlichen Lesebuch breiter Schichten des Volks konnte die deutsche Bibel erst dadurch werden, dass Luther das Schriftdeutsch der Kanzleisprache erweiterte, indem er es mit der Umgangssprache verschmolz, mit Wörtern und Wendungen, die der Vorstellungs- und Gedankenwelt des ›gemeinen Mannes‹ Ausdruck gaben. In der theoretischen Darlegung seiner Verdeutschungsprinzipien (*Send-*

Titelblatt des Erstdrucks
von Luthers vollständiger
Bibelübersetzung von
1534

Flugblatt gegen den Papst

brief vom Dolmetschen, 1530) schrieb er: »Man muß die Mutter im Hause, die
Kinder auf der Gasse, den gemeinen Mann auf dem Markt darum fragen und
denselbigen auf das Maul sehen, wie sie reden, und danach dolmetschen«
(»Maul« war damals nicht ein Schimpfwort, sondern gleichbedeutend mit
»Mund«). Infolge ihrer rasch erworbenen und lange anhaltenden Volkstümlich-
keit trug die Luther-Bibel wesentlich zur Etablierung der neuhochdeutschen
Schriftsprache auf der Grundlage des Ostmitteldeutschen bei.

Es fiel die dritte Mauer. Die Versammlung aller Christen, das Konzil, sollte höher stehen als der Papst. So beabsichtigte Luther es auf allen Ebenen: Jeweils einer größeren ›Versammlung‹ gab er die Macht zu entscheiden, nicht mehr einem
Einzelnen, dem Papst oder Bischof. Im Dorf und in der Stadt, auf der unteren
Ebene also, stand ebenfalls der »gemeine« (Gemeinde) jetzt das Recht zu, ihren
Pfarrer zu wählen (und entsprechend im Notfall abzusetzen), wie es auch der
erste der *Zwölf Artikel* der Bauern 1525 wollte. Wahl und Absetzbarkeit der Pfarrer sowie der anderen Geistlichen bis hin zum Papst war eine Forderung Luthers,
die ein Element einer kirchlichen Demokratie darstellte, nochmals eines, das also
nur für den geistlichen Bereich gelten sollte.

Martinus Luther
Siebenkopff (1529)

Freilich rückte Luther in seinen frühreformatorischen Schriften die Obrigkeit
überhaupt, mit Ausnahme vielleicht der städtischen, in ein recht zweifelhaftes
Licht. Er, der sich bereits 1520 für die Absetzbarkeit des Papstes ausgesprochen
hatte, verpflichtete die Christen 1523, Regenten, die »unchristlich an uns gehandelt haben«, daher »Tyrannen« seien, abzusetzen oder zu verjagen, eine Pflicht,
von ihm eilig abermals begrenzt auf den geistlichen Stand: »solche Bischöfe,
Äbte, Klöster und was zu Regierungen dieser Art gehört.« Nur sollten die rebellierenden Bauern nicht die Anwendung auf weltliche Herren machen, wenn Luther
selbst diese doch als Obrigkeiten gleicher Güte kennzeichnete wie die geistlichen
und sie mit radikalem Vokabular als »Räuber und Spitzbuben« verurteilte? Luther
förderte mit jedem solcher Ausdrücke unverkennbar ein gewaltsames Vorgehen
gegen bestehende Zustände und Mächte, ungeachtet der Enthüllungen Müntzers,

Der radikale Doktor Luther

der hierin bloß Radikalität des Wortes vermutete und argwöhnte, dass Luther, der den Fürsten freigebig Klöster und Kirchen schenkte (sog. ›Säkularisationen‹, der Übergang kirchlichen Eigentums in weltliche Hände), lediglich den Anschein erwecken wollte, es auch den Bauern recht zu machen.

Geänderte Kräfteverhältnisse

Werk und Lehre Luthers zeigten den Zeitgenossen und zeigen der Leserschaft heute noch zwei Gesichter, das eine rückwärts gewandt, mittelalterliche Zustände erneut herbeiführend, das andere nach vorne gerichtet, neuzeitliche Züge vorweisend. Es kommt hinzu, dass er durch Beseitigung der Kluft zwischen geistlichem und weltlichem Stand und durch die Aufwertung vormals als niedrig geltender Berufe ein neues soziales Ethos mitschaffen half, besonders die Wertschätzung des arbeitenden Menschen und der Arbeit selbst. Hier war – alles in allem – eine umwälzende Lehre entstanden, die allerdings in vielem auf halbem Wege stecken blieb. Zusammen mit den Leistungen anderer Zeitgenossen bildeten seine Schriften das weltanschauliche Fundament der ersten ausgedehnten sozialen, geistigen und politischen Bewegung in Deutschland, die aus den Bedürfnissen und Beschwerden der unteren Volksschichten erwuchs. Indem Luther Rom sowie die katholische Kirche als den größten Feudalherrn Europas zum Hauptziel seines Angriffs wählte, trug er – dies sein zukünftiges Vermächtnis – zu einer Verschiebung des Kräfteverhältnisses in der Praxis zugunsten der weltlichen Herren und städtischen Oberschichten und zu einer künftigen Machtausdehnung des Bürgertums bei.

Der »tolle Schuster« als Autor

»Jetzt müssen euch die Schuster lehren«, verkündete Hans Sachs (1494–1576) in seinem Prosa-Dialog *Disputation zwischen einem Chorherren und einem Schuhmacher* (1524), in dem er sich selbst als »den tollen Schuster« konterfeite. Den Beinamen hatte sich der Dreißigjährige in Nürnberg mit seiner Parteinahme für die Reformation eingehandelt; sein Spruchgedicht *Die Wittenbergisch Nachtigall* (1523) bildete eines der wirksamsten Propagandainstrumente der religiösen Neuerung. Schwierigkeiten beim Schreiben und Veröffentlichen, Zensurmaßnahmen und Verbote blieben nicht aus. Es waren die Schwierigkeiten eines Dichters, der es wagte, ein agitatorisches Genre zu pflegen; das Zeitalter bot Anlass genug. Hans Sachs, mit dessen Werk sich zumeist die Erinnerung an den »Knittel« verbindet, den regelmäßigen viertaktigen Vers, zeigte sich auf dem Höhepunkt der politischen Entwicklung, im Jahre 1524, als Prosaist von Rang. In vier Prosa-Dialogen, deren Bedeutung G.E. Lessing wiedererkannte, besprach er die brennendsten Fragen der Epoche. Später nur zweimal noch, zur Zeit des Schmalkaldischen Kriegs 1546 sowie 1554 griff er zur Prosa, und zwei weitere Dialoge entstanden. Es sind zusammen sechs, in einem Gesamtwerk von rund 6000 Texten: über 4000 Meistergesänge; etwa 2000 Gedichte, Sprüche, Fabeln, Schwänke gereimt; dazu weltliche und geistliche Lieder sowie 208 Dramen. Die Stoffwahl mit dem deutlichen Vorrang weltlicher Sujets vor den geistlichen markierte einen wichtigen Schritt zur Verweltlichung der deutschen Dichtung, besonders des Dramas.

Die *Disputation zwischen einem Chorherrn und einem Schuhmacher* von Hans Sachs (1524) sollte für die Sache der Reformation werben.

Hans Sachs war der größte dichterische Repräsentant des Kleinbürgertums in Deutschland. Dreifache Schranken umgaben das Leben und Wirken der Kleinbürger seiner Zeit: die Schranken der Zunft; die Mauern, hinter denen das städtische Leben im Gegensatz zum ländlichen sich abspielte; die Grenzen der patriarchalischen Gesellschaft einer Zeit im Übergang vom Mittelalter zur Moderne. Diese dreifache Beschränktheit erklärt die Enge kleinbürgerlicher Moral, etwa wenn Sachs die Tristan-und-Isolde-Tragödie als Exempel »unordentlicher Liebe« vorführte, d.h. der außerehelichen Geschlechtsbeziehung und des Ehebruchs;

oder wenn Siegfried (»Seufrid«) als Beispiel des ungeratenen Sohns erschien –
und des ungeratenen Lehrlings:

Seufrid: Ei, warum gibst du mir so einen kleinen Hammer? Einen großen will ich führen.
    (Der Schmied gibt ihm einen großen Hammer.)
Seufrid: Ja, der tut meiner Stärke gebühren. (Seufrid tut einen grauenerregenden
    Schlag auf den Amboß.)
Schmied: Ei, das Aufschlagen taugt gar nicht.
Seufrid: Aber ihr habt mich doch zuvor unterrichtet, Ich sollte nicht faul sein, weidlich
    darauf schlagen? Das habe ich getan, warum tust du klagen!
Knecht: Mich dünkt, du bist nicht recht bei Sinnen.
Seufrid: Halt, halt, dessen sollst du werden innen! (Er schlägt mit dem Hammerstiel
    Meister und Knecht hinaus.)

Hans Sachs in der
Haltung und Kleidung
eines Würdenträgers

Eine Rebellion in der Werkstatt war für den Handwerksmeister der Zeit das
furchtbarste Vergehen. Einhaltung der Ehe, Geratenheit der Söhne, besonders
deren Gehorsam im Betrieb, dies und anderes bedeutete für das Zunftbürgertum
eine Lebensnotwendigkeit. Denn die kleinbürgerlich-zünftlerische Moral war
nichts weniger als eine Existenzbedingung dieser Schicht. Ohne die eisernen Gesetze, denen sie sich beugte, hätte sie nicht bestehen können. Aber die Enge der
Moral, die dreifache Beschränktheit seiner Schicht hinderten diesen Schuhma-
chermeister und Poeten keineswegs, klare Einsicht in die Mechanismen von Gesellschaft und Politik seiner Zeit zu gewinnen, und sein Werk ist Spiegel der
Spannungen des Zeitalters.

*Spiegel der Spannungen
des Zeitalters*

    Es ist ein wahres Abbild der Gesellschaft seiner Zeit, das Hans Sachs uns hin-
terließ. Darin besteht noch heute der unschätzbare Wert seiner Dichtungen. Er,
der die Ausbeutung der Bauern erkannte, beklagte ebenso die der städtischen
Unterschichten: »Weiter regiert die Profitsucht gewaltiglich unter den Kaufherren
und Verlegern. Sie drücken ihre Arbeiter und Stückwerker, wenn diese ihnen ihre
Arbeit und Ware bringen oder neue Arbeit heimtragen. Da tadeln sie ihnen ihre
Arbeit aufs schärfste. Dann steht der arme Arbeiter zitternd bei der Tür, mit geschlossenen Händen, stillschweigend, damit er des Kaufherrn Huld nicht verlie-
re.« Hans Sachs war die Stimme des einfachen Volks, der Handwerker, Arbeiter
und Bauern; das schloss nicht aus, dass er dasselbe einfache Volk, vor allem die
Bauern, in seinen Schwänken und Fastnachtspielen auch wieder von der komischen Seite zeigte. Für den »gemeinen Mann« wollte er schreiben und dichten
und für niemand sonst. Schon seine *Wittenbergisch Nachtigall* sollte die Reformation »dem gemeinen Mann« nahe bringen. Für ihn nahm er Partei, wenn er die
Verheerungen der Kriege schilderte: »Es geht über den armen Mann./ Der muß
das Haar herlangen schon,/ Wenn sich die Fürsten raufen.«

*Stimme des ›gemeinen
Mannes‹*

Reformationsliteratur

Die Literatur des 16. Jahrhunderts kann kaum in ihrer Vielfalt gewürdigt werden,
wenn nicht eine Voraussetzung erfüllt ist: die Beschreibung der Reformation, die
sich bald nach ihrem Beginn in eine Fülle von Reformationen aufspaltete, in ihrer
europäischen Dimension. Ein zutreffendes Bild der Reformation selbst bloß in
Deutschland würde verfehlen, wer sie als einzigartiges deutsches Ereignis be-

*Reformation: ein
europäisches Ereignis*

schriebe, das losgelöst vom europäischen Protestantismus und der gleichzeitigen politischen Geschichte Europas denkbar wäre. Zwar war Luther der Initiator der Vorgänge, die ab 1517 für anderthalb Jahrhunderte die religiöse und auch politische Entwicklung fast aller Staaten stark bestimmten, und ihm fiel auch für das Jahrzehnt der Frühreformation (1517–1526) die hegemoniale Position in der Bewegung zu, die allmählich zur Protestantisierung wichtiger Regionen des Kontinents führte. Doch es ist nicht legitim, die damit zusammenhängenden Ereignisse lediglich auf ihn zurückzuführen. Sie entstanden z. T. ohne sein Zutun in seinem engeren und weiteren Umkreis, mit der Folge der Herausbildung weiterer Brennpunkte der reformatorischen Gesamtentwicklung. Die komplexe Geschichte der Reformation in ihren sämtlichen europäischen Ausprägungen hat ihre Entsprechung in der komplexen Literaturgeschichte des Zeitalters. Wo immer sich die Reformation etablierte, machte sie auch Literaturgeschichte, und die Reformationsgeschichte enthält stets einen Anteil Literaturgeschichte (als Geschichte der ›Reformationsliteratur‹), weil Reformation stets auch Literatur war.

Was ist Reformationsliteratur?

Reformationsliteratur ist der umfängliche Fundus literarischer Werke, die sich in der einen oder anderen Weise auf die Reformation bezogen. Sie half, die Reformation zu initiieren, und stützte sie von den Anfängen an, sie sorgte für die Verbreitung der reformatorischen Lehre und Politik. Kraft desselben Mediums äußerte sich zudem die Gegenbewegung, die sich aus schwachen Anfängen später vehement entfaltete, die Gegenreformation, die sich u. a. in einer ausgesprochen gegenreformatorischen Literatur bekundete. In ihrer überwiegenden Zahl betätigten sich die Reformatoren immer auch als Schriftsteller, fast alle schrieben, benutzten das geschriebene Wort ebenso wie das – von manchen freilich bevorzugte – gesprochene (in der Predigt). Einige dieser literarisch produktiven Reformatoren sind schon im Umkreis Luthers zu finden, andere darüber hinaus in den von der Reformation ergriffenen Ländern und Städten des deutschen Reichs und nicht zuletzt in den angrenzenden Territorien: in Skandinavien und in Westeuropa – Frankreich, Niederlande, England –, mit einem weithin ausstrahlenden Zentrum in Genf; ferner, aber eher vereinzelt, im Süden und Osten des Kontinents.

Reformatoren als Schriftsteller

Der engste Mitarbeiter Luthers und sein bekanntester Wittenberger Mitreformator war Philipp Melanchthon (1497–1560). In seiner Person symbolisierte er den Wechsel einer Gruppe von Humanisten zur Sache der Reformation. Seine Schriften, mit denen er wesentlich zur Grundlegung der reformatorischen Lehre und Bildung beitrug, liegen in der Gesamtausgabe im Umfang von 34 Bänden vor (Luthers Werke: um 110 Bände). Er schuf für den Protestantismus in seiner wittenbergischen Gestalt u. a. die fundamentale Lehrschrift, die in der evangelischen Kirche bis zur Gegenwart Gültigkeit besitzt: die komprimierte *Augsburgische Konfession*, die er 1530 auf dem Reichstag zu Augsburg vorlegte. Bedeutenden Ranges als Autor und Organisator ist auch ein anderer Mitarbeiter Luthers: Johann Bugenhagen (1485–1558), der nicht nur dem evangelischen Kirchen- und Schulwesen in Norddeutschland und in einem Teil Skandinaviens beständige Form verlieh, sondern mit einer großen Leistung der Literaturgeschichte angehört: als Schöpfer der niederdeutschen Vollbibel (1534).

Philipp Melanchthon

Konstanz zum Beispiel

Wie sich auf schmalem Raum gleich mehrere literarisch produktive Reformatoren zusammenfinden konnten, zeigt das Beispiel der Stadt Konstanz. Hier wurde die Reformation verankert durch die Brüder Ambrosius Blaurer (oder Blarer; 1492–1564) und Thomas Blaurer (1499–1570). Ambrosius war nicht nur Mitreformator in Konstanz, sondern seit 1534 außerdem der Reformator Württem-

bergs, der ›Apostel der Schwaben‹, musste jedoch wie sein Bruder nach der Niederlage der Protestanten im Schmalkaldischen Krieg (1547) in die Schweiz ins
Exil. Die Gebrüder Blaurer erwarben sich beide einen Ruf als vorzügliche Lieddichter (Abdruck z. T. bis heute im *Evangelischen Kirchengesangbuch*). Ein Mitstreiter der beiden in Konstanz, Johannes Zwick (um 1496–1542), gab das erste
Schweizer Kirchengesangbuch heraus (1536); er wurde zum Bahnbrecher des
Kirchenlieds in der reformierten Kirche der Schweiz.

Der Schöpfer einer Reformation eigener Prägung in der Schweiz war Ulrich   *Ulrich Zwingli*
Zwingli (1484–1531, gefallen als Zürcher Feldprediger im 2. Kappeler Krieg). Seine geistliche Lehre enthält nicht wenige Gemeinsamkeiten mit Luthers Theologie,
daneben aber auch Trennendes nicht zu knapp. Er verband die Erneuerung des
Christentums (*Christianismus renascens*) eng mit der Wiederaufnahme der Antike. Die Restauration der biblischen Gedankenwelt und Studien (mit einem
Schwerpunkt: Lehre Christi) ordnete er dem Oberbegriff ›Humanismus‹ unter –
und Humanismus war für ihn die Regeneration der klassischen Studien. Als im
Sommer 1519 die Pest in Zürich ein Drittel der (insgesamt 7000) Einwohner be-
fiel, stand er den Erkrankten bei – und steckte sich selbst an. In der Krankheit
dichtete er sein *Pestlied*. Für seinen außergewöhnlichen persönlichen Mut zeugt
es, dass er 1523 dem gebannten und verfolgten Dichter-Revolutionär Hutten Zuflucht auf Zürcher Terrain gewährte, auf der Insel Ufenau (dazu von C. F. Meyer:
Huttens letzte Tage). Er verkündete – wie Luther – seine Lehre auf Grundlage der
Schrift. Seine Verkündigung fasste er in den *67 Schlußreden* zusammen (1523);
seine reformatorische Dogmatik im *Commentarius de vera et falsa religione* (über
den wahren und den falschen Glauben, 1525). Der Nachfolger Zwinglis im Amt
des Zürcher Reformators wurde 1531 Heinrich Bullinger (1504–1574). Seine pro-   *Heinrich Bullinger*
testantische und zugleich politische Gesinnung drückte er in seinem Römerdra-
ma *Lucretia* aus (1533). Ihm gab er den Untertitel: »Ein schön spil von der ge-
schicht der Edlen Römerin Lucretiae (Genitiv!), vnnd wie der Tyrannisch küng
Tarquinius Superbus von Rhom vertriben (…)«, eine unmissverständliche Anspielung, dass der Gründung des helvetischen Gemeinwesens die Abschüttlung
drückender Feudalbindungen (an Österreich und das Habsburgerhaus) vorangegangen war.

Zwinglis Reformation inspirierte den großen Genfer, zugleich französischen   *Johann Calvin*
Reformator Johann Calvin (1509–1564). Seine Lehre lag allen Reformationsversu-
chen im europäischen Westen zugrunde, von Genf bis zu den Hugenotten, von
den Niederländern bis zu den Engländern. Seine Ausformung einer Reformation
enthielt im Unterschied zur lutherischen militantere Züge in der Obrigkeitslehre,
so dass es im Einflussbereich Calvins nicht zufällig eine Abfolge besonders fana-
tisch geführter Konfessionskriege gab. Calvins Bedeutung spiegelt sich nicht zuletzt in der französischen Geschichts-und Literaturgeschichtsschreibung. Seit der
Aufklärung setzte sie den Höhepunkt des Reformationszeitalters um 1550 an,
also im Zenit der Wirksamkeit Calvins. Einen beeindruckenden Beleg dafür lieferte Balzac in seinem Mammut-Essay mit romanhaften Elementen: *Sur Catheri-
ne de Médicis* (Katharina von Medici; erste vollständige Veröffentlichung in der
Menschlichen Komödie, 1846). Hier zog er über zweihundertfünfzig Jahre hinweg
die Parallele zwischen den zwei – wie er sie sah – furchtbaren Zerstörerinnen des
katholisch-monarchischen Systems in Europa: der Reformation und der Französischen Revolution, verkörpert in Calvin und Robespierre. Calvin formte die religiöse Geisteswelt der frühen Neuzeit nicht nur mit einer praktischen Kirchenorga-
nisation, sondern auch durch seine literarischen Werke, darunter sein Lehrbuch

der christlichen Religion: *Institutio christianae religionis* (1536), das er von der Erstveröffentlichung bis zur letzten Ausgabe (1559) von 6 auf 80 Kapitel erweiterte.

Eine Sonderrolle fiel dem Arzt und Medizinreformer, Theologen und Kirchenkritiker, Sozialpolitiker und Pazifisten Theophrastus Paracelsus (1493–1541) zu, der ein umfängliches Schriftwerk hinterließ. Er sah sich als Autor in der Nähe Luthers und erwartete wie dieser stoisch den Märtyrertod auf dem Scheiterhaufen. Aus der Antike nahm er politisch-philosophische Ideenwelten auf (Gemeinnutz, Gleichheit, Brüderlichkeit), die er als Gegenwurf zu essentiellen Tendenzen seiner Epoche empfand und radikalisierte. So stand er als beobachtender, kritischer, konzeptiver Reformer in seiner eigenen Gegenwart. Manches, worüber er spekulierte, von der methodologischen Innovation bis zur gedanklichen, von der Möglichkeit der Aktualisierung utopischer Vorstellungen der Vergangenheit bis zur Geltendmachung vormals nicht da gewesener Gesichtspunkte sollte erst der Zukunft gehören, darunter sein Vorschlag zur Verkürzung der Wochenarbeitszeit: »Wenn wir uns nur so brüderlich untereinander hielten, so würden vier Tage Arbeit genug sein.«

Katholische Gegner der Reformation

Ein abgerundetes Bild der Reformationsliteratur ergibt sich erst, wenn das schriftstellerische Werk der katholischen Gegner der Reformation, vor allem der sog. ›Kontroverstheologen‹ in die Betrachtung einbezogen wird. Zu ihnen zählten die Repräsentanten der Papstkirche, die Luther und seinen Mitstreitern in Sachsen entgegentraten, ebenso wie die Verteidiger der alten Kirche in den anderen europäischen Ländern. Es würde ein Festhalten an veralteten konfessionellen Klischees bedeuten, wollte man Luthers Gegnern und den Kontrahenten der übrigen Reformatoren ein allzu geringes Format nachsagen, so als seien sie Kleingeister gewesen, die das große Reformwerk der Zeit missverstanden hätten. Den Reformatoren wird man nicht dadurch gerecht, dass man die Protagonisten der Gegenreformation in ihrer Bedeutung herabstuft und die Polemik des konfessionellen Zeitalters fortführt. Unter den Reformationsgegnern in Deutschland befanden sich Theologen, die in ihrer Epoche namhafte Autoren waren, z. B.: Hieronymus Emser (1478–1527) und vor allem Johannes Cochläus (eigentlich: Dobeneck; 1479–1552). Cochläus war es auch, der das katholische Lutherbild und Bild des Protestantismus bis ins 20. Jahrhundert bestimmte. Er verfasste die *Commentaria de actis et scriptis M. Lutheri* (über Luthers Taten und Schriften, 1549), ein Theologe, dessen Andenken im 18. Jahrhundert bei den Lutheranern so verzerrt war, dass ein Lessing sich bemüßigt fand, es in einer seiner *Rettungen* zu rehabilitieren, indes – wie er vorsichtig hinzusetzte – nur in einer Kleinigkeit. Von den Dichtern, die sich der Reformation entgegenstellten, war Thomas Murner der bekannteste; auch ihm versuchte Lessing zu einem literarischen Nachleben zu verhelfen, indem er dem Publikum riet, Murners Dichtungen fleißig zu lesen. Im Streit gegen die ihm verhasste Neuerung wuchs Murner zu einem der bedeutendsten deutschen Satiriker heran und begründete zusammen mit seinem Zeitgenossen Erasmus von Rotterdam die neuere Satire hohen Ranges, eine Tradition, die in den deutschsprachigen Ländern über Johann Balthasar Schupp im 17. Jahrhundert und über die Satire des Zeitalters der Aufklärung weiter bis ins 20. Jahrhundert und zu einem Karl Kraus führt.

Thomas Murners *Schelmenzunft* (1512)

Erasmus von Rotterdam

Zu den Gegnern Luthers und der Reformation gehörte auch der berühmteste zeitgenössische Repräsentant des Renaissance-Humanismus nördlich der Alpen: Erasmus von Rotterdam. Wegen seines oft bewiesenen Freimuts und seiner kontinuierlichen Kritik an der herrschenden Papstkirche geriet er nach 1517 sofort in

den Verdacht, einer der Urheber der Reformation und ihr stärkster Förderer zu
sein. Doch in Wahrheit beunruhigte ihn der Gedanke an die Schäden, die er am
Protestantismus zu finden glaubte, und an die Katastrophen, die dieser, wie Erasmus meinte, in Zukunft in Europa hervorrufen würde. Darunter waren: die Auseinandersetzungen innerhalb des reformatorischen Lagers, die von Luther und
dem ›left wing‹, dem ›linken Flügel‹ der Reformation (Begriff aus der anglo-ame-
rikanischen Forschung) gegeneinander ausgefochten wurden, sowie die Aussicht
auf die Ära verheerender Kriege, die er infolge der konfessionellen Streitigkeiten
in Europa heraufziehen sah.

Erasmus entschloss sich nach einigem Zögern, die Lehre der Reformation in
einer grundlegenden theologischen Schrift anzugreifen. Er verteidigte die (geistliche, bloß auf geistliche Sachverhalte bezogene) Willensfreiheit, die Luther bestritt, und griff dessen – vermeintlich unchristlich düsteres – Gottesbild und Kir-
chenverständnis an. Er veröffentlichte seine Polemik unter dem Titel: *De libero
arbitrio Diatribe sive collatio* (literarisch-kritische Streitschrift über die Willensfreiheit oder Zusammenfassung, 1524). Luther erkannte die Bedeutung dieses
Angriffs sofort und fühlte sich herausgefordert, dem größten seiner Gegner mit
der umfänglichsten seiner Schriften zu erwidern: *De servo arbitrio* (Vom unfreien
Willen, 1525). Sie stellt eine theologisch ungemein tief gründende, im Ton erbitterte Abrechnung in diesem theologisch-literarischen Zwist dar. Diese Auseinandersetzung der beiden namhaftesten Autoren der Zeit in Nordeuropa gehört zu
den grandiosen europäischen Literaturfehden. *De servo arbitrio* war des Reformators letztes Wort gegen Erasmus. Fortan hielt er ihn für einen satanischen Feind,
der keiner weiteren Antwort würdig sei. Luthers voluminöse Erwiderung beant-
wortete Erasmus aber mit einer noch ausführlicheren Antikritik, die er *Hyperas-
pistes* nannte, mit einem griechischen Wort, das Schutzschild bedeutet (1526/27).
Was er mit seiner neuen Schrift in Schutz nahm, war die 1524 vorausgegangene
schmalere Schrift, mit der er den Streit angezettelt hatte.

*Literaturfehde von
europäischem Rang*

»Sie hand gemacht ein Singschul« – Meistersang, Volkslied, Gemeindelied, Bekenntnislyrik

In der deutschen Dichtung entwickelte sich zur gleichen Zeit, zwischen Mittelalter und Neuzeit, eine merkwürdige literarische Erscheinung, die ein ebenfalls
neues geistiges Medium darstellte, ein entferntes Seitenstück zum Humanismus,
eine Literatur, die nicht ohne Verbindung mit der europäischen Renaissance ihre
Erklärung findet: der Meistersang. Man hat oft versucht, ihn als geistig unerheblich abzutun, als eng moralisierend, auch – im Vergleich zum Minnesang, von
dem er formgeschichtlich herkommt – als künstlerisch kümmerlich, ein bloßes
Verfallsprodukt. Selbst dem literaturgeschichtlich gebildeten Teil des Lesepublikums von heute dürfte es schwer fallen, auch nur ein einziges Beispiel des Meistersangs zu benennen, gehören doch die Werke der Meistersinger nicht mehr
zum Lektürekanon. Der einst bekannteste Repräsentant des Meistersangs, Hans
Sachs, lebt im Gedächtnis der Gegenwart am ehesten als Fastnachtsspieldichter
fort. Was man sonst etwa noch vom Meistersang weiß, entstammt in der Regel
einer Oper, Richard Wagners *Meistersingern*.

*Meistersang als Seiten-
stück des Humanismus*

Andersartige Kunstnorm

War der Minnesang als hochliterarisch-aristokratische Kunst gekennzeichnet, als Hervorbringung einzelner, häufig adliger Schöpferpersönlichkeiten (darunter gelegentlich sogar eines Kaisers, Heinrich VI.), so besaß der Meistersang dagegen seine Wurzeln in der Mittelschicht, dem Zunftbürgertum deutscher Städte des späten Mittelalters und der frühen Neuzeit. Der Ehrgeiz der Meistersinger richtete sich darauf, sangbare Lyrik zu verfassen, die Worte und die Melodie: das Meisterlied. Dies aber war niemals »individuelle hohe Kunst«, sondern statt dessen »kollektiv geprägte Durchschnittsleistung« (B. Nagel). Nur wird der Begriff des »Durchschnitts« nicht sofort wie in der Alltagssprache als Wertung zu nehmen sein: Dem dichterischen Schaffen der Meistersinger lag eine Auffassung vom Wesen künstlerischer Leistung zugrunde, die gemessen an der Norm, wie sie seit der klassischen Literaturperiode zur Geltung kam, völlig andersartig ist. Gefordert waren keineswegs das Ringen um die ›geniale‹ Dichtung, der Ausdruck höchst entwickelter Individualität, einmaliges Schöpfertum, sondern erstrebt wurde eine dichterische Gestaltung, die einem für alle Kunstgenossen, die »Meister«, gültigen Regelkatalog vollendet entsprach. Meisterlieder gingen aus einer Gemeinschaft hervor, der »Singschule«, und sie dienten der Belehrung und Unterhaltung eben dieser Gemeinschaft sowie des größeren Ganzen, der Stadt.

Antiklerikalismus und Adelskritik

Meistersang war somit ein Produkt der spätmittelalterlichen und frühneuzeitlichen Stadtkultur, des in der Ständegesellschaft seinen festen Platz behauptenden bürgerlichen Laien – im Gegensatz zum Kleriker. Ein Charakteristikum des Meisterlieds seit seinen Anfängen ist dessen Opposition zur Kirche – als Institution, nicht zur christlichen Glaubenslehre. Dies bezeugt allein die Ursprungslegende, die den Meistersang bis auf die Ottonenzeit zurückführte und von Feindseligkeiten der Papstkirche gegen die ersten Meistersinger zu berichten wusste. Nicht zufällig heißt es in einem Lied über die Gründung der ersten Singschule (in Mainz): »Sy hand gemacht ain singschuol,/ Vnd setzen oben vff den stuol,/ Wer übel redt vom pfaffen.« Ein durchgehender Grundzug, wie des gesamten Humanismus, so auch des Meistersangs, ist daher die Auseinandersetzung mit der Geistlichkeit. Die Polemik richtete sich gern gegen deren »geitigkeit« (Gier, Habsucht), ein Argument, das später von der Reformation aufgenommen und in ihre anti-päpstliche Lehre eingeschmolzen wurde. Der Gegensatz zum weltlichen Adel zeigt sich – nochmals in Entsprechung zum Renaissance-Humanismus

Einladung zu einer Singschule der Nürnberger Meistersinger Ende des 16. Jahrhunderts, die wenige Tage vor der Veranstaltung an der Kirchentüre angebracht war.

(Boccaccio u. a.) – weniger als offen vorgetragene politische Opposition gegen die Wirtschafts- und Herrschaftspraktiken des Adels und der Fürsten als vielmehr in der Aushöhlung legitimatorischer Grundpositionen der Aristokratie. Zu den Überzeugungen, die von den Singschulen tradiert wurden, gehörte es, adliger) »gesanges kunst« sei, nachdem im Adel die Wertschätzung der Poesie abhanden gekommen war. Nun gäbe es jedoch nichts Edleres als die Gesangskunst, denn: »Der ist wahrhaft adligen Geschlechts, wer sich mit der Dichtkunst beschäftigt« (Michel Beheim, Mitte des 15. Jahrhunderts). Damit erwies sich der Meistersinger als einem neuen Adel zugehörig, dem Adel der Gesinnung (bzw. ›Tugendadel‹). Ein veränderter Maßstab ist gesetzt; so dichtete bereits der Spruchdichter Frauenlob um 1300: »Schaz unt geburt gên lîbes adel biegen,/ sô wil der geist kunst mit der tugend wiegen« (Vermögen und Geblütsadel sind Erscheinungen der Körperwelt, doch in der Welt des Geistes zählt allein, was einer persönlich ist und kann).

Meistersang hat unter allen Traditionen der deutschen Literatur die längste Geschichte. Seit dem 15. Jahrhundert sind Singschulen sicher bezeugt, in denen der Meistersang gepflegt wurde. Die letzte schloss 1875. Damit reicht Meistersang also über ungefähr ein halbes Jahrtausend. Die Zahl der Meisterlieder, die während dieser Spanne entstanden (bis heute überwiegend ungedruckt!), ist unüberschaubar. Die Blüte liegt im 15. und 16. Jahrhundert, als dem Zunftbürgertum, der wesentlichen Trägerschicht, gesellschaftlich noch eine vergleichsweise hohe Bedeutung zukam. Wie die erhaltenen Dokumente bezeugen, waren die Meistersinger in der Mehrzahl Handwerker. Doch ist der handarbeitende Städter des späten Mittelalters und der frühen Neuzeit nicht der sozial gedrückte (freilich finanziell z. T. prosperierende) Handwerker des 20. Jahrhunderts; er verfügt vielfach über großes Selbstbewusstsein; eingeengt in der Welt altdeutscher Städte, vereinigte er mit seinem spezifischen gewerblichen Beruf dennoch nicht selten weit gespannte religiöse und spekulative, vor allem aber auch künstlerische Interessen. Der Typus des deutschen Renaissancekünstlers (z. B. Dürer, Riemenschneider, die Erbauer der Dome und bürgerlichen Stadtpaläste) wuchs nicht von ungefähr in dieser Schicht heran. Geistliche und weltliche Bildung waren Voraussetzung für die Mitwirkung in der Singschule, ja Gelehrsamkeit erstaunlichen Umfangs, wie denn umgekehrt auch Gelehrte aufgenommen werden konnten, beispielsweise der erste deutsche Übersetzer der *Ilias,* der Lehrer, Jurist, Textherausgeber und -übersetzer Johannes Spreng in Augsburg (16. Jahrhundert). So erstaunt es nicht, dass sich in den Singschulen die Ansätze einer Haltung ausbildeten, die ein Autor späterer Zeit in der Formel abbildete: »Wer immer strebend sich bemüht […].« Wer in der Singschule »arbeitet und studiert«, wird zum Schluss mit der Seligkeit belohnt werden, so der Meistersinger Daniel Holtzmann (um 1600).

Über die Geschichte des Meistersangs, über die einzelnen Singschulen und deren Lehrgebäude sowie über einzelne Meistersinger gibt es verhältnismäßig sichere Auskünfte. Zum einen unterrichten historische und theoretische Abhandlungen – mehrfach wiederum in Gedichtform – darüber, die von den Meistersingern selber verfasst wurden (sog. »Schulkünste«); zum andern sind dokumentarische Berichte überliefert, sämtlich aus der Spätzeit (u. a. von Puschmann, Spangenberg, Wagenseil, vom Ende des 16. bis Ende des 17. Jahrhunderts). Übereinstimmend betrachtete man als älteste und damit vornehmste Singschule die Mainzer, deren Ruhm und Bedeutung im 16. Jahrhundert durch die Nürnberger Singschule abgelöst wurde, eine Verlagerung vom ›goldenen Mainz‹, dessen Blütezeit ins Spätmittelalter fiel, hin zur wichtigsten deutschen Stadt in der frühen

Längste literarische Tradition in Deutschland

Berichte über den Meistersang, einzelne Schulen

Neuzeit, Nürnberg, die auch im Kulturleben den ersten Rang einnahm. Im Übrigen bestanden die Singschulen verstreut über West- und Süddeutschland, wohingegen für Norddeutschland (das niederdeutsche Sprachgebiet), von unbedeutenden Ausnahmen abgesehen, keine Singschulen bezeugt sind.

Beständige Formprinzipien und Inhalte

Während der fünf Jahrhunderte seines Bestehens blieben die Formprinzipien des Meistersangs im Wesentlichen konstant, eine Kontinuität, wie sie in der Dichtungsgeschichte sonst nicht anzutreffen ist. Zu den obligatorischen Elementen gehörten stets der Reim, das Silbenzählen usw., die in einem Register aller Regeln, der sog. »Tabulatur«, zusammengefasst waren. Hier findet sich die gesamte Terminologie, die dem Meistersang das formale Gepräge gab: »Bar« (das ganze Lied), »Gesätz« (die Strophe), »Gebänd« (das Reimschema), »Ton« (metrisch-musikalische Gesamtform), die Vorschrift der Untergliederung jeder Strophe in drei Teile (zwei gleich gebaute »Stollen«, ein »Abgesang«). Als Inhalt der Meisterlieder konnte alles gewählt werden: der umfassende Fundus geistlicher Lehren und Anschauungen und die gesamte große und kleine Welt, Antikes, Mittelalterliches, Aktuelles, Moralisches und Schwankhaftes, doch – wie die Schulkünste übereinstimmend belegen – mit dem Hauptakzent auf der geistlichen Thematik: Gott, Maria, Trinität u. a. Auch Sozialkritik findet sich, in erster Linie die Klage über die aufkommende Herrschaft des Geldes.

Aufnahme der Reformation

Seit dem Thesenanschlag im Jahr 1517 hatten die Meistersinger ein neues großes Thema: die Reformation. Sie wurden zu Vermittlern reformatorischen Gedankenguts in ihren Liedern. Neue Singschulen entstanden im Gefolge der Reformation. In Österreich kam der Meistersang erst durch den Übergang von breiten Teilen der Bevölkerung zur Reformation auf, Entwicklungen, denen allerdings die Gegenreformation im 17. Jahrhundert ein Ende setzte, die den österreichischen Protestantismus mehr oder minder gewaltsam niederwarf. Luthers Liedschaffen – formal vom Meistersang beeinflusst – bewirkte sogar, dass der Reformator »unter die allerberühmtesten Meistersinger gezählt« wurde (Spangenberg). Wie in den Zünften älterer Jahrhunderte als Meisterin, so konnte auch in den Singschulen eine Frau als Meistersingerin Aufnahme finden. Außer von Adelsdamen sind aus dem Mittelalter die Namen dichtender Frauen sonst nicht bekannt. Hingegen die Berichterstattung aus den Singschulen bewahrte für spätere Zeit gelegentlich den Namen einer frühen Dichterin nichtadliger Herkunft auf; aus der Münchner Singschule z. B. Katharina Holl.

Älteres Volkslied

Im Unterschied zum Meistersang sind vom Volkslied der früheren Jahrhunderte einige Beispiele bis heute bekannt und beliebt. Den Dichtungen (sowie Melodien) merkt man ihr Alter selten an, da sie in der Sprachgebung immer noch frisch wirken: »All mein Gedanken, die ich hab«; »Innsbruck, ich muß dich lassen«; »Es ist ein Schnee gefallen« u. a. sind Beispiele aus dem 14. bis 16. Jahrhundert, jener Periode im Übergang vom Mittelalter zur Neuzeit, die in der Literaturgeschichtsschreibung allgemein als eine Blüte der volkstümlichen Lyrik gilt. Gleichzeitig ist es auch die Periode des ersten Sammelns (eine zweite werden im 18. Jahrhundert Herder und Goethe einleiten). Es entstehen umfassende Sammlungen, worin das Volksliedgut der zurückliegenden Zeit bewahrt wird, wie z. B. das *Lochamer-Liederbuch* (1452–60), das *Rostocker Liederbuch* (um 1470), Georg Forsters fünfteilige Anthologie *Frische teutsche Liedlein* (1539–56), das *Ambraser Liederbuch* (1582) – jeweils mit einer bedeutenden Anzahl von Stücken (Forster: 380). Seit 1512 wurden auch die ersten Liederbücher gedruckt.

Weise der Überlieferung

Insgesamt stellen die Volkslieder einen Ausschnitt aus dem weiten Feld der ›Volkspoesie‹ dar. Diese bildete zunächst keinen strikten Gegensatz zur Kunstdichtung. Das Volkslied war ebenso Kunst wie die Kunstdichtung. Es hatte stets einen bestimmten, nur meist bald nicht mehr feststellbaren Verfasser. Was beide Erscheinungen, Kunst- und Volkspoesie, allerdings voneinander trennt, ist die jeweilige Weise der Überlieferung. Das Volkslied ›lebt‹ in seiner Überlieferung, deren Träger breite Schichten des Volkes sind: Bauern und Handwerker, Handwerksgesellen, überhaupt die mittleren und unteren städtischen Schichten, dazu Bergleute und Schiffer, Soldaten, Studenten und später auch Arbeiter; sein ›Leben‹ in der Überlieferung aber bedeutet Variiertwerden. Daher ist Variabilität sein Gesetz, im Gegensatz zur Bewahrung des kanonischen Textes in der ›Hoch‹literatur. Variation jedoch ist ein künstlerischer Vorgang: »Die produktive, schöpferische Überlieferung durch die Gemeinschaft, durch das Kollektiv also ist das Primäre, was das Volkslied von anderen Lied- (und Dichtungs-)arten unterscheidet und in seinem Wesen bestimmt« (H. Strobach).

Das *Frankfurter Liederbuch* von 1582

Die Volkslieder der älteren Jahrhunderte gestatten einen tiefen Einblick in die sozialen Zustände und die Nöte der Menschen im Alltag. Die Lage der untersten Schichten des Volks wurde immer wieder Gegenstand im Lied. So das Leben der Handwerksgesellen, wie es auch der Verfasser des *Eulenspiegel*-Buchs schildert: »Der Winter war kalt und gefror hart, und es kam eine Teuerung hinzu, also daß viele Dienstknechte ledig (ohne Arbeit) gingen.« Dasselbe Thema hat ein Lied von den Augsburger Webergesellen im Winter, die sich in ihre harte Lage fügen müssen: »Im Winter, wenn die weißen Mücken fliegen/ So müssen sich die Webergesellen schmiegen.« Der Alltag der Landleute hinterließ seine Spur in einem Volksliedtypus, der in der Forschung ›Bauernklage‹ heißt. Wie eine Bauernklage klingt, hört man etwa aus dem folgenden Verspaar: »Ach, ich bin wohl ein armer Baur/ Mein Leben wird mir mächtig saur«. Den Bauernklagen reiht sich die Knechtsklage an wie z.B. das niederdeutsche *ole Leisken van Henneke Knecht*. An dessen Beginn spricht der Knecht: »Eck will neinen Buren deinen fort,/ Solk Arweit will eck haten« (werde hinfort keinem Bauern mehr dienen,/ solch Mühsal verschmähe ich zukünftig).

Einblicke in Alltagsnöte

Als Flugblatt rasch vervielfältigt und verbreitet, stellte das Volkslied auch die Begleitmusik des Bauernkriegs. Die meisten Volkslieder aus dem Bauernkrieg sind allerdings bauernfeindlich, also Zeugnisse der Gegenseite; wie kommt das? Nach der Niederlage der Bauernheere verfielen die bauernfreundlichen Lieder der landesherrlichen Zensur; nur einige sind erhalten, etwa in den Folterakten der Zeit. Dem Bauernkrieg entstammt z.B. das trotzige *Bündische Lied*, über dessen Entstehung wir verhältnismäßig gut unterrichtet sind. Es beginnt: »Ein Geier ist ausgeflogen,/ Im Hegau am Schwarzwald« – der Geier ist das Symbol der Aufständischen. Der Verfasser lässt an Deutlichkeit nichts zu wünschen übrig: »Die Bauern sind einig geworden/ Und kriegen mit Gewalt/ Sie haben einen großen Orden/ Sind aufständig mannigfalt/ Und tun die Schlösser zerreißen/ Und brennen Klöster aus:/ So kann man uns nicht mehr bescheißen./ Was soll ein bös' Raubhaus?«

Im Bauernkrieg

Die überwiegende Menge der älteren Lieder spiegelt die alltäglichen Geschehnisse im Leben einfacher Menschen, vor allem immer wieder die Liebe und ihr Ende, den Abschied oder den Tod. Es gibt – von der Forschung eher zurückhaltend gewürdigt – den Typ des ausgesprochen erotischen Volkslieds, bis hin zum obszönen Lied (Beispiele etwa im *Rostocker Liederbuch*). In anderen sprechen die Dichter von den Jahreszeiten, von Festen, vom Tanzen und Trinken; Lieder geistlichen Charakters stehen neben scherzhaft-übermütigen. Zum älteren Volkslied zählt nicht zuletzt die Ballade. Frühe Beispiele haben noch ritterliche Helden: den

Das Gemeindelied

Das Lied vom Tannhäuser
(Erstdruck von Jobst
Gutknecht, Nürnberg
1515)

Quellen

Bekenntnislyrik

Waffenmeister Hildebrand, den Minnesänger Heinrich von Morungen in dem Lied *Der edle Moringer*, den Minnesänger Tannhäuser, sind aber schon auf den volkstümlichen Ton gestimmt: »Nun will ich aber heben an/ Von dem Tannhäuser zu singen.« – Als Neuschöpfung entstand in der Reformation das Gemeindelied. Die vorangegangenen Jahrhunderte kannten natürlich das geistliche Lied, auch Kirchenlied; es fehlte aber der Gemeindegesang als Anteil der Gläubigen am Gottesdienst. Abhilfe versuchte als erster der Reformator Thomas Müntzer in Allstedt. Er wurde so zum Initiator des protestantischen Gemeindelieds, wie Martin Luther zu dessen eigentlichem Begründer. Bis in die Gegenwart hinein hat sich die Erinnerung daran gehalten, dass der Reformator von allen Künsten der Musik den höchsten Wert zusprach, der »edlen Musica«. Seine ungefähr 40 (Gemeinde-)Lieder, darunter einige immer noch populäre (u. a. »Vom Himmel hoch, da komm ich her«), bilden bis heute in den (evangelischen) Kirchengesangbüchern den Grundstock.

Der Rang, den die Meistersinger dem Reformator als Lieddichter einräumten, verweist darauf, wo eine Quelle des lutherischen Gemeindelieds zu suchen ist. Eine zweite war das Volkslied der Zeit. Aber nicht seine Kenntnisse des Meistersangs und seine Musikliebhaberei machten den Reformator zum Dichter, sondern es waren geistlich-reformatorische Notwendigkeiten. Sie bewogen ihn, seine nicht geringe dichterische und musikalische Begabung dem Gemeindelied zugute kommen zu lassen. Zum Dichter machte den Reformator die Reformation. Allerdings war ›Dichten‹ im 16. Jahrhundert keinesfalls streng gesondert von anderen literarischen Tätigkeiten: dem Übersetzen, dem Bearbeiten, dem Variieren – von Texten älterer Zeit, von Texten anderer Zeitgenossen. Daher findet sich unter den Liedern Luthers Verschiedenartiges: Verdeutschungen altkirchlicher und mittelalterlicher lateinischer Hymnen und Lieder; zu Liedern umgearbeitete und erweiterte deutsche Leisen und Strophen; Lieder über liturgische Stücke: Katechismuslieder; Kinderlieder; Festlieder; aber nur wenige freie Dichtungen. Die Zahl seiner ›Originallieder‹ im Sinne von selbständig geschaffenen blieb sehr gering. Der Wirkung der Lieddichtung Luthers tat dies freilich keinen Abbruch, zumal ihr in den konfessionellen Auseinandersetzungen der Zeit Funktionen zukamen, die sie in der Gegenwart nicht mehr besitzt. Heine verglich unter diesem Aspekt *Ein feste Burg* mit der *Marseillaise* der Französischen Revolution. Man darf also nicht den kräftigen Gemeindegesang des 16. mit dem verblassten des 20. Jahrhunderts verwechseln.

Den Kämpfen der Zeit entwuchs eine lyrische Dichtung höchsten Rangs. Die Möglichkeit tat sich auf, Selbstbekenntnisse in liedhafter Form zu äußern. Von manchem Mitstreiter in den Auseinandersetzungen um die Reformation ist Bekenntnislyrik überliefert, teils kontemplativer, eher einsam-reflektierender Art, teils kämpferischer, teils als offene Selbstaussage, teils in verdeckter Form, verschmolzen mit geistlichen Vorstellungsinhalten. Die offene Selbstaussage in militantestem Ton stammt von Ulrich von Hutten: *Ein neu Lied* (die Überschrift ist ein Zitat aus der *Johannes-Offenbarung*); es beginnt: »Ich habs gewagt mit Sinnen« (mit Bedacht gewagt). Es ist ein strophisches Gedicht, das sich als mittleres Glied zwischen den Selbstaussagen Walthers von der Vogelweide und J. W. Goethes einordnen lässt. Persönliche Konfession (Autobiographie) und geistliche zugleich ist Luthers Beichte: *Nun freut euch lieben Christen gmein*, mit den Zeilen: »Dem Teufel ich gefangen lag/ Im Tod war ich verloren.« Ulrich Zwingli dichtete sein Pestlied *Hilf, Herr Gott, hilf* 1519 in der Krankheit. Es zeigt drei Abschnitte: »Im Anfang der Krankheit«, »Inmitten der Krankheit« und »In der Besserung«.

Sebastian Franck setzte sich in seinem Bekenntnisgedicht *Von vier zwieträchti-* *gen Kirchen* schroff von den seinerzeit sich herausbildenden Konfessionen ab, indem er parallel gebaute Strophen verwendete: »Ich will und mag nicht Päpst-lich sein«, »… nicht Luthrisch sein«, »… nicht Zwinglisch sein«, »Kein Wieder-täufer will ich sein«. Am Ende lehnte er sämtliche etabliert-kirchlichen Glaubens-vorstellungen ab, um sich für eine individuell ausgestaltete christliche Haltung auszusprechen. Eine tragische Variante der Bekenntnislyrik steuerte zu der Epo-che Thomas Murner bei, der franziskanische Kontroverstheologe. Auf der Folie einer Abrechnung mit der Reformation machte er in seiner Lebensbeichte *In Bru-der Veiten Ton* (der Titel dokumentiert auch hier die Anlehnung ans Meisterlied) die isolierte Position eines Autors begreiflich, der unter dem Anprall des Neuen standhaft bei der alten Kirche ausharrt, obwohl er die Schuld und Schäden der alten Einrichtungen nicht verkennt. Vielmehr prangert er sie an, dies aber in niemandes Auftrag, nur kraft eigener Legitimation: »ich red' das alles für meine Person,/ Und mein', ich tu damit Recht,/ Daß ich beim alten Glauben stohn«.

Ein Dissident

Murners Tragik

»Der Jugend Gottes Wort und Werk mit Lust einzuprägen«: Das Reformationsdrama

Im Übergang vom Mittelalter zur Neuzeit vollzogen sich in Europa Änderungen auf allen Gebieten der Literatur, beschleunigt in den Jahren nach Beginn der Re-formation. So auch in der Dramatik, wo sich für das 16. Jahrhundert ein erster Gipfelpunkt ihrer neueren Entwicklung in Deutschland feststellen lässt. Es ist nicht das Barockdrama und schon gar nicht das Drama der deutschen Klassik, dem in dieser Hinsicht Priorität zukommt. Richtig ist allerdings, dass vom Drama des 16. Jahrhunderts allenfalls eine Hand voll Fastnachtsspiele des Hans Sachs lebendig blieb, obwohl immerhin der Theaterpraktiker Bertolt Brecht es war, der versuchte, ein deutsches Drama des 16. Jahrhunderts für das Repertoire zurück-zugewinnen, den *Hans Pfriem* des Martin Hayneccius (1544–1611). Um das vor-reformatorische Drama typologisch zu erfassen, kann man sich mit der Eintei-lung in drei Genres behelfen: das geistliche Spiel des Mittelalters, das weltliche Spiel, vertreten besonders durch das Fastnachtsspiel, sowie das Humanisten-drama in lateinischer Sprache. Dies, obwohl zuletzt gekommen, schuf die Voraus-setzungen für die spätere Entwicklung des deutschsprachigen Dramas.

Gipfel der Dramen-geschichte in Deutschland

Die Stückverfasser aus humanistischen Kreisen ahmten das antike Vorbild nach, insbesondere das lateinische des Terenz, und übernahmen von dort Auf-bau, Versbehandlung usw. Als erstes Humanistendrama eines deutschen Autors gilt der *Stylpho* des Elsässer Jakob Wimpfeling (1450–1528). Dieser Einakter (6 Sze-nen, Prolog und Epilog) entstand 1480. Wimpfeling, Dekan der Heidelberger Fakultät der freien Künste, verlieh in Vertretung des Kanzlers den Lizentiatengrad an sechzehn Bakkalaurei. Anstelle der konventionellen Lobrede trug er einen dramatischen Text vor – oder ließ ihn durch Studenten vortragen: den *Stylpho*. Es sind die Lebensläufe zweier angehender Wissenschaftler, die darin konfrontiert werden, des fleißigen Vincentius, der eine Universität bezieht, und des trägen Stylpho, der zu Studienzwecken an die Kurie nach Rom (!) geht. Am Ende bleibt dem Trägen nur übrig – denn er hat ungenügend studiert –, das ihm vom Bischof und Schultheißen zugedachte Amt des dörflichen Schweinehirten anzunehmen.

Humanistendrama: Jakob Wimpfeling

Fazit des Dichters: »Welch erstaunlicher Schicksalswandel! Vom Höfling ward er zum Dörfler, vom Freund von Kardinälen zum Bauernknecht, vom Hohen zum Erniedrigten, vom Seelenhirten zum Sauhirten. Solch elend Ende bringt Unwissenheit. Dem Vincentius halfen seine Eltern aus, er ging zurück zur Universität, studierte eifrig die Rechte und wurde dann zuerst in des Fürsten Kanzlei aufgenommen und darauf durch dessen Fürspruch zum Domherrn befördert; schließlich wurde er einstimmig zur Bischofswürde erhoben und regierte glücklich.«

Waffe der Reformation

Überblickt man die dramatische Dichtung, wie sie sich etwa seit den 20er Jahren des 16. Jahrhunderts darbot, als die Reformation sich über weite Gebiete Deutschlands und angrenzender Länder ausbreitete, so nimmt man eine Vielzahl der Entwürfe wahr, Überschneidungen und Verflechtungen der Formen und Inhalte, die eine Ordnung bzw. Gruppierung zunächst unmöglich zu machen scheinen. Wodurch die neue Entwicklung stimuliert wurde, erkannte im 19. Jahrhundert der Literaturhistoriker K. Goedeke. Er brachte seine Erkenntnis auf die oft zitierte Formel: »Der Gedanke, die Bühne zur Waffe der Reformation zu machen, hat Hunderte von Stücken hervorgerufen und drei Menschenalter hindurch Tausende im Spielen und Schauen beschäftigt.« Als Medium der reformatorischen Lehre griff das Drama in einem Maße ein, dass die Wortführer des Protestantismus sich seiner mit Vorliebe in Konfliktsituationen bedienten, war es doch selbst – mit einem Wort des Theaterhistorikers W. Creizenach – in manchem Fall »rücksichtslose dramatische Agitation«. Die Aufführungen fanden häufig auf Straßen und Plätzen statt, so dass hier von einem frühen ›Straßentheater‹ gesprochen werden kann. Ein Reformationsdrama wies in Übereinstimmung mit der reformatorischen Publizistik überhaupt zwei Grundzüge auf: Darlegung der ›gereinigten‹ (evangelischen) Lehre sowie Polemik gegen die alte Kirche und deren Anhängerschaft. Verkündigung des Evangeliums hier, kämpferische Auseinandersetzung mit Rom dort, das ist im Kern die Thematik des Reformationsdramas aller Schattierungen.

Das Nützliche und das Angenehme

Das Reformationsdrama als biblisches Humanistendrama oder religiöses Schulspiel entstand in den 30er Jahren des 16. Jahrhunderts. Seine Entwicklung ist begleitet von theoretischer Reflexion; es wurde entscheidend angeregt durch einige Sätze Martin Luthers zur Interpretation der *Apokryphen* (in seinen *Vorreden* zu den Büchern *Judith, Tobias* und zu den »Stücken« *Esther* und *Daniel*). Luther deutete diese als geistliche Dichtungen, Spiele möglicherweise, die aufgeführt worden sein könnten. In den 40er Jahren entbrannte eine Diskussion, an der sich neben anderen auch Luther mit einem Gutachten beteiligte. Die Streitfrage lautete: Durften biblische Geschichten dem Publikum in Dramenform dargeboten werden? Eine Frage, die 1536 schon Johann Ackermann für sich realistisch beantwortet hatte: Das Volk ziehe es vor, ein Schauspiel anzusehen, anstatt selbst die Bibel zu lesen. Dies war in der Tat der entscheidende Gesichtspunkt. Es ging darum, das Nützliche (biblische Lehre) auf angenehme Weise zu vermitteln, wie es Paul Rebhun, der tonangebende Dramatiker des Genres, 1535 formulierte: »der jugent gottes wort und werck mit Lust« einzuprägen. Was folgte, war im protestantischen Bereich während einiger Jahrzehnte eine Schwemme von Stücken, in der Mehrzahl deutschsprachig, deren Stoff der Bibel entstammte: dem Alten Testament samt Apokryphen (Sündenfall, Kain und Abel, Noah, Abraham, Jakob, Joseph, Judith, Susanna u. a.) und dem Neuen Testament (Christi Geburt, Hochzeit zu Kana, Lazarus, Judas, der verlorene Sohn, die Apostelgeschichte u. a.).

Paul Rebhun

Seit langem gilt Paul Rebhuns Geistlich Spiel von der Gotfürchtigen und *keuschen Frauen Susannen* (1536) als Klassiker des Genres, in erster Linie wegen seiner formalen Vorzüge: konsequente Einteilung in Akte und Szenen sowie eine Versbehandlung, die nach Möglichkeit Versakzent und Wortakzent zusammenfallen lässt (gegen das Prinzip der Silbenzählung). Sein zeitgemäßes Thema, das an dem biblischen Stoff abgehandelt wurde, war der Zusammenprall von bürgerlicher oder häuslicher Sphäre, in der Susanna als vorbildliche Hausfrau ›züchtig waltet‹, und der Sphäre der Obrigkeit, die hier in Gestalt zweier Richter zugegen ist. Wenn man so will, ergab dies im Zeitalter des Kampfes der Bürger gegen die Feudalmächte den klassischen Konflikt (Obrigkeit contra bürgerliche Familie und häuslichen Bereich; vgl. *Emilia Galotti* und *Kabale und Liebe*). Nicht zufällig ist daher der Schlüsselbegriff des Textes, ständig wiederholt: »gewalt« (Macht). Die Handlung folgt der biblischen Vorlage: zu Beginn der Versuch der Richter, Susanna zu verführen; als er misslingt, denunzieren sie ihr Opfer; es schließt sich die Verurteilung Susannas zum Tode an. Rettung bringt endlich ein ›deus ex machina‹, der von Gott gesandte junge Daniel, der das Verbrechen der Richter enthüllt. Es ist das Loblied auf die verfolgte Unschuld, die sich in der Not bewährt und Rettung allein von Gott erhofft. Dennoch mischt Rebhun weltliche Problematik nicht zu knapp mit ein: z. B. die Anklage verbrecherischer Obrigkeit und korrupter Justiz, den Ruf nach einer fähigen Justiz, die dem Angeklagten Gehör schenkt und auf der Grundlage von Beweisen urteilt, nicht aufgrund von Verdächtigungen. Die Entlarvung der Richter durch Daniel ist eine kleine Kriminalgeschichte für sich, worin der junge Mann als rational verfahrender Detektiv erscheint. Vorangegangen war 1532 Sixt Birck (1501–1554) mit einem *Susanna* betitelten Drama. Darin sind entscheidende Unterschiede zu Rebhuns Stück vorhanden. Birck war Schulleiter in Basel. Er legte größtes Gewicht z. B. auf formal-demokratische Verfahren im Kollektiv, etwa im Richter-Kollegium, und rückte sie in den Mittelpunkt der Darstellung.

Ein anderer von den Autoren bevorzugter Stoff war der Josephstoff, vielleicht der beliebteste überhaupt. Im 20. Jahrhundert nahm ihn noch einmal Th. Mann in seinem umfänglichsten Roman auf. Die Geschichte von Joseph ermöglichte es ebenfalls, die Bewährung verfolgter Unschuld und deren spätere Errettung und Erhöhung darzustellen. Es ist in gewisser Weise die Umkehrung des Susanna-Stoffs, weil nicht mehr die Frau, sondern der Mann verführt werden soll und nach Abwehr des Versuchs grausame Verfolgung erleidet. Dass sich dem Josephstoff daneben eine weltliche Dimension abgewinnen ließ, demonstriert die Dramengeschichte des 16. Jahrhunderts auch. So äußerte Thomas Brunner im Epilog seines Spiels *Jacob und seine zwölf Söhne* (1566) – nicht der im Titel benannte Jacob, sondern dessen Sohn Joseph ist unbezweifelt des Autors Held: »Was David in den Psalmen spricht/ Den armen thut erheben Gott/ Vnd reist in mitten aus dem kott/ Das er jn alles Leids ergetz [dass er ihm alles Leid vergüte]/ Vnd neben grossen Fürsten setz/ Wie denn Josephus ward zuhand/ Ein Fürst uber Egypten Land/ Dem Pharaoni gleich an gwalt ….« Diese Verse sind nicht ohne das Vorbild Luthers zu denken, der 1530 in seiner *Predigt, daß man Kinder zur Schulen halten solle*, eine ausführliche Deutung des angeführten Psalms (113) gegeben hatte. Es ist die Traumvision des Bürgers schon in der Frühzeit, nicht die Stelle des Fürsten zu erobern, sondern den Platz neben ihm.

Als bedeutendstes Stück des 16. Jahrhunderts in Deutschland wird die lateinische *Tragoedia nova Pammachius* des Thomas Naogeorg (1511–1563) angesehen (1538; der Titel wäre etwa wiederzugeben: Neue Tragödie vom Allesbekämpfer, d. i. der Papst). Mehrere Verdeutschungen des Originals durch andere Autoren entstanden fast gleichzeitig. Eine Vorrede dazu steuerte u. a. Paul Rebhun bei. Die

Titelholzschnitt von Paul Rebhuns dramatischer Bearbeitung des Susanna-Stoffes (1536)

Sixt Birck

Josephstoff

Thomas Naogeorg

Tragödie (noch nicht im Sinne der Klassik mit dem Scheitern eines zentralen Helden) ist eine gewaltige Geschichtsdichtung, die den Konflikt zwischen Protestantismus und Papsttum szenisch vorführt, fast ohne Handlung, dafür aber voller intensiver Streitgespräche. Bemerkenswert bleibt der offene Schluss: Der fünfte Akt fehlt, weil er – so gibt der Dichter an – von der Geschichte nachgeliefert, nämlich von ihr selbst geschrieben wird. Das Papsttum ist hier gemäß Luthers Lehre als der Antichrist gedacht, sein ›Sündenregister‹ wird in »zwölf Artikeln des christlichen Glaubens« vorgetragen, eine Auflistung der wichtigsten Glaubensartikel einer Gegnerin, hier der katholischen Kirche, bei denen es sich – gemäß der protestantischen Sicht des Verfassers – um die Hauptdelikte des Papsttums handelt. Die literarische Technik bestand also wiederum darin, die bekämpfte Anschauung der Kontrahentin von dieser selbst monologisierend – und dabei heftig verzerrt – darlegen zu lassen (entsprechend Murners Technik in seiner antilutherischen Satire *Von dem großen Lutherischen Narren*).

Vergleich mit dem englischen und spanischen Theater

Wird das deutsche Drama der Reformationszeit bis auf wenige Ausnahmen in der Gegenwart nicht mehr aufgeführt, so deshalb, weil es insgesamt den konfessionellen Auseinandersetzungen allzu verhaftet blieb, als dass es die künstlerische Höhe etwa des (nur wenig späteren) spanischen Dramas (Lope de Vega, Calderón) und des englischen (Shakespeare und seine Zeitgenossen) erreichte. Ein geflügeltes Wort besagt, dass im Waffenlärm die Musen schweigen. Zwar schwieg die dramatische Muse der Deutschen in den Kämpfen der Reformation nicht; sie redete sogar besonders viel. Doch ihre Stimme blieb vom polemischen Eifer verzerrt, ihre Inhalte waren an die konfessionellen Lehrsysteme gebunden. Zudem verhinderte die Enge des territorialstaatlichen, weiterhin ständisch geprägten Lebens eine Horizonterweiterung. Dagegen entstand das Theater der Spanier und Engländer unter Nationen, deren Blick durch Entdeckungen, überseeisches Ausgreifen und die expandierende Beteiligung am Welthandel erheblich geweitet war, sosehr auch hier der Rückschlag nicht lange auf sich warten ließ: in Spanien durch die von der Inquisition oktroyierte Unfreiheit, in England durch den kunstfeindlichen Puritanismus. Was dem deutschen Reformationsdrama vor allem noch nicht zugute kommen konnte (aber wovon die Spanier und Engländer profitierten), waren – trotz der Arbeit der Übersetzer-Humanisten – die Erkenntnisse und Lehren der italienischen Renaissance. Deren Rezeption trug entscheidend dazu bei, das Theater in Spanien und England auf die um 1600 feststellbare Höhe zu heben. Shakespeares Werk wäre nicht, was es ist, ohne die kongeniale Renaissance-Rezeption dieses Dichters (Renaissance-Humanismus, Philosophie und Anthropologie, spezifisch die italienische Novellistik speisten es). Das klassische deutsche Drama des 18. Jahrhunderts konnte erst auf den Weg gebracht werden, als die Renaissance-Rezeption, vermittelt durch Shakespeares dramatische Welt, nachgeholt wurde. Die Aneignung des Theaters des Engländers ermöglichte es nun auch in Deutschland, die charakteristischen formalen und inhaltlichen Tendenzen der Renaissance-Dichtung für die Entwicklung der Dramatik fruchtbar zu machen.

Schwank und Roman vor dem Roman

In Deutschland kein großes volkssprachliches Epos

Der Literatur in der Epoche des Humanismus und der Reformation fehlt es in Deutschland nicht an Beispielen des Epos, also der umfangreichen Hexameter-

Erzählung oder Erzählung in gereimten Versen. Nur waren diese in Neulatein abgefasst, was die Aufnahme durch ein größeres Publikum verhinderte, soweit es nicht lateinkundig war. Woran es fehlt, ist – bis auf vereinzelte Ansätze – das große volkssprachliche Epos, das sich dem volkssprachlichen italienischen Epos zur Seite stellen ließe (Pulci, Bojardo, Ariost, Tasso u. a.). Die volkssprachlichen Versdichtungen Sebastian Brants und Thomas Murners können schwerlich zur erzählenden Epik gerechnet werden, sondern sind Moralsatiren. Am ehesten passt die Bezeichnung ›Versepos‹ auf den nach einer niederländischen Vorlage entstandenen, anonym erschienenen mittel-niederdeutschen *Reynke de Vos* (Druck: Lübeck 1498). Doch auch in ihm macht sich eine didaktische und satirische Komponente bemerkbar, so dass eine Erzähldichtung im Vollsinne nicht entstand.

Die kleineren Gattungen verraten teils noch ihre Abkunft von mittelalterlichen Erzählformen wie Exempel und Schwank, teils den Einfluss der Renaissance-Italiener (wieder der Schwank). Eine weitere Gattung, die Facetie, ist schlicht italienischer Import. Der Facetie widmete sich in Deutschland vor allem Heinrich Bebel (1472–1518). Er gab eine Sammlung der von ihm verfassten Facetien heraus: *Libri facetiarum iucundissimi* (Die höchst unterhaltsamen Bücher der Facetien, 1509/14). Das Exempel (auch: Predigtmärlein, weil zur Erbauung des Publikums regelmäßig in Predigten eingefügt) wurde von Johannes Pauli (um 1455 – um 1530) in einer reichhaltigen Anthologie, *Schimpf und Ernst* (Spaß und Ernst, 1522), vorgeführt. Beide Werke inspirierten nach der Jahrhundertmitte, seit dem Augsburger Religionsfrieden (1555), eine Reihe von Autoren. Sie verfassten Schwankbücher, die zu Sammelbecken wurden, worin die Fülle der Facetien und Exempel einmündete, dazu weitere Erzählungen unterschiedlichen Ursprungs, darunter die mittelalterlichen Versnovellen (in frühneuhochdeutsche Prosa umgeschrieben), d. h. sowohl französische Fabliaux als auch mittelhochdeutsche ›Mären‹, so dass am Ende Erzählgut verschiedenartiger Herkunft zusammenrann. Das wurde möglich, weil ein klarer Begriff vom Schwank noch nicht vorhanden war. In neuerer Sicht bezeichnet ›Schwank‹ eine Form kleiner Erzählungen, in Prosa oder gereimt, deren Stoff heiterer Natur ist und die häufig mit einer Pointe schließen. In der frühen Neuzeit mangelte es jedoch an einer einigermaßen verbindlichen Definition. So finden sich neben Fabel und Märe, Novelle, Facetie und Exempel – diese alle mehr oder minder umgestaltet – in den Sammlungen auch Erzähltexte, die seither zu den Märchen gerechnet wurden, z. B. *Das tapfere Schneiderlein*, und es gibt in ihnen sogar Langerzählungen – im Umfang von kleinen Romanen –, die später darin nicht geduldet worden wären.

Von Jörg Wickram (um 1505 – gest. vor 1562) stammt die bis heute bekannteste Schwanksammlung des 16. Jahrhunderts, mit dem Titel *Das Rollwagenbüchlein* (1555). Der Verfasser meinte, das Werk solle ausschließlich dem Unterhaltungszweck dienen: »Denn dies Büchlein ist allein von guter Kurzweil wegen an den Tag gegeben, niemand zur Unterweisung noch Lehre, auch gar niemand zu Schmach, Hohn oder Spott.« Die Erklärung war aber nicht als bare Münze zu nehmen. Schwänke, auch Wickrams, enthielten zwar nicht überwiegend, aber doch in einer beachtlichen Zahl eine Moral, Lehre oder Unterweisung. Wie in der gesamten Literatur der zweiten Hälfte des 16. Jahrhunderts, so war auch im Schwank eine unmittelbare politische oder soziale Opposition allenfalls gelegentlich zu greifen, etwa wenn es heißt: »Hingegen aber ist mancher Herr, der sich solcher seiner Gewalt überhebt und sie mißbraucht, seine armen, ja auch frommen Untertanen mit Brandschatzen einen um den anderen plagt, ihnen das Mark aus den Knochen saugt, daß Gott vom Himmel herabsehen möchte.«

Kleinepik

Jörg Wickrams *Rollwagenbüchlein* (1557) wendet sich vor allem an die im Wagen zur Messe reisenden Kaufleute.

Als Gesamterscheinung bildete die Schwankliteratur des 16. Jahrhunderts einen Bestandteil der stadtbürgerlichen Kultur, eine völlig diesseitig orientierte Gattung, zu deren auffallenden Merkmalen der Verzicht der Autoren auf einen metaphysischen Bezug gehörte, bei durchgehendem genretypischen Antiklerikalismus. Die Jenseitsproblematik blieb im Allgemeinen ausgespart, da die Erzählung fast nur das Zusammenleben der Menschen im Alltag in den Mittelpunkt rückte, in meist komischer Beleuchtung. Jedoch gibt es auch Schwänke mit tragischem Ausgang, so bei Wickram, eine Tatsache, die nochmals den Mangel einer klaren Gattungsbestimmung belegt.

Roman vor dem Roman?

In der Geschichte der neueren deutschen Literatur ist die Ermittlung der Anfänge des großen Prosa-Genres in Deutschland schwierig. So konnte bisher nicht genügend geklärt werden, ob es eine kontinuierliche gattungsgeschichtliche Entwicklung bzw. Umformung des Barockromans gibt, an die der Roman der Aufklärung samt seiner Nachfolge anknüpfen konnte. Die Geläufigkeit des Begriffs ›Barockroman‹ scheint immerhin nahe zu legen, dass sich zumindest seit dem 17. Jahrhundert der Roman etabliert hätte – de facto, obwohl die Poetik von ihm zunächst keinerlei Notiz genommen hat (Opitz: *Buch von der Deutschen Poeterey*, 1624). Ungleich schwieriger gestaltet sich noch die Erforschung des Romans vor dem Roman: der Vor- bzw. Frühformen des modernen Romans oder seiner Vor- bzw. Frühgeschichte. In diese gehören die – mit einem letzthin allerdings umstrittenen Begriff – als Volksbücher bezeichneten erzählenden Prosawerke ebenso wie französische, italienische und spanische Vorbilder, die in Übersetzungen auf den deutschen Markt gelangten (Ritterroman, heroisch-galanter Roman, Hirten- und phantastischer Roman), Schwänke und Schwankzyklen genauso wie Novelle und Novellensammlung. Nicht selten griffen die Literaturhistoriker zu dem

Volksbücher

Notbehelf, kurzerhand bestimmte Volksbücher als ›die‹ Anfänge des deutschen Prosaromans auszugeben. Gelegentlich versuchten sie, die Existenz einer Unterart einfach zu ›setzen‹, indem sie etwa den Schwankzyklus zum ›Schwankroman‹ erhoben. In Wirklichkeit gewinnt die Literaturgeschichte damit ebenso wenig wie mit dem gegenteiligen Verfahren, das andere Forscher bevorzugten, die dem Volksbuch die Bezeichnung ›Roman‹ bestritten und entweder von einer »Frühform der romanhaften Gestaltung« sprachen oder von »frühneuhochdeutscher Erzählprosa«. Dagegen spricht, dass etwa ein recht erfolgreiches Volksbuch, der *Reynke de Vos*, kein Prosatext ist, sondern ein Versepos. Noch in Umschreibungen wie »romanhaft« und selbst in der vorsätzlichen Vermeidung des ›Roman‹-Begriffs bleibt stets der Bezug auf diesen erhalten.

Die Autoren der Zeit selbst verwendeten weder den ›Volksbuch‹-Begriff noch die Bezeichnung ›Roman‹. Sie besaßen allerdings den Terminus ›Historia‹, z.B. *Historia von D. Johann Fausten* (1587). Der Verfasser des *Eulenspiegel (Ein kurzweilig Lesen von Dil Ulenspiegel*, gedruckt zuerst um 1510) benutzte den Terminus ebenfalls, aber als Äquivalent für den Begriff ›Kapitel‹ (1., 2. usw. Histori). 1587 ließ Bartholomäus Krüger eine vergleichbare Sammlung erscheinen; er benannte sie: *Hans Clawerts Werckliche Historien*. Es scheint, dass der ›Historia‹-Begriff auf die geschichtliche Wahrheit der Erzählung verweisen sollte. Als Quellen dienten den Verfassern Werke verschiedener Sprachen und Zeiten: neben mittelalterlichen deutschen Vorlagen (höfischen Versepen, die man in Prosa auflöste, daher der Terminus ›Prosaauflösungen‹) vor allem französische und auch lateinische. Als deutsche Originalschöpfungen gelten dann lediglich die Historien, für die bisher keine anderweitige Quelle nachgewiesen werden konnte (wenn auch einzelne Kapitel, Abschnitte und Motive der sonstigen Literatur entlehnt sind): z.B. das *Eulenspiegel-Buch,* das *Lalebuch* (1597; die folgende Version unter dem Titel *Die Schiltbürger,* 1598) und die *Historia von D. Johann Fausten.*

Titelblatt des Volksbuchs von Till Eulenspiegel (1515)

Der *Eulenspiegel* hatte unter den Historien die meisten Auflagen, Übersetzungen und Bearbeitungen: u.a. von Hans Sachs; eine gereimte Fassung schuf Johann Fischart; eine Kinderbuchfassung im 20. Jahrhundert Erich Kästner (rigide gekürzt). Einige Hauptmotive wurden im 19. Jahrhundert von Charles de Coster in seinem Eulenspiegel-Roman benutzt (französisch; flandrisches Nationalepos). Das altdeutsche Original präsentiert sich als Mischform von Kurz- und Großprosa, als Schwankzyklus. Dieser entstand aus einer Anhäufung bekannter Erzählungen und Schwänke. Sie wurden entweder einer bestimmten Person zugeordnet, dem historisch kaum nachweisbaren Till Eulenspiegel – der vielleicht bloß das Vehikel von Spott und Aggression des Autors ist? –, dem nachweislich historischen Doktor Faust usw., oder es stand eine erdachte bzw. reale Ortschaft im Mittelpunkt (Laleburg, Schilda). Die Einheitlichkeit eines modernen Romans musste dabei kaum erreicht werden.

So blieb *Eulenspiegel* im Grunde eine Episodenreihe mit unsicherer Abfolge. Auch bekundete der Autor kein Interesse an einer ausgeführten Lebensgeschichte des Helden: eine Hand voll Mitteilungen über Geburt und Tod, das ist eigentlich schon alles. Seine Figur hat zwar Eltern, doch erfährt man nichts weiter über Verwandte, Freunde oder menschliche Bindungen wie Liebe, nichts über die seelischen Ursachen, die Till bewegen. Er ist äußerst arm an Emotionen, mit Ausnahme von Rachegelüsten und Schadenfreude. Moralische Skrupel irgendwelcher Art kennt er nicht. Der Inhalt der Geschichten ist verblüffend schlicht: Eulenspiegel spielt seinen Zeitgenossen Streiche. Und nicht so etwa, dass diese eine bestimmte Gruppe von Menschen träfen; nein, übel mitgespielt wird Bauern und Handwerkern, Adligen und Geistlichen; Zunftmeistern am häufigsten, aber nicht einmal nur wohlhabenden. Ein einziges Mal meint Till, im Auftrag des »Volks« einen Missstand enthüllen zu müssen, »damit der Irrtum aus dem Volke komme« (65. Geschichte). Es ist, als ob Eulenspiegel sich sonst nur mit seinem eigenen Tun identifiziert, zu niemandem und zu keiner Schicht gehört, so dass sich ihm die ganze Gesellschaft nur von ihrer Außenseite darbietet, Objekt der spöttischen Streiche eines Außenseiters. Tills Vorgehen ist individuelles Opponieren gegen eine ganze Gesellschaft durch List. Und das Ziel seiner Opposition? Es lautet: Erwerb materieller Güter kraft Müßiggangs – also alles andere als ein Vorsatz, der einen Fortschrittlichen, einen Freiheitskämpfer verriete. Auffällig modern indes handelt Till in einer Hinsicht: Obwohl selbst besitzlos, ohne Geld, Werkstatt und Arbeitsgerät, bedient er sich der damals expandierenden Form des Verkehrs der Menschen untereinander, des Tauschs »Ware gegen Geld«. Er ist keinesfalls ein gewöhnlicher Dieb. Er bettelt nicht, und er wendet keine Gewalt an. Seine Fähigkeit besteht darin, sein Ziel durch überlegenes Auftreten als Käufer oder Verkäufer zu erreichen, immer mit der Absicht, fremdes Geld und Gut einzutauschen. Häufig verkauft er nichts als seine Arbeitskraft, die er jedoch für den Käufer, z.B. einen Handwerksmeister, durch Wörtlichnehmen von Bedingungen des Arbeitsvertrags entwertet.

Eulenspiegel spielt allen Ständen mit

Am Ende des 16. Jahrhunderts gibt es nochmals ein Beispiel des Versuchs der Opposition mittels List: im Schwankzyklus von den Lalen (*Das Lalebuch,* 1597), in der Neubearbeitung von 1598 umgetitelt: *Die Schiltbürger.* Das Narrentum der Lalen von Laleburg oder Schildbürger war ursprünglich kein angeborenes, auch kein anerzogenes, sondern ein aus Verstellung angenommenes,

Lalebuch oder »Die Schiltbürger«

Der Bürger als Narr

und die Verstellung oder List war der Not entsprungen. Die Lalen galten einstmals als die Weisesten und Klügsten. Fürsten und Herren begehrten ihre Dienste in einem Maße, dass darüber ihr Familien- und Gemeindeleben zerrüttet wurde, die gesamte Existenz. Einziges Hilfsmittel, glaubten sie, konnte angesichts solcher Zustände bloß noch die Torheit oder das Narrentum sein. Ausdrücklich dem Gemeinnutz zuliebe verzichteten deswegen alle Lalen auf ihre Weisheit, und jeder beeilte sich, Narr zu werden. Aber dieser Versuch, das eigene Überleben zu sichern, gefährdete es mehr als der vorige, an sich schon beängstigende Zustand. Gewiss beabsichtigte der ungenannte Verfasser – nach einer schwer zu bestätigenden Hypothese womöglich Johann Fischart – keinesfalls, Opposition überhaupt als Narretei darzustellen. Oppositionelle Züge verlieh er selbst dem Werk durch eingefügte Äußerungen gegen die Ausbeutungspraktiken der Wucherer, »die den Armen, welche ohnedies bedrängt und notleidend sind, nicht anders als die Zecken auch das Blut aus dem Leib, ja das Mark aus den Knochen saugen«. Die Protesthaltung der Lalen indes schlägt allmählich um ins unvernünftige Gegenteil. Was als Maßnahme des Selbstschutzes begann, wird Selbstentmachtung, nachdem die einmal angenommene Narrheit zur wirklichen geworden ist, zur neuen (›zweiten‹) Natur. Die Selbstentmachtung gerät schließlich zur Selbstvernichtung, die als Resultat einer Opposition, die einstmals den berechtigten Protest gegen unerträgliche Belastung ausdrückte, dem gefährdeten Gemeinnutz letztlich doch nicht zugute kommt, sondern ihn im Gegenteil gänzlich austilgt; die Abkapselung im eigenen Narrentum bedeutet den Untergang. Dem richtig verstandenen allgemeinen Nutzen haben die Lalen bloß geschadet:»Denn es ist ja nicht ein Geringes, sich selber zum Narren zu machen: sintemalen hierdurch dem allgemeinen Nutzen, welchem wir auch unser Leben schuldig sind, soweit sich dasselbige erstreckt, das seine geraubt und entzogen wird.«

Weltweite Wirkung entfaltete die *Historia von D. Johann Fausten* (1587). Es gibt nicht nur Übersetzungen in so gut wie alle europäischen Sprachen neben einer zeitgenössischen niederdeutschen Version und einer hochdeutschen Reimfassung, sondern das Buch wurde wieder zum Ausgangspunkt unterschiedlicher Traditionsstränge, eines erzählerischen sowie eines dramatischen. Bereits 1593 entstand eine Fortsetzung, ein (vorgeblich) »Anderer« (2.) Teil, worin dem Famulus Wagner die Hauptrolle zufiel (daher auch: *Wagner-Buch)*. Weiterhin gab es stets veränderte Prosabearbeitungen, auch sie meistens mehrfach aufgelegt, von G. R. Widman (1599), Chr. N. Pfitzer (1674) und einem Anonymus, der sich der »Christlich Meinende« nannte (1725). Die Dramatisierungen nahmen ihren Ausgang bei der *Tragischen Historie von Doktor Faust.* Sie stammte von einem Zeitgenossen Shakespeares, Christopher Marlowe (vermutlich 1588/89 geschrieben, uraufgef. 1594; erster Druck: 1604). Von Marlowes Drama leiteten sich das Volksschauspiel vom Doktor Faust und die Puppenspielbearbeitung ab. Goethes *Faust* zeigt Einflüsse beider Traditionsstränge, einiger erzählender Versionen und dramatischer. Thomas Mann benutzte für seinen *Doktor Faustus* noch einmal die *Historia* von 1587 als Vorlage (wörtliche Zitate!). Mit dem Faust war der wohl erfolgreichste Stoff der neuzeitlichen Weltliteratur auf die Bahn gebracht, mit dem nur wenige (dann meist mythologische Stoffe der Antike, auch der Bibel: Prometheus, Kain, Judith) konkurrieren können. Es stimmt nachdenklich, dass im Verlauf einiger Jahrzehnte um 1600, am Ausgang der Renaissance, nicht weniger als vier dichterische Gestalten geschaffen wurden, die in der Forschung zuweilen als »Menschheitstypen« bezeichnet werden; außer Faust: Hamlet

HISTORIA
Von Dor. Jo-
hann Fausten / dem weitbeschreyten Zauberer vnd Schwartz-
künstler/Wie er sich gegen dem Teuffel auff eine benandte zeit verschrieben/Was er hier-
zwischen für seltsame Abentheuwer gesehen / selbs angerichtet vnd getrie-
ben/bis er endlich seinen wol
verdienten Lohn em-
pfangen.
Mehrertheils auß seine eigenen hin-
derlassenen Schrifften / allen hochtragenden/
fürwitzigen vnd Gottlosen Menschen zum schreck-
lichen Beyspiel / abscheulichen Exempel / vnd
trewhertziger Warnung zusammen gezogen / vnd in Druck verfer-
tiget.
IACOBI IIII.
Seid Gott vntertthenig / widerstehet dem
Teuffel/ so fleuhet er von euch.
M. D. LXXXVII.

Das Volksbuch vom Dr. Faust, das innerhalb von drei Monaten vier Mal nachgedruckt wurde (Titelblatt des Erstdrucks von 1587).

(Shakespeare, 1600/01); Don Quijote (Cervantes, 1605/15); Don Juan (Tirso de Molina, 1630).

Worin besteht das Erfolgsgeheimnis der Historia vom Doktor Faustus? Der Text gibt Faust als Warnfigur. Der Autor beabsichtigte, wie er an mehreren Stellen verdeutlichte, ein Exempel: So wie Faust soll ein Mensch nicht handeln. Gewarnt wird vor dem Lebenslauf eines der Weltlichkeit zugewandten Gelehrten, eines Zauberers und Buhlers. Aus der Gegend von Weimar stammend, wird er in Wittenberg Student (wie Hamlet), fällt jedoch bald von der Theologie (vom Glauben, von Gott) ab und lebt als »Epikuräer« (damalige Chiffre für Atheist und Wüstling). Er schließt den Pakt mit dem Teufel, weil er die Mittel in der Hand haben will, um die Erde, den Himmel und die Hölle zu erforschen und im Luxus und genussreich zu leben. Nach einigen Abenteuern und nachdem er einigen Zeitgenossen Possen gespielt, anderen hilfreich unter die Arme gegriffen hat, gewinnt er gegen Ende seines Lebens die griechische Helena als »Concubina«. Als die im Pakt mit dem Teufel vereinbarte Frist von 24 Jahren abgelaufen ist, warten auf Faust der blutige Untergang und die Höllenfahrt. Was der bis heute unentdeckte Autor – nach einer Hypothese: der Drucker und Verleger Spies? – in seinem Werk zusammenfügte, ergab eine hochexplosive Mischung. Er beschwor die Gestalt des Renaissance-Gelehrten, des Typus, dem bei der Konstitution der modernen Welt eine führende Rolle zufiel, zeigte ihn jedoch nicht als Vorbild, sondern zur Abschreckung. Damit erzielte er vielleicht wider Willen eine Dynamik besonderer Art, die Spannung zwischen Sachverhalt (sehr abwechslungsreiches, unregelmäßiges Gelehrtenleben) und Tendenz (drastische Verwerfung aus orthodox-protestantischer Sicht). So musste das Publikum bei der Lektüre fühlen, wie in dem Werk zwei gegenläufige Kräfte wirkten, die identisch waren mit zwei dominanten Kräften der Epoche, dieses Zeitalters inmitten der Revolutionen.

Warnfigur und Renaissance-Gelehrter

Seit über hundert Jahren hat sich die Erkenntnis festgesetzt, dass in die Vor- bzw. Frühgeschichte des Romans die großen Prosadichtungen Jörg Wickrams sowie Johann Fischarts *Geschichtklitterung* gehören. Es sind individuelle Leistungen bedeutenden Rangs, deren Schöpfer neben Hans Sachs zu den herausragenden Repräsentanten des Bürgertums in der frühneuzeitlichen Literatur zählen. Wickram veröffentlichte in knapp zwanzig Jahren, 1539 bis 1557, neben seiner Schwanksammlung die Reihe seiner fünf umfangreichen Prosawerke. Von ihnen haben drei eine Handlung, die gänzlich oder überwiegend im höfischen Milieu angesiedelt ist: *Ritter Galmy; Gabriotto und Reinhard; Der Goldfaden*. In den zwei übrigen sind ausschließlich oder vornehmlich Ereignisse aus dem Bürgerleben dargestellt, die Schauplätze daher auch meist größere Städte und Handelsniederlassungen: *Der jungen Knaben Spiegel* und *Von guten und bösen Nachbarn*. Wie sehr Wickram mit den beiden letztgenannten an den Lesewünschen seiner Zeit vorbeischrieb, zeigt der geringe buchhändlerische Erfolg, besonders im Vergleich zur Rezeption der drei erstgenannten: Diese erfreuten sich beim Publikum großer Beliebtheit, und der eine oder andere wurde gelegentlich sogar in eine Anthologie gefragter Volksbücher aufgenommen (in *Das Buch der Liebe*, 1587). Sie zeigen in der Motivik und im Sprachstil gewiss eine Nähe zum Volksbuch. Hingegen variiert *Der jungen Knaben Spiegel* das biblische Motiv vom ›verlorenen Sohn‹. Jedoch wird man keinem der fünf Werke beim Blick auf die Komposition, die Personenkonstellation sowie Anlage der Handlung den Charakter einer Originalschöpfung im Bereich des großen Prosa-Genres absprechen dürfen. Was überdies alle fünf Werke, unbeschadet der Unterschiede des höfischen oder bürgerlichen Milieus, in auffallender Weise verbindet, ist die in ihnen niedergelegte Gesell-

Große Prosadichtungen von Wickram und Fischart

Titelblatt von Wickrams Ritterroman *Gabriotto und Reinhard* (1511)

schaftslehre. Zusammengenommen bilden sie ein inhaltsreiches Kompendium früher bürgerlicher Ideologie. Dazu zählt vor allem die Wertschätzung der Arbeit und die Einsicht, dass »Unruhe« das Wesensmerkmal der Gattung Mensch sei: »Wie denn das ganze menschliche Geschlecht zur Unruhe geboren und erschaffen ist: ein jeder muß nach Gottes Ordnung, Arbeit und Lebenslauf vollbringen.« Dazu zählt die Überordnung der Liebe über die Unterschiede der Stände und Schichten (mit glücklichem Ausgang in *Ritter Galmy* und *Goldfaden,* mit tragischem in *Gabriotto und Reinhard*), Lobpreis der Familie, Ehe und Erziehung, der guten Nachbarschaft und nicht zuletzt der Freundschaft. Als grundlegend erweist sich im Werk Wickrams wie in demjenigen anderer Wegbereiter bürgerlichen Denkens seit dem Spätmittelalter die Entgegensetzung von Tugendadel und dem Adel der Abstammung. In der Herabsetzung, schließlich Verwerfung des Geblütsadels, an dessen Stelle der Tugendadel tritt, haben wir die gedankliche Entsprechung zu dem gesellschaftlichen Wandlungsprozess, der den Hauptinhalt der Geschichte der frühen Neuzeit bis 1789 bildete. In symbolischer Weise vollzog Wickram solche Umwertung in *Der jungen Knaben Spiegel,* wenn darin der Sohn eines Adligen einem Bürgerlichen unterstellt und wenn jener (Wilbald) in diesem – der den sprechenden Namen Fridbert trägt – »seinen Herren« erkennt. Fortan wird der Adlige als Befehlsempfänger dem Bürger gehorchen.

Johann Fischart

Johann Fischart (1546 oder 1547 – um 1590) legte ein umfassendes Prosawerk vor, gemeinhin abgekürzt zitiert als *Geschichtklitterung* (drei Auflagen zu Lebzeiten des Dichters: 1575, 1582 und 1590). Es hat im Original einen Titel von ›barocker‹ Länge, der ein gutes Dutzend Zeilen beansprucht. Er enthält u. a. die Angabe, dass das Buch aus dem Französischen übertragen worden sei. Die Grundlage ist das Romanwerk des François Rabelais, *Gargantua und Pantagruel* (1532 ff.), aber nur dessen erster Teil, *Gargantua*. Rabelais bearbeitete darin ein französisches Volksbuch mit dem Riesen Gargantua im Mittelpunkt (1532), das eine Mischung von Elementen der Artusepik und mittelalterlicher Volksdichtung (Riesenmärchen) enthielt. Fischart legte den Roman von Rabelais nicht in einer Bearbeitung vor, die heute als ›Übersetzung‹ gelten würde, sondern in einer maßlos erweiterten Fassung. Ersichtlich ging es dem Bearbeiter weniger um eine Verdeutschung als um seine eigenen Zusätze. So brachte er eine Fülle von Motiven neu hinzu, wobei das Erzähl- und Gedankengut des Originals zwar erhalten blieb, aber zu einer Komponente herabgesetzt wurde: Verhöhnung des alten Adels und der hohen Geistlichkeit, jeder Obrigkeit, des scholastischen Dunkelmännertums ebenso wie auch schon des neuen Geldadels (Fischart: »Pfeffersecklichkeit«). Daneben wahrte Fischart den Charakter des Werks als eines »Triumphs der Leiblichkeit« und ihrer Funktionen (E. Auerbach). Aber als neue Komponente trat bei Fischart der reformierte Bibelglaube nebst kalvinistischer Erziehungslehre hinzu, beide in unversöhnlichem Gegensatz zum übermütigen Spott und zur Ausmalung der Körperlichkeit und ihrer Funktionen. Somit entbehrt seine Version der Einheitlichkeit aus dem Geist der Renaissance. Dennoch zeichnet sich die *Geschichtklitterung* vor allen Schöpfungen der deutschen Literatur des 16. Jahrhunderts durch ihre »eminent dichterische und unvergleichlich virtuose Sprache« aus (H. Sommerhalder).

M. D. XXXVII.
Titelblatt von Rabelais'
Gargantua (1537)

Literatur des Barock

Deutschland im 17. Jahrhundert

Das Heilige Römische Reich deutscher Nation war im 17. Jahrhundert nur noch ein brüchiges Gebilde, gefährdet von innen und außen. Während sich Frankreich nach den Religions- und Bürgerkriegen der Vergangenheit zu einem territorialen Einheitsstaat entwickelte, erlebte das Reich mit dem Dreißigjährigen Krieg (1618–48) einen entscheidenden politischen und ökonomischen Rückschlag. Als europäischer Konflikt war dies ein Kampf um die Vorherrschaft in Europa zwischen Habsburg und Bourbon, in dem die französische Seite zunächst durchaus in der Defensive stand. Es gelang jedoch der französischen Politik, die Einkreisungstaktiken der habsburgischen Mächte Spanien und Österreich zu durchbrechen, und am Ende des Kriegs hatte sich Frankreich als führende europäische Macht etabliert. Die Drohung einer habsburgischen Universalmonarchie war, mit schwedischer Hilfe, gebannt.

Der Dreißigjährige Krieg als europäischer Konflikt

Im Kontext des Reichs war der Krieg ein Kampf zwischen den Reichsständen und dem Kaiser um die Vorherrschaft. Während es den Ständen darum ging, ihre im Lauf der Jahrhunderte erworbenen Rechte zu behaupten, sprach aus der Handlungsweise Kaiser Ferdinands II. eine moderne absolutistische Staatsgesinnung. Er versuchte, wie zuvor Karl V., die zentrifugalen Tendenzen aufzuhalten bzw. rückgängig zu machen, die durch die Glaubensspaltung eine noch stärkere Dynamik bekommen hatten. Der Augsburger Religionsfriede von 1555, der die Auseinandersetzungen im Zeitalter der Reformation beendete und den Territorialfürsten Religionsfreiheit gewährte (»cuius regio eius religio«), war kaum mehr als ein vorübergehender Waffenstillstand. Erst die Friedensverträge von Münster und Osnabrück (1648) führten zur endgültigen Regelung der zahlreichen Streitfragen. Für die Reichsverfassung bedeuteten diese Verträge eine Bestätigung der Rechte der Stände, ohne die in Reichssachen künftig kaum etwas geschehen konnte, während sie selber Bündnisfreiheit erhielten. Damit war der Kampf zwischen Kaiser und Reichsständen entschieden. Von einer Geschichte des Reichs lässt sich von nun an nur noch mit Einschränkungen sprechen; die Geschichte der großen Territorien tritt an ihre Stelle. Samuel Pufendorf (1632–94), Professor für Naturrecht und Politik, beschreibt den Zustand des Reichs nach dem Westfälischen Frieden präzise: »Es bleibt uns also nichts anderes übrig, als das deutsche Reich, wenn man es nach den Regeln der Wissenschaft von der Politik klassifizieren will, einen irregulären und einem Monstrum ähnlichen Körper zu nennen, der sich im Laufe der Zeit durch die fahrlässige Gefälligkeit der Kaiser, durch den Ehrgeiz der Fürsten und durch die Machenschaften der Geistlichen aus einer regulären Monarchie zu einer so disharmonischen Staatsform entwickelt hat, daß

Der Kampf um die Vorherrschaft im Reich

Pufendorf: Das Deutsche Reich – ein »Monstrum«

Zeitgenössischer Pestarzt
in Schutzkleidung

es nicht mehr eine beschränkte Monarchie, wenngleich der äußere Schein dafür
spricht, aber noch nicht eine Föderation mehrerer Staaten ist, vielmehr ein Mit-
telding zwischen beiden. Dieser Zustand ist die dauernde Quelle für die tödliche
Krankheit und die inneren Umwälzungen des Reiches, da auf der einen Seite der
Kaiser nach der Wiederherstellung der monarchischen Herrschaft, auf der anderen die Stände nach völliger Freiheit streben« (*De statu imperii Germanici*, 1667).

Der Dreißigjährige Krieg hinterließ ein verwüstetes Land, wenn auch die verschiedenen Landschaften in unterschiedlicher Härte und Dauer betroffen waren.
Die Bevölkerung im Reich ging von etwa 15 bis 17 Millionen vor dem Krieg auf
10 bis 11 Millionen Menschen im Jahr 1648 zurück, obwohl die unmittelbaren
Kriegsverluste relativ niedrig waren. Weder war die Anzahl der Gefallenen in
Schlachten besonders groß, noch kann man die Übergriffe auf die Zivilbevölkerung für den bedeutenden Bevölkerungsverlust verantwortlich machen. Es
war vor allem die Pest, die die Bevölkerung dezimierte; dabei verstärkten die
Kriegsbedingungen ihre Auswirkungen entscheidend (Seuchengefahr in den von
Flüchtlingen überfüllten Städten). Es dauerte bis ins 18. Jahrhundert hinein, ehe
die Bevölkerungsverluste ausgeglichen und der Stand der Vorkriegszeit wieder
erreicht wurde. Auch die wirtschaftliche Erholung ging nur langsam vonstatten,
zumal die Nachkriegszeit mit einer Agrarkrise und einer Depression im Bereich
von Handel und Gewerbe begann, die erst gegen Ende des Jahrhunderts überwunden wurde. Schon um die eigenen Einnahmen und damit die eigene Macht
zu stärken, griffen die Staaten bzw. ihre Herrscher aktiv in das Wirtschaftsge-
schehen ein (Merkantilismus).

Mit dem Ende des Dreißigjährigen Kriegs waren die reichsabsolutistischen Bestrebungen in Deutschland endgültig gescheitert. Absolutismus in Deutschland
bedeutet Territorialabsolutismus. Die Territorien verschafften sich durch die
Schwächung der zentralen Reichsgewalt neue Befugnisse, betrieben die Intensivierung der eigenen Regierungstätigkeit und schränkten nach Möglichkeit die
Rechte der Landstände ein, d. h. Landtage wurden nicht mehr einberufen, willkürliche Steuern erhoben, alte Privilegien aufgehoben, religiöser Zwang ausgeübt. Dieses Vorgehen richtete sich nicht nur gegen den Adel, sondern ebenso
gegen die Städte, die mehr oder weniger gewaltsam von den Landesherren unterworfen wurden.

Territorialabsolutismus

Mit der stetigen Zunahme der Staatsaufgaben wurde es nötig, die Landesver-
waltung neu zu organisieren. Die intensive Staatstätigkeit mit Hilfe eines wachsenden Behördenapparates führte zu einer Vereinheitlichung des Territoriums
und einer Einflussnahme des Staates auf die verschiedensten gesellschaftlichen
Bereiche, wobei Rechts und Erziehungswesen, öffentliche Wohlfahrt und Sicherheit, Wirtschaft und Kirchenwesen in einer Fülle von Verordnungen reguliert
wurden. Es blieb kaum ein Aspekt des menschlichen Lebens von dieser obrigkeit-
lichen Planung und Fürsorge ausgenommen, der Erziehungs- und Regulierungs-
anspruch des staatlichen oder städtischen Regiments, die Tendenz zur »Sozialdis-
ziplinierung« der Untertanen (G. Oestreich) kannte – in der Theorie – keine
Grenzen.

Die Hofkultur des Absolutismus fand ihren sichtbaren Ausdruck in den pracht-
vollen Schlossanlagen, die seit den 90er Jahren des Jahrhunderts entstanden.
Vorbild für den fürstlichen Hof in Deutschland wurde seit dem Ende des Dreißigjährigen Kriegs immer mehr das französische Modell, wie es sich im Versailles
Ludwigs XIV. darbot (erbaut 1661–89), wenn sich auch in Wien, der bedeutendsten Hofhaltung im Reich, der spanische Hofstil hielt. Die Nachahmung des in

Höfische Verlobungsszene
aus Philipp von Zesens
Josefsroman *Assenat*
(1670)

Zur Feier des West-
fälischen Friedens trafen
sich 1649/50 Gesandte
der an den Verhandlungen
beteiligten Länder in
Nürnberg. An den auf-
wändigen Festlichkeiten
beteiligten sich auch die
Poeten der Stadt mit
zahlreichen Dichtungen.
Johann Klajs Lobgedicht
Geburtstag deß Friedens
(1650) ist dem Kaiser
gewidmet.

Versailles zelebrierten luxuriösen Hofstils und die Repräsentation absolutistischer
Macht durch kostspielige Bauten und Feste überforderten freilich die Finanzkraft
der kleineren Territorien Deutschlands. Hier konnte sich ein groteskes Missverhältnis zwischen herrscherlichem Anspruch und tatsächlichem politischem und
wirtschaftlichem Leistungsvermögen herausbilden, unter dem vor allem die Untertanen zu leiden hatten. Der Sinn des Hofzeremoniells lag in der Repräsentation
der fürstlichen Macht und der Disziplinierung der höfischen Gesellschaft, d. h.
vor allem des Adels. Der Hof als soziales System regulierte das Verhalten, erlegte
Zwänge auf, bot Beschäftigungsmöglichkeiten, stellte den Menschen in eine
spannungsreiche, auf Rang und Stand eifersüchtig achtende Welt, deren Zentrum
der Fürst bildete. Höfische Repräsentation, höfisches Zeremoniell, höfische Feste
und Feiern sorgten auch dafür, dass der soziale Unterschied zur Welt der Untertanen unüberbrückbar wurde, wie sich auch in der Anlage der barocken Schlösser und ihrer stilisierten Gärten der Anspruch einer eigenen, von der Umgebung
abgetrennten Welt erkennen lässt.

Die Ausweitung der Staatstätigkeit und der damit einhergehende steigende
Bedarf an akademisch ausgebildeten Beamten brachte eine Aufwertung der
humanistischen Gelehrtenschicht mit sich, die einen privilegierten Platz in der

*Der (bürgerliche) Gelehrte
als idealer Staatsdiener*

Ständeordnung erobern und sich als Stütze des Staates etablieren konnte: Der humanistische Gelehrte versteht sich als idealer Staatsdiener und tritt in Konkurrenz zum Adel. Vor allem im Fürstenstaat des 16. Jahrhunderts wurden zahlreiche Funktionen in der Hof-, Gerichts- und Finanzverwaltung mit Gelehrten bürgerlicher Herkunft besetzt, da der Adel die erforderliche Kompetenz für die neuen Aufgaben nicht besaß oder sich weigerte, in den Staatsdienst zu treten. Es bestand aber keineswegs ein Bündnis zwischen humanistischem Gelehrtentum und Fürstentum mit dem Ziel, den Adel zu entmachten. Die alte ständische Gliederung wurde nicht in Frage gestellt, sondern es ging nur darum, die politischen Ansprüche des Adels zurückzuweisen. Mit der Förderung einer humanistisch gebildeten Beamtenschaft, die sich auch in Erhebungen in den Amtsadel ausdrückte, stellten die Fürsten dem alten Adel einen Konkurrenten zur Seite und wiesen ihm zugleich den Weg zur neuen Realität des Fürstendienstes. Im Verlauf des 17. Jahrhunderts kehrte sich denn auch die Entwicklung um, und mit der Festigung des absolutistischen Regiments kam es zu einer »Reprivilegierung« des Adels, der sich die humanistische Bildungspropaganda zunutze gemacht und durch ein Universitätsstudium die erforderlichen Qualifikationen für die gehobene Beamtentätigkeit erworben hatte.

Innere Auseinandersetzungen

Das 17. Jahrhundert ist nicht nur das Zeitalter des Dreißigjährigen Kriegs, der Türkenkriege (Belagerung Wiens 1683) und der Auseinandersetzungen mit Frankreich (Holländischer Krieg 1672–79, Pfälzischer Krieg 1688–97) und Schweden (Schwedisch-brandenburgischer Krieg 1675–79), es ist zugleich eine Periode innerer Auseinandersetzungen und sozialer Unruhen, die zwar weniger spektakulär als die großen machtpolitischen und religiösen Konfrontationen sein mögen, dafür aber auf Konflikte innerhalb der scheinbar so wohl geordneten ständischen Gesellschaft verweisen. In zahlreichen Städten kam es zu Verfassungskonflikten und sozialen Unruhen, auf dem Land brachen wiederholt Bauernaufstände und -kriege aus, und in weiten Teilen Deutschlands nahmen die Hexenverfolgungen epidemischen Charakter an.

Judenverfolgung

Ursachen für die Auseinandersetzungen in den Städten waren neben militanten reformatorischen und gegenreformatorischen Maßnahmen ökonomische Krisenerscheinungen wie die »Kipper- und Wipper«-Inflation, d. h. die stetige Verringerung des Silbergehalts der Münzen, und Konflikte zwischen der regierenden Oberschicht und den Zünften. Dabei kam es auch zu Judenpogromen, etwa 1614 in der Reichsstadt Frankfurt a. M., als beim Fedtmilch-Aufstand die Judengasse, das Ghetto, von einer aufgebrachten Menge geplündert und die ganze Gemeinde, etwa 2500 Personen, aus der Stadt vertrieben wurde. Die Plünderung des Ghettos und die Vertreibung seiner Einwohner waren nur Höhepunkte in einer Reihe von Maßnahmen gegen die Juden, die von den Zünften ausgingen. Diese fanden in einer Zeit wirtschaftlichen Niedergangs, der Arbeitslosigkeit und Verarmung einen bequemen Sündenbock, zumal die Juden unter dem Schutz des verhassten Patriziats und des Rates standen, von denen sie für profitable Geldgeschäfte gebraucht wurden.

Die Frankfurter Judengemeinde, schon im 13. und 14. Jahrhundert von Pogromen heimgesucht, lebte seit 1460 in einem Ghetto, in ihrer persönlichen und wirtschaftlichen Entfaltung durch vielerlei diskriminierende Vorschriften behindert. *Der Juden zu Franckfurt Stättigkeit und Ordnung* (1613) setzte Bußgelder für alle möglichen Vergehen fest und bestimmte unter der Überschrift »Juden sollen Zeichen tragen« etwa auch: »Damit auch die Christen vor den Juden zu erkennen seyen / so sollen alle und jede Juden und Jüdinnen / sie seyen frembdt oder In-

gesessen / ausserhalb der Judengassen / in und zwischen den Messen / ihr ge-
bührlich Zeichen / als mit nahmen ein runden gelben Ring / offentlich und mit
ihren Mänteln unverdeckt an ihren Kleidern tragen / bey Vermeidung den Inge-
sessenen der Bussen / nemblichen 12. Schilling. Und den frembden ein Gulden
unablößlich zubezahlen / so offt und dick das noth geschieht / darnach sich ein
jeder wisse zurichten.« Wenn es auch nicht mehr zu schweren Verfolgungen und
Massakern wie im späten Mittelalter kam, blieb die Lage der Juden im Reich
prekär. Im 16. Jahrhundert wurden sie aus mehreren Territorien ausgewiesen
(Bayern, Pfalz, Brandenburg), 1670 auch aus den österreichischen Erblanden.
Die Judenfeindlichkeit Luthers stärkte den Antisemitismus in den evangelischen
Ländern.

Das Nachlassen der Judenverfolgungen im 16. und 17. Jahrhundert – im Vergleich zum späten Mittelalter – ging Hand in Hand mit einer stetigen Intensivierung der Verfolgung von so genannten Hexen. Obwohl die Hexeninquisition bei
geistlichen und weltlichen Fürsten zunächst auf Widerstand stieß, breiteten sich
die Prozesse aus und nahmen in der Zeit von 1580 bis 1630 epidemischen Charakter an. Dass diese wahnhaften Vorstellungen und kriminellen Exzesse gerade
auch von den Gebildeten hingenommen oder befürwortet wurden, ist nur schwer
zu verstehen und hat sicher mehr als nur eine Ursache. Ohne Zweifel ließ sich der
Hexenwahn und das durch ihn erzeugte hysterische Klima der Angst im Machtkampf zwischen den Konfessionen als Mittel der Disziplinierung instrumentalisie-
ren. Das gilt auch für politische Auseinandersetzungen in den Städten. Darüber
hinaus bot es sich an, das den Prozessen zugrunde liegende Denunziationsver-
fahren für persönliche Abrechnungen zu nutzen. Außerdem gab es Belohnungen
für Denunziationen, und von der Konfiszierung des Vermögens der Beschuldig-
ten profitierten Denunziant, Gericht und Gerichtsherr; wer einmal angeklagt war,
hatte in der Regel keine Chance mehr. Zu den tiefer liegenden Motivationen der
Hexenverfolgungen führt schließlich die Tatsache, dass die meisten Opfer Frauen
waren. Zwar wurde auch Männern der Prozess gemacht, doch schien es sich um
ein Verbrechen zu handeln, für das Frauen besonders anfällig waren: »Also
schlecht ist das Weib von Natur, da es schneller am Glauben zweifelt, auch
schneller den Glauben ableugnet, was die Grundlage für die Hexerei ist«, heißt es
im *Hexenhammer* (um 1487) von Heinrich Institoris und Jacob Sprenger, dem im
15., 16. und 17. Jahrhundert in 29 Auflagen verbreiteten Handbuch zur Führung
von Hexenprozessen. Der *Hexenhammer* kann sich bei derartigen Aussagen auf
das Frauenbild der mittelalterlichen Kirche und Theologie berufen, das auf einigen Bibelstellen und entsprechenden Kommentaren der Kirchenväter basiert und
mit seinem frauenfeindlichen Tenor konfessionsübergreifend bis weit in die Neuzeit hinein wirkte.

Es gab zwar auch Stimmen, die sich gegen diesen organisierten Verfolgungswahn, seine zugrunde liegenden Prinzipien und das fragwürdige Gerichtsverfahren wandten, doch konnten sie sich zunächst nicht durchsetzen. Zu den Kritikern
gehörte der Jesuit Friedrich Spee, der in seiner *Cautio Criminalis*, 1631 anonym
erschienen, aus eigener Anschauung die Praxis der Hexenprozesse seiner Zeit
scharf verurteilte; ihm folgte wenig später der Lutheraner Johann Matthäus Mey-
fart (1590–1642) mit einer *Christlichen Erinnerung an gewaltige Regenten und
gewissenhafte Prädicanten* (1635). Doch erst Christian Thomasius (1655–1728),
der sich u. a. auf Spee berief, hatte Erfolg im Kampf gegen die Hexenprozesse,
allerdings in einer Zeit, als die Verfolgungen ohnehin schon im Abklingen waren.

Hexenwahn

Titelblatt der ersten
Ausgabe von Friedrich
Spees Schrift gegen
die Praxis der Hexen-
prozesse (»Rechtliches
Bedenken wegen der
Hexenprozesse«)

*Kritik an den Hexen-
prozessen*

Literatur und Gesellschaft

*Gesellschafts- und
Gelegenheitsdichtung*

Für die Dichtung des 17. Jahrhunderts gilt zunächst einmal bei aller Differenzierung im Einzelnen, dass es sich um Gesellschaftsdichtung handelt: »Vor der Emanzipation des Subjekts war fraglos Kunst, in gewissem Sinn, unmittelbarer ein Soziales als danach« (Theodor W. Adorno). Der gesellschaftliche Grundcharakter der Literatur des 17. Jahrhunderts wird besonders deutlich bei der Gelegenheitsdichtung, den Casualcarmina, die, obschon von den Poetikern der Zeit häufig angegriffen, massenhaft entstehen und den Menschen von der Wiege bis zur Bahre begleiten: »Es wird«, schreibt Martin Opitz, »kein buch / keine hochzeit / kein begräbnüß ohn uns gemacht; und gleichsam als niemand köndte alleine sterben / gehen unsere gedichte zuegleich mit ihnen unter.« Zwar erkennt man die Problematik einer derartigen Massenproduktion auf Bestellung und (häufig) gegen Bezahlung, doch tut das der an gesellschaftlichen Konventionen orientierten Praxis keinen Abbruch. Der Auftrag als Voraussetzung der Produktion, in der bildenden Kunst und der Musik seit je fraglos akzeptiert, charakterisiert aber nicht nur die Casualcarmina, sondern steht auch – allerdings nicht immer so direkt – hinter anderen Literaturgattungen, ob es sich um anlassgebundene religiöse Dichtung, um das pädagogisch und religiös motivierte Schul- und Jesuitendrama oder um höfische Festspieldichtung handelt.

Vom »Nutzen« der Poesie

Schon der rhetorische Grundcharakter der Literatur des 17. Jahrhunderts und die ungebrochene Gültigkeit der auf Horaz zurückgehenden Forderung, dass der Poet »mit der Lieblichkeit und schöne den Nutzen« verbinde (Augustus Buchner), verweisen auf ihre ›Öffentlichkeit‹. Dichtung soll lehrhaften Zwecken dienen und zu einem tugendhaften Leben anleiten. Buchner (1591–1661), Professor in Wittenberg, beschreibt in seiner in den 30er Jahren des 17. Jahrhunderts entstandenen Poetik am Beispiel von Dichter und Geschichtsschreiber, wie der lehrhafte Effekt am besten zu erzielen sei: »Lehren also beyde / was zu thun oder zulassen sey; nicht zwar durch gebiethen und verbiethen / oder durch scharffsinnige Schlußreden […] / sondern durch allerley Exempel und Fabeln / welches die alleranmuthigste Art zu lehren ist / und bey denselben / die sonst nicht so gar erfahren sind / zum meisten verfängt: in dem Sie hierdurch ohn allen Zwang und mit einer sondern Lust / fast spielend zur Tugend / und dem was nützlich ist / angeführet werden.«

Groteske Ballettszene aus
Anlass einer Prinzentaufe
in Stuttgart (1616)

Die Lehre von dem, »was zu thun oder zulassen sey«, umfasst mehr als allgemeine ethische Anweisungen oder Kataloge christlicher Tugenden: Die Vermittlung ethischer Normen, die Anleitung zur Tugend, schließt gesellschaftliche und politische Verhaltensweisen ein, verweist also darauf, »dass sich die Poesie, indem sie ihren ethischen Auftrag erfüllte, unmittelbar auf gesellschaftliches und politisches Geschehen bezog« (Wolfram Mauser). Das Prinzip der Tugenderfüllung stellt ein wirksames Mittel der Disziplinierung der Bevölkerung dar, und die Poesie hilft, indem sie zur Tugend anhält, Ruhe und Ordnung in der ständisch gegliederten Gesellschaft zu bewahren: »Hüte dich für fressen und sauffen«, »Förchte Gott«, »Ehre vater und mutter«, aber auch »Sey der Obrigkeit unterthan« lauten einige Überschriften in den *Sonnetten* (1630) des Johann Plavius (erste Hälfte 17. Jahrhundert), einem instruktiven Beispiel für die Verbindung von Tugend, Gesellschaft und Politik.

Dichtung als Mittel der Disziplinierung

Bis auf wenige Ausnahmen, darunter Grimmelshausen, gehörten die bürgerlichen deutschen Dichter dem Gelehrtenstand an. Sie alle hatten in ihrer Universitätsausbildung die Artistenfakultät durchlaufen, waren also mit Rhetorik und Poetik vertraut und hatten somit die gelehrte philologische Vorbildung erworben, die als unerlässlich für die Ausübung der Dichtkunst galt. Auch immer mehr Adlige betätigten sich literarisch und gingen dabei von den gleichen gelehrten Bildungsvoraussetzungen aus wie die Autoren bürgerlicher Herkunft. Zwar bezeichneten besonders Aristokraten ihre Dichtungen gern als »Neben-Werck«, doch auch für nichtadelige Autoren war das Dichten keineswegs Beruf. Die Autoren lebten als Geistliche, Universitätsprofessoren, Ärzte, Stadt-, Landes- oder Hofbeamte; sie waren keine freien Schriftsteller. Frauen fanden in diesem durch Bildung, Stand und Beruf bestimmten Umfeld nur recht beschränkte Entfaltungsmöglichkeiten. Ausgeschlossen von öffentlicher Lateinschul- und Universitätsbildung waren sie auf private Erziehung und eine an Bildung interessierte Umgebung angewiesen, Bedingungen, auf die am ehesten die Töchter kulturbewusster Adels-, Patrizier- und Gelehrtenfamilien hoffen konnten. Beispielhafte Verhältnisse herrschten etwa am Wolfenbütteler ›Musenhof‹ Herzog Augusts d.J. (1579–1666) und seiner dritten Frau Sophie Elisabeth (1613–76). Gefördert wurde die Beteiligung von Frauen am künstlerischen Leben auch im Dichter- und Freundeskreis der Nürnberger Pegnitzschäfer, einer Sprachgesellschaft.

Dichtung, Beruf und gelehrte Bildung

Die Fürsten waren auf die Leistungen der Gelehrten und Dichter angewiesen, nicht nur wegen ihrer »Begiehr der Unsterbligkeit« (Opitz), auch die kulturpatriotischen Ziele, die einige der Fürsten mit den Dichtern teilten, waren ohne deren fachliche Kompetenz nicht zu verwirklichen. Das zeigt ein Blick auf die »Fruchtbringende Gesellschaft«, die erste und bedeutendste deutsche Sprachgesellschaft des 17. Jahrhunderts. Sie wurde 1617 nach dem Vorbild ausländischer Akademien, insbesondere der italienischen »Accademia della Crusca«, gegründet und hatte sich die »erbawung wolanstendiger Sitten« und die Pflege der deutschen Sprache zur Aufgabe gemacht. Diese Gesellschaft sollte »jedermänniglichen« offen stehen, »so ein Liebhaber aller Erbarkeit / Tugend‹ und Höflichkeit / vornemblich aber des Vaterlands« wäre (Ludwig von Anhalt-Köthen). In der Tat wurden bürgerliche Dichter und Gelehrte in die mehrheitlich adelige Gesellschaft aufgenommen, und ohne die Leistungen der bürgerlichen Humanistenschicht, die sich auf ihre Weise gegenüber den überwiegend unproduktiven adeligen Mitgliedern profilieren konnte, wäre die »Fruchtbringende Gesellschaft« kaum erwähnenswert. Doch einigen standesbewussten Aristokraten, denen mehr am gesellschaftlichen Aspekt des Unternehmens lag, ging die Öffnung der Gesellschaft zu weit. Ihr

Titelblatt einer Programmschrift der Fruchtbringenden Gesellschaft (1646). Sinnbild der Gesellschaft ist der Palmbaum, ihr Wahlspruch lautet »Alles zu Nutzen«.

Sophie Elisabeth, die Frau Herzog Augusts d. J. von Braunschweig-Lüneburg, krönt Carl Gustav von Hille zum Dichter. Von Hille stammt die erste Geschichte der Sprachgesellschaft (*Der Teutsche Palmbaum*, 1647).

Versuch, die »Fruchtbringende Gesellschaft« in einen Ritterorden umzugestalten, traf jedoch auf den Widerstand von Fürst Ludwig von Anhalt-Köthen (1579–1650), der der Gesellschaft bis zu seinem Tod vorstand: »Der Zweck ist alleine auf die Deutsche sprache und löbliche tugenden, nicht aber auf Ritterliche thaten alleine gerichtet, wiewohl auch solche nicht ausgeschlossen.«

nobilitas litteraria?

Die »Fruchtbringende Gesellschaft« hatte, wie andere Gesellschaften dieser Art auch, den Brauch eingeführt, die Mitglieder mit Gesellschaftsnamen zu bezeichnen: der Nährende, der Wohlriechende, der Schmackhafte, der Gekrönte. Es ist umstritten, ob diese Namengebung als spielerische Aufhebung der Standesunterschiede gedeutet werden kann, also die Konzeption der *nobilitas litteraria* wenigstens ansatzweise einen Niederschlag in der Wirklichkeit gefunden hat. Indirekt jedenfalls trugen die Bestrebungen Ludwigs, die humanistischen Gelehrten und Literaten für die anstehenden kulturpatriotischen Aufgaben zu gewinnen, zu einer Stärkung ihrer gesellschaftlichen Position bei, zugleich wurden sie jedoch – gewiss nicht gegen ihren Willen – in die Pflicht des Staates und der Staatsverwaltung genommen. Nach dem Tod Ludwigs verlor die Gesellschaft zunehmend an Bedeutung; sie bestand bis 1680.

Bedeutung der Sprachgesellschaften

Die Mitgliedschaft in der »Fruchtbringenden Gesellschaft« war, wenigstens unter Ludwig, eine Auszeichnung, um die man sich bemühte (unter seiner Leitung wurden 527 Mitglieder aufgenommen; bis 1680 erhöhte sich die Zahl auf 890). Zu den literarisch bedeutendsten ›Gesellschaftern‹ zählten Johann Valentin Andreae, Anton Ulrich von Braunschweig-Wolfenbüttel, Sigmund von Birken, Augustus Buchner, Georg Philipp Harsdörffer, Friedrich von Logau, Johann Michael Moscherosch, Martin Opitz, Justus Georg Schottelius, Diederich von dem Werder, Johann Rist und Philipp von Zesen. Die ausdrückliche Förderung der Übersetzungsliteratur gehört zu den unbestrittenen Verdiensten des »Palmenordens«, wie man die Gesellschaft auch nannte. Nach dem Vorbild der »Fruchtbringenden Gesellschaft« wurden seit den 40er Jahren weitere Sozietäten gegründet: u. a. die von Zesen geprägte »Deutschgesinnete Genossenschaft« (1643) und der »Pegnesische Blumenorden« zu Nürnberg (1644); beide Gesellschaften nahmen auch Frauen auf. Angesichts der territorialen Zersplitterung Deutschlands können die Sprachgesellschaften als »die eigentlichen literarischen Zentren des 17. Jahrhunderts« gelten (Ferdinand van Ingen).

Die Literatur, die unter diesen Bedingungen entstand, war eine Angelegenheit für ein recht begrenztes Publikum, ein Publikum, das über die entsprechenden Bildungsvoraussetzungen verfügte und eine keineswegs selbstverständliche Aufgeschlossenheit für weltliche Literatur besaß. Außerdem war ein gewisser Wohlstand erforderlich, denn Bücher waren verhältnismäßig teuer. Lesegesellschaften oder jedermann zugängliche Bibliotheken gab es noch nicht. Die umfangreichen höfisch-historischen Romane der Zeit z. B. konnten sich nur gut situierte Leute leisten – höhere Beamte, Adlige –, denn der Preis von 8 Reichstalern, der für Lohensteins *Arminius* (1689–90) angesetzt wird, stellte etwa das Monatsgehalt für einen niederen Beamten dar. Lakonisch heißt es in Adrian Beiers *Kurtzem Bericht von der Nützlichen und Fürtrefflichen Buch-Handlung* (1690), dass »der gemeine Hauffe den Buchladen nicht viel kothig machet«.

Begrenztes Publikum, teure Bücher

Die Literaturreform

Zu Beginn des 17. Jahrhunderts, zu der Zeit, in der Shakespeares Meisterwerke entstanden, stellte der Sekretär eines böhmischen Magnaten eine Frage, die nicht nur ihn bewegte:

Die deutsche Verspätung

> Warumb sollen wir den unser Teutsche sprachen,
> In gwisse Form und Gsatz nit auch mögen machen,
> Und Deutsches Carmen schreiben,
> Die Kunst zutreiben,
> Bey Mann und Weiben.

Das Gedicht, dem diese Verse entnommen sind, handelt »Von Art der Deutschen Poeterey« und verweist, auch durch seine Unbeholfenheit, auf den unbefriedigenden Zustand der deutschen Dichtung um die Wende vom 16. zum 17. Jahrhundert: Was seinem Verfasser Theobald Hock (1573–1622/24) und anderen gebildeten Zeitgenossen auffiel, war die Diskrepanz zwischen den volkssprachlichen Renaissanceliteraturen Süd- und Westeuropas und der noch weithin spätmittelalterlichen Mustern verpflichteten deutschen Verskunst. Es verwundere ihn »hefftig«, schreibt Opitz 1624 mit patriotischer Emphase, »daß / da sonst wir Teutschen keiner Nation an Kunst und Geschickligkeit bevor geben / doch biß jetzund niemandt unter uns gefunden worden / so der Poesie in unserer Muttersprach sich mit einem rechten fleiß und eifer angemasset« habe. Die Betonung liegt auf der Dichtung »in unserer Muttersprach«, denn hier war die deutsche Verspätung in der Tat beträchtlich, hatte man doch den entscheidenden Schritt versäumt, dem die Literaturen der süd- und westeuropäischen Länder ihren Aufstieg verdankten: die Erneuerung der volkssprachlichen Dichtung auf humanistischer Basis.

Aristarchus oder Über die Verachtung der deutschen Sprache (1617) ist die erste Programmschrift von Martin Opitz.

Am Anfang dieser nationalhumanistischen Bestrebungen stand Italien. Hier hatte die Dichtung in der Volkssprache schon im 14. Jahrhundert mit Dante, Petrarca und Boccaccio ihren ersten, im 16. Jahrhundert mit Ariost und Tasso ihren zweiten Höhepunkt erreicht. In Frankreich waren es die Dichter der Pléiade, die es sich Mitte des 16. Jahrhunderts zur Aufgabe gemacht hatten, Sprache und Literatur nach dem Vorbild der Antike und der italienischen Renaissance zu erneuern. Und auch die Dichter Spaniens, Englands und Hollands waren dem ita-

Nationalhumanistische Bestrebungen in anderen Ländern

lienischen – und später dem französischen – Beispiel gefolgt und hatten damit das ›Goldene Zeitalter‹ ihrer Literaturen eingeleitet. In Deutschland dagegen war der Frühhumanismus des ausgehenden 15. Jahrhunderts mit seinen Versuchen, maßgebliche Texte der italienischen Renaissance zu verdeutschen und damit eine Erneuerung der deutschen Literatur im Geist der Renaissance zu bewirken, nicht mehr als ein kurzes Zwischenspiel. Die Sprache der humanistischen Gelehrten und Dichter blieb fast ausschließlich das Lateinische. Es bestand weiterhin ein Nebeneinander von zwei Literaturen, einer lateinischen und einer deutschen, die aus ihren eigenen Traditionen lebten, aus dem Humanismus die eine, aus ungelehrten, volkstümlichen Überlieferungen die andere.

Lateinische und deutsche Sprache

Nicht nur die italienischen Humanisten, die sich ohnehin von Barbarenländern umgeben wähnten, hielten die Deutschen für Barbaren und das Deutsche für eine barbarische Sprache, auch die deutschen Humanisten hegten ähnliche Gefühle. Latein war die Sprache der bedeutendsten deutschen Lyriker im 16. Jahrhundert, in lateinischer Sprache wurden Leistungen von europäischem Rang erreicht, Leistungen, wie sie im Deutschen noch lange nicht möglich waren. Produzenten und Rezipienten dieser neulateinischen Dichtung waren weitgehend identisch. Die gelehrte Humanistenschicht verstand sich als geistige Elite, suchte sich aber auch als eigener sozialer Stand zu etablieren und bestand daher auf deutlicher Abgrenzung nach unten, zur Masse der nicht humanistisch Gebildeten. Diese Kluft verringerte sich auch im 17. Jahrhundert nicht, denn die neue Kunstdichtung in deutscher Sprache, die nun mit kulturpatriotischem Enthusiasmus propagiert und entwickelt wurde, war gelehrte Dichtung auf humanistischer Grundlage. Für Opitz und die anderen Reformer war es selbstverständlich, dass der Übergang zur deutschen Sprache keine Rückkehr zu den Formen und Inhalten der deutschsprachigen Dichtung des 16. Jahrhunderts bedeuten dürfe: »Und muß ich nur bey hiesiger gelegenheit ohne schew dieses erinnern / das ich es für eine verlorene arbeit halte / im fall sich jemand an unsere deutsche Poeterey machen wolte / der / nebenst dem das er ein Poete von natur sein muß / in den griechischen und Lateinischen büchern nicht wol durchtrieben ist / und von ihnen den rechten grieff erlernet hat; das auch alle die lehren / welche sonsten zue der Poesie erfodert werden […] / bey ihm nichts verfangen können.«

Bruch mit der einheimischen Tradition

Träger der neuen deutschen Kunstdichtung konnten somit nur die humanistisch Gebildeten sein: Das Deutsche trat an die Stelle des Lateinischen, doch das humanistisch-gelehrte Arsenal der Dichtersprache und die poetologischen Voraussetzungen blieben die gleichen. Dichtung, wenn auch jetzt in der Volkssprache, war weiterhin Reservat einer elitären Schicht. Die Erneuerung der deutschen Dichtersprache und der deutschen Dichtung bedeutete einen entschiedenen Bruch mit der einheimischen Tradition: Es führt kein Weg von Hans Sachs zu Martin Opitz oder Andreas Gryphius. Gleichwohl ist durchaus eine Kontinuität vorhanden; sie ist allerdings nicht an die Sprache gebunden: Die lateinische Dichtungstradition gehört zu den unabdingbaren Voraussetzungen der deutschen Kunstdichtung des 17. Jahrhunderts.

Ziel der Reformbemühungen war es, Anschluss an die Standards der europäischen Renaissanceliteraturen zu gewinnen und so angesichts der realen politischen Schwäche des Reichs wenigstens die kulturelle Ebenbürtigkeit (und schließlich Überlegenheit) Deutschlands zu beweisen. Der nationalen Selbstvergewisserung dienten in diesem Zusammenhang auch die seit dem Humanismus obligatorischen Hinweise auf das ehrwürdige Alter der deutschen Poesie und auf den hohen Rang einiger Literaturzeugnisse aus dem Mittelalter – gleichsam Beweis dafür, dass im Deutschen grundsätzlich derartige Leistungen möglich seien. Aber ungeachtet der patriotischen Rhetorik blieb es dabei: Modell für die Ausbildung einer gehobenen Dichtersprache und einer neuen Kunstdichtung im Deutschen konnte nur die Dichtung der Antike und der Renaissance sein.

Martin Opitz und die Dichtungsreform

Die Reform der deutschen Dichtung im 17. Jahrhundert wird von den Zeitgenossen und der Literaturgeschichtsschreibung mit dem Namen von Martin Opitz (1597–1639) verbunden. Am Anfang seiner zielstrebigen Bemühungen stehen programmatische Ankündigungen und poetologische Rezepte; ihnen schließen sich – nicht minder folgenreich – Muster für fast alle Gattungen und Formen an: Drama, Opernlibretto, höfischer Roman, Lehr- und Bibeldichtung, Lyrik. Sein *Buch von der Deutschen Poeterey* (1624) ist die erste Poetik in deutscher Sprache. Außer den auf die deutsche Sprache und Verskunst bezogenen Vorschriften enthält Opitz' knappe Schrift nichts, was nicht schon in den vorausgehenden Poetiken der Renaissance zu finden wäre. Entscheidend für die deutsche Entwicklung wurde der Abschnitt, der »Von den reimen / ihren wörtern und arten der getichte« handelt und die wesentlichen dichtungstechnischen Aspekte der Reform erläutert. Hier stehen auch die folgenreichen metrischen Vorschriften: »Nachmals ist auch ein jeder verß entweder ein iambicus oder trochaicus; nicht zwar das wir auff art der griechen unnd lateiner eine gewisse grösse [Länge] der sylben können inn acht nemen; sondern das wir aus den accenten unnd dem thone erkennen / welche sylbe hoch unnd welche niedrig gesetzt soll werden.« Damit hatte Opitz die deutsche Poesie auf alternierende Verse (Jamben und Trochäen) verpflichtet und – im Unterschied zum quantitierenden Verfahren der antiken Metrik – ein Betonungsgesetz formuliert. Die Alternationsregel wurde schon bald aufgegeben; der zweite Grundsatz, die Beachtung des ›natürlichen‹ Wortakzents, war von Dauer. Darüber hinaus enthält die Poetik neben kurzen Charakteristiken der verschiedenen Literaturgattungen Empfehlungen bestimmter Versformen, wobei Alexandriner und Vers commun (fünfhebiger Jambus mit Zäsur) dem Sonett und dem Epigramm zugeordnet werden, während trochäische Verse (oder die Mischung jambischer und trochäischer Zeilen) der freieren Form des Liedes – ›Ode‹ in der Terminologie der Zeit – vorbehalten bleiben.

Titelblatt der Erstausgabe von Opitz' *Poetik* (1624)

Die Grenzen der Reform; Oberdeutsche Literatur

Die gelehrte Kunstdichtung in deutscher Sprache setzte sich nicht überall durch. Die katholischen Territorien Süd- und Westdeutschlands verschlossen sich weitgehend der Sprach- und Dichtungsreform und führten eigene, lateinische und deutsche, Traditionen weiter. Die politische und konfessionelle Spaltung des Reichs schlug sich auch in der Literatur und im kulturellen Leben nieder und führte zu einer weitgehend getrennten Entwicklung in den protestantischen und katholischen Territorien. Die katholischen Autoren verweigerten sich bis auf wenige Ausnahmen der von protestantischer Seite angeregten und betriebenen Sprach- und Literaturreform. Sie behaupteten ihre Eigenständigkeit und setzten auf eine Doppelstrategie: Sie führten eine der europäischen katholischen Tradition verpflichtete neulateinische Produktion fort (Jesuitendrama, Lyrik u. a.), und mit Blick auf ein breiteres Publikum entstand zugleich im Dienst der katholischen Reformbewegung (Gegenreformation) eine auf der süddeutschen Sprachtradition beruhende volkssprachliche Literatur (Oberdeutsche Literatur) vorwiegend religiösen Charakters. Sie umfasst ein breites moralisch-asketisches Schrifttum, eine sprachmächtige Predigtliteratur und eine bilderreiche religiöse Lyrik und Lieddichtung.

Soziale Abgrenzungen

Neben konfessionellen und regionalen Abgrenzungen gab es aber auch soziale: Die Kluft zwischen der gelehrten Humanistenschicht und dem Volk, die im

16. Jahrhundert durch die verschiedenen Sprachen – Lateinisch und Deutsch – ihren deutlichsten Ausdruck gefunden hatte, bestand nun innerhalb einer Sprache. Die Traditionen der deutschsprachigen Literatur des 16. Jahrhunderts, gegen die sich die Dichtergelehrten wandten, brachen daher keinesfalls völlig ab. Zwar setzte sich auf der Ebene der Kunstdichtung weitgehend die gelehrte Richtung durch, doch zeigt eine Sammlung wie das *Venusgärtlein* (1656) mit seiner Mischung älterer und neuerer Lieder, dass das Volkslied durchaus noch lebendig war. Auch die Meistersingerkunst wurde in manchen Städten weiter betrieben – so gab es selbst in Breslau, einer der Hochburgen der barocken Poesie, noch bis 1670 eine Singschule –, doch hatten die Gelehrtendichter für derartige Kunstübungen, die ihnen geradezu als Musterbeispiele dichterischer Rückständigkeit und Stümperei erscheinen mussten, nur Verachtung übrig.

Flugblatt als publizistisches Medium

Die Gruppen, die schon aus Bildungsgründen als Rezipienten der modernen Kunstdichtung nicht in Frage kamen (große Teile der Landbevölkerung, die Unter- und Mittelschichten der Städte), waren deswegen nicht ohne Dichtung. Hier lebte die ›Volkspoesie‹ in ihren verschiedenen Formen, überwiegend mündlich weiterverbreitet, hier wurden Lieder gesungen, Zeitungen und Flugblätter (vor) gelesen. Die Flugblätter (Einblattdrucke) verbanden in werbewirksamer Aufmachung Bild und Text und behandelten v. a. religiöse, ethische und politische Fragen, Naturerscheinungen, Aufsehen erregende Neuigkeiten und wunderbare Geschehnisse aller Art. Große Bedeutung kam dem Medium Flugblatt im konfes-

Das Flugblatt spielte im Dreißigjährigen Krieg eine große Rolle als Medium der politischen Propaganda. Hier wird von protestantischer Seite der Siegeszug König Gustav Adolfs von Schweden durch die Bistümer Bamberg und Würzburg den Main abwärts zum Mittelrhein gefeiert.

sionellen und politischen Meinungskampf zu, wie die publizistischen Kampagnen gegen Friedrich V. von der Pfalz, den kaiserlichen Feldherrn Tilly oder die Jesuiten zeigen. Auch die satirische Grabschrift auf den Tod Wallensteins, von Wien aus verbreitet und auch sprachlich der oberdeutschen Tradition verpflichtet, gehört in diesen Zusammenhang:

Satirische Grabschrift

Wallensteins Epitaphium

Hie liegt und fault mit Haut und Bein
Der Grosse KriegsFürst Wallenstein.
Der groß Kriegsmacht zusamen bracht /
Doch nie gelieffert recht ein Schlacht.
Groß Gut thet er gar vielen schencken /
Dargeg'n auch viel unschuldig hencken.
Durch Sterngucken und lang tractiren /
Thet er viel Land und Leuth verliehren.
Gar zahrt war ihm sein Böhmisch Hirn /
Kont nicht leyden der Sporn Kirrn.
Han / Hennen / Hund / er bandisirt /
Aller Orten wo er losirt.
Doch mußt er gehn deß Todtes Strassen /
D' Han krähn / und d' Hund bellen lassen.

Dichtung und Rhetorik

Die Kategorien der Erlebnisdichtung haben keine Gültigkeit für die Literatur des 17. Jahrhunderts. Dass sie gleichwohl noch heute gelegentlich angewendet werden, spricht für die tiefe Verwurzelung der klassisch-romantischen Dichtungsauffassung in der deutschen literaturwissenschaftlichen Tradition. Zugleich zeigt sich hier die Schwierigkeit, eine angemessene Begrifflichkeit für die Beschäftigung mit der vorklassischen Literatur zu entwickeln, eine Begrifflichkeit, die mehr darstellt als eine Antithese zu den Kategorien der Erlebnisästhetik.

Keine »Erlebnisdichtung«

Von den Begriffen, die zur Charakterisierung der Barockdichtung und ihrer Andersartigkeit in die Diskussion eingeführt wurden – Distanzhaltung, Repräsentation, Objektivität, höfisch –, ist nur der des Rhetorischen spezifisch an die Sprache gebunden. Dass die Poesie als ›gebundene Rede‹ einen Teil der Redekunst darstellt, war im 17. Jahrhundert unumstritten. »Diesem nach«, schreibt Georg Philipp Harsdörffer im *Poetischen Trichter* (1647–53), »ist die Poeterey und Redkunst miteinander verbrüdert und verschwestert / verbunden und verknüpfet / daß keine sonder die andre gelehret / erlernet / getrieben und geübet werden kan.« Diese Ansicht ist ein Erbe der Antike, und sie ist grundlegend für das Verständnis von Dichtung und Poetik in der frühen Neuzeit. Wenn Opitz den vornehmsten Zweck der Dichtung in »uberredung und unterricht auch ergetzung der Leute« sieht, so verwendet er damit Kategorien der Rhetorik – *persuadere, docere, delectare* – und definiert »Sprachkunst als intentionale Kunst« (W. Barner). Dichtung ist, und das betrifft alle Gattungen, auf Wirkung angelegt, sie hat einen ›Zweck‹.

Von der Rhetorik übernimmt die Poetik auch die grundlegende Unterscheidung von *res* und *verba*, Sachen (Gegenständen, Themen der Dichtung) und

»res« und »verba«

Wörtern, und die daraus folgende Gliederung, wobei nur der Bereich der Verskunst keine Parallele in der Rhetorik hat: »Weil die Poesie / wie auch die Rednerkunst / in dinge und worte abgetheilet wird; als wollen wir erstlich von erfindung und eintheilung der dinge / nachmals von der zuebereitung und ziehr der worte / unnd endtlich vom maße der sylben / Verse / reimen / unnd unterschiedener art der carminum und getichte reden.«

Die einzelnen Produktionsschritte

Mit diesen Worten leitet Opitz das fünfte Kapitel seiner Poetik ein, mit dem er zu ihrem spezifischen Teil übergeht. Hatten die einführenden Kapitel vom Wesen der Poesie gesprochen, die Poetenzunft verteidigt und das ehrwürdige Alter der deutschen Poesie betont, so folgt nun eine systematische Darlegung der Grundsätze und ›Regeln‹ der Poesie in der Ordnung der rhetorischen Lehrbücher: *inventio* (»erfindung«), *dispositio* (»eintheilung«), *elocutio* (»zuebereitung und ziehr der worte«). Dass dieses Nacheinander seine Logik hat, macht Harsdörffer deutlich: »Wann ich einen Brief schreiben will / muß ich erstlich wissen / was desselben Inhalt seyn soll / und bedencken den Anfang / das Mittel / das End / und wie ich besagten Inhalt aufeinander ordnen möge / daß jedes an seinem Ort sich wolgesetzet / füge: Also muß auch der Inhalt / oder die Erfindung deß Gedichts erstlich untersucht / und in den Gedancken verfasset werden / bevor solcher in gebundener Rede zu Papier fliesse. Daher jener recht gesagt: *Mein Gedicht ist fertig / biß auf die Wort.*«

Angemessenheit

Sachen und Wörter sind einander zugeordnet, Dichtung ist immer auf eine Sache bezogen. Harsdörffers Bemerkung, dass die Rede »verständlich-zierlich und den Sachen gemäß seyn« solle, verweist darauf, dass die Zuordnung nicht willkürlich sein darf und die Wörter der Sache angemessen sein müssen. Dem intentionalen Charakter der Dichtung entsprechend richtet sich der sprachliche Ausdruck zudem nach der Wirkung, die bei den Adressaten erzielt werden soll. Dichtung ist also dem bloß Subjektiven entzogen, der Dichter steht in einer Distanz zu Sache und Wort. Die Frage nach dem Erlebnis ist anachronistisch und dem rhetorischen Dichtungsverständnis unangemessen.

Poetischer Trichter.
Die Teutsche Dicht- und Reimkunst / ohne Behuf der Lateinischen Sprache / in VI. Stunden einzugiessen.
Erster Theil handlend ;
I. Von der Poeterey ins gemein / und Erfindung derselben Inhalt.
II. Von der Teutschen Sprache Eigenschafft und Füglichkeit in den Gedichten.
III. Von den Reimen und derselben Beschaffenheit.
IV. Von den vornemsten Reimarten.
V. Von der Veränderung und Erfindung neuer Reimarten.
VI. Von der Gedichte Zierlichkeit / und derselbe Fehlen.
Samt einem Anhang
Von der Rechtschreibung / und Schrifftscheidung / oder Distinction.
Durch ein Mitglied.
der hochlöblichen Fruchtbringenden Gesellschafft.
Zum zweitenmal aufgelegt und an vielen Orten vermehrt.
Nürnberg /
Gedruckt bey Wolffgang Endter.
M. DC. L.

Die Poetik Georg Philipp Harsdörffers fasst die seit Opitz diskutierten poetologischen Neuerungen zusammen.

Obwohl die Zuordnung von Sachen und Wörtern nicht willkürlich und durch die Lehre vom *decorum* bzw. *aptum* (Angemessenheit) von alters her geregelt ist, so besteht doch immer die Möglichkeit, dass sich die Verbindung von Sache und Wort lockert und die artistische Form zum Selbstzweck wird. Es spricht sogar viel dafür, dass zwischen der auf der Tradition der klassischen Rhetorik basierenden barocken Dichtungstheorie und der Praxis ein Widerspruch besteht: Während die meisten Poetiker die überlieferten Anweisungen nur geringfügig variieren, entfernt sich die dichterische Praxis mehr und mehr von der Theorie und nimmt manieristische Züge an. Verantwortlich dafür ist der Umstand, dass die rhetorische Tradition nicht auf die Theorie begrenzt ist, sondern dass Rhetorik als Disziplin »auf der Dreiheit von *doctrina* (bzw. *praecepta*), *exempla* und *imitatio*« beruht (W. Barner). Eine Verschiebung im Bereich der Muster muss daher bei einer Dichtungsauffassung, die auf dem Prinzip der Imitatio beruht, weitreichende Folgen für die poetische Praxis haben.

Nachahmung

Imitatio bedeutet hier nicht Nachahmung der Natur, sondern literarischer Vorbilder und Muster. Moderne Vorstellungen wie Plagiat oder Originalität haben in einer derartigen Denkweise keinen Platz. Sich »frembder Poeten Erfindungen« zu bedienen, ist »ein rühmlicher Diebstal bey den Schülern / wann sie die Sache recht anzubringen wissen«, heißt es bei Harsdörffer. Allerdings gehen derartige Aussagen von der Erwartung aus, dass die *imitatio* nachahmenswürdiger Werke der Vergangenheit und Gegenwart zu etwas Neuem, Eigenem führt. Dieser Gedanke wird seit der Antike gern mit dem Bienengleichnis illustriert. Wie die Bienen den Nektar, den sie aus verschiedenen Blüten gesammelt haben, in Honig verwandeln, so soll der Dichter oder Redner seine Lesefrüchte »in einen einzigen Geschmack [...] zusammenfließen lassen« und sie so zu einem neuen Werk verschmelzen (Seneca).

Deutsche Literatur und Weltliteratur

Voraussetzung der *imitatio* war eine entsprechende Literaturkenntnis. Diese wurde, soweit es die klassischen antiken Schulautoren betraf, durch Lateinschule und Artistenfakultät vermittelt, einschließlich der Fähigkeit, auf dieser Materialbasis eigene lateinische Texte zu formulieren. Für ein Publikum ohne ausreichenden Bildungshintergrund lagen zahlreiche Übersetzungen vor, die allerdings bis zur Literaturreform in einer gleichsam ›vorhumanistischen‹ Form gehalten waren – etwa die Epen Homers und Vergils in Knittelversen –, also nicht für eine sprachliche und verstechnische Weiterentwicklung in Anspruch genommen werden konnten. Zudem spiegelten die eingedeutschten Werke zu sehr die bürgerliche Stadtkultur des 16. Jahrhunderts, als dass sie den neuen höfisch-gelehrten Ansprüchen hätten genügen können. Die Übersetzungsliteratur, die von den Sprachgesellschaften und Reformern des 17. Jahrhunderts gefordert wurde, hatte über die Stoffvermittlung hinaus das Ziel, durch die Aneignung des humanistischen Formen-, Bilder- und Stilrepertoires eine neue deutsche Literatursprache zu schaffen und über die Nachahmung dieser Vorbilder zu ebenbürtigen, wenn nicht überlegenen eigenen Leistungen zu gelangen. Es ist daher kein Zufall, dass sich bei Opitz zahlreiche Gedichte mit Überschriften wie »Auß Ronsardts Erfindung«, »Fast auß dem Holländischen«, »Francisci Petrarchae« oder »Auß dem Italienischen der edelen Poetin Veronica Gambara« finden: Die Übertragungen und Nachdichtungen brachten den ersten Nachweis, dass in deutscher Sprache dichterische Leistungen auf der Höhe der europäischen Renaissancedichtung grundsätzlich möglich waren.

Übersetzungen und ihr Zweck

Die Einübung einer neuen Literatursprache mit dem Ziel, die kulturelle und literarische Verspätung aufzuholen, bedeutete, dass man sich an den großen Werken der Antike und der frühen Neuzeit orientierte, selbstverständlich im Rahmen des zeitüblichen Verständnisses. In der Lyrik dominierten zunächst die Dichter der Renaissance: Petrarca und seine Nachahmer (›Petrarkismus‹), Ronsard und die Pléiade sowie die ihrerseits italienischen und französischen Vorbildern verpflichteten Niederländer wie Pieter Corneliszon Hooft, Roemer Visscher und Daniel Heinsius. Später traten dann Beispiele manieristischer Dichtung aus Italien und Spanien hinzu. Insgesamt wurden so neben den Formen der Renaissance- und Barocklyrik auch ihre wichtigsten Themenbereiche in die deutsche Literatur eingeführt, wobei sich insbesondere die petrarkistische (und parodistisch antipetrarkistische) Liebessprache und -motivik mit ihren Formeln und Konventionen als geeigneter Ausgangspunkt einer eigenen, gesellschaftlich orientierten Gedicht- und Liedkunst erwies. Das petrarkistische Repertoire verband sich vielfach auch mit der Schäfer- und Hirtendichtung, deren Traditionen über die neulateinische und volkssprachliche Renaissancepoesie auch im Deutschen weitergeführt wurden. Das gilt für die Eklogendichtung ebenso wie für das aus der dialogischen Anlage der Ekloge entwickelte lyrische Schäferspiel, dessen Muster – *Aminta*

Europäische Renaissance- und Barocklyrik

(1573) von Torquato Tasso und *Il pastor fido* (1590) von Giovanni Battista Guarini – zahlreiche Übersetzer und Bearbeiter fanden (u. a. Zesen, Hoffmannswaldau, Hans Aßmann v. Abschatz).

Epos und Roman

Angesichts der hohen Einschätzung des Epos in der humanistischen Poetik und der großen Renaissance-Epen lag es nahe, dass man gerade an dieser repräsentativen Form die Literaturfähigkeit des Deutschen beweisen wollte. Die ersten Versuche galten einem französischen Schöpfungsepos aus dem Umkreis der Pléiade und den italienischen »Romanzi« Ludovico Ariostos und Torquato Tassos. Die bedeutendste Leistung stellt die Verdeutschung von Tassos *La Gerusalemme liberata* (1580) dar, einem religiösen Ritterepos in 25 Gesängen mit mehr als 15 000 Versen in Stanzen (*ottave rime*). Übersetzer des 1626 mit Stichen von Matthäus Merian veröffentlichten *Gottfried von Bulljon, Oder Das Erlösete Jerusalem* war Diederich von dem Werder (1584–1657). Ihm gelang zum ersten Mal im Deutschen die Nachbildung der italienischen Stanze mit dreifach verschränktem Reim (abababcc), wenn auch bequemere Alexandriner an die Stelle des Elfsilblers der Vorlage traten. Seine Übertragung von Ariostos *L'Orlando furioso* (1516) in paarweise gereimten Alexandrinern blieb Fragment (*Die Historia Vom Rasenden Roland*, 1632–36). Allerdings führte die Übersetzungtätigkeit – später wurde auch noch John Miltons *Paradise Lost* (1667) als *Das Verlustigte Paradeis* (1682) von Ernst Gottlieb von Berge in deutsche Blankverse übertragen – zu keiner entsprechenden Erneuerung der Form im Deutschen, sondern allenfalls zu genealogisch-dynastischen Lobgesängen oder Ritterromanen in Versform.

Titelkupfer der ersten (unvollständigen) Übersetzung des Don Quijote von 1648: Don Kichote de la Mantzscha, Das ist: Juncker Harnisch auß Fleckenland

Wichtig wurde das Epos aber für den Roman, der sich zur beherrschenden epischen Form des 17. Jahrhunderts entwickelte und sich nicht zuletzt durch die Berufung auf das altehrwürdige Epos und die Übernahme seiner Erzählstruktur poetologisch zu rechtfertigen suchte. Die deutschen Reformer erkannten die Bedeutung der (relativ) neuen Gattung und legten durch ihre Übersetzungen, die das gesamte Spektrum der berühmten europäischen Romanautoren umfassten (Jorge de Montemayor, Sir Philipp Sidney, Mateo Alemán, Miguel de Cervantes, Honoré d'Urfé, Giovanni Francesco Biondi, John Barclay, Madeleine de Scudéry, Gautier Coste de La Calprenède, Charles Sorel u. v. a.), das Fundament für die Erneuerung des deutschen Romans. Allerdings zeigt sich gerade bei dem Umgang mit dem ›modernsten‹ Werk, dem die Gattungskonventionen sprengenden *Don Quijote* (1605–15) von Cervantes, die Begrenztheit des deutschen Blickfelds. Zwar bemühte sich die »Fruchtbringende Gesellschaft« schon früh um eine deutsche Fassung des Romans, doch als diese 1648 schließlich in unvollständiger Form in 22 Kapiteln erschien, wurde deutlich, dass der Übersetzer Joachim Caesar (geb. um 1580/85) das Werk auf eine eindimensionale Rittersatire reduzierte. Seine zahlreichen Eingriffe und Kürzungen begründete er damit, dass die vielen »Gesänge / Reime und [...] vieler Bletter und Bogen lange Geschichte und Mährlein« von der »eigentlichen Hauptgeschicht« abführten, er sie also gar nicht erst übersetzt habe, da ja auch »des Narrwercks einstens ein Ende gemacht werden« müsse (*Don Kichote de la Mantzscha, Das ist: Juncker Harnisch auß Fleckenland*).

Drama und Theater

Bei der Rezeption der europäischen dramatischen Literatur ergeben sich höchst unterschiedliche Schwerpunkte, wobei auch der Theaterpraxis eine wichtige Rolle zukommt. Stücke Shakespeares und anderer großer Dramatiker des Elisabethanischen Zeitalters gelangten zwar mit den so genannten Englischen Komödianten auf deutsche Bühnen, aber nur in einer bis zur Unkenntlichkeit veränderten Form. Wirkung ging nicht von den Texten, sondern von der neuen Schauspielkunst der Berufsschauspieler und dem theatralischen Darstellungsstil aus. Auch das spanische Drama, das wie das englische der klassizistischen Regelpoetik fern stand, blieb bis auf einige Wanderbühnenproduktionen fast unbekannt. Am Wiener Hof allerdings spielte man unter Kaiser Leopold I., Sohn einer Spanierin und in erster Ehe mit einer spanischen Infantin verheiratet, zwischen 1667 und 1673 zahlreiche Stücke Calderóns und anderer spanischer Dramatiker: in spanischer Sprache für einen stark spanisch geprägten Hof (»Die hiesigen mugeres españolas wollen mein Hof ganz spanisch machen, ich kann ihnen es aber nit angehn lassen«). Unter den französischen Dramatikern fand zunächst Pierre Corneille die größte Beachtung; eine Reihe von Prosaübersetzungen und Opernfassungen erschien seit 1650. Gegen Ende des Jahrhunderts bereitete sich mit Versübersetzungen von Tragödien Corneilles und Racines die Dominanz des französischen klassizistischen Dramas im 18. Jahrhundert vor. Der Einfluss der französischen klassizistischen Dramatik auf das Schlesische Kunstdrama war gering. Dessen Vorbilder waren Seneca, das neulateinische Jesuitendrama und das niederländische Barockdrama, insbesondere das Werk Joost van den Vondels, das für Andreas Gryphius wichtig wurde und neben diesem auch weitere Übersetzer fand.

Titelblatt der dreiteiligen Sammlung von Stücken aus dem Repertoire der Wanderbühne (1670)

Lyrik

Mit der Literaturreform werden die Themen und Formen der europäischen Renaissancedichtung auch für die deutsche Lyrik bestimmend. Die deutschen Dichter setzen die Traditionen der klagenden und heiteren Liebesdichtung, des geselligen Lieds, der Lobdichtung und der Satire fort. Sie übernehmen zugleich den Formenkanon der humanistischen Kunstdichtung. Sonett, längeres Alexandrinergedicht (Elegie), Epigramm und Ode, die als große dreiteilige pindarische Ode und als Lied erscheint, herrschen vor. Daneben versucht man sich an kunstvollen Gebilden wie der Sestine, gibt es Experimente mit anderen antiken Odenformen (gereimte sapphische Oden). Die große Beliebtheit von Figurengedichten schließlich zeigt die Freude über die neu gewonnenen ästhetischen Möglichkeiten der deutschen Sprache.

Auch die geistliche Lyrik macht sich die neuen Vers- und Strophenformen zu Eigen, doch bleibt das Kirchenlied stärker einheimischen Traditionen verbunden. Seine Funktion als Gemeindegesang bot ihm nur begrenzte Entwicklungsmöglichkeiten. Gleichwohl – oder gerade deswegen – gehören Kirchenlieder zu den wenigen dichterischen Erzeugnissen des 17. Jahrhunderts, die lebendig geblieben sind. Neben dem für den öffentlichen Gottesdienst bestimmten Kirchenlied entsteht im 17. Jahrhundert eine Liedgattung, die für die private Frömmigkeitsübung, die Hausandacht, konzipiert ist und durch ihre musikalische Gestaltung und den Kunstcharakter der Texte auf ein Publikum verweist, dem die Prinzipien der humanistischen Kunstdichtung vertraut waren: das geistliche Lied.

Opitz habe das »Eiß gebrochen / und uns Teutschen die rechte Art gezeiget / wie auch wir in unsrer Sprache / Petrarchas, Ariostos, und Ronsardos haben können«, schreibt der Schleswig-Holsteiner Johann Rist (1607–67) in der Gedichtsammlung *Musa Teutonica* (1634), mit der er die regeltreue deutsche Kunstlyrik in den niederdeutschen Sprachraum einführte. Überall im protestantischen Deutschland setzte sich das Reformprogramm durch, wurden die opitzschen Muster imitiert und variiert. Sein Werk – Regelbuch wie poetische Beispiele – bildete die Grundlage für die großen lyrischen Leistungen der folgenden Jahrzehnte.

Figurengedicht von Johann Steinmann (1653)

Ausbreitung der opitzianischen Kunstdichtung

Paul Fleming

Titelkupfer der von
Adam Olearius heraus-
gegebenen Sammlung
der deutschen Gedichte
Paul Flemings (1646)

Flemings Neostoizismus

Die Dichtung von Paul Fleming (1609–40), der sich als Opitzianer verstand, stellt den ersten Höhepunkt der deutschen Lyrik des 17. Jahrhunderts dar. Sie wird in der Regel im Zusammenhang mit dem Petrarkismus betrachtet, dessen Motive zwar schon von Opitz, Georg Rodolf Weckherlin (1584–1653) und anderen in die deutsche Literatur eingeführt worden waren, der bei Fleming jedoch in seiner ganzen Breite rezipiert wird und weitgehend den Charakter seiner Liebeslyrik bestimmt. Die Liebesgedichte in den postum 1646 erschienenen *Teutschen Poemata* handeln vom Preis und der Schönheit der Geliebten (fein säuberlich nach Körperteilen getrennt) und den mit ihr verbundenen Objekten und Örtlichkeiten, beschäftigen sich mit dem Wesen der Liebe und ihrer Wirkung und benutzen zu diesem Zweck das ganze antithetische und hyperbolische Arsenal der überlieferten Liebessprache, gelegentlich bis an den Rand des Parodistischen. Doch neben den traditionellen Motiven der klagenden Liebe, neben Selbstverlust und Todessehnsucht, behauptet sich ein anderes Thema, das der Treue. Die besten Leistungen finden sich dabei nicht zufällig unter den Oden Flemings. Stellen Sonett und Alexandriner die angemessenen Formen dar, die Antithetik der petrarkistischen Liebesauffassung auszudrücken, so ermöglicht die Ode, das Lied, einen schlichteren Ton, der an das Volks- und Gesellschaftslied anklingt (»Ein getreues Hertze wissen / hat deß höchsten Schatzes Preiß«).

Das Gegenbild des von widerstreitenden Affekten hin- und hergerissenen petrarkistischen Liebhabers, wie er in einem Teil der Liebesgedichte gezeichnet ist, zeigen die großen weltanschaulich-philosophischen Sonette. In dem Sonett »An Sich« formuliert Fleming in eindringlichen Imperativen Maximen einer praktischen Philosophie, ein Tugendprogramm, das auf den Lehren des Neostoizismus beruht. Es gipfelt, gemäß der verbreiteten Auffassung des Sonetts als Epigramm, in einer sprichwortartigen Schlusssentenz, die die Eigenmächtigkeit des Individuums gegenüber allen äußeren Zwängen behauptet:

> Sey dennoch unverzagt. Gieb dennoch unverlohren.
> Weich keinem Glücke nicht. Steh' höher als der Neid.
> Vergnüge dich an dir / und acht es für kein Leid /
> hat sich gleich wieder dich Glück' / Ort / und Zeit verschworen.
>
> Was dich betrübt und labt / halt alles für erkohren.
> Nim dein Verhängnüß an. Laß' alles unbereut.
> Thu / was gethan muß seyn / und eh man dirs gebeut.
> Was du noch hoffen kanst / das wird noch stets gebohren.
>
> Was klagt / was lobt man doch? Sein Unglück und sein Glücke
> ist ihm ein ieder selbst. Schau alle Sachen an.
> Diß alles ist in dir / laß deinen eiteln Wahn /
> und eh du förder gehst / so geh' in dich zu rücke.
> Wer sein selbst Meister ist / und sich beherrschen kan /
> Dem ist die weite Welt und alles unterthan.

Andreas Gryphius

Wirken in Flemings Haltung die Ideale des Renaissance-Individualismus nach (vgl. auch die »Grabschrifft / so er ihm selbst gemacht«), so rückt Andreas Gryphius (1616–64) das Leiden, das Bewusstsein der Vergänglichkeit und Gebrechlichkeit des Lebens und der Welt in den Mittelpunkt seines Werkes, das mit einer in der deutschen Lyrik bis zu diesem Zeitpunkt beispiellosen Intensivierung des rhetorischen Sprechens die Grenzen des opitzianischen Klassizismus durchbricht. Doch auch Gryphius baut auf dem von Opitz gelegten Fundament auf. Selbst konkrete Bezüge lassen sich nachweisen: Eines der berühmtesten Gedichte der Zeit, die »Trauerklage des verwüsteten Deutschlandes« (später »Thränen des Vaterlandes / Anno 1636«), verwendet Motive und Formulierungen aus dem epischen *Trostgedichte In Widerwertigkeit deß Krieges* (1633) von Opitz. Hier ist nicht nur von »grawsamen Posaunen« und »fewrigen Carthaunen« die Rede, sondern auch die Alexandriner der *amplificatio* sind vorgebildet: »Wie manche schöne Stadt / [...] Ist jetzund Asch und Staub? Die Mawren sind verheeret / Die Kirchen hingelegt / die Häuser umbgekehrt.« Diese Elemente, in Opitz' großem epischen Gedicht über Hunderte von Versen verstreut, verdichtet Gryphius zu einem symbolischen Bild des von den Schrecken des Kriegs heimgesuchten Landes, zu einer apokalyptischen Vision:

Wir sind doch nunmehr gantz / ja mehr denn gantz verheeret!
Der frechen Völcker Schaar / die rasende Posaun
Das vom Blutt fette Schwerdt / die donnernde Carthaun /
Hat aller Schweiß / und Fleiß / und Vorrath auffgezehret.

»Thränen des Vaterlandes / Anno 1636«

Die Türme stehn in Glutt / die Kirch ist umgekehret.
Das Rathauß ligt im Grauß / die Starcken sind zerhaun /
Die Jungfern sind geschänd't / und wo wir hin nur schaun
Ist Feuer / Pest / und Tod / der Hertz und Geist durchfähret.

Hir durch die Schantz und Stadt / rinnt allzeit frisches Blutt.
Dreymal sind schon sechs Jahr / als unser Ströme Flutt /
Von Leichen fast verstopfft / sich langsam fort gedrungen.

Doch schweig ich noch von dem / was ärger als der Tod /
Was grimmer denn die Pest / und Glutt und Hungersnoth
Das auch der Seelen Schatz / so vilen abgezwungen.

Schon Gryphius' erste Gedichtsammlung (*Sonnete*, 1637) nimmt das Thema auf, das kennzeichnend für sein gesamtes Werk werden sollte. Überschriften wie »Vanitas, vanitatum, et omnia vanitas«, »Trawrklage des Autoris / in sehr schwerer Kranckheit«, »Der Welt Wollust ist nimmer ohne Schmertzen« und »Menschliches Elende« deuten den ganzen Umfang der Vorstellungen von der Eitelkeit des Irdisch-Menschlichen an, die in seiner Lyrik, seinen Trauerspielen und seinen Leichabdankungen (Leichenreden) immer neu variiert werden. Dass diese Thematik in einen größeren heilsgeschichtlichen Zusammenhang eingebettet ist, macht der Aufbau der beiden ersten Sonettbücher (1643 bzw. 1650) deutlich: Am Anfang steht das Sonett »An Gott den Heiligen Geist«, den Schluss bilden die Sonette über die vier letzten Dinge (»Der Todt«, »Das Letzte Gerichte«, »Die Hölle«, »Ewige Frewde der Außerwehlten«). Zwischen Anfang und Ende stehen die Gedichte auf ›irdische Dinge‹, nicht zufällig eingeleitet von den Vanitas-Sonetten. Diese Verklammerung erhellt den Stellenwert des Lebens in dieser Welt, das durch Hinfälligkeit und Vergänglichkeit bestimmt ist; zugleich wird eine Beziehung zum Leiden Christi hergestellt, Hinweis auf die Notwendigkeit von Leid und Not im irdischen Leben, aber auch auf den Weg zum ewigen Leben, der über das Leiden führt. Den Gedichten über die Eitelkeit der Welt und die Vergänglichkeit

Emblematisches Titelkupfer der *Freuden und Trauer-Spiele auch Oden und Sonnette* (1663, Ausgabe letzter Hand) von Andreas Gryphius

alles Irdischen stehen als Beispiele für die Beschaffenheit und Bestimmung des Menschen die Sonette zur Seite, die sich »Menschliches Elende« zum Thema nehmen (»Was sind wir Menschen doch? ein Wohnhauß grimmer Schmertzen«) und mit krassen Worten von der Gebrechlichkeit des Menschen sprechen: »Mir grauet vor mir selbst / mir zittern alle Glider«, beginnt das Sonett »An sich selbst«.

Emblematische Dichtung

Auch da, wo Gryphius von der Welt, z. B. von der Natur, zu sprechen scheint, geht es um ihre heilsgeschichtliche Bedeutung und um das Seelenheil des Einzelnen. So sind weder das »Einsamkeit«-Sonett noch die Tageszeiten-Sonette Natur- oder Landschaftsgedichte, sondern die Betrachtung der Dinge dieser Welt lenkt die Gedanken auf den Menschen und seine heilsgeschichtliche Bestimmung. Die Naturgegenstände und -elemente haben verweisenden Charakter, sind ›Sinnenbilder‹, deren Bedeutung häufig in der Geschichte der christlich-allegorischen Naturauslegung zu suchen ist. Dabei ist der Hintergrund der traditionellen Bibelexegese nach dem vierfachen Schriftsinn deutlich erkennbar, zugleich nähert sich die Form mancher Sonette der des Emblems mit seinem dreiteiligen Aufbau: Überschrift (*inscriptio*), Bild (*pictura*) und Epigramm (*subscriptio*). Allerdings ist die Dreiteiligkeit nicht immer so eindeutig ausgeprägt wie in den Sonetten »Einsamkeit«, »Morgen«, »Mittag« oder dem folgenden Gedicht, das mit traditionellem Material (Schifffahrtsmetapher) den Typ des allegorisch-auslegenden, emblematischen Gedichts beispielhaft verwirklicht:

XLIV.
TEMPESTATE PROBATUR.

Adversis esprouue.

Ce n'est pas en bonasse & sous un calme vent
D'vn aduise nocher que se fait voir l'adresse,
Ainsi en temps contraire & plus grande destresse,
Que peut vn bon esprit, paroist euidemment.

Durch die zeit wird man probirt.

Im Sturmen wird des Schiffes Güte
Befunden nicht zu guter zeit.
So wird in widerwertigkeit
Erforscht des Mannes sein Gemüthe.
M

Emblem: Wie sich das Schiff erst im Sturm bewährt, so werde »in widerwertigkeit Erforscht des Mannes sein Gemüthe« bzw. – so die Überschrift des deutschen Epigramms – »Durch die zeit wird man probirt (geprüft)«

An die Welt

Mein offt bestürmbtes Schiff der grimmen Winde Spil
Der frechen Wellen Baal / das schir die Flutt getrennet /
Das über Klip auff Klip' / und Schaum / und Sandt gerennet.
Komt vor der Zeit an Port / den meine Seele wil.

Offt / wenn uns schwartze Nacht im Mittag überfil
Hat der geschwinde Plitz die Segel schir verbrennet!
Wie offt hab ich den Wind / und Nord' und Sud verkennet!
Wie schadhafft ist Spriet / Mast / Steur / Ruder / Schwerdt und Kill.

Steig aus du müder Geist / steig aus! wir sind am Lande!
Was graut dir für dem Port / itzt wirst du aller Bande
Und Angst / und herber Pein / und schwerer Schmertzen loß.

Ade / verfluchte Welt: du See voll rauer Stürme!
Glück zu mein Vaterland / das stette Ruh' im Schirme
Und Schutz und Friden hält / du ewiglichtes Schloß!

Intensivierung der rhetorischen Mittel

Gryphius' Lyrik drängt zur pathetisch bewegten Rede. Worthäufungen, asyndetische Reihungen, Parallelismen und Antithesen gehören zu ihren wichtigsten rhetorischen Mitteln. Diese stehen im Dienst des insistierenden Nennens, umkreisen den Gegenstand, beschreiben ihn durch die Aufzählung seiner einzelnen Teile (*enumeratio partium*) oder durch eine Folge von Definitionen. Durch die Intensivierung der rhetorischen Mittel, eine Vorliebe für Asymmetrie und ein Überspielen der Starrheit der vorgegebenen Formen (Metrik, Versformen) erzielt Gryphius eine Eindringlichkeit der Rede, deren Wirkung durch die Wahl greller und harter Ausdrücke (›Zentnerworte‹) noch weiter gesteigert wird. Besonders in den Worthäufungen, die die insistierende Nennung auf die Spitze treiben, zeigt sich, wie Gryphius um des rhetorischen *movere* willen die Ebene des klassizistisch-maßvollen Sprechens durchbricht:

Ach! und weh!
Mord! Zetter! Jammer / Angst / Creutz! Marter! Würme! Plagen.
Pech! Folter! Hencker! Flamm! Stanck! Geister! Kälte! Zagen!
Ach vergeh! (»Die Hölle«)

Einen anderen Weg, die Ausdrucksmöglichkeiten der Dichtersprache zu erweitern, beschreiten Philipp von Zesen (1619–89) und die Nürnberger Dichter Georg Philipp Harsdörffer (1607–58) und Johann Klaj (1616–56). Der Daktylus, den Opitz nur in Ausnahmefällen dulden wollte, wird rehabilitiert, und mit Hilfe von Lautmalerei und Binnenreim entstehen in den 40er Jahren Versgebilde von einer Lebendigkeit und rhythmischen Bewegtheit, wie sie die deutsche Literatur bis dahin nicht gekannt hatte. Harsdörffers Werk enthält überdies zahlreiche Hinweise auf eine Intensivierung der Bildersprache, die spätere Entwicklungen vorbereiten. *Erweiterung der Ausdrucksmöglichkeiten: Zesen und die Nürnberger*

Anregungen der Nürnberger wirken auch bei Catharina Regina von Greiffenberg (1633–94) weiter, der bedeutendsten Dichterin des 17. Jahrhunderts (*Geistliche Sonnette / Lieder und Gedichte*, 1662). Das erste Sonett ihrer Gedichtsammlung, »Christlicher Vorhabens-Zweck«, nennt das »Spiel und Ziel«, dem sie sich in ihrem Leben und in ihrer Dichtung verschrieben hat: Gotteslob, Lob der göttlichen Vorsehung, der Gnade und Güte Gottes, Lob Gottes in der Natur und – ein entscheidendes Paradox – in der Erfahrung des Leides. Sie bevorzugt die kunstvolle Sonettform als das ihrem Denken und ihrer religiösen Erfahrung adäquate Ausdrucksmittel. Dabei ist die ästhetische Wirkung der Gedichte weitgehend von der Musikalität der Sprache (»Jauchzet / Bäume / Vögel singet! danzet / Blumen / Felder lacht!«) und der häufigen Verwendung von außergewöhnlichen Komposita bestimmt: Herzgrund-Rotes Meer, Herzerleuchtungs-Sonn', Anstoß-Wind, Himmels-Herzheit, Meersands-Güt', Anlas-Kerne, Schickungs-Aepffel. Das gibt manchen Gedichten einen manieristischen Anstrich, doch hat diese Technik neben ihrem ästhetischen Reiz auch einen tieferen Sinn: Durch die Wortzusammensetzungen werden verborgene Analogien aufgezeigt, werden Mensch, Natur und Gott aufeinander bezogen, wird die Welt sichtbar als ein Ort, in dem die verschiedenen Bereiche aufeinander verweisen. *Gotteslob und manieristische Sprachkunst*

Catharina Regina von Greiffenberg

Trotz dieser Erweiterungen der Ausdrucksmöglichkeiten lässt sich die Geschichte der deutschen Lyrik im 17. Jahrhundert nicht als kontinuierlicher Prozess darstellen, als eine Entwicklung, die vom klassizistischen Stil opitzscher Prägung über einen rhetorisch sich steigernden oder experimentellen, spielerisch-artistischen Stil zu einer Spätphase führt, in der die Artistik Selbstzweck und schließlich wieder zurückgenommen wird. Gegen diese Konstruktion spricht vor allem die Gattungsgebundenheit der Poesie im 17. Jahrhundert, die Gültigkeit der durch die Tradition überlieferten Gattungsgesetze und der Zusammenhang von ›Sachen‹, d. h. den Gegenständen der Dichtung, Gattung und Wörtern.

Als besonders gattungsgebunden erweist sich das Kirchenlied. Der bedeutendste protestantische Lieddichter des 17. Jahrhunderts ist Paul Gerhardt (1607–76), dessen Lieder nach und nach in verschiedenen Auflagen der *Praxis Pietatis melica / das ist Ubung der Gottseligkeit* (1647 ff.) von Johannes Crüger (1598–1663) veröffentlicht worden waren (Sammelausgabe: *Geistliche Andachten,* *Protestantisches Kirchenlied*

Paul Gerhardt

1667). Wie andere geistliche Dichter setzte er die Passion und die Sonntagsevangelien in Verse um, aus der lateinischen Hymnentradition stammt »O Haupt vol Blut und Wunden«, eines seiner bekanntesten Lieder (»Salve caput cruentatum«). Volkstümlich wurde er mit Liedern wie »Befiehl du deine Wege«, »Geh aus mein Hertz und suche Freud« oder »Nun ruhen alle Wälder«, mit Texten also, die dem Bedürfnis nach einer verinnerlichten Frömmigkeit entgegenkamen. Allerdings bedeutet der häufig postulierte Gegensatz zwischen den ›Wir‹-Liedern Luthers und den ›Ich‹-Liedern Gerhardts (noch) keinen Durchbruch zur Subjektivität:

> Geh aus mein Hertz und suche Freud /
> In dieser lieben Sommerzeit
>> An deines Gottes Gaben:
> Schau an der schönen Garten-Zier /
> Und siehe wie sie mir und dir
>> Sich außgeschmücket haben.

In diesen Versen bezeichnet das Ich kein unverwechselbares Individuum, gemeint ist vielmehr – wie fast durchweg im religiösen Lied des 17. Jahrhunderts – der Mensch als Mitglied der Glaubensgemeinschaft. Dass es noch nicht um subjektive Erlebnisweisen gehen kann, zeigt sich auch an Gerhardts Behandlung der Natur. Obwohl die Hälfte des langen Liedes in einer Reihung von Naturbildern besteht, hat Natur nur eine Zeichenfunktion, soll die (vergängliche) Schönheit »dieser armen Erden« auf den Schöpfer und auf »Christi Garten« verweisen und zum Glauben hinführen. Natur- und Genrebilder sind nicht Selbstzweck, sondern stehen in einem Verweisungszusammenhang. Darin treffen sich beispielsweise manche Sonette von Andreas Gryphius mit den Liedern Gerhardts. Auch in der emblematischen Struktur zeigen sich Parallelen: Wenn Gryphius Überschrift, Naturbild und Deutung zu einer formalen Einheit verbindet, so entspricht das dem Verfahren Gerhardts, der Naturschilderung die geistliche Auslegung folgen zu lassen.

Katholisches Lied

MS. P. Friderica Spe p. m.

Friedrich Spees Titelentwurf zur *Trutznachtigall*

Der katholische Gemeindegesang war freier als das protestantische Kirchenlied, da er nicht an die Bedingungen der Liturgie gebunden war. Er konnte daher stärker an den Stil des volkstümlichen deutschen Liedes anknüpfen, dem auch die zahlreichen Übersetzungen lateinischer Hymnen, Lieder und Sequenzen verpflichtet waren. Den Schritt zur Kunstdichtung unternahm der rheinische Jesuit Friedrich Spee von Langenfeld (1591–1635) mit den Liedern seiner *Trutz Nachtigal* (1649) und seines erbaulichen *Güldenen Tugend-Buchs* (1649), die in den 20er Jahren entstanden waren. Es ist bezeichnend für die durch die konfessionellen Gegensätze gespaltene deutsche Literatur, dass Spee dabei nicht an Opitz anknüpfte und dass seine Reformvorstellungen nicht mit einem völligen Bruch mit der älteren deutschen Tradition bezahlt wurden. Auch ihm geht es um den Nachweis, dass man »nicht allein in Lateinischer sprach / sondern auch so gar in der Teutschen […] recht gut Poetisch reden unnd dichten könne«. Im Zentrum seiner Lieder steht die Jesusminne, die mit den typischen Ausdrucksweisen der petrarkistischen Liebesdichtung umschrieben wird (»O süssigkeit in peinen! O Pein in süssigkeit!«). Daneben hat Spee einen besonderen Blick für die Schönheiten der Natur, für Landschaften, für Tages- und Jahreszeiten. Doch trotz aller Liebe zum Detail ist Spees Naturverständnis nicht anders als das Paul Gerhardts. Die Natur hat zeichenhafte Bedeutung, sie steht für Gottes Liebe, und der Preis der schönen Natur wird zum Lobgesang auf den Schöpfer: »O Mensch ermeß im hertzen dein, wie wunder muß der Schöpffer sein.« Ein weiterer Motivkreis ist bestimmt durch die Hirtenmaskerade. Ein Teil der in der *Trutz Nachtigal* versammelten Lyrik ist geistliche Hirtendichtung, die Spee Eklogen oder Hirtengesänge bzw. -gespräche nennt und mit denen er an das Gleichnis vom guten Hirten anknüpft.

Auch in Süddeutschland behauptete sich eine eigenständige katholische Lied-dichtung. Es bestand wenig Neigung, die einheimische oberdeutsche Sprachtra-dition aufzugeben und sich den sprachlichen und literarischen Reformvorstellun-gen anzuschließen, die mit dem protestantischen Mitteldeutschland verbunden waren. So bildete sich in München eine Liederschule um den Priester Johannes Khuen (1606–76), der mit einer Reihe marianischer (d. h. auf die Gottesmutter Maria bezogener) Liederbücher und geistlicher Schäfereien der Gegenreformati-on diente. Er stand über den Neulateiner Jacob Balde (1604–68) in enger Bezie-hung zu den Dichtern des Jesuitenordens und wirkte mit der Form seiner Sololie-der auf den Jesuiten Albert Curtz (1600–71) und seine *Harpffen Davids Mit Teutschen Saiten bespannet* (1659) und den Kapuziner Laurentius von Schnüffis (1633–1702), in dessen Büchern – z.B. *Mirantisches Flötlein. Oder Geistliche Schäfferey* (1682) – sich Texte, Melodien und emblematische Kupferstiche zu er-baulichen Gesamtkunstwerken verbinden. Zu diesem Liedschaffen im oberdeut-schen Raum, das sich bewusst von den Bestrebungen der »Fruchtbringenden Gesellschaft« und der opitzschen Reformen absetzte, gehören auch die deutschen Dichtungen Baldes, darunter ein Marienlied (*Ehrenpreiß*, 1640), das in das Reper-toire des volkstümlichen Kirchen- und Prozessionsgesangs einging, und das dem seelsorgerischen Anliegen verpflichtete Liedschaffen des Kapuzinerdichters Pro-kop von Templin (1633–1702).

Auf einer anderen Ebene findet die Auseinandersetzung mit dem Glauben bei den von mystischen und chiliastischen Traditionen geprägten Dichtern statt. Dichtung ist hier nicht mehr volkstümliche Predigt mit anderen Mitteln, sondern Ausdruck des religiösen Enthusiasmus und scharfsinniger Spekulation. Entschei-dend für die mystischen Strömungen dieser Zeit ist die Verbindung von Vor-stellungen der mittelalterlichen deutschen Mystik mit der Naturspekulation und Naturphilosophie, wie sie im Zusammenhang mit dem Platonismus und Neupla-tonismus der Renaissance entstanden war. Die einflussreichste Gestalt war Jacob Böhme (1575–1624), der trotz der Gegnerschaft der lutherisch-orthodoxen Geist-lichkeit und trotz Schreibverbots weit über Deutschland hinaus wirkte. Aus dem Kreis um Böhme kam Abraham von Franckenberg (1593–1652), der Böhmes Werke in Holland herausgab und mit seinen eigenen Schriften und durch seine Reisen wesentlich zur Verbreitung mystischen Denkens im 17. Jahrhundert bei-trug. Er unterhielt Beziehungen zu einer Reihe von deutschen Dichtern und ver-fasste selbst Kirchenlieder und geistliche Epigramme.

Auch Johannes Scheffler (1624–77), der sich nach seiner Konversion zum Ka-tholizismus Angelus Silesius nannte, war durch Franckenberg in die mystische Literatur eingeführt und u. a. mit der geistlichen Epigrammatik Daniel Czepkos von Reigersfeld (1605–60), den *Sexcenta Monodisticha Sapientum* (entstan-den 1640–47; im 17. Jahrhundert ungedruckt), vertraut gemacht worden. Scheff-lers *Geistreiche Sinn- und Schlussreime* erschienen 1657; bekannter ist das Buch als *Cherubinischer Wandersmann*, wie der Obertitel der erweiterten Ausgabe von 1675 lautet. Der Hinweis auf die Cherubim bezieht sich auf die traditionelle Hierarchie der Engel und deutet an, dass der Versuch, den mystischen Weg zu Gott zu beschreiben, hier in einer intellektuellen, den Verstand ansprechenden Weise unternommen wird. Dafür eignet sich die Form des Epigramms, auf dessen

Süddeutsche Liederdichter

Mystik

Titelblatt der erweiterten Ausgabe der Epigramm-sammlung des Angelus Silesius

Ein Mensch der schauet Gott
Ein Thier den Erdkloß an
Auß diesem/was Er sey/
Ein jeder kennen kan.

Motto des *Cherubinischen Wandersmanns* (1675), dem Titelblatt gegenübergestellt

›geistreiche‹ Qualität der Untertitel anspielt. Im Mittelpunkt des Buches steht die Beziehung zwischen Mensch (»Ich«) und Gott, die Scheffler in immer neue paradoxe Formulierungen fasst:

Ich bin wie GOtt / und GOtt wie ich
Ich bin so groß als GOtt / Er ist als ich so klein:
Er kan nicht über mich / ich unter Ihm nicht seyn.

GOtt lebt nicht ohne mich
Ich weiß daß ohne mich GOtt nicht ein Nun kan leben /
Werd' ich zunicht Er muß von Noth den Geist auffgeben.

Die Liebe zwinget GOtt
Wo GOtt mich über GOtt nicht solte wollen bringen /
So will ich Ihn dazu mit blosser Liebe zwingen.

Bei diesen Epigrammen wird der Leser in einer Anmerkung auf die Vorrede verwiesen, in der es heißt, dass sie sich auf die Unio mystica, den Zustand »nach dieser Vereinigung«, beziehen, die Scheffler, gestützt auf Zitate aus der älteren mystischen Literatur, so beschreibt: »Wenn nu der Mensch zu solcher Vollkomner gleichheit GOttes gelangt ist / daß er ein Geist mit GOtt / und eins mit ihm worden / und in Christo die gäntzliche Kind- oder Sohnschafft erreicht hat / so ist er so groß / so reich / so weise und mächtig als GOtt / und GOtt thut nichts ohne einen solchen Menschen / denn Er ist eins mit ihm.«

Der Dichter als Prophet: Quirinus Kuhlmann

Eine andere Richtung nimmt die religiöse Dichtung bei Quirinus Kuhlmann (1651–89). Doch so auffallend die manieristischen Züge seiner Sprache sind, entscheidend ist die neue Funktion der Poesie. Kuhlmanns Hauptwerk, der *Kühlpsalter* (1684–86), ist als heiliges Buch konzipiert, sein Verfasser versteht sich als Prophet. Er sieht sich als den schon von Böhme erwarteten Jüngling, der den Antichrist stürzen und zum Tausendjährigen Reich überleiten werde. Sein ganzes Leben, seine Visionen müssen dazu dienen, seine Auserwähltheit zu legitimieren. Die politische Auslegung seines chiliastischen Programms kostete ihm in Moskau das Leben. So unangemessen dies angesichts der wenig praktikablen Vorstellungen Kuhlmanns erscheinen mag, so wenig lässt sich bestreiten, dass in seiner ›Kühlmonarchie‹ als einer Vereinigung der wahren Gläubigen kein Platz für die herrschenden Mächte vorgesehen war: »Auf, Kaiser, Könige! Gebt her Kron, hutt und Zepter!«

Satire

Die lyrische Auseinandersetzung mit der Welt findet auf verschiedenen Ebenen statt. Je nach Ausgangspunkt und Methode reichen die Ergebnisse von der völligen Negation (im Extremfall des Propheten des Gottesreichs auf Erden) über das generelle christliche Vanitas-Verdikt zur Kritik an konkreten gesellschaftlichen und politischen Missständen. Hier, am letzten Punkt, setzen die Satiriker an, die einer aus den Fugen geratenen Ordnung den Spiegel vorhalten und die moralischen Pervertierungen und gesellschaftlichen Fehlentwicklungen kritisieren oder – es ist die Zeit des Dreißigjährigen Kriegs und deutsch-französischer Antagonismen – parteiisch in die Tagespolitik eingreifen und sich dabei auch häufig über die Maxime hinwegsetzen, dass die Satire zwar die Laster strafen, die Personen aber schonen solle.

Zeit- und Hofkritik: Friedrich von Logau

»Die Welt ist umgewand«, heißt es bei Friedrich von Logau (1605–55). Seine satirischen und gnomischen Epigramme – *Deutscher Sinn-Getichte Drey Tau-*

send (1654) – spiegeln eine in Unordnung geratene, verkehrte Welt. Der Vielzahl der Epigramme, genau 3560, entspricht die Fülle der Erscheinungen und der menschlichen Handlungen. Die Maßstäbe für seine kritische Auseinandersetzung mit der zeitgenössischen Wirklichkeit nimmt Logau aus einer idealisierten Vergangenheit, einer statischen, hierarchisch gegliederten Welt, in der noch die alten deutschen Tugenden wie Treue, Redlichkeit und Frömmigkeit herrschten und die deutsche Sprache, Kleidung und Gesinnung noch nicht überfremdet waren. Vor diesem Hintergrund der (verklärten) altständischen Gesellschaft beurteilt er Ereignisse, Institutionen und menschliches Verhalten der Gegenwart, wendet sich gegen Neuerungen und verteidigt das Überkommene. Das Neue, das die alten Lebensformen zu zerstören droht, manifestiert sich in erster Linie im Hof und der Hoforganisation, die im Zuge der Etablierung des absolutistischen Regiments entscheidenden Veränderungen unterworfen waren. Elemente traditioneller Hofkritik – »Wer will, daß er bey Hof fort kom, Der leb als ob er blind, taub, stum« (Weckherlin) – verbinden sich dabei mit Angriffen auf spezifische Missstände. Dem absoluten Herrscher, seinem Hof und seinen Höflingen werden dabei die Ideale eines patriarchalischen Herrschaftsstils gegenübergestellt, der ein persönliches Treueverhältnis zwischen Fürst und Ratgebern voraussetzt. Doch die Welt, in der eine solche Lebensauffassung möglich ist, sieht Logau in Gefahr:

Titelkupfer der Epigrammsammlung Logaus. Es zeigt oben die Fama, die Personifikation des Ruhms (»Gerüchte«), links und rechts allegorische Figuren (»Lust«, »Kost«), die auf das horazische »aut prodesse volunt aut delecare poetae« verweisen, unten eine Gerichtsszene.

Heutige Welt-Kunst

Anders seyn / und anders scheinen:
Anders reden / anders meinen:
Alles loben / alles tragen /
Allen heucheln / stets behagen /
Allem Winde Segel geben:
Bös- und Guten dienstbar leben:
Alles Thun und alles Tichten
Bloß auff eignen Nutzen richten;
Wer sich dessen wil befleissen
Kan Politisch heuer heissen.

Ein neuer Beamtenadel, auf den sich der Herrscher stützt, beeinträchtigt die Stellung des landsässigen alten Adels, ein neuer Typ des Hofmanns, der eine ›politische‹ Moral vertritt, setzt sich gegenüber dem ›redlichen Mann‹ durch, eine von französischer Mode, Sprache und Literatur geprägte Hofkultur verdrängt die alten Lebensformen. So wird die Welt des Hofes durch Ehrgeiz, Heuchelei, Neid, Missgunst und Undankbarkeit charakterisiert, und der Klage über das »Hofe-Leben« steht topisch die alte Sehnsucht nach dem Landleben gegenüber:

O Feld / O werthes Feld / ich muß es nur bekennen /
Die Höfe / sind die Höll; und Himmel du zu nennen.

In den letzten Jahrzehnten des 17. Jahrhunderts bietet die deutsche Lyrik ein wenig übersichtliches Bild. In geistlicher wie in weltlicher Dichtung verstärken sich die manieristischen Züge; zugleich wird eine Gegenbewegung sichtbar, die die Metaphernsprache wieder auf ein klassizistisches Mittelmaß zurückführen will. Die Grundlage der Poesie, das rhetorische Dichtungsverständnis, bleibt da-

Gegenläufige Tendenzen im Spätbarock

bei unangetastet. Doch wechseln die Muster, die *exempla,* an denen sich die Dichtung orientiert. Hatte sich Opitz die Renaissancepoesie der west- und südeuropäischen Länder zum Vorbild genommen, so wurden in der zweiten Jahrhunderthälfte – ebenfalls mit beträchtlicher Verspätung – die barocken und manieristischen Tendenzen der Literaturen Italiens und Spaniens rezipiert. Die Gegenbewegung wiederum konnte sich am Klassizismus französischer Prägung orientieren und, so Friedrich Rudolph Ludwig von Canitz, »Vernunfft und Reim« aufs Neue miteinander zu vermählen suchen.

Hoffmannswaldau und die aufklärerische Kritik

Der bedeutendste Repräsentant der spätbarocken Lyrik ist Christian Hoffmann von Hoffmannswaldau (1616–79). Denn obwohl der Großteil seines Werkes in den 40er Jahren entstanden war, wurde es erst Jahrzehnte später in einer Auswahlausgabe (*Deutsche Übersetzungen Und Getichte,* 1679) und dann in den ersten Bänden von Benjamin Neukirchs Anthologie *Herrn von Hoffmannswaldau und andrer Deutschen auserlesene und bißher ungedruckte Gedichte* (1695 ff.) einer breiteren Öffentlichkeit zugänglich gemacht. Hoffmannswaldaus Werk galt – mit dem Daniel Caspers von Lohenstein – den aufklärerischen Kritikern als Inbegriff der Unnatur. Während Opitz »durch seine natürliche und vernünftige Art zu denken [...] uns allen ein Muster des guten Geschmacks nachgelassen« habe, heißt es bei Johann Christoph Gottsched (1700–66), hätten Hoffmannswaldau und Lohenstein durch »ihre regellose Einbildungskraft, durch ihren geilen Witz und ungesalzenen Scherz« der deutschen Poesie nur Schande erworben. Johann Jacob Bodmer (1698–1783) konkretisiert diese Kritik nur, wenn er an Hoffmannswaldaus Metaphernsprache und Lohensteins dunklen Gleichnissen Anstoß nimmt. Der grundsätzliche Einwand gegen diesen »hochgefärbte[n] Schein« bezieht sich auf die (außer Kraft gesetzte) regulative Funktion der Urteilskraft, die das poetische Ingenium zu kontrollieren hat: »Ihm fehlt‹ es an Verstand, den Geist geschickt zu lencken«, schreibt Bodmer über Hoffmannswaldau, der mit seinem Irrtum ganz Deutschland angesteckt habe.

Hoffmannswaldau

Wirkungsziel manieristischer Poesie

Die Zeitgenossen sahen das anders; für sie war es gerade dieser ingeniöse Witz, der den Rang eines Poeten ausmachte. Von *stupore* oder *meraviglia,* von dem Ziel, Staunen oder Verblüffung beim Hörer oder Leser zu erregen, schreiben die manieristischen Poetiker der Zeit. Giambattista Marino, der davon ausging, dass die Poesie »die Ohren der Leser mit allem Reiz der Neuigkeit« kitzeln müsse und der mit seinem gewagten bilderreichen, sensualistischen Stil (*L'Adone,* 1623) in ganz Europa bewundert wurde, fasst diese Anschauung in einem Epigramm zusammen:

> E del poeta il fin la meraviglia [...]
> Chi non sa far stupir, vada alla striglia!
> (Das Ziel des Dichters ist es, Verwunderung zu erregen;
> wer nicht Staunen zu machen weiß, soll Pferde striegeln!)

Concetto

In den Sinn- und Wortspielen, den Concetti, zeigt sich die *acutezza* des Poeten, der ingeniöse Scharfsinn. So nimmt sich Hoffmannswaldau, der die »guten Erfindungen« der »Welschen« zu schätzen weiß, in einem nicht für die Veröffentlichung bestimmten Epigramm den Herzog von Alba vor; er setzt ihm eine knappe Grabschrift, die nichts an Deutlichkeit vermissen lässt, zugleich jedoch dem Gebot der Spitzfindigkeit durch die Verknüpfung von Name (albus = weiß) und Schicksal (»erbleichen«) gerecht wird:

Hier liegt der wüterich / so nichts von ruh gehört /
Biß ihm der bleiche tod ein neues wort gelehrt;
Er brach ihm seinen hals / und sprach: du must erbleichen /
Sonst würd ich dir noch selbst im würgen müssen weichen.

Trotz einer Anzahl von geistlichen Liedern, Begräbnisgedichten und lyrischen Diskursen herrscht bei Hoffmannswaldau das Thema der sinnlichen Liebe vor, zeigt er, »was die Liebe vor ungeheure Spiele in der Welt anrichte«, feiert er mit religiöser Bildersprache den sinnlichen Genuss. Die Motive und Situationen sind dabei recht beschränkt. Im Hintergrund steht die petrarkistische Tradition, deren Grundvorstellungen, Motive und Bilder in einem virtuosen Spiel abgewandelt und ironisiert werden. Der Reiz der Gedichte liegt daher nicht in diesen Grundmustern selbst – etwa der Klage über die hartherzige Geliebte oder der Erfüllung der Liebe im Traum –, sondern in dem geistreichen, frivolen Spiel, in der ironischen Haltung, mit der die überkommene Motivik behandelt wird. Hinzu kommt die formale Eleganz, die zwanglose Virtuosität, die etwa das Sonett »Vergänglichkeit der schönheit« auszeichnet, in dem zwei Grundthemen der Dichtung Hoffmannswaldaus und seiner Zeit, »Carpe diem« und »Memento mori«, mit schon leicht parodistisch anmutender Metaphorik aufeinander bezogen werden:

Es wird der bleiche tod mit seiner kalten hand
Dir endlich mit der zeit umb deine brüste streichen /
Der liebliche corall der lippen wird verbleichen;
Der schultern warmer schnee wird werden kalter sand /

Der augen süsser blitz / die kräffte deiner hand /
Für welchen solches fällt / die werden zeitlich weichen /
Das haar / das itzund kan des goldes glantz erreichen /
Tilgt endlich tag und jahr als ein gemeines band.

Der wohlgesetzte fuß / die lieblichen gebärden /
Die werden theils zu staub / theils nichts und nichtig werden /
Denn opfert keiner mehr der gottheit deiner pracht.

Diß und noch mehr als diß muß endlich untergehen /
Dein hertze kan allein zu aller zeit bestehen /
Dieweil es die natur aus diamant gemacht.

Die Opposition gegen diese Kunst, die zunächst noch die großen Namen Hoffmannswaldau und Lohenstein schont, kommt von zwei Seiten: von den so genannten galanten Dichtern und Theoretikern, denen es um eine Abschwächung des scharfsinnigen und schweren Barockstils geht, und – radikaler – von den Klassizisten, die der als exzessiv und unnatürlich empfundenen Bildersprache das auf Vernunft und Natur gegründete Stilideal Nicolas Boileaus entgegenhalten (*L'Art poétique*, 1674). Die klassizistische Richtung, beispielhaft durch Friedrich Rudolph Ludwig von Canitz (1654–99) und seine *Neben-Stunden Unterschiedener Gedichte* (1700) vertreten und durch Christian Wernicke (1661–1725) in satirischen Epigrammen und poetologischen Erläuterungen untermauert (*Uberschriffte Oder Epigrammata*, 1697), setzt sich nach einer langen Übergangszeit erst mit dem Wirken Gottscheds durch.

Herrn von Hoffmannswaldau und andrer Deutschen auserlesener und bißher ungedruckter **Gedichte** erster theil / nebenst einer vorrede von der deutschen Poesie.

Mit Churfl. Sächf. Gn. PRIVILEGIO.
LEIPZIG/
Bey Thomas Fritsch 1697.

Titelblatt des ersten Teils der Anthologie Benjamin Neukirchs (2. Auflage). Bis 1727 erschienen insgesamt sieben Bände, die das ganze Spektrum der Dichtung der Übergangszeit vom Spätbarock bis zur Frühaufklärung abbilden.

Erotische Dichtung

Neuorientierung

Zwischen den Epochen:
J. Chr. Günther

Günther-Porträt in einer
späten Ausgabe (1764)

In diese Übergangzeit gehört das Werk Johann Christian Günthers (1695–1723), in dem eine Spannung zwischen aufbrechender Subjektivität und traditionellem dichterischen Rollenverständnis erkennbar wird. Das hat zu zahlreichen Versuchen geführt, Günther an die Goethezeit heranzurücken und seine Gedichte vor allem als Dokumente eines genialen, aber auch zügellosen, in Armut und Elend endenden Lebens zu interpretieren (Goethe: »Er wußte sich nicht zu zähmen, und so zerrann ihm sein Leben wie sein Dichten«). Günther selbst sah sich in der Tradition der humanistisch geprägten Gelehrtendichtung (»Vielleicht wird Opiz mich als seinen Schüler kennen«). Die Tradition stellt auch die dichterischen Rollen bereit, mit denen er sich identifiziert: Er, der »deutsche Ovid«, erkennt sein Schicksal wieder in dem des exilierten römischen Dichters, und er sieht sich als anderer Hiob (vgl. u. a. das Gedicht »Gedult, Gelaßenheit, treu, fromm und redlich seyn«). Ohne Zweifel haben autobiographische Momente eine große Bedeutung für Günthers Schaffen, sei es für die Liebesdichtung, die Klagelieder oder die dichterische Auseinandersetzung mit dem Vater. Doch ist dies nicht als Durchbruch zur Erlebnisdichtung im Sinn des späten 18. Jahrhunderts zu verstehen, denn auch der »Eindruck der Erfahrungsunmittelbarkeit und Erlebnisgeprägtheit« ist Resultat rhetorischer Denkformen und Verfahrensweisen (W. Preisendanz). Günther steht am Ende einer langen Tradition; er verfügt über sie, über die Sprechweisen und Rollen, die sie bereitstellt. Er ist ein professioneller Dichter mit einem ausgeprägten Bewusstsein vom hohen Rang der Dichtung und von seiner Aufgabe als Dichter. Entschiedener als jeder andere Dichter der Zeit bringt er daher seine eigene Person in die Dichtung ein und bereitet insofern, obwohl das Gefüge der traditionellen Poetik unangetastet bleibt, spätere Entwicklungen vor. Berühmt wurde er erst, als 1724, ein Jahr nach seinem Tod, die vierteilige *Sammlung von Johann Christian Günthers aus Schlesien, Theils noch nie gedruckten, theils schon heraus gegebenen, Deutschen und Lateinischen Gedichten* zu erscheinen begann (bis 1735).

Von Trauer- und Freudenspielen

Die Welt als Theater

Pantalone – komische
Figur der Commedia
dell'Arte

Der Gedanke, dass die Welt ein Theater sei, ist seit der Antike geläufig und durchdringt alle europäischen Literaturen: »All the world's a stage«, heißt es in Shakespeares *As You Like It* (1599), »Die Welt / ist eine Spielbüne / da immer ein Trauer- und Freudgemischtes Schauspiel vorgestellet wird: nur daß / von zeit zu zeit / andere Personen auftretten«, bestätigt – neben vielen anderen – 1669 der Nürnberger Dichter Sigmund von Birken (1626–81) in einer Romanvorrede. Und so wie die Welt eine große »Schau-Bühne« ist, auf der der Mensch die ihm zugewiesene Rolle spielt, so repräsentiert die Bühne die Welt, versteht sich das Barocktheater selbst – implizit oder explizit – vielfach als Welttheater. Unter den Stücken, die ausdrücklich die Welttheatermetapher realisieren, ist Pedro Calderóns de la Barca »Auto sacramental« (Fronleichnamsspiel) *El gran teatro del mundo* (1675) das unübertroffene Muster mit seiner konsequenten Durchführung der Theaterfiktion, der Inszenierung des Konzepts von der Welt als Theater und vom Leben als Spiel, als Theater auf dem Theater: »Derweil ich dirigiere, Sei du die Bühne und der Mensch agiere.« Gott als Autor und oberster Spielleiter bestimmt die Welt zur Bühne, auf der die Menschen ihre Rollen – der Hierarchie der Sozialordnung folgend – nach ihrem freien Willen spielen, um je nach Quali-

Links: Theaterzettel von 1688: Faust-Spektakel und – ganz am Ende – Molières *George Dandin*

Rechts: Titelblatt der deutschen Übersetzung Joachim Meichels von Bidermanns *Cenodoxus* (1635)

tät ihres Spiels nach dem Tod Lohn oder Strafe zu empfangen. Eine prägnante Zusammenfassung dieser Allegorie des menschlichen Lebens findet sich bei dem spanischen Satiriker Francisco de Quevedo:

> Vergiß nicht, daß das Leben Schauspiel ist,
> und diese ganze Welt die große Farce,
> und sich im Augenblick die Szenen wandeln,
> und alle wir dabei als Spieler handeln.
> Vergiß auch nicht, daß Gott das ganze Spiel
> und seinen weitgedehnten Gegenstand
> in Akte ordnete und selbst erfand. [...]
> Die Texte und die Rollen auszuteilen,
> wie lang, wie hoch sich unsere Handlung spannt,
> liegt in des einz'gen Dramaturgen Hand.

In dem geradezu inflationären Gebrauch der Metapher von der Welt als Schauspiel spiegelt sich die große Bedeutung der Theaters für das Zeitalter des Barock, und selbstverständlich beriefen sich Theaterdichter besonders häufig auf diese Metapher. Allerdings: Der Blüte des europäischen Theaters – Shakespeare, Lope de Vega, Calderón, Monteverdi, Corneille, Racine, Molière, Joost van den Vondel – hatte Deutschland wenig entgegenzusetzen. Auch auf theatralischem Gebiet war ein Neuanfang erforderlich, der Weg zu einem deutschen Nationaltheater langwierig. Theater im Deutschland des 17. Jahrhunderts bedeutet vielerlei: Laienspiel (Oberammergauer Passionsspiel etwa seit der Jahrhundertmitte), professionelles Wandertheater, protestantisches Schultheater, katholisches Ordensdrama, Hoftheater, Oper. Verbindungen zwischen den verschiedenen Bereichen bestanden durchaus: Wandertruppen spielten unter dem Patronat von Fürsten,

Theater im deutschen Reich

Englische Komödianten

die Jesuitentheater in München oder Wien übernahmen die Funktion von Hoftheatern, für die Schulbühne geschriebene Stücke von Gryphius und Lohenstein wurden an Höfen gespielt, aber auch für die Wanderbühne bearbeitet.

Ausländische Wandertruppen traten seit der Mitte des 16. Jahrhunderts in Deutschland auf. Die Wirkung der italienischen Commedia-dell'Arte-Truppen blieb aus sprachlichen Gründen allerdings im Wesentlichen auf die süddeutschen und österreichischen Höfe beschränkt. Von größerer Bedeutung für die deutsche Entwicklung waren die so genannten englischen Komödianten. Diese englischen Berufsschauspieler – die ersten sind für 1586 in Dresden bezeugt – brachten einen neuen Schauspielstil nach Deutschland, der sich durch seine Anschaulichkeit und seinen Naturalismus grundsätzlich vom deklamatorischen Stil des humanistischen Schultheaters unterschied. Die Drastik des Spiels der Engländer, die musikalischen Einlagen und akrobatischen Szenen ihrer Stücke waren auch deshalb angebracht, weil die englischen Komödianten bis zum Anfang des 17. Jahrhunderts nicht in deutscher Sprache spielten. Erst nach der Jahrhundertmitte bildeten sich deutsche Truppen von Bedeutung.

Tanzender Hanswurst
(Radierung von Jacques
Callot, um 1617)

Die englischen Komödianten vermittelten einen ersten Eindruck von der zeitgenössischen elisabethanischen Dramatik (Marlowe, Shakespeare u.a.), allerdings in Bearbeitungen, die die Originale auf eine Reihe möglichst effektvoller Szenen reduzierten. Neben blutrünstigen Haupt- und Staatsaktionen, neben Clowns-Komik und »Pickelhärings Lustigkeit« gehörten aber auch biblische Stücke und Werke deutscher Autoren zum Repertoire der Truppen. Es erweiterte sich in der zweiten Hälfte des Jahrhunderts um italienische, spanische und französische Stücke. Die Truppe des Magisters Johannes Velten, die 1685 vom sächsischen Kurfürsten fest angestellt wurde, pflegte neben dem traditionellen Repertoire vor allem die französische Komödie: Aufführungen von zehn Stücken Molières sind bezeugt. Die Frauenrollen wurden jetzt übrigens nicht mehr von Männern gespielt, ein Fortschritt, der den Widerstand besonders der protestantischen Geistlichkeit gegen das Theaterspielen nicht verminderte.

Das Jesuitendrama

Trotz des Vordringens des Berufsschauspielertums blieben die Schulen weiterhin die wichtigsten Träger des Theaters. Dabei entwickelte sich das katholische Ordensdrama, vor allem das der Jesuiten, zu einem wichtigen Konkurrenten des protestantischen Schultheaters. Die Ausbildung in den Jesuitenkollegien und die öffentlichen Aufführungen an Festen und am Ende des Schuljahres standen im Dienst der Gegenreformation: Es ging um die Verteidigung des wahren Glaubens, um die Widerlegung der Ketzer und die Bekehrung der Abgefallenen. Der Bericht über die Wirkung einer Aufführung (München 1609) des *Cenodoxus* von Jacob Bidermann (1578–1639) zeigt, wie man sich den missionarischen Erfolg vorstellte (der Text kann kaum als Zeugnis eines tatsächlichen Vorfalls gewertet werden; er stammt aus der Vorrede zu der über fünfzig Jahre später, 1666, erschienen Ausgabe der Dramen Bidermanns): »So ist bekannt, daß der *Cenodoxus*, der wie kaum ein anderes Theaterstück den ganzen Zuschauerraum durch so fröhliches Gelächter erschütterte, daß beinahe vor Lachen die Bänke brachen, nichtsdestoweniger im Geiste der Zuschauer eine so große Bewegung wahrer Frömmigkeit hervorrief, daß, was hundert Predigten kaum vermocht hätten, die wenigen diesem Schauspiel gewidmeten Stunden zustande brachten. Es haben sich nämlich von den Allervornehmsten der Bayrischen Residenz und der Stadt München im ganzen vierzehn Männer, von heilsamer Furcht vor dem die Taten der Menschen so streng richtenden Gott erschüttert, nicht lange nach dem Ende dieses Spiels zu uns zu den Ignatiani-

*Missionarische Wirkung:
Aufführungsbericht*

schen Exerzitien zurückgezogen, worauf bei den meisten eine wunderbare Bekehrung folgte.«

Bidermanns *Cenodoxus* (erste Aufführung 1602), die Geschichte des berühmten, hochmütigen und scheinheiligen Doktors (der Rechte) von Paris, ist ein Tendenzstück gegen den Humanismus der Renaissance, die Emanzipation des Individuums. Wie in den Moralitäten, etwa dem *Jedermann*, wird ein Mensch – hier allerdings kein ›Jedermann‹ – durch den nahenden Tod vor die Entscheidung zwischen Himmel und Hölle gestellt, wie in den Moralitäten wird der Kampf um die Seele durch übernatürliche Wesen und allegorische Gestalten geführt. Das ist ein verbreiteter Typ des Jesuitendramas; ein anderer ist das Märtyrerdrama. Doch ob Heiligen- oder Märtyrergeschichte, ob biblische oder historische Stoffe – grundsätzlich geht es um die Verherrlichung der triumphierenden Kirche. Dabei ist die Erweiterung um eine politische Dimension möglich. In Wien etwa entwickelte sich das Schultheater zum höfisch-repräsentativen Festspiel: Die mit opernhaftem Maschinenzauber aufgeführte *Pietas Victrix* (1659) Nicolaus von Avancinis (1611–86) illustriert am Beispiel Konstantins des Großen den Sieg des kirchentreuen Herrschers über alle feindlichen Gewalten und verherrlicht die österreichischen Herrscher als Nachfolger Konstantins. – Die Sprache des Jesuitendramas ist das Lateinische. Um das Verständnis zu erleichtern, wurde zu jeder Aufführung eine Art Programmheft (›Perioche‹) hergestellt. Es enthielt in deutscher und/oder lateinischer Sprache eine ausführliche Inhaltsangabe, gegliedert nach Akten und Szenen.

Der Anstoß zu einem deutschsprachigen Kunstdrama ging wieder von Opitz aus. Er übersetzte u. a. zwei antike Tragödien, Senecas *Trojanerinnen* (1625) und Sophokles' *Antigone* (1636), und hob einige Punkte der humanistischen Dramentheorie hervor. Dazu gehört der Hinweis auf die bekannte Ständeklausel: Die Tragödie handle in hohem Stil vom Schicksal hochgestellter Personen, während die Komödie »in schlechtem [geringem] wesen unnd personen« bestehe. Und

Typen und Ziele des Jesuitendramas

Die einflussreiche neustoische Schrift *De Constantia* des niederländischen Gelehrten Justus Lipsius erschien zuerst 1584. Abgebildet ist das Titelblatt der zweiten Auflage der deutschen Übersetzung (um 1601).

Andreas Gryphius' *Catharina von Georgien*. Kupferstich einer Aufführung am Hof zu Wohlau von 1655

über das Wirkungsziel der Tragödie heißt es: »Solche Beständigkeit aber wird uns durch Beschawung der Mißligkeit deß Menschlichen Lebens in den Tragödien zuförderst eingepflantzet: dann in dem wir grosser Leute / gantzer Stätte und Länder eussersten Untergang zum offtern schawen und betrachten / tragen wir zwar / wie es sich gebüret / erbarmen mit ihnen / können auch nochmals auß Wehmuth die Thränen kaum zurück halten; wir lernen aber darneben auch durch stetige Besichtigung so vielen Creutzes und Ubels das andern begegnet ist / das unserige / welches uns begegnen möchte / weniger fürchten unnd besser erdulden.« Spätere Theoretiker rücken von diesen Gedanken stoischer Affektbeherrschung ab und verweisen in der Regel auf Aristoteles und auf die Erregung von »Schröcken und Mitleiden« als Endzweck der Tragödie. Allerdings bleiben stoische Vorstellungen (christlich-stoisches Constantia-Ideal, Affektbeherrschung, Selbstmächtigkeit der individuellen Vernunft) von großer Bedeutung für die Charakterisierung und Handlungsweise barocker Dramenhelden.

Gryphius: Märtyrerdrama

Das deutschsprachige Kunstdrama beginnt, nach den Vorarbeiten von Opitz, mit Andreas Gryphius, der in den Niederlanden, Frankreich und Italien Theatererfahrungen gesammelt hatte. In seinem ersten Trauerspiel *Leo Armenius / Oder Fürsten-Mord* (entstanden 1646, gedruckt 1650) spricht er von seiner Absicht, »die vergänglichkeit menschlicher sachen in gegenwertigem / und etlich folgenden Trawerspielen vorzustellen«. Dies geschieht am eindrücklichsten in den Märtyrerdramen. Hier wird der Vergänglichkeit und Nichtigkeit des menschlichen Lebens – meist exemplifiziert am Hofleben mit seinen Intrigen und Verstrickungen – die Haltung des weltüberwindenden Märtyrers entgegengestellt, der durch die Annahme des Leidens die Passion Christi nachlebt. Dem Märtyrer steht der Typ des Tyrannen gegenüber, der gegen die göttliche Ordnung verstößt und nur äußerlich Sieger bleibt: »Tyrann! der Himmel ists! der dein Verderben sucht«, ruft der Geist Catharinas dem verzweifelten Chach Abas zu (*Catharina von Georgien. Oder Bewehrete Beständikeit*, zuerst aufgeführt 1651, gedruckt 1657).

Politische Aspekte

Die Märtyrerstücke haben zugleich eine politische Bedeutung. Catharina stirbt für »Gott und Ehr und Land«. Papinianus – im gleichnamigen Stück von 1659 – widersetzt sich standhaft dem kaiserlichen Ansinnen, Unrecht zu rechtfertigen, und das aktuelle »Trauer-Spil« *Ermordete Majestät. Oder Carolus Stuardus König von Groß Britanien* (entstanden bald nach der Hinrichtung Karls I. am 30. 1. 1649) vertritt ganz im lutherischen Sinn das göttliche Recht der Könige:

> Herr der du Fürsten selbst an deine stat gesetzet
> Wie lange sihst du zu?
> Wird nicht durch unsern Fall dein heilig Recht verletzet?
> Wie lange schlummerst du?

Politik und Moral: Lohenstein

Bei Daniel Casper von Lohenstein (1635–1683), dem bedeutendsten Dramatiker nach Gryphius, verändert sich die Perspektive. Seine Stücke behandeln ausschließlich heidnische Stoffe: den Zusammenstoß der römischen Militärmacht mit untergehenden afrikanischen Reichen (*Cleopatra*, 1661; *Sophonisbe*, Aufführung 1669, Druck 1680), Episoden der römischen Geschichte zur Zeit Neros (*Agrippina*, 1665; *Epicharis*, 1665) und aus der türkischen Geschichte des 16. und 17. Jahrhunderts (*Ibrahim Bassa*, 1653; *Ibrahim Sultan*, 1673). Es stellt sich nicht mehr die Entscheidung zwischen Zeit und Ewigkeit, Diesseits und Jenseits, sondern die Konflikte sind durchaus innerweltlich (ohne dass aber die Transzendenz ganz ausgeschaltet wäre). Thema ist nicht zuletzt die seit Machiavelli viel disku-

Titelkupfer von Lohen-
steins Trauerspiel
Cleopatra (Fassung von
1680)

tierte Frage, inwieweit politisches Handeln sich von den Normen der Religion und
Moral lösen darf oder muss. Dabei wird auch der Widerstreit von Vernunft und
Leidenschaften im Menschen einbezogen. Sieger im politischen Machtkampf
bleibt der, der seine Affekte beherrschen kann: »Ich bin ein Mensch wie du / doch
der Begierden Herr«, hält Scipio dem wankelmütigen Massinissa in der *Sophonisbe* vor. Die inneren Konflikte – von Massinissa in der *Sophonisbe* oder von Mar-
cus Antonius in der *Cleopatra* – werden von Frauen, den Titelheldinnen, ausgelöst, die mit allen Mitteln für den Erhalt ihrer Herrschaft kämpfen und nach ihrer
Niederlage die Konsequenz ziehen:

> Ein Fürst stirbt muttig / der sein Reich nicht überlebt.
> Es ist ein täglich Todt / kein grimmer Ach auf Erden /
> Als wenn / der / der geherrscht sol andern dinstbar werden.

Sophonisbe und Cleopatra scheitern, nicht ohne Schuld, aber durchaus mit
Größe. Der Lauf der Geschichte, vom Verhängnis gelenkt, steht ihnen entgegen.
Lohenstein suggeriert einerseits einen unabänderlichen Geschichtsverlauf, andererseits verweist er auf den Zusammenhang von politischer Vernunft und erfolg-
reichem Handeln. Das Ziel der Geschichte nennt der »Reyen Des Verhängnüsses
/ der vier Monarchien« am Ende der *Sophonisbe*, in dem das traditionelle Geschichtsbild von der Abfolge der vier Weltmonarchien um ein fünftes Weltreich
ergänzt wird. Das »Verhängnüs« lenkt den Blick über den Sieg Roms hinaus in
die Zukunft, wenn »Teutschland wird der Reichs-Sitz sein«:

Geschichtsbild

> Mein fernes Auge siehet schon
> Den Oesterreichschen Stamm besteigen
> Mit grösserm Glantz der Römer Thron.

»Reyen«

Der Vers des deutschen Trauerspiels von Gryphius und Lohenstein ist der Alexandriner. Ausgenommen von dieser Regel sind neben einigen monologischen Parti-
en die »Reyen«, die durch den Wechsel des Versmaßes und die Darbietung durch
Gesang das Geschehen auf eine höhere Ebene stellen: »Dieses Lied«, heißt es im
Poetischen Trichter Harsdörffers über die Chöre, »sol die Lehren / welche aus
vorhergehender Geschichte zuziehen / begreiffen / und in etlichen Reimsätzen
mit einer oder mehr Stimmen deutlichst hören lassen.« Bei Lohenstein entwickeln sich die »Reyen« häufig zu allegorisch-mythologischen Singspielen, in denen die ›Lehren‹ emblematisch verschlüsselt werden. Diese Verbildlichung kennzeichnet überhaupt den dichterischen Stil Lohensteins, der vor allem mit seiner
manieristischen Metaphernsprache über Gryphius hinausgeht. Den hohen rhetorischen Stil verwirklichen sie beide.

Oper

Wenn sich die »Reyen« zu musikalischen Szenen erweiterten und Johann
Christian Hallmann (um 1640–1704 bzw. 1714/16), der letzte der schlesischen
Barockdramatiker, seine Schauspiele durch eine wachsende Bedeutung der Musik
und durch raffinierte Effekte immer stärker an die Oper annäherte, so spiegelt
sich in diesen Veränderungen der Aufschwung der neuen Gattung. Entstanden
um die Wende zum 17. Jahrhundert in Italien (Ottavio Rinuccini/Jacopo Peri:
Dafne, 1597), schufen Heinrich Schütz (1585–1672) und Martin Opitz, der Rinuc-
cinis Text der *Dafne* übersetzte, die erste deutsche Oper. Aufgeführt wurde die
deutsche *Dafne* 1627 anlässlich einer Fürstenhochzeit in der Nähe von Torgau,
durchaus bezeichnend für das Bemühen, sich die neue, in den romanischen Ländern entwickelte höfische Gesellschaftskultur anzueignen. Anders als in Italien
waren Opernaufführungen zunächst auf Höfe beschränkt und dienten der höfischen Unterhaltung und Repräsentation. Ausnahme blieb lange die Hamburger
Oper, die um die Wende zum 18. Jahrhundert eine Blütezeit erlebte.

Schuldrama

Emblematisches
Städtebild von Breslau

Die Dramen von Gryphius oder Lohenstein wurden von Schülern protestantischer Gymnasien aufgeführt, obwohl es sich bei dem schlesischen Kunstdrama
mit seinen komplexen Texten und der kunstvollen Verssprache gewiss nicht um
Schuldramen im eigentlichen Sinn handelte. Eigens für die Schule, d. h. für die
rhetorische, ethische und religiöse Bildung der Schüler geschriebene Dramen hatten ein anderes Aussehen. Zwar war die Bedeutung des protestantischen Schultheaters während des Dreißigjährigen Kriegs zurückgegangen, doch in den 50er
Jahren setzte ein erneuter Aufschwung ein, der zu den letzten Höhepunkten in
seiner Geschichte führte. Dazu gehörte zum einen die erwähnte Verbindung mit
dem neuen Kunstdrama, die für kurze Zeit in Breslau und anderen Städten zustande kam, zum andern die auf modernen pädagogischen Zielsetzungen gegründete Schultheaterarbeit Christian Weises (1642–1708) im sächsischen Zittau. Sie
basierte auf der rhetorisch-humanistischen Tradition der protestantischen Ge-
lehrtenschule und ihren Grundsätzen – Förderung der verbalen Fähigkeiten und
Vermittlung ethisch-religiöser Lebenslehren –, setzte aber neue Akzente durch
eine Erweiterung und Modernisierung der didaktischen Zielsetzungen im Hinblick auf die Erfordernisse des beruflichen und gesellschaftlichen Lebens im barocken Fürstenstaat. Der dabei für Weise zentrale Begriff ist der des ›Politischen‹
im Sinne eines auf Lebensklugheit und praktische Lebensbewältigung zielenden
pädagogischen Konzepts.

Poetik des Schuldramas

Diese Vorgaben haben einschneidende formale und sprachliche Regelverlet-
zungen zur Folge. Die Ständeklausel der klassizistischen Poetik besitzt im Schuldrama keinerlei Verbindlichkeit, tragische und komische Elemente stehen nebeneinander, Prosa ersetzt die gehobene Verssprache und die Dramenstruktur wird

pädagogischen Erfordernissen unterworfen. Es gilt die »Untergebenen« – so nennt Weise seine Schüler – auf ihre künftige Rolle im Staats- und Hofdienst oder im Rahmen der städtischen Kaufmannschaft vorzubereiten, sie mit den gesellschaftlich gebotenen nützlichen und Erfolg versprechenden Verhaltensregeln und -prinzipien vertraut zu machen und diese zugleich einzuüben. Das Ignorieren der Ständeklausel und die Vermischung von Komik und Ernst korrespondieren mit Weises Stilkonzept, das auf Einfachheit, Deutlichkeit und ungezwungene ›Natürlichkeit‹, auf eine ›realistische‹ Annäherung an den üblichen sprachlichen Umgang gerichtet ist. Daraus folgt zugleich eine gewisse soziale Charakterisierung durch die Sprache, eine Gleichzeitigkeit oder ein Nebeneinander verschiedener Stil- und Sprachebenen entsprechend der jeweiligen Personenkonstellation und Kommunikationssituation.

Weise schrieb während seiner dreißigjährigen Amtszeit in Zittau rund 60 Dramen und studierte sie mit den Schülern ein. Jeweils drei Stücke wurden jährlich an aufeinander folgenden Tagen gespielt, wenn es nicht dynastische Trauerfälle oder Kriege verhinderten: ein Bibeldrama, ein historisch-politisches Schauspiel und zuletzt ein »freies Stücke«, in der Regel eine Komödie. 1682 stand am zweiten Tag das *Trauer-Spiel Von dem Neapolitanischen Haupt-Rebellen Masaniello* auf dem Programm, die Dramatisierung eines Volksaufstands im Jahr 1647. Das Stück ist in eine Vielzahl kleiner Szenen gegliedert, in denen mehr als 80 verschiedene Personen auftreten. Damit kann Weise ein breites Panorama aller Volksschichten entwerfen und zugleich seinen pädagogischen Zweck erfüllen, nämlich möglichst viele große und kleine Schüler an der Simulation künftiger Praxis beteiligen. Komische Szenen und Figuren erinnern an das Schauspiel der Wanderbühne. Gegenstand des Trauerspiels, an dem Lessing den »freien Shakespearschen Gang« schätzte, ist die Rebellion des unterdrückten Volkes der unter spanischer Herrschaft stehenden Stadt Neapel gegen eine verderbte Obrigkeit, der Umsturz und die Wiederherstellung der alten Ordnung. Verbunden damit ist Aufstieg und Fall des armen Fischers Masaniello, der an die Spitze des Aufstands tritt und uneigennützig für die Sache des Volkes kämpft, bis er dem Wahnsinn verfällt und seine Herrschaft in wütende Tyrannei ausartet. Gegenspieler Masaniellos sind der Vizekönig und ein brutaler, egoistischer Adel. Ihre Schachzüge, Rechtsbrüche und Unterdrückungsmaßnahmen werden ohne Verbrämung gezeigt, keine Stellungnahme für die Revolution, sondern Mahnung an die Herrschenden, es nicht so weit kommen zu lassen. Ihren Meister finden die Aufständischen (und die politischen Machthaber) in Kardinal Philomarini, der mit seiner durchaus skrupellosen politischen Klugheit allen anderen überlegen ist. Eine Harmonisierung liegt Weise fern, bietet doch das Geschehen mit seinem Nebeneinander von Brutalität, Falschheit, politischer Klugheit, Dummheit, Not, Unterdrückung und Rebellion die Möglichkeit, an einem aktuellen Beispiel reale Politik zu studieren: ein Lehrstück für Schüler und Zuschauer.

Im barocken Trauerspiel ist der Hof zentraler Schauplatz. Aber auch die Komödie, die in niederen sozialen Rängen spielt, kommt zunächst nicht ohne einen höfischen Rahmen aus. Er hat allerdings eine andere Funktion: Der Hof stellt die gesellschaftliche Norm dar, an der soziales Fehlverhalten gemessen wird. Denn im Verkennen des angemessenen Platzes in der gesellschaftlichen Hierarchie, in der Diskrepanz zwischen Anspruch und Wirklichkeit, zwischen Schein und Sein besteht die Komik. Das gilt für die Maulhelden in der Art des Miles gloriosus bzw. des Capitano der italienischen Commedia dell'Arte (Gryphius: *Horribilicribrifax*, 1663), das gilt für die Stücke vom Typ »König für einen Tag« (Christian Weise: *Ein*

**Christian Weisens
Zittauisches
THEATRUM**
Wie solches
Anno M DC LXXXII.
præsentiret worden/
Bestehende
in drey unterschiedenen Spielen.
1.
Von Jacobs doppelter Heyrath.
2.
Von dem Neapolitanischen Rebellen MASANIELLO.
3.
In einer Parodie eines neuen Peter
Squenzes von lautern Abfurdis Comicis.

Zittau/
In verlegung Johann Christoph Miethens/
Druckts Michael Hartmann/ 1683.

Sammelband mit den 1682 in Zittau aufgeführten Stücken Christian Weises

Weises »Masaniello«, Stück über eine Revolution

Tendenzen des barocken Lustspiels

Die Gestalt des großsprecherischen Capitano

Der *Hirnschleiffer,* so die Schreibweise im Text des Emblembuchs, soll den Leser durch die Darstellung von Beispielen zur Selbsterkenntnis als Voraussetzung eines tugendhaften christlichen Lebens führen.

wunderliches Schau-Spiel vom Niederländischen Bauer, 1685, gedruckt 1700), das gilt für den *Peter Squentz* (1658) von Gryphius, in dem das Theater im Theater zu einer pointierten Gegenüberstellung von höfischer Gesellschaft und dilettierenden Handwerkern und Kleinbürgern verschärft wird, die ihre gesellschaftliche Stellung – und ihre künstlerischen Fähigkeiten – verkennen. Diese Stücke dienen zur Belustigung der höheren Stände; sie bestätigen die herrschende Ordnung, die höfische Weltsicht.

Allerdings zeigen sich gegen Ende des Jahrhunderts Ansätze zu einer Komödie, die die Moral enger auf die bürgerliche Praxis bezieht: Weises Spiel Vom verfolgten Lateiner L'Honnête Femme Oder die Ehrliche *Frau zu Plißine* (1695) von Christian Reuter (1665 – nach 1712). Beide Stücke kritisieren bürgerlichen bzw. kleinbürgerlichen Standesdünkel, in beiden Fällen wird die Anmaßung durch die überlegene Intelligenz der studentischen Gegenspieler entlarvt. Das Handlungsgerüst, bei Reuter durch autobiographische Momente aktualisiert, geht auf die Komödie *Les Précieuses ridicules* (1659) von Molière zurück. Das ist kein Zufall, sondern verweist auf die starke Stellung, die das französische Drama inzwischen im Repertoire der Schauspieltruppen errungen hatte. Waren in den 20er und 30er Jahren Sammlungen *Engelischer Comedien und Tragedien* (1620, 1630) erschienen, so heißt der entsprechende Titel von 1670 *Schaubühne Englischer und Frantzösischer Comödianten.* Enthalten sind auch fünf Stücke Molières. Die Beliebtheit der französischen Komödie wird 1695 durch eine dreibändige Prosaübersetzung der Werke Molières bestätigt. Von der Rezeption Molières führt der Weg zur sächsischen Verlachkomödie.

Roman und andere Prosaformen

Die barocke Prosa umfasst ein breites Spektrum an Formen. Dominierend ist dabei der Bereich der nichtfiktiven Literatur: Erbauungs- und Predigtliteratur vor allem, Reiseberichte, Kompilationen der verschiedensten Art, d. h. journalistische und populärwissenschaftlich-erbauliche Auswertungen von Geschichtsbüchern, Reisebeschreibungen und naturkundlichen Werken, die auf das wachsende Bedürfnis des ›curieusen‹ Lesers nach Neuem, aber auch nach Weltorientierung verweisen. In diesem Zusammenhang gehören auch die seit 1605 (Straßburg) zahlreich entstehenden (und vergehenden) Zeitungen, die über politische, militärische, dynastische und andere aktuelle Ereignisse berichten. Von großer Bedeutung auch für die Erweiterung der Ausdrucksmöglichkeiten der deutschen Sprache ist die Fachliteratur, die – z. T. in Übersetzungen – von der Medizin, den Naturwissenschaften und der Ökonomie bis hin zu architektonischen und militärwissenschaftlichen Anleitungen zur Festungsbaukunst alle wichtigen Gebiete abdeckt. Daneben stehen die traditionellen literarischen Gattungen wie Satire oder Roman und eine Vielfalt verschiedener kleinerer Erzählformen wie Schwank oder Apophthegma (situationsgebundener, pointierter Sinn- und Denkspruch mit ethischer, lebenspraktischer Orientierung), die meist in groß angelegten Sammlungen zusammengefasst sind.

Erbauungsliteratur

Nicht nur als Zeugnis für die religiöse Orientierung des Lebens im 17. Jahrhundert, sondern auch als Hintergrund für die Dichtung der Zeit kommt der Erbauungsliteratur eine besondere Bedeutung zu. Auf protestantischer Seite übte das Werk Johann Arndts (1555–1621) eine tief greifende Wirkung aus. Seine *Vier*

Bücher vom wahren Christentum (1605–09) verstehen sich als Anleitung zu einer vertieften, gelebten Frömmigkeit; dabei spielt die Rückbesinnung auf mittelalterliche mystische Traditionen eine wesentliche Rolle. Arndts Vorstellungen wirkten im Pietismus weiter, und mit seiner allegorisch-erbaulichen Weise der Naturbetrachtung blieb er nicht ohne Einfluss auf Dichtung und Emblematik des 17. Jahrhunderts. Auf der katholischen Seite entfaltete zur gleichen Zeit am Münchener Hof Aegidius Albertinus (1560–1620) eine fruchtbare schriftstellerische Tätigkeit im Dienst der Gegenreformation. Seine mehr als 50 Schriften gehören fast ausschließlich der geistlichen Literatur an. Bedeutendes Beispiel ist die große Moralsatire *Lucifers Königreich und Seelengejaidt* (1616), aber auch seine Version von Mateo Alemáns Pikaroroman Guzmán de Alfarache *Der Landtstörtzer: Gusman von Alfarche oder Picaro genannt*, 1615) gehört in diesen geistlich-moralischen Zusammenhang. Besonders erfolgreich war Albertinus als Übersetzer von Werken Antonio de Guevaras, des Hofpredigers Karls V., die wesentliche Momente einer katholisch-barocken Geistigkeit in den deutschen Sprachraum trugen. Ihnen verdankt Grimmelshausen das »Adieu Welt« am Ende des fünften Buches des *Simplicissmus* (1668–69). Neue Impulse erhielt die katholische Frömmigkeitspraxis und asketische Literatur durch den Jesuiten und Münchner Hofprediger Jeremias Drexel (1581–1638); wichtig für die spätere Entwicklung wurde vor allem seine Übernahme der Methoden der *Exercitia spiritualia* des Ordensgründers Ignatius von Loyola.

Katholische Predigt

Von großem literarischen Reichtum ist die katholische Barockpredigt. Die Werke der betont volksnahen Prediger wurden in großen Sammlungen und Handbüchern publiziert; z. T. entstanden dabei durch die Integration der Predigten in einen erzählerischen Rahmen literarische Großformen. So dient in dem vierbändigen »Entwurff / und Lebens-Beschreibung« *Judas Der Ertz-Schelm* (1686–95) des kaiserlichen Hofpredigers Abraham a Sancta Clara (1644–1709) die Lebensgeschichte des Judas Ischariot als Rahmen für moralische und erbauliche Abhandlungen, Exkurse, Exempel und andere für Predigten taugliche »Materien«. Seine bekanntesten Schriften entstanden im Zusammenhang mit der Wiener Pestepidemie 1679 (*Mercks Wienn*, 1680) und der Belagerung durch die Türken (*Auff / auff ihr Christen*, 1683). Prediger wie Abraham a Sancta Clara, Florentius Schilling (1602–70), Prokop von Templin (1608–1680), Heribert von Salurn (1637–1700) oder Wolfgang Rauscher (1641–1709) nutzen auf ihre Weise Konzepte der barocken Ästhetik, um ihrem geistlichen Anliegen eine breite Resonanz zu verschaffen: einprägsame Bilder und Bilderreihen, Allegorien, Embleme, Gedichteinlagen, exemplarische Geschichten und Wundererzählungen (›Predigtmärlein‹), Verbindung von Ernst und Komik, von tiefer Frömmigkeit und treffsicherer Satire. Schiller fand in Abrahams Werk das Sprachmaterial für den Auftritt des Kapuziners in *Wallensteins Lager* (1798).

Abraham a Sancta Claras
Judas Der Ertz-Schelm
(Titelblatt des ersten
Bandes 1686)

Reisebeschreibungen

Deutsche, die »nach der Kenntniß ausländischer Sachen« strebten, konnten in der Regel ihre Wissbegier nicht aus eigener Anschauung befriedigen. An den großen Entdeckungen und Eroberungen der Frühen Neuzeit war Deutschland nicht beteiligt, deutsche Teilnehmer entsprechend selten. Es bleibe aber, so meinte ein Verleger 1668 ganz im Sinne seines Geschäftszweigs, dem Deutschen eine Möglichkeit offen: »Kan er / weder zu Wasser / noch zu Lande / fort […]: so reiset er gleichsam zu Papier / in den Schrifften andrer Personen / tapffer herum / und schauet also der Welt zu / gleichsam durch fremde Augen.« Die Erschließung Afrikas, Asiens und vor allem Amerikas hatte eine Vielzahl von Reisebeschreibungen und -berichten zur Folge, die – da nur ausnahmsweise von Deut-

Titelblatt der zweiten
Auflage von Olearius'
Reisebeschreibung (1656)

*»Raritäten« und »Curiositä-
ten«: Kompilationsliteratur*

Titelkupfer zu einem der
zahlreichen Kompilations-
werke Erasmus Franciscis
(1663)

Moralische Geschichten

schen verfasst – in der Regel rasch übersetzt und dann auch in Sammelwerken zugänglich gemacht wurden. Die Amerikareisen etwa dokumentieren zwei große verlegerische Unternehmungen, die vierzehnteilige Serie *America* (1590–1630) Theodor de Brys und die insgesamt sechsundzwanzig *Schiffahrten* (1598–1650) von Levinus Hulsius. Im Zusammenhang mit der Tätigkeit der Holländisch Ostindischen Kompagnie und verschiedener Konkurrenzunternehmungen wurde der Ferne Osten vermehrt Gegenstand von Reisebeschreibungen. Der bedeutendste eigenständige deutsche Beitrag zur Reiseliteratur war die *Offt begehrte Beschreibung der Newen Orientalischen Reise* (1647) von Adam Olearius (1599–1671), die 1656 in ihrer endgültigen, erweiterten Form erschien (*Vermehrte Newe Beschreibung Der Muscowitischen und Persischen Reyse*): monumentales Ergebnis einer (sonst erfolglosen) Holsteinischen Gesandtschaftsreise (1633–39), die eine neue Handelsroute erschließen sollte, mit ausführlichen, reich illustrierten Beiträgen zur Landeskunde Russlands und Persiens (sowie Gedichten Paul Flemings, der als »Hoff-Juncker« der Gesandtschaft angehörte).

Reisebeschreibungen zählten zu den wichtigsten Quellen für populäre Kompilationen, die zu Belehrung und Unterhaltung das Interessanteste und Aufregendste – »Denkwürdigkeiten«, »Raritäten« und »Curiositäten« – aus verschiedenen Wissensgebieten präsentierten und mit ihren Informationen über fremde Völker und Länder, Geschichte und Politik, aber auch über Natur und Naturwissenschaft den Bedürfnissen eines wachsenden Lesepublikums entgegenkamen. Einer der fruchtbarsten Autoren auf diesem Gebiet war der Nürnberger Verlagskorrektor Erasmus Francisci (1627–94) mit Werken wie *Ost- und West-Indischer wie auch Sinesischer Lust- und Stats-Garten* (1668), *Guineischer und Americanischer Blumen-Pusch* (1669) und *Neupolirter Geschicht- Kunst- und Sitten-Spiegel ausländischer Völcker* (1670). Während Francisci seine Materialien auch nach moralisch-didaktischen Gesichtspunkten auswählte und zur Tugend anregen und vom Laster abschrecken wollte, verzichtete Eberhard Werner Happel (1647–90) weitgehend auf das Moralisieren: Seine vielbändigen Kompilationen, z.B. *Gröste Denkwürdigkeiten der Welt Oder so genannte Relationes Curiosae* (1683–89), gingen aus Zeitungsbeilagen hervor, die sich an Leser richteten, die nicht moralische Belehrung, sondern mit jeder Ausgabe weitere Neuigkeiten und merkwürdige »Seltzamkeiten« erwarteten. Andere Akzente setzte Johann Praetorius (1630–80), in dessen umfangreicher Produktion neben Schwanksammlungen und Prodigienliteratur (z.B. Kometenschriften) Kompilationen von volkstümlichen Überlieferungen aus dem Gebiet des Aberglaubens und der Sage dominieren. Eine lang andauernde Wirkung erzielte er mit Büchern zu zwei Themenkomplexen. Fast alle Rübezahlsagen gehen auf die großen Sammlungen zurück, die Praetorius aus literarischen Quellen und mündlicher Überlieferung (und gelegentlich auch eigener Erfindung) zusammentrug (*Daemonologia Rubinzalii Silesii. Das ist / Ein ausführlicher Bericht / Von den wunderbarlichen / sehr Alten / und weitbeschrienen Gespenste Dem Rübezahl*, 1662–65; *Satyrus Etymologicus, Oder der Reformirende und Informirende Rüben-Zahl*, 1672). Noch Goethe und Heine benutzten seine unkritische Darstellung des Hexenwesens und der im Volk umlaufenden Hexengeschichten, die er unter dem Titel *Blockes-Berges Verrichtung* (1668) veröffentlichte.

Eine ungemeine Popularität erreichte um die Jahrhundertmitte eine andere Gattung der Kompilationsliteratur. Es handelt sich um eine Art moralisierender weltlicher Erzählprosa, die sich im Zusammenhang mit der Rezeption französischer, italienischer und spanischer Novellistik entwickelte, um moralische Erzäh-

Doppelseitiges Titel-
kupfer zum ersten Teil
von Harsdörffers *Frauen-
zimmer Gesprächspielen*,
die im Queroktavformat
gedruckt wurden.

lungen, die nach französischem Vorbild in großen »Schauplätzen« zusammengestellt wurden. Muster waren die *Histoires tragiques*, französische Bearbeitungen
italienischer Novellen, die seit der Mitte des 16. Jahrhunderts erschienen. Autoren wie François de Rosset und Jean-Pierre Camus schlossen sich im 17. Jahrhundert mit weiteren Sammlungen an, die dann auch deutsche Übersetzer fanden.
Martin Zeiller (1589–1661) legte bereits 1615 eine Rosset-Übertragung vor (*Theatrum Tragicum, Das ist: Newe / Wahrhafftige / traurig / kläglich unnd wunderliche
Geschichten*), die später mehrfach erweitert und häufig gedruckt wurde. Erfolgreichster und bedeutendster Autor in diesem Genre war jedoch Georg Philipp
Harsdörffer, der rund 800 Geschichten italienischer, französischer und spanischer
Novellisten übersetzte bzw. bearbeitete und in mehreren großen Sammlungen
veröffentlichte: *Der Grosse Schau-Platz jämmerlicher Mordgeschichte* (1649–50),
Der Grosse Schau-Platz Lust- und Lehrreicher Geschichte (1650–51), *Heraclitus und
Democritus Das ist C. Fröliche und Traurige Geschichte* (1652) usw. Seine Rechtfertigung bezieht das Erzählen »seltener«, »merkwürdiger« Begebenheiten aus
dem moralischen Nutzen, der daraus zu ziehen ist. Geschichten und Geschichte
werden exemplarisch verstanden, bieten Beispiele für richtiges und falsches Verhalten. Diese in den Vorlagen in der Regel bereits angelegte Tendenz verstärkt
Harsdörffer durch Anfangs-und Schlusskommentare und durch lehrhafte Einschübe, die jeden Gedanken an die (von Harsdörffer abgelehnte) unverfälschte
italienische Novellistik mit ihrer »unkeuschen Vermessenheit« verbieten. Der Vorrang des Moralischen lässt der erzählerischen Entfaltung keinen Raum.

Unterhaltung und Belehrung verbinden auch, allerdings auf eher spielerische
Weise, die Gesprächspiele, eine Form der Dialogliteratur, die Harsdörffer mit den
acht Teilen seiner *Frauenzimmer Gesprächspiele* (1641–49) nach italienischem
Vorbild in die deutsche Literatur einführte und dabei zugleich die wichtige zivili-
sierende Rolle der Frau im gesellschaftlichen Umgang hervorhob. Es geht um eine
anspruchsvolle und geistreiche, aber nicht wissenschaftlich gründliche Form der
Unterhaltung. Drei Damen und drei Herren aus adeligem und bürgerlichem Milieu treffen sich, um sich nach wechselnden Spielregeln zu unterhalten und zu
bilden. Dies ist der Rahmen, den »Leichte Schertz- und Lustpiele«, »Schwere
Kunst- und Verstandspiele«, lehrhafte Diskussionen und literarische und musikalische Einlagen füllen. Die Themenvielfalt ist groß – Sprache und Dichtung, Rhetorik, bildende Kunst, Tugendlehre, »Naturkündigung«, Jägerei, Francis Bacons
Nova Altlantis usw. –, wobei Harsdörffer nicht zuletzt die Bildung der Frauen im
Auge hat. Er bescheinigt ihnen hohen Verstand und beklagt zugleich die mangelnde Ausbildung ihrer Fähigkeiten. Während Harsdörffer trotz der enzyklopädischen Tendenz seines Unternehmens in vielen Fällen noch ausgesprochene
Spielanweisungen gibt, benutzen seine Nachfolger die Form vorwiegend zur Vermittlung von Lehr- und Lesestoff. Dabei wendet sich Johann Rist in seinen – nur

*Dialogliteratur:
Gesprächspiele*

von Männern geführten – *Monatsgesprächen* (1663–68) den Dingen der Erfahrungswelt zu; die belehrenden Gespräche über verschiedene Erscheinungen der Natur und des menschlichen Erfindungsgeistes erweisen sich als bedeutende kulturgeschichtliche Informationsquelle.

Prosasatire: Johann
Michael Moscherosch

Der Stich aus einer späteren Ausgabe der *Gesichte Philanders von Sittewald* zeigt Moscherosch als vom Krieg bedrohten Amtmann von Finstingen in Lothringen (1636–41).

Romanproduktion

Die Gattungen der europäischen und deutschen Romanliteratur

Auch die Gattung der Prosasatire beschreibt wesentliche Aspekte der Welterfahrung im 17. Jahrhundert. Aber ihr Ansatz ist ein anderer, die Belehrung moralisierend: Dargestellt werden lasterhafte Handlungen und Zustände, die den Leser zur Erkenntnis seiner eigenen Sünd- und Lasterhaftigkeit führen, ihm als Spiegel dienen sollen. Unterhaltsame Aspekte sind nur ein Mittel zum erbaulichen Zweck, die häufig zitierte verzuckerte Pille, die die Arznei leichter genießbar macht. Wie sich aus dem kritischen Blick auf die Welt und den Menschen ein großes Kultur- und Gesellschaftsbild ergeben kann, zeigen die *Gesichte Philanders von Sittewalt* (1640–50) von Johann Michael Moscherosch (1601–69). Dieses Werk, die bedeutendste deutsche Prosasatire des 17. Jahrhunderts, schließt sich in seinem ersten Teil an die *Sueños* (›Träume‹, 1627) des spanischen Satirikers Francisco de Quevedo y Villegas an, passt aber die Traumgesichte und Jenseitsvisionen den deutschen Verhältnissen an. Der zweite Teil ist eine eigene Arbeit Moscheroschs. Außerdem erfindet er einen epischen Rahmen. Die Begegnungen und Erlebnisse des jungen Philander auf seiner Bildungsreise liefern die Themen für die insgesamt vierzehn nächtlichen Visionen: »Welt-Wesen«, »Venus-Narren«, »Höllen-Kinder«, »Hoff-Schule«, »Ala mode Kehrauß« usw. Dabei richtet sich die Kritik besonders vehement gegen die (vor allem aus Frankreich importierten) Mode- und Kulturerscheinungen der absolutistischen Hofkultur, die als Bedrohung der »Alten Teutschen Redligkeit«, der kulturellen Identität, empfunden werden. Unterstrichen wird diese Gefahr durch die Auswirkungen des Dreißigjährigen Kriegs, dessen Gräuel Moscherosch in dem eindrucksvollen Gesicht »Soldaten-Leben« schildert, auf das dann Grimmelshausen für seinen *Simplicissimus* (1668–69) zurückgreifen konnte.

Der Anteil der Romanliteratur an der poetischen Produktion war im 17. Jahrhundert noch nicht sehr groß, von einem raschen Anstieg der Romanproduktion und einer entsprechenden Erweiterung des Lesepublikums, wie sie die Zeit nach 1740 kennzeichnet, war noch nichts zu spüren. Als sich der reformierte Romankritiker Gotthard Heidegger (1666–1711) in seiner *Mythoscopia Romantica: oder Discours Von den so benanten Romans* (1698) über ein »ohnendlich Meer« von Romanen beklagte, das über den Leser hereinbreche, meinte er damit, dass vierteljährlich »einer oder mehr Romans« erschienen. Neuere Berechnungen bestätigen diese Annahme und kommen zu dem Ergebnis, dass gegen Ende des 17. Jahrhunderts kaum mehr als sechs bis acht Romane (einschließlich Übersetzungen) im Jahr gedruckt wurden.

Während in Deutschland noch der spätmittelalterliche *Amadís* übersetzt und fortgeführt wurde (1569–95) und die so genannten Volksbücher großen Absatz fanden, bildeten sich in Spanien und in anderen süd- und westeuropäischen Literaturen die Gattungen heraus, die den europäischen Roman der Renaissance und des Barock konstituieren sollten. Der anonyme *Lazarillo de Tormes* (1554) und Mateo Alemáns *Guzmán de Alfarache* (1599–1604) begründeten die bis in die Gegenwart wirksame Tradition des Pikaro- oder Schelmenromans, Jorge de Montemayor legte mit seiner *Diana* (1559) die Grundlage für die weitere, in Honoré d'Urfés *Astrée* (1607–27) gipfelnde Entwicklung des Schäferromans, indem er Milieu und Thematik der Schäferpoesie der Renaissance mit Handlungselementen des Ritterromans verband. Und wenn dann in manchen Schäferromanen die ritterlich-höfischen Elemente verstärkt und das Geschehen formaler Disziplin nach dem Vorbild des griechischen Liebesromans unterworfen wurde (Sir Philip Sidney: *Arcadia*, 1590–93) bzw. eine gewisse geographische und historische Fundierung erhielt (d'Urfé), deutete sich der Weg zum höfisch-historischen Roman des Barock an. Darüber hinaus ergänzen inkommensurable Meisterwerke wie Cervantes' *Don Quijote* (1605–15) und Genres wie der sentimentale Liebesroman (*novela sentimental, roman sentimental*), der *roman comique*, die Utopie oder das sich im Rückzug befindliche Modell des Ritterromans das facettenreiche Romanspektrum im 16. und 17. Jahrhundert mit seinen vielfältigen Variationen und Mischformen zwischen den sozialen und stilistischen Polen ›Hoch‹ und ›Niedrig‹. Vor diesem Hintergrund entfaltet sich die Geschichte des deutschen Barockromans mit seinen drei Hauptgattungen höfisch-historischer Roman, Schäferroman und Pikaroroman. Am Anfang stehen Übersetzungen und Bearbeitungen der stil- und gattungsbildenden ausländischen Muster, Arbeiten, die nicht nur die moderne europäische Romanliteratur bekannt machen, sondern auch der sprachlichen und stilistischen Schulung als notwendiger Voraussetzung für eine eigene Produktion dienen sollten. Mit zunehmender Eigenständigkeit ergeben sich dabei im Verlauf der Rezeptionsgeschichte Abwandlungen der Grundmuster, Mischformen entstehen.

Eigenständige deutsche höfisch-historische Romane erschienen erst recht spät, lange nachdem die Gattung durch zahlreiche Übersetzungen vor allem aus dem Französischen, aber auch aus dem Lateinischen, Italienischen und Englischen in Deutschland eingeführt worden war. Unter den Romanen, die in der ersten Hälfte des 17. Jahrhunderts nach Deutschland gelangten, nimmt John Barclays *Argenis* (lat. 1621, frz. 1623, deutsche Übersetzung von Opitz 1626) eine besondere Stellung ein. Barclay erneuert die kunstvolle Technik von Heliodors *Aithiopika* (3. Jh. n. Chr.), d. h. er beginnt unvermittelt an einem weit fortgeschrittenen Punkt der Handlung (*in medias res*) und sorgt dann durch Rückblicke (Vorgeschichten) für die allmähliche, die Romangegenwart beeinflussende Aufhellung der früheren Ereignisse. Mit der Form übernimmt er auch das Schema der Liebesgeschichte: die Geschichte eines jungen Paares, das gegen seinen Willen auseinander gerissen und nach mancherlei Gefährdungen psychischer und physischer Art wieder vereinigt wird und so den Lohn für die bewährte Beständigkeit erhält. Da sich aber das Liebesgeschehen in der *Argenis* fast ausschließlich unter hohen Standespersonen abspielt, für die private und öffentliche Sphäre identisch sind, wird es möglich, das alte Romanschema um eine politische Dimension zu erweitern, die von nun an – meist im Sinn absolutistischen Herrschertums – den höfisch-historischen Roman des 17. Jahrhunderts prägen sollte. Wie sich das glückliche Ende durch immer neue Unglücksfälle und Verwirrungen fast beliebig hinauszögern lässt, so ist es möglich, die einfache Grundstruktur von Heliodors *Aithiopika* oder Barclays *Argenis* durch die Einführung weiterer Liebespaare fast unübersehbar zu verwickeln. Auf diese Weise entstehen die barocken Großromane, die – obwohl nicht sehr zahlreich – die übliche Vorstellung vom höfisch-historischen Roman des 17. Jahrhunderts bestimmen.

Der deutsche höfisch-historische Roman ist ein Produkt der höfischen und der bürgerlich-gelehrten Kultur. Seine Affinität zur herrschenden politischen Doktrin der Zeit, dem Absolutismus, ist offensichtlich; die Akzente werden freilich – bedingt durch die unterschiedliche soziale Stellung und die jeweiligen Interessen der Autoren – verschieden gesetzt. Die Romane sind gegenwartsbezogen, auch wenn sie germanische, römische oder biblische Geschichten erzählen. So ist Lo-

Höfisch-historischer Roman

Titelkupfer der ersten deutschen Ausgabe der *Argenis* John Barclays

Roman und Absolutismus

Aus Philipp von Zesens Josefsroman *Assenat* (1670): Josefs Einzug in Ägypten

Anton Ulrich: Roman als Theodizee

Titelblatt der ab 1712 erscheinenden letzten Fassung des zweiten Romans von Anton Ulrich. Titel der ersten Fassung von 1677–79: *Octavia Römische Geschichte*

hensteins *Arminius* (1689–90) eine Art Schlüsselroman, der Ereignisse und Personen neuerer Zeit in verdeckter Form mit einbezieht und als Kommentar zur aktuellen politischen Lage und als Warnung vor den Folgen der deutschen Zwietracht begriffen werden will. Philipp von Zesens *Assenat* (1670) wiederum handelt in biblischer Verkleidung – es ist ein Josefsroman – von der Durchsetzung eines absolutistischen Reformprogramms. Josef gilt hier als »ein rechter Lehrspiegel vor alle Stahtsleute«, als »lehrbild« aller »Beamten der Könige und Fürsten«, der seinen ganzen Ehrgeiz auf die Errichtung eines rational organisierten absolutistischen Macht- und Wohlfahrtsstaats setzt. Werden hier die Interessen des gelehrten Bürgertums artikuliert, das seine Aufstiegschancen im absolutistischen Herrschaftssystem erkennt, so ändert sich die Perspektive, wenn ein lutherischer Seelsorger für moralisch einwandfreie, d. h. erbauliche Romanliteratur zu sorgen sucht: Andreas Heinrich Bucholtz (1607–71) in seinen gegen den als unsittlich verschrieenen *Amadís* gerichteten Romanen *Herkules* (1659–60) und *Herkuliskus* (1665). In den Romanen Herzog Anton Ulrichs von Braunschweig-Wolfenbüttel (1633–1714) schließlich spiegelt sich die exklusive Welt des fürstlichen Absolutismus, die für sich und ihre Gesetze fraglose Allgemeingültigkeit beanspruchen kann, weil der Autor von einem Publikum ausgeht, das seine Wertvorstellungen teilt (*Die Durchleuchtige Syrerinn Aramena*, 1669–73; *Octavia Römische Geschichte*, 1677 ff.). Dass die »Fürstlichen Geschichten« Anton Ulrichs eine besondere Stellung in der Geschichte des deutschen höfischen Romans einnehmen, verdanken sie weitgehend dieser durchaus intendierten Exklusivität und der hohen Stellung ihres Verfassers, die für die Authentizität der geschilderten Welt bürgt. Wird in anderen höfisch-historischen Romanen die absolutistische Staatsauffassung diskutiert oder ihre Durchsetzung in der politischen Praxis vorgeführt, so geht es bei Anton Ulrich um eine idealisierte Selbstdarstellung der fürstlich-absolutistischen Welt.

Das geschieht nicht ohne einen philosophisch-theologischen Anspruch. Die komplizierte, verwirrende Struktur der Romane – in der *Aramena* werden beispielsweise 36 Lebensgeschichten miteinander verflochten, die nur der allwissende Romanautor überblickt – erhält erst vom Schluss her ihren Sinn: Hinter dem scheinbar chaotischen Geschehen wird das Wirken der Vorsehung sichtbar. Dass dieses »künstliche zerrütten / voll schönster Ordnung ist«, erkannten schon zeitgenössische Leser wie Catharina Regina von Greiffenberg, die den Roman als Abbild der göttlichen Weltordnung beschreibt. Ihre Gedanken über den Roman als dichterische Theodizee werden später von Gottfried Wilhelm Leibniz (1646–1716) weitergeführt, wenn er in Briefen an den Herzog auf die Parallelität von kunstvoller Romanstruktur und Geschichte, von Romanautor und Gott zu sprechen kommt. In einer Anspielung auf den Frieden von Utrecht (1713) vergleicht er den »Roman dieser Zeiten«, dem er »eine beßere entknötung« gewünscht hätte, mit Anton Ulrichs Arbeit an seinem zweiten Roman, die sich – ohne zu einem Abschluss zu kommen – über Jahrzehnte hinzog: »Und gleichwie E. D. [Eure Durchlaucht] mit Ihrer Octavia noch nicht fertig, so kan Unser Herr Gott auch noch ein paar tomos [Bände] zu seinem Roman machen, welche zulezt beßer lauten möchten. Es ist ohne dem eine von der Roman-Macher besten künsten, alles in verwirrung fallen zu laßen, und dann unverhofft herauß zu wickeln. Und niemand ahmet unsern Herrn beßer nach als ein Erfinder von einem schöhnen Roman.«

Anton Ulrich nahm an verschiedenen Stellen seiner Romane Texte anderer Autoren auf; sein früherer Erzieher Sigmund von Birken gab bis zu seinem Tod den

Werken den letzten stilistischen Schliff und beförderte sie zum Druck. Besondere Aufmerksamkeit verdient jedoch der Beitrag von Anton Ulrichs Schwester Sibylle Ursula (1629–71), von der die erste Handschrift (von Teilen) der *Aramena* und möglicherweise auch die Konzeption des gesamten Werkes stammt, angeregt durch ihre z. T. handschriftlich erhaltenen Übersetzungen großer französischer Barockromane (Gautier Coste de La Calprenède: *Cassandre* und *Cléopâtre*). Die Phase der engen Zusammenarbeit endete mit Sibylle Ursulas Hochzeit 1663; Anton Ulrich bearbeitete die frühe Fassung des Romans und führte ihn vom dritten Band an zu Ende. Dieser Band ist seiner Schwester gewidmet.

Mit der *Asiatischen Banise* (1689) von Heinrich Anshelm von Ziegler und Kliphausen (1663–97) kehrt der höfisch-historische Roman wieder zu einem relativ übersichtlichen Aufbau zurück. Dank der spannenden Handlung, lokalisiert im exotischen Hinterindien, der extremen Charaktere und der rhetorischen Brillanz fand das Werk Leser bis weit ins 18. Jahrhundert hinein: Dem elfjährigen Anton Reiser bereitete die *Banise* immerhin »zum ersten Male das unaussprechliche Vergnügen verbotner Lektüre« (Karl Philipp Moritz: *Anton Reiser*, 1785).

Zieglers »Asiatische Banise«

Gegen Ende des 17. Jahrhunderts bahnt sich eine Entwicklung an, die vom höfisch-historischen zum so genannten galanten Roman führt. Mit diesem Begriff bezeichnet man Werke, die formal dem höfisch-historischen Roman verpflichtet sind, aber seine ethischen und theologisch-philosophischen Grundlagen (Beständigkeit, Theodizee) modifizieren und das ›heroische‹ Element (Rittertum, Staatsgeschehen) zugunsten der Darstellung von Liebesverwicklungen zurückdrängen. Wegbereiter dieses Genres ist August Bohse (1661–1742) mit Romanen wie *Der Liebe Irregarten* (1684) oder *Liebes-Cabinet der Damen* (1685); seine reinste Form erreicht der galante Roman bei Christian Friedrich Hunold (1681–1721) und seiner *Liebens-Würdigen Adalie* (1702); und noch Johann Gottfried Schnabel zehrt von dieser Tradition (*Der im Irr-Garten der Liebe herum taumelnde Cavalier*, 1738).

Galanter Roman

Während für den höfisch-historischen Roman, bei allen Modifikationen im Einzelnen, die Muster aus den anderen europäischen Literaturen verbindlich bleiben, nimmt der deutsche Schäferroman eine Sonderstellung ein. Zwar werden die großen Romane von Montemayor und d'Urfé ab 1619 ins Deutsche übertragen, doch führt die Rezeption dieser höfisch-repräsentativen Schäferromane, in denen überindividuelle Liebeskonflikte und Liebeskonzeptionen dargestellt und diskutiert werden, nicht zu einer direkten Nachfolge in Deutschland. Hier entstehen vielmehr Sonderformen, kleine Romane, welche die Liebe als »Privatwerck« zu ihrem Gegenstand machen und Persönliches anklingen lassen, diesen (zukunftsweisenden) Umstand jedoch durch eine konventionelle, klischeehafte Darstellungsweise und moralisierenden Eifer überdecken. Der erste und erfolgreichste dieser Romane ist die unter einem Pseudonym erschienene *Jüngsterbawete Schäfferey / Oder Keusche Liebes-Beschreibung / Von der Verliebten Nimfen Amoena, Und dem Lobwürdigen Schäffer Amandus* (1632). Erzählt wird freilich weniger eine Liebesgeschichte als ein moralisches Exempel: Die Liebe, die als unwiderstehliche Macht in die höfisch-stilisierte Schäferwelt einbricht, erscheint als sündhafte Leidenschaft. Sie bleibt ohne Erfüllung. Die »kluge Vernunfft« behält den Sieg. Dieses Muster wird verbindlich für eine ganze Reihe von Schäferromanen und wirkt auch auf die empfindsam-melancholische *Adriatische Rosemund* (1645) Philipp von Zesens ein, in der Elemente des höfisch-historischen Romans, des europäischen sentimentalen Romans und des Schäferromans verschmolzen sind. Eine bemerkenswerte Ausnahme von der Regel des unglücklichen Ausgangs

Schäferroman: deutsche Sonderentwicklung

Kupfertitel von Philipp von Zesens *Adriatischer Rosemund*

ist die kleine Schäfererzählung *Damon und Lisille* (1663) von Johann Thomas (1624–79), eine durch zahlreiche Gedichte akzentuierte Schilderung eines bürgerlichen Ehelebens und zugleich exemplarische Darstellung einer »keuschen Liebe«.

Großer Schäferroman: »Die Kunst- und Tugend-gezierte Macarie«

Außergewöhnlich in doppelter Hinsicht ist der zweibändige Schäferroman *Die Kunst- und Tugend-gezierte Macarie* (1669–73) von Heinrich Arnold Stockfleth (1643–1708) und Maria Katharina Stockfleth (1634–92): Es handelt sich um den einzigen großen deutschen Schäferroman, zugleich gehört das Werk zu den bedeutendsten Leistungen deutscher Dichterinnen des 17. Jahrhunderts. Maria Katharina, wie ihr Ehemann Mitglied der Nürnberger Pegnitzschäfer, kommt der entscheidende Anteil an dem Roman zu, der Hof- und Adelsgesellschaft und die Vorstellung einer auf Tugend und Bildung gegründeten Lebensform einander gegenüberstellt: Die *Macarie* überträgt die der Schäferpoesie innewohnende Spannung zwischen geschichtlich-politischer Wirklichkeit und dem Gegenbild eines idealen Arkadien aktualisierend auf die spezifische Situation im barocken Fürstenstaat und entfaltet dabei ein beträchtliches kritisches Potential.

Niederer Roman: Opposition gegen den höfisch-historischen Roman

Die Autoren des niederen Romans, der dritten Hauptgattung des Barockromans, verstehen ihre Werke als Gegenbilder zum hohen, zum höfisch-historischen Roman, von dem sie sich in wesentlichen Aspekten unterscheiden: in der Figur des Helden und seiner Welt, in der Struktur der Erzählung, in der Erzählweise. Grundsätzliche poetologische Opposition zeigt sich im ausgesprochenen Wahrheitsanspruch des niederen Romans, während es der ›hohe‹ Roman auf eine nur ›wahrscheinliche‹ Verbindung von Geschichte und Fiktion anlegt. Darauf zielt Hans Jacob Christoph von Grimmelshausen (1621/22–1676), wenn er im *Simplicissimus* (1668–69) die »rechten Historien« und »warhafften Geschichten« den »Liebes-Büchern« und »Helden-Gedichten« wertend gegenüberstellt; ebenso Johann Beer (1655–1700), der bedeutendste Nachfolger Grimmelshausens, der Wahrheit und Nützlichkeit in Beziehung bringt. In seinen *Teutschen Winter-Nächten* (1682) heißt es im Anschluss an eine Jugendgeschichte: »Natürliche Sachen sind endlich nicht garstig, und deswegen werden solche Sachen erzählet, damit wir uns in der Gelegenheit derselben wohl vorsehen und hüten sollen. Ich habe

Johann Beer

vor diesem in manchen Büchern ein Haufen Zeuges von hohen und großen Liebesgeschichten gelesen, aber es waren solche Sachen, die sich nicht zutragen konnten noch mochten. War also dieselbe Zeit, die ich in Lesung solcher Schriften zugebracht, schon übel angewendet, weil es keine Gelegenheit gab, mich einer solchen Sache zu gebrauchen, die in demselben Buche begriffen war; aber dergleichen Historien, wie sie Monsieur Ludwigen in seiner Jugend begegnet, geschehen noch tausendfältig und absonderlich unter uns. Dahero halte ich solche viel höher als jene, weil sie uns begegnen können und wir also Gelegenheit haben, uns darinnen vorzustellen solche Lehren, die wir zu Fliehung der Laster anwenden und nützlich gebrauchen können. Was hilft es, wenn man dem Schuster eine Historia vorschreibt und erzählet ihm, welchergestalten einer einesmals einen göldenen Schuh gemachet, denselben dem Mogol verehret, und also sei er hernach ein Fürst des Landes worden? Wahrhaftig, nicht viel anders kommen heraus etliche gedruckte Historien, welche nur mit erlogenen und großprahlenden Sachen angefüllet, die sich weder nachtun lassen, auch in dem Werke selbsten nirgends als in der Phantasie des Scribentens geschehen sind.« Wenn Beer an einer anderen Stelle schreibt, dass sein »Entwurf mehr einer Satyra als Histori ähnlich siehet«, dann weist er darauf hin, dass die Autoren des niederen Romans ihre Werke den satirischen Schriften zurechnen.

Wie bei den anderen Gattungen des Barockromans gehen auch beim niederen Roman Übersetzungen und Bearbeitungen ausländischer Romane der eigenen Produktion voraus. Die beiden wichtigsten Ausprägungen des niederen Romans sind vertreten: Spanischer Pikaroroman, in gegenreformatorischem Sinn bearbeitet (u. a. *Lazarillo de Tormes*, 1554; deutsch 1617; Mateo Alemán: *Guzmán de Alfarache*, 1599/1604; deutsch 1615), und französischer *roman comique* (Charles Sorel: *Histoire comique de Francion*, 1623/33; deutsch 1662 und 1668) liegen in Übertragungen vor, als mit Grimmelshausens *Simplicissimus Teutsch* der erste bedeutende deutsche niedere Roman erscheint.

Übersetzungen

Im Gegensatz zum höfisch-historischen Roman betrachtet der Pikaroroman die Welt von unten, aus der Perspektive des Unterdrückten, von der Gesellschaft Ausgestoßenen. Dies geschieht in der Form der fiktiven Autobiographie, die mit dem Anspruch, Selbsterlebtes vorzutragen, die ›Wahrheit‹ des Erzählten unterstreicht. Zugleich bietet die retrospektive Erzählweise die Möglichkeit, verschiedene Entwicklungsphasen des Ich miteinander zu konfrontieren und die eigene Handlungsweise zu kommentieren: »zuletzt als ich mit hertzlicher Reu meinen gantzen geführten Lebens-Lauff betrachtete / und meine Bubenstück die ich von Jugend auff begangen / mir selbsten vor Augen stellte / und zu Gemüth führete / daß gleichwohl der barmhertzige GOtt unangesehen aller solchen groben Sünden / mich bißher nit allein vor der ewigen Verdambnuß bewahrt / sonder Zeit und Gelegenheit geben hat mich zu bessern / zubekehren / Ihn umb Verzeyhung zu bitten / und umb seine Gutthaten zudancken / beschriebe ich alles was mir noch eingefallen / in dieses Buch [...].« So äußert sich gegen Ende des Romans der Erzähler im *Simplicissimus*, als er auf einer Insel Ruhe vor den Versuchungen der Welt gefunden hat. Was er da auf Palmblättern aufzeichnet, ist zunächst eine »Bekehrungsgeschichte« (die Kategorie »Entwicklung« trifft kaum den Sachverhalt); doch sie weitet sich zur eindringlichen Schilderung einer durch den Dreißigjährigen Krieg geprägten, heillosen Welt.

Der Pikaroroman als fiktive Autobiographie: Grimmelshausens »Simplicissimus«

Der Roman beginnt mit dem Einbruch des Kriegs in die Spessarter Waldidylle, in der der Held unschuldig und unwissend aufwächst. Er findet Zuflucht bei einem Einsiedler, seinem Vater, wie sich später herausstellt, bei dem er »auß einer Bestia zu einem Christenmenschen« wird und der ihm drei Lehren mit auf den Weg gibt: »sich selbst erkennen / böse Gesellschafft meiden / und beständig verbleiben.« Dann wird er endgültig vom Krieg erfasst, zunächst als Opfer, dann aber auch als Handelnder, der schuldig wird und sich, von gelegentlichen Besserungsversuchen abgesehen, treiben lässt – bis er schließlich »auß sonderlicher Barmhertzigkeit« Gottes zu Selbsterkenntnis und Glaubensgewissheit gelangt und als Einsiedler ein gottgefälliges Leben zu führen trachtet. Das gelingt allerdings erst beim zweiten Versuch. Die Einsiedlerszenen rahmen den Roman ein, runden ihn ab und suggerieren durch die Rückkehr zum Anfang eine Art Kreisstruktur: Die Weltabsage erscheint als zwangsläufige Konsequenz des geschilderten Lebenslaufs. Aber der Schein trügt. Die Rückkehr eines gewandelten Simplicissimus im *Seltzamen Springinsfeld* (1670), einer der »Fortsetzungen« des Romans, zeigt die Skepsis Grimmelshausens angesichts der Begrenztheit des Menschen und macht zudem durch die Betonung eines praktisch-tätigen Christentums deutlich, dass die Abwendung von der menschlichen Gesellschaft nicht das letzte Wort sein kann und keine Handlungsempfehlung darstellt.

Titelblatt der Erstausgabe von Grimmelshausen *Simplicissimus*, die – vordatiert auf 1669 – 1668 erschien. 1669 folgte die abschließende *Continuatio des abentheurlichen Simplicissimi Oder Der Schluß desselben.*

Grimmelshausen, der horazisch »mit Lachen die Wahrheit« sagen will, hat sich den Zustand der Welt und des Menschen in seiner Zeit zum Gegenstand seiner Romane genommen. Er versteht sie als satirische Romane. Schon das Monstrum

Satire

Titelkupfer des *Simplicissimus Teutsch* (1668)

Allegorie und Wirklichkeit

Titelkupfer von Grimmelshausens *Springinsfeld* (1670). Der Lebenslauf des Helden demonstriert, dass junge Soldaten »alte Bettler abgeben«.

Nachahmungen und neue Tendenzen

auf dem *Simplicissimus*-Titelkupfer zeigt die satirische Intention des Textes an: Die halb tierische, halb menschliche Gestalt mit der Spott- und Verhöhnungsgeste der linken Hand ist eine Anspielung auf den Satyr und damit die »Satyre« (nach einer im 17. Jahrhundert weit verbreiteten Theorie vom Ursprung der Satire); zugleich lässt sich dieses Monstrum als Anspielung auf das Fabelwesen verstehen, das Horaz zu Beginn seiner *Dichtkunst* schildert und mit dem er vor Verstößen gegen ein klassizistisches Kunstreglement (Naturnachahmung, Wahrscheinlichkeit) warnt. Auf dieser klassizistischen Tradition beruht auch die im 17. Jahrhundert dominierende Theorie des hohen Romans mit ihrer Forderung nach Wahrscheinlichkeit und organischer Handlungseinheit. Dagegen hatte sich die Satire schon in der Antike von allzu engem Regelzwang befreit, und auch Grimmelshausen folgt antiaristotelischen und antiklassizistischen Baugesetzen, mit denen er sich gegen die Ästhetisierung der Wirklichkeit durch den hohen Roman wendet. Das Titelkupfer, das die fehlende Vorrede ersetzt, verweist damit auf eine satirisch-realistische Literaturtradition, die mindestens seit dem späten Mittelalter als Korrektiv die idealisierenden Literaturgattungen begleitet. Insbesondere gehört Johann Fischarts (1546–90/91) Konzeption eines grotesken Realismus in seiner Rabelais-Verdeutschung (»überschrecklich lustig in einen Teutschen Model vergossen«) in diese Tradition, die zu Grimmelshausen führt: der Roman als »ein verwirretes ungestaltes Muster der heut verwirrten ungestalten Welt« (Fischart: *Geschichtklitterung*, 1582).

Verschiedene Hinweise Grimmelshausens auf den verborgenen »Kern« des Romans legen ein allegorisches Verständnis nahe. Andererseits führen die großen allegorischen ›Einlagen‹ – Ständebaum-Allegorie, Mummelsee-Episode, Schermesser-Diskurs u. a. – gerade nicht von der konkreten Erscheinungswelt ab, sondern entwerfen ein anschauliches Bild der zeitgenössischen Gesellschaft und ihrer Konflikte. Diese Ambivalenz charakterisiert den ganzen Roman. Der moralisch-religiöse Anspruch, den die Beschreibung des exemplarisch oder allegorisch deutbaren Lebenswegs durch die Welt als Ort der Unbeständigkeit und Vergänglichkeit zum Heil erhebt, steht in ständiger Spannung zu einer elementaren Erzählfreude und einem satirisch-realistischen Erzählkonzept, für das sich Grimmelshausen auf Charles Sorel (um 1600–74) und den französischen *roman comique* berufen konnte. Der *Simplicissimus* weitet sich, über die begrenzte Perspektive auf ein Einzelschicksal hinaus, zu einer grellen Schilderung der Welt des Dreißigjährigen Kriegs und einer Gesellschaft, in der alle Werte auf den Kopf gestellt sind und deren heilloser Zustand vor dem Hintergrund der christlichen Lehre und verschiedener innerweltlicher Utopien nur umso deutlicher wird. Erst durch die Loslösung von eindimensionaler christlicher Unterweisung, wie sie die Verdeutschungen der spanischen Pikaroromane charakterisiert, gewinnt der *Simplicissimus* die Weltfülle, die ihn vor allen anderen deutschen Romanen des 17. Jahrhunderts auszeichnet. Die weiteren simplicianischen Schriften Grimmelshausens, darunter *Courasche* (1670), *Springinsfeld* (1670) und die beiden Teile des *Wunderbarlichen Vogel-Nests* (1672, 1675), erreichten bei weitem nicht die Popularität des *Simplicissimus*, der innerhalb von wenigen Jahren sechs Auflagen erzielte.

Es fehlte nicht an Versuchen, den Erfolg des Romans auszunutzen. Die Begriffe »Simplicissimus« und »simplicianisch« wurden bald zu Reklamezwecken gebraucht und gegebenenfalls mit den neuesten kriegerischen Verwicklungen in Beziehung gesetzt: *Deß Frantzösischen Kriegs-Simplicissimi, Hochverwunderlicher Lebens-Lauff* (1682–83) von Johann Georg Schielen (1633–84) und Georg Daniel

Speers (1636–1707) *Ungarischer Oder Dacianischer Simplicissimus* (1683) gehören zu den besseren Erzeugnissen dieser Art. Und auch Johann Beer ließ seinen Erstling als *Simplicianischen Welt-Kucker* (1677–79) in die Welt hinausgehen. Beers Romanschaffen – etwa 20 Romane können ihm zugeschrieben werden – umfasst neben Pikaroromanen in der Nachfolge Grimmelshausens parodistische Ritterromane und äußerlich dem ›politischen Roman‹ verpflichtete Satiren und gipfelt in dem Doppelroman *Teutsche Winter-Nächte* (1682) und *Die kurtzweiligen Sommer-Täge* (1683), bei denen das Kompositionsprinzip des geselligen Erzählens an die Stelle der üblichen pikarischen Abenteuerfolge tritt. Zugleich signalisieren sie, wie die anderen Romane Beers, den Abschied von der asketischen Weltinterpretation gegenreformatorisch geprägter Pikaroromane.

Als eigene Untergattung des niederen Romans etablierte sich in den 70er und 80er Jahren der so genannte politische Roman, ein betont lehrhafter Romantyp mit bürgerlich-frühaufklärerischen Zügen. ›Politisch‹ im Sinn von ›weltklug‹ ist ein Schlüsselwort der Pädagogik Christian Weises, der ein auf Erfahrung, Klugheit und Selbsterkenntnis basierendes weltmännisches Bildungsideal propagierte, das den Weg zu einem glücklichen Leben und einer erfolgreichen Karriere im absolutistischen Staat bereiten sollte. Von Weise stammt auch der Prototyp des politischen Romans, *Die drey ärgsten Ertz-Narren In der gantzen Welt* (1672), der formal eine Verbindung von karger Reisehandlung – Reise als Mittel der Welterfahrung – und einer lehrhaft kommentierten Narrenrevue darstellt. Weise fand in Johannes Riemer (1648–1714) seinen bedeutendsten und erzählerisch überlegenen Nachfolger (*Der Politische Maul-Affe*, 1679). Im Übrigen war die Form wenig entwicklungsfähig und ließ sich allenfalls noch parodieren: In der satirischen Lügen- und Abenteuergeschichte *Schelmuffsky* (1696–97) Christian Reuters lernt der großmäulige Held auf seinen Reisen nichts dazu. Im übrigen beherrschen Abenteuergeschichten die Szene des niederen Romans. Auch die meisten Robin-

Politischer Roman

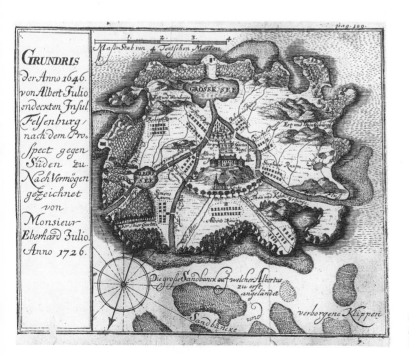

Schnabels *Wunderliche Fata* (1731): Grundriss der Insel Felsenburg

Johann Gottfried Schnabel

sonaden, die im Anschluss an Daniel Defoes *Robinson Crusoe* (1719, deutsch 1720) erschienen, gehören zu dieser Kategorie und benutzen den Namen Robinson nur zur Werbung. Aus der Masse dieser Produkte ragen die *Wunderlichen Fata einiger See-Fahrer* (1731–43) von Johann Gottfried Schnabel (1692–1750/60) heraus. In der *Insel Felsenburg*, wie das Werk bald genannt wurde, verbindet sich die Robinsonade mit dem Modell eines utopischen, auf Gottesfurcht, Vernunft und Tugend gegründeten Gemeinwesens von Europamüden. Formal handelt es sich um ein komplexes Gebilde ineinander verschachtelter Autobiographien, das die Erzählung von der Entstehung und Fortentwicklung dieser Inselrepublik mit den wechselvollen Lebensläufen der hier zur Ruhe gekommenen Menschen konfrontiert. Mit Schnabels Utopie eines irdischen Paradieses, dem Traum einer Ausflucht aus den bedrückenden gesellschaftlichen Verhältnissen der Gegenwart, beginnt der bürgerliche Roman der deutschen Aufklärung.

Aufklärung

Was ist politisch und gesellschaftlich neu?

Zu Recht ist das 18. Jahrhundert von den Zeitgenossen und später von Historikern als eine Epochenwende und als Beginn der modernen Zeit empfunden worden. Das deutsche Reich war seit dem Dreißigjährigen Krieg in eine Vielzahl von kleinen und kleinsten Territorien zersplittert und ähnelte mehr einem »Monstrum« (S. Pufendorf) als einem modernen Staat. Neben über dreihundert souveränen Territorien gab es eine Fülle von halbautonomen Gebieten und Städten, die eine kaum zu entwirrende Parzellierung des Reichsgebietes bewirkt hatten. Die Reichsgewalt des Heiligen Römischen Reiches deutscher Nation – so der offizielle Titel – lag zwar bis zum Jahr 1806 beim deutschen Kaiser, sie war aber auf ganz wenige Rechte beschränkt und hatte eine mehr symbolische Bedeutung. Die wichtigen politischen Entscheidungen lagen bei den einzelnen Territorialstaaten, die ihre Gesetzgebung, Gerichtsbarkeit, Landesverteidigung, Polizeigewalt (einschließlich der Zensur) usw. unabhängig von der Reichsgewalt ausübten. Das Reich war wenig mehr als eine ›formelle Klammer‹, die das »Monstrum« nur mühsam zusammenhielt. Es gab kaum einen zeitgenössischen Schriftsteller, der sich nicht über die ›Quadratmeilen-Monarchen und Miniaturhöfe‹ lustig machte und nicht die ›Gräuel der deutschen Vielherrschaft‹ beklagte. Man kann das System von kleinen und kleinsten Fürstentümern eigentlich nur als eine Duodezgroteske bezeichnen, die – das sollte man nicht vergessen – zu Lasten der Bevölkerung ging. Die unzähligen Miniaturpotentaten konnten ihre aufwendige Hofhaltung nur durch die rücksichtslose Auspressung ihrer Untertanen aufrechterhalten. Tatsächlich waren die Lebensbedingungen der Bevölkerung mehr als dürftig. Bedrückt von feudalen Lasten und fürstlicher Willkür, besaßen die Bauern, die zum großen Teil noch Leibeigene ihres jeweiligen Herrn waren, kaum mehr als das Lebensnotwendige, oft sogar, wenn Missernten dazu kamen, noch weniger. Es ist ein düsteres Bild, das man vom 18. Jahrhundert gewinnt, wenn man sich die Lebensbedingungen der Unterschichten, die über zwei Drittel der Gesamtbevölkerung ausmachten, vergegenwärtigt. Auch in den großen Staaten wie Preußen oder Sachsen sah es nicht viel besser aus. Das Bild der ›guten alten Zeit‹ zerrinnt angesichts der von der historischen Forschung erarbeiteten Daten und Fakten zur Misere im damaligen Deutschland.

Das deutsche Reich – ein Monstrum

Woher nehmen die Historiker die Rechtfertigung, dennoch vom Anbruch der modernen Zeit zu sprechen? Wenn man die Lage der Unterschichten isoliert von der gesamtgesellschaftlichen Entwicklung betrachtet, übersieht man leicht, dass sich im Schoß der feudalen Gesellschaft neue ökonomische Kräfte regten und sich eine neue soziale Schicht herausbildete, die die Moderne prägen sollte: das

Wirtschaft und Gesellschaft

Handel treibende und Kapital besitzende Bürgertum, das sich vor allem in den Städten entwickelte. Zwar war dieses Bürgertum noch schwach und zahlenmäßig klein, aber es machte doch deutlich, dass der Feudalismus sich zu zersetzen begann. Die Kräfteverschiebungen im Verhältnis der einzelnen Stände zueinander brachten Spannungen in die seit dem Mittelalter hierarchisch gegliederte Ständepyramide, die zur Auflösung der Ständegesellschaft und zur Herausbildung der bürgerlich-egalitären Gesellschaft führen sollten. Im 18. Jahrhundert zeigten sich diese Spannungen vor allem als Konfrontation zwischen Adel und Bürgertum. Die Bürger waren nicht länger gewillt, die politische und kulturelle Vorherrschaft des Adels, der nur einen verschwindend kleinen Bruchteil der Gesamtbevölkerung ausmachte, als gottgegeben und unveränderlich hinzunehmen. Sie meldeten ihren eigenen Souveränitätsanspruch an. Berufen konnten sie sich dabei auf die Aufklärung, die das feudale Weltbild ›von Gottes Gnaden‹ durch ein neues, sich auf Vernunft gründendes Denken ersetzen wollte. Die Aufklärung war eine gesamteuropäische Bewegung, die von ihren einzelnen Vertretern unterschiedlich definiert wurde. Ihre Grundsätze: Berufung auf die Vernunft als Maßstab des persönlichen und gesellschaftlichen Handelns, Hinwendung zum Diesseits, positives Menschenbild, Gleichheit aller Menschen, Einforderung der Menschenrechte für alle Menschen, Religionskritik, Fortschrittsglauben griffen auf Deutschland zwar erst relativ spät über, wurden aber auch hier zu einem zusammenhängenden Gedankengebäude, auf das das Bürgertum seinen Emanzipationsanspruch gründete.

Die Öffentlichkeit verändert sich
Der freie Schriftsteller meldet sich zu Wort
Der literarische Markt entsteht

Hofpoeten und Analphabeten

Die höfisch geprägte Literatur des 17. Jahrhunderts war durch Volksferne und extreme Künstlichkeit gekennzeichnet. Als Hofdichtung war sie zu einem sterilen, funktionslosen Gebilde erstarrt. Die dramatischen ›Haupt- und Staatsaktionen‹, die verwirrenden Schäfer- und Heldenromane und die schwülstigen erotischen Gedichte sprachen immer weniger Leser und Zuschauer an. Zudem fanden immer mehr Fürsten ihre Hofpoeten entbehrlich. Der letzte preußische Hofdichter wurde 1713 bei Regierungsantritt Friedrich Wilhelms I. im Zuge von Sparmaßnahmen entlassen. Die Ablösung von der höfischen Dichtung vollzog sich zumeist in den großen reichsunmittelbaren Handelsstädten, die sich zu kulturellen Konkurrenten der Höfe entwickelten und eine eigenständige Literaturgesellschaft ausbildeten. So gab es in Leipzig schon sehr früh ein städtisches Theater, in Hamburg sogar eine städtische Oper. An die Stelle des fürstlichen Mäzens traten hier und da bürgerliche Geldgeber, wie z. B. in Hamburg die »Patriotische Gesellschaft«, die bei Autoren literarische Werke in Auftrag gab. Nicht mehr das Lob des Fürsten und die Unterhaltung der höfischen Gesellschaft, sondern die Würdigung bürgerlichen Lebens und die Aufklärung des bürgerlichen Lesers waren Gegenstand und Ziel der neuen Dichtung. Dieser Adressaten- und Funktionswandel der Dichtung vollzog sich unter großen Schwierigkeiten, da es ein breites Lesepublikum zu der Zeit noch gar nicht gab. Die große Masse der Bevölkerung konnte am Anfang des 18. Jahrhunderts weder lesen noch schreiben, und die wenigen Bür-

Geistliche Unterweisung von Analphabeten – Bänkelsänger und Lumpenproletariat auf dem Jahrmarkt

ger, die alphabetisiert waren, beschränkten ihre Lektüre auf die Bibel und religiöse Erbauungsschriften. Noch um 1770 machte der Kreis derjenigen, die lesen konnten, höchstens 15 % der Gesamtbevölkerung aus und erreichte erst um 1800 etwa 25 %. Die Gruppe derjenigen, die sich für schöne Literatur interessierten, war natürlich noch kleiner. So rechnete Jean Paul Ende des Jahrhunderts mit einem Publikum von 300 000 Lesern und griff damit sicherlich zu hoch. Tatsächlich dürften nicht mehr als 1 % der Gesamtbevölkerung von 25 Millionen Einwohnern Leserinnen und Leser schöner Literatur gewesen sein. Ein breites Lesepublikum und eine literarisch interessierte Öffentlichkeit mussten also erst geschaffen werden.

Hierbei spielten die Moralischen Wochenschriften eine große Rolle. Zeitschriften wie *Der Biedermann*, *Der Patriot* und *Die vernünftigen Tadlerinnen*, die nach englischem Vorbild in der ersten Hälfte des 18. Jahrhunderts entstanden, haben eine wichtige Funktion für die Herausbildung einer bürgerlichen Öffentlichkeit gehabt. Die Moralischen Wochenschriften, in ihrer räsonierenden und informierenden Form selbst ein Produkt der Aufklärung, setzten sich die Popularisierung aufklärerischen Gedankenguts zum Ziel. Damit wurden sie zu einem wichtigen Bindeglied zwischen höfischer und bürgerlicher Gesellschaft. Durch ihre kurzen populärwissenschaftlichen Abhandlungen, ihre moralphilosophischen Erörterungen und Untersuchungen, ihre neue literarische Verfahrens- und Vermittlungsweise weckten sie die Aufnahmebereitschaft des Publikums für neue Inhalte und Formen, erschlossen breitere Leserschichten und schufen auf diese Weise erst die

Moralische Wochenschriften

Jahrmarkt zu Plunders-
weilern oder Die Große
Buchhändlermesse

Lesegesellschaften

Voraussetzungen für literarische Bildung und das Entstehen eines literarischen
Marktes. Entscheidend gefördert wurde die Entwicklung bürgerlicher Öffentlichkeit durch die Lesegesellschaften. Während die Lesezirkel, die es seit dem Ende
des 17. Jahrhunderts in Deutschland gab, der Verbilligung der Lektüre von Zeitungen, Zeitschriften und Büchern dienten, verstanden sich die Lesegesellschaften als Geselligkeitskreise, in denen private Lektüre einen gesellschaftlichen Rang
erhielt. Die große Zahl von Lesegemeinschaften – zwischen 1760 und 1800 wurden rund 430 solcher Vereinigungen gegründet – zeigt, wie groß das gesellschaftliche Bedürfnis nach Lektüre und Diskussion darüber war. Die meisten
Lesegesellschaften fühlten sich der Aufklärung verpflichtet. Ihre aufklärerische
Zielsetzung spiegelt sich sowohl in der Lektüreauswahl als auch in den Organisa-
tionsstatuten, die die Selbstverwaltung nach demokratischen Prinzipien regelten.
Zutritt zu den Lesegesellschaften hatte prinzipiell jeder Mann von Bildung und
Geschmack (Frauen und Studenten waren ausgenommen), doch wurde durch
die hohen Mitgliedsbeiträge der Kreis auf wohlhabende Bürger und Adlige be-
schränkt. Kleinbürger und die Unterschichten blieben ausgeschlossen und wa-

Leihbibliotheken

ren – soweit sie lesen konnten – auf die Leihbibliotheken angewiesen, die es aber
erst gegen Ende des 18. Jahrhunderts in nennenswerter Zahl gab. Diese Leihbibliotheken markieren zusammen mit den kommerziellen Bibliotheken, die ebenfalls erst gegen Ende des 18. Jahrhunderts gegründet wurden, einen vorläufigen
Endpunkt der gesellschaftlichen Lektüre. Sie schließen die erste Entwicklungs-
phase bürgerlicher Öffentlichkeit ab und schaffen die Voraussetzungen für eine
Reprivatisierung des Lesens.

Strukturwandel der
Öffentlichkeit

Die Abkehr von der höfisch verankerten Dichtung bewirkte nicht nur einen
»Strukturwandel der Öffentlichkeit« (J. Habermas), sondern sie hatte auch für die
Situation des Schriftstellers Konsequenzen. Das Zeitalter des besoldeten Hofdich-
ters ging zu Ende; an seine Stelle trat der freie Schriftsteller, der von seiner dich-

terischen Arbeit zu leben versuchte. Dem Vorteil der ›freien‹ Schriftstellerexistenz – geistige Unabhängigkeit von fürstlichen und geistlichen Geldgebern – stand ein großer Nachteil gegenüber: die Unsicherheit des Einkommens. Kaum ein Schriftsteller im 18. Jahrhundert konnte angesichts der geringen Auflagenhöhe und der niedrigen Honorare vom Ertrag seiner Arbeiten leben. Für das Werk eines prominenten Autors galt eine Auflage von 1000 bis 3000 Exemplaren als normal. Lessing hatte 1779 für seinen *Nathan* 2000 Subskribenten, von Klopstocks *Gelehrtenrepublik* wurden gar 6000 Exemplare gedruckt, Goethes *Schriften* wurden 1787–90 in einer Auflage von 4000 Exemplaren herausgebracht. Auch Zeitungen und Zeitschriften erreichten nur eine geringe Auflagenhöhe. Wielands *Teutscher Merkur*, eine der renommiertesten Zeitschriften des 18. Jahrhunderts, wurde in einer Auflage von 2000 Exemplaren gedruckt, wobei der Leserkreis natürlich sehr viel größer gewesen sein dürfte. Wirklich hohe Auflagen erreichten populär geschriebene Ratgeber für die Bevölkerung, wie Beckers *Noth- und Hülfsbüchlein für Bauern*, von dem zwischen 1788 und 1811 über eine Million Exemplare gedruckt und das von vielen Fürsten gezielt als antirevolutionäre Propaganda an ihre Untertanen kostenlos verteilt wurde.

Die Honorare wurden nach Bogen berechnet. Das normale Bogenhonorar lag zwischen 5 und 7 Talern. Spitzenverdiener wie Klopstock, Wieland und Lessing bekamen für einige ihrer Bücher ein Honorar, das einem Beamtenjahresgehalt entsprach. Das waren aber absolute Ausnahmen, wobei man bedenken muss, dass auch diese Spitzenverdiener nicht jedes Jahr ein Buch schrieben und infolgedessen über längere Zeiträume von ihrem Honorar leben mussten. So mussten sich die meisten Schriftsteller, sofern sie nicht von Haus aus wohlhabend waren, nach Nebeneinkünften umsehen, sich als Hofmeister, Beamte usw. verdingen oder sich doch wieder um adlighöfische Gönner bemühen. Auf Grund ihrer desolaten finanziellen Lage sahen sich viele Schriftsteller gezwungen, ihre Hoffnungen auf die Fürsten zu setzen, von denen sie materielle Unterstützung, z. T. sogar die umfassende Organisation und wirtschaftliche Fundierung der Literatur erwarteten. So arbeiteten Wieland, Klopstock und Herder detaillierte Pläne aus, in denen die Förderung der Literatur und der Autoren von gemeinnützigen Anstalten, so genannten Akademien, übernommen werden sollte. Diese wiederum sollten von Fürsten protegiert und finanziert werden. Tatsächlich ist keiner dieser Pläne jemals realisiert worden. Die Fürsten zeigten sich uninteressiert. Nur einige wenige Schriftsteller – so z. B. Klopstock – erhielten von fürstlichen Gönnern eine Pension, ohne dafür direkte Dienstleistungen erbringen zu müssen, wie dies z. B. Wieland und Goethe in Weimar als Prinzenerzieher und Fürstenberater tun mussten. Andere sahen sich gezwungen, einen Broterwerb anzunehmen, und konnten nur in ihrer kärglich bemessenen Freizeit schreiben. Wieder andere versuchten, als Herausgeber von Zeitschriften und durch journalistische Arbeiten ihre finanzielle Lage zu verbessern.

Eingeengt wurde die neue Freiheit des Schriftstellers aber nicht nur durch seine ungesicherte wirtschaftliche Lage, sondern auch durch ganz handfeste Repression, nämlich durch die in den meisten deutschen Staaten herrschende Zensur. Ein Mitglied der Wiener Bücherkommission, die über die Zensur in Österreich wachte, definierte 1761 die Zensur als »die Aufsicht, daß sowohl im Lande keine gefährlichen und schädlichen Bücher gedrucket, als auch, daß dergleichen Bücher nicht aus andern Landen eingeführet und verkaufet werden«, und wollte nur solche Bücher gedruckt sehen, die »nichts Gefährliches vor die Religion, nichts zu offenen Verderb der Sitten, und nichts wider die Ruhe des Staats, und

Honorare

Mäzenatentum

Zensur

Christoph Martin Wieland

wider die, denen Regenten schuldige, Ehrerbiethung in sich enthalten«. Wie stark die Zensur in das öffentliche Leben eingriff, zeigt die berühmt-berüchtigte Auseinandersetzung zwischen Lessing und dem or-thodoxen Pastor Goeze über die Publikation religionskritischer Schriften. Der Herzog von Braunschweig hatte Lessing ursprünglich von der Zensur befreit, nahm diese Maßnahmen aber auf Betreiben Goezes zurück: Durch mehrere herzögliche Erlasse wurde es Lessing verboten, seine religionskritischen Arbeiten zu publizieren und die Auseinandersetzung mit Goeze weiterzuführen. Auch Goethes *Werther* wurde – hier hat sich wiederum der orthodoxe Goeze hervorgetan – in einigen Teilen Deutschlands von der Zensur verboten, ebenso Wielands *Agathon*, dessen Verkaufserfolg durch die Zürcher und Wiener Zensur erheblich behindert wurde. Zwar wurden die Zensurmaßnahmen in den einzelnen Territorien sehr unterschiedlich gehandhabt – so konnte manches Buch, das in Preußen oder Sachsen nicht gedruckt werden durfte, in Hannover, Braunschweig oder Altona erscheinen –, Vertrieb und Verkauf der Bücher wurden aber durch das Bestehen der Zensur generell beeinträchtigt, wobei besonders eine Folge der Zensur, nämlich die Selbstzensur des Autors beim Schreiben, eine große Belastung für die Entwicklung einer ›freien‹ Schriftstellerexistenz war. Um obrigkeitlicher Zensur zu entgehen, sparten manche Schriftsteller anstößige Stellen oder ganze als gefährlich eingeschätzte Gedankengänge und Argumentationsweisen vorsichtshalber aus und nahmen die öffentliche Zensur damit vorweg. Zum Teil nahmen sie auch Zuflucht zur anonymen Veröffentlichung ihrer Schriften. Das Bestehen der Zensur wurde von den meisten Schriftstellern als ein ernstes Problem erkannt und bekämpft. Die Forderung nach »Preßfreiheit«, d. h. nach Abschaffung der Zensur, findet sich bei vielen Schriftstellern der damaligen Zeit. So schrieb Wieland 1785: »Freiheit der Presse ist Angelegenheit und Interesse des ganzen Menschen-Geschlechtes. Dieser Freiheit hauptsächlich haben wir den gegenwärtigen Grad von Erleuchtung, Kultur und Verfeinerung, dessen unser Europa sich rühmen kann, zu verdanken. Man raube uns diese Freiheit, so wird das Licht, dessen wir uns jetzt erfreuen, bald wieder verschwinden; Unwissenheit wird uns wieder dem Aberglauben und dem tyrannischen Despotismus preisgeben; die Völker werden in die scheusliche Barberey der finstern Jahrhunderte zurücksinken; wer sich dann erkühnen wird, Wahrheiten zu sagen, an deren Verheimlichung den Unterdrückern der Menschheit gelegen ist, wird ein Ketzer und Aufrührer heißen, und als ein Verbrecher bestraft werden.« Die politische Funktion der Zensur und der Zusammenhang zwischen Publikationsfreiheit und dem Fortschritt der Gesellschaft wurden insbesondere von den der Aufklärung verpflichteten Schriftstellern klar herausgestellt. Trotz des Kampfes gegen die Zensur gelang es nicht, sie abzuschaffen. Im Gegenteil: Nach 1789 kam es im Gefolge der durch die Französische Revolution hervorgerufenen Revolutionsangst überall in Deutschland zu einer massiven Verschärfung der Zensur, die wie eine Vorwegnahme der Zensurmaßnahmen der Vormärzzeit anmutet.

»Preßfreiheit«

Literarischer Markt

Finanzielle Misere und Zensur waren zwei Faktoren, die die neue Freiheit des Schriftstellers einschränkten; ein dritter Faktor kam hinzu: der literarische Markt, der sich seit der Mitte des 18. Jahrhunderts in Deutschland herausbildete. Zwei Entwicklungen vor allem waren dafür verantwortlich. Erstens der rasche Anstieg der Buchproduktion und zweitens die sprunghafte Zunahme der Schriftsteller. Zwischen 1740 und 1800 schwoll die jährliche Buchproduktion von 755 auf 2569 Titel an, wobei die so genannte schöne Literatur den Hauptanteil an dieser Steigerung hatte. Ihre Produktion wuchs absolut zwischen 1740 und 1800 um das

Jährlich zu erneuerndes Privileg an die Buchhändler J. B. Metzler und J. G. Cotta – Titelblatt. Das Dekret links beleuchtet die Risiken und die Abhängigkeit der Verlage von obrigkeitlicher Zensur. Mit prachtvoll gestalteten Fürstengenealogien (rechts) erwies der Verlag J. B. Metzler seine Reverenz gegenüber der landesherrlichen Obrigkeit in Württemberg.

16fache, ihr relativer Anteil an der Gesamtproduktion von 5,8 % auf 21,5 %. 1766 gab es zwischen 2000 bis 3000 Autoren, 1800 waren es schon über 10000, von denen 1000 bis 3000 hauptsächlich oder ausschließlich vom Ertrag ihrer schriftstellerischen Arbeit zu leben versuchten. Die rasche Steigerung der Bücherzahlen machte es notwendig, die Buchproduktion und deren Vertrieb nach marktwirtschaftlichen Gesichtspunkten zu organisieren. An die Stelle des nach den Gesetzen des Tauschhandels organisierten Buchhandels – der Tauschhandel war von 1564 bis 1764 die vorrangige buchhändlerische Verkehrsform – traten das moderne Verlagswesen und der moderne Buchhandel. Diese beruhten auf Barzahlung und Kommissionsverkehr, wodurch ein gewinnorientiertes Handeln Einzug hielt, das zu tief greifenden Veränderungen des literarischen Marktes führte. Verlag und Sortiment, bislang in der Person des Verleger-Sortimenters zusammengefasst, trennten und spezialisierten sich unabhängig voneinander auf die Herstellung bzw. den Vertrieb. Das war die Geburtsstunde des neuzeitlichen Verlegers und Buchhändlers. Erstmals gab es feste Preise. Bücher wurden nun nicht mehr nur einmal im Jahr auf Messen angeboten, sondern konnten auch während des Jahres über den Buchhändler bezogen werden. Das war von großem Vorteil für die Käufer, die jetzt das Buch wie jede andere Ware ständig kaufen konnten.

Die Expansion und Organisation des literarischen Marktes nach den Gesetzen der Warenproduktion hatten Konsequenzen für die Situation des Autors, sein Selbstverständnis und seine literarische Produktion. Die Schriftsteller mussten sich, wie ein Betroffener bitter beklagte, »in manche Verhältnisse der bürgerlichen Gesellschaft fügen, die ihnen wehe thun«. Dazu gehörte vor allem die Anpassung an den Markt und den literarischen Geschmack des Publikums. Literatur wurde, wie schon die Zeitgenossen klar erkannten, zur »Kaufmannswaare«, der Schriftsteller zum »Lohnschreiber«. Die Abstufungen der wirtschaftlichen Stellung des Schriftstellers reichten dabei vom verlagsabhängigen Lohnarbeiter bis zum selbständigen Warenproduzenten. Nicolai berichtet in seinem Roman *Sebal-*

Selbstverständnis des Autors

dus Nothanker von einem Verleger, »der in seinem Hause an einem langen Tische
zehn bis zwölf Autoren sitzen hat und jedem sein Pensum fürs Tagelohn abzuarbeiten gibt«. Renommierte Autoren wie Schiller und Goethe konnten ihren Verlegern selbstbewusster gegenübertreten. So handelte Schiller mit seinem Verleger
eine feste Unterhaltssumme gegen die Abgabe einer ganzen Jahresproduktion

Abhängigkeit vom Verleger

aus, Goethe bot seinem Verleger die fertigen Produkte zum Kauf an. Die Abhängigkeit vom Verleger wurde allgemein als negativ empfunden und häufig bitter
beklagt. »Was wird denn aus unserer Literatur werden, wenn sich die Autoren so
nach dem Willen der Buchhändler bequemen sollen?«, fragte sich manch ein
Schriftsteller besorgt. So machten Lessing (*Leben und leben lassen. Ein Projekt für
Schriftsteller und Buchhändler*, ca. 1772–1779, gedr. 1800) und Wieland (*Grundsätze, woraus das mercantilische Verhältnis zwischen Schriftsteller und Verleger
bestimmt wird*, 1791) Versuche, das Verhältnis zwischen Autoren und Verlegern
so zu regeln, dass es nicht einseitig zu Lasten der Autoren ging. Andere Autoren,
wie z. B. Klopstock, versuchten, die unliebsame Vermittlungsinstanz des Verlagswesens ganz zu umgehen und boten ihre Bücher im Selbstverlag an. Dass ein
solches Verfahren zur damaligen Zeit bereits anachronistisch war, zeigt der Ban-
krott der Dessauer Gelehrtenbuchhandlung, die 1781 von mitteldeutschen Autoren als genossenschaftliches Verlagsunternehmen gegründet worden war. Aber
auch die Versuche, sich über Subskription und Pränumeration vom Verleger unabhängig zu machen, scheiterten; denn, so beklagte ein Zeitgenosse, »das Herausgeben der Bücher auf Subskription und Pränumeration hat tausend Beschwer-
lichkeiten, die man sich vorher nicht hat träumen lassen, und am Ende gewinnt
der Verfasser selten so viel, als ihm ein Verleger gegeben haben würde«.

Urheberrecht

Als besonders gravierend empfanden die Autoren, dass sie nicht Eigentümer
ihrer Schriften waren; die Eigentumsrechte lagen vielmehr bei den Verlegern, die
mit den Manuskripten willkürlich umgehen konnten. Akut wurde die Frage des
geistigen Eigentums durch das Nachdruckunwesen. Ohne Rücksicht auf Autoren-
und Verlegerrechte druckten findige Buchhändler beliebte und gefragte Bücher
für ihre eigene Tasche nach und schmälerten damit dem ursprünglichen Verleger
und mittelbar auch dem Autor die finanziellen Einnahmen. Erst 1837 (Preußen)
bzw. 1845 wurde durch Beschluss des Deutschen Bundes der willkürliche Nachdruck durch gesetzliche Regelungen unterbunden. Die Diskussion über den
Schutz des geistigen Eigentums bzw. des Urheberrechts dauerte aber noch bis
1870/71 an. Im 18. Jahrhundert lebte der einzelne Schriftsteller also in einer
rechtlich noch völlig ungesicherten Situation und war den Gesetzen des Marktes
schutzlos ausgeliefert. Erschwerend kam der starke Konkurrenzdruck unter den
Autoren hinzu. Auf dem literarischen Markt überleben konnten nur die Autoren,
denen es gelang, sich weitgehend dem Publikumsgeschmack anzupassen, oder
solche Autoren, deren Werke durch Originalität in Inhalt und Form das Interesse
der literarischen Kenner spontan auf sich ziehen konnten. Die Auffassung bzw.
Propagierung des Dichters als ›Originalgenie‹ hat darin einen guten Grund.

Die aufklärerischen Literaturtheorien von Gottsched über Lessing bis zum Sturm und Drang

Das Ende des höfischen Dichters bedeutete auch das Ende der höfischen Literatur. An deren Stelle trat eine neue Literatur, die die zentralen Kategorien der Aufklärung, Vernunft, Nützlichkeit und Humanität, auf alle Gattungen der Literatur zu übertragen versuchte. Johann Christoph Gottsched (1700–1766) war der erste, der die längst fällige Neuorientierung theoretisch und praktisch vollzog und wegweisend für die Entstehung der neuen Literatur wurde. In seinem bedeutenden theoretischen *Versuch einer Critischen Dichtkunst vor die Deutschen* (1730) brach er mit den formalistischen, noch in der feudalen Gesellschaft verwurzelten Regel- und Anweisungspoetiken des Barock, verurteilte die Barockdichtung vom aufklärerischen Standpunkt aus und forderte eine Literatur, die aufklärerische Ideen auf gemeinverständliche und angenehme Weise vermitteln, Nutzen und Vergnügen (»prodesse et delectare«) verbinden und breite bürgerliche Bevölkerungsschichten erreichen sollte. Im Mittelpunkt von Gottscheds Poetik stand der aristotelische Grundsatz von der Nachahmung der Natur und die horazische Forderung, wonach »prodesse et delectare« die Aufgaben der Dichtung seien. Die Regeln der Vernunft waren für Gottsched gleichbedeutend mit den Gesetzen der Natur. Infolgedessen war für ihn Regeltreue identisch mit Naturnachahmung. Dabei verstand Gottsched unter Naturnachahmung keine realistische Wirklichkeitswiedergabe, sondern die »Ähnlichkeit des Erdichteten mit dem, was wirklich zu geschehen pflegt«. Mit diesem Wahrscheinlichkeitsprinzip begründete Gottsched auch seine Forderung nach der strengen Einhaltung der aristotelischen drei Einheiten (Zeit, Ort, Handlung) im Drama, die Lessing wenige Jahre später vehement kritisierte. Auch den dichterischen Schaffensprozess wollte Gottsched nach den Regeln der Vernunft organisieren: »Zu allererst wähle man sich einen lehrreichen moralischen Satz, der in dem ganzen Gedichte zum Grunde liegen soll, nach Beschaffenheit der Absichten, die man sich zu erlangen vorgenommen. Hierzu ersinne man sich eine allgemeine Begebenheit, worin eine Handlung vorkömmt, daran dieser erwählte Lehrsatz sehr augenscheinlich in die Sinne fällt.« Nicht weniger bedeutsam war die gottschedsche Zementierung der so genannten Ständeklausel, wonach in der Tragödie, in Staatsromanen und Heldengedichten nur Fürsten und Adlige als Handelnde auftreten sollten, in der Komödie, in Schäfergedichten und Romanen dagegen nur Bürger und Landleute. Die moralpädagogische Indienstnahme der Dichtung hatte auch Konsequenzen für die Stellung des Dichters. Dieser wurde zum Lehrmeister und Erzieher des Publikums und damit in seiner Bedeutung moralisch und intellektuell aufgewertet, zugleich aber auch in seinem künstlerischen Spielraum beschränkt.

So bedeutsam und bahnbrechend Gottscheds rastlose Bemühungen auf den Gebieten des Journalismus, des Dramas und der Poetik auch gewesen sind, so zeigten sich schon früh die Grenzen seiner Auffassungen. Die mechanistische Ansicht vom Schaffensprozess des Dichtens, die einengende Vorstellung von wirklichkeitsgetreuer Nachahmung der Natur, das starre Beharren auf der Einhaltung der drei Einheiten und der Ständeklausel erwiesen sich als hinderlich für die Entwicklung einer neuen bürgerlichen Literatur und wurden von den Zeitgenossen frühzeitig kritisiert. Der wichtigste Kritiker der gottschedschen Literaturtheo-

Titelblatt von 1730

Gottsched und Gottschedin

Gottscheds Reform

Titelblatt von 1768

Entlassung der
Dienstmagd wegen
eines Fehltritts

Nachahmung der Natur

rie und -praxis war Lessing (1729–1781). In seinem *Briefwechsel mit Mendelssohn und Nicolai über das Trauerspiel* (1756/57) setzte er sich sowohl von den drei Einheiten und der Ständeklausel als auch vom mechanischen Nachahmungsprinzip und der moraldidaktischen Funktionalisierung der Dichtung bei Gottsched ab, ohne dabei freilich mit dem aufklärerischen Anspruch zu brechen. Innerhalb der Aufklärungsbewegung vertrat Gottsched einen Standpunkt, der von Zugeständnissen an die feudale Gedankenwelt noch nicht ganz frei war, während Lessing eine Position einnahm, mit der die feudale Literaturtheorie und -praxis in Deutschland endgültig überwunden wurde. Er konnte sich dabei auf Entwicklungen im literarischen Bereich stützen, die in Frankreich zur Ausbildung des bürgerlichen Lustspiels (von Gegnern verächtlich als »weinerliches Lustspiel« bezeichnet) und in England zur Ausbildung der bürgerlichen Tragödie geführt hatten.

In den Dramen der Franzosen und Engländer fand Lessing die Aufhebung der alten feudalen Ständeklausel, die das erwachende bürgerliche Selbstgefühl beleidigte, bereits in dichterische Praxis umgesetzt: Der Bürger war tragödienfähig geworden. Lessing überwand die feudale Ständeklausel dadurch, dass er den Menschen abgelöst von seiner ständischen Gebundenheit zum Handelnden machen wollte: »Die Namen von Fürsten und Helden können einem Stück Pomp und Majestät geben; aber zur Rührung tragen sie nichts bei. Das Unglück derjenigen, deren Umstände den unsrigen am nächsten kommen, muß natürlicherweise am tiefsten in unsre Seele dringen; und wenn wir mit Königen Mitleiden haben, so haben wir es mit ihnen als mit Menschen und nicht als mit Königen.« Diese Berufung Lessings auf das Menschliche hing eng zusammen mit seinem Bemühen um eine neue, differenzierte Funktionsbestimmung der Literatur. Nicht moralische Belehrung im gottschedschen Sinne, sondern sittliche Läuterung wollte Lessing erreichen. Ziel der Tragödie war es, Furcht und Mitleid beim Zuschauer bzw. Leser zu erregen. Durch Furcht und Mitleid sollte die Tragödie zur Reinigung der Leidenschaften (Katharsis) führen. Der Zuschauer sollte sich mit dem Helden identifizieren, bei seinem Unglück Mitleid empfinden und zugleich von der Furcht ergriffen werden, das gleiche Unglück könne auch ihn treffen. Eine solche Absicht war nur zu verwirklichen, wenn der Held keine idealtypisch gezeichnete Person im gottschedschen Sinne war; er musste eine realistische Figur abgeben, einen »gemischten Charakter«, d. h. einen Menschen, der »weder nur gut noch völlig böse angelegt« war. Dieser psychologische Realismus Lessings wird an seinem Begriff der poetischen Nachahmung deutlich. Der Dichter soll die Dinge nicht naturalistisch wiedergeben, sein Ziel soll vielmehr die poetische Wahrheit sein. Diese wird erreicht, wenn der Dichter alles Unwichtige, Zufällige und Nebensächliche weglässt und sich ganz darauf konzentriert, das Wesentliche und Typische wiederzugeben. »Auf dem Theater sollen wir nicht lernen, was dieser oder jener einzelne Mensch getan hat, sondern was ein jeder Mensch von einem gewissen Charakter unter gewissen Umständen tun werde.«

Lessings Funktionsbestimmung der Literatur eröffnete neue künstlerische Möglichkeiten. Das Prinzip der poetischen Nachahmung, das er gegen das Prinzip der Nachahmung der Natur setzte, machte eine künstlerische Gestaltung im modernen Sinne überhaupt erst möglich. Zugleich bedeutete die lessingsche Funktionsbestimmung auch eine Aufwertung des Dichters, der erstmals als künstlerisches Subjekt begriffen und legitimiert wurde. Nicht minder bedeutsam als seine Leistungen als Theoretiker, die am deutlichsten in seiner Schrift *Laokoon oder über die Grenzen der Malerei und Poesie* (1766) – einer bahnbrechenden

Arbeit über das Verhältnis der verschiedenen Künste zueinander – zutage treten, war Lessings Tätigkeit als Kritiker. Seine kritischen Schriften *Briefe, die neueste Literatur betreffend* (1759), die er mit seinen Freunden Nicolai und Mendelssohn herausgab, und die *Hamburgische Dramaturgie* (1767–69), in der er die in Hamburg aufgeführten Dramen besprach, sind Muster einer »produktiven Kritik«, wie der Romantiker Friedrich Schlegel noch Jahrzehnte später lobend hervorhob. Mit Lessings literaturkritischen Arbeiten setzten eine neue Ära der literarischen Auseinandersetzung in Deutschland und ein Aufschwung des literarischen Lebens insgesamt ein.

Gotthold Ephraim Lessing

Viele Gedanken Lessings waren zukunftweisend. Insbesondere seine Ablehnung einer normativen Poetik im gottschedschen Sinne, sein Konzept der poetischen Wahrheit und die damit verbundene differenzierte Realismusauffassung, die dem Dichter einen schöpferischen Spielraum ließ, wurden für die nachwachsende Autorengeneration wichtig. Vor allem die Stürmer und Dränger, eine Gruppe von jungen Dichtern, die ihren Namen von Klingers Drama *Sturm und Drang* (1776) herleiteten, griffen lessingsches Gedankengut auf und verbanden es mit eigenen Anschauungen zu einer neuen Konzeption von Literatur. Nicht mehr die Regelpoetik, sondern das Genie, d. h. die schöpferische Kraft des dichterischen Individuums, stand im Mittelpunkt der neuen ästhetischen Auffassungen. Der Geniekult der Stürmer und Dränger hob den Dichter über das gewöhnliche Menschenmaß hinaus. Kunst war nicht länger erlernbar (»Schädlicher als Beyspiele sind dem Genius Principien« – Goethe), der Künstler schöpft aus dem ihm eigenen Genie. Wesentliche Anregungen erhielt die Genieauffassung durch die Shakespeare-Rezeption. Hatte Gottsched Shakespeare noch wegen seiner Regellosigkeit abgelehnt, so eröffnete die Entdeckung Shakespeares seit den 50er Jahren des 18. Jahrhunderts den Stürmern und Drängern eine neue Welt und ermöglichte die Ablösung von der französischen klassizistischen Dichtung. In Goethes von Herder beeinflusstem programmatischem Aufsatz »Zum Shäkespears Tag« (1771) bricht sich die Begeisterung für den englischen Dichter und seine psychologische Charaktergestaltung emphatisch Bahn: »Ich erkannte, ich fühlte aufs lebhafteste meine Existenz um eine Unendlichkeit erweitert.« Shakespeare wird zum Sinnbild des genialen Dichters und zum Vorbild der eigenen dichterischen Praxis. So zeigt sich Goethe in seinem *Götz von Berlichingen* (1773) ebenso von Shakespeare beeinflusst wie Klinger in seinem Drama *Die Zwillinge* (1776).

Sturm und Drang

Die Übersteigerung des Geniekultes bei einigen Stürmern und Drängern wird auf dem Hintergrund des sich verschärfenden Konkurrenzdrucks auf dem literarischen Markt verständlich. Lenz hat in seinem *Pandämonium Germanikum* (1775, postum 1819), einer Satire auf den Literaturbetrieb seiner Zeit, die Konkurrenzsituation zwischen den Autoren in bissiger Weise zum Thema gemacht. Die Betonung des genialischen und subjektiven Moments im künstlerischen Schaffensprozess war nicht zuletzt eine Folgeerscheinung der wachsenden Zahl von Schriftstellern und des Konkurrenzkampfes untereinander. Genialität konnte in dieser Situation eine »Waffe im Konkurrenzkampf« und Subjektivität eine »Form der Selbstreklame« (A. Hauser) sein. Dabei dürfen negative Aspekte des Geniekultes nicht übersehen werden. Das irrationale Element des Geniebegriffs stand in merkwürdigem, unaufgelöstem Widerspruch zum aufklärerischen Prinzip der Rationalität. Genialität, Spontaneität, Individualität, Gefühl, Empfindung, Natürlichkeit und Originalität waren die Schlagworte der neuen Literaturbewegung, mit der diese sowohl gegen den normativen Anspruch Gottscheds und seiner Schüler als auch, ungeachtet der Hochschätzung von Lessings Leistungen, gegen

Geniekult

Gellert als gekrönter
Dichter – Geniekult von
1770

*Schriftsteller als Sach-
walter der Vernunft*

normierende Vorstellungen Lessings und seiner Freunde Sturm liefen. Wie es
falsch ist, Lessing und Gottsched als unversöhnliche Widersacher zu sehen, auch
wenn sie sich selbst so verstanden, ist es falsch, den Kampf der Stürmer und
Dränger gegen Gottsched und Lessing als unüberbrückbare Gegnerschaft zu verstehen. Mit den Stürmern und Drängern tritt die Aufklärungsbewegung, die bei
Gottsched eingesetzt und in Lessing ihren Höhepunkt erreicht hatte, in eine neue
Phase. Das in der frühen Aufklärungsbewegung vorherrschende, z. T. einseitig
betonte Prinzip der Rationalität wurde nicht ersetzt, sondern ergänzt durch den
Gefühlskult der Stürmer und Dränger. Die beiden Pole der Aufklärung, Verstand
und Gefühl, wurden zu einer neuen, nicht unproblematischen Einheit zusammengefügt.

Dass der Sturm und Drang keine Gegenbewegung zur Aufklärung war, sondern diese vielmehr weiterführte, bereicherte, z. T. auch radikalisierte, wird
deutlich an der Literaturauffassung der Stürmer und Dränger. So verstärkte
Schiller in seiner Schrift *Die Schaubühne als eine moralische Anstalt betrachtet*
(1784) die gesellschaftskritischen Momente, die bereits bei Lessing in dessen
Theorie des bürgerlichen Trauerspiels und in seiner Forderung nach einem bürgerlichen Nationaltheater vorhanden gewesen waren, wenn er von der Bühne
forderte, dass sie »Schwert und Waage« übernehmen und die Laster und Verbrechen der Mächtigen vor den »Richterstuhl« der Vernunft bringen solle. Eine solche Literaturauffassung veränderte auch die Rolle des Schriftstellers. Dieser wurde zum Sachwalter der unterdrückten Vernunft und zum Kämpfer für die Rechte
des Bürgertums. Realisiert werden konnte eine solche Funktionszuweisung nur
durch eine Literatur, welche die aktuellen Hemmnisse der bürgerlichen Emanzipationsbewegung thematisierte. Das Interesse an den Problemen des so genannten gemeinen Mannes zeigt, dass die Stürmer und Dränger in den Emanzipati-
onskampf des Bürgertums auch den Kleinbürger einschließen wollten. So war es
nach Lenz für die Dichter von Vorteil, wenn sie »in die Häuser unserer sogenannten gemeinen Leute gingen, auf ihr Interesse, ihre Leidenschaften Acht geben« würden, und Herder forderte den Dichter auf, sich in den Dienst des »ehr-
würdigsten Theils der Menschen, den wir Volk nennen«, zu stellen. In der Praxis
bedeutete das eine Abkehr von einer Dichtung, die nur einem kleinen Kreis von
Intellektuellen verständlich war. So forderte Gottfried August Bürger eine Kunst,
»die zwar von Gelehrten, aber nicht für Gelehrte als solche, sondern für das Volk
ausgeübt werden muß«. »Popularität eines poetischen Werkes« war für ihn »das
Siegel seiner Vollkommenheit«. Der Dichter sollte zum »Volksdichter«, die Dichtung zur »Volkspoesie« werden. Die Konzeption der Volkspoesie macht den weiten Bogen deutlich, den die aufklärerische Literaturtheorie in nur fünfzig Jahren
von Gottsched über Lessing bis hin zu den Stürmern und Drängern zurückgelegt
hat.

Die aufklärerische Praxis im Drama

Im aufklärerischen Selbstverständnis nahm das Drama eine bevorzugte Stellung
ein. Ihm wurde stärker als den anderen literarischen Gattungen eine erzieherische, gesellschaftsverändernde Kraft zugemessen. Als »weltliche Kanzel« (Gottsched), als »Schule der moralischen Welt« (Lessing), als »moralische Anstalt«
(Schiller) von den Aufklärern begriffen, wurde das Theater in wenigen Jahren

Wanderkomödianten auf
dem Anger in München
(Gemälde von Joseph
Stephan, um 1770)

zum wichtigsten Erziehungs- und Bildungsinstitut. Weder vorher noch nachher
hat das Theater jemals wieder eine solche Hochschätzung und eine solche Blütezeit erfahren wie im 18. Jahrhundert. Die Intelligenz wurde von einer regelrechten »Theatromanie« erfasst. Zahlreiche Bürgersöhne strebten zum Theater und
versuchten sich als Schauspieler. Die Romane *Anton Reiser* (1785–90) von Karl
Philipp Moritz und *Wilhelm Meisters theatralische Sendung* (1776–85) von Goethe
legen von der Theaterleidenschaft der jungen Generation ein deutliches Zeugnis
ab. Gerade die bürgerlichen Intellektuellen suchten auf dem Theater die Rolle zu
spielen, die ihnen im gesellschaftlichen Leben versagt blieb.

Die atemberaubende Entwicklung, die das Theater in wenigen Jahren erlebte, *Vom Harlekin zum*
ist umso erstaunlicher, wenn man bedenkt, dass sie gleichsam beim Nullpunkt *bürgerlichen Helden*
begann. »Lauter schwülstige und mit Harlekins = Lustbarkeiten untermengte
Haupt = und Staats = Actionen, lauter unnatürliche Romanstreiche und Liebes-
verwirrungen, lauter pöbelhafte Fratzen und Zoten waren dasjenige, so man da-
selbst zu sehen bekam«, so beschrieb Gottsched 1724 das Leipziger Theaterleben.
Gottscheds abschätzige Äußerung bezieht sich auf die Wanderbühnen, die nach
Aussage des berühmten Schauspielers Konrad Ekhof aus »umreisenden Gaukler-
truppen« bestanden, »die durch ganz Deutschland von einem Jahrmarkt zum
anderen laufen und den Pöbel durch niederträchtige Possen belustigen«. Daneben gab es noch das angesehene und privilegierte Hoftheater, das der Unterhaltung der aristokratischen Hofgesellschaft diente und von fest engagierten
französischen und italienischen Schauspieltruppen getragen wurde. Beide Thea-
terformen – das so genannte Pöbeltheater und das feudale Hoftheater – waren
mit dem aufklärerischen Literaturprogramm nicht zu vereinbaren. Es zeugt von
Gottscheds Weitblick, dass er mit seinen Reformversuchen beim verachteten Pöbeltheater ansetzte. In Zusammenarbeit mit Schauspieltruppen unternahm er
den Versuch, das Niveau der Wanderbühnen zu heben und das Theater für ein
bürgerliches Publikum interessant zu machen. Unterstützung fand Gottsched bei
Caroline Friederike Neuber (1697–1760), die als Schauspielerin und Leiterin einer
eigenen Theatertruppe einen entscheidenden Anteil an der Begründung des deutschen Nationaltheaters hatte. Von ihren eigenen Schauspielen haben sich nur die
Deutschen Vorspiele (1734) erhalten, die sie als eine begabte Künstlerin ausweisen, die sich selbstbewusst in die Debatten um die Verbesserung des Theaters

Madame Böck und Herr EcKhof
im
Bauer mit der Erbschaft.

Konrad Ekhof auf der Bühne – Anbruch eines natürlichen Spiels: »durch Kunst der Natur nachahmen und ihr so nahe kommen, dass Wahrscheinlichkeiten für Wahrheiten angenommen werden müssen oder geschehene Dinge so natürlich wieder vorstellen, als wenn sie erst jetzt geschehen«

Eine schreibende Frau: die Kulmus

einschaltet. Angelika Mechtel hat der Neuberin, wie sie zumeist genannt wird, in dem Roman *Die Prinzipalin* (1994) ein Denkmal gesetzt.

Maßstab für Gottscheds Reformbemühungen war das klassizistische französische Drama, das er mit eigenen »regelmäßigen« Schauspielen, d.h. Schauspielen, die den Regeln entsprachen (gebundene Rede, feste Aktzahl, Einhaltung der drei Einheiten von Ort, Zeit und Raum, der Ständeklausel usw.), umzusetzen suchte. Mit dem Trauerspiel *Sterbender Cato* (1732) versuchte Gottsched, ein praktisches Beispiel seiner eigenen Dramentheorie zu geben. Mit »Kleister und Schere«, wie Gottscheds schärfster Kritiker Bodmer später bissig anmerkte, schrieb er auf der Grundlage der Cato-Stücke von Addison und Deschamps »die erste deutsche Originaltragödie«. Tatsächlich besteht das Stück über weite Strecken aus Übersetzungen; nur 174 der insgesamt 1648 Alexandriner des »Originaldramas« stammen aus Gottscheds eigener Feder. Es wäre jedoch falsch, ihm daraus einen Vorwurf zu machen. Er verstand sich nicht als »Originaldichter« im Sinne der späteren Sturm-und-Drang-Zeit, sondern als Wegbereiter eines neuen »regelmäßigen Dramas«. Durch Übersetzung und Überarbeitung vorhandener Stücke, vor allem aus dem französischen, aber auch aus dem englischen Sprachraum, versuchte er, ein dramatisches Modell zu entwickeln, das auch für die Praxis anderer Autoren vorbildlich werden sollte. Das Stück *Sterbender Cato* ist aber nicht nur als Muster eines ›regelmäßigen‹ Trauerspiels interessant, sondern auch als ein Dokument der antifeudalen Tendenzen, die schon im Drama der Frühaufklärung zu finden sind. So betonte Gottsched in seiner Erläuterung und Verteidigung des *Cato* gegenüber zeitgenössischen Kritikern gerade die politischen Komponenten des Stückes, wenn er schrieb, »daß die wahre Größe eines Helden in der Liebe seines Vaterlandes und einer tugendhaften Großmuth bestehe; die Herrschsucht aber und die mit einer listigen Verstellung überfirmste Tyrannei unmöglich eine rechte Größe sein könne«. In der Konfrontation zwischen Caesar und Cato arbeitet Gottsched den Unterschied zwischen Tyrannis und Republik heraus, wobei seine Sympathien erklärtermaßen bei der Figur des Cato liegen. Der Erfolg des Stückes war für die damalige Zeit ungeheuer, es wurde das erfolgreichste Theaterstück der nächsten Jahrzehnte und erlebte zahlreiche Neuauflagen und Aufführungen.

Wie Gottsched durch seine eigenen Stücke für das Trauerspiel Pionierarbeit leistete, so vollbrachte dies für die Komödie seine Frau, Luise Adelgunde Kulmus (1713–1762), die zu ihrer Zeit eine bekannte Gelehrte und zugleich produktive Autorin war. Ihre *Pietisterey im Fischbein-Rocke* (1736), die wie Gottscheds *Cato* auf ausländischen Vorbildern basiert, zeugt wie ihre anderen Lustspiele (*Die ungleiche Heyrath*, 1743; *Die Hausfranzösin*, 1744; *Das Testament*, 1745; *Der Witzling*, 1745) von »einer bemerkenswerten satirischen Ader, von Witz und insgesamt von einem dichterischen Talent«, wie in der neueren Forschung zunehmend bemerkt wird. Das Stück der Gottschedin ist nicht nur unter den formalen Aspekten einer neuen Komödienform wichtig, sondern auch als ein Dokument des antiklerikalen Kampfes der Frühaufklärung anzusehen. Mit Spott und Ironie zieht Luise Gottsched gegen den Pietismus ihrer Zeit zu Felde und brandmarkt alle obskurantistischen und mystischen Züge, die sie in dieser Bewegung vorzufinden glaubt. In Herrn und Frau Glaubeleicht, in Magister Scheinfromm, im jungen Herrn von Muckersdorff und zahlreichen anderen Personen mit sprechenden Namen spießt sie falsche Frömmigkeit und religiöse Schwärmerei auf und formuliert eine Kritik am Pietismus, die in ihrer Entschiedenheit und Schärfe auch später von den Romanen *Der redliche Mann am Hofe* (1740) von Michael von Loen und *Leben und Meinungen des Magisters Sebaldus Nothanker* (1773) von Friedrich

Nicolai nicht eingeholt wurde. Nicht zuletzt als bitterböse Satire auf den deutschen Pietismus war das Stück umstritten und rief die Obrigkeit auf den Plan. König Friedrich Wilhelm I. nannte die *Pietisterey* in einer Kabinettsorder 1737 »eine recht gottlose Schmäh Schrifft«. In Berlin und Königsberg wurde das Stück verboten, Buchhändler wurden verhört und zahlreiche Exemplare beschlagnahmt. Die Verfasserin selbst geriet nicht in die Schusslinie. Sei es aus falscher Bescheidenheit oder sei es wegen der politischen Brisanz des Stückes – sie ließ es anonym und mit falscher Verleger- und Ortsangabe erscheinen. Ihr Mann, der das Stück als Kampfschrift in der Auseinandersetzung mit der Gegenaufklärung hoch schätzte, verzichtete vorsichtshalber darauf, die umstrittene und verfolgte *Pietisterey* in seine sechsbändige *Deutsche Schaubühne* (1740–45), eine Mustersammlung von vorbildlichen Stücken, aufzunehmen.

In der Wahrnehmung der Zeitgenossen bildeten Gottsched und seine Frau, die Gottschedin, ein ideales Paar. Zusammen mit Klopstock und seiner Frau Meta Moller, deren *Hinterlassene Schriften* ihr Mann 1759 herausgab, sind die Gottscheds ein frühes Beispiel für eine Paarbeziehung, in der beide Partner künstlerisch bzw. wissenschaftlich tätig sind. Dass die Ehe- und Produktionsgemeinschaft zwischen den beiden so ungleichen Partnern nicht unproblematisch war, zeigen die Briefe, die die Freundin der Gottschedin Friederike Dorothea Henriette Runckel 1771 postum herausgab und die inzwischen als gekürzte Leseausgabe (1999) wieder zugänglich sind. In dem Roman *Idylle mit Professor* (1986) hat Renate Feyl ein einfühlsames Porträt von Luise Adelgunde Gottsched entworfen, die an ihrer Rolle als »Gehülfin« zerbrochen ist.

Die Orientierung an ausländischen Vorbildern, insbesondere am klassizistischen französischen Drama, die Gottsched, seine Frau, deren Anhänger und Nachfolger kennzeichnet, verbesserte zwar spürbar das Niveau der Spielpläne, engte die Dichter aber in ihrer Gestaltungsfreiheit stark ein. Gegen die starre Regeldogmatik Gottscheds und seiner Freunde regte sich daher schon bald Widerspruch. Lessing ging so weit, Gottsched alle Verdienste an der Schaffung eines deutschen Theaters abzusprechen (*17. Brief, die neueste Literatur betreffend*), und beklagte die vorgefundene Theatersituation in den 60er Jahren mit den nicht ganz zutreffenden Worten: »Wir haben kein Theater. Wir haben keine Schauspieler. Wir haben keine Zuhörer«. Tatsächlich unterschieden sich die Vorstellungen,

Orientierung am französischen Klassizismus

Weimarer Hoftheater
(1784)

Ernst Deutsch als Nathan
der Weise

*Idee eines deutschen
Nationaltheaters*

*Vom »edlen Juden« –
gegen antisemitische
Vorurteile*

die Gottsched und Lessing vom Theater hatten, so erheblich, dass Lessing nicht im Stande war, die Leistungen Gottscheds zu würdigen. Hatte Gottsched seine Reformversuche in erster Linie auf eine Verbesserung des Repertoires konzentriert, so hatte Lessing sich vorgenommen, ein Theater für die ganze Nation zu schaffen. Dieses Theater sollte frei von hemmendem ausländischem Einfluss sein und aktuelle Probleme aufgreifen. Nur ein bürgerliches Theater konnte nach Lessing diese Forderungen erfüllen. Die Idee des Nationaltheaters und die Konzeption des bürgerlichen Dramas bilden bei Lessing wie auch später bei Schiller und den Stürmern und Drängern eine untrennbare Einheit. Mit der Gründung einer stehenden Bühne und der Einrichtung eines festen Ensembles in Hamburg (1765) schien es so, als ob die lessingsche Nationaltheateridee bereits realisiert wäre. Tatsächlich blieben aber wesentliche Forderungen der Nationaltheater-Programmatik unerfüllt. Die Initiative zur Gründung war nicht von der Bürgerschaft ausgegangen, sondern von Privatleuten, und das Theater wurde auch nicht öffentlich subventioniert. So war es nicht verwunderlich, dass es schon nach zwei Spielzeiten an finanziellen Schwierigkeiten scheiterte. In der Folgezeit wurde die Nationaltheateridee von den Fürsten vereinnahmt. 1776 erhob Joseph II. die Wiener Hofbühne zum Nationaltheater, 1778 wurde das Mannheimer Nationaltheater gegründet. Wenn es auch nicht gelang, die Nationaltheater-Programmatik im Sinne einer rein bürgerlichen Institution organisatorisch zu verwirklichen, so konnte Lessing doch der Entwicklung des bürgerlichen Dramas Auftrieb geben. Mit *Emilia Galotti* (1772), *Minna von Barnhelm* (1767) und *Nathan der Weise* (1779) sind ihm Theaterstücke gelungen, die richtungweisend für das Drama im 18. Jahrhundert wurden. Zusammen mit den Dramen der Sturm-und-Drang-Zeit, mit Schillers *Räubern* (1781) und *Kabale und Liebe* (1784), mit Goethes *Götz von Berlichingen* (177/73) und Lenz' *Hofmeister* (1774) und den *Soldaten* (1776), bilden die lessingschen Dramen einen Fundus, der noch heute zum festen Repertoire der Bühnen gehört. In weniger als zwanzig Jahren entwickelte sich aus provinzieller Enge ein deutsches Theater, das den Vergleich mit Frankreich und England nicht zu scheuen brauchte.

Die Bedeutung des *Nathan* reicht dabei weit über die engere Theatergeschichte hinaus. Mit dem Bild des »edlen Juden« – eine Vorform findet sich bereits in dem frühen Lustspiel *Die Juden* (1749) – brach Lessing mit der bisherigen Theatertradition, nach der Juden nur als lasterhafte und lächerliche Figuren auf der Bühne geduldet waren. Zugleich stellte er die herrschenden antisemitischen Vorurteile in Frage, die trotz offizieller Emanzipationspolitik (Toleranzedikt, 1781) auch in der Aufklärungszeit noch keineswegs überwunden waren. Zusammen mit Christian Wilhelm Dohms Manifest *Über die bürgerliche Verbesserung der Juden* (1781), Mendelssohns Schrift *Jerusalem oder über religiöse Macht und Judentum* (1783) gehören Lessings Lustspiel *Die Juden* und sein »dramatisches Gedicht« *Nathan* zu den Dokumenten eines in Deutschland stets gefährdeten Toleranzdiskurses. Die Aufführungsgeschichte des *Nathan* ist ein Barometer für den jeweiligen Zustand der »deutsch-jüdischen Symbiose« (P. Gay), an dessen tödliche Konsequenzen für die Juden Walter Jens in seiner Rede über »Lessings Nathan aus der Sicht von Auschwitz« erinnert hat. Zwischen 1933 und 1945 durfte Lessings Stück auf keiner deutschen Bühne gespielt werden und war auch aus dem Lektürekanon der Schulen verschwunden. Erst nach 1945 kehrte *Nathan* auf die deutschen Bühnen zurück: Das Deutsche Theater in Berlin eröffnete die neue Spielzeit 1945/46 programmatisch mit Lessings utopischem Entwurf einer harmonischen Gesellschaftsordnung, in der die unterschiedlichen Religionen friedlich miteinander leben. Trotz aller dramaturgischen und thematischen Besonderheiten gehört Lessings *Nathan* in den Kontext der bürgerlichen Dramen, mit denen in den 70er und 80er Jahren des 18. Jahrhunderts eine neue theatergeschichtliche Epoche eröffnet wurde.

›Bürgerlich‹ waren diese Dramen nicht nach heutigem Sprachgebrauch. Im 18. Jahrhundert diente die Bezeichnung ›bürgerlich‹ dazu, die private, häusliche, nicht standesgebundene Sphäre gegen die öffentliche Sphäre des Hofes abzusetzen. In der kontrastierenden Gegenüberstellung von ›bürgerlich-privat‹ und ›höfisch-öffentlich‹ lag nichtsdestoweniger ein starkes gesellschafts-kritisches Element; die private Sphäre der Familie wurde als ›allgemein-menschliche‹ reklamiert, der gegenüber die höfische Sphäre als unpersönlich, kalt und menschenfeindlich erschien. Bürgerlich waren diese Dramen also, weil in ihnen Tugenden wie Humanität, Toleranz, Gerechtigkeit, Mitleidsfähigkeit, Sittlichkeit, Gefühlsreichtum usw. dargestellt wurden, und nicht, weil in ihnen bürgerliche Helden im strengen Wortsinne auftraten. So stammt Lessings Emilia Galotti aus dem niederen Adel, verkörpert aber durch ihre Moralität das bürgerliche Tugendideal, das sich durch den Immoralismus des Hofes nicht korrumpieren lässt. Karl Moor in Schillers *Räubern* (1781) ist, obwohl er der Sohn des regierenden Grafen von Moor ist, ein antifeudaler Rebell wie Goethes Götz von Berlichingen, der, obgleich dem Adel entstammend, das Hofleben verachtet und sich für die sozial Unterdrückten einsetzt. Erst in Schillers *Kabale und Liebe* (1784) tritt eine wirklich bürgerliche Heldin auf: Luise, die Tochter des Stadtmusikanten Miller. In *Kabale und Liebe* wird ein ähnliches Thema behandelt wie in *Emilia Galotti* und *Miss Sara Sampson* (1755); mit beiden Stücken hat Lessing in Anlehnung an Lillos *The London Merchant* (1731) und Diderots *Le père de famille* (1758) die Tradition des Bürgerlichen Trauerspiels für Deutschland begründet, die bis ins 19. Jahrhundert zu Hebbels *Maria Magdalene* (1843) reicht. In den beiden Dramen Lessings und in dem von Schiller geht es um das Motiv der ›verführten Unschuld‹; in allen drei Dramen stehen Frauen im Mittelpunkt der Auseinandersetzung zwischen Adel und Bürgertum, alle drei Dramen enden mit dem Tod der Heldin.

Miss Sara Sampson erliegt dem Charme des Libertins Mellefont, der sie aus dem Vaterhaus entführt und ihr die Ehe versprochen hat, vor der Legalisierung des Verhältnisses aber zurückschreckt, weil er seine Freiheit nicht gefährden möchte. Die tugendhafte Sara wird zwischen der Sehnsucht nach dem verlassenen Vater und der Liebe zu ihrem Ent- und Verführer Mellefont hin- und hergerissen. Sie stirbt schließlich durch das Gift, das von der ehemaligen Geliebten Mellefonts stammt. Mellefont tötet sich angesichts der Leiche Saras. Vater Sampson beschließt das Drama mit der versöhnlichen Würdigung des Verführers: »Ach, er war mehr unglücklich als lasterhaft.« – Pointierter erscheint der politische Konflikt in *Emilia Galotti* (1772). Dort versucht der Prinz von Guastalla, ein typischer Vertreter schrankenloser Tyrannenwillkür und erotischer Libertinage, die tugendhafte Emilia in seine Gewalt zu bringen und schreckt dabei auch vor dem Mord an Emilias Bräutigam Appiani nicht zurück. Emilia ihrerseits ist nicht unempfänglich für die erotischen Lockungen, die von dem Prinzen, ganz im Gegensatz zu dem »guten Appiani«, ausgehen. »Verführung ist die wahre Gewalt! – Ich habe Blut, mein Vater, so jugendliches, so warmes Blut als eine. Auch meine Sinne sind Sinne. Ich stehe für nichts« – mit diesen Worten, die den Zeitgenossen übrigens höchst anstößig vorkamen, fordert Emilia vom Vater den Dolch, um sich zu töten. Doch ist es schließlich der Vater, der ihr den Tod gibt, weil er nicht zulassen kann, dass die Tochter die Waffe gegen sich selbst richtet. In dem Vater

Das deutsche Theater holt auf

›gemischte Charaktere‹

Illustrationen
Chodowieckis zu *Kabale
und Liebe* (1786)

Odoardo und dem Prinzen von Guastalla treten feudaler Fürst und Privatmann
unversöhnlich gegeneinander. Odoardo verachtet das Hofleben und lebt in seiner
selbst gewählten Einsamkeit auf dem Land in rousseauistischer Abgeschiedenheit, fernab von den Verlockungen des Hofes. In der Tugend der Tochter sieht er
den Garanten der eigenen moralischen Überlegenheit über den Feudalherren, den
er verachtet.

»Kabale und Liebe«

In *Kabale und Liebe* (1784) ist der Konflikt anders nuanciert. Luise Millerin –
nach ihr hatte Schiller sein Drama ursprünglich benannt – stammt nicht nur aus
dem Bürgertum, die von Schiller erzählte Geschichte spielt auch in der deutschen
Gegenwart, während Lessing seine *Sara* in England und *Emilia* in einem italienischen Kleinstaat in einer vergangenen, nicht genau bestimmbaren Zeit spielen
lässt. Deutlich wird hier die Entwicklung des bürgerlichen Dramas von einer relativen Abstraktheit hin zu einer Präzisierung der politischen und sozialen Konfliktlage. Vergleichbar ist Luise aber mit ihren Vorgängerinnen Sara und Emilia in
ihrer Tugendhaftigkeit, die ein unzerstörbarer Teil ihres Wesens ist. Ihr Geliebter
Ferdinand ist nicht mehr der gewissenlose Verführer, sondern er will die Klassenschranken überwinden und Luise heiraten. Damit aber rüttelt er an den Grundfesten der feudalen Gesellschaft und fordert die tödliche »Kabale« des Hofes heraus. Durch Intrigen an der Tugendhaftigkeit und Treue Luises irregeführt, vergiftet
er seine Geliebte und trinkt selbst aus dem Giftbecher, als er erfährt, dass Luise
»unschuldig« ist.

Väter – Töchter

Wie in *Emilia Galotti* und *Miss Sara Sampson* spielt auch in *Kabale und Liebe*
die Beziehung zwischen Vater und Tochter eine entscheidende Rolle. Dieses Verhältnis wird nicht nur als ein zärtliches Familienverhältnis, sondern zugleich
auch als ein Besitzverhältnis charakterisiert. Die Töchter sind ›Eigentum‹, ›Vermögen‹ und ›Ware‹ des Vaters, ihre Tugend ist nicht nur ein ideelles, sondern

auch ein materielles Gut. Das Vokabular aus dem bürgerlichen Erwerbsleben ist verräterisch: Es verweist auf die Ökonomisierung der Beziehungen, und es zeigt zugleich, wie sich die bürgerliche Gesellschaft in der Propagierung der väterlichen Gewalt als patriarchalische Ordnung neu zu begründen sucht: Die Tugend der Töchter ist die Macht der Väter. Als ›Ware‹ wird die Tochter zum Objekt des Austauschs zwischen Männern und zum Gegenstand der Auseinandersetzung zwischen Adel und Bürgertum. Die Töchter sind Opfer in doppeltem Sinne: Sie dürfen sich nicht einmal selbst töten, wie dies die Männer tun, sie werden umgebracht. Als entsinnlichte, engelhafte Wesen sind sie lange vor ihrem eigentlichen Bühnensterben dem Tod geweiht. Die Auseinandersetzung zwischen Adel und Bürgertum wird also nicht als eine politische geführt, sondern sie wird privatisiert und moralisiert und als ein Konflikt zwischen bürgerlicher Rechtschaffenheit und absolutistischer Willkür auf der Bühne ausgespielt. Dabei ist eine zunehmende Konkretisierung und Präzisierung der sozialen Konfliktlage zu beobachten. Wurde am Anfang des bürgerlichen Dramas die Konzeption privater Humanität noch mit Personen aus dem Adel in Verbindung gebracht, so wird sie wenige Jahre später bei den Stürmern und Drängern bereits auf die Person des Bürgers übertragen. Diese Verlagerung hat Konsequenzen für die gesellschaftskritische Stoßrichtung der Gattung. Die soziale Präzisierung des Sujets, des Figurenaufbaus und der Konfliktlage konkretisiert zugleich das gesellschaftskritische Element. Die moralische Kritik am Feudalismus wird ins Politische gewendet.

Die Tugend der Töchter ist die Macht der Väter

Diese Zunahme und die Konkretisierung des sozialkritischen Elements lässt sich besonders gut an den Dramen von Jakob Michael Reinhold Lenz (1751–1792) beobachten. Im *Hofmeister* (1774) gestaltet Lenz die Schwierigkeiten der damaligen Intelligenz, sich in die bestehende Ständegesellschaft einzufügen, und greift damit ein aktuelles Problem seiner Zeit auf. Läuffer, der Sohn eines Stadtpredigers, ist nach seinem Studium gezwungen, seinen Lebensunterhalt als Hofmeister, d. h. als Erzieher im Hause eines adligen Majors zu verdienen und wird dort nicht besser als das übrige Dienstpersonal behandelt. Die demütigende Position als Hofmeister wird durch Läuffers Liebesbeziehung zur Tochter des Hauses noch verstärkt. Am Ende sieht Läuffer keinen anderen Ausweg, als sich selbst zu kastrieren. Erst durch seine Selbstverstümmelung wird der soziale Frieden wieder hergestellt. Auch in den *Soldaten* (1776) ist das gesellschaftskritische Element sehr viel stärker ausgeprägt als z. B. in den frühen Dramen von Lessing. Lenz siedelt seine Dramen in der Gegenwart an, die Konflikte ergeben sich aus den sozialen Spannungen der damaligen Gesellschaftsordnung. Befasst sich Lenz im *Hofmeister* mit dem Problem der Hofmeisterexistenz, unter der nicht nur er, sondern zahlreiche Intellektuelle und Schriftsteller seiner Zeit zu leiden hatten, so greift er in den *Soldaten* ebenfalls ein aktuelles Zeitproblem auf: die Gefahren des »ehelosen Standes der Herren Soldaten« für die Tugend der Bürgermädchen. Mit seinem Stück *Der neue Menoza oder Geschichte des cumbanischen Prinzen Tandi* (1774) schaltet sich Lenz ebenfalls in einen aktuellen Diskurs ein. Das Bild des ›edlen Wilden‹, das in der Aufklärung zivilisationskritisch gegen die Verhältnisse in Europa gewendet wurde, erscheint bei Lenz satirisch gebrochen. Mit seiner Provinzposse unterläuft Lenz ironisch den Exotismus seiner Zeitgenossen und entwirft ein Bild des Fremden, das für Idealisierungen untauglich ist.

Zur Lage der Intelligenz

Faszinierend an Lenz' Dramen ist nicht nur die Konsequenz des sozialen Engagements, die sich in der realistischen und differenzierten Gestaltung der Personen und der Konflikte ausdrückt, sondern auch die Vermischung von Tragischem und Komischem. Die ehemals starre Trennung zwischen Komödie und Tragödie, wie

Ein Hoflehrer: *Der Gerechte erbarmt sich seines Viehes* (1791)

sie Gottsched vertreten und Lessing noch praktiziert hatte, wurde bei Lenz zugunsten einer neuen Dramenform aufgehoben, in der sich Tragisches mit Komischem, Satirisches mit Ernstem verbanden. Hier, nicht nur in der politischen Stoßrichtung seiner Dramen, liegt die Modernität von Lenz, die Autoren des 19. Jahrhunderts (vgl. Büchners Novelle *Lenz*) und des 20. Jahrhunderts (vgl. Brechts Bearbeitung des *Hofmeister* und Kipphardts Bearbeitung der *Soldaten*) immer wieder zu produktiven Auseinandersetzungen angeregt hat. Nach 1968 kam es im Umkreis der Studentenbewegung und im Kontext der »Neuen Subjektivität« zu einer Neuentdeckung von Lenz. Zu nennen sind hier z. B. Peter Schneiders Erzählung *Lenz* (1973) und Gert Hofmanns Novelle *Die Rückkehr des verlorenen Jakob Michael Reinhold Lenz nach Riga* (1981).

Zwiespältige Charaktere bei J. M. R. Lenz

Wegweisend für die Moderne ist Lenz aber nicht nur wegen seiner Dramenform, sondern auch wegen seiner Dramenfiguren. Die idealtypische Zeichnung der Charaktere, wie sie noch im frühen bürgerlichen Theater üblich gewesen war, ist bei Lenz aufgegeben. Obwohl Lessing in seiner Trauerspieltheorie die richtungweisende Konzeption des »gemischten Helden« entwickelt hatte, waren die Helden bzw. Heldinnen seiner Stücke doch eher Vertreter eines abstrakten bürgerlichen Tugendideals denn realistisch gezeichnete Charaktere. Besonders deutlich wird dies in *Nathan der Weise*: Der edelmütige Jude Nathan stellt eine Verkörperung des aufklärerischen Toleranz- und Humanitätsideals dar. Erst die Stürmer und Dränger schufen in ihren Dramen zwiespältige Charaktere, wobei aber sowohl Goethe im *Götz* als auch Schiller in den *Räubern* zur Übersteigerung ihrer Helden neigten. Die kraftgenialischen Züge, die Götz oder auch Karl Moor tragen und die sie für heutige Zuschauer noch immer interessant machen, hatten keine Entsprechung in der Realität. Sie waren Wunschgestalten der Autoren. Lenz verzichtete nicht nur auf den »gemischten« Helden, er verzichtete sogar ganz auf Helden. Zwar gibt es bei ihm Haupt- und Nebenfiguren, die Personen sind aber weder Tugendgestalten noch stilisierte Kraftgenies oder Schurken, sondern Menschen, deren Charakter und Verhalten von den sozialen Verhältnissen bestimmt werden, in denen sie leben.

Thema Familie

Eine wichtige, nicht unproblematische Gemeinsamkeit der bürgerlichen Dramen in jener Zeit liegt in der Darstellung und Konzentrierung auf die bürgerliche Kleinfamilie, die als private Sphäre gegen die öffentliche Sphäre des Hofes gesetzt ist. Die Entdeckung der bürgerlichen Kleinfamilie durch die Dramatiker des 18. Jahrhunderts hängt zusammen mit tief greifenden sozialen Veränderungen. Mit der Herausbildung der bürgerlichen Gesellschaft im Verlauf des 18. Jahrhunderts zerfiel der in der Feudalzeit vorherrschende Typus des adligen Familienverbandes bzw. der bäuerlichen Großfamilie, die als Produktions- und Gütergemeinschaft bestanden hatte. Die fortschreitende Arbeitsteilung zerriss den ursprünglichen Zusammenhang von Produktion und Reproduktion und brachte eine Trennung der Bereiche. Die Produktion lief getrennt von der Familie, der Vater arbeitete außer Haus, die Familie wurde reduziert auf Reproduktionsfunktionen, d. h. die Frau wurde ganz auf den häuslichen Bereich und die Kindererziehung verwiesen. Die neue Lebens- und Organisationsform der bürgerlichen Kleinfamilie beruhte auf der strengen Arbeitsteilung zwischen Mann und Frau,

Thema Ehe

wobei die männliche Tätigkeit anerkannt und bezahlt wurde, während die Frau im Haus unbezahlte Arbeit leistete, in finanzielle Abhängigkeit vom Mann geriet und Anerkennung nur in Form von Lob und Hochschätzung erfuhr. Der Mann hatte in der bürgerlichen Kleinfamilie eine so starke Stellung, dass er praktisch Besitzer der Frau war. Dieses Besitzverhältnis, das juristisch abgesichert war, wird in der monogamen Struktur der Ehe deutlich. In der Forschung ist immer wieder davon die Rede gewesen, das die Schaffung der Familie zu den »großen Leistungen des Bürgertums« gehöre und dass die bürgerliche Kleinfamilie auf einer »vollkommenen seelischen und einer möglichst weitgehenden geistigen Gemeinschaft« zwischen Mann und Frau beruhe (L. Schücking). Tatsächlich war die Stilisierung der Familie zu einem Hort bürgerlicher Empfindsamkeit und Tugendhaftigkeit ein Wunschbild von Autoren, die sensibel auf die zerstörerischen Auswirkungen der gesellschaftlichen Entwicklung auf das Individuum reagierten. Die Familie wurde zum Schutzraum gegen feudale Willkür erklärt, und sie wurde zugleich zur Enklave des Gefühls gegen das in Wirtschaft und Gesellschaft zunehmend sich durchsetzende Prinzip der Rationalität stilisiert. Die Idylle ist jedoch trügerisch und teuer erkauft. Gerade die bürgerlichen Dramen zeigen, dass die Familie keineswegs eine vollkommene Gemeinschaft war; in vielen Dramen ist die Familie entweder unvollständig, weil die Mutter schon früh gestorben ist, oder das Verhältnis zwischen den Ehepartnern ist notorisch schlecht, wie z. B. in *Kabale und Liebe*, wo der Vater mit der Mutter ausgesprochen rüde umgeht und sie als »infame Kupplerin« beschimpft, oder aber das Verhältnis zwischen Vätern und Kindern ist außerordentlich gespannt bzw. gestört. So verwickeln sich die Töchter in tödliche Konflikte, wenn sie die Liebe zum Vater mit der Liebe zum Geliebten zu verbinden suchen, und die Söhne geraten untereinander in tödliche Konkurrenz, wenn es um die Liebe und das Erbe der Väter geht. Neben die bürgerlichen Trauerspiele, die vor allem die Beziehung zwischen Vätern und Töchtern thematisieren, treten die Dramen, in denen der Vater-Sohn-Konflikt blutig ausgetragen wird, wie z. B. in *Julius von Tarent* (1776) von Leisewitz, in den *Zwillingen* (1776) von Klinger und den *Räubern* von Schiller.

Der dramatische Konflikt in den *Räubern* (1781) ergibt sich aus der Rivalität der beiden ungleichen Brüder Franz und Karl. »Warum bin ich nicht der Erste aus Mutterleib gekrochen? Warum nicht der Einzige? Warum mußte sie [die Natur] mir diese Bürde von Häßlichkeit aufladen? gerade mir?« – mit diesen Worten wütet Franz, der zweitgeborene Sohn, gegen das Schicksal, das ihn benachteiligt hat. Mit allen Mitteln versucht er, das »Schooßkind« Karl aus dem Herzen des Vaters und der Geliebten Amalia zu verdrängen und seine Rolle einzunehmen. *Die Räuber* sind aber mehr als ein bloßes Familiendrama. Stärker noch als in *Emilia Galotti* oder in *Kabale und Liebe* sind die antifeudalen, revolutionären Elemente in diesem Stück ausgebildet. In der Räuberhandlung des Stücks findet die soziale Realität des 18. Jahrhunderts (Pauperismus, organisiertes Bandenwesen) stärker als jemals zuvor Eingang in die Literatur. Die Räuberhandlung ist aber nicht nur eine Nachzeichnung sozialer Realität, sie ist zugleich eine weit ausschweifende »Phantasie von der unbedingten Negation der herrschenden Ordnung« (K. Scherpe), die jedoch im Stück teilweise zurückgenommen und durch den Gang der Handlung dementiert wird.

Insurrektion und Verbrechen

Die Konzentration auf die bürgerliche Familie geht einher mit der Propagierung eines neuen Frauen- und Männerbildes. Tugendhaftigkeit, Treue, Hingabe und Emotionalität werden zu weiblichen Eigenschaften erklärt. Männer dagegen werden als stark, tapfer und handelnd geschildert. Eine solche Rollenzuweisung, die man vor allem in den Trauerspielen mehr oder weniger deutlich vorfindet, leistete der späteren, noch heute vorhandenen Klischeebildung über männliches und weibliches ›Wesen‹ Vorschub und bereitete jene »Polarisierung der Geschlechtscharaktere« (K. Hausen) vor, die am Ende des 18. Jahrhunderts bei Fichte, Humboldt u. a. philosophisch festgeschrieben wird. Die bürgerliche Gleichheitsforde-

Frauen- und Männerbilder

Titelblätter der erstmals 1781 bei J. B. Metzler und 1782 bei T. Löffler erschienenen Ausgaben

Moritz oder Wilhelm Henschel als Franz Moor in *Die Räuber*

rung, die in der Frühaufklärung, etwa bei Gottsched, auf Männer und Frauen gleichermaßen bezogen worden war und zur Ausbildung des Typus der gelehrten, weltklugen Frau geführt hatte, wurde insbesondere unter dem Einfluss Rousseaus und seines *Emile* (1762) sowie seiner *Nouvelle Héloïse* (1761) zurückgenommen und auf den bürgerlichen Mann beschränkt: Die Frau wird nicht mehr als autonomes Wesen begriffen, sondern nur noch in Hinsicht auf den Mann und sein Glück definiert.

Eine Verschiebung der Rollenzuweisung findet man dagegen in den bürgerlichen Komödien. So ist Lessings Minna als eine starke, selbstbewusste und entschlossene Frau gezeichnet, die den Major von Tellheim mit Hartnäckigkeit und List von seinem übertriebenen Ehrverständnis, das ihrer gemeinsamen Verbindung im Wege steht, abbringt und für sich gewinnt. Eine solche Umkehrung der Rollen – Minna ist die Aktive, Tellheim der Passive – war nur in der Komödie möglich. In den Tragödien bleiben die Frauen entweder im Hintergrund, wie z. B. Amalie in den *Räubern* oder Maria im *Götz*, oder sie sind, selbst wenn sie Titel- oder Hauptgestalten sind, wie Emilia oder Luise in *Kabale und Liebe*, auf die Rolle des Opfers festgelegt. Eine gewisse Ausnahme bilden auch hier wieder die Dramen von Lenz, wo mit der Idealisierung und Entkörperlichung der Frauen Schluss gemacht ist. Marie in den *Soldaten* wird als leichtsinniges, verführbares und sexuell aktives Geschöpf gezeigt (»Soldatendirne«), wobei Lenz nicht ihr, sondern der Gesellschaft ihr tragisches Ende zur Last legt. Das Motiv der verführten Unschuld gewinnt bei den Stürmern und Drängern ein neues Gewicht. Ihr Interesse verlagert sich von der Feudalismuskritik (der Feudalherr als Verführer der bürgerlichen Unschuld) auf eine Kritik an der bürgerlichen Moral, die die sexuelle Intaktheit der Frau vor der Ehe zum höchsten sittlichen Gut erklärte, die sexuelle Betätigung der Männer vor und außerhalb der Ehe aber als durchaus normal ansah oder zumindest tolerierte. Dass diese doppelte Moral zu Lasten der Frauen ging, haben die Stürmer und Dränger sehr deutlich gesehen. In Wagners Drama *Die Kindsmörderin* (1776) ebenso wie in Goethes *Urfaust* (1775) töten die verführten und von den Männern verlassenen Frauen Evchen und Gretchen ihre neugeborenen Kinder, weil sie die gesellschaftliche Schande, die ein uneheliches Kind damals bedeutete, nicht ertragen können. Statt ihr zu entgehen, verfallen sie ihr in doppelter Hinsicht. Als uneheliche Mütter sind sie ›nur‹ verfemt und sozial deklassiert, als Kindsmörderinnen aber sind sie gesellschaftlich nicht mehr tragbar, sie werden dem Schafott übergeben. Tatsächlich handelt es sich hier nicht um literarische Übertreibungen, sondern um Realität des 18. Jahrhunderts. Goethe hat die Anregungen zur Gretchenhandlung für seinen *Faust* aus den Prozessakten der Kindsmörderin Susanna Margaretha Brandt entnommen, die am 14. Januar 1772 hingerichtet worden ist. Während Goethes *Faust* bis heute erfolgreich auf dem Theater ist, hat sich Wagners Drama auch in der wiederholten Bearbeitung von Peter Hacks (1957 und 1963/80) auf der Bühne nicht durchsetzen können.

Neben dem familiären Handlungszusammenhang liegt eine weitere Gemeinsamkeit der bürgerlichen Dramen in dem gewaltsamen Ende ihrer Protagonisten: Emilia Galotti wird auf ihren eigenen Wunsch hin von ihrem Vater Odoardo umgebracht, Karl Moor tötet seine Verlobte Amalia und ergibt sich den Häschern, Götz stirbt an seiner Verwundung und der eigenen Mutlosigkeit angesichts der festgefahrenen Verhältnisse, Ferdinand und Luise in *Kabale und Liebe* sterben an Gift, und Läuffer im *Hofmeister* kastriert sich. Mord, Selbstmord und Selbstverstümmelung stehen am Ende der bürgerlichen Tragödien, der bürgerliche Held bzw. die Heldin scheitern an den Verhältnissen und können ihre Identität nur in der Selbstvernichtung bewahren; die gesellschaftskritische Intention des bürgerlichen Dramas findet keine revolutionäre Lösung, sondern endet in Selbstzerstörung, Resignation und Unterwerfung. Beispielhaft dafür ist der rebellische Karl Moor, der sich am Ende selbst dem Gericht überstellt und sich damit der Ordnung unterwirft, gegen die er vergeblich angekämpft hatte. Die gesellschaftlichen Verhältnisse lassen eine positive Lösung des Konflikts zwischen bürgerlichem Emanzipationswillen und feudaler Macht nicht einmal auf der Ebene des Dramas zu.

Trotzdem ist der Geist der Rebellion in den bürgerlichen Dramen jener Zeit unüberhörbar, und er ist sowohl von den Zeitgenossen wie auch von der Nachwelt immer wieder verstanden worden: Die französischen Revolutionäre stellten Schiller für seine *Räuber* den Ehrenbürgerbrief aus, Erwin Piscator inszenierte die *Räuber* in der Weimarer Republik als Modell der russischen Oktoberrevolution, und in der Studentenbewegung nach 1968 wurden die *Räuber* im Kontext der außerparlamentarischen Opposition neu gelesen (*Das Räuberbuch*). Eine solche revolutionäre Traditionslinie konnte sich insbesondere auf die kraftgenialische Sprache des Stückes stützen, in der sich der Abscheu vor dem »Tintenkleksenden Sekulum« und dem »Kastraten-Jahrhundert« pathetisch Luft machte. »Warum sind Despoten da? Warum sollen sich tausende und wieder tausende unter die Laune eines Magens krümmen und von seinen Blähungen abhängen? – Das Gesetz bringt es so mit sich – Fluch über das Gesetz, das zum Schneckengang verderbt was Adlerflug worden wäre!« – Diese Worte Karls aus den *Räubern* rütteln an den Grundfesten von Herrschaft überhaupt. Die Legitimität von Herrschaft und Gesetz wird ebenso thematisiert wie die Frage der Staatsform: »Stelle mich vor ein Heer Kerls wie ich, und aus Deutschland soll eine Republik werden, gegen die Rom und Sparta Nonnenklöster seyn sollen.« Solche markigen Worte lesen

Bürgerliche Resignation?

Geist der Rebellion

Schiller liest seinen
Regimentskameraden im
Bopserwald bei Stuttgart
aus den *Räubern* vor

sich wie die Vorboten jenes Geschehens, das nach 1789 die europäische Szenerie
bestimmen sollte.

Der einzelne Mensch erfährt sich im Roman

Blütezeit des Romans

Neben dem Drama war der Roman die zweite Gattung, die im 18. Jahrhundert
eine Blütezeit erlebte und mit der Entwicklung des neuen Selbstverständnisses
im engen Zusammenhang steht. Ebenso wie das Drama war auch der Roman am
Anfang des 18. Jahrhunderts eine verachtete und als minderwertig eingeschätzte
Literaturform. Im Gegensatz zum Drama war der Roman jedoch noch nicht einmal als Gattung in der Poetik der damaligen Zeit anerkannt. Das Heldengedicht,
d. h. das Epos, das sich auf antike Traditionen berief (Homer: *Odyssee*; *Ilias*), galt
als einzig legitime Form. Dennoch gab es in der damaligen Zeit eine Vielzahl
von Romanen, die vom tradierten Epos abwichen und das Bedürfnis nach Unter-

haltung zu befriedigen versuchten. Schwülstige Liebesromane, galante Schäferromane, verwirrende Abenteuerromane und zahlreiche Übersetzungen von spanischen, englischen und französischen Romanen fanden zwar ihre vor allem
adligen Leser, von der zeitgenössischen Kritik wurden sie jedoch als »Lugen =
Kram« abgelehnt und mit moralischen Argumenten bekämpft. Auch literarisch
anspruchsvolle Romane wie Grimmelshausens *Der Abentheuerliche Simplicissimus Teutsch* (1669), der in der Tradition von Cervantes' *Don Quijote* (1605/15)
stand, oder Schnabels *Insel Felsenburg* (1731–43), die bedeutendste deutsche Robinsonade, die von Defoes *Robinson Crusoe* (1719) beeinflusst war, fanden vor
den gestrengen Augen der Kritiker keine Gnade. »Wer Roman list, der list Lügen« – so fassten die Zeitgenossen ihren Abscheu vor der neuen Gattung zusammen. Erst die Aufklärer erkannten die Möglichkeiten der neuen Gattung und
versuchten, der bis dahin verachteten Form im Sinne des »prodesse et delectare«
(Nutzen und Vergnügen) eine neue Bestimmung zu geben. Dies war nur möglich
auf der Grundlage einer veränderten Romanpraxis. Der höfische Roman musste
durch den bürgerlichen Roman ersetzt werden. Hierbei galten ganz ähnliche Forderungen wie für das bürgerliche Drama. An die Stelle des adligen Abenteurers
oder galanten Liebhabers sollte der bürgerliche Held treten, der ähnlich dem
»gemischten Charakter« im bürgerlichen Drama mit psychologischer Wahrscheinlichkeit gestaltet werden sollte. Die schwülstige, verwirrende Art des Erzählens im höfischen Roman sollte durch eine »natürliche Art zu erzählen« (Gottsched) ersetzt werden, die Romanschreiber sollten sich von antiken und
zeitgenössischen ausländischen Vorbildern lösen und aktuelle und alltägliche
Probleme und Themen der eigenen Zeit und der eigenen Nation behandeln. Die
Forderung nach dem bürgerlichen Nationaltheater hat eine Parallele im Plädoyer
für den bürgerlichen Nationalroman. Hier wie dort ging es darum, die Literatur
in den Dienst des bürgerlichen Selbstfindungsprozesses zu stellen.

Wichtige Anregungen empfingen die deutschen Autoren dabei vor allem vom *Vorbilder des Auslands*
englischen und französischen Roman (Richardson: *Pamela*; Fielding: *Tom Jones*;
Rousseau: *Confessions*; *Nouvelle Héloïse*), der sich in diesen Ländern bereits auf
einem hohen Niveau befand. In kürzester Zeit gab es einen regelrechten Boom
auf dem Sektor der Romanproduktion. Zwischen 1700 und 1770 erschienen 1287
Romane, einschließlich der Übersetzungen, wobei der Anteil des neuen Romans
an der Gesamtproduktion kontinuierlich, nach 1764 sogar stürmisch anstieg. Um
1770 hatte der neue bürgerliche Roman die anderen Romanformen vollständig
verdrängt. Einen bedeutenden Anteil an diesem raschen Anstieg hatten die Übersetzungen aus dem Englischen und Französischen – sie machten in manchen
Jahren fast die Hälfte der Neuerscheinungen aus – bzw. die Anlehnungen an
ausländische Vorbilder. Die Orientierung auf fremde Vorlagen war dabei nicht
immer unproblematisch. Wielands *Agathon* (1766/67), in dem die Entwicklung
des griechischen Jünglings Agathon idealtypisch dargestellt ist, wurde von Zeitgenossen zwar als Beispiel einer »neuen Classe von Romanen« hoch geschätzt
und der Autor selbst als der »erste Romanist« in Deutschland gefeiert, zugleich
aber wurde bemängelt, dass Wieland »zu sehr Nachahmer, bald von Fielding,
bald von Rousseau, bald von Cervantes« sei. Auch Gellerts *Leben der schwedischen Gräfin von G* (1747/48) und Sophie von La Roches *Geschichte des Fräuleins
von Sternheim* (1771), die beide vom englischen empfindsamen moralischen Roman beeinflusst waren, stellten zwar wichtige Schritte in der Entwicklung des
bürgerlichen Romans dar, die Forderungen der Zeitgenossen nach einem »teutschen Original = Roman« lösten sie jedoch nicht ein. Die ›Bürgerlichkeit‹ dieser

Romane äußerte sich ähnlich wie beim Drama vor allem im moralischen und empfindsamen Charakter der Helden bzw. Heldinnen, die in der Anfangsphase durchaus noch Adlige sein konnten. Erst mit Goethes *Werther* (1774) trat der bürgerliche Roman in Deutschland als solcher in Erscheinung.

Integrationsprobleme des Intellektuellen

In den *Leiden des jungen Werther* gestaltete Goethe den Typus des unzufriedenen jungen bürgerlichen Intellektuellen, dessen Integrationsversuche in die ständisch gegliederte Gesellschaft an der starken Hierarchie wie auch an der eigenen hohen Selbsteinschätzung scheitern. Goethes Roman zeigt, dass es für das bürgerliche Individuum unmöglich ist, sich innerhalb des Feudalsystems zu definieren und seine Identität zu finden. Werthers Leiden an der Gesellschaft und sein Scheitern – Werther endet durch Selbstmord – lassen ihn als Verwandten jener bürgerlichen Dramenhelden erscheinen, die wie Karl Moor in den *Räubern* oder Läuffer im *Hofmeister* ebenfalls an der Gesellschaftsordnung zerbrechen. Die Wirkung von Goethes *Werther* war ungeheuer. »Da sitz ich mit zerfloßnem Herzen, mit klopfender Brust, und mit Augen, aus welchen wollüstiger Schmerz tröpfelt, und sag Dir, Leser, daß ich eben die Leiden des jungen Werthers von meinem lieben Göthe gelesen? – Nein, verschlungen habe«, beschreibt ein Zeitgenosse seine Leseerfahrung. Es brach ein regelrechtes ›Wertherfieber‹ aus, das sich an der im Roman gestalteten Problematik bürgerlichen Selbstverständnisses im feudalen Staat entzündete. Begeisterte Zustimmung stand neben fanatischer Ablehnung. Insbesondere orthodoxe Theologen diffamierten das Werk wegen angeblicher Verherrlichung des Selbstmordes als »Lockspeise des Satans« und riefen nach dem Zensor. Tatsächlich wurde der Verkauf des *Werther* 1775 in Leipzig verboten. Ein wichtiger Grund für die epochale Wirkung des *Werther* lag neben der im Roman gestalteten Problematik des Verhältnisses von Individuum und Gesellschaft und der empfindsam dargestellten Liebesgeschichte zwischen Lotte und Werther in seiner neuen literarischen Form, die beispielhaft für das 19. und 20. Jahrhundert werden sollte. Mit dem *Werther* schlug die Geburtsstunde des modernen Romans in Deutschland. *Werther* war kein moralischer Tendenzroman wie z. B. *Die schwedische Gräfin* oder das *Fräulein von Sternheim*, sondern eine höchst subjektive Konfession in Briefform. Goethe verarbeitete darin eigene Erlebnisse und den Selbstmord eines Freundes. Er verschmolz beides mit der Epochenerfahrung der jungen bürgerlichen Intelligenz zu einer die damalige Leserschaft provozierenden Form. Daran gewöhnt, vom Autor immer eine klare moralische Wertung des Geschehens mitgeliefert zu bekommen, war die Leserschaft bei der Einschätzung des *Werther* ganz auf ihr eigenes Urteil gestellt. Die monologische Form des Briefromans – es gibt keine Antworten auf Werthers Briefe – führte zu einer Verabsolutierung der Perspektive des Helden und förderte ein identifikatorisches Lesen. Sein Selbstmord am Ende musste die Leserinnen und Leser in tiefer Verwirrung zurücklassen. Tatsächlich gab es eine erhebliche Anzahl von Selbstmorden unter den *Werther*-Lesern, die Goethe bei der zweiten Auflage (1775) veranlasste, dem Buch die mahnende Warnung voranzustellen: »Sei ein Mann, und folge mir nicht nach!« Die Wirkung des Romans war aber nicht auf das 18. Jahrhundert beschränkt. Als Versuch, die Selbstverwirklichung des Individuums zu thematisieren, stellte Goethes *Werther* auch für die nachfolgenden Generationen eine Herausforderung dar. Zahlreiche Autoren des 19. und 20. Jahrhunderts haben sich mit dem Roman auseinander gesetzt und sich von Inhalt und Form anregen lassen (vgl. Ulrich Plenzdorf: *Die neuen Leiden des jungen W*, 1973).

Werther nimmt Abschied von Lotte

Autobiographie als Form der Selbstreflexion

Die subjektive Form von Goethes *Werther* muss im Zusammenhang mit der generellen Zunahme des autobiographischen Elements in der Literatur des

18. Jahrhunderts gesehen werden. Die Befreiung aus höfischer und klerikaler Gebundenheit blieb nicht ohne Konsequenzen: Erstmals erfuhr sich das Individuum als eigene, unverwechselbare Persönlichkeit und musste seine Identität unabhängig von äußeren Autoritäten und Instanzen bestimmen. Bei dieser Identitätssuche wurde die Literatur zu einer wesentlichen Form der Selbsterfahrung und Selbstdarstellung. Wichtige Anregungen empfingen die deutschen Autoren dabei von Rousseau, der in seinen *Confessions* (1765–70) seine Bildungs- und Entwicklungsgeschichte mit schonungsloser Offenheit und großem psychologischen Einfühlungsvermögen beschrieben hat. *Anton Reiser* (1785–90) von Karl Philipp Moritz gehört zu den noch heute lesenswerten Beispielen für diese neue Form.

Die autobiographischen Dokumente jener Zeit legen – ungeachtet aller Unterschiede im Allgemeinen – Zeugnis davon ab, wie schwer es der literarischen Intelligenz fiel, sich als autonomes Subjekt zu definieren und einen anerkannten Platz in der Gesellschaft einzunehmen. Zum Teil lag es daran, dass die sozialen Voraussetzungen so schlecht waren, dass Autoren wie Ulrich Bräker, Friedrich Christian Laukhard oder Johann Gottfried Seume den gesellschaftlichen Aufstieg nicht schafften oder ihn teuer bezahlen mussten. Oder aber es handelte sich um Frauen, denen es aufgrund der engen Rollenvorstellungen schwer gemacht wurde, Selbstbewusstsein und Durchsetzungsvermögen zu entwickeln. Die *Briefe und Correspondance Secrete* (1767–69) von Cornelia Goethe, die erst 1990 aus den Handschriften veröffentlicht wurden, legen davon ebenso ein Zeugnis ab wie die romanhafte Biographie *Cornelia Goethe* (1988) von Sigrid Damm, in der das Leben von Goethes Schwester sensibel nachgezeichnet wird. Aber auch Autoren, deren Ausgangsbedingungen als Bürgersöhne von vornherein besser waren, fühlten sich durch die »fatalen bürgerlichen Verhältnisse«, an denen Werther zu Grunde geht, in ihren Entwicklungsmöglichkeiten gehemmt. In der Erfahrung der Einschränkung liegt der Ursprung jener Melancholie, die sich im 18. Jahrhundert zu einer Gesellschaftskrankheit auswächst. Das Ich wird zum Refugium, in das sich der Einzelne zurückzieht. Es werden jene Momente von Innerlichkeit und Subjektivität ausgebildet, die das bürgerliche Individuum im 18. Jahrhundert kennzeichnen. Die Autoren bevorzugen die Einsamkeit, und im Gefolge der Rousseau-Rezeption kommt es zu einer Sentimentalisierung des Naturerlebnisses, die sich in der Naturlyrik jener Zeit niederschlägt. Die Rückwendung des Individuums von der Gesellschaft auf sich selbst und die Hinwendung zur Natur sind sich ergänzende Fluchtbewegungen aus der Gesellschaft.

Die Autobiographie stellt eine wichtige, aber nicht die einzige Möglichkeit des bürgerlichen Romans im 18. Jahrhundert dar. Neben die autobiographischen treten satirische Formen, die in der Nachfolge von Swifts *Gulliver's travels* (1726) und Voltaires *Candide* (1759) unmittelbar Gesellschaftskritik üben. Mit Wezels *Belphegor* (1776), dem »deutschen Candide«, beginnt in Deutschland die Tradition der politischen und sozialen Satire, in der die Widersprüche der Zeit mit erstaunlicher Schärfe und Kompromisslosigkeit diagnostiziert und angegriffen werden. Ein Meister der Satire war Georg Christoph Lichtenberg (1742–1799). In seinen *Sudelbüchern* (Auswahlausg. 1799) hielt er Reflexionen über Staat und Gesellschaft, Kunst und Literatur, Philosophie, Religion und Psychologie fest und spitzte seine Ideen aphoristisch zu. Er hinterließ kein Werk im traditionellen Sinn, wohl aber eine Fülle von Einfällen und Gedanken, die in ihrer skeptischen und pessimistischen Sicht auf die deutschen Verhältnisse über den aufklärerischen Denkhorizont hinausweisen.

Physiognomische Studien vertiefen die Erfassung des individuellen Menschen

Subjektivität und Gesellschaftskritik in der Lyrik

Schattenriss Goethes
(um 1780)

Lyrik des jungen Goethe

Die Ablösung von der höfischen Dichtung setzte im Bereich der Lyrik schon um die Wende vom 17. zum 18. Jahrhundert ein. An die Stelle der in Konventionen erstarrten Dichtung trat eine neue Lyrik, deren Inhalte und Formen von der Aufklärung bestimmt wurden. Dabei erstaunen die Vielfalt der Themen und die Unterschiedlichkeit der Ausdrucksmittel, die es unmöglich machen, die lyrische Produktion im 18. Jahrhundert auf einen Nenner zu bringen. In knapp sechzig Jahren wurde eine höchst kunstvolle, ausdrucksstarke Sprache entwickelt, in nur wenigen Jahrzehnten wurde ein bis dahin nicht gekanntes Niveau erreicht. Neben theoretisch gehaltenen Lehrgedichten und Gedankenlyrik, in denen aufklärerische Vorstellungen mehr oder minder abstrakt vermittelt wurden, sind pathetische Oden und Hymnen zu verzeichnen, in denen religiöse und philosophische Themen behandelt wurden; neben Balladen, in denen z. T. in epischer Breite Ereignisse aus dem bürgerlichen Alltagsleben dargestellt wurden, standen Erlebnis- und Naturgedichte, in denen das lyrische Ich sich sehr persönlich und gefühlsbestimmt ausdrückte. Die Freisetzung der Subjektivität und die Artikulation des Individuums im Gedicht waren das Neue und Epochemachende an der Lyrik der damaligen Zeit. Die Lyrik wurde zu einer privaten Form der Selbsterfahrung und Selbstdarstellung, wobei der politische Zusammenhang mit der Aufklärungsbewegung jedoch, wenn auch nur indirekt und verschlüsselt, vorhanden ist.

Neben den persönlich gehaltenen lyrischen Formen, für die die Liebes- und Naturgedichte des jungen Goethe beispielhaft sind (z. B. »Willkommen und Abschied«, 1771; »Mailied«, 1771; »Ganymed«, 1774), entstand aber auch eine betont gesellschaftskritische und kämpferische Lyrik, die auf Missstände in der Gesellschaft hinwies und Partei ergriff. Bürgers Gedicht »Der Bauer an seinen durchlauchtigen Tyrannen« (1773) und Schubarts »Fürstengruft« (1779) z. B. waren scharfe antifeudale Anklagen. Sie begründeten eine Tradition der politischen Lyrik, die von den deutschen Jakobinern über die Schriftsteller des Vormärz bis zur politischen Lyrik der Moderne reicht. Auch Gedichte, die auf den ersten Blick unpolitisch erscheinen, wie z. B. Goethes Ode »Prometheus« (1773), enthüllen sich auf den zweiten Blick als Dokumente des erwachenden bürgerlichen und künstlerischen Selbstbewusstseins. Neben Versuchen, die eigene Subjektivität und die Epochenerfahrung des Einzelnen in sehr kunstvollen Formen zu verarbeiten, gab es Bemühungen, die lyrische Produktion ›volkstümlich‹ zu gestalten. So forderte Bürger vom lyrischen Dichter, dass er sein Material »unter unsren Bauern, Hirten, Jägern, Bergleuten, Handwerksburschen, Kesselführern, Hechelträgern, Bootsknechten, Fuhrleuten« suchen und »nicht für Göttersöhne«, sondern »für Menschen« dichten und schreiben solle: »Steiget herab von den Gipfeln eurer wolkigen Hochgelahrtheit und verlanget nicht, daß wir vielen, die wir auf Erden wohnen, zu euch wenigen hinaufklimmen sollen.« Nach Bürgers Auffassung konnte nur dann ein »Nationalgedicht« (vgl. die Forderungen nach dem Nationaltheater bzw. dem Nationalroman) entstehen, wenn der Dichter sich von den Themen und von der Form her an den Interessen und an der Aufnahmefähigkeit des Volkes orientierte. Eine solche ›plebejische‹ Konzeption überschritt zumindest in Ansätzen den Rahmen der bürgerlichen Kunstproduktion im 18. Jahrhundert. Vorbild für den volkstümlichen Dichter sollten vor allem die kursierenden Volkslieder sein. In diesem Zusammenhang gehören die Bemühungen der Stürmer und Dränger um das verschüttete Volksliedgut. Herder und Goethe sammelten im Elsass Volkslieder und veröffentlichten diese in programmatischer Absicht (1778/79). Die aufgefundenen Lieder betrachteten sie nicht nur als Beweis dafür, dass es schöpferische Kräfte im Volk gäbe, sondern sie verwendeten diese Lieder auch als Muster für die eigene lyrische Produktion. Diese volkstümliche Lyrik, die in Wahrheit kunstvoll durchgestaltet war, findet sich bei Herder und Goethe in zahlreichen Liebes- und Naturgedichten, insbesondere aber im Werk von Schubart, Bürger und Voß, bei denen sich Volkstümlichkeit und Gesellschaftskritik zu einer wirkungsvollen Form von politischer Lyrik verbanden.

Anna Louisa Karsch

Eine Ausnahmeerscheinung im literarischen Leben der damaligen Zeit war Anna Louisa Karsch (1722–1791). Sie stammte aus der Unterschicht, sie war nicht gelehrt, und sie entsprach nicht dem herrschenden Schönheitsideal. Aber sie schrieb aus dem Stegreif Gedichte, die Zeitgenossen zu der verwunderten Frage veranlassten, wie »ein Frauenzimmer solche Verse« verfassen könnte. Als »preußische Sappho« wurde sie so berühmt, dass sie von Friedrich dem Großen, der der deutschen Literatur sonst äußerst ablehnend gegenüberstand, empfangen wurde und von ihren *Auserlesenen Gedichten* (1764) sich und ihre Familie, wenn auch schlecht, ernähren konnte. Als angebliches Naturkind wurde sie kurzzeitig zur Galionsfigur einer Bewegung von Autoren, die im Namen der ›Natur‹ gegen die Regelpoetik Sturm liefen. Ihr Stern begann zu sinken, als nicht mehr ›Natur‹, sondern ›Kunst‹ gefragt war. Ihr *Briefwechsel mit Johann Wilhelm Ludwig Gleim* (erstmals ersch. 1993/96) ist ein Dokument einer immer noch weitgehend unbekannten weiblichen Briefkultur im 18. Jahrhundert und zeigt die Autorin als eine unkonventionelle Frau, die sich kritisch mit ihrem Leben und dem Literaturbetrieb der Zeit auseinander setzt.

Lehrhafte Fabel

Vorläufer

Die Fabel erlebte im 18. Jahrhundert den Höhepunkt ihrer mehr als zweitausendjährigen Entwicklung. Bereits im 6. Jahrhundert v. Chr. schrieb der griechische Sklave Äsop die ersten Fabeln, die Vorbild für alle nachfolgenden Fabeldichter wurden und deren Wirkung bis in die Moderne reicht. Schon in ihren Anfängen war die Fabel eine literarische Kampfform. Äsop sah in ihr nach der Aussage von Phädrus, der die äsopischen Fabeln im 1. Jahrhundert n. Chr. bearbeitete, »ein passendes Mittel, da auf eine versteckte Weise die Wahrheit zu sagen, wo man nicht wagen durfte, es offen zu tun«. In Deutschland wurden seit dem Mittelalter Fabeln geschrieben. Einen ersten Höhepunkt ihrer Entwicklung erlebte die Fabel in der Reformationszeit, wo sie insbesondere von Luther als Mittel in der politisch-religiösen Auseinandersetzung eingesetzt wurde. Die Barockdichter im 17. Jahrhundert hatten nur wenig Interesse an der Gattung. In der Zeit von 1600 bis 1730 erschienen fast keine neuen Fabeln. Die Fabel wurde als Dichtung für den »gemeinen pövel« und als Zeitvertreib »für Kinder und alte Weiber« abgelehnt. In extremem Gegensatz zu solchen abschätzigen Auffassungen steht das hohe Ansehen, das sie im Zeitalter der Aufklärung genoss. Zwischen 1730 und 1800 erschienen weit über 50 Fabelsammlungen, darunter von so angesehenen Autoren wie Lessing, der auch eine eigene Fabeltheorie (1759) vorlegte. Als »Exempel der praktischen Sittenlehre« (Lessing) erschien sie den Schriftstellern des 18. Jahrhunderts wegen ihres lehrhaften Charakters, ihrer Kürze, ihrer einfachen

Illustrationen zu
Lessings Übersetzung
von Richardsons *Sitten-
lehre für die Jugend*

Struktur und ihrer einprägsamen Bildlichkeit für die aufklärerische Zielsetzung besonders geeignet. In keiner anderen Gattung konnten in so komprimierter Weise Vergnügen und Nutzen verbunden werden.

Themen, Aufbau, Form   Themen, Aufbau und Form der Fabel fielen dabei sehr unterschiedlich aus, das Strukturprinzip war jedoch immer das gleiche: Durch die Übertragung menschlicher Verhaltensweisen oder gesellschaftlicher Missstände auf die beseelte und unbeseelte Natur wurde eine allgemein anerkannte Wahrheit auf witzig-satirische oder moralisch-belehrende Weise veranschaulicht. Viele Fabeldichter griffen auf antike Vorlagen zurück (Äsop/Phädrus), erzählten sie für ihre Zeit neu oder gestalteten sie um. Wichtig war auch der Einfluss La Fontaines (1621–1695), der die Fabel zu einer anerkannten Kunstform entwickelt hatte und dessen Erzählstil für viele deutsche Fabeldichter vorbildlich wurde. Neben Übersetzungen, Bearbeitungen, Umwandlungen entstand jedoch auch eine Fülle von Neuschöpfungen. Deutlich lassen sich verschiedene Entwicklungen in der Fabelliteratur des 18. Jahrhunderts erkennen. In der frühen Aufklärung vermittelt die Fabel vorwiegend moralische Lehren und die neuen aufklärerischen Prinzipien, nach 1750 erweitert sich die moralische Kritik zunehmend zur sozialen Kritik, und gegen Ende des Jahrhunderts verlagert sie sich auf die direkte politische Kritik an den Handlungen feudal-absolutistischer Herrscher und ihres Machtapparats (vgl. hierzu das Tanzbärmotiv bei Gellert, Bock, Lessing, Burmann, Kazner und Pfeffel). Ein später Nachfahr der aufklärerisch-didaktischen Fabelliteratur ist Johann Peter Hebel (1760–1826), der, aus einfachen Verhältnissen stammend, mit seinen bewusst populär gehaltenen Geschichten (*Schatzkästlein des rheinischen Hausfreundes*, 1811) eine unterhaltende, volksnahe Literatur schuf. Seine Texte erreichten eine breite Leserschicht und finden sich noch heute in Schullesebüchern.

Entstehung der Kinder- und Jugendliteratur

Adressaten der Fabel   Die Fabel war eine Gattung für Erwachsene, erst im 19. Jahrhundert wurde sie zu einer Gattung für Kinder. John Locke hatte in seinen *Gedanken über Erziehung* (1693), die über die Moralischen Wochenschriften früh Eingang in Deutschland

Goethes *Reineke Fuchs* in
der Illustration durch
Friedrich Kaulbach

fanden, Äsops Fabeln und den *Reineke Fuchs* als leicht fassliche Lektüre für Kinder
empfohlen, aber seine Vorschläge wurden nur von einigen wenigen aufgenommen. Auch Richardsons *Sittenlehre für die Jugend in den auserlesensten Fabeln*,
die Lessing 1757 übersetzte, änderte daran nichts grundsätzlich. Die zweite Empfehlung Lockes aber, dass »leichte, vergnügliche Bücher«, die den Fähigkeiten und
der Fassungskraft der Kinder angemessen sein müssten, geschrieben und verbreitet werden sollten, fand in Deutschland große Resonanz. Es entstand eine Literatur, die ausdrücklich für Kinder und Jugendliche geschrieben wurde. Zwar hatte
es bereits im 16. und 17. Jahrhundert Schriften für Kinder gegeben, wie z.B.
Zuchtbücher, Anstandsfibeln und ABC-Lehren in der Art des *Orbis pictus* von
Comenius, aber eine eigenständige Kinder- und Jugendliteratur war das noch
nicht. Diese entstand nicht zufällig erst im 18. Jahrhundert im Zusammenhang mit
der Aufklärungsbewegung. Als eine popularphilosophische Bewegung, der es um
»Erziehung des Menschengeschlechts« (Herder) ging, tendierte die Aufklärung
von ihrem Selbstverständnis her zur moralischen und geistigen Belehrung und
entwickelte eine Vielzahl von didaktischen Formen, von denen die Fabel wohl die
populärste geworden ist. Nicht zu Unrecht ist das 18. Jahrhundert als ›pädagogisches Jahrhundert‹ in die Geschichte eingegangen. Kinder und Jugendliche wurden als eine eingegrenzte und fest umrissene Adressatengruppe entdeckt. Vorangegangen war dem ein Wandel in der Auffassung von Kindheit überhaupt. Seit
Rousseau war diese als ein eigener, unverwechselbarer Zustand erkannt worden.

Zwar hatte Rousseau in seinem *Emile* davor gewarnt, Kindern überhaupt Bücher in die Hand zu geben (»Die Lektüre ist die Geißel der Kindheit«), und die
ältere Traktatliteratur wie die aufklärerischen Fabeln als Lektüre für Kinder zurückgewiesen (»Fabeln können zu Belehrung Erwachsener dienen, den Kindern
aber muß man die nackte Wahrheit sagen«), seine deutschen Nachfolger teilten

Bilderfibel – Lesefibel

diesen Rigorismus jedoch nicht. Ganz im Gegenteil: Unter Berufung auf Rousseau entwickelten sie eine eigene Form, die sich dem kindlichen Denken und Empfinden anzupassen versuchte, wobei die rousseausche Vorstellung von Kindheit als Maßstab akzeptiert wurde. Durch Kupfertafeln, Schaubilder und spielerisch-unterhaltsame Elemente versuchten die Autoren, sich auf das kindliche Publikum einzustellen. Das trug ihnen schon früh den Vorwurf der ›Kindertümelei‹ ein. Nicht minder schwer wiegt der Vorwurf der Trivialisierung der Gattung durch Vielschreiberei und Dilettantismus. Ein Zeitgenosse sprach von dem »unabsehlichen Schwarm von Skriblern«, die sich wie »hungrige Heuschrecken« auf das neue Genre stürzten. Tatsächlich schwoll die Zahl der Kinderbücher besonders in der zweiten Hälfte des 18. Jahrhunderts enorm an und nahm einen großen Anteil an der gesamten Buchproduktion ein. Einer der bedeutendsten Kinderbuchautoren war J. H. Campe, der mit seiner 16-bändigen *Allgemeinen Revision des gesamten Schul- und Erziehungswesens* (1785–1792) die pädagogische Diskussion und Praxis maßgeblich beeinflusste. Zusammen mit Rochow, Basedow, Salzmann und Weiße gehörte er zu den erfolgreichsten Autoren der neuen Gattung. Seine Bücher, vor allem seine Bearbeitung des *Robinson Crusoe*, wurden bis ins 19. Jahrhundert immer wieder aufgelegt.

Pädagogisierung der Kindheit

Die Erweiterung des literarischen Marktes auf die neue Adressatengruppe der Kinder und Jugendlichen hat auch Schattenseiten. Damit ist nicht so sehr die Trivialisierung gemeint, auf die schon die Zeitgenossen selbst warnend hingewiesen haben, sondern die Pädagogisierung der Kindheit insgesamt. Als eigenständige Gruppe erfasst, wurden die Kinder alsbald zum bevorzugten Objekt der Erziehung. Dass es hierbei in erster Linie um eine Disziplinierung von Sinnlichkeit ging, wird nicht nur an den zahllosen Sittenbüchlein, sondern auch an den Schriften Campes deutlich. »O pfui! ich wollte, daß wir den Trieb nicht hätten!« – ruft Campe in seiner *Kleinen Seelenkunde für Kinder* (1780) aus. Die Bewahrung der Unschuld des Kindes ist das bevorzugte Ziel der aufklärerischen Erzieher, dem die Literatur vollständig untergeordnet wird. Gegen das so genannte »Laster der Selbstschwächung« – die Onanie – findet ein regelrechter literarischer Kreuzzug statt. Nicht minder problematisch als die Sexualfeindschaft ist das Rollenverständnis, das in der Kinder- und Jugendliteratur zum Ausdruck kommt. Es entsteht eine eigene ›Mädchenliteratur‹, die dazu dient, die Mädchen auf ihre spätere Rolle als Hausfrau und Mutter vorzubereiten. In empfindsam-didaktischen Romanen und Erzählungen wird den Mädchen vor Augen geführt, was passiert, wenn sie vom Pfad der Tugend abweichen, und in Predigten und Sittenlehren werden sie auf ihre Pflichten hingewiesen. Campes *Väterlicher Rath an meine Tochter* (1789) und Ewalds *Die Kunst ein gutes Mädchen, eine gute Gattin, Mutter und Hausfrau zu werden* (1798) sind prominente Zeugnisse einer Anpassungsliteratur, die am Ende des 18. Jahrhunderts ihre erste Blüte erreichte.

Rationalismus und Empfindsamkeit
Zur Dialektik der Aufklärungsbewegung

Als literarische und philosophische Bewegung, die vom Beginn des 18. Jahrhunderts bis zum Ausbruch der Revolution in Frankreich reicht, ist die Aufklärung keine einheitliche Bewegung, sondern lässt sich in verschiedene Phasen unterteilen. Lessing ist Fortführer der literarischen Aufklärung, die mit Gottsched begonnen hatte, und er ist zugleich ihr schärfster Kritiker. Auch die Stürmer und Dränger setzen eine Tradition fort, die Lessing, aufbauend auf Gottsched, geschaffen hat; sie sind zugleich Begründer einer neuen Tradition, in der Genie und das Gefühl die beherrschende Rolle spielten. Während die Forschung früher stärker das Selbstverständnis der Stürmer und Dränger als Antipoden der Aufklärung betont hat, wird gegenwärtig eher die Kontinuität gesehen. Auch die Empfindsamkeit, die in der Literatur des Sturm und Drang eine neue Qualität erhielt, wird nicht so sehr als Protestbewegung gegen eine sich verhärtende und absolut setzende Aufklärung verstanden, sondern mehr als eine Ergänzung im Sinne einer Verbindung von Verstand und Gefühl gedeutet. In Definitionen der Zeitgenossen wird ablesbar, dass die Empfindsamkeit sich von ihrem Selbstverständnis her im Rahmen der übergreifenden Aufklärungsbewegung ansiedelte. K. D. Küster schrieb 1773: »Der Ausdruck: ein empfindsamer Mensch, hat in der deutschen Sprache eine sehr edle Bedeutung gewonnen. Es bezeichnet: die vortreffliche und zärtliche Beschaffenheit des Verstandes, des Herzens und der Sinnen, durch welche ein Mensch geschwinde und starke Einsichten von seinen Pflichten beköm-met, und einen würksamen Trieb fühlet, Gutes zu thun. Je feiner die Nerven der Seele und des Cörpers sind, je richtiger sie gespannt worden, desto geschäftiger und nützlicher arbeitet er; und desto grösser ist die Erndte des Vergnügens, welches er geniesset, wenn er nicht nur gerecht, sondern auch wohlwollend, oder gar wohlthätig handeln kann. Solche empfindsamen Fürsten und Princeßinnen, solche empfindsamen Minister, Helden, Rechtsgelehrte, Prediger, Ärzte, Schulmänner, Bürger und Landleute zu bilden, ist das angenehme und wichtige Geschäft eines jeden selbst empfindsamen Erziehers.«

Im Anschluss an Sternes *Sentimental Journey* (1768) und die Romane Richardsons bildete sich auch in Deutschland eine neuartige literarische und soziale Strömung aus, für die sich der Begriff ›Empfindsamkeit‹ sehr schnell eingebürgert und bis heute gehalten hat. Zurückgreifen konnten deren Vertreter auf empfindsame Tendenzen im Bürgerlichen Trauerspiel und auf den Gefühlskult der Stürmer und Dränger. Alsbald erhoben sich warnende Stimmen gegen die so genannte »Empfindeley«, und man sparte nicht mit Spott gegen die »grassierende empfindsame Seuche«, die vor allem mit Millers *Siegwart* (1776) und den Werken von Schummel und Thümmel verbunden wurde. Es wurden Versuche unternommen, die ›wahre‹ von der ›falschen‹ Empfindsamkeit zu trennen und jenes Gleichgewicht zwischen ›Kopf‹ und ›Herz‹ wieder herzustellen, das zu den Grundforderungen der Aufklärung gehörte.

An dem Miteinander und Gegeneinander von Rationalismus und Empfindsamkeit lässt sich die »Dialektik der Aufklärung«, von der Horkheimer und Adorno in ihrem gleichnamigen Buch (1944) gesprochen haben, hervorragend beobachten. Als eine von ihren sozialen und politischen Voraussetzungen und Forderungen her widersprüchliche Bewegung konnte die Aufklärung den Ausgleich zwischen ›Kopf‹ und ›Herz‹ nicht praktisch realisieren. Sie trieb damit nicht nur die Nachtseiten einer instrumentalisierten Vernunft hervor, sie produzierte nicht nur jenes »Andere der Vernunft« (G. und H. Böhme), das als Irrationalität vergeblich abgewehrt und ausgegrenzt wurde, sondern sie ließ auch den Preis erkennen, den der Ausgang aus der »selbst-verschuldeten Unmündigkeit« (Kant) jedem Einzelnen tendenziell abforderte: die Verkümmerung und Verstümmelung der emotionalen und sinnlichen Kräfte im Menschen zugunsten der Durchsetzung der bürgerlich-kapitalistischen Gesellschafts- und Wirtschaftsordnung. Naturbeherrschung und

In sich gekehrt und entzückt

Kopf und Herz – ein Gegensatz?

Affektbeherrschung sind zwei Seiten einer Medaille, sie sind die notwendige Konsequenz des »Prozesses der Zivilisation« (N. Elias). In der Empfindsamkeit ebenso wie im Sturm und Drang drücken sich jene unterdrückten Wünsche nach einer ganzheitlichen Entwicklung aus, die die Aufklärung geweckt hatte, aber nicht einlöste. In bestimmten Formen der empfindsamen Dichtung, wie z. B. der Schäferdichtung (Geßner) und Idyllik (Maler Müller), sind Träume eines besseren Lebens aufbewahrt, mit denen die Dichter gegen die schlechte Wirklichkeit Einspruch einlegten und ihre Erfahrung von Entfremdung abzuarbeiten versuchten. Dass darin eine so geringe gesellschaftliche Sprengkraft lag, ist nicht nur in den übermächtigen gesellschaftlichen Verhältnissen begründet, sondern auch in der frühzeitigen Abmilderung der »wilden Wünsche« (*Kabale und Liebe*) ins Idyllische, Sentimentalische, Gefällige und Unverbindliche. Sehr rasch wurde das

Gefühl als Ware
Gefühl zu einer Ware und jenem Vermarktungsprozess unterworfen, der sich im 18. Jahrhundert auf alle Erzeugnisse des literarischen Lebens mehr oder minder stark zu erstrecken begann. Empfindsame Romane wurden zu ›Moderomanen‹, die auf den Tränenfluss ihrer Leserschaft spekulierten und jene Form der Unterhaltungsliteratur vorbereiten halfen, die im 19. und 20. Jahrhundert den Markt überschwemmen sollte.

Kunstepoche

Zwischen Revolution und Restauration

Als »Kunstperiode« erschien Heinrich Heine in der Rückschau jene Zeit bis etwa 1830, die vor allem durch die übermächtige Gestalt Goethes und seines Werkes geprägt wurde. Das Ende der »Kunstperiode«, von dem auch Hegel in seinen *Vorlesungen über die Ästhetik* (1835) spricht und das als Motiv die Schriften der Jungdeutschen nach 1830 wie ein Leitfaden durchzieht, fällt – wenn man der heineschen Auffassung von der besonderen Bedeutung Goethes folgt – mit dessen Todesjahr (1832) zusammen. Mit dem Begriff »Kunstperiode« verband Heine u. a. die Vorstellung von einer Epoche, in der die auf Autonomie sich gründende *Autonomie der Kunst?* Kunst und die Figur des autonomen Künstlers einen besonders hohen Stellenwert einnahmen und in der die Frage nach dem Verhältnis von Kunst und Leben zugunsten der Kunst entschieden wurde. Die besondere Rolle, welche die Kunst zwischen den beiden Revolutionen von 1789 und 1830 innehatte, ist auch in der Forschung immer wieder hervorgehoben worden und hat dort zu Formulierungen wie »Zeitalter der deutschen Klassik und Romantik«, »Zeitalter Goethes und Schillers«, »Blütezeit der deutschen Dichtung« usw. geführt. Demgegenüber erscheint der Terminus ›Kunstperiode‹ neutraler und ideologisch weniger belastet. Eingegrenzter als bei Heine, wird unter ›Kunstepoche‹ diejenige Zeit verstanden, die, eingeschlossen von zwei europäischen Revolutionen, zwischen den beiden Polen Revolution und Restauration oszillierte.

Anders als im Nachbarland Frankreich fand in Deutschland die Revolution *Deutsche Sonder-* nicht statt. Trotzdem blieb sie – positiv oder negativ – immer Bezugspunkt der *entwicklung* deutschen Sonderentwicklung. An die Stelle der Revolution trat die Reformbewegung des aufgeklärten Absolutismus, der in mehreren großen Anläufen (Allgemeines Landrecht von 1794 und Stein-Hardenberg'sche Reformen seit 1806) eine behutsame Veränderung von Staat und Gesellschaft versuchte und in seinem reformerischen Gestus sehr stark auf die Entwicklung im Nachbarland bezogen war. Historisch gesehen war die Zeit zwischen 1789 und 1830 nicht nur eine Epoche, die zwischen Revolution und Restauration hin- und hergerissen wurde, sondern auch eine Zeit, die durch spektakuläre militärische Auseinandersetzungen (Polnische Teilungen, Koalitionskriege, Napoleonische Kriege, Befreiungskriege) und durch die so genannte ›Anlaufperiode‹ der Industrialisierung geprägt wurde. Der Beginn der Bauernbefreiung, die allmähliche Durchsetzung der Gewerbefreiheit, die Transformation des alten Handwerks in industrielles Gewerbe, die Entstehung des ›freien‹ Unternehmers und Fabrikanten und die Proletarisierung immer breiterer Bevölkerungsschichten sind Teile einer Neuformierung von Wirtschaft und Gesellschaft, die mit Termini wie ›Modernisierung‹ oder ›Dynamisierung‹ nur ansatzweise beschrieben werden kann. Die Veränderung der wirtschaftlichen Strukturen vollzog sich im Schoße eines »abgelebten alten Regimes«, das, wie Heine schrieb, »noch in der heiligen römischen Reichsvergangenheit« wurzelte. Erst durch den Wiener Kongress (1815) kam es zu einer politischen Neuordnung des 1806 untergegangenen Heiligen Römischen Reiches deutscher Nation. Von den 314 selbständigen Territorien und über 1400 Reichsritterschaften, die noch gegen Ende des 18. Jahrhunderts bestanden, blieben nur noch 39 Einzelstaaten, darunter vier freie Reichsstädte, übrig. Im Vergleich zu den umliegenden National-staaten war Deutschland zwar hoffnungslos zersplittert, aber die Voraussetzun-gen für eine nationalstaatliche Entwicklung, die 1871 mit der bismarckschen Reichsgründung zu einem vorläufigen Ende kam, waren damit gelegt.

Wenn diese strukturellen Verschiebungen und Veränderungen im wirtschaftli-chen und politischen Gefüge zumeist von den Zeitgenossen nicht wahrgenom-men worden sind und erst im Nachhinein der historischen Entwicklung des 19. und 20. Jahrhunderts deutlich hervortreten, so waren sie langfristig sicherlich nicht weniger bedeutsam als die spektakulären Ereignisse wie Revolution und Konterrevolution, Eroberungs- und Befreiungskriege, von denen Europa erschüt-tert wurde und die den Zeitgenossen den Eindruck einer »neuen Epoche« (Goe-the) vermittelten. Die Dramatik und Hektik der Ereignisse im Nachbarland Frank-reich waren in der Tat überwältigend: In wenigen Jahren legte das Land den Weg von der Monarchie zur Republik zurück, um dann wieder nach wechselvollen Zwischenetappen unter Napoleon zur Monarchie zu werden und, nach einer kurzen Spanne relativer Ruhe, erneut in den Sog revolutionärer Umwälzungen zu geraten. Revolution, Restauration und wieder Revolution – diese dramatischen Wendungen der französischen Geschichte konnten auf Deutschland nicht ohne Auswirkungen bleiben, zumal das deutsche Reich in die kriegerischen Auseinan-dersetzungen unmittelbar verwickelt war, zuerst als Mitglied der Koalition gegen die Französische Revolution und später als Opfer der napoleonischen Erobe-rungspolitik. Gerade die napoleonischen Eroberungskriege entfachten eine erste große Welle nationaler Empörung und förderten im Zusammenhang mit den Be-freiungskriegen die Entstehung einer national geprägten Literatur, etwa bei E. M. Arndt und Theodor Körner, die in ihrer Mischung von Nationalismus und Befrei-ungsdenken ambivalente Züge trug.

Der Zeitgeist
(J. M. Voltz, um 1820)

Reaktionen auf die Französische Revolution
Klassik – Romantik – Jakobinismus

Ablehnung der Revolution

Die Französische Revolution war nicht nur ein zentrales Ereignis der politischen Geschichte Westeuropas, sondern sie hatte grundlegende Bedeutung auch für die Entwicklung der literarischen Theorie und Praxis nach 1789. Die relative Einheit-lichkeit der Literaturperiode von Gottsched bis zu den Stürmern und Drängern, die in der aufklärerischen Funktionsbestimmung der Literatur begründet war, ging in der Auseinandersetzung mit der Französischen Revolution und deren Rückwirkungen auf Deutschland verloren. Hatte die literarische Intelligenz in Deutschland 1789 den Ausbruch der Revolution noch begeistert begrüßt und als des »Jahrhunderts edelste That« (Klopstock) gerühmt, so nahm die Sympathie nach der Hinrichtung des Königs und den Septembermorden, spätestens aber

Errichtung eines Freiheits-
baums in Speyer (1798)

nach dem Beginn der Jakobinerherrschaft spürbar ab und wich alsbald einem
tiefen Abscheu vor den ›Greueln‹ im Nachbarland. Die Erfahrungen, welche die
Zeitgenossen mit der Französischen Revolution sammelten, führten zu einem
grundsätzlichen Nachdenken über die Veränderbarkeit der Gesellschaft und die
Rechtmäßigkeit revolutionärer Umwälzungen und revolutionärer Gewalt. Bei dieser Reflexion wurde auch die Rolle der Literatur neu überdacht. Die Frage, ob
›Aufklärung zur Revolution‹ führe bzw. ob ›gewaltsame Revolutionen durch
Schriftsteller gefördert‹ würden, gehörte zu den am meisten diskutierten Proble-
men der 90er Jahre. Während viele Intellektuelle dazu neigten, den Einfluss der
Literatur sehr gering anzusetzen, die Wirkungsmöglichkeiten der Schriftsteller
also relativ pessimistisch einschätzten, behaupteten andere die große Bedeutung
der aufklärerischen Literatur für die Revolution und für Veränderungen in der
Gesellschaft. Die Kontroverse ging quer durch alle politischen Lager. Sie ist der
Hintergrund, auf dem die Bemühungen der Schriftsteller um eine neue Literaturtheorie und -praxis in dieser Zeit gesehen werden müssen.

Im Rahmen der Neubestimmung der Funktion von Literatur wurde die aufklärerische Selbstgewissheit, dass sich die Wahrheit ihren Weg schon bahnen und

Literatur als Medium der
geschichtlichen Erfahrung

die Literatur dabei nur Vermittlerdienste zu leisten hätte, entscheidend eingeschränkt. An die Stelle des aufklärerischen Grundkonsenses über den besonderen erzieherischen Wert der Literatur trat eine Vielzahl von neuen Positionen. Dabei lassen sich drei Hauptrichtungen unterscheiden: die klassische, die maßgeblich von Goethe und Schiller formuliert wurde, die romantische, die insbesondere von den Brüdern Schlegel und Novalis ausgearbeitet wurde, und die jakobinische, die von einer Reihe revolutionärer Demokraten vertreten wurde.

Deutschland nicht reif für die Revolution

Ausgangspunkt für die klassische Literaturauffassung war die Ablehnung der Revolution. Goethe und Schiller wandten sich vehement gegen die Französische Revolution und insbesondere gegen Versuche, »in Deutschland künstlicherweise ähnliche Szenen herbeizuführen« – so Goethe –, weil sie die Bevölkerung in Deutschland für politisch nicht reif hielten. Unabhängig davon befürworteten sie jedoch gesellschaftliche Veränderungen, ja hielten eine bürgerliche Umgestaltung Deutschlands sogar für dringend erforderlich. Nur wollten sie diese Veränderungen allmählich und nicht auf revolutionärem Wege durchgeführt sehen. Eine wichtige Funktion wiesen sie dabei der Literatur zu. Diese sollte die Bevölkerung moralisch verbessern und auf eine Stufe der Sittlichkeit emporheben, auf der sich gesellschaftliche und politische Veränderungen gleichsam von selbst und vor allem gewaltlos vollziehen würden. Die sittliche Verbesserung des Einzelnen wie des Volks wurde als die unabdingbare Voraussetzung begriffen. Sie sollte durch die klassische Dichtung erreicht werden, deren Prinzipien Schiller in seiner grundlegenden Schrift *Über die ästhetische Erziehung des Menschen* (1794/95) dargestellt hat. Eine moralische Verbesserung des Menschen schien Schiller nur möglich durch einen Ausgleich zwischen der sinnlichen und der rationalen Natur des Menschen, deren Auseinanderklaffen der eigentliche Grund für alle gesellschaftlichen Missstände und die Auswüchse der Französischen Revolution sei. Dem Schriftsteller fiel dabei die Aufgabe zu, diesen Ausgleich idealtypisch im Kunstwerk vorwegzunehmen und zu gestalten und dem Leser in der Person des ›klassischen Helden‹, der diesen Ausgleich zwischen Sinnlichkeit und Rationalität verkörperte, ein Vorbild für die eigene sittliche Vervollkommnung vor Augen zu führen.

Idealisierung der Wirklichkeit

Für die dichterische Praxis bedeutete dies einen weitgehenden Verzicht auf die Gestaltung der damaligen Wirklichkeit und der in ihr herrschenden Konflikte und Widersprüche zugunsten einer utopisch vorgreifenden Idealisierung der Wirklichkeit. Angesichts des damaligen Bildungsstandes der Bevölkerung konnte eine solche auf Idealisierung und Veredlung der menschlichen Natur gerichtete Dichtung nur von einer Elite begriffen werden; die Masse der Bevölkerung wurde nicht erreicht. Die Hoffnung, über eine moralische Verbesserung des Menschen zu einer Veränderung der politischen Verhältnisse zu gelangen, war angesichts dieses Dilemmas illusorisch. Schiller war dies bewusst, wenn er schrieb, dass »das Ideal der politischen Gleichheit«, das die französischen Revolutionäre in die Realität umzusetzen versucht hatten, nur im Reich des ästhetischen Scheins verwirklicht werden könne.

Romantische Opposition

Ähnlich ablehnend wie die Klassiker verhielten sich auch die Romantiker gegenüber der Revolution in Frankreich und den zaghaften Revolutionierungsversuchen in Deutschland (Mainzer Republik). Nach anfänglicher Begeisterung gingen auch sie davon aus, dass eine Revolution in Deutschland nicht zu wünschen und vom sittlichen Standpunkt aus zu verurteilen war. Eine solche Position schloss jedoch eine Kritik an den bestehenden Verhältnissen in Deutschland nicht aus. Die Romantiker waren sich in ihrer Gesellschaftskritik in vielen Dingen mit den

Klassikern einig, nur zogen sie andere literaturtheoretische und -praktische Konsequenzen. Die romantischen Autoren brachen programmatisch mit der sozialen Funktion der Kunst, wie sie in der Aufklärung und auch, zumindest dem Anspruch nach, bei den Klassikern bestand, und formulierten demgegenüber den Autonomieanspruch der Dichtung. Zwar blieb in der Autonomieforderung der bürgerliche Protest gegen politische Instrumentalisierung und gegen Subsumierung unter die Gesetze des literarischen Marktes bewahrt, die Dichter zogen sich aber ganz in das Reich der Phantasie, des spielerischen Formexperiments und der ironischen Improvisation zurück. Das machte eine Reflexion über das Wesen der Poesie unumgänglich. Das Ergebnis war eine höchst anspruchsvolle Poesiekonzeption. Ziel der romantischen Poesie war die Aufhebung der Trennung zwischen Kunst und Leben, zwischen Endlichkeit und Unendlichkeit, zwischen Gegenwart *Kunst und Leben* und Vergangenheit, kurz die Poetisierung des Lebens anstelle seiner Politisierung. Im Rückgriff auf das deutsche Mittelalter, das die Aufklärung als ›finster‹ diffamiert hatte, und im Rückzug auf die eigene Traumwelt sollte eine poetische Gegenwelt zur verachteten Gegenwart entworfen werden. Auswirkungen hatte diese Poesiekonzeption auch auf das Selbstverständnis des Dichters. Die Romantiker knüpften an die Genieauffassung der Stürmer und Dränger an und verstärkten die subjektivistischen und irrationalistischen Elemente bis hin zur Vergöttlichung der Kunst und des Künstlers: »Dichter und Priester waren im Anfang Eins, und nur spätere Zeiten haben sie getrennt. Der ächte Dichter ist aber immer Priester, so wie der ächte Priester immer Dichter geblieben ist« (Novalis). Tatsächlich waren die Stilisierung der Kunst zur Religion und das übersteigerte Selbstbewusstsein des Künstlers Ausdruck und zugleich Kompensation realer politischer Ohnmacht. Nicht zufällig stand im Mittelpunkt der romantischen Dichtung die Gestaltung der Künstlerproblematik, die an dem schmerzlich erfahrenen Widerspruch zwischen künstlerischem Selbstverständnis und bürgerlicher Alltagswelt aufbrach.

Napoleon gewährt Goethe eine Audienz (Erfurt 1808)

Haltung der Jakobiner

Anders als die Klassiker und Romantiker begrüßten die jakobinischen Autoren die Französische Revolution und erstrebten eine revolutionäre Umgestaltung Deutschlands. ›Jakobiner‹ wurden sie genannt, weil sie sich in ihren politischen Vorstellungen tatsächlich oder nach der Meinung der damaligen Reaktion an den französischen Jakobinern orientierten. In Wirklichkeit handelte es sich um eine kleine Gruppe von überwiegend intellektuellen Oppositionellen, die in kritischer Auseinandersetzung mit den Vorgängen in Frankreich die revolutionären Postula-

Eingreifende Literatur

te auch für Deutschland einzulösen versuchten. Dabei maßen sie der Literatur eine besondere Bedeutung zu. In kritischer Absetzung von der klassischen Idealisierungstheorie wie auch von der romantischen Autonomieauffassung entwickelten sie das Konzept einer eingreifenden Literatur, das auf das ›prodesse et delectare‹-Konzept der Aufklärung vor 1789 verwies. Die Literatur erhielt die Aufgabe, Einsicht in die Ungerechtigkeit der Sozial- und Gesellschaftsordnung zu vermitteln, das Bewusstsein der Bevölkerung zu entwickeln und die Bereitschaft für revolutionäre Aktionen zu wecken. Erreicht werden sollte dies durch eine Literatur, die inhaltlich wie formal an den Bewusstseinsstand der Adressaten anknüpfte. Das Konzept der Volkstümlichkeit, das bei den Stürmern und Drängern in der vorrevolutionären Zeit bereits ausgebildet worden war, wurde bei den deutschen Jakobinern zugespitzt und mit der Parteinahme für die unterdrückten und ausgebeuteten Teile der Bevölkerung verbunden. Politische Reden, Flugschriften, Aufstandsappelle, Agitationsgedichte, satirische Romane und politische Zeitschriften mit fingierten Druckorten waren die literarischen Formen, die dem Selbstverständnis des jakobinischen Autors am meisten entsprachen, wegen ihrer starken Zeitgebundenheit aber heute nur noch schwer verständlich sind. Als Beispiele für eine ›eingreifende Literatur‹ – die sich in gesellschaftlichen Umbruchszeiten entwickelt (z. B. 1830, 1848, 1918, 1968) – sind die jakobinischen Texte noch heute aktuell.

Gegen Sklaverei

Ansatzweise geriet bereits am Ende des 18. Jahrhunderts die Unterdrückung außerhalb Europas in den Blick (Sekendorf: *Das Schrekliche und Niederträchtige des Negersklavenhandels*, 1791). Insbesondere die Befreiungskriege der afroamerikanischen Sklaven in Santo Domingo (1791–1803) fanden ein lebhaftes Echo in Deutschland. Sie lösten eine umfängliche anthropologische Debatte über die sog. ›Wilden‹ aus und prägten das Bild des ›Schwarzen‹ in der deutschen Literatur. Kleists *Die Verlobung in St. Domingo* (1811) steht dabei am Anfang einer Reihe von Texten, die sich mit der haitianischen Revolution und den interkulturellen Rückwirkungen auf das europäische Selbstverständnis beschäftigen (Anna Seghers, Heiner Müller, Hans Christoph Buch, Hubert Fichte).

»Erklärung der Rechte der Frauen«

So unterschiedlich die gesellschaftlichen Auffassungen und die literarische Praxis in den drei politischen Lagern auch waren, so gibt es doch Gemeinsamkeiten: An einer Veränderung der Geschlechterverhältnisse, in die durch die Revolution im Nachbarland auch in Deutschland Bewegung gekommen war (»da werden Weiber zu Hyänen«, Schiller), bestand wenig Interesse. *Die Erklärung der Rechte der Frauen* (1791) von Olympe de Gouges, wo es im Artikel 1 programmatisch heißt: »Die Frau wird frei geboren und bleibt dem Manne ebenbürtig in allen Rechten«, zeigt, dass zumindest einzelne Frauen politische Rechte auch für ihr Geschlecht einzufordern begannen und die ›Brüderlichkeit‹ um ›Schwesterlichkeit‹ ergänzt wissen wollten. Die Forderung nach Anwendung der Menschenrechte auch auf die Frauen war eine ›kleine Revolution‹ in der ›großen Revolution‹: Sie war der Beginn der Emanzipationsbewegung der Frauen, die sich in den Frauenbewegungen des 19. und 20. Jahrhunderts fortsetzte. Sie veränderte das politische und literarische Klima und ordnete das Verhältnis der Geschlechter neu. Sie war Ausgangspunkt für ein gewandeltes Selbstverständnis von Frauen, für politische und literarische Aufbruchsversuche und Befreiungsphantasien, zugleich aber auch Auslöser für zahllose einschränkende Bilder, Mythen und Allegorisierungen des Weiblichen vom 18. Jahrhundert bis in die Moderne. Das gilt nicht nur für Frankreich, sondern auch für Deutschland. Die Revolution stellte die Legitimationsfrage in Bezug auf das Geschlechterverhältnis neu (Mary Wollstonecraft: *Verteidigung der Rechte der Frauen*, dt. Übersetzung 1794). Hippel war einer der Ersten in Deutschland, der sich dieser Herausforderung bewusst wurde. In seiner Schrift *Über die bürgerliche Verbesserung der Weiber* (1793) – einem Gegenstück zu Dohms Manifest *Über die bürgerliche Verbesserung der Juden* (1781) – entwarf er ein Emanzipationsmodell, das konträr zu den Bemühungen der Mehrzahl seiner Zeitgenossen stand, die durch die Revolution gelockerten Geschlechtergrenzen ideologisch zu zementieren. Mit seinem Versuch, die »häuslichen Zwinger und bürgerlichen Verließe, worin sich das schöne Geschlecht befindet«, zu zerstören, blieb er ein einsamer Rufer in der Wüste. Siegreich war das Modell, das Schiller in seiner »Glocke« entwarf und das die Frauen in die »galanten Bastillen«, aus denen Hippel sie befreien wollte, wieder zurückverbannte (»und drinnen waltet die züchtige Hausfrau«, Schiller). Mit seinen rigiden Rollendefinitionen reagierte Schiller auf den Kampf der Frauen in der Französischen Revolution ebenso wie auf die ihn schockierende emanzipierte Lebenspraxis von Frauen im Umfeld der Mainzer Republik (Caroline Böhmer-Schlegel, Therese Heyne-Forster). Die Beunruhigung durch starke und selbstbewusste Frauen fand Eingang aber nicht nur in den philosophischen und literarischen Geschlechterdiskurs der Männer, sondern sie schlug sich auch im Selbstverständnis der Frauen und ihrer literarischen Praxis nieder, wie die Romane und die Dramen von Autorinnen um 1800 zeigen.

Die Zeit zwischen 1789 und 1815 – dem Ausbruch der Französischen Revolution und der konservativen Neuordnung Westeuropas durch den Wiener Kongress – gehört zu den fruchtbarsten Perioden der deutschen Literaturgeschichte. In etwas mehr als 25 Jahren wurde eine Literatur geschaffen, die sowohl von ihrer Quantität als auch von ihrer Qualität her beeindruckend ist. Die klassischen Werke von Goethe und Schiller, die Werke der Romantiker und die heute weitgehend vergessene jakobinische Literatur bilden einen verwirrenden Komplex von unterschiedlichen Themen und Formen, der kaum auf einen Nenner gebracht werden kann. Der Eindruck der Vielfalt, den die Kunstepoche vermittelt, wird durch zwei Fakten verstärkt. Zum einen gab es neben den Autoren, die sich den großen literaturtheoretischen Lagern ziemlich eindeutig zuordnen lassen, Autoren wie Hölderlin, Kleist und Jean Paul, die Einzelgänger waren und sich von den literarischen Parteien der Zeit weitgehend fernhielten, dennoch aber mit ihren Werken auf die Epochenkonstellation reagierten und eine Literatur schufen, deren Bedeutung heute stärker als früher erkannt wird. Zum anderen gab es eine umfängliche Produktion von Trivialliteratur, die das wachsende Lesebedürfnis gegen Ende des 18. Jahrhunderts zu befriedigen und zugleich den Kampf gegen die Revolution im Medium der Literatur offensiv zu führen versuchte. Die Auseinanderentwicklung und schließlich die Trennung der Literatur in Kunstliteratur und in Trivialliteratur ist eine Unterscheidung, die es in der Aufklärung so nicht gegeben hat; gemessen an der aufklärerischen Zielsetzung unterschied man gute oder weniger gute Literatur. Die trivialen Genres mussten sich da entwickeln, wo die Literatur selbst zunehmend ihre gesellschaftliche Basis verlor bzw. auf sie

Kunstepoche – eine überraschende Vielfalt

Trivialliteratur

verzichtete und nur noch für eine kleine Bildungsbürgerschicht verständlich war. Die Entstehung der Trivialliteratur ist die historische Antwort auf das an der ›großen Masse‹ vorbeizielende Konzept der ästhetischen Erziehung und auf die Autonomiebestrebungen der romantischen Dichtung. Zugleich ist sie eine politische Reaktion auf das Konzept der eingreifenden Literatur, das die Jakobiner vertraten. Tatsächlich gelang es den Trivialautoren, die – politisch völlig konform – Zensur und Verfolgungen nicht zu befürchten hatten, das Massenpublikum zu erreichen.

Der Eindruck der Vielfältigkeit, der mit den Stichwörtern ›Weimarer Klassik‹ auf der einen und ›Trivialliteratur‹ auf der anderen Seite nur grob umrissen werden kann, verstärkt sich, wenn man die Periode von 1815 bis 1830, die Zeit zwischen Wiener Kongress und Ausbruch der Juli-Revolution, in die Überlegungen einbezieht. In dieser Zeit entstehen die Hauptwerke von E. T. A. Hoffmann, Eichendorff und anderen Autoren, die unter der Bezeichnung ›Spätromantik‹ in der Literaturgeschichtsschreibung zusammengefasst werden. Gleichzeitig entstehen in dieser Zeit aber auch schon die ersten Werke von Heine, Mörike u. a., die der Vormärz-Epoche zugeordnet werden. Gerade die Zeit zwischen 1815 und 1830 ist eine Zeit der Überschneidungen und Parallelitäten, des Endes und des Neuanfangs. Zahlreiche literarische Strömungen und Schulen existieren nebeneinander. Die klassischen und romantischen Autoren publizieren weiter, wenn auch – im Vergleich zum Ende des 18. Jahrhunderts – in veränderter Weise. Goethe stirbt 1832, Brentano 1842 und Tieck 1853. Neue Autoren wie Platen, Rückert, Immermann und Hebel treten ins öffentliche Bewusstsein, ohne dass sie den noch lebenden klassischen und romantischen Autoren das Feld streitig machen können. Bestimmt wurde das literarische Leben aber weniger durch die Dichter und Werke, die heute zum Kanon der Literaturgeschichte gerechnet werden, sondern durch Autoren wie Iffland oder Kotzebue. Mit über zweihundert Dramen war letzterer der erfolgreichste und anerkannteste Schriftsteller seiner Zeit.

Der Schauspieler Iffland als Wilhelm Tell

Weimarer Klassik

Die Vorstellung, die sich mit der Bezeichnung ›Klassik‹ verbindet, ist von Goethe und Schiller und durch den Ort Weimar, der im Bewusstsein der Zeitgenossen und der Nachwelt stets mit dem literarischen Schaffen von Goethe (1749–1832) und Schiller (1759–1805) assoziiert wurde, geprägt. ›Weimarer Klassik‹ meint eine von den Personen, dem Ort und der Zeit her klar eingrenzbare literarische Strömung, die insbesondere in der Rezeption des 19. und 20. Jahrhunderts zum Wertmaßstab literarischen Lebens geworden ist. Ideologischer Bezugspunkt für die Entstehung der Weimarer Klassik war die Französische Revolution und deren Auswirkungen auf das öffentliche Leben in Deutschland. Die Voraussetzungen für die Wende, die Goethe und Schiller nach 1789 vollzogen, reichen aber – zumindest für Goethe – in die Zeit vor 1789 zurück. Mit der Entscheidung, nach Weimar zu gehen, stellte Goethe bereits 1776 die Weichen für die spätere Entwicklung. Er nahm Abschied von seiner eigenen Sturm-und-Drang-Periode und von vielen alten Freunden, mit denen zusammen er bis dahin seinen Weg gegangen war. »Was Teufel fällt dem Wolfgang ein, in Weimar am Hofe herumzuschranzen und zu scherwenzen […] Gibt es denn nichts *Besseres* für ihn zu tun?‹« – In solchen bangen Fragen des Freundes Merck lag die Furcht, dass Goethe in Weimar zum Hofdichter verkommen und seine ›poetische Individualität‹ verlieren

Wende nach 1789

Reisegesellschaft der Herzogin Anna Amalia im Park der Villa d'Este in Tivoli (1789). Herder (neben ihr, zweiter von links) liest aus Goethes Werken. Die Hofdame Louise von Göchhausen streichelt ein Schaf, daneben die Malerin Angelica Kauffmann. Der Maler des Bildes, Johann Georg Schütz, hat sich ganz links selbst abgebildet.

könne. Goethe selbst verstand die Entscheidung für Weimar als einen Versuch, das »Unverhältniß des engen und langsam bewegten bürgerlichen Kreyses«, unter dem schon sein Werther gelitten hatte, zu sprengen und sich für die »Weite und Geschwindigkeit« seines Wesens einen angemessenen Spielraum zu schaffen. Insofern war die Entscheidung für Weimar auch Ausdruck bürgerlichen Aufstiegswillens. Goethe registrierte sehr wohl, dass die Position als Geheimrat in Weimar, die er 1779 erhielt, die »höchste Ehrenstufe« war, die ein Bürger in Deutschland damals erreichen konnte, wie er in einem Brief jener Zeit nicht ohne Stolz schrieb.

Weimar war nicht irgendeine deutsche Residenz, sondern ein Ort, der durch die Herzogin Anna Amalia ein gewisses Renommee unter Intellektuellen und Kunstfreunden in Deutschland genoss. 1772 bereits hatte Anna Amalia Wieland als Erzieher für ihren Sohn nach Weimar geholt und damit jene Entwicklung in die Wege geleitet, die aus Weimar ein Kulturzentrum in einem Land machen sollte, dem eine Hauptstadt wie Paris oder London fehlte. Als Goethe 1775 von Carl August, dem damals gerade mündig gewordenen Sohn Anna Amalias, an den Weimarer Hof gerufen wurde, fand er dort ein bescheidenes kulturelles Leben vor. Goethe wurde alsbald zum engen Vertrauten und Freund des jungen Herzogs. Als Mitglied des Geheimen Konsiliums war er an den Regierungsgeschäften direkt beteiligt und wirkte in unterschiedlichen politischen Gremien mit: ab 1777 in der Bergwerkskommission, ab 1779 in der Wegebau- und Kriegskommission und ab 1784 in der Steuerkommission. Daneben war er mit dem Ausbau der Universität Jena betraut, an die Schiller, Fichte, Humboldt u. a. berufen wurden. Er lernte die verschiedenen Zweige des Staatsdienstes von Grund auf kennen, was ihm selbst in der Rückschau als ein Vorteil erschien, weil seine Dichtung dadurch realitätsgesättigter geworden sei. Daniel Wilson hat in seinem Buch *Das Goethe-Tabu* (1999) auf die ›dunklen Seiten‹ von Goethes amtlicher Tätigkeit hingewiesen: Als Mitglied des Geheimen Konsiliums war Goethe nicht nur an der Unterdrückung von Protesten, sondern auch an der Verletzung von Menschenrechten beteiligt. 1783 sprach er sich dafür aus, dass es für das Verbrechen des

Residenz Weimar

Das Juno-Zimmer, in dem
Goethe gewöhnlich seine
Besucher empfing

Goethe als Hofmann

Kindesmords »rethlicher seyn möge die Todtesstrafe beyzubehalten«, und trug
mit diesem Votum dazu bei, dass am 28. November 1783 Anna Catharina Höhne
als Kindesmörderin öffentlich hingerichtet wurde. Auch an dem Soldatenhandel
nach Amerika, den Schiller in *Kabale und Liebe* (1784) als Verbrechen gegen die
Menschenrechte angeprangert hatte, war Goethe beteiligt.

Neben die direkten amtlichen Verpflichtungen, von denen sich Goethe zunehmend bedrückt fühlte und denen er durch seine Italienreise zu entfliehen suchte,
trat eine Vielzahl von kulturellen Aufgaben. Zunächst war Goethe als Dichter,
Regisseur und Schauspieler maßgeblich am Weimarer Liebhabertheater beteiligt,
später leitete er über Jahre hinweg das Weimarer Hoftheater, auf dem er nicht nur
eigene, sondern auch die Stücke anderer Autoren zur Aufführung brachte. Außerdem baute er mit seiner Freitagsgesellschaft, einer »Gesellschaft hochgebildeter
Männer«, die später durch ähnliche Zirkel fortgeführt wurde, eine literarisch-
kulturelle Gemeinschaft auf. Wenn Weimar auch bis zu seinem Tod zum Wohn-
und Arbeitsplatz wurde, so unterbrach Goethe seinen dortigen Aufenthalt doch
immer wieder durch längere und kürzere Reisen in den Harz (*Harzreise im Winter*, 1777), in die Schweiz (1779 und 1797) und nach Italien (1786–88 und 1790).
1792/93 nahm Goethe als Begleiter des Herzogs von Weimar am Ersten Koalitionskrieg teil. Anregungen erfuhr Goethe aber nicht nur durch seine Reisen, die
nach 1800 nicht mehr so weit führten, sondern auch durch Personen, die bereits
in Weimar wirkten, wie z. B. Wieland, der als Herausgeber des *Teutschen Merkur*
einen ähnlich meinungsbildenden Einfluss im öffentlichen Leben Deutschlands
ausübte wie sein ebenfalls in Weimar ansässiger ehemaliger Mitarbeiter Bertuch,
der sich später einen eigenen Namen als Herausgeber der *Allgemeinen Literaturzeitung* und des *Journals des Luxus und der Moden* machte. Hinzu kamen Schriftsteller und Gelehrte, die mehr oder minder stark von der Person Goethes und
seinem Werk angezogen wurden. Bereits 1776 folgten Lenz und Herder Goethe
nach Weimar. Während Lenz wegen einer bis heute ungeklärten »Eseley« Weimar
nach kurzer Zeit wieder verlassen musste und ins Exil nach Russland getrieben

wurde, erhielt Herder durch Vermittlung Goethes das Amt des Generalsuperintendenten. In seinen Weimarer Jahren schrieb Herder für die deutsche Klassik so zentrale geschichtsphilosophische und kulturkritische Werke wie die *Ideen zur Geschichte der Philosophie der Menschheit* (1784–1791) und die *Briefe zur Beförderung der Humanität* (seit 1793). Später stießen zeitweise auch Fichte und Wilhelm von Humboldt dazu und bildeten jenen Kreis, der als ›Weimarer Klassik‹ in die Geschichte eingegangen ist.

Wenn Goethe auch immer wieder betont hat, dass sein Leben in Weimar seinen Horizont besonders auf praktisch-gesellschaftliche Fragen hin erweitert habe, so überwiegen in den ersten Jahren doch seine Klagen über die Einschränkungen, die ihm die Stelle am Hofe auferlegte. Wiederholt stöhnt er über das »Tagewerk«, dem er sich zumindest in den ersten zehn Jahren so intensiv widmet, dass die literarische Arbeit darunter leidet. Außer kleineren Beiträgen für das Weimarer Hoftheater stellt Goethe in den ersten Jahren seines Weimarer Aufenthalts keine größeren Werke fertig. Dies führte dazu, dass sein Ruhm als Dichter, der mit dem *Werther* und dem *Götz* seinen ersten Höhepunkt erreicht hatte, langsam und stetig sank. »Was er gegeben hat, das hat er gegeben – und jetzt ist er fürs Publikum so unfruchtbar wie eine Steinwüste […] Seine meiste Zeit und Kraft schenkt er itzt den ersten Geschäften des Staates« – mit diesen Worten beschrieb 1783/84 ein zeitgenössischer Reisender seinen Eindruck. Goethe fühlte sich aber nicht nur durch die Fülle der Aufgaben, sondern auch durch die Widerstände, die ihm entgegentraten, erschöpft und abgelenkt. Sätze wie: »Es gehört immer viel Resignation zu diesem ekeln Geschäft, indessen muß es auch sein«, zeigen, dass er schon früh von seinen reformerischen Plänen (»Die Disharmonie der Welt in Harmonie zu bringen«) Abstriche machen musste. »Resignation«, »Distanz« und »Entfremdung« sind die Begriffe, die in den Briefen jener Zeit auftauchen und anzeigen, dass er sich nur schwer an die neue Lebensform anpassen konnte. Die »fortdauernde reine Entfremdung von den Menschen«, von der er berichtet, ist ein Zeichen dafür, dass er den Versuch unternahm, sich von dem »Gemeinen«, das ihn umgab, abzusondern und jene »Separation« anstrebte, die Schiller wenige Jahre später in den *Ästhetischen Briefen* zur Voraussetzung wahren Dichtertums erklären sollte.

Früher literarischer Ausdruck dieses Bedürfnisses nach Absonderung ist das Drama *Iphigenie auf Tauris*, das als ein »Paradigma jener Trennung von Kunst und Leben« (C. Bürger) verstanden worden ist, welche Goethe in den 70er und 80er Jahren am Weimarer Hof vollzog. An den verschiedenen Entstehungsstufen (1. Fassung 1779, 2. Fassung 1780, 3. Fassung 1786) lässt sich der Werdegang vom Sturm- und-Drang-Autor hin zum klassischen Dichter gut verfolgen. Die Enttäuschung vieler Freunde über das Stück führt Goethe darauf zurück, dass sie »etwas Berlingisches« erwartet hätten. Dies war die *Iphigenie* in der Tat nicht. Zwar enthielt der Stoff (Tantalidenmythos) durchaus große Dramatik, aber Goethes Bearbeitung versuchte gerade, diese Dramatik zu bändigen, nicht nur durch eine neue Auffassung vom Stoff, den vor ihm u. a. schon Euripides, Racine und Gluck gestaltet hatten, sondern vor allem durch die Form. Mit der ersten »schlotternden« Prosafassung war Goethe unzufrieden, aber auch die »gemeßnere« Blankvers-Fassung genügte ihm nicht. Erst die Fassung in Jamben, die er, angeregt durch K.Ph. Moritz' *Versuch einer deutschen Prosodie* (1786), fertig stellte, erfüllte seine Forderung nach »mehr Harmonie im Stil«. Im Streben nach der »reinen Form« wie nach »schöner Humanität« auf der inhaltlichen Ebene drückt sich jene bewusste Separation von der Wirklichkeit aus, die für Goethes erste

Leben am Hof

»Iphigenie«

Weimarer Jahre kennzeichnend ist. Goethe erzählt den Mythos neu: Er versucht, den barbarischen Gewalt- und Schuldzusammenhang von Leidenschaft, Mord und Rache, der als Verhängnis über dem Geschlecht der Tantaliden liegt, zu sprengen. Dazu wird vor allem die Gestalt der Iphigenie völlig neu konzipiert. Sie wird zur Repräsentantin »reiner Menschlichkeit« stilisiert. Die Versöhnung der Männer und die Überwindung der Barbarei (Abschaffung des Menschenopfers) ist ihr Werk. Der Preis aber, den sie dafür zahlen muss, ist hoch: Die »Entlebendigung« zur »schönen Seele« ist die Voraussetzung dafür, dass sie zur Erlöserfigur werden kann. Hier kündigt sich bereits jenes ›Frauenopfer‹ an, das in den klassischen Dramen Schillers später eine zentrale Rolle spielen wird.

Künstlerproblematik

Auch Goethes Dramen *Egmont* (1787) und *Tasso* (1790) tragen deutlich den Stempel seiner neuen weimarischen Umgebung. Im *Egmont*, an dem er ausdauernd und immer wieder neu ansetzend arbeitete, geht es um das Verhältnis von Individuum und Geschichte, wobei er die Problematik des *Götz* auf einer geläuterten, differenzierenden Ebene wieder aufnimmt. In *Tasso* gestaltet Goethe die Konflikte des bürgerlichen Künstlers seiner Zeit am Beispiel des gleichnamigen italienischen Renaissancedichters. Die nicht überlieferte Urfassung entstand bereits 1780/81, aber erst auf seiner Italien-Reise – mit dem Abstand zu den Weimarer Verhältnissen – konnte er sich dem Stoff wieder zuwenden. *Tasso* ist ein Drama, in dem sich Goethe über seine eigene Stellung als bürgerlicher Künstler an einem Fürstenhof klar wird. In Tassos Zurückweisung durch die höfische Gesellschaft verarbeitet er eigene Kränkungen und Enttäuschungen. Die resignativen Partien des Dramas und der offene Schluss zeigen deutlich, dass Goethe die Anpassung an die Weimarer Verhältnisse immer noch Schwierigkeiten bereitete.

Goethes Krise

Überlagert wurde die Lebenskrise, in der sich Goethe nach zehn Weimarer Jahren befand, durch die große Staatskrise, die 1789 zur Französischen Revolution führte und ganz Europa in ihren Bann zog. Es sei ihm gerade noch gelungen, den *Tasso* abzuschließen, aber »alsdann nahm die weltgeschichtliche Gegenwart meinen Geist völlig ein«, schreibt Goethe 1822 aus der Rückschau. Tatsächlich war er nicht nur Zuschauer. Im Auftrag seines Herzogs nahm er 1792 am Koalitionskrieg gegen Frankreich teil und war auch bei der Belagerung von Mainz dabei. Seine beiden Reiseberichte *Campagne in Frankreich* und *Belagerung von Mainz* sind zwar aus der Distanz des Alters geschrieben, aber sie vermitteln dennoch ein lebendiges Bild von den Schwierigkeiten, die er als bürgerlicher Intellektueller mit der Revolution hatte. In mehreren eher polemischen als satirischen Stücken (*Der Groß-Cophta*; *Der Bürgergeneral*; *Die Aufgeregten*), die zwischen 1792 und 1793 entstanden, machte er den Versuch, sich unmittelbar mit der Revolution im Nachbarland und den Revolutionierungsversuchen im eigenen Lande auseinander zu setzen. Die Revolution blieb auch der Bezugspunkt für zahlreiche andere Stücke. In dem Fragment gebliebenen Drama *Das Mädchen von Oberkirch* (1795/96), in den Versepen *Reineke Fuchs* (1793) und *Hermann und Dorothea* (1797) sowie in dem Trauerspiel *Die natürliche Tochter* (1803) wird das Thema Revolution direkt aufgenommen. In *Hermann und Dorothea*, einer bürgerlichen Epopöe in Hexametern, die formal von den Hexameter-Epen von J. H. Voss (*Luise*, 1781) und dessen Homer-Übertragungen (*Odyssee*, 1791 und *Ilias*, 1793) beeinflusst war, hat Goethe den Stimmungsumschwung der linksrheinischen Deut-

Revolutionäre Schwärmerei

schen von ursprünglicher euphorischer Revolutionsbegeisterung bis hin zu Abscheu und Widerstand nachgezeichnet. Die revolutionäre Begeisterung von Dorotheas erstem Bräutigam erweist sich als tödliche Illusion: Er stirbt auf dem Schafott in Paris als Opfer seiner Schwärmerei. Der zweite Bräutigam findet gemeinsam mit Dorothea sein Glück in der bewussten Beschränkung auf das häusliche Leben. Die Familie ist der Ort, der allein Schutz vor den dunklen Mächten der Revolution bieten kann. Wie schon in *Iphigenie* dient auch in *Hermann und Dorothea* die ›reine Form‹ dazu, dem Stoff eine zeitlose Klassizität zu verleihen. »Ich habe das reine Menschliche der Existenz einer kleinen deutschen Stadt in dem epischen Tiegel von seinen Schlacken abzuscheiden gesucht, und zugleich die großen Bewegungen des Welttheaters aus einem kleinen Spiegel zurück zu werfen getrachtet«, schrieb Goethe 1796 in einem Brief. Anders als die *Iphigenie* wurde sein Versepos aber von einem breiten Publikum positiv aufgenommen. Die idyllischen Züge sowie die Idealisierung und Stilisierung des kleinbürgerlichen Lebens ins Archetypische erhoben *Hermann und Dorothea* zusammen mit Schillers Gedicht »Die Glocke«, in dem ebenfalls die Revolution abgewehrt wird, zum festen Bildungsgut des 19. Jahrhunderts.

Die Ablehnung der Revolution war die gemeinsame Basis, auf der sich die Annäherung zwischen Goethe und Schiller in den 90er Jahren vollziehen konnte; sie führte schließlich zu dem viel beschworenen ›Freundschaftsbund‹, der das Bild nachfolgender Generationen von der Klassik geprägt hat. Bereits 1787 war Schiller – angezogen von dem kulturellen Zentrum und in der Hoffnung auf materielle Sicherheit – nach unruhigen Wanderjahren nach Weimar gekommen, ohne dass sich die beiden Autoren in den ersten Jahren näher kamen. Der langsame Annäherungsprozess, der nicht widerspruchsfrei verlief, führte zu einer engen und intensiven Zusammenarbeit auf verschiedenen Gebieten. Es kam zu einem regen Austausch der literarischen und philosophischen Arbeiten, wobei insbesondere Schiller durch seine produktive Kritik Goethe in seiner Arbeit an den *Lehrjahren* entscheidend förderte. Darüber hinaus schlug sich die neue Freundschaft in der gemeinsamen Herausgeberschaft der Zeitschrift *Die Horen* nieder, deren ehrgeiziges Ziel es war, zum wichtigsten Organ des literarischen Lebens in Deutschland zu werden. *Die Horen* waren als eine Plattform für all diejenigen Autoren gedacht, die sich dem »Ideal veredelter Menschheit« verpflichtet fühlten, das Schiller in seinen *Ästhetischen Briefen* theoretisch formuliert und welches Goethe in seiner *Iphigenie* in die Praxis umgesetzt hatte. »Wohlanständigkeit«, »Ordnung«, »Gerechtigkeit« und »Friede« waren die Werte, unter denen sich die Autoren versammeln sollten. Zu den Mitarbeitern gehörten neben den beiden Herausgebern vor allem Wilhelm von Humboldt, Herder und August Wilhelm Schlegel. Schiller veröffentlichte eine Liste von 25 Autoren, die regelmäßig Beiträge zu liefern versprochen hatten. Andere – wie z. B. Hölderlin und Sophie Mereau – kamen später hinzu, ohne dass die Zeitschrift von ihren Mitarbeitern her repräsentativ war. Das Ansehen der *Horen* war anfangs sehr groß, der Verkaufserfolg beträchtlich. Im ersten Jahr gewann man 1800 Abonnenten. In den folgenden Jahren nahm diese Zahl jedoch kontinuierlich ab, obwohl Schiller, Humboldt und Fichte mit zentralen Schriften in den *Horen* vertreten waren, Goethe seine *Unterhaltungen deutscher Ausgewanderter* (1794/95) beisteuerte und zahlreiche Gedichte Schillers hier erstmals publiziert wurden. Anders als z. B. Wielands *Teutscher Merkur* oder Bertuchs *Allgemeine Literaturzeitung*, die auch in Weimar redigiert wurden, konnten sich *Die Horen* auf dem Markt nicht durchsetzen.

Eine zweite Form der Gemeinsamkeit fanden Goethe und Schiller in der Arbeit an dem *Xenien-Almanach*. In wenigen Monaten schrieben beide nach dem Vorbild des römischen Autors Martial weit über sechshundert Epigramme, in denen sie sich satirisch und polemisch mit konkurrierenden Zeitschriften und gegneri-

Freundschaft Goethes und Schillers

Johann Gottfried Herder

Xenienkampf
(Karikatur um 1797)

Balladenjahr 1797

Friedrich Schiller (1793)

schen Autoren auseinander setzten. In den Almanach wurde nur ein kleiner Teil der Epigramme aufgenommen, ein Teil von ihnen sogar anonym, da Goethe und Schiller ihr Denken und Schreiben so weit einander angenähert hatten, dass ihnen die namentliche Zeichnung nicht in allen Fällen notwendig erschien. Die *Xenien* (Gastgeschenke) bildeten ein gemeinsames Manifest, mit dem sie über »Philister«, »Schwärmer« und »Heuchler« zu Gericht saßen und durch Abgrenzung nach außen ihren Bund zu bekräftigen suchten. Insbesondere die »deutschen Revolutionsmänner« Reichardt und Forster traf der oft ungerechte Spott und Hohn. Das öffentliche Aufsehen, das die *Xenien* erregten, war groß. Erbittert setzten sich viele der Angegriffenen zur Wehr und bezichtigten Goethe und Schiller des Elitedenkens, der Arroganz und der Inhumanität. Ansatzweise formulierten sie jene Punkte der Kritik, die in der späteren Auseinandersetzung mit der Klassik vorgebracht worden sind.

Der ›Bund‹ Goethes und Schillers, der nicht zuletzt dadurch möglich wurde, dass Weimar von den Wirren der Koalitionskriege verschont blieb und eine kleine friedliche Insel in einer unfriedlichen Umgebung war, erschöpfte sich aber nicht in der Abgrenzung nach außen und der gegenseitigen Förderung, er führte auch zu einem produktiven Schub bei beiden Autoren auf dem Gebiet der Lyrik. Als »Balladenjahr« hat Schiller das Jahr 1797 bezeichnet, in dem der von ihm herausgegebene *Musenalmanach* mit zahlreichen Balladen beider Autoren erschien, die in der Folgezeit zum Bildungsgut breiter Bevölkerungskreise werden sollten. Mit der Ballade entschieden sich Goethe und Schiller im Gegensatz zu den sonst von ihnen bevorzugten antiken oder antikisierenden Genres erstmals für eine populäre Form, um ihre weltanschaulichen Aussagen zum Ausdruck zu bringen. In ihrer Mischung von lyrischen, epischen und dramatischen Elementen war die Ballade bereits in der vorrevolutionären Zeit bei Bürger eine sehr volkstümliche Form gewesen. Die Aneignung der Balladenform, die so berühmt gewordene Ergebnisse wie »Die Bürgschaft«, »Die Kraniche des Ibykus«, »Der Ring des Polykrates«, »Die Braut von Korinth«, »Der Zauberlehrling« und »Der Gott und die Bajadere« hervorbrachte, ging einher mit der weitgehenden Eliminierung der volkstümlich-politischen Elemente, wie sie die Ballade bei Bürger gehabt hatte, und bedeutete eine Annäherung an das philosophische Weltanschauungsgedicht, in dem sich das neue klassische Selbstverständnis Goethes und Schillers am reinsten ausdrückt (»Grenzen der Menschheit«; »Das Ideal und das Leben«; »Die Götter Griechenlands«; »Lied von der Glocke«). Die Gestalten und Geschehnisse werden einer tragenden Idee untergeordnet und auf die Vermittlung einer sittlichen Lehre hin stilisiert.

Neben der Balladendichtung entfaltete Schiller in seinen Weimarer Jahren ein umfangreiches dramatisches Schaffen, das er mit historischen Arbeiten vorbereitet hatte. Anders als Goethe hat er sich in seinen Dramen nie direkt mit dem Thema der Revolution auseinander gesetzt, trotzdem reagieren sie in vielfältiger Weise auf das Epochenereignis. Das auffälligste Merkmal von Schillers gewandeltem Selbstverständnis als Theaterautor ist seine Abkehr vom bürgerlichen Trauerspiel, mit dem er ehemals brilliert hatte. Seine Ansicht, dass der Dichter »sich aus dem Gebiet der wirklichen Welt zurückziehen« und »auf die strengste Separation sein Bestreben richten« solle, war nicht länger zu verbinden mit der Form und dem Anspruch des bürgerlichen Trauerspiels, der ja gerade darin bestanden hatte, deutsche Wirklichkeit künstlerisch zu erfassen und über die Einwirkung auf das Publikum letztlich auch zu verändern. Hatte Schiller 1784 mit seinen *Räubern* einen Griff in die deutsche Wirklichkeit getan, so ging er mit seinen

Wallensteins Lager
(Stich von 1798)

Dramen nach 1789 weit in die Geschichte zurück. Die *Wallenstein-Trilogie*
(1798/99) spielt im 17. Jahrhundert, *Maria Stuart* (1800) thematisiert einen Stoff
aus der englischen Geschichte des 16. Jahrhunderts, und in der *Jungfrau von
Orleans* (1801) gestaltet er einen Stoff aus dem französischen 15. Jahrhundert.
Zugleich wandte er sich von der Form des bürgerlichen Dramas ab, wie sie insbesondere Lessing in der Auseinandersetzung mit der französischen ›tragédie classique‹ theoretisch und praktisch entwickelt hatte. Wenn Schiller auf die ehemals
verpönte strenge und geschlossene Form der klassischen französischen Tragödie
zurückgriff, so geschah dies aus dem Wunsch heraus, »ästhetische Erziehung«   *Konzept der ästhetischen*
durch die Verwendung einer »reinen Kunstform« zu bewerkstelligen. Die Wieder-   *Erziehung*
belebung der höfisch-aristokratischen Tragödienform, die Lessing so vehement
bekämpft hatte, ist nicht nur ein innerliterarischer Vorgang, sondern auch ein
Faktum von allgemeiner gesellschaftlicher Bedeutsamkeit. Die Neubelebung der
›tragédie classique‹ im Drama Schillers signalisiert den Beginn der restaurativen
Phase der bürgerlichen Gesellschaft in Deutschland zu einer Zeit, als im Nachbarland Frankreich nachrevolutionäre Kämpfe tobten. Der rebellische Grundton, der
die Dramen Schillers vor 1789 durchzieht, ist fast vollständig verschwunden.
Forderte der Marquis Posa 1787 in *Don Carlos* noch Gedankenfreiheit, so ist die
Freiheitsforderung in *Maria Stuart* aus dem Jahr 1800 gänzlich verinnerlicht und
in die Subjektivität der Heldin verlegt. Im Kampf zwischen den beiden Königin-
nen Elisabeth und Maria werden moralische und politische Kontroversen auf einer so abgehobenen Ebene verhandelt, dass die Bezüge zur deutschen Wirklichkeit kaum noch zu erkennen sind. Zudem führt die Verbindung von bürgerlichen
Inhalten, an denen Schiller ja nach wie vor festhielt, und aristokratischer Form zu
Widersprüchen und Unklarheiten, in denen der Kompromiss zwischen Bürgertum und Adel, der die politische Geschichte Deutschlands im 19. Jahrhundert
prägen sollte, gleichsam vorgezeichnet erscheint.

Besonders deutlich wird dies an der schillerschen Helden-Konzeption. Wallenstein, Maria Stuart oder auch die Jungfrau von Orleans werden, den Gesetzen der
klassizistischen Tragödie entsprechend, zu ›überbürgerlichen‹, ›überhistorischen‹

Individuen stilisiert. Die bürgerliche Moral, die Maria Stuart gegen ihre Kontrahentin Elisabeth – entgegen der historischen Wahrheit – vertritt, wird auf diese
Weise aus ihrem politischen Funktionszusammenhang gelöst und verliert ihre
ursprünglich antifeudalen Qualitäten, die sie im bürgerlichen Trauerspiel vor
1789 noch gehabt hatte.

»Wilhelm Tell«

Eine gewisse Ausnahme stellt *Wilhelm Tell* (1804) dar, in dem der Freiheitskampf des schweizerischen Volkes Anfang des 14. Jahrhunderts mitreißend zum
Thema gemacht wird. Trotz der historischen Ferne des Stoffes ist der Bezug auf
die deutsche Gegenwart immer vorhanden. Er unterscheidet sich jedoch von den
übrigen klassischen Dramen Schillers. Während jene die bürgerliche Emanzipati-
onsproblematik in verschlüsselter, kunstvoller Form verhandeln, ist *Wilhelm Tell*,
wie Kleists *Hermannsschlacht* (1808), ein schon von der Form her volkstümlich
gehaltener dramatischer Versuch zum Problem von Nationalbewusstsein und
Fremdherrschaft. Die restaurative Politik Frankreichs seit 1799 und die Eroberungskriege Napoleons, die das Deutsche Reich in seiner Integrität bedrohten,
rückten die nationale Frage in den Vordergrund. So ging es Schiller in erster Linie
nicht um die bürgerlichen Inhalte des Freiheitskampfes, sondern um nationale
Fragestellungen. Die Gegensätze zwischen Volk und Adel werden in *Wilhelm Tell*

*›Vaterland‹ – eine deutsche
Metapher*

in der gemeinsamen Berufung auf das ›Vaterland‹ und im Kampf gegen die
Fremdherrschaft überwunden. So steht der greise Freiherr von Attinghausen auf
der Seite des Volkes und sein Neffe Ulrich von Rudenz ist sich mit Wilhelm Tell,
dem Mann aus dem Volk, im Widerstand gegen den Landvogt Geßler einig. Der
Tyrannenmord – Tell tötet Geßler – ist eine auf gesellschaftlichen Konsens gegründete Tat des nationalen Widerstandes. Festzuhalten bleibt jedoch, dass auch
in der Konzeption des nationalen Widerstandes gegen die Fremdherrschaft, die
Schiller in seinem *Wilhelm Tell* als Vorbild für die deutsche Gegenwart seiner Zeit
entfaltet, rebellische Elemente aufbewahrt bleiben. Wenn die Abgesandten der
drei Schweizer Kantone den Schwur »Wir wollen sein ein einzig Volk von Brüdern« ablegen, so stellt Schiller mit dem Begriff ›Brüder‹ einen deutlichen Bezug
zur ›fraternité‹-Forderung der Französischen Revolution her. *Wilhelm Tell* gehört
zu den am häufigsten aufgeführten Stücken Schillers. Je nach historischem Kontext wurde dabei der Akzent entweder auf die soziale oder aber auf die nationale
Problematik gelegt. Eine Neufassung des Tell-Stoffes hat Max Frisch mit seinem
Wilhelm Tell für die Schule (1971) geschrieben, in der er die schillersche Deutung
ironisiert und den nationalistischen Mythos vom Schweizer Freiheitskampf de-
montiert.

Der Weg zum Entwicklungs- und Bildungsroman

Bürgerliche Identität?

Die Rehabilitierung des Romans als Literaturgattung war eine Leistung der Aufklärung, aber erst in der Kunstepoche erlangte der Roman weltliterarische Geltung und trat gleichberechtigt neben das Drama. Goethes *Werther* (1774) und
Wielands *Agathon* (1766/67) stellten die ersten Versuche dar, Erfahrungen und
Entwicklungen des bürgerlichen Individuums episch zu erfassen. Beide Romane
waren jedoch noch weit davon entfernt, die hoch gesteckten Hoffnungen zu erfüllen, die Friedrich von Blanckenburg in seiner *Theorie des Romans* (1774) mit
dem bürgerlichen Roman verbunden hatte. *Werther* bot nur einen höchst subjektivistischen Ausschnitt der Gesellschaft. *Agathon* war in ein antikes Gewand ge-

hüllt und verdeckte die bürgerliche Identitätsproblematik mehr, als dass er sie verdeutlichte. Auch Wilhelm Heinses *Ardinghello* (1787), den Goethe nach eigenem Bekunden mit empörten Gefühlen »wegschmiß« und den Schiller zu Unrecht für eine »sinnliche Karikatur ohne Wahrheit und ohne ästhetische Würde« hielt, spielt im Italien des 16. Jahrhunderts. Stufen auf dem Weg zum Bildungs- und Entwicklungsroman waren die in der *Werther*-Nachfolge stehenden Romane *Aus Eduard Allwills Papieren* (1775) und *Woldemar* (1779) von Friedrich Heinrich Jacobi und *Anton Reiser* (1785–90) von Karl Philipp Moritz. Insbesondere *Anton Reiser* gehört wie die Werke von Jung Stilling (*Heinrich Jung Stillings Jugend*, 1777) und Ulrich Bräker (*Lebensgeschichte und natürliche Abentheuer des armen Mannes in Tockenburg*, 1789) zur Gattung der Autobiographie, die dem Roman nach 1789 wichtige Impulse gab. Wie *Wilhelm Meisters theatralische Sendung* war auch *Anton Reiser* ein Theaterroman, wobei das Theater bei Moritz ein Symbol für die Flucht aus der nicht bewältigten Gegenwart ist.

Goethe auf der italienischen Reise

Mit *Wilhelm Meisters Lehrjahre* (1794–1796) gelang es Goethe, die deutsche Wirklichkeit in einem repräsentativen Ausschnitt zu erfassen und die Epochenerfahrung der bürgerlichen Intelligenz ohne historische Kostümierung zu thematisieren. *Wilhelm Meister* ist das erste prominente Beispiel für den Typus des Bildungs- und Entwicklungsromans, der »in sehr bewußter und sinnvoller Komposition den inneren und äußeren Werdegang eines Menschen von den Anfängen bis zu einer gewissen Reifung der Persönlichkeit mit psychologischer Folgerichtigkeit verfolgt und die Ausbildung vorhandener Anlagen in der dauernden Auseinandersetzung mit den Umwelteinflüssen in breitem kulturellen Rahmen darstellt« (G. v. Wilpert). Dabei ist zu beachten, dass der Held im Bildungs- und Entwicklungsroman immer ein Mann ist. Dies mag mit der Tatsache zusammenhängen, dass die Autoren Männer waren, die sich im Medium der neuen Gattung mit ihrer individuellen und gesellschaftlichen Sozialisation, mit ihren eigenen Wünschen und Phantasien auseinander setzten. Der wichtigste Grund liegt aber wohl darin, dass die Frau im 18. Jahrhundert eine gesellschaftlich so untergeordnete Stellung hatte, dass sie als Heldin eines Bildungs- und Entwicklungsromans undenkbar war und eine nur beiläufige Rolle in der Entwicklungsgeschichte des Mannes spielte. Gegen diese Funktionalisierung des Weiblichen für den männlichen Entwicklungsgang opponierte eine Reihe von Autorinnen und entwarf Heldinnen, mit denen sich die weibliche Leserschaft identifizieren konnte. So lotete Friederike Helene Unger mit ihrem Roman *Bekenntnisse einer schönen Seele. Von ihr selbst geschrieben* (1806) – der Titel spielt auf die »Bekenntnisse einer schönen Seele« an, die sich im sechsten Buch von *Wilhelm Meisters Lehrjahre* (1795/96) finden – die Möglichkeiten eines »weiblichen Bildungsromans« (M. Heuser) aus.

Der Bürger als Held

Ähnlich dem *Faust*-Stoff war auch der *Wilhelm-Meister*-Stoff ein Thema, das Goethe fast sein ganzes Leben beschäftigt hat. Nachdem es ihm nicht gelungen war, den Roman *Wilhelm Meisters theatralische Sendung*, den so genannten *Urmeister*, an dem er von 1777 bis 1785 gearbeitet hatte, fertig zu stellen, griff er das Thema 1794 bis 1796 wieder auf. Die ursprünglich sechs Bücher des *Urmeister* wurden zu vier in den *Lehrjahren*. Das Theater war nicht mehr Endpunkt der Entwicklung, sondern eine Bildungsstufe unter anderen. Ein Vierteljahrhundert später wandte sich Goethe dem Meister-Thema erneut zu; er überarbeitete die *Lehrjahre* und schrieb einen zweiten Teil, *Wilhelm Meisters Wanderjahre* (1821), in dem er die Eingliederung Wilhelms in ein tätiges, sozial verantwortliches Leben darstellte. Wilhelm, der im *Urmeister* seine Selbstverwirklichung noch als Schauspieler gesucht hatte, in den *Lehrjahren* ohne befriedigende berufliche und

»Wilhelm Meister«

gesellschaftliche Perspektive geblieben war, wird in den *Wanderjahren* zum Arzt und findet damit zu einer gesellschaftlich nützlichen und ihn zugleich ausfüllenden Tätigkeit. Er tritt, wie Schiller es schon für die *Lehrjahre* zutreffend beschrieben hat, »von einem leeren und unbestimmten Ideal in ein bestimmtes tätiges Leben, aber ohne die idealisierende Kraft dabei einzubüßen«.

Wilhelm Meisters Erzählung von seinem Puppenspiel (nach der Ausgabe letzter Hand von 1828)

Der *Wilhelm Meister* wurde zum Vorbild für alle weiteren Bildungs- und Entwicklungsromane. Seine literarische Wirkung reicht bis ins 20. Jahrhundert. Deutlich ist der Einfluss des *Wilhelm Meister* auf Goethes schreibende Zeitgenossen. Tiecks Roman *Franz Sternbalds Wanderungen* (1798), von Zeitgenossen als »verfehlter Wilhelm Meister« bezeichnet, von Goethe wegen »innerer Leere und falscher Tendenz« abgelehnt, gestaltet die bürgerliche Individualitätsproblematik in sichtbarer Abhängigkeit von Goethe. Die Theaterleidenschaft Wilhelms wird durch die Liebe Franz Sternbalds zur Malerei ersetzt; die Künstlerproblematik rückt in den Mittelpunkt, wie ursprünglich in der *Theatralischen Sendung.* Der grundlegende Unterschied zu Goethes Werk besteht zum einen in der Verlagerung der Handlung ins 15. Jahrhundert, zum anderen in dem Verzicht auf eine Eingliederung des Helden in das bürgerliche Leben. Aus der Reise nach Italien, die Wilhelm Meister und Franz Sternbald zur Identitätsfindung und Weiterentwicklung ihrer beruflichen Fähigkeiten unternehmen, wird bei Tieck eine romantische Wanderschaft ins Unbestimmte und Geheimnisvolle. Der fragmentarische Charakter des Romans und der offene Schluss deuten auf die romantische Auffassung von der Unerfüllbarkeit menschlicher Sehnsucht im bürgerlichen Leben. Von dieser Auffassung her musste den Romantikern Goethes Roman als ein angreifbarer Kompromiss mit einer unzulänglichen Wirklichkeit erscheinen. Die Abkehr Wilhelms von der künstlerischen und seine Hinwendung zur bürgerlich-tätigen Sphäre betrachteten die Romantiker als nicht akzeptabel. So war für Novalis der *Wilhelm Meister* »im Grunde ein fatales und albernes Buch – undichterisch im höchsten Grad, was den Geist betrifft – so poetisch auch die Darstellung ist«.

»Anti-Meister«

Mit seinem eigenen Roman *Heinrich von Ofterdingen*, 1802 als Fragment von Tieck herausgegeben, versuchte Novalis (1772–1801) nach eigenem Eingeständnis, Goethe zu »übertreffen«, – »aber nur wie die Alten übertroffen werden können, an Gehalt und Kraft, an Mannigfaltigkeit und Tiefsinn – als Künstler eigentlich nicht«. In seinem ›Anti-Meister‹ wollte Novalis darstellen, wie ein junger Mann zum Dichter reift: »Das Ganze soll eine Apotheose der Poesie sein. Heinrich von Ofterdingen wird im ersten Teile zum Dichter reif und im zweiten als Dichter verklärt.« Von diesem zweiten Teil liegt nur der Anfang vor, der Roman ist wie Tiecks *Sternbald* Fragment geblieben. *Heinrich von Ofterdingen* unterscheidet sich von Goethes *Wilhelm Meister* nicht nur durch die Konzentration auf die Künstlerproblematik und die Abkehr von der zeitgenössischen deutschen Wirklichkeit – der Roman spielt wie Tiecks *Sternbald* im Mittelalter –, sondern auch durch die symbolische und märchenhafte Strukturierung der Handlung, die nicht nur die damalige Leserschaft fasziniert hat. Die blaue Blume ist das Symbol für die wahre und echte Poesie, nach der Heinrich strebt; im Märchen, das der Dichter Klingsohr erzählt, ist der Sinn des Romans verschlüsselt: Allein die Poesie ist in der Lage, die Welt und damit die Menschen zu erlösen. An die Stelle des klassischen Konzepts von der ästhetischen Erziehung des Menschen als Vorbedingung gesellschaftlicher Tätigkeit und Veränderung, das im *Wilhelm Meister* in höchst kunstvoller Weise episch entfaltet ist, tritt bei Novalis das Erlösungskonzept der Poesie.

Eine späte romantische Antwort auf den *Wilhelm Meister* ist von E. T. A. Hoffmann (1776–1822) mit seinem Roman *Kater Murr* (1820/22) gegeben worden, der sich jedoch auch von den frühromantischen Romanen durch seine satirischen und pessimistischen Züge stark unterscheidet. In der kunstreichen und witzigen Verflechtung der Lebensgeschichte des Kater Murr mit der Biographie des Kapellmeisters Kreisler steckt eine doppelte Kritik: Durch die überhebliche, geschwätzige Autobiographie des Kater Murr wird der Bildungsgang des bürgerlichen Individuums parodiert und als philisterhaft denunziert (Anti-Meister); in dem fragmentarischen Charakter der Kreisler-Biographie wird das Scheitern des romantischen Künstlers an dem Widerspruch zwischen Ideal und Leben sinnfällig gemacht (Anti-Ofterdingen). Die Welt des Bürgers und die des Künstlers sind unvereinbar. Eine Eingliederung des Künstlers ins bürgerliche Leben ist ebenso unmöglich wie eine Erlösung des Bürgers durch die Kunst. Der Bürger arrangiert sich mit der Wirklichkeit und überlebt als Philister, der Künstler zerbricht an den erfahrenen Widersprüchen und wird aus der Welt gedrängt.

Bürger und Künstler –
Einheit oder Gegensatz?

Die bürgerliche Identitätsproblematik ist auch Thema in den Romanen von Jean Paul (1763–1825) und Hölderlin (1770–1843), die sich in ihrer literarischen Praxis außerhalb der etablierten literaturtheoretischen Lager bewegten. Im Unterschied zum klassischen und romantischen Bildungs- und Entwicklungsroman, in dem die Identitätssuche und -findung im Vordergrund stand, ist das Individuum in den Romanen von Jean Paul (*Hesperus*, 1795; *Titan*, 1800–03; *Flegeljahre*, 1804/05) und im *Hyperion* (1797/99) von Hölderlin sehr viel stärker in den gesellschaftlichen und politischen Kontext der Zeit eingebunden. Die Identitätskrise ergibt sich gerade aus dieser Verankerung; die bürgerliche Individualität gerät in Konflikt mit der Gesellschaft.

Bürgerliche Identitäts-
problematik

Die Verbindung von Dramatischem und Epischem in der Novelle

Der Roman als epische Großform stellte an Autor und Leserschaft gleichermaßen hohe Anforderungen. So beschäftigte der *Wilhelm Meister* Goethe fast fünfzig Jahre und wurde als ein äußerst durchdachtes, sorgfältig komponiertes, künstlerisch raffiniert gearbeitetes Zeugnis der Auseinandersetzung mit der bürgerlichen Identitätsproblematik nur von einer schmalen Intellektuellenschicht verstanden. Sehr wenige Autoren waren – auch finanziell – in der Lage, ihre schöpferischen Kräfte so lange an ein Werk zu binden. Hier spielte die wirtschaftliche Sicherheit Goethes als Berater des Herzogs von Weimar eine entscheidende Rolle. Sie bot ihm Zeit, Muße und den langen Atem für literarische Großvorhaben dieser Art. Autoren, die stärker auf den literarischen Markt, d. h. auf den Verkauf ihrer Bücher angewiesen waren, mussten notgedrungen auf die Adressatenorientierung und die Verkaufschancen ihrer Werke achten. Dies galt in abgewandelter Form auch für Autoren wie z. B. die Jakobiner, die aufgrund ihrer gesellschaftspolitischen Überzeugung mit ihren literarischen Werken eine direkte Wirkung auf das Publikum erzielen wollten. Hier boten sich epische Kleinformen wie die Novelle als geradezu ideal an. Begünstigt wurde die starke Zunahme kurzer Erzählprosa gegen Ende des 18. Jahrhunderts durch die zahlreichen literarischen Zeitschriften, die dankbare Abnehmer für Kurzprosa waren. Autoren fanden hier

Zeitschriften – Verbreiter
von Kurzprosa

unter Umgehung des Verlegers relativ günstige Publikationsmöglichkeiten, die angesichts der großen Zahl von miteinander konkurrierenden Autoren sonst beschränkt waren. Der Zusammenhang zwischen der parallel verlaufenden Entwicklung von Kurzprosa und der Herausbildung eines literarischen Zeitschriftenwesens ist dabei so komplex, dass schwer zu entscheiden ist, was Ursache und was Wirkung gewesen ist.

Als selbständige Gattung hat die Novelle ihre Geburtsstunde bereits in der italienischen Frührenaissance, in Deutschland tritt jedoch die Bezeichnung erst sehr viel später auf. Eine klare Unterscheidung zwischen dem Roman und kleineren Erzählformen gibt es erst gegen Ende des 18. Jahrhunderts. Wieland definierte 1772 Novellen als »eine Art von Erzählungen, [...] welche sich von dem großen Roman durch Simplicität des Plans und den kleinen Umfang der Fabel unterscheiden oder sich zu denselben verhalten wie die kleinen Lustspiele zu der großen Tragödie oder Komödie«. Theorie und Praxis der Novelle entwickeln sich in Deutschland in nennenswertem Umfang erst in der Kunstepoche und sind Ausdruck der gewandelten literarischen Marktsituation, in der das finanzielle Interesse des Autors und das wachsende Lese- und Unterhaltungsbedürfnis breiterer Bevölkerungskreise in einem komplizierten Wechselverhältnis stehen. Einen we-

Novellentheorie

sentlichen Beitrag zur Theorie der Novelle gab Friedrich Schlegel mit seinem Aufsatz *Nachricht von den poetischen Werken des Johann Boccaccio* (1801). Er versuchte, eine Brücke zwischen dem Stammvater der Novelle Boccaccio (*Decamerone*, 1353) und der romantischen Novellenpraxis zu schlagen. Die Novelle wird als typisch romantische Gattung reklamiert, die andere Formen durchaus in sich vereinigen kann; sie ist »Fragment, Studie, Skizze in Prosa; eins, oder alles zusammen«. Wichtig für Schlegel ist, dass die Novelle »in jedem Punkt ihres Seins und Werdens neu und überraschend sein muß« und formal sorgfältig durchkomponiert ist: »Zu den Novellen gehört ganz eigentlich die Kunst gut zu erzählen.« Ludwig Tieck, einer der produktivsten Novellenautoren der Kunstepoche, führte eine neue Kategorie ein: den Wendepunkt. Er forderte, dass jede Novelle einen »sonderbaren auffallenden Wendepunkt« haben müsse, »der sie von allen anderen Gattungen der Erzählung unterscheidet«, einen Punkt, »von welchem aus sie sich unerwartet völlig umkehrt, und doch natürlich, dem Charakter und den Umständen angemessen, die Folge entwickelt«.

Zweifellos spielt bei der tieckschen Kategorie des Wendepunktes der Publikumsbezug ebenso eine Rolle wie bei der schlegelschen Forderung, dass die Novelle vor allem gut erzählt sein müsse. Die immer wieder betonte Verwandtschaft zum Drama verweist auf einen weiteren wichtigen Zusammenhang. Als epische Kunstform mit dramatischer Struktur steht die Novelle zwischen dem ›öffentlichen‹ Drama und dem ›privaten‹ Roman. Den unterschiedlichen Reaktionsweisen des Publikums bzw. der Leserschaft entsprechen die abweichenden Wirkungsabsichten des Dramen- bzw. Romanautors. In der Novelle vermischen sich Wirkungsabsichten des Autors und Reaktionsweisen des Lesers in aufschlussreicher Form: Die Novelle als pseudo-dramatische Form, die ja individuell gelesen bzw. ›erfahren‹ wurde, ermöglicht die Inszenierung des dargestellten Geschehens in der privaten Lektüre und stellt eine entscheidende Etappe auf dem Weg der Reprivatisierung des Lesens am Ende des 18. Jahrhunderts dar. Zugleich ist sie eine Antwort auf die miserable Theatersituation. Kleist, der Dramen- und Novellendichter in einer Person war und den engen Zusammenhang zwischen beiden Gattungen sinnfällig macht, blieb als dramatischer Dichter so gut wie ohne Publikum. Von seinen acht Dramen wurden nur zwei zu seinen Lebzeiten aufgeführt, während er einen Großteil seiner Novellen in eigenen Zeitschriften bzw. als eigenständige Publikationen veröffentlichen konnte. Neben Kleist, E. T. A. Hoffmann und Eichendorff gehören Tieck, Brentano, Fouqué und Hauff mit ihren Märchennovellen zu den produktivsten Autoren kurzer Prosa. Tieck und Eichendorff waren weit über die Kunstepoche hinaus literarisch tätig. Tieck schrieb seine bedeutenden Altersnovellen *Der junge Tischlermeister* (1836) und *Des Lebens Überfluß* (1839) in den 30er Jahren des 19. Jahrhunderts. Gerade an der Kurzprosa dieser beiden Autoren wird deutlich, wie stark die Novelle eine gesellige Unterhaltungsform war, für die ein Bedürfnis über die Kunstepoche hinaus bestand. So ist im 19. Jahrhundert eine starke Zunahme kurzer Prosa zu beobachten; den eigentlichen Höhepunkt erreicht die deutsche Novellendichtung im Zeitalter des bürgerlichen Realismus (Keller, Storm, Stifter, Meyer, Raabe, Fontane).

E. T. A. Hoffmann:
Prinzessin Brambilla
(Frontispiz, 1821)

Romantik als Lebens- und Schreibform

Wie der Begriff ›Klassik‹ hat auch der Begriff ›Romantik‹ eine weitere und eine engere Bedeutung. Als Epochen übergreifende Kategorie wird ›Romantik‹ benutzt, um ästhetische Oppositionsströmungen gegen ›klassische‹ und ›realistische‹ Literaturpositionen abzugrenzen. Dabei verbinden sich mit dem Begriff auch bestimmte thematische Schwerpunkte. Abgeleitet von den Genrebezeichnungen ›Roman‹ oder ›Romanze‹ meint ›romantisch‹ das Wunderbare, Exotische, Abenteuerliche, Sinnliche, Schaurige, die Abwendung von der modernen Zivilisation und die Hinwendung zur inneren und äußeren Natur des Menschen sowie zu vergangenen Gesellschaftsformen und Zeiten (Mittelalter). Im engeren historischen Sinne meint Romantik eine literarische Strömung, die sich nach 1789 herausbildete. Wie die Klassik ist auch die Romantik – je nach Zeit und ideologischem Standpunkt des Betrachters – extremen Schwankungen in der Einschätzung unterworfen. Die Kontroverse um die Romantik dauert bis heute an. Unter dem Eindruck der Postmoderne erlebt die Romantik als Ausdruck der Krisenerfahrung in der Moderne eine anhaltende Renaissance. Den immer wieder gegen die Romantik erhobenen Vorwürfen (Irrationalismus, Eskapismus, Nationalismus, Konservativismus, mythisiertes Geschichts- und Geschlechterbild, schrankenlose Subjektivität, Naturmystizismus etc.) steht eine emphatische Bezugnahme auf romantisches Denken und romantische Poesie gegenüber (Vernunft- und Modernekritik, utopisches Potential, Naturnähe, Aufhebung der Trennung zwischen Naturwissenschaft, Philosophie und Dichtung, Teilhabe von Frauen am literarischen Leben, Entdeckung des Unbewussten, avantgardistische Literaturpraxis etc.). Gerade wegen ihres ambivalenten Charakters ist es möglich, dass die Romantik von den unterschiedlichsten Lagern in Anspruch genommen werden konnte.

Der Begriff ›Romantik‹

    Anders als die Weimarer Klassik, die ein einziges Zentrum besaß, verfügte die Romantik über wechselnde städtische Zentren: Der Berliner Kreis um Tieck unterschied sich von dem Jenaer Kreis der Brüder Schlegel, und beide wiederum wichen erheblich von dem Heidelberger Kreis um Arnim und Brentano ab. Die Dresdner und Münchner Kreise grenzten sich von der so genannten »Schwäbischen Schule« (Uhland, Schwab, Kerner) ab, die ihrerseits vom Heidelberger Kreis angeregt war. Anders als in der Weimarer Klassik, die von Goethe und

Erneuerung von Kunst und Literatur

Schiller als den beiden überragenden Dichtern geprägt wurde, war das Spektrum der Romantik breiter und der Anteil der sich ihr zugehörig fühlenden Autoren größer. Verbindendes Element zwischen den verschiedenen Zirkeln und Autoren war die Überzeugung, dass »nur durch eine ›romantische‹ Erneuerung der Literatur und Künste eine Überwindung der seit der Französischen Revolution manifest gewordenen globalen Krise der Gesellschaftsordnung wie der individuellen Lebenspraxis zu erreichen sei« (E. Ribbat). Die frühromantische Revolutionsbegeisterung etwa bei Tieck (»Oh, wenn ich itzt ein Franzose wäre! Dann wollt ich hier nicht sitzen, denn [...] Frankreich ist jetzt mein Gedanke Tag und Nacht«) war sehr schnell der Auffassung gewichen, dass eine Veränderung der Gesellschaft nur durch eine ›Revolution‹ des Denkens und des Schreibens bewirkt werden könne. Novalis sprach in diesem Zusammenhang davon, dass die Welt »romantisiert« werden müsse, damit die Entfremdung überwunden und der ursprüngliche Sinn des Lebens wiederentdeckt werden könne. Friedrich Schlegel (1772–1829) forderte 1798 programmatisch: »Die romantische Poesie ist eine progressive Universalpoesie. Ihre Bestimmung ist nicht bloß, alle getrennte Gattungen der Poesie wieder zu vereinigen, und die Poesie mit der Philosophie und Rhetorik in Berührung zu setzen. Sie will, und soll auch Poesie und Prosa, Genialität und Kritik, Kunstpoesie und Naturpoesie bald mischen, bald verschmelzen, die Poesie lebendig und gesellig, und das Leben und die Gesellschaft poetisch machen [...]. Sie allein ist unendlich, wie sie allein frei ist, und das als ihr erstes Gesetz anerkennt, daß die Willkür des Dichters kein Gesetz über sich leide.« Wenn auch die einzelnen Autoren sehr unterschiedliche Vorstellungen mit der Forderungen nach Romantisierung verbanden, so gab es doch gemeinsame inhaltliche Schwerpunkte und Stilzüge.

Erneuerung der Mythologie

Zu den zentralen Forderungen gehört die nach einer neuen Mythologie. Durch diese Forderung unterschied sich die frühromantische Bewegung an einem entscheidenden Punkt von der Aufklärung, zu der sonst durchaus Verbindungslinien bestanden. Gerade die Skepsis gegen den Mythos gehörte zu den entscheidenden Elementen der aufklärerischen Weltanschauung. Die Frühromantiker versuchten, Poesie und Mythologie wieder miteinander zu verbinden: »Denn das ist der Anfang aller Poesie, den Gang und die Gesetze der vernünftig denkenden Vernunft aufzuheben und uns wieder in die schöne Verwirrung der Phantasie, in das ursprüngliche Chaos der menschlichen Natur zu versetzen, für das ich kein schöneres Symbol bis jetzt kenne, als das bunte Gewimmel der alten Götter«, schrieb F. Schlegel in seinem *Gespräch über die Poesie* (1800). In seiner *Philosophie der Kunst* (1802/03) wandte sich Schelling ausführlich dem Verhältnis von Dichtung und Mythologie zu, und F. Schlegel wies in seiner Schrift *Über Sprache und Weisheit der Inder* (1808) auf den reichen Schatz der fernöstlichen Mythologie und Dichtung hin. Eine weitere wichtige Gemeinsamkeit frühromantischer Dichtungsauffassung liegt in einer ganz spezifischen ästhetischen Verfahrensweise.

Romantische Ironie

F. Schlegel hat dafür den Begriff »romantische Ironie« geprägt. Damit ist eine bestimmte Art der Reflexion und des Empfindens gemeint, die er als »Agilität«, d.h. als Beweglichkeit der Phantasie und der Reflexion bezeichnet hat. Die Ironie »entspringt aus der Vereinigung von Lebenskunstsinn und wissenschaftlichem Geist, aus dem Zusammentreffen vollendeter Naturphilosophie und vollendeter Kunstphilosophie. Sie enthält und erregt ein Gefühl von dem unauflöslichen Widerstreit des Unbedingten und des Bedingten, der Unmöglichkeit und Notwendigkeit einer vollständigen Mitteilung«. Ironie ist ein durchgängiges poetisches Prinzip, das F. Schlegel immer wieder definitorisch umkreist hat, ohne es jedoch eindeutig zu bestimmen. Die Definitionen selbst sind Ausdruck eben jener romantischen Ironie, die sich auf Eindeutigkeit nicht festlegt: »Ironie ist die Form des Paradoxen. Paradox ist alles, was zugleich gut und groß ist.« Eine dritte entscheidende Gemeinsamkeit liegt in der Aufwertung des Irrationalen, das in der Aufklärung verdrängt und tabuisiert worden war. Die Aufklärung hatte sich darauf konzentriert, für das bürgerliche Individuum im Medium der Literatur ein Modell von Subjektivität und Identität zu entwerfen, das durch Abgrenzungen gegen innere und äußere Natur bestimmt war. Die Romantiker hingegen brachten die von der Aufklärung vernachlässigten Wunsch- und Triebstrukturen zum Sprechen. Sie ließen sich auf Erfahrungen wie Wahnsinn, Krankheit, Schwärmerei, Sinnlichkeit und Müßiggang ein, die in der Aufklärung »policiert« worden waren. Dabei ist die Romantik aber nicht nur Opposition, sondern auch Ergänzung der Aufklärungsbewegung um die Dimensionen, die im Rationalitätsdiskurs ausgeblendet worden waren.

Das Unbewusste

Die Bemühungen um das deutsche Volksliedgut (Arnim/Brentano), um die deutschen Sagen und Märchen (Brüder Grimm), das Anknüpfen an volkstümliche Formen in der eigenen Dichtung (Eichendorff) und die Ausbildung einer satirischen Dichtung (E. T. A. Hoffmann) machen deutlich, dass – trotz aller Opposition – Bezüge zur aufklärerischen Dichtung durchaus vorhanden sind. Das literarische Schaffen war überaus vielfältig, z. T. wirklichkeitsnäher und schlichter, als man es angesichts der anspruchsvollen literarischen Theorie erwarten würde. Die Gründe hierfür liegen in der romantischen Auffassung von der Autonomie der Kunst begründet, die mit dem Grundsatz der dichterischen Freiheit untermauert wurde. Offene Formen wie das Fragment, das freie, schöpferische und spielerische Umgehen mit den tradierten Formen und Gattungen und das selbstironische Formexperiment müssen hier genannt werden. Das Gemeinsame der romantischen Literatur besteht in der Erweiterung der künstlerischen Ausdrucksweisen und der Freisetzung der Phantasie. Die Forderung eines künstlerischen Freiraums stellte in der historischen Situation um 1800 eine große Provokation dar und übt bis heute eine enorme Wirkung aus. Die Romantik wurde zum Projektionsraum gerade für solche Autoren, die an den politischen Einschränkungen ihrer Zeit litten. So reagierten die Intellektuellen in der DDR mit ihrer Abkehr vom sog. ›klassischen Erbe‹ und der Hinwendung zur Romantik auf die Schikanen, denen sie nach der Biermann-Ausbürgerung (1976) ausgesetzt waren.

Volkslied, Sage, Märchen

Zu den bekanntesten romantischen Autoren gehört Friedrich Schlegel (1772–1829). Zusammen mit seinem Bruder August Wilhelm Schlegel (1767–1845) war er ein führender Theoretiker der Frühromantik. Die von den Brüdern herausgegebene Zeitschrift *Athenäum* (1798–1800) hatte einen ähnlich programmatischen Stellenwert für die romantische Bewegung wie *Die Horen* für die Weimarer Klassik. Beide Brüder waren außerordentlich produktiv im Bereich der Literaturtheorie und -geschichte. A. W. Schlegels Berliner und Wiener Vorlesungen *Über schöne Literatur und Kunst* (1802–1804) und *Über dramatische Kunst und Literatur* (1808) sind Höhepunkte romantischer Literaturkritik, und die von ihm begonnene, zusammen mit Tieck fortgeführte Shakespeare-Übertragung begründete seinen europäischen Ruhm.

August Wilhelm Schlegel

Mit der Schlegel-Tieck'schen Shakespeare-Übersetzung fanden die Bemühungen um Shakespeare und sein Werk, die sich durch das ganze 18. Jahrhundert ziehen, einen vorläufigen Abschluss. Bereits 1741 war eine Übersetzung des *Julius Caesar* erschienen, die auf lebhaften Protest von Gottsched stieß, weil darin »nicht eine einzige Regel der Schaubühne beobachtet ist«. Im Zusammenhang

Shakespeare-Übersetzungen

Shakespeares Lear im
Schauspielunterricht:
Geste und Persönlichkeit
bilden eine Einheit

Plädoyer der freien Liebe

mit der Ablösung der Regelpoetik Gottscheds kam es zu einer neuen Sicht auf
Shakespeare und sein Werk. Vermittelt über Gottscheds Gegner, die Schweizer
Bodmer und Breitinger, machte der junge Wieland Bekanntschaft mit Shakespeares Werken und lieferte dann mit seiner Prosaübersetzung von *Shakespeares
theatralischen Werken* (1762–66) die Textbasis für die begeisterte Shakespeare-
Rezeption im Sturm und Drang. Vorangegangen waren die Arbeit von J. E. Schlegel *Vergleichung Shakespeares und Andreas Gryphs* (1741) und Lessings 17. Lite-
raturbrief (1759), durch den Shakespeares Name ins Bewusstsein einer breiten
literarischen Öffentlichkeit gedrungen war. Shakespeare und sein Werk wurden
zum Sammelpunkt der literaturreformerischen Bemühungen des Sturm und
Drang. Die Aufsätze von Goethe, *Zum Schäkespears Tag* (1771), und Herder,
Shakespeare (1773), und die *Anmerkungen übers Theater* (1774) von Lenz sind
Höhepunkte einer neuen Beschäftigung mit dem englischen Dramatiker, die unter den Schlagworten Naturnachahmung und Originalgenie stand. In der Berufung auf Shakespeare und sein Werk vollzog sich die Abwendung von der franzö-
sischen klassizistischen Tragödie und die Hinwendung zum bürgerlichen Drama.
Die Auseinandersetzung geht aber über die Zeit des Sturm und Drang hinaus,
und sie erreicht auch Autoren der Unterschichten wie Ulrich Bräker, der sich
Shakespeare höchst eigenwillig aneignete (*Etwas über Shakespears Schauspiele*,
1780). In *Anton Reiser* von Karl Philipp Moritz verbindet sich mit dem Namen
Shakespeares eine neue Form des Denkens und Fühlens, das die kleinbürgerliche
Enge sprengt, und im *Wilhelm Meister* von Goethe ist Shakespeare immer wieder
produktiver Bezugspunkt für die Selbstfindung des Helden. Wie sein Held Wilhelm Meister hat auch Goethe lebenslang über Shakespeare nachgedacht. In der
Rückschau (*Shakespeare und kein Ende*, 1815) betont er, dass alles Reden über
Shakespeare »unzulänglich« sei und bleiben müsse, weil dieser »zu reich und zu
gewaltig sei«: »Eine productive Natur darf alle Jahre nur ein Stück von ihm lesen,
wenn sie nicht an ihm zugrunde gehen will. Ich that wohl, daß ich durch meinen
›Götz von Berlichingen‹ und ›Egmont‹ ihn mir vom Halse schaffte [...] Shakespeare [...] giebt uns in silbernen Schalen goldene Äpfel. Wir bekommen nun
wohl durch Studium seiner Stücke die silberne Schale, allein wir haben nur Kar-
toffeln hineinzuthun, das ist das Schlimme!«

Von ähnlich zentraler Bedeutung wie die Shakespeare-Übersetzung, die bis
heute von deutschen Regisseuren benutzt wird, waren auch die literaturtheoretischen und -kritischen Arbeiten von F. Schlegel. In seinen *Fragmenten* und *Ideen*
formulierte er in pointierter Form die romantische Kunst- und Lebensanschau-
ung. Berühmt wurde er durch sein Romanfragment *Lucinde* (1799). Dieser Text,
der Schlegel den Vorwurf der Obszönität einbrachte, gegen den ihn Schleiermacher in seinen *Vertrauten Briefen über Lucinde* (1800) vergeblich zu verteidigen
suchte, löste einen regelrechten Literaturskandal aus, durch den die romantische
Bewegung als Ganzes in die Schusslinie geriet. So war für Schiller die *Lucinde* ein
»Gipfel moderner Unform und Unnatur«, er sah in dem Roman all die Tendenzen
ausgeprägt, gegen die Goethe und er selbst sich verwahrten. Tatsächlich war die
Lucinde ein Versuch Schlegels, seine ästhetische Theorie in einem Text zu verwirklichen. Im Mittelpunkt des Romans steht der Entwicklungsgang des Helden
Julius. In Briefen an die Geliebte Lucinde und den Freund Antonio, in Gesprä-
chen, Aufzeichnungen und Reflexionen werden von Schlegel die »Lehrjahre der
Männlichkeit« entwickelt, die sich als eine Abfolge von Liebeserlebnissen des
Helden mit unterschiedlichen Frauentypen darstellen. In diesem Strukturprinzip
hat die *Lucinde* übrigens große Ähnlichkeit mit dem *Wilhelm Meister*, gegen den

Schlegel so vehement polemisierte. Anders als Goethe reflektierte Schlegel aber sehr direkt über die Körperlichkeit der Liebe. Damit durchbrach er ein herrschendes Tabu und handelte sich von prüden Literaturkritikern den Vorwurf der Unsittlichkeit ein; bei anderen, freizügiger gesonnenen Kritikern stand er im Ruf, ein Manifest der befreiten Liebe und des nichtentfremdeten Lebens geschrieben zu haben.

Die Vorstellungen von Rollentausch und Androgynität und das Postulat freier Liebe sind jedoch nicht so emanzipatorisch, wie Schlegel und seine Befürworter zu suggerieren versuchten. Denn diese Vorstellungen und Forderungen sind gebunden an ein Frauenbild, das von dem Ideal der Progression weitgehend ausgeschlossen bleibt. Das Weibliche wird nicht befreit, sondern ähnlich wie in klassischen Texten mythologisiert und ästhetisch funktionalisiert. Schlegel kritisiert das gespaltene Frauenbild der klassischen Autoren, seine *Lucinde* ist »sinnliche« Geliebte und »geistige« Partnerin zugleich, sie ist die Summe all der Eigenschaften, die der Held Julius sonst – auf verschiedene Frauen verteilt – kennen gelernt hat. Lucinde ist »eins und unteilbar« – aber letztlich doch nur eine andere Form männlicher Projektionsarbeit. Als naturhaftes Wesen ist sie vollkommen wie eine Pflanze und dem zerrissenen und entfremdeten Mann durch ihre Ganzheitlichkeit überlegen. Zugleich ist sie damit aber als ein statisches Wesen festgeschrieben und von der unendlichen Progression ausgeschlossen. Weibliches Wachstum und männliche Entwicklung bilden die polare Struktur des Romans, der damit die klassische Geschlechtspolarisierung etwa bei Humboldt (*Über männliche und weibliche Form*; *Über den Geschlechtsunterschied*, 1795) auf einer anderen Ebene wieder aufnimmt.

Skandalträchtiger noch als die erotischen Passagen im Roman wirkte die Tatsache, dass Schlegel und seine Freunde das, was als ›freie Liebe‹ im Roman gefeiert wurde, in Lebenspraxis umzusetzen versuchten. Gerade die Frühromantiker um die Brüder Schlegel experimentierten mit neuen Formen des Zusammenlebens (»Symexistieren«) und fühlten sich nicht an die bürgerlichen Konventionen gebunden, die Schiller etwa in seinen Gedichten »Männerwürde« (um 1780) und »Würde der Frauen« (1795) beschworen hatte. Auch im alltäglichen Umgang versuchten sie, ein antibürgerliches, bohemienhaftes Leben zu führen. In freundschaftlichen Zirkeln erprobten sie nach dem Muster des Salons in Frankreich eine Form der Geselligkeit, die im öffentlichen Leben Deutschlands bis dahin unbekannt war.

Ein Gegentypus zum geselligen, vielseitig interessierten und rastlosen Intellektuellen, wie ihn die Brüder Schlegel verkörperten, ist Novalis (Friedrich von Hardenberg, 1772–1801). Zwar war er mit F. Schlegel und Tieck eng befreundet, blieb aber ein Außenseiter und Einzelgänger. Als Einziger unter den Frühromantikern stammte er aus dem Adel, ging aber einem bürgerlichen Beruf nach. Mit seinem schmalen Werk *Die Christenheit oder Europa* (1799, gedr. 1826), den Romanfragmenten *Die Lehrlinge zu Sais* (1798/1800) und *Heinrich von Ofterdingen* (1802) sowie seinen *Hymnen an die Nacht* (1800) unterschied er sich stark von den anderen frühromantischen Autoren. In die ›dunkle‹ Sprache seiner Prosa und Lyrik gehen eine Vielzahl von mythischen und mystischen Bildern ein, die das Romantikbild der nachfolgenden Generationen geprägt haben. Als folgenreich erwies sich seine ›Geschlechterphilosophie‹ und seine emphatische ›Romantisierung‹ des Weiblichen. Der Tod seiner Braut Sophie von Kühn, die mit fünfzehn Jahren starb, wird für ihn zum Schlüsselerlebnis. Novalis stilisiert die tote Sophie zur unsterblichen Muse Sophia, die seinem Werk rätselhaften Sinn und Bedeutung

Friedrich Schlegel

Novalis

Novalis

Tiecks Kunstmärchen

Ludwig Tieck

Heidelberger Kreis

verleiht. Im Kult um die tote Braut (»Sophia sey mein Schutzgeist«) zeichnet sich jene Funktionalisierung des Weiblichen für die dichterische Produktion ab, die von der feministischen Kritik als kulturelles Muster männlicher Kunstproduktion herausgestellt worden ist.

In einem mit »Novelle« überschriebenen Entwurf hat Novalis das strukturelle Muster, dem alle seine Texte folgen, in nuce skizziert: »Ein Mann hat seine Geliebte gefunden – unruhig wagt er eine neue Schiffarth, er sucht Religion ohne es zu wissen – Seine Geliebte stirbt – Sie erscheint ihm im Geiste nun, als die Gesuchte – Er findet zu Haus ein Kind von ihr und wird ein Gärtner./Schifferleben – Fremde Länder – Meer – Himmel – Wetter – Sterne. Gärtnerleben.« In den *Hymnen* feiert Novalis in freien rhythmischen Gesängen, in denen die Übergänge zwischen Prosa und Lyrik fließend sind, die Geliebte als »Sonne der Nacht« und preist die Nacht als schöpferisches Geheimnis des Lebens und des Todes. Damit berührte er Vorstellungen, wie sie wenig später Schubert in seinen *Ansichten von der Nachtseite der Naturwissenschaften* (1808) und Klingemann in den *Nachtwachen des Bonaventura* (1804) entfalten und gestalten sollten. Sein früher Tod trug dazu bei, dass er schon bald zum Gegenstand der Legendenbildung wurde.

Zu den produktivsten Autoren der romantischen Bewegung gehört Ludwig Tieck (1775–1853). Er publizierte bis in die Mitte des 19. Jahrhunderts und war damit ein Autor, der die Entwicklungsphasen der romantischen Bewegung von der Frühromantik bis zur Spätromantik durch sein Werk entscheidend beeinflusste. Mit seinen Romanen *Die Geschichte des Herrn William Lovell* (1795/96) und *Franz Sternbalds Wanderungen* schaltete er sich in die Diskussion um den *Wilhelm Meister* ein, die er 1836 noch einmal mit seiner Novelle *Der junge Tischlermeister* aufnahm. Zugleich war er stark am Theater interessiert (*Der gestiefelte Kater*, 1797) und versuchte sich in der neuen Gattung des Kunstmärchens. Gerade in den märchenhaften Erzählungen fand Tieck eine Form, die seinem Interesse am Phantastischen entgegenkam. Im *Blonden Eckbert* (1796) und im *Runenberg* (1802) stieß er in die imaginären Welten des Unbewussten und des Begehrens vor und thematisierte die Sinnlichkeit in märchenhaft verschlüsselter Form. Der Held Christian im *Runenberg* schwankt zwischen dem Leben im Gebirge und dem in der Ebene. Gebirge und Ebene sind symbolische Landschaften, in denen sich bürgerlich-patriarchalische Ordnung und archaische Wildnis gegenüberstehen. Der Runenberg mit seiner lockenden Venusgestalt symbolisiert all die Wünsche, die in der Ebene verdrängt werden müssen. Die Sozialisation des Helden vollzieht sich als Bewegung zwischen den symbolischen Räumen. Durch seine erste Reise ins Gebirge wird Christian erwachsen und für sein anschließendes Leben als Ehemann in der Ebene vorbereitet. Freilich wird er nicht glücklich. Es drängt ihn zurück ins Gebirge, wo er sich in der Imagination seiner erotischen Wünsche verliert und wahnsinnig wird. Die Venuskult-Metaphorik findet sich auch in anderen romantischen Texten: In Tiecks *Getreuem Eckart* und im *Tannhäuser*, in Eichendorffs *Marmorbild* und E. T. A. Hoffmanns *Bergwerke zu Falun*. Auch hier geht es um den Antagonismus zwischen heidnisch-dämonischer Venus, christlich-spirituellem Vater-Gott und der oftmals tödlichen Anziehungskraft dämonischer Weiblichkeit für den männlichen Helden.

Bald nach 1800 lösten sich die frühromantischen Zirkel auf, und der Romantikerkreis weitete sich sowohl von den Personen wie auch von den Zentren her aus. In Heidelberg bildete sich eine größere Gruppe um Clemens Brentano und Achim von Arnim, die an die Frühromantik anknüpften, in ihren Werken aber von der neuen historischen Konstellation – den Wirren der napoleonischen Kriege und den Befreiungsbewegungen – beeinflusst waren. Auf die Bedrohung von außen, die als innere Gefährdung erlebt wurde, reagierte die neue Romantikergeneration mit einer verstärkten Hinwendung zur Religion bzw. zur Nation. Mit dieser Wende, die bei von Arnim und Brentano u. a. antisemitische Tendenzen einschloss, nahmen sie z. T. die sich nach 1815 durchsetzenden restaurativen Tendenzen vorweg.

Die Suche nach Orientierungspunkten in einer zerrissenen und chaotischen Zeit führte aber auch zu einer neuen Aneignung von Sagen und Märchen, die auf einem gewandelten Konzept von Kindheit beruhte. Die frühromantischen Autoren brachen mit der Pädagogisierung der Kindheit, wie sie in der aufklärerischen Kinder- und Jugendliteratur üblich gewesen war. Kindheit wurde zu einem Wert an sich, das Kind zu einem in sich vollkommenen Wesen stilisiert. Die Auffassung von der Kindheit als einem Stadium der Ursprünglichkeit, Natürlichkeit und Vollkommenheit deckte sich mit der Hochschätzung der Urpoesie und der Bewunderung vergangener Zeiten (Mittelalterkult) und ging wie diese auf den Einfluss von Herders Geschichtsphilosophie zurück. Vor allem für Schlegel und Novalis wurde Kindheit zu einem zentralen Thema moralischer und ästhetischer Reflexion und zum Bezugspunkt für ihre weitreichenden Konzepte des Müßiggangs und des Spielens. Die Hinwendung der Romantiker zu den Märchen muss auf diesem Hintergrund gesehen werden, wobei die emphatischen Kindheitsvorstellungen sich aber bald zu idealisierenden Projektionen einer ›unschuldigen Kindheit‹ verfestigten, die in der Praxis ebenso repressiv wurden wie die aufklärerische Auffassung von der ursprünglich ›bösen Natur‹ des Kindes, die durch Erziehung gebändigt werden müsse. Auch in den idealisierenden Leitbildern der Romantiker wird die psychische und die historische Realität der Kinder (z. B. Kinderarbeit) verdrängt.

Romantisches Konzept von Kindheit

Arnim und Brentano sammelten deutsche Volkslieder und alte volkstümliche Gedichte und gaben sie unter dem Titel *Des Knaben Wunderhorn* (1806 und 1818) heraus. Die Brüder Grimm veröffentlichten 1812 ihre *Kinder- und Hausmärchen* und 1816 ihre *Deutschen Sagen*. Alle drei Sammlungen sind patriotische Dokumente gegen die nationale Zersplitterung und die zunehmende innere und äußere Entfremdung durch die moderne Zivilisation. In ihrem Konzept der Volkspoesie waren die gesellschaftlichen Widersprüche im Rekurs auf eine angeblich ursprüngliche Natur des Menschen in utopischer Weise getilgt. In den Märchen und Sagen fanden sie – hierin Herders Bemühungen um die *Volkslieder* (1778/79) folgend – eine Ursprünglichkeit wieder, die gegen die moderne Gesellschaft gewendet wurde. Zwar hatte es auch schon in der Aufklärung Bemühungen um das Märchen gegeben. Bereits Wieland hatte in seinen nach französischem Vorbild verfassten Feenmärchen *Dschinnistan* (1786/89) das Wunderbare als ästhetische Kategorie gerechtfertigt, und Musäus hatte eine Sammlung von *Volksmärchen der Deutschen* (1782–1787) herausgegeben, aber beide Autoren waren weit davon entfernt, in den Märchen eine Urpoesie im romantischen Sinne zu sehen. Die Beschäftigung mit den ›rohen‹ Märchen war für die Aufklärer allein durch die ästhetisierende Bearbeitung gerechtfertigt. Die Aufmerksamkeit auf das Märchen als Genre setzte sich in der Klassik und Frühromantik fort: Berühmt war Goethes *Märchen* (1795), in dem er die Utopie eines harmonischen Gesellschaftszustandes gegen die Französische Revolution entwickelt hatte, und die Märchen von Novalis und Tieck. Besonders bei Novalis wurde das Märchen zur romantischen Form schlechthin: »Das Mährchen ist gleichsam der Canon der Poësie – alles poëtische muß märchenhaft seyn.« An solche programmatischen Vorstel-

Urpoesie der Deutschen?

Titelblatt von 1806

lungen knüpften Brentano und Arnim an, wenn sie versuchten, in ihrem eigenen literarischen Schaffen die Trennung zwischen Volksmärchen und Kunstmärchen aufzuheben, indem sie die Volksmärchen im romantischen Sinne bearbeiteten und umgekehrt ihre eigenen Märchen dem Ton der Volksmärchen anglichen. Einen starken Anteil an der Märchenproduktion hatten auch die Romantikerinnen. Bettina und Gisela von Arnims gemeinschaftlich verfasster Märchenroman *Das Leben der Hochgräfin Gritta von Rattenzuhausbeiuns* (erste vollständige Ausgabe 1987), Gisela von Arnims poetische *Märchenbriefe an Achim* (Faksimileausgabe 1991) und Sophie Tiecks *Wunderbilder und Träume in elf Märchen* (1802) eröffnen eine phantastische Welt, in der die sich verschärfenden Rollenvorstellungen, wie sie etwa an den verschiedenen Auflagen der *Kinder- und Hausmärchen* der Brüder Grimm abzulesen sind, spielerisch unterlaufen werden.

Schreibende Frauen der Romantik

Frauen im literarischen Leben

Wenn auch die Romantik – entgegen dem Selbstverständnis einiger ihrer Protagonisten und dem ihrer unkritischen Verehrerinnen – nicht die kulturrevolutionäre Bewegung war, die die Entfremdung des Menschen aufheben und den Menschen zu einem freien Individuum machen konnte, so schuf sie doch einen produktiven Freiraum, der es auch den Frauen ermöglichte, am literarischen Leben teilzunehmen. Freilich hatte es schreibende Frauen bereits in der Aufklärungszeit gegeben. Luise Adelgunde Kulmus, die spätere Frau von Gottsched, und Anna Louisa Karsch gehörten zu den viel bestaunten Ausnahmefrauen, die mit ihren Werken breite Anerkennung fanden. Gerade durch die Empfindsamkeit und die Mode des Briefromans kam es zu einer verstärkten Teilhabe von Frauen am literarischen Leben. Sophie von La Roches Roman *Die Geschichte des Fräuleins von Sternheim*, den Wieland 1771 herausgegeben hatte, begründete eine eigene Tradition des ›Frauenromans‹. Autorinnen wie Friederike Helene Unger, Caroline Auguste Fischer, Johanna Schopenhauer, Therese Huber u. a. waren sehr erfolgreich, konnten den eigenen emanzipatorischen und ästhetischen Anspruch aber nicht immer realisieren, da es schwer war, sich von den herrschenden Weiblichkeitsbildern freizumachen. »Die Feder in der Hand und der Degen in der Faust«, dieser Traum, den die Gottsched-Schülerin Sidonie Hedwig Zäunemann am Anfang des Jahrhunderts noch selbstbewusst träumte, war gegen Ende des Jahrhunderts zu einer ängstigenden Vorstellung geworden. Warnend zitiert Herder seiner Verlobten Caroline Flachsland das arabische Sprichwort: »Eine Henne, die da krähet, und ein Weib, das gelehrt ist, sind üble Vorboten: Man schneide beiden den Hals ab«, und er ermahnt sie, sich als Muse auf die »Verfeinerung«, auf die »Belebung« und die »Aufmunterung« des Mannes zu beschränken.

Dass Frauen sich an diese Warnung nicht gehalten haben, zeigen neben den Romanen auch die Dramen, die Autorinnen um 1800 geschrieben haben. Sophie von Albrechts *Theresgen* (1781), Amalie von Imhoffs *Die Schwestern von Lesbos* (1790), Caroline von Wolzogens *Der leukadische Fels* (1792), Charlotte von Steins *Dido* (1794), Christine Westphalens *Charlotte Corday* (1804), Karoline von Günderrodes *Hildgund* (1805) sowie eine Vielzahl von weiteren Dramen, die von der feministischen Forschung nach 1968 wieder entdeckt worden sind, widerlegen das zählebige Vorurteil, dass Frauen keine Dramen geschrieben haben. Als Lyrikerinnen, Dramatikerinnen und Prosaistinnen stießen Frauen gleichermaßen in

Caroline Schlegel

eine »Männer-Zone« (S. v. Albrecht) vor, die die klassischen Autoren vehement gegen die weibliche Konkurrenz zu verteidigen suchten. In ihren Klagen über den »Dilettantism der Weiber« und die »Frauenzimmerlichkeiten« waren Goethe und Schiller sich einig. Anlässlich von Sophie Mereaus Roman *Amanda und Eduard* (1803) schrieb Schiller an Goethe: »Ich muß mich doch wirklich darüber wundern, wie unsere Weiber jetzt, auf bloß dilettantischem Wege, eine gewisse Schreibgeschicklichkeit sich zu verschaffen wissen, die der Kunst nahkommt«, und Goethe teilte dem Freunde seine Beobachtung mit, dass »Frauenzimmertalente [...] mit der Ehe aufhörten«: »Ich habe Mädchen gekannt, die vortrefflich zeichneten, aber sobald sie Frauen und Mütter wurden, war es aus; sie hatten mit den Kindern zu tun und nahmen keinen Griffel mehr in die Hand.«

Anders als im klassischen Weimar, wo die Frauen als Autorinnen in eine »mittlere Sphäre« (C. Bürger) – zwischen ›trivialer‹ und ›hoher‹ Literatur – abgedrängt wurden, standen sie bei den Romantikern im Mittelpunkt der Bewegung. Friedrich Schlegel schrieb enthusiastisch: »In den Frauen liegt jetzt das Zeitalter, nur unter ihnen gibt's noch interessante Charaktere.« Zu den bekanntesten Frauen gehörten Caroline Michaelis-Böhmer, später mit A. W. Schlegel, dann mit dem Philosophen Schelling verheiratet, Dorothea Veit, die nach ihrer Scheidung die Frau von F. Schlegel wurde und für die *Lucinde* das Vorbild abgab, Sophie Mereau, die nach ihrer Scheidung Brentano heiratete, Karoline von Günderrode, deren Selbstmord große Betroffenheit auslöste, Bettina Brentano, die Schwester von Clemens Brentano, die später von Arnim heiratete, und schließlich Sophie Tieck, die Schwester Ludwigs, die als besonders begabte Dichterin galt. Dazu kamen Henriette Herz und Rahel Levin, die durch ihre Salons berühmt wurden. Alle diese Frauen versuchten, die engen Grenzen der Weiblichkeit zu sprengen, wurden jedoch von den herrschenden Rollenvorstellungen und den sich verändernden politischen Verhältnissen eingeholt: Caroline Schlegel-Schelling und Dorothea Veit-Schlegel opferten sich dem weit gefächerten Werk ihrer Männer auf, ja ermöglichten dies erst durch ihre entsagungsvolle Zuarbeit. Caroline Schlegel arbeitete mit an der schlegelschen Shakespeare-Übersetzung, sie schrieb Rezensionen und Kritiken, die sie z. T. unter Pseudonym veröffentlichte oder die Schlegel in seine Werke aufnahm, ohne ihren Namen zu nennen. Dorothea Schlegel übersetzte für ihren Mann Madame de Staëls *Corinna* (1807) ins Deutsche und bearbeitete eine Vielzahl von Sammelbänden, für die Schlegel als Herausgeber verantwortlich zeichnete. Sie veröffentlichte ebenfalls anonym Lyrik und den Roman *Florentin* (1801), den ihr Mann herausgab. *Die Geschichte des Zauberers Merlin* (1804), die sie bearbeitete, wurde von F. Schlegel unter seinem Namen herausgegeben. Auch Sophie Mereau veröffentlichte anfangs anonym (*Das Blüthenalter der Empfindung*), später wurde sie jedoch selbstbewusster und publizierte unter ihrem eigenen Namen (*Amanda und Eduard*, 1803); sie gab sogar eine Zeitschrift für Frauen (*Kalathiskos*) heraus. Ihr Mann, Brentano, lehnte jedoch die literarische Arbeit seiner Frau ab und zwang sie zum Verzicht auf die Selbständigkeit, die sie sich nach ihrer Scheidung von dem ungeliebten Mereau erkämpft hatte. An der Geburt ihres fünften Kindes starb sie, knapp 36-jährig.

Nicht an dem »bürgerlichen Amboß«, wie Rahel Levin die Ehe genannt hat, ging Karoline von Günderrode (1780–1806) zugrunde, sondern an der Widersprüchlichkeit ihrer eigenen Wünsche, in denen sich jedoch nur die ambivalenten Festlegungen spiegelten, denen sie als Frau ausgesetzt war. In Briefen an die Freundin Gunda Brentano haderte die Günderrode mit ihrem Schicksal: »Schon oft hatte ich den unweiblichen Wunsch, mich in ein wildes Schlachtgetümmel zu

»In den Frauen liegt jetzt das Zeitalter«

Karoline von Günderrode

Rahel Levin-Varnhagen

Salonkultur

werfen, zu sterben – warum ward ich kein Mann! Ich habe keinen Sinn für weibliche Tugenden, für Weiberglückseligkeit. Nur das Wilde, Große, Glänzende gefällt mir. Es ist ein unseliges, aber unverbesserliches Mißverhältnis in meiner Seele; und es wird und muß so bleiben, denn ich bin ein Weib und habe Begierden wie ein Mann, ohne Männerkraft. Darum bin ich so wechselnd und so uneins mit mir.« Die Günderrode hat ein schmales Werk zurückgelassen. Ihre Lyrik (*Gedichte und Phantasien*, 1804; *Poetische Fragmente*, 1805) gab sie unter dem Pseudonym Tian heraus. Ihr Buch *Melete* wurde erst 1906 aus dem Nachlass veröffentlicht; ihre Dramen haben ihr Publikum bis heute nicht gefunden. Bettina von Arnim hat ihr in dem Erinnerungsbuch *Die Günderode* (1840) ein Denkmal gesetzt, das trotz aller nachträglichen Stilisierung ein eindrucksvolles Denkmal einer emphatischen Frauenfreundschaft ist. Christa Wolf hat in dem Roman *Kein Ort. Nirgends* (1979) Kleist und Günderrode zu einem fiktiven Paar zusammengefügt, das an der gemeinsamen Erfahrung der Ausgrenzung und des Unverständnisses ihrer Umwelt zugrunde geht.

Zu den Frauen, die um ihr Leben und ihr Werk betrogen wurden, gehört auch Rahel Levin-Varnhagen (1771–1833). Die Erfahrung, »nur eine Frau« zu sein, verband sich bei ihr mit dem niederdrückenden Gefühl, zu den Parias der Gesellschaft zu gehören. Wie Dorothea Veit-Schlegel, die Tochter von Moses Mendelssohn, und Henriette Herz stammte sie aus einer jüdischen Familie und litt – trotz offizieller Judenemanzipation – lebenslang an ihrer doppelten Stigmatisierung. Sie hat kein Werk im traditionellen Sinne hinterlassen. Ihr Werk sind ihre Briefe, von denen mehr als 6000 an über 300 verschiedene Adressaten existieren, die im Rahmen der ›Rahel-Renaissance‹ nach 1968 sukzessive herausgegeben werden. Der *Briefwechsel mit Pauline Wiesel* (1997) ist das »Bruchstück einer großen Konfession und eines grenzenlosen Mitteilungsbedürfnisses« (U. Schweikert) einer Frau, die sich lebenslang als »Schlemihl und Jüdin« gesehen hat. Ihre Briefe sind Teil einer weiblichen Briefkultur, deren Anfänge in die Aufklärungszeit zurückreichen (Luise Gottsched, Meta Moller, Anna Louisa Karsch, Sophie von La Roche u. a.) und die in der Romantik ihren Höhepunkt erlebt.

Rahel Levins Briefe stehen in engem Zusammenhang mit dem Salonprojekt, das sie mit dem ihr eigenen Selbstbewusstsein in Angriff nahm: »Ich bin so einzig als die größte Erscheinung dieser Erde. Der größte Künstler, Philosoph oder Dichter ist nicht über mir. Wir sind vom selben Element. Im selben Rang und gehören zusammen.« Unter den literarischen Salons, die um 1800 eine wichtige Funktion für die Literaturproduktion, -vermittlung und -rezeption erfüllten, war die ›Dachstube‹ in der Berliner Jägerstraße ein außergewöhnlicher Ort der Begegnung, an dem sich für kurze Zeit – im Sinne von Schleiermachers *Theorie des geselligen Betragens* (1799) – eine Form der zwanglosen Geselligkeit entwickelte, in der Rassen-, Klassen- und Geschlechterschranken aufgehoben schienen. Die politische Entwicklung nach 1806 mit ihrem vehementen Nationalismus und Antisemitismus führte sehr rasch zum Niedergang der jüdischen Salons. Die 1811 gegründete »Deutsche Tischgesellschaft«, in der u. a. Achim von Arnim, Heinrich von Kleist, Clemens Brentano, Adam Müller und Johann Gottlieb Fichte verkehrten, schloss Frauen und Juden als Mitglieder explizit aus. Mit ihrem zweiten Salonprojekt nach 1830 versuchte Rahel Levin-Varnhagen, die inzwischen den Diplomaten und Schriftsteller Varnhagen geheiratet und zum Christentum übergetreten war, vergeblich, an den Erfolg ihres ersten Salons anzuknüpfen. Entsprechend den politischen und gesellschaftlichen Verhältnissen orientierte sich dieser Salon nicht mehr an Schleiermachers frühromantischer Geselligkeitstheorie, sondern an der biedermeierlichen *Schule der Höflichkeit* (1834/35) eines Carl Friedrich von Rumohr.

Die Mainzer Republik und die Literaturpraxis der deutschen Jakobiner

Ein Gegenmodell zur klassischen und romantischen Literatur liegt – wenn auch nur in Ansätzen ausgebildet – bei den Schriftstellern vor, die von der Reaktion als Jakobiner diffamiert wurden, von ihrem Selbstverständnis her aber jenen Typus des politischen Schriftstellers verkörperten, der in Deutschland eigentlich nie anerkannt, sondern fast immer nur diskreditiert worden ist. Die politischen Vorstellungen waren dabei keineswegs einheitlich, sie differierten von einem eher gemäßigten Reformismus bis hin zu radikalen Konzepten einer revolutionären Umgestaltung Deutschlands. Abhängig waren diese Konzepte, abgesehen von der sozialen und politischen Herkunft der Autoren, auch von den Orten, an denen sie lebten. So waren die praktischen Wirkungsmöglichkeiten in Mainz oder im süddeutschen und linksrheinischen Raum ungleich größer als etwa in Norddeutschland oder in Preußen, wo die Reformbewegung des aufgeklärten Absolutismus revolutionär gesonnenen Intellektuellen den Wind aus den Segeln nahm.

Einheitlicher als die politischen Konzepte, die von so vielen örtlichen, biographischen und zeitlichen Gegebenheiten abhingen, waren die Vorstellungen von der Rolle der Literatur im gesellschaftlichen Prozess. Gegen das Programm der ästhetischen Erziehung Schillers setzten die jakobinischen Autoren ihr Modell einer eingreifenden Literatur. So kritisierte Laukhard die *Horen*-Vorrede Schillers, wenn er darauf hinwies, dass »der hungrige Bauch [...] keine Ohren, keine Augen für idealisierende Kunstwerke« haben könne. Generell schätzten die jakobinischen Autoren die Wirksamkeit der Literatur skeptisch ein und gaben der direkten politischen Aktion den Vorzug; sie wollten »Gedichte thun, nicht dichten« (G. F. Rebmann). Ihre Auffassung vom tendenziellen Gegensatz von ›Wort‹ und ›Tat‹ nimmt Positionen vorweg, die bei den Autoren des Jungen Deutschland eine große Rolle spielten.

Eingreifende Literatur

Eine besondere Bedeutung für die jakobinische Literaturpraxis hatte die Mainzer Republik. 1792/93 war es in Mainz im Gefolge des Koalitionskrieges zu einer Revolution gekommen, deren Nachhall bis in die Schriften Goethes reicht. Die kurzlebige Republik, die sich in Mainz konstituierte, war die erste Republik auf deutschem Boden. Wenn Mainz auch seiner kultur-politischen Bedeutung nach keineswegs mit dem Weimar Goethes und Schillers gleichgesetzt werden kann, so verbindet sich mit dieser Stadt doch die Vorstellung einer ganz spezifischen Literaturpraxis, die aus dem Gegensatz zu Weimar als klassischem Ort lebt. In Mainz entstand eine eigenständige revolutionäre Presse (*Der Bürgerfreund*; *Der fränkische Republikaner*; *Der kosmopolitische Beobachter*; *Der Volksfreund*), die sich diametral von klassischen und romantischen Zeitschriften unterschied und in Struktur und Inhalt ebenso auf die 48er Revolution vorauswies wie die zahlreichen Flugschriften, die im Umfeld der Mainzer Revolution entstanden. Eine Besonderheit der Mainzer Verhältnisse bildete schließlich das »National-Bürgertheater«, in dem die aufklärerische Idee des Nationaltheaters radikalisiert wurde. Nach der Auflösung der kurfürstlichen Bühne entstand dieses Theater, das von

Mainzer Republik

Freiheitsbaum (Aquarell
Goethes, 1792)

einem Laienensemble getragen und von einem Kollektiv geleitet wurde. Die Neuerungen waren aber nicht auf den organisatorischen Bereich beschränkt, sie er-
streckten sich auch auf das Repertoire. Zum Teil griffen die Jakobiner auf die gesellschaftskritischen Stücke der Sturm-und-DrangPeriode zurück. Sie versuchten
aber auch, durch eigene, speziell auf die Mainzer Situation zugeschnittene Stücke
(*Der Freiheitsbaum*, 1796), die Bevölkerung für die Revolution und die Republik
zu gewinnen.

Erfahrungen des Fremden   Zu den führenden Köpfen der Mainzer Republik gehörte Georg Forster (1754–
1794). An der berühmten SüdseeExpedition von James Cook (1772/73) hatte er
als Gehilfe des Vaters teilgenommen und darüber einen Bericht (*Reise um die
Welt*, 1778/80) verfasst, der von seinen Zeitgenossen enthusiastisch aufgenommen worden war. Als Universitätsbibliothekar in Mainz – eine Stelle, auf die er
1788 berufen wurde – geriet er zusammen mit seiner Frau Therese, die sich später unter dem Namen ihres zweiten Mannes Huber eine eigene schriftstellerische
Karriere (*Die Familie Seldorf*, 1795/96) aufbaute, in den Strudel der Mainzer Revolution. Gegen Forster richtete sich der besondere Hass der damaligen Reaktion.
Aber auch Goethe und Schiller fällten in den *Xenien* herbe Urteile über ihn. Allein

Friedrich Schlegel versuchte 1797 in einem längeren Aufsatz eine noble Ehrenrettung; er konnte aber nicht verhindern, dass Forster im literarischen Leben seiner Zeit und der nachfolgenden Generationen wie ein »toter Hund« (F. Engels) behandelt wurde. Forsters literarische Interessen waren weit gespannt: Als Verfasser von Reiseberichten (*Ansichten vom Niederrhein*, 1791/92; *Parisische Umrisse*, 1793) und Abhandlungen (*Über die Beziehung der Staatskunst auf das Glück der Menschheit*, 1793), als politischer Redner und Journalist (*Der Volksfreund*, 1793) fühlte er sich dem Ideal der Humanität verpflichtet, das er nicht nur gegen die Konterrevolution im eigenen Lande, sondern auch gegen die Menschen verachtende revolutionäre Praxis der Franzosen nach 1793 verteidigte. Nach dem Scheitern der Mainzer Republik musste Forster nach Paris fliehen, wo er – auch hier ein Vorläufer der Vormärz-Generation – zwar ungebrochen, aber doch desillusioniert, bis 1794 im Exil lebte. Fatale Konsequenzen hatte die Niederschlagung der Mainzer Republik auch für Caroline Michaelis-Böhmer, die spätere Frau von A. W. Schlegel und Schelling, die sich durch ihre »politisch-erotische Natur« (F. Schlegel) in die Revolution verwickelte und dies mit Festungshaft sowie politischer und bürgerlicher Ächtung und Verfemung büßen musste. Die schwierige Zeit in Mainz hat Brigitte Struzyk in ihrem Buch *Caroline unterm Freiheitsbaum* (1988) in knappen poetischen Szenen nachzuzeichnen versucht.

Georg Forster

Neben Forster treten Autoren wie Johann Andreas Georg Friedrich Rebmann und Adolph Freiherr von Knigge. Während Rebmann in erster Linie als Publizist und Reiseschriftsteller (*Hans Kiekindiewelts Reisen in alle vier Welttheile*, 1795) wirkte, lag der Schwerpunkt von Knigges literarischer Tätigkeit im Bereich der Satire (*Joseph von Wurmbrand*, 1792; *Des seligen Herrn Etatsraths Samuel Conrad von Schaafskopf hinterlassene Papiere*, 1792). In schonungsloser Härte und Offenheit wird hier mit den deutschen Verhältnissen, insbesondere mit dem deutschen Adel und seiner antirevolutionären Politik abgerechnet. Einen breiten Raum in der jakobinischen Literaturpraxis nimmt die Lyrik ein, mit der Bürgers Konzept der Volkstümlichkeit radikalisiert wurde. Einen Großteil der Lyrik stellen politische Gedichte, die, z. T. anonym und als Flugblätter veröffentlicht, direkt auf die politische Auseinandersetzung bezogen waren. Mit ihrer dezidiert politischen Lyrik (*Freiheitslieder, Liederlese für Republikaner* usw.) begründeten die deutschen Jakobiner eine Tradition, auf der die Autoren der Vormärzzeit aufbauen konnten.

Satirischer Roman

Politisch verwandt, aber formal stark abweichend von der jakobinischen Lyrik hat Friedrich Gottlieb Klopstock (1724–1803) sein lyrisches Werk nach 1789 gestaltet. Als Verfasser des monumentalen religiösen Lehrgedichts *Der Messias* (1748–73) und als Autor von *Oden* (1771) hochgepriesen, aber wenig gelesen, entwickelte sich Klopstock in der Auseinandersetzung mit der Französischen Revolution, die er in ihren Anfängen lebhaft begrüßt hatte, zu einem bedeutenden zeitkritischen Lyriker. Seine Gedichte »Die Etats Généraux«, »Kennet Euch selbst«, »Sie und nicht wir«, »Der Freiheitskrieg« und »Der Eroberungskrieg« sind Beispiele für den in Deutschland seltenen Typus des politischen Zeitgedichts, in dem sich ästhetischer Reiz und zeitkritisches Engagement verbinden.

Friedrich Gottlieb Klopstock

Im Umkreis von Klassik, Romantik und Jakobinismus: Jean Paul – Kleist – Hölderlin

Neben den drei großen literarischen Lagern gab es Autoren, die sich bewusst abseits hielten, sich keiner Gruppierung anschlossen und ihren eigenen unverwechselbaren Weg gingen. Aufgrund ihrer Sonderstellung führten sie, jeder auf seine Weise, ein problematisches Außenseiterleben. Bis heute hat die Forschung große Schwierigkeiten, ihre Rolle in der Kunstepoche angemessen zu bestimmen.

Johann Paul Friedrich Richter (1763–1825), der sich als Schriftsteller Jean Paul nannte, gelang es schon zu seinen Lebzeiten, einen gleichberechtigten und anerkannten Platz neben den klassischen und romantischen Autoren zu behaupten und zu einer Autorität im literarischen Leben zu werden. Die Voraussetzungen dafür waren alles andere als günstig. Als Sohn eines armen Lehrers und Organisten lernte er die Armut früh kennen und litt sehr unter der Strenge des Vaters. Durch die Erfahrungen im Elternhaus, die in vielerlei Hinsicht vergleichbar sind mit denen von Moritz (*Anton Reiser*), wurden die Grundlagen gelegt für jenen »pathologischen Zwangscharakter« und jene »narzistische Verstrickung« (R. Minder), aus der sich Jean Paul zeit seines Lebens nicht befreien konnte und die ihn schon früh zum Sonderling und Einzelgänger machte. Wie viele Autoren, die aus kleinbürgerlichem Milieu stammten, wurde auch er in ein ungeliebtes Theologiestudium gedrängt und musste sich seinen Lebensunterhalt als Hofmeister und Erzieher verdienen, bis er nach langen Jahren der finanziellen Unsicherheit schließlich ein bescheidenes Auskommen als ›freier‹ Schriftsteller fand. Sein Debüt machte Jean Paul mit Satiren, die in der Tradition der Aufklärung standen und nicht zuletzt wegen ihrer Bitterkeit und beißenden Ironie kaum eine öffentliche Resonanz fanden (*Grönländische Prozesse*, 1783; *Auswahl aus des Teufels Papieren*, 1789). Erst in den 90er Jahren gelang es Jean Paul, seine satirische Schreibweise um empfindsam-gefühlvolle und humoristische Elemente zu erweitern und jene Stilmischung herzustellen, die seinen Ruhm begründen sollte. Der Roman *Hesperus* (1795) wurde zu einem nachhaltigen Erfolg und erregte ein öffentliches Aufsehen wie vorher nur der *Werther*. Goethe und Schiller wurden auf den neuen Autor aufmerksam und luden ihn nach Weimar ein, ohne ihn jedoch für sich einnehmen zu können. Jean Paul lehnte die Mitarbeit an den *Horen* ab, zu der ihn Schiller zu bewegen suchte, und schloss statt dessen Herder an, der 1796 endgültig mit Goethe gebrochen hatte. Jean Paul fühlte sich insbesondere von Goethe abgestoßen und warf ihm »genialischen Egoismus« vor: »Göthes Karakter ist fürchterlich: das Genie ohne Tugend mus dahin kommen.« Die Abneigung hatte jedoch auch politische Gründe. Jean Paul war ein entschiedener Republikaner und schätzte von den Weimarern allein Herder, Wieland und Reichardt, weil sie seiner Meinung nach die »eifrigsten Republikaner« waren.

In seinem Roman *Titan* (1800–03) setzte sich Jean Paul direkt mit der Weimarer Klassik auseinander, die er als ästhetische Richtung entschieden ablehnte. Den beiden negativen Figuren Roquairol (»Pseudogenie«) und Gaspard verlieh er die Charakterzüge von Goethe und Schiller, und auch stofflich bezog er sich an zahlreichen Stellen auf die Erfahrungen, die er in Weimar gesammelt hatte. Der *Titan* ist ein Bildungsroman und wendet sich gegen den *Wilhelm Meister*. Jean Paul kritisiert das klassische Bildungsideal, indem er die sozialen und ideologischen Voraussetzungen von Bildung thematisiert. Sein *Titan* ist eigentlich ein »Anti-Titan« und als solcher »gegen die allgemeine Zuchtlosigkeit des Säkulums«

Jean Paul

gerichtet, wie Jean Paul selbst anmerkte. Zusammen mit dem *Hesperus* und der *Unsichtbaren Loge* (1793) gehört der *Titan* zu den Werken, in denen Jean Paul Idealgestalten deutscher Revolutionäre und ein kühnes politisches Programm der Umgestaltung Deutschlands entwarf. Trotzdem hielt er am Ideal der harmonischen, allseitigen Bildung fest und näherte sich unter der Hand den bekämpften goetheschen Positionen an. Neben diesen wohl eher unfreiwilligen Bezügen zur Klassik gibt es aber auch zahlreiche Berührungspunkte mit jakobinischen und romantischen Auffassungen. Abgesehen von seinem Republikanismus, teilte er mit den Jakobinern die Skepsis gegen die Wirkungsmöglichkeiten von Literatur und gab der Tat gegenüber dem Wort den Vorzug: »Vorzüglich handle! O in Taten liegen mehr hohe Wahrheiten als in Büchern!« Nach 1800 übersiedelte er nach Berlin und näherte sich aufgrund einer ähnlichen Einschätzung der Rolle des Phantastischen dem Berliner Romantikerkreis, mit dessen führenden Vertretern er bekannt wurde. Er verkehrte in den Salons von Rahel Levin und Henriette Herz, ohne sich jedoch dem romantischen Kreis zugehörig zu fühlen. Die stärkste Annäherung an die »romantische Schule« (H. Heine) vollzog er in seiner *Vorschule der Ästhetik* (1804), was von den romantischen Autoren z. T. aber gar nicht gesehen wurde, wenn z. B. Tieck der *Vorschule* vorwarf, dass das Werk nur die »Rechenschaft eines Handwerkers über seine Arbeit« sei. Tatsächlich handelt es sich bei der *Vorschule* um eine Vergewisserung eigener ästhetischer Prinzipien und Verfahrensweisen, wobei Jean Paul aus den verschiedenen literarischen Richtungen diejenigen Elemente übernahm und produktiv verarbeitete, die er in Beziehung zu seiner eigenen literarischen Praxis setzen konnte.

Titelblatt von Jean Pauls *Leben des Quintus Fixlein*

Den Widerspruch zwischen Poesie und Wirklichkeit – die gemeinsame Epochenerfahrung der Intellektuellen um 1800 – machte er immer wieder zum Thema seiner Romane. In den *Flegeljahren* (1804) verkörpern die beiden ungleichen Zwillingsbrüder Walt und Vult nicht nur die gegensätzlichen epochengeschichtlichen Orientierungen, sondern in ihnen verarbeitete Jean Paul auch die beiden divergierenden Seiten, die seiner Selbsterfahrung entsprachen. Nach der Übersiedlung nach Bayreuth (1804), wo er bis zu seinem Tod 1825 lebte, verstärkten sich die philiströsen Züge in seinem Charakter. Er wurde zum Einsiedler und nahm jene Eigenheiten an, die die Sonderlinge in seinen Werken haben. Ein Grund hierfür liegt sicherlich darin, dass sich seine weit gesteckten politischen Hoffnungen nicht erfüllten und er stattdessen zum ohnmächtigen Zuschauer der restaurativen Entwicklung verurteilt war. In seinem Spätwerk wandte er sich, in bewusster Anknüpfung an das Frühwerk, wieder der Satire zu. Sein *Komet* (1820–22), ein »gesellschaftskritisches Gemälde der deutschen Restaurationszeit« (W. Harich), war geprägt von tiefer Skepsis gegen die Literatur überhaupt. Als Fragment war es eine »geborne Ruine«, wie schon *Die unsichtbare Loge* und die *Flegeljahre*.

Gesellschaftskritik der Restauration

Ein Außenseiter im literarischen Leben seiner Zeit blieb auch Heinrich von Kleist (1777–1811): Von der Familie für die Offizierslaufbahn ausersehen, entzog sich der sensible, musisch und literarisch interessierte Kleist schon sehr bald dem soldatischen Leben. Unterstützt vor allem von seiner Schwester Ulrike führte er ein ruheloses, von Selbstzweifeln zerrissenes Wanderleben, das er 1811 durch Selbstmord beendete, weil ihm, wie er in seinem Abschiedsbrief an die Schwester schrieb, »auf Erden nicht zu helfen war«. Mit in den Tod nahm er die sich ihm freiwillig anschließende, schwer kranke Henriette Vogel. Der gemeinsame Tod erregte großes öffentliches Aufsehen und warf ein grelles Licht auf die schwierigen Existenzbedingungen von Schriftstellern jenseits der etablierten Lager. Die

Ein weiterer Außenseiter: Kleist

*Kleists antiklassische
Dramatik*

*Reflex der Befreiungs-
kriege*

*Mythos der nationalen
Orientierung*

Stärke Kleists liegt auf dramatischem Gebiet. Auch seine Novellen sind dramatische Meisterwerke. Kleists erstes Stück *Die Familie Schroffenstein* (1803), mit dem er an die Sturm-und-Drang-Dramatik anknüpft, weist bereits jenen eigenen, unverwechselbaren Ton auf, der die Zeitgenossen schockierte. Von seinen acht Dramen wurden nur zwei zu seinen Lebzeiten aufgeführt. Die Aufführung des *Zerbrochenen Krugs* (1805/06) wurde 1808 in Goethes Inszenierung am Weimarer Hoftheater zu einem eklatanten Misserfolg, an dem Kleist schwer trug. Die Gründe für die mangelnde Anerkennung sind vielschichtig: Neben den beschränkten Möglichkeiten der damaligen Aufführungspraxis spielten vor allem die ungewöhnliche Thematik und die exzentrische Durchführung eine Rolle.

In seiner *Penthesilea* (1807), 1876 erstmals aufgeführt, gestaltete Kleist die in mythischer Vorzeit spielende Beziehung zwischen der Amazone Penthesilea und dem griechischen König Achill und arbeitete die psychopathischen Strukturen in diesem Verhältnis mit großem psychologischen Feingefühl aus. Dabei entfaltete er eine Phantastik in Handlung und Durchführung, welche die dramaturgischen Möglichkeiten der damaligen Zeit und die Aufnahmebereitschaft des Publikums bei weitem überschritt. Ein Gegenstück zur *Penthesilea* schuf Kleist im *Käthchen von Heilbronn* (1807). Er selbst nannte Käthchen »die Kehrseite der Amazonenkönigin, ihren anderen Pol, ein Wesen, das ebenso mächtig ist durch Hingebung, als jene durch Handeln«. Im Gegensatz zur Penthesilea entsprach das mit Käthchen gestaltete Frauenbild dem damaligen gesellschaftlichen Konsens, und auch die märchenhafte, romantische Durchführung der Handlung konnte auf wohlmeinendes Verständnis des Publikums rechnen. So ist es kein Zufall, dass das *Käthchen* neben dem Lustspiel *Der zerbrochene Krug* das einzige Stück ist, das zu Lebzeiten Kleists aufgeführt wurde. *Prinz Friedrich von Homburg* (1809–1811, erschienen 1821) wurde dagegen von keiner Bühne seiner Zeit angenommen. Die Gründe hierfür liegen wohl weniger in dem politischen Gehalt des Stücks als in der starken Gewichtung des Unbewussten, des Gefühls, des Traums und der Phantasie als handlungsbestimmenden Mächten.

Ein politisches Drama lieferte Kleist mit seiner *Hermannsschlacht* (1808), mit dem er am Beispiel des Kampfes der Germanen gegen die Römer seine Zeitgenossen zum Aufstand gegen Napoleon aufrufen wollte. Wie sein *Katechismus der Deutschen* (1809) gehört dieses Drama in den Kontext der Literatur der Befreiungskriege, die durch ihr antinapoleonisches Pathos späteren nationalistischen Vereinnahmungen Vorschub leistete. *Hermannsschlacht* und *Katechismus der Deutschen* gehören in eine Reihe mit anderen, mehr oder minder problematischen Texten, die sich dem Kampf gegen Napoleon verschrieben und die nationale Frage über die soziale Frage stellten. Nur einigen wenigen Autoren, wie z. B. Johann Gottfried Seume (*Mein Sommer*, 1805, 1806; *Apokryphen*, 1807/08) gelang es, die Forderung nach nationaler Erhebung mit der nach sozialer Gerechtigkeit zu verbinden. Fichtes *Reden an die deutsche Nation* (1807/08) und Theodor Körners *Leyer und Schwert* (1814) predigten dagegen den Hass gegen die Franzosen und legten die ideologische Grundlage für die spätere ›Erbfeindschaft‹ zwischen Deutschland und Frankreich. In Ernst Moritz Arndts programmatischer Schrift *Der Rhein, Deutschlands Strom, aber nicht Deutschlands Grenze* (1813) sind all jene expansionistischen Elemente angelegt, die in den späteren Auseinandersetzungen mit Frankreich eine Rolle spielten.

Da Kleist mit seinen Dramen keinen Erfolg hatte, versuchte er, seinen Lebensunterhalt als Herausgeber zu bestreiten. Die beiden von ihm gegründeten Zeitschriften *Phöbus* (1807/08) und *Berliner Abendblätter* (1810/11) waren jedoch

Kleists *Phöbus*
(Titelblatt des ersten
Hefts vom Januar 1808)

wenig erfolgreich. Eine dritte Zeitschrift *Germania* konnte aufgrund der politischen Verhältnisse nicht realisiert werden. Wenn die Zeitschriften auch kein finanzieller Erfolg für Kleist waren, so boten sie ihm doch die Möglichkeit, eigene Texte zu publizieren. Seine *Erzählungen* (1810/11), die er zum Teil in den eigenen Zeitschriften vorveröffentlichte, nahmen den Widerspruch zwischen psychischer und sozialer Realität wieder auf, um den auch seine Dramen schon gekreist waren und den er in dem Aufsatz *Über das Marionettentheater* (1810) theoretisch bearbeitet hatte. Die Prosa Kleists zeichnet sich durch einen Sprachstil aus, der in seiner knappen, dramatischen Form und in seiner scheinbaren Objektivität Erzählstrategien vorwegnimmt, die später als Besonderheit von Franz Kafkas Prosa berühmt geworden sind.

Eine der bekanntesten Erzählungen Kleists ist *Michael Kohlhaas* (1808). In dieser Novelle gestaltete er den Zusammenhang zwischen gesellschaftlicher und individueller Gewalt. Durch Willkürmaßnahmen wird Michael Kohlhaas, »einer der rechtschaffensten zugleich und entsetzlichsten Menschen«, wie es am Anfang des Textes heißt, in seinem Rechtsempfinden beleidigt, persönlich und finanziell schwer geschädigt und zu einem Widerstand gereizt, der zunehmend gewalttätig wird und ihn in unlösbaren Konflikt mit der staatlichen Gewalt bringt. Die Hinrichtung von Michael Kohlhaas am Ende der Novelle ist die Konsequenz seines

Gewalt und Gegengewalt

528   V. Nachricht von Hans Kohlhasen.   V. Nachricht von Hans Kohlhasen.   529

dafür angegeben werden; so findet man auch hingegen schon im Albino (58) und andern dessen Abfertigung.

V.

Nachricht von Hans Kohlhasen/ einem Befehder derer Chur-Sächsischen Lande.

Aus Petri Haftricii geschriebener Märckischen Chronic.

Anno Christi 1540. Montags nach Palmarum, ist Hans Kohlhase, ein Bürger zu Cölln an der Spree, mit samt seinen Mitgesellen, George Nagelschmidt, und einem Küster, der sie gehauset, vor Berlin auffs Rad geleget. Wie er aber zu diesem Unfall kommen, muß ich kürtzlich vermelden.

Dieser Hans Kohlhase ist ein ansehnlicher Bürger zu Cölln und ein Handelsmann gewesen, und sonderlich hat er mit Vieh gehandelt. Und als er auff eine Zeit schöne Pferde in Sachsen ge-

(58) in der Meißn. Land- Chron. p. 27. 45. sq. 66. 78. 129. 302. 340. conf. Knauth Bericht von Meißnischen Historicis p. 6. Menckenii Disp. de Instauratoribus literar. §. 2. Rechenberg de veteri Osterlandia §. 26. 27.

führet, dieselbe zu verkauffen, welche ihm einer von Abel angesprochen, als hätte er sie gestohlen, (a) hat er die Pferde im Gerichte stehen lassen, auff des Edelmanns Unkosten, wofern er gnugsamen Beweiß brächte, daß er sie ehrlich gekaufft; oder im Fall, da ers nicht erweisen würde, der Pferde verlustig seyn wolte. Als aber Kohlhase davon gezogen, hat der Edelmann die Pferde etliche Wochen weidlich getrieben, und also abgemattet lassen, daß sie gantz und gar verdorben: Derowegen hat Kohlhase auff seine Wiederkunfft, da er gnugsam Beweiß brachte, die Pferde nicht wieder annehmen, sondern bezahlet haben wollen. Und weil es der Edelmann nicht hat thun wollen, und Kohlhasen, ungeacht, daß es beym Churfürsten zu Sachsen ordentlicher Weise gesucht, (b) zu seinem Rechte nicht hat mögen geholffen werden,

Ll 5   den,

(a) Günters von Zäschwitz Unterfassen zu Melam und Schnatis-harten es auf ihres Juncker Befehl gethan. Mencius im Sächsischen Stamm, p. 186. 187. ed. a. 1498.

(b) Er hat vom alten und jungen Marggrafen zu Brandenburg Schreiben an den Churfürsten zu Sachsen gebracht, und den von Zäschwitz auf des gedachten Churfürsten Befehl erstlich für Bastian von Kötteritz Hauptmann zu Düben, hernach für Hansen Metsschen, Landvogt zu Wittenberg besagt. Mencius l. c.

kompromisslosen Verhaltens, das ihn außerhalb der Normen der Gesellschaft stellt. Der versöhnliche, utopisch anmutende Schluss – Kohlhaas hat vor seinem Tod die Genugtuung, alle seine Forderungen erfüllt zu sehen: seine beiden Rappen werden ihm wohlgenährt vorgeführt, seine Söhne werden vom brandenburgischen Kurfürsten zu Rittern geschlagen –, stellt die gesellschaftliche Ordnung auf Kosten des Individuums wieder her. Die Geschichte von Kohlhaas wurde alsbald zum Mythos des Mannes, der sich sein Recht mit Gewalt zu ertrotzen versucht und dabei schuldig wird. Dieser Mythos hat Autoren immer wieder zur Auseinandersetzung gedrängt. Bereits im 19. Jahrhundert wurde Kleists Novelle mehrfach dramatisiert. In der jüngeren Vergangenheit haben Stefan Schütz (*Kohlhaas*, 1977), Elisabeth Plessen (*Kohlhaas*, 1979), Yaak Karsunke (*Des Colhaas letzte Nacht*, 1979) und Dieter Eue (*Ein Mann namens Kohlhaas*, 1982) die Verstrickungen des einzelnen Menschen im gesellschaftlichen Räderwerk frei nach Kleist behandelt.

Bewusstes – Unbewusstes   Auch in der *Marquise von O...* (1808) geht es um Gewalt: um die sexuelle Gewalt, die der Marquise angetan wird. Bei der Eroberung ihres väterlichen Hauses durch anstürmende russische Truppen wird sie vor der Vergewaltigung durch »viehische Mordsknechte« zwar gerettet, aber ihr Retter, der Graf F., nutzt die Ohnmacht der Marquise aus, um sie seinerseits zu vergewaltigen. Die Marquise wird schwanger, ohne zu wissen, wie und von wem, und lässt, hierin sehr selbstbewusst, den unbekannten Vater durch eine Zeitungsannonce suchen. Nach vielen Umwegen und dramatischen Verwicklungen erlangt der Graf schließlich Vergebung, und mit dem Hinweis auf die »gebrechliche Einrichtung der Welt« kommt es zur Versöhnung. Als Erzähler hat Kleist die Vergewaltigungsszene in einem

Gedankenstrich zusammengefasst und symbolisch auf die Ebene des Kriegsge-
schehens verlagert, das drastisch ausphantasiert wird. Dadurch bleibt in der
Schwebe, was es eigentlich mit der Ohnmacht der Marquise auf sich hat. »In
Ohnmacht? Schamlose Posse! Sie hielt, weiß ich, die Augen bloß zu« – mit diesem ironischen Epigramm spielt Kleist mit dem voyeuristischen Interesse, das der
Text schon bei zeitgenössischen Lesern ausgelöst und das auch Eric Rohmer zum
Ausgangspunkt für seine Verfilmung der *Marquise von O…* (1976) gemacht hat.
Die Marquise erscheint als eine Frau, die nicht wissen will, was der Leser weiß,
und für die die Ohnmacht die einzige Möglichkeit darstellt, sexuelle Tabus zu
durchbrechen und sich ihren eigenen Wünschen hinzugeben. Aus der Rehabilitierung des Unbewussten und der geheimen Wünsche lässt sich aber kein Modell
weiblicher Emanzipation ableiten, im Gegenteil: Die Marquise bestätigt durch ihr
ambivalentes Verhalten das gespaltene Frauenbild, das Kleist in den beiden Dramen *Penthesilea* und *Käthchen von Heilbronn* kontrapunktisch gegenübergestellt
hatte.

Nicht utopisch wie der *Kohlhaas* und keineswegs versöhnt wie die *Marquise*   *Kleists Aktualität*
gehen dagegen die meisten anderen Erzählungen Kleists aus: Sie handeln von
Begehren, Sexualität, Kampf, Affekten und Täuschung, und sie enden in Mord
und Totschlag, wie z.B. *Der Findling, Der Zweikampf, Das Erdbeben in Chili* und
Die Verlobung in St. Domingo. Gerade auf der inhaltlichen Ebene gibt es viele
Berührungspunkte mit der Romantik, von der sich Kleist aber andererseits durch
seine lakonische und zugleich emphatische Sprache der Gewalt fundamental unterscheidet. Kleists dramatisches Leben und Sterben hat gerade Künstler der Ge-
genwart zur Auseinandersetzung provoziert. Helma Sanders-Brahms hat in ihrem
Film *Heinrich* (1977) ein zerrissenes Leben beschrieben, in dem sich die einzelnen Szenen wie Traumsequenzen aneinander reihen. Der Film versucht, Kleist
als Zeitgenossen zu verstehen. Auch Christa Wolf merkt man die Nähe zu einem
Autor an, den Goethe als »krank« abgewehrt und den die auf das »Klassische
Erbe« fixierte DDR-Literaturwissenschaft lange Zeit ausgegrenzt hatte. Mit dem
Titel ihrer Erzählung *Kein Ort. Nirgends* (1979) spielt sie auf die Heimatlosigkeit
von Schriftstellern an, die entweder durch ihr Geschlecht wie die Günderrode
oder durch ihre abweichende literarische Praxis wie Kleist aus dem gesellschafts-
politischen Konsens der Zeit herausfielen. Von einer anderen Seite her nähert sich
Karin Reschke Kleist. In ihrem *Findebuch der Henriette Vogel* (1982), fiktiven
Aufzeichnungen in Tagebuchform, hat Reschke der Frau, die als »Selbstmordge-
vatterin« zumeist nur als Fußnote in Kleist-Biographien vorkommt, eine eigene
Stimme verliehen und den Blick auf den Dichter und das politisch-literarische
Umfeld um eine wichtige Facette erweitert.

Friedrich Hölderlin (1770–1843) gehört, wie der früh verstorbene Novalis, zu   *Griechenland als Ideal*
den Autoren, deren Leben und Werk zum Mythos geworden ist. Seine Gedichte
beeindrucken durch große sprachliche Dichte, Gedankenreichtum, Bilderfülle
und Symbolkraft. Sensibilität und Schwermut verbinden sich mit der Hoffnung
auf Wiederherstellung der zerstörten menschlichen und gesellschaftlichen Harmonie zu einer Form des politischen Gedichts, dem alles Agitatorische fehlt, das
aber durch Tiefe der Empfindung, Moralität und politische Integrität, sprachlichen Gestus und ästhetische Formung überzeugt. Im idealisierten Griechenland,
wie es Winckelmann die Zeitgenossen zu sehen gelehrt hatte (*Gedanken über die
Nachahmung der griechischen Werke,* 1755; *Geschichte der Kunst des Altertums,*
1764), fand Hölderlin den Orientierungspunkt für seine Humanitätskonzeption.
Die Verwendung antiker Strophenformen war keine äußerliche Übernahme tra-

dierter Formen, sondern Ausdruck inniger Verbundenheit mit der Antike und deren rückerinnernder Aktualisierung. Neben den strengen antiken Versformen stehen die späten, zu freien Rhythmen übergehenden Hymnen und Elegien, in denen die Sehnsucht nach dem verlorenen Griechenland zum Ausdruck kommt (»Archipelagus«; »Mnemosyne«; »Patmos«). Auch die zahlreichen Naturgedichte Hölderlins sind durchdrungen von der Sehnsucht nach der verloren gegangenen Verbindung zwischen Mensch und Natur. Die schmerzliche Erfahrung von Entfremdung ist durchgängiges Motiv von Hölderlins Dichtung, für die seine Zeitgenossen nur wenig Verständnis aufbrachten. Erst im 20. Jahrhundert sind die Bedeutung Hölderlins und der humanitär-politische Gehalt seines Werkes erkannt und gewürdigt worden. Erschwert wurde die Rezeption durch die Tatsache, dass viele Gedichte, besonders die der Spätzeit, nur in schwer entzifferbaren Handschriften vorliegen und die Herausgeber vor fast unlösbare Probleme stellen. Die Stuttgarter Ausgabe (1943 ff.) von Friedrich Beissner und Adolf Beck – eine Pionierleistung auf dem Gebiet moderner Editionstechnik – hat erstmals die Entstehungsstufen der Texte dokumentiert und einen neuen, authentischen Zugang zum Werk versucht. Die Frankfurter Ausgabe (1975 ff.) von D.E. Sattler verzichtet ganz auf die Herstellung idealtypischer Texte und bietet stattdessen neben dem Handschriftenfaksimile eine typographische Umschrift vom ersten Entwurf bis zur letzten Bearbeitung.

Hölderlin – ein Jakobiner?

Isoliert war Hölderlin zu seiner Zeit vor allem durch sein Festhalten an den Idealen der Französischen Revolution. Zusammen mit Hegel und Schelling hatte er sich bereits als Student im Tübinger Stift dafür begeistert. »Bete für die Franzosen, die Verfechter der menschlichen Rechte«, schrieb er 1792 an die Schwester. Durch seinen Freund Isaac Sinclair, der einen Staatsstreich gegen den Herzog von Württemberg vorbereitete und 1805 des Hochverrats angeklagt wurde, war Hölderlin noch nach 1800, als sich die Mehrzahl der deutschen Intellektuellen von der Revolution längst abgewandt hatte, in die revolutionären Bestrebungen im süddeutschen Raum verwickelt. Wenn auch die Frage umstritten ist, wie weit Hölderlin in die Umsturzpläne seines Freundes eingeweiht war, so gilt als sicher, dass der Hochverratsprozess gegen Sinclair, in dessen Mühlen Hölderlin nur deshalb nicht geriet, weil er laut ärztlichem Attest vernehmungsunfähig war, entscheidenden Anteil an Hölderlins geistiger Verstörung hatte; sie machte es schließlich erforderlich, dass er ab 1807 bis zu seinem Tod 1843 im Tübinger Turm in der Obhut eines Tischlers lebte, der den Kranken aufgenommen hatte.

Hölderlins Krankheit

Die Revolutionsbegeisterung Hölderlins, die lange Zeit als unerheblich gewertet worden ist, hat nach 1968 zu einer neuen Sicht auf den Autor geführt; die These von Pierre Bertaux, dass Hölderlin ein Jakobiner gewesen sei und man sein ganzes Werk als eine »durchgehende Metapher« der Revolution lesen müsse (*Hölderlin und die Französische Revolution*, 1969), ist in ihrer polemischen Überspitzung sicherlich auch eine Reaktion auf die traditionelle Hölderlin-Forschung, die die politischen Implikationen und den sozialen Erfahrungshintergrund der Dichtungen Hölderlins weitgehend aus ihren Betrachtungen ausgeklammert hatte. Ähnliches Aufsehen wie die Jakobinerthese hat die zweite, spätere These von Bertaux erregt (*Friedrich Hölderlin*, 1978), dass Hölderlin nicht geistesgestört gewesen sei, sondern sein Aufenthalt im Tübinger Turm vielmehr eine selbst gewählte Form des Exils gewesen sei und auch seine späten Gedichte keineswegs Dokumente eines Wahnsinnigen seien, sondern verschlüsselte Botschaften eines Mannes darstellten, der aus dem politischen Konsens seiner Zeit herausgefallen war und nur in der Isolation seine politische und moralische Integrität erhalten

Hölderlin, 1786

konnte. Freilich ist diese These vom ›edlen Simulanten‹ ebenso wie die vom Jakobiner Hölderlin nicht unwidersprochen geblieben und durch nachfolgende Arbeiten widerlegt bzw. modifiziert worden. Wenn die Thesen von Bertaux in ihrer
Radikalität auch nicht zu halten sind und sein Umgang mit Begriffen wie Jakobinismus und Wahnsinn viele Angriffsflächen bietet, so haben seine polemischen
Ausführungen doch den Blick für die politischen Bezüge des Werks von Hölderlin
geschärft und die weitere Forschung angeregt.

So ist der *Hyperion* (1797/99) als eine politische Konfession interpretiert wor-   *»Hyperion«*
den, in die die Auseinandersetzungen des Autors mit der Französischen Revolution und den Möglichkeiten einer revolutionären Veränderung in Deutschland
eingegangen sind. Hyperions avanciertes politisches Bewusstsein, das ihn von
den Helden des Bildungs- und Entwicklungsromans unterscheidet, und sein Verlangen nach Freiheit für sich und die anderen – er nimmt am griechischen Befreiungskampf aktiv teil – stoßen auf verfestigte gesellschaftliche Fronten und bleiben ohne Resonanz und Erfolg. Die Verbindung von Privatem und Politischem,
die Hyperion zu leben versucht, scheitert angesichts der vorgegebenen gesellschaftlichen Strukturen. Identität kann Hyperion nur in der Isolierung bewahren.
Die dem *Wilhelm Meister* zugrunde liegende Hoffnung des Autors, »daß der
Mensch trotz aller Dummheit und Verwirrungen, von einer höhern Hand geleitet,
doch zum glücklichen Ziel gelange«, ist bei Hölderlin der schmerzlichen, auf
politischen Erfahrungen beruhenden Einsicht gewichen, dass der Glücksan-
spruch des Individuums in der damaligen Gesellschaft nicht befriedigt werden
konnte. Die Desillusionierung über die Möglichkeiten politischen Handelns und
politischer Veränderung teilte Hölderlin mit seinem Helden Hyperion; die Hoffnung auf einen von Glück und Harmonie getragenen Ausgleich zwischen Mensch,
Natur und Gesellschaft, mit dem der Roman ausklingt, konnte Hölderlin in seinem eigenen Leben nicht realisieren. Auch in seiner Fragment gebliebenen Tragödie *Empedokles* (1797/1800) reflektiert Hölderlin die Entfremdung der Menschen
untereinander und von der Natur. Empedokles, in dessen Figur Hölderlin seine
eigene Stellung als Dichter verarbeitet hat, will durch seinen Opfertod ein Zeichen setzen und »bessere Tage« vorbereiten helfen. In seinem Kampf gegen eine
natur- und götterferne Priesterschaft hat Hölderlin seine Kritik an den politischen
Verhältnissen seiner Zeit verschlüsselt: »Dies ist die Zeit der Könige nicht mehr.«

Für Autoren ist Hölderlin immer wieder eine wichtige Bezugs- und Reflexions-   *Rezeption*
figur eigenen Schreibens gewesen. Wilhelm Waiblinger, der genialische und früh
verstorbene Autor, hat Hölderlin zwischen 1822 und 1826 wiederholt in seinem
Turmzimmer besucht und darüber Aufzeichnungen verfasst (*Friedrich Hölderlins
Leben, Dichtung und Wahnsinn*, 1828/29), die bis heute eine wichtige Quelle für
die Hölderlin-Forschung darstellen. In der jüngsten Gegenwart haben Peter Härtling (*Hölderlin. Ein Roman*, 1976) und Gerhard Wolf (*Der arme Hölderlin*, 1982)
die Spuren Hölderlins nachgezeichnet. Peter Weiss hat in seinem Drama *Hölderlin* (1971) eine Begegnung zwischen dem jungen Karl Marx und dem kranken
Hölderlin erfunden, in der Marx den Dichter vergeblich als Vorläufer eigenen
Denkens zu vereinnahmen sucht. Im Epilog erscheint Hölderlin als ein Dichter
der Einsamkeit und der Melancholie (»Am Ende zwischen all den übermächtigen
Gewalthen / vermocht ich nur mir mein Verstummen zu erhalten.«). – Zu den
vergessenen und ausgegrenzten Autoren gehört auch Hölderlins Freund Kasimir
Ulrich Boehlendorff, dessen *Ugolino* (1801) von Goethe und Schiller als »Null«-
Literatur abgelehnt und als bloße Nachahmung von Gerstenbergs *Ugolino* (1768)
abgetan wurde. Dieses Verdikt war so nachhaltig, dass erst im Jahr 2000 eine

Hölderlin 1823

Werk- und Briefausgabe erschien. Bereits 1965 hat Johannes Bobrowski in seiner Erzählung *Boehlendorff* das Bild eines heimatlosen, genialen Autors entworfen, der nirgendwo Fuß fassen konnte und sich im baltischen Exil 1825 das Leben nahm.

Die späte Romantik

Restauration

Wie das Ende des 18. Jahrhunderts durch die Erfahrung der Französischen Revolution und die dadurch ausgelöste Krise der Moderne geprägt war, wurde der Anfang des 19. Jahrhunderts von der Restauration und der sich beschleunigenden Industrialisierung bestimmt. Die Hoffnung auf eine politische Einlösung der Postulate ›Freiheit‹ und ›Gleichheit‹ war doppelt enttäuscht worden: durch die Entwicklung der Französischen Revolution zurück zur Monarchie und dem damit zusammenhängenden gesamteuropäischen Restaurationsprozess und durch die Widersprüche, die im Verlauf der bürgerlich-kapitalistischen Entwicklung immer offenkundiger zutage traten. Entfremdung war die vorherrschende Reaktion auf die restaurative Entwicklung und die erlebten Gegensätze. Die frühromantische Aufbruchsstimmung wich einer eher düsteren, sarkastischen und gebrochenen Sicht auf die Verhältnisse.

E. T. A. Hoffmann

Beispielhaft für diese neue Phase der romantischen Bewegung ist das Werk von E. T. A. Hoffmann (1776–1822), das schon bald über Deutschland hinaus beachtet wurde und auf Autoren wie Gogol, Baudelaire und Poe entscheidende Wirkung hatte. Hoffmann führte ein Doppelleben wie viele seiner Figuren, die sich in verschiedene Ichs aufspalten. Tagsüber arbeitete er in dem ungeliebten Beruf eines Kammergerichtsrats, nachts führte er sein ›eigentliches‹ Leben. Seine Begabungen waren weit gespannt und machten es ihm schwer, sich zu entscheiden. Er zeichnete, musizierte und komponierte und schrieb immer wieder über jenen Zwiespalt zwischen ›Künstler‹ und ›Philister‹, dem nicht nur er, sondern dem sich auch andere romantische Autoren ausgesetzt fühlten. In seinen *Fantasiestücken* (1814) und *Nachtstücken* (1817) thematisierte er vor allem die ›Nachtseiten‹ des Zivilisationsprozesses und stellte das Unheimliche, das Dämonische, den Wahnsinn und das Verbrechen in den Mittelpunkt. Insbesondere sein Roman *Die Elixiere des Teufels* (1815/16) zeigt, wie fließend die Übergänge zur Schauerromantik waren.

Nachtseiten der menschlichen Existenz

In ihrem Interesse für die ›Nachtseiten‹ der menschlichen Existenz, für das Abgründige, Abseitige, Geheimnisvolle unterschied sich die Schauerromantik von der Aufklärung, die es als ihre Aufgabe angesehen hatte, die Dunkelheit ›aufzuklären‹ und Licht zu schaffen. Zwar hatte das Wunderbare bereits in der Aufklärung eine Rolle gespielt, es war dort jedoch immer dem ›Vergnügen‹ und dem ›Nutzen‹ untergeordnet gewesen. Die Legitimation des Wunderbaren als poetischer Kategorie (Bodmer: *Critische Abhandlung von dem Wunderbaren in der Poesie*, 1740) war integraler Bestandteil der aufklärerischen Strategie. Die Anfänge der Schauerliteratur mit ihrem stereotypen Arsenal von Geisterspuk, unterirdischen Gewölben, geheimnisvollen Ruinen, Mord, Inzucht, Vergewaltigung, Folter, Doppelgängertum, Satanismus und schwarzen Messen reichen zwar bereits in die Aufklärungszeit zurück, das Geheimnisvolle und Wunderbare war dort jedoch stets in einen rationalen Rahmen eingebettet und hatte keinen autonomen Status wie in der so genannten schwarzen Romantik. Das große Aufsehen, das der Wiener Arzt und Hypnotiseur Franz Anton Mesmer mit seiner umstrittenen Heilmethode des animalischen Magnetismus erregte (*Abhandlung über die Entdeckung des thierischen Magnetismus*, 1781), zeigt, dass das Unbewusste keineswegs erst eine Entdeckung der Romantik um 1800 bzw. der Psychoanalyse um 1900 ist, sondern eine lange Vorgeschichte hat, an der Medizin und Literatur gleichermaßen beteiligt waren. Von Mesmer führt ein direkter Weg zur romantischen Medizin und Naturwissenschaft (Gotthilf Heinrich Schubert: *Ansichten von der Nachtseite der Naturwissenschaft*, 1808; *Die Symbolik des Traumes*, 1814), die ihrerseits eine starke Wirkung auf romantische Autoren hatte. Vermittelt über Schubert hinterlässt der Mesmerismus deutliche Spuren im Werk von Kleist und E. T. A. Hoffmann (*Der Magnetiseur*, 1813).

Begegnung mit dem Doppelgänger – *Die Elixiere des Teufels*

In der Gestalt des Kapellmeisters Kreisler, eine Figur, die im *Kater Murr* (1820–22) ebenso wie in den Erzählungen *Kreisleriana* (1814–16) auftaucht, hat Hoffmann seine eigenen Erfahrungen als Musiker und Schriftsteller verarbeitet. Dabei geht es Hoffmann nicht nur um den Zusammenstoß zwischen Künstlerwelt und Bürgerwelt und dessen zerstörerische Wirkungen auf das künstlerische Individuum, sondern auch um die Problematik künstlerischer Produktivität und Existenz an sich. Die Gefährdung des Künstlers wird als eine doppelte gesehen, sie ist Resultat der gesellschaftlichen Isolierung ebenso sehr wie Ergebnis des dämonischen Charakters der Kunst und der künstlerischen Produktivität. Diese existentielle Gefährdung wird entweder märchenhaft aufgelöst wie in *Der Goldne Topf* (1814), sie endet in Wahnsinn und Selbstzerstörung wie in den *Kreisleriana*, oder sie führt zum Mord wie in *Das Fräulein von Scuderi* (1819), wo der Goldschmied Cardillac so sehr an den von ihm verfertigten Schmuckstücken hängt, dass er deren Käufer tötet, um wieder in ihren Besitz zu kommen.

Zu Hoffmanns berühmtesten Erzählungen gehört *Der Sandmann* aus den *Nachtstücken* (1817), in denen er die verdrängten Ängste, Träume, Wünsche und Phantasien des Bürgers gestaltet hat. Hoffmann ist einer der Ersten, der sich für das Unheimliche, Angsterregende, für die so genannten ›Nachtseiten‹ des Menschen interessiert hat. Persönlichkeitsspaltung, Doppelgängertum, Identitäts- und Realitätsverlust, Verfolgungswahn usw. sind die wiederkehrenden Themen in Hoffmanns Prosa. In gewisser Weise nimmt Hoffmann – wie auch andere romantische Autoren, deren Texte um das Unheimliche kreisen – mit seinen Krankengeschichten spätere Einsichten der Psychoanalyse vorweg, deren prominente Vertreter (Freud/Lacan) sich nicht zufällig auf den *Sandmann* als Referenztext beziehen. Die Zerstörung der Individualität vollzieht sich nicht nur am männlichen Individuum. Die schon im klassischen Bildungs- und Entwicklungsroman zu beobachtende Tendenz, Frauen auf bloße Entwicklungsstufen des Mannes zu reduzieren und weibliche Identität nur als opfernde Hingabe an den Mann zu definieren, nimmt bei Hoffmann groteske Züge an: Olimpia, die verständnisvolle Geliebte Nathanaels im *Sandmann*, ist in Wahrheit ein Automat, in den Nathanael seine Wünsche und Phantasien hineinliest. Das Verhältnis der Geschlechter ist hier in ein entlarvendes Bild gekleidet.

Das Unheimliche – die Frau als Automat

Wie Hoffmann rückt auch Friedrich de la Motte Fouqué (1777–1843) in seinen Texten das problematische Verhältnis zwischen den Geschlechtern in den Mittelpunkt seiner Texte. Am erfolgreichsten war er mit seiner Erzählung *Undine* (1814), die von E. T. A. Hoffmann vertont wurde. Mit *Undine* hat Fouqué ein Bild von der Frau als Natur- und Elementarwesen geschaffen, das eine eigene Traditionslinie begründen sollte, die von Hans Christian Andersen (*Die kleine Meerjungfrau*, 1835/37) über Ingeborg Bachmann (*Undine geht*, 1961) bis in die Disney-

Die Frau als Naturwesen

Kultur am Ende des 20. Jahrhunderts (*Arielle*) reicht. Der Reiz, der von der Undine-Gestalt Fouqués ausgeht, hängt nicht zuletzt damit zusammen, dass Fouqué die mittelalterliche Sagentradition mit alchimistischen und naturphilosophischen Überlegungen und Spekulationen von Paracelsus verband. Dieser hatte in seinem *Liber de nymphis, sylphis, pygmaeis et salamandris* (Mitte des 16. Jahrhunderts) das Bild einer Welt entworfen, in der Menschen und Elementarwesen in einer noch ungeschiedenen Weise miteinander verkehrten. Der Text von Fouqué zeigt jedoch, dass die Grenzen zwischen menschlicher Zivilisation und elementarer Natur nicht mehr durchlässig sind: Die Verbindung zwischen Undine und dem Ritter Huldbrand scheitert. Dieses Scheitern verweist auf die Unmöglichkeit einer lustvollen Beziehung zwischen den Geschlechtern, die in der Verbindung zwischen Wasserfrau und Menschenmann so sehnsüchtig herbeigewünscht wird und in Fouqués Text nur im Liebestod erreicht werden kann.

Romantische Entfremdung

In anderer Weise nimmt Adelbert von Chamisso (1781–1838) die Erfahrung von Entfremdung in seiner Erzählung *Peter Schlemihls wundersame Geschichte* (1814) auf. Schlemihl, der Mann ohne Schatten, wurde zum Sinnbild einer Epoche, der die eigene Identität fragwürdig geworden ist. Schlemihl verkauft seinen Schatten an einen Fremden und bekommt dafür ein Säckchen mit Geld, das sich immer wieder auffüllt. Sein Reichtum macht ihn aber nicht glücklich, weil er durch den Verlust des Schattens zu einem Außenseiter wird, vor dem die anderen Menschen zurückschrecken. Mit Siebenmeilenstiefeln gelingt es ihm schließlich, aus den ihn peinigenden Verhältnissen zu entfliehen. Chamisso verarbeitete in dieser Erzählung auch eigene Erfahrungen: Als französischer Emigrant, der 1792 mit seiner Familie nach Berlin gekommen war, hatte er Schwierigkeiten, sich in seiner neuen Heimat zurechtzufinden. Erst eine Weltreise (*Reise um die Welt*, 1836) eröffnete ihm neue Erfahrungsräume und ließ ihn einen gemäßigten Fortschrittsoptimismus entwickeln, der ihn schließlich die Französische Revolution als historisch notwendig erkennen und die sich vollziehende Industrialisierung mit Interesse verfolgen ließ.

Schlemihl reist zum Nordpol und wird von diesem freundlich – »Schlemihl for ever« – empfangen (Federzeichnung E. T. A. Hoffmanns)

Neben Hoffmann und Chamisso tritt als dritter Vertreter der Spätromantik Joseph Freiherr von Eichendorff (1788–1857). In stimmungsvollen und melancholischen lyrischen Bildern beschwört er die verloren gegangene Harmonie. Viele seiner Gedichte sind vertont worden und gehören zum Volksliedbestand (»Wem Gott will rechte Gunst erweisen«). Seen, Berge, Wälder, Nachtigallengesang, geheimnisvolle Burgen, Mondscheinnächte usw. sind die immer wiederkehrenden Bestandteile eines eigentümlichen Naturbildes, das nicht Abbild einer realen Landschaft, sondern Wunschbild und Ausdruck einer Stimmungs- und Seelenlandschaft ist. In dem Roman *Ahnung und Gegenwart* (1815) hat er die neue Zeit, die sich für ihn mit dem verhassten Napoleon verband, scharf kritisiert und die zerstörerischen Auswirkungen auf das Individuum aufgezeigt: »Überall von der organischen Teilnahme ausgeschlossen, sind wir ein überflüssig stillstehendes Rad an dem großen Uhrwerk des allgemeinen Treibens.« Die Gefährdung des Menschen erwächst aber nicht nur aus der »geschäften Welt«, sondern auch aus der eigenen Sinnennatur und den Verlockungen der »dunklen Mächte«. Im *Marmorbild* (1819) knüpft Eichendorff an den Venuskult an, der schon im Mittelpunkt von Tiecks *Runenberg* gestanden hatte. Stärker noch als Tieck stellt Eichendorff den Antagonismus zwischen heidnisch-dämonischer Venus und christlich-spirituellem Vater-Gott heraus. In dem »marmornen Venusbild« verkörpern sich, ähnlich dem steinernen Bild der Mutter in Brentanos *Godwi* (1801), die geheimen Wünsche nach einem freien Ausleben der Sinnlichkeit, die jedoch im Text als eine wilde und teuflische Macht erscheinen. Das Marmorbild, das im Text mit dem Bild der Mutter Maria kontrastiert wird, verwandelt sich in das grauenhafte Antlitz der Medusa. Mit der Entscheidung für die jungfräuliche Bianka am Ende der Erzählung vollzieht der Held Florio zugleich eine Abkehr von den »dunklen Mächten«, die nach ihm greifen. Die Entfesselung der Sinnlichkeit war für Eichendorff aber nicht nur ein psychisches Problem, sondern zugleich ein gesellschaftliches. Die Warnung am Ende der Erzählung *Das Schloß Dürande* (1836) – »Du aber hüte dich, das wilde Tier zu wecken in der Brust, daß es nicht plötzlich ausbricht und dich selbst zerreißt« – bezieht sich nicht nur auf die Französische Revolution, sondern auf die Entfesselung von Sinnlichkeit überhaupt.

Einen »festen, sichern Halt« in der »geschäften Welt« und gegenüber den »dunklen Mächten« bietet allein der bewusste Rückzug des Individuums aus den entfremdeten Lebensbedingungen. Die Erzählung *Aus dem Leben eines Taugenichts* (1826) zeigt einen Helden, der sich dem bürgerlichen Erwerbsleben entzieht und – durch das Leben vagabundierend – sein Glück findet. Gerade diese Erzählung trägt, ungeachtet ihrer gesellschaftskritischen Stoßrichtung, idyllische und eskapistische Züge, die auf die Biedermeierzeit vorausweisen. Dennoch ist Eichendorff kein sentimentaler Idylliker oder Vorläufer der Wanderbewegung, als der er bis ins 20. Jahrhundert hinein gesehen worden ist. Seine Werke zeigen eine große Sensibilität für die Widersprüche der Epoche und haben in ihrer Melancholie über die verloren gegangene Einheit des Menschen eine Doppelbödigkeit, die hinter der Naivität und Heiterkeit der Texte die Anstrengung des Autors, sein Leben in dieser Zeit zu leben, hervorscheinen lässt.

Melancholische Harmoniesuche

Joseph von Eichendorff

Goethes Spätwerk als Bilanz der Epoche

Der letzte Olympier

Die große beherrschende Figur des literarischen Lebens im ersten Drittel des 19. Jahrhunderts ist Goethe. Nach Schillers Tod (1805), dem Selbstmord Kleists (1811) und dem Rückzug Hölderlins (1807) gelang es keinem anderen Autor, eine vergleichbar starke Stellung im Bewusstsein des Publikums zu erobern. Dies gilt auch für Jean Paul, der von den Autoren der Vormärz-Zeit im Nachhinein zwar als Gegenspieler Goethes gesehen wurde, der aber mit seiner resignativen Wende nach 1804 keinen Gegenpol zu dem universal ausgerichteten Goethe bilden konnte. Auch Hoffmann und Eichendorff waren von ihrem Temperament und von ihrem Anspruch her einseitiger als Goethe, der in seiner unvollendet gebliebenen Autobiographie *Dichtung und Wahrheit* (1814) sein eigenes Leben als exemplarisch verstanden und sich selbst als historisch-repräsentative Persönlichkeit entworfen hatte. Mit ihren ironisch-grotesken bzw. idyllisch-resignativen Werken verkörpern Hoffmann und Eichendorff jeweils Teilaspekte, die Goethe in seinem Spätwerk aufnimmt und durch Unterordnung oder Ausgrenzung in einer neuen symbolischen Ordnung aufhebt.

Blick in die Moderne

In seinem Spätwerk thematisierte Goethe die Epochenprobleme, die er bereits in seiner klassischen Periode zusammen mit Schiller programmatisch aufgegriffen hatte, in einer neuen, erweiterten und vertieften Weise. Sein langes Leben eröffnete ihm Erfahrungszusammenhänge, die anderen Autoren verschlossen blieben. Er war nicht nur Zuschauer der nachnapoleonischen Ära, sondern zugleich auch Zeitgenosse und Beobachter des Anbruchs der Moderne, die mit Dampfmaschinen, Aktienwesen, Industrialisierung und Straßenbau ihren Einzug hielt. Die *Gespräche mit Goethe* (1836–1848), die sein enger und vertrauter Mitarbeiter Johann Peter Eckermann aufzeichnete, zeigen, wie genau Goethe die sich vollziehenden Wandlungen beobachtet und wie intensiv er sich mit ihnen auseinander gesetzt hat. Die Arbeiten am *Wilhelm Meister* und am *Faust* sind die herausragenden Ereignisse in der nachklassischen Phase Goethes. Beide sind Werke, die Goethe fast ein ganzes Leben beschäftigt haben und einen zentralen Platz in seinem Alterswerk einnehmen. Die Arbeit am *Wilhelm Meister*, die nach der Fertigstellung der *Lehrjahre* über ein Jahrzehnt geruht hatte, nahm Goethe nach 1807 wieder auf. 1821 erschien die erste Fassung der *Wanderjahre* mit dem Zusatz »oder die Entsagenden«, 1829 die endgültige Fassung, die den Untertitel »Roman« nicht mehr trug. In den *Wanderjahren* erweiterte Goethe den ursprünglichen Rahmen der Geschichte nicht nur auf der inhaltlichen Ebene, indem er Wilhelm wiederum auf die Wanderschaft schickte und ihm neue Erfahrungswelten (Gesellschaft der Entsagenden, Pädagogische Provinz, Siedlungsprojekt, Auswanderungsunternehmen, Maschinenwesen usw.) eröffnete, sondern auch dadurch, dass er die traditionellen Grenzen des Romans strukturell weit überschritt. In der Mischung von epischen und lyrischen Passagen, in der komplizierten Wechselwirkung zwischen Rahmenhandlung und eingefügten Novellen (»Der Mann von fünfzig Jahren«, »Die neue Melusine« usw.) und in dem Nebeneinander von dokumentarischen und fiktionalen Einschüben stellen die *Wanderjahre* ein erzählerisches Experiment dar, das als komplexes Symbolgefüge auf die Moderne vorausweist.

»Wahlverwandtschaften«

Die ursprünglich als Einlage für die *Wanderjahre* geplante Novelle *Die Wahlverwandtschaften* weitete sich so aus, dass Goethe sie zu einem eigenen Roman verarbeitete (1809), der seinerseits durch eingefügte Novellen, Reflexionen und

Maximen strukturelle Ähnlichkeiten mit den *Wanderjahren* bekam. Auch hier ist das Thema die ›Entsagung‹, aber anders als im welthaltigen *Wilhelm Meister* sind der Raum, die Zeit und die handelnden Personen in die Intimität einer privaten Geschichte eingefügt. Mit dem Titel *Wahlverwandtschaften* spielte der naturwissenschaftlich versierte Goethe auf einen Begriff aus der Chemie an. Mit Wahlverwandtschaft ist der Vorgang gegenseitiger Annäherung (und Abstoßung) gemeint, der zwischen einzelnen chemischen Elementen stattfindet. Goethe übertrug diesen naturwissenschaftlichen Begriff auf das moralische und gesellschaftliche Leben. Eduard und Charlotte, die in selbst gewählter Einsamkeit ein spätes Eheglück zu finden hoffen, werden durch den hinzukommenden Freund Otto und die Pflegetochter Ottilie in ihrer Ruhe aufgestört; es setzt – wie in einem Reagenzglas – jener Prozess der Abstoßung und Annäherung ein, der die ursprüngliche Paarbildung aufsprengt und zwei neue Paare entstehen lässt. Zwar kommt es nur in Gedanken zum »doppelten Ehebruch«, aber die Harmonie ist unwiederbringlich zerstört: Die beiden Männer verlassen das Landgut, das Kind von Eduard und Charlotte ertrinkt durch die Schuld Ottilies, diese verweigert daraufhin jegliche Nahrung und stirbt an Entkräftung, auch Eduard stirbt bald danach. Charlotte lässt die beiden Liebenden in einer gemeinsamen Grabstätte beisetzen. Dieser versöhnliche Schluss kann nicht darüber hinwegtäuschen, dass der Konflikt zwischen Sinnlichkeit und sittlicher Ordnung auf der Handlungsebene tödliche Konsequenzen hat, wenn sich die Personen nicht zur Entsagung durchringen und die herrschende sittliche Ordnung durch ihren freien Entschluss als notwendig bestätigen. Das Dämonische, das wie eine Naturgewalt in die Ehe einbricht, hat seine Entsprechung auf der politischen Ebene. Diese Bezüge sind im Text verschlüsselt durch Motive wie Langeweile und Müßiggang, mit denen das aristokratische Milieu gekennzeichnet wird. Goethe selbst hat 1808 Riemer gegenüber geäußert, dass es ihm mit seinem Roman darum gegangen sei, »soziale Verhältnisse und die Konflikte derselben symbolisch gefaßt« darzustellen.

Goethe um 1828

Als ›Krönung‹, nicht nur des Altersschaffens, sondern des Werks insgesamt, gilt die Faust-Dichtung, an der Goethe über einen Zeitraum von mehr als fünfzig Jahren als seinem »Hauptgeschäft« gearbeitet hat. Noch vor 1775 schrieb Goethe einzelne Szenen nieder, die aber erst nach seinem Tod veröffentlicht wurden und als *Urfaust* bekannt geworden sind. Während seiner italienischen Reise (1786–88) arbeitete er erneut am *Faust* und veröffentlichte 1790 *Faust, ein Fragment*. Um die Jahrhundertwende nahm er, inspiriert von Schiller, die Arbeit am Faust-Thema wieder auf und veröffentlichte 1808 *Faust, der Tragödie erster Teil*. Dass für ihn das Thema aber damit keineswegs abgeschlossen war, macht nicht nur der Untertitel »erster Teil« deutlich, sondern auch die Tatsache, dass Goethe sich damals bereits mit dem Helena-Akt beschäftigte. Aber erst 1824 nahm er die Arbeit wieder konzentriert auf, diesmal unterstützt von Eckermann, und konzipierte den zweiten Teil, den er 1831, kurz vor seinem Tod, abschließen konnte. Erschienen ist *Faust, der Tragödie zweiter Teil* erst nach Goethes Tod in den *Nachgelassenen Werken*.

Goethes »Faust«

Die Faust-Dichtung Goethes steht in einer langen historischen Tradition und ist ihrerseits wieder Auslöser einer neuen Traditionslinie geworden. Goethes *Faust* geht zurück auf das Volksbuch *Historia von D. Johann Fausten, dem weitbeschreyten Zauberer und Schwartzkünstler* (1587). Dieses hatte bereits Christopher Marlowe zu einer Dramatisierung des Faust-Stoffes angeregt (*Die tragische Historie von Doktor Faustus*, 1604). Im 18. Jahrhundert hatten sich Lessing (*Faust-Fragmente*, 1755–1781), Maler Müller (*Fausts Leben dramatisiert*, 1776/78) sowie

Faust, ein deutscher Stoff, der weiterlebt

Klinger (*Fausts Leben, Thaten und Höllenfahrt*, 1791; *Der Faust der Morgenländer*, 1797) mit dem Stoff auseinander gesetzt. Goethes Faust-Bearbeitung galt mit ihrem ersten und zweiten Teil schon bald als ›klassische‹ Deutung, an der sich nachfolgende Generationen abarbeiteten. Als wichtigste Texte in dieser nachgoetheschen Tradition gelten Grabbes *Don Juan und Faust* (1829), Lenaus *Faust* (1836), Heines Tanzpoem *Faust* (1847), Vischers *Faust, der Tragödie dritter Theil* (1862), eine Parodie auf dem Hintergrund der gescheiterten Revolution von 1848, Lunatscharskis Lesedrama *Faust und die Stadt* (1918), ein sozialistisches Faust-Modell auf der Grundlage der revolutionären Erfahrungen im Vorfeld der russischen Oktoberrevolution, Valérys subjektive Aneignung *Mein Faust* (1946) und Thomas Manns Künstlerroman *Doktor Faustus* (1947). Daneben gibt es eine Fülle von weiteren Texten und auch Adaptionen für die Oper (Schumann, Berlioz, Gounod, Busoni, Eisler), die zeigen, dass der Faust-Stoff bis in die Gegenwart lebendig geblieben ist.

Thema des Faust | Thema des *Faust* ist das Streben des bürgerlichen Individuums nach Erkenntnis, persönlichem Glück und sinnvoller gesellschaftlicher Betätigung. War Faust in der Urfassung mehr die unverwechselbare, einmalige genialische Persönlichkeit gewesen, so wurde er nach der Französischen Revolution zum Vertreter der Menschheit und zum Sinnbild des strebenden, sich höher entwickelnden Menschen erhoben. Sein Entwicklungsgang durch die verschiedenen Lebenssphären – den kleinbürgerlichen Daseinsbereich von Gretchen, den dämonischen Hexensabbat und die klassische Walpurgisnacht, den mittelalterlichen Kaiserhof und die antike Welt – endet ähnlich dem *Wilhelm Meister* bei der praktischen Tätigkeit zum Wohle der Allgemeinheit, wobei die ironische Brechung auffällig ist. Der Versuch des Teufels, Faust von seinem höheren Streben abzubringen und im ›Gemeinen‹ zu verwickeln, scheitert. Faust, der auf seinem Weg durch die Welt viel Schuld auf sich geladen hat, wird am Ende des Dramas ebenso gerettet wie seine Geliebte Gretchen im ersten Teil. Im göttlichen Weltplan sind das Versagen und der Irrtum des Individuums ebenso wie seine positiven Eigenschaften und Handlungen vorgesehen. Die Harmonie des Ganzen bleibt davon unberührt. Die bürgerliche Individualitätsproblematik wird auf diese Weise objektiviert und in überzeitliche Dimensionen überführt. Vor allem der zweite Teil stellt in seiner kunstvollen Verschränkung der verschiedenen Symbolkreise und in seiner Verbindung zwischen Antike (Helena-Szene), Mittelalter (Kaiserhof) und Neuzeit (Kolonisationsprojekt) hohe Anforderungen an das damalige (und heutige) Publikum. Der erste Teil des *Faust* wurde 1829, der zweite 1854 und beide zusammen 1876 uraufgeführt. Erst im 20. Jahrhundert gehörte auch *Faust II* zum festen Repertoire der deutschen Bühnen. Im Jahr 2000 hat der Regisseur Peter Stein im Rahmen der Weltausstellung in Hannover erstmals die beiden Teile in einer Aufführung auf die Bühne gebracht.

Wirkung | Die Rezeption des *Faust* ist mit der politischen Entwicklung Deutschlands im 19. und 20. Jahrhundert eng verbunden. Die Reichsgründung 1871 mit ihrem Bedürfnis nach nationaler Selbstbestätigung auch auf ideologischem Gebiet schuf die Voraussetzungen für eine positive Aufnahme von Goethes *Faust*. Faust wurde zur Idealfigur »deutschen Wesens«, an dem die »Welt genesen« sollte, stilisiert, wobei das »Faustische« als angeblich deutscher Wesenszug sich mehr und mehr vom Goethe-Text ablöste und zu einem Modewort wurde, das für unterschiedliche ideologische Absichten benutzt werden konnte. Der dem Nationalsozialismus nahe stehende Kulturphilosoph Oswald Spengler erklärte Faust 1918 zum Repräsentanten der gesamten abendländischen Kultur und legte damit die Basis für die Vereinnahmung des Goethe-Textes für imperialistisches Machtstreben und nationalsozialistische Herrscherpolitik. Der Missbrauch der deutschen Klassik im Faschismus ist sicherlich mit ein Grund dafür, dass der Zugang zu Goethes Text nach 1945 zunächst schwierig war und die Einschätzung bis heute extremen Schwankungen unterworfen ist. Goethe selbst hat von der »Inkommensurabilität« des Ganzen und von der relativen Selbständigkeit der sich »ineinander abspiegelnden Gebilde« gesprochen und damit auf die Schwierigkeiten hingewiesen, die die Interpretation des Textes bereitet. Während die ältere Goethe-Philologie die Symbolik in *Faust II* auf überzeitliche ›Urphänomene‹ im goetheschen Sinne zurückgeführt hat, sind in der neueren Forschung mehr die sozialen und gesellschaftlichen Bezüge des Werkes herausgearbeitet und *Faust II* als »Allegorie des 19. Jahrhunderts« (H. Schlaffer) interpretiert worden.

Wenn auch die Deutung des Ganzen und einzelner Teile bis heute kontrovers *Deutung* geblieben ist, so sind sich die Kritiker in ihrem positiven Urteil über die Form und die metrische Vielfalt einig. *Faust II* ist keine Tragödie im klassischen Sinn, sondern eine Mischung aller wesentlichen Grundformen des europäischen Dramas – »von der attischen Tragödie über das mittelalterliche Mysterienspiel, vom Volksdrama des 16. Jahrhunderts und dem höfischen Theater bis hin zum romantischen ›Gesamtkunstwerk‹ der Gegenwart« (D. Borchmeyer). Ähnlich vielfältig ist die metrische Formung. Auch hier verarbeitet Goethe die gesamte abendländische Tradition, wobei er das Metrum vom Knittelvers, über den Alexandriner, Trimeter und Jambus, um nur einige wenige metrische Formen zu nennen, jeweils situationsgebunden und zur Kennzeichnung der verschiedenen Personen einsetzt. In *Faust II* hat Goethe die Möglichkeiten dichterischen Sprechens in einer vorher nicht gekannten Weise ausgeschöpft und die dramatischen Ausdrucksmöglichkeiten auf eine Art erweitert, die den Neuerungen vergleichbar ist, welche er in der Lyrik mit der Gedichtsammlung *Westöstlicher Divan* (1819, erw. 1827) und für den Roman mit den *Wanderjahren* geschaffen hat.

Klassikverehrung und Klassikwirkung im 19. und 20. Jahrhundert

Was ›Klassik‹ eigentlich ist, lässt sich durchaus nicht eindeutig festlegen. Zum einen ist sie verstanden worden als ein von Ausnahmekünstlern, von Genies geschaffenes überzeitliches Kunst- und Lebensideal, als Norm und Vorbild schlechthin, aus entschwundener Vergangenheit leuchtend und in die Zukunft weisend. So etwa begriffen von der Renaissance bis zum Ende des 18. Jahrhunderts die Humanisten das Klassische und hatten dabei als historische Ausformung stets nur einen Kulturraum vor Augen: die Antike – besonders die perikleische Glanzzeit Griechenlands im 5. Jahrhundert v. Chr. und die augusteische Blütezeit Roms um Christi Geburt. Die Tatsache jedoch, dass darüber hinaus die Italiener schon frühzeitig das 15. Jahrhundert (Leonardo da Vinci, Raffael), die Engländer und Spanier das 16. Jahrhundert (Shakespeare, Cervantes), die Franzosen das 17. Jahrhundert (Corneille, Molière, Racine) und schließlich die Deutschen die Goethezeit als die Epoche ihrer Klassik bezeichneten, zeigt ein verändertes Klassikverständnis an, das auch im Zusammenhang mit der Herausbildung der modernen Nationalstaaten gesehen werden muss. Im Klassischen drückt sich nun

Enthüllung des Berliner
Schillerdenkmals 1871

*Klassik: universal oder
national?*

neben dem universalen humanistischen Element auch das besondere Moment nationaler Identität aus. Letzteres ist so modern, dass nicht nur antike und neuzeitliche Klassik, sondern auch die neuzeitliche Klassik in ihren nationalen Ausformungen als durchaus verschieden erscheint. Hier setzen die Auffassungsunterschiede ein, wie an der Diskussion um die ›deutsche Klassik‹ besonders deutlich wird. Den einen ist Klassik einer von zwei Polen (gegenüber dem Barocken, Romantischen, Modernen), den anderen ist sie die Synthese zweier Gegensätze (z.B. des Antiken und Modernen, des Weltbürgerlichen und Nationalen, der Natur und des Geistes). Für die einen kann Klassik als Erbe lebendig fortwirken, als gegenwartsbewusste Erinnerung an erreichte Maßstäbe und Werke von Vollendung. Hier gibt die Wirkungsgeschichte Goethes für das 19. und 20. Jahrhundert das wohl neben Homer und Shakespeare einzigartige Beispiel. Klassik kann aber auch als Übermacht des schlechthin Gültigen erdrückend werden, marmorn und kalt wirken, Veränderung behindern, im Klassizistischen erstarren und – gerade im kulturellen Leben einer politisch zu kurz gekommenen Nation – zum Mythos und zur Legende werden. Dies geschah besonders im Deutschland des 19. Jahrhunderts und hat nicht unbedeutende Folgen für das kulturelle und politische Selbstverständnis der Nation gehabt. Der Romantiker F. Schlegel meinte als – freilich anders denkender – Zeitgenosse der deutschen Klassik: »Die meisten können sich das Klassische gar nicht denken, ohne Meilenumfang, Zentnerschwere und Äonendauer.«

*»Volk der Dichter und
Denker«*

Als zu Anfang des 19. Jahrhunderts Madame de Staël, die erbitterte Gegnerin Napoleons, das später viel zitierte Wort von den Deutschen als dem »Volk der Dichter und Denker« prägte, war das vor allem gegen Frankreich gerichtet, die bis dahin führende europäische Kulturnation, der in Anbetracht ihrer Geschichte wohl zuerst ein derartiges Lob gebührt hätte. Der wenn auch unübersehbare und gewaltige Aufschwung von Philosophie und Dichtung in Deutschland seit 1770 war doch streng genommen eher das Aufschließen zu einem kulturellen Niveau, das in Frankreich und England schon Tradition hatte, auch wenn es in diesen Ländern zu jener Zeit keinen Goethe oder Hegel vergleichbaren Schriftsteller gab. Die geradezu süchtige Empfänglichkeit vieler Deutschen für kulturelles Lob, be-

gründet im politischen Zwergwuchs des in Kleinstaaten und kümmernde ›Groß-
mächte‹ zerfallenen Deutschland, führte nicht nur zu so harmlos-lächerlichem
geistigem Lokalpatriotismus, wie er sich in den schwäbischen Versen ausdrückte:
»Der Schiller und der Hegel, der Uhland und der Hauff,/ Das ist bei uns die Regel,
fällt gar nicht weiter auf.« Gestützt auf Äußerungen eben jener klassischen
Schriftsteller, durch die die geistige Größe Deutschlands gerade gegründet war,
bildete sich die Ansicht vom tatenarmen und gedankenvollen Deutschen, dessen
Würde eine »sittliche Größe« ist, der »erwählt [ist] von dem Weltgeist, während
des Zeitkampfs an dem ewigen Bau der Menschenbildung zu arbeiten« und dessen Tag kommen wird als »Ernte der ganzen Zeit« (Schiller). Bei Fichte heißt es
dann wenig später: »Am deutschen Wesen soll die Welt genesen.« Dieser klassische Gedanke vom besonderen Kulturberuf der Deutschen hat im Umschlagen
seiner weltbürgerlichen Tendenz zu einem nationalistischen und imperialen Messianismus vor allem ab 1850 fatale Folgen gehabt. Das klingt bereits massiv in
Emanuel Geibels (1815–1884) Gedicht »Deutschlands Beruf« (1861) an, in dem er   *»Deutschlands Beruf«*
Deutschland als »Kern« der Welt, als »Europas Herz« apostrophiert und sich nach
dem einigenden, starken Kaiser sehnt, der Franzosen, Engländer und Russen in
die Schranken weisen wird:

> Macht und Freiheit, Recht und Sitte,
> Klarer Geist und scharfer Hieb
> Zügeln dann aus starker Mitte
> Jeder Selbstsucht wilden Trieb,
> Und es mag am deutschen Wesen
> Einmal noch die Welt genesen.

Hoffmann von Fallerslebens (1798–1874) »Lied der Deutschen« (1841) aus dem
englischen Exil Helgoland, das im Vormärz das einige Deutschland als höchstes
Gut preist, gewinnt nach der Reichsgründung 1871 im Kontext des kleindeut-
schen Machtstaates eine böse und neue (imperialistische) Bedeutung: »Deutschland, Deutschland über alles / über alles in der Welt!« (Nationalhymne ab 1922).
In den chauvinistischen, später faschistischen Begründungen der deutschen kulturellen, politischen und rassischen Sonderart gegenüber slawischem Osten und
romanischem Westen haben sich deutsche Dichter und Denker unrühmlich und
in teils verdrehender, teils folgerichtiger Berufung auf Gedanken von Klassik und
Romantik hervorgetan. Da aber war das geflügelte Wort vom Volk der Dichter
und Denker längst ergänzt durch das »Volk der Richter und Henker« (Karl
Kraus).

Kurz vor Goethes Tod hat Heine mit der Bezeichnung »Kunstperiode« zum   *»Kunstperiode«*
Ausdruck gebracht, dass die zurückliegende Phase der deutschen Literatur- und
Geistesentwicklung seit etwa 1780, die für ihn vor allem mit dem Leben und
Werk Goethes verbunden war und deswegen mit dessen Tod auch abgeschlossen sein würde, als Einheit aufzufassen sei. Diese Einschätzung wurde, weit
über den Vormärz hinaus, von vielen geteilt: Literaturhistoriker ließen z. B. ihre
Darstellungen der deutschen Literaturgeschichte mit dem Jahr 1832 enden. »Modern« war nun die Literatur nach Goethe. Während diese umstritten blieb, wurden die Werke bestimmter »klassischer« Autoren der Goethezeit vereinzelt seit
den 30er Jahren, vor allem aber ab 1850 immer mehr kanonisiert – damit einher
ging die Nichtanerkennung aller übrigen, den Maßstäben klassischer Schriftsteller nicht genügender Literatur als ›Trivialliteratur‹, so dass eine Minderzahl von

›hoher‹ Literatur, die die literarische Tradition bildete, einer Hauptmasse von geschichtsloser, populärer ›niederer‹ Literatur gegenüberstand. Neben Goethe und Schiller rückten rasch Lessing, Herder und Jean Paul zu ›Klassikern‹ auf, bald folgten einzelne Autoren der zweiten Hälfte des 18. Jahrhunderts (Wieland, Klopstock) sowie – mit Maßen – der Romantik (Eichendorff). Nicht als Klassiker anerkannt, übersehen oder verkannt waren zunächst Schriftsteller wie z. B. Hölderlin, Jean Paul und Kleist. Die Exklusivität des klassischen Literaturerbes hing nicht unwesentlich damit zusammen, dass mit Ausnahme von Jean Paul und Tieck so gut wie alle namhaften Autoren der Goethezeit dem führenden, noblen Cotta-Verlag gehörten. Bis zum sog. ›Klassikerjahr‹ 1867, als die Schutzfrist für alle vor dem 9.11.1837 verstorbenen Autoren erlosch (»Die Classiker frei!«), hatte Cotta sozusagen das verlegerische Monopol auf die Elite der deutschen Literatur und nutzte es mit teuren Preisen und nicht immer exakten Editionen.

Klassikerinflation

Zwar gab es schon im Vormärz billigere Konkurrenz durch Raubdrucke, durch Auswahlbände und Serien (z. B. C. J. Meyers *Miniaturbibliothek deutscher Classiker*, die Auflagen weit über 100 000 Exemplare erreichte), der Boom mit Klassikern kam aber erst nach 1867. Viele neue Editionen, preisgünstige Ausgaben und Klassiker-Prachtausgaben suchten ihre Käuferschaft bis hinunter ins Kleinbürgertum. Bis heute geblieben ist immerhin Reclams *Universalbibliothek*, deren erste Nummer 1867 Goethes *Faust* war; das Bändchen erreichte in wenigen Monaten eine Auflage von 20 000 Exemplaren. Schillers *Wilhelm Tell* kam in 50 Jahren auf 2,3 Millionen. Die Kommerzialisierung brachte gleichzeitig eine erneute Ausweitung des Begriffs ›klassische Literatur‹, mit der Tendenz, ihn von den Geistesheroen der Jahrhundertwende auszudehnen auf jeden Schriftsteller, der vor 1837 gestorben war. Seit der Mitte des 19. Jahrhunderts intensivierten sich die öffentlichen Jubiläums-Gedenkfeiern für kanonisierte Dichter (besonders für Schiller, mit dem Höhepunkt der Schillerfeiern 1859 zum 100-jährigen Geburtstag); Monumentalplastiken – bislang reserviert für Staatshäupter und Generale – wurden nun auch von berühmten Dichtern und Denkern auf öffentlichen Plätzen aufgestellt (Luther 1821 in Wittenberg; Walhalla 1842 bei Regensburg; Lessing 1853 in Braunschweig; Goethe-Schiller-Denkmal 1857 in Weimar usw.); des Weiteren ging man verstärkt dazu über, Straßen und Plätze nach Schriftstellern von Rang zu benennen; schließlich begannen die Klassiker, im Lektürekanon des gymnasialen Deutschunterrichts ihre Stammplätze einzunehmen.

Die öffentliche und offiziell betriebene Klassikerverehrung hatte unübersehbare ideologische Funktionen: Neben der andauernden Bestätigung des irrationalen deutschen »Wir-sind-wer«-Komplexes diente das Pochen auf die von (ausgewählten) klassischen Schriftstellern gestiftete geistige Einheit der Nation nach der gescheiterten demokratischen Revolution von 1848 zweifellos der politischen Formierung des »Volkes«, durch die Legitimierung der konservativen, zum Kaiserreich führenden Revolution von oben sichergestellt werden konnten. Doch für kritische Zeitgenossen war es schon damals klar, dass diese gegenüber dem Vormärz neue und sich ausdehnende Anerkennung der Klassiker (und was dafür gehalten wurde) kaum eine vertiefte Auseinandersetzung, geschweige denn Bildung erzeugt hatte. Rund einhundert Jahre früher hieß es dazu bei Lessing:

Goethe als Dichterfürst
(Schwanthaler)

> Wer wird nicht unsern Klopstock loben?
> Doch wird ihn jeder lesen? – Nein!
> Wir wollen weniger erhoben,
> Doch fleißiger gelesen sein!

Wie fleißig wurden die Klassiker gelesen? Von wem? Und was wurde noch fleißiger, womöglich an ihrer Stelle gelesen? Dazu vergegenwärtige man sich zunächst ein paar Rahmenbedingungen, die für Rezeption und Wirkungsgeschichte der klassischen Literatur nicht unerheblich waren. Im Jahre 1820 stellte der Buchhändler Perthes in Hamburg als Erster gebundene Bücher zur Ansicht und zum Verkauf in seinem Laden aus. Bis dahin und noch lange danach war es üblich, neue Bücher nur auf Bestellung und zudem als Druckbögen, die erst beschnitten und gebunden werden mussten, zu liefern – kein leichter und billiger Zugang zur Literatur! Die großen öffentlichen Bibliotheken führten bis zur Mitte des 19. Jahrhunderts nur wissenschaftliche Literatur, keine Belletristik. Diese war, sofern man nicht kaufen wollte oder konnte, nur über das Abonnement von (besonders nach 1815 in Vielzahl erscheinenden) Taschenbüchern, Almanachen, schöngeistigen Journalen usw. vor allem aber über die billigeren Leihbibliotheken zu bekommen. Diese verbreiteten sich seit dem Ende des 18. Jahrhunderts immer mehr, verfügten über erhebliche Bestände und wurden von Arm und Reich gerne benutzt. Diese oft als »moralische Giftbuden« beschimpften, da auf Massenunterhaltungsromane spezialisierten Institute führten klassische Autoren nur in den seltensten Fällen und dann auch am ehesten deren wenige Publikumserfolge, wozu Goethes *Werther* und *Götz*, Schillers *Geisterseher*, ein wenig Jean Paul und später auch Chamissos *Schlemihl* gehörten. Zu dem Faktum, dass viele Schriften der Klassiker schier unerreichbar waren, kam der Umstand, dass ein nicht unerheblicher Teil ihrer Werke bis 1848 von der Zensur verstümmelt war oder erst aus dem Nachlass und mit Verspätung veröffentlicht wurde (z. B. Goethes *Urfaust* erst 1887).

    Die Dramen der Klassiker fanden bei den Zeitgenossen eine kaum günstigere Aufnahme. Ein Beispiel: Auf der von Goethe und Schiller selbst geleiteten Weimarer Bühne kamen in den Jahren von 1791 bis 1817 von Goethe 17 Werke zu 156 Aufführungen (am häufigsten *Die Geschwister*), von Schiller 14 Werke zu 174 Aufführungen (am häufigsten *Wallenstein*), von Lessing 3 Werke zu 42 Aufführungen und von Kleist ein Werk zur Aufführung (*Der zerbrochene Krug*, der ein Misserfolg war); dagegen feierten heute so gut wie unbekannte, damals jedoch berühmte Dramatiker wie August Wilhelm Iffland (1759–1814, 31 Werke in 206 Aufführungen) und August von Kotzebue (1761–1819, 69 Werke in 410 Aufführungen!) immer wieder rauschende Erfolge. Mit an die 120 Dramen noch produktiver war der gefeierte Dramatiker des Königlichen Schauspiels in Berlin, Ernst Raupach (1784–1852), dessen 14 Hohenstaufendramen auf königlichen Befehl 1837 Mal nacheinander gespielt wurden. Gering war auch die Breitenwirkung der in den Literaturgeschichten seit dem späten 19. Jahrhundert gefeierten Romantiker: Brentanos Werke, zu Lebzeiten nur verstreut erschienen, wurden erstmalig nach 1850 gesammelt und begannen schließlich in der Moderne zu wirken; nur die zusammen mit Arnim herausgegebene Volkslied-Sammlung *Des Knaben Wunderhorn* war ein großer Erfolg. Arnims übrige Werke, wie auch die von Novalis, Wackenroder und selbst Friedrich Schlegel, blieben für das 19. Jahrhundert ohne große Bedeutung. Beachtung und Anerkennung fanden noch am ehesten die romantischen Schriftsteller, deren Werk sich mehr oder minder unvermittelt mit dem literarischen Ausverkauf reduzierter Vorstellungen von Romantik (als Zauber-, Schauer- bzw. deutsche Waldromantik usw.) in Verbindung bringen ließ, wie z. B. Ludwig Tieck (laut Hebbel der »König der Romantik«), der das Schlüsselwort »Waldeinsamkeit« erfand, E. T. A. Hoffmann (»Gespenster-Hoffmann«) und Joseph von Eichendorff, dessen *Taugenichts* (1826) allein zwischen 1850 und 1925 an die einhundert Neuauflagen und Nachdrucke erfuhr.

Rezeption der Klassik

Romantikrezeption

Probleme mit dem
Publikum

Die klassisch-romantischen Mitläufer, Nachfahren und Nachahmer, die mit ihren bürgerlichen Familiendramen, Rührstücken, Schicksalsdramen, mit ihren Ritter-, Schauer- und Liebesromanen sowie mit empfindsamer Lyrik den Klassikern den Rang abliefen, konservierten, popularisierten und trivialisierten deren Gedanken und Formen. Ihr Erfolg und ihre Volkstümlichkeit mochten ein Hohn auf die Leistungen eines Schiller oder Novalis sein, müssen aber letztlich doch als Kehrseite eben jener klassischen Erhabenheit und romantischen Kunstsinnigkeit akzeptiert werden, die in ihrer Unbedingtheit und ihrem Zug aufs große Ganze leicht dazu neigten, den gegenwärtigen Leser mit seinem begrenzten Vermögen und seinen aktuellen Bedürfnissen allein zu lassen. »Meine Sachen können nicht popular werden«, so hatte Goethe im Gespräch mit Eckermann die problematische Beziehung des klassischen Schriftstellers zum Publikum entschieden. »Sie sind nicht für die Masse geschrieben, sondern nur für einzelne Menschen, die etwas Ähnliches wollen und suchen, und die in ähnlichen Richtungen begriffen sind.« Wer oder was diese Einzelnen überhaupt befähigte, »Ähnliches« zu wollen, stand auf einem anderen Blatt. So glichen die großen Schriftsteller der Goethezeit und ihre kleine Leserschaft durchaus, wie Wilhelm von Humboldt schrieb, »einer Freimaurerloge; man muss ein Eingeweihter sein«.

Deutschunterricht

Es war die gerade von Humboldts Gedanken über höhere, wissenschaftliche Bildung bestimmte Neukonzeption der Erziehungsinstitutionen im 19. Jahrhundert (Gymnasium, Universität), die besonders im Deutschunterricht und im Studium der deutschen Philologie das Prinzip der Einweihung in Höheres, Zeitlos-Gültiges zu verallgemeinern suchte. Dabei maß man dem Studium der Klassiker von der Antike bis zum 18. Jahrhundert größte Bedeutung zu. Aber die Bildung zur Humanität durch klassische Dichtung nach dem Muster der alten Katechismusschule (»durch tägliches Lesen der Schrift ›groschen‹ im ›beutlin‹ des Glaubens zu sammeln, um von diesem Schatz im späteren Leben zu zehren«, Hans Joachim Frank) misslang bald. Übrig blieb in der Praxis ein streng geordnetes »Durchnehmen« der kanonischen Texte nebst Auswendiglernen des Besten, bis es ein Leben lang saß und sich zumindest im einschüchternden Zitierenkönnen geflügelter Wendungen kundzutun vermochte. Der gymnasiale Literaturunterricht, die Aufführungspraxis des bürgerlichen Bildungstheaters, kulturpädagogische und -politische Agenturen von der literarischen Kritik bis zu den Dichtergesellschaften haben seit der zweiten Hälfte des 19. Jahrhunderts jene Art von literarischer Bildung hervorgebracht, in der ›Klassik‹ einen unumstößlichen ersten Rang innehatte. So wie sich diese ›höhere Bildung‹ als Privileg einer Elite abhob von einer ›volkstümlichen‹ Bildung für die breite Mehrzahl der davon Ausgeschlossenen (und auf deren Kosten), blieben Klassik und Klassikrezeption im Kontext der nationalen, bürgerlichen Kultur etwas entscheidend Exklusives. Man muss daher wohl sagen, dass – aufs Ganze gesehen – nicht das propagierte Humanitätsideal die eigentliche Wirkung der klassischen Botschaft ausmachte, sondern das latente, »inhumane Moment einer derart partikularen Humanität« (Christa Bürger). Was aus diesem Dilemma über Ursprung und Krise bürgerlicher Kulturentwicklung zu lernen wäre, hat wohl noch keine Klassikrezeption bis heute versucht. Stattdessen bleibt angesichts des tatsächlichen Elends des klassischen Humanitätsideals im 20. Jahrhundert Alfred Anderschs Frage aus *Der Vater eines Mörders* (1980): »Schützt Humanismus denn vor gar nichts? Diese Frage ist geeignet, einen in Verzweiflung zu stürzen.«

Konzept der
humanistischen
Bildung

Die wilhelminische Klassikrezeption geriet in den letzten Jahren der Weimarer Republik in die Krise. Schulmänner wie W. Schönbrunn und J. Frankenberger protestierten gegen einen toten Klassikkult und verlangten größere Lebensnähe im Umgang mit Dichtung bzw. lebensnähere, moderne Texte. Sie fanden bald ungewollte Unterstützung. Die ›Modernität‹ der Nationalsozialisten bestand darin, dieser Tendenz zu folgen, freilich unter faschistischem Vorzeichen: Germanisch-nordische, heimatverbundene, ›völkische‹ Dichtung drängte als Pflichtlektüre die bürgerlich-humanistisch ›duselnden‹ klassischen Texte zurück. Die Konservativität dieses Vorgehens liegt auf der Hand: Am Prinzip des Kanonischen, eng mit dem inhaltslos gemachten Prinzip des Klassischen verbunden, wurde nicht gerüttelt. Dass dieses Prinzip, auch nach 1945 und nach gehöriger Auswechslung des jeweils Kanonisierten, weder im Deutschunterricht der Bundesrepublik (vor allem in der Restauration der 50er und 60er Jahre) noch im davon unterschiedenen Deutschunterricht der DDR (hier vor allem im Zeichen der Kulturerbetheorie) kaum gebrochen wurde, zeigt einmal mehr die Wirkmächtigkeit eines Bildungsklischees, das von Anfang an in unseliger Weise mit literaturgeschichtlicher Bildung verknüpft war. »Doch nicht nur dem, der die Werke der Vergangenheit rezipieren soll, geschieht Unrecht«, so beschrieb Egidius Schmalzriedt 1971 die inhumanen Folgen dieser Nachgeschichte der Klassik von der Antike bis zur Goethezeit, »sondern auch den Werken der Vergangenheit selbst: nicht allein, weil *alle* Werke der Vergangenheit wie der Gegenwart, gleich welcher Epoche, welcher Kultur und welcher geistigen Disziplin, als Hervorbringungen des menschlichen Geistes Dokumente der Auseinandersetzung des Menschen mit der Welt sind, in der er lebt, also modellhaft lehrreich sein können, sondern darüber hinaus auch deswegen, weil diese Werke, sobald sie idealistisch von ihrer historischen Dimension losgelöst sind, jederzeit für jeden politisch beliebig manipulierbar werden: wenn Platon und Thukydides, Caesar, Tacitus (!) und Horaz zu Kronzeugen des Faschismus und seiner kultur- und machtpolitischen Ambitionen werden konnten, dann nicht zuletzt aufgrund der ahistorischen Verherrlichung des ›Klassischen‹, welche die einem als modellhaft angesehenen Werk innewohnenden Humanisierungseffekte brutal in ihr Gegenteil verkehrte.« Mit dem wachsenden zeitlichen Abstand zum Nationalsozialismus, mit dem Ende der deutschen Teilung hat ein gemäßigteres Klassikbild Raum gewonnen. Richard Alewyns Mahnung (»Zwischen uns und Weimar liegt Buchenwald«) verblasst gegenüber der ungebrochenen Dauer, die insbesondere Goethe und das Klassische Weimar als universal wirkende »Entprovinzialisierung des deutschen Geistes« (Adorno) erfahren haben. Das Goethe-Jubiläumsjahr 1999 hat das in deutlicher Form gezeigt.

Doch kehren wir ins 19. Jahrhundert, vor allem in dessen erste Hälfte zurück. In dieser Zeit finden sich bereits eine Reihe von im klassischen Sinne ›eingeweihten‹ und (im Prozess der deutschen Literaturgeschichte) bedeutenden, aber wiederum nicht gerade populären Schriftstellern, deren Werk ohne das Vorbild der klassisch-romantischen Kunstleistungen kaum zu denken wäre. Zu nennen sind hier – neben den über 1815 bzw. sogar über 1830 hinauslebenden und produzierenden Schriftstellern der klassisch-romantischen Generation (Goethe, Jean Paul, E. T. A. Hoffmann, Tieck, Eichendorff u. a.) – in erster Linie Schriftsteller wie Grillparzer, Mörike, Droste-Hülshoff, Stifter, Immermann, Hebbel u. a. So sehr sich diese Autoren in ihrem politischen Bewusstsein, ihren ästhetischen Konzeptionen und literarischen Techniken im Einzelnen auch voneinander unterscheiden, in einem grundsätzlichen Punkt ihres künstlerischen Selbstverständnisses stimmen sie überein: Sie alle gehen davon aus, dass man als Künstler angesichts des sich verschärfenden Widerspruchs von klassischem Kunst- und Humanitäts-

Wilhelminismus

Erbschaft der Klassik

Feier zu Goethes
100. Geburtstag vor dem
Denkmal in Frankfurt,
1849. – Die Begeisterung
wirkt – nach dem Ende
der bürgerlichen Euphorie
– etwas aufgesetzt.

»Bewahrung«

ideal und bürgerlich-kapitalistischer Realität zuerst die Aufgabe der Bewahrung habe und »stehen bleiben [muß], wo Goethe und Schiller standen« (Grillparzer). Indem diese Schriftsteller unter wachsenden Schwierigkeiten daran festhielten, dass die Kunst sich vom Leben abzuheben habe, damit dieses sich in jener vollende, konnten sie in ihrer literarischen Praxis zunächst unmittelbar an die von Klassik und Romantik entwickelten Formen, Techniken und Themen anknüpfen (z. B. Entwicklungsroman, Geschichtsdrama, Lied; Begriff des Tragischen und des Symbolischen; der Bürger als Held; Frauenbild usw.). Zugleich übernahmen sie aber auch die Erbschaft der problematischen Beziehung zwischen Künstlertum und Publikum. »In dieser Zeit«, so heißt es dazu nun bei Stifter, »lasse sich keiner, dem Gott Kräfte zu künstlerischen Hervorbringungen verliehen hat, entmutigen, und arbeite in höheren Kreisen, von seinem Geist beseelt, mutig fort, wenn auch die Anerkennung nur von Eingeweihteren kommt, und der Lohn in seinem Bewußtsein liegt.« Damit ist ein Selbstverständnis von Künstlertum bzw. eine Auffassung von Kunst vorformuliert, die im späteren deutschen 19. Jahrhundert und darüber hinaus Folgen haben sollten: Gekennzeichnet durch das Verschwinden der ursprünglich aufklärerischen Tendenz nach praktischer Lebensunmittelbarkeit und Wirksamkeit, setzt sich diese nachklassische und nachromantische Kunst als Kontemplation bewusst von der realen Welt ab und konstituiert sich als Welt der entsagenden Innerlichkeit und des Gemüts, in der Tröstung und Utopie, Versöhnung und Bildung (als ästhetischer Schein) möglich sind, wie niemals und nirgends im bürgerlichen Leben.

Demgegenüber wurde in der Literatur des deutschen Vormärz der Versuch gemacht, in einer kritischen Auseinandersetzung durch Weiterentwicklung der ästhetischen Grundpositionen der Kunstepoche zu einer veränderten literarischen Programmatik zu kommen, wobei der von der Aufklärung begründete Zusammenhang von literarischem und politischem Handeln reaktiviert und in bzw. unter den veränderten gesellschaftlichen Bedingungen praktisch entfaltet werden sollte.

Vormärz

Aufbruch in die Moderne

Im Jahr 1848 gab es fast durchgehende Eisenbahnverbindungen von München *Epochenbild*
nach Berlin, von Stettin an den Rhein und weiter nach Paris. Dampfschiff, Gasla-
terne, Telegraph waren in Betrieb, es gab Fabriken und Kinderarbeit; die bürgerlichen Parteien formierten sich als Konservative, Liberale und Demokraten, Marx
und Engels veröffentlichten das *Manifest der Kommunistischen Partei*. Und dennoch: Mit der ersten Hälfte des 19. Jahrhunderts, speziell den Jahren 1815 bis
1848, verbinden auch heute noch die meisten Menschen Postkutsche, Brüder
Grimm, Spinnrad und Zipfelmütze, Spitzwegs *Armen Poet in der Dachstube*, Eichendorffs *Taugenichts* zwischen Mühle und Schloss, den Nachtwächter mit Hel-
lebarde und Horn, kurz: Die romantische Biedermeierzeit steht vor ihren Augen,
das ländliche Deutschland, vorindustriell und noch so poetisch. In dieser Vergan-
genheitsverklärung wird allzu gerne übersehen, dass in jener Zeit des äußeren
Friedens ein bis zur Revolution sich verschärfender Bürgerkrieg stattfand, dass
durch tiefgreifende politische und soziale Strukturveränderungen, Erfindungen
und Entdeckungen in Naturwissenschaft und Technik jahrhundertealte Traditionen hinweggeräumt werden. Das Finanzkapital, die anonyme Kapitalgesellschaft,
das Anlage- und Spekulationsgeschäft beginnen sich auch in Deutschland zu
entfalten, und mit dem neuen Typus des Unternehmers, des Fabrikanten, gelangt

Der Denker-Club (um
1835) – Karikatur auf
Deutschland zur Zeit der
Zensur und Metternichs

das Bürgertum zu einer gesteigerten gesellschaftlichen Bedeutung. Politisch freilich ist dieses Bürgertum noch nicht repräsentiert.

Industrielle Revolution und politische Restauration

Der gemeineuropäische Übergang von der überlieferten feudalen Ordnung zum bürgerlichen Kapitalismus, häufig als »industrielle Revolution« bezeichnet, bereitete sich in Deutschland gegen Ende des 18. Jahrhunderts vor. Etwas früher begann eine Agrarrevolution, die jahrhundertealte Lasten der Bauern und Landhandwerker nach und nach abschaffte (Leibeigenschaft, Frondienste, Abgaben usw.), Freiheiten verlieh (Freizügigkeit, Gewerbefreiheit, Heiratsrecht usw.), aber auch soziale Schutzformen (Allmende, Armenrechte usw.) fortfallen ließ. Die

Wirtschaftlich-politische Faktoren

Umbrüche in der Agrarverfassung, in Landhandwerk und in der frühindustriellen Produktion erreichten etwa Mitte der 30er Jahre des 19. Jahrhunderts die Phase der beschleunigten Umwälzung (in England schon ab etwa 1780). Diese zeitliche Verspätung gegenüber Westeuropa hat Gründe, die weit in die nationale Vorgeschichte (territoriale Zersplitterung, beschränkte ökonomische Ressourcen, aufgeklärter Absolutismus usw.) zurückreichen und u. a. dazu führten, dass das deutsche Bürgertum politisch unselbständig und passiv blieb. Die Lockerung und Beseitigung der feudalen Fesseln vollzog sich bis 1815 nicht durch machtvollen Druck einer sich auch politisch emanzipierenden bürgerlichen Klasse (wie in Frankreich), sondern war von außen (durch die französische Fremdherrschaft in den Rheinbundstaaten) bzw. von oben (durch die staatlichen Reformen in Preußen) bewirkt worden. Mit der Niederwerfung Napoleons 1813 bzw. 1815 und der politischen Reorganisation der feudal-konservativen Kräfte in der »Heiligen Allianz« (Russland, Österreich, Preußen) sowie im »Deutschen Bund« (34 Erbmonarchien, 4 Stadtrepubliken) auf dem Wiener Kongress 1815 begann nun eine Phase der politischen Restauration. Zugleich verschärfte sich jedoch auch ständig der Widerspruch zwischen einer immer stürmischer voranschreitenden industriellen Revolution und der im Interesse der Wiederherstellung vorrevolutionärer Verhältnisse gewaltsam niedergedrückten bürgerlich-politischen Emanzipation.

Liberalismus

Ihren politischen Ausdruck fand die Oppositionsbewegung zunächst im frühen Liberalismus und dessen zentraler Forderung nach bürgerlicher Freiheit, konkretisiert im Eintreten für die konstitutionelle Monarchie (Repräsentativ-Verfassung), Teilung der Gewalten, Unabhängigkeit der Justiz, Garantie der Menschen- und Bürgerrechte (z. B. Freizügigkeit, Presse- und Versammlungsfreiheit usw.), Handelsfreiheit und nationale Einheit. Mit dem Anwachsen der politischen Bedeutung des Kleinbürgertums und des seit den 40er Jahren entstehenden Land- und Stadtproletariats fächerte sich die anti-feudale Oppositionsbewegung auf und erweiterte sich um demokratisch-republikanische und sozialistisch-kommunistische Gruppierungen, die mit ihren revolutionären Forderungen nach Republik und sozialer Gleichheit über den Liberalismus erheblich hinauszugehen begannen. Der Widerstand manifestierte sich (wiederum in West- und Südeuropa heftiger als in Deutschland) in einer Kette von Protestaktionen und revolutionären Kämpfen, die nach einem ersten gemeineuropäischen Ausbruch in den Revolutionen des Jahres 1830 ihren Höhepunkt in den Revolutionen des Jahres 1848/49 fanden, ohne dass jedoch die zentrale Forderung nach Herstellung der nationalen Einheit auf demokratischer Grundlage für Deutschland verwirklicht werden konnte. Die bürgerlich-liberale, erst recht dann auch die radikaldemokratische und sozialistische Opposition wurde von Anfang an massiv von den feudalen Zentralmächten unterdrückt und verfolgt. Diese Unterdrückung sowie die immer noch relativ schwache Position der bürgerlichen Klasse (und erst recht des Proletariats) waren maßgeblich für das Scheitern der demokratischen Revolution und

die Entscheidung des Bürgertums, ab 1848/49 verstärkt den politischen Kompromiss mit den feudalen Kräften zu suchen.

Durch die »Karlsbader Beschlüsse« von 1819 und die Maßnahmen der durch sie eingesetzten »Zentralen Untersuchungskommission« in Mainz wurde sowohl die Verfassungsbewegung als auch die an den Universitäten von enttäuscht aus den Befreiungskriegen gegen Napoleon heimkehrenden Studenten (Deutsche Burschenschaft, Wartburgfest 1817) und Professoren getragene nationale Einigungsbewegung kriminalisiert und z. T. in den Untergrund gedrängt (»Demagogenverfolgungen«). Nach 1830 wurden liberale und demokratische Protestaktionen und Aufstände (Polen-, Vaterlandsvereine, Hambacher Fest 1832, Frankfurter Wachensturm 1833, Handwerkervereine und Geheimbünde vom »Deutschen Volksverein« bis hin zum »Bund der Gerechten«) noch gnadenloser verfolgt. Viele Beteiligte wurden eingesperrt oder ins Exil getrieben, und selbst vor blanken Willkürakten schreckte man nicht zurück (wie im Fall der sieben Göttinger Professoren – darunter die Brüder Grimm –, die 1837 öffentlich gegen den Verfassungsbruch durch den hannoverschen König protestierten und entlassen wurden). Nach 1840 spitzten sich die Konflikte zwischen feudalem Polizeistaat und aufbegehrender Bevölkerung auf breitester Ebene entschieden zu, zumal zum politisch sich organisierenden Protest nun auch noch der Druck des wachsenden sozialen Elends der unteren Klassen trat (Weberaufstand 1844, Hungerrevolten 1847). So kam die Revolution von 1848 durchaus nicht unerwartet. Im Bewusstsein der Menschen war diese Revolution – und zwar nicht im eingeengten Sinne einer bloß politischen Umgestaltung, sondern als eine fundamentale Krise des

Zug zum Hambacher
Schloss am 27. Mai 1832

Repression und Revolution

Überkommenen, als Krise bislang gültiger Traditionen und Werte – seit langem vorbereitet. Als früher Reflex auf die alle bisherigen Lebensverhältnisse revolutionierende kapitalistische Produktionsweise – mochten ihre Auswirkungen in vollem Umfang auch erst in der zweiten Hälfte des 19. Jahrhunderts sichtbar werden – teilte sich diese Einsicht sensiblen Zeitgenossen im mehr oder weniger klaren Bewusstsein einer Zeitenwende jetzt schon mit. In der genauen Analyse der Ursachen des Umbruchs zu einer neuen Zeit sind die meisten Politiker, Gelehrten und Schriftsteller, konservative wie fortschrittliche, noch überwiegend hilflos. Mit Sorge blicken die einen in die Zukunft, mit Wehmut die anderen in die Vergangenheit, und es sind nicht nur die Verteidiger der alten Ordnung, sondern auch Bürger, die vor den Folgen der Befreiung aus den feudalen Fesseln zurückschrecken und sich verunsichert vor den gesellschaftlichen Veränderungen in die Innerlichkeit zurückziehen. Als am Vorabend der Revolution von 1848 das »Gespenst des Kommunismus« beschworen und dem noch gar nicht recht zur Herrschaft gelangten Bürgertum das Ende vorausgesagt wird, ist auf den Begriff gebracht, was dann bis in unsere Gegenwart hinein Geschichte machen sollte: die Erkenntnis, »daß das alte Europa am Anfang seines Endes ist« (Metternich).

Die besondere Rolle der Literatur

Zu fragen ist, welche spezifische Rolle und Funktion die Literatur bei der Auflösung des Alten und der Herausbildung des Neuen eingenommen hat. Dabei greift jedoch zu kurz, wer die epochentypische Leistung der vormärzlichen Literaturentwicklung nur bzw. vor allem in ihrem Bezug zur politischen Auseinandersetzung zwischen Feudalismus, Bürgertum und (entstehendem) Proletariat betrachtet. Das Vermögen der Schriftsteller im Vormärz, mit ihren Werken dem politischen Prozess Ausdruck zu geben und zugleich damit praktisch in ihn einzugreifen, ist ohne Zweifel *ein* hervorragendes Charakteristikum: Gerade die ab 1830 und mehr noch nach 1840 sichtbaren Auseinandersetzungen zwischen reaktionären, konservativen, liberalen, demokratischen und schließlich sozialistischen Kräften fanden in und mittels der Literatur ihren Ausdruck, wie kaum jemals zuvor in der deutschen Literaturgeschichte. Deswegen gebührt dieser Literatur auch mehr Aufmerksamkeit. Daraus folgt aber nicht, dass solche Schriftsteller, die sich – erklärtermaßen oder auch nur durch die Wahl anderer Themen und Probleme – nicht so sehr für die politischen Kernfragen der Zeit engagierten, als weniger interessant oder gar rückständig qualifiziert werden müssen. Der Beitrag der Literatur für die Aufarbeitung der Erkenntnis, dass das alte Europa am Anfang seines Endes sei, lässt sich nicht auf die Funktion beschränken, den politischen Prozess widerzuspiegeln und operativ mitzugestalten. Dieser Bestimmung vorgelagert und zugleich sie einschließend ist eine andere, wichtige Funktion, die sich in folgendem Satz zusammenfassen lässt: Die Literatur des Vormärz gibt in durchaus ambivalenter Weise Auskunft über einen fundamentalen Umstrukturierungsprozess gesellschaftlicher Erfahrungen von Raum und Zeit, in dem jahrhundertealte Wahrnehmungsweisen umgeprägt wurden.

Veränderte Epochenerfahrung

Die durch die industrielle Revolution beschleunigte bürgerlich-kapitalistische Veränderung der ökonomisch-sozialen Wirklichkeit ist immer auch eine Veränderung der Erfahrung von Wirklichkeit sowie Erfahrung von Veränderung. Dazu schreiben die Sozialhistoriker W. Kaschuba und C. Lipp: »Vieles, was vorher vermeintlich für die Ewigkeit Bestand hatte, schien nun durch Maschinen und industrielle Produktionsweise nahezu beliebig veränderbar: die Relationen zwischen Produkt und Arbeitsaufwand, die technischen Regeln der Herstellungsverfahren, der Einsatz der menschlichen Arbeitskraft, die Zeitökonomie des Arbeitstages, die Reise- und Transportgeschwindigkeit. Hier wird deutlich, dass im Umwälzungsprozess der ›industriellen Revolution‹ hinter der Kulisse sozialer Umschichtung, industrieller Kapitalformierung und technischer Innovation auch Erfahrungs- und Wahrnehmungsstrukturen entstehen, denen nun ein Bewusstsein der ›Relativität der Verhältnisse‹ zu Grunde liegt. Mechanische und maschinelle Produktion, Eisenbahn, Dampfschiff, Telegraph sind nicht nur technische Neuzeitsymbole, die Arbeits- und Geschäftsvorgänge anders organisieren, sondern sie verändern auch *Raum- und Zeiterfahrung, soziale Beziehungen und Lebensperspektiven.*«

Diese Erfahrung ist geknüpft an materielle Umwandlungsprozesse, bleibt aber nicht deterministisch an sie gebunden. Anders wäre nicht zu erklären, wie im Vormärz Erfahrungen der industriellen Revolution, die direkt nur in den wenigen sich industrialisierenden Zentren wie z. B. in Westfalen und Sachsen oder in den großen Handelsstädten wie z. B. Hamburg und Frankfurt zu erlangen waren, auch Menschen erfassten, die in den zahlreichen Regionen außerhalb der großen Industrie und des Handelskapitals lebten. Ein spezifisches Medium dieses Umorientierungsprozesses von Erfahrungs- und Wahrnehmungsstrukturen kann die Kunst sein. Sie gibt ästhetischen Ausdruck davon und formt zugleich Wahrnehmungsweisen – dies vor allem dann, wenn künstlerische Kommunikation im gesellschaftlichen Bildungszusammenhang eine beachtete Rolle spielt. Dies war im Vormärz der Fall. Deswegen ist die Geschichte der vormärzlichen Literatur, gerade und auch in ihren scheinbar unpolitischen bzw. nicht auf öffentliche Diskussion zielenden Zeugnissen, wie sie sich vorzugsweise in der Phase bis 1830 finden, eine hervorragende Quelle ästhetisch symbolisierter historischer Erfahrung. In dieser Periode waren es gerade die Schriftsteller, die in besonderer Weise den eben geschilderten Wandel reflexiv und zunehmend auch operativ, d. h. literarisch-eingreifend thematisierten. Das hatte nicht zuletzt darin seinen Grund, dass sich aufgrund der Kapitalisierung der allgemeinen Produktionsverhältnisse ein Literaturmarkt bildete, der es dem Schriftsteller überhaupt erst ermöglichte, als ein mit Worten »Handelnder« aufzutreten. Die Entfaltung dieses Literaturmarkts im Vormärz, wie er im Prinzip und lediglich verschärftem Umfang noch heute funktioniert, und die Analyse der befreienden und erneut fesselnden Folgen für die Literaturproduktion des nun »freien« Schriftstellers werfen dabei Fragen auf, die grundlegend für die von jetzt an immer heftiger diskutierte Rolle der Kunst in den Klassenauseinandersetzungen werden sollten.

Kunst als Neuorientierung

Literaturmarkt, Berufsschriftstellertum und Zensur

Nach Beendigung der für Handel und Wirtschaft ruinösen napoleonischen Kriege entfalteten sich ab 1815 trotz vielfacher ökonomischer und politischer Behinderungen Warenproduktion und -austausch in wachsendem Umfang, wobei sie sich immer stärker nach kapitalistischen Gesichtspunkten strukturierten und organisierten. Mit der Zunahme des Warenverkehrs korrespondierte die steigende Nachfrage nach raschen Informationen, und zwar sowohl über den Markt und seine aktuellen Tendenzen (im Blick auf die weniger informierte Konkurrenz) als auch im Hinblick auf die Veränderung der noch bestehenden politischen Beschränkung einer profitablen Expansion. Handfestes, auf unmittelbare Verwer-

Literaturmarkt

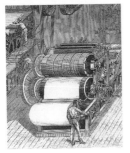

Rotationsdruck auf
dem Vormarsch in der
Buch- und Zeitschriften-
produktion

Profit durch Politisierung

tung gerichtetes wirtschaftliches und längerfristig orientiertes politisches Interesse, das vor allem durch räsonierende, später auch agitierende wissenschaftliche und poetische Literatur artikuliert wurde, ergänzten einander. Das solchermaßen fundierte Informationsbedürfnis ließ, ermöglicht durch die Erfindung der Papiermaschine und der Schnellpresse (Inbetriebnahme ab den 20er Jahren), das Zeitungswesen und die Buchproduktion vor allem nach 1830 geradezu sprunghaft anwachsen. Zeitschriften, Zeitungen, Bücher, Broschüren und Flugblätter wurden in einer Menge verbreitet, wie zu keiner Zeit vorher. Zwischen 1821 und 1838 stieg die jährliche Buchproduktion um 150 % auf über 10 000 Titel – eine ganz außerordentliche Steigerungsrate, für die in den beiden anderen großen Expansionswellen des Buchhandels, nämlich von 1770 bis 1805 (auf ca. 4000 Titel) und von 1868 bis 1901 (auf ca. 25 000 Titel), die doppelte Zeit erforderlich war. Wenn auch die größten Steigerungen vor allem in den im Produktions- und Distributionsprozess direkt verwertbaren Realwissenschaften sowie im Bereich der unmittelbaren Ideologieproduktion (Theologie) erzielt wurden und der Bereich der Dichtung bis 1830 eher stagnierte, ergaben sich für den Prozess der Politisierung durch Literatur gleichwohl folgenreiche Auswirkungen. Die Verbreiterung der Produktion bei Verdichtung des Distributionsnetzes (1840: ca. 1350 Buchhandlungen), die Senkung der Preise bei Erhöhung der Auflagen, die Vergrößerung des Absatzes bei Erschließung neuer Käuferschichten (durch Pfennigmagazine, »wohlfeile Ausgaben« usw.), kurz: die Verbesserung der Renditemöglichkeit (geschätzter Jahresumsatz 1844: 4 bis 6 Mio. Taler) ließen ein wirtschaftlich stabiles, sich stetig vergrößerndes Verlags- und Buchhandelswesen entstehen: Organisatorisch seit 1825 im »Börsenverein der Deutschen Buchhändler« zusammengeschlossen, wurden die Verleger im Vormärz politisch einflussreich (z. B. im Kampf um Urheberschutz und Pressefreiheit); als kapitalkräftige Unternehmer wurden sie zum Garanten wirtschaftlicher Besserstellung vieler Schriftsteller, die somit endgültig den Übergang zum Berufsschriftsteller vollziehen konnten.

Nutznießer dieser stabilen Lage der Verlage waren neben den vielen Unterhaltungsschriftstellern, die sich dem Markt anpassten und schrieben, was gekauft wurde, paradoxerweise auch und gerade die engagierten Autoren. Da die oppositionelle Literatur als Ausdruck des politischen Interessenwiderspruchs zwischen Bürgertum und feudaler Herrschaft immer breiteren Absatz fand, dabei eine allgemeine Politisierung mittrug und deswegen von der staatlichen Administration mit der Zensur bekämpft wurde, waren die an dieser vom Verbot bedrohten Literatur gut verdienenden Verleger immer auch mit hohem finanziellen Risiko, aber interessiert beteiligt: Profitinteresse des bürgerlichen Kapitals fiel also weitgehend mit dem Wirkungsinteresse der oppositionellen Schriftsteller, Journalisten und Gelehrten zusammen. Und nur weil dies wenigstens bis in die 40er Jahre so war, konnte die vom Kapital einigermaßen geschützte kritische Literatur in besonderem Maße operativ werden und mit ihrem literarisch-politischen Erfolg zugleich das Geschäft jener Verleger machen, die das Buch als Ware (be-)handelten und sich dabei nicht scheuten, selbst bis an die Grenzen der Legalität vorzudringen (z. B. Campe). Nebenbei bemerkt: Aus dieser kurz befristeten, historisch einzigartigen Phase im Verhältnis von bürgerlichem Kapital und kritischer Literatur resultierten langfristig wirkende Denkhaltungen: der Verleger/Buchhändler als selbstloser Diener höchster Werte der Kultur (nicht: als Unternehmer, der marktorientiert mit der Ware Literatur handelt); der freie Schriftsteller, der über den Markt hinweg zum Leser spricht und wirkt (nicht: der in wachsendem Maße abhängige und fremdbestimmte Autor); insgesamt die Verschleierung des Widerspruchs zwischen Zwecken des Marktes und Freiheit der Kunst. Ansätze dieser Widersprüchlichkeiten zeichneten sich allerdings schon im Vormärz ab: Heines Klagen über die Ausbeutung und die zensierenden Eingriffe durch seinen Verleger Campe, Schwierigkeiten fortschrittlicher Verleger mit dem Börsenverein, Publikationsprobleme bei weiblichen und bei sozialistischen Autoren usw. sind erste Hinweise. Doch insgesamt blieben diese Konflikte noch harmlos gegenüber der alles überlagernden Auseinandersetzung mit der staatlichen Zensur sowie, ihr zunächst an Bedeutung überlegen, dem Kampf gegen Raubdruck bzw. für Urheberschutz.

Die den Gewinn kalkulierenden Verleger drängen nach 1815 entschieden darauf, den bürgerlichen Eigentumsbegriff auf geistige Produktionen auszudehnen und den Urheberschutz bundeseinheitlich zu kodifizieren, um sich gegen den wachsenden Nachdruck gerade ihrer profitablen Verlagsprodukte (Realienbücher, Belletristik, Konversationslexika usw.) auf dem expandierenden Markt zu schützen. Auf Betreiben Metternichs behandelte der Frankfurter Bundestag dieses Begehren jedoch so schleppend, dass es erst 1845 zu einem endgültig verbindlichen Verbot des unlizenzierten Nachdrucks kam. Die Absicht war klar: Ein durch Nachdruckpraxis in seiner Expansion gehemmter Buchhandel konnte nicht zu einer machtvollen literarischen Verbreitung liberaler Ideen gelangen, die ökonomische Restriktion sollte also die inopportune politische Repression mittels Zensur ersetzen. Als sich vor allem nach 1830 zeigte, dass sich die Entfaltung der Literaturproduktion und mit ihr die politische Bewusstseinsbildung durch solche Maßnahmen nicht beschränken ließ, verschärfte der Staat die Zensur. Für Verleger, Buchhändler und Schriftsteller bedeutete die Zensur eine ungleich größere Bedrohung als der Raubdruck, deren Verteidiger immerhin sowohl antifeudal als auch antikapitalistisch argumentierten (gegen Privilegien, gegen Monopole) und behaupteten, aufgrund der billigeren Produktion für eine massenhafte Verbreitung und Popularisierung der immer noch exklusiven Buchkultur sorgen zu wollen. Aber für den erfolgreichen Kampf gegen die Repressionen der staatlichen Zensur im Vormärz bedurfte der oppositionelle Autor, sofern er als freier Schriftsteller leben wollte, mehr des Kapitals finanzkräftiger Verleger, um existieren zu können, als der größeren Verbreitung durch Nachdruck, der Ruhm ohne Geld einbrachte. Freilich um einen problematischen Preis: Fortan blieben die Schriftsteller mit ihren kritischen Publikationen mit Verlegern verbunden, deren Progressivität begrenzt war durch die Sorge um die Wirtschaftlichkeit des Verlegens bzw. das Interesse am Gewinn.

Nachdruck

Die 1819 wieder eingeführte, durch Rahmenbestimmungen einheitlich für alle Staaten des Deutschen Bundes geltende (allerdings unterschiedlich praktizierte) Zensur war eine Vorzensur. Sie betraf in Preußen und Österreich alle Publikationen, in den übrigen Bundesstaaten alle Publikationen unter 20 Bogen (= 320 Seiten), d.h. vor allem Zeitungen, Zeitschriften, Broschüren und weniger umfangreiche Bücher, Schriften also, die wegen ihrer Form und ihres Preises eine breite Masse erreichten. Bis 1830 wirkte diese Zensur insofern, als eine nennenswerte kritische Presse sich nicht entfalten konnte und politische Kritik in den teuren wissenschaftlichen Werken versteckt blieb. Als aber ab den 30er Jahren Verleger, Redakteure und Schriftsteller immer mutiger und listiger gegen die Zensurknebelung angingen (durch Druck im liberalen Ausland, durch Erweiterung des Buchumfangs auf 21 Bogen, ständige Neugründung verbotener Zeitungen, raschen Verkauf usw.), als sich auch Wissenschaften wie Theologie, Philosophie, Philologie und Ökonomie immer mehr politisierten und dabei populär wurden,

Zensur

Auf der Suche nach
verbotenen Büchern
(1820)

Heinrich Heine: *Ideen.
Das Buch Le Grand*

verschärfte sich auch die Handhabung der Zensur. Zur Vorzensur trat die nachträgliche Konfiskation bzw. das Verbot vor allem solcher Werke, die einer Vorzensur gar nicht unterlagen; bald wurden die Produktionen einzelner Schriftsteller (z. B. Heine, das »Junge Deutschland«) und später auch ganzer Verlage generell und im Vorhinein verboten. Hinzu kam, dass diese Zensur nur der auf Schriftsteller bezogene Teil eines umfassenden Staatsschutz- und Bespitzelungsapparates war, durch den das oppositionelle Kommunikationssystem (Vereine, Klubs, Gruppen usw.) zerschlagen werden sollte und der disziplinierend wirken musste, wo nicht schon die vielen Einzelfälle von politischer Verfolgung, Einkerkerung, Berufsverbot und Verbannung seit 1819 (sog. »Demagogenverfolgung«) das ihre taten. In einem zeitgenössischen Studentenlied hieß es: »Wer die Wahrheit kennet und sagt sie frei,/ der kommt nach Berlin auf die Hausvogtei!« (preußisches Untersuchungsgefängnis). Die Polizei und die Zensur hatten viel zu tun. Verboten war nicht nur die positive Erwähnung alles »Demagogischen«, worunter sich jegliche Kritik an den herrschenden Zuständen sowie auch allgemeine Zustimmung zu Prinzipien des Fortschritts und der Bewegung zusammenfassen ließ – so dass Hoffmann von Fallersleben sogar den Frühling als »ewigen Demagogen« ironisch denunzieren konnte. Verboten war Kritik an Herrscherhaus und Regierung, an Adel und Militär, Christentum und Moral. Unmoralisch war fast jede Szene im *Faust I*, viele blasphemisch; den preußischen adligen Offizier beleidigte Kleist, wenn er den Prinzen von Homburg weinen ließ; viel zu liberal war der *Egmont* und geradezu revolutionär Schillers *Tell*: An den durchweg von den Fürstenhöfen abhängigen Theatern blieben diese Dramen mehr oder weniger verboten oder gelangten nur verstümmelt zur Aufführung. Bei Büchern und der Presse war es nicht anders: Borniere, prüde, ängstliche Zensoren »entschärften« je nach Laune und Bildungsstand Texte; anfangs schrieben sie Korrekturen vor, bald wurde einfach gestrichen. Diese Streichungen waren zunächst als sog. Zensurlücken oder als Striche noch sichtbar, was Heine im 12. Kapitel von *Ideen. Das Buch Le*

Grand zu einer glänzenden Satire inspirierte. Ab 1837 war selbst die Zensurlücke in Preußen verboten. Zwar hat auch die rigoroseste Zensurpraxis des feudalen Regimes die bis zur Revolution führende allgemeine Politisierung nicht verhindern können, weil eine einheitliche Handhabung in den 38 Bundesstaaten nicht zu erreichen und wegen der vielen Grenzen der »Ideenschmuggel« mittels Literatur nicht zu unterbinden war. Gleichwohl ist die deformierende Wirkung und der weitreichende Schaden für die deutschen Schriftsteller nicht zu übersehen. Die Kriminalisierung der literarischen Opposition durch Gesinnungsschnüffler und »Jurisdiktion des Verdachts« (Marx) prägte von nun an mit ihren Folgen (einerseits Rebellentum, andererseits Rückzug in resignierende Innerlichkeit) den Weg der deutschen Literatur in den politischen Auseinandersetzungen bis heute.

Für den Zeitraum von 1815 bis 1848 lässt sich jedoch zunächst feststellen, dass die deutschen Schriftsteller, unterstützt und zugleich behindert durch die sich entwickelnden kapitalistischen Literaturverhältnisse (bei massiver Fortdauer ästhetischer Traditionen), behindert und zugleich durch die staatliche Repression (bei sich entfaltendem politischen Bewusstsein) aufgerüttelt, literarisch in besonderer Weise aktiv werden konnten. Eng verbunden damit war die Wiederaufnahme der Debatte über die Funktion der Literatur und die Rolle des Schriftstellers, die vor allem im Zusammenhang mit der Französischen Revolution in Gang gekommen war.

Wozu ist Literatur jetzt nützlich?

Will man als heutige Leser Charakter und Bedeutung der vormärzlichen Literatur richtig einschätzen, muss man einige grundsätzliche Unterschiede zum gegenwärtigen literarischen Leben beachten. Zunächst: Die nationale Literatur ist im Bewusstsein der Zeitgenossen nach 1815 noch jung und vor allem aktuell, auch und gerade, weil sie aus dem 18. Jahrhundert stammt. Sie ist in ihrer Thematik und Schreibweise so ›modern‹ gegenüber der damals mit Dichtung schlechthin gleichgesetzten ›klassischen‹ Literatur der alten Griechen und Römer, dass sie auch in den Bildungsinstitutionen noch nicht etabliert war. Bis 1848 gab es an den Universitäten kein selbständiges Fach ›Deutsche Literaturwissenschaft‹; wenn es überhaupt betrieben wurde, dann von sog. ›Germanisten‹, die sich mit (alt)deutschem Recht, (alt)deutscher Geschichte und Sprache befassten (z.B. die Brüder Grimm, Uhland, Gervinus, Hoffmann von Fallersleben) und die damit schon von ihrem ›deutschen‹ Forschungsgegenstand her (anstelle eines preußischen oder bayerischen) im partikularistischen Deutschland verdächtig waren und entsprechend mit z.T. massiven Disziplinierungen verfolgt wurden. Die von solchen Germanisten und anderen universitären Außenseitern, Schriftstellern oder einfach Literaturliebhabern gehaltenen Vorträge bzw. veröffentlichten Werke zur deutschen Literaturgeschichte (bis 1848 immerhin etwa 50) waren denn auch überwiegend, »wie Goethe von Byrons Gedichten sagt, verhaltene Parlamentsreden« (Th.W. Danzel, 1849), d.h. Ausdruck politischer Opposition. Im Literaturunterricht der Gymnasien herrschten die antiken Autoren vor. Es gab aber immer heftiger werdende Debatten unter den Pädagogen sowie zwischen fortschrittlichen Lehrern und den Unterrichtsministerien über den Bildungswert ›klassischer‹ deutscher Literatur für die Schule. Man fürchtete behördlicherseits, dass die Schüler durch die bürgerlich-oppositionelle, nationale und liberale Lite-

Begriff der deutschen Literatur im Vormärz

Wilhelm und Jacob Grimm

ratur seit Klopstock und Lessing gegen den feudalen Staat und die christliche Religion aufgewiegelt würden und griff über Lehrpläne und Schulbibliotheksordnungen reglementierend und zensierend ein. Galten schon die Klassiker als verdächtig, so die zeitgenössische Literatur erst recht. Im damaligen Unterricht kam letztere nicht vor.

Literaturgesellschaft

Die junge und jüngste deutsche Literatur entwickelte sich, bevor sie nach 1848 zu einer unpolitischen Bildungsmacht musealisiert wurde, von unten, d.h. über den Markt und von Lesern und Texten her zu einem durchaus machtvollen Faktor in den realen politischen und weltanschaulichen Auseinandersetzungen: Sie hatte entschiedenen Gebrauchswert und erlangte immer größere Wirkungsmöglichkeiten. Es wurde viel gelesen, nicht nur weil der Leserkreis sich wegen steigenden Alphabetisierungsgrades und Wohlstandes erweiterte, sondern weil das Lesen einer aufstrebenden Klasse Orientierungen vermittelte. Frauen, von den Bildungsinstitutionen ausgeschlossen und durch zähe Vorurteile in der geistigen Entfaltung stark behindert, lasen besonders viel und begannen, selbst zu schreiben. Salons, Lesezirkel, Lesevereine und Leihbibliotheken nahmen ständig zu, die Zahl der Buchhandlungen verdreifachte sich zwischen 1820 und 1840. Wenn auch nur rund 5% der 23-Millionen-Gesamtbevölkerung in den deutschen Staaten zu Anfang des 19. Jahrhunderts als ständige Leser bezeichnet werden konnten, genügte das doch, um schon bald von einer »literarischen Sündfluth« und Lesewut zu sprechen sowie die sie nährende Vielschreiberei bei den Deutschen zu beklagen. So schreibt der Literaturkritiker W. Menzel 1829: »Die Deutschen thun nicht viel, aber sie schreiben desto mehr [...]. Wir sind ein Schreibervolk

Berliner Lesekabinett – »Alles liest« (Gemälde von G. Taubert)

geworden und können statt des Doppeladlers eine Gans in unser Wappen setzen. Die Feder regiert und dient, arbeitet und lohnt, kämpft und ernährt, beglückt und straft bei uns. Wir lassen den Italienern ihren Himmel, den Spaniern ihre Heiligen, den Franzosen ihre Thaten, den Engländern ihre Geldsäcke und sitzen bei unsern Büchern.« Metternich sah das anders, er hielt den Umgang mit Literatur nicht für entpolitisierend, sondern für politisierend und veranlaßte Zensurverschärfungen, Schriftstellerbespitzelung und -verfolgung sowie Verlagsverbote.

Die Literatur (Dichtung, wissenschaftliche und journalistische Texte) wurde im Vormärz ernst genommen, von den Potentaten wie von der Leserschaft. Es war nicht zuletzt der seit 1815 stetig sich verschärfende Widerspruch zwischen der Festigung des Bürgertums und seiner gleichzeitigen politischen Unterdrückung; er bewirkte eine Verschiebung der Klassenauseinandersetzungen von der politischen auf die ideologische Ebene, wodurch vor allem Philosophie, Wissenschaft und Literatur erhöhte Bedeutung erlangten. Dementsprechend spitzten sich die theoretischen Debatten um deren veränderte Aufgabe und Funktion zu, zugleich trieben diese Auseinandersetzungen auch den politischen Charakter der Kritik immer deutlicher hervor. Wenn der in Berlin lehrende Philosoph Hegel 1820 noch ganz im Einklang mit langer abendländischer Tradition schreiben konnte, dass die Philosophie als Gedanke der Welt immer zu spät, d. h. erst dann erscheine, »nachdem die Wirklichkeit ihren Bildungsproceß vollendet und sich fertig gemacht hat« (»Die Eule der Minerva beginnt erst mit der einbrechenden Dämmerung ihren Flug«), so heißt es gut 25 Jahre später lapidar bei Marx: »Die Philosophen haben die Welt nur verschieden interpretiert; es kömmt darauf an, sie zu verändern.« Ähnlich radikal wandelt sich im Vormärz die Funktionsbeschreibung des Schriftstellers, der nun nicht mehr »Geschichtsschreiber, sondern Geschichtstreiber« (Börne) werden soll. Diese neue, praktisch-politische Aufgabenbestimmung der Literatur, die vor allem nach 1830 zuerst durch das Auftreten der jungdeutschen Schriftsteller sowie durch die sprunghafte Zunahme des Journalwesens und der Flugschriftenliteratur bezeichnet ist und nach 1840 im Programm der politischen Dichtung ihren Höhepunkt findet, geriet jedoch nicht nur mit der Polizei, sondern auch mit den überlieferten, d. h. an Klassik und Romantik orientierten Funktionsbestimmungen von Literatur und Schriftstellerberuf in Konflikt. Die aus diesem Widerstreit resultierenden literaturtheoretischen Debatten sind, wie schon Heine 1830 bemerkte, allerdings nicht mehr die literarischen »Kartoffelkriege« von ehedem, sondern der Beginn von bis zur Gegenwart reichenden Auseinandersetzungen über die Aufgaben von bürgerlicher oder nachbürgerlicher Kunst. Denn, so fuhr Heine fort, es gilt »die höchsten Interessen des Lebens selbst, die Revolution tritt in die Literatur und der Krieg wird ernster«.

Während Schriftsteller wie Heine, die Jungdeutschen und die politischen Lyriker diese Diskussion offensiv führen und der Zukunft in Erwartung einer neuen Kunst positiv entgegenblicken, schätzen Schriftsteller wie Karl Immermann (1796–1840), Franz Grillparzer (1791–1872) und die »Biedermeierdichter« die Situation skeptisch ein und definieren sich im Rückblick auf die Literatur Goethes und Schillers negativ: »Die beiden hatten es noch gut, sie konnten sich noch abschließen und auf das Reingeistige und Ideelle fixieren, während das in unsrer realistisch-politischen Zeit schon ganz und gar nicht mehr möglich ist und der Dichter immerfort in den praktischen, von dem Poetischen ganz hinwegführenden Strudel gerissen wird« (Immermann). Damit sind die zwei repräsentativen Reaktionen auf die eine und gemeinsame Erfahrung der gesellschaftlichen Wirklichkeit nach 1815 bezeichnet: Diese Wirklichkeit wird als grundsätzlich sich ver-

Gesellschaftliche Bedeutung der Literatur

Titelblatt

Biedermeier oder Junges Deutschland?

ändernde gegenüber den althergebrachten Verhältnissen erlebt, die Gegenwart als Krise, als Umbruch erfasst, die überkommenen ästhetischen Lösungsversuche werden bis 1830 mehr zögernd, ratlos und resignierend praktiziert, nach 1830 zunehmend offensiv kritisiert und ab den 40er Jahren durch veränderte Konzeptionen ersetzt bzw. erweitert.

Begriff des Biedermeier

In vielen, zumeist älteren Literaturgeschichten findet sich häufig noch der Begriff ›Biedermeier‹ zur Kennzeichnung der literarischen Epoche von 1815/30 bis 1848. Zuletzt trat der Kenner dieser Literaturperiode, Friedrich Sengle, dafür ein, die »deutsche Sonderform der späten europäischen Romantik« als »Biedermeierzeit« zu interpretieren. Diese wie auch die damit verbundenen Versuche, analog zur Politik des metternichschen Systems unter dem Titel ›Restauration‹ die dominierende Literaturbewegung zu erfassen, müssen als unzulässige Verallgemeinerungen *eines* Aspektes dieser höchst komplexen Epoche bezeichnet werden, die schließlich 1848 mit einer fast gesamteuropäischen Revolution endete. Innerhalb eines Epochenkonzepts, in dem die Darstellung des dialektischen Wechselspiels von vergeblich bewahrten alten Traditionen und noch nicht verwirklichbarer Durchsetzung des Neuen eine Fülle von ambivalenten Formen der Traditionskritik zu entfalten hat, dürfen natürlich die Anteile der konservativen Antagonisten nicht übersehen werden. Aber auch dabei reichen die Begriffe ›Biedermeierzeit‹ oder ›Restauration‹ nicht aus. Das zeigt ein kurzer Überblick über die verschiedenen Erscheinungsformen dieser Literatur im Vormärz: Auf dem äußersten Flügel steht die sog. »militante geistliche Restauration«, welche die seit dem 18. Jahrhundert angegriffene Herrschaft von Kirche und Christentum wieder herstellen möchte. Zu ihr gehören Publizisten wie der ehemalige Burschenschafter und einflussreiche Literaturkritiker Wolfgang Menzel, der Herausgeber der *Evangelischen Kirchenzeitung* Ernst Wilhelm Hengstenberg und Joseph Görres mit seinen katholischen *Historisch-politischen Blättern*. Ihnen zur Seite stehen Schriftsteller wie Friedrich Schlegel, Joseph von Eichendorff und Jeremias Gotthelf, in gewisser Hinsicht auch der späte Ludwig Tieck, Annette von Droste-Hülshoff und Adalbert Stifter, die auf unterschiedliche Weise für christliche Gesinnung und überkommene politische Ordnung eintreten. Mit dem Begriff ›Klassizismus‹ wird versucht, jene Literaturströmung zu bezeichnen, welche die zur deutschen Klassik hinführenden und in ihr zur Entfaltung gelangten Kunstideale und Formgesetze gegen eine kunstfeindliche und bürgerliche Welt bewahren will, dies zumeist eher resignativ als offensiv. Zu nennen sind hier vor allem August von Platen, Friedrich Rückert, aber auch Teile des Werks von Eduard Mörike und Franz Grillparzer. Ausläufer führen bis zur epigonalen Goldschnittlyrik und -epik eines Emanuel Geibel und Paul Heyse im Nachmärz. Traditionen der Empfindsamkeit und der antiklassizistischen Romantik werden in unterschiedlicher Weise bewahrt (sog. ›Schwäbische Romantik‹: Karl Mayer, Gustav Schwab), anverwandelt (Mörike, Nikolaus Lenau) und auch kritisch gebrochen (der junge Heine). Es gibt mehr Übergänge zum politischen Quietismus als zum liberalen Engagement (Wilhelm Müller, Wilhelm Hauff, Ludwig Uhland, Adelbert von Chamisso, Lenau). Kaum noch einzuordnen in den Antagonismus von politisch-ästhetischer Traditionsbewahrung und -veränderung sind Schriftsteller wie der Erzähler Karl Immermann und der Dramatiker Friedrich Hebbel.

Geistliche Restauration und Klassizismus

Junges Deutschland

Umgekehrt wäre es jedoch auch nicht zulässig, etwa die Schriftsteller des ›Jungen Deutschland‹ als allein repräsentative Autoren dieser Epoche herauszustellen. Die Deutsche Bundesversammlung in Frankfurt hielt sie für so gefährlich, dass sie sie 1835 mit folgendem Beschluss verbot: »Nachdem sich in Deutschland in neuerer Zeit, und zuletzt unter der Benennung »das junge Deutschland« oder »die junge Literatur«, eine literarische Schule gebildet hat, deren Bemühungen unverholen dahin gehen, in belletristischen, für alle Classen von Lesern zugänglichen Schriften die christliche Religion auf die frechste Weise anzugreifen, die bestehenden socialen Verhältnisse herabzuwürdigen und alle Zucht und Sittlichkeit zu zerstören: so hat die deutsche Bundesversammlung – in Erwägung, daß es dringend nothwendig sei, diesen verderblichen, die Grundpfeiler aller gesetzlichen Ordnung untergrabenden Bestrebungen durch Zusammenwirken aller Bundesregierungen sofort Einhalt zu thun, und unbeschadet weiterer vom Bunde oder von einzelnen Regierungen zur Erreichung des Zweckes nach Umständen zu ergreifenden Maßregeln – sich zu nachstehenden Bestimmungen vereinigt.« Es folgten die näheren Verbotsbestimmungen: Untersagung der Verbreitung durch Buchhandel und Leihbibliotheken, Verwarnung der Buchhändler. Die erst von diesem Publikationsverbot zu einer Gruppe zusammengefassten liberalen Schriftsteller waren neben dem gleichfalls verbotenen Heinrich Heine: Ludolf Wienbarg (1802–1872), Heinrich Laube (1806–1884), Theodor Mundt (1808–1861) und Karl Gutzkow (1811–1878). Sie waren untereinander wechselnd zerstritten und auch uneins über und mit ihren geistigen Mentoren Ludwig Börne (1786–1837) und Heinrich Heine (1797–1856), von denen sie gleichwohl eine medienwirksame witzige Schreibweise, die Thematik (politische, religiöse, moralische Emanzipation), den Literaturbegriff (Auflösung der starren Gattungen, Vorrang der Prosa) und die Auffassung vom Autorenberuf (Dichter-Prosaist, Journalist, Kritiker) übernahmen. Anders als es den Emigranten Börne und Heine (»Journale sind unsere Festungen«, 1828) möglich war, traten die ›jungdeutschen‹ Schriftsteller als Gründer, Herausgeber und Redakteure von vielen kritisch-belletristischen Zeitschriften hervor, in denen diese modernen Ideen wirksam popularisiert wurden. Zu nennen sind: *Deutsche Revue* (Gutzkow/Wienbarg); *Phönix* (Gutzkow); *Aurora* (Laube); *Literarischer Zodiacus/Dioskuren* (Mundt); *Telegraph für Deutschland* (Gutzkow); *Zeitung für die elegante Welt* (Laube) u. a. In Fortsetzung der kritischen Ansätze, wie sie seit den 20er Jahren Börne (vor allem in *Dramaturgische Blätter* und *Briefe aus Paris*) und Heine (vor allem in den *Reisebildern*) vorangetrieben hatten, forcierten die jungdeutschen Schriftsteller die Kritik von Literatur, Kultur und Politik zur hauptsächlichen literarischen Tätigkeit. Laube schrieb 1833: »Es rollt jetzt eine werdende Welt, ihre Fahne ist die Prüfung, ihr Scepter das Urteil. In solcher Periode der Entwicklung scheint selten die wärmende Sonne; alles sucht nach dem leitenden Monde – Kritik.« Deren »blutrote Tochter, die Revolution«, wie Laube formulierte, erschien schon bald am Horizont. Sie ließ die Jungdeutschen rasch zahm werden, als damit einher jüngere und radikalere Kritiker wie David Friedrich Strauß (Religionskritik), Robert Prutz und Arnold Ruge (Wissenschaftskritik) und nicht zuletzt Marx und Engels (Ideologiekritik) auf den Plan traten. Die im Verbot erhobenen Vorwürfe gegen die Jungdeutschen bezogen sich vor allem auf die folgenden Werke: Laubes *Die Poeten* (1833, Teil 1 der Trilogie *Das junge Europa*), Mundts *Madonna. Unterhaltungen mit einer Heiligen* (1835) und Gutzkows *Wally, die Zweiflerin* (1835).

Die Auseinandersetzungen über die Funktion von Kunst im Kapitalismus lassen sich jedoch nicht auf den engen Bereich der ›hohen‹ Literatur beschränken, der in der traditionellen Literaturgeschichtsschreibung allein zum Bewertungsmaßstab für literarische Entwicklung gemacht wurde. Es kommt darauf an, Formen und Folgen dieser Auseinandersetzungen auch in jenen Bereichen literarischer Produktion zu berücksichtigen, die gerade im Vormärz im Zusammenhang

»Journale sind unsere Festungen«

Volkstheater und proletarische Literatur

mit der erhöhten Bedeutung und Wirksamkeit von Literatur wichtig wurden, zumal ihre Adressaten kaum dem gebildeten Bürgertum, sondern den sich rapide vergrößernden Schichten des (städtischen) Kleinbürgertums und Proletariats entstammten. Hier ist zum einen die Volksliteratur mit ihrer regional unterschiedlich langen Tradition (Lokalstück, Volkskalender, Lied usw.) zu nennen sowie zum anderen die gerade sich ausbildende proletarische Literatur (Handwerker- und Arbeiterlieder, Flugschriften usw.), die beide in ihren vormärzlichen Formen Produkt und zugleich Faktor der sich verändernden Funktionsbestimmung von Literatur sind. Vor allem aber muss beachtet werden, dass es neben den genannten literarischen Aktivitäten in Philosophie, Wissenschaft, Kunstdichtung, Journalwesen, Volksdichtung und proletarischer Literatur einen breiten Strom nichtanerkannter, aber viel gelesener Literatur gibt, die mit der Entstehung des literarischen Marktes seit dem Ende des 18. Jahrhunderts erschienen ist und im Vormärz erstmals massenhaft produziert wurde: die Unterhaltungsliteratur, häufig auch abwertend als Trivialliteratur bezeichnet. Nur wenige vormärzliche Literaturkritiker wie z. B. Robert Eduard Prutz (1816–1872) sahen, dass dieser neue Typ von Literatur als »ein nothwendiges Product dieser Zeit und der eigentliche Spiegel ihrer selbst« einzuschätzen war und von daher auch die sog. »hohe« Literatur sowohl in ihrem Anspruch als auch in der Beurteilung ihrer realen Bedeutung für ihre Zeit neu überdacht werden musste. Für den Vormärz bedeutete das: Neubegründung des künstlerischen Selbstverständnisses (zugleich Auseinandersetzung mit der Romantik, vorwiegend in den 20er und 30er Jahren), Kritik der Kunstepoche (vorwiegend in den 30er Jahren) sowie Wiederanknüpfung an die jakobinischen und aufklärerischen Positionen.

Das Unglück, Dichter zu sein, oder: Vom Geschichtsschreiber zum Geschichtstreiber

Berufschancen des freien Schriftstellers

Die seit dem 18. Jahrhundert stetig fortschreitende Wandlung der Schriftsteller vom nebenberuflich schreibenden Autor und/oder Bediensteten feudaler Herren zum ›freien‹ Schöpfer, zugleich aber auch zum Produzenten einer Ware für den Literaturmarkt, hatte im Übergang zum 19. Jahrhundert dem Dichterberuf zu höchstem Ansehen verholfen. Die gestiegene Wertschätzung drückte sich nicht nur in der erheblich verbesserten Bezahlung und vermehrten Veröffentlichung literarischer Werke aus, sondern auch in der erhöhten gesellschaftlichen Anerkennung der ›Dichter und Denker‹ als zu rühmende Repräsentanten und geistige Führer der Nation wie als zu fürchtende Kritiker. Im Kult um die Person Goethes, im Ruhm und Nachruhm seines Epoche machenden Werkes ist dieser neue Rang des Dichters eindrucksvoll sichtbar geworden. Aber es gab auch eine Kehrseite. Nicht jeder Schriftsteller konnte wie der Weimarer Olympier Erfolg, Ruhm und Ansehen so glücklich vereinen und in ›Größe‹ umsetzen, ohne dass mangelndes Talent oder Genie die Ursache dafür gewesen wäre. Seit es den freien Schriftsteller, d. h. seit es den literarischen Markt gab, verschärfte sich auch das Verhältnis von individuellem Talent und gesellschaftlicher Anerkennung, künstlerischem Anspruch und realer Bedeutung. Mit der Möglichkeit massenhafter Verbreitung von Literatur wuchs eben auch die Möglichkeit, mit ästhetisch mäßigen oder ideologisch konformen Produkten Geld und Ruhm zu erlangen bzw. als anspruchsvoller Künstler nicht anerkannt oder gar verkannt zu werden. Dieses Missverhältnis ist gerade im 19. Jahrhundert und besonders in Deutschland sehr gewöhnlich geworden. Autor zu sein war zunächst prinzipiell chancenreich und positiv; als ›Klassiker‹, als Unterhaltungsschriftsteller und allmählich auch als Journalist waren Anerkennung und Auskommen durchaus gesichert. Künstler, Dichter, Poet zu sein bedeutete jedoch mehr und mehr, in einen Gegensatz zur ökonomisch sich etablierenden bürgerlichen Klasse sowie zu einem breiten Publikum und dessen trivialem Kunstgeschmack zu geraten, es bedeutete – und dies blieb ein Grundzug des künstlerischen Selbstverständnisses der meisten nachromantischen deutschen Schriftsteller –, nicht eingebürgert und heimatlos zu sein.

In dem Roman *Nachtwachen des Bonaventura* (1804) ruft der Nachtwächter zum Poeten in die Dachstube hinauf: »O Freund Poet, wer jetzt leben will, der darf nicht dichten.« In Brentanos Novelle *Geschichte vom braven Kasperl und dem schönen Annerl* (1815) schämt sich der Dichter seines Berufes und sagt: »Einer, der von der Poesie lebt, hat das Gleichgewicht verloren [...].« Bei E. T. A. Hoffmann haben die Künstler durchweg ihr Gleichgewicht verloren, sind zerrissen, krank, irre, toll. Abnorm und verschroben, teils verkanntes – teils heruntergekommenes Genie, wahre Menschlichkeit im gesellschaftlichen Abseits bewahrend und dafür den Preis eines zerstörten Lebens bezahlend, so erscheinen die Künstler und Poeten in der Literatur bis Grillparzers *Der arme Spielmann* (1847) und darüber hinaus. Doch nicht nur literarisch, auch biographisch ist das »malheur d'être poète« (Grillparzer) manifest: Schriftsteller von adliger Herkunft wie z.B. Kleist oder die Droste galten als Schandfleck ihrer Familie; Jean Paul und Grabbe brauchten den Alkohol; Schlegel, Brentano und die Droste flüchteten in die Religion, Mörike und Lenau in die Krankheit. Andere rückten entweder ihre Kunst noch höher und verzichteten auf Ruhm und Publikum wie Platen und Grillparzer, oder verstummten, widerriefen, gaben das Schreiben (zeitweilig, allmählich, endgültig) auf, verzettelten sich, sattelten um oder brachten sich um (Kleist, Raimund, Stifter). Ähnliche Schicksale finden sich bei Musikern und Malern. Das Leiden an der Kunst hat im Vormärz mehrere Gesichter. Es äußert sich als Verzweiflung über die ins Bürgerlich-Philiströse und Inhumane veränderte Welt (romantischer Antikapitalismus, Weltschmerz), als aristokratische Publikumsbeschimpfung und künstlerischer Titanismus, als Zweifel am Vermögen der Kunst und als (Selbst-)Kritik am Vermögen der Künstler (Epigonenproblem). Es ist als Leiden an der kunstfeindlichen Gesellschaft immer auch zugleich latente Gesellschaftskritik und damit Ausdruck des Wunsches nach einer veränderten Beziehung zwischen Kunst und Gesellschaft. Dabei gibt es allerdings recht gegensätzliche Perspektiven, wie an Lebenslauf, Werk und Rezeption der Schriftsteller Mörike und Herwegh beispielhaft deutlich wird.

Eduard Mörike wurde 1804 geboren, war früh Halbwaise und lebte in armen Verhältnissen; er galt als mäßiger Schüler, der mit Mühe die Qualifikation schaffte, um in dem berühmten Tübinger Stift Theologie studieren zu können – kostenlos, wie vor ihm schon Hegel und Hölderlin und nach ihm u.a. auch Herwegh und viele andere bedeutende Männer der schwäbisch-deutschen Geistesgeschichte, die »durch den Speck der Stiftungen in die theologische Mausfalle gelockt« wurden (D. F. Strauß). Nach dem Examen folgten ab 1826 bedrückende Wanderjahre als Pfarrhelfer und Vikar in schwäbischen Dörfern, unterbrochen von einem fehlgeschlagenen Versuch, freier Schriftsteller zu werden (1828), und unglücklicher Liebe. 1834 wurde Mörike dann endlich Pfarrer. 1832 erschien der

Künstlerkrisen

Beispiel Mörike

Mörike (rechts) im Kreis
seiner Familie

Künstler- und Entwicklungsroman *Maler Nolten*, 1836 eine Novelle, 1838 die erste Sammlung der Gedichte. Darauf folgen wachsende Unlust am Pfarramt, zunehmende Kränklichkeit, 1843 vorzeitige Pensionierung und eine späte, glücklose
Ehe. Ab 1850 wird Mörike berühmt und öffentlich geehrt, gleichzeitig lässt seine
poetische Produktion nach (gelegentlich Gedichte, 1855 die Novelle *Mozart auf
der Reise nach Prag*, Umarbeitung des *Maler Nolten*), er vereinsamt, ständig krän-
kelnd und kurend. Hebbel, der ihn 1862 besuchte, schreibt, dass »er sich in den
elendsten, mitleidwürdigsten Verhältnissen herumquält«. Er stirbt 1875; fünf Jahre später erhält er in Stuttgart ein Denkmal.

Provinzialismus und
Innerlichkeit

Was auffällt: Zeit seines Lebens ist Mörike nie über den schwäbisch-fränki-
schen Raum hinausgekommen; Stuttgart (1840: ca. 40000 Einwohner) war die
größte Stadt, die er kannte; er hat nie den Rhein gesehen, das sich industrialisie-
rende Westfalen, die Nordsee, Berlin, Wien, London oder gar Paris und Italien.
Bis 1850 (Hauptschaffensperiode) hatte er nur knappe Kontakte mit anderen
Schriftstellern, zumeist Schwaben; keine literarische Fehde, kaum ein öffentlicher
Auftritt, er lebte meist allein. Es gibt zwar Reflexe der großen politischen Ereignisse in seinem Werk (z. B. in der *Mozart*-Novelle) sowie in seinen Briefen, weil

er z. T. persönliche Bezüge hatte: Einer seiner Lehrer in Urach wird 1822 als ›Demagoge‹ entlassen; sein Bruder wird wegen »revolutionärer Umtriebe« 1831 verurteilt; sein Freund H. Kurz entwickelt sich vor und in der Revolution von 1848 zum radikalen Demokraten. In Korrespondenz und persönlichem Verhalten zeigt sich jedoch immer wieder: Mörike weicht politischen Fragen lieber aus, zieht sich auf eher konformistische Standpunkte zurück, distanziert und verweigert sich erschreckt, wenn es ernst wird. Dieser Weg nach innen, in die Selbstabschließung, in die neurotische Krankheit und die am psychologischen Detail interessierte Kunst ist vor allem Ausdruck einer Resignation, wie sie für weite Teile der literarischen Intelligenz im deutschen 19. Jahrhundert typisch ist und ihre Entsprechung im apolitischen Spießbürgertum hat. Diese Reaktion ist aber zugleich auch als ein seit der Romantik zunehmender, protestierender Akt der Selbstausbürgerung des sensiblen Künstlers aus einer bürgerlichen Welt zu verstehen, deren zum Tode verurteilte Fortschrittlichkeit offensiv zu kritisieren Mörike nicht vermochte, die künstlerisch als gesteigerte Selbstentfremdung subtil darzustellen er jedoch wie kein anderer in der Lage war. Freilich, um welchen Preis im Leben – vom falsch wieder gutmachenden Nachruhm gar nicht zu reden.

Georg Herwegh wurde 1817 als Sohn eines Gastwirts geboren; er begann 1835 seine theologische Ausbildung auf dem Tübinger Stift. Schon hier war er an der zeitgenössischen Literatur des Jungen Deutschland sowie an der modernen linkshegelianischen Religionskritik interessiert; 1836 Verweisung vom Stift wegen Auflehnung, danach freier Schriftsteller. 1839 Desertion aus militärischer Zwangsrekrutierung in die Schweiz; 1841 werden die *Gedichte eines Lebendigen* veröffentlicht, eine Sammlung liberaler bis radikaldemokratischer Lyrik, die trotz Zensurverbots ein Bestseller wird. Herwegh wird mit einem Schlag berühmt; es folgt die Bekanntschaft mit Heine, Victor Hugo, Feuerbach, Marx, Bakunin, Weitling und anderen Sozialisten, Kommunisten und Anarchisten. Die Heirat mit einer reichen Kaufmannstochter macht ihn finanziell unabhängig. Herweghs Ruhm stand 1842 im Zenit, Triumphreise durch Deutschland, Empfang beim preußischen König; bald aber wachsende Kritik an ihm wegen menschlicher und politischer Extravaganzen, Ausweisung aus Deutschland, Reisen, Übersiedlung nach Paris. 1848 ist er Führer einer deutschen Emigrantenlegion, die von Paris aus nach Baden zur Unterstützung der Revolution einmarschiert, aber geschlagen wird; seitdem Exil in der Schweiz, kaum noch erfolgreiche poetische Produktion, bis auf das 1862 für den Allgemeinen Deutschen Arbeiterverein (Vorläufer der SPD) gedichtete Bundeslied: »Mann der Arbeit aufgewacht!/ Und erkenne deine Macht!/ Alle Räder stehen still,/ Wenn dein starker Arm es will.« 1866 Rückkehr nach Deutschland; er stirbt 1875, wird aber in der Schweiz begraben und erhält kein Denkmal in Deutschland. Was auffällt, ist der ungeheure Erfolg seines Erstlingswerkes; allein 6 Auflagen in den ersten beiden Jahren, ca. 15 000 Exemplare bis 1848 (Mörikes Gedichte 1838: 1000 Exemplare, 2. Aufl. 1848); die Lyrik floh nicht mehr »in des Herzens heilig stille Räume« (Schiller), sondern trat ins politische Leben und hatte Wirkung und Erfolg, indem sie Partei ergriff. Selten war und ist, dass ein deutscher (und nicht-jüdischer) Schriftsteller des 19. Jahrhunderts sich in den europäischen Zentren des politisch-geistigen Lebens aufhält und engen Kontakt mit der internationalen kritischen Intelligenz hat. Ungewöhnlich ist die Popularität und Publizität, die Herwegh – wenn auch nur für kurze Zeit – im Vormärz genoss: Ein Dichter als Sprecher der politischen Opposition!

Mit Herwegh verbunden ist das Bild des Lyrikers, der »seine Harfe zerschlägt« und in Verfolgung seines Engagements zum politisch Handelnden wird, weil er

Beispiel Herwegh

Georg Herwegh

Titelblatt

»die Anmaßung aufgegeben, als ob die Literatur das Leben mache« (Prutz), und nur noch als Revolutionär etwas zu bewirken glaubt – ohne dabei freilich Erfolg zu haben. Die Folge ist, dass er als schlechter Poet und als feiger Revolutionär persönlich diffamiert und als Beweis für die Unmöglichkeit, Dichtung und Politik zu verbinden, ideologisch benutzt wurde; vor allem aber: vergessen, verdrängt und ausgebürgert – wie vor und mit ihm andere demokratische Schriftsteller. Es zeigt sich exemplarisch an Leben und Schicksal Herweghs, wie das seinen revolutionären Anspruch aufgebende Bürgertum mit seinen literarischen Kritikern seitdem umzugehen beginnt und wozu ihm Literatur in Zukunft nicht mehr taugen soll.

Ausweglos in der Zukunftsperspektive und nicht selten in elitären bzw. reaktionären Haltungen endet die Entwicklung des Selbstverständnisses jener Schriftsteller, die an den konservativ gewordenen Anschauungen der deutschen (Spät-) Romantik festhielten (z. B. Eichendorff, Grillparzer, Geibel, Hebbel). Überall dort, wo – nicht selten vermittelt durch Reisen, politische Betätigung usw. – der deutsche Standpunkt erweitert und ideologisch an die westeuropäische Weiterentwicklung der Romantik in Richtung auf den politischen Liberalismus angeknüpft wird (Victor Hugo, Béranger, Byron), gelangen deutsche nachromantische Schriftsteller bereits in den 20er Jahren zu einem antifeudalen Standpunkt und gleichzeitig damit zu einem stabilen künstlerischen Selbstbewusstsein (z. B. Uhland, Heine, Chamisso, Platen; nach 1830 Lenau; nach 1840 Freiligrath). Dieser Standpunkt schloss bereits eine kritische Auseinandersetzung mit der Romantik ein. An Werk und Entwicklung Heinrich Heines von den 20er zu den 40er Jahren wird dieser für die Gesamtentwicklung der Vormärzliteratur charakteristische Ablösungsprozess in beispielhafter Weise anschaulich.

Enfant perdu: Heinrich Heine

Heinrich Heine

Heinrich Heine (1797–1856), der sich selbst den »letzten, abgedankten Fabelkönig« der deutschen Romantik nannte, knüpft an Byron an, dem Vertreter der liberalen westeuropäischen Romantik und aktiven Teilnehmer am griechischen Freiheitskampf. Bei Byron schon findet sich die für die dann in den 20er Jahren gemeineuropäisch verbreitete literarische Haltung des ›Weltschmerzes‹ charakteristische Verbindung von radikaler Subjektivität und reflexiv gebrochenem Gefühl. Mit ihr verbunden sind die Erscheinungen der ›Zerrissenheit‹, der Hamlet-Gestalten und ›problematischen Naturen‹, die als Ausdruck einer ersten fundamentalen Krise der sozialen Identität oppositioneller Intellektueller in der Zeit der Heiligen Allianz und metternichschen Restauration gedeutet werden können. Diese mit sich selbst Zerfallenen sind zugleich resignierend und – im dialektischen Umschlag des Gefühls – revoltierend gegenüber der bestehenden Wirklichkeit, ohne dass allerdings die gesellschaftlichen Ursachen sofort ganz in den Blick geraten (vgl. Grabbe, Immermann). Indem Heine Byron bei dessen Tod 1824 als seinen »Vetter« bezeichnet und dabei auf den politischen Kern von Byrons Weltschmerzhaltung aufmerksam macht (»er hat im Schmerze neue Welten entdeckt, er hat den miserablen Menschen und ihren noch miserableren Göttern prometheisch getrotzt«), rückt er auch für sich den politischen, allerdings radikal subjektiv, ja provozierend privat und bekenntnishaft abgefassten Protest gegen eine unadlig feudale und philiströs bürgerliche Welt in den Vordergrund – dies freilich zunächst noch ohne Byrons Trotz, dafür aber mit sich steigernder Ironie (vgl. *Reisebilder*, 1826ff; *Buch der Lieder*, 1827). So beendet Heine im dritten Gedicht der Sammlung *Die Heimkehr* (»Mein Herz, mein Herz ist traurig,/ doch lustig leuchtet der Mai…«) die Schilderung der friedlichen Idylle vor dem Wall des alten Lüneburg mit der Betrachtung des hannoverschen Wachsoldaten und einem Wunsch:

> Er spielt mit seiner Flinte,
> Die funkelt im Sonnenrot,
> Er präsentiert und schultert –
> Ich wollt', er schösse mich tot.

Die Gegenwart, so schreibt Heine 1831, erfordere den »scharfen Schmerzjubel jener modernen Lieder, die keine katholische Harmonie der Gefühle erlügen wollen und vielmehr, jakobinisch unerbittlich, die Gefühle zerschneiden, der Wahrheit wegen«.

Ab 1831 im Pariser Exil lebend, vollendete Heine die begonnene Kritik der Romantik als »Poesie der Ohnmacht« durch eine theoretische Fundierung (*Die Romantische Schule*, 1836; *Zur Geschichte der Religion und Philosophie in Deutschland*, 1834), durch die sein schriftstellerisches Selbstverständnis und seine Einschätzung der Funktion von Literatur im Ensemble der gesellschaftlichen Verhältnisse eine neue Qualität erlangten. Zuvor hatte er in der Vorrede zu den *Französischen Zuständen* (1832), die auch als Flugschrift verbreitet wurde, seinen Anspruch als öffentlicher Sprecher der intellektuellen Opposition manifestiert: Es ist eine der schärfsten Anklagen, die im Vormärz gegen Thron und Altar geschrieben worden sind. Heine stand an der Spitze der literarischen Avantgarde, zu der sich auch die jungdeutschen Schriftsteller (Gutzkow, Laube u. a.) rechneten, die nach Heines Worten (und Programm) »keinen Unterschied machen wollen zwischen Leben und Schreiben, die nimmermehr die Politik trennen von Wissenschaft, Kunst und Religion und die zu gleicher Zeit Künstler, Tribune und Apostel sind«. Heine hat dieses Konzept einer operativen Literatur in den 30er Jahren, zunächst unter skeptischem Verzicht auf poetische Umsetzung, theoretisch weiter präzisiert, indem er sich in der polemisch scharfen Auseinandersetzung mit Börne (*Ludwig Börne. Eine Denkschrift*, 1840) schroff abgrenzte von Forderungen der republikanischen Opposition, sein Künstlertum unmittelbar in deren Dienst zu stellen. Heine bestand mit seinem Begriff vom politischen Künstler jetzt stärker auf einer Position »zwischen den Parteien«, wofür ihm von seinen Kritikern in völliger Verkennung »Gesinnungslosigkeit«, sogar Verrat vorgeworfen wurde. Die analytische Schärfe, zugleich aber auch die sprachlich-stilistische Meisterschaft seiner journalistisch-»belletristischen Gegenwartshistorie« (Klaus Briegleb) in den Artikeln für die *Augsburger Zeitung* (1840ff, 1854 überarbeitet als *Lutetia*) zeigen ihn jedoch als einen politischen Schriftsteller, der mit dieser Position nicht zu vereinnahmen war. So konnte Heine der Reaktion die Revolution, der liberalen Geldaristokratie den »Communismus« und den patriotischen Revolutionären die nationalistische Reaktion prophezeien. Ab 1844 griff er mit satirischen Zeitgedichten und vor allem mit dem Versepos *Deutschland. Ein Wintermärchen* (1844), das als die bedeutendste Satire im 19. Jahrhundert gelten kann, auch als Lyriker in den politischen Zeitkampf wieder ein.

Der Gedichtzyklus *Deutschland. Ein Wintermärchen* entstand unmittelbar nach Beendigung einer Deutschlandreise, die Heine im Jahre 1843, erstmalig

Kunst und Politik

Auseinandersetzung mit Börne

»Deutschland. Ein Wintermärchen«

Heinrich Heine, 1851

»revolutionärer Frühling«

nach 12-jährigem Exil, von Paris aus gemacht hatte. Die Form der Reisedarstellung war schon seit dem 18. Jahrhundert in Prosa (z. B. Goethe: *Italienische Reise*; Georg Forster: *Ansichten vom Niederrhein*; Seume: *Spaziergang nach Syrakus*) und im Vormärz in der lyrisch-zyklischen Form (z. B. Heinrich Heine: *Reisebilder*, 1826–31; Anastasius Grün: *Spaziergänge eines Wiener Poeten*, 1831; Franz Dingelstedt: *Lieder eines kosmopolitischen Nachtwächters*, 1841) ein gern benutztes Mittel, über die Beschreibung des fremden Landes politische Aufklärung und Kritik am eigenen zu formulieren. Heine verstärkt dieses Mittel, indem er als ›fremder‹ Deutscher aus dem Exil die Heimat aufsucht und mit dem Bild des »wirklichen Deutschland, dem großen, geheimnisvollen, sozusagen anonymen Deutschland des deutschen Volkes« im Herzen auf »das alte, offizielle Deutschland, das verschimmelte Philisterland« (Heine, 1852) trifft. Aus diesem Zusammentreffen erwächst eine Deutschland-Kritik, die in ihrer vernichtenden Schärfe eine Abrechnung mit der »deutschen Misere« zeigt, wie sie im Vormärz nur noch bei Marx und Engels zu finden ist, im Kaiserreich von Heinrich Mann (*Der Untertan*, 1914/18), in der Weimarer Republik von Kurt Tucholsky und John Heartfield (*Deutschland, Deutschland über alles*, 1929), während des Faschismus von Bertolt Brecht (*Furcht und Elend des Dritten Reiches* mit dem urspr. Titel: *Deutschland – ein Greuelmärchen*, 1938) und in der jüngeren Gegenwart etwa von Wolf Biermann (*Deutschland. Ein Wintermärchen*, 1972) fortgeführt wurde. Zugleich aber äußert sich in diesem viel gescholtenen Werk eine im Leiden an den herrschenden deutschen Verhältnissen gegründete Liebe zum wirklichen (zukünftigen) Deutschland. Dieser Patriotismus konnte von den »Pharisäern der Nationalität« (Heine) allerdings nie missbraucht werden und war von Anfang an etwas ganz anderes als die schwarz-rot-goldenen bis braunen Anrufungen deutscher Größe, von Hoffmanns von Fallersleben *Deutschland, Deutschland über alles* bis zu dem im NS-Deutschland gesungenen Lied *Es zittern die morschen Knochen* von Hans Baumann, in dem es heißt: »Denn heute gehört uns Deutschland und morgen die ganze Welt.«

Das ist Deutschland als »Wintermärchen«: das anachronistische Land, das winterlich-entwicklungslos verharrt, »der zu einer eigenen Welt konstituierte Mangel der politischen Gegenwart« (Marx, 1843) – und zugleich auch das Volk, dem ein großer revolutionärer Frühling als Zukunft bevorsteht, wenn, wie es geradezu hymnisch im Vorwort heißt, »wir das vollenden, was die Franzosen begonnen haben, wenn wir diese überflügeln in der Tat, wie wir es schon getan im Gedanken, wenn wir uns bis zu den letzten Folgerungen desselben emporschwingen, wenn wir die Dienstbarkeit bis in ihrem letzten Schlupfwinkel, dem Himmel, zerstören, wenn wir den Gott, der auf Erden im Menschen wohnt, aus seiner Erniedrigung retten, wenn wir die Erlöser Gottes werden, wenn wir das arme, glückenterbte Volk und den verhöhnten Genius und die geschändete Schönheit wieder in ihre Würde einsetzen, wie unsere großen Meister gesagt und gesungen, und wie wir es wollen, wir, die Jünger […]«. So entspricht der noch durch die Zensur bestimmten Satire auf das Deutschland der Vergangenheit ohne Gegenwart (repräsentiert in den »Gespenstern« Preußen, Kaisertum, Militär, teutonischer Nationalismus, Kirche und Christentum, Romantik, Mittelalter und Barbarossa ebenso wie im bürgerlichen Philister des wiederaufgebauten Hamburg) die Prophezeiung eines zukünftigen Deutschland. Dabei steht Heine den Gedanken des jungen Marx sehr nahe, dessen persönliche Bekanntschaft er gerade in der Zeit nach der Rückkehr aus Deutschland gemacht hatte. Dieser Doppelcharakter findet sich vom ersten Kapitel des *Wintermärchens* an, in dem der Dichter dem

christlichen Entsagungslied des Harfenmädchens sein »besseres Lied« entgegen-
setzt, das das von geistiger Knechtschaft und ökonomischer Ausbeutung befreite
Glück auf Erden preist, bis zum Schluss, da den herrschenden Kräften durch den
Dichter, im Namen des »neuen Geschlechts«, der Kampf angesagt wird.

Heine hat *Deutschland. Ein Wintermärchen* als seinen exemplarischen Beitrag   *Gegen Tendenzpoesie*
zur politischen Poesie und zugleich auch als das »bessere Lied« gegenüber der
»Tendenzpoesie« der Zeit betrachtet. Dieses Selbstbewusstsein gründet sich zum
einen auf die inhaltliche Radikalität der politischen Kritik vom »Standpunkt der
Theorie, welche den Menschen für das höchste Wesen des Menschen erklärt«
(Marx), zum anderen auf die Überzeugung, dass diesem Standpunkt eine veränderte künstlerische Technik entspreche, die die ästhetische Geschlossenheit (und
gesellschaftliche Isoliertheit) der klassischen Kunstproduktion durch eine kunst-
vollwirksame Mischung von Formelementen aus publizistischer Prosa und volks-
tümlicher Lyrik, von Satire und Hymne, Ironie und Utopie, Komödie und Tragödie
überwindet. Heine steht mit diesem Typ politischer Dichtung, der dem gewandelten Verhältnis von Gedanke und Tat, Kunstproduktion und gesellschaftlicher Veränderung sich verpflichtet weiß (vgl. dazu auch die Kapitel 6, 7 und 27 des
Wintermärchens sowie das Gedicht »Doktrin«), im Vormärz allein, von Ansätzen
bei Herwegh und Folgewirkungen bei Weerth abgesehen. Nach der Revolution
von 1848 blickt Heine, nun bis zu seinem Tod ans Krankenbett gefesselt, düster,
aber in seinen Prinzipien ungebrochen in die Zukunft. Im Schlussgedicht der
Lamentationen aus der Sammlung *Romanzero* (1851), in dem Gedicht »Enfant
perdu«, heißt es zu Beginn: »Verlorner Posten in dem Freiheitskriege,/ Hielt ich
seit dreißig Jahren treulich aus./ Ich kämpfte ohne Hoffnung daß ich siege,/ Ich
wußte, nie komm' ich gesund nach Haus.« Die Schlussstrophe lautet: »Ein Posten
ist vakant! – Die Wunden klaffen/ Der eine fällt, die andern rücken nach/ Doch
fall ich unbesiegt, und meine Waffen/ Sind nicht gebrochen – nur mein Herze
brach.« Politisch war ihm klar: »Sie ist seit langem gerichtet, verurteilt, diese alte
Gesellschaft. Mag geschehen, was recht ist! Mag sie zerbrochen werden, diese
alte Welt, wo die Unschuld zugrundeging, wo die Selbstsucht gedieh, wo der
Mensch vom Menschen ausgebeutet wurde!« Zerbrochen, so sah es Heine voraus, wird diese alte Welt vom »Kommunismus«, wobei er sich sorgte, ob mit der
notwendigen Beseitigung der Ungerechtigkeit jenes Schöne (Kunst und Sinnlichkeit) bewahrt werden würde, das abzuschaffen und zu verwerten die kleinbürgerlichen Erben der alten Welt längst begonnen hatten.

Heines Grab auf dem
Friedhof Montmartre in
Paris

So spiegelt sich in Heines Entwicklung vom weltschmerzlichen zum politi-   *Weltschmerz*
schen Dichter der freilich von viel massiveren Kontinuitätsbrüchen gekennzeichnete Verlauf der deutschen Literatur von 1815 bis 1848. Die spätromantische
künstlerische Depression überwindend, die neuen Möglichkeiten einer operativen Literatur im Vormärz realistisch einschätzend und parteilich einsetzend, erlangte Heine bereits zu Lebzeiten als einziger deutscher Schriftsteller seiner Epoche europäische Geltung, wie vor ihm nur Goethe und E. T. A. Hoffmann. Ihn
deswegen den »größten deutschen Dichter nach Goethe« zu nennen, wie es Marx
und Engels im Einklang mit der allgemeinen europäischen Wertschätzung taten,
fiel damals in Deutschland keinem Literarhistoriker ein, und in der Folgezeit hat
diese Zunft lange in nicht unerheblichem Maße dazu beigetragen, den allzu vielen unbequemen und untypischen deutsch-französischen Schriftsteller auf nie-   *Kritik an Heine*
derträchtigste Weise ein zweites Mal auszubürgern. Nach stetiger Vorarbeit durch
eine chauvinistische und antisozialistische Germanistik seit dem späten 19. Jahrhundert wurde Heine von den Nationalsozialisten schließlich zur Unperson er-

klärt: Sein Name hatte zu verschwinden, und sein wohl volkstümlichstes und daher nicht zu unterdrückendes Gedicht »Lorelei« (»Ich weiß nicht, was soll es bedeuten«) wurde zu einem Volkslied von unbekanntem Verfasser erklärt. Ein Grundzug der Kritik an Heine, die schon zu dessen Lebzeiten (vor allem seit der Pariser Emigration) begann, ist die verzerrende Isolierung des Menschen Heine mit seinen politischen und moralischen Anschauungen vom Dichter Heine mit seinem künstlerischen Talent. Während Letzteres in der Regel kaum geleugnet werden konnte und Heine partielle Anerkennung vor allem als Lyriker einbrachte, ergossen sich Kritik und Beschimpfung auf die Person und ihre Weltanschauung. Diffamiert als Jude, als zersetzender, undeutscher Intellektueller, als ›Revolverjournalist‹, charakterloser Libertin, Kommunist usw., war es selbstverständlich, dass die gegen Ende des 19. Jahrhunderts einsetzenden Versuche, in Düsseldorf, Frankfurt und Hamburg Heine ein Denkmal zu errichten, im germanistisch-publizistischen Sperrfeuer zunächst scheiterten.

Heine-Rezeption

Wenn auch seit dem Ende des 19. Jahrhunderts liberale und sozialdemokratische, später auch sozialistische Fürsprecher auftraten und Heine in der Zeit der Weimarer Republik sowie unter den deutschen Emigrantenschriftstellern Wirkung ausüben konnte, so bleibt doch eine Tatsache, dass er im schulischen Deutschunterricht weitgehend ausgespart blieb. Das galt uneingeschränkt für die Zeit der nationalsozialistischen Herrschaft: 1936 forderte ein gewisser Lutz: »Heine gehört in keine deutsche Literaturkunde, kein Lese- und Lernbuch. Keine Forschung über Heine. Kein Verleger für neue Heine-Ausgaben.« Aber noch 1966 wurde in einem Forschungsbericht zur Berücksichtigung der Dichtung Heines im bundesrepublikanischen Deutschunterricht festgestellt: »Wer nach 1945 in einer westdeutschen Schule seine Kenntnisse deutscher Literatur erworben hat, dem ist Heine kaum mehr als ein Name – es sei denn, er habe einen ungewöhnlichen Schulunterricht genossen. In Lehrplänen, Lesebüchern und Anthologien ist Heines Platz (sofern er überhaupt vorkommt) weit hinter Autoren wie Eichendorff, Hauptmann oder Kafka« (E. D. Becker). Manches hat sich seit den 60er Jahren gebessert. Heine wird in der Bundesrepublik, wenn auch mehr in der fachlichen Forschung als in der Öffentlichkeit, beachtet. Dabei wächst jedoch auch die Tendenz, gegen den sozialistischen Heine, wie er von Anfang an und in besonderer Weise in der DDR rezipiert und gepflegt wurde, den ästhetisch ›modernen‹, politisch überparteilichen Dichter herauszukehren, ihn so freischwebend jeder, sogar rechtsliberaler und konservativer Tendenz verfügbar zu machen. Ob das Unrecht am lange verfemten Schriftsteller Heine nun endlich wieder gutgemacht ist, kann, auch wenn alle Heine lieben, durchaus bezweifelt werden. Die heineschen Skandalons, sein Judentum, sein Emigrantentum, seine Deutschland-Kritik und sein politisches Künstlertum, sind noch nicht erledigt.

Das Ende der Kunst oder neue Zeit und neue Kunst

Kunst und Moderne

Dass junge Schriftsteller gegen überkommene Denk- und Schreibweisen protestieren, die alte Kunst und Literatur für tot erklären und in Programmen und Werken radikal einen neuen Anfang setzen, ist dem Betrachter der Kunstszene des 20. Jahrhunderts geläufig. Der Kampf der Richtungen, ihr immer rascherer

Wechsel und ihre immer promptere Vermarktung als Mode ist ihm geradezu der Ausweis des ›Modernen‹, das stets mit dem Anspruch des Fortschritts gegenüber einem zu alt oder gar zu ›klassisch‹ gewordenen Gestrigen auftritt. Die Moderne ist jedoch älter als das jeweils letzte Neue, sie umfasst durch ihre Marktgebundenheit und ihren Fortschrittsanspruch auch das »alte Neue«, das wieder modern werden kann, weil es – wie Meti bei Brecht sagt – ungeheuer viele gibt, für die es ganz neu ist. Diese Moderne reicht weit zurück in die krisenreiche Geschichte der bürgerlichen Klasse und ihrer Widersprüche im Prozess der Emanzipation vom Feudalismus (18./19. Jahrhundert), und es sind gerade diese Krisen und Widersprüche, die als Ursprung, Antrieb und Gegenstand der modernen Kunst und ihrer permanenten Revolutionierungsversuche zu begreifen sind. Ihr seitdem ständiges, je nach historischer Lage abgewandeltes Thema ist: »daß die Welt aus den Fugen ist« (Brecht), erörtert in der Gestaltung des Verhältnisses von Poesie und Wirklichkeit, Kunst und Klassenauseinandersetzung (steht sie darüber oder darin? Hebt sie ab oder greift sie ein? Verklärt sie oder klärt sie auf? Ist sie zwecklos oder engagiert? usw.). Nach den (literatur-)revolutionären Bewegungen des Sturm und Drang sowie der Frühromantiker/Jakobiner wird dieses Thema im Vormärz erneut aktuell und radikal zugespitzt diskutiert.

Die Zuspitzung der Diskussion über Funktion und Bedeutung der klassisch-romantischen Literatur im Vormärz erklärt sich aus dem Zusammentreffen verschiedener Ursachen: die allgemeine politische und weltanschauliche Krise seit dem Ende des 18. Jahrhunderts, die sich in der Pariser Julirevolution von 1830 konkretisierte und Ausdruck des gemeineuropäischen Umwälzungsprozesses von der feudalen zur bürgerlich-kapitalistischen Ordnung ist; das seit den 20er Jahren vielen Zeitgenossen gemeinsame Bewusstsein, »auf einem kritischen Uebergangspuncte aus einer Weltperiode in die andere [zu] stehen« (Schlegel 1827); die Tatsache, dass gerade in dem Jahrzehnt zwischen 1825 und 1835 eine Reihe der bedeutendsten Vertreter der vergangenen Epoche starben (Jean Paul, Friedrich Schlegel, Goethe, Hegel, Wilhelm von Humboldt u. a.). Dies ist die eine Seite, die andere ist: der neue Aufschwung der bürgerlich-liberalen und demokratischen Protestbewegung ab den 30er Jahren, durch den gerade den ihr politisch verbundenen jüngeren Schriftstellern immer deutlicher wurde, dass sie die neuen Zeitinteressen mit den Mitteln und dem Prinzip der klassisch-romantischen Kunst nicht befördern konnten. Die Streitfrage lautete: War es der Mangel des überkommenen Kunstprinzips, dass es einer epochal veränderten Wirklichkeit nicht mehr zu genügen vermochte – oder waren es die mangelhaften Bedingungen dieser aufgeregten neuen Zeit, die die nach wie vor richtige und in literarischen Meisterwerken verwirklichte Kunstidee nicht mehr zur Entfaltung kommen ließen? Die Debatte ging aus vom Streit um Goethe, dem Repräsentanten dieser Kunstidee.

Goethes außerordentliches und dennoch für seine Zeit so exemplarisches Leben und Werk hatten schon früh Anerkennung und geradezu kultische Verehrung, aber auch – wegen des »Despotismus des Ruhms« (Gutzkow) und der normativen Geltungsmacht seiner Werke – Widerstand und Protest hervorgerufen. Die Tatsache, dass der Weimarer Dichterfürst sich vor allem seit 1815 sowohl reserviert bis kritisch gegen die bürgerlich-oppositionelle Freiheitsbewegung als auch gegen das zeitpolitische Engagement in der Dichtung ausgesprochen hatte, entfachte die Diskussion. Die Argumentation der Goethe-Verteidiger lautete: Der wirkliche Künstler hat die Pflicht, »zu keinem Volk und zu keiner Zeit zu gehören« und »der Zeitgenosse aller Zeiten zu sein« (Schiller); Goethe – als Künstler par excellence – hat sich konsequent verhalten, und wer ihm nicht folgen will

Kunstidee und neue Wirklichkeit

Streit um Goethe

oder kann, muss eben die Kunst aufgeben, soll aber nicht ihr Prinzip kritisieren. Diesem schon damals nicht nur von Traditionalisten sowie den Biedermeierdichtern eingenommenen (und in der literarischen Wertung z. T. bis heute aufrechterhaltenen) Standpunkt fügte der zeitgenössische Literaturhistoriker Gervinus eine liberale, provozierende Variante hinzu: Für ihn war die deutsche Nationalliteratur mit Goethes Tod zu ihrem Abschluss gekommen, eine Fortsetzung vorläufig unmöglich; nun habe sich die Nation von den Büchern zu politischen Taten zu wenden, um ihre äußere Einheit herzustellen, und erst wenn diese verwirklicht sei, könne es zu einer neuen Blüte der Literatur kommen. Auch dieses Argument kehrte seitdem in abgewandelter Form bis heute in der Diskussion immer wieder. Zu völlig entgegengesetzten Ergebnissen gelangten jedoch die – untereinander durchaus nicht konformen – Kritiker Goethes. Ihre Kritik sowie die daran anknüpfende breite Diskussion bereitete im Verlauf der 30er Jahre eine grundsätzliche literaturtheoretische Neuorientierung über die Aufgabe der Literatur und des modernen Schriftstellers im Verhältnis zur literarischen Tradition und politischen Gegenwart vor.

Ludwig Börne als Kritiker Goethes

Der Anstoß zu dieser wichtigen Debatte ging aus vom einflussreichsten Literaturkritiker der Zeit, dem ehemaligen Burschenschaftler Wolfgang Menzel (1798–1873), der in seiner 1828 veröffentlichten Darstellung *Die deutsche Literatur* provokativ erklärt hatte, Goethe sei kein Genie, sondern lediglich ein Talent, das seine Möglichkeiten in der Behandlung von gegen Sittlichkeit, Religion und Vaterland gerichteten Themen verschwendet habe. Menzels schulmeisternde Kritik war gegründet auf eine sich liberal gebärdende, in Wahrheit reaktionäre Haltung, nach der eine verbreitete spieß-bürgerlich-christliche Moral, ein offen antisemitischer Patriotismus und eine unklar an Romantik orientierte Künstlerauffassung zum Maß aller Dinge gesetzt wurden. Von solch borniert, literaturkritisch-staatsanwaltlicher Warte ist seitdem bis zur Gegenwart in Deutschland immer wieder vergiftende, denunziatorische und zu Ächtung, Verbrennung und Vertreibung aufrufende »Kritik« geübt worden, an »unchristlichen« Schriftstellern wie Goethe ebenso wie an Juden wie Heine, Humanisten wie Heinrich Mann, Sozialisten wie Bertolt Brecht oder »Sympathisanten des Terrors« wie Heinrich Böll. Die von ihrem Ursprung her ungeistige Kritik Menzels traf sich allerdings in einem bedeutsamen, in der Folgezeit viel diskutierten Anklagepunkt mit dem Vorwurf des Publizisten und Literaturkritikers Ludwig Börne (1786–1837) an Goethe: dem Vorwurf der politischen Gleichgültigkeit in den Hauptfragen der Zeit (die Börne aber nicht wie Menzel im Problem der »Nation«, sondern dem der »Freiheit« thematisiert sah). Von Anbeginn seiner literarisch-publizistischen Tätigkeit im Jahr 1818, als er die bald verbotene Zeitschrift *Die Wage* herausgab, bis zu seinem Tod 1837 als Emigrant in Paris hatte Ludwig Börne durch Argumentation und Polemik, Rezension und eigene schriftstellerische Produktion, durch Kritik an anderen Autoren und selbst praktisch vorgelebtes Vorbild für ein politisch orientiertes, das Interesse von Freiheit und Fortschritt wahrnehmendes »Zeitschriftstellertum« gekämpft. Goethe, der bedeutendste Dichter der Deutschen, hätte nach Börne die Pflicht gehabt, seine künstlerische Autorität für die Sache der bürgerlichen Freiheit und den Kampf gegen ihre Unterdrückung durch die Fürsten einzusetzen und so der Nation wie auch anderen Schriftstellern ein ermunterndes Beispiel geben müssen – aber stattdessen habe er es vorgezogen, als »Stabilitätsnarr« ein Fürstenknecht zu bleiben.

Ludwig Börne

Diese vor allem moralisch begründete Kritik wird 1846/47 von Friedrich Engels (1820–1895) auf eine neue, politische Ebene gestellt. Engels interessiert nicht mehr so sehr das Maß des persönlichen Versagens vor der geschichtlichen Aufgabe, sondern das Ausmaß der gesellschaftlichen Misere, die das Genie beschränkte: »Goethe verhält sich in seinen Werken auf eine zweifache Weise zur deutschen Gesellschaft seiner Zeit. Bald ist er ihr feindselig; er sucht der ihm widerwärtigen zu entfliehen [...]. Bald dagegen ist er ihr befreundet, ›schickt‹ sich in sie [...], ja verteidigt sie gegen die andrängende geschichtliche Bewegung [...]. So ist Goethe bald kolossal, bald kleinlich; bald trotziges, spottendes, weltverachtendes Genie, bald rücksichtsvoller, genügsamer, enger Philister. Auch Goethe war nicht imstande, die deutsche Misère zu besiegen; im Gegenteil, sie besiegte ihn, und dieser Sieg der Misère über den größten Deutschen ist der beste Beweis dafür, daß sie ›von innen heraus‹ gar nicht zu überwinden ist.« Börne hat mit seiner Goethe-Kritik gleichwohl einer ideologischen Ablösung von der als schlechthin vorbildhaft betrachteten klassischen Literatur das Wort geredet, die dann bei Heine theoretisch auf den Begriff gebracht wird. Während Börne überwiegend die Person Goethe und deren »Versagen«, Engels überwiegend die deutsche Misere akzentuiert, dringt Heine in seiner Goethe-Kritik vor zum Prinzip und damit zu einer Gesamtauseinandersetzung mit der »Goetheschen Kunstschule« und der Romantik als »Kunstperiode«.

Genie und gesell-
schaftliche Misere

Die »Goetheaner«, so führt Heine in der *Romantischen Schule* (1836) aus, »betrachten [...] die Kunst als eine unabhängige zweite Welt, die sie so hoch stellen, daß alles Treiben der Menschen, ihre Religion und ihre Moral, wechselnd und wandelbar unter ihr hin sich bewegt«. Diese politisch folgenlose Kunst aber, das war schon vor der Julirevolution Heines Meinung, »muß zu Grunde gehen, weil ihr Prinzip noch im abgelebten, alten Regime, in der heiligen römischen Reichsvergangenheit wurzelt. Deshalb, wie alle welken Überreste dieser Vergangenheit, steht sie im unerquicklichsten Widerspruch mit der Gegenwart. Dieser Widerspruch und nicht die Zeitbewegung selbst ist der Kunst so schädlich [...]. Indessen, die neue Zeit wird auch eine neue Kunst gebären, die mit ihr selbst in begeistertem Einklang sein wird, die nicht aus der verblichenen Vergangenheit ihre Symbolik zu borgen braucht und die sogar eine neue Technik, die von der seitherigen verschieden, hervorbringen muß.« In dieser von Heine wohl am weitesten begründeten Kritik an der alten bzw. in der Forderung nach einer aktuellen und neuen Kunst (Technik), die bis zu Benjamin und Brecht ihre Gültigkeit behalten sollte, folgten ihm in Deutschland die Schriftsteller des »Jungen Deutschland« (Gutzkow, Wienbarg, Laube, Mundt), freilich mit Unterschieden. Unter ihnen ist Karl Gutzkow (1811–1878) zweifellos der aktivste und produktivste Autor; seine Goethe-Kritik ist eher gemäßigt. Sein Ziel ist es, durch die Vereinigung aller demokratischen und literarisch avancierten Fraktionen eine Verständigung von innen, d. h. im Lande zu erreichen (vgl. sein Zeitschriften-Projekt *Deutsche Revue*). Dieser Versuch scheitert, aber Gutzkow bleibt als Literaturkritiker ein wichtiger Anreger und Vermittler moderner literarischer Entwicklungen im Vor- und Nachmärz, wie er sie in England und Frankreich aufmerksam verfolgt.

Kritik der Kunstperiode

Karl Gutzkow (1844)

Die Kritik der überkommenen und das Programm einer kommenden Kunst ist kein interner Streit unter Schriftstellern. »Moderne Literatur«, so formuliert Gutzkow, »heißt Abspiegelung der Zeitgenossen in den Lagen, worin diese sich befinden, Einmischung in ihre Debatten, Frage und Antwort in Sachen des allgemeinen Nachdenkens und der praktischen Philosophie.« Das Feld der Politik ist wohlweislich nicht erwähnt, aber (mit)gemeint – und die Machthaber begriffen das rasch. Auf das Konzept einer eingreifenden Literatur reagierten sie mit einem so noch nie da gewesenen Eingriff: Mit Beschluss vom 10. Dezember 1835 verbot

Jungdeutsche Literatur-
revolution?

der Bundestag, das höchste Beschlussorgan des Deutschen Bundes, eine ganze Literaturrichtung als staatsfeindliche Literatur und strengte Prozesse gegen ihre Vertreter an. Heine erkannte später, dass es weniger die gefährlichen Ideen waren, die die Staatsgewalt auf den Plan rief, sondern »die populare Form [...], die Schreibart, der Stil«. Theoretisch eher labil, schockiert durch das auf eine denunzierende Kritik Menzels zurückgehende Publikationsverbot, befangen im kritischen Kleinkrieg untereinander und mit ihren Gegnern auf der Rechten, später auch auf der Linken, reduzierte sich die Qualität des anfänglich revolutionären jungdeutschen Anspruchs rasch. »Wir kämpfen um die Wege zum Ziele, kennen aber das Ziel selbst nicht«, bekannte Gutzkow und brachte damit zum Ausdruck, dass der Kampf um eine neue zeitverbundene Literatur einerseits bereits als Anfang der angestrebten Literaturerneuerung verstanden werden müsse, dass es aber andererseits das Schicksal des modernen Schriftstellers sei, geistiger Vorläufer und Übergang zwischen gegenwärtiger Vergangenheit und angestrebter Zukunft zu bleiben. In paradoxer Annäherung an das kritisierte Prinzip der Kunstepoche verstanden sich die Jungdeutschen aber bald allein als Wegbereiter einer rein durch Literatur beförderten geistigen Emanzipation, die ihr Publikum schließlich genau dort suchten, wo es auch schon die alte Literatur gefunden hatte: im Kreis der Gebildeten, abseits von den als roh, ungebildet und ungesetzlich eingeschätzten Volksbewegungen der 30er und 40er Jahre.

Georg Büchners Kritik

Sowenig zu bestreiten ist, dass die Jungdeutschen durch ihre Themen (Eintreten für bürgerliche Freiheit, Emanzipation der Juden und Frauen, Weltbürgertum, Aufhebung der Standesunterschiede, Religionsfreiheit usw.) und durch ihr praktisches Tun als Dichter-Journalisten die Exklusivität der klassisch-romantischen Buchkultur durchbrachen und den Literaturbetrieb in folgenreicher Weise modernisierten, sowenig ist auf der anderen Seite Georg Büchners (1813–1837) politische Kritik an der halben jungdeutschen Literaturrevolution abzuweisen. 1836 schrieb er an Gutzkow: »Die Gesellschaft mittelst der Idee, von der gebildeten Klasse aus reformieren? Unmöglich! Unsere Zeit ist rein materiell; wären Sie je direkter politisch zu Werke gegangen, so wären Sie bald auf den Punkt gekommen, wo die Reform von selbst aufgehört hätte.« Büchner war es auch, der mit seinem literarischen Werk radikale Konsequenzen aus der Kritik an der Kunstepoche zog, lange bevor mit dem Programm der operativen Literatur in den 40er Jahren ein weiterer Anlauf genommen werden sollte, durch Aufhebung des »tote[n] Scheinwesen[s] der alten Kunst« (Heine), jene neue Literatur zu verwirklichen, in der »direkter politisch zu Werke gegangen« wird.

Kaum ein deutscher Schriftsteller der letzten zweihundert Jahre, sieht man von Hölderlin ab, ist so schwer in den Entwicklungsprozess der Literaturgeschichte einzuordnen wie Büchner. Obwohl ein paar Jahre jünger als die Autoren des Jungen Deutschland, begann er wie diese, sich kritisch abgrenzend von der Kunstepoche, in der Zeit nach der Julirevolution 1830 zu schreiben, überholte aber von seinem frühsozialistisch-materialistischen Standpunkt deren Theorie und literarische Praxis erheblich. Heine, dem er noch am nächsten stand, lernte er nie kennen; die sozialrevolutionäre Literatur der 40er Jahre und die Anfänge des wissenschaftlichen Sozialismus erlebte er nicht mehr – ihren Vertretern wiederum war Büchner als Revolutionär und Schriftsteller so gut wie unbekannt, weil seine wenigen Schriften vernichtet oder konfisziert, verstümmelt oder verspätet veröffentlicht worden waren. Einer breiteren Leserschaft wurde er erst seit dem Anfang des 20. Jahrhunderts bekannt, nachdem ab 1879 eine vorläufige kritische Ausgabe der Werke vorlag und zwischen 1885 und 1913 die dramatischen Werke zu Erstaufführungen gelangten. Seitdem gilt Büchner neben Lenz, Kleist und Grabbe als einer der klassischen unzeitgemäßen, ›modernen‹ Dramatiker, von den Naturalisten ebenso wie von den Expressionisten, vom politischen Theater ebenso wie vom absurden Theater als einer der ihren in Anspruch genommen. Eine weitere, nicht nur vom Typ des vormärzlichen politischen Schriftstellers abweichende Besonderheit kommt hinzu: Büchner ist zunächst einmal materialistischer Naturforscher und politisch bewusster Revolutionär, seine schriftstellerische Tätigkeit geht erst hervor aus der Verbindung von naturwissen- *Literatur und Revolution* schaftlich-philosophischer Forschung (Anatomie) und politisch-revolutionärer Praxis (Gründung der subversiven »Gesellschaft für Menschenrechte« in Gießen, die im Kontext der republikanischen und frühproletarischen Agitation nach der Julirevolution ihre Bedeutung hatte): Büchners erste Veröffentlichung ist die vom Butzbacher Pfarrer Friedrich Ludwig Weidig (1791–1837), dem wohl bedeutendsten süddeutschen Demokraten der 30er Jahre, redigierte Flugschrift *Der Hessische Landbote* (1834). Diese im Dienst der revolutionären Agitation stehende Schrift entlarvt in biblisch-einfacher und zugleich rhetorisch äußerst wirksamer Sprache detailgenau bis in die statistischen Zahlen und dennoch anschaulich die rücksichtslose Ausbeutungspraxis des feudalen, großherzoglich-hessischen Staates und seiner Nutznießer und ruft die hessischen Bauern zur revolutionären Erhebung auf.

> Friede den Hütten! Krieg den Pallästen!

> Im Jahr 1834 siehet es aus, als würde die Bibel Lügen gestraft. Es sieht aus, als hätte Gott die Bauern und Handwerker am 5ten Tage, und die Fürsten und Vornehmen am 6ten gemacht, und als hätte der Herr zu diesen gesagt: Herrschet über alles Gethier, das auf Erden kriecht, und hätte die Bauern und Bürger zum Gewürm gezählt. Das Leben der Vornehmen ist ein langer Sonntag, sie wohnen in schönen Häusern, sie tragen zierliche Kleider, sie haben feiste Gesichter und reden eine eigne Sprache; das Volk aber liegt vor ihnen wie Dünger auf dem Acker. Der Bauer geht hinter dem Pflug, der Vornehme aber geht hinter ihm und dem Pflug und treibt ihm mit den Ochsen am Pflug, er nimmt das Korn und läßt ihm die Stoppeln. Das Leben des Bauern ist ein langer Werktag; Fremde verzehren seine Aecker vor seinen Augen, sein Leib ist eine Schwiele, sein Schweiß ist das Salz auf dem Tische des Vornehmen.

Über den *Hessischen Landboten* schrieb 1878 Karl Emil Franzos, Büchners erster Herausgeber: »Zum erstenmale in Deutschland tritt darin ein Demokrat nicht für die geistigen Güter der Gebildeten ein, sondern für die materiellen der Armen und Unwissenden; zum erstenmale ist hier nicht von Preßfreiheit, Vereinsrecht und Wahlcensus die Rede, sondern von der ›großen Magenfrage‹; zum erstenmale tritt hier an die Stelle der politisch-demokratischen Agitation die social-demokratische Klage und Anklage.«

Mit realistischem, von jeglichen liberalen Illusionen unberührtem Blick hatte *Rolle der Gewalt* Büchner schon als Student im französischen Straßburg 1833 erkannt: »Wenn in unserer Zeit etwas helfen soll, so ist es Gewalt. Wir wissen, was wir von unseren Fürsten zu erwarten haben. Alles, was sie bewilligten, wurde ihnen durch die Notwendigkeit abgezwungen. Und selbst das Bewilligte wurde uns hingeworfen wie eine erbettelte Gnade und ein elendes Kinderspielzeug, um dem ewigen Maulaffen Volk seine zu eng geschnürte Wickelschnur vergessen zu machen.« Zugleich aber hatte er geschrieben, dass er sich jeder aktiven Beteiligung an re-

volutionären Aktionen enthalte, »weil ich im gegenwärtigen Zeitpunkt jede revolutionäre Bewegung als eine vergebliche Unternehmung betrachte und nicht die
Verblendung derer teile, welche in den Deutschen ein zum Kampf für sein Recht
bereites Volk sehen«. Diese Spannung von praktisch folgenreicher Erkenntnis
(herrschender Gewaltzustand, Notwendigkeit von Gegengewalt, aktive Rolle des
Volkes, wobei Büchner nur die verelendeten Bauern sieht) und der resignativen
Einsicht, »daß nichts zu tun ist«, weil das Kräfteverhältnis gegenwärtig zu ungünstig ist, bleibt für Büchner bestimmend. Sie führt dazu, dass er sich nach dem
Scheitern der durch den *Hessischen Landboten* geplanten Aktionen aus der Un-
tergrundarbeit zurückzieht und seine politische Erkenntnis auf andere Weise
wirksam zu machen versucht. Innerhalb von fünf Wochen schreibt er das Drama
Dantons Tod, das ein zentrales Thema der sich wendenden Französischen Revolution behandelt. Es ist der Jungdeutsche Gutzkow, der das Stück – wenn auch
wegen der Zensur arg verstümmelt – 1835 zum Druck bringt. Da inzwischen
steckbrieflich nach Büchner gefahndet wird, flieht er nach Straßburg, später nach
Zürich. Hier, im Exil und hauptsächlich mit der Sicherung seiner beruflichen
Existenz (Promotion, Privatdozentur) befasst, entsteht in kurzer Zeit sein übriges
literarisches Werk, das Lustspiel *Leonce und Lena*, das Fragment gebliebene So-
zialdrama *Woyzeck* und die unvollendete Erzählung *Lenz* sowie Übersetzungen.
Am 19. Februar 1837, eine Woche nach dem Tod Börnes, stirbt Büchner an Ty-
phus. Von Herwegh, der drei Jahre später, ebenfalls als Emigrant, nach Zürich
kommt, stammt die Grabinschrift: »Ein unvollendet Lied sinkt er ins Grab/ Der
Verse schönsten nimmt er mit hinab.«

Kunstideal   Büchners Kritik an der Kunstepoche ist nicht, wie bei Heine und den Jungdeutschen, theoretisch breit entfaltet; sie entspringt in mehr praktischer Form seinem
unmittelbaren politischen Wirkungsinteresse sowie den Problemen seiner literarischen Tätigkeit als Dramatiker und Erzähler. Goethe schätzte er, Hegel interessierte ihn kaum, die Romantiker und vor allem Schiller aber kritisierte er scharf
als »Idealdichter«, deren ästhetische Prinzipien er als idealistisch und »schmäh-
lichste Verachtung der menschlichen Natur« (so im *Lenz*) bekämpfte. Gegen deren Theorie und Werk setzte er seine Schriften als praktische Verwirklichung
seines Konzepts einer realistischen, gesellschaftsverbundenen Kunst. Seine anti-
idealistische, Lebens- und Kunstpraxis auf eine erkenntnisfördernde, handlungs-
orientierte Weise verbindende Grundansicht ist niedergelegt in dem Satz, den er
als Rechtfertigung des *Danton* schrieb: »Der Dichter ist kein Lehrer der Moral, er
erfindet und schafft Gestalten, er macht vergangene Zeiten wieder aufleben, und
die Leute mögen dann daraus lernen, so gut wie aus dem Studium der Geschichte und der Beobachtung dessen, was im menschlichen Leben um sie herum vor-
geht.« Und in dem bekannten Kunstgespräch im *Lenz* lässt Büchner seine Hauptfigur die ästhetische Konsequenz dieser Grundansicht, wiederum gegen den
»verklärenden« Idealismus gerichtet, präzisieren: »Ich verlange in allem – Leben,
Möglichkeit des Daseins, und dann ist's gut; wir haben dann nicht zu fragen, ob
es schön, ob es häßlich ist. Das Gefühl, daß, was geschaffen sei, Leben habe,
stehe über diesen beiden und sei das einzige Kriterium in Kunstsachen [...]. Man
muß die Menschheit lieben, um in das eigentümliche Wesen jedes einzudringen;
es darf einem keiner zu gering, keiner zu häßlich sein, erst dann kann man sie
verstehen; das unbedeutendste Gesicht macht einen tiefern Eindruck als die bloße Empfindung des Schönen, und man kann die Gestalten aus sich heraustreten
lassen, ohne etwas vom Äußern hineinzukopieren, wo einem kein Leben, keine
Muskeln, kein Puls engegenschwillt und -pocht.«

Büchner hat sich, nach der Auseinandersetzung mit dem idealistischen Einzelhelden in *Dantons Tod* und der Satire auf die »abgelebte moderne Gesellschaft« in *Leonce und Lena*, im *Lenz* und vor allem im *Woyzeck* dieser missachteten Wirklichkeit der Geringen und Hässlichen zugewandt und in der Figur des Woyzeck jene Armen und Unterdrückten auf die Bühne gestellt, die er bereits im *Hessischen Landboten* in den verelendeten Bauern angesprochen hatte. Seine expressive Technik, »die Gestalten aus sich heraustreten [zu] lassen, ohne etwas vom Äußern hineinzukopieren«, d. h. die szenisch vorgeführte Situation für sich selbst sprechen zu lassen und so Anstöße zu geben, unterscheidet sich dabei nicht nur vom Verfahren des idealistischen Dramas (Proklamation der dramatischen Lösung durch handelnde Rede der Helden), sondern auch von der Strategie der liberalen Gesinnungsdemonstration bei den Jungdeutschen und später auch bei vielen politischen Lyrikern, Heinrich Heine und Georg Weerth ausgenommen.

Ästhetik des Hässlichen

Das Programm der politischen Poesie

Seit alters her, vor allem aber seit Reformation und frühbürgerlicher Revolution, haben es die Schriftsteller als ihr Recht und ihre Pflicht angesehen, sich mit ihren Werken zu den großen weltanschaulichen und politischen Auseinandersetzungen ihrer Zeit zu äußern. Seit alters her, vor allem aber seit dem 18. Jahrhundert, sind die Schriftsteller dafür, je nach Parteinahme und Schärfe der Kritik, von den Machthabern gelobt und bezahlt bzw. gemaßregelt und verfolgt worden. Luther, Verfasser der »Marseillaise des 16. Jahrhunderts« (Engels), d. i. »Ein feste Burg ist unser Gott«, und vieler anderer kirchlicher Lieder und Schriften, vor allem aber Thomas Müntzer, Flugschriftenautor und Agitator des Bauernkrieges, wurden politisch verfolgt; Luther schloss Kompromisse (und überlebte), Müntzer blieb radikal (und wurde enthauptet). Religionskritik war auch nach der Reformation ein Politikum ersten Ranges, traf sie doch immer den mit der Kirche verbundenen feudalen, später auch bürgerlichen Staat. Das erfuhren Lessing in seinem öffentlichen Streit mit dem Pastor Goeze (die Fortsetzung des Disputes wurde ihm verboten) wie auch Fichte, als er 1799, angeklagt des Atheismus, als Philosophieprofessor entlassen wurde. Gutzkow erhielt 1835 zehn Wochen Gefängnis, weil er in seinem Roman *Wally, die Zweiflerin* in antichristlicher Weise für die »Emanzipation des Fleisches« eingetreten war. Direkte politische Stellungnahme, selbst loyale und patriotische, war nicht ungefährlich. Gleims *Grenadierlieder* (1758) zum Siebenjährigen Krieg brachten dem Verfasser Ruhm und Anerkennung; wegen ihrer dichterischen Verherrlichung der bürgerlichen Freiheitsidee wurde Klopstock und Schiller 1792 von der Pariser Nationalversammlung das französische Bürgerrecht verliehen, was ihnen im feudalen Deutschland eher schadete; Goethe hatte eine Audienz bei Napoleon, die folgenlos blieb; die preußischen Patrioten im Kampf gegen Napoleon (Kleist, Körner, Arndt u. a.) waren jedoch dem Berliner Hof überhaupt nicht genehm und wurden eher als Demagogen eingestuft. Königliche Ehrengaben und Pensionen erhielten nur die gut monarchistischen oder unpolitischen Dichter wie z. B. Geibel.

Schriftsteller und Politik

Opposition gegen die herrschenden Mächte und ihre Politik wurde offen und brutal unterdrückt. Schubart saß von 1777 an zehn Jahre auf dem Hohenasperg im Kerker, ehe er, körperlich und seelisch gebrochen, entlassen wurde; Schiller musste aus Württemberg fliehen, um diesem Schicksal zu entgehen (»Die Räuber

Unterdrückung der Opposition

kosteten mir Familie und Vaterland«). Verfolgt wurden die jakobinischen Schriftsteller; 1806 ließ Napoleon zur Warnung aller deutschen Schriftsteller den Buchhändler Palm erschießen. Metternich ordnete nach 1819 die Verfolgung der oppositionellen Intellektuellen als »Demagogen« an und bedrückte sie nach 1830 mit
verschärfter Zensur, Berufsverbot und Gefängnis. Der preußische Innenminister
v. Rochow dekretierte: »Dem Untertanen ziemt es nicht, an die Handlungen des
Staatsoberhauptes den Maßstab seiner beschränkten Einsicht anzulegen und sich
in dünkelhaftem Übermute ein öffentliches Urteil über die Rechtmäßigkeit derselben anzumaßen.« Die Folgen: Zwischen 1830 und 1848 stieg die Zahl der deutschen Emigranten in Frankreich von 30 000 auf 170 000, in der Schweiz von
20 000 auf 40 000, in Belgien von 5 000 auf 13 000. Die verschärfte Verfolgung
oppositioneller Dichtung im Vormärz schien zunächst erfolgreich und damit zu
bestätigen, was das in polemischer Absicht viel zitierte Wort aus Goethes *Faust*
(»Ein garstig Lied! Pfui! ein politisch Lied/ ein leidig Lied!«) ursprünglich meinte:
Sich in der Literatur auf Politik einlassen, schafft für Autor und Leserschaft Ver-
druss; es ist allemal klüger, stattdessen mit dem Bierstudenten Brander ein unver-
fängliches »Lied vom neusten Schnitt« anzustimmen. Und dennoch war gerade
ab 1830 nicht zu unterbinden, dass viele Schriftsteller und Gelehrte nicht nur in
ihrem Werk direkt politisierten (von Verfassungsfragen bis zum sozialen Elend),
sondern sich auch praktisch betätigten (als Parlamentarier: Uhland, Grimm,
Arndt, Blum u. a.; im Untergrund: Follen, der Pfarrer Weidig, Büchner, Herwegh
u. a.). Wie war das möglich?

Politisierung der Literatur   Durch die Entstehung und Erweiterung des Literaturmarktes konnte im Vormärz das gedruckte Wort nicht nur rascher und wirksamer in weite Bevölke-
rungskreise getragen werden, zugleich ermöglichte die Herausbildung eines zah-
lungskräftigen und -bereiten, lesekundigen und interessierten Publikums den
engagierten Schriftstellern, sich aus der im kleinstaatlichen Deutschland traditionellen Abhängigkeit vom feudalen Dienstherrn und Mäzen zu befreien und ihre
Kritik offen auszusprechen. Die Zensur drückte zwar zwischen 1789 und 1848
viele Ansätze eines politischen Engagements von Schriftstellern nieder und defor-
mierte das Verhältnis von Politik und Literatur nachhaltig, dennoch verfehlte sie
gerade dann ihren Zweck – die Wiederherstellung der alten Botmäßigkeit –, als
sie in den 40er Jahren so unnachsichtig wie noch nie zuvor in der deutschen Literaturgeschichte gehandhabt wurde. Denn dieses letzte Jahrzehnt vor dem Ausbruch der Revolution von 1848 war zugleich die Zeit, in der sich die Politisierung
der Literatur radikal zuspitzte und im Programm der politischen Poesie erstmals
ihre theoretische Rechtfertigung fand. Programmatik und Problematik der politischen Poesie – ein Begriff, der erst im Vormärz als Kampfbegriff und Manifestation einer völlig neuen Literaturentwicklung entstanden ist – entfalteten sich auf
dem Hintergrund der verschärften politischen Auseinandersetzungen sowie
gleichzeitig auf dem Hintergrund der verschärften Diskussion über das ästhetische Erbe der »Kunstperiode«. In Anbetracht der von den klassisch-romantischen
Schriftstellern bewusst vollzogenen Abwendung von der unmittelbaren politischen Welt und ihrer Zuwendung zu einer sich darüber erhebenden moralisch-
ästhetischen Welt war es zunächst notwendig, den Bereich von Staat und Politik
als einen nicht nur zulässigen, sondern sogar zentralen Gegenstand von Kunst
und Literatur zu begründen.

Politische Poesie   »Es ist eine bekannte Thatsache, daß bei uns Deutschen Poesie und Politik als
entschiedene und durchaus unversöhnbare Gegensätze betrachtet werden – oder
doch wenigstens bis vor ganz Kurzem so betrachtet wurden: und daß demgemäß

politische Poesie bei der Mehrzahl von uns für ein Ding gilt, welches entweder, als unmöglich nicht existirt, oder, als unberechtigt, doch nicht existiren sollte.« (R. Prutz, 1843). Legitimiert durch eine längere Tradition von entsprechenden Ansichten über das Verhältnis von Dichtung und Politik seit den 90er Jahren des 18. Jahrhunderts und von Goethe noch in seinen letzten Lebensjahren bekräftigt, besaß die These von der ästhetischen Unvereinbarkeit von Poesie und Politik geradezu dogmatische Kraft. Sie wog auch im Vormärz noch viel, vor allem bei den Dichtern, die sich der Klassik und Romantik ästhetisch verpflichtet fühlten. Aber auch die Schriftsteller, die sich im Verlaufe des Vormärz zu politischen Dichtern entwickelten, gingen zunächst von einer ausdrücklichen Bejahung dieser These aus. Börne, der seit 1819 entschieden für ein politisches Zeitschriftstellertum eintrat, meinte immer nur den Journalisten und Prosaisten, nicht den Poeten. Ludwig Wienbarg, der Theoretiker des Jungen Deutschland, ging zwar schon weiter, wenn er auch dem Lyriker politische Anteilnahme am Zeitgeschehen zugestand, doch schränkte er dies sogleich wieder ein, wenn er die Anteilnahme als lyrische Widerspiegelung verstanden wissen wollte, nicht aber als direkt Partei ergreifenden Versuch, »auf den politischen Sinn des Lesers zu wirken.« Heine schloss bis Anfang der 40er Jahre die Poesie bei der literarischen Beförderung politischer Interessen ausdrücklich aus (»diese wollen wir befördern, aber nur in guter Prosa«). Selbst Georg Herwegh und Ferdinand Freiligrath äußerten noch wenige Jahre vor ihrem Auftreten als gefeierte politische Lyriker, dass die Poesie das »Ewige« zum Inhalt habe »und nicht immer mit dem verfluchten Dreck und Schund unseres kläglichen, miserablen Menschen- und Staatslebens zu schaffen haben« soll (Freiligrath, 1841). Erst in den 40er Jahren bildete sich ein Standpunkt heraus, der klar mit dem überlieferten ästhetischen Dogma brach und von Robert Prutz, der selbst auch als politischer Lyriker hervorgetreten war, folgendermaßen formuliert wurde: »Wo in einer Nation politisches Bewusstsein ist, da wird dieses Bewusstsein auch seinen poetischen Ausdruck finden, da wird es eine politische Poesie geben. Und ferner: Wo wirklich eine politische Poesie ist, da muss die Politik bereits der Inhalt des schönen Individuums geworden sein. Das eine deutet auf das andere; die Politik ist zur Poesie berechtigt und die Poesie zur Politik.« Politische Dichtung war, so betrachtet, nicht bloß eine neue Variante von Dichtung, sondern der geschichtsbedingte Ausdruck einer Erweiterung von Poesie, die grundsätzlich und bewusst wahrgenommene politische Qualität besitzt.

Zum anderen kam es darauf an nachzuweisen, dass die notwendige Parteilichkeit und ›Tendenz‹ des politischen Dichters nicht das Ende seines Künstlertums bedeutet, sondern im Gegenteil dieses erst eigentlich begründet. An *Schönheit und Tendenz* dieser für die Rolle der Dichtung in den Klassenauseinandersetzungen zentralen Frage entzündete sich erstmals im Vormärz eine Debatte, die in ihren Grundzügen – wenn auch in zeittypisch differenzierter Form und mit großen Unterbrechungen – bis heute fortgesetzt wurde und aktuell geblieben ist. Für die Zeitgenossen gab der Lyriker Georg Herwegh, wenn auch sein Ruhm nur kurze Zeit dauerte, das erste überzeugende Beispiel für die Möglichkeit einer sowohl ästhetisch schönen als auch politisch eingreifenden Dichtung, die bis dahin gerne als »Tendenzpoesie« kritisiert worden war. Schönheit und Tendenz waren in Herweghs Dichtungsverständnis deswegen eng miteinander verbunden, weil der wirkliche Dichter nicht nur der Schönheit, dem »obersten Gesetz jeder Ästhetik«, verpflichtet war, sondern zugleich auch seinem Volk und seiner Zeit, die in einem Gedicht einmal die »Madonna der Poeten« genannt wird.

Titelblatt

Parteilichkeit

An die deutschen Dichter (1840)

Seid stolz! es klingt kein Gold der Welt
Wie eurer Saiten Gold;
Es ist kein Fürst so hoch gestellt,
Daß ihr ihm dienen sollt!
Trotz Erz und Marmor stürb er doch,
Wenn ihr ihn sterben ließet;
Der schönste Purpur ist annoch
Das Blut, das ihr als Lied vergießet!
[...]
Dem Volke nur seid zugetan,
Jauchzt ihm voran zur Schlacht,
Und liegt's verwundet auf dem Plan,
So pfleget sein und wacht!
Und so man ihm den letzten Rest
Der Freiheit will verkümmern,
So haltet nur am Schwerte fest
Und laßt die Harfen uns zertrümmern!

Demokratische Tendenz

Da der Dichter mit dem Volk zu gehen hatte, da das Prinzip der neuen Literatur (gemeint ist die vor allem seit 1840 anschwellende politische Lyrik, deren hervorragendster Vertreter Herwegh selbst war) ›demokratisch‹ war, wie Herwegh immer wieder betonte, musste der Dichter notwendig in Opposition sowohl zu den undemokratischen gesellschaftlichen Verhältnissen des Vormärz als auch zu der als aristokratisch empfundenen klassisch-romantischen Literatur geraten. Die aus dieser Opposition resultierende politische Poesie war für ihn in einem höheren Sinne Tendenzdichtung, weil die dichterische Anteilnahme an der Zeit, die nach Herwegh »ein integrierender Teil« der Ewigkeit ist, und ihm andererseits das Ewige als Tendenz galt. Wenn so die politische Poesie die »ewige Tendenz« der Freiheit aussprach, so war diese Formel trotz ihrer zu bloßer Rhetorik einladenden Allgemeinheit politisch brisant genug, musste sie doch im Vormärz zugleich als Tendenz der liberalen und demokratischen Opposition parteiisch werden. Wiederum war Herwegh einer der Ersten, der diese Konsequenz bewusst und entschlossen zog.

In der Auseinandersetzung mit Ferdinand Freiligrath (1810–1876), der in seinem Gedicht »Aus Spanien« (1841) erklärt hatte: »Der Dichter steht auf einer höhern Warte,/ als auf den Zinnen der Partei«, legte Herwegh offen dar, dass der Dichter in Anbetracht der politischen Situation Partei zu ergreifen und »einseitige Richtung« zu vertreten habe, »da unsere Universalität ewig nicht zum Handeln kommt«. So hielt Herwegh in seinem berühmten und umstrittenen Gedicht »Die Partei« (1842) Freiligrath und allen indifferenten Dichtern entgegen:

Ferdinand Freiligrath

Ihr müßt das Herz an *eine* Karte wagen,
Die Ruhe über Wolken ziemt euch nicht;
Ihr müßt euch mit in diesem Kampfe schlagen,
Ein Schwert in eurer Hand ist das Gedicht.
O wählt ein Banner, und ich bin zufrieden,
Ob's auch ein andres, denn das meine sei;
Ich hab gewählt, ich habe mich entschieden,
Und *meinen* Lorbeer flechte die Partei!

Mit diesen Versen redete Herwegh keineswegs einem Dichten das Wort, das sich zum Zwecke der Propaganda in den Dienst einer politischen Partei stellen sollte. Politische Parteien begannen sich im Vormärz erst allmählich herauszubilden; Parteiorganisationen im modernen Sinne bestanden damals noch nicht. Herwegh trat vielmehr ganz allgemein für das Parteinehmen ein, womit er vor allem die tradierte Haltung der Überparteilichkeit anzweifelte, die mit Freiligrath viele Dichter in der Nachfolge Goethes behaupteten (»Sowie ein Dichter politisch wirken will, muß er sich einer Partei hingeben, und sowie er dieses tut, ist er als Poet verloren«; Goethe, 1832). Gottfried Keller, im Vormärz ein glühender Verehrer Herweghs, urteilte noch schärfer: »Wer *über* den Partein sich wähnt mit stolzen Mienen,/ Der steht zumeist vielmehr beträchtlich *unter* ihnen.« 1843 freilich stieg auch Freiligrath von der höheren Warte auf die Zinnen der Partei und bekannte im Vorwort zu seiner neuen politischen Gedichtsammlung *Ein Glaubensbekenntnis*: »Fest und unerschüttert trete ich auf die Seite derer, die mit Stirn und Brust der Reaktion sich entgegenstemmen.« Bald genügte ihm auch diese Parteinahme für die politische Opposition gegen die Reaktion, die von den verschiedensten politischen Gruppen bekämpft wurde, nicht mehr. Nun kam es ihm darauf an zu sagen, für welche dieser Gruppen er Partei nehmen wollte – und mit diesem Bekenntnis für eine bestimmte Partei, nämlich die des »Communismus«, ging Freiligrath über die herweghsche Forderung beträchtlich hinaus.

Kritik der politischen Poesie: Der Widerstreit von politischer Tendenz und literarischer Praxis

Lässt man einmal die konservative Kritik beiseite, für die – damals wie heute – politische Dichtung ein Widerspruch in sich bleibt, so gab es bereits im Vormärz auch eine Kritik, die bei grundsätzlicher Anerkennung des Prinzips engagierter Dichtung doch anzweifelte, ob die von Herwegh, Freiligrath, Hoffmann von Fallersleben u. a. verwirklichte politische Poesie zu bejahen sei. Der erste Einwand betraf die politische Tendenz, der zweite die literarische Technik – beide sind eng miteinander verbunden. Die durch den jungen Herwegh repräsentierte politische Lyrik war liberal, d.h. sie gründete sich auf die bürgerlichen Forderungen nach Freiheit, nationaler Einheit, Verfassung und Recht. Die liberalen Lyriker wollten Kräfte für diesen Kampf durch Mobilisierung der Gefühle (Liebe, Hass, Begeisterung, Empörung) freimachen, trugen aber gleichzeitig dazu bei, die Kluft zwischen Schriftsteller und politischer Realität größer werden zu lassen, weil Politik eher wie Religion behandelt wurde. Da das konkrete politische Wissen der meisten politischen Lyriker ohnehin gering war, leistete diese Poesie auch der Neigung Vorschub, die mangelhafte politische Bildung durch Leidenschaft, Begeisterung und »Gesinnung«, die keine weitere Rechenschaft abzulegen brauchten, zu ersetzen. Als politische Gelegenheitsdichtung verwirklichte sie sich so überwiegend in der Form der subjektiven Selbstaussprache, d. h. zuerst in Ausweitung des goetheschen Erlebnisbegriffs als Bekenntnis einer politischen Erweckung, mit dem Ziel, »die eigene Begeisterung fortzuleiten und fremde wachzuhalten« (Freiligrath). Aber auch in der Form der kollektiven Gefühlskundgabe, der Gesinnungs-

Kunst oder Gelegenheitsdichtung?

demonstration einer »Gemeinschaft«, entstand in Liedern, patriotisch-politischen Gesängen und Hymnen (wozu auch die damals entstandene, spätere deutsche Nationalhymne »Deutschland, Deutschland über alles« von Hoffmann von Fallersleben gehört) eine volkstümliche Bewegung, die viele Lyriker zu politischen Volkssängern werden ließ.

Heines Kritik

Heines scharfe Kritik an den Tendenzdichtern der 40er Jahre, die ihm zu Unrecht den Vorwurf des Verrats an der guten Sache eintrug, trifft wohl den Kern. Wenn er Herwegh tadelt, seine politische Begeisterung mache ihn blind für die politischen und sozialen Realitäten und erzeuge schädliche Illusionen, wenn er den Freiheitssängern die Allgemeinheit ihres Protestes vorwirft, die Heuchlern und Dilettanten die Bahn eröffne, dann spricht sich darin die Sorge aus, dass bei einer solchen Handhabung die Waffe der politischen Dichtung, der sich Heine selbst bediente, stumpf werde (vgl. dazu Heines Gedichte »An Georg Herwegh«, 1841; »Die Tendenz«, 1842; »An einen politischen Dichter«, 1841). Darin eingeschlossen ist der entschiedene Zweifel des Künstlers Heine daran, dass diese zwar volkstümliche, aber politisch illusionäre Poesie, die auf dem traditionellen Prinzip der Begeisterung beruhte, den Vorgriff auf jenes operative künstlerische Verfahren, auf jene »neue Technik« ermöglichen würde, die nach Heine nötig ist, um auf die sich verändernde gesellschaftliche Realität mit kritischer Kunst reagieren zu können. Heine versuchte, diese neue Schreibweise in seinen Zeitgedichten, politischen Versepen und Prosatexten selbst zu praktizieren, wobei er sich darum bemühte, Momente des Subjektiven und Distanzierten, des Sinnlichen und Ironischen, des Assoziativen und Offenen zu kombinieren. Er wurde damit zum Beiträger der »Urgeschichte der Moderne«, in der von Anfang an Revolutionierung der ästhetischen Mittel (Technik) und politische Parteilichkeit (Tendenz) ein spannungsvolles, z. T. auch ambivalentes Verhältnis eingingen. Ob das Heine und neben ihm anderen politischen Schriftstellern bereits im Vormärz gelungen ist oder erst durch die Verarbeitung der Revolution von 1848/49 in Gang gesetzt wurde, ist eine diskutierte Frage. Ist das »bessere Lied«, das Heine singen will, eines, das die »Fahne der Empörung« (Herwegh) gar nicht mehr unmittelbar vorantragen will? Der Kunstanspruch minderte zwar das Zensurproblem, schwächte aber die operative Funktion; umgekehrt zog die Verschärfung des politischen Engagements die Zensur nach sich und bedrohte die Kunstform.

Agitation

Dementsprechend geriet auch die spätere, politisch präzisere, da parteiliche Lyrik Herwegh und vor allem Freiligraths in die Kritik. In dem Gedicht »Wie man's macht!« (1846) hatte Freiligrath vorgeschlagen, in der Stunde der größten Not zunächst das Landwehr-Zeughaus zu stürmen, sich dort zu bewaffnen und mit dem örtlichen Militär, das überlaufen würde, zur Hauptstadt zu ziehen:

> [...] Anschwillt ihr Zug lawinengleich!
> Umstürzt der Thron, die Krone fällt, in seinen Angeln ächzt das Reich!
> Aus Brand und Glut erhebt das Volk sieghaft sein lang zertreten Haupt!
> Wehen hat jegliche Geburt! – So wird es kommen, eh ihr glaubt!

Aufruf zur Revolution

Dieses Gedicht war für die damalige Zeit unerhört, nicht nur, weil es von einem bis dato im deutschen Bürgertum so wohlangesehenen Dichter wie Freiligrath stammte, sondern zugleich auch deswegen, weil es die proletarische Revolution – gerade von der Möglichkeit ihrer technischen Durchführbarkeit her – als verwirklichbar vor Augen führte und obendrein noch empfahl. Gleichwohl wurde es von Marx und Engels gerade wegen der in ihm enthaltenen Unterstellung verworfen,

Sturm auf das Berliner
Zeughaus 1848

dass es nur auf den Mut und den festen Willen einer Gruppe entschlossener Revolutionäre ankomme, um die Macht zu erobern. Ironisch bemerkten sie zu der
im Gedicht vorweggenommenen Revolution (die dann allerdings zwei Jahre später tatsächlich ausbrach), »daß über der ganzen Prozedur gewiß keinem einzigen
Mitglied des Proletarierbataillons die Pfeife ausgegangen ist.« Für sie galt, was
schon 1838 der später von Marx bekämpfte Arnold Ruge geschrieben hatte: »Eine
Revolution wird nicht gemacht, sie macht sich, d.h. wenn sie eintritt, so ist die
Gewaltsamkeit der Entwicklung historisch notwendig.« Die sozialistische Agitation geht von dieser historischen Notwendigkeit der Revolution aus. Ihr Ziel ist es,
die Einsicht in die Unausweichlichkeit dieses Prozesses zu vertiefen, um Widerstände gegen die revolutionäre Tat abzubauen. Dabei kam es zu weiteren Veränderungen der operativen Schreibweisen, an deren äußerstem Ende sogar das
»Zertrümmern der Harfen« bzw. die politische Tat selbst standen.

    Es war das Elend der – in gebundenen Büchern gesammelten und auf dem li-   *Revolutionäre Literatur?*
terarischen Markt vertriebenen – politischen Poesie, Politik-Ersatz zu bleiben,
d.h. immer noch Kunstprodukt zu sein, obwohl sie ästhetisch darüber hinaus
wollte, und als Ware einem Verwertungsinteresse verhaftet zu bleiben, obwohl
sie politisch dagegen anging. Die Durchbrechung dieser Formbestimmtheit vollzog sich im Zeichen der sozialistischen Agitation, am entschiedensten bei Georg
Weerth. Auffällig dabei war die Veränderung der Technik durch die Veränderung
der Verbreitungsform und Erweiterung des Adressatenkreises: vom geschlossenen Buch (Lyriksammlung, Roman, Lesedrama usw.) zu Flugblättern, Plakaten,
zur Zeitung usw.; von den literarischen Großformen zu den Kurzformen (journalistische Kleinprosa wie Feuilleton, Glosse, Reportage, Essay usw.; Satire, Witz,
Karikatur, Lied). In dem Maße, wie die bürgerlich-demokratische Literatur nach
1849 ihre politische Perspektive verlor und an die sozialistische Literatur abtrat,
wurden diese operativen Formen mehr und mehr zu einer Subliteratur, die keine
Aufnahme in den Kanon bürgerlicher Literatur fand.

Literatur und Sozialismus in Vor- und Nachmärz

Anfänge sozialistischer Literatur

Die Frage, ob es im Vormärz eine eigene sozialistische Literatur gibt und welche Autoren bzw. Texte ihr angehören, ist kaum eindeutig zu beantworten. Einerseits kann nicht bezweifelt werden, dass Deutschland in der ersten Hälfte des 19. Jahrhunderts am Vorabend einer bürgerlichen Revolution (daher: ›Vor‹-März) stand und die führende Kraft der antifeudalen Bewegung das Bürgertum war, während das Proletariat sich erst in den letzten Jahren vor und dann in der Revolution von 1848 als politisch selbstbewusste Klasse herauszubilden begann. So betrachtet geht es in dieser Epoche um den Politisierungsprozess der bürgerlichen Literatur; die frühe sozialistische Literatur kann in erster Linie als äußerste Radikalisierung bürgerlicher Philosophie und Dichtung verstanden werden. Dies drückt sich aus in der engen Bezugnahme der sich konstituierenden sozialistischen Theorie auf die Aufklärung und Hegel (beim Marx der *Frühschriften*), Kritik der idealistischen Kunstepoche (bei Heine), dem Programm der politischen Poesie (bei den politischen Lyrikern) und nicht zuletzt in der bürgerlichen Herkunft der meisten für den Sozialismus eintretenden Schriftsteller, die erst in einem mehr oder weniger komplizierten ideologischen Ablösungsprozess »zum theoretischen Verständnis der ganzen geschichtlichen Bewegung sich hinaufgearbeitet haben« (Marx). – Auf der anderen Seite wäre nichts verkehrter, als die Entstehung der mit dem Proletariat verbundenen Literatur von ihren vormärzlichen Anfängen abzuschneiden. Innerhalb des breiten Radikalisierungsprozesses der bürgerlichen Philosophie und Literatur gibt es durchaus qualitativ veränderte (neue) Ansätze einer sozialistischen Literatur, die der theoretischen Selbstverständigung des Proletariats als politischer Kraft sowie der künstlerischen Gestaltung proletarischer Identität dienen will. Sie sind im Rahmen einer Literaturgeschichte auch dann zu berücksichtigen, wenn die dafür in Frage kommenden Texte überwiegend theoretisch-wissenschaftlich-publizistischer Natur sind bzw. aus dem sog. subliterarischen Bereich (Volksliteratur) stammen.

Am Vorabend einer bürgerlichen Revolution

Wichtige Theoretiker

Für die Selbstverständigung der revolutionär-demokratischen deutschen Intelligenz sowie die Mobilisierung der frühen deutschen Arbeiterbewegung spielten theoretische Schriften (Analysen, Flugschriften, Publizistik) eine erhebliche Rolle. Erste bedeutende Zeugnisse früher sozialistischer (kommunistischer) Propaganda und Lyrik waren in den 30er Jahren die Flugschriften und Lieder deutscher Handwerker und Arbeiter, die sich im Exil (Paris, Schweiz) ebenso wie in deutschen Territorien in einer Reihe von geheimen Bünden zusammenschlossen (Frankfurter Männerbund, Gesellschaft der Menschenrechte, Deutscher Volksverein, Bund der Geächteten, Bund der Gerechten u. a.). Der wichtigste Theoretiker dieser in sich noch durchaus verschiedenen frühsozialistischen Bewegungen war der Schneidergeselle Wilhelm Weitling (1808–1871) mit seiner Programmschrift über die Selbstbefreiung der Proletarier, *Die Menschheit, wie sie ist und wie sie sein sollte* (1838/39) und dem Buch *Garantien der Harmonie und Freiheit* (1842), das Karl Marx später als »maßloses und brillantes literarisches Debut der deutschen Arbeiter« anerkannte. Die im Umkreis dieses sog. »Handwerkerkommunismus« entstandenen politischen Gedichte und Lieder wurden sowohl in besonderen Liederbüchern (*Deutsche Volksstimme*, 1833; *Volksklänge*, 1841 u. a.) als auch mündlich durch die wandernden Handwerksburschen selbst (»Propaganda zu Fuß«) verbreitet. In den 40er Jahren entwickelte sich in Anlehnung an den französischen und englischen utopischen Sozialismus die Theorie des »Wahren Sozialismus«,

derzufolge die moralische Besserung der Kapitalisten und Proletarier den Klassenkampf und die soziale Revolution ersetzen soll. In ihrem Gefolge und zugleich
angesichts des wachsenden sozialen Elends in Großstädten, Industriebezirken
und auch auf dem Lande entstand in Deutschland eine sozialkritische Literatur
von erheblichem Umfang (Gedichtsammlungen wie Karl Becks (1817–1879) *Lieder vom armen Mann*, 1846; Fabrikarbeiter- und Industrieromane wie Ernst Will-
komms (1810–1886) *Eisen, Gold und Geist*, 1843, und *Weiße Sklaven*, 1845; Reportagen wie Wilhelm Wolffs (1809–1864) *Die Kasematten*, 1843, über Armenasyle
und Ernst Dronkes (1822–1891) *Polizeigeschichten*, 1846, sowie sein Großstadtbe-
richt *Berlin*, 1846). Adressat dieser überwiegend an das Mitleid appellierenden
und zur Reform mahnenden Literatur blieb aber das aufgeklärte Bürgertum.

Allegorie auf das Verbot
der *Rheinischen Zeitung*
(1843): Marx als Prome-
theus an die Drucker-
presse gebunden.

Diesem Bürgertum, das über Literatur durch moralische Appelle emotional aufgerüttelt und durch Argumentation zu Bewusstseinsveränderung und Vernunft
kommen sollte, war die Aufgabe zugedacht, auf gewaltlose Art die Emanzipation
von Proletariern und Bürgern zu »Menschen« in Gang zu setzen. Ausgehend von
der Verschärfung der sozialen Widersprüche seit dem schlesischen Weberaufstand
1844 entwickelten dann Karl Marx (1818–1883) und Friedrich Engels (1820–1895)
in ihrer gemeinsamen Kritik des Linkshegelianismus und der Theorie des »Wahren Sozialismus« (*Die heilige Familie*, 1844/45; *Die deutsche Ideologie*, 1845/46;
Das Elend der Philosophie, 1847) zugleich die Grundsätze des wissenschaftlichen
Sozialismus als historisch-materialistische Theorie des Klassenkampfs, die sie im
Februar 1848, mit dem Ausbruch der Revolution von 1848 im *Manifest der Kommunistischen Partei* noch einmal bündig zusammenfassten. In ihrem Eintreten für
die revolutionären Interessen des Proletariats und der direkten Adressierung an
die Arbeiter als Subjekt der Geschichte (»Proletarier aller Länder vereinigt euch«)
gewannen Marx und Engels die Freundschaft und Unterstützung vieler Schriftsteller von Heine und Herwegh über Freiligrath, Wilhelm Wolff, Ernst Dronke bis zu
Georg Weerth u. a., von denen die meisten vor allem in der Revolution von 1848
als publizistische und dichtende Mitstreiter im bedeutendsten Sprachrohr der Linken, der *Neuen Rheinischen Zeitung*, auftraten. Eine Reihe der besten Texte von
Freiligrath (»Trotz alledem«, »Abschiedswort an die Neue Rheinische Zeitung«)
und vor allem von Weerth (z.B. der satirische Feuilletonroman *Leben und Taten
des berühmten Ritters Schnapphahnski*) erschienen bis 1849 in dieser Zeitung.

Georg Weerth (1822–1856) ist, obwohl Friedrich Engels ihn schon 1883 als
»den ersten und bedeutendsten Dichter des deutschen Proletariats« hervorgehoben hatte, in der Literaturgeschichte bis weit ins 20. Jahrhundert so gut wie unbekannt geblieben. Durch einen langjährigen Aufenthalt in England und einen
engen geistigen Austausch mit Engels zum überzeugten Sozialisten geworden,
schreibt er Ende 1844: »Wir brauchen hier nur zwei Jahre hintereinander eine
Mißernte zu haben, außerdem irgendein Pech in der kommerziellen Welt, und die
Revolution ist fertig. Eine Revolution nicht gegen königliche Gewalt, gegen parla-
mentarische Albernheiten oder gegen die Religion, sondern gegen das Eigentum.«
Als Journalist, als öffentlicher Redner (wie z.B. auf dem Brüsseler Freihandels-
kongress 1847) und nicht zuletzt als politischer Lyriker setzte er sich für diese
Überzeugung ein. Klar und deutlich heißt es in seinem Gedicht »Die Industrie«:

> Doch Tränen fließen jedem großen Krieg,
> Es führt die Not nur zu gewisserm Sieg;
> Und wer sie schmieden lernte, Schwert und Ketten,
> Kann mit dem Schwert aus Ketten sich erretten!

Georg Weerth

Immer wieder weist Weerth am Ende seiner Gedichte auf die kommende Revolution hin – und indem er sie ankündigt, befestigt er im Bewusstsein seiner Leserschaft die Gewissheit, dass sie unausweichlich nahen wird. Er ruft selten, wie Herwegh, als Dichter zur revolutionären Tat auf, er lässt vielmehr im Gedicht die Proletarier drohend über die kommende Revolution sprechen oder aber, wie zumeist in den *Liedern aus Lancashire*, die dargestellte Elendssituation für sich wirken, ohne noch ausdrücklich auf die politischen Folgen einzugehen. So agitiert Weerth für eine proletarische Revolution, die er als im Schoß der Gegenwart angelegt und »historisch notwendig« betrachtet. Die Technik des Angriffs durch beschreibenden Zugriff und durch kommentierendes Zitieren hat Weerth meisterhaft in seiner kleinen Prosa, besonders in Beiträgen für die *Neue Rheinische Zeitung* vom Juni 1848 bis Mai 1849, entwickelt. Die größte Arbeit in diesem Zusammenhang trägt den Heines *Atta Troll* entlehnten Titel *Leben und Taten des berühmten Ritters Schnapphahnski*. Sie brachte ihm wegen der Anspielungen auf den im September 1848 in Frankfurt erschossenen Fürsten Felix Lichnowsky eine Gefängnisstrafe ein, auch wenn er sich verteidigte: »Ich habe nicht die Persiflage eines gewissen Menschen geliefert, nein, ich schilderte eine ganze Klasse der Gesellschaft.«

Adolf Strodtmann

In der Interpretation der Revolution als »historisch notwendig« folgt Weerth ein junger sozialistischer Lyriker, der in seinen Gedichten den Klassenkampf propagierte: Adolf Strodtmann (1829–1879). In dem Gedicht »Kasematten-Parlament in Rastatt« (1849) gelingt es ihm, am Beispiel des ungebrochenen Protests der eingekerkerten Revolutionäre die Situation des Proletariats aufzuzeigen und die Notwendigkeit des Kampfes gegen Unterdrückung und Ausbeutung darzustellen. Zu den von schwerer Zwangsarbeit ermatteten Häftlingen lässt der Dichter ihren Sprecher die Gewissheit aussprechen, dass trotz der fehlgeschlagenen Revolution diejenigen, »durch deren Arm die Menschheit lebt«, »die ewig schaffend, nie erwerben«, über den »Wuchersinn« des »Krämertrosses« dereinst siegen werden, dem die Welt »ein Krämerhaus der Waren« ist. In dieser Gewissheit lässt Strodtmann sich auch nicht durch das endgültige Scheitern der Revolution erschüttern. Wenn Freiligrath, eher die politische Revolution ins Auge fassend, Anfang 1848 erklärt: »Wir sagen kurz: ›Wir oder du!/ Volk heißt es oder Krone!‹«, zielen Strodtmann und mit ihm andere sozialistische Schriftsteller auf die soziale Revolution: »Wir oder sie!/ s'wird anders nie!« 1851 heißt es im »Arbeiterlied« erläuternd:

Arbeiterlied

> Hinaus zum Kampf! Die Freiheit führt uns an!
> Fortan gehört die Welt dem Arbeitsmann!

Diesen Kerngedanken der sozialistischen Agitation hebt auch Herwegh in seinem »Bundeslied für den Allgemeinen Deutschen Arbeiterverein« besonders hervor, einem Lied, das zwar erst 1863 verfasst wurde, gleichwohl aber seinem Geiste nach dem Vormärz zugehört:

Bundeslied

> Mann der Arbeit aufgewacht!
> Und erkenne deine Macht!
> Alle Räder stehen still,
> Wenn dein starker Arm es will.

Daneben gab es während der Revolution eine vielgestaltige, zum größten Teil anonym gebliebene kritisch-satirische und lyrische Flugblattliteratur von und für

In den Kasematten von
Rastatt

Arbeiter, vor allem in Berlin und Wien. In Luise Otto-Peters, der späteren Grün-
derin des Allgemeinen deutschen Frauenvereins, und ihrer Schrift *Die Adresse
eines deutschen Mädchens* (1848) kamen bereits die Forderungen der (proletarischen) Frauen zur Sprache.

Die Niederlage der bürgerlich-demokratischen Revolution 1848/49 hatte bedeutsame Konsequenzen für die (Fort-)Entwicklung der sozialistischen Literatur.
Zur wirtschaftlichen Not, die bereits unmittelbarer Anlass der Revolution gewesen war und die sich durch Verlauf und Ergebnis der Revolutionsjahre nicht verbessert hatte, kam nun noch die politische Verfolgung durch die siegreiche Reaktion. Folge: Zwischen 1848 und 1855 wanderten ca. eine Million Deutsche aus
(im ehemals aufständischen Baden rund ein Zehntel der Bevölkerung!), darunter
nicht wenige politische Flüchtlinge. Das materielle und psychische Elend dieser
Auswanderer, politisch Verfolgten und Enttäuschten dokumentiert sich in vielen
autobiographischen Zeugnissen der Zeit, wobei allerdings das proletarische
Schicksal literarisch stark unterrepräsentiert blieb (Carl Schurz: *Lebenserinnerungen*, 1906/12; Malwida von Meysenbug: *Memoiren einer Idealistin*, 1876; Ste-

*Sozialistische Literatur im
Nachmärz*

*Auswanderungswelle als
Folge von 1848*

phan Born: *Erinnerungen eines Achtundvierzigers*, 1898 u. a.). Die inländische Unterdrückung der demokratisch-sozialistischen Organisationen, Publikations- und Kommunikationsformen brachte die gerade erst in Gang gekommene proletarische Literatur zunächst völlig zum Erliegen. Der politische Selbstverständigungsprozess jener (überwiegend bürgerlichen) Schriftsteller, die vor und in der Revolution für den Sozialismus Partei ergriffen hatten, geriet im Exil in schwere Krisen. Heine, isoliert durch seine Krankheit, blieb trotz Zweifel und Skepsis prinzipientreu, sowohl in seiner ästhetischen Praxis als auch in seinem politischen Standpunkt (vgl. das französische Vorwort zur *Lutetia*, 1855). Herwegh veröffentlichte nur noch selten, das Wenige kennzeichnet ihn jedoch als entschiedenen Demokraten (ab 1869 Mitglied der Sozialdemokratischen Arbeiterpartei) und unversöhnlichen Gegner des Nationalismus und preußischen Militarismus. Freiligrath arbeitete bzw. lebte im Londoner Exil zunächst noch eng mit Marx und Engels zusammen, distanzierte und isolierte sich jedoch in den 60er Jahren mehr und mehr vom Sozialismus, kehrte 1868 amnestiert nach Deutschland zurück und dichtete im deutsch-französischen Krieg das chauvinistische Lied »Hurra, Germania!«. Weerth gar verstummte nach 1849 völlig, nicht nur, weil sich die politische Situation und Perspektive verändert hatten, sondern ganz wesentlich auch, weil es unmöglich geworden war, im alten (satirischen) Stil weiterzuschreiben. Diese Produktionsschwierigkeiten, auf die Weerth radikal reagierte, sind es neben den politischen Selbstverständnisproblemen, die die besondere Misere der sozialistischen Dichtung nach 1849 ausmachen.

Aufarbeitung der Revolution von 1848/49

Während Marx und Engels neben der laufenden politischen Arbeit (Tagespolitik, Parteiorganisation) als Theoretiker ihr Studium der Geschichte und der kapitalistischen Ökonomie vertiefen (*Zur Kritik der politischen Ökonomie*, 1859; *Das Kapital*, Bd. 1, 1867) und so massiv zur ideologisch-organisatorischen Festigung der Arbeiterbewegung beitragen können, bleibt der Anteil der demokratisch-sozialistischen Schriftsteller bis in die Gründerzeit nur von geringer Bedeutung. Weder gelang die literarische Aufarbeitung der gescheiterten Revolution von 1848, wie sie Ferdinand Lassalle (1825–1864), der spätere Führer des Allgemeinen Deutschen Arbeitervereins, in seinem historischen Drama *Franz von Sickingen* (1859) versuchte (wobei die in der sog. Sickingendebatte brieflich vorgetragene Kritik von Marx und Engels die ideologischen und ästhetischen Mängel aufdeckte), noch war es möglich, die vormärzlichen Ansätze einer realistischen literarischen Gestaltung des Proletariats fortzusetzen. Den Hauptbeitrag leisteten wohl die Lyriker und Sänger mit sozialistischen Kampf- und Festliedern (neben Herweghs bereits erwähntem *Bundeslied* für den Allgemeinen Deutschen Arbeiterverein wurde am bekanntesten die sog. Arbeiter-Marseillaise von Jakob Audorf (1835–1898): »Lied der deutschen Arbeiter«, 1864); diese Lieder setzen relativ ungebrochen den Stil der überkommenen Kampfhymnentradition fort.

Zeitschriften der Arbeiterbewegung

Mit dem Fortschritt des organisatorischen Aufbaus der Arbeiterbewegung (Arbeiterbildungsvereine; 1863 Allgemeiner Deutscher Arbeiterverein; 1864 Internationale Arbeiterassoziation; 1869 Sozialdemokratische Arbeiterpartei) entstanden und entwickelten sich auch publizistische Organe (*Der Social-Demokrat, Deutsche Arbeiterhalle, Demokratisches Wochenblatt* u. a.), die eine günstige Plattform für die literarische Artikulation proletarischen Klassenbewusstseins bildeten. Die Art und Weise, wie in diesen Blättern z. B. der deutsch-französische Krieg, die Pariser Commune und die Reichsgründung 1870/71 (von W. Liebknecht ironisch »fürstliche Versicherungsanstalt gegen die Demokratie« genannt) kommentiert werden, weist auf ein gewachsenes Selbstbewusstsein sozialistischer Autoren hin. Seinen Ausdruck fand dieses Selbstbewusstsein in den 70er und 80er Jahren, unter den Bedingungen der entwickelteren Klassenauseinandersetzungen, im Zeichen der Sozialistengesetze (1878–1890), vor allem in neuen Formen der Satire und feuilletonistischen Kurzprosa, mit denen an Schreibweisen der vormärzlichen Literatur angeknüpft werden konnte (vgl. die satirischen Zeitschriften *Der Süddeutsche Postillon*, 1882 ff.; *Der Wahre Jakob*, 1884 ff.).

Unterhaltungsliteratur, Kinder- und Jugendliteratur, Frauenliteratur

Abschließend sei auf eine Literatur hingewiesen, deren Ursprünge zwar schon älter, deren Umfang jedoch im Zuge der rapiden Kommerzialisierung der Literatur im Vormärz gewaltig zunahm: die Unterhaltungsliteratur. Diese Literatur ist, ähnlich wie das Unterhaltungstheater, stark von ausländischen Vorbildern geprägt, soweit sie nicht gleich als deren Übersetzung erschien. Erfolgsautoren in deutscher Übersetzung waren: Walter Scott, James Fenimore Cooper, Alexandre Dumas, Edward Bulwer, Eugène Sue, Charles Dickens u. a. Es ist schon erwähnt worden, dass als Kehrseite jener hohen Literatur, die »von Literaten für Literaten« geschrieben ist, eine »zweite Literatur« in Form einer unterhaltenden Massenliteratur entstehen musste, »die keine anderen Voraussetzungen nötig macht, als die der Neugier und der Langenweile« (Robert Prutz), die aus der Einförmigkeit des täglichen mühseligen Broterwerbs entspringen. Die zeitgenössische Diskussion darüber ist zwiespältig. Einerseits kam sie kaum über eine moralisierend-ästhetische Wertung hinaus, derzufolge dies Literatur war, die von »Dichterpöbel« für »Leserpöbel« (Eichendorff) fabriziert wurde und an der skrupellose Buchhändler unanständig verdienten. Zum anderen gab es, angeregt durch ausländische Erfolgsbücher, vom Jungen Deutschland bis zu den konservativen Volksschriftstellern allenthalben Bemühungen, lesbarer, unterhaltender, verständlicher und massenwirksamer zu schreiben.

Unterhaltungsliteratur

Fest steht, dass im Vormärz keine scharfe Trennung zwischen ›hoher‹ und ›niedriger‹ Literatur bestand, sondern ein fließender Übergang – dies sowohl im Werk einzelner Autoren (bes. bei den Jungdeutschen), in den Gattungsformen (bes. im Roman) wie auch in der Art und Weise, wie rezipiert wurde (man las gemischt, wie es die Journale und Taschenbücher anboten). Dem sich ständig verbreitenden Bedürfnis nach populären Lesestoffen (wie auch dem Markt dafür) entsprach die im Vormärz feste Formen annehmende Auffächerung der Romanliteratur in Spezialgenres wie ›historischer Roman‹ (Alexis), ›Abenteuerroman‹ (Charles Sealsfield), ›Salonroman‹, ›Gesellschaftsroman‹ (nach dem Vorbild des französischen Bestsellers von Eugène Sue: *Die Geheimnisse von Paris*, 1842), ›Dorfgeschichte‹ (Berthold Auerbach) usw. Diese Entwicklung setzte sich in der zweiten Hälfte des 19. Jahrhunderts noch entschiedener fort in den Unterhaltungsromanen von Gustav Freytag (*Die Ahnen*, 1872), Felix Dahn (*Ein Kampf um Rom*, 1876), Karl May, Eugenie Marlitt, Ludwig Ganghofer, Hedwig Courths-Mahler u. v. a.; hinzu kamen neue Genres wie der Detektivroman nach dem Vorbild von Edgar Allan Poes *Der Doppelmord in der Rue Morgue* (1841) und Conan Doyles Sherlock-Holmes-Romanen (1887 ff.) sowie der Science-Fiction-Roman nach dem Vorbild von Jules Verne und die Horrorliteratur in der Tradition der

Roman-Genres

sog. »Schwarzen Romantik« bzw. nach dem Vorbild der Romane von Mary Shelley (*Frankenstein*, 1818), Poe und Bram Stoker (*Dracula*, 1897).

Kinder- und Jugendliteratur

Darüber hinaus sind im Vormärz zwei Literaturarten zu beachten, die beide schon erste und bedeutende Ausprägungen im 18. Jahrhundert erhalten haben: die Kinder- und Jugendliteratur sowie die Frauenliteratur. Man kann von einer besonderen Kinder- und Jugendliteratur sprechen, seit die pädagogischen Bestrebungen, die Heranwachsenden durch Lektüre zu belehren und zu unterhalten, nicht mehr gemeinsam auf Erwachsene und Kinder, sondern nur noch auf die Kinder und hier bald auch auf die verschiedenen Entwicklungsstufen gerichtet werden. Dies geschah im letzten Drittel des 18. Jahrhunderts, als sich die bürgerliche Familie neu konstituierte und aufgrund des veränderten Zusammenlebens von Erwachsenen und Kindern eine planvollere Erziehung notwendig wurde. So entstanden im 18. Jahrhundert spezielle Realien- bzw. Anschauungsbücher zur Natur- und Arbeitslehre wie z. B. Johann Bernhard Basedows *Elementarwerk* (1774), belehrende Abenteuerbücher wie z. B. Joachim Heinrich Campes *Robinson Crusoe der Jüngere* (1779), die erste deutsche Kinderzeitschrift, Felix Christian Weißes *Der Kinderfreund* (1775ff.), und viele andere Kinderbücher, die überwiegend in der Form der moralischen Beispielgeschichte nützliche Kenntnisse sowie bürgerliche Denkweise und Moralauffassung einpflanzen sollten. Diese *Ambivalenz von Didaktik und Unterhaltung* streng an Nützlichkeit orientierte didaktische Kinder- und Jugendliteratur wurde seit dem Anfang des 19. Jahrhunderts ergänzt durch die von Romantikern gesammelten und geschriebenen Märchen (Brüder Grimm, Ludwig Bechstein, Hans Christian Andersen) und andere Volksdichtungen wie Schwänke und alte Sagen (Schwab). Das entwickeltere Schulsystem im 19. Jahrhundert begann, die Kinder- und Jugendliteratur von der direkten Didaktik zu entlasten und ließ sie unterhaltsamer werden; gleichwohl blieb diese Literatur ein wichtiges Sozialisationsmittel, das die bürgerlichen Tugenden (Ordnung, Sauberkeit, Gehorsam, Fleiß, Frömmigkeit usw.) verinnerlichen half. Im Kern entstanden in der ersten Hälfte des 19. Jahrhunderts die inhaltlichen und ästhetischen Strukturen, die für die Kinder- und Jugendliteratur bis ins 20. Jahrhundert charakteristisch blieben. Zum einen wird sie ein abenteuerreicher Phantasie- und Wissensraum, in dem die jugendliche Leserschaft ihre Wirklichkeitserfahrung erweitern bzw. in den sie fliehen konnten, auf der anderen Seite war es eine Literatur, die die Kinder erziehen und auch disziplinieren sollte. Immer aber auch lasen Kinder und Jugendliche mit größtem Interesse die Bücher, die gar nicht für sie bestimmt waren. So ist Literatur für diese Gruppe stets so etwas wie das ›bucklicht Männlein‹ im wohlgeordneten Garten der (bürgerlichen) Erziehung.

Berühmt wurde im Vormärz das Bilderbuch *Struwwelpeter* (1845) des Frankfurter Arztes Heinrich Hoffmann, in dem das sich nicht anpassende Kind – untergründig gleichgesetzt mit den politischen Revolutionären der Zeit – offen mit brutaler Gewalt zur Räson bzw. zur Strecke gebracht wird. Hintergründiger geht es da schon in Wilhelm Buschs *Max und Moritz* (1865) zu, wo spießbürgerliche Moral durch freche Jugend bloßgestellt wird, die freilich am Ende auch ihre Strafe findet. Im Kaiserreich verstärkt sich die Tendenz, bürgerliche Haus- und Kinderwelt zu idyllisieren und, eingebettet darin, Untertänigkeit, Frömmigkeit, Patriotismus zu propagieren. Zugleich entstanden in dieser Zeit noch heute bekannte Jugendbücher wie Mark Twains *Tom Sawyer* (1876), Robert Louis Stevensons *Die Schatzinsel* (1884) und Rudyard Kiplings *Dschungelbücher* (1894/95). Ab den 90er Jahren gab es dann auch erste sozialistische Kinder- und Jugendbücher (z. B. *Märchenbuch für die Kinder des Proletariats* u. a.).

I. Der politische Struwwelpeter.

Der politische Struwwelpeter als Satire auf 1848

Der Begriff ›Frauenliteratur‹ ist nicht präzis. Gemeinhin wird darunter Literatur von Frauen über Frauenfragen für Frauen verstanden; da darin jedoch auch jene dem Patriarchalismus verpflichtete Literatur eingeschlossen ist, in der die dienende Rolle der Frau als Hausmutter und Geliebte des Mannes verklärt wird, gilt als Frauenliteratur im engeren Sinne häufig nur die Literatur, die die Frage der weiblichen Emanzipation thematisiert und diese vorantreiben will. Diese Frage wird erst im Zusammenhang mit der Aufklärung und den sozialen Veränderungen gegen Ende des 18. Jahrhunderts besonders akut. Erst mit der Konstituierung der kapitalistischen Produktionsform und der dadurch bedingten wachsenden Abtrennung des für Beruf und Außenwelt zuständigen Mannes von der auf Haus und Familie (»Kinder, Küche, Kirche«) beschränkten Frau verschärfte sich die immer schon vorhandene Ungleichheit. Protest dagegen war im 18. Jahrhundert nur einzelnen privilegierten Frauen (aufgeklärten Aristokratinnen, Professorenfrauen und -töchtern) möglich und – trotz des Beispiels, das später unabhängige romantische Frauen (Caroline Schlegel-Schelling, Rahel Varnhagen, Bettina von Arnim) gaben – praktisch nur allzu schwer in alternativen Lebensformen zu verwirklichen. In dieser Situation erfüllte die Frauenliteratur die wichtige Funktion, das von Männern definierte weibliche Selbstverständnis (gestaltet in literarischen Idealfiguren wie dem Mädchen Gretchen, der »schönen Seele« Natalie, dem Weib Helena, der Heldin Johanna von Orleans, der Amazone Penthesilea, dem Machtweib Orsina, Müttern, Jungfrauen, Elfen, Feen, Nixen, Hexen usw.) zu korrigieren, zu kritisieren und weibliches Selbstbewusstsein eigenständig zu artikulieren. Das geschah gegen den massiven Widerstand von vielen Männern, die die schrei-

Frauenliteratur

Kritik am männlichen Frauenbild

Ehestands-Barricade.

Frau

Du Stickstäuperos, bleib mer von der Barricade, ich will dich nit mehr als Haustyrann, kreischt ihr Kinner, mer wählen uns en andern Vatter, es lebe die Republik, es lebe Hecker, fort mit dir Volleul die ruthe Fahn ist uff gesteckt, mag dich nit bei mich sunst hast de den Krach.

Mann.

Fraa sei ruhig, schwei nors, mer wolle uff der Stell a neu Verfassung mache, raum die Barricad aweg, Gottverdamm. mich manns Parlament su Sache erfährt, habe mer mor. ge a Unnersuchungsdeputation hine, bist de nit mit mer zufride, se nämm der lieber stillschweigens en Mitregent ‗

Zeitgenössische Karikatur

bende Zunft beherrschten, und auch von Frauen. Waren es im 18. Jahrhundert jedoch noch wenige schreibende Frauen, so erhöhte sich im Vormärz die Zahl erheblich, nicht zuletzt deswegen, weil es ihnen nun möglich wurde, als freie Schriftstellerinnen allein vom Schreiben zu leben und somit selbständig einfordern zu können, was der französische Frühsozialist Charles Fourier deklariert hatte: Der Grad der weiblichen Emanzipation sei das natürliche Maß der allgemeinen Emanzipation in einer Gesellschaft. Mit diesem in den 40er Jahren zu beobachtenden selbstbewussten Auftreten von Frauen als Schriftstellerinnen ist jedoch zugleich auch der Punkt erreicht, an dem die Kategorie ›Frauenliteratur‹ als Besonderheit fragwürdig wird. Denn: Nicht dass Frauen schrieben, war von nun an bemerkenswert, sondern was sie schrieben.

Frauenromane

Probenummer 1849

Als erster deutscher Frauenroman gilt Sophie von La Roches *Geschichte des Fräuleins von Sternheim* (1771), in welchem die Umrisse eines modernen, dem Manne ebenbürtigen Frauentyps gezeichnet werden. Seit der Französischen Revolution, in deren Verlauf politisch engagierte Frauen die Erklärung der Menschenrechte um eine »Verkündigung der Frauen- und Bürgerinnenrechte« präzisierten, wurde in der literarischen Praxis der Umkreis dessen, wovon und wohin sich die Frauen emanzipieren sollten, immer größer (und zugleich auch für Männer provozierender). Mary Wollstonecraft (1759– 1797) forderte die Möglichkeit für Frauen, einen Beruf zu ergreifen; Therese Huber (1764–1829) kritisierte in ihrem Roman *Die Ehelosen* (1829) das tradierte Eheideal als Joch für die Frau, nachdem Friedrich Schlegel in seinem die Zeitgenossen schockierenden Romanfragment *Lucinde* (1799) die geistig und sinnlich selbständige Frau als wahrhafte Ehegefährtin geschildert hatte. Nicht unbeeinflusst durch die publicityträchtige französische Schriftstellerin und Feministin George Sand (1803–1876), die in ihren Romanen (ab 1831) für die freie Liebe der Frau eintrat und den Mann als liebesunfähig verdammte, erschienen seit dem Ende der 30er Jahre, als die ihrerseits Frauenemanzipationsfragen thematisierenden Jungdeutschen zum Drama übergingen, eine Reihe von Frauenromanen. Ihre Verfasserinnen waren Luise Mühlbach (1814–1873), Ida Hahn-Hahn (1805–1880), Fanny Lewald (1811– 1889), Louise Aston (1814–1871), Louise Otto-Peters (1819–1895) u. v. a.; im Mittelpunkt ihrer Texte stehen, wenn auch in durchaus unterschiedlicher Weise, Diskussionen über die Gleichheit von Mann und Frau, die Bekämpfung der geschlechtsspezifischen Vorurteile, die Ermutigung des weiblichen Willens, die Anklage der doppelten (Männer-)Moral, die (sexuelle) Unterdrückung der Frau im Zusammenhang der gesellschaftlichen Verhältnisse und (bei Lewald und Aston) das Eintreten für die politisch-soziale Revolution als Grundlage für die weibliche Emanzipation. Ähnlich argumentierten die Publizistinnen Helmina von Chézy (1783–1856), Louise Otto-Peters und Franziska M. Anneke (1817–1884); die beiden Letzteren gaben 1848 je eine politische Frauenzeitung heraus.

An Bettina von Arnim (1785–1859) lässt sich beispielhaft verdeutlichen, welches Maß an allgemeiner Emanzipation einer Gesellschaft noch bevorstände, wäre nicht Ausnahme geblieben, was dieser Frau und Schriftstellerin in Leben und Werk an weiblicher Selbstverwirklichung gelang. Sie war keine Frauenschriftstellerin wie ihre Großmutter, Sophie von La Roche, oder gar wie die Vorkämpferinnen der Frauenemanzipation im Vormärz. Sie war eine sehr selbständige und selbstbewusste Frau (was nicht allein auf ihre Privilegiertheit zurückführbar ist) und verwirklichte in ihrem Leben und ihrem davon nicht abtrennbaren Werk eine Qualität weiblicher Emanzipation, in der aufklärerische und frühe romantische Bestimmungen des Menschlichen aufgehoben sind. Anders als die Frauen der Romantiker, die in der künstlerischen Produktion ihren Männern anregend ›dienten‹, anders aber auch als die mit Männern konkurrierenden schreibenden Frauen des Vormärz, schuf sie sich in der besonderen Art ihres Schreibens (assoziative Sprache, zum ›Roman‹ redigierte authentische Briefe, Dialoge usw.) selbständige Ausdrucksmöglichkeiten, in denen ihre lebendige Subjektivität erhalten blieb. Männliches und auch weibliches Unverständnis, verkehrte Anfeindungen und falsches Lob (als Kindfrau, Ewig-Weibliche, Feministin usw.) begleiteten diese rätselhafte Frau von Kindheit an und über ihren Tod hinaus. Anfangs hatte die Familie ihre liebe Not mit dem springlebendigen Mädchen Bettine, das sich nicht im Verhalten, noch weniger im Denken den ohnehin schon aufgeklärt-liberalen Erwartungen der wohlbetuchten Frankfurter Kaufmannsfamilie anpassen wollte. Im Freundeskreis ihres Bruders Clemens, jungen Dichtern, Philosophen und Frauen in Jena (Novalis, Friedrich Schlegel, Ludwig Tieck, Joseph Schelling, Friedrich Schleiermacher, Caroline Schlegel-Schelling, Dorothea Veit-Schlegel, Karoline von Günderrode), die sich mit ihren »modernen«, romantischen Ansichten über Liebe, Ehe, Freundschaft, Kultur und Gesellschaft durchaus quer zu herrschenden Auffassungen befanden, nervte die noch nicht Zwanzigjährige als Kobold und anarchisch-spontanes Naturkind nicht wenig. Den alt und berühmt gewordenen Goethe in Weimar bedrängte sie, als Tochter seiner früheren Geliebten Maximiliane Brentano sich vehement in gleicher Rolle anbietend, mit Briefen, Geschenken und schließlich auch in unerzogener Person, bis die Geheimrätin Goethe eifersüchtig wurde. Dem bedächtig-ruhigen Achim von Arnim, Freund von Clemens und Mitherausgeber der Volksliedsammlung *Des Knaben Wunderhorn*, den sie 1811 heiratete, ist sie bald – obwohl bis 1827 sieben Kinder geboren werden und zu erziehen sind – zu rastlos-aktiv, stets vom Landgut Wiepersdorf zum Berliner Salon drängend.

Erst nach Arnims frühem Tod (1831) als Schriftstellerin hervortretend, löst sie mit dem Briefroman *Goethes Briefwechsel mit einem Kinde* (1835) sogleich heftige literarische Fehden aus, vor allem unter den modernen jungdeutschen Schriftstellern, denen sie von manchen nun selbst zugerechnet wird. Grabbe schreibt in einer Rezension des Buches über Bettina von Arnim giftig: »Treibt die Verfasserin es weiter, so soll sie nicht als Dame, sondern als Autor behandelt werden.« Aber das ist erst der Anfang einer literarisch-politischen Verwirklichung im Leben dieser inzwischen über 50-jährigen Frau. In einer Zeit, da Bruder Clemens und F. Schlegel längst mit dem Katholizismus bzw. der politischen Reaktion ihren schlimmen Frieden gemacht hatten, beginnt diese »Sibylle der romantischen Literaturperiode«, den frühromantischen Antikapitalismus praktisch zu machen, weit über die Zielsetzungen des Jungen Deutschland hinausgehend. So wie sie als junges Mädchen gegenüber dem mahnenden Bruder sicher war, in ihrem Umgang mit dem Judenmädchen Veilchen nicht herab-, sondern hinaufzusteigen, so unbeirrt bewahrt und verstärkt sie nach 1830, nun auch öffentlich-wirksam als tätige Frau und Schriftstellerin, ihre Solidarität mit den Armen, Verfolgten und Unterdrückten (Cholerakranke in Berlin, exilierte Polen, Arme im Vogtland, schlesische Weber, politisch Verfolgte wie die Brüder Grimm, Hoffmann von Fallersleben, Kinkel u. a.). Die Familie kritisiert diese Radikalisierung; ein Sohn bricht mit Bettina von Arnim, die Tochter Maxe schreibt ihr: »Es ist ein Jammer, daß du glaubst, die Politik sei dein Feld. Du machst all deinen Kindern Kummer damit.« 1842 lernt Bettina von Arnim Karl Marx kennen. 1843 erscheint ihr *Dies Buch gehört dem König*, eine Kritik am preußischen Feudalstaat vom Standpunkt einer liberalen Frankfurter Stadtbürgerin. Der zweite, radikalere Band *Gespräche*

Schreibende Frauen des Vormärz

Bettina von Arnim

Bettina von Arnims soziales Engagement

mit Dämonen kommt erst 1852 heraus. 1844, im Jahr des schlesischen Weberaufstandes, bittet sie in einem in den größten deutschen Zeitungen veröffentlichten Aufruf um Mitteilungen über die Situation der Armen in Deutschland; das Material und ihren Kommentar (das sog. *Armenbuch*) wagt sie nicht mehr zu veröffentlichen, denn inzwischen ist ihr vom Berliner Magistrat wegen Staatsbeleidigung der Prozess gemacht worden, der 1847 mit einer Verurteilung zu zwei Monaten Gefängnis endet. Enttäuscht vom Verlauf der Revolution von 1848, die sie mit großen Hoffnungen sowie mit Veröffentlichungen begrüßt hatte (*An die aufgelöste Preußische Nationalversammlung*), zieht sie sich nach Wiepersdorf zurück. Ein Leben lang so gut wie nie krank, erleidet Bettina von Arnim 1854 einen Schlaganfall, muss gepflegt werden und stirbt 1859 in geistiger Verwirrung.

Rückschlag der Emanzipation

Die Niederlage von 1848/49 war auch für die Sache der Frauenemanzipation und damit für die sie verfechtende Frauenliteratur ein erheblicher Rückschlag. In der Folgezeit dominierte die Frauenliteratur vom Schlage der Ottilie Wildermuth, in der Frauen als passive Heldinnen verklärt werden. Erst zum Jahrhundertende, als sich die Arbeiterbewegung formiert und konsolidiert hatte, als August Bebels Schrift *Die Frau und der Sozialismus* (1879) erschienen war, erlebte die Frauenbewegung (nun bürgerlich und proletarisch akzentuiert) sowohl politisch als auch literarisch einen neuen Aufschwung.

Rückblick auf eine Epoche: Neue Schreibweisen in Prosa, Lyrik und Drama

Umbruch in den literarischen Techniken

Die für die Literaturentwicklung des Vormärz grundlegende Auseinandersetzung mit dem Erbe der Kunstepoche (ob nun offensiv-kritisch oder bewahrend geführt) sowie mit der praktisch-politischen Funktionsbestimmung der zeitgenössischen Literatur (ob nun von Zustimmung oder Ablehnung getragen) erzeugte insgesamt starke Impulse zu einem (experimentierenden) Aufbrechen der überlieferten Gattungsformen und Schreibweisen bei gleichzeitiger Umwertung ihres Ranges untereinander. Beide Tendenzen sind im Zusammenhang zu sehen mit der einen und unteilbar gleichen Erfahrung der Vormärz-Schriftsteller, dass die sich umgestaltende Wirklichkeit nur noch mit veränderten literarischen Techniken zu erfassen sei. Die auffälligsten und größten Veränderungen vollzogen sich dabei im Verhältnis von Versdichtung (mit den traditionellen Gattungen Lyrik, Epos, Drama) und Prosa (mit den modernen Genres Feuilleton, Reisebericht, Brief, Erzählprosa usw.). In der Auseinandersetzung um die (Neu-)Bestimmung der Funktion der Literatur erfuhr die Prosa auf der Basis des expandierenden Presse- und Verlagswesens eine zunehmende Aufwertung gegenüber der bislang stets hochgeschätzten Versdichtung. Die dabei entwickelten neuen literarischen Formen betreffen nicht nur den Genretyp, sondern vor allem die Schreibweisen, die insgesamt durch eine mediengerechte, an Zwecken und Wirkung (auch Popularität und Erfolg) interessierte und auf ein (neues) lesendes Publikum genau bezogene Orientierung gekennzeichnet sind. Heine nahm für sich und die Autoren des Jungen Deutschland mit Recht in Anspruch, diesen Schreibstil (von Laube einmal als »literarisches Schießpulver« bezeichnet) zu einer politischen Waffe entwickelt zu haben: »Nicht der gefährlichen Ideen wegen, welche ›das junge Deutschland‹ zu Markte brachte, sondern der populären Form wegen, worin diese Ideen gekleidet waren, dekretierte man das berühmte Anathem über die böse Brut und namentlich über ihren Rädelsführer, den Meister der Sprache, in welchem man nicht eigentlich den Denker, sondern nur den Stilisten verfolgte. Nein, ich gestehe bescheiden, mein Verbrechen war nicht der Gedanke, sondern die Schreibart, der Stil.«

Diese schon damals als »Feuilletonismus« charakterisierte Schreibart, die in ihrer Subjektivität und flexiblen Zeitgemäßheit dem eher esoterischen poetischen Stil klassisch-romantischer Kunst entgegenstand, war aber dennoch nicht nur typisch für die politisch-oppositionellen Vormärzschriftsteller, sondern wurde (partiell) auch von traditionsbewahrenden Autoren übernommen. Dies zeigt ein kurzer Überblick über die Vielfalt moderner Prosaformen im Vormärz. In den sich breit entwickelnden, spezifisch journalistischen Genres dominierten die Autoren des Jungen Deutschland bzw. der politischen Dichtung, zu deren Selbstverständnis als Schriftsteller das Journalistische unabdingbar dazugehörte: so Börne mit seinen gesellschaftskritischen Literatur- und Theaterrezensionen der 20er Jahre, Börne und Heine mit ihren politischen Korrespondenzen (*Briefe aus Paris*, 1832/34; *Französische Zustände*, 1833), die Feuilletons Heines in der *Augsburger Allgemeinen Zeitung*, der Jungdeutschen in ihren vielen Journalen und vor allem Weerths in der *Neuen Rheinischen Zeitung* (1848/49). Die Übertragung der feuilletonistischen Darbietungsformen von der Presse in die wissenschaftlich-theoretische Literatur führte – unter der Zielsetzung, Wissenschaft und Theorie praktisch folgenreich zu machen – zur Intensivierung des Essays (z.B. Heines *Die Romantische Schule*, 1836), der Programmschrift (z.B. Ludwig Wienbargs *Ästhetische Feldzüge*, 1834, die in vielem das Programm der neuen jungdeutschen Literatur entwarf), der Streitschrift und des Pamphlets (zumeist in der Folge der vielen bahnbrechenden und provozierenden theoretischen Hauptwerke in Theologie, Philosophie, Politik und Ästhetik). In der politischen Auseinandersetzung erlangten Aufklärungs- und Agitationsschriften wie Traktate, Flugschriften, Aufrufe und Manifeste nicht zuletzt deswegen erhöhte Bedeutung, weil sie in einer literarisch modernen sprachlichen Form ihre Kritik vortrugen. Dies trifft nicht nur für die berühmten Dokumente dieses Genres zu, wie z.B. Georg Büchners *Der Hessische Landbote* (1834) oder das *Manifest der Kommunistischen Partei* (1848), sondern gilt in begrenztem Umfang auch für die schnell hinzulernende feudale und klerikale Gegenpropaganda.

Auch in den dichterischen Prosagenres wirkte sich der Feuilletonismus in mehrfacher Hinsicht aus, und zwar sowohl als gesteigerte Subjektivität (vgl. die stark anschwellende Brief- und Reiseliteratur, für die schon der junge Heine mit der *Harzreise* 1826 bedeutende Maßstäbe setzte) wie auch als wachsende Zuwendung zur konkreten Wirklichkeit und ihrer realistischen Erfassung (vgl. die Herausbildung des kritischen Zeitromans aus der Tradition des klassischen Entwicklungsromans in Karl Immermanns *Die Epigonen*, 1836; Georg Weerths *Skizzen aus dem deutschen Handelsleben*, 1845). Damit rückten die kritische Erzählprosa sowie der von den Jungdeutschen nachdrücklich geforderte Roman als moderne Kunstform in den Mittelpunkt des Interesses, ohne dass es allerdings gelang, Anschluss an die Entwicklung zum realistischen Zeit- und Gesellschaftsroman halten zu können, wie er außerhalb Deutschlands durch Honoré (de) Balzac (*Die menschliche Komödie*, ab 1829 in 14 Bänden), Stendhal (*Rot und Schwarz*, 1830), Charles Dickens (*Die Pickwickier*, 1836) u.a. repräsentiert wurde. Einzige Ausnahme: der lange Zeit fälschlich als Preußenverherrlicher betrachtete Willibald Alexis (1798–1871), der nicht nur früher als der (alte) Fontane, sondern auch in schärferer Weise als liberaler Demokrat in seinen historischen Romanen preußi-

Moderne Prosa: Feuilletons

scher Gegenwart einen kritischen Spiegel vorhielt (z. B. *Cabanis*, 1830; *Der Roland von Berlin*, 1840; *Der falsche Woldemar*, 1842). Karl Gutzkows »Roman des Nebeneinander«, *Die Ritter vom Geiste*, erscheint erst kurz nach der Revolution. Neben Georg Büchner, der in seiner Novelle *Lenz* (1835) geradezu programmatisch die (an der Zeit) psychisch erkrankte menschliche Natur – so wie sie ist – darstellt, entwickelten liberal-demokratische Schriftsteller wie z. B. Bettina von Arnim, Ernst Willkomm (*Weiße Sklaven*, 1845), Wilhelm Wolff (*Das Elend und der Aufruhr in Schlesien 1844*, 1845), Ernst Dronke (*Berlin*, 1846) Ansätze zu einer realistischen Gestaltung, indem sie in Romanen soziales Elend, Ausbeutung und Unterdrückung detailliert schilderten. Auch Autoren wie Karl Immermann (*Münchhausen*, 1838), Jeremias Gotthelf (1797–1854) mit *Uli der Knecht* (1841/46), Annette von Droste-Hülshoff (*Die Judenbuche*, 1842), Adalbert Stifter (1805–1868) mit seinen *Studien* (ab 1844) und Franz Grillparzer (*Der arme Spielmann*, 1848) bewirkten durch intensive Hinwendung zu den neuen Wirklichkeitsbereichen (landschaftliche Regionen, lokale Natur und Geschichte, Psyche) eine Erweiterung des bisherigen literarischen Gegenstandsfeldes. Diese mitunter als »poetischer Realismus« bezeichnete Erweiterung war jedoch bei den letztgenannten Autorinnen und Autoren verbunden mit einer Verdrängung der aktuellen Gesellschaftsproblematik und stand so in der Gefahr, statt aufklärend letztlich verklärend zu wirken bzw. Widersprüche zu verwischen.

Ansätze zum realistischen Roman

Kriminalgeschichte

Beispielhaft sei hier auf die Entwicklung der Gattung Kriminalgeschichte hingewiesen. Getragen von einem aufklärerischen Interesse für Rechts- und Unrechtsverhältnisse im Allgemeinen (vgl. die vielen Strafrechtsreformen seit der Wende des 18. Jahrhunderts) sowie für das das bürgerliche Fortschrittsdenken provozierende Phänomen des Verbrecherischen im Besonderen, entwickelte sich die Kriminalgeschichte seit der zweiten Hälfte des 18. Jahrhunderts in Anlehnung an die juristischen Fallsammlungen und Prozessberichte (*Pitaval*, dt. 1747 ff.; Richer, dt. 1792 ff.; Feuerbach: *Merkwürdige Criminalrechtsfälle*, 1808 ff.; Hitzig/Alexis: *Der Neue Pitaval*; 1842 ff. u. a.). Sie beanspruchte für sich, in ihrer ausdrücklichen Authentizität einen verbindlicheren Wahrheitsgehalt zu haben als die vielen ›erfundenen‹ Räuber- und Schauergeschichten der Zeit, bis sie dann – anfangend mit Edgar Allan Poes *Der Doppelmord in der Rue Morgue* (1841) – ihrerseits abgelöst wurde von der Detektivgeschichte, die dem Leser in kunstvoller Weise Fiktives und Erfundenes als Authentisch-Faktisches suggeriert. Wie wenig das Faktische selbst (die Begebenheit, die Tat, die Aufdeckung, die Strafe, usw.) das wirklich Interessierende und Faszinierende dieser Textgattung ausmacht, zeigen die Varianten der Kriminalgeschichte von Schillers *Der Verbrecher aus verlorener Ehre* (1786) über A. G. Meißner, Heinrich von Kleist, Clemens Brentano, E. T. A. Hoffmanns *Das Fräulein von Scuderi* (1819) bis zur *Judenbuche* (1842) von Annette von Droste-Hülshoff und Fontanes *Unterm Birnbaum* (1885), in denen die Problematik von Gerechtigkeit, Unrecht, Schuld, Sühne, Ursprung und Macht des Bösen in unterschiedlichster fiktiver Ausgestaltung des faktisch Nachweisbaren behandelt wird. Wo Schiller Aufschluss über die Struktur der menschlichen Seele durch Analyse des Verbrechers und der Kausalität der Tat vermittelt, Kleist die Entscheidungsfreiheit der Person in einer gebrechlichen Welt und E. T. A. Hoffmann zeigt, »wie mit dem Keim der schönsten Blüte der Wurm mitgeboren werden kann, der sie zum Tode vergiftet«, weist die Droste auf die soziale und historische Eingebundenheit des Einzelnen in einer Zeit hin, deren vorkapitalistische Idyllik zu Ende geht und die an einen Übergangspunkt anlangt, wo das Überkommene nicht mehr und das Neue noch nicht gilt.

In ihrem »Sittengemälde aus dem gebirgichten Westfalen«, so der Untertitel ihrer Novelle *Die Judenbuche*, schildert Annette von Droste-Hülshoff (1797–1848) ausgehend von dieser besonderen Region und ihrer Geschichte sowie den in ihr lebenden Menschen und ihren sozialen Verhältnissen, Herkommen, Lebensentwicklung und Ende des Friedrich Mergel. In einer Reihe von exemplarischen Episoden, zusammengefasst in fünf Erzählphasen, die Ereignisse aus Friedrichs neuntem, zwölftem, achtzehntem, zweiundzwanzigstem und sechzigstem Lebensjahr behandeln, wird der Fall eines Menschen entfaltet, der durch eigene und fremde (soziale) Schuld verunglückt. An der Frage, ob Mergel der Mörder des Juden Aaron ist oder nicht bzw. ob die Novelle vor allem einen merkwürdigen Kriminalfall oder eine moralische Beispielgeschichte erzählt, scheiden sich die Interpretationen. Sind die Flucht nach der Ermordung Aarons, die Rückkehr aus 26-jähriger türkischer Sklaverei in der kümmerlichen Gestalt seines Gefährten und anderen Ichs Johannes Niemand sowie der Selbstmord an der ›Judenbuche‹ das schlüssige Eingeständnis einer Schuld? Oder büßt hier ein schwacher Mensch für eine Tat, die er begangen haben könnte, wovon jedermann überzeugt ist? Es geht um individuelle und soziale Täterschaft in einer krisenhaften Umbruchzeit, in der die Begriffe »von Recht und Unrecht einigermaßen in Verwirrung geraten« sind. So bleiben in der *Judenbuche* eine Reihe von interpretatorisch aufzuschlüsselnden Widersprüchen, die nicht zuletzt aus dem für Droste-Hülshoff charakteristischen Konflikt zwischen christlich-konservativer Bindung (vgl. das Anfangsgedicht) und dem Bemühen um eine realistische Wirklichkeitserfassung beruhen. Die als »verschwunden« verbürgte erzählte Zeit des 18. Jahrhunderts, in der die Geschichte sich ereignet, steht im Widerspruch zu der präzis geschilderten sozioökonomischen Umbruchzeit (Holzstreit, Proletarisierung der Bauern, Geld, Luxus usw.), die ins vormärzliche 19. Jahrhundert gehört. Weitere Widersprüche ergeben sich in Bezug auf die Bewertung der Hauptfigur, die Bedeutung der Natur und die Stellungnahme zum sozialen Konflikt. Es sind Widersprüche, die auf die subtil dargestellten Realien der heraufziehenden bürgerlich-kapitalistischen Gesellschaft verweisen. Allerdings geht die Droste nicht so weit wie Bettina von Arnim, die 1845 in *Dies Buch gehört dem König* schrieb: »Warum ist der Verbrecher nicht Tugendheld geworden? Weil er in die enge verschrobene Kultur seine breiteren Anlagen nicht einpferchen konnte!«

Man könnte die moderne Prosa, die im Vormärz zum Durchbruch ansetzte, als die Kunstform der städtischen Zentren bezeichnen. Sie blieb – wie am Werk eines Gotthelf oder der Droste sichtbar – nicht ohne Wirkung auf die ›regionalistischen‹ Schriftsteller, die sich in der noch agrarisch strukturierten Provinz angesiedelt hatten. Dennoch beharrten hier die am Vorrang des Verses orientierten Kunstformen ungleich stärker bzw. riefen die Auseinandersetzungen mit dem Anspruch der modernen Prosa heftigere Spannungen hervor. Dies ist im Bereich der Lyrik besonders deutlich zu erkennen. Zunächst einmal ist zu betonen, dass Gedichtelesen und -vortragen sowie Verseschreiben im damaligen bürgerlichen Leben eine bedeutende Rolle spielte (als festliche Gelegenheitsdichtung, in Stammbüchern, Briefen, Poesiealben usw.). Von der höheren Bürgertochter bis zum bayerischen König wurde eifrig gedichtet. Vor dem Hintergrund solchen In-Gebrauch-Nehmens der Lyrik, zu der sich die über Almanache, Zeitschriften und Taschenbücher verbreitete klassizistisch-epigonale »Goldschnitt-Lyrik« eines Friedrich Rückert (1788–1866), Emanuel Geibel (1815–1884) u. a. gesellte, fanden Lyriker wie Eduard Mörike (1804–1875) oder Annette von Droste-Hülshoff (1797–1848) mit ihren sensiblen Erlebnisgedichten, ihren episch-lyrischen Zyklen und Balladen

»Die Judenbuche«

Lyrisches Spektrum

kaum Beachtung. Dabei ist festzustellen, dass ihre Neuerung gegenüber der tradierten Lyrik für die Weiterentwicklung der bürgerlichen Literatur nicht ohne »Modernität« war: Die sprachlich sehr differenzierte und verfeinerte Ausgestaltung des Naturerlebens, die analytische Darstellung der spannungsvollen psychischen Regungen eines allerdings programmatisch privat verharrenden Ichs in einer sich verändernden Welt (Mörike: »Laß, o Welt, o laß mich sein«) eröffneten Perspektiven auf die Problematik bürgerlicher Subjektivität, wie sie erst viel später in Kunst und Wissenschaft thematisiert wurden. Mit der Ende der 30er Jahre immer dringlicher erhobenen Forderung, »das Unpraktischste von allem, die Poesie praktisch [zu] machen« (Levin Schücking), wurde innerhalb weniger Jahre die Herausbildung einer politisch-operativen Lyrik eingeleitet, die entschieden mit der seit der Kunstepoche üblichen Beschränkung dieser Gattung auf (formvollendete) Selbstaussage brach und nun auch die politisch-soziale Wirklichkeit immer schärfer in den Blick nahm.

Politische Lyrik

Ansätze dazu hatte es im Vormärz schon bald nach 1815 gegeben, zunächst bei dem damals wohl volkstümlichsten Lyriker, bei Ludwig Uhland (1787–1862), der in mehreren politischen Gedichten die Einlösung der nach den Befreiungskriegen gegebenen Verfassungsversprechen verlangte, bald auch bei Adelbert von Chamisso (1781–1838), vor allem aber bei August Graf von Platen (1796–1835) und Nikolaus Lenau (1802–1850), die nach der Julirevolution von 1830 mit ihrer Anteilnahme an den freiheitlichen Bewegungen in Europa (Polen) nicht unerheblich dazu beitrugen, dass ab 1840 junge politische Lyriker in Deutschland auftraten, die unter dem Programm der politischen Poesie direkt die deutschen Verhältnisse zur Sprache brachten. Mit der nun einsetzenden Verbreiterung der Massenbasis, die einherging mit der Verschärfung und Differenzierung des politischen Protestes bis hin zu demokratisch-revolutionären Zielsetzungen, wurde die politische Lyrik immer direkter. Neben den zahlreich entstehenden patriotischen Gesängen (z. B. »Die Wacht am Rhein«, 1840), die in Tonart und Bewusstsein an die vaterländischen Lieder aus der Zeit des Kampfes gegen Napoleon anknüpften (Theodor Körner, Ernst Moritz Arndt), neben Bundesliedern, Festgesängen und Landeshymnen, neben anonymen Moritaten (z. B. *Das Lied vom Tschech*), Kampfliedern (z. B. *Das Blutgericht*) sowie den politischen Volksliedern eines Hoffmann von Fallersleben erschienen auf Flugblättern, in Zeitungen oder in rascher mündlicher Verbreitung politische Gedichte als Aufrufe (Herwegh), Glaubensbekenntnisse (Freiligrath), soziale Anklagen, Satiren und Parodien (Herwegh, Heine, Weerth). Trotz des oftmals abstrakten Pathos der liberalen Zeitlyrik und trotz mancher Illusion in den demokratisch-revolutionären Gedichten war die politische Lyrik in den 40er Jahren nicht nur die beherrschende literarische Gattungsform, sondern sie wirkte auch unzweifelhaft mobilisierend für die politische Revolution. Vor allem in den satirischen Zeitgedichten entfaltete sich eine subversive bis offen polemische Kritik, der dieses Genre seine bis heute ungebrochene Wirksamkeit verdankt. Eine Vielzahl von literarischen Karikaturen des deutschen Wesens, zusammengefasst im Bild vom verschlafenen und verträumten deutschen Michel, entstammen dieser Zeit; sie sind als Katalog deutscher »Tugenden« exemplarisch in Heines *Deutschland. Ein Wintermärchen* (1844) zusammengestellt: Sangesfreudigkeit, die sich im Lied für das begeistert, was im politischen Leben unverwirklicht ist; Frömmigkeit und Fürstenanhänglichkeit, die ein politisches Bewusstsein ersparen; spekulatives Denken, Gemütlichkeit, Kaisersehnsucht und Teutonismus gepaart mit philisterhafter Häuslichkeit, die keinen Sinn für öffentliches Wirken und Handeln hat.

Spektrum operativer Formen

Wenn auch noch im Vormärz für die meisten Dichter zutrifft, dass es ihr höchster Ehrgeiz ist, ein Drama zu schreiben, so zeigt diese Wertschätzung die starke Beharrung an, von der das Drama als literarische Gattung bzw. das Theater als Institution im 19. Jahrhundert geprägt sind. Als Residenztheater unterstanden die Bühnen nach wie vor den regierenden Fürsten und waren abhängig von deren Geschmack und Launen; es gab aber auch mehr und mehr kommerzielle, von bürgerlichen Geldgebern getragene Theater, die den Bedürfnissen des zahlungskräftigsten Publikums nachkamen. Gespielt wurden hier Schicksalsdramen, Lustspiele, historische Dramen (zumeist aus der Nationalgeschichte), Boulevardstücke in Übersetzung aus dem Französischen oder Englischen. Daneben entwickelten sich in den großen Städten Vorstadt-Theater, deren (Dialekt-)Aufführungen (Possen, Besserungsstücke, Komödien), billig produziert und schnell konsumiert, von der kleinbürgerlich-halbproletarischen Vorstadtbevölkerung besucht wurden und die sich nur dort an die sog. Volkstheater anlehnen konnten, wo sich deren subversiv-kritische Tradition noch erhalten hatte (Johann Nestroy, 1801–1862 und Ferdinand Raimund, 1770–1836, in Wien; Frankfurt, Hamburg, München). Die Exklusivität des Theaters als säkularisierter »öffentliche[r] Gottesdienst« (Grillparzer), die konservative Spielplanpraxis, Rücksicht auf das herrschende, Zerstreuung favorisierende Publikumsinteresse und nicht zuletzt scharfe polizeiliche Überwachungsmaßnahmen stellten durchweg sicher, dass die Theaterleidenschaft im Sinne politischer Ablenkung funktionierte und sich im Drama realistisch-kritische Tendenzen nicht so durchzusetzen vermochten wie etwa im Bereich der Lyrik und der Erzählprosa. So blieben nicht von ungefähr von den vier bedeutenden Dramatikern dieser Epoche Grabbe und Büchner mit ihren Dramen bis zum Anfang des 20. Jahrhunderts so gut wie unbekannt (Ausnahme: Grabbes *Don Juan und Faust*); Grillparzer hatte nur mäßigen Erfolg und ließ ab 1838 keines seiner Stücke mehr aufführen. Nur Hebbel kam von Beginn seiner dramatischen Praxis (*Judith*, 1840) zu mehreren Aufführungen, steigerte seinen Erfolg jedoch erst nach 1848.

Johann Nestroy

Grabbe und vor allem Büchner traten im Interesse eines realistischen Zeit- und Geschichtsdramas, eines Theaters, in dem die Wirklichkeit der herrschenden Zustände vorgestellt und entwickelt wird, gegen die idealistische Dramaturgie schillerscher Prägung auf. Die »Radikaldramatik« (V. Klotz) des Christian Dietrich Grabbe (1801–1836) entfaltet vor allem in *Napoleon oder die hundert Tage* (1831, aufgef. 1869) die jüngste Vergangenheit und Gegenwart als historischen Prozess, in dem das materielle Interesse des Volkes gegen die großen, Geschichte machenden Einzelnen anzutreten beginnt. »Alle Interessen der Zeit sind darin«, schreibt er über sein Stück. Auch in den beiden nachfolgenden Dramen, *Hannibal* (1835) und *Die Hermannsschlacht* (1836), setzt Grabbe diese Kritik der »großen Männer« fort. Während er damit den Ansatz zum modernen politischen Drama entwickelt, geht der politische Revolutionär Georg Büchner (1813–1837) theoretisch und praktisch noch weiter. Ausgehend von der Erkenntnis, dass der Gegensatz von Arm und Reich »das einzig revolutionäre Element in der Welt« sei, sowie von dem Grundsatz, dass es die höchste Aufgabe des dramatischen Dichters sei, »der Geschichte, wie sie sich wirklich begeben, so nahe als möglich zu kommen«, schildert er in *Dantons Tod* (1835, aufgef. 1902) am Beispiel der Französischen Revolution und ihrer Protagonisten Danton und Robespierre das notwendige Scheitern der bürgerlichen Revolutionierung des Geschichtsprozesses. Büchner enthüllt in diesem politischen Drama ebenso wie in der sozialen Tragödie *Woyzeck* (1836/37, gedr. 1879, aufgef. 1913) aus der Erfahrung des Vormärz (der sich etablierenden

Zeitgeschichte auf der Bühne

Christian Dietrich Grabbe

bürgerlich-kapitalistischen Ordnung, die durch die Französische Revolution entbunden worden ist) den immer lächerlicher und immer brutaler werdenden Widerspruch zwischen den Ideen von 1789 und der sozialen Wirklichkeit, die von ganz anderen, materiellen Triebkräften beherrscht wird. Die daraus resultierende Verneinung des bürgerlich-idealistischen Freiheitsbegriffs (und damit zugleich des großen »Helden«, wie er durch einen Egmont, Tell oder Wallenstein vorgebildet war) scheint nihilistisch, ist aber in Wirklichkeit der erste Schritt zu einer materialistisch fundierten Perspektive, die die Geschichte vom »notwendigen Bedürfnis der großen Masse« (Büchner) bestimmt sieht (ohne dass diese schon als Geschichte von Klassenkämpfen erfasst wird). Mit diesem Ansatz wie mit seinen (Er-)Neuerungen in der dramatischen Technik (Episierung, Prosa statt Vers, Dokumentarismus, Expressivität in Sprache und Szene usw.) weist Büchner auf Wedekind, Brecht und das politische Drama der Gegenwart. – Wenn Christian Friedrich Hebbel (1813–1863) mit seinem (klein-)bürgerlichen Trauerspiel *Maria Magdalene* (1843) ein durchaus aktuelles Zeitstück schrieb, so lag ihm doch nichts an der büchnerschen Zielsetzung des Dramas, sondern es ging ihm gerade darum, in bewusster Nachfolge der Klassiker den idealistischen Ansatz fortzusetzen. In *Mein Wort über das Drama* (1843) sowie im berühmt gewordenen Vorwort zu *Maria Magdalene* und in weiteren Schriften skizzierte er sein Programm eines historischen (Ideen-)Dramas, das vor allem nach 1848 seine Wirkung auf die Entwicklung der dramatischen Gattung haben sollte.

Volk als dramatischer Held

1848 und das Zerbrechen der aufklärerischen Perspektive

Epochenfazit

Je entschiedener das Programm einer politischen Dichtung formuliert, je entschlossener einzelne Schriftsteller wie Herwegh, Freiligrath, aber auch Heine und Weerth daran gingen, als Künstler ihren Beitrag für die revolutionäre Veränderung der Verhältnisse zu leisten, desto fragwürdiger wurde ihnen ihr gerade durch den Kampf für die Revolution neu belebtes Künstlertum. Wie war das möglich? Nur durch den Verzicht, politische Dichter zu werden, hatten die Schriftsteller bis zum Ende der Goethezeit jene Autorität erlangt, die sie zu geistigen Führern und Erziehern der Nation werden ließ. Die engagierten Schriftsteller des Vormärz konnten diese Autorität, ohne die sie ihren bis in den politischen Alltag reichenden Führungsanspruch schwerlich aufrechtzuerhalten vermocht hätten, nur dann auch für sich wahrnehmen, wenn sich ihr Tun zugleich als Fortsetzung bzw. wahre Vollendung der klassischen Literatur verstehen ließ. Mochten die einzelnen Schriftsteller, mehr oder weniger bewusst, sich auch lange Zeit in diesem Sinne verstehen, objektiv gesehen musste ihr ausdrücklich bekräftigter Anspruch, die Poesie politisch-praktisch wirksam machen zu wollen, zu einem Bruch mit dem traditionellen Dichtungsverständnis und damit zu einer Veränderung ihres künstlerischen Selbstverständnisses führen. Auch mit dem letzten Ausschöpfen der Wirkungskräfte der Kunst waren, so erfuhren es diese Schriftsteller spätestens in und nach dem Scheitern der Revolution, jene Verhältnisse nicht umzustürzen, an denen sich ihr politisches Bewusstsein stieß. Wenn Goethe (und mit ihm die Literatur der Kunstepoche) ein Baum war, aus dessen Holz sich keine Barrikaden machen ließen, wie Heine kritisch feststellte, so taug-

te das Holz der politischen Schriftsteller des Vormärz zwar nun auch für Barrikaden (was ein Fortschritt war), aber die Barrikaden halfen nicht gegen den Gegner.
Man blieb entweder (bürgerlicher) Künstler und begrub seine politischen Ansprüche oder wurde politisch Handelnder und begrub seine künstlerischen Vorstellungen. Beides zusammen ging (noch) nicht, das eine oder andere für sich
allein allerdings auch nicht: In beiden Fällen waren schwere menschliche und
künstlerische Krisen die Folge.

Auf eine überraschende Weise, wenn auch über einen ganz anderen Weg, wa- *Nachmärz*
ren somit die politisch engagierten Schriftsteller um 1848 dort angelangt, wo auch
der Weg jener nachromantisch-biedermeierlichen Autoren endete, die im Vormärz am ausdrücklichen Verzicht auf politisches Schriftstellertum festhielten und
damit erst recht in eine Krise ihres künstlerischen Selbstverständnisses gerieten.
So mündete der vormärzliche Versuch, die Poesie ohne Bruch mit der Tradition
zu bewahren bzw. als Dichtung praktisch zu machen und damit das Verhältnis
von bürgerlicher Literatur und Herrschaft neu zu bestimmen, letztlich in der
Negation künstlerischen Handelns, d.h. in dem Zerbrechen der aufklärerischen
Perspektive – wenigstens im Blick auf die nähere Zukunft. Mit dem Begriff ›Nachmärz‹ lässt sich diese Situation des Gebrochenseins nur schwer beschreiben.
Nachmärz: Das ist zum einen das Weiterleben des liberal-demokratischen Vor-
märzes nach der gescheiterten Revolution im Wirken der sogen. Achtundvierzi-
ger, meist im Exil bzw. in der Emigration (besonders nach Nordamerika). ›Nach-
märzlich‹ kann auch das Bewusstsein derer bezeichnen, die im Lande geblieben
waren und sich (für eine Zeit lang) als die Besiegten verstehen mussten. Das
führte bei den einen bis zum Verzicht auf die revolutionäre Utopie und zum Ein-
schwenken auf einen Nationalliberalismus, der seinen Frieden mit dem Bismarck-
Reich machte (z.B. Freiligrath), bei den anderen zu neuem Engagement für die
Sache des Sozialismus. Zum Nachmärz gehört aber auch, dass das unmittelbare
Zugehörigkeitsgefühl von Schriftstellern zum Vormärz, zur Revolution von 1848
und ihrem Erbe sich allmählich transformierte: Wo (gescheiterte) Politik war,
sollte (moderne) Kunst werden. In dieser Hinsicht wurde, angeregt durch die
künstlerischen Reaktionen auf 1848 in Frankreich (Charles Baudelaire, Gustave

Heckers Traum
(Lithographie eines
unbekannten Künstlers)

Flaubert u. a.), der Verlauf des politisch-sozialen Revolutionsprozesses im
19. Jahrhundert Ausgangspunkt einer ästhetischen Moderne, die freilich in
Deutschland erst später einsetzte und ihres inneren Bezuges zu 1848 kaum
noch gedachte.

Realismus und Gründerzeit

Die widersprüchliche Situation und Versuche, sie darzustellen

Die Literatur der Epoche nach der Revolution von 1848 ist schwer unter einem einheitlichen Aspekt zu beschreiben: Einerseits steht sie noch immer unter dem Leitbild Goethe, andererseits waren besonders Schriftsteller des liberalen Lagers schon seit 1830 nicht mehr bereit, dem »Fürstenknecht« nachzueifern. Sie standen in deutlicher, oft auch polemischer Opposition zur idealistischen und romantischen Kunstauffassung. Der Begriff ›Realismus‹ wurde in Europa zwischen 1830 und 1880 als allgemeiner kunsttheoretischer Terminus für die neue Literatur und zugleich als Selbstkennzeichnung des künstlerischen Standpunkts dieser Epoche benutzt. Man ging von der Wiedergabe der zeitbezogenen Aktualität aus, glaubte alle wichtigen Zusammenhänge – soziale, ökonomische, politische – an der gesellschaftlichen und individuellen Entwicklung der Figuren eines Romans, einer Novelle oder eines Dramas darstellen, auf diese Weise also »das Leben« beschreiben zu können, »wie es eigentlich gewesen ist«, wie der Historiker Leopold von Ranke (1795–1886) diese »realistische Neutralität« formulierte. Während aber die französischen Realisten schon um 1830 die Haltung der handelnden Figuren ihrer Romane als bürgerliche Illusion oder Selbstbetrug darstellten (Stendhal: *Rouge et noir*, 1830), zeichnete die deutschsprachige Dichtung des Realismus sich durch »Verspätung« (sie begann erst nach 1848), durch distanzierenden Humor (Raabe) aus, durch eine zur Idylle neigende Resignation (Keller) und oft durch starke landschaftliche oder provinzielle Bindung der Menschen (Storm, Keller, Raabe). Verklärung und Harmonie also statt Kritik und Aufklärung, weder das sozialkritische Mitleidspathos der englischen Romane des Charles Dickens (*Oliver Twist*, 1837–1839; *David Copperfield*, 1849–1850) noch die psychologischen Studien der großen russischen Realisten wie L. N. Tolstoi (*Krieg und Frieden*, 1869) oder F. M. Dostojewskij (*Rodion Raskolnikow* oder *Schuld und Sühne*, 1866).

Der Begriff ›Realismus‹

Von den deutschen Schriftstellern und ihren Werken aus dieser Zeit ist mehr als die Hälfte längst vergessen, sogar der Nobelpreisträger von 1910, der Novellendichter Paul Heyse. Folgt man nach 1848 der Rezeption dieser Literatur, dann stand sie für die Leser noch immer unter dem Glanz und den Normen der großen Klassiker, die mehr und mehr als Träger eines Nationalgedankens interpretiert wurden, der zwar sehr diffus sein mochte, aber deswegen doch nicht ohne Nachdruck vorgetragen wurde. Diese Abwendung von jeder weltbürgerlichen Tendenz hin zu einem manchmal überheblichen Nationalismus gegenüber Polen, Juden und Franzosen gipfelte in Geibels Satz vom »deutschen Wesen«, an dem die Welt genesen werde.

In dem Maße, in dem die Vorstellungen von einer ›Deutschen Klassik‹ als einer richtungweisenden Nationalkultur sich in der Revolution von 1848 als endgültig überlebt erwiesen, hatten allmählich die Arbeiten jüngerer Schriftsteller eine Chance, ins Bewusstsein des lesenden Publikums einzudringen und akzeptiert zu werden. Auch wenn das Wunsch- und Leitbild der Goethezeit nicht völlig überwunden wurde, bildete sich bis zum Beginn des 20. Jahrhunderts ein Kanon

Realistische Erzähler realistischer Erzähler heraus: Jeremias Gotthelf, Gottfried Keller, Theodor Storm, Theodor Fontane, Adalbert Stifter, Conrad Ferdinand Meyer und Wilhelm Raabe und noch viele heute weniger bekannte wie Gustav Freytag, Paul Heyse, Friedrich Spielhagen, Peter Rosegger und Marie von Ebner-Eschenbach. Als Dramatiker hatten Friedrich Hebbel und Franz Grillparzer große Erfolge. Die Lyrik stand trotz Heine von allen Dichtungsgattungen noch am stärksten unter dem Einfluss Goethes, so dass Stefan George dem dritten Band seiner Sammlung deutscher Dichtung den Titel *Das Jahrhundert Goethes* gab. Neben der Droste, Keller, Storm, Fontane und Conrad Ferdinand Meyer bestimmte eine große Zahl heute längst vergessener Lyriker den Stil und gab den Ton an, wie z. B. Gustav Falke, Timm Kröger, Peter Hille, Carl Spitteler oder Ferdinand von Saar, um nur einige wenige zu nennen.

Buchkultur Das Zerbrechen der aufklärerischen Perspektive am Anfang des 19. Jahrhunderts und die Wendung von einer weltbürgerlichen Tendenz zu einem nationalistischen und imperialen Messianismus hatte Folgen, die zunächst positiv zu sein schienen: Es bildete sich – nach 1867 unterstützt durch die raschen Erfolge von Reclams Universalbibliothek in den deutschen Gymnasien – eine literarische Tradition, die die Lebensgewohnheiten bestimmter Teile des »Volkes ohne Buch« (Rudolf Schenda), das die Deutschen bisher gewesen waren, nachhaltig veränderte. Zwischen 1850 und dem Ersten Weltkrieg wurde das Buch, vor allem der Roman, zur dekorativen Leitlinie gesellschaftlicher Unterhaltung, daneben auch zum Lebensinhalt des passiven Teils der bürgerlichen Gesellschaft (vor allem also der Frauen und der Jugendlichen, weniger der berufstätigen Männer). Diese Tendenz wurde durch die neuen Unterhaltungs-Journale wie z. B. die *Gartenlaube*, mit festem literarischen Anhang oder regelmäßigen literarischen Einlagen verstärkt und weit verbreitet, und zwar auch in jenen Schichten, die jetzt wirtschaftlich ins Bürgertum aufzusteigen begannen und sich nun solche Journale leisten konnten. Eine Auseinandersetzung mit Literatur war von einer solchen Aneignung nicht zu erhoffen. Von der Literatur erwartete man Entspannung durch Spannung, phantastische Gegenwelten und Harmonie gegen den Zwang der Arbeit, also Erholung statt Mühe – eine durchaus verständliche Einstellung.

Diskussionen über Formen, Inhalte und vor allem Tendenzen der Literatur fanden weniger in der allgemeinen Öffentlichkeit statt, sondern blieben zumeist Zirkeln, Kreisen und Vereinigungen vorbehalten. »Öffentlichkeit« war in Deutschland nur kurzfristig »räsonierendes Bürgertum« (Jürgen Habermas) gewesen; sie wurde unterdrückt, bevor sie sich wirklich entwickeln konnte. So dienten z. B. die Gespräche im 1827 gegründeten Berliner Dichterkranz »Tunnel über der Spree« in den Jahren um die Revolution vor allen Dingen der Bewahrung traditioneller Vorstellungen. Als Fontane z. B. im Oktober 1849 zwei Szenen seines einzigen (unvollendet gebliebenen) Dramas *Karl Stuart* vorlas und die Tunnel-Mitglieder unschwer Parallelen zum damaligen Preußenkönig Friedrich Wilhelm IV. erkennen konnten, warnte der Protokollant Merkel den jungen Dichter davor, ein Ten-

Theodor Fontane

denzstück zu schreiben: »Was dem Journalisten frommen mag, steht unter dem Dichter. Er diene der Kunst, nicht der Partei!«, war seine Forderung.

Fontane versuchte zunächst diesen Weg und konnte Erfolge vorweisen. Gerade seine Beschäftigung mit der historischen Ballade, vor allem zu Ereignissen der preußischen, dann auch der allgemeinen Geschichte – H.H. Reuter spricht von »Aristokratisierung« und »Entaktualisierung« – hat ihm den Durchbruch als Dichter verschafft bis in die Lesebücher der Volksschulen, bis in Kalender und Anthologien hinein. Er fand breite Zustimmung bei den »Stillen im Lande«, den Vertretern der sog. Erweckungsbewegung, die in Erinnerungen schwelgen wollten und traditionelle – vor allem ›preußische‹ – Werte vertraten. Fontane erlebte die Auseinandersetzung mit dem Preußentum anders: Er trennte seine Beschäftigung mit der Mark Brandenburg und ihren liebenswürdigen Bewohnern, denen er in seinen *Wanderungen* zahlreiche Denkmäler errichtete, von der immer schärfer werdenden Kritik am preußischen Staat. Sie wird schon deutlich in der ›frühen‹ Erzählung *Schach von Wuthenow* (1882) und geht über *Frau Jenny Treibel* (1892) bis zur letzten Romanfigur, dem alten Stechlin (der Hauptfigur des gleichnamigen Romans von 1898). Fontane setzte bewusst die innere Vornehmheit des märkischen Landedelmannes der Hohlheit des letzten Kaisers entgegen, wie die berühmten *Briefe an Friedlaender*, einen gebildeten Berliner Juden, zeigen: Durch scharfe Beobachtung wurde er immer mehr zum Kritiker des »Hohenzollernwahns«.

Fontane als Repräsentant der Epoche

Gleichzeitig gab es unzählige Heimatdichter, für die Literatur verklärende Erinnerung an ›starke Männer‹ war, die die aus den Fugen geratene Welt wieder richteten. Der Schweizer Conrad Ferdinand Meyer (1825–1898) stand dieser Heldenverehrung sehr kritisch gegenüber und zeigte mit sehr subtilen erzählerischen Mitteln, dass ›große Männer‹ auch große Fehler hatten (*Jürg Jenatsch*, 1876; *Der Heilige*, 1880). Bei vielen anderen Autoren verdeckten kraftvolle Szenen in der Literatur nach 1848 oft ihre Neigung, komplizierte oder fruchtlose politische Auseinandersetzungen zu meiden.

Drei bürgerliche Generationen auf dem Weg in die Gründerzeit

Sogar die Reiseliteratur, die seit etwa 1790 mit berühmten Beiträgen von Forster bis Laube und Heine aus dem Blickwinkel des staunenden oder kritisch prüfenden Reisenden gesellschaftliche und kulturelle Verhältnisse durchsichtig zu machen versucht hatte, glitt nach 1830 ab in beschauliche Betrachtungen, die allerdings wegen dieser Unverbindlichkeit auch sehr beliebt waren und in den neu entstehenden *Journalen* ihren festen Platz fanden. Missverstanden in diesem Sinne wurden auch Fontanes *Wanderungen durch die Mark Brandenburg* (1862; 1863; 1873; 1882) und so zum beliebten Geschenk in konservativen Kreisen.

Der Literatur wurde also eine Funktion zugewiesen, die ihrer ursprünglichen Intention entgegengesetzt war: Sie klärte nicht auf, sondern bemühte sich z.B. um die Gefühlsbildung und Anleitung der Frau »auf die vom Mann abhängige Rolle […], die auf das Haus beschränkt blieb« (R. Wittmann). Entsprechende Texte wurden von den Dichtern der Zeit erwartet, vom Publikum bevorzugt und deshalb in den zahlreichen neu entstehenden Journalen veröffentlicht, als ob es Heines Kritik an der »Goetheschen Kunstschule« nie gegeben hätte. Heines Satz, die neue Zeit werde »eine neue Kunst gebären, die mit ihr in begeistertem Einklang sein wird«, wurde nun, nach 1850, umgesetzt – aber wie anders, als er es gewollt und sich vorgestellt hatte! Nicht die von Heine erwartete Entwicklung zu Freiheit und Kritik, Auseinandersetzung und Genuss begann, sondern immer mehr Autoren waren aus Gründen des Broterwerbs darauf angewiesen, dass ihre Werke gedruckt wurden, und schlossen daher literarische Kompromisse auf niedrigstem Niveau. Selbst Fontane musste sich zu ›überarbeiteten‹ Vorabdrucken in

Kultivierung deutschen Fühlens

Journalen wie der *Gartenlaube* bereit finden. Jeder Text, der soziale Zustände realistisch beschrieb oder Arbeitsverhältnisse und Hunger darstellte, wie sie tatsächlich wirkten, entsprach nicht dem ›Zeitgeist‹ der Unterhaltungsredakteure (und der hinter diesen stehenden Verleger). Ohne Übertreibung kann man sagen, dass es – von einigen Versuchen im Naturalismus abgesehen – keinen deutschen literarischen Text zwischen 1850 und 1900 gibt, der die ökonomischen und sozialen Bedingungen des neuen vierten Standes wenigstens im Modell aufgezeigt hätte, wie Schiller dies z. B. in seinem Drama *Kabale und Liebe* (1783) für den dritten Stand versucht hatte.

Der literarische Realismus

Was aber hat der literarische Realismus zu erreichen versucht? Zweifellos haben Keller, Raabe, Storm und Fontane Figuren des ›einfachen Volkes‹ dargestellt. Das Volk als Proletariat haben sie allerdings in individuelle Gestalten aufgelöst, die mehr oder minder deutlich zu ›bürgerlichen Helden‹ wurden. Drei Beispiele sollen dies zeigen:

Hans Unwirrsch in Wilhelm Raabes Roman *Der Hungerpastor* (1864) hat als Schüler und als Student der Theologie nie vergessen, aus welcher Enge er gekommen ist, und innere wie äußere Bescheidenheit zu seinem Lebensprinzip gemacht. Diese Bescheidenheit verlangt Opfer; die rücksichtslosen Menschen in der Umgebung des ›Hungerpastors‹, z. B. der ›Dr. Theophil Stein‹, wie sich Moses Freudenstein, Hans Unwirrschs Schulkamerad, nun nannte, scheinen zunächst größere Erfolge zu haben, werden aber schließlich von Unwirrschs Ausdauer und Menschlichkeit ›überholt‹, eine idealistische Lösung also.

Die Heimat hat im *Hungerpastor* einen festen Stellen- und Orientierungswert für alle Personen, weil der Begriff emotional besetzt wird: Heimat ist Geschichte, Tradition, Bindung, und sie kann Klassengegensätze überwinden; insofern ist der Begriff grundsätzlich konstruktiv, schafft schließlich auch gegen Widerstände ein ›Wir-Gefühl‹. Am Verhältnis zur Heimat misst Raabe auch seine beiden kontrastierenden Hauptfiguren, Hans Jacob Nikolaus Unwirrsch und Moses Freudenstein, am Verhältnis zur Natur die Charaktere der beiden gleichaltrigen Jungen; die oft drastischen Vergleiche veranschaulichen nicht nur, sondern werten die Personen, auf die sie sich beziehen, ebenso drastisch auf oder ab.

Theodor Storm (1817–1888) stellte mit der Figur Hauke Haiens in seiner Novelle *Der Schimmelreiter* (1888) dar, wie ein Kind aus einfachen Verhältnissen zum Über- und Herrenmenschen wurde. In ihm wird das bürgerliche Ideal überlagert von dem aristokratisch anmutenden Machtkalkül des jungen Deichgrafen, der sich ständig in einer Kampfposition zu befinden meint und unter diesem eingebildeten Druck sein Verhältnis zur Realität sowie jede soziale Bindung verliert, zuletzt auch die zu seiner Frau und seinem Kind, weil er Erfolg weder einschätzen noch angemessen mit ihm umgehen kann: Er wird maßlos und will anderen seine Maßlosigkeit aufzwingen. Hauke dürfte den neuen Deich – seine große Idee und für den Leser zugleich Symbol des neuen Zeitalters – aber nicht isoliert betrachten, sondern müsste ihn (real und bildlich) mit den alten Deichen als Einheit begreifen. Indem Hauke Haien sich allein auf das Neue konzentriert und die ›kritischen Übergänge‹ weder in seinem Umfeld noch beim Bau des neuen Deichs beachtet, kommt es zur Katastrophe. Sie entlarvt die Vorstellung permanenter oder gar gewaltsam erzwungener Erfolge in einer Welt des Fortschritts als Illusion: Humanistische Ideale oder einfach Menschlichkeit bleiben im rücksichtslosen Machtstreben auf der Strecke.

Theodor Storm

»Der Schimmelreiter«

Im 19. Jahrhundert sah man die Figur des Schimmelreiters ganz anders: Gerade weil es Theodor Storm gelungen war, im Deichgrafen Hauke Haien eine literarische Figur von großer Dichte, aber mit ebenso großen Widersprüchen zu formen, wurde der Schimmelreiter schon wenige Jahre nach seinem Erscheinen (1888) als heimatverbundener ›Gründerzeitmensch‹ missverstanden: »Ein Mann, ganz brennende Tatkraft, ganz Gemeinsinn, ganz geschaffen für den Kampf; kraftvoll bis zur Härte, – dabei eine durchaus auf holsteinischem Strandboden erwachsene Natur!« (Clara Lent, 1899).

Literarisch ist die Rettung des Menschlichen gegen Macht- und Fortschrittsglauben oft recht unauffällig gestaltet worden, etwa wenn Fontane seinen Roman *Effi Briest* (1895) nach dem Mädchennamen der Hauptfigur benennt und dieser auch auf Effis ausdrücklichen Wunsch auf ihrem Grabstein erscheint, als habe die Ehe mit dem Baron von Innstetten nie stattgefunden. Effis Rückkehr in die heile Welt des Elternhauses ist zu verstehen als Zeichen des Misserfolgs in der Erfolgsgesellschaft. Dies hat Fontane zeigen wollen: Zu einem positiven Neuansatz lässt er seine Figur Effi viel weniger gelangen als ihr ›Vorbild‹ in der Realität, die Freifrau von Ardenne, die das Erscheinen des Romans um fast sechzig Jahre überlebt hat. Fontane hat also aus ›ideologischen‹ (weltanschaulichen) Gründen die Grundstruktur dieser »Geschichte nach dem Leben« (Brief an Marie Uhse, 1895) umgestaltet und mit Effis Tod die ›Spielregeln‹ der Gesellschaft anerkannt, indem er deren Brutalität in Effis Leiden und Tod ästhetisierte, ihr aber ein ›positives Ende‹ verweigerte, weil sie ›schuldig‹ war. Zwar löst der Zusammenbruch von Effis Gesundheit die starren Formen gesellschaftlicher Konvention ein wenig, aber an deren Grundsätzen darf selbstverständlich nicht gerüttelt werden, wie die Mutter der sterbenden Tochter noch einmal ausdrücklich klarmacht. Auch billigen Wüllersdorf, der Mitarbeiter Innstettens, und kurz vor ihrem Tode auch Effi selbst Innstettens Handeln gegenüber dem Major von Crampas, den Innstetten wegen eines fast sieben Jahre zurückliegenden Ehebruchs mit Effi im Duell erschießt und zur Begründung anführt, es gehe nicht, »wie wir wollen, sondern wie die andern wollen« – aber wer sind diese ›andern‹, deren Diktat man so kritiklos folgt? Ist die Anpassung an Meinungsmacher nicht einfach eine Erklärung für die ungebrochene Macht alter Herrschaftsstrukturen, die, angereichert mit der neuen, ›modernen‹ Machtfülle, Menschlichkeit verdrängt haben? Bei der Lektüre des Romans entstehen Verständnis und Sympathie für Effi im Leser; diese Teilnahme bleibt aber literarisch: Solidarität mit real lebenden und leidenden Frauen ist in Fontanes Roman nicht erkennbar – und sein Beispiel kann für die gesamte Epoche des literarischen Realismus gelten.

»Effi Briest«

Wie erklärt sich diese Schwäche im Selbstverständnis des Bürgertums? Als die alten feudalen Kräfte unter Führung der beiden ungleichen Brüder Preußen und Österreich sich wieder durchgesetzt hatten, gingen die Aktivitäten des Bürgertums in drei Richtungen: Gesellschaftlich wollte man sich dem Adel annähern, aber nicht dessen Position einnehmen; politisch wollte man sich vor dem Proletariat schützen, vor allem dessen Aufstieg zur Macht verhindern; wirtschaftlich wollte man die ›freie Dynamik‹ des Unternehmers (im weitesten Sinn) weiter ausbauen. Diese Vorstellungen ließen wenig Raum für Ideale und deren konsequente Verwirklichung, was natürlich immer wieder zu erheblicher Unsicherheit innerhalb der eigenen Klasse führte. Deshalb bildeten statt politischer, allgemein gesellschaftlicher und sozialer Entscheidungen Klatsch und bewusst hochgespielte moralische Katastrophen den manchmal pikant wirkenden Hintergrund des gesellschaftlichen Lebens, was immer wieder zu ironischen Darstellungsformen führen musste. Fontane war in fast allen seinen späteren Romanen ein Meister der Verwendung ironischer Formen im gesellschaftlichen Plauderton, Wilhelm

Schwäche des Bürgertums

Busch (1832–1908) hat mit den Versen und Zeichnungen seiner Bildergeschichten (*Die fromme Helene*, 1872) große Erfolge gerade bei den Menschen, deren gesellschaftliche Umgebung er aufs Korn nahm.

Gesellschaftliche Spannungen wurden also nicht ›analysiert‹ wie in der skandinavischen Literatur oder plastisch-gefühlvoll dargestellt wie bei Dickens, sondern eher von der heiteren oder ironischen Seite beschrieben, nicht um sie abzubauen, sondern um die Grenzen gesellschaftlicher Angemessenheit zu markieren: Mit der *frommen Helene* identifiziert man sich nicht. Die Kunst der Desillusionierung und Distanz war also verbunden mit dem Bestreben, die eigene Welt abzugrenzen gegen Gefahren, aber keine Aufforderung, aus dem Schatten herauszutreten und neue Wege zu erproben. So verstanden ist Realismus nach Fontane also »nicht das nackte Wiedergeben alltäglichen Lebens, am wenigsten seines Elends und seiner Schattenseiten« – das wäre Grenzüberschreitung! – sondern »Widerspiegelung alles wirklichen Lebens, aller wahren Kräfte und Interessen *im Elemente der Kunst, er ist (...) eine Interessenvertretung auf seine Art*« (1853).

Literarisches Mittelmaß

Obwohl also im 19. Jahrhundert erstmals eine gesellschaftsbezogene Literatur auf breiter Basis, sozusagen als Anstoß für ein sich emanzipierendes Bürgertum und zur Gewinnung der ständig wachsenden Arbeiterschaft als Leser denkbar gewesen wäre, haben weder die Dichtung des deutschen Realismus noch kulturelle Institutionen diese Möglichkeit genutzt, sie wohl auch prinzipiell nicht gewollt. Es gab in Deutschland keine Voraussetzung, die einen Charles Dickens oder Stendhal ermöglicht hätte, stattdessen harmonische Unterhaltung und Ablenkung von den unangenehmen Dingen des Lebens. Insofern kann man vom Zeitalter des Realismus und der Gründerzeit als einem Zeitalter der Versorgung der Massen mit Unterhaltungsliteratur sprechen. Wegbereiter dieser vereinfachten Rezeption waren nicht nur die aufkommenden Zeitschriften für den Massengeschmack wie die *Gartenlaube*, sondern auch die deutschen Fibeln und Lesebücher sowie der Lehrplan und der Unterricht in der Muttersprache, die die Schüler indoktrinierten. Da sich anspruchsvolle Literatur nicht in Gewinn umsetzen ließ, blieb der Umgang mit ihr nur kleineren Gruppen vorbehalten, sofern sie die Voraussetzungen erfüllten: neben den schon genannten Schülern und Frauen mit guter Schulbildung, vor allem alten Leuten, später allmählich den Stadtbewohnern, als die Arbeitszeit verkürzt, der Schulbesuch regelmäßig wurde und die Löhne etwas mehr als das Existenzminimum abdecken konnten. Auch die Unterschichten lasen allmählich mehr, sie wurden aber nicht zu einem lesenden und von der Literatur beeinflussten oder gar geprägten Publikum.

Lesefibeltext

Lesefibeltext

Unter diesen allgemein für Literatur ungünstigen Bedingungen konnte sich nur eine Schreibweise durchsetzen, deren Kompromisscharakter Züge eines literarischen »Juste-milieu« trug: formale wie stoffliche *Einfachheit*, die aber großen Wert auf »Ausstattung« oder »Kulisse« legte (vgl. z.B. Stifters Roman *Der Nachsommer*, 1857), Symbole des Wohlstands, vor allem im Interieur, herausstellte, dabei aber ›Objektivität‹ anstrebte, also z.B. exaltierte Reaktionen, grobe, vordergründige Rachezüge und offene Gewalt vermied, klare und einfache Handlungsstränge entwickelte, auf drastische Stilmittel verzichtete, also eine ausgewogene, ruhige ›mittlere‹ Stillage bevorzugte (R. Wittmann).

»Juste-milieu«

Zu dieser ruhigen Stillage gehörte, dass Wohnung, Umgebung und Mensch sich entsprachen und dass diese Entsprechung im Idealfall sich aus einer vernünftigen Anpassung der Menschen an das landschaftliche Umfeld ergab. Als der Erzähler in Stifters *Brigitta* (1847) das Haus des Majors in der ungarischen Steppe findet und ins Gästezimmer tritt, fällt ihm auf, »daß der dunkle Fleck des Waldes

oder Gartens unten auf die Steppe gebreitet« dalag »wie eine andere, nur riesen-
haft große Bunda«. Diese Betrachtungsweise, die das Innen mit dem Außen harmonisch verbindet, Geborgenheit vermittelt und beruhigt, konnte dem Publikum
zwar keine großen Aktivitäten vermitteln, baute eher sorgfältig ausgewählte, fast
statische Bilder so vor dem Leser auf, als sei dieser Aufbau Realität und man befinde sich mitten in ihr. Weil es diese ›Realität‹ leicht wiederzuerkennen meinte,
schätzte das bürgerliche Publikum die Entwürfe großer landschaftlicher Szeneri-
en, wie sie Raabe, Meyer oder Storm vorführten, genauso wie die schönen Interi-
eur-Szenen bei Conrad Ferdinand Meyer. Der landschaftliche Bildaufbau vermittelte oft einen so plastischen Eindruck – z. B. der Anfang von Meyers *Jürg Jenatsch*
(1876) –, dass der Leser ›gefangen‹ war, ehe die eigentliche Handlung begann. Zu
einer Zeit, da Photographie und Film noch keine Rolle spielten, wurde vor dem
Zuschauer eine Kulisse aufgebaut, die Mensch, Landschaft und Leser zu einer
Einheit verschmolz, der der Rezipient nicht entrinnen konnte – und in dieser
›Einheit‹ vollzog sich die oft sehr ruhige Handlung der Dichtung. Der so gestaltete Text war natürlich nicht ›realistisch‹, sondern bereits Interpretation, diese sug-
gerierte die Vorstellung einer Gesamtharmonie. Sie konnte aber auch, wenn sie
aufgehoben oder zerstört wurde, ganz plötzlich Katastrophen einleiten, d. h. die
›dingliche Bildlichkeit‹ der Szenerie wurde beherrschend wie ein Leitmotiv und
gab zum Beispiel den Texten Theodor Storms Prägung und Wirkung. Dies zeigen
die Geistererscheinung in *Schimmelreiter* (1888), das Kinderbild in *Aquis submer-
sus* (1878) oder der Kasper in *Pole Poppenspäler* (1874).

Illustration zu *Pole
Poppenspäler*

Nationale und liberale Erziehung
statt allgemeiner geistiger Freiheit?

Massenhafte Verbreitung und Wirksamkeit der Literatur waren nicht einfach eine
Folge der neuen drucktechnischen und verlagsrechtlichen Möglichkeiten sowie
der zusammenwachsenden Märkte, die zunächst der Deutsche Bund, später der
Norddeutsche Bund, absicherten. Die allgemeinere Frage war, wer an Freiheit für
literarische Produktion und deren Austausch interessiert war, so dass Literatur zu
einer ernst zu nehmenden gesellschaftlichen Größe werden konnte. Tatsächlich
waren die hohen Preise für moderne Literatur für den größten Teil der Bevölkerung unerschwinglich und trieben das lesende Publikum geradenwegs zur deutlich billigeren Unterhaltungsliteratur. Denn »für dieselbe Geldsumme, die ein
einbändiger Roman kostet, hat man ein Vierteljahr lang eine tägliche Zeitung und
ein belletristisches Journal, das heißt, man hat, neben dem unentbehrlich gewordenen Nachrichtenmaterial, drei Romane, ein halbes Dutzend Novellen und drei
Schock Feuilletons« (E. Peschkau, 1884). Die Literatur des Realismus hatte – im
Gegensatz zum 18. Jahrhundert – das ›Übungsfeld‹ des gesellschaftlichen Räson-
nements verlassen oder es auf akademische ›Insider‹ reduziert, die sich in den
neu entstandenen literarisch-politischen Zeitschriften stritten. Es ist bezeichnend,
dass die neuen Zeitschriften sich in der Auseinandersetzung mit neuen politischen, kulturellen oder gesellschaftlichen Tendenzen zu profilieren suchten. Das
gilt besonders für die zahlreichen (mindestens 20!) literarischen Zeitschriften, die
nach der Reichsgründung 1871, vor allem nach 1885, erschienen. Vor 1875 war
die Situation ruhiger: Die *Grenzboten* (ab 1841) wandten sich unter der Redaktion

*Buchmarkt und Unter-
haltungsindustrie*

Neue Zeitschriften

Rietschels Entwurf für
das Weimarer Dichter-
denkmal (1857): Goethe
kosmopolitisch den
Horizont absuchend,
Schiller idealisch den
Blick zum Himmel
erhoben

Gustav Freytags »oft regelmäßig und scharf gegen die neueren Erscheinungen der Dichtung« (K. Schlawe). Die *Preußischen Jahrbücher* (ab 1858) waren das Sprachrohr des politischen und kulturellen Liberalismus, nicht sehr in literarische Fragen verwickelt, aber in den sehr ausgewogenen Besprechungen neuer Bücher durchaus meinungsbildend. Die *Deutsche Rundschau* (ab 1874), die bis zum Ersten Weltkrieg stark von Julius Rodenberg geprägt war, verfolgte einen literarischen Konservatismus und war politisch national-liberal. Diesem ›Akademikerstreit‹ stand die anonyme, Kultur konsumierende Menge der lesenden Bürger gegenüber, für die ›Literatur‹ nicht nur ›Dichtung‹ war, sondern alles Gedruckte, was die Neugier und das Bedürfnis nach Spannung erfüllte, den Gefühlen huldigte, ›nationale‹ Erwartungen befriedigte, aber auch die Welt ins Haus brachte und Technik verständlich machte, wie es in einer Werbung hieß. Die Leser wurden durch solche Lektüre zur Teilnahme an Gesprächen über das Gelesene befähigt, sie wurden damit auf dem Gebiet vordergründigen Wissens gesellschaftsfähig.

Nach 1840 gab es immer mehr Ansätze zu einer Abgrenzung der modernen Literatur von den strengen Vorbildern der Goethezeit. Das war auch ein Kampf um das Bewusstsein des lesenden Publikums. Der Abschied von den »abstrakten Stilisierungen der Klassiker« (F.Th. Vischer) bedeutete die Aufgabe großer und grundsätzlicher Linienführung zugunsten des Individuellen, des jeweils Besonderen, hinter dessen Vielfalt und Fülle das Ganze nicht immer erkennbar blieb. Früh bekam die Literatur impressionistische Züge, wurden auch Gedichte, Novellen und sogar Romane zu einer ›Summe von Stimmungen‹. Zusammenhänge und Vorbilder sollten dem Volk auf andere Weise geboten werden, gleichgültig ob real oder als Surrogat: z. B. als patriotischer Geschlechterroman (Gustav Freytag: *Die Ahnen*, 1873–1881) oder als rückwärts gewandte Utopie im Goethe-Schiller-Denkmal, das 1857 in Weimar errichtet wurde. »Der ins Leben schauende Goethe und der dem Reich der Ideale zugewandte Schiller«, lautete sinngemäß der idealisierende Kommentar zu diesem ›Zeugnis deutscher Vergangenheit‹ in einem Bildband für Schüler.

*»Verstaatlichung«
der Bildung*

Das Vordringen des Staates in die Bereiche der Gesellschaft zeigte sich nach 1848 besonders in den Schulen und der Lehrerausbildung. Die einzelnen deutschen Staaten organisierten sie nun durch Staatsbeamte und übernahmen auch die alleinige Verantwortung. Dabei formten sie selbstverständlich die Lehrinhalte nach ihren Vorstellungen: Frömmigkeit und Treue, Zuverlässigkeit und Ausdauer, Gehorsam und Bescheidenheit waren Ziele, die völlig unverfänglich schienen, die aber die freie Entwicklung des Individuums an Idealen beendeten, falls es sie gegeben hatte. Während 1843 noch das Amt des deutschen Sprachlehrers von Wackernagel als ein »königliches, ein hohepriesterliches« bezeichnet wurde, hieß es jetzt: »Der Deutschlehrer ist nicht nur der Führer in das Reich des Idealen und Mittler des reinen Dichterworts; er ist zugleich der Wahrer des Volksgeistes«, er hat dem »zersetzenden Verstand« streng entgegenzuwirken, »Liebe« und »Gefühl« sowie »im Herzen eine wärmende Kraft« zu fördern, also »Gemütsbildung« zu betreiben, was auch immer man darunter verstehen mochte. Neu ist an diesem Entwurf, dass er erstmals die Haltung des deutschen Irrationalismus formuliert, der den »Geist als Widersacher der Seele begreift und bekämpft«.

*»Nationale Pflicht« der
deutschen Literatur*

Dieses Programm gelangte auf behördliche Weisung in die Schulen und steuerte so die Rezeption und den Begriff von Literatur in der zweiten Hälfte des 19. Jahrhunderts massiv: Die Schüler – und sie waren das spätere Lesepublikum – sollten sich in der Sprache und ihrer Tradition wohl fühlen können und widerstandsfähig gegen alles ›Revolutionäre‹ werden. Wenn ein literarischer Text

§ 1. Begriff der deutschen Literaturgeschichte.

Die deutsche Literatur im weitesten Umfange ist der Inbegriff aller in Sprache und Schrift niedergelegten Geisteswerke des deutschen Volkes. Von dieser Gesamtheit bildet die deutsche Nationalliteratur nur einen Teil. Sie hat es nicht mit allen Geistesprodukten unseres Volkes zu tun, am wenigsten mit der sogenannten gelehrten oder wissenschaftlichen Literatur, sie umfaßt vielmehr nur diejenigen literarischen Kunstwerke, welche ein eigentümlich deutsches Gepräge tragen, d. h. die unserm deutschen Volke eigentümliche Anschauung, Gesinnung, Sitte abspiegeln. Da nun in der Poesie, der ältesten und eigentümlichsten Sprache aller Völker, vor allem deutscher Geist und deutsches Leben sich ausprägt, so wird vorzugsweise die poetische Nationalliteratur der Deutschen ins Auge zu fassen sein. Die Geschichte dieser Literatur stellt den Entwicklungsgang der geistigen Bildung des deutschen Volkes dar, so wie diese sich aus jenen Werken erkennen läßt [1]).

Aus einer zeitgenössischen Literaturgeschichte

die Grenze des gesellschaftlichen oder politischen Anstands überschritt, also nicht ›konstruktiv‹ war, empörten sich Regierungsvertreter oder Parlamentarier und gaben sogar offen zu, dass sie von der Literatur erwarteten, sie solle harmlos und sauber unterhalten und künstlerisch anregen (aber wozu?). So jedenfalls wurde 1895 in der Debatte über den ›Skandal‹ der Aufführung von Gerhart Hauptmanns Drama *Die Weber* (1892) im Preußischen Haus der Abgeordneten argumentiert. Diese Debatte gipfelte in dem Satz: »Wie lange sollen wir denn noch zusehen, daß in der schimpflichsten Weise alle die heiligsten Güter der Nation, die auch dem Volke wirklich noch heilig sind, herabgewürdigt und in den Schmutz gezogen werden? Noch ist es Zeit, noch haben wir die Macht hinter uns, noch haben wir die Gewalt, und zwar gebaut und basirt auf den gesunden Sinn des Volkes, was noch nicht vergiftet und verworfen ist, und so lange wir, die Regierung, die Gewalt hinter uns haben, so lange werden wir sie benutzen [...].«

Preußen, wo diese Debatte stattfand, war nach 1871 Symbol für militärische und wirtschaftliche Stärke. Offiziell war das Interesse an Literatur gering: Alles Reden von Fortschritt bezog sich auf wirtschaftliche und naturwissenschaftliche Fragen; gesellschaftliche Leitbegriffe waren Gott, König, Vaterland, Disziplin, Ordnung und Fleiß, so dass Theodor Storm von dem »großen Militärkasino Potsdam« sprach. Schon bei seinem ersten Besuch 1852/53 erkannte Storm, »daß man auch in den gebildeten Kreisen Berlins den Schwerpunkt nicht in die Persönlichkeit, sondern in Rang, Titel, Orden und dergleichen Nippes legt«, als ob eine Entwicklung bürgerlicher Qualitäten gar nicht stattgefunden habe. Fontane ergänzte Storms Anschauung sehr plastisch: »Alles berührte, wie wenn der Hof und die Personen, die den Hof umstanden, mindestens ein halbes Jahrhundert verschlafen hätten.« Im Sinne dieser Verspätung war Preußen nur der »harte Kern«; andere Bundesstaaten wichen von ihm zwar in Nuancen, nicht aber im Prinzip ab und konnten sich dabei immer auf Preußen berufen.

Symbol Preußen

Die Gefahren dieser ›Bildung‹ liegen auf der Hand. Vor 1871 war die seit etwa 1835 sich entwickelnde Germanistik von ihren Begründern (den Brüdern Jacob und Wilhelm Grimm, Ludwig Uhland und Georg Gottfried Gervinus) mit ihrem Traum von einer deutschen Einheit, deutscher Größe, deutscher Tradition sowie deutscher Sprache und deren Behandlung in der Literatur verbunden, sie hatte damals also einen eindeutig politisch zu verstehenden Auftrag. Die Brüder Grimm und ihre Freunde waren dabei dem ›Zeitgeist‹ als leitendem Prinzip verpflichtet, denn die neue Wissenschaft der Germanistik müsse »ein Werk über die Politik der Gegenwart« sein (Gervinus). Dieser Ansatz wurde nach der Revolution von 1848 rasch aufgegeben. Nach 1870 versuchte man die Betrachtung der Literatur auf das Beobachtbare zu reduzieren, als könne man sie durch Empirie erforschen wie eine Naturwissenschaft, bis unter Wilhelm Diltheys Anstoß (*Das Erlebnis und die Dichtung*, 1905) die geistesgeschichtliche Methode sich herausbildete. Die meisten literarisch interessierten Deutschen waren von Diltheys Arbeit beeindruckt, übersahen aber in der Regel die stürmischen europäischen Entwicklungen der Literatur, die durch scharfe Analysen provinziellen Mief und gesellschaftliche Verlogenheit entlarvten. Aber in den Schulen wurden weder die Dramen der Nordeuropäer, noch russische, französische oder englische Romane behandelt. Durch die Konzentration auf rein deutsche Probleme bildete sich ein übertriebenes literarisches Selbstwertgefühl heraus, das sich an der Klassikrezeption orientierte.

Hat die Reichsgründung 1871 neue Wege eröffnet?

Das Versagen des Bürgertums in der Revolution von 1848/49 wurde schon bald öffentlich erörtert, aber stets nur im Sinne eines ›Schicksals‹, nicht eines politischen Versagens, etwa wenn Julian Schmidt 1850 politisch spottete, dies aber mit literarischen Begriffen tat: »Die deutsche Revolution hatte aber das Eigenthümliche, daß sie an lyrischem Pathos, träumerischem Wesen, trüber und unklarer Sehnsucht mit den Gedichten ihrer Propheten wetteifern konnte. Sie ist jetzt vorüber. Die Abdankung ihres Geschöpfes, des Reichsverwesers ohne Reich, war ihr letzter Akt.«

Trennung von den Idealen des Liberalismus

Das Bürgertum suchte fortan statt nach Idealen nach gangbaren Wegen, um schließlich doch noch politische Macht zu erreichen. Dieser Macht, weniger sei-

Bau des Berliner Reichstags

nen Idealen, kam es nach der Reichsgründung 1871 näher. Und je nach dem Ausmaß der Trennung von den alten Idealen des Liberalismus (Humanität, Freiheit, Solidarität, Fortschritt) kann man drei große bürgerliche Gruppen unterscheiden: die wirtschaftlich orientierten liberalen Großbürger der ›Oberklasse‹, die wie der Adel »zu einem beträchtlichen Teil aliterarisch, wenn nicht antiliterarisch geprägt« waren (R. Wittmann). Als zweite Gruppe gab es die konservativ verinnerlichten und oft religiös geprägten Menschen des ›Mittelstandes‹ – wie die Anhänger der *Erweckungsbewegung*. Sie fühlten sich dem stürmischen Fortschritt ausgeliefert und demonstrierten kulturell oft Resignation. Schließlich gab es drittens die kleine Gruppe der fortschrittlich-demokratischen Bürger, die über Bildung und eine ausreichende finanzielle Grundlage verfügten, besonders wenn sie in aufstrebenden selbständigen Berufen oder als Beamte in Verwaltung und Wissenschaft, seltener in der Erziehung, tätig waren: Für diese Gruppe gehörte Literatur zum Selbstverständnis, Literatur hatte allerdings keinen Einfluss auf ihre politische Stellung, sondern blieb ›Privatsache‹: Die Mehrheit der Beamten z. B. dachte weiterhin königstreu und konservativ und beschränkte den Umgang mit Kultur auf nationale oder gesellschaftlich notwendige Veranstaltungen. Was konnte unter solchen Umständen eigentlich Stoff oder Gegenstand literarischer Betrachtung oder Gestaltung werden, wer war literarisch zu erreichen, und welchen Wert hatte Literatur für ihr Publikum?

Nicht nur für die politische Literatur war diese Frage nach den Möglichkeiten im Zeitalter zunehmender Abhängigkeit vom ›Markt‹ auch eine Frage nach der allgemeinen gesellschaftlichen und politischen Situation im Lande. Persönliche Freiheit und die der Gedanken, soziale Entwicklung, Ordnungsvorstellungen, politische Toleranz und politisches Interesse spielten eine wichtige Rolle für das Entstehen und Vermitteln von Literatur: Welche Bedeutung konnte Literatur haben in einer Zeit, in der der Wechsel von der Gesinnungs- zur Realpolitik mit deutlichem Selbstbewusstsein als Fortschritt bewertet wurde? Wer konnte das nötige Selbstbewusstsein entwickeln? Fontane hat in den Gesprächen seiner Gesellschaftsromane immer wieder gezeigt, dass Menschen zu dieser Leistung fähig waren, gerade seine Frauenstudien sind hier sehr genau (z. B. die Figur Melanie van der Stratens in *L'Adultera*, 1882).

»Wesen« des deutschen Volkes

Literarisch empfahlen Theorie und Kritik nach der Reichsgründung die Versöhnung des Idealismus mit dem Realismus im »Studium des Wesens und der Eigenthümlichkeiten« des Volkes, »ohne daß eine Form deutschen Wesens die andere sich unterthan machen müsse«. Die Literatur sollte also auf den »rechten Weg zur politischen Einheit Deutschlands« nun auch im Innern führen. Man huldigte einer falschen Vielfalt, wenn man den landschaftlich oder in ihrer Heimat gebundenen Charakteren »mehr Individualität und damit auch mehr Realität« zubilligte, denn diese Vielfalt existierte im neuen Reich nur statistisch. Tatsächlich gab es viele Minderheiten, an die man bei der Ausrufung eines einheitlichen Deutschland gar nicht gedacht hatte, die kulturell und literarisch im rechtsfreien Raum schwebten. Die ›Uneinheitlichkeit‹ ging aber noch weiter: Selbst die beiden großen Konfessionen waren keineswegs in sich homogen, sondern zwischen konservativen, ja orthodoxen und liberalen Richtungen gespalten und führten immer wieder Grundsatzdiskussionen, wenn man nur an die Erweckungsbewegung in der evangelischen Kirche denkt. Die ›Erweckungslieder‹ prägten in der Sammlung von Philipp Spitta das Verständnis konservativer Menschen von Literatur über viele Jahrzehnte unter den Leitbegriffen ›Einkehr‹ und ›Stille‹, Traktate und ›religiöse Heimatliteratur‹ hatten einen starken Einfluss. Die Erweckungsbewe-

Der »rechte Weg« zur politischen Einheit Deutschlands

gung war aber keineswegs so weltfremd, wie sie sich gern gab, sondern versuchte immer wieder, die eigenen Anhänger in wichtige Positionen z. B. des preußischen Staates und später der Industrie zu bringen, eine relativ kleine Gruppe also mit großem Einfluss. Auf der anderen Seite gab es die große Kirchenreform in der katholischen Kirche nach dem (ersten) Vatikanischen Konzil von 1870/71, durch das in Deutschland der so genannte Kirchenkampf ausgelöst wurde, der auf Jahrzehnte eine Annäherung der konfessionellen Standpunkte oder gar ein Gespräch ausschloss, was natürlich einer literarischen Entwicklung nicht zuträglich war. Beide Kirchen waren sich einig in der Ablehnung liberaler und sozialistischer Tendenzen, die sie als ›gefährlich für das Volk‹ einstuften.

Juden in Deutschland

Eine sehr lebendige Minderheit bildeten seit Jahrhunderten die Juden in Deutschland, von denen viele im 19. Jahrhundert ausgesprochen positiv zu Deutschland und ihrem Deutschsein standen und z. B. glaubten, dass bei der Wahl zwischen Emanzipation und der politischen Einheit Deutschlands sie ohne Bedenken die Einheit wählen könnten, weil in der Einheit auch die Emanzipation enthalten sei. Für die meisten politisch engagierten Juden war die ›Judenfrage‹ eine Sache des praktischen Umgangs der Menschen miteinander und weniger der Verfassung: »Von der Zeit an, wo die Juden aus dem Ghetto heraustreten, wo sie teilnehmen an allen industriellen und intellektuellen Bestrebungen der Menschheit […], sind sie emanzipiert und brauchen nicht erst auf einige Worte der Verfassung zu warten.« (*Allgemeine Zeitung des Judentums*, 1850). Entsprechend diesem Wunsch nach Umsetzung ihrer Emanzipation haben sich deutsche Juden von Anfang an in demokratischen, liberalen und sozialistischen Bewegungen und Organisationen engagiert (H. Schütz); als Autoren legten sie nach 1850 wenig Wert darauf, anders als die deutschen Schriftsteller behandelt zu werden: Eine ›Normalisierung‹ schien sich anzubahnen.

Kulturkampf

Die ganze Misere sozialer Spannungen, rechtlicher Unsicherheit und massiver Aggressionen der in den rasch wachsenden Großstädten aus ihren sozialen Bindungen gelösten Bürger wurde mit der Scheinharmonie des ›Gemüts‹ zugedeckt und jede Kritik an den sozialen Missständen als ›zersetzend‹ verdächtigt, was nicht ohne Rückwirkung auf die Literatur bleiben konnte. Der Begriff ›zersetzend‹ wurde besonders nach der Reichsgründung 1871 in der politischen Literatur zur Waffe gegen alle ›inneren Feinde‹, z. B. im so genannten ›Kulturkampf‹ gegen Katholiken, ferner fortwährend gegen Polen und die Elsass-Lothringer, die frankophil waren, vor allem aber gegen Juden; denn »die Juden sind die Lehrer des Kosmopolitismus, und die ganze Welt ist ihre Schule«, hatte Börne schon 1834 in seinen *Briefen aus Paris* geschrieben. Nach 1870 bestimmte aber ein deutlich ausgeprägter Nationalismus fast alle kulturellen Bereiche. Da war wenig Platz für kosmopolitische Bestrebungen. Jetzt, nach der Reichsgründung, ging es für eigentlich alle Minderheiten um die Umsetzung der Bürgerrechte: »Die *Bürgerrechte*, diese allein, sind Menschenrechte; denn der Mensch wird erst in der bürgerlichen Gesellschaft zum Menschen […]« (Börne, 1821). Aber was hatten Bürgerrechte mit Literatur zu tun?

Gegen »zersetzende Elemente«

Das Anprangern ›zersetzender Elemente‹ im neu gegründeten Reich war deshalb gefährlich, weil die politisch Verantwortlichen fast aller Lager sich mehr noch als vorher schon gegen jeden ›Fremdeinfluss‹ mit der Begründung abschirmten, er passe nicht zum ›deutschen Wesen‹. Zugleich warb man jährlich viele tausend vor allem polnische Arbeiter für die rasch wachsenden Industriezentren in Oberschlesien und im Ruhrgebiet an und sah tatenlos zu, wie Hunderttausende Deutsche auswanderten. Der rücksichtslose Wirtschaftsliberalismus

Arbeit am nationalen
Pathos: Die Entstehung
des Hermannsdenkmals
(1872)

in den Großstädten mit Bauboom, unvorstellbaren Wohnbedingungen, Not und schweren Krisen ab 1875, aber auch mit ungeahnten raschen Aufschwüngen für die Menschen auf der Sonnenseite des Lebens, ließ die Bevölkerung nicht zu einer homogenen Masse werden, eine ›deutsche‹ Kultur nach den Wünschen der deutschen Herrscher kam nicht recht zustande. Für diese Defizite suchte man Schuldige und glaubte sie bald in den Sozialisten, den Katholiken und den Juden gefunden zu haben: Berühmt wurde der *Berliner Antisemitismusstreit*, der, von dem bekannten Berliner Historiker Heinrich von Treitschke (1834–1896) ausgelöst, den Juden ›Zersetzung‹ des deutschen Reiches, mehr noch: der deutschen Kultur – wegen des jüdischen ›Andersseins‹ – vorwarf und sie zur vollständigen Assimilation aufforderte (*Unsere Aussichten*, 1879). Diese Debatte ging zwar äußerlich allein um die Eingliederung der Juden ins neue Deutsche Reich, betraf aber selbstverständlich auch alle anderen Minderheiten (wie z.B. Polen und Elsass-Lothringer). Die Debatte schlug hohe Wellen unter den Intellektuellen Berlins und strahlte von der neuen ›Reichshauptstadt‹ weit aus, als könnten die Juden (und alle anderen Minderheiten) das ›deutsche Wesen‹ durch ›Zersetzung‹ bedrohen.

Antisemitismus

Umgekehrt zeigen die zahlreichen Kriegsgedichte 1870/71 und 1914 das Anwachsen einer Aggressivität nach außen gegen die Bedrohung durch den ›Erbfeind‹ Frankreich. In dieser aggressiven Propaganda bestimmter nationaler Gruppen, die sich durch Geschichtsklitterei, Formalismus, Esoterik und Jüngerschaft auszeichnete, wurden als scheinbar wissenschaftliche Programme die Schriften H.S. Chamberlains, Julius Langbehns, Friedrich Nietzsches, Richard Wagners oder später Stefan Georges und seines Kreises zitiert. Später wurden Nietzsche, Wagner und George auch Opfer jener Interpreten, die ein einheitliches Bild der Deutschen konstruieren wollten und Kunst aller Art, nicht nur Literatur, für ihre Zwecke missbrauchten.

Nationale Propaganda

Dennoch herrschte nach 1850, besonders aber nach 1871, keineswegs eine gedrückte Stimmung vor, sondern eher der Wunsch nach einem Neuanfang. Da die Politiker selten zu gewinnen waren, suchten die Literaten andere starke Verbündete, z.B. die Fürstenhäuser: Hebbels Lobpreisungen des österreichischen Kaisers und der Wiener Verfassung von 1862, Geibels Wirken am Münchener Hof, Freytags Freundschaft mit dem Großherzog von Sachsen-Coburg-Gotha, das

Theater des Herzogs von Sachsen-Meiningen (die Meininger) zeigen, dass viele Höfe diese Annäherungen verstanden und sich der Dichter und Schriftsteller wie vorher schon der anderen Künstler als Helfer und Propagandisten oder als Kristallisationspunkte eines Kulturkreises zu bedienen wussten. Für die Literatur bestand dabei natürlich die Gefahr, dass sie zum reinen Dekor herabgestuft wurde wie ein Orden oder ein Prachtbau.

Preußischer Geist der Gründerzeit

In dem Maße, wie Preußen durch den ›Staatsstreich‹ Bismarcks 1862 dem Versuch entgangen war, die preußische Gesellschaft zu liberalisieren und rasch zur führenden Macht Deutschlands aufstieg, begann es als Vorbild in fast alle Bereiche des Lebens zu wirken, auch in die Literatur. Preußen hatte wegen seiner Machtstellung später maßgeblichen Anteil am so genannten ›Geist der Gründerzeit‹. Die reale Macht und ihr durch den Krieg errungener Zuwachs hatten das deutsche Reich zur stärksten Kontinentalmacht in Mitteleuropa werden lassen. »Wo hätte Nietzsche für seine Übermenschentheorie eine bessere Figur als Bismarck finden können?«, fragt Jost Hermand.

»Deutsche Größe«

Die Willkür der großen Einzelnen – was bedeutete das in der Literatur? Da Autoren nicht einfach ›Abstraktionen‹ oder ›Typen‹ zeigen wollten, musste der große Einzelne als Mitmensch individuell vorgestellt werden. Er wurde aber nach den vermuteten Wünschen bürgerlicher Leser überhöht und idealisiert, ohne dass auf diese Weise eine Identifikation behindert wurde: Der Autor entwarf eine zunächst noch ungenaue Vorstellung eines Idols und ließ es sich dann im Roman, in der Erzählung, sogar in der Ballade, zum ›Übermenschen‹ entwickeln. Das war ein deutlicher Missbrauch des Entwicklungsromans, das ›vollständige Modell‹ entstand aber erst in den Köpfen der jeweils Rezipierenden: Der Traum von ›Deutscher Größe‹ schien auf diese skurrile Weise Wirklichkeit zu werden. Dieses Streben nach ›deutscher Größe‹ auch in der Literatur hat sich besonders intensiv nach 1870 entwickelt und ist typisch für die ›Gründerzeit‹. Unser Beispiel ist aus dem Jahre 1855, es nimmt sozusagen die Entwicklung vorweg: Gustav Freytag

»Soll und Haben«

zeigt in *Soll und Haben* (1855) seine Figuren, vor allem Anton Wohlfahrt, immer aus einer übergeordneten Sicht; wir sind Zeugen, dass er alle ›jüdische Gesinnung‹ und alle adlige Arroganz als bürgerliche Lichtgestalt besiegen wird. Durch diese Eindimensionalität zerfällt eine durchaus erreichbare Vollständigkeit der vom Autor gestalteten Figur, Realität wird der angestrebten Tendenz untergeordnet wie eine politische Rede. Der Roman wurde recht schnell vom Publikum positiv aufgenommen und erreichte stattliche Auflagen bis weit ins 20. Jahrhundert. Die eindimensionale realistische Darstellung wurde offenbar akzeptiert, und bürgerliche Leser vor allem identifizierten sich mit dem schließlich nach mühevollem und von Irrtümern und Rückschlägen nicht verschonten Weg des erfolgreichen Kaufmanns Anton Wohlfahrt. Zudem erleichterte der klare Aufbau des Werks seine Rezeption. Fontane sprach 1855 in einer Rezension des Romans von einer »innigen Verschmelzung dreier Dramen«; er habe als Mittelpunkt das bürgerliche Schauspiel mit dem Helden Anton Wohlfahrt, der sich vom jungen Lehrling über mancherlei Gefährdungen und »Bewährungen« schließlich zum wohlanständigen Teilhaber des Handelshauses seines Lehrherrn entwickelt und die Tochter des Chefs heiratet. Eingerahmt sei dieser bürgerliche Entwicklungsroman von den beiden Tragödien, die die historischen Bezüge widerspiegeln, wie Freytag sie sah und – das erkennt Fontane durchaus – wie das Bürgertum sie gern sehen wollte oder nacherlebte: »Der Freiherr von Rothsattel scheitert, weil er um jeden Preis *konservieren*, Veitel Itzig und Hirsch Ehrenthal scheitern, weil sie um jeden Preis *erringen* wollen.«

Freytag bevorzugte die Gestaltung des ›großen Einzelnen‹ und erklärte den Grund dazu in der Widmung, an den Herzog von Sachsen-Coburg-Gotha: Er habe Figuren gegen »Muthlosigkeit und müde Abspannung der Nation« schaffen wollen, diese Misere wolle er wenigstens literarisch aufheben, denn im Überfluss habe »der Deutsche Demüthigungen, unerfüllte Wünsche und eifrigen Zorn« erfahren. »Dem Schönen in edelster Form höchsten Ausdruck zu geben«, sei nicht jeder Zeit vergönnt, »aber in jeder soll der erfindende Schriftsteller wahr sein gegen seine Kunst und gegen sein Volk«. Freytags Realismusverständnis einer Widerspiegelung des Lebens in der Kunst findet sich hier und im Schlusssatz der Widmung sowie im Motto des Romans: »Glücklich werde ich sein, wenn Euer Hoheit dieser Roman den Eindruck macht, daß er wahr nach den Gesetzen des Lebens und der Dichtkunst erfunden und doch niemals zufälligen Ereignissen der Wirklichkeit nachgeschrieben ist.« Das Motto ist ein Zitat Julian Schmidts: »Der Roman soll das deutsche Volk da suchen, wo es in seiner Tüchtigkeit zu finden ist, nämlich bei seiner Arbeit.«

Gustav Freytag

Ist für die deutsche Romanliteratur nach 1848 ganz allgemein eine Tendenz, ein Programm, beabsichtigt? Freytag hätte für seinen Roman diese Frage bejaht und sich auf den ›Mann aus dem Volk‹, Anton Wohlfahrt, bezogen; denn der Bürger Wohlfahrt lässt dem adligen Junker zwar sein gesellschaftliches Ansehen, höhlt mit konsequent, aber ehrlich praktiziertem Kapitalismus als Kaufmann dessen Stellung in der Firma aber völlig aus: Wohlfahrts ›Arbeit‹ und seine ›Dynamik‹ stehen gegen Feudalismus und gegen ›Judentum‹; der junge Held arbeitet geschickt mit ehrlichem Kapital, und es wird in den Händen des ›ehrbaren Kaufmanns‹ zum Machtfaktor – leider nicht zum Garanten der Freiheit.

Eine Darstellung des Volkes bei seiner Arbeit lieferte *Soll und Haben* aber trotz aller Beteuerungen nicht, wie zahlreiche Kritiker sofort bemerkten, bissig vernichtend Karl Gutzkow, witzig-ironisch Hermann Marggraff. Es störte den zeitgenössischen Leser kaum, dass kaufmännisches Unternehmertum mit handfester Vertretung der eigenen Interessen gekoppelt war, wie sie sich – das wurde von Zeitgenossen mehrfach kritisiert – z. B. in der Auseinandersetzung mit den Polen und deren Kampf für Freiheit zeigte und sich zweifellos auf die preußisch-polnische Auseinandersetzung von 1848 bezog. Erkennt man die Selbständigkeitsbestrebungen der Polen 1830 und 1848 an – und der deutsche Liberalismus tat das bis etwa 1860! –, dann ist das Bild der Unruhen und Aufstände, das Freytag 1855 zeichnet, weniger von dem Streben nach Freiheit als von Gewalt und Chaos bestimmt. Schon Fontane kritisierte allerdings auch die massiv antisemitische Grundhaltung des Romans, und diese Kritik gilt bis heute: Deutsche Überlegenheit setzt sich allenthalben durch. Was machte nun den Erfolg des Romans aus? Lag das Ideale Anton Wohlfahrts in der Unglaubwürdigkeit seines Erfolgsweges? Ging es also gar nicht um ›Realität‹ oder um das Problem der Arbeit, sondern stattdessen um den (geträumten) ›Erfolg‹, gleichgültig wie er entstanden sein mochte, und um dessen Verherrlichung?

»Volk«

Freytags Roman *Soll und Haben* setzte mehr als seine anderen Dichtungen nicht nur einen gebildeten, sondern auch einen gesellschaftlich interessierten Leser voraus, der der aufblühenden Wirtschaft aktiv und optimistisch zu begegnen bereit war und wohl eher der städtischen als der ländlichen Bevölkerung angehörte, für die Erfolg das wesentliche Ziel des Lebens bildete, die an Aufstieg durch eigene Leistung glaubte. Freytag war damit ganz bestimmt nicht ein Dichter der Menschen im Schatten und der ›Stillen im Lande‹, die der neuen Ent-

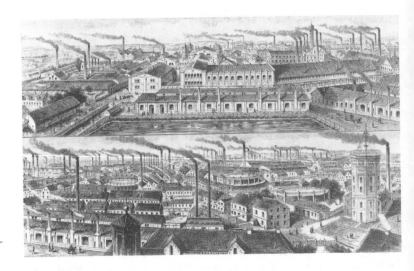

Industrialisierung auf
dem Vormarsch. – Fabrik-
anlage Krupp um 1880.

wicklung skeptisch gegenüberstanden, sondern der aktiven Menschen auf der Sonnenseite des Lebens. Er passte deshalb ausgezeichnet in die Epoche der ›Gründerzeit‹, der er mit seinem Menschenbild Impulse gegeben hat.

Volksliteratur und Dorfgeschichte

Volkston – »so als ob«

Die realistische Kritik und die ihr verpflichtete Literaturgeschichte haben die Vielgestaltigkeit der vorrealistischen Dichtungen getadelt, sowohl was deren Aufbau als auch was deren Ton angeht. Auch fehlte der Vorwurf nicht, dass der Volkston oft ›gemacht‹ wirke und mitunter gar nicht getroffen werde (so etwa das Urteil von Paul Heyse und Hermann Kurz in ihrer Sammlung *Deutscher Novellenschatz* über Brentanos *Geschichte vom braven Kasperl und dem schönen Annerl* von 1817). Wie schaffte es die Dorfgeschichte im 19. Jahrhundert dennoch zu so hohem Ansehen zu kommen? Vielfach wird sie als ›Nachfolgerin‹ der Idylle und ihr verwandter Erzählformen betrachtet, »wobei das Moment der Idealisierung des Landlebens im Zusammenhang mit der europäischen Tradition der idyllischen Dichtung wie der bäuerlichen Epik allgemein zu sehen ist« (J. Hein). Dieser Idyllenansatz erhält spätestens in der Biedermeierzeit eine Erweiterung, wie aus dem folgenden Textauszug zu erkennen ist: »Nichts von Amerika! Überall ist Boden und Heimat: Wie zu Oasen kommen wir zu wunderbar befriedeten Häusern [...]. Ohne zu fragen, wer ich sei, was ich wolle, wurde mir der Stuhl gerückt. Die Ankunft eines Gastes schien in diesem Haushalt nichts Ungewöhnliches zu sein. Alles atmete Ordnung und jene Reinlichkeit deutscher Meiereien, von der man sieht, daß sie mit Ernst und Fleiß errungen ist. Der Duft der frisch gescheuerten Stube, weißer Sand, noch knitternd unter den Füßen, die Geschirre symmetrisch auf Tür- und Fensterbrett geordnet, hinter dem Spiegel grüne Birkenzweige, um den Wald recht bei der Hand zu haben. Ich fühlte mich im Rahmen zu einer Idylle« (aus Karl Immermann: *Die Papierfenster eines Eremiten*, 1822).

Heimat als Exotik?

Diese Art des »erzählten Empfindens« wurde von den Autoren der Dorfgeschichten übernommen und hatte eine verblüffende Wirkung. Die Dorfgeschichte stand damit in deutlichem Gegensatz zur historischen Erzählung oder zum

Salonroman und spiegelte ein dialektisches Verhältnis zur Heimat und zur immer
stärker aufkommenden Exotik, wie sie in Reiseschilderungen und -romanen an
den Leser herangetragen wurde. In der Dorfgeschichte nämlich liegt das Exotische nicht mehr »jenseits des festen Horizonts [...] sondern inmitten der erfahrbaren Welt [...], weil das Heimatliche gar nicht mehr auf den eigentlichen Hei-
matraum beschränkt ist« (H. Bausinger) und damit leicht aufgenommen werden
kann. So vereinen sich die ursprünglichen Gegensätze nach Bausinger zu einer
Art ›Binnenexotik‹. »Die gesellschaftlichen Voraussetzungen spiegeln sich deutlich in der Dorfgeschichte wider, gerade bei Immermann und Gotthelf, die den
wohlhabenden Bauern bevorzugen. Aber sie zeigen auch schon, dass es nie allein auf die Kenntnis des Landes und den Einfluss des Bauernstandes, sondern
vor allem auf die Beziehungen zu bestimmten Werten und Idealen, die dieser
verkörpert oder verkörpern soll, ankommt. Wie auf einer Insel des fernen Ozeans
kann, so scheint es, in einem Dorf das ideale, das vernünftige oder fromme Zusammenleben der Menschen leichter erreicht werden als in der städtischen Zivilisation. Das Utopische und Pädagogische ist wesentliches Strukturelement der
Dorfgeschichte« (F. Sengle). Dabei kann das Utopische nicht politisch verstanden
werden: »Dem Stoffgebiet nach Heimatkunst, in der Form vorwiegend Erzählung, trägt ihre gesamte geistige Haltung und Darstellung zunächst die charakteristischen Merkmale des beginnenden Realismus« (Altvater). Damit wird für das
rezipierende Individuum – das ist vor allem der bürgerliche Leser in den Städten – »Heimat zu einem zeitlos-idyllischen Urbild der Wirklichkeit selbst. Heimat-
verbundenheit beruht nicht mehr auf einer aktiven Beziehung zu objektiven Gegebenheiten, sondern ist Ausdruck einer inneren irrationalen Haltung‹« jeder
kann sich also ›Heimat‹ auf seine Weise vorstellen. In dieser Vorstellung als individueller Empfindung liegt der grundlegende Unterschied zu Erzählungen Gottfried Kellers oder Theodor Storms. Keller und Storm entwickeln Figuren, die sich
ganz bewusst mit ihrer Umgebung auseinander setzen.

Kunst und Heimat – ein Widerspruch?

   Zunächst ist unbestritten, dass die Dorfgeschichte in einer langen literarischen
Tradition, vor allem der schweizerischen Literatur, steht, die man bei extensiver
Auslegung bis zu Wernher dem Gärtner zurückverfolgen kann, bei intensiver
aber zumindest beginnend bei Albrecht von Hallers *Die Alpen* (1729) über Pesta-
lozzis *Lienhard und Gertrud* (1779) und Zschokkes *Das Goldmacher-Dorf* (1817)
zu Gotthelfs *Bauernspiegel* (1837). Die eigentliche Ursache für die starke Zunahme der Dorfgeschichten, die nach Berthold Auerbachs ›Durchbruch‹ 1843 wohl
nicht einfach einem Nachahmungstrieb zuzuschreiben ist, liegt im literarischen
Übergang zur Massengesellschaft: »Die Dorfgeschichte wendet sich an kein bestimmtes Publikum [...] ihre Inhalte sind dem ungebildeten Leser ebenso mühelos verständlich wie dem literarisch gebildeten, d. h. die gesamte Dorfgeschichte
ist als volkstümlich anzusprechen. Dorfgeschichte als eigenwertiger Bezirk zeichnet sich aus durch Volkstümlichkeit (Einfachheit, Klarheit), bäuerliche Erzählperspektive und pädagogische Tendenz« (J. Hein).

Vorläufer und Traditionslinien

   Die Beliebtheit der Dorfgeschichte rührt daher, daß sie die Unsicherheiten
überspielt, die für die Landbevölkerung durch die Aufhebung der Gewerbeord-
nung, die so genannte Bauernbefreiung und die beginnende Industrielle Revolution verursacht wurden. Sie biete also die Möglichkeit, die Unsicherheiten und
Missstände des Landlebens ohne Revolution, durch eine besondere moralische
Anstrengung und unter kirchlicher Führung zu überwinden (F. Sengle). Das war
für die Dorfgeschichte von großer gesellschafts-politischer Bedeutung: Das Ziel
war eine Erziehung des Volkes zu einem Idealzustand, der sich segensreich vom

Land auf die Städte ausbreiten sollte, wie es von Haller bis Zschokke immer wieder betont worden war. Diese Erwartung einer ›reinigenden Kraft‹ führte natürlich eher zum Entwurf einer Dorf-Idylle als zu einer realistischen Darstellung. »Die Dorfgeschichte greift den von der Idylle häufig thematisierten Gegensatz – Wunschbild Land und Schreckbild Stadt« (F. Sengle) auf und wendet den politischen Topos nur scheinbar in die Realität, versucht den auch das ländliche Dasein bedrohenden industriellen, ökonomischen und sozialen Umwandlungen eine feste, durch Natur, Landschaft, Tradition und Sitte geprägte Ordnung als unwandelbare Heimat entgegenzusetzen (J. Hein). Eine solche ›unwandelbare Heimat‹ kannten Keller und Storm nicht, denn in das idealisierte Bild des Landlebens werden in der Dorfgeschichte Wunschfiguren mit Wunschhandlungen gesetzt, die um so echter wirken, je größer die reale Distanz der Rezipienten zum Landleben ist.

Berthold Auerbach

Berthold Auerbach gelang mit seinen *Schwarzwälder Dorfgeschichten* (1843–1854 in vier Bänden) ein sensationeller Erfolg. Erst seit Auerbach wurde Dorfgeschichte als Gattungsbegriff verstanden, ja als Verbindung von ›hoher‹ und ›Volksliteratur‹ zur ›Nationalliteratur‹. Auerbachs Geschichten, die er in seinem Heimatdorf Nordstetten im Schwarzwald ansiedelte, fallen auf durch Genauigkeit; so wird in der Geschichte vom *Tolpatsch* der Weg von Nordstetten nach Stuttgart so exakt beschrieben, dass man ihn nachwandern könnte. Es ging Auerbach aber eigentlich nicht um »Abbildung, sondern [um] Mythisierung der konkreten Örtlichkeiten« (F. Sengle). Diese Mythisierung wird durch verklärende Perspektiven und seinen ausgeprägten Sinn für symbolische Handlungen unterstützt, darüber hinaus ist volkskundliche Dekoration nachweisbar.

»Ideal-Realismus«

Auerbach wollte also nicht eine »Poesie des Negativen, der Entfremdung«, sondern einen ›Ideal-Realismus‹ (L. Widhammer), wie ihn theoretisch Friedrich Theodor Vischer vertrat. Er warf den Romantikern vor, kein Herz für das Volk gehabt und sich an dem örtlich Fremden des Bauernlebens ergötzt zu haben, für sich selbst ungebundenste Subjektivität zu beanspruchen, vom Volk aber eine völlige Unterordnung und Hingebung an Autoritäten zu verlangen. Gemäß dieser Kritik suchte Auerbach einen Kompromiss: Da »die Freiheit des Individuums [...] der vorherrschende Charakter unserer Zeit« sei, könne man »nicht alles im Gemeinbegriffe zusammenfassen und halten«, denn »jeder schafft sich mehr oder minder seine innere und äußere Welt«. Der Dichter hat nach Auerbach nun die Aufgabe, die »auf der Wirklichkeit von ihm auferbaute Welt nach höheren Gesichtspunkten« zu ordnen, Stimmungen und Charaktere zu Konsequenzen zu führen, »die sie vielleicht äußerlich nie gewonnen« hätten, also Möglichkeiten aufzuzeigen. Das alles kann er aber nur, »wenn er einen bis zu einer gewissen Festigkeit gelangten Boden hat und nicht erst gestern angeschwemmtes lockeres Land« (*Schrift und Volk*, 1846). Hier wird der konservative Gestaltungs- und Ordnungswille deutlich: Die Dorfgeschichte als Gattung stehe auf festem Boden, Schilderung der ›real gegebenen Verhältnisse‹ sei keine zweifelhafte Sache; so werde es leicht, »die sogenannte Masse in selbständige Individuen aufzulösen. Nicht bloß diejenigen, die auf eine Höhe der Bildung oder Macht gestellt sind, repräsentieren das Zeitleben und seine Konflikte« (Auerbach an J.E. Braun, 1843).

Natur als Rettung

Die Tendenz, ›Natur‹ als Rettung vor der Zivilisation zu betrachten, die überschaubare Lebensgemeinschaft zu betonen und ihr eine fast religiöse Kraft zu verleihen, war nicht ursprünglich in den Dorfgeschichten angelegt, sondern entstand eigentlich erst durch deren Wirkung auf die Rezipienten; bei ihnen lösten sie eine »Empfindung des Fragmentarischen« aus, wie schon ein zeitgenössischer Kritiker erkannte: »Nicht eine äußere, räumliche Beschränkung [...], sondern eine innere, sittliche« entfremde dem (gebildeten) Leser die dargestellten Personen; ihn ärgere die »Stände-Poesie [...], welche durch die Dorfgeschichte vorgestellt wird.« Als F. Kürnberger dies 1848 schrieb, sprach er sicherlich nicht für das große Publikum der stark empfindenden, aber wenig reflektierenden Leser. Dennoch löste er sogleich eine heftige Kontroverse aus, in der auch eine gefährliche Tendenz der deutschen Dorfgeschichte berührt wurde: War das Dorf, wie die Intellektuellen behaupteten, ständisch-rückständig – oder war der Bauer durch sein noch unverfälschtes natürliches Empfinden wahrer, religiöser, moralischer, mochte ihm dies auch völlig unbewusst sein? Gab es das einfache Leben, von dem 1936 noch Ernst Wiechert träumte – womöglich gar als Form des Widerstands gegen Zivilisation und Fortschritt? Spätestens an diesem Punkt hatte sich die Diskussion um die Thematik der Dorfgeschichte so weit von der Realität des Dorfes entfernt, dass ihrer völligen Ideologisierung nichts mehr im Wege stand. Sengle bemerkt kritisch: »Sobald das Ideal einer strengeren, allgemein-deutschen und bürgerlich-volkstümlichen Erzählkunst wieder in den Hintergrund trat, konnte die Bauerepik erneuert werden; aber sie war nun nicht mehr idyllisch, sondern elementar, wild im Sinne von Nietzsches Vitalismus (Anzengruber), ein Vorspiel der Literatur von Blut und Boden.«

Illustration zum *Barfüßele* Auerbachs

Tatsächlich stand hinter der Mode der Dorfgeschichten aber auch das Problem, dass viele Dichter des Realismus ihre Stoffe anschaulicher zu gestalten suchten und dabei eine enge Bindung an feste Paradigmen wie ›Heimat‹ anstrebten – also nicht unbedingt an die Dorfgeschichte. Diese Verbindung zur Heimat gelang Storm, C. F. Meyer, Raabe gut, anderen wie Spielhagen oder Wildenbruch selten. Aber gerade die großen Erzähler wurden schon im 19. Jahrhundert für jenen gerade erwähnten Vitalismus vereinnahmt, ohne sich wehren zu können, dies galt für Meyers *Jürg Jenatsch* ebenso wie für Storms *Schimmelreiter*. Darüber hinaus hat das falsche Suchen nach ›Realität‹ in der Literatur, besonders wenn sie heimatgebunden war, diese oft zur Landschaftsbeschreibung nach Art eines Reiseführers verkommen lassen. Die Parallelisierung Mensch-Natur, die Erklärung menschlichen Handelns und menschlicher Charaktere aus der Landschaft, der heimatlichen Gewohnheit und der ›Sitte‹ – vor allem Ganghofers Romane sind Fundgruben solcher Beispiele – zeigen, dass in den Dorfgeschichten noch eine Tendenz zur Harmonisierung vorherrschte, die sonst als überwunden galt. Diese genannten Stilmerkmale mögen im Einzelfall eine hervorragende Wirkung erzielen, ihre kumulative oder inflationäre Anwendung macht sie aber rasch zum Klischee (das bis heute erfolgreich fortgesetzt und, wie die vielen Verfilmungen zeigen, den Charakter einer ›hohen Subkultur‹ erreicht hat. Auf solche Stoffe und Darstellungen ist Massenliteratur allerdings auch angewiesen, wenn sie eine rasche und mühelose Wirkung beim Leser erzielen will. Natur und Landschaft werden damit zur stets paraten Kulisse, zum Versatzstück epischer Dramaturgie.

Ist ›Heimat‹ also zu einem Topos konservativen Weltverständnisses abgesunken? Wilhelm Raabe ist mit dem Roman *Der Hungerpastor* eine Darstellung gelungen, die weit über die Thematik der Dorfgeschichte oder der Heimatliteratur hinausweist, auch wenn er wesentliche Elemente beider immer wieder benutzt. Ähnliches gilt für zahlreiche Erzähler des Realismus, ganz besonders für Theodor Storm, dessen schon erwähnte Novellen, vor allem aber *Hans und Heinz Kirch* (1881/82) und *Zur Chronik von Grieshuus* (1883/84) die Heimatkunst weit über deren bisherige Grenze hinausführten. Storm eröffnete Erzählperspektiven, auf

Fluchtort Heimat

Heimat und ›Provinz‹

die Thomas Mann später dankbar zurückgriff: die Heimat als prägende Substanz für allgemein menschliche Verhaltensweisen, die die Menschen ohne jede Rücksicht auf Stand oder Klasse auszeichnen. Hans und Heinz Kirch sind von der Enge ihrer Stadt genauso geprägt wie Thomas Buddenbrook, und in beiden Werken werden die ersten zerstörerischen Kräfte des Kapitalismus dargestellt, der zum Ende des 19. und am Anfang des 20. Jahrhunderts nicht vor der Provinz Halt macht, sondern die Menschen überall veränderte. Dieser Veränderungsprozess der Gesellschaft durch den Kapitalismus ließ sich auch mit traditionellen Erzählmethoden durchaus wirksam darstellen.

›Haltungen‹ als literarische Antwort auf die gesellschaftliche Entwicklung

Jeremias Gotthelf

Der Schweizer Pfarrer Albert Bitzius (1797–1854) aus Lützelflüh im Kanton Bern hat die Misere der Landbevölkerung in seinen Predigten wie vor allem in seinen zahlreichen Erzählungen, die er unter dem programmatischen Namen ›Jeremias Gotthelf‹ verfasste, eindringlich dargestellt. *Die schwarze Spinne* (1842), *Elsi, die seltsame Magd* (1843), *Uli der Knecht* (1846) und *Uli der Pächter* (1849) sind die bekannteren. 1854 erschien Gotthelfs Roman *Erlebnisse eines Schuldenbauers*, in dessen Vorwort der Autor erklärte: »Aus Erbarmen mit den Ehrlichen und Fleißigen, welche dem Sumpfe der Armuth entrinnen wollen, ist dieses Buch geschrieben und zwar mit Pein geschrieben, denn wohl wird es einem nicht in dieser trüben Luft. Daher kann diesem Buche, wenn je einem, der Vorwurf gemacht werden, es stelle nicht die ganze Wahrheit dar, nackt in ihrem Umfang und in ihren Tiefen«. Nie hat Gotthelf zu verschleiern versucht, dass er seine Dichtung didaktisch verstand, dass sie massiv beeinflussen und »bessern« sollte, also eine alternative Form der Seelsorge war. Konsequenterweise spalteten seine Texte das Lager der Kritiker schärfer, als das allgemein der Fall war: Die Konservativen lobten seine Nähe zum Volk, die einfache, oft schlichte Darstellungsweise, die religiöse Tendenz, die gesunde Kraft des einfachen Familienlebens, der stillen Pflichterfüllung; die Liberalen empfanden vor allem stilistische Mängel und ›Demagogie‹, falsche und schwülstige Verallgemeinerungen sowie eine bildungsfeindliche, reaktionäre Einstellung des Autors als störend. Keller hat sich immer wieder mit Gotthelf auseinander gesetzt, auch mit dessen letztem Werk.

Dämme gegen die Flut des Fortschritts

Unbestritten nahm Gotthelf vielen Menschen die Angst, den neuen Entwicklungen nicht gewachsen zu sein. Seine Texte wurden deshalb als Bollwerk gegen die neue Zeit missverstanden: Dämme gegen die Flut des ›Fortschritts‹, der vor allem die Menschen auf dem Lande zu bedrohen schien. Kellers Kritik richtete sich speziell gegen die Möglichkeit, Gotthelfs Werk wegen der deutlichen didaktischen Tendenzen abzuwerten. In seinem Nachruf auf Gotthelf (1854) versuchte er eine Gesamtwürdigung des schweizerischen Theologen und Schriftstellers: Gotthelf habe nie über den Gegensätzen im eigenen Volke zu stehen versucht, sondern tief in den Problemen seiner Landsleute gesteckt und mit ihnen gefühlt; er sei bei aller antiliberalen »Leidenschaftlichkeit kein Reaktionär im schlechten Sinne des Wortes« gewesen, habe nie »Reaktionärlingen« die Lebensluft geliefert, nie seinen angeborenen Republikanismus geleugnet, sondern sei »Volksschriftsteller im engeren und gewöhnlichen Sinne des Worts« gewesen mit der Gabe, seine Dichtungen so zu gestalten, »daß wir alles Sinnliche, Sicht- und Greifbare in vollkommen gesättigter Empfindung mitgenießen«, weil »die Erscheinung und das Geschehende ineinander aufgehen«.

In den großen epischen Werken anderer europäischer Länder vollzog sich die Entwicklung der Hauptfiguren eines epischen Textes längst in einer starken Wechselbeziehung mit den – möglichst genau geschilderten – sozialen Bedingungen (die Beispiele Charles Dickens und Fjodor M. Dostojewskij wurden schon genannt). Verglichen mit ihnen scheint das gesellschaftliche und soziale Umfeld der deutschen Epik des 19. Jahrhunderts sehr begrenzt: Die wirtschaftliche und soziale Beschaffenheit der Gesellschaft wurde in Deutschland bis etwa 1885 entweder gar nicht thematisiert, oder sie wurde unter den Lebensformen des (Klein-) Bürgertums und der Bauern idealisiert, stilisiert und oft auch in Resignation verinnerlicht wie z.B. in Romanen und Erzählungen Raabes (*Abu Telfan*, 1867; *Der Schüdderump*, 1869): »Die harte kalte Welt hat uns auf den innersten Punkt unseres Daseins zurückgedrängt«, heißt es im *Hungerpastor*. Diese Form der Resignation entwickeln aber nur Menschen, die sich trotz großen Drucks ihre Ideale bewahren wollen. Der aus ganz einfachen Verhältnissen stammende, inzwischen geadelte Edle von Haussenbleib (im *Schüdderump*) allerdings gehört nicht zu ihnen; er schwindelt sich auf die »Sonnenseite des Lebens«: Er ist der erste Kriegsgewinnler in der deutschen Literatur; seinen »neuen Prinzipien« fällt sogar seine Tocher Antonie zum Opfer, »ein reizendes Mädchen – jammerschade drum […] Welch ein Schicksal, und welch ein Charakter. Und – welche Moral, o Gott, welche Moral«, jammert der »teure Kandidat der Gottesgelahrtheit« dem verstorbenen Kind nach, für das auch er Verantwortung zu tragen hätte, er, »der auch wirklich die innigsten Gefühle der menschlichen Gesellschaft repräsentierte«, wie Raabe bemerkt. Mit diesem ironisch zu verstehenden Seitenhieb stellt Raabe die Scheinharmonie in der Krodebecker Pfarre wieder her.

Viele der ›guten‹ raabeschen Figuren stehen als Außenseiter oder Sonderlinge einer brutalen Gesellschaft gegenüber. So kann der aus afrikanischer Sklaverei entkommene Hagebucher in *Abu Telfan* zwar eine Rede vor der Residenz seiner Heimatstadt halten, wo sich alle Honoratioren versammelt haben. Er kann auch die Verhältnisse in Schwarz-Afrika mit denen in seinem Fürstentum vergleichen (und alle Zuhörer sind eingeladen, ihre Schlüsse zu ziehen), aber: »Die Ergebnisse der Rede entsprechen denen im Verfassungskonflikt [von 1862 in Preußen]: die Rede führt zur öffentlichen Ächtung Hagebuchers. Sein Ausweg besteht in Resignation« (B. Peschken). Das letzte Wort im Roman spricht die Hauptfigur Hagebucher: »Wenn ihr wüßtet, was ich weiß, ihr würdet viel weinen und wenig lachen.«

Es ist also nicht Zufall, sondern aus der verschieden verlaufenden gesellschaftlichen Entwicklung und der Literaturtheorie zu erklären, dass ein Jahr nach *Soll und Haben* in Frankreich mit *Madame Bovary* (1856) von Gustave Flaubert (1821–1880) ein Roman erschien, der die Brüchigkeit bürgerlicher Ehr- und Moralvorstellungen an fast jeder Figur zeigte und die Hauptfigur zum Opfer eigener Fehleinschätzungen, nicht aber zur Heldin machte. Dieser Roman demonstriert die Verlogenheit und Krise der bürgerlichen Gesellschaft auf jeder Seite. Flaubert führt nicht seine Heldin zur Erkenntnis, sondern den aufmerksamen Leser. Für die modernen Schriftsteller anderer Nationen waren die Charaktere der handelnden Personen eingebettet in die Konfliktfelder der Gesellschaft, und sie mussten zeigen, ob sie diesen Konfliktfeldern gewachsen waren oder nicht. Flaubert lässt Emma Bovary sich schon auf dem Mädchen-Pensionat in Träume und Illusionen

Deutsche Literatur im europäischen Vergleich

Wilhelm Raabe

Französische Zustände: »Madame Bovary«

verlieren, sie stagniert und muss zwangsläufig enttäuscht sein, sie taumelt von Episode zu Episode, wird immer weiter eingeengt, Man kann nicht einmal sagen, dass ihr Freitod eine wirklich bewusste Entscheidung gewesen sei. Flaubert hat also gezeigt, dass das Zusammenspiel der gesellschaftlichen Grundelemente nicht mehr funktioniert, dass allein schon aus diesem Grund ein Entwicklungs- oder Bildungsroman gar nicht mehr möglich ist, weil den Menschen Entscheidungen abverlangt werden, deren Konsequenzen sie selbst nicht aushalten können. Die Beschreibung der ›Katastrophen‹ trieb das Bewusstsein der Leser über den literarischen Konflikt hinaus. Der Leser erlebte eine Ausweitung seines Bewusstseins – oder er versagte. Viele Romane des europäischen Realismus eilten also der gesellschaftspolitischen Entwicklung voraus. In diesem Sinne ist Fontanes Roman *Cécile* (1887) sicherlich moderner als seine anderen, weil die Hauptfigur ihren Weg konsequent geht, auch wenn er in den Tod führt. Sie bleibt *sich* aber treu. Und ihr Handeln klagt die Gesellschaft an.

Thematisierung des ›Landes‹

Unter den zahlreichen Skizzen, Erzählungen und Romanen, die ländliches Leben thematisieren, verdienen die Arbeiten zweier Dichter aus völlig unterschiedlichen Gründen besondere Aufmerksamkeit: Gottfried Keller neben vielen anderen Novellen vor allem durch *Romeo und Julia auf dem Dorfe* und Adalbert Stifter mit verschiedenen Erzählungen, unter denen *Bergkristall* besonders hervorzuheben ist. Die Erzählungen gehören nicht zur Gruppe der Dorfgeschichten, auch wenn die Zugehörigkeit umstritten ist. Kellers Erzählung ist z. B. für Erich Trunz »die künstlerisch reifste Dorfgeschichte des 19. Jahrhunderts«, für Sengle »die Umkehrung der biedermeierlichen Dorfgeschichte«. Stifters ländliche Erzählung lässt den gesellschaftlichen Hintergrund fast beiseite und überwindet auf diese Weise die provinzielle Enge zugunsten der Charakter- und Situationsbeschreibung. Beide Texte wurden in Sammlungen veröffentlicht, Kellers Novelle im ersten Band der Erzählungen um *Die Leute von Seldwyla* (1856), Stifters Geschichte in dem Band *Bunte Steine* (1853). Wie wir wissen, haben beide Autoren ihre Sammlungen nicht zusammengestellt, um ein stattlicheres Buch vorzuweisen, sondern alle Geschichten zusammen als Beiträge zum Thema ›Menschen in ihrer Welt‹ verstanden.

In der Vorrede zu den sechs Erzählungen, denen er nach mehrfacher Umarbeitung schließlich den programmatisch gemeinten Obertitel *Bunte Steine* gab, erläutert Stifter (1805–1869) seine literarischen Absichten und einige Grundsätze seiner Weltanschauung auf wenigen Seiten, die in Aufbau und einfacher, aber einprägsamer Gedankenführung kaum zu überbieten sind. Ausgehend von einer dreifachen Verneinung: er sei kein Künstler (Dichter); er wolle nicht Tugend oder Sitte predigen; er habe weder »Großes« noch »Kleines« als Ziel, will Stifter sich und seine Freunde abgrenzen gegen die alles zersetzende Außenwelt; denn, so sagt er, er wolle nur »Geselligkeit unter Freunden« und ein Körnchen Gutes zum Bau der Welt beitragen – und natürlich wolle er auch vor falschen Propheten schützen. Erst nach dieser fast familiären Erklärung greift Stifter weiter aus und erläutert, was er mit dem Großen und dem Kleinen meint. Für Stifter konnte es keine Frage sein, dass der Mensch den großen Naturgewalten nicht gewachsen war und dass sie deshalb auch als Vorbild für menschliches Handeln ungeeignet sein mussten. Stifter hielt eine konservativ-rationale Haltung für möglich und nach 1848 für notwendig, um der Menschengewalt – und nichts anderes war für ihn eine Revolution! – dauerhaft zu begegnen. Er wollte erreichen, dass die Menschen sich in kleinen Schritten und aufbauend auf ihre Tradition zu verantwortlichem Handeln durchringen. Seine Übertragung von Naturerscheinungen auf

Adalbert Stifter

den menschlichen Charakter war vorsichtig, aber doch eine deutliche Absage an jede revolutionäre Entwicklung, wo immer sie auch auftreten mochten: Für den gläubigen Christen Stifter konnten Revolutionen nicht Teil des göttlichen Weltplanes sein, sondern vielmehr ein Eingriff des Menschen in diesen Plan mit dem Ziel, die göttliche Ordnung umzuwerfen.

Die Folgerung, die Stifter weitgehend dem Publikum überlässt, ist deutlich: Nur Menschen, denen die Ehrfurcht vor dem Ganzen fehlt, können aus mangelnder Pietät gegen das rechte Maß der Natur (als Schöpfung Gottes) revolutionäre Schritte tun. Damit aber gefährden sie ihr eigenes Leben, denn das rechte Maß der Natur sei auch im Menschen angelegt, werde aber allzu gern ›übersehen‹. Revolutionäre Menschen sind also maßlos, der Einzelne verachtet das Ganze, die ruhige Entwicklung, und »geht seiner Lust und seinem Verderben nach«. Hier wird deutlich, dass Stifter eine ›innere‹ und eine ›äußere‹ revolutionäre Handlung unterscheidet, die sich gegenseitig bedingen. Bedrohung und Verwirrung für das Volk sind unausweichliche Folgen. Stifter hat, was er in der Vorrede zu *Bunte Steine* andeutete, in den sechs Erzählungen der Sammlung umgesetzt, am vollendetsten wohl in *Bergkristall.* In dieser Erzählung führt der Dichter den Leser behutsam aber konsequent von ›außen‹ (die Berge als große Kräfte der Natur) immer weiter nach ›innen‹ bis zum Wunder der Rettung zweier Kinder, die, weil sie sich verirrt haben, die Christnacht im ewigen Eis verbringen müssen. Das Wunder der Rettung ist also eine Überwindung der Natur durch göttliche Fügung, wobei Stifter sich Mühe gibt, nicht unglaubwürdig zu sein.

Maß der Natur

Genau und – so mag es zunächst scheinen: umständlich – beschreibt Stifter die großartige Landschaft der Hochalpen; erst später wird der Grund erkennbar: Sie wird Ort der bedrohlichen Handlung und des Wunders; die Berge sind auch stumme Handlungsträger, denn sie trennen die Menschen von alters her. So ist die Mutter der beiden Hauptfiguren, der Kinder Konrad und Susanna, in dem Dorf Gschaid, in dem sie seit ihrer Heirat lebt, eine Fremde geblieben, weil sie von der anderen Seite des Berges stammt. Die beiden Kinder zieht es ebenfalls mehr auf die andere Seite zu den Großeltern. Sie legen den Weg übers Gebirge sehr oft zurück. Auch am Heiligen Abend bringen und holen sie Geschenke über den Berg; auf dem Rückweg überrascht die Kinder ein heftiges Schneetreiben, so dass sie sich trotz guter Kenntnis des Weges verirren und schließlich ins Eis des Gletschers geraten. Sie finden eine Höhle und halten sich wach mit dem Getränk, das als Geschenk der Großmutter für die Mutter gedacht war. Auf diese wunderbare (aber auch erklärbare) Weise überleben sie die Weihnachtsnacht und werden am Morgen gefunden. Viele Feinheiten kennzeichnen den Stil der Erzählung, besonders die Beziehung der beiden Kinder zueinander in den Stunden der höchsten Gefahr wird meisterhaft dargestellt, so dass der Leser, wenn er dem Text aufmerksam folgt, jeden Schritt der Kinder, schließlich aber auch ihr Schweigen, die Pausen der großen Angst, nachvollziehen kann.

Landschaft

Während die *Bunten Steine* als ein »Programm der Abgrenzung und des Rückzuges nach innen« bezeichnet wurden, wollte Stifter noch einen Schritt weiter gehen. In seinem Roman *Der Nachsommer* (1857) versuchte er, eine ›restaurative Utopie‹ (H. A. Glaser) zu entwickeln. Stifter hat das wohl auch selbst empfunden; denn an seinen Verleger Heckenast schreibt er 1858: »Ich habe ein tieferes und reicheres Leben als es gewöhnlich vorkömmt, in dem Werk zeichnen wollen und zwar in seiner Vollendung und zum Überblicke entfaltet daliegend […]. Dieses tiefere Leben soll getragen sein durch die irdischen Grundlagen bürgerlicher Geschäfte […] und [die] überirdischen.« Stifter nennt in diesem Zusammenhang

Kunst, Sitte, reine Menschlichkeit, Religion. Um sein Ziel zu erreichen, wählte er als Hauptfigur des Romans einen durchschnittlichen und unauffälligen, aber außerordentlich bildungs-fähigen jungen Mann, Heinrich Drendorf, der sich nicht eigentlich ›entwickelt‹, sondern in einem unaufhörlichen Austausch mit abgehobenen Bereichen – Stifter hat sie im oben zitierten Brief aufgezählt – zu tieferem Verständnis fortzuschreiten sucht und nicht merkt, dass er seinen gesamten Lebensraum (einschließlich des Gartens) zu einem Museum, einem konstruierten Kunstprodukt, macht, in dem der statische Hintergrund den Vordergrund, in dem gelebt werden soll, bedrängt.

Innerlichkeit als Freiraum

Gottfried Keller (1819–1890) gestaltet anders als Stifter nicht eigentlich ›Innerlichkeit‹, sondern eine ländliche Scheinidylle als eine letzte Möglichkeit, als den Freiraum, der auch dem gesellschaftlich Ausgeschlossenen nicht versagt werden darf. Keller selbst nennt seine Geschichten in der Vorrede zum ersten Band der *Leute von Seldwyla* »sonderbare Abfällsel, die so zwischendurch passierten, gewissermaßen ausnahmsweise, und doch auch gerade nur zu Seldwyla vor sich gehen konnten«. Denn diese Leute des kleinen Schweizer Städtchens sind leicht als Durchschnittsbürger zu erkennen: Es »ist das Wahrzeichen und sonderbare Schicksal derselben, daß die Gemeinde reich ist und die Bürgerschaft arm, und zwar so, daß kein Mensch zu Seldwyla etwas hat und niemand weiß, wovon sie seit Jahrhunderten eigentlich leben. Und sie leben sehr lustig und guter Dinge, halten die Gemütlichkeit für ihre besondere Kunst«. Zunächst scheint auch die zweite der fünf Geschichten des ersten Bandes ganz Spiegelbild der in der Einleitung angesprochenen Gemütlichkeit zu sein; denn das große Landschaftsbild der Einleitung strahlt Ruhe, Sicherheit und Behäbigkeit aus. Aber am Beispiel der beiden pflügenden Bauern, Manz und Marti, zeigt Keller, was aus Menschen wird, die ihre solide und sorgsam erarbeitete Position aus egoistischer Fehlleitung ihrer Interessen verändern wollen. Diese schleichende Veränderung zeigt sich bei ihnen zuerst als Raffsucht, dann als Hass, der sich schließlich bis zur Gewalttätigkeit steigert. Der blinde Eigennutz lässt sie ihre wirklichen Interessen vergessen, so dass sie zu Todfeinden werden und ihre Familien in den Abgrund ziehen: Zwei Männer, die das System der Ausbeutung, der Unmoral, der Vorteilsnahme, dem sie sich ohne Not unterworfen haben, nicht begreifen, sondern in ihrem Starrsinn fast ihre gesamte Habe verprozessieren. Sali, der Sohn des Manz, und Vreni, die Tochter Martis, sind Opfer dieser Strategie des Übervorteilens. Gerade der unsinnige Streit ihrer Väter bringt sie zusammen, zwingt sie aufeinander zu. Mit ihrer Liebe beginnt eine unglückselige Handlungskette: Ihnen wird klar, dass sie in der bürgerlich-bäuerlichen Welt keine Chance haben, zueinander zu kommen. Unglücklicherweise macht Sali sich schuldig, als er Vreni vor dem Zorn ihres Vaters schützen will. Als das Elend der einst so reichen Bauernfamilien den Kindern jede Lebensperspektive raubt, sie sich aber ihrer Liebe zueinander ganz sicher sind, verkaufen sie ihre letzte geringe Habe und genießen von dem Erlös einen gemeinsamen Tag in scheinbarem bürgerlichem Glück. Sie sind aber schon nicht mehr in der Gesellschaft, in der sie sich noch physisch bewegen, sondern nur noch bei sich: Diese Form der Innerlichkeit gestattet es ihnen, diesen einen Tag ihres Lebens selbst zu bestimmen; die bürgerliche Gesellschaft, in der sie sich bewegen, ist nur noch Kulisse für ihre Selbstverwirklichung, die sich in feinem Essen und Tanzen als Hingabe an bürgerliche Regeln und zugleich als völlige Loslösung von ihnen zu ihrer persönlichen Form des Glücks steigert.

Der Lebenstag der beiden Liebenden geht zu Ende, der Tanz zu fortgeschrittener Stunde ist zum Freiheitsakt der Ausgestoßenen und Einzelgänger geworden.

Gottfried Keller

Das ist aber eine Welt, in der Sali und Vrenchen nicht dauerhaft leben könnten, wie die kurze Wanderung mit der Gruppe des schwarzen Geigers zeigt: Beide können oder wollen nicht Leben und Freiheit um jeden Preis genießen – das eben lässt ihre Ehre nicht zu. So erfüllen sie zwar nicht die bürgerliche Ehre, aber die ihres Charakters. Für sich allein vollziehen sie die Ehe, die ihnen von der bürgerlichen Gesellschaft verweigert wird, während sie das Angebot des schwarzen Geigers, gleich hier Hochzeit zu halten, nicht wahrnehmen mögen. Sie entscheiden sich für ihre persönliche Form und gegen das Leben, »abermals ein Zeichen von der um sich greifenden Entsittlichung und Verwilderung der Leidenschaften«. Die bittere Ironie dieses Schlusses zeigt die Schwierigkeiten realistischer Darstellung, die Keller natürlich vertraut waren, wie man aus zahlreichen seiner Briefe erfahren kann. Nur hielt er es lange Zeit für schwierig, wenn nicht für unmöglich, sie in seine Dichtungen einfließen zu lassen. Die mehr als dreißigjährige Beschäftigung mit dem Roman *Der Grüne Heinrich* (Plan: 1842/43; erste Fassung: 1846–50; erste Veröffentlichung: 1854/55; umgearbeitete Fassung: 1879/80) zeigt dies auch thematisch: So erkennt eine der Figuren des Romans, der holländische Maler Ferdinand Lys in Italien, dass das Ideal der großen Historienmalerei von Zeit und Leben keine Erfahrung hatte, weiß aber offensichtlich nicht, wie bei der erdrückenden Fülle der Vorbilder nun ein eigener Weg gefunden werden könnte, ein Problem, das Keller auch lange sehr persönlich beschäftigte. Der Figur des *Grünen Heinrich* fehlen trotz treffender Analyse die Möglichkeiten, zunächst in seinem Innern ein Gegenbild zu gestalten, das schließlich der Öffentlichkeit standhalten könnte. Keller strebte, wie bei seinem Künstlerroman und bei *Romeo und Julia auf dem Dorfe* deutlich wird, in den 50er und 60er Jahren noch einen gewissen Ausgleich mit der Gesellschaft an.

Liebende als Verlorene

Keller ist später über die Haltung der Resignation im zweiten Band der *Leute aus Seldwyla* (1874) literarisch hinausgelangt, besonders in seiner Erzählung *Kleider machen Leute*, die sich in mancherlei Hinsicht von den anderen bedeutenden Erzählungen des Jahrhunderts abhebt; denn sie hat zwar eine Hauptfigur, aber keinen wirklichen Helden (wie etwa C. F. Meyer in *Jürg Jenatsch* oder Theodor Storm im *Schimmelreiter*): Der Schneider Wenzel Strapinski ist arm, ist in der Schweiz ein Fremder, wird, ohne dies zunächst zu ahnen, durch den Schabernack eines Kutschers zum polnischen Grafen stilisiert und durch dies Spiel in eine Rolle und Lebensform gezwungen, die seinem Wesen nicht entspricht und in die er sich immer weiter verstrickt, weil ihm der Mut fehlt, sich zu sich selbst und seiner Armut zu bekennen. Höhepunkt dieser Komödie der Entfremdung ist schließlich die Verlobung des vermeintlichen Grafen mit der Amtsratstochter Nette; sie droht aber zu scheitern, als Strapinski auf einem Maskenfest von der Realität eingeholt wird: Die Seldwyler nämlich missgönnen den Goldachern (den Menschen aus dem Nachbardorf) ihren ›Grafen‹ und zerpflücken dessen adlige Scheinexistenz. Strapinski, das Opfer, weiß keinen Ausweg mehr und flieht. Nun schiebt sich immer mehr die Figur der Nette in den Vordergrund: Sie erweist sich als eine Frau von außerordentlichen bürgerlichen Qualitäten; sie lässt sich nicht durch ihr Gefühl verwirren, sondern vertraut ihrer Menschenkenntnis, ergründet Wenzels reale Lebensgeschichte und beschließt, da diese ihr eine genügende Grundlage für eine solide bürgerliche Existenz zu bieten scheint, bei ihm zu bleiben: »So feierte sie jetzt ihre rechte Verlobung aus tief entschlossener Seele, indem sie in süßer Leidenschaft ein Schicksal auf sich nahm und Treue hielt.«

»*Kleider machen Leute*«

Und diese Treue ist nicht einfach ein Sichabfinden mit den Gegebenheiten, wie man vermuten könnte, sondern ein Programm: »Nun wollen wir gerade nach

Programm der Seldwyler

Seldwyl gehen und den Dortigen, die uns zu zerstören gedachten, zeigen, daß sie uns erst recht vereinigt und glücklich gemacht haben!« Deshalb weigert sie sich auch, mit ihrem Wenzel »in unbekannte Weiten zu ziehen und geheimnisvoll romantisch dort zu leben in stillem Glücke«, wie Wenzel gern möchte: »Keine Romane mehr! Wie du bist, ein armer Wandersmann, will ich mich zu dir bekennen und in meiner Heimat allen diesen Stolzen und Spöttern zum Trotze dein Weib sein!« Die Seldwyler Amtsratstochter hat eine solche Selbstsicherheit gewonnen, dass sie für ihren zukünftigen Mann mitbestimmt: »Wir wollen nach Seldwyla und dort durch Tätigkeit und Klugheit die Menschen, die uns verhöhnt haben, von uns abhängig machen!« Hier geht es nicht mehr nur um bürgerliche Tugenden, sondern um unternehmerische Qualitäten, die auch deutlich werden, als Nette den Honoratioren der Stadt klarmacht, warum sie auf die ›Rettung ihrer Ehre‹ durch den wohlanständigen Bürger Melchior Böhni verzichten will, dessen keineswegs uneigennützige Motive sie längst durchschaut hat: »Sie rief, gerade die Ehre sei es, welche ihr gebiete, den Herren Böhni nicht zu heiraten, weil sie ihn nicht leiden könne, dagegen dem armen Fremden treu zu bleiben, welchem sie ihr Wort gegeben habe und den sie auch leiden könne!« Nicht nur diese erstaunliche Frauenfigur der Nette handelt recht programmatisch und löst bei verschiedenen Herren in der Erzählung Unbehagen aus. Klar wird auch, dass Keller nunmehr über die einengenden Vorstellungen der bürgerlichen Ehre, die noch bei *Romeo und Julia auf dem Dorfe* eine verhängnisvolle Rolle gespielt hatten, hinausgelangt ist; man könnte behaupten, er habe den Begriff demokratisiert und dadurch dem literarischen bürgerlichen Realismus positive Aspekte hinzufügen können.

Mörikes Mozart-Novelle als vollendete Form künstlerischer Innerlichkeit

Eduard Mörikes (1804–1875) Schaffen hat seinen Schwerpunkt vor 1848; er hat nach der Revolution bis zu seinem Tod nur noch wenige Texte veröffentlicht, und sie waren alle schon in Entwürfen oder Ansätzen vor 1848 notiert; wichtig sind die Erzählungen *Das Stuttgarter Hutzelmännlein* (1853), das, ohne dass sich Mörike dessen bewusst war, auf eine alte schwäbische Sage zurückgriff, wie Uhland und andere dem Dichter versicherten; dann *Die Hand der Jezerte*, im gleichen Jahr erschienen, sowie die große Novelle *Mozart auf der Reise nach Prag* (1855); schließlich folgten noch zwei große Gedichte: »Erinna an Sappho« (1863) und die »Bilder aus Bebenhausen« (ab September 1863), als Mörike dort längere Zeit zu Besuch war. Es mag für heutige Leserinnen und Leser merkwürdig klingen, aber es ist wohl richtig, wenn man behauptet, Mörike habe seine Kraft verbraucht, um dem Alltag standhalten zu können; aus diesem Grunde rang er auch ständig um Distanz zu seiner Umwelt und zu seiner Zeit allgemein. Mörike wünschte sich eine ideale Welt, »in der sich nicht nur dichten, sondern auch leben ließ« (F. Sengle). Er bemühte sich um Offenheit zur Welt, aber er konnte diese Offenheit nicht durchhalten: Leben und Schreiben als einheitliche Lebensform schienen ihm nicht mehr möglich. Noch in den 30er und 40er Jahren hatte Mörike zahlreiche Gedichte auf ›Dinge‹ oder ›Situationen‹ verfasst, z. B. »Auf eine Lampe« (1846), »Inschrift auf eine Uhr mit den drei Horen« (1846), »Die schöne Buche« (1842), »Auf das Grab von Schillers Mutter« (1835), die alle als kleine Meisterwerke gelten können, aber inzwischen hatte sich die bürgerliche Fixie-

Eduard Mörike

rung auf die Dinge als Besitz vollzogen und diese zu reinen Handelsobjekten degradiert, so dass es Mörike zunehmend schwerer fiel, seine Lebensperspektive, die die Grundlage seines Dichtens bildete, zu retten. Der Dichter konnte Dinge also nicht mehr durch empfindendes Eindringen in ihr Wesen beleben und besingen – Entfremdung in der Poesie?

Titelblatt

Einmal, in seiner Erzählung *Mozart auf der Reise nach Prag*, erschienen zuerst in Cottas *Morgenblatt für gebildete Stände*, hat Mörike sich von dieser ständigen inneren Gefährdung freimachen können, indem er sie in seine Hauptfigur hineinlegte. Mörike rückt Mozart nahe ans Rokoko und eröffnet ihm damit jene spielerischen Möglichkeiten, denen zu folgen dem realen Mozart so oft hart zusetzte. Zugleich aber stellt Mörike sich auch seiner Zeit. Mörike gestaltete in der Figur des großen Musikers, mit dem er sich jahrzehntelang beschäftigt hatte, wohl auch sein eigenes, nie völlig erreichtes Wunschbild, da er »nach zwei Jahrzehnten ängstlicher Selbstbewahrung erkannte, dass Größe mit ›Verschwendung‹, d. h. mit einer kühneren Hingabe an Leben und Gesellschaft zu tun hat, und dass der Dichter, der sich nicht einzusetzen bereit ist, den künstlerischen Reichtum Mozarts unmöglich erreichen kann« (F. Sengle).

Mörike fühlte sich von der Kunst bedroht, wenn sie ihm, wie er sich ausdrückte, »die Harmonie mit der Welt, mit mir selbst, mit allem« gefährdete. Diese Harmonie war ihm »das wahrste Kriterium eines Kunstwerks überhaupt« (Brief an L. Rau, 1832); darüber hinaus sollte es »Ableiter und Isolierschemel gegen allerlei Anfechtung« sein. Diese Vorstellungen und Erfahrungen brachte Mörike in seine Mozartnovelle mit ein: Spiel und Kunst, Geistesabwesenheit und Geselligkeit, Heiterkeit und Todesahnung, gesellschaftliche Schranken und ihre Überwindung in der Kunst aufzuzeigen, gelang ihm in diesem Text kongenial, was schon von vielen Zeitgenossen erkannt wurde. Mörike hat die Situation des einen besonderen Tages mit dem improvisierten Konzert auf der Reise nach Prag nicht einfach erfunden, sondern er lebte mit der Musik des großen Komponisten in jeder Situation, auch im Unwetter: »In unglaublicher Schnelle stand uns das Wetter überm Kopf. Breite, gewaltige Blitze, wie ich sie nie bei Tag gesehen, fielen wie Rosenschauer in unsere weiße Stube, und Schlag auf Schlag. Der alte Mozart muß in diesen Augenblicken mit dem Kapellmeister-Stäbchen unsichtbar in meinem Rücken gestanden und mir die Schulter berührt haben, denn wie der Teufel fuhr die Ouvertüre zum *Titus* in meiner Seele los, so unaufhaltsam, so prächtig, so durchdringend mit jenem oft wiederholten ehernen Schrei der römischen Tuba, daß sich mir beide Fäuste vor Entzücken ballten« (an Mähren, 1832).

Bedrohung durch Kunst

Selbst wenn Mörikes Zugang zu Mozart von einem biedermeierlichen Lebens- und Kunstgefühl geprägt sein mag, geht sein Gestaltungswille in dieser Novelle doch weit über diese Grenze hinaus: er entwirft eine Mozartfigur, deren »Genialität auf (ihren) menschlichen Qualitäten wie auf (ihrer) überragenden künstlerischen Begabung« beruht. »Der Künstler steht also nicht außerhalb der Gesellschaft, obgleich sein Blick tiefer dringt als der seiner Mitmenschen; er ist ein Teil der Gesellschaft, in der er wirkt und lebt, und sein Werk schlingt ein gemeinsames Band um die Mitglieder der Gesellschaft« (E. Sagarra), der beethovenschen Vertonung von Schillers Ode *An die Freude* vergleichbar. Dass dieses Nachempfindenkönnen zu einer erstaunlichen Intensivierung der Sprachformen geführt hat (W. Höllerer) und diese den Weg zu neuen Entwicklungen wiesen, war Mörike selbst durchaus bewusst. So versuchte er z. B. dem Verleger Cotta klarzumachen, dass er solche Dichtung nicht einfach als ›Prosa‹ honorieren könne. Die durch die unmittelbare Erfassung der Welt Mozarts erreichte »eigene Tiefe des

Mörikes Gestaltungswille

Ausdrucks« (Storm an Mörike) und die »entschiedene Individualisierung der Sprache« (F. Sengle), die mehrere Gedanken- und Redeebenen selbst in völlig banal erscheinenden Sätzen aufschichtete, waren Leistungen, die weit über den Anlass der Erzählung hinauswiesen, wenn auch der »episodenhafte, scheinbar oder tatsächlich improvisierte Aufbau« (F. Sengle) zunächst nicht verstanden wurde und auf Kritik stieß.

Conrad Ferdinand Meyers Kunst der Distanzierung in seiner Novelle »Der Heilige«

Conrad Ferdinand Meyer

Während Mörike in seiner Mozart-Novelle Distanz weniger aus historischer Entfernung des Geschehens als aus einer gewissen Scheu vor der ungewöhnlichen Gedankenwelt des genialen Komponisten entwickelt – und dennoch gerade durch diese Scheu die Empfindungen Mozarts durchscheinen ließ, macht Conrad Ferdinand Meyer (1825–1898) in seiner Erzählung *Der Heilige*, an der er über einen Zeitraum von zehn Jahren (1870–80) arbeitete, eigentlich gar keinen Versuch, die Hauptfigur seines Werks, Thomas Becket, Kanzler Englands, dann Erzbischof von Canterbury und Primas der englischen Kirche, dem Lesepublikum nahe zu bringen, er erarbeitet im Gegenteil eine sehr scharfe Analyse des zwielichtigen Heiligen: Je mehr man über die Handlungen dieses Menschen erfährt, desto größer werden die Zweifel an seinen Motiven – die Wahrheit ergibt sich eben nicht aus der Summe der Fakten –, eine massive Kritik an den Ansätzen des Positivismus. Damit steht diese fein differenzierende Erzählung völlig konträr zum ›Zeitgeist‹ des 19. Jahrhunderts: Weder der englische König Heinrich II. (1154–1189) noch Thomas Becket werden als Helden oder Übermenschen im zeitgenössischen Sinne dargestellt, sondern sind Menschen mit schweren, fast unverantwortlichen Fehlern – und beide haben ein wichtiges Amt! Meyer zeigt eindringlich, wie ›Charakter‹ und ›Amt‹ sich ständig beeinflussen, sich wechselseitig korrumpieren und Möglichkeiten der Rechtfertigung auch für Untaten liefern können.

Conrad Ferdinand Meyer lässt seinen Zeugen Armbruster, den Waffenmacher und persönlichen Knecht des englischen Königs, einen Mann von recht guter formaler Bildung, erzählen, aber er ist dennoch dem Charakter des Thomas nicht gewachsen, versucht auch nicht, zweifelhafte Zusammenhänge zu erklären, sondern stellt sie, behaftet mit deutlichem Verdacht, seinem Zuhörer, dem Zürcher Chorherrn, dar. 1170 wird Armbruster in der Kathedrale von Canterbury Zeuge des Mordes, ist wenige Jahre später auch dabei, als der König am Grab seines Widersachers Buße tut, will dem König aber nun nicht mehr dienen und verlässt England. Man könnte denken, Armbruster sei nun – durch die Ereignisse mehr gezwungen als aus Neigung – auf die Seite des Heiligen gezogen worden. Zwischen Zweifel und Glauben, Scheinheiligkeit und Machtgier, Offenheit und Kalkül, wilden Emotionen und kluger Distanz bleibt aber ein verwirrter Armbruster zurück und wundert sich über die Verwirrung, die die ›Großen‹ anstiften – ein verblüffend moderner Schluss einer ungewöhnlich modernen Thematik, hier in mittel-alterlichem Gewande. Der Stoff wurde im 20. Jahrhundert noch zweimal bearbeitet, zuerst von T. S. Eliot als Versdrama unter dem Titel *Murder in the Cathedral* (1935), dann 1959 von Jean Anouilh als *Becket ou L'honneur de Dieu.*

Politisch engagierte Schriftstellerinnen und Schriftsteller zwischen 1848 und 1890

Die Wirtschaftskrise ab 1846 und die Revolution von 1848 brachten Bewegung in die literarische Szene; während viele bürgerliche Schriftsteller zwar in Briefen an Freunde ihre Erwartungen und ihre Freude über endlich eintretende Veränderungen ausdrückten, blieben die meisten Autoren aber dem politischen Tagesgeschehen fern – von wenigen Ausnahmen wie dem alten Uhland abgesehen. Beispiele couragierten Engagements, wie sie Fanny Lewald (1811–1889) oder Luise Otto(-Peters; 1819–1895) lieferten, lösten wegen ihres Seltenheitswertes Staunen, manchmal allerdings auch Empörung aus. Auf Robert Blums rhetorische Frage in den *Vaterlandblättern* (1843), ob Frauen ein Recht zur Teilnahme an den Interessen des Staates hätten, antwortete ihm Luise Otto: »Die Teilnahme der Frauen an den Interessen des Staates ist nicht nur ein Recht, sie ist eine Pflicht der Frauen!« Berühmt wurde ihr *Offener Brief an den sächsischen Innenminister* vom April 1848 mit der programmatischen Überschrift: »Vergeßt die arbeitenden Frauen nicht!« In diesem Brief machte die Schriftstellerin und Begründerin der deutschen Frauenbewegung, Luise Otto, deutlich, wie sie ihre Aufgabe sah: »Ich erkenne es als meine heiligste Pflicht, der Sache derer, welche nicht den Mut haben, dieselbe zu vertreten, vor Ihnen meine Stimme zu leihen. Sie werden mich deshalb keiner Anmaßung zeihen können, denn die Geschichte aller Zeiten hat es gelehrt und die heutige ganz besonders, daß diejenigen, welche selbst an ihre Rechte zu denken vergessen, auch vergessen wurden. Darum will ich Sie an meine armen Schwestern, an die armen Arbeiterinnen, mahnen!«

Ein solcher direkter und konkreter Ton war auch für Schriftsteller des linken Flügels nicht die Regel. Aber man wusste doch, dass man ›das Volk‹ anstoßen, bewegen und zur Unterstützung der neuen Forderungen gewinnen musste! Die oft hektischen, aber wenig zielgerichteten und nicht wirklich konkreten Beratungen in Vereinen und Clubs fanden keineswegs überall Zustimmung. Da die meisten politisch ›links‹ engagierten Schriftsteller sehr wohl um die große Distanz zwischen sich und dem Bewusstsein des ›Volkes‹, das sie erreichen und verändern wollten, wussten, war ihnen auch klar, dass nur appellative Texte, die sich auf das Tagesgeschehen bezogen, die Chance einer raschen Wirkung hatten. Es entstanden vor allem in der Revolution, weniger vorher und nachher, zahlreiche Lieder als Kommentare zu allen möglichen revolutionären Ereignissen, oder es wurden sehr eingängige, oft auch pathetische Texte als Flugblätter verbreitet. Zur schnelleren Verbreitung von Liedern war es günstig, wenn sie sich auf schon bekannte Melodien singen ließen, wie z.B. ein Lied Ludwig Pfaus auf Beckers berühmte »Wacht am Rhein« oder Franz Dingelstedts Parodie auf Goethes »Lied Mignons«:

> Kennst du das Land, wo Einheits-Phrasen blühn:
> In dunkler Brust Trennungsgelüste glühn,
> Ein kühler Wind durch Zeitungsblätter weht,
> Der Friede still und hoch die Zwietracht steht?
> [...]
> Kennst du das Haus? Auf Säulen ruht sein Dach,
> Es hallt der Saal, die Galerie hallt nach,
> Und Volkvertreter stehn und sehn sich an:
> Was haben wir fürs arme Volk getan?

Literatur in Konkurrenz zum bürgerlichen Alltag

Luise Otto

Parodistisches Zähneknirschen

Unerträgliches Pathos

Das für den heutigen Geschmack oft unerträgliche Pathos vieler Lieder hatte durchaus Vorbilder: Es sollte nach dem Muster der »Marseillaise« einerseits mitreißen, andererseits sicher auch die Kluft zwischen Anspruch und Wirklichkeit überbrücken helfen – oder wie ein Kritiker unfreundlich bemerkte: »Solidarität soll herbeigeredet werden«. Deutlich wurde dies bei den zahlreichen »Heckerliedern«, die keineswegs alle den Revolutionär lobten; aber der Badener Friedrich Hecker genoss große Volkstümlichkeit, wie die vielen Karikaturen neben den Liedern beweisen. Von deutschen Dichtern wurde, wenn sie offen für die Revolution eintraten, auch erwartet, dass sie für sie im Kampf einstanden, wo es nötig war. Diese Reaktionen zeigen, dass die politische Dichtung nach anderen Maßstäben bewertet wurde als die ›reine Poesie‹. Man muss aber feststellen, dass Heinrich Heine schon lange in Paris lebte, Georg Herwegh, Ferdinand Freiligrath und Karl Marx 1849 ins Exil flüchten mussten, dass etwa ein Dutzend Literaten für viele Jahre in den Kerker wanderten und manche andere (wie Richard Wagner, der damals noch überwiegend literarisch arbeitete) nur deshalb unbehelligt blieben, weil sie ihre Einstellung nach der Revolution den neuen Verhältnissen angepasst hatten. Adolf Glassbrenner (1810–1876), der Berliner Volksdichter, brachte Möglichkeit und Wirklichkeit politischer Aktivität des Volkes in die Xenie:

Der Messias
Hofft den Messias ihr noch?
Nicht kommt er vom Himmel!
Ihr Völker, reicht euch zum Kampfe die Hand
und – der Messias ist da.

Isolation der Literatur

Die nach 1849 beginnende Zeit des gesellschaftlichen und politischen Stillstands trotz raschen wirtschaftlichen Fortschritts erfasste auch – schon wegen des Publikums, von dem sie abhängig war – die politische Dichtung für etwa zehn Jahre. Für die radikalen Demokraten und die Schriftsteller, die ihnen nahe standen, gab es bis zum Ende des Jahrhunderts drei Probleme, für die lange keine befriedigenden Lösungen gefunden wurden:

Zum einen fühlten sie sich zu sehr als Dichter und stellten ästhetische Probleme vor politische; zum anderen fanden sie keine ihrer politischen Absicht entsprechende neue Form der Dichtung; Gesellschaftskritik war zum Beispiel in der Balladendichtung selten. Texte wie Heines »Das Sklavenschiff« und – in historischem Gewand – »Donna Clara« zeigen Heines Sonderstellung in der deutschen Literatur auch hier. Seine Ballade »Die schlesischen Weber« stand in Konkurrenz mit Dronkes »Das Weib des Webers« und mit rührenden Genre- und Mitleidsszenen verschiedener Zeitgenossen (Luise Otto, Ferdinand Freiligrath). Es blieb die Regel, dass menschliche Opferbereitschaft die Unzulänglichkeit der Verhältnisse, besonders der sozialen, verdeckte: In Fontanes »John Maynard« wählt der Dichter einen so kleinen Ausschnitt aus der Realität, die er beschreibt, dass man die sozialen Zusammenhänge nur ahnen kann; zusätzlich ›veredelt‹ Fontane noch die Haltung des Steuermanns, so dass ein zwiespältiges Heldenbild entsteht: Sein Tod wird in einer Jubelfeier ›aufgehoben‹, aber die Verhältnisse bleiben, wie sie sind. Schließlich führten die Schriftsteller nach wie vor in der deutschen Gesellschaft ein unbedeutendes Randdasein und bekamen in den nächsten Jahren in der sich rasch entwickelnden Trivialliteratur der Massenpresse insofern eine starke Konkurrenz, als beide auf die Masse des Volkes gerichtet waren. Die These von den unpolitischen deutschen Schriftstellern war also nicht nur bürgerliche Ideo-

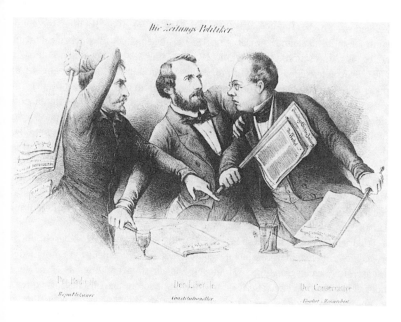

Die Zeitungspolitiker –
Satire auf Republikaner,
konstitutionelle und
absolute Monarchisten

logie, sondern auch das Ergebnis fortschreitender kapitalistischer Verhältnisse im Verlagswesen mit der Entwicklung der Unterhaltungsliteratur zur unpolitischen Massenliteratur, die ›Harmonie‹ für Umsatz und Gewinn brauchte.

Anlässlich der Machtergreifung Napoleons III. in Frankreich hat Marx schon 1852 bemerkt, dass die Koalition von Kleinbürgern und Arbeitern, die aus der Opposition heraus demokratisch-republikanische Institutionen anstrebte, dies nicht tat, um Kapital und Lohnarbeit, die beiden sich entgegenstehenden Extreme, aufzuheben, sondern um ihren Gegensatz abzuschwächen und möglichst in Harmonie umzuwandeln. Marx folgerte aus seiner Feststellung, dass natürlich auch die Schriftsteller des Kleinbürgertums im Kopfe nicht über die Schranken hinausgelangen könnten, die ihrer Klasse gesetzt seien, so dass sie auch zu den entsprechenden Aufgaben und Lösungen getrieben würden, die das Kleinbürgertum gesellschaftlich auch sonst anstrebe (*Der achtzehnte Brumaire des Louis Bonaparte*, 1869); man müsste wohl hinzufügen: Der Mangel an neuen Formen und der Mangel an Arbeiterschriftstellern führten die politisch engagierten Autoren immer wieder ins bürgerliche Lager zurück. Auch aus diesem Grunde wurde Friedrich Theodor Vischer mit seinen *Kritischen Gängen* (1846) einer der einflussreichsten und wohl der repräsentativste Ästhet des 19. Jahrhunderts. Für die Unmöglichkeit einer politischen Poesie in seiner Zeit fand Vischer folgende Erklärung – und er rechtfertigte damit eine weit verbreitete Ansicht: »Sie taugt nichts, weil sie eine Idee ausspricht, welche noch keinen Körper hat, sondern ihn erst bekommen soll, welche also noch abstrakt ist.«

Als in Deutschland Gelehrte und Schriftsteller Kategorien der Freiheit für Kunst und Wissenschaft zu entwerfen begannen, wurde ihnen sehr schnell klar, dass Freiheit und Geist auf Volk und Wissenschaft angewiesen waren, dass die Schriftsteller aber zwischen die Fronten gerieten, weil die Pfründen der Fürsten (und allmählich auch der bürgerlichen Kapitalgeber) und eine freiheitliche Literatur kaum zu vereinbaren waren. Während im 18. und in der ersten Hälfte des 19. Jahrhunderts zahlreiche mutige Autoren sich um Fortschritte der literarischen Theorie und Praxis bemühten – die Reihe reicht von Lessing und vielen seiner

*Marx' Koalition von
Kleinbürgertum und
Arbeiterschaft*

Friedrich Theodor Vischer

Zeitgenossen bis zu Heine –, war dies nach 1848 kaum zu beobachten. Vielmehr kann Fontanes Realismus-Aufsatz von 1853 als beispielhaft für Rückzugsdenken gelten. Fontane schob damals wohl bewusst Ästhetik als reinigenden Filter vor alle schriftstellerischen Wahrnehmungen des Lebens, und er brauchte sehr lange, bis er selbst zu einer neuen bürgerlich-kritischen Form fand. Denn im Bürgertum entstand immer unverkennbarer eine Sehnsucht nach einer klar gefügten und sinnlich erfassbaren Einheit von Einzelmensch und Gesellschaft. Je weniger diese Einheit in der Realität vorhanden war, umso mehr wehrte man sich gegen eine differenzierte Entfaltung der menschlichen Individualität in der Literatur, was man als Schwäche interpretierte: man wollte keine ›Demokratisierungsprozesse des Charakters‹ in der Literatur, genauso wenig wie im Leben. Als Gegenmodell schätzte man immer mehr den starken Charakter des Helden, der die Realität nicht nur mühsam, sondern fast spielerisch bezwingen konnte – wenn nicht im Leben, dann wenigstens in der Literatur.

Nietzsches aristo-
kratisches Ideal …

Friedrich Nietzsche hat diese Sehnsucht früh erkannt und 1872 so beschrieben: »Was hier am einzelnen Beispiel gezeigt wird, gilt im allgemeinsten Sinne: jeder Mensch mit seiner gesammten Thätigkeit hat nur so viel Würde, als er, bewußt oder unbewußt, Werkzeug des Genius ist; woraus sofort die ethische Consequenz zu erschließen ist, daß der ›Mensch an sich‹, der absolute Mensch, weder Würde, noch Rechte noch Pflichten besitzt: nur als völlig determinirtes, unbewußten Zwecken dienendes Wesen kann der Mensch seine Existenz entschuldigen« (aus: *Fünf Vorreden zu fünf ungeschriebenen Büchern*). Ein ›realistischer‹ literarischer Weg hätte sicherlich anders verlaufen müssen. Da aber in dieser Zeit völlig unbefriedigter gesellschaftlicher und politischer Forderungen diese Defizite nur mit Blick auf die konkrete Welt und die sich in ihr konkret ausbreitenden Unfreiheiten sichtbar gemacht werden konnten, musste eine Literatur, die vornehmlich der herrschenden Ästhetik folgte, immer mehr zur Apologie der bestehenden Verhältnisse verkommen. Die Epoche nach 1848 wurde zum Tummelplatz vieler Schön- und Vielschreiber, deren Zahl nach 1870 in dem Maße zunahm, wie sich die Qualität ihrer Arbeiten verringerte.

… und Lassalles
Arbeiterpartei

1862 begann Ferdinand Lassalle für die Gründung einer neuen, proletarischen Partei zu agieren, die schließlich im Mai 1863 entstand und als Ziel eine soziale Demokratie hatte. Die ersten Reden Lassalles sind noch mit blumigen Wendungen durchsetzt, etwa, wenn er vor Arbeitern der Maschinenfabrik Borsig in Oranienburg erklärte, 1789 habe sich der vierte Stand noch in den Herzfalten des dritten verborgen, jetzt müsse er aber sein Prinzip zum beherrschenden der Gesellschaft erheben und mit ihm alle Einrichtungen durchdringen. Zur Gründung der neuen Partei sandte Herwegh an Lassalle sein später berühmtes »Bundeslied«, das auf eine Vorlage Shelleys zurückgeht. Die letzten drei der insgesamt zwölf Strophen lauten:

»Bundeslied«

Mann der Arbeit, aufgewacht!
Und erkenne deine Macht!
Alle Räder stehen still,
Wenn dein starker Arm es will.

Deiner Dränger Schar erblaßt,
Wenn du, müde deiner Last,
In die Ecke lehnst den Pflug,
Wenn du rufst: es ist genug!

Brecht des Doppeljoch entzwei!
Brecht die Not der Sklaverei!
Brecht die Sklaverei der Not!
Brot ist Freiheit, Freiheit Brot!

»Lassalle rezitierte das Gedicht auf vielen Kundgebungen; es hatte jedesmal eine mitreißende Wirkung, ein Erfolg, der den markanten Hammerschlägen der Verse bis heute treu blieb« (W. Grab). Bevor Lassalle sich der praktischen politischen Arbeit zuwandte, hatte er in seinem Drama *Franz von Sickingen* (1858) versucht, die Erfahrungen der Niederlage von 1848 literarisch zu artikulieren, dies aber nicht direkt getan, sondern durch Analogie, indem er die Handlung in die Zeit der Bauernkriege zurückversetzte. Lassalles Drama löste vor allem unter engagierten Demokraten eine heftige Kontroverse aus, die als ›Sickingen-Debatte‹ in die Literaturgeschichte eingegangen ist; Hauptpunkte dieser Auseinandersetzung waren die Fragen, ob Dichtung überhaupt in der Lage sei, politische Probleme zu lösen und ob Probleme der Gegenwart im Gewande der Vergangenheit nicht ihre Aktualität einbüßen und daher ›unrealistisch‹ erscheinen müssten. Lassalle konnte sich dieser Debatte nicht entziehen, denn er hatte früh zugegeben, dass er mit seinem *Sickingen* eine allgemeine Aussage nicht nur zu dieser deutschen, sondern zu Revolutionen schlechthin hatte machen wollen; sein Ziel sei es gewesen, ein Modell zu entwerfen, dem Sickingen nur als »tragende Figur« dienen sollte. Lassalle glaubte also an einen ewig wiederkehrenden Konflikt des revolutionären Handelns, so dass sein Stück »die Tragödie der formalen revolutionären Idee par excellence« sei.

Kann Literatur politische Probleme lösen?

Marx hatte den ›Fehler‹, den Lassalle mit diesem Anspruch notwendig machen musste, sofort erkannt und dies dem Autor mitgeteilt: »Sickingen [...] ging nicht unter an seiner Pfiffigkeit. Er ging unter, weil er als Ritter und als Repräsentant einer untergehenden Klasse gegen das Bestehende sich auflehnte oder vielmehr gegen die neue Form des Bestehenden.« Das aber wurde bei Lassalles Text an keiner Stelle wirklich deutlich, denn er hatte Sickingen trotz aller Radikalität seiner Ideen nicht von der bürgerlichen Ästhetik trennen können und als Helden dargestellt. Er befand sich also in der Zwangslage, historisch-politische Fragen ästhetisch lösen zu müssen. Lassalles umfangreiche Rechtfertigungsschrift an Marx ist daher eher ein theoretischer Rettungsversuch eines praktisch misslungenen Werks, das zeigt, wie weit damals die literarische Bewältigung politischer Probleme von ihrem theoretischen Anspruch entfernt war. Dieser Mangel hatte drei Gründe: (1) dichterisches Unvermögen; (2) die (bürgerliche) Vorstellung, dass der Staat durchaus zum Garanten der Freiheit entwickelt werden könne, wenn er nur – etwa durch einen Volkstribunen! – umgeformt oder ›gereinigt‹ werde; (3) das Fehlen einer wirkungsvollen fortschrittlichen Ästhetik; deshalb sollte Sickingen zum Sprachrohr moderner politischer *Rhetorik* werden, also die didaktische Tradition vieler deutscher Prosaerzählungen (E. Sagarra) nun im Drama fortsetzen. Damit wurde der Ritter des Bauernkrieges zu einem Volkshelden ohne Volk, während gleichzeitig in der Realität das Volk zur Masse degradiert wurde.

Was bedeutet ›Repräsentanz‹?

Es gelang der frühen sozialistischen Literatur in Deutschland selten, »aus dem Sumpf des Trivialen« (F. Mehring) herauszukommen und dem Leser Stoffe, Handlungen und Figuren anzubieten, die ein neues Menschenbild in einer neuen Kunst vermittelten und damit ein neues Bewusstsein entwickeln und prägen konnten. Friedrich Engels hat das erkannt und vor dem didaktischen Schwulst

»Sumpf des Trivialen«

Zivilisationsdampf-
maschine – Satire auf die
Londoner Weltausstellung
(*Kladderadatsch*, 1851)

der Tendenzpoesie eindringlich gewarnt, wie sein Brief an Minna Kautsky (1885) zeigt: »Es war Ihnen offenbar ein Bedürfnis, in diesem Buch öffentlich Partei zu ergreifen, Zeugnis abzulegen vor aller Welt von Ihrer Überzeugung. Das ist nun geschehen, das haben Sie hinter sich und brauchen es in dieser Form nicht zu wiederholen. Ich bin keineswegs Gegner der Tendenzpoesie als solcher […] Aber ich meine, die Tendenz muß aus der Situation und Handlung selbst hervorspringen, ohne daß ausrücklich darauf hingewiesen wird, und der Dichter ist nicht genötigt, die geschichtliche zukünftige Lösung der gesellschaftlichen Konflikte, die er schildert, dem Leser in die Hand zu geben. Dazu kommt, daß sich unter unseren Verhältnissen der Roman vorwiegend an Leser aus bürgerlichen, also nicht zu uns direkt gehörenden Kreisen wendet, und da erfüllt auch der sozialistische Tendenzroman, nach meiner Ansicht, vollständig seinen Beruf, wenn er durch treue Schilderung der wirklichen Verhältnisse die darüber herrschenden konventionellen Illusionen zerreißt, den Optimismus der bürgerlichen Welt erschüttert […] auch ohne selbst direkt eine Lösung zu bieten, ja unter Umständen ohne selbst Partei ostensibel zu ergreifen.«

Sicherlich war dieser Brief auch von einer gewissen Resignation erfüllt, weil sich literarisch wie politisch so wenig bewegte. Engels wollte aber unter allen Umständen ein Einpassen sozialer Stoffe in bürgerliche Moral und Mitleidsbekundungen verhindern, weil er erkannt hatte, dass dann der Unterschied zur Massenliteratur bürgerlicher Unterhaltung nicht mehr auszumachen war.

Die Lyrik in der Epoche des Realismus

Ihr starrt dem Dichter ins Gesicht,
Verwundert, daß er Rosen bricht
Von Disteln, aus dem Quell der Augen
Korall und Perle weiß zu saugen;
Daß er den Blitz herniederlangt,
Um seine Fackel zu entzünden,

Im Wettertoben, wenn euch bangt,
Den rechten Odem weiß zu finden
Ihr starrt ihn an mit halbem Neid,
Den Geisteskrösus seiner Zeit,
Und wißt es nicht, mit welchen Qualen
Er seine Schätze muß bezahlen.
(aus: Annette von Droste-Hülshoff: »Der Dichter«)

Das Gedicht, aus dem dieser Auszug stammt, kann als repräsentatives Beispiel für Lyrik vor 1848 gelten: In dichter Folge veranschaulichen Metaphern den Gegensatz Publikum – Dichter (»Ihr«-»Er«); vor allem sein qualvolles Schaffen will Annette von Droste-Hülshoff (1797–1848) ausdrücken. Zu diesem Zweck verwendet sie Metaphern oder lässt den Dichter metaphorisch handeln (»daß er Rosen bricht/ Von Disteln«). In einem zweiten Teil ihres Textes beansprucht die Dichterin für ihre sorgfältig ausgewählten Metaphern nun eine zusätzliche Wirkung in der Alltagswelt, zumindest eine dieser Alltagswelt vergleichbare (als bezeichneten sie reale Dinge); sie fragt:

Verdoppelung der Wirklichkeit durch Metaphern

Meint ihr, das Wetter zünde nicht?
Meint ihr, der Sturm erschüttre nicht?
Meint ihr, die Träne brenne nicht?
Meint ihr, die Dornen stechen nicht?

Nimmt man diese Fragen nach den Dingen, die alle in den vorher entwickelten Metaphern genannt wurden, ›realistisch‹, dann sind Wetter, Sturm, Träne und Dornen für die Dichterin Metapher und erlittene Realität zugleich. Dieser ›Doppelheit‹ kann sie kaum standhalten, so sehr sie das auch wünschte; deshalb endet das Gedicht in scheinbar lakonischer Kürze, fast gewaltsam:

Annette von
Droste-Hülshoff

Ja, eine Lamp hat er entfacht,
Die nur das Mark ihm sieden macht;
Ja, Perlen fischt er und Juwele,
Die kosten nichts – nur seine Seele.

Texte dieser Dichte gehen sicherlich über ›geistreiche Bildnerei‹ weit hinaus, die Eduard Engels in seiner weitverbreiteten *Deutschen Stilkunst* »als das gemeinsame Laster der barocken und jungdeutschen Poeten« bezeichnete. Eduard Mörikes Lyrik, die zum größten Teil in der Zeit vor 1848 entstand und oft als ›Biedermeierlyrik‹ abgewertet wurde, ist ein überzeugendes Beispiel für vollendete Sprachgestaltung in einer reichen Tradition (»Er ist's«, 1829; »Im Weinberg«, 1838; »Die schöne Buche«, 1842); Mörike konnte fast spielerisch antike Vorbilder für seine Arbeit fruchtbar machen (»An eine Äolsharfe«, 1837, bezogen auf eine Ode des Horaz), aber auch einen humorvollen, volkstümlich-lyrischen Erzählton finden: »Der alte Turmhahn« (endgültige Fassung 1852), diese lyrische Erzählung blieb ohne Nachfolge: Humor, vermengt mit pietistischem Ton – war das schon ein Abgesang auf eine Gesellschaft, die es kaum noch gab? Natürlich fiel es dem Pfarrer Mörike leicht, die Melodie eines berühmten Kirchenliedes zur Struktur eines Gedichts zu machen (»In der Frühe«, 1828, auf die Melodie zu »Wie schön leuchtet der Morgenstern«). Sein berühmter »Septembermorgen« nimmt schon 1827 die Entwicklung zum Realismus der Lyrik um mehr als zwanzig Jahre vorweg.

»geistreiche Bildnerei«

»Metaphernspiele«

(Christian) Friedrich Hebbel (1813–1863) bemühte sich früh und intensiv, in seiner Lyrik über ›Metaphernspiele‹ hinauszukommen, seine lyrischen Gegenstände als Symbole selbständiger werden zu lassen und seine Gedichte von rhetorischen Formulierungen möglichst frei zu halten; dies nicht ohne Grund, denn es gab noch immer zahlreiche Texte, die mit Metaphern überladen waren, auch solche der Droste. Die massive Kritik an der Metaphernfülle, die nach 1848 in den *Grenzboten* einsetzte, war also durchaus berechtigt: Die Sprache der Lyrik war weit entfernt von der des Alltags und wurde auch oft als ›Filter‹ vor Plattheiten verstanden, wie man sie manchmal in den Dorfgeschichten monierte. Dieses Abheben vom Alltag in Metaphern verspottete Heinrich Heine in einem Gedicht unter dem Titel »Entartung«:

> Ich glaub nicht mehr an der Lilie Keuschheit
> [...]
> Von der Bescheidenheit der Veilchen
> Halt' ich nicht viel
> [...]
> Ich zweifle auch, ob sie empfindet,
> Die Nachtigall, das, was sie singt,
> Sie übertreibt und schluchzt und trillert
> Nur aus Routine, wie mich dünkt.

Schon Hebbels frühes Gedicht »Ich und du« (1843) zeigt den gewaltigen Wandel, der sich gegenüber der Restaurationsepoche in der Gestaltung einer Liebesbeziehung vollzogen hatte. Hebbel beginnt scheinbar völlig ›real‹, um dann das angeschlagene Thema auszuweiten und in einer Sentenz gipfeln zu lassen, deren Knappheit leicht als Gefühllosigkeit missverstanden werden könnte:

»Ich und Du«

> Wir träumten voneinander
> Und sind davon erwacht,
> Wir leben, um uns zu lieben,
> Und sinken zurück in die Nacht.

Der innere Gegensatz zwischen den ersten beiden und den letzten beiden Zeilen erfüllt die ganze zweite Strophe und wird in der dritten schließlich in einer Symbolik ›aufgehoben‹, die in der Dichte der Sprache kaum zu überbieten sein dürfte:

> Auf einer Lilie zittern
> Zwei Tropfen, rein und rund,
> Zerfließen in eins und wollen
> Hinab in des Kelches Grund.

Andere Gedichte Hebbels zeigen die kontinuierliche Fortentwicklung von der Metapher zur konkreten Anschaulichkeit im Sinne realistischer Vorstellungen. Beispiele sind »Ein Bild aus Reichenau« (Juli 1848) und »Liebesprobe« (1854). Als repräsentativ für die reine und vollkommene Konzentration aufs Schauen, bis ein inneres Gesamtbild entsteht, gilt das »Herbstbild« von 1852. Hebbels neue Gegenständlichkeit in der Lyrik strebte aber nicht ›Realistik‹ im allgemeinen Sinne an, sondern Hebbel, Keller, Storm, Meyer und viele andere wollten durchaus eine poetische Gegenwelt gegen den aufkommenden Positivismus der naturwissenschaftlichen Eroberung der Erde schaffen, ein sicherlich zunächst konservativer Grundzug ihrer Arbeit. Sie glaubten offensichtlich, dass Lyriker die Aufgabe hätten, den Menschen Reservate zu schaffen oder zu zeigen, in denen ihr Leben und Handeln einen höheren Sinn wenigstens ahnen ließ.

Ästhetisierung der Natur

Berühmte Beispiele dieser idealistisch empfundenen und ästhetisch gestalteten Natur sind neben Hebbels »Herbstbild« vor allem Storms zahlreiche Heimatgedichte wie »Abseits«, »Meeresstrand«, »Über die Heide« und seine Liebesgedichte wie »Dämmerstunde«, »Abends«, »Im Volkston«. Storm gelangen vollendete Texte immer dann, wenn er ›Natur‹ und Mensch in eine parallel laufende Beziehung bringen konnte (wie in »Über die Heide«), so dass auch für den Außenstehenden das Gefühl entstand, das lyrische Ich sei eingebettet in die Natur als deren besonderer Teil. Vollendet ist Storm diese Verschmelzung in dem Gedicht »Die Nachtigall« gelungen, in dem die dritte Strophe der ersten völlig gleich lautet, durch den Bezug auf das Mädchen in der zweiten Strophe aber einen völlig neuen Sinn erhält, so dass alle Teile des Textes sich gegenseitig interpretieren und in einer symbolischen Einheit aufgehen. Texte wie dieser deuten an, dass die Dichter nach der Jahrhundertmitte vielleicht ein letztes Mal die Natur als ›Erlebnis‹ in die Autonomie der Kunst einbeziehen konnten. Mörike und Keller waren sich dieser Tatsache bewusst, ganz besonders aber Conrad Ferdinand Meyer (1825–1898), dessen Gedicht »Der schöne Tag« schon den Übergang zur Jahrhundertwende vorbereitet, dessen »Zwei Segel«, »Auf dem Canal Grande« und »Der römische Brunnen« (endgültige Fassung 1882 nach mindestens zwei Vorstufen; wenigstens zwanzig Jahre Arbeit an dem Text sind nachweisbar!) ein genaues sinnliches Erfassen der ›Realität‹ mit einer weit über sie hinausweisenden Aussage verbinden konnte. Waren solche Texte Rettungsarbeit des Geistes vor einer Zerstörung der lyrischen Autonomie?

Balladenkult

Der Balladenkult, den die ›Schwäbische Schule‹ – unterstützt vom Verleger Cotta und angeführt vom Dichter Ludwig Uhland – in der Epoche des Biedermeier entfaltet hatte, drohte, wie ein zeitgenössischer Kritiker meinte, zur fabrikmäßigen Herstellung von Balladen zu verleiten, deren Form als Ausgleich von ›lyrisch‹ und ›episch‹ im Dramatischen zum häufig genutzten Modell wurde. Ludwig Uhlands »Des Sängers Fluch« und »Das Glück von Edenhall« sind solche Versuche, dem Harmoniebedürfnis der Gegenwart zu entsprechen, indem die Texte zeigen, wie die Geschichte über Maßlosigkeit und Überheblichkeit hinwegging. Die Großen versagen allzu oft in den entscheidenden Augenblicken. Sie mögen mächtig sein, aber sie sind keine Helden. Uhland prägte mit seinem Humor aber auch ganze Generationen von Schülern, z. B. mit der Ballade »Roland Schildträger«; lakonische Einfachheit kennzeichnete »Siegfrieds Schwert«. Sein Lied »Der gute Kamerad« gehört noch heute mit seiner Melodie zum Ritual öffentlicher Trauerveranstaltungen, die blinde Schicksalsergebenheit, die der Text offenbart, kommt dabei nicht zur Sprache.

Schauerballade

Die Epoche des Biedermeier kannte und tradierte eine Fülle von Balladentönen, deren damals berühmtester sicherlich die Schauerballade in englischer Tradition war (Droste-Hülshoff: »Der Knabe im Moor«; Mörike: »Der Feuerreiter«; Gustav Schwab: »Das Gewitter«). ›Realistische‹ Balladendichter überhöhten Darstellungen der Natur zur magischen Allmacht, hinter der sich gelegentlich auch ein unreflektiertes Misstrauen gegen moderne Technik verbarg (Th. Fontane: »Die Brücke am Tay«), verließen in der Regel die Tradition der Schauerballade; an ihre Stelle traten willensstarke Helden, die sich denen der bürgerlichen Romane an die Seite stellen konnten. Gesellschaftskritik war selten. Statt Kampf für Verbesse-

Der *Feuerreiter* Mörikes
Illustration des *Deutschen
Balladenbuchs* von 1852

rung z. B. der Arbeitsbedingungen blieb es die Regel, dass menschliche Opferbereitschaft die Unzulänglichkeiten der Gesellschaft, besonders der sozialen Verhältnisse, verdeckte: In Fontanes »John Maynard« wählt der Dichter einen so kleinen Ausschnitt aus der Realität, dass man Zusammenhänge kaum erkennt; Gründe für den Ausbruch des Feuers auf dem Schiff gibt er nicht an, so dass die gesamte Handlung konzentriert bleibt auf das Durchhaltevermögen des Steuermanns. Fontane stilisiert dessen Haltung zum Opfer, so dass ein zwiespältiges Heldenbild entsteht: John Maynards Tod wird in einer Jubelfeier ›aufgehoben‹ – aber die Verhältnisse bleiben, wie sie sind.

›Große Menschen‹ Viel lieber (und häufiger) werden im Realismus große Menschen menschlich dargestellt (Th. Fontane: »Herr von Ribbeck auf Ribbeck im Havelland«) oder einfach die Erinnerung an sie als Zeichen ihrer Größe begriffen (F. Freiligrath: »Prinz Eugen«). Die Geschichte beschworen fast alle Balladendichter des Realismus, am häufigsten wohl Conrad Ferdinand Meyer (»Bettlerballade«; »Die Füße im Feuer«; »Mit zwei Worten«; »Der gleitende Purpur«). Meyer wollte nicht den großen historischen Moment, sondern – wie Fontane – Charaktergröße bei scheinbar unbedeutenden Menschen darstellen, sie also dem Vergessen entreißen und ihre Qualitäten der Gesellschaft als Spiegel vorhalten.

Da die Zunahme der kleineren Erzählprosa im Realismus der Ballade als Kunstform nicht günstig war, entwickelte sich die Balladendichtung nach 1850 insgesamt weg vom Zeitgeist, den Heine noch mehrfach beschworen hatte, zu einer ideal gesehenen (aber eher abstrakten) ›Balladenobjektivität‹, zu einer Kunstform höherer Verdichtung bei gleichzeitiger Distanz sowohl zum Gegenstand als auch zur Gegenwart. Dies gilt natürlich nicht für die vielen ›Klapperballaden‹ Geibels oder Freiligraths, die früher die Lesebücher füllten. Zugeständnisse an ihre Zeit machten auch große Dichter; so hatte der oft mit scharfem Blick für das Soziale ausgestattete Fontane durchaus auch einen Sinn für dynamische Augenblicke entwickelt, für Machtfragen und ›Charaktere‹, aus denen sich ›Helden‹ entwickeln ließen.

Einen neuen Ton fand am Ende des Jahrhunderts Detlev von Liliencron. Sein Erzählgedicht »Die Musik kommt« (1892) ist trotz seiner Kürze ein Meisterwerk humorvoller Milieuschilderung und zugleich ironischer Distanz zu einer als Illusion empfundenen Darbietung. Der ausgebildete Offizier Liliencron war kein wirklicher Militarist. Er stellte z.B. die schwere Niederlage des Preußenkönigs Friedrich II. bei Kolin als Einzelschicksal dar, aber nicht mit der üblichen Rührseligkeit, allerdings auch ohne Perspektive (»Wer weiß wo«):

Doch einst bin ich, und bist auch du,
Verscharrt im Sand zur ew'gen Ruh, –
Wer weiß wo.

Idee und Wirklichkeit des Dramas im Realismus

Für die Phase zwischen Revolution und deutscher Einheit bestand ebenso wie für die Gründerzeit die Vorstellung, dass engagierte Literatur moralisch oder ideologisch überladen und damit unglaubwürdig sei (»zerrissen« nannte F.Th. Vischer sie). Damit widersprach sie der Idealvorstellung der Zeit; denn »der Realismus führt[e] auf allen Gebieten zu begrenzten, ja geschlossenen Einheiten, die für universale Tendenzen ebenso schwer zugänglich [waren] wie für partikularistische« (F. Sengle). Dies traf für die bürgerliche dramatische Tradition, sofern sie nicht in Genre- oder Historienmalerei abglitt, viel stärker zu, als man früher angenommen hat. Am Beispiel Friedrich Hebbels wird dies deutlich; 1813 geboren (wie Georg Büchner), hatte Hebbel noch kein einziges Drama geschrieben, als Büchner starb (1836). Für Hebbel hatte, als er schließlich ab 1837 dramatische Stoffe zu bearbeiten begann, die universalistische Funktion des Dramas entscheidende Bedeutung gewonnen; er mochte also dem Geschichtsdrama Grabbes und Büchners nicht folgen (auch dann nicht, wenn er historische Stoffe bearbeitete). Hebbels umfassende und nicht an aktuelle Bezüge gebundene Auffassung von Tragik, der gemäß »der Begriff der tragischen Schuld nur aus dem Leben selbst, aus der ursprünglichen Inkongruenz zwischen Idee und Erscheinung, die sich in letzterer eben als Maßlosigkeit, der natürlichen Folge des Selbst-Erhaltungs-und Behauptungstriebes, des ersten und berechtigsten von allen, äußert«, hatte, wie schon zeitgenössische Beobachter feststellten, eine Tendenz zu statischer Determiniertheit: Hebbel war der Ansicht, »daß die Konflikte, die im allgemeinen zur Ausgleichung gebracht werden, [nicht] auch in den Individuen, welche sie vertreten, zur Ausgleichung kommen sollen; dies hieße […], die Individuen umbiegen und auflösen, also den Grund des Dramas zerstören« (an A. Ruge, 1852).

Wegen seiner schwer erarbeiteten künstlerischen Distanz zur eigenen Zeit geriet Hebbel nicht in die Schwierigkeiten Lassalles, weil er von Anfang an keinen unmittelbaren Tagesbezug suchte; so ließ er vermutlich den Napoleonstoff wieder fallen, weil er ihm noch zu ›nah‹ und zu ›aktuell‹ erschien. Dagegen strebte Hebbel immer wieder eine intensive Auseinandersetzung mit den von ihm geschätzten Vorbildern Lessing, Schiller und vor allem Kleist an, wurde aber wegen dieser Tendenz oft nicht verstanden; das führte dazu, dass er mit mehreren seiner Stücke (wegen deren dramatischer Qualität) zwar Achtungserfolge hatte, aber keine nachhaltige Wirkung erzielen konnte. Hebbel war keineswegs glücklich, dass sein Drama *Maria Magdalene* (1843) als Gesellschaftstragödie der unteren

»Zerrissene Literatur«

Inkongruenz von Idee und Erscheinung

Schichten verstanden wurde. Denn nicht einmal in der Sprache des Stücks glitt er ins Volkstümliche ab. Die strenge Tradition des Sprechstils am Wiener Burgtheater, dem Hebbel durch seine Frau, die Schauspielerin Christine Enghaus, ab 1846 verbunden war, schützte ihn und seine Texte vor allzu durchdringendem Individualismus und wurde von ihm selbst als ein ›reinigendes Element des Allgemeinen‹ verstanden. In seiner Tradition war das Burgtheater aber fast anachronistisch – und Hebbel in gewisser Hinsicht auch.

Dialektik: Individuum – Gesellschaft

Während die Epoche des Realismus den Abbau der Rhetorik und die Ächtung des hohen, des pathetischen Stils, dann aber auch die Überwindung der niederen, witzigen, zynischen Schreibart zugunsten einer deutlichen stilistischen Vereinheitlichung anstrebte, hatte Hebbel ganz andere Ziele: Als letzter deutscher Dramatiker machte Hebbel den Versuch einer umfassenden Lösung der Aufgaben, die sich dramatischer Kunst stellen konnten: Wie besteht der Mensch die Spannung zwischen übergreifenden Gesetzen und seinem individuellen Weg oder seiner Entwicklung? Das Zentrum dramatischer Spannung lag für Hebbel in der Dialektik zwischen Individuum und Gesellschaft im weitesten Sinne (wofür er den Begriff ›Universum‹ benutzte). Die Bühne war ihm weder Guckkasten in die Realität noch Stätte unterhaltender Kurzweil, sondern poetisch geschaffene Welt oder Gegenwelt: »Die künstlerische Phantasie ist eben das Organ, welches diejenigen Tiefen der Welt erschöpft, die den übrigen Fakultäten unzulänglich sind, und meine Anschauungsweise setzt demnach an die Stelle eines falschen Realismus, der den Teil für das Ganze nimmt, nur den wahren, der auch das mit umfaßt, was nicht auf der Oberfläche liegt [...]. Götterhaine kennt die Geographie nicht, den Shakespearschen Sturm, denn Zauber gibt's nicht, den Hamlet und den Macbeth, denn nur ein Narr fürchtet die Geister« (an Siegmund Engländer, 1863). Sobald Hebbels Figuren aber auf der Bühne standen, war nichts mehr dem Zufall überlassen: Die Figuren sind der Spannung zur Welt unentrinnbar ausgeliefert und haben sich in den ›Gesetzen‹ dieser Spannung zu bewähren, dramatische Idee und ›Realität‹ stoßen also unversöhnlich aufeinander und entladen sich in »realen« Konflikten. Dabei wollte Hebbel den »kränklichen Anspruch [der zeitgenössischen Stücke], den Umstand, daß das Individuum ihr Ausgangspunkt ist« (*Ein Wort über das Drama*, 1843) nicht betonen, sondern eher aufheben; er suchte keine stoffliche Aktualität, sondern betonte die ›Gesetze‹ des Universalen. 1840 bemerkte er in seinem Tagebuch: »Alles Leben ist Kampf des Individuellen mit dem Universum.«

Friedrich Hebbel

Hebbels »Judith«

Schon in seinem ersten vollendeten Drama *Judith* (1843) hat Hebbel seine Vorstellungen zu verwirklichen versucht. Bei seiner dramatischen Arbeit ging ihm immer die Idee, der Gedanke, über die ausgefeilte sprachliche Form, so sehr er auch auf die Sprache als Mittel der Distanzierung, Charakterisierung und Erkenntnis achtete. Es ist nicht einmal sicher, ob Hebbel wirklich alle seine Dramen auf die Bühne bringen wollte, oder ob sie nur große Versuche waren, *sich* Klarheit über Zusammenhänge des Tragischen zu verschaffen. Zum Beispiel werden bei *Judith* die ersten beiden Akte ›verbraucht‹, um die beiden Hauptfiguren, die Jüdin Judith und den Assyrerherrscher Holofernes, mehr in ihren Bedingungen als ihrem Umfeld vorzustellen. »Nur aus einer jungfräulichen Seele kann ein Mut hervorgehen, der sich dem Ungeheuersten gewachsen fühlt«: Als Judith den jungen Ephraim auffordert, aus Liebe zu ihr das jüdische Volk von Holofernes zu befreien, weicht der junge Mann erschrocken aus – die Tat scheint ihm in jeder Hinsicht unvorstellbar. In diesem Augenblick fordert das maßlose Individuum Judith das Universum heraus, und Judith beschließt, selbst das zu tun, was sie von

Ephraim verlangt hat. Ihre Annäherung an Holofernes geschieht also in klarer Mordabsicht. Damit beginnt eine ›dramatische Concentration‹, die Hebbel selbst »hie und da zu starr« einschätzte, wie er 1840 an Ludwig Tieck schrieb: Erst im zweiten Anlauf gelingt schließlich die Untat – aber nun nicht mehr aus nationalen oder religiösen, also ›edlen‹ Motiven, sondern weil das Mädchen Judith jener ungeheuerlichen Individualität des Holofernes, der sich gottgleich jedes Recht anmaßt, Rache für die Vergewaltigung geschworen hat, die aus der Sicht des Holofernes allenfalls ein temperamentvolles Lustgefühl war: Er wollte den Gegenstand, der sich so zierte, endlich besitzen; danach schlief er lächelnd ein. In der Maßlosigkeit ihres verletzten Stolzes empfindet sich Judith aber nicht als Einzelwesen, sondern als Modell des ganzen Volkes der Juden, das unter Holofernes' Gewalt leidet. Die handelnde Judith ist beleidigte Frau; sie findet zum Universalen zurück, als sie ihrem Volk hilft und die eigene Zerstörung vorbereitet. Judiths Mord reicht deshalb weit über ihre ursprünglichen Vorstellungen von der Tat hinaus; sie handelt stellvertretend für eine Weltordnung gegen eine andere: Das sinnvolle Leben des ganzen Volkes ist gerettet.

Maria Magdalene (1843) und *Agnes Bernauer* (1851) haben bis ins 20. Jahrhundert eine starke Wirkung gehabt, zumal sie auch in kaum einem Kanon der Schullektüren fehlten. Immer wieder wurde natürlich der Versuch unternommen, sie ›modern‹ zu spielen und zu interpretieren. Hebbel wollte das nicht; er schrieb isoliert von der Gesellschaft, wie das berühmte Beispiel seiner Tragödie *Herodes und Mariamne* (Uraufführung im Burgtheater Wien, April 1849) zeigt: Unmittelbar vor seinem Fenster in Wien konnte er während der Arbeit an dem Drama die Revolution von 1848 und den Anbruch einer neuen Zeit verfolgen, ihn interessierte aber die Zeitenwende bei Herodes. Sicherlich auch wegen dieser bewussten Distanzierung waren viele Inszenierungen seiner Stücke nicht erfolgreich: Possen, Genrestücke, Historien liefen ihm in der Gunst der Theaterdirektoren den Rang ab; repräsentativ für die Zeit war »Unterhaltung« im Theater.

Maria Magdalene spielt in kleinbürgerlichem Milieu. Das Stück ist zu beschreiben als das Drama der Unzulänglichkeiten aller Figuren; sie erlangen gar nicht oder zu spät jene innere Freiheit, die sie verantwortlich handeln lassen könnte. Das war auch Hebbels Plan, denn er schreibt: »Speziell hatte ich bei diesem Stück noch die Absicht, das bürgerliche Trauerspiel einmal aus den dem bürgerlichen Kreise ursprünglich eigenen Elementen […] aufzubauen. Wenn das Stück daher, abgesehen von der größeren Kette, in der es ein notwendiges Glied bildet, ein partielles Verdienst hat, so dürfte es darin liegen, daß hier das Tragische nicht aus dem Zusammenstoß der bürgerlichen Welt mit der vornehmen […] abgeleitet ist, sondern ganz einfach aus der bürgerlichen Welt selbst, aus ihrem zähen und in sich selbst begründeten Beharren auf den überlieferten patriarchalischen Anschauungen und ihrer Unfähigkeit, sich in verwickelten Lagen zu helfen« (an Auguste Stich-Crelinger, 1843).

Ganz andere Ziele verfolgte Hebbel bei *Agnes Bernauer*, einem Drama, das er nach langen Vorplanungen 1851 in wenigen Monaten fertig stellen konnte. Die Geschichte der Baderstochter aus Augsburg ist belegt: 1342 ging sie die Ehe mit Albrecht, dem Sohn und Thronerben des Bayernherzogs Ernst ein. In Hebbels Tragödie wurde Albrecht zunächst ›nur‹ enterbt, die Ehe aber hingenommen, obwohl Herzog Ernst sich sofort nach der Eheschließung seines Sohnes von seinen Juristen ein Todesurteil gegen die nicht standesgemäße Schwiegertochter hatte ausarbeiten lassen. Noch existierte aber ein Neffe als Thronnachfolger, eine zwar ungeliebte, aber mögliche Lösung. Erst nach dem Tod dieses Neffen

Weitere »Klassiker«

»Agnes Bernauer«

nahm das Verhängnis seinen Lauf. Agnes, die einer ›legalen‹ Nachkommen-schaft im Wege stand, wurde aus Gründen der Staatsräson in der Donau er-tränkt; nach einer Phase des Protestes steht Albrecht, dessen gesetzmäßige Ehe-frau gerade ermordet wurde, dem Staat, weniger dem väterlichen Mörder, zur Verfügung. Hebbels Drama ist oft politisch verstanden worden; er selbst sah das aber nicht so, er hielt es für »politisch und sozial durchwegs unverfänglich«, wie er an Dingelstedt schrieb. Hebbel hatte erkannt, dass der Gegenstand nur dann tragisch erscheine, »wenn der Dichter sie [Agnes Bernauer] als die moderne Antigone hinstelle« (an seine Ehefrau, 1852). Hebbel wollte nicht die Tragik der Heldin in den Vordergrund stellen, sondern die »Notwendigkeit [...], daß die Welt besteht; wie es den Individuen aber in der Welt ergeht, ist gleichgültig« (Tagebuch, 1843). Das Verhältnis des Individuums zur Gesellschaft wird darge-stellt »an zwei Charakteren, von denen der eine aus der höchsten Region hervor-ging, der andere aus der niedrigsten«. Im Verlauf der Tragödie wird »anschaulich gemacht, daß das Individuum, wie herrlich und groß, wie edel und schön es immer sei, sich der Gesellschaft unter allen Umständen beugen muß, weil in dieser und ihrem notwendigen formalen Ausdruck, dem Staat, die ganze Menschheit lebt, in jenem aber nur eine einzelne Seite desselben zur Entfaltung gelangt«.

Totalität des Tragischen

Die nun voll entwickelte Theorie des tragischen Geschehens schloss, je älter Hebbel wurde, für ihn jede mögliche andere Perspektive aus, wirkte daher fast lähmend und erschwerte seinen Kontakt mit anderen zeitgenössischen Dramati-kern; es gibt zahlreiche Belege dafür, dass Hebbel sich immer wieder mit Zeitge-nossen über neue Konzepte der Tragödie auseinander setzte, nicht aber dafür, dass er seinen Standpunkt geändert hätte. Berühmt ist der Brief an S. Engländer vom Januar 1863 (also wenige Monate vor Hebbels Tod), in dem er sich gegen die soziale Tragödie wendet: »Ich kenne den furchtbaren Abgrund, den Sie mir ent-hüllen, ich weiß, welch eine Un-Summe menschlichen Elends ihn erfüllt. Auch schaue ich nicht etwa aus der Vogel-Perspektive auf ihn herab, ich bin schon von Kindheit auf mit ihm vertraut [...] Aber das ist eben die dem Menschen selbst gesetzte, nicht etwa erst durch einen krummen Geschichts-Verlauf hervorgerufe-ne allgemeine Misere, welche die Frage nach Schuld und Versöhnung so wenig zuläßt, wie der Tod, das zweite, allgemeine, blind treffende Übel, und deshalb ebensowenig, wie dieser, zur Tragödie führt. Man kommt von hier aus vielmehr zur vollständigen Auflösung der Tragödie, zur Satire, die der sittlichen Welt ihre schreienden Widersprüche unvermittelt ins Gesicht wirft und zuallererst die tra-gische Form selbst, und den tragischen Dichter [...] nicht bemerkt oder doch vor ihm die Augen zudrückt.«

Modernität der Frau?

Andere Perspektiven waren Hebbel früher durchaus geläufig gewesen, ganz besonders die des unzeitgemäßen Verhaltens, das vor allem Frauenfiguren wie Judith, Marianne und Agnes Bernauer auszeichnet und sie uns näher rückt als deren männliche Gegenspieler. Intendiert hat Hebbel die ›Modernität‹ der Frauen-figuren aber nicht: Sie hatten die Funktion, die dramatische Verknüpfung herzu-stellen. Das, was wir heute an Judith, Mariamne oder Agnes Bernauer bewun-dern – die absolute Kraft des reinen Gefühls – war für Hebbel selbst nur ein Baustein des tragischen Geschehens. Wenn Mariamne sich Herodes gegenüber wehrt, als ›Ding‹ behandelt zu werden, so ist festzuhalten, dass Hebbel diese Fi-gur – wie andere Frauenfiguren auch – zweifellos seiner Idee der Tragödie unter-geordnet und sie als ›Baustein‹ der Tragik gesehen hat. In der Radikalität der Konsequenz und der Unterordnung aller Teile unter das Ganze stand der Tragiker

Hebbel dem politischen Philosophen Marx keineswegs nach, mochten sie auch sonst in völlig verschiedenen Welten leben.

Die Entwicklung der Massenliteratur nach 1848 und deren Ziele

»Der Roman ist in der Tat die größte literarische Waffe der Gegenwart, er ist das, was im vorigen Jahrhundert die Bühne war, er ist jetzt mächtiger als die Tagespresse, denn er dringt in Zirkel, in die eine Zeitung nie dringt.« Mit diesen Worten begründete Georg Hesekiel die Notwendigkeit des konservativen Romans, bei dem er nicht an den bisher weit verbreiteten Salonroman, sondern an eine volkstümliche Form des Erzählens gedacht hatte. Und »dieses Ideal des Volksromans wird vom konservativen Roman eher erreicht als vom liberalen. Man sieht im vierten Stand, der durch die Entfaltung des Hochkapitalismus entsteht, den natürlichen Verbündeten gegen die zu groß gewordenen Geldbürger«. Georg Hesekiel, der 1849 Leiter der *Neuen Preußischen Zeitung* (*Kreuzzeitung*) wurde, war vor 1848 als Spezialist für soziale Adelsromane bekannt geworden und hatte in den 50er Jahren historische Romane verfasst, die nach dem Vorbild von Willibald Alexis (1798–1871) als Verklärung der preußischen Vergangenheit verstanden wurden. Insgesamt strebte Hesekiel eine bewusst konservative Tendenzdichtung an, zwischen dem Redakteur und dem Autor bestand also Übereinstimmung. Alexis hatte mit seinem Roman *Die Hosen des Herrn von Bredow* (1846), der um die lederne Hose des Ritters Götz von Bredow eine sehr humorvolle Handlung mit durchaus eindrucksvollen Charakterisierungen der Figuren aufbaut, großen Erfolg. Aber historische Romane wie die Geschichte des Herrn von Bredow bezogen ihre Stoffe aus der Zurückgebliebenheit der Mark, aus den recht ungehobelten Sitten der frühen Märker und der Willkür ihres Adels, Umstände, die bei Alexis natürlich verklärt und eher belächelt wurden.

Roman als Waffe

Kennzeichnend für die Epoche nach 1848 war, dass Lebenspraxis und Literatur immer weiter auseinander fielen. Sicherlich war der »von der realistischen Literaturkritik gemeinte Realismus [...] nicht Abbild gesellschaftlicher Totalität, sondern Abbild liberaler Ideologie« (L. Widhammer). In diesem Sinne schrieb Julian Schmidt 1855 in den *Grenzboten*: »Die Arbeit, die sich einem bestimmten Zweck hingibt und diesem Zweck alle Kräfte opfert, erscheint als Widerspruch gegen das Ideal, weil sie ein Widerspruch gegen die Freiheit und die Allseitigkeit des Bildungstriebes ist. Die neue Dichtung zeigt ein Herausstreben des bürgerlichen Lebens aus seiner Sphäre, das allen Halt unserer Gesellschaft zu zerstören droht. Der Stand, welcher die feste Grundlage der Gesellschaft bilden muss, hat den Glauben an sich selbst verloren.« Einflussreiche Bürger wie J. Schmidt konnten ›Allseitigkeit des Bildungstriebes‹, ›Freiheit‹ und ›Arbeit‹ nicht in einem umfassenden Ideal vereinen und sahen deshalb den Zusammenhalt der Gesellschaft bedroht. Nicht immer war der Mangel an durchdringender Theorie für die Grundlagen der eigenen Gesellschaft schon gewollte Rückständigkeit, aber er hatte sie zur Folge.

Lebenspraxis und Literatur

Auch Friedrich Theodor Vischer wünschte sich einen fortschreitenden, handlungsbewussten Liberalismus: »Wir leben in der Zeit der Unzufriedenheit, es gilt nun zu handeln; erst wenn gehandelt ist, kann man auch wieder dichten«, und

1844 hatte der gleiche Vischer provozierend gefragt: »Was ist es denn mit diesen Freiligrath, diesen Lenau, diesen Herwegh? Wie gemacht, wie selbstbeschauend eitel, wie innerlich krank und überlebt, und wenn vom jugendlichen Zorne eingegeben, wie rhetorisch ist das Alles! Wo sind denn die Romane, worin unser Zeitgeist poetische Gestalt genommen hätte?«

Kunst der Restaurationsphase

Auch wenn Julian Schmidt 1850 die Kunst der Restaurationsphase »inhaltlos, principlos und formlos« nannte und für die neue Dichtung verlangte, dass sie »Ausbreitung und Vertiefung der sittlichen Idee in das Detail des wirklichen Lebens« anstrebe und diese Idee »zur einzigen Grundlage einer echten und großen Poesie« mache, so musste er doch im gleichen Aufsatz feststellen: »Auch die Märzpoesie hat bisher auf die Bedürfnisse des Publikums nur speculirt; sie hat ihm Heldenthaten und Freiheitsgefühle vorgesetzt, weil diese Waare gut ging.« Hier wird erstmals nach 1848 klar ausgedrückt, dass zeitgenössische Literatur gern das vorgaukelte, was erstrebenswert, aber kaum erreichbar schien. Kritikfähige Bürger hatten sich vom Standpunkt und von den Bewegungen und Bedürfnissen jener Menschen noch weiter entfernt, die jetzt in die bürgerliche Schicht aufsteigen oder sich in ihr behaglich einrichten wollten, aber nicht über den traditionellen Bildungshintergrund verfügten, sondern ihren Aufstieg eigenem Fleiß oder den Auswirkungen des Kapitalismus verdankten. Das literarische Beispiel ist Fontanes *Frau Jenny Treibel* (1892 als Buch): Die ›Frau Kommerzienrätin‹ kann ihre kleinbürgerlichen Vorurteile auch dann nicht überwinden, als ihr klar zu werden beginnt, wie sehr sie sogar sich selbst mit ihnen schadet. Ihre Begrenztheit wird dem aufmerksamen Leser immer klarer, ihr selbst aber wohl nicht: Reichtum verstellt Einsicht.

Wohlstand verbreitet sich

Das Bürgertum begann nach 1848, sich mit Kapital zu umgeben, Vermögen zu zeigen, Reichtum zu demonstrieren. Da infolge der Industrialisierung sich Wohlstand verbreitete – erst gegen Ende des Jahrhunderts begannen auch Arbeiter am Aufschwung in bescheidenem Umfange teilzuhaben –, veränderten sich auch die kulturellen Ansprüche der weiter wachsenden Bürgerschicht: Man wollte unterhalten werden, Dinge aus der ganzen Welt erfahren, man besuchte Massenveranstaltungen (z. B. Pferderennen), ging in die Oper oder noch lieber in die Operette, weniger ins Konzert – und man las die neuen Journale, Zeitschriften und Bücher, die man aber eher als Mode zur Kenntnis nahm. Aber was las man? Sicherlich fielen die Lesegewohnheiten des deutschen Publikums – sofern man solche überhaupt verallgemeinernd unterstellen kann – schon seit der Aufklärung nach Schichten oder Klassen und Interessen weit auseinander, und *Rinaldo Rinaldini* (1799), der Räuberroman von Goethes Schwager Vulpius, hatte ein erheblich größeres Publikum als selbst der *Werther*, auch wenn Thomas Mann uns glauben machen will, der Kellner des Gasthofs ›Zum Elephanten‹ in Weimar, Mager, habe Goethes Text genau gekannt (*Lotte in Weimar*, 1939).

Musikalische Kultur dringt vor

Wie schon erwähnt, wurde die Operette zum schwungvollen Zeichen moderner Unkultur, besonders in Berlin, und hier nicht die »revolutionäre Operette Jacques Offenbachs« (S. Kracauer), sondern die der ›Schlösser, die im Monde liegen‹. Andererseits sorgte der Opernstil Richard Wagners unabhängig von der musikalischen Qualität mit seinen Kult- und Weihethemen für eine Rezeption, die der Mentalität der Gründerzeit so nahe kam, dass man von einer Mode sprechen kann, von einer Massenkultur für die besser Verdienenden, deren Wirkung bis heute andauert und zweifellos stark ideologiebefrachtet ist. In der ›feinen‹ Trivialliteratur herrschte ein Zug zur Allegorie, manchmal zur Starrheit, der auch auf Bildern Feuerbachs, Böcklins oder Makarts zu finden ist. Der Ausdruck dieser

Bilder und die Wirkung mancher der zahlreichen Novellen Paul Heyses (Nobelpreisträger 1910) zeigen parallele Züge. In ihnen sind die Personen stets edle Menschen, die Frauen ohne Unterschied schön und leidenschaftlich, die Männer edel, klug und kraftvoll (E. Sagarra) – die Verwandtschaft zur modernen Werbung ist ebenso unverkennbar wie die zu Märchenphantasien (die später im Jugendstil ja tatsächlich gewollter Bestandteil der modernen Literatur wurden).

Theodor Fontane bewies, dass moderne Unterhaltungsliteratur gesellschaftskritisch und anspruchsvoll sein konnte. In seiner Erzählung *L'Adultera* (Die Ehebrecherin; geschrieben 1879/80) machte er das scheinbar völlig unparteiisch wiedergegebene Salongeplauder zum Mittel der Gesellschaftskritik: »Alles Spiel und Glück, sag ich, und daneben ein unendlicher Mangel an Erleuchtung, an Gedanken und vor allem an großen schöpferischen Ideen […] Taten mit gar keiner oder mit erheuchelter oder mit erborgter Idee haben etwas Rohes und Brutales […]. Ich hasse solche Taten. Am meisten aber hass' ich sie, wenn sie die Begriffe verwirren und die Gegensätze mengen und wenn wir es erleben müssen, daß sich hinter den altehrwürdigen Formen unseres staatserhaltenden Prinzips, hinter der Maske des Konservatismus, ein revolutionärer Radikalismus birgt.« Der hier stark gekürzte Auszug aus einem Gespräch über das versteckte Radikale in der Gesellschaft und über die Vermengung der Gegensätze entsprach durchaus der Furcht des Bürgertums. Die Unterhaltungsliteratur der gehobenen Kreise wusste diesen Umstand zu nutzen und bot in Inhalt und Form feste Bezugspunkte: Formalismus, symbolische, stets wiederkehrende ›Haltungen‹ sowie feste Handlungsmuster. Durch dieses Kunstmittel wurde Fontane zum poetischen Zeitzeugen, zum Zeichner der feinen gesellschaftlichen Einflüsse, der Veränderungen unter der Oberfläche, ein ›liebevoller Verunsicherer‹, ein Gegner aller erstarrten und zum Unmenschlichen neigenden Konventionen. Fontane bediente sich dabei der wichtigsten »Prestigerequisiten des Bildungsbürgertums« (R. Schenda), der Kulturzeitschrift für den Vorabdruck 1880 und des nachfolgenden Buches (1882). Tatsächlich erreichte er auf diese Weise immer noch Minderheiten, denn »im deutschsprachigen Gebiet, (ohne Österreich und die Schweiz) gab es 1871 mindestens noch 10 % Analphabeten, […] 1882 zählten die Arbeiter mit Familienangehörigen 17,3 und 1907 bereits 25,8 Millionen Köpfe. Der größte Teil dieser unteren Volksschichten, nahezu die Hälfte der Gesamtbevölkerung, fällt bis weit über die Jahrhundertmitte als Leser, ganz gleich welcher Literatur, aus« (R. Schenda).

Wenn dieses Publikum aber liest, dann nicht einmal so sehr die recht teuren großen Trivialromane, sondern die neue Massenliteratur für das Proletariat, die Heftchenromane, die in Serien, Reihen oder Fortsetzungen erschienen und sich nach 1860 rasch ausbreiteten. Eine zeitgenössische Quelle aus dem Jahr 1887 nennt auch die Lesemotivation: »Fortkommen tut man nicht, und eine Unterhaltung muß man haben.« Zeitungen waren allgemein bürgerlichen Kreisen vorbehalten. Solche Lebensbedingungen zerstörten natürlich die Hoffnung auf eine geistige Entfaltung des ›Volkes der Dichter und Denker‹ und bewiesen, dass diese Redensart Legende von Anfang an war, als Madame de Staël sie verbreitete: Deutschland war nie wirklich ein literarisches Land und hatte eigentlich immer zwei verschiedene Literaturen, nämlich – wie Arno Schmidt spottete – »1. die allbeliebten guten 99 % gedruckten Geschwätzes, die Wonne der Strickerinnen & Laternenanzünder; und weiter ›hinauf‹, über den ›kaufmännischen Angestellten‹ bis zum süßen Lesepöbel, der sich auf Ministersesseln spreizte, (und der ja sogar der mit Abstand widerlichste Typ ist). Und 2. die wirklich ›große Literatur‹«.

Theodor Fontane

Massenliteratur

Publikumsgeschmack –
literarische Ware

Werbung für Reclams
volkstümliche Universal-
Bibliothek

Titelillustration

Das ›Eigene‹ im Fremden

Früh erkannten verschiedene Verlagsunternehmer die Massenliteratur als Ware, nachdem die Gesetzgebung des Deutschen Bundes dem freien Handel auch im Buchwesen den Weg geebnet hatte (Reclams Universal-Bibliothek als berühmtes Beispiel) und zugleich die Verbreitung des Buches als Ware schützte. Die Verleger der Massenliteratur haben lediglich die Situation ausgenutzt: Als ein neuer Markt sich bot, da traten bei ihnen ideelle Überlegungen hinter wirtschaftlichen zurück – und der Markt gab ihnen Recht. Das Konzept der Zeitschrift *Die Gartenlaube* (gegr. 1853) soll hier als Beispiel angeführt werden. In der Zeitschrift fehlten direkte politische Darstellungen; es wurden Berichte geboten über Kultur als Unterhaltung (Schauspiel, Oper, Kunst und Kunstgewerbe), gesellschaftliches und soziales Leben (Militär, Sport, Großstadt, Frauenemanzipation; Beiträge zu Familie, Mode, Heilkunde), ferner Reportagen über Reisen in ferne Länder, Zeitglossen und – Literatur. Die Zeitschrift setzte also das gehobene bürgerliche Leben als Maßstab (wie einige Familienzeitschriften noch heute) und bestimmte mit dieser Umgebung auch den Ort der Literatur, wie die Herausgeber sie verstanden wissen wollten. Ziel des Gründers und ersten Herausgebers, Ernst Keil, war es, naturwissenschaftliche Bildung, Reportagen, nützliche Bemerkungen für die ganze Familie mit ›Literatur‹ zu verbinden. Einerseits übernahm damit die Zeitschrift die »Funktion einer Volkshochschule« (M. Zimmermann), indem sie vielen Menschen erste Informationen über Biologie, Physik, Technik, Chemie gab, von denen sie in ihrer Schulzeit nie gehört hatten; andererseits band sie Literatur an die häusliche Harmonie, wies ihr den Platz der Unterhaltung an, spekulierte also auf nicht gebrauchte Zeit, auf individuelle »Freizeit« – ein völlig neues Phänomen. Die Auflage von 270 000 im Jahre 1870 (später stieg sie auf fast eine halbe Million) ist auch für heutige Verhältnisse beachtlich. Damals war sie sensationell. Sie hatte – sozusagen als Nebenwirkung – zur Folge, dass der Geschmack der Zeitschrift richtungweisend wurde: Die Reduktion auf familiengerechte Nützlichkeit im weitesten Sinne erfüllte offenbar die Erwartungen des aufstrebenden (Klein-)Bürgertums.

Bevor es aber zur Stilisierung der ›Gartenlaubenliteratur‹ kam, entwickelten sich noch andere Typen der Unterhaltungsromane, nämlich der Reise- und Abenteuer- und wenig später der utopisch-technische Roman (z. B. Max Eyth: *Hinter Pflug und Schraubstock*, 1899; Bernhard Kellermann: *Der Tunnel*, 1913). Reise- und Abenteuerliteratur hat in Deutschland eine Tradition seit der Aufklärung. Nach der Reichsgründung brachte Friedrich Gerstäcker den völkerkundlichen Unterhaltungsroman zur Blüte und schaffte mit ihm auch den Durchbruch als Jugendbuch (z. B. *Die Flußpiraten des Mississippi*, 1848, dem viele andere folgten); zugleich versiegte der Zustrom des erwachsenen Publikums für Reise- und Abenteuerliteratur in Buchform – sicher eine Folge der Zunahme von Zeitschriften, die auch solche Stoffe boten. Gerstäcker kannte Amerika, hatte dort sogar mehrere Jahre gearbeitet und gestaltete seine Texte nach eigener Anschauung der realen Verhältnisse (er hatte auch Hawaii, Australien und Haiti besucht). Gerstäckers Erfolge als Jugendbuchautor konnte Sophie Wörishöffer fortsetzen (*Das Naturforscherschiff*, 1881). Bis zu ihrem Tod 1890 wusste nur der Verlag, dass der Verfasser von 17 spannenden Büchern eine Frau war, die Norddeutschland nie verlassen hatte und sich auf ihre Themen allein über Fachbücher, die der Verlag ihr stellte, vorbereitete; dennoch hat sie bis in den Zweiten Weltkrieg die Jugend begeistern können.

Höhepunkt der Abenteuerliteratur, die Reise, ›fremde‹ Kultur und Spannung vereinigte, war für fast ein Jahrhundert im deutschsprachigen Raum Karl May

(1842–1912). Zeitlebens hat May, wenn man die zahllosen Übertreibungen, ohne die er nicht auskommen kann, beiseite schiebt, die Welt als Kerker empfunden und zugleich eine starke Sehnsucht nach Licht und Freiheit entwickelt; dabei spielen persönliche Erlebnisse eine prägende Rolle. Der Dualismus Licht(gestalt) – Vertreter der Finsternis wurde von May zu einem Mythos stilisiert, und er hat alle Perspektiven seines weiteren Lebens geprägt, sich besonders in der Bilderwelt seiner Schriften niedergeschlagen. May glaubte, seine Entwicklungs- und Seelenkrisen als Krisen der Menschheit interpretieren zu können. Ihnen stellte er seine Sehnsucht nach Harmonie gegenüber und suchte, seine Leser für ein Reich der Harmonie und Menschlichkeit zu gewinnen (noch sein letzter Vortrag in Wien vor 2000 Menschen eine Woche vor seinem Tod war diesem Thema gewidmet). Die verschiedenen real erlebten Gefangenschaften stilisierte May zur Allegorie der gefangenen Menschheit, woraus der Drang, allen Menschen Freiheit zu bringen, entstand. Seine zahlreichen Romane und Erzählungen, deren Auflage von (geschätzten) 50 Millionen (bis 1983) die aller anderen deutschsprachigen Literatur weit übertraf, dem Autor aber auch eine bis zu seinem Tode nicht aufhörende Prozesslawine einbrachte, sind Kolportagen dieser Sehnsüchte und dieses Wunschdenkens, immer wieder durchsetzt mit Gedanken zur Philosophie, Politik, Theologie und vor allem zur Medizin – gern wäre Karl May Arzt geworden. Ärztliche Hilfestellung ist eine der besonderen Qualitäten seiner Helden. In seinen späteren Jahren stellte der Kind gebliebene, geschlagene Mann in seiner Autobiographie *Mein Leben und Streben* (1910) seinem erlebten *Ardistan* ein geträumtes *Dschinnistan* gegenüber, im Bilde gesprochen: dem Sumpf eine Berglandschaft.

Karl May

Betrachtet man *Ardistan* und *Dschinnistan* (1909), um die er eine rührselige Geschichte gebaut hat, als dialektische Gegensätze, dann ist das Abenteuer, das man in *Mârdistan* anzusiedeln hat, als neues, reicheres Leben, der Anfang einer Entwicklung zur Synthese, die die Dialektik der beiden Bereiche aufheben kann; »denn in all diesen verschiedenen Funktionen verfolgen sie (die Helden: Kara ben Nemsi, Old Shatterhand, Winnetou, Old Surehand) doch nur den einen Zweck: den Umschlag von der unheilen in die heile Welt. Ein medizinischer Zukunftschiliasmus liegt dieser Idee zugrunde, wie er im neunzehnten Jahrhundert von zahlreichen Ärzten vertreten wurde [...]. Anders als viele seiner Schriftstellerkollegen löste Karl May das statische Bild der noch verborgenen Identität des Mens:heninneren in die Geschichte seiner Geschichten auf, die alle eins gemeinsam haben: sie repräsentieren und überholen die Zeit, in der sie entstanden, denn es sind Zeugnisse eines zielhaften, nicht ablenkbaren Fabulierens auf Freiheit hin« (G. Ueding).

Titelillustration

Die Gartenlaube und die literaturtheoretischen Zeitschriften (*Die Grenzboten*; *Blätter für die literarische Unterhaltung*; *Preußische Jahrbücher*) waren, was die Einstellung zum besitzenden Bildungsbürgertum betraf, keineswegs so weit auseinander, wie sie gern vorgaben: »Es zeigt sich, wie eng das literarische Selbstverständnis und die poetologische Programmatik an die innenpolitische Situation der nachrevolutionären Zeit geknüpft ist: es dominiert ein ›futuristischer Bezug auf die deutsche Einheit und Freiheit‹, die so tief die gesamte Literaturkritik durchdringt, daß man nur mit Einschränkung von einer spezifisch literarischen Programmatik sprechen darf« (H. Aust). Es ist bezeichnend für diese Situation, dass *Die Grenzboten* und die *Preußischen Jahrbücher* den allgemeinen Umschwung des Liberalismus zu einer realpolitischen Anpassung und schließlich zum Nationalliberalismus vertraten; Widhammer hat für diese Entwicklung den

Programmatik der Zeitschriften

Titelblatt der *Gartenlaube*

Was hat literarisch Erfolg?

Kolportageroman

Gemütlichkeit

Begriff ›Illusionsrealismus‹ geprägt; »der Wertekanon des liberalen Bürgertums wird zum zentralen Gesichtspunkt« (H. Steinecke).

Die Literatur der *Gartenlaube* sollte moralisch, unterhaltend, harmonisch und einfach in der Problematik sein, Handlung und Linienführung der Texte sollten möglichst immer diesen Zielen untergeordnet werden; dies allein hätte literarische Qualität noch nicht aus der Zeitschrift verbannen müssen. Hinzu kam aber, dass der Anspruch, möglichst alle Leser (die in aller Regel Abonnenten waren) zu erreichen, durch Rückgriffe auf Bewährtes, Vertrautes in Inhalt, Anspruch und Form angestrebt und fast immer auch durchgesetzt wurde, da vor allem kürzere Geschichten auch ›auf Bestellung‹ angefertigt wurden. Damit war eine positive und eigenständige Entwicklung der Zeitschriftenliteratur – sie hätte ja auch eine Vorreiterrolle übernehmen können! – ausgeschlossen, das neue Medium strebte den marktgerechten praktischen Konsens, der sich allein im Erfolg zeigt, an, wie der Herausgeber Keil versicherte, und zeichnete so die Einbahnstraße der Trivialität vor.

Eugenie Marlitts (d. i. Eugenie John, 1823–1887) Roman *Goldelse* verdoppelte bei seinem Erscheinen in der Zeitschrift 1867 deren Auflage in wenigen Monaten, und der Roman avancierte zum Modell für Erfolgsliteratur in Zeitschriften. Das Menschenbild der Marlitt sprach den einfachen Menschen aus dem Herzen, mied Konflikte oder ersetzte sie nach Aschenbrödelmanier durch Schwarzweißzeichnung der Charaktere, wandte sich gegen Adelsprivilegien und die oft arbeitsscheue Arroganz großbürgerlicher Kreise. Ihre Sympathie galt toleranten, pflichtbewussten und fleißigen Menschen, die in bürgerlichen Berufen etwas leisteten. Dabei ließ sie ihre Figuren zunächst gern Irrwege gehen oder vorübergehend falschem Glanz verfallen. Der aufmerksame Leser wusste aber zumeist schon früher als die Figuren selbst, wer zu wem gehörte, und engagierte sich bei den gefühlsbetonten Texten entsprechend, zumal das Grundkonzept des Romans immer auf einen positiven Abschluss hinauslief. Dabei entwickelte die Autorin eine überdurchschnittliche sprachliche Gestaltungskraft, was sogar Gottfried Keller auffiel.

Zumindest sieben Romane der Marlitt erschienen in der *Gartenlaube*, ein hinterlassenes Fragment wurde von ihrer Nachfolgerin, Wilhelmine Heimburg, vollendet. Auch ihr brachte gleich der erste Titel (von mindestens ebenfalls sieben) sprichwörtlichen Erfolg: *Lumpenmüllers Lieschen* (1879). Alle diese ›moralischen Traktätchen‹ (F. Mehring) müssen mit Begeisterung gelesen worden sein und legten den Geschmack des Blattes endgültig fest. Wurde einmal – was ja finanziell längst möglich war – der Text eines großen Schriftstellers abgedruckt, so nahm die Redaktion der Zeitschrift eigenmächtig »außerordentlich starke Veränderungen und Kürzungen« (Ch. Jolles) vor, wie bei Fontanes Roman *Quitt* (1890); sie allein bestimmte also Inhalt und Form der Gartenlaubenliteratur, die Schriftsteller wurden zum ›Rohstofflieferanten‹.

Neben dieser Literatur für das mittlere und gehobene Bürgertum setzte sich der Kolportageroman in Heftchenform als Lektüre der Unterschicht sehr rasch durch, auch Karl May erzielte seinen ersten wirklich großen Erfolg mit einem Roman in einhundert (!) Heften zu 24 Seiten (*Das Waldröschen*, ab 1883). Der Heftroman fand also seinen Markt, weil er dem Publikum etwas zu liefern schien, was es nicht hatte: Entspannung und Erbauung in einer harmonischen Welt. Eugenie Marlitt hat diese Erwartung treffend in zahlreichen ihrer Texte ausgedrückt, etwa wenn der intellektuellen, ›zersetzenden‹ Spötterin aus reichem Hause das einfache realistischere (!) Mädchen gegenübergestellt wird. Von ihm heißt es: »Sie schreibt auch keine eigenen Verse oder Novellen – dazu fehlt ihr die Zeit, und doch dichtet sie [...] Sie dichtet doch in der Art und Weise, wie sie das Leben nimmt und ihm stets eine Seite abzugewinnen weiß, von der ein verklärendes Licht ausgeht, wie sie ihr einfaches Heim ausschmückt – aus jedem Eckchen guckt ein schöner Gedanke – und wie sie es unsäglich gemütlich und doch ästhetisch anregend für ihren braven Mann und mich alten Kindskopf und die wenigen auserwählten Freunde des Hauses zu erhalten versteht« (aus: *Im Hause des Kommerzienrates*, 1877).

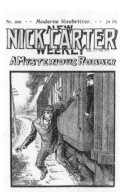

Titelillustration: »Nach dem Nick Carter das Zeichen zur Weiterfahrt gegeben, sprang er vom Zuge herab«

Die Gefährlichkeit solcher Texte ist vielleicht nicht offenkundig. Sie weichen vor der Realität in die Gemütlichkeit des schönen Heims aus und »da sie sich der objektiven Realität der [...] Gesellschaft nicht stellen, gehen sie in die Falle geschickter Manipulationen oder kollektiver Dummheit. Sie klammern sich an die Tradition und lassen sich willenlos und gedankenlos von der Gegenwart lenken, statt selbst die Gegenwart zu gestalten« (R. Schenda). Es ist bezeichnend für die Erwartungshaltung des Publikums, bis zu welch extremen Situationen – vom Standpunkt bürgerlichen Geschmacks aus gesehen! – sich Trivialliteratur bereits vorwagte, wenn Hefte wie Victor Falks *Der Scharfrichter von Berlin* (1890) etwa eine Auflage von einer Million Exemplaren erzielten. Dort findet sich Folgendes über die Tätigkeit des Scharfrichters: »Ich führe das aus, was die Richter beschlossen haben und mein Kaiser gutgeheißen; das ist gewiß keine Schande, die Befehle solcher Männer zu vollziehen.«

Literarische Strukturen dieser Art müssen den Denk- und Verhaltensformen der Zeit entsprechen, sie immer aufs Neue bestätigen und stabilisieren. Die Gefahr der Texte liegt also in dem Teufelskreis von Erwartungshaltung und Bestätigung, von Verhalten und Entsprechung statt in einer freien Entwicklung von Alternative und selbständigem Urteil. Ist es Zufall, dass der Chefredakteur der *Gartenlaube*, Carl Wald, 1889 mit seinem Artikel »Sozialdemokratie und Volksliteratur« eine ›Allianz gegen den Fortschritt‹ anstrebte? Seine Vorstellungen von Volksliteratur fasste er zusammen: »Nur dadurch, daß Geburts-, Geld- und die sogenannte geistige Aristokratie vereint dahin streben, auch unter sich nur eine echte deutsche, kraftvolle Volksliteratur zu pflegen, – nur dadurch wird es möglich sein, auf die weitesten Kreise des Volkes, auf die Arbeiter und ihre Angehörigen, durch eine wahrhaft gesunde und kernige deutsche Volksliteratur Einfluß zu gewinnen [...] Sie soll den nationalen, den christlich humanen und monarchischen Gedanken haben! Sie soll also, mit einem Wort, das wollen, was Kaiser Wilhelm will!«

Die literarische Moderne (1890–1920)

Die Naturalisten als erste Generation der literarischen Moderne

Das Adjektiv ›modern‹ wurde seit dem Mittelalter für alles Innovative verwendet. Häufiger wurde es im 18. Jahrhundert gebraucht, um Forderungen nach künstlerischer Originalität durchzusetzen. »*Die* Moderne« wurde erst um die Jahrhundertwende zum Schlagwort, nachdem der Literaturhistoriker Eugen Wolff (1863–1929) von dem naturalistischen Verein »Durch!« den Begriff substantivisch benutzt hatte. Die zehn Thesen zur Moderne (1886) der »Freien literarischen Vereinigung« »Durch!« wurden vor Vertretern junger, oppositioneller Literaturbestrebungen vorgetragen, die eine literarische Richtung durchsetzen wollten, die sie als ›Naturalismus‹ bezeichneten – ein Name, den nicht von ungefähr ein Mediziner (Konrad Küster) erfunden hatte. Denn von jetzt an sollte es ›naturwissenschaftlich‹ zugehen. Die Thesen gehören zu den ersten öffentlichen Äußerungen über die ›klassische‹ oder ›literarische Moderne‹, die zwanzig Jahre vor und nach der vorletzten Jahrhundertwende anzusiedeln ist. Eine »Revolution in der Literatur zu Gunsten des modernen Grundprinzips« sollte die Überwindung eines alten Zustands bewirken: »Unser höchstes Kunstideal ist nicht mehr die Antike, sondern die Moderne.« Realisieren sollten es von naturwissenschaftlichen Erkenntnissen geprägte Kunstwerke, die »den Menschen mit Fleisch und Blut und mit seinen Leidenschaften in unerbittlicher Wahrheit zeichnen«. Neu war auch die Forderung nach einer »reifen« Kunstkritik als einem »Kampfmittel« zur »Vorarbeit für eine neue Literaturblüte«. An anderer Stelle in dem Thesenpapier wird die Kampfrichtung benannt: »gegen die überlebte Epigonenklassizität, gegen das sich spreizende Raffinement und gegen den blaustrumpfartigen Dilettantismus« wenden sich seine Urheber. Verspottet als neue ›Stürmer und Dränger‹ oder auch als ›Jüngstdeutsche‹ empfanden sich die jungen aufrührigen Männer, so Arno Holz, als ein »neu Geschlecht«, das den »Conventionellen« den Kampf ansagte.

Der Terminus ›Moderne‹ avancierte bald zu einer Modevokabel. 1891 erschien eine kurzlebige naturalistische Zeitschrift mit dem Titel *Die Moderne*. In der Zeitschrift mit dem programmatischen Titel *Kritische Waffengänge* der Brüder Heinrich und Julius Hart, die junge, oppositionelle Schriftsteller in Berlin zusammenführte, ist die Rede von der »modernen Poesie« und den »modernen Ideen«. Und Arno Holz fordert im *Buch der Zeit*: »Modern sei der Poet,/ Modern vom Scheitel bis zur Sohle!« Kurzum: Jeder, der irgendwie neu und fortschrittlich oder gar re-

»Modern« wird zur »Moderne«

Zehn Thesen zur Moderne

*Naturalismus als
erste Kunstrichtung
der Moderne*

*Theoretische
Bezugshorizonte*

Karikatur: Die Freie Bühne

volutionär sein wollte, schmückte sich mit dem Attribut ›modern‹. Dabei blieb recht unbestimmt, was genau man darunter zu verstehen hatte.

Die Disparatheit in den Anschauungen und in den Programmen kennzeichnet bereits die erste Generation der literarischen Moderne. Der Naturalismus wurde die vorherrschende Richtung unter den zahlreichen Strömungen, wobei fast jeder Naturalist sein eigenes Verständnis von der Richtung hatte, die er vertrat. Eine Gemeinsamkeit zumindest bestand in dem Wunsch, den überkommenen Idealismus zu überwinden und innovativ zu sein.

Der Naturalismus steht im Spannungsfeld zwischen sozialer Milieu- und biologischer Vererbungstheorie. Grundlegend für naturalistische Literaturtheorien wurde der breit rezipierte Evolutions- und Anpassungsgedanke, den Charles Darwin (1809–1882) im Anschluss an Herbert Spencer (1820–1903) in *Über die Entstehung der Arten durch natürliche Zuchtwahl oder die Erhaltung der begünstigten Rassen im Kampfe um's Dasein* (1859) formulierte. Dieses und sein zweites Hauptwerk, *Die Abstammung des Menschen und die geschlechtliche Zuchtwahl* (1871), leiteten das Ende von der Vorstellung einer göttlichen Schöpfung ein. In Deutschland führte Ernst Haeckel (1834–1919) Darwins Theorien weiter. In ihrer Popularisierung durch Wilhelm Bölsche (1861–1939) fanden sie bei den naturalistischen Autoren starken Anklang. So veröffentlichte Conrad Alberti (1862–1918) eine sechsbändige »Romanreihe« unter dem Titel *Der Kampf ums Dasein* (1888–1895).

Auch wenn sich die Nationalsozialisten später zentrale Gedanken Darwins aneigneten und sie für die Durchsetzung ihrer Ziele modifizierten und missbrauchten, waren es doch zunächst gerade konservative Kritiker, die den Naturalismus verdammten, und zwar vor allem aufgrund seiner intensiven Rezeption literari-

scher Strömungen aus dem Ausland. »Zola, Ibsen, Leo Tolstoi,/ eine Welt liegt in den Worten,/ eine, die noch nicht verfault,/ eine, die noch kerngesund ist« – so umschreibt Arno Holz 1885 die Bedeutung der internationalen Vorbilder. Neben dem großen Einfluss Émile Zolas kamen Anregungen aus Russland, insbesondere vom psychologischen Roman Leo Tolstois, aber auch Iwan Turgenjews und Fjodor Dostojewskis. Noch prägender waren die gesellschaftskritischen Dramen Henrik Ibsens und August Strindbergs. Das ›Ibsen-Fieber‹ brach aus: Die »Freie Bühne« wurde mit der Aufführung seines Stücks *Gespenster* 1889 eröffnet, und auch die »Freie Volksbühne« startete 1890 mit einem Stück Ibsens, mit *Stützen der Gesellschaft*. In ganz Deutschland entstanden Ibsen-Clubs, die zu subkulturellen Szeneeinrichtungen avancierten und auch Frauen ihnen sonst versagte Bildungsmöglichkeiten boten. Der Kontrast solcher Texte zu der um 1885 vorherrschenden, von gesellschaftlichen Problemen ablenkenden Literatur konnte natürlich größer nicht sein. Die internationale Orientierung dieser mit Sozialismus oder Pessimismus assoziierten Werke der Naturalisten stieß auf heftige Abwehr jener, denen jegliche Ausrichtung an ›undeutschen‹ Vorbildern als böswilliger Verrat an der ›gesunden‹ deutschen Literatur erschien.

Konservative Kritik an internationaler Ausrichtung

Von immenser Bedeutung für die literaturtheoretischen Überlegungen der Naturalisten war die Wirkung des Positivismus Comtes, der lediglich die Daten anerkannte, die von den Sinnen ermittelt werden. Hippolyte Taine (1828–1893) entwickelte die Thesen Auguste Comtes weiter und beschrieb in seiner positivistischen Geschichtsphilosophie die Faktoren »Rasse«, »Milieu« und »historisches Moment« (Zeit) als die Determinanten einer als mechanisch betrachteten Natur des Menschen. Unter dem Einfluss Taines und des Arztes Claude Bernard (1813–1878) konnte Zola schließlich seine ins Soziale zugespitzte Theorie von Milieu und Vererbung sowie die experimentelle Methode entwickeln. Im Grunde laufen sämtliche Wissenschaftstheorien, an denen sich der Naturalismus orientierte, darauf hinaus, dass der Mensch nicht mehr länger als autonomes Subjekt, sondern als determiniertes Wesen verstanden werden konnte. Auch das musste den humanistische Ganzheitsvorstellungen propagierenden, konservativen Kritikern ein Dorn im Auge sein.

Positivismus

Trotz der Vorbehalte erfuhren Kunst und Literatur grundlegende Umwälzungen. Sie übernahmen das Paradigma der ›siegreichen‹ Naturwissenschaften nicht zuletzt auch deshalb, um an deren Prestige teilzuhaben. »Die Basis unseres gesammten modernen Denkens bilden die Naturwissenschaften«, erklärte Wilhelm Bölsche in seiner Epoche machenden Schrift *Die naturwissenschaftlichen Grundlagen der Poesie* (1887). Die Orientierung der Naturalisten an den neuesten Wissenschaftstheorien führte insgesamt zu einer Szientifizierung der Kunst.

Der Schriftsteller als Naturwissenschaftler

Am radikalsten forderte Zola ein, dass der Romanschriftsteller im naturwissenschaftlichen Zeitalter selbst zum Naturwissenschaftler werden müsse. Sein literaturtheoretischer Sammelband *Le roman expérimental* (1879, dt. 1904), in dem er die Synthese von Literatur und Wissenschaft, Kunst und Experiment hervorhebt, wurde zum Leitbild einer naturwissenschaftlich begründeten Ästhetik und Poetik. Der Romanschriftsteller solle die Menschen wie ein Wissenschaftler studieren. Er müsste die sie bestimmenden psychischen, physischen und sozialen Mechanismen erforschen und die gesellschaftlichen Begebenheiten mit gleichsam

Zolas Experimentalroman

naturwissenschaftlicher Methode aufzeichnen. Die entscheidenden Faktoren Vererbung und Milieu sollen, so Zola, im Roman wie in einer Versuchsanordnung zur Geltung kommen. Die Studie bildet das theoretische Fundament seines auf zwanzig Bänden angelegten *Rougon-Macquart*-Zyklus mit dem programmatischen Untertitel *Histoire naturelle et sociale d'une famille sous le second Empire*. Zola forderte vom Autor, als »experimentierender Sittenbildner« zu fungieren, »indem wir experimentell zeigen, wie sich eine Leidenschaft in einem sozialen Milieu verhält«, und hoffte so, auf die »Individuen und die Milieus« einwirken und den »sozialen Zustand« der Gesellschaft verbessern zu können. Ihr oberstes Ziel, eine möglichst objektive Nachahmung der Natur, wollten Naturalisten mit Hilfe literarischer Techniken erreichen. Allerdings gibt es dabei Hindernisse, die in der inneren ›Natur‹ des Menschen liegen: seine Emotionen und sein Temperament, die er nie hundertprozentig ausschalten kann und die daher zwangsläufig zu subjektiven Verzerrungen führen.

Diesen Umstand wollte Arno Holz (1863–1929) mit einkalkulieren, als er versuchte, das naturwissenschaftliche Kausaldenken auf die Kunst zu übertragen und eine neue Kunsttheorie zu entwickeln. In seiner programmatischen Hauptschrift *Die Kunst. Ihr Wesen und ihre Gesetze* (1891/92) stellte er ästhetische Axiome auf und versuchte, ein zeitlos gültiges, normatives Kunstgesetz zu formulieren. Dabei legte er zwei Grundsätze fest: erstens die Wiedergabe der Natur als Ziel der Kunst, zweitens die experimentelle Handhabung der Darstellungsmittel. Seine Ansicht, dass auch die Kunst der Gesetzmäßigkeit unterliege, setzte er in einer zeitlosen, normativen Grundformel für die naturalistische Schreibweise um, die das Problem der subjektiven Verzerrung berücksichtigte. Für sie fügte er die Variable x ein: »Kunst = Natur – x«. Im Idealfall soll Kunst mit Natur identisch sein. Dem stehen u. a. das künstlerische Material und seine Handhabung sowie die (Re-) Produktionsbedingungen entgegen, für die Holz ebenfalls die Variable x vorsieht. Sie umfasst also sämtliche Störfaktoren, die eine exakte Naturnachahmung verunmöglichen. Zwischen der Kritzelei eines Jungen und einem Bild Michelangelos besteht aus der Sicht von Holz demnach »nur ein gradueller Unterschied (= x)«. Das Nachahmungs-Prinzip bedeutet für ihn eben nicht nur die mechanische Reproduktion von Wirklichkeit (wie bei der im Laufe des 19. Jahrhunderts zunehmend perfektionierten Fotografie), sondern deren »kreative« Wiedergabe. Daher veränderte er auch später seine Formel: »Die Kunst hat die Tendenz wieder die Natur zu sein: sie wird sie nach Maßgabe ihrer Mittel und deren Handhabung.« Den Begriff ›Reproduktion‹ vermeidet er jetzt, weil er die Vorstellung einer nur mechanischen Abbildung implizieren könnte. Ebenso lehnt er den Begriff »Sekundenstil« ab, der 1900 von dem Literarhistoriker und Schriftsteller Adalbert von Hanstein für die minutiöse Schreibtechnik von Holz erfunden wurde und am ehesten mit der Zeitlupentechnik im Film zu vergleichen ist. Alles, was Holz wollte, ist eine exakte Darstellung der Natur. Was er konkret unter ›Natur‹ verstand, hat er allerdings nie definiert. Mehr als eine inhaltliche Füllung dieses Begriffs interessierte ihn die formale Einlösung seines Ziels.

Arno Holz

Im Gegensatz zu einem wissenschaftlichen Experimentator kann der naturalistische Dichter seine Experimente in der Phantasie durchführen. Seine Hypothesen brauchen durch die Wirklichkeit nicht bewiesen zu werden. Dies ist mit ein Grund, weshalb viele Naturalisten bevorzugt auf die gerade bekannt gewordenen Vererbungsgesetze und die Erkenntnisse der Milieutheorie zurückgriffen. Von einer ›wissenschaftlichen‹ Durchdringung der literarischen Themen kann jedoch kaum gesprochen werden. Abgesehen von der naturalistischen Programmatik, den Sprachexperimenten von Arno Holz und der Literarisierung von Milieu und Vererbung in den naturalistischen Dramen Gerhart Hauptmanns sind die naturwissenschaftlichen Erkenntnisse in den Texten des Naturalismus kaum fruchtbar gemacht worden.

Was man heute als das eigentlich Innovative der frühen Moderne begreift, nämlich Sprach- und Formexperimente, unternahm als fast Einziger Holz. In der Lyrik opponierte er gegen alle Konventionen des Verses und der Strophe und schuf eine Prosalyrik, die nur einem »natürlichen« Rhythmus gehorchen sollte. Die theoretische Begründung lieferte er in seiner *Revolution der Lyrik* (1899). Inhalt und Ausdruck sollen identisch sein. Er proklamiert eine Lyrik, die »lediglich durch einen Rhythmus getragen wird«, das heißt auf Reim, Metrik und Strophik verzichtet. Sein lyrisches Verfahren einschließlich der Mittelachsenzentrierung verdeutlicht er an einem Beispiel. Aus dem prosaischen Satz »Der Mond steigt hinter blühenden Apfelbaumzweigen auf« formt er folgende Konstruktion, die er für lyrisch hält, weil sie nicht mehr bloß »referiert«, sondern »darstellt« und weil »der Klang eines mit dem Inhalt« wird:

> Hinter blühenden Apfelbaumzweigen
> steigt
> der Mond auf.

Er kommentiert sie so: »Das ist meine ganze ›Revolution der Lyrik‹. Sie genügt, um ihr einen neuen Kurs zu geben.« Umzusetzen versuchte er selbst ihn mit dem lyrischen Zyklus *Phantasus* (1898/99), der an den Texten Walt Whitmans und den biogenetischen Theorien Haeckels orientiert ist. »Sieben Billionen Jahre vor meiner Geburt/ war ich eine Schwertlilie«, heißt es im Eingangsgedicht des zweiten Bands zur Metamorphose lebender Substanz, einem Leitmotiv des Zyklus.

Den übrigen Naturalisten ging es eher um Inhalte als um Formalexperimente. Aus den programmatischen Zielsetzungen der Frühnaturalisten waren sie leicht ableitbar: Zunächst sollte eine andere Rangordnung literarischer Themen etabliert werden. Als progressiv galt es z. B. Gesellschaftsfragen wie Alkoholismus oder Probleme des Proletariats zu thematisieren, die besonders in den Großstädten zutage traten. Überhaupt ist die literarische Moderne ein Phänomen der modernen Großstädte. Nicht zufällig nahm sie ihren Ausgang in Berlin. Mit der Reichsgründung war Berlin zur Weltstadt geworden, die Einwohnerzahl hatte sich fast verdreifacht. Die Probleme und Erfahrungen gesellschaftlicher Modernisierungsprozesse verdichteten sich hier. Die Modernität und Leistung der naturalistischen Generation bestand letztlich darin, dass sie diese Prozesse der Industrialisierung, Technisierung, Verstädterung und Verwissenschaftlichung überhaupt thematisierte.

Großstadtprobleme als Thema

Der neue wissenschaftliche Anspruch auf Wahrheit statt auf Schönheit stand in krassem Gegensatz zur klassisch-idealistischen Ästhetik: Das Hässliche und Kranke, das Perverse und bislang Tabuisierte wurden zentral in Literatur und bildender Kunst. Käthe Kollwitz (1867–1945) z. B. galt mit ihren Darstellungen des Arbeiterelends als die ›soziale Künstlerin‹ schlechthin, obwohl sie die Motive aus der Proletarierwelt zunächst aus ästhetischen, nicht aus moralischen oder emotionalen Gründen gestaltete. Wie Zola empfand sie sie einfach als »schön«. Solche Oppositionen zur klassisch-idealistischen Ästhetik lösten entsprechende Reaktionen aus. Die Darstellung etwa des sozialen Elends einer neuen, von der Industrialisierung hervorgebrachten Klasse in Gerhart Hauptmanns Drama *Die*

Die Ästhetik des Hässlichen

Der *Phantasus* von
Arno Holz

Ein Kaiser als Kunstrichter

Weber (1892) provozierte die wilhelminischen Zensurbehörden zu Verboten und den deutschen Kaiser dazu, seine Theaterloge in Berlin zu kündigen.

Wilhelm II. griff massiv in Kunst und Literatur seiner Zeit ein. So wählte er selbst die 32 Statuen und die 64 Randfiguren für die Siegesallee in Berlin aus. 1896 wurde auf seinen Befehl Gerhart Hauptmann der Schillerpreis wieder aberkannt und stattdessen Ernst von Wildenbruch zugesprochen. Außerdem versuchte er sich selbst als Literat. In einer Rede vom 18. Dezember 1901 propagierte er die Ideale der klassischen Ästhetik (Schönheit und Harmonie) als die ewig gültigen Gesetze der Kunst und warnte vor »den sogenannten modernen Richtungen und Strömungen«. Statt »in den Rinnstein« niederzusteigen, solle die Kunst sich »erheben«. Das waren genau die Vorstellungen, gegen die die Naturalisten zu opponieren versuchten.

Bereits die Uraufführung von Hauptmanns (1862–1946) *Vor Sonnenaufgang* im Jahr 1889 hatte einen Theaterskandal ausgelöst, der den Durchbruch der naturalistischen Bewegung auf der deutschen Bühne markiert. Explizit sollte das Stück als Protest gegen klassisch-idealisierende Verklärung und Beschönigung verstanden werden, indem es die soziale Misere der Bergleute sowie die Dekadenz plötzlich reich gewordener Bauern realitätsgetreu abzubilden versuchte. Dass solche Themen auf einmal auf die Bühne gebracht wurden, musste unter den Zuschauern Empörung auslösen, die im Theater ihre Alltagssorgen vergessen wollten, anstatt mit ihnen konfrontiert zu werden. Nicht weniger Anlass zur Kritik gab die Sprache der Figuren, die nicht nur wie Alltagsmenschen aussehen und agieren, sondern auch so reden sollten. Im Gegensatz zum Sozialreformer Loth, der sich in elaborierter Hochsprache artikuliert, sprechen die Bergleute bei Hauptmann in einer kaum verständlichen Schichtsprache (»De Aesel gihn eis Hä itzunder«). Gebärdensprache, Mimik und Gestik erhielten eine größere Bedeutung als die direkte Rede, was auf verständnislose Abwehr stieß. Hinzu kam, dass das Stück kein Anfang und kein Ende zu haben schien, das Publikum auf größere Veränderungen oder gar dramatische Wendungen also vergebens warten musste. Der Zustand der Bauernfamilie Krause, aus deren Leben Hauptmann 24 Stunden schildert, lässt keinerlei aktive Handlungen ihrer Mitglieder zu. Sie erscheinen als passive Opfer biologischer und sozialer Prozesse. Das Ende des ›Dramas‹ ist demnach eine logische Folge des dargestellten Verfallsprozesses. Dass die Tochter Helene sich töten wird, ist vorauszusehen. Ihre Hoffnung, durch eine Hochzeit mit Loth die bestehenden Verhältnisse zu überwinden, muss unerfüllt bleiben. Die Offenlegung der sozialen Missstände, der skrupellosen Geschäfte, des Alkoholismus von Vater Krause, ja sogar des sexuellen Missbrauchs seiner Töchter, muss den an den Einfluss von Vererbung und Milieu glaubenden Sozialreformer zwangsläufig zur Abwendung von Helene führen. Trotz ihrer Ausbruchs*versuche* bleibt die Frau in diesem Stück damit letztlich durch und durch Opfer. Die so transportierte Einstellung entspricht dem deterministischen Menschenbild der Naturalisten.

Der Theaterskandal um »Vor Sonnenaufgang«

Ebenfalls 1889 erschienen die ›konsequent naturalistischen‹ Prosaexperimente von Holz und Johannes Schlaf (1862–1941) unter dem Titel *Papa Hamlet*, drei Erzählskizzen, vornehmlich Dialoge aus verstümmelten Sätzen, Interjektionen, Lautfetzen. Die anfängliche Begeisterung eines verkommen Schmierenschauspielers und verkannten »Hamlet« für seinen Sohn, den er umbringen wird, müssen die Leserinnen und Leser selbst erschließen. Es gibt keinen kommentierenden auktorialen Erzähler: »Hä?! Was?! Famoser Schlingel! Mein Schlingel! Mein Schlingel, Amalie! Hä! Was?«/ Amalie lächelte. Etwas abgespannt./ »Ein Prachtkerl!«/ »Ein Teufelsbraten! Mein Teufelsbraten! Mein Teufelsbraten! Hä! Was, Amalie? Mein Teufelsbraten!«/ Amalie nickte. Etwas müde./ »Ja doch, Herr Thienwiebel! Ja doch!«

Naturalistische Prosaexperimente – »Papa Hamlet«

In Hauptmanns Studie *Bahnwärter Thiel* (1888) wird das Leben des Protagonisten in lapidaren Sätzen dargelegt. So schildert der auktoriale Erzähler in wenigen Bemerkungen die beiden Eheschließungen des nur begrenzt artikulationsfähigen und mit einem »unverwüstlichen Phlegma« versehenen Bahnwärters. Der größte Schicksalsschlag im Leben Thiels, der Tod seiner ersten Frau, wird dabei lediglich durch Gedankenstrich plus Semikolon markiert. Die Interpunktion wird (ähnlich wie in *Papa Hamlet*) so zum Stilmittel: »Zwei Jahre nun saß das junge, zarte Weib ihm zur Seite in der Kirchenbank; zwei Jahre blickte ihr hohlwangiges, feines Gesicht neben seinem vom Wetter gebräunten in das uralte Gesangbuch –; und plötzlich saß der Bräutigam wieder allein wie zuvor.«

Der Tod seiner ersten Frau bedeutet einen tief greifenden Einbruch in das Leben Thiels. Zwar verfällt er seiner zweiten Frau sexuell; geistig-seelisch bleibt

Gerhart Hauptmann
(1897)

Thiel jedoch seiner ersten Frau verbunden, weiht ihr sein Bahnwärterhäuschen und führt hier eine von seinem sonstigen Leben zeitlich und räumlich völlig abgetrennte Existenz. Er erklärt es »für geheiligtes Land«, hält es von seiner zweiten Frau fern und teilt so seine Zeit »gewissenhaft zwischen die Lebende und die Tote«. Die beiden Frauen entsprechen einer Typologie, die ein Jahrzehnt später Otto Weininger (1880–1903) artikulieren wird. Sie folgen der Opposition von ›Heiliger‹ (asexuell/mütterlich) und ›Hure‹ (sexuell/nicht-mütterlich). Seine zweite Frau ist leidenschaftlich, herrschsüchtig, derb, unmoralisch, böse, malträtiert seinen Sohn aus erster Ehe. Als dieser beim Spielen unter die Räder einer Bahn gerät und stirbt, gibt Thiel ihr die Schuld. Er tötet sie und das gemeinsame Kind mit einem Beil. Anschließend verfällt er dem Wahnsinn.

Einerseits liest sich die von Hauptmann explizit als solche gekennzeichnete »Novellistische Studie« wie die Beschreibung einer psychologischen Fallgeschichte, vergleichbar mit *Lenz* von Georg Büchner, der zu den Vorbildern Hauptmanns zählte und an dessen Werke nicht nur dieser Text immer wieder anklingt. In seiner Thematik und in der Milieubeschreibung ist er typisch naturalistisch. Andererseits aber lassen sich die Beschreibungen von Träumen, Visionen oder die Tatsache, dass die Natur – wiederum wie in Büchners *Lenz* – als Seelenspiegel fungiert, sowie zahlreiche Mythisierungen (etwa wenn die zweite Frau sprachlich zum »Tier« gemacht wird) in die Nähe symbolistischen Erzählens rücken.

Ende der 80er Jahre des 19. Jahrhunderts setzte sich insgesamt aber eine Radikalisierung realistischer Ansätze durch. Im Unterschied zu den Realisten verzichteten die Naturalisten jedoch auf jegliche Versöhnung mit der Realität. Die Auseinandersetzung mit der verschärften sozialen Frage führte zu einer neuen Gesellschaftskritik, wie sie Hauptmanns soziale Dramen zum Ausdruck bringen: *Vor Sonnenaufgang*, *Die Weber*, *Rose Bernd* (1903) oder *Die Ratten* (1911). In ihnen wurde erstmals das soziale Elend einer durch die Industrialisierung neu entstehenden Klasse vermittelt: in *Das Friedensfest* (Uraufführung 1890), einer düsteren »Familienkatastrophe« in der Art Ibsens und Strindbergs genauso wie in den Stücken *Der Biberpelz* (1893) und *Rose Bernd*, die die Alltagsproblematik der ›kleinen Leute‹ ins Zentrum stellen oder in der »Traumdichtung« *Hanneles Himmelfahrt* (1897) sowie im »Glashüttenmärchen« *Und Pippa tanzt* (1906), in denen Hauptmann die Milieustudie mit Poesie, Traum und Märchen zu verbinden versucht.

Infragestellung traditioneller Geschlechter- und Familienkonzepte

Die ›Frauenfrage‹

Seit dem späteren 19. Jahrhundert existierte eine erstarkende Frauenbewegung, bestehend aus proletarisch-sozialistischen Organisationen und bürgerlichen Gruppierungen. Ihre Ziele waren unter anderem die politische Selbst- und Mitbestimmung der Frauen, vor allem das Wahlrecht, der Zugang zum Studium und die Verbesserung der Arbeitsbedingungen. Es war nicht zuletzt der Anstieg der Frauenarbeit in den Fabriken (30 % im Jahre 1892), der zu sozialen, geschlechtsspezifischen Umschichtungsprozessen, zur Kritik an der bürgerlichen Definition der Geschlechterrollen und an der traditionellen Arbeitsteilung führte. Theoretische Argumente lieferten August Bebels *Die Frau und der Sozialismus* (1883) und Friedrich Engels *Ursprung der Familie, des Privateigentums und des Staats* (1884).

Auf der literarischen Ebene stellte sich Ibsen als erster der ›Frauenfrage‹. Sein ›Emanzipationsdrama‹ *Nora oder Ein Puppenheim* (dt. Erstaufführung 1880) ließe sich insofern gut mit Strindbergs antifeministischem Drama *Fräulein Julie, Ein naturalistisches Trauerspiel* (1889) vergleichen, als beide Frauenfiguren literarisieren, die sich über die traditionelle Rolle hinwegsetzen und nach selbst bestimmten Existenzformen suchen. Bei Strindberg unterliegt die Frau, schwächer aufgrund ihres Geschlechts und degeneriert wegen schlechter Erbanlagen ihrer Mutter. Ibsens Protagonistin Nora hingegen wurde um die Jahrhundertwende zum Inbegriff weiblicher Emanzipation. Das Schauspiel beruht auf einem realen Frauenschicksal und resultiert zudem aus Ibsens konkretem Einblick in die gesellschaftliche Benachteiligung von Frauen. Vergeblich hatte er im Winter 1878 im »Skandinavischen Verein« in Rom zwei Anträge zugunsten der Gleichberechtigung von Frauen eingebracht. Angeregt wurde seine Beschäftigung mit der Frauenfrage auch durch Bücher wie *Aus dem Lager der Stummen* (1877) von Camilla Collet oder, zumindest indirekt, durch die Schriften des Sozialökonomen John Stuart Mill.

Ibsen und Strindberg

Die deutsche Übersetzung von *Nora* kam zuerst in Hamburg, Berlin und Wien auf die Bühne, vorerst allerdings mit einem versöhnlichen Schluss. Ibsen selbst empfand ihn als »barbarische Gewalthandlung«, hatte er doch das Stück gerade wegen der ursprünglichen Schlussszene, dem eigentlichen Emanzipationsprozess Noras, geschrieben. In dieser Szene nämlich verlässt die Protagonistin Mann und Kinder, weil sie, nach dem Geständnis ihres »Verbrechens aus Liebe«, statt Dankbarkeit nur harsche Aburteilung von ihrem Gatten erfährt und schmerzlich erkennen muss, dass sie ihr Leben lang nicht viel mehr als ein Spielzeug gewesen ist, zunächst ihres Vaters, dann ihres Ehemannes. Letzterer hat sie, seine »süße, kleine Zwitscherlerche«, sein »Singvögelchen«, sein »allerliebstes Geschöpf«, sein »Leckermäulchen«, nie als erwachsene Person respektieren, geschweige denn lieben können. Nora realisiert, dass ihre Ehe nicht viel mehr als ein Puppenspiel gewesen ist: »Ich war recht vergnügt, wenn du mit mir spieltest, so wie die Kinder vergnügt waren, wenn ich mit ihnen spielte. Das war unsere Ehe, Torvald.« Da Nora nicht länger wie ein unmündiges Kind von ihrem Gatten behandelt werden, sondern sich »selbst zu erziehen suchen« und »auf eigenen Füßen stehen« möchte, trennt sie sich von ihm. Skandalös an ihrem Entschluss war für die Zeitgenossen vor allem, dass sie mit ihrem Mann auch ihre drei Kinder verließ. Die für die deutsche Erstaufführung 1880 am Flensburger Staatstheater gewonnene Nora-Darstellerin weigerte sich, eine solche ›Rabenmutter‹ zu spielen. Damit die Aufführung nicht gefährdet wurde, ließ Ibsen im geänderten Schluss die Mutter Nora noch einen kurzen Blick auf ihre schlafenden Kinder werfen. Danach ist sie psychisch nicht mehr in der Lage wegzugehen. So wenig war das Theater um 1880 der Modernität Ibsens gewachsen.

Im Widerspruch zu diesen emanzipatorischen Tendenzen steht das eher misogyne Frauenbild der Naturalisten. Die bevorzugte Thematisierung von Prostituierten, Arbeiterinnen und ›einfachen Mädels‹ aus dem Volk resultierte zwar auch aus der Vorliebe für deklassierte Milieus, lässt zugleich aber männliche Projektionen und Ängste erkennen, die sich in der Degradierung oder Dämonisierung der Frau niederschlugen. Ernst von Wolzogen warf den jungen Vertretern des Naturalismus nicht nur Humorlosigkeit, sondern auch Frauenverachtung und Unkenntnis im Geschlechtlichen vor. Das Schlimmste sei, dass die »jungen Poeten mit der bleichen Stirn und dem düsteren Blick« die Frauen, »welche gesellschaftlich über ihnen stehen oder welche in der reinen Atmosphäre des gesunden Bürgerhauses vor der Welt verborgen bleiben, überhaupt garnicht kennen«. Sinnlichkeit würden sie mit »Krampfhaftigkeit« lediglich »unter dem Gesichtswinkel

Misogyne Tendenzen

der Bestialität« betrachten. So sei es »denn kein Wunder, daß einem geschmack-vollen Publikum die ganze Richtung widerlich zu werden« beginne.

Schreibende Frauen

Trotz der frauenfeindlichen Tendenzen des Naturalismus stammt die ihm ver-bundene bzw. sich von ihm lösende sozialkritische Literatur auch von zahlrei-chen schreibenden Frauen. Zu ihnen gehörten Gabriele Reuter (1859–1941), Irma von Troll-Borostyani (1847–1912), Helene Böhlau (1859–1940) oder Minna Kautsky (1837–1912). Kautsky wurde später bekannt als »rote Marlitt«, weil fast alle ihrer viel gelesenen Romane zunächst in sozialdemokratischen Organen erschienen. Sie war eine der ersten Schriftstellerinnen, die die Probleme der Arbeiterschaft und der sozialistischen Bewegung sowie die Frauenfrage thema-tisierten (*Viktoria*, 1889; *Helene*, 1894). Als »Meisterwerk des Naturalismus« wurde Anna Croissant-Rusts (1860–1943) Novelle *Feierabend. Eine Münchner Arbeiter-Novelle* (1890) gefeiert. Als einzige Frau wurde die Autorin, deren spä-tere Erzählungen vorwiegend im kleinbürgerlichen und bäuerlichen Milieu spie-len, in die 1885 gegründete *Gesellschaft für modernes Leben* aufgenommen, sechs Jahre später wurde sie Mitherausgeberin der Zeitschrift *Modernes Leben*.

Hedwig Dohm

Böhlau setzte sich in ihren naturalistischen, gesellschaftskritischen Romanen für die Rechte der Frauen ein (*Der Rangierbahnhof*, 1896; *Das Recht der Mutter*, 1896; *Halbtier!*, 1899), ebenso Hedwig Dohm (1831–1919), die ab 1872 radikale theoretische Schriften zur Frauenfrage veröffentlichte, in denen sie für die wirt-schaftliche, geistige und politische Selbständigkeit der Frauen eintrat. Dieses Anliegen verfolgte sie auch in ihrem erzählerischen Werk. Ihre Novellen und Romane thematisieren häufig die Erfahrung der Fremdheit und Orientierungslo-sigkeit von Frauen als Folge einer Geschichte weiblicher Ausgrenzung und Un-terdrückung, so ihr Novellenband *Wie Frauen werden. Werde, die Du bist* (1894) oder die Romantrilogie *Sibilla Dalmar* (1896), *Schicksale einer Seele* (1899) und *Christa Ruhland* (1902).

Clara Viebig

Zu einer der bekanntesten Schriftstellerinnen um die Jahrhundertwende wurde Clara Viebig (1860–1952) mit ihren naturalistischen Erzählungen und Novellen. Gelobt wurde sie vor allem für ihre Kunst, einfache Menschen zu charakterisie-ren, Landschaften zu schildern und Milieus zu erfassen, insbesondere in ihren Romanen und Novellen über die Eifel, z. B. *Kinder der Eifel* (1897), *Das Weiber-dorf* (1900), *Das Kreuz im Venn* (1908). Oft setzte sie sich mit Problemen der Mutterschaft auseinander. Dieses Thema sowie die Problematisierung von Armut und Elend vor allem der Proletarierfrauen, Kindsmord, Abtreibung und Prostitu-tion sind charakteristisch für die Literatur von Schriftstellerinnen in jener Zeit. Beispielhaft für die Thematisierung der Misere allein erziehender Mütter der Ber-liner Unterwelt sind z. B. die Gedichte Margarete Beutlers (1876–1949). In ihrem Gedicht »Wiegenlied« beschreibt sie die im Naturalismus oft thematisierte Figur der ›Engelmacherin‹ sowie die kümmerliche Verpflegung und den ersehnten Tod eines unerwünschten Kindes, der nicht selten mit der Einflößung von Alkohol beschleunigt wurde. Ähnlich wie ihre männlichen Kollegen bemühten sich die weiblichen Schriftsteller, die Wirklichkeit möglichst ›authentisch‹ abzubilden und den naturalistischen Gesetzen der Ästhetik gerecht zu werden.

Familiendesaster

Kennzeichnend für das naturalistische Drama ist die Darstellung von Genera-tionskonflikten. Neben Hauptmanns Drama *Das Friedensfest* (1890) mit dem be-zeichnenden Untertitel ›Eine Familienkatastrophe‹ ist das Stück *Familie Selicke* (entstanden 1889) von Holz und Schlaf hervorzuheben, das 1890 an der »Freien Bühne« in Berlin uraufgeführt wurde. Das Stück spielt im Berlin der 1890er Jahre. Einziger Handlungsort ist das kleinbürgerliche, ärmliche Wohnzimmer der Familie Selicke. Es ist Weihnachtsabend und die Mutter wartet vergeblich mit ihren vier Kindern, von denen das jüngste an ›Schwindsucht‹ erkrankt ist, auf den alkoholkranken Vater. Die kränkliche, wehleidige Frau sitzt im ersten Aufzug resigniert strickend da, seufzt ab und zu und ist unfähig an ihrer Situation noch irgendetwas zu ändern. Ähnlich passiv sind die übrigen Familienmitglieder. Im gesamten Stück ist jegliche Handlung zugunsten einer bloßen Zustandsschilderung eliminiert. So besteht der erste Aufzug lediglich aus einer sehr ausführlichen Regieanweisung, die die »mäßig große und sehr bescheidene« Einrichtung des Wohnzimmers betrifft. Bis hin zum Ticken der Pendeluhr wird jedes Detail ausführlich beschrieben. Minutiöse Regieanweisungen liefern die Charakterisierung der Mutter: »*Frau Selicke, etwas ältlich, vergrämt, sitzt vor dem Bett und strickt. Abgetragene Kleidung, lila Seelenwärmer, Hornbrille auf der Nase, ab und zu ein wenig fröstelnd. Pause.*« Der erste Dialog erschöpft sich in vier Worten: »Frau Selicke (*seufzend*). Ach Gott ja! Walter (*noch hinter der Szene, in der Kammer*). Mamchen?! Frau Selicke (*hat in Gedanken ihren Strickstrumpf fallen lassen, zieht ihr Taschentuch halb aus der Tasche, bückt sich drüber und schneuzt sich*).« Da die Figuren unfähig sind, miteinander zu kommunizieren, müssen die Zuschauerinnen und Zuschauer sich mehr oder weniger auf das verlassen, was sie mit eigenen Augen sehen. Was ihnen vermittelt wird, ist das armselige, deprimierende Milieu einer Familie, die dem trunksüchtigen Vater und Ehemann ausgeliefert ist. Auch im zweiten Aufzug warten Mutter und Kinder noch auf ihn. Mit dem Sohn Albert redet die Mutter ähnlich wie zuvor mit dem Sohn Walter. Sie kann ihn ebenso wenig zu irgendwelchen Handlungen motivieren wie sich selbst. Wenn nach einer unendlich langen, quälenden Zeit des Wartens endlich der betrunkene Vater erscheint, bepackt mit Weihnachtsbaum und Geschenken, wird deutlich, dass die Verhältnisse in der Familie bereits zu zerrüttet sind, als dass noch eine länger anhaltende Harmonie hergestellt werden könnte. Erst die Nachricht vom Tode seines geliebten jüngsten Töchterchens kann den Vater aus einem Zustand tiefster Verzweiflung reißen. Damit die Familie durch ihren Weggang nicht völlig zerstört wird, löst die andere Tochter nach diesem Schicksalsschlag ihr Heiratsversprechen mit dem Untermieter der Familie, einem Theologen, der sie dem ganzen Elend hätte entreißen können. Ähnlich wie in *Vor Sonnenaufgang* endet also auch die *Familie Selicke* mit der Selbstaufopferung einer Frau. Die Töchter im naturalistischen Familiendrama stehen somit – kaum anders als im »Bürgerlichen Trauerspiel« des 18. Jahrhunderts – immer noch fest im Griff der kleinbürgerlichen Familie. An der Beziehung zu ihnen kann sich die ansonsten schwindende Autorität des Familienvaters noch ungehemmt entfalten: »Z-zerdrück'n könnte ich dich mit meinen Händen!«, droht der betrunkene Buchhalter seiner Tochter an. Der verlassene Bräutigam hingegen kann sich immerhin, ähnlich wie Loth in *Vor Sonnenaufgang*, damit trösten, indirekt einer Sozialstudie beigewohnt zu haben.

Milieubeschreibung

Ob nun *Vor Sonnenaufgang* oder die *Familie Selicke* dem naturalistischen Drama zum Durchbruch verholfen hat, ist umstritten. Jedenfalls versuchen Holz und Schlaf konsequent, ihrer eigenen Kunsttheorie zu folgen. Wegweisend für die naturalistischen Dramen der nächsten 15 Jahre sind die Verdrängung der Hochsprache durch Dialekt und Soziolekt, wie sie sich ähnlich auch in Hermann Sudermanns *Die Ehre* (1889), in Max Halbes *Eisgang* (1892) oder in Johannes Schlafs *Meister Oelze* (1892) zeigt, und der Wegfall einer artikulierten dramatischen Diktion zugunsten von Körpersprache und Mimik. Die angestrebte Wiedergabe der ›Wirklichkeit‹ soll den Zuschauern den Eindruck vermitteln, dass sie »in ein Stück Leben wie durch ein Fenster« sehen. Bis ins Detail werden daher

Ein Stück Leben wie durch ein Fenster

Käthe Kollwitz:
Weberzug (1897)

Sprechtempo, Pausen und Lautstärke vorgeschrieben. Weil die Regieanweisungen gegenüber den Dia- und Monologen überwiegen, könnte man fast von einem epischen Text sprechen. Diese Dominanz des Epischen im naturalistischen Drama wurde schon von Zeitgenossen konstatiert.

Dramatikerinnen

Insbesondere die Dramatikerinnen bevorzugten die Darstellung innerfamiliärer Konflikte. Allerdings wurden nur wenige Stücke weiblicher Autoren aufgeführt. Von den insgesamt 27 auf der »Freien Bühne« gespielten Dramen stammten nur fünf von Frauen. Weil die Produktionsbedingungen für sie Ende des 19. Jahrhunderts ungleich schwieriger waren, schrieben Schriftstellerinnen nicht selten unter männlichem Pseudonym. Das diente als Marktstrategie und als Schutz. Das erste Stück einer Autorin, das auf der »Freien Bühne« gespielt wurde, war Marie von Ebner-Eschenbachs (1830–1916) Einakter *Ohne Liebe* (1891). Inzwischen wurde sie, zusammen mit Ibsen und Ludwig Anzengruber, zur Schutzpatronin der »Freien Bühne« erhoben. Als talentierteste deutschsprachige Dramatikerin jener Zeit gilt Elsa Bernstein-Porges (1866–1949), die unter dem Pseudonym Ernst Rosmer schrieb. 1893 wurde sie von der »Freien Bühne« in die Berliner Theaterszene eingeführt. In dem Stück *Dämmerung* (1893) gestaltet sie mit der Ärztin Sabine Graef eine der wenigen Akademikerinnen auf der deutschen Bühne, die von ihrem Autor nicht verhöhnt werden.

Der Naturalismus in der Rezeption

Naturalistische Tendenzen
bei Thomas Mann

Thomas Mann (1875–1955), der sich wiederholt zum Naturalismus äußerte und seinen Roman *Buddenbrooks* (1901) sogar als »eine zum naturalistischen Roman entwickelte städtische Chronik« bezeichnete bzw. als eine Familienchronik, »die unverkennbare Merkmale des Naturalismus trug«, hob in einer Rede auf Hauptmann die soziale Thematik des Naturalismus, seine »Neigung, das Menschliche in Gestalt der Krankheit zu sehen, sei es sozialer, seelischer oder selbst körperlicher Krankheit«, als seinen »schönsten« und »menschlichsten«, ja »geistigsten

Zug« hervor. In seiner Rede zu Hauptmanns neunzigstem Geburtstag im Jahr 1952 betonte Mann den großen Einfluss, den dessen Werke auf seine eigenen gehabt hätten. Insbesondere das »soziale Mitleidsethos«, Hauptmanns »Menschlichkeit« und dessen »Sprachkunst« hätten ihn tief beeindruckt. Bereits in Manns Debüt, in dem Novellenband *Der kleine Herr Friedemann* (1897), werden die Personen und Örtlichkeiten mit naturalistischer Unerbittlichkeit gezeichnet. Allerdings stehen sie auch schon im Dienst einer symbolistischen Handlungsführung, die sich unter anderem auf Nietzsches moralgenealogische Entlarvung asketischer Ideale stützt. In *Buddenbrooks* ist zugleich das Dekadenzmotiv zentral, das vom kulturpessimistischen Entartungsbegriff des Kulturtheoretikers Max Nordau angeregt wurde: »Über mehrere Generationen hinweg häufen und steigern sich in der hier dargestellten Patrizierfamilie pathologische, insbesondere neurotische und hysterische, Züge, bis schließlich mit Hanno Buddenbrook die völlige Lebensunfähigkeit erreicht wird« (Sprengel 1998). Mann bewertet das Kranke und Schwache allerdings positiv, wenn er es als Merkmal einer vergeistigten, jedoch um ihre Vitalität gebrachten Persönlichkeit beschreibt. Bereits in der Charakterisierung des übersensiblen, verkrüppelten Protagonisten Friedemann hatte sich die das spätere Werk bestimmende Problematisierung von Lebensferne und -unfähigkeit abgezeichnet, wie sie nicht nur Hanno Buddenbrook, sondern insbesondere der Figurentypus des zwischen Kunst und Leben hin- und hergerissenen, stets gefährdeten Künstlers verkörpern. Explizit problematisiert ihn Mann in den Novellen *Tristan* (1903), *Tonio Kröger* (1903) und *Tod in Venedig* (1912).

Schutzumschlag der Volksausgabe

Bertolt Brecht (1898–1956) kritisierte am naturalistischen Theater, dass es die gesellschaftlichen Verhältnisse bloß abbilde und damit reproduziere, statt auf Widersprüche und Ursachen aufmerksam zu machen und die Zuschauer zum Nachdenken und letztlich zu Veränderungen anzuregen. Er konfrontierte die naturalistische Methode mit seiner eigenen, die er als »realistisch« bezeichnet wissen wollte. Ähnlich argumentierten Franz Mehring oder Georg Lukács, wenn sie den Naturalisten vorwarfen, sie seien dekadente Spätbürger, die in ihren eigenen Untergang verliebt seien und das Elend der Proletarier nur wegen seines exotischen Reizes thematisierten. Unabhängig von solch kontroversen Einschätzungen sind die Einflüsse der kurzen naturalistischen Bewegung auf den sozialistischen Realismus, auf die Dokumentarliteratur, die (sozialkritische) Regionalliteratur, das moderne Theater in der Tradition Stanislavskijs, das moderne Musiktheater (W. Felsenstein) und die moderne Filmästhetik hervorzuheben.

Bertolt Brechts Kritik am naturalistischen Theater

Literaturbewegungen um 1900

Um die Jahrhundertwende veränderten sich die Lebensverhältnisse in erheblichem Maße. Techniker und Ingenieur wurden zu den Berufen mit dem höchsten Sozialprestige. Die Naturwissenschaften konnten aufgrund ihrer Ausdifferenzierung in Teildisziplinen mit Detailergebnissen und Spezialistenwissen die Sinn stiftenden Funktionen von Neuhumanismus und Idealismus nicht übernehmen, da sie kein einheitliches System anzubieten hatten. All das trug zur Verschärfung des Krisenbewusstseins bei. Einerseits kam es verstärkt zur Ausbildung von politischen »Ersatzreligionen« (H. Thomé), die zu Massenbewegungen wie den ›Sozialisten‹ oder den ›Alldeutschen‹ führten, andererseits formierten sich Subkulturen, wie die Frauen- und die Jugendbewegung oder die antibürgerliche Bohème.

Werteverlust und Krisenbewusstsein

Stilpluralismus um 1900

Die Pluralität der Meinungen und Themen wirkte sich auf Stile und Programme von Literatur und Kunst aus. Für die literarische Produktion entfielen die Beschränkungen, wie sie zuvor Gattungspoetik und Rhetorik aufgestellt hatten, und für die Literaturkritik verloren die bis dato allgemein akzeptierten Maßstäbe der literarischen Wertung an Geltung. Die Spannbreite der unterschiedlichen Strömungen und widersprüchlichen Tendenzen zwischen 1890 und 1910 lässt sich auf keinen noch so vagen Begriff bringen. Am eindruckvollsten hat Robert Musil diese Disparatheit oder, positiver formuliert, den Stilpluralismus dieser Zeit in Worte gefasst: »Es wurde der Übermensch geliebt, es wurde der Untermensch geliebt; es wurden die Gesundheit und die Sonne angebetet, und es wurde die Zärtlichkeit brustkranker Mädchen angebetet; man begeisterte sich für das Heldenglaubensbekenntnis und für das soziale Allemannsglaubensbekenntnis; man war gläubig und skeptisch, naturalistisch und preziös, robust und morbid [...] Dies waren freilich Widersprüche und höchst unterschiedliche Schlachtrufe, aber sie hatten einen gemeinsamen Atem; würde man jene Zeit zerlegt haben, so würde ein Unsinn herausgekommen sein, wie ein eckiger Kreis, der aus hölzernem Eisen bestehen will, aber in Wirklichkeit war alles zu einem schimmernden Sinn verschmolzen. Diese Illusion, die ihre Verkörperung in dem magischen Datum der Jahrhundertwende fand, war so stark, daß sich die einen begeistert auf das neue, noch unbenützte Jahrhundert stürzten, indes die anderen sich noch schnell im alten [...] gehen ließen [...], ohne daß sich diese beiden Verhaltensweisen als sehr unterschiedlich gefühlt hätten.«

Jahrhundertwende, Fin de siècle, Décadence, Wiener Moderne

Während die Bezeichnung ›Jahrhundertwende‹ eher die Begeisterung für den Neubeginn, den Aufbruch ins nächste Jahrhundert markiert, verweist die in zahlreichen Literaturgeschichten ebenso häufige Bezeichnung ›Fin de siècle‹ eher auf das Gegenteil, auf das »Gefühl des *Fertigseins*, des Zu-Ende-Gehens« (Marie Herzfeld). Dieser Terminus wird zumeist mit der Literatur der ›Décadence‹ assoziiert, einer Kunstrichtung dieser Zeit, »die sich der Thematik des Verfalls im weiteren Sinne widmet« (D. Borchmeyer). Im Bereich der Décadence- und Ästhetizismus-Literatur zwischen Oscar Wilde und Gabriele d'Annunzio, dem frühen Thomas Mann und Frank Wedekind, Rainer Maria Rilke und Stefan George wird die ›Wiener Moderne‹ angesiedelt. Der Begriff ersetzt neuerdings die in der älteren Forschung – und von den Zeitgenossen selbst – verwendeten Stiltermini wie ›Neuromantik‹, ›Symbolismus‹, ›Impressionismus‹, ›Jugendstil‹ und umfasst die ›neuen‹ literarischen Erscheinungen in Österreich zwischen 1890 und 1910. ›Wiener Moderne‹ – damit wird auch eine Gesellschaft assoziiert, die sich von ihren einstigen geistigen Orientierungsmarken wegbewegt und in der sich das tradierte sozio-geisteskulturelle Rahmensystem allmählich auflöst. Es vollzieht sich ein Paradigmenwechsel, der sich in der Literatur als Ich-Krise, Sprachkrise und Bewusstseinskrise manifestiert, eine Verwirrung, die aus dem Werteverlust und der daraus resultierenden Infragestellung des autonomen Subjekts zu erklären ist und sich in verschiedensten Formen der Ich- und Sinnsuche artikuliert.

Familiale Idyllen oder Die ›Familie‹ in der Krise

Die Ausdifferenzierung gesellschaftlicher und kultureller Strukturen führte zunehmend zu Erfahrungen von Fremdbestimmtheit. In der Gesellschaft des 19. Jahrhunderts war es Aufgabe der Familie gewesen, einen Ausgleich zu schaffen. Als Ort zweckfreier Liebe und familialer Intimität war sie zum einzigen Raum selbst bestimmten Lebens stilisiert worden. Hier, so die verbreitete Überzeugung, sei der Mensch vor dem unberechenbaren Wandel menschlicher Stimmungen, Emotionen und Triebimpulse geschützt. Denn der Status der Mutter, des Vaters oder der Kinder wurde, anders als noch im 18. und bis ins frühe 19. Jahrhundert hinein, nicht als sozial erzeugtes und damit veränderbares Produkt erkannt, sondern als natürliche Form der Liebe interpretiert.

Um 1900 dann begannen genau jene gesellschaftlichen Rahmenbedingungen zu schwinden, die die Gebundenheit von Sexualität an Liebe und Ehe zu garantieren schienen. Vor allem in den Großstädten, wo die Lebensführung des Einzelnen kaum noch der Sozialkontrolle unterworfen war, konnten Gruppierungen wie die Bohème oder Schichten wie das Proletariat entstehen, die sich nicht an die etablierte Sexualmoral gebunden fühlten und in deren Alltagsleben Alternativen zum bürgerlichen Kodex denkbar wurden. Familiäre Bindungen erschienen vor diesem Hintergrund immer unsicherer. Frauen gelang es, sich konventionellen Rollenzuweisungen wenigstens teilweise zu entziehen. Frauen und Kinder sind nicht mehr allein durch ihre Stellung in der Familie bestimmt, sondern »mit der Frauen- und Jugendbewegung schaffen diese Gruppen eigene identitätsstiftende Sonderkulturen, gehen damit in ihrer Familienrolle nicht mehr auf und problematisieren so auch den scheinbar naturwüchsigen Status der Väter« (H. Thomé).

Die Identitätskrise des spätestens seit der Aufklärung ›männlich‹ konnotierten Subjekts sowie die Infragestellung alter Werte und Institutionen wie die der Familie führen zu einer unüberschaubaren Fülle lebensreformatorischer Schriften über Liebe, Ehe, Familie und Kindererziehung. Die ideologische Bandbreite der Studien reicht von der Verteidigung oder Reformierung der traditionellen Lebensformen über den wissenschaftlichen Sozialismus oder unterschiedliche feministische Auffassungen bis zu misogynen Elaboraten wie dem von Otto Weininger. Der Modernisierungsschock bildet einen fruchtbaren Boden auch für kulturkonservative Utopien, rassistische oder völkische Ideen, die Ausweitung des Darwinismus oder die Wiederbelebung der idealistischen Philosophie. Der »nietzscheanische Kult der autonomen Persönlichkeit«, die Psychoanalyse, die Nacktbade- und Vegetarierbewegung oder Gemeindebildungen wie die um George lassen sich als »therapeutische Wendung« des modernen Subjekts begreifen, das von seiner plötzlichen Freiheit schockiert scheint (H. Thomé).

Das moderne Subjekt in der Krise und die Sehnsucht nach Gemeinschaft

Bereits um 1890, gleichzeitig mit den Ideen und Werken der Naturalisten, waren die ersten dezidiert »antinaturalistischen« Werke entstanden. Hermann Bahr, der doch selbst als Theoretiker der naturalistischen Bewegung aufgetreten war, verkündete schon 1891 in seinem Furore machenden Essay »Die Überwindung des Naturalismus«: »Die Herrschaft des Naturalismus ist vorbei.« Fast zur gleichen Zeit wie die Dramen von Hauptmann oder Holz und Schlaf waren die ersten Veröffentlichungen Stefan Georges erschienen. Sein erster Lyrikband *Hymnen* wurde als Privatdruck im Jahr 1890 publiziert, sein *Algabal*-Zyklus 1892, im selben Jahr wie Hauptmanns *Weber*. In dieser Zeit erschienen auch die ersten Texte Hugo von Hofmannsthals (*Der Tod des Tizian*, 1892) und Wedekinds (*Frühlingserwachen*, 1891), nur wenig später die von Rilke. Auffallend viele Antinaturalisten lebten in Wien, einem Gegenpol zu Berlin, dem Zentrum sowohl des Wilhelminismus wie des Naturalismus. In München trafen Naturalisten und Antinaturalisten zusammen. Die meisten Autorinnen und Autoren der Gegenströmungen gehörten dem mittleren oder gehobenen Bürgertum an. Einige von ihnen, darunter Hugo von Hofmannsthal in Wien oder Stefan George in München, stilisierten ihre eigene Lebensweise zu einem bewusst zur Schau getragenen Geistesaristokratismus und sahen auf den gewöhnlichen Lebensstil herab.

Gegenpositionen zum Naturalismus

Es bildete sich eine ästhetisch – und oft auch politisch – konservative Gegenfront, an deren Vokabular und Ressentiments die nationalsozialistische Kulturkritik später ohne große Umschweife anknüpfen konnte. Um 1900 vermischten sich

Konservative Front gegen die Moderne

Stefan George

Bucheinband

heterogene Strömungen im Kampf gegen die von ihnen als ›krank‹ oder ›entartet‹ bezeichnete Moderne. Derartige Argumente kamen aus neoklassizistischer, sozialistischer, sozialdarwinistischer und völkisch-nationaler Richtung. – Modern, aber auf andere Weise modern als die Naturalisten, wollte auch Stefan George (1868–1933) sein, dessen Haltung man insgesamt als konservativ-revolutionär beschreiben könnte. Seine Reaktion auf die allgemeine Kulturkrise bestand aus einer Ablehnung des Wirklichkeitsbezugs und bildete damit einen starken Kontrast zum naturalistischen Programm, das explizit das Hässliche und Kranke einschloss. Die Kunst könne sich aus sich selbst begründen, so die Auffassung Georges, der damit eine deutliche Absage an seine Zeit formulierte, die sich mit ihrer »falschen auffassung der wirklichkeit« und mit »weltverbesserungen und allbeglückungsträumen« statt mit der Schönheit der Form beschäftigt. Neben dem Einfluss von Nietzsches Kulturkritik waren es vor allem die französischen Symbolisten Charles Baudelaire und Stéphane Mallarmé, die Georges Kunstauffassung nachhaltig prägten. Das von ihnen radikalisierte Konzept von der Autonomie der Form inspirierte ihn in seiner Frühzeit, in der er mit Sprache experimentierte. Immer häufiger näherte sich seine Dichtung der für die moderne Kunst typischen Chiffrensprache. Das Verständnis dafür sollte jedoch nur den »Eingeweihten« (George), dem »Kreis«, der »Runde« gegeben sein. Die Dichterworte, die durch den ›normalen‹ Sprachgebrauch nicht mehr abgedeckt werden, sollen lediglich durch ihren Klang beeindrucken. Zu erfassen sind sie nach dieser eigenwilligen *l'art pour l'art*-Konzeption höchstens intuitiv, emotional, assoziativ. Im Vordergrund stand eine Art von Formimpressionismus: Der Eindruck von Welt und Wirklichkeit sollte symbolisch vermittelt werden.

Die von George begründeten, bis 1899 nur privat verteilten *Blätter für die Kunst* (1892–1919) wurden »für eine auserwählte Gemeinschaft von Künstlern und Kunst-Anhängern« geschrieben. Ausdrücklich wurde in ihnen die Abschirmung der Kunst gegen den Alltag proklamiert. Mit seinem Plädoyer für Ästhetik statt für Sozialkritik wollte sich George nicht gegen die Gesellschaft stellen, sondern sich ganz jenseits von ihr positionieren. Zum Kreis der Beiträger, die ihrer Zeit eine Absage erteilten und von denen etliche als Dichter, Kunst- und Literaturwissenschaftler aktiv die Entwicklung des neuen Jahrhunderts mitgestalteten, gehörten, neben George selbst, unter anderem Hofmannsthal, Karl Wolfskehl, Ludwig Klages, Leopold Andrian, Max Dauthendey und Friedrich Gundolf. Nach 1900 entstand der George-Kreis, ein Bund auserwählter junger Männer und Dichter, dessen Kreis-Ideologie insofern Züge präfaschistischer Gemeinschaftsmodelle aufwies, als sich die »Jünger« dem »Meister« und damit einer Struktur unterwarfen, die am besten als »Herrschaft und Dienst« (Friedrich Wolters) zu charakterisieren ist. Gleichwohl wollten sie sich als antibürgerliche Geisteselite vom Volk abheben. George kam es zunehmend auf den ›Klang der Seele‹ an, die Inhalte der Texte gewannen für ihn an Bedeutung. Nun wollte er mit seiner Kunst vor allem erziehen. Die Lehre von der Formautonomie machte der Lehre vom pädagogischen Eros Platz.

Krise des modernen Subjekts

Eine ähnliche schriftstellerische Entwicklung machte Hugo von Hofmannsthal (1874–1929) durch. Wie George wurde er vom Symbolisten zum konservative Wertvorstellungen pflegenden Erzieher. Den Übergang markiert ein literarischer

Text, der zugleich als das Dokument schlechthin gilt für die Umbruchssituation, vor die sich der Autor der Moderne gestellt sah. Es verdeutlicht eine veränderte Haltung gegenüber Sprache und Wirklichkeit, spiegelt die zeitgenössische Sprach- und Bewusstseinskrise. Hofmannsthals *Ein Brief* (1902) ist der fingierte Brief eines »Lord Chandos« an eine historische Persönlichkeit, Francis Bacon, das heißt ausgerechnet an den Begründer des englischen Empirismus und Verteidiger des naturwissenschaftlichen Denkens am Übergang von der Renaissance zur Aufklärung, dem Beginn moderner Wissenschaftsmethodik. Bei ihm sucht Lord Chandos sich wegen seines »gänzlichen Verzichts auf literarische Betätigung« zu entschuldigen. Im Gegensatz zu früher, als er »das ganze Dasein als eine große Einheit« empfunden »und in aller Natur« sich »selber« gefühlt hätte und das daher von einem magischen, also ungebrochenen Sprachverhältnis und von schriftstellerischer Produktivität geprägt gewesen wäre, sei ihm nun »völlig die Fähigkeit abhanden gekommen, über irgend etwas zusammenhängend zu denken oder zu sprechen. [...] Ich empfand ein unerklärliches Unbehagen, die Worte ›Geist‹, ›Seele‹ oder ›Körper‹ nur auszusprechen. [...] die abstrakten Worte, deren sich doch die Zunge naturgemäß bedienen muß, um irgendwelches Urteil an den Tag zu geben, zerfielen mir im Munde wie modrige Pilze. [...] Es zerfiel mir alles in Teile, die Teile wieder in Teile, und nichts mehr ließ sich mit einem Begriff umspannen«. Sein seither »geistlos« und »gedankenlos« dahinfließendes »Dasein« sei freilich von mystischen »guten Augenblicken« gekennzeichnet, in denen ihn »eine sonderbare Bezauberung«, eine ihn »und die ganze Welt durchwebende Harmonie« erfüllte, die zu beschreiben ihm allerdings unmöglich sei. »Denn es ist etwas völlig Unbenanntes und auch wohl kaum Benennbares, das in solchen Augenblicken [...] mir sich ankündigt.« Weil es ihm versagt sei, jene Momente, in denen er das Wesen der Dinge unmittelbar erfühlte, oder gar dieses Wesenhafte selbst in Worte zu fassen, verfalle er in einen Zustand zunehmender Ich-Entfremdung, »Leere«, »Starre« und »Gleichgültigkeit«.

Sprachkrise

Der Widerspruch des Dokuments, die paradoxe Tatsache, dass der Verfasser des Briefs seine Sprachkrise mit erstaunlicher Sprachfertigkeit zu reflektieren vermag, verweist unter anderem auf die Problematik der Meta-Sprache, wie sie etwa Ludwig Wittgenstein und die Neopositivisten des ›Wiener Kreises‹ (Rudolf Carnap, Hans Reichenbach, Moritz Schlick) diskutierten. Trotz nicht zu übersehender, tief greifender Unterschiede (z.B. bei dem Begriff des Mystischen) lässt sich die Sprachauffassung in Wittgensteins *Tractatus logico-philosophicus* (1921) in die Nähe des so genannten magischen, von unreflektierter Totalität gekennzeichneten Sprachverhältnisses rücken, wie es Chandos früher besessen haben will. Wie Chandos gelangt Wittgenstein zum Schluss, dass das Eigentliche durch Sprache nicht vermittelbar sei, dass diese höchstens zum Gemeinten hinführen könne: »Meine Sätze erläutern dadurch, dass sie der, welcher mich versteht, am Ende als unsinnig erkennt, wenn er durch sie – auf ihnen – über sie hinausgestiegen ist.« Sowohl bei Hofmannsthal als auch bei Wittgenstein erhält die Sprache ihre Sinngebung nur im Gebrauch und in Bezügen. Während der Philosoph zur Auffassung gelangt: »Wovon man nicht sprechen kann, darüber muß man schweigen«, treibt es den Dichter zur ›Sprachverleugnung aus Sprachliebe‹.

Die Sprachauffassung Ludwig Wittgensteins

Im Gegensatz zur Philosophie, die sich als abstrahierendes Gedankensystem selbst aufheben muss in der Konsequenz solcher Einsichten, kann die Dichtung »den Sinn des Schweigens lehren, ohne zu verstummen«, wie es Hofmannsthal in seinem Lustspiel *Der Schwierige* (1921) formulierte. Der Chandos-Brief verweist indirekt auch auf die Sprachkritik Fritz Mauthners, der in seinem dreibän-

Dichter versus Philosoph

digen Werk *Beiträge zu einer Kritik der Sprache* (1901–1902) die Unzulänglichkeit der Sprache reflektierte und sie sogar als Behinderung bei der Wahrnehmung
von Wirklichkeit darstellte. Denn ihr seien Täuschung und Verstellung eigen.
Sprachskepsis und Sprachverzweiflung kennzeichneten zahlreiche philosophische, sprachanalytische und literarische Texte dieser Zeit, unter anderem die
von Musil oder Karl Kraus.

*Sprachreflexion in
Musils »Törleß«*

In seinem ersten Roman *Verwirrungen des Zöglings Törleß* (1906), für den er
sofort nach dessen Veröffentlichung wegen der »mutigen« Darstellung tabuisier-
ter Pubertätsleiden große Anerkennung erfuhr, ging es Musil (1880–1942) vor
allem darum, das Aufbrechen der gewohnten Wirklichkeit darzustellen und eine
»andere Welt« sichtbar zu machen. Diese aber, und daraus resultieren die »Verwirrungen« des um Erkenntnis ringenden »Zöglings« vor allem, entzieht sich einem rationalen Zugriff und damit auch der Sprache. Das Thema einer doppelten
Wirklichkeit bleibt bis zum *Mann ohne Eigenschaften* (1930) bestimmend für das
Erzählen Musils. Allerdings ging es ihm, der im zeitgenössischen Literaturbetrieb
Wiens stets Außenseiter blieb, in seinen späteren Werken zunehmend auch darum, die sprachlichen Vermittlungsmöglichkeiten einer »anderen Wirklichkeit« zu
erkunden. Beispielhaft dafür ist sein zweites Buch *Vereinigungen* (1911).

Kaffeehausliteratur

Statt in literarischen Salons fand in Wien die kreative Kommunikation zwischen Anregern, Förderern und Autoren (seltener: Autorinnen) in Gruppen oder
Kreisen statt, die sich in Kaffeehäusern trafen, an Orten also, an denen Öffentlichkeit ebenso gewährleistet ist wie der persönliche Rückzug. Das Kaffeehaus war
eine Stätte der Literatur- und Kulturvermittlung. Die hier stets verfügbaren Tageszeitungen ermöglichten den Besuchern, sich über den neusten Stand kultureller
Debatten zu informieren. In manchen Kaffeehäusern lagen sogar enzyklopädi-
sche Nachschlagewerke aus. Ein bestimmter Typus des Intellektuellen und Künstlers absolvierte hier, statt in hermetischer Kunst-Atmosphäre des Elfenbeinturms,
sein tägliches Lektüre- und Schreibpensum – insbesondere literarische Kurzformen – vor aller Augen und debattierte mit den Anwesenden. Hofmannsthal, Peter
Altenberg, Andrian, Felix Dörmann, Bahr, Arthur Schnitzler, Richard Beer-Hofmann, Felix Salten und Kraus gehörten zu solchen Tischgemeinschaften. Die beliebtesten Kaffeehäuser Wiens waren das Café Griensteidl und das Café Central.

Café Griensteidl (Aquarell
von Rudolf Volkel)

Aus Anlass der Schließung des Café Griensteidl schrieb Karl Kraus (1874–1936) die polemisch-satirische Attacke *Die demolirte Litteratur* (1896), in der er den Kreis um Bahr und den zeitgenössischen Kulturbetrieb einer vernichtenden Kritik unterzog. In dem »literarischen Vercehrszentrum«, diesem »Sammelpunkt von Leuten, die ihre Fähigkeiten zersplittern wollen«, so spöttelt er, wechseln sich in schneller Folge die unterschiedlichsten Literaturmoden ab, denen sich sogar die Kellner anzupassen haben. Sein Pamphlet, das bis zum Jahr 1901 fünf Auflagen erreichte, attackiert – ohne Namen zu nennen – die gesamte Autorengeneration des so genannten ›Jung-Wien‹, zu der die von Bahr protegierten Schriftsteller sowie weitere im Griensteidl schreibende Literaten gehörten. Allen voran Bahr, dessen Anhängern Kraus vorwirft, eine »Kunst der Nerven, von den Nerven auf die Nerven« zu betreiben, der »gemeinen Deutlichkeit der Dinge zu entfliehen«. Seinen »Jüngern« verbiete er, von dem »Kaiserfleisch des Naturalismus« zu essen und empfehle ihnen dafür die »gebackenen Dukaten des Symbolismus«. Die anderen Autoren werden von Kraus kaum wohlwollender beurteilt. Neben Hofmannsthal und Schnitzler oder Beer-Hofmann attackiert er Felix Salten, Dörmann, Ferry Bératon, Richard Specht, Leo Ebermann, Leo Feld und andere, und zwar zumeist mit deren eigenen Schlagworten. Die Demontage der Jung-Wiener Literatur endet mit einer auf die Moderne bezogenen Endzeit-Vision vom »grossen Exodus« der Künstler aus dem Café Griensteidl. Wenn der »Demolirarbeiter« an die Fensterscheiben »pocht«, so Kraus, werden eilig »alle Literaturgeräte zusammengerafft: Mangel an Talent, verfrühte Abgeklärtheit, Posen, Grössenwahn, Vorstadtmädel, Cravatte, Maniriertheit, falsche Dative, Monocle und heimliche Nerven«. Die Kaffeehausliteraten müssen nun »aus dumpfer Ecke« herauskommen und sich »dem Leben« stellen, »dessen Fülle sie bedrücken wird«. Verständlicherweise trug das Pamphlet, das die Literatur der Jung-Wiener als schein- und lügenhaft sowie schlecht geschrieben zu entlarven sucht, Karl Kraus deren lebenslange Feindschaft ein, die bis hin zu Tätlichkeiten reichte. Der Sprach-Moralist Kraus jedoch wird auch in seiner 1899 begründeten Zeitschrift *Die Fackel* nicht davon ablassen, die sprachlichen Nachlässigkeiten der seiner Meinung nach zum Journalismus degenerierten zeitgenössischen Literatur zu attackieren.

1891, also zur Blütezeit des Naturalismus, hatte Bahr in seinem Essay »Die Überwindung des Naturalismus« die Wendung »vom Außen zum Innen« gefordert. Statt der äußeren Wirklichkeit sollten von nun an die inneren Empfindungen und psychischen Zustände exakt abgebildet werden. Die Schriftsteller sollten sich nicht länger an Soziologie und Biologie orientieren, sondern an Psychologie und Psychiatrie, an der Neurosen- und Hysterielehre. Die Forderung stand unter dem Einfluss der Schrift *Analyse der Empfindungen* (1886) des Neopositivisten Ernst Mach, über den Robert Musil 1908 promovierte. Mach definierte »die wahrgenommene Realität als Komplex wechselnder Empfindungen […], die von analogen Komplexen sinnlicher Außenreize erzeugt werden« (H. Fritz). Angesichts einer zunehmend instabiler erscheinenden Außenwelt, der Überfülle von Wahrnehmungsreizen innerhalb des dynamischen und chaotischen modernen Großstadtlebens, könne das Ich nur noch mit einer dissoziierten Wirklichkeitserfahrung und mit Identitätskrisen reagieren: »Das Ich ist unrettbar« (E. Mach). Hofmannsthal sprach von der »Bakteriologie der Seele«, Nietzsche von einer »Chemie der Begriffe und Empfindungen«. Die »Kunst der Nerven« (H. Bahr), die sich als eine Kunst vornehmlich kranker, »nervöser« und daher besonders empfindlicher Nerven verstand, setzte eine Vielzahl literarischer Programme und Stil-

Karl Kraus

Titelblatt

Die Wendung »vom Außen zum Innen«

tendenzen frei, die mit Termini wie Impressionismus, Symbolismus, Décadence und Fin de siècle, Neuromantik oder Ästhetizismus belegt wurden. Was im Umkreis dieser Begriffe in Wien und auch in München zwischen 1890 und 1910 als ›modern‹ galt, beschrieb Hofmannsthal später so: »Man treibt Anatomie des eigenen Seelenlebens, oder man träumt. Reflexion oder Phantasie, Spiegelbild oder Traumbild. [...] Modern ist das psychologische Graswachsenhören und das Plätschern in der reinphantastischen Wunderwelt. [...] modern ist die Zergliederung einer Laune, eines Seufzers, eines Skrupels; und modern ist die instinktmäßige, fast somnambule Hingabe an jede Offenbarung des Schönen, an einen Farbenakkord, eine funkelnde Metapher, eine wundervolle Allegorie.«

Nietzsche-Rezeption

Dämonisierter Nietzsche (Druck von Ernst Heckel, 1905)

Insbesondere Friedrich Nietzsche (1844–1900) inspirierte mit seinem zwischen Philosophie, Psychologie und Literatur schillernden Werk, das um 1900 zur Pflichtlektüre jedes Intellektuellen gehörte, unzählige Autorinnen und Autoren der literarischen Moderne, neben George etwa Heinrich und Thomas Mann, Alfred Döblin, Gottfried Benn, Franz Kafka, Musil, Bertolt Brecht, Schnitzler, Hofmannsthal, Lou Andreas-Salomé, Rilke und Ernst Jünger. Auch wenn ein Großteil der Wirkungsgeschichte Nietzsches in Deutschland auf Missdeutungen oder gar fälschlichen Auslegungen beruht, erweisen sich doch Themen und Begriffe wie der »Wille zur Macht«, der Vitalismus, die Umwertung aller Werte, der Immoralismus, die Skepsis, der »Übermensch«, der Nihilismus, die Faszination der Oberfläche (Masken) und seine mitreißende Sprache als außerordentlich wirksam. Seine Texte, insbesondere *Also sprach Zarathustra* (1883–85) sowie die Aphorismen *Der Wille zur Macht*, trugen dazu bei, dass das anarchische, vorzivilisierte Leben, die Sexualität, der dionysische Rausch und der Traum geradezu literarische Kultthemen wurden. Die Psychoanalyse mit ihrem kultur- und zivilisationskritischen Impetus wäre, nach Freuds eigener Einschätzung, ohne den Einfluss Nietzsches nicht denkbar gewesen.

Der Beitrag Sigmund Freuds zur literarischen Moderne

Rezeption der Psychoanalyse

Einen der größten Beiträge zur literarischen Moderne leistete sicherlich Sigmund Freuds (1856–1939) *Traumdeutung* (1900). Die Psychoanalyse revolutionierte die Kultur des 20. Jahrhunderts. Auch wenn das vorfreudianische Wissen über Neurosen, Hysterie, Neurasthenie in der Literatur des 19. Jahrhunderts bereits häufig diskutiert worden war und z. B. das Schema von Vererbung und Degeneration den Handlungsaufbau zahlreicher Werke dieser Zeit bestimmt hatte, so war es doch Freud, der als erster das großenteils noch heute gültige Vokabular für innerseelische Vorgänge fand und die Mechanismen des von ihm so benannten »Unbewußten« eingehend beschrieb, kategorisierte und systematisierte. Ohne die Rezeptionsgeschichte der Psychoanalyse ist die Literaturgeschichte des 20. Jahrhunderts nicht angemessen zu begreifen. Die Psychoanalyse lag in dieser Zeit gewissermaßen »in der Luft«, wie Thomas Mann später einmal feststellte. Freud bediente sich nicht nur selbst in der Literatur, z. B. bei Sophokles, Shakespeare oder Dostojewski, um sein Vokabular der Psychoanalyse anschaulicher und seine realen Fälle verständlicher zu machen, er selbst räumte einmal ein, seine Fallgeschichten seien wie »Novellen zu lesen«. Umgekehrt gibt es kaum einen Autor oder kaum eine Autorin der literarischen Moderne, der oder die sich nicht mit der Psychoanalyse auseinandersetzte und von ihr geprägt wurde: Sei es nun Schnitzler, Hofmannsthal oder Kraus, Rilke, Andreas-Salomé, Reventlow, Thomas Mann, Hesse, Kafka, Musil oder Döblin. Oftmals war die Beziehung zwischen Psychoanalyse und literarischer Moderne durch starke Rivalitäten gekennzeichnet, insbesondere dann, wenn auch der Schriftsteller sich auf der Basis seines Medizin- oder Psychologiestudiums und seines Berufs mit der Psychoana-

lyse auseinander setzte, wie etwa Schnitzler, Döblin, Musil, Benn oder Richard
Huelsenbeck.

Beispielhaft sind z. B. die Prioritätsstreitigkeiten zwischen Freud und Arthur
Schnitzler (1862–1931). Im selben Jahr, auf das Freud die 1899 verfasste Traumdeutung datierte (1900), führte Schnitzler mit *Lieutnant Gustl* den inneren Monolog in die deutsche Literatur ein, um eine unmittelbare Darstellung der heterogenen Wahrnehmungs- und Empfindungskomplexe, des Unbewussten eines
dissoziierten Ich zu ermöglichen. Beide waren durch dieselbe medizinische Schule gegangen, und Schnitzler hatte sich wie Freud auf das Gebiet der Nervenkrank-
heiten spezialisiert, insbesondere auf Neurasthenie und Hysterie. Freud wiederum hatte, ähnlich wie der Schriftsteller, sein psychoanalytisches Wissen nicht
allein im Studium und in der Arbeit mit Patienten erworben, sondern auch aufgrund von intensiver Selbstbeobachtung. So waren Konflikte darüber, wer zuerst
welches Wissen geliefert hatte, fast unvermeidlich. Arthur Schnitzler blieb dabei,
sich in seinen Texten vor allem auf die Darstellung sexueller Wünsche und Phantasien zu konzentrieren, ob in seinem Skandalstück *Reigen* (1900) oder in der um
erotische Träume kreisenden *Traumnovelle* (1926). Insbesondere seine Erzählung
Fräulein Else (1924), die sich ganz auf die Wahrnehmungen, Gefühle und das
sexuelle Verlangen der 19-jährigen Else konzentriert, veranschaulicht Schnitzlers
ästhetisches Prinzip, die Darstellung der Außenwelt völlig an die Wahrnehmungen eines individuellen Bewusstseins zu binden. Bei Elses Tod bricht der Text
mitten im Wort ab: »El ...« – »ich fliege ... ich träume ... ich schlafe ... ich träu..
träu-ich flie ...«.

Arthur Schnitzler

Eher von Kooperation als von Konkurrenz geprägt war das Verhältnis zwischen
Freud und seiner Schülerin Lou Andreas-Salomé (1861–1937). Ihre Wirkung als
seine freundschaftliche Beraterin, als Vermittlerin psychoanalytischen Wissens
innerhalb ihres Umfelds, als mütterliche Freundin Rilkes und nicht zuletzt als
Theoretikerin einer Psychoanalyse eigener Prägung ist nicht zu unterschätzen.
Allerdings stellte sie ihr literarisches Schaffen zugunsten der Psychoanalyse ein,
als sie mit fünfzig Jahren ihre eigene Praxis eröffnete. Doch bereits in ihren literarischen Texten war es ihr immer wieder um psychische Probleme gegangen,
vor allem um die Entscheidung zwischen Beruf und Familie als Konflikt im Leben
von Frauen. Sie problematisiert ihn bereits in der Erzählung *Eine Ausschweifung*
(1898), die mit den Erinnerungen einer Malerin an ein traumatisches Kindheits-
erlebnis, an deren Jugendjahre und an deren gescheiterte Verlobung mit ihrem
Vetter einsetzt, der inzwischen als Nervenarzt praktiziert. In ihren Romanen *Ma.
Ein Portrait* (1901), *Das Haus* (1921) und in ihren späteren Texten betreibt Andreas-Salomé, die sich selbst in ihrem Alltag von den damaligen Erwartungen
gegenüber ›der‹ Frau emanzipiert hatte, einen immer intensiver werdenden Müt-
terlichkeitskult. Zunehmend fällt hier die Entscheidung der jeweils im Mittelpunkt stehenden begabten jungen Frau zugunsten der Mutterschaft und gegen
die berufliche Karriere aus.

*Schriftstellerin und
Psychoanalytikerin*

Lou Andreas-Salomé

Hugo von Hofmannsthal, Autor der noch heute oft aufgeführten Dramen *Der
Thor und der Tod* (1893), *Alkestis* (1909), *Rosenkavalier* (1911), *Ariadne auf Na-
xos* (1912) oder *Die Frau ohne Schatten* (1919), lieferte mit dem Drama *Elektra*
(1904) ein herausragendes Beispiel für die unmittelbare Umsetzung psychoanalytischen Wissens in Literatur. Mit einigem Recht lässt es sich als Hysterie-Studie
lesen, wobei Freuds Geschichte machende Patientin Anna O. als Modell für Hofmannsthals Elektra fungierte. Die Auseinandersetzung mit der Psychoanalyse
innerhalb der ›Jung-Wiener‹ Szene um Bahr, zu der neben Hofmannsthal und

*Hugo von Hofmannsthals
Hysterie-Studie*

Schnitzler auch Autoren wie Beer-Hofmann, Salten, später Kraus und Altenberg gehörten, markiert den Beginn der literarischen Psychoanalyse-Rezeption und zugleich die Aufhebung der Kluft zwischen naturwissenschaftlicher (deutlich literaturfeindlicher) Medizin und schöner (ebenso pathologiefeindlicher) Literatur.

Literatur und Geschlecht

Infragestellung traditioneller Geschlechterrollen

Zu den Folgen der zeitgenössischen Beschäftigung mit Identitätskonzepten gehörte auch eine verstärkte Infragestellung der traditionellen Geschlechterverhältnisse und der geschlechtsspezifischen Rollenzuweisungen. Eine einheitliche Tendenz der sonst so vielschichtigen Epoche um 1900 ist eine allgemeine ›Feminisierung‹ des Lebens und der Kunst. Bezeichnend dafür ist bereits 1888, dass Wolff die Moderne als »ein Weib« sexuiert, »ein *modernes,* d. h. vom modernen *Geiste* erfülltes Weib, zugleich Typus, d. h. ein *arbeitendes* Weib, und doch zugleich ein *schönheitsdurchtränktes,* idealerfülltes Weib, d. h. von der materiellen Arbeit zum Dienste des Schönen und Edlen zurückkehrend, etwa auf dem Heimwege zu ihrem geliebten Kind, – denn sie ist keine Jungfrau voll blöder Unwissenheit über ihre Bestimmung, sie ist ein *wissendes,* aber *reines* Weib, und wild bewegt wie der Geist der Zeit, d. h. mit *flatterndem Gewand* und *fliegendem Haar,* mit *vorwärtsschreitender* Gebärde, freilich nicht durch ihre überirdische *Erhabenheit* in den *Staub* nötigend, aber durch ihren Inbegriff aller *irdischen Schönheit* begeisternd mit *fortreißend,* – das ist unser neues Götterbild: die *Moderne*!« (Eugen Wolff: *Die jüngste deutsche Literaturströmung und das Prinzip der Moderne,* 1888). Ein solches Weiblichkeitsbild musste das männliche Selbstverständnis verunsichern. Als Reaktion darauf wurde die traditionelle Geschlechterdichotomie neu aufbereitet, entweder eine biologische und intellektuelle Minderwertigkeit der Frau (Otto Weininger) oder deren Triebnatur (Karl Kraus) behauptet. Solche Versuche, alte Geschlechterklischees zu zementieren, zeugen von der Krise des modernen, seit dem 18. Jahrhundert (mit Kant) explizit als männlich gedachten Subjekts, wie sie sich auch in Literatur und Kunst manifestierte. Sie spiegelt sich jedoch zugleich auch in der Durchsetzung von Wahrnehmungs- und Ausdrucksweisen, die in ihrer Weichheit und Emotionalität traditionellen Männlichkeitsvorstellungen widersprechen und ›dem‹ Mann erlauben, seiner Selbst- und Weltentfremdung Ausdruck zu verleihen. Dies führt zu einem Plädoyer für »›weibliche‹ Anempfindung« oder aber auch zum Gegenteil, nämlich »zur Angst vor dem ›Weiblichen‹, Frauenhaß« unter den männlichen Autoren (G. Brinker-Gabler). Der Geschlechterkampf wurde zum großen Thema der Jahrhundertwende, etwa in Schnitzlers *Reigen* oder in Frank Wedekinds *Frühlingserwachen.*

Frank Wedekind

Wedekind (1864–1918), der bevorzugt Themen wie Erotik, Abtreibung und Kindsmord sowie Frauenemanzipation literarisierte, beeinflusste nicht nur die zeitgenössische Geschlechterdebatte, sondern ist auch einer der Wegbereiter des Expressionismus. Sein Hauptwerk, die zweiteilige *Lulu*-Tragödie, provozierte die Zeitgenossen, entwickelte sie doch eine Sichtweise des Weiblichen, die unmittelbar vom Körperlichen und Geschlechtlichen ausgeht. So wird die ›Büchse der Pandora‹, woraus angeblich alle Übel in die Welt gekommen sind, in plakativer Direktheit mit dem weiblichen Geschlecht und Lulu selbst mit dem Animalischen gleichgesetzt. »Das wahre Tier, das wilde, schöne Tier« nennt ein Tierbändiger im Prolog das ungehemmte Mädchen Lulu. Diese inhumane Pervertierung löste nicht nur Empörung beim Publikum aus, sondern rief auch die Zensurbehörde

auf den Plan. Lulus diverse Ehemänner und Liebhaber, die zumeist eher dem
Asozialen- oder Halbweltmilieu angehören, scheinen ihr zwar absolut hörig zu
sein, da Lulu aber letztlich nur ihren Wünschen dienen soll, wird sie selbst zum
bloßen Sexualobjekt degradiert. Sie ist in Wahrheit nicht mehr als eine Projektion
vielfältiger Wünsche ihrer männlichen Gegenspieler. Ob die Tatsache, dass Lulu,
nachdem sie ihren eifersüchtigen Ehemann Dr. Schön ermordet hat, in Männer-
kleidern auf der Bühne steht, als Fremdbestimmung zu lesen ist oder als befrei-
endes Spiel mit changierenden Geschlechtsidentitäten, darüber lässt sich streiten.
Jedenfalls stirbt sie als Opfer des ›männlichen‹ Hasses auf die Weiblichkeit, wenn
sie von dem Frauenmörder Jack the Ripper getötet wird, der ihr das Genital her-
ausschneidet. Wedekind, Franks Drama, in dem die Figuren nichts weiter sind
als ihren Trieben ausgelieferte Marionetten, unterscheidet sich schon allein durch
seine unrealistischen Dialoge vom naturalistischen Wiedergabe-Konzept. In der
Betonung des Amoralischen, ›Natürlichen‹ und Vitalen weisen bereits seine frühen Entwürfe auf den Expressionismus voraus. Ob Wedekinds Lulu-Konzept einer eindimensionalen Geschlechteroptik geschuldet ist, lässt sich im Vergleich
mit dem Marie Madeleines (1881–1944) diskutieren. Sie wurde den Zeitgenossen
wegen ihrer Komödie *Das bißchen Liebe* (1906) als ›weiblicher Wedekind‹ bekannt. Hier kann sich eine ›andere Lulu‹ namens Sascha gegen die Zumutungen
der sie begehrenden Männer erfolgreich behaupten.

Lulu als Inkarnation gefährlicher, weiblicher Sinnlichkeit entspricht einer Fi-   *›Femme Fatale‹*
gurentypisierung, die wesentliche Züge der ›Femme Fatale‹ auf sich vereint und
damit einer Charakterisierung, die neben ihrem Gegenentwurf der ›Femme Fragile‹ zum zentralen Frauenbild um die Jahrhundertwende wurde. Schriftsteller
wie Kraus, Wedekind, Richard Dehmel, Carl Sternheim, Heinrich Mann, Karl
Hauer, Erich Mühsam, Otto Soyka, Stanislaw Przybyszewski oder Strindberg favorisierten den dämonischen Frauentypus. Als furchterregende Hexe, als »Vam-
pirweib« (R. Dehmel), männerverderbende Nymphomanin, lasterhafte Unschuld
oder perverses Kindweib bevölkert die ›Femme Fatale‹ deren Gedichte, Romane
und Theaterstücke.

Dem entspricht ein betont maskulines Selbstverständnis, eine virile Ideologie   *Otto Weininger*
in Fragen der Kultur, die nicht nur von Nietzsches Décadence-Kritik, sondern
auch von Otto Weiningers antisemitischen und frauenfeindlichen Anschauungen
gespeist wurde. In seinem Pamphlet *Geschlecht und Charakter* (1903) setzt er
Frauen mit animalischer Triebhaftigkeit gleich. Das reine Modell von Weiblichkeit
gibt es für ihn nur in zwei Ausführungen, Dirne oder Mutter, wobei ihm letztere
wegen ihrer getarnten Sexualität noch verdächtiger erscheint. Zeitlebens sei die
Frau ihrer Geschlechtlichkeit unterworfen. Weil es »nichts ist als Sexualität«, so
Weininger, sündiger ist »das Weib« nicht, es sei die Sünde selbst. Einflussreich
insbesondere für den österreichisch-ungarischen Raum wurden die Phantasien
Leopold Sacher-Masochs (1836–1895). In einer Reihe von Erzählungen, etwa in
dem populären Prosatext *Venus im Pelz* (1869), in dem die mit Pelz und Peitsche
ausgestattete Wanda als Inbegriff der ›Femme Fatale‹ auftritt, hatte er die Verknüpfung von sinnlicher Lust und Schmerzempfindung variiert, jene Spielart der
Perversion also, die später (1886) von dem Psychiater Richard von Krafft-Ebing
als »Masochismus« definiert wurde.

Das Kunstprodukt der reinen, unschuldigen, oft schwindsüchtigen ›Femme   *›Femme Fragile‹*
Fragile‹ hingegen, deren Funktion es ist, den Mann »vom sexuellen Leistungs-
zwang, von Potenz-Ängsten und ehelichen Pflichten«, aber auch von den »Qualen der Begierde« zu erlösen, damit er »zum höheren Ich, zum geistigen Sein«

gelangen könne, wurde zum »Kult-Objekt des übersensiblen, wirklichkeitsscheuen, ›dekadenten‹ Mannes, des femininen Künstlers« (N. Wagner). Hofmannsthal, Rilke, Altenberg, Richard von Schaukal, Andrian oder André Gide und Wilde zählen zu den Schriftstellern, die diesen Künstlertypus in ihren Werken darstellten. Der Typus der furchterregenden Frau und der der furchtsamen, zerbrechlichen Frau, die beide gerade um die Jahrhundertwende und dann wieder verstärkt im Expressionismus literarisiert wurden, entsprechen Phantasien, die vor allem eines bestätigen: In einer Gesellschaftsform, in der das Geschlechterverhältnis durch ein Machtgefälle zwischen Mann und Frau gekennzeichnet ist, ist es der Mann, der die Frau definiert, nicht umgekehrt.

Die Schwabinger Bohème

Zu den intellektuellen Subkulturen, die sich in Deutschland Anfang des 20. Jahrhunderts am stärksten ausprägen konnten, gehörte die Schwabinger Bohème, die sich aus Schriftstellern, Künstlern, Musikern und Lebenskünstlern zusammensetzte und, wie es charakteristisch ist für die Bohème-Kultur, mit »betont un- oder gegenbürgerlichen Einstellungen und Verhaltensweisen« provozierte (H. Kreuzer). Anarchismus, erotische Rebellion sowie die Vaterautoritäten in Frage stellende Beschäftigung mit matriarchalen Kulturen kennzeichnen die

Zwischen erotischer Befreiung und misogyner Mutteridealisierung

Texte der Autorinnen und Autoren dieses Kreises, zu dem etwa Franziska zu Reventlow, Erich Mühsam oder Frieda von Richthofen und zeitweise Rainer Maria Rilke (1875–1926) gehörten. Sein lebenslanges Unvermögen, sich aus der Abhängigkeit von seiner Mutter zu lösen, setzte Rilke in zahlreichen Texten um, z. B. in seinem Gedicht *Einig* (1897). Noch als Vierzigjähriger begann er ein Gedicht mit den Worten: »Ach wehe, meine Mutter reißt mich ein.« Nicht nur in Lou Andreas-Salomé fand Rilke eine mütterliche, ihn mit psychologischen Hinweisen versorgende Ratgeberin, oft war er auch Gast adeliger und großbürgerlicher Gönnerinnen, wie der Fürstin Marie von Thurn und Taxis oder der Schweizer Industriellengattin Nanny Wunderly-Volkart. Während der Liebesbeziehung mit Andreas-Salomé kam es zu einem richtungweisenden Durchbruch in seinem Schreiben. In dem 1898 für sie geschriebenen *Florenzer Tagebuch* zeichnete er das Ziel einer unbedingten Dichterexistenz, die er Zeit seines Lebens selbst einzulösen versuchte. Ebenfalls den Erfahrungen mit Andreas-Salomé verdankt sich sein größter Publikumserfolg *Die Weise von Liebe und Tod des Cornet Christoph Rilke* (1904, überarbeitet 1906), das bei den Soldaten beider Weltkriege zum meistgelesenen Buch wurde. Ähnlich wie bei Rilke, bei dem die Thematisierung des Mütterlichen neben einem idealisierenden allerdings stets einen kritischen, an der Abhängigkeit leidenden Gestus beinhaltet, ist die Hochschätzung, ja die Verklärung der Mutterrolle ein Phänomen, das zahlreiche Schriftsteller, Philosophen und Kulturtheoretiker Anfang des 20. Jahrhunderts teilten. Das Thema ›Mütterlichkeit‹ hatte in Folge der verstärkten Rezeption Johann Jakob Bachofens, vermittelt unter anderem über Klages und Wolfskehl, damals Hochkonjunktur und mündete bei einigen Autoren der sich großenteils betont frauenverächtlich gerierenden Bohème in eine biologistische Reduktion der Frau auf deren Gebärfähigkeit. So etwa bei Erich Mühsam, der in seinen literarischen Texten zugleich die freie Liebe propagierte.

Rainer Maria Rilke

Otto Gross

Der Psychoanalytiker und anarchistische Kulturtheoretiker Otto Gross (1877–1920) nahm diese zeitgenössische Konzeption von Mütterlichkeit zum Anlass für seine Kritik an den paternalen Gesellschaftsstrukturen. Seine Kulturkritik verfocht in einer Mischung aus Nietzsches philosophischen Theoremen, anarchistischen, psychiatrischen und vor allem psychoanalytischen Theorien sowie den Mutterrechtstheorien Bachofens eine Befreiung der individuellen, insbesondere sexuellen Bedürfnisse des Einzelnen von den Zwängen einer patriarchalisch organisierten Gesellschaft.

Franziska zu Reventlow (1871–1918) thematisierte in ihrem Roman *Der Geldkomplex* (1916) Gross' Variante der Psychoanalyse und seine Absicht, sie zu analysieren. Der Text besteht aus 25 Briefen einer fiktiven Briefeschreiberin, hinter der sich unverkennbar Reventlow selbst verbirgt. Sie enthalten spöttisch-ironische Situationsberichte aus einem Nervensanatorium, in dem sich die scheinbar naive Heldin angeblich zur Heilung eines »Geldkomplexes« aufhält, ein als freudscher Komplex eingestuftes Leiden, das gleichzeitig auf Reventlows permanente finanzielle Nöte anspielt. Deutlich sind die gedanklichen Parallelen zwischen Reventlow, Gross und Mühsam, die sich gegen die Familie und die geltende Sexualmoral richten. Mühsam und Reventlow setzten ihre Anschauungen über die Freie Liebe in ihren literarischen Texten um. Mühsam in seinem Stück *Die Freivermählten. Polemisches* Schauspiel (1909), Reventlow in ihren Amouresken *Von Paul zu Pedro* (1912), in denen die liebeserfahrene Erzählerin eine Typisierung ihrer bisherigen Liebhaber vornimmt und sie einer lustvoll-ironischen Betrachtung unterzieht. Die Protagonistin, die eine griechische Hetäre parodiert, drückt zudem ihr Bedauern darüber aus, »daß man doch immer nur einen Mann heiraten könne [...] Der Rausch verfliegt, und was dann? – Räusche verfliegen auch, aber es kommen neue«. Die Hetären waren – nicht nur bei den so genannten ›Kosmikern‹, einem unter vielen anderen Kreisen im Schwabing der Jahrhundertwende, zu dem neben Klages Alfred Schuler und anfangs Ludwig Derleth gehörten – ein populäres Thema, wie z. B. die Übersetzung der Hetärendialoge des Lukian durch Franz Blei zeigt. Reventlows Roman *Herrn Dames Aufzeichnungen aus einem merkwürdigen Stadtteil* (1913) gilt als Schlüsselroman der Schwabinger Bohème. Hier ironisiert sie unter anderem die »Merkwürdigkeiten« der ›kosmischen‹ Theorien.

Franziska zu Reventlow

Antikes Fest in Wolfskehls Münchner Wohnung (1903): Stefan George als Caesar, Karl Wolfskehl als Bacchus, vorne links Franziska zu Reventlow

Expressionismus (1910–1920)

Zwar ging die expressionistische Bewegung aus der Bohème hervor und fand zunächst nur in ihr einen »sozialen Resonanzraum« (H. Kreuzer). Doch waren es gerade expressionistische Autoren, die in ihren späteren Absagen an die »apolitisch-unprogrammatische Mentalität vieler Bohémiens« (M. Stark) bewusst einen radikalen Trennungsstrich zwischen Bohème-Literatur und expressionistischer Literatur ziehen wollten. Ein Beispiel für das politisch-programmatische Interesse der expressionistischen Bewegung liefert etwa die Schriftstellerin Bess Brenck Kalischer, die sich an der Gründung der »Expressionistischen Arbeitsgemeinschaft Dresden« am 1. Oktober 1917 beteiligte. Deren Programm forderte von den Mitgliedern, ihrem ›Protest gegen das, was außen geschieht‹, in ihrer künstlerischen Arbeit Ausdruck zu verleihen. Trotz ästhetischer und anderer Divergenzen zwischen den Werken ist es (nicht nur) deshalb sinnvoll, literarhistorische Trennungslinien gelegentlich bewusst zu übergehen und die genannten Autorinnen und Autoren in eine Reihe zu stellen oder eben unter dem Sammelbegriff ›literarische Moderne‹ zu subsumieren, und zwar nicht nur wegen ihres gemeinsamen Interesses an Kulturthemen der Zeit, etwa an der heftig diskutierten Psychoanalyse oder an der Geschlechterfrage. Neben »ideologischen« existieren auch »interaktionelle und personelle Berührungspunkte zwischen Bohème und Expressionismus« (M. Stark), etwa die Bedeutung der Literatencafés für beide Gruppierungen oder die »überragende Bohèmegestalt Else Lasker-Schüler« (1869–1945), deren von unmittelbaren Gefühlsdarstellungen, bunten Phantasiebildern und mythisierenden Anspielungen durchzogenen Texte (*Die Nächte Tino von Bagdads*, 1907; *Mein Herz*, 1912; *Hebräische Balladen*, 1913; *Der Prinz von Theben*, 1914; *Das Kino-Buch*, 1914 oder *Der Malik*, 1919) doch insgesamt für das charakteristischer sind, was ab dem zweiten Jahrzehnt mehr und mehr als ›expressionistisch‹ gehandelt wurde.

Else Lasker-Schüler
(Selbstbildnis als Prinz
Jussuf, um 1913)

Im Juli 1911 übertrug der promovierte Jurist und freie Schriftsteller Kurt Hiller die Bedeutung des Begriffs ›Expressionismus‹ von der neuesten Kunst auf die jüngste Literatur: »Wir sind Expressionisten. Es kommt uns wieder auf den Gehalt, das Wollen, das Ethos an.« Als »Expressionisten« bezeichnete er Autoren wie Ernst Blass, Ferdinand Hardekopf, Ludwig Rubiner, Erich Unger, Jakob van Hoddis oder Georg Heym, die ihre Texte in dem 1909 in Berlin gegründeten »Neuen Club« und dem aus ihm 1911 hervorgegangenen »Neopathetischen Kabaretts« lasen, den beiden »Keimzellen der expressionistischen Literatur« (T. Anz). ›Neu‹, ›neo‹ und ›pathetisch‹ – sind die Vokabeln, die auf zentrale Anliegen der Expressionisten verweisen: auf Umbruch, Aufbruch und neues Erleben. Die Betonung alles Gefühlhaften, Affektvollen und Pathetischen, kurzum: Alles Nicht-Rationalen ist charakteristisch für die zumeist jugendlichen Außenseiter, deren Ansichten über die Bedeutung des Begriffs ›Expressionismus‹ weit auseinander gingen. Was diese allgemeine Bewegung auszeichnete, war vor allem die Einstellung, dass man ›irgendwie‹ gegen den Naturalismus und all die heute unter ›Wiener Moderne‹ subsumierten Stilrichtungen aufbegehren wollte, und zwar nicht nur inhaltlich, sondern auch formal.

Der Expressionismus kann keineswegs als ›gesamtdeutsche Geistesbewegung‹ begriffen werden. Vielmehr bildete er eine Art literarischer Subkultur, die mit anderen, zum Teil sehr viel dominanteren und etablierteren kulturellen Kräften konkurrierte. Den größten Zusammenhalt besaß die Gruppe von Schriftstellern, die

Herwarth Walden
(Zeichnung von Oskar
Kokoschka, 1910)

für Herwarth Waldens Zeitschrift *Der Sturm* (1910–1932) schrieb. Zu ihr gehörten u. a. Karl Kraus, René Schickele und August Stramm. Außerdem Lasker-Schüler, die von 1901 bis 1911 mit dem im Literatur- und Kunstbereich engagierten Kommunikator verheiratet war und auch den Titel *Der Sturm* erfunden hatte. Die Zeitschrift verstand sich nicht nur als Forum junger Schriftsteller, sondern auch als Medium der künstlerischen Avantgarde. Abgelehnt wurden, wie in fast allen expressionistischen Zeitschriften, Klassizismus, Naturalismus und Liberalismus sowie der Historismus. Eine herausragende Stellung in der expressionistischen Bewegung nahm *Der Sturm* auch wegen seiner antinationalistischen Haltung ein. Ausdrücklich wandte sich Walden gegen jegliche politische Vereinnahmung oder Instrumentalisierung. Er bestand auf dem ›Primat der Kunst‹. Von besonderer Bedeutung ist seine Zeitschrift nicht zuletzt auch deshalb, weil es Walden, unter tatkräftiger Unterstützung seiner zweiten Frau Nell Walden, schaffte, dem bildkünstlerischen Expressionismus sowie dem Fauvismus, Kubismus und Futurismus in Deutschland zum Durchbruch zu verhelfen und den literarischen Expressionismus in Zentren der Avantgarde außerhalb Deutschlands als ›deutschen‹ Stil bekannt zu machen. Die Gruppe um den *Sturm*-Herausgeber, zu der Künstler und Autoren wie Marc Chagall, Franz Marc, Alfred Döblin oder Paul Scheerbart gehörten, wurde zu einem Aggregator der Avantgarde. Hermann Essig karikierte den »Sturm« in seinem satirischen Schlüsselroman *Der Taifun* (1919) als gewinnorientiertes Literaturunternehmen. Was der Roman in all seiner Überzeichnungskunst deutlich macht, sind die Medialisierungsstrategien, mit denen Zeitschrift, Galerie, Künstlervereinigung, Buchverlag »Der Sturm«, »Sturm-Kunstschule«, Veranstaltungsreihen (»Sturm-Abende«) und der Theaterverlag »Sturmbühne« koordiniert und organisiert wurden. Der »Sturm« wurde zu der expressionistischen Instanz schlechthin – Ausstellungen wie »Der blaue Reiter« (1912) oder der »Erste Deutsche Herbstsalon« (1913) gelten heute als Stationen der Moderne.

Die gleichfalls als »Zentralorgan der Avantgarde« (W. Haefs) geltende expressionistische Zeitschrift *Die Aktion* (1911–1932), die Franz Pfemfert mit fachlicher und materieller Unterstützung seiner Frau Alexandra Ramm begründete, herausgab und redigierte, stand von Anfang an in sozialistischer Tradition. Sie spielte eine herausragende Rolle im Kampf gegen den Krieg und dessen Propagandisten. Die auflagenstärksten der insgesamt etwa hundert deutschen expressionistischen Zeitschriften sind die *Weißen Blätter*, außerdem *Das Neue Pathos*, *Forum* oder *Daimon* sowie die spätexpressionistischen Zeitschriften *Der Anbruch*, *Die Rote Erde*, *Zeit-Echo* oder *Die schöne Rarität*. Neben den Zeitschriften sind die Textsammlungen in Anthologien, Jahrbüchern, Verlagsalmanachen oder Flugschriften- und Heftreihen von besonderer Bedeutung für die Rezeption expressionistischer Werke. Hervorzuheben ist die erste Lyrikanthologie des Expressionismus, der von Hiller herausgegebene *Kondor* (1912), der Gedichte u. a. von Blass, Brod, Heym, Lasker-Schüler, Schickele und Werfel enthält und einen Literaturstreit um die Avantgarde auslöste, außerdem die 86 schwarz kartonierten Hefte der von Wolff verlegten und zunächst von Franz Werfel (1887–1963) lektorierten Reihe »Der jüngste Tag«, die in Auflagen von bis zu 10 000 Exemplaren erschienen. Von zentraler Bedeutung ist die 1919 erstmals veröffentlichte, von Kurt Pinthus zusammengestellte Lyrik-Anthologie *Menschheitsdämmerung*. Bereits der Titel repräsentiert die Untergangsvisionen und die Aufbruchshoffnungen der Epoche. Die hier veröffentlichten Gedichte von Gottfried Benn, Georg Trakl, Georg Heym, Jakob van Hoddis oder August Stramm gehören noch heute zu den am meisten rezipierten expressionistischen Texten.

Literarische Subkultur und Medienbewegung

Franz Pfemfert

Titelblatt V. Jahrgang

Titelblatt des Almanachs
von Kurt Wolff

*Vater-Sohn-Konflikt und
brüchige Männlichkeiten*

»Das Urteil« als Prototyp

Literatur der Söhne – gegen die Väter

Die Mehrheit der am Expressionismus beteiligten Schriftsteller war um 1910 zwanzig bis fünfundzwanzig Jahre alt. Die meisten von ihnen waren bürgerlich-intellektuelle, also durchaus privilegierte Söhne (seltener: Töchter) der Gründergeneration, die im etablierten Wilhelminismus der Jahrhundertwende heranwuchsen. Der »›Idealtypus‹ des expressionistischen Schriftstellers« lässt sich so beschreiben: »[Er] wurde um 1890 in Berlin, Wien, Prag oder im Rheinland geboren; studierte Germanistik, Philosophie, Kunstgeschichte, Jura oder Medizin; veröffentlichte zwischen 1910 und 1924 seine Bücher mit Vorliebe in den Verlagen Kiepenheuer, G. Müller, Reiss, Rowohlt, S. Fischer, Steegemann und vor allem Kurt Wolff; fand in so profilierten Schriftenreihen wie ›Der jüngste Tag‹, in aufsehenerregenden Anthologien (›Der Kondor‹; ›Menschheitsdämmerung‹), ›lyrischen Flugblättern‹ (so Benn 1912 mit den ›Morgue‹-Gedichten), Jahrbüchern, Almanachen sowie zahllosen, oft kurzlebigen Zeit- und Streitschriften sein publizistisches Forum« (T. Anz).

Die für den literarischen Expressionismus charakteristischen permanenten Beschreibungen familiärer Kämpfe zwischen Vätern und Söhnen sind auch als Infragestellung etablierter Vater- und Mutter-Rollen zu lesen, als Kritik an traditionellen Geschlechtercharakterisierungen sowie an bestehenden Macht- und Abhängigkeitsverhältnissen zwischen den Geschlechtern und den Generationen. Der Kampf zwischen Vater und Sohn ist zugleich immer auch ein Kampf um alte und neue Konzepte von Männlichkeit. Die implizite Idealisierung der Mutter oder sogar inzestuös geprägte Mutter-Sohn-Beziehungen schwingen gerade dann mit, wenn der Text den ödipalen Vater-Sohn-Konflikt inszeniert. In Werfels Novelle *Nicht der Mörder, der Ermordete ist schuldig* (1920) erwacht der vom Vater mit militärischen Methoden zu strengstem Gehorsam abgerichtete, der Kindheit beraubte Sohn eines Nachts, weil die ansonsten lediglich als Agentin des Vaters fungierende, asexuell und streng wirkende Mutter an seinem Bett steht, mit offenem Haar: »Ich konnte erkennen, daß es sehr schön war.« Und in Franz Kafka (1883–1924) *Urteil* (1913), dem Prototyp der Darstellungen des Vater-Sohn-Konflikts, klingt das Inzestmotiv im durch die Verlobung des Sohnes aktualisierten ödipalen Konflikt durch. Der Kampf der Söhne gegen die Väter stellt unter anderem jenes traditionelle Konstrukt von Männlichkeit in Frage, das Mannsein als ökonomische Fähigkeit definiert, nicht nur für den eigenen Lebensunterhalt, sondern auch für den der Familie aufkommen zu können. In Hasenclevers (1890–1940) Stück *Der Sohn* (1914) bezeichnet der Vater den Sohn aufgrund seiner literarischen Neigungen als »Tagedieb« und »Schande«, als Nichtsnutz, der es nicht verdiene, vom Geld des Vaters ernährt zu werden. Dass der sich den beruflichen und damit familiären Verpflichtungen entziehende, literarisch ambitionierte Außenseiter zum gesellschaftlichen Parasiten und Nichtsnutz abgestempelt wird, gehört zu den permanenten Konfliktfeldern auch in den Werken Kafkas, insbesondere in den Erzählungen *Das Urteil* und *Die Verwandlung* oder im *Brief an den Vater* (entstanden 1919, erschienen 1952). Kafkas ›Söhne‹ versuchen zwar, gegen die Autorität herkömmlicher Männlichkeitsnormen aufzubegehren, haben sie jedoch oft in selbstzerstörerischer Weise bereits selbst internalisiert. Erfolgreicher agieren die Söhne gegen ihre Väter in den Vater-Sohn-Dramen Hasenclevers, Werfels oder auch Arnolt Bronnens (*Vatermord*, 1920). Anders als die Protagonisten Kafkas haben sie sich am Ende von ihren Vätern befreit. Der Vater im Umkreis des Expressionismus wird zur universalen Metapher sozialer Machtver-

hältnisse. Er steht für religiöse, staatliche, richterliche, militärische und industrielle Autorität ebenso wie für die private. Diese Metaphorik rückt, zusammen mit
den tradierten Stereotypen von Männlichkeit, ins Zentrum expressionistischer
Machtkritik. Sie bleibt nicht nur für die Kulturgeschichte antiautoritärer Bewegungen im 20. Jahrhundert wegweisend, sondern ist auch unter geschlechterthe-
oretischer Perspektive relevant.

Die ›Töchter‹ der Gründergeneration wurden innerhalb des Literaturbetriebs
eher an den Rand gedrängt. Zu den heute selten erwähnten, aber produktivsten
Autorinnen gehörten neben Lasker-Schüler etwa Claire Goll (*Mitwelt. Gedichte*,
1918; *Die Frauen erwachen. Novellen*, 1918; *Der gläserne Garten. Novellen*, 1919);
außerdem Mechtilde Lichnowsky (*Der Stimmer. Roman*, 1917; *Gott betet. Prosa-
gedichte*, 1917; *Der Kinderfreund. Schauspiel in fünf Akten*, 1919; *Geburt. Roman*,
1921), Henriette Hardenberg (*Neigungen. Gedichte*, 1918) oder Bess Brenck Kalischer, die eigentlich Betty Levy hieß und ab 1913 Gedichte in den expressionistischen Zeitschriften *Neue Jugend*, *Die Schöne Rarität* und *Menschen* veröffentlichte. Ihr 1917 publizierter Band *Dichtung* eröffnete die Reihe »Dichtung der
Jüngsten« des Dresdner Verlags. Ihr lesenswerter Roman *Die Mühle. Eine Kosmee*
von 1922 ist erst 2011 neu aufgelegt worden. Auch die heute vergessene Spät-
expressionistin Paula Ludwig (*Die selige Spur. Gedichte*, 1920; *Dem dunklen Gott.
Ein Jahresgedicht der Liebe*, 1932; *Traumlandschaft. Prosastücke*, 1935) oder die
Malerin und Schriftstellerin Ruth Schaumann (*Die Kathedrale. Gedichte*, 1920)
waren zu ihrer Zeit bekannt.

Wichtig ist das »zwischen Stagnation und Opposition« (W. Fähnders) changie-
rende Lebensgefühl unter vielen Jugendlichen Anfang des 20. Jahrhunderts, aus
dem heraus die Kulturbewegung des Expressionismus überhaupt entstehen
konnte. Vor allem Langeweile ist eine charakteristische Empfindung, die zahlreiche junge Autorinnen und Autoren angesichts der wilhelminischen, spießbürgerlichen Erstarrung teilten. Im Juli 1910 notierte Georg Heym, der zwei Jahre später
beim Schlittschuhlaufen tödlich verunglücken sollte, einige Sätze in sein Tagebuch, die für die Stimmung unter ihnen beispielhaft sind: »Mein Unglück ruht
[...] in der ganzen Ereignislosigkeit des Lebens. Warum tut man nicht einmal
etwas Ungewöhnliches [...]. Warum ermordet man nicht den Kaiser oder den
Zaren? [...] Warum macht man keine Revolution? Der Hunger nach einer Tat ist
der Inhalt der Phase, die ich jetzt durchwandere. [...] Es ist immer das gleiche, so
langweilig, langweilig, langweilig. Es geschieht nichts, nichts, nichts. Wenn doch
einmal etwas geschehen wollte, was nicht diesen faden Geschmack von Alltäglichkeit hinterläßt. [...] Geschähe doch einmal etwas. Würden einmal wieder
Barrikaden gebaut. Ich wäre der erste, der sich daraufstellt, ich wollte noch mit
der Kugel im Herzen den Rausch der Begeisterung spüren. Oder sei es auch nur,
daß man einen Krieg begänne, er kann ungerecht sein. Dieser Frieden ist so faul,
ölig und schmierig wie eine Leimpolitur auf alten Möbeln. Was haben wir auch
für eine jammervolle Regierung, einen Kaiser, der sich in jedem Zirkus als Harlekin sehen lassen könnte. Staatsmänner, die besser als Spucknapfhalter ihren
Zweck erfüllten, denn als Männer, die das Vertrauen des Volkes tragen sollten.«

Die Wünsche Heyms nach einem »Krieg« oder einer »Revolution« sollten sich
bald erfüllen. Aus der für seine Generation charakteristischen Mischung aus An-
geödetsein und Aggression sowie aus der politischen Unzufriedenheit resultierte
eine unter nicht wenigen expressionistischen Schriftstellern grassierende, anfängliche Begeisterung für den Krieg, der im August 1914 ausbrach. Zunächst wurde
der Krieg als kulturrevolutionäres Ereignis, als Aufbruch und Neuanfang gefeiert.

*Nicht kanonisierte
Autorinnen*

Mechtilde Lichnowsky

*Gegen Langeweile
und wilhelminisches
Spießbürgertum*

Für den Krieg

Die kollektive nationale Euphorie, die die Expressionisten mit der Mehrheit des ›deutschen Volkes‹ teilten, schlug bei den meisten dieser Autoren jedoch schon nach kurzer Zeit um. Enttäuscht und ernüchtert begannen viele von ihnen, sich pazifistisch zu engagieren. Das Entsetzen angesichts der Verwüstungen, die der Krieg hinterließ, war tief. Einige der eigenen Schriftsteller- und Künstlerkollegen waren ihm zum Opfer gefallen, darunter Lichtenstein, Marc, Stadler, Trakl oder Stramm. Manche waren das Risiko des Todes in vollem Bewusstsein eingegangen, ja schienen sogar von einer gewissen Todessehnsucht erfüllt gewesen zu sein, wie Alfred Lichtenstein, der kurz vor der Abfahrt zum Kriegsschauplatz, wenige Wochen bevor er fiel, noch dichtete:

Abschied

Vorm Sterben mache ich noch mein Gedicht.
Still, Kameraden, stört mich nicht.

Wir ziehn zum Krieg. Der Tod ist unser Kitt.
O, heulte mir doch die Geliebte nit.

Was liegt an mir. Ich gehe gerne ein.
Die Mutter weint. Man muß aus Eisen sein.

Dichterrunde »Minerva«
– in der Mitte sitzend,
mit aufgestütztem Arm,
Georg Trakl

Die Sonne fällt zum Horizont hinab.
Bald wirft man mich ins milde Massengrab.

Am Himmel brennt das brave Abendrot.
Vielleicht bin ich in dreizehn Tagen tot.

Rationalitäts- und Zivilisationskritik

Weit mehr als mit militaristischer Gesinnung hatte die Sehnsucht nach gewaltvoller Veränderung, wie sie sich etwa in den zitierten Tagebuchaufzeichnungen Heyms artikuliert, mit der Sehnsucht nach dem ›wahren‹ Leben zu tun, mit dem damals virulenten Lebens- oder Vitalkult. In Stramms Stück *Rudimentär* (1914) umarmt der Protagonist gegen Ende lachend die Protagonistin und ruft befreit: »Oh! Mensch! Wir leben!« In dem Gedicht »Weltwehe« (1915) wiederholen sich regelmäßig die Zeilen »Leben leben«. Der sich in solchen Texten mit expressionistischem Pathos artikulierende Drang nach dem ›echten‹ Leben war ein epochales Phänomen. »Leben« gehörte zu den Schlüsselbegriffen damaliger Kulturkritik, die sich vor allem gegen die wilhelminische Erstarrung richtete. Vitalistische Grundzüge zeigen sich besonders in den Werken Wedekinds, Lasker-Schülers, René Schickeles, Stadlers, Heyms und Georg Kaisers. In irgendeiner Form partizipierte fast jeder Autor und fast jede literarische Bewegung dieser Zeit am Lebenskult, der nicht zuletzt dem dionysischen Element bei Nietzsche geschuldet ist.

Insbesondere der Futurismus leistete mit seiner Begeisterung für rauschhafte Geschwindigkeitserlebnisse und der Forderung nach intuitiver Wahrnehmung hierzu seinen Beitrag. »Wir jungen, starken, lebendigen Futuristen!« – so beschrieb Filippo Tommaso Marinetti im ersten seiner 1912 im *Sturm* abgedruckten Manifeste sich selbst und seine »futuristischen Brüder«. Dynamik, Tempo, Kampf, Kraft, Wille und alle starken, aggressiven Affekte gehörten für viele Futuristen zu den Kennzeichen einer wahrhaft vitalen Existenz. Im Gegensatz zu den meisten Expressionisten allerdings nahmen die Futuristen die Zeichen der Zivilisation eher unkritisch auf, sie steigerten sich vielmehr angesichts der modernen Technologie, des Tempos und des Zerstörungspotentials in eine rauschhafte Begeisterung hinein. Marinettis Manifeste knüpften insbesondere an die Lebensphilosophie Henri Bergsons an. Neben diesem und Nietzsche war es vor allem der Soziologe und Philosoph Georg Simmel, der den literarischen Vitalismus nach 1910 bestärkte.

Futurismus und Vitalismus

Mit Kriegsbegeisterung und Vitalkult in engem Zusammenhang steht die Artikulation messianischer Hoffnungen auf einen neuen, paradiesischen Zustand und auf die Wandlung zum »neuen Menschen«. Sie bilden die Kehrseite zu den Beschreibungen von Verzweiflung und Krise, zu apokalyptischen Ängsten und nihilistischen Vorstellungen, wie sie ebenfalls charakteristisch für eine Großzahl expressionistischer Texte waren; hier zeigt sich gewissermaßen die »Grundspannung der expressionistischen Epoche« (S. Vietta). Es ist die Spannung zwischen *Verfall und Triumph* (so der Titel eines Gedichtbandes von Becher, 1914), *Tod und Auferstehung* (so der Titel eines Gedichtbandes von Hasenclever, 1917), zwischen »Weltende« (Gedichttitel sowohl von Lasker-Schüler, 1905, als auch von Jakob van Hoddis, 1911) und Aufbruch. Diese Hoffnung auf Erneuerung des Menschen wird umso emphatischer beschworen, je negativer die moderne Zivilisation, der Krieg, der Nihilismus erfahren wurden. »Mensch steh auf!« heißt ein Gedicht (1919) von Johannes R. Becher. Ludwig Rubiners Kampfschrift *Der Mensch*

Messianismus

in der Mitte (1917) gilt als eine der bedeutendsten Programmschriften des messianischen Expressionismus. Die Gedichte von Werfel, Hasenclever, Rubiner, Becher, Ernst Toller spiegeln die innere Zerrissenheit, vermitteln sie doch einerseits apokalyptische Bilder einer als negativ erfahrenen Moderne, beschwören andererseits aber umso heftiger die positive Erneuerung des Menschen, der zu einer ›eigentlichen‹, ›authentischen‹ Existenz gelangen sollte. Diese expressionistische Erneuerungsvision lässt sich als eine Art säkularisierter Heilslehre begreifen, als Antwort auf die Bedrohtheit, Hilflosigkeit und Orientierungslosigkeit, der sich das moderne Ich angesichts des zivilisatorischen Fortschritts, der Verstädterung, Vermassung und Technisierung ausgesetzt sieht. Es sucht auf diese Weise, seiner untergrabenen Autonomie wieder Geltung zu verschaffen.

»Menschheitsdämmerung«   Zwar dominieren in der Anthologie *Menschheitsdämmerung* messianische Töne – die programmatischen Zwischentitel lauten nicht umsonst »Sturz und Schrei«, »Erweckung des Herzens«, »Aufruf und Empörung«, »Liebe den Menschen« –, doch keineswegs verschrieben sich alle Expressionisten messianischen Gedanken. Autoren wie Benn, van Hoddis, Lichtenstein, Trakl, Carl Sternheim, Kafka oder Carl Einstein waren viel zu kulturkritisch und der Moderne gegenüber zu skeptisch eingestellt, als dass sie ihr mit »Weltalliebe und Weltverbrüderung« (S. Vietta) begegnen zu können glaubten. Wirklich aufgegeben wurde der messianische Expressionismus jedoch erst in der Nachkriegsphase und mit dem Scheitern der revolutionären Bewegung in Deutschland im November 1918. Eng damit verbunden sind die Schicksale Ernst Tollers (1893–1939) und des anarchistischen Sozialisten Gustav Landauers, der im Münchner Gefängnis von gegenrevolutionären deutschen Soldaten ermordet wurde. Toller, der seine Zeit als Vorsitzender der bayrischen Arbeiter-, Bauern- und Soldatenräte mit fünf Jahren Festungshaft bezahlen musste und in seinem Drama *Die Wandlung* (1919) noch die Erneuerung des Menschen gefeiert hatte, legte das messianische Pathos in seinen während der Gefangenschaft geschriebenen Dramen *Masse Mensch* (1920) und *Der deutsche Hinkemann* (1923) sowie in Gedichten, wie »Spaziergang der Häftlinge« (1921) oder »November« (1921), mehr und mehr ab.

Gefühlskult und die Umwertung vormals negativer Emotionen   Der Vitalkult und das Erneuerungspathos auf der einen Seite, die Zivilisationskritik und Rationalitätsskepsis auf der anderen Seite führten zur Hochwertung von Emotionen in Kunst, Literatur und Film. Vormals negativ besetzte Emotionen, wie etwa Wut oder Hass, wurden nun als Ausdruck vitalistischer Energien begriffen. Ihre Darstellung, etwa in den Kriegsgedichten Heyms, dokumentiert die Suche nach neuen Arten des Erlebens und des künstlerischen Ausdrucks.

Oftmals werden solche Emotionen mit sexueller Lust verknüpft, so in Alfred Döblins (1878–1957) Titelnovelle des Erzählbandes *Ermordung einer Butterblume* (1910). Die Besessenheit, mit der »Herr Michael Fischer«, eigentlich Inbegriff des braven Spießbürgers, eine später von ihm »Ellen« getaufte Butterblume mit seinem »Stöckchen« traktiert, ist von einer kaum zu übersehenden, sadistisch-sexuellen Symbolik untermalt, d. h. der von Fischer selbst so bezeichneten ungemein aggressiven ›Untat‹ wird eine lustvoll getönte Komponente beigefügt. Die Ermordung der Butterblume wird als Höhepunkt der geschilderten Affektausbrüche präsentiert. Fischers »Gemetzel« zeugt von Leidenschaft und Spannung: »wild schlug das Herz des Kaufmanns«, heißt es da, allerdings nicht ohne Spott. Wenn Fischer die »Ermordung« der Blume als »Beweis seiner raschen Energie« bezeichnet, schwingt Stolz mit angesichts dieser vitalistischen Maßnahme.

Geschwindigkeit ist an die technischen Errungenschaften der modernen Zivilisation gekoppelt, und diese wird in Döblins Novelle insgesamt eher negativ kon-

Alfred Döblin um 1910

notiert. Nicht nur ist explizit die Rede von der »Telegrafenverbindung«, die konkret auf die durch »Schnellpresse, Kino, Radio, Grammophon, Funktelegraphie« (K. Pinthus) bedingte Technisierung der Kommunikation hinweist und die offensichtlich zum überreizten Zustand Michael Fischers beigetragen hat. Deutlich spricht er an anderer Stelle sein Unbehagen aus, das ihn angesichts der modernen Großstadt ergreift: »Man wird nervös in der Stadt. Die Stadt macht mich nervös.« Beides, die Erlebniswelt der Großstadt und die Technisierung der Kommunikation, motivieren expressionistische Kulturkritik und Darstellungen von dissoziierenden Krisenerfahrungen des Subjekts. So hat Döblin in der »Zueignung« seines Romans *Die drei Sprünge des Wang-Lun* (1915) ein modernes Schriftsteller-Ich beschrieben, das aufgrund des Straßenlärms immer unfähiger ist, sich auf seine kreative Arbeit zu konzentrieren. Der überreizte, nervöse und überspannte Zustand dieses schreibenden Ich spiegelt die Bedingungen, denen der Autor der Moderne ausgeliefert ist: »Die Straßen haben sonderbare Stimmen in den letzten Jahren bekommen. Ein Rost ist unter die Steine gespannt; an jeder Straße baumeln meterdicke Glasscherben, grollende Eisenplatten, echokäuende Mannesmanröhren. Ein Bummern, Durcheinanderpoltern aus Holz, Mammutschlünden, gepreßter Luft, Geröll. Ein elektrisches Flöten schienenentlang. Motorkeuchende Wagen segeln auf die Seite gelegt über den Asphalt; meine Türen schüttern. Die milchweißen Bogenlampen prasseln massive Strahlen gegen die Scheiben, laden Fuder Licht in meinem Zimmer ab.«

George Grosz: Friedrichstraße, 1918

Die Hilflosigkeit und Orientierungslosigkeit, die die moderne Verstädterung, die Menschenmassen in den Ballungsräumen und die zunehmende Technisierung auslösen können, kommen besonders in der expressionistischen Lyrik immer wieder zum Ausdruck, etwa bei Georg Heym. In Gedichten wie »Der Gott der Stadt« (1911) oder »Die Dämonen der Städte« (1911) personifiziert er die verwirrenden, zerstörerischen Kräfte moderner Zivilisation und Großstadtwelt in einem dämonischen Gott: »Auf einem Häuserblocke sitzt er breit./ Die Winde lagern schwarz um seine Stirn./ Er schaut voll Wut, wo fern in Einsamkeit/ Die letzten Häuser in das Land verirrn.« Die Großstadterfahrung haben nicht nur Lichtenstein, van Hoddis, Ernst Stadler, Benn, Alfred Wolfenstein oder Johannes R. Becher lyrisch umgesetzt, sondern auch Emmy Hennings, Sylvia Harden, Claire Goll, Mechtilde Lichnowsky, Elisabeth Janstein, Henriette Hardenberg oder Martina Wied. Charakteristisch für die expressionistische Großstadtlyrik sind personalisierende Metaphern für Gegenstände sowie die Verdinglichung des Subjekts – Stilmittel, zu denen auch Rilke in seinem, unter dem Eindruck seines ersten Paris-Aufenthalts (1902/03) begonnenen, Großstadtroman *Die Aufzeichnungen des Malte Laurids Brigge* (1910) greift, wenn er »die großen Scherben lachen, die kleinen Splitter kichern« und über den Protagonisten »Autos gehen« lässt. In den Tagebuchnotizen seines fiktiven Alter ego Malte stellt sich Rilke den Schockerfahrungen in der Pariser Großstadt, der Vermassung und Vereinzelung, Reizüberflutung, Krankheit, Armut, Angst und dem Tod. Die Aufarbeitung der Kindheit führt über krisenhafte Erfahrungen des Ichverlusts zu einer neu begründeten Identität.

Großstadtlyrik

Solche Formulierungen verdeutlichen die Eigendynamik der Objektwelt, der sich das moderne Subjekt ohnmächtig ausgeliefert fühlt. Die zur »Ich-Dissoziation« (S. Vietta) führenden Mechanismen, die Auswirkungen der Moderne auf das »Geistesleben«, hat der an der Berliner Universität lehrende Philosoph Georg Simmel (1858–1918) in seinem für das Verständnis der expressionistischen Großstadtliteratur grundlegenden Essay »Die Großstadt und das Geistesleben« (1903) dargelegt. Für ihn ist das »Überwuchern« der »Organisation von Dingen und

Georg Simmels Großstadt-Essay

Mächten« in der Moderne beispielhaft an der Großstadt, dem gegenüber sich das vereinzelte Ich wie ein »Staubkorn« fühle. »Die psychologische Grundlage, auf der der Typus großstädtischer Individualitäten sich erhebt, ist die *Steigerung des Nervenlebens*, die aus dem raschen und ununterbrochenen Wechsel äußerer und innerer Eindrücke hervorgeht«, heißt es hier über die veränderten Wahrnehmungsbedingungen in den plötzlich gewachsenen Großstädten.

Nervenschwache Großstadtmenschen

Eindrucksvoll hat Ernst Blass (1890–1939) die überreizten Nerven des Großstadtmenschen, der von gleichzeitig auf ihn einströmenden Eindrücken und einer Überfülle an Wahrnehmungsreizen überflutet wird, in einem Gedicht von 1910/11 beschrieben:

Ludwig Meidner:
Ich und die Stadt (1913)

Der Nervenschwache

Mit einer Stirn, die Traum und Angst zerfraßen,
Mit einem Körper, der verzweifelt hängt
An einem Seile, das ein Teufel schwenkt,
So läuft er durch die langen Großstadtstraßen.

Verschweinte Kerle, die die Straße kehren,
Verkohlen ihn; schon gröhlt er arienhaft:
»Ja, ja – ja, ja! Die Leute haben Kraft!
Mir wird ja nie, ja nie ein Weib ein Kind gebären.

Mir je ein Kind!« Der Mond liegt wie ein Schleim
Auf ungeheuer nachtenden Velours.
Die Sterne zucken zart wie Embryos
An einer unsichtbaren Nabelschnur.

Die Dirnen züngeln im geschlossnen Munde,
Die Dirnen, die ihn welkend weich umwerben.
Ihn ängsten Darmverschlingung, Schmerzen, Sterben,
Zuhältermesser und die großen Hunde.

Simultangedichte

Der Simultaneität von Wahrnehmungen und Reizen versuchten insbesondere van Hoddis, Lichtenstein oder auch Trakl sprachlich und ästhetisch gerecht zu werden. Die von zu vielen Eindrücken überforderte Wahrnehmung des modernen Großstadt-Ich brachte der Reihungsstil ihrer Simultangedichte zum Ausdruck. Indem sie die heterogenen äußeren Reizquellen der das Ich verwirrenden Vielfalt der Großstadtphänomene in scheinbar zusammenhanglosen Hauptsätzen aneinander reihten, veranschaulichten sie dessen Orientierungslosigkeit und Überwältigung angesichts einer Überfülle von Sinnesreizen, die gleichzeitig auf es einströmen und es zu überfluten drohen. Insbesondere die expressionistische Lyrik leistete also eine frühe und zugleich fundamentale literarische Auseinandersetzung mit der Zivilisation der Moderne, dem Krieg und der damit einhergehenden Auflösung des Subjekts.

Zivilisations- und Rationalitätskritik

Die zwischen 1910 und 1920 virulente Technik-, Wissenschafts- und Rationalitätskritik wird auch in Romanen und Prosastücken zum Ausdruck gebracht, unter anderem von Döblin, Rilke, Benn oder Kafka. Kafkas erfolgreich dressierter Affe Rotpeter aus *Ein Bericht für eine Akademie* (entstanden 1917, erschienen 1919) musste die psychische Gewalt des (von ihm nach seiner Gefangennahme selbst gewählten) Erziehungs- und Zivilisationsprozesses ebenfalls leidvoll erfahren: »Ach man lernt, wenn man muß, man lernt, wenn man einen Ausweg will; man lernt rücksichtslos. Man beaufsichtigt sich selbst mit der Peitsche; man zerfleischt sich beim geringsten Widerstand. Die Affennatur raste, sich selbst überkugelnd, aus mir hinaus [...].« Derartige Vergleiche von Mensch und Tier bzw. Versuche, Tiere mit einer menschlichen Personalität auszustatten, sind typisch für die Literatur des Expressionismus. Kafkas Erzählung *Ein Bericht für eine Akademie* oder auch seine Erzählung *Die Verwandlung* (geschrieben 1912, erschienen 1915), in der Gregor Samsa eines Morgens als »ungeheures Ungeziefer« erwacht, waren keine vereinzelten Phänomene. »Die Differenz zwischen Tier und Mensch zu unterlaufen, ist des öfteren Bestandteil jener Schock- und Provokationstechniken, mit denen sich die literarische Moderne gegenüber den übermächtigen Traditionen des deutschen Idealismus und der klassischen Ästhetik zu profilieren suchte« (T. Anz). Beispielhaft für die ›Animalisierung‹ auch der bildenden Kunst sind die Tierbilder Franz Marcs (1880–1916), der sich ein »Bild machen« wollte, »wie wohl Tiere uns und die Natur sehen«.

Personalisierung von Tieren

Der Vitalismus-Komplex sowie die Rationalitäts- und Zivilisationskritik im Expressionismus betreffen auch das Thema Sexualität und Erotik. Einfluss auf viele Expressionisten hatte Benjamins Essay »Erotische Erziehung«, der im Januar 1914 in der Zeitschrift *Aktion* erschien. Hier bezeichnet er die Institution Familie ebenso wie die Prostitution als »Tatsache der *doppelten* erotischen Unkultur«, als »Geistlosigkeiten«. Die Prostituierte wurde mit Irren, Verbrechern und anderen gesellschaftlichen Randexistenzen zu einer der am häufigsten literarisierten Figuren des Expressionismus. Die Hochwertung von Außenseitern der Gesellschaft stellte einerseits einen Tabubruch dar, der provozieren und schockieren sollte, andererseits aber war sie auch eine Parteinahme für das Vitalitätsprinzip und Ausdruck der Suche nach dem »neuen« Menschen. Beides konnte auch zur Sexualisierung kriegerischer Gewalt führen. Wie viele Futuristen oder auch wie Ernst Jünger in seinem Frühwerk sexualisierte besonders August Stramm (1874–1915) in seinen Texten immer wieder kriegerische Gewalt. In der Prosaskizze *Der Letzte* (1914) etwa changieren die Assoziationsströme des sterbenden Soldaten zwischen Kriegerischem und Erotischem: »Schnellfeuer! Blaue Bohnen! Bohnen! Blaue Augen! mein Schatz hat blaue Augen. haha! drauf! drauf! sie laufen. Korn nehmen. Ha, ha! Drauf! Drauf! Sie laufen. Korn nehmen. Zielscheiben. laufen. Mädchenbeine. ich beiße. beiße. verflucht. Küsse scharfe.« In den Kriegsgedichten Stramms mischen sich Grauen und Faszination. Der ungestillte »Hunger nach Leben« (T. Anz) führt bei ihm und seinen expressionistischen Zeitgenossen zu fragwürdigen wie produktiven Ergebnissen. Das Vitalismus-Konzept beeinflusste unter anderem die kulturrevolutionären Theorien des Psychoanalytikers Otto Gross, dessen Umwertung paternaler Werte in der Forderung nach freier Sexualität gipfelte und dessen Bedeutung auch für die Schriftstellerinnen und Schriftsteller des Expressionismus und des Dadaismus nicht zu unterschätzen ist, so für Leonhard Frank, Werfel, Kafka, Raoul Hausmann oder Brenck Kalischer.

Tabubrüche: Sexualität, Verbrechen, Wahnsinn

Das bei vielen Expressionisten bestehende Interesse an der Psychoanalyse war nicht zuletzt durch die krisenhaften Erfahrungen des modernen Subjekts bedingt. Gegenüber einem Bild vom Expressionismus, das auf Begriffe wie »Umsturz und Aufbau«, »Rausch«, »Ekstase«, »Vision« oder »Utopie« reduziert ist, sind die dem Expressionismus zugrunde liegenden Krisenerfahrungen nicht zu vernachlässigen. Sie artikulieren sich in Darstellungen der Angst, Unsicherheit, Einsamkeit und Entfremdung, von Wahnsinn, Verzweiflung und Suizid, von existentieller Auseinandersetzung mit der Moderne. Ein für diese »Literatur der Existenz«

Literatur der Existenz

Georg Kaiser

(T. Anz) charakteristisches, den Freitod thematisierendes Gedicht stammt von Albert Ehrenstein (1886–1950, »Der Selbstmörder«, 1917). Hier heißt es: »Ich bin einer der Versunkenen,/ Die durch tausend Wälder schweigen,/ Ich bin einer der Ertrunkenen,/ Die kein Leid je wieder zeugen.[...] Ich grüße den Tod./ Denn Sein ist Gefängnis,/ [...] Schön ist es, ein Skelett zu sein oder Sand.« Ähnlich typisch ist das Gedicht »In der Welt« (1913) von Paul Boldt (1885–1921), das die Erfahrung des Wahnsinns beschreibt:

Ich lasse mein Gesicht auf Sterne fallen,
Die wie getroffen auseinander hinken.
Die Wälder wandern mondwärts, schwarze Quallen,
Ins Blaumeer, daraus meine Blicke winken.

Mein Ich ist fort. Es macht die Sternenreise.
Das ist nicht Ich, wovon die Kleider scheinen.
Die Tage sterben weg, die weißen Greise.
Ichlose Nerven sind voll Furcht und weinen.

Modernität des Expressionismus

Die formale Umsetzung der Orientierungs- und Hilflosigkeit angesichts der Modernitätserfahrungen wurde auch im expressionistischen Drama versucht, im so genannten ›Stationendrama‹, für das insbesondere Georg Kaisers (1878–1945) Stück *Von morgens bis mitternachts* (geschrieben 1912, veröffentlicht 1916) beispielhaft ist. Nach dem Reihungsprinzip werden hier untereinander austauschbare Akte locker miteinander verknüpft. Die diversen, vergeblichen Versuche des Bankkassierers, sich mit dem seiner Bank entwendeten Geld aus einem anonymen und sinnentleerten Dasein als kleinbürgerlicher Angestellter zu befreien, sei es als Machthaber über Massen, als Sucher erotischer Lust, als Teilhaber an einer Gesinnungsgemeinschaft oder als kameradschaftlicher Liebespartner, sind auswechselbar. Die »Testreihe« scheitert, denn sämtliche erstrebten Werte erweisen sich als trügerisch, der Kassierer nimmt sich das Leben. Sein kreuzigungsähnliches Ende – er »ist mit ausgebreiteten Armen gegen das aufgenähte Kreuz des Vorhangs gesunken« –, lässt ihn als Opfer einer durch und durch korrupten, geld- und machtgierigen Welt erscheinen, eines unüberwindlichen Kreislaufs, dem man nicht entrinnen kann.

Strindberg als Vorbild

Die kaum oder gar nicht miteinander verbundenen Akte, die viel eher autonome Handlungsfetzen sind als nachvollziehbare oder gar psychologisch motivierte Handlungsschritte, stellen die Umsetzung der expressionistischen Ästhetik von Simultaneität und Parataxe auf der Bühne dar. Im Stationendrama findet das expressionistische Theater seine angemessene, die herkömmlichen Gattungsstrukturen des Dramas aufbrechende Form. August Strindberg (1849–1912) war es, der mit seiner Trilogie *Nach Damaskus* (1898–1904), in *Ein Traumspiel* (1902) oder auch in seinem letzten Stück *Die große Landstraße. Ein Wandererdrama mit sieben Stationen* (1909) die Technik des Stationendramas genutzt hat, dessen Bauweise bereits im mittelalterlichen Passionsspiel und im barocken Märtyrerdrama begegnete. Die meisten expressionistischen Dramen orientieren sich an diesem Strukturmodell, so auch Kaisers Drama *Hölle Weg Erde* (1919) oder *Das letzte Gericht. Eine Passion in vierzehn Stationen* (1919) oder *Die Schwester. Eine Tragö-*

die in acht Stationen (1920) von Hermann Kasack, *Himmel und Hölle* (1920) von
Paul Kornfeld, *Der Bettler. Eine dramatische Sendung* (1912) von Johannes Sorge
oder *Die Wandlung* (1919) und *Masse Mensch* (1920) von Toller.

Den Verzicht auf eine geschlossene Form versuchte Döblin bereits 1913 in einer   ›Regenwurmroman‹
Theorie des modernen Romans zu begründen. In »höchster Gedrängtheit und
Präzision« habe hier »die Fülle der Gesichte« vorbeizuziehen. »Plastik und Leben-
digkeit« sollten ihn auszeichnen. »Von Perioden, die das Nebeneinander des
Komplexen wie das Hintereinander rasch zusammenzufassen erlauben, ist um-
fänglich Gebrauch zu machen.« Die Romanteile sollten jeweils ein dezentriertes
Eigenleben entfalten, untereinander austauschbar und unabhängig voneinander,
das heißt auch, keinem übergeordneten Sinnzusammenhang unterworfen sein.
Dieses Reihungsprinzip, die »Poetik der Parataxe«, veranschaulichte er 1917 mit
einem eindrucksvollen Bild: »Wenn ein Roman nicht wie ein Regenwurm in zehn
Stücke geschnitten werden kann und jeder Teil bewegt sich selbst, dann taugt er
nicht.« Anhänger des zivilisatorischen Fortschritts, die sich an der klassischen
Ästhetik, mithin an Werten wie ›Ordnung‹, ›Einheit‹, ›Zusammenhang‹ und
›Wahrheit‹ orientierten, mussten sich durch solche Positionen provoziert fühlen.
Dass Döblins Forderungen typisch für den expressionistischen Innovationsgedan-
ken sind, zeigen auch Formulierungen eines anderen, in der jungen Generation
sehr renommierten Romantheoretikers und Prosaisten. Carl Einstein (1885–1940)
beginnt seinen Aufsatz »Der Snob« mit den Worten: »Wir haben keine Wahrheit
mehr«, und in seinem Roman *Bebuquin oder Die Dilettanten des Wunders* (1912)
ist zu lesen: »Lassen Sie sich nicht von einigen mangelhaften Philosophen täuschen, die fortwährend von der Einheit schwatzen und den Beziehungen aller
Teile aufeinander, ihrem Verknüpftsein mit dem Ganzen.« In diesem Plädoyer für
offene Strukturen und für das Fragmentarische treffen sich Döblin und Einstein.
Allerdings gehören Einsteins Texte eher zu einer Richtung, die man als »experimentelle Reflexionsprosa« bezeichnen könnte und zu der auch die Werke Kafkas
(*Beschreibung eines Kampfes*, 1904/05 bzw. 1909/10), Albert Ehrensteins (*Tu-
butsch*, 1911), Benns (*Gehirne*, 1916) oder Barlachs (*Seespeck*, postum 1948) ten-
dieren. Das ästhetische Innovationspotential von *Bebuquin oder Die Dilettanten
des Wunders* wird gleich zu Beginn des Romans deutlich: »Die Scherben eines
gläsernen, gelben Lampions klirrten auf die Stimme eines Frauenzimmers: Wollen Sie den Geist Ihrer Mutter sehen? Das haltlose Licht tropfte auf die zartmar-
kierte Glatze eines jungen Mannes, der ängstlich abbog, um allen Überlegungen
über die Zusammensetzung seiner Person vorzubeugen.« Wenn Einstein 1912
schreibt: »Jede Handlung kann auch anders endigen«, dann nimmt er eine Leit-
idee von Musils *Mann ohne Eigenschaften* (1930) vorweg. Nicht nur als Pionier
der modernen Literatur ist er jedoch hervorgetreten, seine die afrikanische Kunst
feiernde Schrift *Negerplastik* (1915) und *Die Kunst des 20. Jahrhunderts* (1926)
waren ebenso für die Kunstgeschichte wegweisend. Einstein wollte explizit die
»Hegemonie des Autors brechen«. Er forderte, das Bewusstsein des Schreibenden
müsse völlig in den beschriebenen Tatsachen verschwinden. Damit plädiert er für
eine literarische Technik, die zugleich die neue Film- und Kinoästhetik berührt.

Der modernen Zivilisation und Technik und damit der veränderten Wahrneh-   Kinostil und Kino
mung und dem Ordnungs- und Sinnverlust des modernen Subjekts geschuldet ist
eine ästhetische Revolution innerhalb aller Künste. Zum Maßstab neuer Ästhetik
wird den Expressionisten der in dieser Zeit in den Großstädten zum Massenme-
dium avancierte Film. Döblin, der bereits 1910 den Dramatikern den Rat erteilt
hatte: »Lernen Sie Kürze und Gedrängtheit, Dramatik vom Kinema« und 1913 in

»Das Filmkunstwerk muß eine lebendige Graphik werden.« (Szenenfoto aus dem Film »Das Cabinet des Dr. Caligari«, 1920)

seiner Romantheorie für die moderne Prosa explizit den »Kinostil« einforderte, zeigte sich insofern selbst von der Ästhetik des Kinos beeinflusst, als seine Beschreibungen sehr oft eine Nüchternheit, Exaktheit und Dynamik aufweisen, die ein, in seinem Rezeptionsverhalten und -stil offensichtlich nicht weniger vom neuen Medium beeinflusster, zeitgenössischer Rezensent so kommentierte: »Der Wortfilm rollt. Der Kinematograph wird nie und nimmer Literatur vermitteln können, aber die Literatur muß von der Kinematographie lernen. Und sie hat schon von ihr gelernt. Es ist nun einmal keine Zeit für schleppende Handlungen, Postkutschenstil und psychologische Kleinarbeit […]. Das Döblinsche Werk hat das Tempo unseres Lebens« (J. Adler). Der neue, nervöse Lebensrhythmus wurde am eindruckvollsten in den hastig und sprunghaft ablaufenden Bildern des Stummfilms gespiegelt. Seinen Ausdruck auch in der späteren modernen Prosa fand er nicht zuletzt in der Technik der Montage und in der Großaufnahme, für die der Film als strukturelles Modell diente, so in Döblins *Berlin Alexanderplatz* (1929) oder in *Manhattan Transfer* (1925) von Dos Passos.

Allein die Schauplätze in *Von morgens bis mitternachts* zeigen die Orientierung auch Kaisers am neuen Medium: Sportpalast, Ballhaus und Lokal der Heilsarmee, der rasche Wechsel der Schauplätze rückt das Stück schon thematisch in die Nähe des frühen Films. »Wie im Kino ein kurzer Text die nötigste Erläuterung zu seiner Bilderfolge gibt, so kargt sich Kaiser ein paar Schlagworte ab – und seine Handlung saust«, schrieb ein Kritiker. Ein anderer Rezensent bezeichnete Kaiser als einen »Kinooperateur, der flinke Bilder kurbelt, photographisch getreu, bis zum Grotesken, minutiös in den Details. Wie eben die Glaslinse sieht.« Kaisers Neuerungen, die vor allem Bertolt Brecht faszinierten, wurden von anderen – kulturkonservativen – Kritikern als kinohafte Effekthascherei abgetan. Mehr und mehr jedoch stellte die neue Filmästhetik im Laufe des 20. Jahrhunderts durch ihre »industriell-technische und kollektive Herstellungsweise« die auf dem Kunstwerk als Erlebnis beruhende Schaffenstheorie in Frage. »An die Stelle des aus dem Erlebnis geborenen, die Persönlichkeit ausdrückenden, individuellen Kunstwerks trat die journalistische und effektbetonte Äußerlichkeit des technischen Mediums, an die Stelle der Inspiration die Montage« (A. Kaes). *Moderne Autorschaft*

    Die unbegrenzten formalen Möglichkeiten des Kinos faszinierten zahlreiche expressionistische Autoren schon deshalb, weil die Grenze zwischen Wirklichkeit und Traum, Lebendigem und Nichtlebendigem durch dieses Medium gesprengt wurde. Unter anderem Walter Hasenclever, Lasker-Schüler, Ehrenstein, Rubiner und Paul Zech trugen Prosaskizzen als Filmvorlagen für das 1914 von Pinthus herausgegebene *Kino-Buch* bei. Alle diese Texte weisen eher phantastische Züge auf. Der expressionistische Film der frühen 20er Jahre, etwa *Das Cabinet des Dr. Caligari* (1920), *Nosferatu* (1922) oder *Der Golem* (1920), betonte die unheimlichen, schaurigen und phantastischen Elemente, war weit mehr als die literarischen Texte dieser Zeit noch von Jugendstil und Neuromantik geprägt und stand insgesamt dem Genre des Schauerromans recht nahe. Was der expressionistische Film mit dem expressionistischen Theater teilte, war die Radikalisierung der Stilisierungstendenzen. Sie betrafen sowohl die Dekoration als auch die Requisiten, die Gestik oder die Kleidung. Die Ereignisse in *Caligari* spielen sich wie auf einer Theaterbühne vor gemalten, kubistisch verzerrten Kulissen ab, die die Geistesverwirrung des psychisch gestörten Hauptdarstellers spiegeln sollen. *Der expressionistische Stummfilm*

    Das Ineinanderwirken von Literatur- und Kinoästhetik weist darauf hin, dass der Expressionismus immer auch als künstlerisches »Gesamtphänomen« zu sehen ist. Sämtliche Künste, Musik, Architektur, Malerei, Schauspielkunst, Tanz, Literatur und Film, sind im Expressionismus miteinander verbunden. Das zeigt sich nicht zuletzt an der die Idee der deutschen Romantik erneuernden Theorie des »Gesamtkunstwerks«, die Richard Wagner zur Kennzeichnung seiner künstlerischen Intentionen verbreitete. In Wassily Kandinskys Konzeption der »Bühnensynthese« (1923) artikuliert sie sich in der Idee von einer Übereinstimmung des »inneren Klangs« der einzelnen Elemente. In der Programmschrift *Über Bühnenkomposition* und in seinem Szenarium *Der gelbe Klang*, die 1912 in dem Almanach *Der blaue Reiter* erschienen waren, hatte er die Elemente Bewegung, Form, Farbe, Musik und Klang zu einer Einheit verbunden, die bei den Zuschauern ähnliche »Seelenvibrationen« auslösen soll, wie sie den Künstler selbst während des Entstehungsprozesses bewegt haben. *›Gesamtkunstwerk‹ und Synästhesie*

    Nicht zuletzt die zahlreichen Doppelbegabungen dieser Zeit, zu denen außer Kandinsky Oskar Kokoschka, Ernst Barlach, Ludwig Meidner oder Alfred Kubin zählten, repräsentierten den kreativen, vielseitig begabten Künstler. Der Maler Kokoschka schrieb u. a. das Geschlechterkampf-Drama *Mörder, Hoffnung der Frauen*, das 1910 im *Sturm* erschien. Meidner illustrierte seine eigenen literarischen Werke. Auch Barlachs Lithographien stellten häufig Menschen und Szenen aus seinen eigenen Dramen dar. In der Zeit des Expressionismus erschienen *Der tote Tag* (1912), *Der arme Vetter* (1918) und *Die echten Sedemunds* (1920). Kubins phantastischer Roman *Die andere Seite* (1909) weist viele Übereinstimmungen mit expressionistischen Themen und Motiven auf. Verbreitet sind seine Buchillustrationen zu E. T. A. Hoffmann, Edgar Allan Poe, Dostojewski und Strindberg.

Zeichnung Kokoschkas zu seinem Stück *Mörder, Hoffnung der Frauen* (um 1908)

Titelzeichnung von Else
Lasker-Schüler

*Diffamierung und
Verfolgung durch die
Nationalsozialisten*

Siegfried Hitler
(Zeichnung von George
Grosz, 1922/23)

*Judentum und
Expressionismus*

Das Zusammenwirken sämtlicher Künste in der Praxis erprobten auch Else Lasker-Schüler und Franz Marc. Mit ihren berühmt gewordenen gemalten Postkarten erweisen sie sich als malende Poetin und als poetischer Maler. »Der blaue Reiter ist da – ein schöner Satz, fünf Worte – lauter Sterne. Ich denke nun wie der Mond. Wohne in den Wolken namentlich am Abend wenn niemandwer mehr durch die Straßen geht«, heißt es 1912 bei Lasker-Schüler, die Marc mit diesen Worten bei sich in Berlin willkommen heißt. Er bekommt in ihrem Phantasiereich Theben als »blauer Reiter« – eine Anspielung auf seine Zugehörigkeit zur gleichnamigen Münchner Künstlergruppe – und als kaiserlicher Halbbruder Ruben einen festen Platz. Sie selbst spielt darin die Rolle des traurigen Prinzen und späteren Kaisers Jussuf. Aus dieser künstlerischen Traumwelt mit »Palästen«, »wilden Büffelherden« und »zottigen Dromedaren« verfasst sie Briefe an Marc. Die bilderreichen, lautmalerischen, vom Stilmittel der Synästhesie durchdrungenen Zeilen versieht sie mit kleinen Zeichnungen von Ansichten und Szenen aus Theben. Aus den Briefen entsteht Lasker-Schülers Fortdichtung *Der Malik. Eine Kaisergeschichte* (1919), ein Künstlerroman, der angesichts des Kriegs immer mehr zum Antikriegsroman wurde. Lasker-Schülers Radikalität zeigt sich vor allem in ihrem Sprachkonzept, das eine aus ihrer Orientrezeption resultierende Körperlichkeit der Schrift proklamiert. Ihre um 1910 entwickelte »Poetik einer Handschrift«, die die Schrift vergegenständlicht, findet ihre Entsprechung in Zeichnungen, auf denen Hieroglyphen und Tätowierungen zu sehen sind. Das Wort wird zur Geste, und Sprache kann sogar zum Ausdruckstanz werden, wie in *Mein Tanz* von 1907. Lasker-Schüler entwickelt hier ein Konzept von Ursprache, das seine Parallele bei den russischen Futuristen findet.

Aufgrund ihrer die traditionellen Kunstmaßstäbe sprengenden, provozierenden ästhetischen Merkmale sowie ihrer Inhalte, die mit bisher geltenden Tabus brachen, das Pathologische und Hässliche favorisierten, aufgrund der Thematisierung von Unbewusstem, Affekten und Trieben, wurde die Kunst des Expressionismus später von den Nationalsozialisten als »entartete Kunst« diffamiert. Ihre Urheber verunglimpfte Adolf Hitler in seinem Pamphlet *Mein Kampf* (1925) als »Geisteskranke« oder »Verbrecher«. Die »Krankheit« der modernen Kunst war ihm Zeichen einer weit umfassenderen »Zeitkrankheit«, »einer Erkrankung der sittlichen, sozialen und rassischen Instinkte«. Wer sich solchen »Erkrankungen« überlasse, der habe sein »Lebensrecht« verwirkt. Seine Drohungen setzte er später mit der Bücherverbrennung vom 10. Mai 1933 in die Tat um. Die Künstler und die Kunst der Moderne hatten nach seiner Machtergreifung 1933 ihr »Lebensrecht« in Deutschland verloren. 1937 arrangierten die Nationalsozialisten in München die Ausstellung »Entartete Kunst«, die zahlreiche Kunstwerke des Expressionismus und des Dadaismus zeigte.

Viele Expressionisten waren jüdischer Abstammung. Die Verknüpfung von Judentum und Expressionismus reflektierten z. B. Albert Ehrenstein, John Höxter oder Alfred Wolfenstein selbst in ihren literarischen Werken und in theoretischen Essays. Wolfenstein, der zunächst in Berlin lebte und 1933 nach Prag emigrierte, 1938 nach Paris und der stets auf der Flucht vor den deutschen Truppen in Frankreich war, nahm sich schließlich herz- und nervenkrank das Leben. In seinem Essay »Jüdisches Wesen und neue Dichtung« (1922) hatte er u. a. über das Gefühl der Verlorenheit und Fremdheit geschrieben. Als »entartet« diffamiert und verfolgt, brachten sich zahlreiche jüdische Expressionisten nach 1933 entweder selbst um oder kamen in Konzentrationslager. Wolfenstein, Einstein, Hasenclever, Toller und Ernst Weiß nahmen sich im Exil das Leben. Mühsam wurde im Konzentrationslager monatelang gequält und schließlich ermordet. Kornfeld verendete im Konzentrationslager, van Hoddis und Walter Serner wurden in Todeslager deportiert. Die Vernichtung und Vertreibung der Juden bedeutete zugleich auch die Vernichtung des Expressionismus in Deutschland.

Jenseits literarhistorischer Kategorien und nationaler Grenzen

Einige Schriftstellerinnen und Schriftsteller der ›literarische Moderne‹ können weder eindeutig der Bohème noch der expressionistischen Bewegung und auch nicht, wie etwa Else Lasker-Schüler oder Emmy Hennings, ›dazwischen‹ eingeordnet werden. So scheint die Schweizer Schriftstellerin Regina Ullmann (1884–1961) aus solchen Kategorien herauszufallen. Zwar wurde sie von Rilke in die Kaffeehausszene der Schwabinger Bohème eingeführt, lässt sich aber bereits von ihrer inhaltlichen Ausrichtung her kaum der Bohème-Literatur zuordnen. Ihre Texte (*Von der Erde des Lebens*, 1910; *Feldpredigt*, 1915; *Gedichte*, 1919; *Die Landstraße*, 1921) kreisen vornehmlich um Natur und ländliches Leben, um Angst, Liebe und Tod. Obwohl sie oft ironisch gebrochen sind oder bisweilen kulturtheoretische Themen der Zeit reflektieren, wird Ullmann gelegentlich fälschlicherweise in der ›Heimatkunstbewegung‹ verortet, oder sie wird an die Seite des Schweizer Sonderlings Robert Walser (1878–1956) gestellt, des Autors von Romanen bzw. »Alltagsvertiefungsversuchen« (R. Walser) wie *Geschwister Tanner* (1907), *Der Gehülfe* (1908), *Jakob von Gunten* (1909) oder kurzer grotesk-komischer Prosastücke, gesammelt in *Der Spaziergang* (1917, überarbeitet 1919), *Poetenleben* (1918) oder *Seeland* (1919). Zunehmende literarische Misserfolge und persönliche Krisen führten später zu einer Radikalisierung seines Stils. Seine Produktivität setzte sich auch nach 1929 fort, nachdem er sich freiwillig in eine Heilanstalt begeben hatte. Obwohl er als Geheimtipp der Schriftstellergeneration um 1920 galt und eine Identifikationsfigur besonders in der neueren Schweizer Literatur ist, taucht Walser wie Ullmann in literarhistorischen Abrissen des Expressionismus nicht auf. Gleichwohl darf er als einer der produktivsten und bemerkenswertesten Autoren des so genannten ›expressionistischen Jahrzehnts‹ gelten. Selbst die Einordnung Kafkas als ›Expressionist‹ ist noch immer umstritten. Seine Texte scheinen zu keinem ›Ismus‹ wirklich zu gehören. Wie kein anderer verweigerte er sich, zumindest vordergründig, eindeutigen Botschaften und entzog sich jeglichen Festlegungsversuchen. Bereits Walter Benjamin bemerkte, dass Kafka »alle erdenklichen Vorkehrungen gegen die Auslegung seiner Texte getroffen« habe. Allerdings sind Kafkas zu Lebzeiten gedruckten Texte, wie *Der Heizer* (1913) und *Das Urteil* (1913) oder *Die Verwandlung* (entstanden 1912, erschienen 1915) in der Buchreihe *Der jüngste Tag* (1913–1921), veröffentlicht worden, *Die Verwandlung* noch einmal in den *Weißen Blättern*, also in den bedeutendsten expressionistischen Organen. Kafkas produktivste Zeit fällt mithin in die Zeit des Expressionismus, so dass ihn kein Abriss über diese Kulturbewegung ausklammern kann.

Es gibt zahlreiche weitere Autorinnen und Autoren, die dem Alter nach zwar Angehörige der »expressionistischen Generation« sind, sich aber als Schriftsteller einem ›Ismus‹ nicht eindeutig zuordnen lassen. Zu ihnen zählt Heinrich Mann

Regina Ullmann, um 1920

Robert Walser

Außerhalb der Ismen

Heinrich und Thomas
Mann um 1899

(1871–1950), der mit seinem Essay »Geist und Tat« vom Januar 1911 zu einer Leitfigur der expressionistischen Linksintellektuellen wurde. »Ein Intellektueller, der sich an die Herrenkaste heranmacht, begeht Verrat am Geist«, lautet der Kernsatz seiner Absage an die Repräsentanten des wilhelminischen Obrigkeitsstaates. Besonders im Umkreis der *Aktion* wurde sein Plädoyer für den Einbruch der Literatur in die Politik, für eine aktivistische, auf Gesellschaftsveränderung zielende Literatur begeistert aufgenommen und löste ausgiebige Diskussionen über das Verhältnis von Dichtung und politischem Engagement aus. Die Autoren sollten von »Erklärern« zu geistigen »Führern« (L. Rubiner) jenseits des Elfenbeinturms werden. Kurt Kersten betont den demokratischen Impetus des Mann-Essays, wenn er später im Rahmen der unter linken Emigranten in Moskau geführten Expressionismusdebatte, die sich 1937/38 an der Frage entzündete, ob der Expressionismus ideologisch direkt in den Faschismus übergeleitet habe, betont: »Dieser Aufsatz wurde das Programm einer Gruppe von Schriftstellern, die man als Expressionisten bezeichnet.« Manns Aufsatz blieb jedoch ohne die breite gesellschaftliche Wirkung, die sich manche von ihm erhofft hatten. Eines der charakteristischsten Werke des jungen Heinrich Mann war in einer Zeit entstanden, als er ein unruhiges Reiseleben zwischen Italien und der Münchner Bohème führte. Seinem Verlag kündigte er *Die Göttinnen* (1902) als »Abenteuer einer großen Dame aus Dalmatien« an. »Im ersten Teil glüht sie vor Freiheitssehnen, im zweiten vor Kunstempfinden, im dritten vor Brunst [...]. Wenn alles gelingt, wird der erste Teil exotisch bunt, der zweite kunsttrunken, der dritte obszön und bitter.« Gleichzeitig schrieb er sozialkritische, satirische Texte, wie *Im Schlaraffenland. Ein Roman unter feinen Leuten* (1900), in dem er die Berliner Großbourgeoisie, das Leben im »Schlaraffenland« unter Börsianern, Bankiers, Kunstkritikern und Schauspielern einer scharfen, von Antisemitismen nicht freien Kritik unterzieht und Seitenhiebe an die naturalistische Kunstproduktion, u. a. an Gerhart Hauptmann, verteilt. Seine Attacken richten sich insgesamt weniger auf konkrete politische Missstände als gegen eine Mentalität, die dem Fetisch ›Geld‹ verfallen ist, ein Thema, das in dieser Zeit auch Kulturtheoretiker wie Georg Simmel beschäftigt (*Philosophie des Geldes*, 1900). In seiner in Italien angesiedelten Gesellschaftsutopie *Die kleine Stadt* (1909) entwickelt Heinrich Mann ein Gegenmodell zum wilhelminischen Obrigkeitsstaat. Sein Essay über *Zola* (1915), in dem er Chauvinismus und Militarismus attackiert, führte zum politisch-weltanschaulichen Zerwürfnis mit seinem Bruder Thomas. Mit seinen *Betrachtungen eines Unpolitischen* (1918), einem trotz seiner vitalistischen Argumentationsschemata »durch und durch antiexpressionistischen Buch« (M. Stark), hielt Thomas Mann der politisierten literarischen Intelligenz, und damit auch seinem Bruder Heinrich, eine harsche Kritik des Aktivismus entgegen – und profilierte sich als strammer Repräsentant des deutschen Bildungsbürgertums. Erst 1922 versöhnte er sich wieder mit seinem Bruder. Nach Heinrich Manns Tod würdigte er ihn als »politischen Moralisten« und »kritisches Genie«, als einen der »größten Schriftsteller« der »Deutschen«. International bekannt wurde Heinrich Mann mit *Der blaue Engel* (1930), der Verfilmung seines, die Scheinmoral des Bildungsbürgertums karikierenden Romans *Professor Unrat* (1904). Seine berühmte Satire auf das wilhelminische Obrigkeitsdenken *Der Untertan* (1918, Vorabdrucke 1911–16) fand in *Die Armen* (1917) seine Fortsetzung. Der »Untertan« und Tyrann Diederich Heßling mit der Maxime: »wer treten wollte, mußte sich treten lassen«, ist hier inzwischen zum Großkapitalisten aufgestiegen, der in der »Villa Höhe« residiert – eine Anspielung auf die »Villa Hügel« der Unternehmerfamilie Krupp in Essen.

Die internationale Dada-Bewegung

Expressionistische Tendenzen lassen sich im amerikanischen und russischen Theater, in Skandinavien, Belgien, Holland, Rumänien, Ungarn, Polen und Russland nachweisen (U. Weisstein). Umgekehrt ist an dieser Stelle die Beeutung des italienischen Futurismus für Expressionisten und Dadaisten zu betonen sowie die Internationalität der Dada-Bewegung selbst. Als ›Keimzelle‹ des Dadaismus gilt das »Cabaret Voltaire« in Zürich. Hier wurde das Wort ›Dada‹ gefunden und in Umlauf gebracht, hier initiierte Hugo Ball zusammen mit seiner Lebensgefährtin Emmy Hennings ab 1916 die ersten Aufführungen, aggressivwitzige Kabarettprogramme, die nicht nur der Inszenierung von Laut- und Simultangedichten dienten, sondern neben Antikriegspropaganda auch heftige Kritik an der konventionellen Kultur enthielten. Hennings trat nicht nur später als Biographin Balls hervor, sondern es waren ihre Chansons, die im »Cabaret Voltaire« das Publikum anzogen und Dada das finanzielle Überleben sicherten. Zudem schrieb sie selbst. Für die Publikation ihrer ersten Gedichte sorgte Werfel als Lektor des Kurt Wolff-Verlags (*Die letzte Freude*, 1913). Neben Hennings und Ball gehörten in Zürich Tristan Tzara, Richard Huelsenbeck, Hans Arp und Marcel Janco zum Kreis der Dadaisten, später auch Hans Richter und Walter Serner. Die große Anziehungs- und Ausstrahlungskraft Dadas führte zu einer raschen Ausbreitung nach Berlin, wo der aus Zürich mit seinen Dada-Erfahrungen kommende Huelsenbeck auf die Gruppe um Raoul Hausmann stieß. Zu ihr gehörten Franz Jung, Johannes Baader, George Grosz, Helmuth Herzfeld (John Heartfield) und Wieland Herzfelde sowie die für ihre Collagen berühmte Hannah Höch. Hier kristallisiert sich zunehmend die politisch linke Tendenz Dadas heraus. »Regionale Dadaismen« (W. Fähnders) finden sich in Köln um Max Ernst und in Hannover, wo Kurt Schwitters (1887–1948) eine Art ›Privatdadaismus‹ betrieb. Seine aus der ›Wortkunst‹ des *Sturm* weiter entwickelten Gedichte nannte er »Merz«-Gedichte (von ›Kommerz‹). Eines seiner Dada-Gedichte, »An Anna Blume«, hat Weltberühmtheit erlangt. Europäische Emigranten wie Marcel Duchamp, Francis Picabia und Man Ray bildeten den Kern der neuen dadaistischen Subkultur in New York. Die große internationale Verbreitung Dadas zeigte sich jedoch besonders in Paris, wo diese Richtung um 1919 zur Hochblüte gelangte. Tzara, der aus Zürich nach Paris gekommen war, stieß hier zu einer Gruppe um André Breton und Paul Éluard. Dada Paris wurde 1924 zum Ausgangspunkt der surrealistischen Bewegung. Spielarten des Dadas fanden sich zudem in Belgien, Holland, Wien, Rumänien, Jugoslawien, Russland und besonders in Spanien und in Italien, wo das Publikum durch den Futurismus auf die Dadaisten vorbereitet war, zudem in Japan und Lateinamerika.

Wie das Wort ›Dada‹ entstand und was genau es meint, ob es nun auf eine bereits vor dem Ersten Weltkrieg existierende Marke für eine Lilienmilchseife zurückgeht oder nach dem Zufallsprinzip von Ball und Huelsenbeck in einem Wörterbuch gefunden wurde, ob es das französische Wort für ›Steckenpferd‹, das rumänische ›ja, ja‹ oder aber einfach nur der Ausdruck kindlichen Lallens ist – all dies ließen die Dadaisten bewusst im Dunkeln, ebenso wie das, was sie eigentlich wollten. Doch selbst diese, die gesamte Bewegung kennzeichnende, grundsätzliche Bedeutungsverweigerung blieb nicht eindeutig. Einerseits wurde propagiert: »Dada bedeutet nichts. – Dada ist im Mund hergestellt« (Tzara) oder: »Was Dada angeht: es riecht nicht, es bedeutet ja nichts, gar nichts« (Picabia); Dada wurde als mehr oder weniger belangloses Spiel beschrieben, bei dem der Dadaist ein

Dadaismus als internationales Phänomen?

Kurt Schwitters: »Anna Blume«

Hugo Ball in kubistischem Kostüm beim Vortrag von Lautgedichten, 1916

KARAWANE
jolifanto bambla ô falli bambla
grossiga m'pfa habla horem
égiga goramen
higo bloiko russula huju
hollaka hollala
anlogo bung
blago bung
blago bung
bosso fataka
ü üü ü
schampa wulla wussa ólobo
hej tatta gôrem
eschige zunbada
wulubu ssubudu uluw ssubudu
tumba ba- umf
kusagauma
ba - umf   (1917)
                                        Hugo Ball

Hugo Ball:
»Karawane«, 1917

»kindlicher, donquichottischer Mensch« ist, »der in Wortspiele und grammatische Figuren verstrickt ist«. (Ball). Andererseits aber zielten die Dadaisten auch auf eine neue Kunst. Denn sie schrieben Dada die Eigenschaft zu, Kunst allererst ermöglichen zu können: »Dada ist der Urgrund aller Kunst. Dada ist für den ›Ohne-Sinn‹ der Kunst, was nicht Unsinn bedeutet. Dada ist ohne Sinn wie die Natur« (Arp); allerdings als eine Kunst, die sich nicht als Schule oder fest umrissenes Programm verstanden wissen wollte: »Dada war nicht eine Schule, sondern ein Alarmsignal des Geistes gegen die Verbilligung, die Routine und die Spekulation, ein Alarm-Schrei für alle Manifestationen der Künste um eine schöpferische Basis, ein neues und universelles Bewußtsein der Kunst zu schaffen« (Janco). Daneben stehen Äußerungen, die deutlich machen, dass Dada sehr wohl gewisse Intentionen hatte: Protest, Aufruhr, Skandal, »Alarm«-Signal und Lebens-Schrei in einem wollten sie ausdrücken, »in einer Welt, die mechanisch weiterläuft« (Hausmann). »Ein Dadaist ist ein Mensch, der das Leben in all seinen unübersehbaren Gestalten liebt, und der weiß und sagt: nicht allein hier, sondern da, da, da ist das Leben«, verkündete Johannes Baader. Dass sie das Leben mit ihren als skandalös empfundenen Auftritten und Produkten nicht nur zeigen, sondern auf gewisse Weise neu hervorbringen wollten, ihre Feier des Vitalen und Anarchischen, verbindet die Dadaisten mit den Expressionisten und den Futuristen.

Ein dadaistisches Manifest Hausmanns von 1919, ein »Pamphlet gegen die Weimarische Lebensauffassung« richtete sich gegen die bürgerliche Institution Kunst und propagierte anarchisches Leben als höchsten Wert. Zum Leben gehörten für die Dadaisten, zumal vor dem Hintergrund der Schrecknisse des Ersten Weltkriegs, nicht nur die erotischen Regungen der menschlichen Triebnatur, sondern auch die aggressiven und zerstörerischen. Das Animalische, ja Barbarische im Menschen sollte nicht länger ausgegrenzt werden. Vor allem dies wurde von kulturkonservativen Kritikern als das Amoralische der dadaistischen Kultur-Attacken empfunden. Desorientierung und Chaos, Provokation und Hemmungslosigkeit wurden von Dada als kreative Chancen entdeckt.

Mit Trommeln, Schreien, Johlen, Pfeiffen, Schießen oder gar Handgreiflichkeiten sollten die Zwänge der Zivilisation aufgebrochen werden. In Paris endete die Dada-Bewegung bezeichnenderweise mit einer regelrechten Schlacht. André Breton kletterte auf die Bühne und fing an, auf die Darsteller eines Textes von Tristan Tzara einzuschlagen.

Ästhetische Techniken

Die Destruktion von Syntax und Wort zugunsten einer Freisetzung von Buchstaben und Lauten, das Simultaneitätsprinzip, Montage- und Collageverfahren sowie die Einführung des Zufallsprinzips in die ästhetische Produktion kennzeichnen die Ästhetik Dadas. Zufällig aufgelesene Fundstücke (*objets trouvés*) können nach dieser Auffassung ›kunstfähig‹ werden, ebenso industriell bereits vorgefertigte Gegenstände. Ab 1917 gibt es die ersten Ausstellungen mit den so genannten *Ready-mades*. Deren berühmtestes heißt »Fountain« (1917), stammt von Marcel Duchamp und ist ein industriell hergestelltes und von ihm mit »R. Mutt« signiertes Urinoir. Was das Ready-made erst zum Kunstwerk erhebt, so die zugrunde liegende Auffassung, ist die Tatsache, dass es ausgestellt wird. Die Dadaisten trieben diese Absage an die herkömmliche Kategorie des Künstlers als autonomer, alles überschauender Schöpfer und das traditionelle Konzept von der schöpferischen Originalität noch weiter: Kunst und Poesie kann jeder machen, auch oder gerade ›Nicht-Künstler‹, meinten sie. Beispielhaft dafür sind die dadaistischen »Zufallsgedichte«, für die Tristan Tzara per Manifest paradoxerweise eine genaue Gebrauchsanweisung geliefert hat: Man schneidet aus einem Zeitungsartikel die einzelnen Wörter aus, schüttelt sie in einer Tüte durcheinander und schreibt sie in der Reihenfolge ab, in der sie aus der Tüte gekommen sind. »Das Gedicht wird Euch ähneln. Und damit seid Ihr ein unendlich origineller Schriftsteller mit seiner charmanten, wenn auch von den Leuten unverstandenen Sensibilität.«

Die offenkundige Widersprüchlichkeit dadaistischer Selbstaussagen bestätigt sich in der ästhetischen Praxis. Einerseits wollten die Dadaisten keine Künstler sein und keine Kunst schaffen, andererseits produzierten sie laufend Manifeste, Lautgedichte oder Collagen. Sie wollten sich der traditionellen Kunstproduktion entziehen oder gegen sie opponieren und proklamierten die Kurzlebigkeit der Dada-Werke: »Die echten Werke Dadas dürfen höchstens sechs Stunden leben«, hieß es 1920. Das Buch wurde zum Sekundärmedium herabgesetzt. Im Kontrast dazu steht die äußerst geschäftige Publikationspraxis der Dadaisten. Machtkämpfe unter den Dadaisten führten zu Enttäuschung und widersprüchlichen Intentionen. 1921 fand der letzte gemeinsame Auftritt statt, 1923 kam es zur direkten Konfrontation, Dada stirbt. In Kunst und Reklame, in einer ironisierten Alltagskultur, die selbst auf Traditions-Zitate und destruierte Bilder baut, hat Dada überlebt.

Gelebte Widersprüche

Literatur in der Weimarer Republik

Nach der Niederlage des Ersten Weltkriegs

Das oft beschworene Bild von den »Goldenen Zwanziger Jahren« trügt. Am Anfang der Weimarer Republik stand der militärische und politische Zusammenbruch des Kaiserreichs als Folge des zwar mit Begeisterung begonnenen, aber zuletzt verlorenen Weltkriegs, die Erschütterung traditioneller Werte und Normen und die gescheiterte Novemberrevolution von 1918 – am Ende der Verfall der Demokratie und die Machtübernahme durch die Nationalsozialisten 1933. Die Tatsache, dass die neuen demokratischen Herrschaftsformen, die an die Stelle der abgewirtschafteten alten monarchischen Ordnung getreten waren, nicht auf einem klaren Willensbildungsprozess der Bevölkerung beruhten, sondern sich als Ergebnis des militärischen Zusammenbruchs einstellten, erwies sich als eine nicht minder schwere Hypothek für die politische Zukunft wie die Tatsache, dass der Bruch mit der alten Ordnung in der Realität nicht so radikal vollzogen wurde, wie er in der Verfassung kodifiziert worden war. Tatsächlich lebten die antidemokratischen Traditionen des Kaiserreichs und des alten Obrigkeitsstaats in der Weimarer Republik in sehr viel stärkerem Maße fort, als dies Zeitgenossen auf den ersten Blick deutlich gewesen sein mag. In den fünfzehn Jahren ihres Bestehens wurde die erste Republik auf deutschem Boden – wenn man von der Mainzer Republik 1792/1793 absieht – von schweren Krisen geschüttelt: Kapp-Putsch (1920), Ruhrkampf (1920), Hitler-Ludendorff-Putsch (1923), Inflation, Weltwirtschaftskrise und das wachsende Heer von Arbeitslosen nach 1929 waren äußere Anzeichen einer strukturellen Krise, der die Weimarer Republik schließlich zum Opfer fallen sollte. Die Phase der relativen Stabilisierung zwischen 1924 und 1929, die den Mythos der »Goldenen Zwanziger Jahre« prägte, war nur ein kurzes Zwischenspiel. Der Demokratisierungsprozess, der mit der Schaffung der Republik und der neuen Verfassung eingeleitet worden war, wurde von einer zunehmend aggressiven Faschisierung unterlaufen.

George Grosz frei nach Rilke: »Armut ist ein großer Glanz von innen«

Die Zurückdrängung und Liquidierung der in der Verfassung angelegten demokratischen Elemente wurde ermöglicht bzw. erleichtert durch das Fehlen eines demokratischen Grundkonsenses in der Bevölkerung, durch die Aufspaltung der Arbeiterbewegung in einen sozialdemokratischen und einen kommunistischen Flügel und die immer stärkere Fraktionierung der Linken, die dem geschlossenen Vordrängen der antidemokratischen Kräfte keine Gegenwehr bieten konnte. Nicht im Kampf zwischen rechts und links, d. h. zwischen Faschisten und Kommunisten, wurde die Republik zerrieben, sondern sie ging an der fehlenden Aktionsein-

Schwäche der Republik

Großstadt in den
»Goldenen Zwanziger
Jahren« (Seitenflügel des
Triptychons von Otto Dix,
1928)

*Rascher Wechsel der
Moden*

heit des demokratisch gesonnenen Flügels zugrunde. Statt gegen den gemeinsa-
men Gegner anzugehen, zersplitterten die Linken ihre Kräfte in Richtungskämpfen.
Die Kommunisten beschimpften die Sozialdemokraten als »Sozialfaschisten«, die
Sozialdemokraten ihrerseits diffamierten die Kommunisten als antidemokratische
Gruppierung, die im Prinzip genauso gefährlich wie die Nationalsozialisten sei.
Die reale Gefahr einer nationalsozialistischen Machtübernahme, die sich seit der
Weltwirtschaftskrise von 1929 deutlich abzeichnete, geriet dabei weitgehend aus
dem Blick.

Literarisch war diese von Klassenauseinandersetzungen und Strukturkrisen
erschütterte Epoche eine höchst widerspruchsvolle Zeit, die sich dem ver-
einheitlichenden Zugriff entzieht. Der Zusammenbruch des wilhelminischen
Reichs wurde von vielen Schriftstellern auch als ein Zusammenbruch traditioneller literarischer Techniken und Themen erlebt. Die rasche Abfolge von Richtungen und Moden – Expressionismus, Dadaismus, Neue Sachlichkeit – war
Ausdruck der Orientierungsschwierigkeiten der literarischen Intelligenz angesichts der neuen Epochenkonstellation. Auf die Erfahrung von Krieg und Revo-

lution antwortete ein Teil der Autoren mit der Politisierung ihrer Kunstproduktion, andere dagegen führte eben diese Erfahrung zu einer programmatischen Absage der Kunst an die Politik. Dazwischen gab es eine Vielzahl von Positionen, in denen die umfassende gesellschaftliche Verantwortung des Schriftstellers neben Individualismus, Traditionalismus, Nihilismus, extremem Subjektivismus und Innerlichkeit stand.

Literatur als Ware

Die Weimarer Republik stellt nicht nur politisch eine Umbruchphase dar, die die Schriftstellerinnen und Schriftsteller zur ideologischen und künstlerischen Standortbestimmung zwang, sondern sie brachte auch eine Veränderung der Entstehungsbedingungen von Literatur. Der Autor geriet zunehmend in Abhängigkeit von einem ihm fremden und undurchschaubaren Produktions- und Distributionsapparat, der sich nach den Gesetzen des Marktes organisierte und Kunst ausschließlich unter Verwertungsinteressen betrachtete. Der Einsicht, dass Literatur eine Ware ist, konnten sich auch Schriftsteller, die ihre literarische Produktion als ›reinen‹ künstlerischen Schöpfungsakt verstanden und sich selbst als ›autonome Schöpfer ewiger Kulturwerte‹ begriffen, nicht länger entziehen. Die Erkenntnis, dass Literatur eine Ware war, hatten bereits die Schriftsteller am Ende des 18. Jahrhunderts, aber erst im 20. Jahrhundert drang sie ins Bewusstsein der Zeitgenossen. Der Prozess, den Bertolt Brecht in den 20er Jahren gegen die Nero-Film AG führte und mit dem er sich gegen die Verfälschung seines Werks durch die Verfilmung zur Wehr zu setzen versuchte – als *Dreigroschenprozess* ist er in die Literaturgeschichte eingegangen –, machte deutlich, dass ein Kunstwerk, einmal auf den Markt gelangt, beliebig verwertbar war. Brecht selbst hat die Veränderung seiner *Dreigroschenoper* durch die Nero-Film AG als eine »Abbauproduktion« beschrieben, in der das ursprüngliche Kunstwerk zerlegt, zerstört und bis zur Unkenntlichkeit entstellt erscheint. Die Demontierung von Kunstwerken folgte nach Brecht denselben Gesetzen des Marktes wie die Demontierung von schrottreifen Autos. »Ein Kunstwerk ist zerlegbar in Teile, von denen einzelne entfernt werden können. Es ist mechanisch zerlegbar, nämlich nach wirtschaftlichen und polizeilichen Gesichtspunkten« (*Dreigroschenprozess*).

Walter Benjamin hat in *Das Kunstwerk im Zeitalter seiner technischen Reproduzierbarkeit* (1936) scharfsinnig die Veränderungen beschrieben, die diese Arbeitsteilung im Produktionsprozess bewirkt: Aus einem ›freien‹ Produzenten wird der Autor zunehmend zu einem bloßen Lieferanten für den bürgerlichen Kulturbetrieb. Die ästhetisch-inhaltliche Qualität der Literatur, die ihren eigentlichen Kunstcharakter ausmacht, gerät in ein widersprüchliches Verhältnis zu ihrem wirtschaftlichen Wert, der seinerseits von Faktoren wie Publikumsinteresse, Geschmack, Lesegewohnheiten, Moden bestimmt wird. Da sich die ästhetische Qualität eines Werks nur über den Markt vermitteln kann, erlangt die wirtschaftliche Seite ein deutliches Übergewicht. »Sie drückt der gesamten Literaturproduktion somit ihren Stempel auf, indem ihre Instanzen in ihrem Interesse in die literarische Produktion auf vielfältige Weise hineinwirken und literarische Produkte verändern, sei es durch offene Einflußnahme oder sei es dadurch, daß der Autor bereits die Erwartungen seiner Auftraggeber oder Abnehmer bewußt oder unbewußt antizipiert« (F. Kron).

Kunst geht nach Geld

Original gegen Reproduktion

Autor/Unternehmer

Nur in Ausnahmefällen deckten sich ästhetische Qualität und wirtschaftlicher Erfolg eines Werkes und eröffneten dem Autor einen relativ breiten Raum der literarischen Selbstverwirklichung. Im Allgemeinen führten die Gesetze des Marktes zu einer Nivellierung zwischen vermeintlich ›hoher‹ Literatur und Trivialliteratur und beschleunigten damit eine Entwicklung, die im so genannten Bestsellerwesen ihren Ausdruck fand und deren zerstörerische Wirkungen von Zeitgenossen wie Carl von Ossietzky sehr deutlich gesehen wurden: »Der bedrängte Verleger aber braucht Erfolg um jeden Preis. Er bestellt, impft Ideen ein oder was er dafür hält, zwingt einen Autor, der zu Dunkel neigt, hell zu schreiben, er verwirrt ihn, nimmt ihm den persönlichen Zug. Oder er ermutigt einen Autor, den ein Zufallserfolg hochgehoben hat, nun weiter auf gleichem Feld zu ackern, er lehnt andere Vorschläge als nicht zugkräftig ab. Er raubt seinen Leuten damit das Recht auf die Entwicklung, nimmt der Literatur den Reiz der Vielfältigkeit, stellt seine genormten Autoren wie gespießte Schmetterlinge nebeneinander. [...] Erreicht ein Buch, neuartig in Form oder Motiv, in ein paar Tagen Bedeutung, so heißt es gleich in soundsovielen Verlagskontoren: ›So etwas müssen wir auch haben‹« (1929).

Assimilationskraft des Markts

Es wäre jedoch falsch anzunehmen, dass die gesamte Literaturproduktion in der Weimarer Republik gleichsam normiert gewesen sei und abweichende Autoren überhaupt keine Chancen auf dem Markt gehabt hätten; im Gegenteil. In beschränktem Maß war es möglich, auch Themen und Techniken, die sich den herrschenden literarischen Moden entzogen oder ihnen sogar widersprachen, über den Markt zu vermitteln. Schon Benjamin machte die auf den ersten Blick verblüffende Entdeckung, »daß der bürgerliche Produktions- und Publikationsapparat erstaunliche Mengen von revolutionären Themen assimilieren, ja propagieren kann, ohne damit seinen eigenen Bestand ernstlich in Frage zu stellen« (1934). Die Vermarktung des Expressionismus und der dadaistischen Literaturrevolte zu Beginn der Weimarer Republik sprach eine ebenso deutliche Sprache wie die Vermarktung des Kriegsromans an deren Ende, die sich am deutlichsten an Remarques Bestseller *Im Westen nichts Neues* und der an ihn anschließenden Kriegsromanmode ablesen lässt. Zwischen 1928 und 1932 wurden weit über zweihundert Kriegsromane veröffentlicht. Eine solche Massenproduktion hatte die Neutralisierung der gesellschaftskritischen Möglichkeiten des Kriegsromans zur Folge.

Pressekonzentration

Darüber hinaus wurde die schriftstellerische Arbeit von der zunehmenden Pressekonzentration beeinflusst. Um leben zu können, hatten die Schriftsteller bereits im 18. Jahrhundert Beiträge für Zeitschriften verfasst oder aber ihre Werke als Vorabdrucke an Zeitungen gegeben. Die Pressekonzentration in der Weimarer Republik schränkte insbesondere kritische Intellektuelle in ihren Publikationsmöglichkeiten erheblich ein. Das Presseimperium des deutschnational gesonnenen ehemaligen Krupp-Managers Alfred Hugenberg, das von der deutschen Schwerindustrie finanziert wurde, öffnete seine Spalten nur solchen Autoren, die sich der ideologischen Generalrichtung des Konzerns – Antisemitismus, Antidemokratismus, Intellektuellenhetze – anzupassen bereit waren. Gegenüber der Massenpresse des Hugenberg-Konzerns, zu dem Zeitungen und Zeitschriften, eine eigene Nachrichtenagentur, Druckereien sowie ein eigener Materndienst für die Provinzpresse gehörten, war der Einfluss der demokratischen, liberalen und sozialistischen Blätter verschwindend gering. Zwar genossen profilierte Zeitschriften wie die von Ossietzky und Tucholsky herausgegebene *Weltbühne* und die von Karl Kraus herausgegebene *Fackel* ein großes Renommee unter kritischen

Intellektuellen und erlangten als oppositionelle Blätter auch eine gewisse politische Wirksamkeit und Bedeutung; ein Gegengewicht zur Massenpresse konnten sie aber ebenso wenig bilden wie die zahlreichen linken Blätter, die nur in kleiner Auflage erschienen.

Die Konzentration auf dem Gebiet der Presse, die Herausbildung von Großverlagen (Ullstein, Mosse, Scherl) und der Aufbau einer ausufernden Unterhaltungsindustrie, die durch eigens eingerichtete Buchgemeinschaften strukturiert und organisatorisch abgesichert wurde, übten einen gewaltigen Anpassungsdruck auf Schriftsteller aus, dem sich nur die entziehen konnten, die entweder prominent oder erfolgreich waren oder aber Publikationsmöglichkeiten in linken Verlagen und Zeitschriften hatten. Linke Autoren erkannten frühzeitig die Gefahr der Konzentration und antworteten mit der Gründung von eigenen Verlagen (z. B. Malik-Verlag), eigener Presse und eigenen Buchgemeinschaften. Die gesteigerte Verbreitung von Massenliteratur stellte eine zusätzliche Beeinträchtigung schriftstellerischer Arbeit dar. Der zum Hugenberg-Konzern gehörige Scherl-Verlag stieß Heftchenliteratur in Millionenauflage aus und überflutete den Markt mit billiger Trivialliteratur; insbesondere Unterhaltungsschriftsteller hatten es schwer, sich neben dieser Konkurrenz zu behaupten. Die vom »Bund proletarisch-revolutionärer Schriftsteller« im Malik-Verlag herausgegebene Reihe der »Rote-Eine-Mark-Romane« stellte einen Versuch dar, dieser angepassten Massenliteratur entgegenzuwirken.

Programm des Malik-Verlags gestaltet von John Heartfield

Schriftsteller organisieren sich

Als Reaktion auf die Abhängigkeit vom Markt und seinen Gesetzen kam es in der Weimarer Republik zur Bildung von Schriftstellerorganisationen, die die wirtschaftliche Interessenvertretung der Autoren übernahmen. Ansätze zu einer wirtschaftlichen Interessenvertretung finden sich bereits Ende des 18. Jahrhunderts, aber erst 1842 wurde mit der Gründung des »Leipziger Literatenvereins« eine Organisation geschaffen, die als schriftstellerische Berufsorganisation Bedeutung gewann. »Nachdruck, gesetzlicher und ungesetzlicher Zustand der Presse, Handhabung der Zensur« waren die »drei Punkte«, die der »Leipziger Literatenverein« laut Satzung »zu Gegenständen unausgesetzter Beratung und Entschließung« erklärte. Die Frage des Nachdrucks berührte urheber- und verlagsrechtliche Bestimmungen, die Frage der Zensur berührte dagegen allgemeine politische Fragen, die der Literatenverein laut Satzung eigentlich ausschließen wollte. Nachdem der »Leipziger Literatenverein« nach der gescheiterten Revolution von 1848 nahezu bedeutungslos geworden war, kam es 1878, wiederum in Leipzig, zur Gründung des »Allgemeinen Deutschen Schriftsteller-Verbandes«, der sich die »energische Vertretung der Interessen des Schriftstellerstandes nach Innen und Außen« zum Ziel setzte und insbesondere für eine Verbesserung der sozialen Lage der Schriftsteller eintrat. In nur wenigen Jahren kam es zu einer Vielzahl von überregionalen Organisationsgründungen (»Deutscher Schriftsteller-Verein«, 1885; »Deutscher Schriftsteller-Verband«, 1887; »Schutzverein deutscher Schriftsteller«, 1887; »Deutscher Schriftstellerbund«, 1888; »Allgemeiner Schriftstellerverein«, 1901), die zum Teil fusionierten, sich aber auch Konkurrenz machten. Eine schlagkräftige, einheitliche Organisation scheiterte an dem individualistischen Selbstverständnis der Schriftsteller und an den divergierenden gesellschaftspolitischen Vorstellungen. Die Frage, ob Schriftstellerorganisationen sich auf eine rein ökono-

Verbandswesen

Alfred Döblin, Thomas Mann und Ricarda Huch während einer Sitzung der Preußischen Akademie der Künste

mische Interessenvertretung ihrer Mitglieder beschränken oder auch eine politische Interessenvertretung übernehmen sollten, blieb ein ständiger Streitpunkt und führte zu Auflösungen, Splitterungen und Fraktionierungen. Wirkliche Bedeutung erlangte erst der 1909 in Berlin gegründete »Schutzverband deutscher Schriftsteller« (SDS). In ihm waren nahezu alle bedeutenden Autoren der Zeit organisiert. Er bezweckte »den Schutz, die Vertretung und Förderung der wirtschaftlichen, rechtlichen und geistigen Berufsinteressen seiner Mitglieder«.

SDS

Der SDS wurde zur maßgeblichen schriftstellerischen Berufsorganisation. Er hatte detaillierte Vorstellungen über die berufliche, rechtliche, wirtschaftliche und soziale Interessenvertretung der in ihm organisierten Schriftsteller und gewährte laut Satzung auch »Rechtsschutz bei der Beschlagnahme von Büchern, sowie bei sonstigen Ein- und Übergriffen der Staatsgewalt in die Tätigkeit der Verbandsmitglieder«. Fast alle prominenten Autoren der Weimarer Republik waren im SDS organisiert; 1924 wurde Alfred Döblin, später Theodor Heuss, ab 1949 erster Bundespräsident der Bundesrepublik, Vorsitzender des Verbands. Neben dem SDS erlangte der 1921 unter dem Eindruck des Ersten Weltkriegs gegründete internationale PEN-Club, der sich »für Weltfrieden« und »gegen Völker- und Rassenhaß« engagierte, eine Bedeutung für die Standortbestimmung der Autoren. Hier ging es nicht um eine wirtschaftliche Interessenvertretung, sondern um ein gesellschaftspolitisches Ziel, das aus der internationalen Zusammensetzung des Verbands deutlich wurde. SDS und PEN-Club waren also keine Konkurrenzunternehmen, sondern sie ergänzten sich. Doppelmitgliedschaften von Schriftstellern in beiden Verbänden waren nicht selten.

BPRS

Einen anderen Charakter als diese beiden bedeutenden Schriftstellerorganisationen – der PEN-Club existiert noch heute – hatte der 1928 gegründete »Bund Proletarisch-Revolutionärer Schriftsteller« (BPRS). Er wurde hauptsächlich von einer Arbeitsgemeinschaft kommunistischer und sozialistischer Schriftsteller im SDS getragen und bildete die deutsche Sektion der 1927 gegründeten »Internationalen Vereinigung Revolutionärer Schriftsteller« (IVRS), die sich als Gegengründung zum PEN-Club verstand. Der BPRS, in dem prominente Autoren wie Erich Weinert, Johannes R. Becher, Anna Seghers und Willi Bredel organisiert waren, begriff Literatur als »wichtigen Bestandteil des ideologischen Überbaus der Gesellschaft« und verstand sich im Gegensatz zum SDS als eine Organisation mit politischem Vertretungsanspruch. Die Ansätze einer proletarischen Literatur, die sich in Deutschland während der Weimarer Republik unter dem Eindruck der russischen Oktoberrevolution und der Zuspitzung der sozialen Probleme bildete, wurden vom BPRS aufgegriffen, um der proletarisch-revolutionären Literatur »die führende Stellung innerhalb der Arbeiterliteratur zu verschaffen und sie zur Waffe des Proletariats innerhalb der Gesamtliteratur zu gestalten« (Aktionsprogramm, 1928).

Nicht nur sozialistische und kommunistische Autoren organisierten sich in politischen Interessenverbänden, auch nationalistische und konservative Schriftsteller begannen sich bereits während der Weimarer Republik in eigenen Interessenverbänden zusammenzuschließen. So hatten der »Nationalverband deutscher Schriftsteller« und der »Wartburgkreis deutscher Dichter« eine eindeutig nationalistische Ausrichtung. Der »Kampfbund für deutsche Kultur«, 1927 von Alfred Rosenberg als »Nationalsozialistische Gesellschaft für deutsche Kultur« gegründet, stand den Nationalsozialisten nahe.

Völkische Verbände

»Eine Zensur findet nicht statt« – Schriftstellerverfolgungen

In Artikel 118 der Verfassung der Weimarer Republik stehen die wichtigen Sätze: »Jeder Deutsche hat das Recht, innerhalb der Schranken der allgemeinen Gesetze seine Meinung durch Wort, Schrift, Druck, Bild oder in sonstiger Weise frei zu äußern«, und: »Eine Zensur findet nicht statt.« Die Realität sah freilich anders aus. Die verfassungsmäßig garantierte Meinungsfreiheit bestand zwar auf dem Papier, in den letzten Jahren der Republik wurde sie aber durch Sondergesetze zunehmend ausgehöhlt. Die allmähliche Zerstörung bürgerlicher Freiheiten lässt sich anhand der Weimarer Republik beispielhaft beobachten. Sie beginnt 1922 mit dem »Gesetz zum Schutz der Republik«, das ursprünglich nach der Ermordung Rathenaus gegen die nationalistische Rechte erlassen worden war, aber fast ausschließlich gegen liberale, linksbürgerliche, sozialistische und kommunistische Autoren angewendet wurde. Schriftsteller, die sich zum Konservatismus oder gar Nationalsozialismus bekannten und mit ihren Schriften Gewalt, Mord und Grausamkeiten verherrlichten, wie z.B. die Verfasser der zahlreichen rechtsradikalen Freikorpsromane, blieben in der Regel ungeschoren und wurden z.T. noch öffentlich belobigt und gefördert, wie der ehemalige Expressionist und nachmalige Nationalsozialist Arnolt Bronnen, der mit seinem Freikorpsroman *O. S.* (1929) eindeutig gegen die bestehenden Gesetze der Republik verstieß. Einen anderen ehemaligen Expressionisten jedoch, der sich unter dem Eindruck des Ersten Weltkriegs und der Novemberrevolution der Arbeiterbewegung angenähert hatte und 1919 in die KPD eingetreten war – Johannes R. Becher –, traf das neue Republikschutzgesetz hart. 1925 wurde ein Gedichtband von ihm beschlagnahmt, der Autor kam vorübergehend in Haft. 1927 fand ein Hochverratsprozess gegen Becher statt, der sich nicht nur auf den bereits beschlagnahmten Gedichtband stützte, sondern auch auf weitere, in der Zwischenzeit erschienene Schriften. Strafbare Handlungen konnten Becher nicht nachgewiesen werden. Die Anklage stützte sich allein auf die literarischen Äußerungen. Die öffentliche

Freiheitliche Meinungsäußerung

Johannes R. Becher

Empörung war groß, an den Protesten beteiligten sich auch viele Intellektuelle und Schriftsteller, die die politischen und literarischen Positionen Bechers nicht teilten. So schrieb Alfred Kerr, einflussreicher Kritiker der damaligen Zeit, den denkwürdigen Satz: »Johannes R. Becher, das bist Du und Du und Du, das sind morgen wir alle«, und machte damit deutlich, dass sich die Maßnahmen der Anklagebehörde gegen die gesamte kritische Intelligenz der Weimarer Republik richteten. Tatsächlich wurde das Verfahren gegen Becher nicht zuletzt unter dem Druck der Öffentlichkeit 1928 eingestellt. Die Verfolgung kritischer Intellektueller ging jedoch weiter.

Schund- und Schmutzgesetz

Das 1926 erlassene »Schund- und Schmutzgesetz« bot mehr noch als das »Gesetz zum Schutz der Republik« eine Handhabe zur Unterdrückung missliebiger Autoren. Die politische Stoßrichtung des Gesetzes wurde von Thomas Mann erkannt, wenn er schrieb: »Die Notwendigkeit, unsere Jugend gegen Schmutz und Schund zu schützen, diese Notwendigkeit, auf die der leider in Rede stehende Gesetzentwurf sich gründen soll, ist für jeden Lesenden und Wissenden nichts als ein fadenscheiniger Vorwand seiner Autoren, um sich durchschlagende Rechtsmittel gegen den Geist selbst und seine Freiheit zu sichern.« Trotz zahlreicher öffentlicher Proteste konnte das Gesetz nicht verhindert werden. Auf der Grundlage der 1922 und 1926 erlassenen Sondergesetze wurden zahlreiche Verbote von Büchern und Filmen ausgesprochen. Eisensteins Film *Panzerkreuzer*

Grosz für das Proletariat – Kapital, Reichswehr und Nazis thronen auf den Kanonen, aber wer bezahlt die Zeche? – »Fürs Vaterland zur Schlachtbank«

Potemkin, der proletarisch-revolutionäre Film *Kuhle Wampe* und *Im Westen nichts Neues* nach dem gleichnamigen Bestseller von Remarque wurden ebenso verboten wie Brechts Theaterstücke *Die Mutter* und *Die heilige Johanna der Schlachthöfe*. Betroffen von den Verboten waren hauptsächlich linke und kommunistische Autoren. Der ironische Satz von Heinrich Mann: »In der Verfassung steht wohl auch etwas von der Freiheit der Rede und der Schrift. Gemeint sind bürgerliche Rede und bürgerliche Schrift«, benennt den Charakter der offiziellen Verbotspraxis präzise. Erschwerend kam hinzu, dass sich die Maßnahmen nicht nur gegen die Autoren und ihre Werke richteten, sondern auch gegen Verleger und Buchhändler, die als Hochverräter vor dem Reichsgericht angeklagt wurden.

Obwohl die bestehenden Sondergesetze der politischen Justiz freie Hand bei der Verfolgung und Unterdrückung missliebiger Autoren ließen, waren den konservativen und reaktionären Kräften die Gesetze immer noch zu liberal. 1930 wurde eine verschärfte Neufassung des »Gesetzes zum Schutz der Republik« verabschiedet, 1931 wurde eine so genannte »Pressenotverordnung« erlassen, die es den Behörden ermöglichte, ohne richterliche Anordnung Druckschriften zu beschlagnahmen und das Erscheinen von Zeitungen und Zeitschriften für die Dauer von bis zu acht Monaten zu verbieten. Aufgrund dieser neuen verschärften Gesetze wurde Willi Bredel, Autor von erfolgreichen proletarisch-revolutionären Romanen und Redakteur der *Kommunistischen Volkszeitung*, wegen literarischen Hoch- und Landesverrats zu zwei Jahren Festungshaft verurteilt. Trotz öffentlicher Proteste gelang es diesmal nicht, wie im Falle Bechers, eine Einstellung des Verfahrens zu erzwingen. Auch andere proletarisch-revolutionäre Romane wurden verboten. Die Überwachung und Bespitzelung von Autoren, die der KPD nahe standen oder als deren Sympathisanten eingestuft wurden, war am Ende der Weimarer Republik an der Tagesordnung. Die allgemeine Verschärfung der Lage und die Zunahme der Repression werden besonders deutlich an dem Hochverratsprozess gegen Carl von Ossietzky im Jahr 1931. Ossietzky, Herausgeber der renommierten *Weltbühne*, der später an den Folgen der im Konzentrationslager erlittenen Folterungen starb, wurde wegen eines Artikels vor Gericht gestellt, in dem Einzelheiten über die laut Verfassung verbotene Aufrüstung im Luftwaffenbereich aufgedeckt wurden. Anstatt die verfassungswidrigen Praktiken des Reichswehrministeriums strafrechtlich zu verfolgen, wie es ihre Aufgabe gewesen wäre, verurteilten die Richter Ossietzky, der diese Rechtsbrüche ans Tageslicht gebracht hatte, zu eineinhalb Jahren Gefängnis.

In dieser Situation versagte der »Schutzverband Deutscher Schriftsteller« (SDS) fast gänzlich. Bereits in der Auseinandersetzung um den »Schmutz- und Schundparagraphen« war es zu einer Spaltung innerhalb des Verbands gekommen. Während die Mehrheit den neuen Paragraphen vehement bekämpfte und die Öffentlichkeit aufmerksam zu machen suchte, stimmte der Reichstagsabgeordnete und Vorsitzende des Verbandes, Theodor Heuss, für die Annahme des umstrittenen Gesetzes im Reichstag. Die darauf erfolgten Auseinandersetzungen innerhalb des Verbandes führten zu einer weiteren Polarisierung zwischen Vorstand und Mitgliedern. Die hinter den Auseinandersetzungen stehende Kontroverse, ob der SDS eine reine Interessen- und Standesvertretung von Schriftstellern sein oder auch zu politischen Fragen Stellung beziehen solle, führte schließlich 1932 zur Spaltung. Neben dem linken »Berliner Verband«, in dem die literarische Prominenz organisiert war, etablierten sich rechte Provinzverbände, in denen konservative und national-sozialistische Mitglieder das Wort hatten und linke Autoren ausgeschlossen wurden. Die Hetze gegen linke Autoren nahm in der Spätphase der

Pressenotverordnung

Spaltung des SDS

Weimarer Republik bereits solche Ausmaße an, dass der *Völkische Beobachter*, das offizielle Presseorgan der Nationalsozialisten, im August 1932 ungestraft eine Liste von Autoren veröffentlichen konnte, die als »Repräsentanten einer dekadenten Niederungsperiode« diffamiert wurden und denen für den Fall der nationalsozialistischen Machtübernahme mit dem Verbot ihrer Bücher gedroht wurde. Auf ihr befanden sich bereits die Namen vieler Autoren, deren Bücher 1933 tatsächlich verboten, verbrannt und die ins Exil getrieben wurden.

Literatur in der Medienkonkurrenz

Eine am Profit orientierte Struktur des Literaturbetriebs, Unterdrückung und Zensur sind prinzipiell keine Erscheinungsformen des 20. Jahrhunderts. Sie finden sich in Ansätzen bereits im 18. Jahrhundert ausgeprägt. Neu in der Weimarer Republik dagegen war das Aufkommen der beiden Medien Film und Rundfunk. Wie die Entdeckung der Fotografie im 19. Jahrhundert die Malerei revolutionierte, veränderten die neuen Medien die Literatur, ohne dass den davon betroffenen Zeitgenossen die Umwälzung in ihrer ganzen Tragweite bewusst gewesen wäre. Die neuen Medien machten der geschriebenen Literatur bzw. dem Theater ihren seit Jahrhunderten bestehenden kulturellen Alleinvertretungsanspruch streitig und schufen eine Konkurrenzsituation, auf die die Schriftsteller sehr unterschiedlich reagierten. Einige versuchten, die Medien einfach zu ignorieren oder aber, wie Thomas Mann, als »unkünstlerisch« abzutun; andere, wie Kafka, befürchteten nicht zu Unrecht eine »Uniformierung« des Bewusstseins; wieder andere spielten die »entseelte Mechanik des Films« gegen die »Unsterblichkeit des Theaters« (Max Reinhardt) aus. Während sich die meisten Autoren an der ziemlich unfruchtbaren und angesichts der rasanten Entwicklung und der Erfolge der neuen Medien anachronistisch anmutenden Diskussion beteiligten, ob es sich bei Rundfunk und Film um Kunstformen handele, erkannten andere, dass sich durch die neuen Medien der Charakter der Kunst zu verändern begann: »Die alten Formen der Übermittlung nämlich bleiben durch neu auftauchende nicht unverändert und nicht neben ihnen bestehen. Der Filmesehende liest Erzählungen anders. Aber auch der Erzählungen schreibt, ist seinerseits ein Filmesehender« (Brecht: *Dreigroschenprozess*). Brecht und Benjamin gehörten zu den ersten Schriftstellern, die die neue Situation theoretisch zu erfassen suchten. Brecht zog aus seinen Einsichten alsbald Konsequenzen für seine literarische Arbeit und experimentierte mit den neuen Medien (*Dreigroschenfilm, Ozeanflug*).

»Dr. Mabuse, der Spieler«, ein Film von Fritz Lang, 1921/22

Expressionismus im Film

Die Anfänge der deutschen Filmgeschichte reichen zwar weit bis in das Kaiserreich zurück – 1895 fand die erste öffentliche Filmvorführung in Berlin im »Wintergarten« statt –, den entscheidenden künstlerischen Durchbruch erlebte der deutsche Film jedoch erst in der Weimarer Republik. *Das Cabinet des Dr. Caligari* (1919), dessen vom Expressionismus beeinflusste Bildlichkeit noch heute beeindruckt, sowie die Filme von Fritz Lang (*Dr. Mabuse, der Spieler*, 1921/22; *Die Nibelungen*, 1923/24; *Metropolis*, 1927) und Walter Pabst (*Die Büchse der Pandora*, 1928/29; *Die 3-Groschen-Oper*, 1930/31) begründeten den internationalen Ruhm, den der deutsche Film der Weimarer Republik bei Cineasten bis heute genießt, wobei einzelne Kritiker schon früh auf das problematische Verhältnis zwischen dem neuen Medium Film und den politischen Machthabern aufmerksam machten (Kracauer: *Von Caligari bis Hitler*, zuerst engl. 1947) oder dem

Kino vorwarfen, dass es einen bloßen »Kult der Zerstreuung« zelebriere, wie Kracauer polemisch in seinem Buch *Das Ornament der Masse* (1926) formulierte.

Wie produktiv das neue Medium für Schriftsteller auf der anderen Seite war, zeigen nicht nur die frühen Filmdebatten, an denen sich bekannte Autoren maßgeblich beteiligten (Béla Balázs: *Der sichtbare Mensch oder Die Kultur des Films*, 1924), die Übernahme filmischer Techniken für das eigene Schreiben, die Thematisierung der neuen Medien in der Literatur, sondern auch die mediale Vielfalt, die Autoren zumindest potentiell zur Verfügung stand. Das Buch konnte Vorlage für den Film sein, es konnte aber auch als »Buch zum Film« am Erfolg eines Films partizipieren. Darüber hinaus konnten Autoren als Drehbuchverfasser zwischen dem alten Medium ›Buch‹ und dem neuen Medium ›Film‹ vermitteln, wie die Arbeit von Thea von Harbou zeigt, die zunächst als Romanschriftstellerin und Drehbuchautorin an den Filmen von Fritz Lang beteiligt war und sich nach der Emigration von Lang einen zweifelhaften Ruf als Filmschaffende in der Nazizeit erwarb. Stärker noch als die Ehe und Produktionsgemeinschaft zwischen Lang und Harbou macht die multimediale Verwertung von Christa Winsloes Theaterstück *Ritter Nérestan* (1930) als Zeitstück (*Gestern und heute*, 1931), Film (*Mädchen in Uniform*, 1931) und Roman (*Das Mädchen Manuela*, 1934) deutlich, in welcher komplexen Wechselbeziehung Literatur und Film bereits in der Weimarer Republik zueinander standen.

Ein grundlegendes Problem war die Abhängigkeit des Films und Hörfunks vom Markt. Die Ausbeutung der neuen Medien unter dem Gesichtspunkt der Profitmaximierung und die Funktionalisierung des Films zum Propagandainstrument – die UFA, Deutschlands größtes und erfolgreichstes Filmunternehmen, gehörte zum rechtsradikalen Hugenberg-Konzern – entzogen gesellschaftskritischen Autoren weitgehend die Möglichkeit, schöpferisch mit den neuen Medien umzugehen. Angesichts der Tatsache, dass die Kinos einen Massenzulauf hatten – die *Internationale Presse-Konferenz* schätzte 1926, dass etwa 800 000 Werktätige täglich Filmvorstellungen besuchten, allein in den Industriegebieten gab es über 8000 große und mittlere Filmtheater –, sahen es linke und kommunistische Autoren als ihre vordringliche Aufgabe an, die neuen Medien aus dem kapitalistischen Verwertungsprozess herauszulösen und, wo dies nicht möglich war, ein alternatives Film- und Rundfunkprogramm aufzubauen, um die revolutionären Möglichkeiten, die in Funk und Film schlummerten, zu nutzen (vgl. Willi Münzenberg: *Erobert den Film!*, 1925). Tatsächlich gelang es, trotz der äußerst schwierigen Produktionsbedingungen außerhalb des bürgerlichen Filmbetriebs, so bedeutende, am avantgardistischen russischen Film (Eisenstein) orientierte gesellschaftskritische Filme wie *Kuhle Wampe* und *Mutter Krausens Fahrt ins Glück* (1932) zu drehen. *Kuhle Wampe* (1929) freilich wurde sofort verboten und erst nach Schnitten für die Vorführung freigegeben. Neben der proletarischen Filmbewegung, an der sich prominente Autoren theoretisch und praktisch beteiligten, entstand auch eine Arbeiter-Radio-Bewegung, die von verschiedenen linken Parteien und Gruppierungen getragen wurde und die über Programmkritik und den angestrebten Einfluss auf die Programmgestaltung hinaus eine demokratische Rundfunk-Alternative zu entwickeln suchte (Arbeiterfunk, Arbeitersender).

Wie der Film wurde auch der Rundfunk zu einer heiß umkämpften Bastion, nicht zuletzt, weil er den wirtschaftlich bedrängten Autoren neue Arbeits- und Verdienstmöglichkeiten eröffnete und sie aus der als steril empfundenen traditionellen Kunstproduktion herausführte. An der Arbeitstagung »Dichtung und Rundfunk« nahmen 1929 neben Programmredakteuren auch zahlreiche Schriftsteller

Film- und Hörfunkindustrie

Veränderung der Wahrnehmung

teil, u. a. Alfred Döblin, der auf die Chancen des neuen Mediums für die Literatur hinwies. Die Rückgewinnung des akustischen Mediums, des »eigentlichen Mutterbodens jeder Literatur«, hielt er für einen großen Vorteil, den die Schriftsteller ausnützen müssten. »Es heißt jetzt Dinge machen, die gesprochen werden, die tönen. Jeder, der schreibt, weiß, daß dies Veränderungen bis in die Substanz des Werkes hinein zur Folge hat. [...] Formveränderungen muß oder müßte die Literatur annehmen, um rundfunkgemäß zu werden.« Döblin schrieb zu seinem Roman *Berlin Alexanderplatz* selbst eine Funkfassung, mit der er seiner eigenen Forderung nach Rundfunkgemäßheit gerecht zu werden versuchte. Erfolgreicher wurde jedoch der Film, der 1931 mit Heinrich George in die Kinos kam. Als ein grandioses Epos über Macht und sexuelle Abhängigkeit hat R. W. Fassbinder 1980 Döblins Roman in einer vierzehnteiligen Fernsehserie neu in Szene gesetzt.

Hörspiel

In nur wenigen Jahren entwickelte sich die neue Kunstgattung des Hörspiels. Nachdem der deutsche Rundfunk am 29. Oktober 1923 sein Programm mit musikalischer Abendunterhaltung und Gedichtrezitationen begonnen hatte, wurden bald auch kleinere Szenen der dramatischen Dichtung, Einakter und Schwänke bis hin zu größeren Dramenbearbeitungen als so genannte »Sendespiele« über den Äther ausgestrahlt. Allein 1926 wurden rund 500 Dramenbearbeitungen gesendet, vor allem von klassischen Stücken. Hier lag der Ursprung für das Hörspiel, das sich in der Folgezeit als eigene Kunstgattung etablieren konnte, seinen Höhepunkt aber erst nach 1945 in der Bundesrepublik erreichen sollte. Sehr früh wurde versucht, die neue Gattung theoretisch zu erfassen und in ihren möglichen Funktionen zu bestimmen. Während Hermann Pongs (*Das Hörspiel*, 1930) das Hörspiel zusammen mit dem Film als »Organe des modernen Kollektivgeistes« beschrieb und seinen Wert vor allem in der »Erzeugung und Stärkung eines überparteilichen Gemeinschaftsgefühls« sah, verstand Richard Kolb (*Das Horoskop des Hörspiels*, 1932) das Hörspiel als eine Form, die »uns mehr die Bewegung im Menschen als die Menschen in Bewegung zu zeigen« hat. Beide Konzepte haben die Hörspielproduktion während der Weimarer Republik wie auch die während des Nationalsozialismus bestimmt. Während das Pongs'sche Konzept von Gerhart Eckart 1941 in Hinsicht auf eine offene Indienstnahme der Gattung für die Nationalsozialisten (*Der Rundfunk als Führungsmittel*, 1941) präzisiert wurde, ebnete das Kolb'sche Konzept einer Verinnerlichung den Weg, die parallel zu den Konzepten der Innerlichkeit im literarischen Bereich lief und die »Innere Emigration« auch im Bereich des Hörspiels (Eich, Huchel) vorbereiten half.

Der Hörfunk als Vermittler authentischer Wirklichkeit: »Der geheime Sender« – Linolschnitt von Clément Moreau

Brechts Radiotheorie

Einen Versuch, die Möglichkeiten des Rundfunks gesellschaftskritisch zu nutzen, unternahm Brecht mit seiner Radiotheorie, die in engem Zusammenhang mit seiner Lehrstücktheorie steht. Brecht machte den Vorschlag, den Rundfunk aus einem »Distributionsapparat« in einen »Kommunikationsapparat« zu verwandeln: »Der Rundfunk wäre der denkbar großartigste Kommunikationsapparat des öffentlichen Lebens, ein ungeheures Kanalsystem, das heißt, er wäre es, wenn er es verstünde, nicht nur auszusenden, sondern auch zu empfangen, also den Zuhörer nicht nur hören, sondern auch sprechen zu machen und ihn nicht zu isolieren, sondern ihn in Beziehung zu setzen. Der Rundfunk müsste demnach aus dem Lieferantentum herausgehen und den Hörer als Lieferanten organisieren« (*Rede über die Funktion des Rundfunks*, 1932). Mit seinem Hörspiel *Ozeanflug*, in dem der aufsehenerregende Flug Charles Lindberghs über den Atlantischen Ozean zu einem Lehrstück über die Möglichkeiten der neuen Technologie gestaltet ist, wollte Brecht das Radio in einem anderen Sinn nutzen: »Dem gegenwärtigen Rundfunk soll der Ozeanflug nicht zum Gebrauch dienen, sondern er soll ihn verändern. Die zunehmende Konzentration der mechanischen Mittel sowie die zunehmende Spezialisierung in der Ausbildung – Vorgänge, die zu beschleunigen sind – erfordern eine Art Aufstand des Hörers, seine Aktivierung und seine Wiedereinsetzung als Produzent.« Dabei war Brecht, Bertolt der utopische Charakter seines Vorschlags, aus dem Rundfunk einen »Kommunikationsapparat« zu machen, bewusst: »Dies ist eine Neuerung, ein Vorschlag, der utopisch erscheint und den ich selber als utopisch bezeichne, wenn ich sage: der Rundfunk könnte, oder: das Theater könnte: ich weiß, daß die großen Institute nicht alles können, was sie könnten, auch nicht alles, was sie wollen. Von uns wollen sie beliefert sein, erneuert, am Leben erhalten durch Neuerungen. Aber es ist keineswegs unsere Aufgabe, die ideologischen Institute auf der Basis der gegebenen Gesellschaftsordnung durch Neuerungen zu erneuern, sondern durch unsere Neuerungen haben wir sie zur Aufgabe ihrer Basis zu bewegen. Also für Neuerungen, gegen Erneuerung! Durch immer fortgesetzte, nie aufhörende Vorschläge zur besseren Verwendung der Apparate im Interesse der Allgemeinheit haben wir die gesellschaftliche Basis dieser Apparate zu erschüttern, ihre Verwendung im Interesse der wenigen zu diskutieren. Undurchführbar in dieser Gesellschaftsordnung, durchführbar in einer anderen, dienen die Vorschläge, welche doch nur eine natürliche Konsequenz der technischen Entwicklung bilden, der Propagierung und Formung dieser anderen Ordnung.«

Ansätze zu einer proletarisch-revolutionären Literatur

In den Krisenjahren zwischen 1919 und 1923 kam es zu einer vor allem von anarchistischen und linkskommunistischen Autoren getragenen lebhaften Diskussion über die Möglichkeiten proletarischer Literatur im Rahmen bürgerlicher Gesellschaft, in deren Verlauf sich nicht nur eine, wenn auch schmale proletarische Literaturpraxis ausbildete, sondern erstmals auch zu bestimmen versucht wurde, was proletarische Literatur in Deutschland sein könne bzw. sein solle: »Proletarische Kunst ist Kunst des Proletariats als herrschender Klasse. Solange das Proletariat als herrschende Klasse noch nicht existiert, ist proletarische Kunst die Kunstäußerung der unterdrückten Klasse und als solche ebenfalls unterdrückt, d.h. verschwiegen, verfolgt, verboten, ohne Mittel der Verbreitung, illegal. Im gegenwärtigen Augenblick der scharfen Zuspitzung der Klassengegensätze wird sie, da sie aus dem Erlebnisfonds dieses Übergangsstadiums der proletarischen Klasse schöpft, Ausdruck des Klassenkampfes sein als des stärksten Zeichens, unter dem die proletarische Klasse im Augenblick steht« (O. Kanehl). Vorbild für die deutschen Autoren war der »Proletkult«, der sich in Russland herausgebildet hatte und sich auf die Konzepte von Bogdanov (*Die Kunst des Proletariats*), Lunatscharski (*Die Kulturaufgaben der Arbeiterklasse*) und Kerschensew (*Das schöpferische Theater*) stützte, die sich in ihren Vorstellungen von proletarischer Kunst zwar erheblich unterschieden, in ihrer Zielsetzung jedoch weitgehend übereinstimmten.

Bereits 1919 wurde in Berlin ein »Bund für proletarische Kunst« gegründet, in dem Schriftsteller, bildende Künstler und Betriebsräte organisiert waren und »eine neue proletarische Kultur vorbereiten« wollten, »um die Revolution zu

Proletkult

Grosz gegen die Konterrevolution

Bund für proletarische Kunst

Der technisierte Thespiskarren – sitzend Erwin Piscator, vor ihm Tilla Durieux, Max Pallenberg und Paul Wegener. Karikatur auf die Abhängigkeit der Schauspieler vom Theaterapparat (1928)

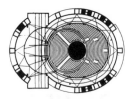

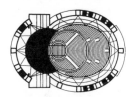

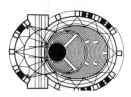

Das Totaltheater, das Gropius für Piscator entwarf. Die drei Bühnenpositionen ergeben sich, je nachdem wie der kreisförmige Zuschauerraum gedreht wird.

durchgeistigen und voranzutreiben«. Der Bund gründete nach kurzer, spannungsreicher Zusammenarbeit mit der gewerkschaftlich orientierten expressionistischen *Tribüne* ein eigenes »Proletarisches Theater des Bundes für proletarische Kultur«, das jedoch schon nach wenigen Monaten an inneren Widersprüchen scheiterte. Erfolgreicher war das zweite »Proletarische Theater«, das von Hermann Schüller und Erwin Piscator geleitet wurde. Vom Oktober 1920 bis zum Verbot im April 1921 fanden über 50 Aufführungen statt. Als Mitgliederorganisation mit regelmäßigen Versammlungen, in denen über die Arbeit des Theaters entschieden wurde, machte das »Proletarische Theater«, das in Vereinslokalen spielte und bewusst kein festes Haus anstrebte, der sozialdemokratischen »Volksbühne« Konkurrenz.

Als Hauptaufgabe sahen Piscator und Schüller die Aufführung zeitgenössischer Stücke an, aber auch durch die Bearbeitung von bürgerlichen Dramen (z. B. Büchners *Dantons Tod*, Hauptmanns *Weber*) sollten die Arbeiter für den Standpunkt des revolutionären Proletariats gewonnen werden. »Es wird in solchen Stücken noch die alte Welt gefunden, mit der auch der Rückständigste vertraut ist, und es wird sich auch hier zeigen, daß jede Propaganda damit beginnen muß, am Seienden das Seinsollende aufzuzeigen.« Nach dem Verbot des »Proletarischen Theaters« sollte es lange Zeit dauern, bis sich Piscator wieder ein eigenes Theater schaffen konnte. Nach mehreren Jahren Inszenierungsarbeit für die ehemals bekämpfte »Volksbühne«, in denen Piscator seinen Inszenierungsstil entwickelte, eröffnete er erst 1927 wieder ein eigenes Theater, die so genannte erste Piscator-Bühne, in der er ein unabhängiges politisches Theater realisierte, das sich vom proletarischen Theater Anfang der 20er Jahre grundlegend unterschied. Mit den Mitteln der Regie, des Films, der Projektion etc. versuchte Piscator, eine Form des politischen Lehrtheaters zu verwirklichen, in der der Unterschied zwi-

schen bürgerlichem und proletarischem Theater aufgehoben zu sein schien. Tat-
sächlich wurde die Piscator-Bühne bald ein gesellschaftliches Ereignis, das auch
die so genannten ›feinen‹ Leute goutierten. Im Verlauf seiner Theaterarbeit trieb
Piscator die Entwicklung des technischen Apparates unter Ausnutzung der neuen
Medien in erstaunlicher Weise voran und setzte Maßstäbe für einen modernen
Inszenierungsstil.

Programmheft

Der Zulauf, den das »Proletarische Theater« Piscators unter den Arbeitern Berlins hatte, blieb nicht ohne Rückwirkungen auf die Haltung der KPD. Hatte die
KPD das »Proletarische Theater« zunächst als »Propagandamachwerk« disqualifi-
ziert, so revidierte die Partei in der Auseinandersetzung mit der proletarischen
Theaterpraxis allmählich ihre ablehnende Haltung: Johannes R. Becher bemühte
sich darum, eine neue Literaturkonzeption zu entwickeln, in der es keinen Widerspruch zwischen Propaganda und Kunst und zwischen bürgerlicher und proletarischer Kunst mehr gab: »Die Kunst ist eine Waffe der Klassen im Klassenkampf. Ebenso wie die große bürgerliche Dichtung als Waffe der damals noch
fortschrittlichen Bourgeoisie gegen den Feudalismus diente, ist heute die proletarisch-revolutionäre Dichtung die Waffe des Proletariats in seinem Kampf gegen
die Bourgeoisie.« Eine solche Absicht hatte Konsequenzen auch für die Erbe-
Konzeption: »Unser Verhältnis zur bürgerlichen Literatur ist die Frage unseres
Verhältnisses zur Vergangenheit. Dieses Verhältnis ist ein dialektisches. Wir
scheiden das Wertlose aus, wir bewahren das Wertvolle auf, übernehmen es,
werten es aus.«

Das gewandelte Verhältnis der KPD in der Frage der proletarischen Literatur
zeigte sich auf verschiedenen Gebieten. So unterstützte die KPD die Entwicklung
eines deutschen, am russischen Vorbild orientierten Agitprop-Theaters und die
Konzipierung von politischen Revuen, die auf Piscators Revue *Roter Rummel*
(1924) zurückgingen. In wenigen Jahren entstanden unzählige Agitprop-Gruppen
(»Das rote Sprachrohr«, »Die roten Raketen« usw.). 1929 gab es in Deutschland
über dreihundert verschiedene Agitprop-Truppen. Des weiteren gelang es Becher
und anderen Autoren 1925, die Zustimmung der KPD zur Bildung eines »Arbeits-
kreises kommunistischer Schriftsteller« (AKS) im SDS zu erlangen. Seit 1927
konnte Becher im Auftrag der KPD eine *Proletarische Feuilleton Korrespondenz*
herausgeben, in der Arbeiter als so genannte Arbeiterkorrespondenten von ihren
Erfahrungen im Betrieb berichteten und so zur eigenen literarischen Produktion
angeregt wurden. Aus den Arbeiterkorrespondenten rekrutierte sich ein Stamm
von schreibenden Arbeitern (Bredel, Daudistel, Kläber, Lorbeer, Grünberg usw.).
Ausgangspunkt der Autoren waren die eigenen Erfahrungen, die in autobiographischer Form umgesetzt wurden.

Proletarische Kritik an
Deutschland

1928 gründete der AKS zusammen mit den Arbeiterkorrespondenten, Regisseuren und Mitarbeitern von kommunistischen Verlagen den »Bund Proletarisch-
Revolutionärer Schriftsteller« (BPRS), eine literarische und politische Organisation, die ein proletarisches Literaturkonzept entwickeln und durchsetzen wollte
und eine neue Phase der Literaturentwicklung einleitete, in der sich der Übergang
von kurzen Reportageformen und autobiographischen Aufzeichnungen zur geschlossenen Romanform vollzog. In dieser Phase, die mit der Auflösungskrise der
Republik zusammenfällt, entstanden Romane wie Willi Bredels *Maschinenfabrik
N & K* (1930) und *Rosenhofstraße* (1931), Karl Grünbergs *Brennende Ruhr* (1928),
Hans Marchwitzas *Sturm auf Essen* (1930), Franz Kreys *Maria und der Paragraph*
(1931), Klaus Neukrantz' *Barrikaden am Wedding* (1931) und Walter Schönstedts
Kämpfende Jugend (1932), die alle in der »Rote-Eine-Mark«-Reihe erschienen. In

*Neuer Roman – eine
Organisationsfrage*

Buchumschlag

diesen Romanen wurde entweder über die jüngste Weimarer Vergangenheit aus der Perspektive kämpfender Arbeiter berichtet (Kapp-Putsch bei Marchwitza, Ruhrkämpfe bei Grünberg), wurden aktuelle Konflikte in Betrieb und Straßenzelle geschildert oder es wurde ein so zentrales soziales und politisches Thema wie der § 218 (Abtreibung) behandelt. Gemeinsam war allen diesen Romanen das Bemühen um eine einfache, verständliche Sprache und Erzählweise sowie der agitatorische Charakter.

Die Machtübernahme der Nationalsozialisten bedeutete das Ende der proletarisch-revolutionären Literatur in Deutschland. Erst nach dem Zweiten Weltkrieg wurde zunächst in der DDR mit der Bitterfelder Konferenz (1959) und der »Greif zur Feder, Kumpel«-Bewegung und später in der BRD mit der »Gruppe 61« und der Gründung des »Werkkreises Literatur der Arbeitswelt« (1969) an die proletarisch-revolutionäre Literaturtradition in der Weimarer Republik angeknüpft.

Die Neue Frau

Im Schatten der Aufarbeitung der proletarisch-revolutionären Literaturbewegung hat lange Zeit eine andere Bewegung gestanden, deren Bedeutung in den letzten Jahrzehnten zunehmend erkannt wird: Der Aufbruch von Frauen prägte das politische und kulturelle Klima in einer so grundlegenden Weise, dass sich die Forschungsperspektiven zu verschieben begannen. Es entstand eine Reihe von historischen Untersuchungen, und es kam zur Neuentdeckung von Autorinnen (Marieluise Fleißer, Irmgard Keun, Mascha Kaléko, Rahel Sanzara, Emmy Hennings, Claire Goll, Mela Hartwig, Ilse Langner, Veza Canetti u. a.), deren Texte wieder zugänglich gemacht wurden. Dieser Prozess der Wiederentdeckung und Neubewertung ist bis heute nicht abgeschlossen. Er ist vergleichbar mit den Bemühungen um die Schriftstellerinnen der Romantik (Becker-Cantarino 2000) und die vergessenen und verdrängten Traditionen weiblicher Schriftkultur im 18. Jahrhundert (Gallas/Runge 1993).

*Emanzipations-
bewegungen*

Die Aufbruchsbewegung der Frauen in der Weimarer Republik, die sich unter dem Schlagwort und Kampfbegriff »Neue Frau« vollzog, ist dabei so widersprüchlich, wie es Emanzipationsbewegungen generell sind. Der Begriff selbst geht auf die »femme nouvelle« der Französischen Revolution zurück und ist ohne die Debatten um die »Neue Frau« in der Frauenbewegung des 19. und Anfang des 20. Jahrhunderts nicht denkbar. Entscheidend aber waren die tief greifenden politischen und sozialen Veränderungen, die der verlorene Krieg, der Zusammenbruch des Kaiserreichs und die neuen ökonomischen Strukturen mit sich brachten. Die Durchsetzung des Wahlrechts für Frauen, der Zugang zu den Universitäten, die Notwendigkeit der Erwerbsarbeit (»Tippfräulein«) konnten nicht ohne Konsequenzen für das Selbstverständnis von Frauen und die Beziehung zwischen den Geschlechtern sein.

*»Die Frau von morgen wie
wir sie wünschen«*

Einer Essaysammlung von 1929, *Die Frau von morgen wie wir sie wünschen* (Neuausgabe 1990), an der sich eine Reihe von prominenten Autoren beteiligte, merkt man die Faszination an, die vom Typus der »Neuen Frau« auf die Zeitgenossen ausging. Stefan Zweig schrieb: »Ein Blick in eine Illustrierte Zeitung vor fünfzehn, vor zwanzig Jahren, und man schrickt heute schon auf. Wirklich, so gingen Frauen gekleidet, so eingemummt und aufgetürmt, so lächerlich überladen, so mittelalterlich vermauert und verschnürt? [...] Aus diesen in Korsett ge-

Straßenszene in Berlin, 1926

schnürten, bis zum Hals mit gefälteltem Tuch verschlossenen, mit Röcken und Unterröcken behafteten, aus diesen beinlosen, künstlich bienenhaft taillierten und auch in jeder Regung und Bewegung künstlichen Wesen, aus dieser historischen Frau von vorgestern ist innerhalb einer einzigen raschen Generation die Frau von heute geworden, mit ihrem hellen, offenen Leib, dessen Linie das leichte Kleid nur wie eine Welle klar überfließt, diese Frau, die – bitte nicht zu erschrecken! – heute am hellen Tag dem Wind und der Luft und jedem männlichen Blick so aufgetan ist, wie vordem nur in gewissen geschlossenen Häusern die Damen, deren Namen man nicht aussprechen durfte.«

Es war aber nicht nur die neue Mode, die veränderte Erscheinung der Frau mit Bubikopf, kurzem Rock, ohne Korsett und mit Zigarette, die irritierte. »Die Frau tritt auf der ganzen Linie in die Offensive«, wie Georg von der Vring beunruhigt konstatierte. Die Angst, dass die Frau, »mit der man auf Berge kraxelt, auf Hochschulen diskutiert, Leitartikel verfaßt und Geschäftsunternehmungen zuwege bringt«, nicht mehr die hingebungsvolle Geliebte und fürsorgliche Mutter sein würde, ging einher mit der Warnung vor dem »Untergang der Liebe«, der »Angleichung der Geschlechter« und der »Vermännlichung« der Frau als »Bürosklavin« und »Äffin der männlichen Intellektualität«. Während einige Autoren das Rad der Geschichte gern zurückgedreht hätten, begrüßten andere die Entwicklung verhalten (»Bejahung der modernen Frau«) oder wiesen darauf hin, dass die Emanzipation der Frau bereits mit der Französischen Revolution angefangen habe: »Der große Befreiungskampf der Frauen begann mit der französischen Revolution. Er wurde in den folgenden Jahrhunderten auf vielen Fronten und mit unterschiedlicher Taktik fortgeführt, in Amerika, in England, in Rußland, in Deutschland. Noch heute ist er im Prinzip nicht beendet, da es in Europa Staaten gibt, darin den Frauen das Stimmrecht versagt und die Rechtslaufbahn verschlossen ist. Doch an dem endgültigen Siege dieser hundertdreißigjährigen Revolution gegen den Mann kann fürs erste nichts mehr gerüttelt werden« (Frank Thiess). Tatsächlich wurde an diesem »Siege« bereits in der Endphase der Republik kräftig »gerüttelt«. 1933, mit der Machtübernahme der Nationalsozialisten, wurde das Leitbild

Neue Mode

der »Neuen Frau« endgültig verabschiedet und von einem neuen »Mutterkult« abgelöst, der so folgenreich war, dass es mehr als vierzig Jahre dauerte, bis im Rahmen der Frauenbewegung der 70er Jahre die Spurensuche nach den Vorläuferinnen in der Weimarer Republik aufgenommen wurde. Dazu kam, dass eine Reihe von Autorinnen, die das Bild der »Neuen Frau« in der Weimarer Republik geprägt, ihm zum Teil entsprochen oder aber es in ihren Werken reflektiert haben, ins Exil getrieben wurden (wie z.B. Keun) oder in Vergessenheit gerieten und in kümmerlichsten Verhältnissen im faschistischen Deutschland überlebten (wie z.B. Fleißer).

»Die Fröste der Freiheit«   Die Kurzlebigkeit der Leitvorstellungen der »Neuen Frau« lässt sich aber mit dem Sieg der Nationalsozialisten und dem Exodus der literarischen Intelligenz allein nicht erklären. Sie verweist auf Widersprüche im Konzept selbst und zeigt, dass ein emanzipatorisches Selbstverständnis im Bewusstsein der Mehrheit der Frauen (und Männer) sehr viel schwächer verankert war, als dies Mode und Medien suggerierten. Die Emanzipationsgedanken beschränkten sich bei vielen Frauen auf die Nachahmung eines neuen Erscheinungsbildes, das in Frauenzeitschriften, in der Werbung, in Kunst und Literatur und im Kino propagiert wurde. Nur eine kleine Avantgarde von Frauen nutzte die neuen Freiheiten. Zumeist waren es Künstlerinnen, Filmemacherinnen, Tänzerinnen, Schriftstellerinnen, Journalistinnen, Ärztinnen oder Juristinnen, die eigene Emanzipationsvorstellungen formulierten und durchzusetzen versuchten. Aber auch sie erlebten, längst vor der offiziellen Liquidierung des Leitbildes der »Neuen Frau« durch die Nationalsozialisten, die »Fröste der Freiheit« (G. v. Wysocki), denen sie nach dem Ausbruch aus den alten Rollenvorstellungen schutzlos ausgeliefert waren.

Irmgard Keun   So wird Doris, eine Stenotypistin, die in Irmgard Keuns Roman *Das kunstseidene Mädchen* (1932) davon träumt, ein »Glanz« zu werden und ganz »nach oben« zu kommen, ebenso von den Verhältnissen eingeholt wie die »smarte, kleine Gilgi« (*Gilgi, eine von uns*, 1931), die am Ende des Romans schwanger zurückbleibt und eine ungewisse Zukunft vor sich hat. Anders als die zahlreichen Stenotypistinnen-Romane (z.B. Anita Brück: *Schicksale hinter Schreibmaschinen*, 1930) oder die populären Angestellten-Filme (z.B. *Die Privatsekretärin*, 1931), die die Aufstiegsillusionen ihrer zahlreichen Leserinnen und Zuschauerinnen unkritisch bedienten, schildert Keun das turbulente Leben ihrer Heldinnen zwischen Aufstiegsorientierung und Ernüchterung in einer ironisch-komischen Weise, die Ähnlichkeiten mit den Texten von Mascha Kaléko (1912–1975) aufweist, die wie Keun ebenfalls den Typus der »Neuen Frau« zum Thema gemacht und ihn ein Stück weit auch selbst verkörpert hat.

Mascha Kaléko   Kaléko, die ursprünglich aus Polen stammte, kam 1914 nach Deutschland und lebte ab 1918 in Berlin, wo sie durch ihre Gedichte, die ab 1929 im *Berliner Tageblatt* erschienen, weit über Berlin hinaus bekannt wurde. In ihren Zeitgedichten (*Lyrisches Stenogrammheft*, 1933) fing sie die Hektik der Großstadt und die Veränderung der Lebensformen in kessen, zugleich aber wehmütig gebrochenen Versen ein. Unpathetisch und zupackend in der lyrischen Diktion ist sie wie Keun zu einer »Dichterin der Großstadt« (Reich-Ranicki) geworden, wobei sie der Lebenssituation von Frauen besondere Aufmerksamkeit geschenkt hat (Gedichte in »Chanson vom Montag«, »Heimweg nach Ladenschluß«). In der Erzählung *Mädchen an der Schreibmaschine* entwirft sie ein melancholisches Porträt des neuen Berufsstandes der Sekretärin, den sie aus eigener Erfahrung kannte. Die Erzählung findet sich in *Kleines Lesebuch für Große*, das noch 1934 veröffentlicht werden konnte. Danach war Kalékos Karriere in Deutschland beendet. Sie emigrierte in die USA, lebte später eine Zeit lang in Israel und starb 1975 in Zürich. Nach Berlin kehrte sie nur noch besuchsweise zurück. Über das Wiedersehen mit der Stadt schrieb sie: »Und alles fragt, wie ich Berlin denn finde? / Wie ich es finde? Ach, ich such es noch!«

Ebenfalls um ihre Zukunft betrogen wurde Gabriele Tergit (1894–1982), die mit ihren Reportagen im *Berliner Tageblatt* und Artikeln in der *Weltbühne* (*Blüten der zwanziger Jahre*, 1984) am Ende der Weimarer Republik großen Erfolg hatte und Deutschland 1933 verlassen musste. Ihre noch in Berlin begonnene Schicksalschronik einer jüdischen Familie (*Effingers*) konnte sie unter großen Schwierigkeiten im Exil fertig stellen, aber erst 1951 veröffentlichen. In ihrem Roman *Käsebier erobert den Kurfürstendamm* (1931) lässt sie verschiedene Typen der »Neuen Frau« Revue passieren, die alle mehr oder minder desillusioniert den Widerspruch zwischen Bild und Wirklichkeit konstatieren. Die beiden promovierten Akademikerinnen im Roman, die eine ist Ärztin, die andere Redakteurin, fühlen sich vom »Girl« – eine Bezeichnung für junge Frauen, die sich am freizügigen Habitus der Revuetänzerinnen (Tiller-Girls) bzw. am amerikanischen Beispiel (American Girl) orientierten – an den Rand gedrängt und in ihren Karriere- und Liebeswünschen gleichermaßen enttäuscht. Frustriert erklärt die Ärztin gegenüber ihrer Freundin: »Als wir auf die Universität kamen, war es eine große Seligkeit, und wir hatten Ehrgeiz und wollten was leisten und hatten unsern großen Stolz. Und was ist kaum fünfzehn Jahre später? Das Girl ist gekommen. Wir wollten einen neuen Frauentyp schaffen. Wissen Sie noch, wie wir gebrannt haben vor Glück, daß wir an alles herankonnten, diese ganze große Männerwelt voll Mathematik und Chemie und herrlichen historischen Offenbarungen in uns aufzunehmen. Und jetzt ist das Resultat, daß die kleinen Mädchen von sechzehn in meiner Sprechstunde sitzen und ich schon froh bin, wenn sie nicht krank sind, und der Kopf ist nur noch für die Frisur da. Ich finde, die Akademikerinnen sind arg ins Hintertreffen gekommen.«

Wie für Keun, Kaléko und Tergit bedeutete das Jahr 1933 auch für eine Reihe von jungen Dramatikerinnen (Gmeyner, Rubinstein, Kalkowska, Lazar und Winsloe), die in der Endphase der Weimarer Republik große Erfolge auf den Bühnen feiern konnten, das jähe Ende ihrer Karrieren. Allein Ilse Langner, die mit ihrem Antikriegsstück *Frau Emma kämpft im Hinterland* (1929) und einer Reihe von weiteren Zeitstücken den Typus der »Neuen Frau« gestaltete, konnte in Deutschland bleiben, da sie den »Ariernachweis« erbringen konnte. Ihre Komödie *Die Amazonen*, die im April 1933 in Berlin Premiere haben sollte, wurde vom Spielplan als zu frech und emanzipatorisch abgesetzt und konnte bis heute nicht aufgeführt werden. Zwar blieb die Autorin von persönlicher Verfolgung verschont, ihre Karriere als Dramatikerin war aber so nachhaltig unterbrochen, dass Langner es auch nach 1945 nicht mehr gelang, an die Erfolge in der Weimarer Republik anzuknüpfen.

Eine Ausnahmeerscheinung im Reigen der »Neuen Frauen« stellt Marieluise Fleißer (1901–1974) dar, die mit ihren in den 70er Jahren wieder entdeckten Dramen, aber auch mit ihrem Roman *Mehlreisende Frieda Geier* (1931) sowie ihren Erzählungen (z. B. *Meine Zwillingsschwester Olga*, 1923; *Abenteuer aus dem Englischen Garten*, 1925; *Ein Pfund Orangen*, 1926) zu den ›Vorzeigefrauen‹ der Literaturgeschichtsschreibung gehört. Ihre Dramen *Fegefeuer in Ingolstadt* (1926) und *Pioniere in Ingolstadt* (1928/29) gehören zu den bedeutendsten dramatischen Leistungen des frühen 20. Jahrhunderts. Dennoch zeigen ihre Werke wie ihr Leben, wie widersprüchlich das Konzept der »Neuen Frau« ist, mit dem

Gabriele Tergit

Dramatikerinnen

Marieluise Fleißer

sich Fleißer, die Anfang der 20er Jahre aus der bayerischen Provinz in die Metropole Berlin kam, konfrontiert sah, als sie in den Umkreis Brechts geriet. In ihrer Erzählung *Avantgarde* (1962) hat sie aus der Rückschau die zerstörerischen Wirkungen beschrieben, die die Begegnung mit Brecht auf sie hatte:»Sie selber wollte auch schreiben. Sie war blutjung, eine kleine Studentin, die sich noch nicht kannte, den Kopf vollgesponnen von ihrem Wollen, das einstweilen doch nur anmaßend war: Mit diesem Wollen geriet sie an ihn und wurde ganz stark gebrochen. Der Mann war eine Potenz, er brach sie sofort. Es würde sich zeigen, ob sie es überstand. Wenn nicht, war sie es eben nicht wert.« Wie viele ihrer weiblichen Figuren sieht sich auch die Autorin mit unterschiedlichen Weiblichkeitsbildern konfrontiert. Dem Bild der »Neuen Frau«, nach dem Brecht sie modellieren möchte, fühlt sie sich nicht gewachsen, aber auch die alten Bilder bieten ihr keinen Halt mehr. Als Dramatikerin, die bewusst keine »Frauenzimmer-Dramatik« schreibt, wie der Kritiker Ihering anerkennend bemerkt, zog sie sich den Hass der Reaktion zu. Anlässlich der Aufführung ihrer *Pioniere* schrieb ein Kritiker im *Berliner Lokalanzeiger* angeekelt:»Vor diesem alles zersetzenden Frauengemüt hält keinerlei Wert noch Sitte stand. In alles gießt sie ihre Jauche hinein und wähnt damit, ein Werk der geistigen Befreiung zu tun. Wo der niedrigste Mann noch eine Anwandlung von Scham und Respekt verspürt, da findet sich ein Weib, das die letzten Rücksichten von sich abstreift. […] Wie kommt unsereins dazu, derlei hysterische Unverfrorenheiten und Entgleisungen einer aus der Art geschlagenen Frauenphantasie über sich ergehen zu lassen?« Noch schärfer war der Ton in der *Berliner Illustrierten Nachtausgabe*, in der ein Kritiker den zynischen Vorschlag machte:»Verheiraten sie das Mädel, vielleicht gibt sie dann das Stückeschreiben, das eine Folge ungelöster Komplexe zu sein scheint, auf! Binden sie ihr die Hände, damit sie keinen Federstiel mehr in die Hand nehmen kann.« Tatsächlich waren der Autorin nach 1933 die Hände weitgehend gebunden, sie erhielt ein eingeschränktes Schreibverbot und konnte mit den wenigen Texten, die sie den entmutigenden und entwürdigenden Lebensbedingungen in Ingolstadt abtrotzte, das Niveau ihrer Arbeiten aus der Weimarer Republik nicht mehr erreichen.

Keine »Frauenzimmerdramatik«

Vielfalt der Prosa

Nochmals: Politisierung gegen Innerlichkeit

Die Erfahrung von Weltkrieg, Revolution, Klassenauseinandersetzungen und Weltwirtschaftskrise in der Weimarer Republik führte zu einer Neuorientierung auch im bürgerlichen Literaturlager. Während die Mehrheit der Schriftsteller von einem Politisierungsprozess ergriffen wurde, verstärkten sich die schon vor dem Krieg vorhandenen Flucht- und Rückzugstendenzen bei einer Minderheit zu einer programmatisch apolitischen Haltung. Ein Autor wie Gottfried Benn etwa sah sich in seiner Auffassung vom »besonderen Nihilismus der Kunst« bestätigt und sah die Größe der Kunst gerade darin, dass sie »historisch unwirksam, praktisch folgenlos« sei. Er forderte die Dichter auf, »sich abzuschließen gegen eine Zeitgenossenschaft«, alle ethischen und politischen Skrupel beiseite zu schieben und nur noch nach »individueller Vollendung« zu streben (*Können Dichter die Welt verändern?*, 1930). Einesolche eskapistische Haltung, deren Problematik nach 1933 in der zeitweiligen Zusammenarbeit Benns mit den Nationalsozialisten deutlich wurde, verband sich mit der Hinwendung zum artistischen Formexperiment. Auch die Konzeption der »Innerlichkeit«, die Werfel (*Realismus und Inner-lichkeit*, 1931) gegen den angeblichen »Realismus« und »Materialismus« seiner Zeit entwarf, war eine Reaktion auf eine Epochenkonstellation, die den Schrift-steller zur Entscheidung und Parteinahme zwang. Gegen die Politisierung der Literatur setzte Werfel seine Position der Innerlichkeit, in der die verschiedenen späteren Formen der »Inneren Emigration« gleichsam theoretisch vorweggenom-men erscheinen. In seiner Forderung, die »Welt mit Geistesgesinnung zu durch-dringen« und durch die »Steigerung des inneren Lebens« ein Gegengewicht so-wohl gegen den Sozialismus als auch gegen den Kapitalismus der Zeit zu schaffen (vgl. auch Hesse: *Der Weg nach innen*, 1931), berührte er sich mit Vorstellungen der »schöpferischen Restauration«, die Hofmannsthal (*Der Schwierige*, 1921), Ril-ke (*Duineser Elegien*, 1923), George (*Das neue Reich*, 1928) und andere Autoren in unterschiedlicher Akzentuierung vertraten. Alle diese Anschauungen waren Spielarten des politischen Konzepts der »konservativen Revolution«, das zum ideologischen Sammelbecken verschiedener oppositioneller Strömungen gegen die neu geschaffene Republik wie gegen sozialistische Revolutionierungsbemü-hungen wurde. Bei anderen Schriftstellern äußerte sich das Krisenbewusstsein vor allem als Reflexion über die traditionellen literarischen Techniken und als Suche nach neuen Formen (Innerer Monolog, Montageprinzip, Reportageformen, Parabelstruktur usw.), auf inhaltlicher Ebene als kritische Auseinandersetzung mit den Voraussetzungen der eigenen Epoche und der eigenen schriftstelleri-schen Existenz, wobei sich der neu gewonnene Zeitbezug vor allem als Verstär-kung des sozialkritischen Elementes bemerkbar machte.

Im Mittelpunkt vieler Romane stand die Auseinandersetzung mit der Revolu-tion, die aus dem Kaiserreich quasi über Nacht eine Republik gemacht hatte. Bern-hard Kellermanns *Der 9. November* (1920), Georg Hermanns *November Achtzehn* (1930), Theodor Pliviers *Der Kaiser ging, die Generale blieben* (1932) und Alfred Döblins erst im Exil erschienenes monumentales vierbändiges Werk *November 1918* (1939 f.) zeigen, wie tief greifend und anhaltend die Erschütterungen waren, die von der Revolution auf die Zeitgenossen ausgingen. Andere Autoren machten die Erfahrung von Krieg und Revolution zwar nicht direkt zum Thema, setzten sich aber ebenfalls verstärkt mit der eigenen Epoche auseinander. Beispielhaft steht hierfür das Romanschaffen der Brüder Mann. Die Romane *Der Zauberberg* (1924) von Thomas Mann (1875–1955) und *Der Untertan* (1916) von Heinrich Mann (1871–1950) waren literarische Aufarbeitungen und Abrechnungen mit der jüngsten Zeitgeschichte. Beide Autoren traten mit dem Anspruch auf, einen »Ro-man der Epoche«, d. h. einen Roman über die deutsche Vorkriegszeit geschrieben zu haben. Heinrich Mann nannte seinen Roman, dessen Entstehungszeit bis in die Kriegsjahre zurückgeht (erste Notizen erfolgten bereits 1906), »Geschichte der öffentlichen Seele unter Wilhelm II.«; Thomas Mann bezeichnete seinen Ro-man später als »Zeitroman«, der »historisch […] das innere Bild einer Epoche, der europäischen Vorkriegszeit, zu entwerfen versuicht«. Freilich wurde dieser analo-ge Anspruch sehr unterschiedlich eingelöst. Als zwei voneinander abweichende Formen bürgerlicher Epochenbilanz sind *Der Untertan* in seiner offensiv-satiri-schen Tendenz und *Der Zauberberg* in seiner verhalten-ironischen Art bedeuten-de Dokumente der Zeit. Dabei ist es Heinrich Mann gelungen, sozialpsychologi-sche Strukturen und Mechanismen des autoritären Staates herauszuarbeiten und den Zusammenhang zwischen autoritärem Individualcharakter und autoritärem Staat aufzuzeigen. Heinrich Mann hat poetisch Einsichten vorweggenommen, die erst später durch die sozialpsychologischen Forschungen über den autoritären

Heinrich und Thomas Mann

Charakter von Adorno und Horkheimer bestätigt werden sollten. Zugleich hat Heinrich Mann einen der bedeutendsten satirischen Gesellschaftsromane der Zeit geschrieben. Auch seine Romane *Die Armen* (1917) und *Der Kopf* (1925), die mit dem *Untertan* eine innere Einheit bilden, sowie der Roman *Ein ernstes Leben* (1932) gehören zu dieser Gattung, die in Deutschland kaum Tradition hat. Demgegenüber bleibt Thomas Mann mit dem *Zauberberg* in seinem analytischen Zugriff den Zeitproblemen gegenüber verhaltener. Erst allmählich begann er, sich von den nationalkonservativen Positionen der Kriegszeit (*Betrachtungen eines Unpolitischen*, 1918) zu lösen. Eine sehr viel klarere Haltung nimmt Thomas Mann in der Novelle *Mario und der Zauberer* (1930) ein, wo er in der Gestalt des Zauberers Cipolla dem Sadismus und der suggestiven Demagogie des Faschismus symbolische Gestalt verliehen hat. *Untertan* und *Zauberberg* sind, abgesehen von ihrem Zeit- und Epochengehalt, bedeutsam auch als Ausdruck der unterschiedlichen Entwicklung, die der bürgerliche Roman im 20. Jahrhundert nahm.

Entfremdung

Neben den Brüdern Mann gibt es weitere bedeutende Autoren, die die Epochenerfahrung erzählerisch zu verarbeiten suchten. Arnold Zweig (1887–1968), der in der Tradition des realistischen Romans des 19. Jahrhunderts (Zola, Tolstoi, Fontane) steht, zugleich aber die Psychoanalyse produktiv für seine Schreibweise machte, entwirft in seinen Romanen *Der Streit um den Sergeanten Grischa* (1927), *Junge Frau von 1914* (1931) und der bereits im Exil veröffentlichten *Erziehung vor Verdun* (1935), die er zum Weltkriegszyklus *Der große Krieg des weißen Mannes* zusammenschloss, ein Gesellschaftspanorama, das alle sozialen Gruppen umfasst. Der Weltkrieg dient als Folie, um die zerstörerischen Auswirkungen militärischer Strukturen auf die Gesellschaft und die Individuen herauszuarbeiten. Die Form der Trilogie wählte auch Hermann Broch (1886–1951) mit seinem *Schlafwandler*-Projekt (1930/32), in dem er den Zerfall der bürgerlichen Gesellschaft geschichtsphilosophisch reflektierte. Das erste Buch der Trilogie, *Pasenow oder die Romantik*, entwirft ein Bild des Vorkriegsdeutschlands, in dem sich die Zerstörung der humanistischen Werte bereits ankündigt. Das zweite Buch, *Esch oder die Anarchie*, zeigt die skrupellose Machtübernahme der Kleinbürger; im dritten Buch, *Huguenau oder die Sachlichkeit*, schließlich triumphieren die Amoralität und die Mittelmäßigkeit endgültig über die alten humanistischen Werte. Der Untergang der bürgerlichen Kultur wird durch eingefügte essayistische Exkurse kommentiert. Diese Einschübe haben die Tendenz, sich zu verselbständigen. Bei Broch kündigt sich die Zerstörung der epischen Form an, die bei Musil (1880–1942) zum Prinzip wird. Im *Mann ohne Eigenschaften* (1930) gewinnt das reflexive, erörternde Element die Oberhand über das erzählerische Handlungselement. Die traditionelle Romanform wird aufgesprengt und so stark von Reflexionen, Kommentaren, Erörterungen, Abschweifungen usw. überlagert, dass ein erzählerischer Abschluss des Werks unmöglich wurde. So ist das Werk, an dem Musil über zwanzig Jahre gearbeitet hat und von dem zu Lebzeiten des Autors nur die ersten beiden Teilbände erscheinen konnten, notwendig Fragment geblieben. Thema Musils ist die Identitätskrise und der gesellschaftliche Orientierungsverlust des bürgerlichen Intellektuellen angesichts von Krieg, Revolution und rasanter Beschleunigung aller Lebensverhältnisse. Musil verstand seinen Roman als einen »aus der Vergangenheit entwickelten Gegenwartsroman«. Das bürgerliche Individuum kann die ihm gesellschaftlich angetragene Rolle nicht mehr übernehmen, es reagiert mit Identitätszerfall und dem Verlust der sozialen Kompetenz. Das Bewusstsein von Entfremdung, das Musil als Folge der arbeitsteiligen, hochorganisierten Industriegesellschaft begriff und in der ironischen Formel

Robert Musil

vom »Mann ohne Eigenschaften« zu fassen suchte, ist eine Grunderfahrung bürgerlicher Intellektueller in der damaligen Zeit.

So steht die Entfremdungsproblematik auch bei Franz Kafka (1883–1924) im Mittelpunkt seines Werkes. Obwohl die meisten Werke Kafkas bereits vor dem Krieg oder während des Kriegs entstanden sind (*Die Verwandlung*, *Das Urteil*, 1912; *Der Prozeß*, *In der Strafkolonie*, 1914) – der wichtige *Brief an den Vater* und der Roman *Das Schloß* wurden jedoch erst 1919 bzw. 1922 niedergeschrieben –, hatte Kafka eine bescheidene öffentliche Wirkung erst nach seinem frühen Tod 1924, als sein Freund und Nachlassverwalter, der Schriftsteller Max Brod, die Manuskripte, die ihm zur Vernichtung anvertraut waren, gegen den verfügten Willen Kafkas veröffentlichte. Eine breitere öffentliche Wirkung setzte jedoch erst nach dem Zweiten Weltkrieg ein, als die gesammelten Werke und Briefe (1950 ff.) in der Bundesrepublik erschienen und Kafkas Werk als Deutung der eigenen bedrängten Nachkriegssituation aufgefasst und reklamiert wurde. Zu seinen Lebzeiten erschienen nur einige wenige Prosastücke im Druck, die ihn zum Geheimtipp eines kleinen Kreises von literarischen Kennern machten. Alfred Döblin sagte von Kafkas Texten, dass sie »Berichte von völliger Wahrheit« seien, »ganz und gar nicht wie erfunden, zwar sonderbar durcheinander gemischt, aber von einem völlig wahren, sehr realen Zentrum geordnet [...]. Es haben einige von Kafkas Romanen gesagt: sie hätten die Art von Träumen – und man kann dem zustimmen. Aber was ist denn die Art der Träume? Ihr ungezwungener, uns jederzeit ganz einleuchtender, transparenter Ablauf, unser Gefühl und Wissen um die tiefe Richtigkeit dieser Dinge und das Gefühl, daß diese Dinge uns sehr viel angehen.«

Realität der Träume?

Die Betroffenheit, mit der Zeitgenossen und in der Folgezeit viele Leser auf Kafkas Texte reagiert haben, hängt mit der Art und Weise zusammen, wie Kafka scheinbar private Erfahrungen poetisch umgesetzt und damit als allgemeine erkennbar gemacht hat. Kafkas Konflikt mit dem Vater, der seine psychische und soziale Entwicklung bestimmte, ist ein Reflex auf den in der bürgerlichen Kleinfamilie herrschenden Autoritarismus, unter dem Kafka zwar in extremem Maße gelitten hat, wie er aber in ähnlicher Form auch von zahlreichen anderen bürgerlichen Intellektuellen erlebt und gestaltet worden ist, so von Heinrich Mann in seinem *Untertan* (1916), Werfel in seiner Erzählung *Nicht der Mörder, der Ermordete ist schuldig* (1920) oder dramatisch von Hasenclever im *Sohn* (1913), Unruh in *Ein Geschlecht* (1918) und Bronnen im *Vatermord* (1920). Gerade im Vergleich zu den expressionistischen Vater-Sohn-Stücken, in denen die Söhne gegen die autoritären Väter aufbegehren und den Aufstand gegen die in Tradition erstarrten, anachronistisch gewordenen Wertvorstellungen bürgerlicher Familien- und Sexualmoral mit großem Pathos und pseudorevolutionärer Attitüde proben, wird die besondere Qualität und Leistung Kafkas erkennbar. Im Gegensatz zu den vordergründigen, auf Effekt und spektakuläre Verletzung bürgerlicher Tabus bedachten Stücken von Hasenclever, Unruh und Bronnen liefern Kafkas Texte einen Beitrag zum Verständnis des Generationskonflikts, indem sie die deformierenden Rückwirkungen dieses Konflikts auf das Individuum mit der Genauigkeit eines Psychogramms aufzeichnen und damit der Analyse durch den Leser zugänglich machen.

Franz Kafka

Wie Kafkas *Brief an den Vater* (1919) ein erstaunliches Dokument der Selbstanalyse ist, in der wesentliche Erkenntnisse der Psychoanalyse Freuds wie selbstverständlich präsent zu sein scheinen, so sind auch die anderen Texte Versuche, den erlebten Autoritätskonflikt zu verarbeiten und zu objektivieren. Die realen Erfahrungen werden dabei in einer Weise chiffriert, dass die Texte wie »hermeti-

sche Protokolle« (Adorno) wirken, die nur mit Anstrengung dechiffriert und als
das gedeutet werden können, was sie sind: Alpträume des bürgerlichen Individuums, das seine eigene Vernichtung in masochistischer Weise inszeniert. In dem
Roman *Der Prozeß* (geschr. 1914, veröffentlicht 1925) und in dem Romanfragment *Das Schloß* (geschr. 1922, veröffentlicht 1926) treten an die Stelle der Familie, die das Individuum deformiert und zerstört – vgl. *Die Verwandlung*, wo der
Sohn zum Ungeziefer wird – unbekannte Gesetze bzw. Mächte, die den Einzelnen zum bloßen Objekt machen und ihn schließlich psychisch und physisch
vernichten. Hier hat Kafka über die eigene Erfahrung in der Familie hinaus Angst
erzeugende gesellschaftliche Entwicklungen wie die zunehmende Bürokratisie-
rung seiner Zeit verarbeitet.

Zeichnung Kafkas zum
Prozeß

Im *Prozeß* sieht sich Josef K. plötzlich unter Anklage gestellt und in einen Prozess verwickelt, ohne dass er die Anklage oder die Ankläger kennt. Der Prozess
findet unter Ausschluss der Öffentlichkeit statt, das Gericht, das über ihn entscheidet, bleibt im geheimnisvollen Dunkel. Nach anfänglichen vergeblichen Versuchen, in das Geschehen einzugreifen, resigniert Josef K. schließlich und setzt
seiner Hinrichtung keinen Widerstand mehr entgegen. In der Türhüterlegende,
die ein Priester Josef K. erzählt, ohne dass dieser die Lehre versteht, ist die Aussage des Romans verschlüsselt: Der Prozess, der gegen Josef K. geführt wird, ist
ein Prozess, der im Innern des Individuums stattfindet und in den nur eingreifen
kann, wer dies erkannt hat und sich aus der autoritären Fixierung auf äußere
Mächte lösen lernt.

Auch der Landvermesser K. im *Schloß* sieht sich geheimnisvollen Gesetzen
gegenüber, die er nicht kennt, deren Verletzung aber von der Schlossbürokratie
mit äußerster Strenge geahndet wird. Der Versuch, ein selbst bestimmtes Leben
zu führen und sich ein bescheidenes privates Glück zu schaffen, scheitert. K.
bleibt ein Fremdkörper im Dorf und reibt sich im langen und zähen Kampf gegen
die unsichtbare, anonyme Bürokratie auf. Der Fragment gebliebene Roman sollte
mit dem Tod des völlig entkräfteten K. enden. Die Aussichtslosigkeit, die in allen
Texten Kafkas spürbar ist, wurde insbesondere von marxistischen Kritikern als
»Irrationalismus« und »Dekadenz« verurteilt. Das hat dazu geführt, dass Kafkas
Texte im sozialistischen Lager lange Zeit nicht gedruckt, geschweige denn diskutiert wurden. Erst nach der Kafka-Konferenz in Liblice (1963) hat sich eine Änderung angebahnt. Die Texte wurden nicht länger als »irrationale Weltbilder« gedeutet und abgewertet, sondern in ihnen wurde eine gesellschaftlich vermittelte
psychische Realität entdeckt.

Elias Canetti

Ebenfalls mit großer Verspätung ist Elias Canetti (1905–1994) als bedeutender
Autor der klassischen Moderne gewürdigt worden. Erst die Neuausgabe seines
Romans *Die Blendung* (entst. 1930/31; ersch. 1935) im Jahre 1963 brachte ihm
späten Ruhm und schließlich sogar den Nobelpreis für Literatur ein (1981). Noch
später wurde das Werk seiner Frau Veza Canetti wiederentdeckt (*Die gelbe Straße*,
1932/33), in dem die heraufziehende politische Katastrophe in beunruhigenden
Bildern und Figuren eingefangen ist. Veza Canettis Erzählungen handeln, wie ihr
Mann anlässlich der Neuausgabe 1989 anerkennend schrieb, »von der Unantast-
barkeit des Menschen auch in seiner größten Gefährdung«. Canetti, der Veza
Taubner-Calderon 1934 heiratete, stammte aus einer sephardischen Familie. Er
lernte erst mit acht Jahren Deutsch und wuchs zunächst in Bulgarien, dann in
England und schließlich in Österreich auf. Im Wien der 20er Jahre entwickelte er
sich unter der »Leibeigenschaft« des bewunderten Satirikers Karl Kraus (vgl. Canettis autobiographische Aufzeichnungen *Die Fackel im Ohr*, 1980) zum hellsich-

tigen Kritiker des aufkommenden Faschismus. Sein Roman *Die Blendung* handelt von dem Widerstand zwischen Geist und Wirklichkeit, der Canetti lebenslang beschäftigte. Im Mittelpunkt des Romans steht der Sinologe Kien, der in seiner 25 000 Bände umfassenden Bibliothek ein groteskes Dasein fristete. ›Verblendet‹ von seiner geldgierigen und prestigesüchtigen Haushälterin Therese, die den lebensfremden Gelehrten zur Ehe verführt, verwickelt sich Kien so sehr in die Banalität und Gemeinheit des Alltags, dass er schließlich keinen anderen Ausweg mehr sieht, als seine Bibliothek in Brand zu setzen: »Als ihn die Flammen endlich erreichen, lacht er so laut, wie er in seinem ganzen Leben nie gelacht hat.« Von der späteren Kritik ist der Roman als »ein beklemmendes, vielstimmig erzähltes Panorama über die Entzündbarkeit der Welt« (U. Schweikert) gedeutet und in Zusammenhang mit der Bücherverbrennung von 1933 gebracht worden.

Einen angemessenen literarischen Platz hat dagegen Leo Perutz (1882–1957) bis heute nicht gewonnen. Bereits 1925 stellte Carl von Ossietzky bedauernd fest, dass Perutz zu den Dichtern gehöre, die nicht genügend gewürdigt werden: »Er ist ein Dichter mit der Fähigkeit, ungewöhnlich fesselnde Romane zu schreiben.« Mit seinen Romanen *Der Meister des jüngsten* Tages (1922), *Tourlupin* (1923) und *Wohin rollst Du, Äpfelchen ...* (1928) – die beiden letzten Romane erschienen als Fortsetzungen in Berliner und Wiener Zeitungen – war er so erfolgreich, dass sich Filmproduzenten und Regisseure für seine Texte interessierten. Das Jahr 1933 bedeutete für Perutz das Ende seiner Karriere. Sein Roman *Der schwedische Reiter* (1936) konnte in Deutschland nicht mehr erscheinen. Ihm selbst gelang 1938 die Ausreise von Wien nach Palästina, wo er jedoch nicht heimisch wurde. 1939 schrieb er an einen Freund: »Das Leben der Juden gleicht dem eines Regenwurms, der (durch zwei Weltkriege) in drei Teile geschnitten worden ist.« Seinen großen Prag-Roman *Nachts unter der steinernen Brücke*, den er bereits in der Weimarer Republik begonnen hatte und an dem er während der Exilzeit intensiv weiterarbeitete, konnte er erst 1951 fertig stellen. Resigniert schrieb er: »Ich glaube, das Buch ist mir wirklich gelungen, schade nur, daß ich es nicht vor zwanzig Jahren geschrieben habe. Kisch und Werfel hätten es gewürdigt – aber wo sind die beiden!«

Anders als Kafka und Canetti, die erst spät berühmt geworden sind, oder Perutz, der auf seine Entdeckung immer noch wartet, ist Hermann Hesse (1877–1962), der 1946 den Nobelpreis für Literatur erhielt, bereits früh ein Bestsellerautor gewesen und mit einigen Unterbrechungen bis heute geblieben. Seine Romane *Siddharta* und *Steppenwolf* haben den Status von Kultbüchern. Tatsächlich ist das erzählerische Werk Hesses sehr viel leichter zugänglich als die »hermetischen Protokolle« Kafkas und bietet gerade jungen Leserinnen und Lesern eher Identifikationsmöglichkeiten als dessen Texte. Im *Steppenwolf* (1927) hat Hesse die Entfremdungsproblematik, die von Kafka in der Verwandlung des Gregor Samsa in einen Käfer in ein schlüssiges Bild gebracht worden ist (*Die Verwandlung*), als Persönlichkeitsspaltung zwischen menschlicher und tierischer Natur in dem sich als Steppenwolf fühlenden Harry Haller gestaltet und zu einem metaphysischen Dualismus zwischen Geistigkeit und Triebhaftigkeit stilisiert. Der Steppenwolf Harry Haller ist in seiner Identität schwer gestört. Die Ursachen seiner Zerrissenheit und Melancholie liegen, wie Hesse den fiktiven Herausgeber vermuten lässt, darin, »daß er von liebevollen, aber strengen und sehr frommen Eltern und Lehrern in jenem Sinne erzogen wurde, der das ›Brechen des Willens‹ zur Grundlage der Erziehung macht. [...] Statt seine Persönlichkeit zu vernichten, war es nur gelungen, ihn sich selbst hassen zu lehren [...], und so war sein

Leo Perutz

Hermann Hesse

ganzes Leben ein Beispiel dafür, daß ohne Liebe zu sich selbst auch die Nächstenliebe unmöglich ist«. Harry Hallers Ausbruchsversuche aus der bürgerlichen Welt, das Ausleben seiner »wölfischen Natur« sind nur eine scheinbare, vom Autor kritisierte Alternative zur verhassten bürgerlichen Welt. Auch in der Negation bleibt er ihr verhaftet und wird durch sie geprägt. Anders als im *Steppenwolf*, wo Hesse die Verkrüppelung und Deformation des Individuums und den Kulturverfall direkt zum Thema machte, wich er im *Siddharta* (1922) in den fernen Osten aus und suchte seiner Leserschaft in buddhistischen Vorstellungen eine Hilfe zur geistigen Lebensbewältigung anzubieten.

Die Lösungsangebote, die Hesse in seinen Romanen macht: romantischer Antikapitalismus, Wiederbelebung der klassisch-bürgerlichen Kultur gegen die Moderne, Wiedergewinnung der verlorenen Identität durch Verinnerlichung, Kontemplation, Bewusstseinsveränderung und -erweiterung, Aufhebung der Persönlichkeitsspaltung durch Ausgleich zwischen Sinnlichkeit und Geistigkeit im Menschen usw., haben bis heute nicht ihre Faszinationskraft für die Leser eingebüßt. Die Entfremdungsproblematik erscheint bei Hesse in erster Linie als ein geistiges Problem und ist zudem auf Intellektuelle und Künstler beschränkt. Tatsächlich handelt es sich hierbei jedoch um eine Epochenproblematik, der in abgewandelter Form alle Bevölkerungsschichten mehr oder minder stark ausgesetzt waren. So hat Alfred Döblin (1878–1957) in seinem Roman *Berlin Alexanderplatz* (1929) gezeigt, dass Entfremdung ebenfalls eine Erfahrung der Unterschicht ist und u. a. auch sozioökonomische Ursachen hat.

Alfred Döblin

Der Held des Romans *Berlin Alexanderplatz*, Franz Biberkopf, ist ein aus der Bahn geworfener, ehemaliger Zement- und Transportarbeiter, der sich nach der Entlassung aus dem Gefängnis vorgenommen hat, »anständig« zu werden und »vom Leben mehr zu verlangen als das Butterbrot«, daran aber immer wieder von seiner Umwelt gehindert wird, sich in neue Verbrechen verstrickt, vorübergehend in eine Irrenanstalt gesteckt, schließlich entlassen und vom Gericht freigesprochen wird und »verändert, ramponiert, aber doch zurechtgebogen« durch seine Erfahrungen einen neuen Anfang versucht. Döblins Roman fasziniert nicht allein durch die Fabel, sondern vor allem durch die neuartige Erzählweise, die Monta-

Döblins Roman *Berlin Alexanderplatz* (Schutzumschlagentwurf von Moholy-Nagy)

getechnik, mit der Döblin, dem Beispiel des Films folgend, die Totalität der modernen Großstadt einzufangen versuchte. Döblin geht es nicht um die Gestaltung eines persönlichen Schicksals (»Ich bin der Feind des Persönlichen. Es ist nichts als Schwindel und Lyrik damit. Zum Epischen taugen Einzelpersonen und ihre sogenannten Schicksale nicht. Hier werden sie Stimme der Massen, die die eigentliche wie natürliche so epische Person ist«), sondern um die Präsentation von Totalität, wie sie im Roman in Deutschland noch nicht versucht worden war. Durch Assoziation und Montage, durch Einfügung von Dokumenten wie Liedern, Wahlreden, Gefängnisordnungen, Wettervorhersagen, Reklametexten, Bevölkerungsstatistiken, Auszügen aus Büchern usw., wird eine Simultaneität und eine Komplexität erreicht, die vom Leser ein Höchstmaß an Konzentration und Zusammenschau verlangt.

Von Zeitgenossen wurde die neue Romantechnik Döblins sehr unterschiedlich aufgenommen. Kommunistische Autoren der »Gruppe 25«, der auch Döblin angehörte, warfen ihm eine »Atomisierung« der Handlung vor; in Franz Biberkopf habe er lediglich »das ramponierte Ich eines komplizierten Kleinbürgers aufs Proletarische verkleidet«. Andere Kritiker warfen ihm »Stoffhuberei« vor und bezichtigten ihn gar des Plagiats. Tatsächlich konnte Döblin im *Ulysses* (1922) von Joyce und in *Manhattan Transfer* (1925) von Dos Passos die Montage- und Assoziationstechnik vorgeprägt finden. Sein *Berlin Alexanderplatz* ist trotzdem eine eigenständige Leistung, sie ist sowohl eine schöpferische Aneignung der Erzählweisen ausländischer Autoren wie eine selbständige Übertragung psychoanalytischer Verfahrensweisen und filmischer Mittel auf das Gebiet der Literatur. Walter Benjamin ist einer der wenigen, der die Leistung Döblins, das »Radikal-Epische«, in der damaligen Zeit gewürdigt und den Roman als schöpferische Weiterentwicklung des bürgerlichen Romans verstanden hat. Nichtsdestoweniger hat Benjamin an der Fabel Kritik geübt: »F. B.'s Weg vom Zuhälter bis zum Kleinbürger beschreibt nur eine heroische Metamorphose des bürgerlichen Bewusstseins.«

Neue Romantechnik

Mit den Mitteln der Montage, der Verwendung von Dokumenten und der Übernahme von Reportageformen experimentierten auch andere Autoren der Weimarer Republik. Die traditionelle Romanform wurde von vielen Autoren als nicht mehr angemessen empfunden, um die neue Wirklichkeit episch zu erfassen und die Konkurrenz zu den neuen Medien zu bestehen. Die Form der Reportage übte in dieser Situation auf viele Schriftsteller eine große Faszination aus, weil sie hier eine Unmittelbarkeit und Authentizität des Erlebens und der Beobachtung zu finden glaubten, wie sie von den traditionellen Erzählformen nicht geleistet werden konnten. Aus dem Bedürfnis, »dicht an die Realität zu dringen« (Döblin), entwickelte sich in kurzer Zeit eine regelrechte Mode der Reportage und des Dokumentarismus. Der Reportageroman bzw. der Dokumentarroman erschien vielen Autoren als die einzig mögliche Form, die drängenden Probleme der Zeit – Krieg, Revolution, Technik, gesellschaftliche Missstände, Militarisierung, Faschisierung usw. – zu thematisieren. Dahinter stand die Vorstellung, dass die Präsentation von Wirklichkeit die stärkste Wirkung auf den von vielfältigen Reizen überfluteten Leser haben würde. Dokumentar- und Reportageformen entsprachen den Bedürfnissen nach Objektivität und Realismus, die sich als Reaktion sowohl auf die übersteigerte Subjektivität des Expressionismus und die verschiedenen Spielarten der »Innerlichkeit« als auch auf die Politisierung der Literatur durch die proletarisch-revolutionären Autoren herausgebildet hatten und unter dem Schlagwort »Neue Sachlichkeit« firmierten.

Dokumentar- und Reportageroman

Neue Sachlichkeit

Die »Neue Sachlichkeit« entwickelte sich zu einer bedeutenden kulturellen Strömung, die bis heute ambivalent eingeschätzt wird. Während H. Lethen (1970) die präfaschistischen Elemente der neusachlichen Bewegung hervorgehoben hat, vertraten andere Forscher die Meinung, dass es sich bei der »Neuen Sachlichkeit« um eine politische Gruppierung der »Mitte« (H. Denkler, 1969) gehandelt habe, und betonten die anti-expressionistische Stoßrichtung der »Neuen Sachlichkeit«, wobei sie sich auf die frühe kunsthistorische Arbeit von Franz Roh *Nach-Expressionismus* (1925) beziehen konnten, wo es heißt: »Nach der Ekstase des Expressionismus suchte man die Nüchternheit des Blicks, nach den kosmischen Träumen die banalen Themen, nach dem Überschwang des Gefühls die Freiheit von aller Sentimentalität.« Neuere Forschungen haben die Rechts-Links-Schematik, welche die Debatten nach 1968 geprägt hat, aufgebrochen und einer differenzierteren Forschung den Weg geebnet. So definiert Sabina Becker (1995) die »Neue Sachlichkeit« als »letzte Phase jener literarischen Moderne [...], die sich in Auseinandersetzung mit den Prozessen der Industrialisierung und Urbanisierung seit 1890 konstituiert«. Die produktiven Wechselwirkungen zwischen den verschiedenen künstlerischen Ausprägungen der »Neuen Sachlichkeit« in Literatur, Musik, Malerei, Film, Fotografie etc. sind dabei in der neuen Forschung ebenso ins Blickfeld gerückt worden wie der wichtige Anteil, den Autorinnen an der »Neuen Sachlichkeit« hatten (Baum, Keun, Fleißer, Tergit u. a.). Im Rahmen dieser Neubewertung ist nicht nur die Zugehörigkeit einzelner Autoren und Autorinnen zur »Neuen Sachlichkeit« diskutiert worden, sondern der Begriff selbst ist unter Rekurs auf die Debatten in der Weimarer Republik problematisiert worden. Tatsächlich gab es in den 20er Jahren eine breite und kontroverse Diskussion darüber, was mit dem Begriff »Neue Sachlichkeit« eigentlich gemeint sei. Lion Feuchtwanger, der mit seinen Romanen *Jud Süß* (1925) und *Erfolg* (1930) zu einem auch finanziell erfolgreichen Autor avancierte, umriss die Position der neuen Bewegung in seinem Manifest *Die Konstellationen der Literatur* (1927) folgendermaßen: »Die Literatur der weißhäutigen Völker, seit etwa zwanzig Jahren sinn- und zwecklose Spielerei, ohne Zusammenhang mit dem Leben, Beschäftigung für Zeittotschläger, beginnt allmählich, die Inhalte aufzunehmen, die Krieg, Revolution, gesteigerte Technik ins Licht rücken. Produzierende und Konsumenten haben formalistischen, ethisch tändelnden Kram ebenso satt wie alles Ekstatische, gefühlsmäßig Überbetonte. Was Schreibende und Leser suchen, ist nicht Übertragung subjektiven Gefühls, sondern Anschauung des Objekts: Anschaulich gemachtes Leben der Zeit, dargeboten in einleuchtender Form. Erotisches rückt an die Peripherie, Soziologisches, Wirtschaftliches, Politisches in die Mitte. Don Juan in seinen endlosen Varianten hat abgewirtschaftet, an seine Stelle tritt der kämpfende Mensch, Politiker, Sportler, Geschäftsmann.« Erik Reger, dessen Roman *Union der festen Hand* (1930) als »facettenreiche Analyse der deutschen Industrieprovinz und [...] der deutschen Schwerindustrie« (E. Schütz) gilt, ging noch weiter, wenn er 1930 in der Zeitschrift *Kolonne* forderte, dass der Schriftsteller »keine politischen, sondern publizistische Funktionen« übernehmen solle: »Das Wesen des Publizisten ist, das Publikum zu reizen, es zum Urteil zu zwingen, indem er ihm die Vorurteile entzieht, es zur Prüfung eines Wertes zu zwingen, indem er die Geltung dieses Wertes leugnet. Psychologie ist kein zulässiges Kontrollmittel mehr. Was geschrieben wird, soll eine Tendenz und keine Seele haben.

»Letzte Phase der literarischen Moderne«

Tendenz: Es soll darstellen, es soll die Vernunft mobilisieren. Abwesenheit der Seele. Es soll nicht dichten, es soll ohne Tiefsinn sein. Es muß einen Nutzwert haben. Es muß ein Werkzeug sein.«

Solche Positionen blieben nicht unangefochten. Insbesondere die Objektivität und Neutralität, die z. B. Autoren von Romanen aus der Arbeitswelt für sich reklamierten, wurden ideologiekritisch hinterfragt. Auch die neusachliche Hochschätzung der Reportage – Egon Erwin Kischs *Rasender Reporter* (1924) liefert mit seinem Vorwort ein Manifest der neusachlichen Programmatik –, die angeblich wie ein »Röntgenfilm« die Wirklichkeit durchdringe, geriet ins Kreuzfeuer der Kritik. So bezweifelte Siegfried Kracauer die analytische Leistungsfähigkeit der neusachlichen Gattung der Reportage ganz entschieden: »Hundert Berichte aus einer Fabrik lassen sich nicht zur Wirklichkeit der Fabrik addieren, sondern bleiben bis in alle Ewigkeit hundert Fabrikansichten. Die Wirklichkeit ist eine Konstruktion.« Auch Béla Balázs wandte sich gegen die seiner Meinung nach oberflächliche Wirklichkeitsauffassung der Autoren der »Neuen Sachlichkeit«: »Die Tatsachen an sich ergeben nämlich gar keine Wirklichkeit. Die Wirklichkeit liegt erst in dem Sinn der Tatsachen, die gedeutet werden müssen.« Ungeachtet solcher Vorwürfe muss festgehalten werden, dass die Autoren der »Neuen Sachlichkeit« mit ihrer Forderung nach »Tatsachensinn« (Feuchtwanger) der Literatur neue Leserschichten eroberten. In seinem Essay »Der Roman von heute ist international« (1932) betonte Feuchtwanger, dass die »sogenannte Neue Sachlichkeit« ein »legitimes Kunstmittel« sei, um möglichst viele Leser zu erreichen und überdies notwendig, um den Anschluss an die internationalen Entwicklungen zu finden. In seinem Essay »Von den Wirkungen und Besonderheiten des angelsächsischen Schriftstellers« (1928) vertrat er die in Deutschland unpopuläre Auffassung, dass Literatur unterhaltsam sein und sich auf die Bedürfnisse der Leser einstellen müsse: »Die Generation nach dem Krieg […] will informiert sein über reale, faßbare Zusammenhänge, über Lebensformen, Lebensziele fremder Klassen, Völker, Schichten. Die Weltgeltung der Literaturen entspricht der Art, wie sie die viel verspottete Forderung nach Sachlichkeit erfüllen.«

Dokumentar- und Reportageroman

Der rasende Reporter

In den Umkreis der »Neuen Sachlichkeit« gehören auch die Romane von Erich Kästner und Hans Fallada, die zu Bestsellern am Ende der Weimarer Republik wurden. Kästner (1899–1974), der mit seinem Jugendbuchroman *Emil und die Detektive* (1929) einen neusachlichen Großstadt-Emile (Rousseau) geschaffen hat (»Berlin ist natürlich großartig. Man denkt, man sitzt im Kino.«), ist einem breiten Publikum vor allem als Kinder- und Jugendbuchautor vertraut. Als Lyriker und Romancier wird er bis heute unterschätzt. Obgleich er sich von der »Neuen Sachlichkeit« distanzierte, ist sein Werk immer wieder dafür in Anspruch genommen worden. In dem Roman *Fabian* (1931) erzählt Kästner die Geschichte eines Intellektuellen, der sich politisch nicht engagiert und alle politischen Gruppierungen gleichermaßen kritisiert. Er ist eine Verkörperung des neusachlichen Typus des »freischwebenden Intellektuellen«, der sich von jeglicher gesellschaftlicher Praxis fern hält, um seine »Reinheit« zu bewahren. In dem Augenblick, als er durch einen Sprung ins Wasser ein Kind vor dem Ertrinken retten will und damit zum ersten Mal etwas Nützliches unternimmt, geht er unter. »Der kleine Junge schwamm heulend ans Ufer. Fabian ertrank. Er konnte leider nicht schwimmen.« Die Grundstimmung des Romans ist »linke Melancholie«, wie Walter Benjamin in seinem gleichnamigen Essay (1931) über Kästner und Tucholsky bissig, aber nicht zu Unrecht anmerkte. *Fabian* ist aber nicht nur ein Intellektuellenroman, er ist zugleich ein Roman über Berlin, das als »Sodom und Gomorrha« erscheint:

Erich Kästner

Erich Kästner

Hans Fallada

Romane gegen den Krieg

»Soweit diese riesige Stadt aus Stein besteht, ist sie fast noch wie einst. Hinsichtlich der Bewohner gleicht sie einem Irrenhaus. Im Osten residiert das Verbrechen, im Zentrum die Gaunerei, im Norden das Elend, im Westen die Unzucht und in allen Himmelsrichtungen wohnt der Untergang.«

Auch Hans Falladas (1893–1947) Roman *Kleiner Mann, was nun?* (1932), in dem in Anlehnung an Kracauers Studie *Die Angestellten* (1929/30) die Proletarisierung eines Angestellten in der Weltwirtschaftskrise erzählt wird, spielt in Berlin und ist ebenfalls eher melancholisch denn kämpferisch. Auf seine Deklassierung reagiert der Verkäufer Pinneberg mit Angst und Verstörung. Allein in der Liebe zu seiner Frau und im Familienleben findet er eine gewisse Entschädigung für den sozialen Abstieg. Falladas Roman wurde als Fortsetzungsroman in der *Vossischen Zeitung* abgedruckt und erreichte ein Millionenpublikum, als Dutzende von weiteren Tageszeitungen den Roman in Fortsetzung nachdruckten. Interessant ist Falladas Roman aber nicht nur als Beispiel für ein über die Presse vermitteltes enges Bündnis zwischen Autor, Held und Leser – auf das Ende der Fortsetzungsgeschichte reagierten viele Leserinnen und Leser mit verstörenden Entzugserscheinungen –, sondern auch durch seine reflexiven Bezüglichkeiten auf die neuen Medien. Fallada, der ein begeisterter Kinogänger war und viele Filmkritiken schrieb, ist in seiner Schreibweise dem neuen Sehen, dem »Kamerablick« verpflichtet, den Wolfgang Born in seiner *Photographischen Weltanschauung* (1929) zum neusachlichen Credo der Fotografie erhoben hatte: »Die Kamera kann heute ihre beste Tugend, ihre Wahrhaftigkeit, ungehemmt entfalten. Denn es gilt das Objekt zu fassen, es herauszugreifen aus seiner labilen Verbundenheit mit anderen Objekten.« Der Roman ist aber mehr als ein »Reflex auf die Dingwahrnehmung und das neue Sehen der zeitgenössischen Photographie« (K. Prümm), das neue Medium Film wird zum wichtigen Thema und Motiv in dem Roman. Am Ende erkennt sich der Protagonist als der »kleine Mann« auf der Filmleinwand wieder, dessen Geschichte ihm das eigene Schicksal zurückspiegelt: »Da geht der Mann durch die große Stadt, nun springt er auf einen Autobus, wie die Menschen laufen, wie die Fuhrwerke sich stauen und jagen und wieder weiterfluten. Und die Verkehrsampeln sind rot und grün und gelb und zehntausend Häuser mit einer Million Fenster und Menschen und Menschen – und er, der kleine Mann, hat nichts wie hinten die zweieinhalb-Zimmer-Wohnung, mit einer Frau und einem Kind. Nichts sonst.« Erfolgreich war Fallada, der wie Kästner bis heute ein populärer Autor geblieben ist, auch mit seinem Roman *Bauern, Bomben und Bonzen* (1931), in dem er an den Konflikten in einer kleinen Stadt die generellen Mechanismen von Macht und Machtmissbrauch deutlich macht: »Meine kleine Stadt steht für tausend andere und für jede große auch.« Sein Erzählverfahren hat Fallada mit dem Begriff »artistischer Dokumentarismus« bezeichnet und damit die Verbindung zur »Neuen Sachlichkeit« explizit hergestellt.

Als Spielart der »Neuen Sachlichkeit« können in gewisser Weise auch die Kriegsromane gelten, die am Ende der Weimarer Republik ein Massenpublikum fanden. Remarques Roman *Im Westen nichts Neues* (1929) erreichte eine Auflage von acht Millionen und wurde in dreißig Sprachen übersetzt. Auch Ludwig Renn (1889–1979) war mit seinem Anti-Kriegsbuch *Krieg* (1928), einem betont nüchtern und sachlich gehaltenen Bericht über den Krieg aus der Sicht eines kleinen Soldaten, sehr erfolgreich. Obwohl Renn sich ausdrücklich gegen eine Zuordnung zur »Neuen Sachlichkeit« verwahrte (»Mein Stil kommt vom militärischen Bericht her. Ich habe diesen Stil allein für mich gefunden und keinen unter den Autoren der Belletristik nachgeahmt.«), wurde er von den Zeitgenossen in einem Atemzug mit Remarque als Vertreter einer neusachlichen Schreibweise gefeiert. Kurt Pinthus, der mit seiner *Menschheitsdämmerung* (1919) eine repräsentative Sammlung expressionistischer Lyrik vorgelegt hatte, gegen deren Ekstatik und Pathos sich die geballte Abneigung der neusachlichen Autoren richtete, schrieb in seinem Essay »Männliche Literatur« (1929) bewundernd über die beiden Romane: »Daß solche Bücher, nachdem das ›Nichtmehrwissenwollen vom Krieg‹ schon Schlagwort geworden war, mehr einschlagen als die früheren, scheinbar leidenschaftlicheren Kriegsbücher, ist Symptom dafür, daß diese ›männliche‹ Kriegsliteratur nicht nur Literatur oder literarische Mode, sondern Erfordernis und Notwendigkeit ist.« Kritische Töne finden sich dagegen bei Béla Balázs, der in seinem Aufsatz »Männlich oder kriegsblind«, der 1929 in Ossietzkys *Weltbühne* veröffentlicht wurde, die These vertrat, dass die »neutrale Sachlichkeit« der beiden hoch gelobten Kriegsbücher keinerlei Einsicht in die Kriegsursachen vermittele: »Ja freilich ›Wirklichkeit‹, nur Wirklichkeit, immer Wirklichkeit! Aber in einem bloß registrierenden Bericht ergeben die Tatsachen keine Wirklichkeit. Über die Tatsachen sich und Andern Gedanken zu machen – da beginnt die Männlichkeit, die wir meinen. Die neutrale Sachlichkeit aber, die sie bloß registriert und dazu ›bescheiden‹ und unpathetisch schweigt – ist einer der traurigsten und gefährlichsten Kriegsschäden.« Balázs' Behauptung, dass die »Neue Sachlichkeit« nicht nur eine politisch und ästhetisch prekäre Bewegung sei, sondern auch eine falsche Form von Männlichkeit propagiere, zeigt, dass sich in den Debatten um die »Neue Sachlichkeit« politische und ästhetische Argumente mit einem diffusen Geschlechterdiskurs vermischen, der an die Debatten um die »Neue Frau« erinnert.

In seinem Essay »Schluß mit der neuen Sachlichkeit« (1930) opponierte Joseph Roth, dessen Roman *Die Flucht ohne Ende* (1927) bis heute als Manifest der »Neuen Sachlichkeit« gilt, von einer anderen Warte aus gegen die neusachlichen Schreibweisen. Im Namen der Kunst wandte er sich gegen eine Literatur, die das »Material« absolut setze, anstatt es künstlerisch zu durchdringen. Die »Wirklichkeit« sei zwar unverzichtbares Material für jeden Autor, sie werde aber nur dann »Kunst«, wenn sie »umgewandelte Realität« sei. Hier wiederholen sich Argumente, die bereits in den Debatten über Klassik und Jakobinismus um 1800 und in den Auseinandersetzungen um Realismus und Naturalismus am Ende des 19. Jahrhunderts formuliert worden sind. In der Berufung auf die »Kunst« wie in der Vorstellung einer »sachlichen Romantik« (C. Pietzcker), die Autoren gegen die Kälte und Härte einer bloßen Faktizität mobilisierten, scheinen ebenfalls bekannte Argumentationsmuster auf: Die Debatten über Kunst und Leben sowie Vernunft und Gefühl wurden bereits im 18. Jahrhundert als verdeckte Geschlechterdiskurse geführt. So ist es nicht erstaunlich, dass das »Gefühl«, das am Ende der Weimarer Republik gegen den neusachlichen »Kult der Kälte« (H. Lethen) ausgespielt wurde, in manchen Texten in Sentimentalität umschlug: »Nur ein Schritt weiter, und man weilt mitten in der üppigsten Sentimentalität«, konstatierte Kracauer bissig in seinen *Angestellten*. Wie labil das Konzept der »Neuen Sachlichkeit« war, zeigen nicht nur die Debatten um den Begriff, sondern auch der Begriff des »magischen Realismus«, der als Konkurrenzbegriff in Mode kam. Er wurde bereits von Roth in seiner Auseinandersetzung mit der »Neuen Sachlichkeit« (*Nach-Expressionismus, magischer Realismus*, 1925) geprägt und diente den Zeitgenossen dazu, einen Ausgleich zwischen ›Sachlichkeit‹ und ›Romantik‹ herzustellen, der, wie Erich Kästner in seinem Gedicht »Sachliche Romanze« ironisch persiflierte, ein unmögliches Unterfangen ist.

ERICH MARIA REMARQUE

IM

WESTEN

NICHTS

NEUES

Schutzumschlag

Gegen Kälte und Härte

Zwischen Provinz und Metropole – Erfahrung der Großstadt

Berlin – London – Paris

Eng verbunden mit der Kontroverse um die »Neue Sachlichkeit« ist eine weitere Debatte, die für die Standortbestimmung der literarischen Intelligenz in der Weimarer Republik zentral war und mit den Kampfbegriffen ›Provinz‹ und ›Metropole‹ geführt wurde. In diesem Gegensatzpaar spitzten sich die politischen und literarischen Konflikte Anfang des 20. Jahrhunderts in einer bis dahin nicht gekannten Schärfe zu. Seit 1871, dem Jahr der Reichsgründung, gab es das, was die Intellektuellen im 18. und 19. Jahrhundert schmerzlich vermisst und worauf sie die Rückständigkeit und Provinzialität der deutschen Literatur zurückgeführt hatten: ein politisches und kulturelles Zentrum, das Paris und London ebenbürtig war. Im Jahr der Reichsgründung war Berlin mit seinen 900 000 Einwohnern im Vergleich zu Paris und London eine eher kleine Stadt. Bereits in den 90er Jahren jedoch verdoppelte sich die Einwohnerzahl, um die Jahrhundertwende hatte Berlin bereits über 2 Millionen Einwohner. 1920 wuchs Berlin durch den Zusammenschluss mit zahlreichen bis dahin selbständigen größeren und kleineren Stadt- und Landgemeinden quasi über Nacht zu einer Weltstadt mit über 4 Millionen Einwohnern. Neben Paris und London, die auf eine lange Tradition als Hauptstädte zurückblicken konnten, wurde die neue Metropole Berlin in kürzester Zeit zu einem Magneten für Intellektuelle, Künstler und Literaten aus ganz Deutschland und zugleich zu einem »Eldorado« für alle diejenigen, die der Enge und Spießigkeit des provinziellen Lebens zu entkommen trachteten. In einem hymnischen Artikel über Berlin schrieb Heinrich Mann 1921: »Die Zukunft Deutschlands wird heute andeutungsweise vorausgelebt in Berlin. Wer Hoffnung fassen will, blicke dorthin.« Die »Goldenen Zwanziger« wurden, wenn überhaupt, in Berlin gelebt. Produktivität, Energie und Betriebsamkeit, Fortschritt, homosexuelle Subkultur und Avantgarde, Glanz und Glamour wurden mit Berlin gleichgesetzt.

Die Metropole als Moloch

Das Begriffspaar Berlin – Provinz, hinter dem die alte Dichotomie von Provinz und Metropole und die noch ältere und grundsätzlichere von Stadt und Land aufscheint, wird zu einer bevorzugten Formel im politischen Kampf der Weimarer Republik. Neben das emphatische Lob der ›großen Stadt‹ tritt der Kampf gegen die ›Metropole‹, die als ›Sumpf‹, als ›Moloch‹, als ›Parasit‹, als ›Krebs‹ und als neues ›Sündenbabel‹ beschimpft wurde. Wilhelm Stapel, einer der einflussreichsten völkisch-nationalistischen und antidemokratischen Publizisten in der Weimarer Republik und Herausgeber der Zeitschrift *Deutsches Volkstum* (1919–1938), gab mit seinem Artikel »Aufstand der Landschaft gegen Berlin« das Signal und die Stichworte, die von anderen konservativen Blättern überall in Deutschland begierig aufgenommen wurden und schließlich sogar Eingang in die Sektion für Dichtkunst in der Preußischen Akademie fanden. Die dort geführte Kontroverse zwischen den so genannten »Asphaltliteraten«, zu denen vor allem Heinrich Mann und Alfred Döblin gerechnet wurden, und den »Dichtern des total platten Landes«, ein ironischer Begriff, den Döblin 1931 geprägt hatte und mit dem er auf Blut- und Bodendichtung von Will Vesper, Erwin Guido Kolbenheyer und Hans Friedrich Blunck anspielte, ist ein Lehrstück für den rapiden Zerfall der politischen Kultur schon vor 1933. Siegreich auf der ganzen Linie waren die Vertreter »des sehr platten Landes«. Die Koalition aus »Provinzialismus«, »Heimatkunst« und »Kunst der Scholle« setzte sich gegen die »Asphaltliteraten« durch: Heinrich Mann, bis dahin Vorsitzender der Akademie, und Käthe Kollwitz mussten gehen – ein Vorspiel zu den »Säuberungen« der Dichter-Akademie nach 1933.

Puppen mit sozialem Anliegen (Radierung von Otto Dix, 1920)

Neben diesen im Umfeld der Faschisierung anzusiedelnden Kontroversen, in denen ›Scholle‹ gegen ›Asphalt‹ in primitiver Weise ausgespielt wurde, gab es einen anderen »Aufstand« der Landschaft gegen Berlin, der mit den Blut- und Bodenparolen eines Wilhelm Stapel oder Will Vesper nichts zu tun hat und in den Bereich dessen gehört, was heute mit dem Begriff ›Regionalismus‹ positiv assoziiert wird. Autoren wie Reger, Fleißer, Horváth, Graf und Feuchtwanger rückten in ihren Texten die Provinz ins Zentrum, nicht um diese zu idealisieren oder gegen Berlin auszuspielen, sondern um sich kritisch mit dem Leben in der Provinz auseinander zu setzen. Oskar Maria Graf (1894–1967) reklamierte die Bezeichnung Provinzschriftsteller als Ehrentitel für sich und ließ Visitenkarten mit der Aufschrift »Oskar Maria Graf, Provinzschriftsteller. Spezialität – ländliche Sachen« drucken. Die kritische Auseinandersetzung mit der Provinz ist ein Pendant zu der literarischen Verarbeitung der Großstadt, wie sie etwa bei Döblin in *Berlin Alexanderplatz* zu beobachten ist. Die Provinzliteratur von Graf, Feuchtwanger oder Fleißer unterscheidet sich grundsätzlich von der Heimatliteratur Ludwig Roseggers, Peter Ganghofers oder Hermann Löns' oder von der Glorifizierung des ländlichen Idylls in der Blut- und Bodenliteratur konservativer und präfaschistischer Autoren.

Provinzliteratur und Heimatliteratur

So schilderte Feuchtwanger in seinem Roman *Erfolg* (1930), der mit den späteren, im Exil entstandenen Romanen *Die Geschwister Oppenheim* (1933) und *Exil* (1940) zur Wartesaal-Trilogie zusammengefasst wurde, »drei Jahre Geschichte einer Provinz«, wie es im Untertitel heißt, und entwarf ein höchst kritisches Bild von den »Sitten und Gebräuchen der altbayerischen Menschen« während der Krisenjahre 1921 bis 1924 in München. Thema des Romans ist der politische ›Erfolg‹ der Nationalsozialisten, der durch die heimliche Förderung einiger Großindustrieller und die massenhafte Unterstützung durch das Kleinbürgertum ermöglicht wird. An einem politischen Rechtsfall enthüllt sich die Korruptheit von Justiz, Politik und Wirtschaft, die von Feuchtwanger auf die spezifisch bayerischen Verhältnisse zurückgeführt wird, die aber verallgemeinerbar war, wie der Gang der Geschichte zeigte. Die Faschisierungstendenzen in der Provinz thematisieren auch die Werke von Marieluise Fleißer (1901–1974), deren Roman *Mehl-*

Lion Feuchtwanger

reisende Frieda Geier (1931) und Erzählungen (*Echt Ingolstädter Originalnovellen*, 1929) neben ihren Dramen relativ unbekannt geblieben sind. Marieluise Fleißer gestaltete die Muffigkeit, die Enge und die Zwänge der Provinz am Beispiel ihrer Heimatstadt Ingolstadt in großer Eindringlichkeit und zeigte die Deformationen auf, die das repressive Provinzleben bei den Einwohnern hervorrief. Fleißers Werke zeigen, wie Benjamin lobend hervorgehoben hat, »daß man in der Provinz Erfahrungen macht, die es mit dem großen Leben der Metropolen aufnehmen können«.

Oskar Maria Graf

Oskar Maria Grafs Romane und Erzählungen unterscheiden sich von den satirischen Romanen Feuchtwangers und Fleißers durch ihre lebhafte, volkstümlich-realistische Erzählweise. Dabei nähert er sich in seiner erzählerischen Praxis der brechtschen Auffassung von Volkstümlichkeit und Realismus an, ohne dass seine Werke den kämpferischen Charakter annehmen, den Brecht gefordert hatte. Graf war ein Volksschriftsteller, der sich selbst als ein engagierter, gesellschaftskritischer Autor verstand: »Mir galt und gilt der Bauer schriftstellerisch immer nur als Mensch wie jeder andere Mensch, der nur zufällig ins ländliche Leben hineingeboren ist. Abgesehen von der Daseinsart, die ihm von seiner Umgebung aufgezwungen wird, ist er das gleiche fragwürdige nutzungs- und triebgefangene arme Luder wie wir alle.« Der Realismus Grafs, wie er etwa in der *Chronik von Flechting* (1925), den *Kalendergeschichten* (1929) und dem *Bolwieser* (1931) zum Ausdruck kommt, speist sich aus Erfahrungen, die Graf als sozialer Aufsteiger selbst gemacht und von denen er in seiner Autobiographie *Wir sind Gefangene* (1927) Zeugnis abgelegt hat. Nach einer Zeit des politischen Bohèmetums in den Anfangsjahren der Republik, in der Graf zwischen Aktionisten, Anarchisten, Sozialisten, Spartakisten hin- und herpendelte und mit der Münchener Räterepublik sympathisierte, entwickelte er sich im Exil zu einem bedeutenden Schriftsteller, dessen Romane *Der Abgrund* (1936) und *Anton Sittinger* (1937) zu den scharfsinnigsten literarischen Analysen des Verhältnisses von Kleinbürgertum und Faschismus zählen.

Urbanität und Moderne

So bedeutend die Provinzromane von Fleißer, Feuchtwanger und Graf auch sind, in der Masse der Berlin-Romane, die in der Weimarer Republik erschienen, sind sie eine Minderheit. »Urbanität und Moderne« (S. Becker) werden zu einer Herausforderung, die literarisch mit den traditionellen erzählerischen Mitteln nur schwer zu bewältigen war. Gabriele Tergit lässt in ihrem satirischen Berlin-Roman *Käsebier erobert den Kurfürstendamm* (1931) einen Schriftsteller, der eine Reihe von Zeitungsartikeln über Berlin schreiben will, aufstöhnen: »Es ist gar nicht so leicht, über Berlin zu schreiben, die besten Leute haben sich schon die Zähne daran ausgebissen. Vielleicht nur im Film möglich.« Der Montagefilm *Berlin – Sinfonie einer Großstadt* von Walter Ruttmann (1927) und Döblins *Berlin Alexanderplatz* (1929), das »Simultan-Epos der Weltstadt« (A. Eggebrecht), haben Maßstäbe gesetzt und dazu geführt, dass andere Berlin-Texte daneben unter der Wahrnehmungsgrenze geblieben sind. Dabei lohnt es sich, die Romane von Paul Gurk (*Berlin*, 1923/25), Iwan Goll (*Sodom Berlin*, 1929) und Irmgard Keun (*Das kunstseidene Mädchen*, 1932) oder Benjamins Aufzeichnungen (*Berliner Kindheit um neunzehnhundert*, entst. 1932/33) auf ihren spezifischen Beitrag zur Darstellung der Großstadt in der Moderne hin zu lesen.

Zeitstück, Volksstück und Lehrstück

Wie im Roman, so ist auch im Bereich des Dramas eine Verstärkung des zeitkritischen Elements zu beobachten. In den ersten Jahren der Weimarer Republik waren Krieg und vor allem Revolution die beherrschenden Themen im Drama. Insbesondere vom Expressionismus beeinflusste Autoren wie Toller, Mühsam, Kaiser, Hasenclever, Wolf, Rubiner und Feuchtwanger verarbeiteten in ihren Dramen die Erfahrungen der Novemberrevolution, setzten sich mit Fragen der revolutionären Gewalt, mit dem Verhältnis von Führer und Volk und mit der Positionsbestimmung des Dichters in revolutionärer Zeit intensiv auseinander. Bereits während des Kriegs war es zu ersten organisatorischen Kontakten zwischen Schriftstellern gekommen, die entsprechend den Vorstellungen, die Heinrich Mann in seinem bahnbrechenden Essay »Geist und Tat« (1916) entwickelt hatte, eine Verbindung zwischen politischer und literarischer Praxis anstrebten. Die Gründung des »Rates geistiger Arbeiter« (1918), der von so renommierten *Rat geistiger Arbeiter* Autoren wie Heinrich Mann, Rainer Maria Rilke und Robert Musil unterstützt wurde, war ein allerdings sehr kurzlebiger Versuch, eine Verbindung zwischen Dichter und revolutionärem Proletariat herzustellen. Die Vorstellung vom Dichter als Führer des revolutionären Proletariats findet sich am klarsten ausgedrückt bei Gustav Landauer in seiner *Ansprache an die Dichter* (1918): »Der Dichter ist der Führer im Chor, er ist aber auch – wie der Solotenor, der in der Neunten über die einheitlich rufenden Chormassen hinweg unerbittlichen Schwunges seine eigene Weise singt – der herrlich Isolierte, der sich gegen die Menge behauptet. Er ist der ewige Empörer.« Landauer vertrat diese Position nicht nur theoretisch, er verkörperte sie auch in seiner Person und bezahlte dafür mit seinem Leben. Im Mai 1919 wurde er wegen seiner Tätigkeit im Rahmen der Münchener Räterepublik ohne Prozess hingerichtet. Die enge Verbindung zwischen Politik und Literatur findet sich auch bei Toller und Mühsam, die wie Landauer ebenfalls aktiv in der Münchener Räterepublik tätig waren. Ernst Toller (1893–1939) war 2. Vorsitzender des bayerischen Arbeiter- und Soldatenrates und Vorsitzender der USPD in München, als Mitglied der Räteregierung und als einer der militärischen Führer wurde er wie Erich Mühsam zu fünf Jahren Festungshaft verurteilt. Während dieser Zeit entstanden die in der Weimarer Republik sehr erfolgreichen Dramen *Masse Mensch*, *Die Maschinenstürmer* und *Hinkemann*.

In *Masse Mensch* (1919) gestaltete Toller das Verhältnis zwischen Dichter und *Politik und Literatur* Proletariat als Konflikt zwischen dem intellektuellen Revolutionär, der sich zur Gewaltlosigkeit bekennt, und der Masse, die auf revolutionäre Gewalt drängt. Mit einer solchen Auffassung berührte er sich mit Friedrich Wolf (*Der Unbedingte*, 1919), Ludwig Rubiner (*Die Gewaltlosen*, 1919), Erich Mühsam (*Judas*, 1920), Walter Hasenclever (*Die Entscheidung*, 1919) und Lion Feuchtwanger (*Thomas Wendt*, 1919), die in ihren Dramen ebenfalls die Schwierigkeiten des revolutionären Intellektuellen thematisierten. Im Zentrum des Dramas von Wolf steht ein »unbedingter« junger Dichter, der die Massen zu seinem Ideal des einfachen, antikapitalistischen Lebens bekehren will. Die Massen folgen ihm zunächst, lehnen sich aber, irregeleitet durch gegnerische Beeinflussung, gegen den »Unbedingten« auf. Dieser kann die Masse erst durch seinen Opfertod von der Reinheit seiner Absichten überzeugen. Auch bei Rubiner wird das Volk erst durch den Opfertod der »Gewaltlosen« für das Ideal der Gewaltlosigkeit gewonnen. Mühsam verarbeitete im *Judas* seine Erfahrungen in der Novemberrevolution und insbesondere die Kämpfe um die Münchener Räterepublik, an denen er maßgeblich beteiligt war. In Hasenclevers Drama *Die Entscheidung* kann der Dichter seinen Platz in der Republik nicht finden. Von der alten, gestürzten Regierung wegen seiner Antikriegsdichtung zum Tode verurteilt, wird er von der Revolution befreit, kann sich ihr jedoch nicht anschließen, weil er die Revolution und die Republik ablehnt. Da er keine gesellschaftliche Aufgabe für sich sieht, will er Selbstmord begehen, wird jedoch von einer verirrten Kugel getroffen. Feuchtwanger stellt den Dichter, der in der Revolution zum Volkstribun wird – ursprünglich trug das Drama den Titel *1918* –, in den antagonistischen Gegensatz zwischen Proletariat und Bourgeoisie und lässt ihn mit seinem abstrakten Humanismus an den objektiven Gegebenheiten scheitern. Das Resümee Feuchtwangers am Dramenende, dass die Intellektuellen die »Revolution vermasselt« hätten, signalisiert neben der Kritik an der Rolle der Intelligenz in der Revolution die Enttäuschung über das Scheitern der Verbindung zwischen Politik und Literatur, wie sie linksexpressionistische Autoren zu realisieren versucht hatten.

Dichter und Massen

Bei Georg Kaiser (1878–1945), der durch sein Drama *Von morgens bis mitternachts* (1916) schon während des Krieges berühmt wurde, verbinden sich die Revolutions- und Intellektuellenproblematik mit dem typisch expressionistischen Vater-Sohn-Konflikt, mit Technikfeindschaft und Kapitalismuskritik. In *Gas* (1917/18 entst.), der Fortsetzung des Dramas *Koralle* (1917), lehnt sich ein Milliardärssohn gegen seinen Vater auf, ergreift Partei für die Arbeiter und versucht, sie nach seinem Bilde zu »neuen Menschen« zu machen. Er beteiligt die Arbeiter am Gewinn, verbessert die Arbeitsbedingungen und vermittelt ihnen das Gefühl, dass sie für sich selbst produzieren. Das sozialistische Experiment scheitert jedoch, als die Fabrik durch eine riesige Gasexplosion – Ursache ist die fieberhaft gesteigerte Produktion – zerstört wird. Tausende von Arbeitern finden den Tod. Der Milliardärssohn will das Werk angesichts der Katastrophe, die sich jederzeit wiederholen kann, nicht wieder aufbauen, er beabsichtigt, seine Arbeiter in Landkommunen anzusiedeln. Die Arbeiter versagen sich jedoch seinen Plänen. Sie sind der Technik verfallen. Zusammen mit Regierungsvertretern setzen sie den Milliardärssohn ab, bauen die Fabrik wieder auf und kurbeln die gefährliche Gasproduktion erneut an. Die Einführung des Sozialismus durch einen einsichtigen Kapitalisten ist an der Uneinsichtigkeit der Arbeiter und am Interesse der Herrschenden gescheitert. In der Fortsetzung *Gas II* (1919) schließlich wird die Herrschaft einer entfesselten, unmenschlichen Technologie gezeigt. Die Arbeiter sind inzwischen zu völlig entpersonalisierten und fremdbestimmten Wesen geworden. Als »Blaufiguren« und »Gelbfiguren« gehen sie wie Roboter ihrer Arbeit nach. Mit seinen humanistischen Idealen steht der Milliardärssohn auf verlorenem Posten.

*Expressionistisches
Menschheitsdrama*

In Kaisers Dramen zeigen sich die Grenzen und die Problematik des Nachkriegsexpressionismus sehr deutlich. Der abstrakte Humanismus, das pathetische Ideal vom »neuen Menschen« und vom »neuen Leben«, die Dämonisierung und Ablehnung des technischen Fortschritts, die rigide Trennung zwischen dem »einzelnen« und der »Masse«, das tiefe Misstrauen, das sich gegen Bourgeoisie und Proletariat gleichermaßen richtete, verhinderten eine analytische Aufarbeitung der Zeitprobleme: »Der Expressionismus, der die Ausdrucksmittel des Theaters sehr bereicherte und eine bisher unausgenutzte ästhetische Ausbeute brachte, zeigte sich ganz außerstande, die Welt als Objekt menschlicher Praxis zu erklären« (B. Brecht). Die Abkehr vom expressionistischen Menschheitsdrama war deshalb eine Notwendigkeit für Autoren, wenn sie mit ihrem sozialkritischen

Anspruch und ihrer Hoffnung auf politische Wirksamkeit nicht Schiffbruch erleiden wollten. An die Stelle des pathetischen expressionistischen Dramas der revolutionären Umbruchphase der Republik trat in der relativen Stabilisierungsphase der Weimarer Republik die neue Form des Zeitstücks, die, Entwicklungen in der Romanpraxis aufnehmend, Mittel der Reportage und des Dokumentarberichts verwendete.

Eine Art Vorläufer des Dokumentarstücks stellt das satirische Antikriegsdrama *Die letzten Tage der Menschheit* (erste Fassung 1918/19 i. d. *Fackel* als Sonderhefte; Buchausgabe 1922) von Karl Kraus dar (1874–1936). In 220 Szenen hatte Kraus in Vorwegnahme späterer Formen des Dokumentartheaters gezeigt, wie im Krieg Dummheit, Bosheit, Rohheit, Gewissenlosigkeit und Karrierismus über die Menschlichkeit den Sieg davontragen. Unter den mehr als tausend Akteuren des Dramas finden sich zahlreiche Personen der Zeitgeschichte, aber auch viele typisierte und erfundene Figuren. Gegen die übermächtige Dummheit und Gemeinheit der Zeit ist der Schriftsteller – in der Person des »Nörglers« hat sich Kraus selbst porträtiert – ohnmächtig. Zentrales Thema dieses monumentalen Lesedramas ist die Pressekritik, die auch die von Kraus herausgegebene Zeitschrift *Die Fackel* (1899–1936) prägte. Als eine Zeitschrift gegen die Zeitung sollte die *Fackel* die Verlogenheit, die Phrasenhaftigkeit und die Korruptheit der bürgerlichen Presse aufdecken. Kraus' satirische Verfahrensweise besteht in der *Fackel* ebenso wie in seinem Drama darin, die Phrase beim Wort zu nehmen und durch einen kurzen Kommentar, durch Überschriften, durch Ausrufe- oder Fragezeichen, geschickte Montage oder einfaches Zitat zu verfremden und zu entlarven. Die Phrase war für Kraus nicht Symbol, sondern Ursache für die Vergiftung des politischen und kulturellen Lebens seiner Zeit.

Ein weiteres wichtiges Thema für Autoren der expressionistischen Ära war die Auseinandersetzung mit der Technik. Im Gegensatz zu der Technikfeindschaft in den expressionistischen Dramen, wo Technik vor allem als »Moloch« erschienen war (vgl. z. B. Kaisers *Gas*), wurde die Technik in den Zeitstücken ähnlich wie in den Romanen der Neuen Sachlichkeit häufig zum Fetisch verklärt. So ist in dem Stück *Maschinist Hopkins* (1929) von Max Brand die Produktivität, objektiviert in den Maschinen, Ausdruck des Fortschritts, die Technik erscheint als eine Schicksalsmacht. Hopkins vertritt nicht die Interessen der Arbeiter, sondern den ›Geist‹ der Arbeit, wenn er Lohnforderungen und Streikparolen gegenüber dem Unternehmer rechtfertigt: »Nur der Maschine diene ich. In ihr wirkt der Geist, dem ich folgen muß.« Bei Brand verbanden sich ähnlich wie im Industrieroman der Neuen Sachlichkeit Technik-Kult und Amerikanismus zu einer Ideologie des Fortschritts. Technik-Stücke suggerieren das Bild einer ›neuen Gesellschaft‹, in der, unter Beibehaltung der alten Gesellschaftsstrukturen und gleichzeitiger Ausnutzung der neuen Produktionsmethoden (Fließband/Akkord), Technik als Befreiungsinstrument und Amerika als Vorbild eines neuen, besseren Lebens erscheinen. Die Utopie von der ›sachlichen‹ Lösung aller Widersprüche in der rationalisierten und industrialisierten Gesellschaft der Zukunft ist ein Teilaspekt der übergreifenden Vorstellung vom »sachlichen Staat«, nach der alle Probleme von kompetenten Fachleuten technokratisch und rational bewältigt werden können und die als Gegenbild zu dem von Klassenauseinandersetzungen zerrissenen realen Staat der Weimarer Republik fungierte.

Von der Fetischisierung der Technik in den von der Neuen Sachlichkeit beeinflussten Zeitdramen ist es nur ein kleiner Schritt zur Mystifizierung der Technik bei präfaschistischen Autoren. Der problematische Charakter des Technik-Kults

DIE LETZTEN TAGE
DER MENSCHHEIT

TRAGÖDIE IN FÜNF AKTEN
MIT VORSPIEL UND EPILOG

VON

KARL KRAUS

ERSCHIENEN ENDE MAI 1922
VERLAG ,DIE FACKEL‘ WIEN—LEIPZIG

Schutzumschlag von 1922

Technikkritik und Technikkult

Otto Dix: »Apotheose«
(1919)

Das »Kultische Theater«
H. H. Jahnns

Ödön von Horváth

wird überall dort unübersehbar, wo er sich mit der Verherrlichung des Krieges verbindet: »Wir schreiben heute Gedichte aus Stahl, und wir kämpfen um die Macht in Schlachten, bei denen das Geschehen mit der Präzision von Maschinen ineinander greift. Es steckt eine Schönheit darin, die wir schon zu ahnen imstande sind, in diesen Schlachten zu Lande, auf dem Wasser und in der Luft, in denen der heiße Wille des Blutes sich bändigt und ausdrückt durch die Beherrschung von technischen Wunderwerken der Macht« (Ernst Jünger). In dem Drama *Flieger* (1932) von Hermann Reissmann wird die moderne Waffentechnik des Ersten Weltkriegs zur Grundlage eines neuen Heldentums und zum Ausgangspunkt einer neuen Zwischenmenschlichkeit. Die Flieger bilden eine durch die Kriegsmaschinerie geeinte internationale Gemeinschaft. Die Technik ermöglicht einen neuen Heroismus, wie er dann bei Erwin Guido Kolbenheyer in den Dramen *Die Brücke* (1929) und *Jagt ihn, ein Mensch* (1932) als nationaler Mythos entfaltet wird. Hier ist jene »stählerne Romantik« (Joseph Goebbels) und jene »heroische Sachlichkeit« (Alfred Rosenberg) vorweggenommen, die nach 1933 offizielles Programm wurde.

Eine Ausnahmefigur in der Theaterszene der Weimarer Republik ist Hans Henny Jahnn (1894–1959), der das Theater wieder zu einer »kultischen Erfahrung« machen wollte und dafür noch hinter die griechische Antike bis nach Ägypten und Babylon zurückging. Mit seinen Stücken – für seinen *Pastor Ephraim Magnus* hatte er auf Vermittlung Otto Loerkes 1920 den renommierten Kleist-Preis erhalten – versuchte er, eine »archaische Moderne« (Böhme/Schweikert) zu begründen. Seine *Medea* (Prosafassung 1924; Versfassung 1926), mit der er die Tradition von Euripides (*Medea*, 431 v. Chr.) bis Grillparzer (*Das goldene Vließ*, 1820/21) zu überbieten trachtete, erregte großes Aufsehen, nicht zuletzt deshalb, weil Jahnn seine Medea als »Negerin« konzipiert und damit den aufgeheizten Rassediskussionen in der Weimarer Republik Munition geliefert hatte. Ihren Siegeszug auf deutschen Bühnen trat die *Medea* erst in den 80er Jahren an, als Jahnns Stücke als frühe Beispiele für das »Theater der Grausamkeit« (Artaud) neu entdeckt und als Gegenmodelle zum Lehrtheater Brechts verstanden wurden. Interessant ist Jahnns Stück über die Opposition gegen das ihm verhasste »Zwecktheater« hinaus, auch weil es am Anfang einer neuen Tradition von Medea-Bearbeitungen im 20. Jahrhundert steht, die von Heiner Müllers *Verkommenes Ufer / Medeamaterial / Landschaft mit Argonauten* (1983) über Christa Wolfs *Medea. Stimmen* (1996) bis hin bis zu Dea Lohers *Manhattan Medea* (1999) reicht.

Ebenso wie das »kultische Theater« Jahnns opponiert auch das Volksstück gegen das neusachliche Zeitstück. Als dramatisches Gegenstück zum Provinzroman entstand es in bewusster Abkehr von den zeitgenössischen literarischen Moden, griff auf die Tradition des Volksstücks im 19. Jahrhundert zurück und versuchte, in Auseinandersetzung damit eine neue gesellschaftskritische Form zu entwickeln. So knüpfte Ödön von Horváth (1901–1938) mit seinen in der Weimarer Republik geschriebenen Stücken *Italienische Nacht* (1931), *Geschichten aus dem Wiener Wald* (1931) und *Kasimir und Karoline* (1932) an die Tradition des Volksstücks an, um es für die Bedürfnisse seiner Zeit abzuändern: »Will man also das Volksstück heute fortsetzen, so wird man natürlich heutige Menschen aus dem Volk – und zwar aus den maßgebenden, für unsere Zeit bezeichnenden Schichten des Volks auf die Bühne bringen.« An die Stelle der Darstellung bäuerlicher Menschen und eines ländlichen Milieus, wie sie sich im Volksstück des 19. Jahrhunderts findet und mit geringen Abweichungen auch in dem Volksstück *Der fröhli-*

che Weinberg (1925) von Carl Zuckmayer vorhanden ist, tritt bei Horváth, der als Dramatiker in den 60er Jahren eine Renaissance erlebte, die Darstellung des Kleinbürgertums: »Nun besteht aber Deutschland, wie alle übrigen europäischen Staaten, zu neunzig Prozent aus vollendeten und verhinderten Kleinbürgern, auf alle Fälle aus Kleinbürgern. Will ich also das Volk schildern, darf ich natürlich nicht nur die zehn Prozent schildern, sondern als treuer Chronist meiner Zeit die große Masse.« Getreu dieser selbst formulierten Einsicht macht Horváth in seinen Stücken die »Masse des Volkes«, das Kleinbürgertum, zum Gegenstand seiner Darstellung. Eine solche Verlagerung hatte weitreichende Konsequenzen vor allem für die sprachliche Gestaltung der Stücke. Bei Horváth sprechen die Personen keinen Dialekt wie im alten Volksstück, sondern den neuen »Bildungsjargon«: »Es hat sich nun durch das Kleinbürgertum eine Zersetzung der eigentlichen Dialekte gebildet, nämlich durch den Bildungsjargon. Um einen heutigen Menschen realistisch schildern zu können, muß ich also den Bildungsjargon sprechen lassen.«

Chronist des Kleinbürgertums

Der Bildungsjargon ist eine Sprechweise, mit der sich die Kleinbürger über ihre eigene soziale Situation hinweglügen, mit der sie am Mittelstand zu partizipieren versuchen, dem sie faktisch schon lange nicht mehr angehören. Er ist Ausdruck ihres falschen Bewusstseins und verhindert, dass Sprache zum Kommunikationsmittel wird. Horváth verwendet diesen Bildungsjargon mit dem ausdrücklichen Ziel, die Mittelstandsmentalität und -attitüde des deklassierten Kleinbürgertums zu entlarven. In allen Volksstücken geht es um die szenische Umsetzung des Auseinanderklaffens von sozioökonomischer Lage und falschem Bewusstsein, das im Bildungsjargon sich selbst demaskiert. In *Geschichten aus dem Wiener Wald* wird eine von sozialer Deklassierung bedrohte mittelständische Kleinfamilie gezeigt. Die patriarchalisch-repressiven Strukturen, die vor allem zu Lasten der Frauen gehen, werden durch sentimentale und moralische Phrasen überdeckt, durch die das brutale Interesse gegen den Willen der Sprecher immer wieder durchbricht. Wenn der Vater in dem Stück die Verlobung der Tochter mit den Worten betreibt: »Diese Verlobung darf nicht platzen, auch aus moralischen Gründen nicht«, so verrät er durch das »auch« unfreiwillig die primären wirtschaftlichen Interessen, die ihn bewegen. In der *Italienischen Nacht* hat Horváth die politische Problematik kleinbürgerlicher Mentalität dargestellt. Während die Kleinbürger, größtenteils verspießerte Sozialdemokraten, ihr Vereinsfest des republikanischen Schutzverbandes vorbereiten, veranstalten die Faschisten ihren »deutschen Tag« und demonstrieren einen militanten Nationalismus, der von den Kleinbürgern in seiner Gefährlichkeit nicht wahrgenommen wird. Provinzielle Borniertheit und politische Sorglosigkeit verstecken sich hinter dem längst zur Phrase gewordenen Gerede von Freiheit und Demokratie. Gerade in der *Italienischen Nacht* ist es Horváth gelungen, die Bedrohung deutlich zu machen und die Anknüpfungspunkte aufzuzeigen, welche die Faschisten im Kleinbürgertum vorfanden.

Kritik an der mythischen Kategorie »Volk«

Schärfer noch als bei Horváth ist die Kritik am Kleinbürgertum in den Volksstücken von Marieluise Fleißer (1901–1974) formuliert. In ihren Dramen *Fegefeuer in Ingolstadt* (1924) und *Pioniere in Ingolstadt* (1928) stellt sie die Zwänge und die Repression, die in der Provinz herrschen und zu einer dumpfen Muffigkeit führen, in ihrer ganzen Brutalität dar. An die Stelle des Bildungsjargons bei Horváth tritt eine Sprache, die unverhüllter Ausdruck der Deformation der Personen ist. Dabei werden die sozialen Bedingungen für die psychische Deformation deutlich, das Verhalten der Personen wird aus ihrer konkreten sozialen Lage hergeleitet. Die Entpersönlichung der Figuren ist die dramaturgische Konsequenz aus

Marieluise Fleißer

einer Entwicklung, die durch Ausbeutung, Proletarisierung, Abhängigkeit und Unterordnung den Einzelnen in seiner Individualität zerstört. Sexualität erscheint folgerichtig bei Marieluise Fleißer nicht als eine Form menschlicher Kommunikation, sondern als ein Unterdrückungsinstrument, in dem sich die Entfremdung des Menschen von sich selbst und den anderen ausdrückt. Die Hochschätzung, die Brecht und Benjamin den Stücken der Fleißer entgegenbrachten – die *Pioniere* entstanden auf Anregung Brechts und wurden von ihm 1929 in Berlin uraufgeführt –, hängt mit ihrem Realismus zusammen, in dem sich Wirklichkeitsdarstellung und Gesellschaftskritik in einer für das traditionelle Volksstück neuartigen und richtunggebenden Weise verbanden.

Brecht

Trotz des Lobs, mit dem Brecht die Stücke von Marieluise Fleißer bedachte, knüpfte er mit seiner eigenen Dramenpraxis in der Weimarer Republik nicht am Volksstück an – erst während des Exils entstand das Volksstück *Herr Puntila und sein Knecht Matti* (1940). Zugleich lehnte Brecht (1898–1956) auch das Zeitstück als dramatische Form ab. Beide Dramenformen erschienen ihm nur als unterschiedliche Formen eines Schautheaters, das eine mobilisierende Wirkung auf die Zuschauer nicht haben konnte. Aber auch das politische Theater, wie es Piscator entwickelt hatte, war für Brecht ungeachtet aller Hochschätzung kein Vorbild. An Piscators Theater kritisierte er vor allem den technizistischen Einsatz der neuen Medien und Apparate, der Piscator in Abhängigkeit vom bürgerlichen Theaterbetrieb brachte: »Denn in der Meinung, sie seien im Besitz eines Apparates, der in Wirklichkeit sie besitzt, verteidigen sie einen Apparat, über den sie keine Kontrolle mehr haben, der nicht mehr, wie sie noch glauben, Mittel für die Produzenten ist, sondern Mittel gegen die Produzenten wurde, also gegen ihre eigene Produktion (wo nämlich dieselbe eigene, neue, dem Apparat nicht gemäße oder ihm entgegengesetzte Tendenzen verfolgt).« Gelernt hat Brecht in erster Linie vom proletarisch-revolutionären Agitprop-Theater. Hier fand er eine Form des Lehrtheaters vorgebildet, in der mit dem traditionellen Kunstcharakter bürgerlichen Theaters gebrochen wurde, an die Stelle des berufsmäßigen Schauspielers Amateure traten und die Grenze zwischen Darsteller und Zuschauer tendenziell aufgehoben war.

Lehrstück

Brechts Hinwendung zum Lehrstück fällt zusammen mit seiner Aneignung des Marxismus. Hatte er in den frühen, noch vom Expressionismus beeinflussten Stücken (*Baal*, 1918; *Trommeln in der Nacht*, 1920; *Im Dickicht der Städte*, 1921; *Aufstieg und Fall der Stadt Mahagonny*, 1928/29) nach eigenem Eingeständnis vor allem eine »nihilistische Kritik der bürgerlichen Gesellschaft« geübt, so versuchte er nun, seine neuen gesellschaftspolitischen Einsichten produktiv umzusetzen. Ausgangspunkt seiner Theorie des Lehrstücks, die er in den Stücken *Ozeanflug* (1929), *Badener Lehrstück vom Einverständnis* (1929), *Der Jasager* und *Der Neinsager* (1929/30), *Die Maßnahme* (1930) und *Die Ausnahme und die Regel* (1930) umgesetzt hat, ist die Annahme, »daß der Spielende durch die Durchführung bestimmter Handlungsweisen, Einnahme bestimmter Haltungen, Wiedergabe bestimmter Reden und so weiter gesellschaftlich beeinflußt werden kann«. »Das Lehrstück lehrt dadurch, daß es gespielt, nicht dadurch, daß es gesehen wird. Prinzipiell ist für das Lehrstück kein Zuschauer nötig, jedoch kann es natürlich verwertet werden.« Das Theaterspielen wird zu einem Lernprozess,

Theaterspielen als Lernprozess

der durch »Nachahmung« und »Kritik« gekennzeichnet ist. Die Spieler sollen vorgegebene Muster nicht nur einfach im Spiel nachvollziehen, sondern sie sollen diese kritisieren, was bis zur vollständigen Negation vorgegebener Muster und zur Konzeption neuer Vorlagen führen kann. Bei der Realisation der Lehrstücke erhält die Verwendung der Apparate (Rundfunk, Film usw.) eine Funktion, die sich grundlegend von der Verwendung der neuen Medien sowohl beim traditionellen Theater wie auch auf der Piscator-Bühne unterscheidet. Der Einsatz der Apparate dient nicht der Erzeugung eines kulinarischen Illusionstheaters oder der Perfektionierung eines politischen Lehrtheaters, sondern ist Teil eines »soziologischen Experiments«, das sich in der Realisation des Lehrstücks vollzieht. Rundfunk und Film ermöglichen eine Objektivierung des Spiels. Je nach Bedarf können die Spieler ihr Spiel technisch reproduzieren und so sich selbst und ihr Spiel kontrollieren. Sie gewinnen eine Distanz zu sich selbst und zu dem von ihnen Dargestellten und werden zur Reflexion über die neuen Medien und zum schöpferischen Umgang mit ihnen angeregt. Zugleich machen sie die Erfahrung, dass sie, wenn sie Apparate für die Zwecke ihrer Lehrspielarbeit zu organisieren versuchen, mit gesellschaftlichen und ökonomischen Verwertungsinteressen in Konflikt geraten. Die Lehrstückübung vermittelt dem Spielenden gesellschaftliche Einsichten also direkt und nicht nur über das gemeinsame Spiel.

Neben den Lehrstücken – *Die Rundköpfe und die Spitzköpfe, Die Horatier und die Kuratier* sowie Entwürfe zu weiteren Lehrstücken entstanden oder wurden erst während des Exils fertig gestellt – schrieb Brecht weitere Stücke: *Dreigroschenoper* (1928), *Die heilige Johanna der Schlachthöfe* (1929/30) und *Die Mutter* (1930), die nach Brechts eigenen Worten zum Teil »im Stil der Lehrstücke [...] aber Schauspieler erfordernd« verfasst waren. Lehrstück wie Schaustück sind zwei unterschiedliche Formen des epischen Theaters, die Brecht im Exil in der Form des politischen Lehrtheaters zusammengefasst hat.

Zwischen Artistik und Engagement – die Lyrik

Im Bereich der Lyrik brach der alte Gegensatz zwischen der so genannten ›reinen‹ und der so genannten ›politischen‹ Dichtung angesichts der durch Krieg, Revolution und verschärfte Klassenauseinandersetzung geprägten Epochenkonstellation in neuer Schärfe auf. Es zeigte sich bald, dass der Expressionismus mit seinem leidenschaftlichen Sprachgestus und mit seinem »Mensch, Welt, Bruder, Gott«Pathos keine Basis der weiteren literarischen Arbeit bilden konnte. Dokumente der Auflösungskrise des Expressionismus sind die beiden 1919 erschienenen Gedichtsammlungen *Menschheitsdämmerung* von Kurt Pinthus und *Kameraden der Menschheit* von Ludwig Rubiner. Pinthus lieferte mit seiner berühmt gewordenen Anthologie ein repräsentatives Bild der expressionistischen Lyrik. Die eigentliche, »überpolitische Bedeutung« der expressionistischen Dichtung sah Pinthus darin, »daß sie mit glühendem Finger, mit weckender Stimme immer wieder auf den Menschen selbst wies, daß sie die verlorengegangene Bindung der Menschen untereinander, miteinander, das Verknüpftsein des einzelnen mit dem Unendlichen – zur Verwirklichung anfeuernd – in der Sphäre des Geistes wiederschuf«. Unter den Rubriken »Sturz und Schrei«, »Erweckung des Herzens«, »Aufruhr und Empörung«, »Liebe den Menschen« waren die Gedichte von dreiundzwanzig Autoren gruppiert, darunter Becher, Benn, Hasenclever, Heym, Lasker-Schüler, Lichtenstein, Stadler, Stramm, Trakl, Werfel und Zech. Die Tatsache, dass viele der in der *Menschheitsdämmerung* vertretenen Autoren zum Zeitpunkt des Erscheinens bereits nicht mehr lebten –

»Menschheitsdämmerung« und »Kameraden der Menschheit«

Else Lasker-Schüler in der
Maske des Prinzen Jussuf

*Benn und Becher als
Antipoden*

Heym, Stadler, Trakl, Stramm und Lichtenstein starben bereits vor bzw. während des Krieges –, macht deutlich, dass Pinthus' Anthologie kein Dokument einer lebendigen Bewegung war, sondern eher ein Nachruf. Im Gegensatz zu Pinthus stellte Rubiner den Expressionismus als kämpferisch dar und präsentierte vor allem die Anhänger des linken aktivistischen Flügels der Expressionisten mit Gedichten, die »ein Bekenntnis seines Dichters zum Kampf gegen eine alte Welt, zum Marsch in das neue Menschenland der sozialen Revolution« ablegten. Im Zentrum des Bandes standen die Themen Krieg und Revolution: »Und hier tritt der Dichter endlich an die Seite der Proletarier: Der Proletarier befreit die Welt von der wirtschaftlichen Vergangenheit des Kapitalismus; der Dichter befreit sie von der Gefühlsvergangenheit des Kapitalismus. Kameraden der Menschheit rufen zur Weltrevolution.« In solchen Sätzen äußerte sich eher das Wunschdenken des Herausgebers denn die Realität. Bis auf wenige Ausnahmen (z. B. Hasenclevers »Die Mörder sitzen in der Oper«) blieben die Gedichte im Menschheitspathos und in Verbrüderungshoffnung befangen und setzten in illusionistischer Weise die »Macht des Geistes« gegen die »Wut des Henkers« (J. R. Becher). Der Aufruf zur Revolution war als Aufstand der Seele gemeint (vgl. Werfels »Revolutionsaufruf«).

Zwei der bekanntesten expressionistischen Autoren, Gottfried Benn (1886–1956) und Johannes R. Becher (1891–1958), die in Pinthus' Anthologie noch einträchtig nebeneinander vertreten sind – in Rubiners Sammlung freilich fehlt Benn –, lösten sich ziemlich rasch von ihren expressionistischen Anfängen und wurden zu erbitterten literarischen und politischen Antipoden. Die Entwicklung, die beide Autoren im Verlauf der Weimarer Republik nahmen – Becher schloss sich der Kommunistischen Partei an, Benn sympathisierte vorübergehend mit den Faschisten –, war so konträr, dass sie später im Exil zum Anlass einer weitreichenden Debatte über die Einschätzung des Expressionismus wurde. In einem Rundfunkdialog über das Verhältnis zwischen Dichtung und Politik haben beide Autoren 1931 ihre unterschiedlichen Standpunkte klargelegt. Gegenüber Becher beharrte Benn darauf, dass die politische Tendenz keine Tendenz der Dichtung, sondern eine Tendenz des Klassenkampfes sei: »Wenn sie sich in poetischer Form äußern will, ist das Zufall oder private Liebhaberei.« Benn lehnte es kategorisch ab, mit seiner Dichtung eingreifen zu wollen. In der Geschichte konnte er, wie er in dem Aufsatz »Können Dichter die Welt verändern?« (1931) schrieb, keine Entwicklung und keinen Sinn sehen: »Soziale Bewegungen gab es doch von jeher. Die Armen wollten immer hoch und die Reichen nicht herunter. Schaurige Welt, kapitalistische Welt, seit Ägypten den Weihrauchhandel monopolisierte und babylonische Bankiers die Geldgeschäfte begannen […], schaurige Welt, kapitalistische Welt, und immer die Gegenbewegungen: mal die Helotenhorden in den kyrenischen Gerbereien, mal die Sklavenkriege in der römischen Zeit, die Armen wollen hoch und die Reichen nicht herunter, schaurige Welt, aber nach drei Jahrtausenden Vorgang darf man sich wohl dem Gedanken nähern, dies alles sei weder gut noch böse, sondern rein phänomenal«. Allein die dichterische Form war nach Benns Auffassung in der Lage, das Chaos zu bändigen und dem Sinnlosen einen Sinn zu geben. In dem Gedicht »Leben niederer Wahn« findet sich Benns Bekenntnis zur Form programmatisch ausgedrückt: »Form nur ist Glaube und Tat, / die erst von Händen berührten, / doch dann den Händen entführten / Statuen bergen die Saat«. Durchgängiges Formprinzip der Bennschen Lyrik ist die Montage. Unterschiedliche Elemente der Wirklichkeit, häufig nur Schlüssel- und Reizwörter, werden additiv oder kontrastierend nebeneinandergesetzt. Realität erscheint auf diese Weise »rein phänomenal.«

J. R. Becher

Von dem Formalismus Benns, der sich mit Aristokratismus und selbst gewählter Abgeschiedenheit des Künstlers von den politischen Tageskämpfen und der gesellschaftlichen Realität ingesamt verband (»Wer allein ist, ist auch im Geheimnis«), grenzte sich Becher durch sein klares Bekenntnis zu einer politischen Dichtung im Sinne der revolutionären Arbeiterbewegung ab: »Ich verfolge mit meiner Dichtung die Tendenz, die heute meiner Ansicht nach jede Dichtung aufweisen muß, die Anspruch darauf macht, eine lebendige Dichtung zu sein, das heißt eine Dichtung, die in den entscheidenden Kräften dieser Zeit wurzelnd, ein wahres und geschlossenes Weltbild zu gestalten vermag. Ich diene mit meinen Dichtungen einzig und ausschließlich der geschichtlichen Bewegung, von deren Durchbruch in die Zukunft das Schicksal der gesamten Menschheit abhängt. Ich diene auch als Dichter dem Befreiungskampf des Proletariats.« In seiner poetischen Praxis hat Becher versucht, dieses ehrgeizige Programm umzusetzen. In den Gedichtsammlungen *Die hungrige Stadt* (1927/28), *Im Schatten der Berge* (1928), *Graue Kolonnen* (1930) und *Der Mann, der in der Reihe geht* (1932) wandte er sich der aktuellen Gegenwart zu. Weltkrieg, Revolution, Straßen- und Barrikadenkämpfe, Arbeitslosigkeit, Rationalisierung, Proletarierelend, Arbeiterorganisation usw. sind die Themen seiner Gedichte. In dem umfangreichen Versepos *Der große Plan* (1931) lobt er den ersten Fünfjahresplan der Sowjetunion als »Beginn eines neuen Zeitalters« in der Tradition der berühmten klassischen Epen. Im Mittelpunkt seiner Arbeit standen jedoch die kleinen lyrischen Formen wie die Ballade und die Chronik, die seiner Vorstellung von Volkstümlichkeit am besten entsprachen.

Erich Weinert

Tatsächlich waren die Gedichte Bechers jedoch sehr viel weniger volkstümlich als etwa die Gedichte Erich Weinerts (1890–1953). Weinert machte, wie Becher neidlos anerkannte, politische Lyrik »versammlungsfähig und damit in einer neuen Art gesellschaftsfähig«: »Seine Gedichte, in Versammlungen gesprochen, traten zusammen auf mit der politischen Rede, wetteiferten mit ihr und ergänzten sie aufs wirkungsvollste von der Seite des Poetischen her. Auf diese Weise wurden nicht nur die Dichtungen Erich Weinerts von Hunderttausenden von Menschen angenommen, sondern die Dichtung selber wurde wieder zu einer Sache des Volkes.« Weinert, der vom politischen Kabarett kam, war der eigentliche Vertreter einer volkstümlichen politischen Lyrik in der Weimarer Republik. Als Kabarettist, als Rezitator auf Parteiveranstaltungen, als Sprecher seiner eigenen Gedichte auf den legendären Weinert-Abenden, die 1931 verboten wurden, erreichte er eine Volkstümlichkeit, die Becher versagt blieb. Weinert knüpfte mit seiner Lyrik an die Dichtung der Vormärz-Zeit an (Heine, Herwegh, Weerth) und verband verschiedene Traditionen wie Kabarettlyrik, Bänkelsang, Volkslied, Arbeiterkampflied, Ballade usw. zu einer Form von satirischer Dichtung, die, wie er selbst sagte, »ihrem Ursprung nach Volksdichtung« war (*Politische Satire*, 1926). In seiner Volkstümlichkeit lag der Grund für die große Faszination, die Weinert auf Zeitgenossen ausübte. Seine Gedichte, wie z. B. »Sozialdemokratisches Mailiedchen«, »Denke daran, Prolet«, »Der rote Feuerwehrmann«, »Wie hetze ich erfolgreich«, sind Dokumente einer kämpferischen Gebrauchslyrik, die auf die Vormärzzeit zurückgreift. Weinert, der sich später im Exil als Lyriker im Spanischen Bürgerkrieg engagierte und mit Flugblattgedichten die Rote Armee im Kampf gegen das nationalsozialistische Deutschland unterstützte, beanspruchte nicht, ›Kunst‹ im traditionellen Sinne zu machen.

Ihm genügte es, wenn seine Gedichte »aufklärten, überzeugten und den Schwankenden Richtung gaben. Wenn sie beim Vortrag die stürmische Zustimmung: So ist es! Sehr richtig! fanden, so hatten sie ihre politische Mission erfüllt. Nicht selten trug ich ein Gedicht nur ein- bis zweimal vor, dann war sein Anlaß bereits von neuen Geschehnissen überschattet. Hätte ich alles, was ich geschrieben und vorgetragen habe, in der nötigen Muße ausreifen lassen können, damit es als Kunstkristall vor den ›Akademikern‹ bestehen könne, so würde ich mich um tausend aktuelle, unmittelbare Wirkungen gebracht haben. Und auf diese kam es ja an, weit mehr als darauf, den Hörern Kunstwerke zu präsentieren«.

»Wir haben keine Zeit«

Beeinflusst vom politischen Kabarett, das in der Weimarer Republik einen großen Aufschwung erlebte, waren auch Autoren wie Kästner und Tucholsky. Im Gegensatz zur Tribünenlyrik Weinerts, die vor allem durch den Vortrag lebte – viele Gedichte Weinerts wurden von Hanns Eisler vertont und von Ernst Busch gesungen – und ihre Funktion im politischen Kontext der jeweiligen Veranstaltung erhielt, entwickelten Kästner und Tucholsky eine Form der Gesellschaftssatire, die in erster Linie auf die Leser zielte. In Kästners Gedichtbänden *Herz auf Taille* (1928) und *Gesang zwischen den Stühlen* (1932) ist die gesellschaftskritische Tendenz sehr viel ausgeprägter als etwa in seinem Roman *Fabian*. Das berühmt gewordene Gedicht »Stimmen aus dem Massengrab« ist ein zorniger Angriff auf den Militarismus der Zeit, zugleich aber auch ein Dokument der Resignation des Autors, der die Lernfähigkeit der Lebenden bezweifelte und der aufrüttelnden Kraft seiner Verse misstraute: »Doch wir starben ohne Zweck / Ihr laßt euch morgen, wie wir gestern, schlachten.« Sehr viel entschiedener als Kästner, der sich als zwischen den Klassen Stehender empfand, hat Tucholsky (1890–1935) Position bezogen, ohne dass er sich jemals parteipolitisch festgelegt hätte. Tucholsky entwickelte in seiner Postille *Deutschland, Deutschland über alles* (1929) eine Form des politischen Zeitgedichts, die es ihm erlaubte, vehement gegen die Weimarer Justiz, gegen soziale Unterdrückung und Ausbeutung und gegen die aufkommende faschistische Gefahr zu kämpfen. In dem Gedicht »Monolog mit Chören« (1925) hat er den Zwiespalt zwischen ›reiner‹ und ›politischer‹ Dichtung selbstironisch karikiert. Auf den Monolog des Dichters: »Ich dichte leis und sachte vor mich hin: / Wie fein analysier ich Seelenfäden, / zart psychologisch schildere ich jeden / und leg in die Nuance letzten Sinn«, antworten die Chöre der Arbeitslosen, der Proletariermütter und der Tuberkulösen: »Wir haben keine Zeit, Nuancen zu betrachten! / Wir müssen in muffigen Löchern und Gasröhren übernachten! / Wir haben keine Lust, zu warten und immer zu warten! / Unsre Not schafft erst deine Einsamkeit, deine Stille und deinen Garten!« Gegen die weltabgewandte Dichtung setzen die Chöre ihr eigenes Lied, »Die Internationale«. Tatsächlich hat Tucholsky nie dem Typ des leise und sacht vor sich hinschreibenden Dichters entsprochen; er wandte sich vielmehr in seiner Dichtung den Problemen der Zeit zu (z. B. »Prolet vor Gericht«; »Ruhe und Ordnung«; »Die Leibesfrucht«; »Fragen an eine Arbeiterfrau«; »Bürgerliche Wohltätigkeit«), konnte aber dabei nicht zu der revolutionären Zuversicht finden, wie etwa parteipolitisch gebundene Dichter. Resignation und Melancholie, die sich mit der zunehmenden Faschisierung verstärkten, waren ein durchgehender Zug der tucholskyschen Lyrik. Vor dem offenen Faschismus schließlich kapitulierte er als Satiriker: »Satire hat auch eine Grenze nach unten. In Deutschland etwa die herrschenden faschistischen Mächte. Es lohnt nicht – so tief kann man nicht schießen.«

Schutzumschlag

Vielschichtiger als die Lyrik der bisher genannten Autoren ist das lyrische Werk von Bertolt Brecht. Ähnlich wie Becher und Benn hat auch Brecht als Expressionist angefangen, sich jedoch ebenfalls rasch von den expressionistischen Mustern gelöst und begonnen, mit unterschiedlichen lyrischen Formen zu experimentieren. Die *Hauspostille* (1927) zeigt seinen schwierigen und nicht immer widerspruchsfreien Ablösungsprozess vom Expressionismus. Mit der Sammlung knüpfte Brecht an die Tradition der biblischen Kirchen- und Hauspostille an, wie sie durch Luther und die an ihn anschließenden religiösen Erbauungsbücher repräsentiert wurde. Brecht wollte jedoch nicht im Sinne dieser Tradition den Glauben an Gott befestigen, sondern ihn im Gegenteil desillusionieren und zerstören. Der satirische Rückgriff auf christliche Vorbilder geschah überdies mit der Absicht, ein modernes Erbauungsbuch zu schaffen, das einen ähnlichen Gebrauchswert haben sollte wie die alten christlichen Postillen: »Diese Hauspostille ist für den Gebrauch des Lesers bestimmt«. Zugleich wandte sich Brecht mit seiner Postille gegen die unter den Lyrikern seiner Zeit weit verbreitete, an Rilkes *Stundenbuch* (1905) anschließende Mode, Gedichte in Form von Gebetbüchern herauszugeben. Die *Hauspostille* enthält eine Vielzahl von lyrischen Formen (Balladen, Songs, Chroniken usw.) und eine Fülle von poetischen Bildern, in welche die persönlichen und politischen Erfahrungen des Autors in sehr verschlüsselter Weise eingegangen sind. Die Ohnmacht, die Unterdrückung und das Leiden des Einzelnen angesichts der Kälte der Welt (»Von der Kindsmörderin Maria Farrar«), die Unfähigkeit zu einem freundlichen und solidarischen Umgehen miteinander, die aggressive und zum Teil zynische Sexualität (»Ballade vom Liebestod«) und der anarchistische Protest gegen familiäre Zwänge (»Apfelböck«) erscheinen als Ausdruck gesellschaftlicher Gewaltverhältnisse, wobei aber bis auf wenige Ausnahmen die aktuellen Bezüge weitgehend getilgt sind.

So änderte er in dem Gedicht »Vom ertrunkenen Mädchen« die ursprüngliche Überschrift »Vom erschlagenen Mädchen«, mit der er auf die ermordete Rosa Luxemburg angespielt hatte. In dem Gedicht vom Elternmörder Apfelböck, das auf einen realen Fall zurückging, sparte Brecht alle direkten, erklärenden Hinweise auf die familiäre und soziale Situation des Täters aus und stellte sich damit in Gegensatz zu der grellen Psychologisierung des Elternmordes, wie sie bei expressionistischen Autoren die Regel war. Die Selbstverständlichkeit, mit der Brecht die Unschuld des Elternmörders voraussetzt (»Apfelböck oder die Lilie auf dem Felde«), musste als Provokation empfunden werden. Die Ursachen für die Tat erschließen sich erst, wenn man sich auf die Logik des Textes einlässt und seine Bildlichkeit ernst nimmt. Gerade die Bildlichkeit der Texte aber stellt hohe Anforderungen an die Leserschaft. So sind die Gedichte »Vom Schwimmen in den Seen und Flüssen« und »Vom Klettern in Bäumen« private Texte, in denen sich frühkindliche Erfahrungen und sexuelle Phantasien in komplexer Weise verbinden. In den Gedichten »Liturgie vom Hauch«, »Das Schiff«, »Ballade auf vielen Schiffen«, »Lied am schwarzen Samstag« setzt sich Brecht selbstkritisch mit seiner dichterischen Arbeit und den Möglichkeiten von Dichtung überhaupt auseinander.

Elegische Alterstöne? Durch ihren eindeutigen, agitatorischen und sozialkritischen Charakter unterscheidet sich die »Legende vom toten Soldaten« von den übrigen Gedichten der Sammlung, die durch ihre »subversive Niedrigkeit« provozieren und »antiautoritäre Lektionen in Sprechweisen und Lesarten« (H. Lethen) darstellen. »Die Legende vom toten Soldaten«, in der ein längst beerdigter Soldat exhumiert, von Militärärzten für kriegsdiensttauglich erklärt und erneut an die

Bertolt Brecht

Ballade: Trauerndes Gedenken an Geschichte

Elegische Alterstöne?

Front geschickt wird, veranlasste Brechts Verleger 1922 zur Ablehnung der Sammlung und führte dazu, dass die *Hauspostille* erst 1927 in veränderter und ergänzter Form bei einem anderen Verleger erscheinen konnte. Der »Nützlichkeitsstandpunkt«, den Brecht bereits im Vorwort der *Hauspostille* eingenommen hatte, der dort aber noch sehr ironisch gebrochen wirkte, war ein Ergebnis seiner veränderten politischen Position. Durch die Aneignung des Marxismus in den Jahren 1926/27 sagte sich Brecht vom »anarchischen Nihilismus« (C. Pietzcker) seiner Jugendzeit los.

Literatur im ›Dritten Reich‹

Die nationalsozialistische Machtübernahme

Die latente Radikalisierung des gesellschaftlichen und politischen Lebens in der Weimarer Republik, die von liberalen und linken Intellektuellen und Schriftstellern als zunehmende Einschränkung ihrer politischen und literarischen Handlungs- und Freiheitsspielräume erlebt wurde, ging mit der Machtübernahme der Nationalsozialisten am 30. Januar 1933 in den offenen Faschismus über und überraschte viele, die zu seinen späteren Opfern zählen sollten. Was diese Entwicklung für Intellektuelle, Schriftsteller und Künstler bedeutete, hätten aufmerksame Zeitgenossen spätestens 1929 bemerken können, als der Nationalsozialist Frick das Innen- und Volksbildungsministerium in Thüringen übernahm und die nationalsozialistische Kulturpolitik en miniature vorwegnahm. Die Unterschätzung der Nationalsozialisten ist umso erstaunlicher, als diese ihren Herrschaftsanspruch mit dem Hitler-Luden-dorff-Putsch in München (1923), mit der Gründung der Kampfverbände SA und SS, mit Hitlers Bekenntnisbuch *Mein Kampf* (1924) frühzeitig deutlich gemacht hatten; die Wahlergebnisse gegen Ende der Weimarer Republik zeigten, dass die Nationalsozialisten auf dem Weg zu einer Massenpartei waren. Bei den Reichstagswahlen 1930 konnten sie ihren Anteil an den Reichstagsmandaten von 12 auf 107 steigern.

Die Machtübernahme Hitlers traf die deutschen Schriftsteller dennoch fast völlig unvorbereitet. Nur wenige Autoren wie Brecht, Feuchtwanger und Heinrich Mann erkannten die drohende Gefahr und schätzten die weitere Entwicklung richtig ein, den meisten fehlte die »Phantasie für das Noch-Nicht-Dagewesene« (L. Marcuse). Sie glaubten wie Klaus Mann, dass »sowas [wie Hitler] nie zur Macht kommt«, oder aber, dass die Nationalsozialisten, einmal an die Macht gelangt, rasch abwirtschaften würden. Gerade sozialdemokratische, ›linke‹ und kommunistische Autoren gaben sich der Illusion hin, dass die Revolution kurz bevorstehe und der Nationalsozialismus nur ein kurzes Zwischenspiel auf dem Weg zum Sozialismus sei.

Unterschätzung der Gefahr

Die radikale Veränderung des politischen Bezugsfeldes konnte nicht ohne Konsequenzen auf die Arbeitsbedingungen und die politische Haltung der Autoren bleiben. Für diejenigen, die sich den neuen Bedingungen für die Literatur nicht unterwerfen wollten, gab es, wie die Prager Exilzeitschrift *Neue Deutsche Blätter* bereits im September 1933 feststellte, »drei Möglichkeiten«: »Man kann in Deutschland bleiben und getarnt, aus sprachlichem Hinterhalt und künstlerischer Maskierung den Faschismus angreifen, gewärtig, dass einem früher oder später der Mund gestopft und die Feder aus der Hand geschlagen wird. Man kann, anonym, für die illegale Literatur im Lande und für die antifaschistische Presse im

Schlechte Zeiten für Dichtung

Der Präsident
der Reichskammer der bildenden Künste

Berlin W35, den 23.August 1941.
Blumeshof 4–6
Fernsprecher: 21 92 71
Postscheck-Konto: Berlin 144439

Aktenzeichen: II B/ M 2603/1236
(In der Antwort anzugeben)

Herrn
Emil N o l d e
Berlin-Charlottenburg 9
Bayernallee 10

Einschreiben!

Anlässlich der mir s.Zt. vom Führer aufgetragenen Ausmerzung
der Werke entarteter Kunst in den Museen mussten von Ihnen allein
1052 Werke beschlagnahmt werden. Eine Anzahl dieser Ihrer Werke
war auf den Ausstellungen "Entartete Kunst" in München, Dort-
mund und Berlin ausgestellt.

Aus diesen Tatsachen mussten Sie ersehen, dass Ihre Werke nicht
den Anforderungen entsprechen, die seit 1933 an das Kunstschaf-
fen aller in Deutschland tätigen bildenden Künstler - einschliess-
lich den im Reich lebenden Künstlern anderer Nationalitäten oder
Volkszugehörigkeit - gestellt sind. Die hierfür geltenden und
vom Führer in seinen programmatischen Reden anlässlich der Eröffnung der "Grossen Deutschen Kunstausstellungen" in München
seit Jahren wiederholt klar und eindeutig herausgestellten Richtlinien zur künftigen künstlerischen Haltung und Zielsetzung kultureller Förderung in Verantwortung gegenüber Volk und Reich,
mussten auch Ihnen bekannt sein.

Wie die Einsichtnahme Ihrer hergereichten Originalwerke der Letzt-
zeit ergab, stehen Sie jedoch auch heute noch diesem kulturellen
Gedankengut fern und entsprechen nach wie vor nicht den Voraussetzungen, die für Ihre künstlerische Tätigkeit im Reich und damit für die Mitgliedschaft bei meiner Kammer erforderlich sind.

Auf Grund des § 10 der Ersten Durchführungsverordnung zum Reichskulturkammergesetz vom 1.11.33 (RGBl.I, S.797) schliesse ich
Sie wegen mangelnder Zuverlässigkeit aus der Reichskammer der
bildenden Künste aus und untersage Ihnen mit sofortiger Wirkung
jede berufliche - auch nebenberufliche - Betätigung auf den
Gebieten der bildenden Künste.

Das auf Ihren Namen lautende Mitgliedsbuch M 2603 meiner Kammer
ist ungültig geworden; Sie wollen es umgehend an mich zurücksen-
den.

gez. Ziegler

Beglaubigt:

Berufsverbot für den Maler Emil Nolde

Flucht über Nacht

Ausland arbeiten. Man kann schließlich über die Grenze gehen und vom Ausland
her zu den Deutschen sprechen.«

Viele Autorinnen und Autoren waren – oft über Nacht – gezwungen, aus
Deutschland zu flüchten. Da es sich durchweg um die prominenten, noch heute
anerkannten Schriftsteller handelte, ist man leicht geneigt anzunehmen, die gesamte literarische Intelligenz habe damals das Land verlassen. Tatsächlich blieb
der größte Teil in Deutschland, sympathisierte oder arrangierte sich mit dem Regime oder versuchte das physische und moralische Überleben in der ›Inneren
Emigration‹. Wenige gingen in die Illegalität und unterstützten mit literarischen
Arbeiten den politischen Widerstand gegen die Nationalsozialisten.

Die Literatur, die in Deutschland zwischen 1933 und 1945 geschrieben wurde,
reicht von politischer Bekenntnisliteratur über die verschiedenen Modi pro-

faschistischer, nichtfaschistischer Literatur und literarischen Formen verdeckter Opposition bis hin zu kämpferischer Untergrundliteratur. Sie hat damit ein ebenso breites Spektrum wie die Literatur im Exil, die keineswegs mit antifaschistischer Literatur gleichgesetzt werden kann. Auch in der Exilliteratur gab es eine Vielzahl von politisch-literarischen Haltungen. Trotz partieller formaler Übereinstimmungen zwischen der Literatur des Exils und der des Dritten Reiches, die sich z. B. in der gemeinsamen Bevorzugung bestimmter literarischer Gattungen (wie dem historischen Roman und dem Sonett) zeigen lassen, ist es sinnvoll, zwischen Exilliteratur und der Literatur des ›Dritten Reiches‹, insbesondere der Literatur der ›Inneren Emigration‹ zu trennen, da die Arbeitsbedingungen für die ›Daheimgebliebenen‹ sich grundlegend von denen der ›Emigranten‹ unterschieden.

Die Dichter-Klasse der Preußischen Akademie der Künste (W. v. Molo als Lehrer und die Schüler G. Hauptmann, Th. Däubler, W. v. Scholz, H. Mann, F. v. Unruh, Th. Mann und A. Döblin)

Nationalsozialistische Kulturpolitik

Bereits wenige Tage nach dem Machtantritt der Nationalsozialisten wurden Notverordnungen erlassen, durch die Presse-, Versammlungs- und Demonstrationsfreiheit entscheidend eingeschränkt wurden. Alle Druckschriften, »deren Inhalt geeignet ist, die öffentliche Sicherheit oder Ordnung zu gefährden«, konnten beschlagnahmt werden. Im Februar 1933 wurden Heinrich Mann und Käthe Kollwitz zum Austritt aus der Preußischen Akademie der Künste gezwungen, weil sie in einem von ihnen unterzeichneten Wahlaufruf eine Koalition von SPD und KPD für die bevorstehenden Reichstagswahlen gefordert hatten. Nach dem Reichstagsbrand am 27. Februar 1933, der den Nationalsozialisten zumindest sehr gelegen kam, wenn er nicht von ihnen inszeniert war, trat die Brutalität der neuen Machthaber vollends zutage. Durch die »Verordnung des Reichspräsidenten zum Schutz von Volk und Staat« vom 28. Februar wurden wesentliche Paragraphen der Verfassung außer Kraft gesetzt, war »die unwiderrufliche Ablösung des Rechtsstaates durch den Polizeistaat« (K. Bracher) Tatsache geworden.

Opfer der neuen Terror-Gesetze wurden vor allem Kommunisten. Mehr als 10 000 von ihnen sollen in der Nacht des Reichstagsbrands – eine gesetzliche Grundlage dafür bestand noch gar nicht – festgenommen worden sein. Die Beteiligung der KPD, die als Partei offiziell nicht verboten war, an den Reichstagswahlen vom 5. März war unter diesen Umständen nur eine Farce. Noch in der Nacht des 28. Februar wurden zahlreiche Schriftsteller verhaftet, keineswegs nur KPD-Mitglieder. Carl von Ossietzky, Erich Mühsam und Ludwig Renn gehörten zu den ersten. Wenige Tage später folgten Willi Bredel, Anna Seghers und Klaus Neukrantz, andere entgingen nur durch Zufall der Verhaftung; sie konnten rechtzeitig in der Illegalität untertauchen oder ins Ausland fliehen.

Schriftstellerverfolgung

Nach der Reichstagswahl vom 5. März, in der die Nationalsozialisten ihre Mandate auf 44 % erhöhen konnten, fühlten sie sich stark genug, den kulturellen Bereich nach ihren Vorstellungen zu organisieren. In seiner Regierungserklärung vom 23. März 1933 fasste Hitler die kulturellen Ziele seiner Regierung wie folgt zusammen: »Gleichlaufend mit der politischen Entgiftung unseres öffentlichen Lebens wird die Reichsregierung eine durchgreifende moralische Sanierung des Volkskörpers vornehmen. Das gesamte Erziehungswesen, Theater, Film, Literatur, Presse, Rundfunk, sie werden alle Mittel zu diesem Zweck sein.« In der Praxis bedeutete dies, dass nach dem Verbot der kommunistischen und sozialdemokratischen nun auch die bürgerliche Presse in die Schusslinie der neuen

Gleichschaltung

Reichstagsbrand

Gegen Schriftsteller-
organisationen

Machthaber geriet. Zeitungen und Zeitschriften, die sich dem neuen Kurs nicht fügten, wurden kurzerhand verboten; die übrigen wurden durch Drohungen, Entlassungen, Verhaftungen und wirtschaftliche Sanktionen zur Anpassung gezwungen.

Neben die Gleichschaltung der Presse traten schon sehr bald Maßnahmen gegen Schriftstellerorganisationen. Der »Schutzverband deutscher Schriftsteller« (SDS) wurde als erster ›gesäubert‹. Dabei konnten sich die Nationalsozialisten auf Gefolgsleute innerhalb des Verbandes stützen, die schon in der Weimarer Republik eine interne Opposition gebildet hatten. Mitglieder der »Arbeitsgemeinschaft nationaler Schriftsteller«, die seit 1931 existierte, übernahmen die Führungsrolle im SDS und begannen umgehend mit der von Hitler geforderten »Entgiftung«. Alle Mitglieder wurden auf ihre politische Zuverlässigkeit im Sinne der neuen Machthaber überprüft, liberale und linke Mitglieder kurzerhand ausgeschlossen; im Mai wurde der leitende Redakteur des *Völkischen Beobachters* neuer Vorsitzender des SDS, seine Mitglieder mussten sich durch Unterschrift zum nationalsozialistischen Staat bekennen. Im Juli 1933 wurde der SDS in den im Juni gegründeten »Reichsverband Deutscher Schriftsteller« (RDS) überführt.

Zur gleichen Zeit wurde die Preußische Akademie der Künste, Sektion Literatur, deren Vorsitzender Heinrich Mann im Februar unter fadenscheinigen Gründen zum Rücktritt gezwungen worden war, gleichgeschaltet; Mitglieder der Sektion konnten nur diejenigen bleiben, die eine von Gottfried Benn konzipierte Loyalitätserklärung dem faschistischen Staat gegenüber abzugeben bereit waren. Thomas Mann und Ricarda Huch erklärten daraufhin ihren Austritt, andere wurden zwangsweise ausgeschlossen, weil sie die geforderte Erklärung entweder nicht unterschreiben wollten oder aber als Juden unerwünscht waren. An die Stelle der Ausgetretenen und Ausgeschlossenen rückten überzeugte Nationalsozialisten wie Hans Grimm, Hans Friedrich Blunck, Hanns Johst, Erwin Guido Kolbenheyer und Will Vesper. Umbesetzt wurde auch die deutsche Sektion des Internationalen PEN-Clubs. Der alte Vorstand wurde zum Rücktritt gezwungen und durch einen neuen, ›zuverlässigen‹ Vorstand ersetzt; politisch unliebsame Mitglieder wurden ausgeschlossen. Auf die Gründung einer zweiten deutschen Sektion von ausgeschlossenen, im Exil lebenden Autoren reagierte die innerdeutsche Sektion mit ihrem Austritt aus dem Internationalen PEN-Club. Die programmatische Gegengründung einer »Union nationaler Schriftsteller«, die von Johst und Benn geführt wurde, war jedoch wenig erfolgreich.

Verherrlichung des Bäuerlichen: Der *Völkische Beobachter* mit dem Leitartikel »Adolf Hitler zur Lage« (Gemälde von O. Kirchner)

Eine neue Stufe erreichte der Terror gegen oppositionelle Schriftsteller mit der Bücherverbrennung. Am 26. April 1933 erschien in der Berliner *Nachtausgabe*, einer Zeitung, die dem für Hitlers Machtübernahme maßgeblichen Hugenberg-Konzern gehörte, eine Liste »verbrennungswürdiger« Bücher. Diese Veröffentlichung war Auftakt für eine Fülle von so genannten schwarzen und weißen Listen, auf denen die missliebigen bzw. genehmen Autoren aufgeführt waren. Am 10. Mai kam es in ganz Deutschland zu einer beispiellosen Bücherverbrennung, die entgegen weit verbreiteter Meinung keine planlose oder spontane Aktion der Bevölkerung darstellte, sondern eine »zeitlich gesteuerte, organisatorisch exakt geplante Kampagne« (H. A. Walter) gewesen ist. In feierlichen, ritualisierten Veranstaltungen wurden die Werke vieler bedeutender und prominenter Autoren »den Flammen übergeben«. Führende Nationalsozialisten wie Goebbels und prominente Literaturprofessoren hielten die Reden. Das Heine-Wort: »Dort wo man Bücher verbrennt, verbrennt man am Ende auch Menschen«, sollte schon bald schreckliche Realität werden. Wenige Tage später veröffentlichte das *Börsenblatt für den deutschen Buchhandel* eine erste amtliche Liste von Büchern, die aus öffentlichen Bibliotheken entfernt werden sollten. Diese Liste umfasste 131 Autoren und wurde regelmäßig auf den neuesten Stand gebracht.

Bücherverbrennung

Durch das Reichskulturkammergesetz vom 22. September 1933 schließlich fand die Reglementierung des kulturellen Lebens ihre gesetzliche Basis. Unter der Aufsicht von Goebbels traf die am 15. November 1933 eingerichtete Reichskulturkammer im Reichsministerium für Volksaufklärung und Propaganda von nun an die Entscheidung darüber, wer sich kulturell betätigen durfte und wer nicht. Unterstützt wurde sie dabei von der Reichsschrifttumskammer unter dem Vorsitz von Blunck, später von Johst, die ihren Mitgliedern den Nachweis ›arischer‹ Abstammung und ein Treuegelöbnis gegenüber dem nationalsozialistischen Staat abverlangte. In der Praxis bedeutete dies für jüdische und politisch anders denkende Autoren Berufsverbot. Ergänzt wurde die staatliche Beaufsichtigung durch drei verschiedene Zensurbehörden, durch die Schrifttumsabteilung im Propagandaministerium, die Reichsstelle zur Förderung des deutschen Schrifttums, die von Rosenberg persönlich geleitet wurde, und die Parteiamtliche Prüfungskommission zum Schutz des NS-Schrifttums. Durch das formelle Kritikverbot vom

Treuegelöbnis

Bücherverbrennung

27. November 1936 und die administrative Ersetzung der »zersetzenden Kritik«
durch die »fördernde Betrachtung« wurden schließlich die letzten Reste eines
freiheitlichen literarischen Lebens beseitigt.

Die »Ästhetisierung der Politik« oder faschistische Politik als »Gesamtkunstwerk«

Eigenständige
NS-Literatur?

Die Meinung, dass der deutsche Faschismus keine eigenständige Kunst und Literatur hervorgebracht habe, vielmehr nur »eine eklektische Synthese aller reaktionären Tendenzen« (G. Lukács) gewesen sei, ist nur bedingt richtig. Sie trifft zu für
den Bereich der traditionellen literarischen Gattungen, die sich der Nationalsozialismus in der Tat sehr eklektisch und epigonal und ohne eigentliche Emphase
angeeignet hat. Die Nationalsozialisten griffen auf den vorliegenden literarischen
Bestand zurück und schlachteten die bürgerliche Kunst und Literatur für ihre eigenen Zwecke aus. Die Vereinnahmung der Klassiker und Romantiker und die
perfide Umwertung politisch profilierter Autoren wie Hölderlin, Kleist und Büchner zu präfaschistischen Repräsentanten des »heldischen Pessimismus« gehört zu
den traurigsten Kapiteln der deutschen Literaturgeschichte. Der Vorwurf der Epi-
gonalität trifft jedoch nicht zu für den Bereich der Propagandakunst, in dem der

Nationalsozialismus durchaus originell und schöpferisch war. Die neuen Medien – Film, Rundfunk und Hörspiel – erhielten dabei einen besonderen kultur-
politisch-propagandistischen Rang, wogegen der Literatur eine eindeutig untergeordnete Rolle zugemessen wurde.

Licht bringender Kämpfer
für die nationale Erhebung
(Propagandamachwerk
von R. Klein)

Im Thingspiel – einer genuin faschistischen Theaterform – hat die nationalsozialistische Weltanschauung ihren künstlerisch adäquaten Ausdruck gefunden.
Das Thingspiel, konzipiert als neue Form des deutschen Nationaltheaters, war als
Weihe- und Kultspiel gedacht, in dem die traditionelle Trennung zwischen Schauspielern und Zuschauern aufgehoben war, in dem »Leib, Geist und Seele des
deutschen Volksgenossen« angesprochen und alle am Spiel Beteiligten zu einer
einzigen mythischen Gemeinde verschmolzen werden sollten. Erklärtes Ziel des
Thingspiels war die Herstellung eines Gemeinschaftserlebnisses, in dem der einzelne »Volksgenosse seine durch das immer wiederkehrende Gemeinschaftsbe-
kenntnis gefestigte Glaubensstärke ausströmen lassen kann in die Gemeinschaft
des Volkes, und so die Lauheit in seiner Umgebung überwindet und die Energie
der Nation stärker und stärker werden läßt« (nach einer parteiamtlichen Verlaut-
barung in der Zeitschrift *Neue Gemeinschaft*).

Thema des Thingspiels war in erster Linie die deutsche Geschichte von 1918
bis 1933 als Vorgeschichte der »nationalsozialistischen Revolution«. Hauptperson
war das Volk, das sich in der Art von griechischen Chören selbst darstellte. Ein-
zelspieler traten als Chorführer oder Repräsentanten rivalisierender Gruppen aus
den Chören heraus. Die Zahl der Spieler ging in die Tausende, die der Zuschauer
in die Zehntausende. Im Oktober 1933 fand im Berliner Grunewald eine Aufführung vor 60 000 Zuschauern statt, Mitwirkende waren etwa 17 000 SA-Leute. Ein
solches Massentheater war im traditionellen Theaterbetrieb der Zeit nicht zu organisieren. Erforderlich waren neue Theaterstätten, neue Stücke und eine neue
Dramaturgie. In kurzer Zeit wurden riesige Thingspielplätze gebaut, die eine Synthese von Naturbühne und griechischem Amphitheater bilden sollten. Von den
geplanten 400 Thingspielstätten wurde allerdings nur ein sehr kleiner Teil fertig
gestellt. Trotz offizieller Förderung – Goebbels hatte ca. 40 Thingspielautoren in   *Thingspiel*
einem Arbeitskreis zusammengefasst – blieb das Repertoire relativ schmal. Bei
einem Preisausschreiben der Reichsarbeitsfront sollen zwar zehntausend Thingspiele eingereicht worden sein, aber nur wenige Stücke wie Eggers' *Job der Deut-*
sche (1933), Euringers *Deutsche Passion* (1933) und Heynickes *Der Weg ins Reich*
(1935) entsprachen den hoch gesteckten Erwartungen, fanden offizielle Anerkennung und Förderung. Möllers *Frankenburger Würfelspiel* (1936) wurde auf der
Olympiade 1936 gespielt und gehörte zu den am häufigsten aufgeführten Thing-
spielen. Allen diesen Stücken gemeinsam ist die dramatische Form, in die verschiedene literarische Traditionen eingegangen sind. Im Thingspiel verschmelzen
Elemente der griechischen Tragödie, der mittelalterlichen Mysterienspiele, der
barocken und klassizistischen Festspiele mit den modernen Formen des expressionistischen und des proletarischen Theaters der Weimarer Republik zu einer
Form faschistischer Selbstdarstellung und Feier, in der die aufklärerische Nationaltheateridee Lessings und Schillers mit größtem Zynismus pervertiert wurde.
Die Aufnahme von Elementen des revolutionären proletarischen Theaters der
Weimarer Republik (Piscator) war ein Versuch, der nationalsozialistischen Politik
auch auf der Ebene der literarischen Formen einen sozialrevolutionären Anstrich
zu geben.

Die Tendenz der faschistischen Kunst zum Monumentalen, Ornamentalen und
Kultischen wird an den Reichsparteitagen noch deutlicher, die mit größter Präzi-   Hitler als Orpheus

sion als Massentheater inszeniert wurden und dem Thingspiel schließlich den Rang abliefen, weil sie die Formierung von Menschenmassen und deren Verflechtung mit der nationalsozialistischen Ideologie perfekt erreichten. In der Inszenierung der Reichsparteitage liegt die eigentlich ›künstlerische‹ Leistung der Nationalsozialisten. Noch heute geht z. B. von dem Film Leni Riefenstahls über den Nürnberger Parteitag von 1934 (*Triumph des Willens*, 1935) eine große ästhetische Faszination aus. Riefenstahl, die ursprünglich als Tänzerin ausgebildet war und ihre ersten Erfolge als Schauspielerin im populären Genre des Bergfilms in der Weimarer Republik errang, hatte mit ihrem ersten eigenen Spielfilm (*Das blaue Licht*, 1932) die Aufmerksamkeit Hitlers auf sich gezogen. Hitler war so begeistert von ihrer Arbeit als Schauspielerin und Regisseurin, dass er ihr – entgegen der nationalsozialistischen Devise, dass der Ort der Frau Haus und Küche sei – die künstlerische Leitung der Reichsparteitagsfilme übertrug und sie beauftragte, auch von den Olympischen Spielen 1936 in Berlin einen Film zu machen (*Olympia*, 1936), mit dem die Weltöffentlichkeit von dem friedlichen Charakter des Nationalsozialismus überzeugt werden sollte. Die perfekte Choreographie der Massen, die neuartige Kameraführung und der Kult des sportlich gestählten Körpers – von Riefenstahl selbst als »Dienst an der Schönheit« begriffen – haben bis heute ihre Wirkung nicht verfehlt und die besondere Bedeutung gezeigt, die der Film über ein bloßes Propaganda- und Ablenkungsinstrument hinaus (z. B. in den Wochenschauen oder den Unterhaltungsfilmen der UFA) als künstlerisches Medium für die Selbstdarstellung der nationalsozialistischen Machthaber gehabt hat.

Politik und Kunst   Bereits 1936 hat Walter Benjamin darauf aufmerksam gemacht, dass die wirklichen ästhetischen und künstlerischen Leistungen des deutschen Faschismus in seiner Politik zu suchen seien, und damit das verkehrte Verhältnis von Politik und Kunst im Faschismus aufgedeckt. Diese Perversion von Kunst und Politik und den dahinter stehenden Menschen verachtenden Charakter des Faschismus hat Goebbels unmissverständlich ausgedrückt: »Auch die Politik ist eine Kunst, vielleicht die höchste und umfassendste, die es gibt, und wir, die wir die moderne deutsche Politik gestalten, fühlen uns dabei als künstlerische Menschen, denen die verantwortungsvolle Aufgabe anvertraut ist, aus dem rohen Stoff der Masse das feste und gestalthafte Gebilde des Volkes zu formen.« Das Selbstverständnis der faschistischen Politiker als Künstler hat Brecht in mehreren Gedichten des Exils satirisch zum Thema gemacht, z. B. in den Gedichten »Die Regierung als Künstler«, »Verbot der Theaterkritik« und in den zahlreichen Hitlergedichten, in denen der national-sozialistische Reichskanzler als Pseudokünstler, als »Anstreicher«, der »bis auf Farbe nichts studiert« und »ganz Deutschland […] angeschmiert« hat, auftaucht. Auch Walter Benjamins Äußerungen über die Propagandakunst der Nationalsozialisten lesen sich wie ein Kommentar zu den Masseninszenierungen der Thingspiele bzw. der Reichsparteitage: »Die faschistische Kunst ist eine Propagandakunst. Sie wird also für Massen exekutiert.« Eine solche Kunst versetzt »die Exekutierenden ebenso wie die Rezipierenden in einen Bann, unter dem sie sich selber monumental, das heißt unfähig zu wohlüberlegten und selbständigen Aktionen erscheinen müssen. Die Kunst verstärkt so die suggestiven Energien ihrer Wirkung auf Kosten der intellektuellen und aufklärenden. Die Verewigung der bestehenden Verhältnisse vollzieht sich in der faschistischen Kunst durch die Lähmung der (exekutierenden oder rezipierenden Menschen), welche diese Verhältnisse ändern könnten«. Die Formierung der Massen nach den Gesetzen der Schönheit verhilft ihnen zwar kurzfristig zu ihrem »Ausdruck«, nicht aber zu ihrem »Recht« (Benjamin). An die Stelle der notwendigen Gestaltung der Gesellschaft nach den Prinzipien von Freiheit, Gleichheit und Gerechtigkeit tritt der ästhetische Schein der Volksgemeinschaft, indem den Massen die Aufhebung der politischen und sozialen Probleme vorgegaukelt wird. Auch das Ziel der faschistischen »Ästhetisierung der Politik« wird von Benjamin benannt: »Alle Bemühungen um die Ästhetisierung der Politik gipfeln in einem Punkt. Dieser eine Punkt ist der Krieg. Der Krieg, und nur der Krieg, macht es möglich, Massenbewegungen größten Maßstabs unter Wahrung der überkommenen Eigentumsverhältnisse ein Ziel zu geben.«

Völkisch-nationale Literatur

Gegenüber der Ästhetisierung der Politik und der ästhetischen Formierung der Massen im ›Gesamtkunstwerk‹ der Reichsparteitage nimmt sich die völkisch-nationale Literatur, die lange Zeit als die eigentlich nationalsozialistische Literatur galt, fast bieder und harmlos aus. Tatsächlich ist die völkisch-nationale Literatur kein Produkt des Nationalsozialismus, so sehr sie auch gefördert und hofiert wurde. Von wenigen Ausnahmen abgesehen, ist die Literatur des ›Dritten Reiches‹, d.h. die Literatur, die als vorbildliche nationalsozialistische Dichtung galt, bereits in der Weimarer Republik geschrieben worden, z.T. sogar schon in der Zeit vor 1918. Adolf Bartels' *Volk wider Volk* und Burtes *Wiltfeber der Deutsche* erschienen bereits 1912, Hans Grimms Bestseller *Volk ohne Raum* 1926, die drei Romane *Hein Hoyer*, *Berend Fock* und *Stelling Rotkinnsohn* von Hans Friedrich Blunck wurden 1922, 1923 und 1924 veröffentlicht und erst 1934 unter dem Titel *Urvätersaga* zusammengefasst; Erwin Guido Kolbenheyers Trilogie *Paracelsus* erschien zwischen 1917 und 1926, Will Vespers *Das harte Geschlecht* schließlich 1931.

 Die Bezeichnung ›völkisch-nationale Literatur‹ ist eine Sammelbezeichnung, unter der verschiedene literarische Strömungen zusammengefasst werden. Neben der ›Blut-und-Boden‹-Literatur, die lange Zeit als Inbegriff der völkisch-nationalen Literatur galt, gehören die Literatur der Heimat- und Provinzkunst im Gefolge von Ludwig Ganghofer, Hermann Stehr und Hermann Löns, der historische Roman in der Tradition von Gustav Freytag und Felix Dahn, der Kolonialroman, der in Grimms *Volk ohne Raum* (1926) seine erfolgreichste Ausprägung fand, und die Romane des sog. ›soldatischen Nationalismus‹, d.h. die Kriegs- und Freikorpsromane und die Bürgerkriegsliteratur der Weimarer Republik, hierher. Gemeinsam ist allen diesen Werken ihr Antidemokratismus und Antimodernismus, ihr Antisemitismus und ihre Verherrlichung der ›germanischen Rasse‹ – Eigenschaften, die sie für die Nationalsozialisten höchst brauchbar machten. So ist es nicht überraschend, dass die völkisch-nationale Literatur in ihren unterschiedlichen Spielarten, die vor 1933 nur ein literarischer Strang unter vielen gewesen war, nach dem Machtantritt der Nationalsozialisten in den Rang einer Staatsliteratur erhoben wurde.

Buchumschläge – »Das deutsche Schicksal ist Wort geworden« *(Völkischer Beobachter)*

Die Literatur der ›Inneren Emigration‹

Wer war wirklich Emigrant?

›Innere Emigration‹ als Gegensatz zum Exil ist ein Begriff, der sich bereits in den 30er Jahren herausgebildet hat, aber erst nach 1945 in der Auseinandersetzung zwischen den ›Daheimgebliebenen‹ und den ›Emigranten‹ eine polemische Färbung erhalten hat. In der berühmt-berüchtigten Kontroverse über die äußere und die innere Emigration zwischen Thomas Mann einerseits und Walter von Molo und Frank Thiess andererseits (1945/46) wurde der Begriff ›Innere Emigration‹ von den beiden letzteren gegen die Exilautoren ausgespielt. Die Behauptung, dass die Autoren, die in Deutschland »ausgeharrt« hätten, durch ihr Leben in der faschistischen Diktatur einen »Schatz an Einsicht und Erfahrung« gewonnen hätten, der sie gegenüber jenen, die Deutschland verlassen haben, »reicher an Wissen und Erleben« gemacht habe, und dass es »schwerer« gewesen sei, »sich hier seine Persönlichkeit zu bewahren als von drüben Botschaften an das deutsche Volk zu senden«, war ein plumper Versuch, die eigene Verwicklung in den Faschismus unter den Tisch zu kehren und durch die indirekte Diffamierung der Emigranten als Vaterlandsverräter in die Vorwärtsverteidigung überzugehen. Der Zynismus, der aus den Sätzen von Frank Thiess: »Wir erwarten dafür keine Belohnung, daß wir Deutschland nicht verließen«, und: »Ich will niemanden tadeln, der hinausging«, im Jahr 1946 sprach, war es wohl, der Thomas Mann zu einer ungewohnt heftigen Reaktion veranlasste. Kurzerhand sprach er der Literatur der ›Inneren Emigration‹ das moralische Recht ab, sich als Widerstandsliteratur zu begreifen: »Es mag Aberglaube sein, aber in meinen Augen sind Bücher, die von 1933 bis 1945 in Deutschland überhaupt gedruckt werden konnten, weniger als wertlos und nicht gut in die Hand zu nehmen. Ein Geruch von Blut und Schande haftet ihnen an. Sie sollten alle eingestampft werden.«

Aufgrund seiner missbräuchlichen Reklamation durch solche Autoren, die besser hätten schweigen sollen, ist der Begriff in Verruf geraten, ja die Existenz einer ›Inneren Emigration‹ als solche wurde als haltloser »Mythos« (F. Schonauer) abgetan. Inzwischen haben neuere Forschungen jedoch ergeben, dass es eine ›Innere Emigration‹, d.h. eine Oppositionsliteratur, die sich nicht gleichschalten ließ und regimekritisch gemeint war, in Deutschland tatsächlich gegeben hat. Es ist aber umstritten, was darunter zu verstehen ist und welche Autoren dazu gerechnet werden können. Relativ einfach zu sagen ist, wer nicht dazugezählt werden kann. In erster Linie sind hier Gottfried Benn und Ernst Jünger zu nennen, die immer wieder zu Repräsentanten der ›Inneren Emigration‹ erklärt worden sind und sich nach 1945 auch selbst gern so gesehen haben. Benn gehörte zeitweilig zu den Sympathisanten des Nationalsozialismus. Nach der Machtübernahme hat er ihn offen unterstützt und zur Verfolgung jüdischer und politisch missliebiger Autoren tatkräftig beigetragen. Seine spätere Abwendung von den Nationalsozialisten, sein Verstummen als Dichter und sein Eintritt in die Wehrmacht als Stabsarzt, von ihm als »aristokratische Form der Emigration« ausgegeben, sind weniger Widerstandshandlung als Ausdruck der Enttäuschung und Vereinsamung. Auch Ernst Jünger wandte sich eher aus aristokratischem Snobismus denn aus politischer Überzeugung von den Nationalsozialisten ab. Seine Werke (z. B. *Auf den Marmorklippen*, 1939) weisen so viele Gemeinsamkeiten mit der faschistischen Ideologie auf, dass es falsch wäre, die Tatsache, dass Jünger seine Berufung in die Preußische Akademie der Künste ablehnte und einen deutlichen Brief an den *Völkischen Beobachter* schrieb, als Akt des Widerstandes gegen den National-

Propagandakitsch
(Diskuswerfer von
L. Bechstein)

sozialismus zu werten. Von einem »erhöhten Standpunkt« aus betrachtete Jünger nach eigenem Eingeständnis, »wie sich die Wanzen gegenseitig auffressen«.

Die Bezeichnung ›Innere Emigration‹ zu Recht für sich in Anspruch nehmen können jedoch Autoren wie Ricarda Huch und Ernst Barlach. Ricarda Huch (1864–1947) hatte sich 1933 in einem mutigen Brief geweigert, den Treuerevers zu unterschreiben, den die faschistischen Machthaber den Mitgliedern der Preußischen Akademie der Künste abverlangten, und hatte eindeutig gegen die Nationalsozialisten Stellung bezogen: »Was die jetzige Regierung als nationale Gesinnung vorschreibt, ist nicht mein Deutschtum. Die Zentralisierung, den Zwang, die brutalen Methoden, die Diffamierung Andersdenkender, das prahlerische Selbstlob halte ich für undeutsch und unheilvoll.« Wegen ihres Eintretens für Juden und andere Verfolgte des Regimes gehörte Ricarda Huch zu den unerwünschten Autoren. Nur wenige Werke von ihr durften erscheinen. Der Künstler und Schriftsteller Ernst Barlach (1870–1938), der von den Nationalsozialisten als »entartet« und »unheroisch« diffamiert wurde, machte ebenfalls kein Hehl aus seiner Gegnerschaft dem Regime gegenüber. Barlach erhielt zwar nie ein offizielles Berufsverbot, aber nach 1933 wurde keine seiner Arbeiten mehr ausgestellt oder veröffentlicht. Er sei »im Vaterlande zu einer Art Emigrantendasein genötigt«, schreibt Barlach 1937 kurz vor seinem Tode: »Ich erfahre somit eine Ausgestoßenheit, die der Preisgabe an Vernichtung gleichkommt. […] Mein Zustand ist noch übler als der eines echten Emigranten.« Die Bücher, die er während des Faschismus schrieb, vergrub Barlach in seinem Garten.

Der Vernichtung preisgegeben war auch Gertrud Kolmar (1894–1943?), die 1917 einen ersten schmalen Gedichtband veröffentlicht hatte und als eine so große lyrische Hoffnung galt, dass Ina Seidel und Elisabeth Langgässer vier ihrer Gedichte in die repräsentative Anthologie *Herz zum Hafen. Frauengedichte der Gegenwart* (1933) aufnahmen, obwohl Kolmar – eine Cousine Walter Benjamins – damals bereits als unerwünschte Autorin galt. Während ein Großteil ihrer Familie emigrieren konnte, blieb Kolmar, die »Geistesschwester der Lasker-Schüler« (E. Langgässer), mit ihrem betagten und hilfsbedürftigen Vater in Berlin zurück und arbeitete unermüdlich an ihrem dichterischen Werk, das neben Lyrik auch Dramen und Prosa umfasste. In der Zeit der tiefsten Demütigung und Verzweiflung bezog sie Kraft allein aus ihrem Autorbewusstsein (»Ich bin eine Dichterin, ja, das bin ich.«) und aus der Hinwendung zur Geschichte und zur eigenen jüdischen Herkunft (*Die jüdische Mutter*, 1930). Ihr 1938 in einem jüdischen Verlag veröffentlichter Gedichtband *Die Frau und die Tiere* wurde nach den Novemberpogromen und dem anschließenden Verbot jüdischer Verlage kurz nach seinem Erscheinen eingestampft. Mit der Zerschlagung des Jüdischen Kulturbundes, auf dessen Veranstaltungen Kolmar ihre Gedichte rezitiert hatte, verlor die Autorin die letzte Möglichkeit der öffentlichen Wirksamkeit. Ihre Pläne, nach Palästina auszuwandern, konnte Kolmar nicht mehr realisieren. 1943 wurde sie nach Auschwitz transportiert. Ihr Todesdatum ist unbekannt. In dem Gedicht »Im Lager« (1933) hat sie ihr eigenes Schicksal prophetisch vorweggenommen: »Die hier umhergehen, sind nur Leiber / Und haben keine Seele mehr, / Sind Namen nur im Buch der Schreiber, / Gefangene: Männer. Knaben. Weiber. / Und ihre Augen starren leer.« Ihre von Verwandten und Freunden geretteten Texte wurden nach 1945 zusammengetragen und dank des Einsatzes von Hermann Kasack zuerst 1947 (*Welten*) und 1955 und 1960 (*Das lyrische Werk*) veröffentlicht. Die bislang vollständigste Ausgabe ihrer Gedichte ist die Sammlung *Weibliches Bildnis* (1987). Die Werke von Barlach und Kolmar, die beide erst nach 1945 eine Öffent-

Ricarda Huch und Ernst Barlach

»Die gemarterte Menschheit« – Holzrelief von Ernst Barlach

Gertrud Kolmar

lichkeit fanden, zeigen, dass zwischen 1933 und 1945 in Deutschland durchaus Werke entstanden sind, die den Ehrentitel ›Innere Emigration‹ für sich beanspruchen können.

Anwendbar ist der Begriff der ›Inneren Emigration‹ als Bezeichnung für nichtfaschistische und regimekritische Literatur auch auf solche Autorinnen und Autoren, die sich aus religiösen und humanitären Gründen im Gegensatz zu den Nationalsozialisten befanden. Hierzu gehören vor allem Jochen Klepper, Ernst Wiechert und Werner Bergengruen, die nicht zufällig in Konflikt mit den Machthabern gerieten. Klepper (1903–1942) schied mit seiner Familie 1942 aus dem Leben, um seiner jüdischen Frau und den Töchtern den Weg in die Gaskammer zu ersparen. Seine Abrechnung mit den Nationalsozialisten konnte er nur seinen Tagebüchern anvertrauen. Wiechert (1887–1950) wurde als ›unbequemer‹ Autor für mehrere Monate ins Konzentrationslager eingeliefert, seine mutige Rede gegen die Nationalsozialisten von 1935 wurde als Dokument der ›Inneren Emigration‹ 1937 in der von Brecht, Bredel und Feuchtwanger redigierten Exilzeitschrift *Das Wort* als »bedeutsames Dokument im Kulturkampf unserer Zeit« veröffentlicht. Die literarische Verarbeitung seines KZ-Aufenthaltes, *Der Totenwald* (geschrieben 1939), konnte erst nach 1945 veröffentlicht werden. Bergengruen schließlich wurde 1937 aus der Reichsschrifttumskammer ausgeschlossen, beteiligte sich nach eigenen Angaben an der Widerstandsarbeit der »Weißen Rose« und publizierte zum Teil anonym im Ausland.

Alle diese Autoren versuchten, mit ihren Werken eine »geistige Opposition« gegen den »herrschenden Ungeist« zu errichten. Besonders im Medium des historischen Romans, der auch bei den Exilautoren eine bevorzugte Form war, versuchten sie eine Abrechnung mit dem Nationalsozialismus. Dabei sahen sie sich vor jene »fünf Schwierigkeiten beim Schreiben der Wahrheit« gestellt, von denen Brecht 1934 gesprochen hat. Regimekritische Literatur ungetarnt zu veröffentlichen, war ein selbstmörderisches Unterfangen, zudem aussichtslos, weil kaum ein Verleger oder Drucker sich zur Veröffentlichung bereit gefunden hätte. Literatur musste also entweder ›Schubladenliteratur‹ bleiben oder notgedrungen in einer ›Sklavensprache‹ abgefasst sein, um die Machthaber zu täuschen und die Leserschaft zu erreichen, in der Hoffnung, dass diese die Kritik richtig entschlüsseln würden. Tatsächlich hat sich diese Hoffnung wohl nur in den wenigsten Fällen erfüllt. Bergengruens Roman *Der Großtyrann und das Gericht* (1935) z. B. wurde vom *Völkischen Beobachter* als »der Führerroman der Renaissancezeit« gefeiert, und auch *Der Vater* (1937) von Klepper, von ihm gemeint als »Kritik, nicht Verherrlichung des Heutigen«, wurde von den Nationalsozialisten vereinnahmt.

Generation der Nachfolgenden

Bedingt zur ›Inneren Emigration‹ hinzurechnen kann man jene Gruppe von Autoren, die während des Faschismus, zum Teil auch schon während der Weimarer Republik, ihr schriftstellerisches Debüt gaben, aber erst nach 1945 zu beachteten Vertretern der Nachkriegsliteratur wurden und das literarische Leben der Bundesrepublik bis in die 60er Jahre hinein bestimmten (Günter Eich, Peter Huchel, Wolfgang Koeppen, Marie Luise Kaschnitz, Max Frisch, Rudolf Hagelstange, Gerd Gaiser, Karl Krolow, Luise Rinser, Oskar Loerke und Wilhelm Lehmann). Eich und Huchel waren während des Faschismus als Hörspielautoren erfolgreich. Eich schrieb in dieser Zeit fünfzehn Hörspiele und belieferte den Deutschlandsender regelmäßig mit Hörfolgen über das Leben in der Provinz. Der Schwerpunkt der literarischen Arbeiten dieser Gruppe lag jedoch im Bereich des Tagebuchs, der Kurzprosa und der Lyrik. Dies waren Formen, die der Subjektivität der Autoren einen breiten Spielraum ließen und von den faschistischen Machthabern noch am ehesten geduldet wurden, weil von ihnen keine Gefährdung des Systems ausging.

Auffällig ist die Wiederbelebung traditioneller lyrischer Formen wie des Sonetts, der Ode, der Hymne, der Elegie. Der Rückgriff auf die strenge Form hat programmatischen Charakter, er ist aber weniger ein bewusster politischer Protest, sondern entspringt eher einem antimodernistischen Affekt aus konservativer Grundeinstellung. Die neoklassizistische Orientierung der Autoren, die sich nach 1945 fortsetzte, hatte nichts »Widerständliches, nichts Gewaltsames, nichts Revolutionäres« an sich, aber sie war angesichts der unterschiedlichen Spielarten der völkisch-nationalen Literatur und der faschistischen Parteilyrik doch eine Form, »die sozusagen von selbst anders war« (H. Heißenbüttel). Der Rückzug der Autoren auf sich selbst und die Natur war dennoch, auch wenn er als Form des Protestes gemeint war und von einigen Lesern auch so begriffen wurde, keine Widerstandshandlung, sondern eine individualistische Form des Rückzugs aus der Gegenwart in das Reich der Poesie. Brechts berühmte Klage über die »Zeiten, wo ein Gespräch über Bäume fast ein Verbrechen ist, weil es ein Schweigen über so viele Untaten einschließt« (»An die Nachgeborenen«, 1938), trifft das Dilemma der nichtfaschistischen Autoren im Kern.

Während der Zeit des Nationalsozialismus wurden unzählige, z. T. beeindruckende Naturgedichte geschrieben (Loerke, *Silberdistelwald*, 1934; Lehmann, *Antwort des Schweigens*, 1935). In seinen *Theorien des deutschen Faschismus* (1930) hat Benjamin auf den Zusammenhang zwischen aggressiv fortschreitendem Faschismus und regressiv vor dem Faschismus ins Naturgefühl sich rettender literarischer Subjektivität und Innerlichkeit hingewiesen: »Man sollte es mit aller Bitterkeit aussprechen. Im Angesichte der total mobilgemachten Landschaft hat das deutsche Naturgefühl einen ungeahnten Aufschwung bekommen.« Die Naturgedichte Huchels, Loerkes und Lehmanns wirken auch da, wo der »Schrecken der Zeit« in den Naturbereich eingegangen ist oder assoziiert werden kann, wohl deshalb so irritierend, weil sie – wie wir jetzt wissen und die Autoren damals zumindest geahnt haben – ein »Tändeln mit Blumen und Blümchen über dem scheußlichen, weit geöffneten, aber mit diesen Blümchen überdeckten Abgrund der Massengräber« waren, wie Elisabeth Langgässer später selbstkritisch anmerkte.

Gerade die Naturlyrik zeigt, dass es sich bei der ›Inneren Emigration‹ zum größten Teil um eine ›Emigration nach Innen‹ gehandelt hat. Die demonstrative Abwendung der Schriftsteller von der politischen Wirklichkeit, der Rückzug aus der Gesellschaft und die Flucht in die Innerlichkeit ist eine Reaktionsweise, die nicht auf die Zeit zwischen 1933 und 1945 beschränkt ist. Sie reicht zurück bis ins 18. Jahrhundert, als Teile der literarischen Intelligenz auf die Entwicklung bürgerlich-kapitalistischer Herrschaftsformen bereits mit Melancholie, Eskapismus und einem ausgeprägten Individualismus reagiert hatten. Schon die romantische Poesie trägt zu einem großen Teil eskapistische Züge, die sich bei den Autoren der Biedermeierzeit noch verstärkten. Nicht zufällig knüpften die Autoren der Innerlichkeit an diese Positionen an. Sie stellten sich damit bewusst in eine Traditionslinie und erneuerten das Konzept der Poesie als überhistorischer, außergesellschaftlicher Macht. Das kritische Potential, das in einer solchen Auffassung ursprünglich angelegt und zum Teil auch zum Ausdruck gekommen war, hatte sich jedoch immer wieder als stumpfe Waffe erwiesen. Dem totalitären Zugriff konnte sich die Literatur der Innerlichkeit nur scheinbar entziehen. Auch

Naturlyrik

*Blut und Boden –
»Monatszeitschrift für
wurzelhaftes Bauerntum,
deutsche Wesensart und
nationale Freiheit«*

da, wo sie nach ihrem eigenen Verständnis den Machtanspruch des Regimes unterlief oder umging, indem sie in ein Reich der ›inneren Freiheit‹ auswich, trug sie letztlich zur Herrschaftsabsicherung bei; sie ermöglichte den Nationalsozialisten, den Schein einer dichterischen Vielfalt und einer lebendigen literarischen Öffentlichkeit aufrechtzuerhalten.

Mutterkult

Ein besonders trauriges Kapitel stellt das literarische Schaffen von Autorinnen wie Agnes Miegel, Gertrud von Le Fort und Ina Seidel dar, deren Werke zahlreiche Berührungspunkte mit dem Nationalsozialismus aufweisen. Ina Seidels Roman *Das Wunschkind*, der bereits 1930 veröffentlicht worden war, und Le Forts *Die ewige Frau* (1933) arbeiten dem ›Mutterkult‹ der Nationalsozialisten (Joseph Goebbels: *Deutsches Frauentum*, 1934) sehr direkt zu – auch wenn sich die Autorinnen selbst eher als Gegnerinnen der Machthaber verstanden haben. In *Mein Kampf* (1925/27) hatte Hitler das faschistische Leitbild der »deutschen Mutter« bereits in der Weimarer Republik formuliert (»Mädchen, gedenke, daß du eine deutsche Mutter werden wirst«) und die ideologischen Weichen für die spätere rigide nationalsozialistische Geschlechterpolitik gestellt, die sich u.a. auch auf Vorstellungen von bürgerlich-konservativen und kirchlichen Frauenkreisen und von Teilen der Frauenbewegung der 20er Jahre stützen konnte, denen die Vorstellung der »neuen Frau« bereits ein Dorn im Auge gewesen war. Mutter-Kult und Blut-und-Boden-Ideologie verbanden sich nach 1933 zu einem Vorstellungskomplex, der gerade auf Autorinnen eine Faszination ausübte, für die Weiblichkeit und Mutterschaft zentrale Werte darstellten. Wohl nicht zufällig fand eine kritische Auseinandersetzung mit dem nationalsozialistischen Frauenbild allein bei Exilautorinnen statt. Lesenswert in diesem Zusammenhang ist Hermynia Zur Mühlens Roman *Unsere Töchter, die Nazinen* (1938). Die Autorin, die sich bereits mit ihrer Erzählung *Schupomann Karl Müller* (1924) eine Anklage wegen Hochverrats eingehandelt hatte und 1933 über Wien und die ČSSR nach England entkommen konnte, erzählt in ihrem Roman von der Faszination, die der Faschismus auf drei junge Mädchen in der Provinz ausübt. In den Versprechungen der Nationalsozialisten sahen sie einen Ausweg, um der Enge ihres bisherigen Lebens zu entfliehen. Die Konflikte zwischen Müttern und Töchtern, die aus der historischen Situation entstehen, werden aus der Perspektive der Mütter erzählt. Zur Mühlens Roman ist ein frühes Beispiel einer Auseinandersetzung mit den Weiblichkeitsvorstellungen der Nationalsozialisten, die den Frauen neben der Glorifizierung der Mutterschaft (»Mutterkult«) auch eine scheinbare Emanzipation im BDM und anderen Frauenorganisationen in Aussicht stellte.

Die Widersprüchlichkeit der Literaturproduktion im Nationalsozialismus wird besonders deutlich am Werk von Elisabeth Langgässer (1899–1950), die bereits in der Weimarer Republik als Lyrikerin (*Der Wendekreis des Lammes*, 1924) und Romanautorin (*Proserpina*, 1932) hervorgetreten war und deren Werke stark von der französischen Bewegung des Renouveau Catholique um Paul Claudel und Georges Bernanos geprägt sind. Aufgrund der Nürnberger Rassengesetze wurde Langgässer zur ›Halbjüdin‹ gestempelt, aus der Reichsschrifttumskammer ausgeschlossen und durfte nur mit Einschränkungen weiter publizieren. Ihr Roman *Das unauslöschliche Siegel* konnte jedoch erst 1946 veröffentlicht werden und trug ihr 1950 postum den Büchner-Preis ein. Das Bild einer vom Nationalsozialismus nicht kompromittierten Autorin ist durch die Veröffentlichung der aus dem Schwedischen übersetzten Autobiographie ihrer Tochter Cordelia Edvardson (*Gebranntes Kind sucht das Feuer*, 1986) verdunkelt worden und hat die Aufmerksamkeit nicht nur auf die mörderischen Lebensumstände von Mutter und Tochter

Elisabeth Langgässer

gelenkt, sondern auch den Blick geschärft für die Ambivalenz von Langgässers Texten, in denen sich Katholizismus, Mystizismus und jüdische Themen mit konservativen und antimodernen Natur- und Weiblichkeitsvorstellungen verbinden.

Schreiben in der Illegalität

Neben den verdeckten Formen der literarisch-politischen Opposition konservativer, christlicher und bürgerlicher Autoren gab es eine kämpferische Literaturproduktion, die von linksbürgerlichen, sozialistischen und kommunistischen Autoren getragen wurde. Dass eine solche Literatur nur in der Illegalität hervorgebracht und verbreitet werden konnte, versteht sich von selbst. Eine breitere Öffentlichkeit erfuhr erstmals 1935 auf dem Internationalen Schriftstellerkongress in Paris von der Existenz einer Untergrundliteratur durch einen mit einer schwarzen Maske getarnten Mann: »Trotz alledem! Es gibt eine illegale Literatur in Deutschland. Denn diese Wochen, in denen der deutsche Faschismus die Kämpfer und Ankläger der Feder vernichtet zu haben glaubte, wurden die Geburtsstunde eines neuen Typus in der antifaschistischen Literatur! Sie wurden die Geburtsstunde des unbekannten antifaschistischen Schriftstellers! [...] Es ist schwer, mit nüchternen Worten zu erklären, welch ungeheuren Gefahren sich jeder Einzelne dabei aussetzt. Jede Zeile wird buchstäblich unter Lebensgefahr geschrieben. Es gibt in diesem Lande der Spitzel und Gestapoarmeen keinen sicheren Arbeitsort. Keinen Ort, an dem eine Schreibmaschine klappern kann, ohne daß man damit rechnen muß, daß die Tür aufgerissen wird und ein Gestapobeamter fragt: ›Was schreiben Sie?!‹«

Kämpfer im Untergrund

Der Mann mit der Maske, der Zeugnis von der illegalen Literatur in Deutschland ablegte, die »der Welt mit schriftstellerischen Mitteln das wahre Gesicht des Dritten Reiches zeigen« wollte, war Jan Petersen, seit 1923 Mitglied der KPD, seit 1931 Mitglied des »Bundes proletarisch-revolutionärer Schriftsteller« (BPRS), seit 1933 Organisator der illegalen Arbeit der Berliner Ortsgruppe des BPRS. Petersen spielte mit seinen berühmt gewordenen Sätzen auf jene Literatur an, die er selbst und seine Mitkämpfer im BPRS unter Lebensgefahr schrieben und verbreiteten. Nach der Machtübernahme waren die Mitglieder der Berliner Ortsgruppe geschlossen in die Illegalität gegangen und hatten sofort damit begonnen, den politischen Widerstand zu organisieren und dafür zu werben. Ihre Aufgabe sahen sie einmal darin, ein Widerstandsnetz im Reich aufzubauen und die Bevölkerung über den wahren Charakter der neuen Regierung zu informieren; zum Zweiten wollten sie das Ausland über den staatlichen Terror wie über den Widerstand aufklären; drittens wollten sie durch dessen Dokumentation eine Brücke zwischen der politischen Opposition im Reich und der des Exils schlagen. Der BPRS gab von 1933 bis zu seiner Aushebung durch die Gestapo 1934 eine eigene Untergrundzeitung *Hieb und Stich* heraus, arbeitete an illegalen Betriebszeitungen mit, beteiligte sich an der Herstellung und an dem Vertrieb von Flugblättern, Flugblattgedichten und Klebezettelgedichten und berichtete unter den Rubriken »Die Stimme aus Deutschland« bzw. »Stimme der Illegalen« regelmäßig über die Zustände in Deutschland in den Exilzeitschriften *Neue Deutsche Blätter* (Prag) und *Internationale Blätter* (Moskau). Ein zusammenfassender Bericht über das Schicksal verfolgter und verhafteter Schriftsteller wurde unter Lebensgefahr ins Ausland geschmuggelt und unter dem Titel *Hirne hinter Stacheldraht* (1934) in

Jan Petersen

der Schweiz gedruckt. In dem Buch wurde der »neue Typ des Schriftstellers«, der sich unter den Bedingungen der Illegalität herausgebildet hatte, folgendermaßen beschrieben: »Er ist hart und diszipliniert geworden, heute redigiert er in einem Keller eine illegale Zeitung – ein Toter auf Urlaub – morgen dichtet er Knüttel-Verse, übermorgen zieht er sie selbst ab oder klebt sie an die Mauer der Straßen und zwischendurch sichtet er Material, das die Grundlage eines größern Romans oder einer größern Reportage bilden soll. Keine Theaterpremiere umrauscht ihn mit Applaus, keine Preise werden ihm erteilt, keine Honorare warten seiner, keine Presse verkündet seinen Namen.«

Last der Illegalität

Diesen neuen Schriftstellertypus verkörperte Jan Petersen. In seinem Roman *Unsere Straße*, »geschrieben im Herzen des faschistischen Deutschland 1933/34«, wie es im Untertitel heißt, schildert Petersen in der Form der Ich-Erzählung den zunehmenden Terror der Faschisten gegen ein Arbeiterviertel in Berlin-Charlottenburg und den Widerstand, den die Bewohner leisten. Die Ängste, die er bei der Niederschrift seiner Aufzeichnungen hatte, bilden einen konstitutiven Teil des Buches. Die Arbeit an dem Buch musste, wie Petersen berichtet, häufig unterbrochen werden: »Ich weiß, was mir geschieht, wenn ich mit diesen Aufzeichnungen in die Hände der Nazis falle. Die ganze vorige Woche schrieb ich nicht. Ich war nahe daran, alles zu verbrennen. Die Schwierigkeiten schienen mir zu groß. Ich habe versucht, mir zum Schreiben eine andere Wohnung zu besorgen. Doch es könnte nur bei Genossen sein. Sie stehen aber wie ich in der illegalen Arbeit. Auch bei ihnen kann eine plötzliche Hausdurchsuchung gemacht werden. Mein Platz, an dem ich die geschriebenen Seiten aufbewahre, ist auch nicht unbedingt sicher. – Aber in dieser Woche, in der ich nicht schrieb, kam ich innerlich auch nicht zur Ruhe. Ein seelischer Druck lastete auf mir, zwang mich, jetzt weiterzuschreiben. – Ich muß das alles aufschreiben! Es muß uns gelingen, dieses Manuskript ins Ausland zu bringen. Es muß helfen, das Gewissen der Menschen wachzurütteln.« Das Manuskript schmuggelte Petersen, »in zwei Kuchen eingebacken«, in seinem Rucksack aus Deutschland heraus. Es erschien zuerst in einem Auszug 1935 in Paris, 1936 in Bern und Moskau und 1938 in London und erregte als Dokument des Widerstandes aus Deutschland beträchtliches internationales Aufsehen.

Berichte aus Deutschland

Neben Petersens Chronik gab es eine Anzahl weiterer authentischer Berichte aus Deutschland wie z.B. Heinz Liepmanns ›Tatsachenromane‹ (*Das Vaterland*, 1933; »… *wird mit dem Tode bestraft*«, 1935), Lina Haags 1944 entstandene Aufzeichnungen *Eine Handvoll Staub* (1947) und Luise Rinsers *Gefängnistagebuch* (1946), das die Autorin heimlich führte, während sie unter Hochverratsanklage stand. An den Widerstand der Frauen erinnern Marie Thérèse Kerschbaumer mit ihren nachgetragenen Berichten über vergessene Opfer des Nazi-Regimes (*Der weibliche Name des Widerstands*, 1980) und Gerda Szepanskys *Frauen leisten Widerstand 1933–1945* (1983). Zu den bewegendsten Zeugnissen der Verfolgung gehören die Aufzeichnungen von KZ-Häftlingen, die zum Teil schon während der Haftzeit niedergeschrieben wurden, zum überwiegenden Teil jedoch erst, nachdem die Autoren den KZs entkommen waren und sich ins Exil gerettet hatten. Willi Bredel verarbeitete seine KZ-Erlebnisse in dem Roman *Die Prüfung* (1934), und Wolfgang Langhoff, Verfasser des berühmten »Moorsoldaten-Liedes«, das als heimliche Lagerhymne in dem Straflager kursierte, in dem Langhoff interniert war, berichtete über seine Lagererfahrungen in seinem Roman *Die Moorsoldaten* (1935). In der Moskauer Exilzeitschrift *Das Wort* wurde 1937 auf die Wichtigkeit dieser Erfahrungsberichte aus KZs und anderen Haftanstalten hingewiesen: »Diese Literatur half unerhört, sie lehrte den Faschismus anschauen, wenn nicht begreifen. [...] Diese Literatur mobilisierte für den Frieden, gegen die faschistische Unkultur und Kriegsanstiftung.« Aufklärende Wirkung konnte diese Literatur fast ausschließlich im Ausland entfalten, nur in Ausnahmefällen gelangte sie auszugsweise als Tarnschrift nach Deutschland zurück.

Ein großer Teil der regimekritischen Literatur blieb ohne jede Öffentlichkeit und damit in ihrer Zeit letztlich wirkungslos. Georg Kaiser, ehemals berühmter expressionistischer Autor, rechnete in seinen Gedichten von der »Gasgesellschaft«, womit er die nationalsozialistische Vernichtungsmaschinerie meinte, mit kompromissloser Härte mit den Machthabern ab; an eine Veröffentlichung war nicht zu denken, die Gedichte konnten nur im Bekanntenkreis des Autors kursieren. Auch die Texte, die Albrecht Haushofer (*Moabiter Sonette*), Bruno Apitz (*Esther*, 1944) und Werner Krauss (*PLN*, 1943/44) während ihrer KZ-Haft schrieben, erreichten die Öffentlichkeit erst nach dem Zusammenbruch des ›Dritten Reichs‹. Haushofer, der Kontakt zu den Verschwörern des 20. Juli hatte, wurde kurz vor Kriegsende von einem SS-Rollkommando erschossen, sein ebenfalls inhaftierter Bruder fand das Manuskript der *Moabiter Sonette* in den Händen des Erschossenen. Krauss, der zur Widerstandsgruppe Schulze-Boysen-Harnack gehörte, schrieb sein Buch, eine verschlüsselte Auseinandersetzung mit dem Faschismus, in ständiger Erwartung der bereits verhängten Todesstrafe, z.T. mit gefesselten Händen.

Literatur ohne Öffentlichkeit

Die Tagebücher von Victor Klemperer aus den Jahren 1933–1947 (*Ich will Zeugnis ablegen bis zum letzten*) wurden erst 1995 veröffentlicht und erreichten durch die Verfilmung (1999) ein breite Öffentlichkeit. Sie gehören in den Kontext der Erinnerungsarbeit, die mit einer Verspätung von mehr als dreißig Jahren nach dem Ende des Zweiten Weltkrieges bei Autoren einsetzte, die als Opfer des Nationalsozialismus und des Holocaust so sehr traumatisiert waren, dass sie erst nach Jahrzehnten über ihre Erfahrungen schreiben konnten. Zu nennen sind hier vor allem die Essays von Jean Améry (*Zwischen Schuld und Sühne. Bewältigungsversuche eines Überwältigten*, 1966), Charlotte Beradts Sammlung von Träumen (*Das dritte Reich des Traumes*, 1966), Grete Weils Romane (z.B. *Meine Schwester Antigone*, 1980) und Erzählungen (z.B. *Spätfolgen*, 1992) und Ruth Klügers Auschwitz-Erinnerungen (*weiter leben*, 1992). Neben den Überlebenden der Shoah meldeten sich auch die Täter und Mitläufer zu Wort – insbesondere Frauen, die sich über ihre Verstrickungen in den Nationalsozialismus Klarheit zu verschaffen suchten (z.B. Melita Maschmann: *Fazit. Mein Weg in die Hitlerjugend*, 1979; Margarete Hannsmann: *Der helle Tag bricht an. Ein Kind wird Nazi*, 1982; Ilse Schmidt: *Die Mitläuferin. Erinnerungen einer Wehrmachtsangehörigen*, 1999). Diese Texte arbeiten einer differenzierten Auffassung der Beteiligung von Frauen an der Geschichte des Nationalsozialismus zu und stellen sich der Beteiligung, Schuld und Verantwortung, die Helga Schubert in ihren Porträts *Judasfrauen* (1990) zum Thema gemacht hat.

Erinnerungsarbeit

Alle diese Texte – die der Täter und die der Opfer – sowie die lebhafte öffentliche Diskussion um die Errichtung eines Mahnmals für die ermordeten Juden in der neuen Hauptstadt Berlin und der nach 1989 sich verstärkende Antisemitismus zeigen, dass Nationalsozialismus und Holocaust bis heute ein »unbewältigtes Trauma« (H.M. Lohmann) der deutschen Geschichte sind:

Nein
ich vergesse nicht
die eingebrannten Jahre
ich vergesse nicht
daß Stiefel
den Regenbogen zertraten
daß sie sich rüsteten
uns zu verwandeln in
Feuerrosen Feuerfalter Feuerschwingen

Rose Ausländer: *Regenwörter* (1994)

»Das Verhängnis«
(Zeichnung von
A. Paul Weber)

Die deutsche Literatur des Exils

Der Exodus

Die Tatsache, dass Schriftsteller ihr Land aus politischen Gründen verlassen und im Exil leben und schreiben müssen, ist keine spezifische Erscheinungsform des Nationalsozialismus. Der Jakobiner Georg Forster, der als Politiker und Schriftsteller maßgeblichen Anteil an der Gründung der Mainzer Republik (1792/93) hatte, musste nach dem Scheitern dieses ersten Versuchs, demokratische Verhältnisse in Deutschland zu errichten, nach Frankreich fliehen und starb 1794 im Pariser Exil. Wie Forster begaben sich in den 90er Jahren des 18. Jahrhunderts zahlreiche Schriftsteller und kritische Intellektuelle nach Paris. Sie bildeten dort eine regelrechte Emigrantenkolonie und versuchten, den Widerstand gegen den Feudalabsolutismus in ihrer Heimat literarisch und politisch zu organisieren. Zeitweilig sollen sich bis zu 10 000 Deutsche in Paris aufgehalten haben. Zu einer zweiten großen Emigrationswelle kam es nach den Karlsbader Beschlüssen von 1819, durch die ein ausgeklügeltes System der Presse-, Verlags- und Universitätsüberwachung im Deutschen Reich etabliert wurde. Nach der Juli-Revolution 1830 in Paris und den an sie anschließenden Revolutionsversuchen in Deutschland kam es zu einer dritten Auswanderungswelle, die nicht nur Intellektuelle und Schriftsteller erfasste, sondern sich zu einer regelrechten Massenflucht demokratischer Kräfte ausweitete. In den 40er Jahren des 19. Jahrhunderts sollen zwischen 50 000 und 80 000 Deutsche als Exilierte allein in Paris gelebt haben, unter ihnen so bekannte Autoren wie Marx, Heine, Börne, Ruge und Weitling. Ein anderer bedeutender Autor dieser Zeit, Georg Büchner, wurde gar steckbrieflich gesucht und konnte der Verhaftung nur durch seine Flucht nach Straßburg entgehen. Seine politischen Freunde wurden zu langjährigen Kerkerstrafen verurteilt, sein engster Freund Weidig starb in der Haft an den Folgen der erlittenen Folterungen. Dass die Emigranten gute Gründe hatten, Deutschland zu verlassen, zeigen nicht nur die Schicksale der Freunde Büchners, sondern auch die weniger dramatischen Lebensläufe von Laube und Gutzkow, die wegen harmloser Verstöße gegen das Pressegesetz kurzerhand ins Gefängnis geworfen wurden. Lebensgefährlich wurde es für demokratisch gesonnene Intellektuelle und Schriftsteller nach der gescheiterten Revolution von 1848, die zu einem Massenexodus führte. Autoren wie Freiligrath, Herwegh und Weerth hatten keine andere Wahl, als Deutschland zu verlassen, wenn sie ihre Freiheit nicht aufs Spiel setzen wollten. Eine neuerliche, kleinere Emigrationswelle gab es nach 1878 zur Zeit des Sozialistengesetzes, eine größere während des Ersten Weltkriegs, als überzeugte pazifistische Autoren wie Stefan Zweig, Ernst Bloch, Walter Benjamin und René Schickele in die Schweiz emigrierten.

Exil als historische Erfahrung

Englisches Flugblatt
(Dez. 1940)

Emigranten und Exilierte

Das politische Exil und das Emigrantendasein haben also in Deutschland eine lange Tradition. Anders als in den übrigen europäischen Ländern, wo sehr häufig konservative und reaktionäre Kräfte auswandern mussten (z. B. die Adligen während der Französischen Revolution), traf es in Deutschland fast ausschließlich die demokratisch gesonnene Oppositionsbewegung. Die Exilierung von Autoren durch den Nationalsozialismus ist keine grundlegend neue Erscheinung; neu an ihr ist aber, dass es sich hier um eine Massenausweisung bzw. -flucht handelt, deren Ausmaß und deren zeitlicher Umfang in der deutschen Geschichte ohne Beispiel ist.

Dabei ist es sinnvoll, zwischen Emigranten, zu denen die große Zahl der vertriebenen Juden gehörte (ca. 142 000 bis 1938), und den Exilierten zu unterscheiden, bei denen es sich vor allem um Politiker, Künstler, Schriftsteller und Publizisten handelt. Der Unterschied zwischen Emigranten (Auswanderern) und Exilierten (Ausgestoßenen), den auch Brecht in seinem berühmten Gedicht »Über die Bezeichnung ›Emigranten‹« macht, wird an dem unterschiedlichen Fluchtverhalten beider Gruppen deutlich. Während der Großteil der Schriftsteller, Künstler und Publizisten bereits 1933 unmittelbar nach dem Reichstagsbrand ins Ausland floh, erreichte die jüdische Massenflucht erst 1938/39 ihren Höhepunkt, als die Pogrome vom 9. November 1938 auch dem letzten jüdischen Bürger deutlich machten, dass es die Nationalsozialisten mit der Ausrottung der Juden ernst meinten. Den »Einbruch der Gewalt in das öffentliche Leben« hat Arnold Zweig in seinem als »Kampfbuch« angelegten großen Essay *Bilanz der deutschen Judenheit* (1934) hellsichtig zum Thema gemacht und dabei als einer der Ersten darauf hingewiesen, dass mit dem Jahr 1933 eine Epoche zu Ende gegangen war, die im 18. Jahrhundert verheißungsvoll mit der Emanzipation und fortschreitenden Assimilation der Juden in Deutschland begonnen hatte.

Nazi-Karikatur von Thomas Manns Rede: »Erbauung für das gesamte Judentum«

In der Forschung sind die verschiedenen Gruppen der Vertriebenen unter dem Begriff »Exilierte« zusammengefasst worden, wobei H. A. Walter unter Exilierten »alle diejenigen deutschsprachigen Personen« versteht, »die, gleichgültig welcher Nationalität und Rasse, Deutschland und die später von diesem annektierten Staaten (Österreich, ČSSR) wegen dem drohenden oder an die Macht gelangten Faschismus verließen oder deshalb nicht mehr dahin zurückkehren konnten oder wollten, und die im Ausland in irgendeiner politischen, publizistischen oder künstlerischen Form, direkt oder indirekt, gegen den deutschen Faschismus Stellung genommen haben. In diese Kategorie fallen auch Schriftsteller und Künstler, die sich zwar weder vor noch nach 1933 politisch betätigt haben, die aber mit dem Verlassen Deutschlands und dem Abbruch der Beziehungen zu Verlagen und anderen binnendeutschen Institutionen deutlich machten, dass sie mit dem faschistischen Kulturleben nichts gemein hatten« (H. A. Walter). Eine solche Definition suggeriert eine Identität von Exilliteratur und antifaschistischer Literatur, die von politisch profilierten Autoren zwar angestrebt, in Wirklichkeit aber nicht vorhanden gewesen ist. Schon Döblin hatte die im Exil versammelten Schriftsteller in »konservative«, »humanistisch-bürgerliche« und »geistrevolutionäre« Autoren unterschieden und damit auf die ideologischen Positionen hingewiesen, die sich z. T. unversöhnlich gegenüberstanden.

Vielfalt der Positionen im Exil

Das politische Spektrum der Weimarer Republik fand sich im Großen und Ganzen auch im Exil wieder. Stefan George etwa, der Hitler einst als »neuen Führer« besungen hatte (»er heftet/ Das wahre Sinnbild auf das völkische Banner«), sah sein elitäres Führungsdenken durch die Nationalsozialisten entweiht, zog sich angewidert in die Schweiz zurück, schlug den ihm von Goebbels persönlich angetragenen Staatspreis aus und lehnte es ab, »in deutscher Erde begraben zu werden«. Trotz solcher eindeutigen Haltung wird man George, der so viele ideologische Berührungspunkte mit den Faschisten hatte, kaum dem antifaschistischen Lager zurechnen können. Er isolierte sich selbst, wie Brecht bereits 1918 feststellte, durch seine »Eitelkeit« und Herrschsucht. Auch die verschiedenen konservativen Autoren, die im Faschismus in erster Linie den kulturellen Verrat am bürgerlichen Humanismus und nicht die politische Perversion der bürgerlichen Gesellschaft sahen, wird man – wenn überhaupt – nur bedingt zum antifaschistischen Lager zählen können. Mit ihrer Meinung, dass man dem Nationalsozialismus am besten begegnen könne, wenn man gegen den herrschenden ›Ungeist‹ ein Reich des ›reinen Geistes‹ errichtete, berührten sie sich stark mit den Autoren der ›Inneren Emigration‹, die den Widerstand ebenfalls durch Beharren auf dem ›reinen Geist‹, auf der ›reinen Poesie‹ versucht haben.

Die Vertreter von regressiv-eskapistischen Standpunkten, zu denen sich einige wenige Autoren gesellten, die resignierten und als Schriftsteller verstummten oder sich von nun an apolitisch begriffen, waren im breiten Spektrum des Exils jedoch in der Minderheit. Die Mehrzahl war aus einer bewussten Entscheidung gegen den Nationalsozialismus ins Exil gegangen, oder sie fand später zu einer mehr oder minder konsequenten antifaschistischen Haltung. Dabei spielten die Informationen über Deutschland ebenso eine Rolle wie die Exilsituation selber, die vielen Schriftstellern die Augen öffnete und ihr gesellschaftliches Engagement stärkte. Das Exil wurde zu einem entscheidenden Lernvorgang gerade für bürgerliche Intellektuelle, die in der Weimarer Republik versucht hatten, sich als über den Parteikämpfen schwebende kritische Intelligenz zu definieren. Ein Beispiel für diesen Typus des Schriftstellers ist Thomas Mann, der mit seinen *Betrachtungen eines Unpolitischen* (1918) ein konservativ-reaktionäres Weltbild entfaltet hatte, aber bereits in der Weimarer Republik ábegann, sich von den eigenen konservativen Positionen zu lösen (*Kultur und Sozialismus*, 1928; *Ein Appell an die Vernunft*, 1930), und sich im Exil zu einer kämpferischen Position durchrang (*Fünfundfünfzig Radiosendungen nach Deutschland*, 1940–45), die für einen Schriftsteller mit einer zunächst so entschieden konservativen Grundhaltung ungewöhnlich ist.

Deutsche Ansprache von Thomas Mann (Titelblatt von 1930)

Die Lebensbedingungen im Exil

Zunächst bedeutete das Exil einen Schock, der sich verstärkte, als sich die Hoffnung auf einen baldigen Zusammenbruch des Nationalsozialismus und eine rasche Rückkehr nach Deutschland als Illusion erwies. Herausgerissen aus ihren alten Lebenszusammenhängen, isoliert von ihrer vertrauten Sprache, in der sie gedacht und geschrieben hatten, abgeschnitten von ihrem Publikum, auf das sie angewiesen waren, und ohne Einkünfte fanden sich die Exilierten in Ländern wieder, deren Sprache sie häufig nicht beherrschten, deren Lebensgewohnheiten ihnen fremd waren, deren Einwohner ihnen zudem oft misstrauisch begegneten und deren Behörden ihnen das Leben als politische Flüchtlinge durch Schikanen häufig erschwerten. Der höhnische Satz, den Goebbels den ins Ausland fliehenden Autoren nachgerufen hatte: »Mögen sie noch eine Weile weiter geifern, die Herrschaften in den Pariser und Prager Emigrantencafés, ihr Lebensfaden ist abgeschnitten, sie sind Kadaver auf Urlaub«, sollte für einen Teil der Exilierten bedrückende Wirklichkeit werden. Selbstmorde unter ihnen waren erschreckend

Isolierung im Exil

Bertolt Brecht und Oskar
Maria Graf in New York

häufig. Die ungesicherte rechtliche Situation in den meisten Asylländern (»Ohne Paß kann der Mensch nicht leben«, Klaus Mann), die prekäre finanzielle Lage – nur wenige prominente Autoren wie Thomas Mann und Lion Feuchtwanger konnten mit kontinuierlichen Einkünften rechnen und ihren ehemaligen Lebensstandard in etwa halten – stellten die Exilierten vor eine Situation, auf die die einzelnen Autoren sehr verschieden reagierten und mit der diejenigen am besten fertig wurden, die ihre schriftstellerische Tätigkeit als Teil des antifaschistischen Kampfes verstanden. In seinem Schlüsselroman *Exil* (1940) hat Feuchtwanger die Situation in Frankreich, wo sich die meisten geflohenen Schriftsteller bis Kriegsausbruch aufhielten, eindringlich beschrieben. Die Verdienstmöglichkeiten waren beschränkt. Ein Teil der exilierten Autoren hatte noch eine Zeit lang Einkünfte aus Veröffentlichungen in Deutschland oder konnte sich durch Veröffentlichungen in Exilverlagen und in der Exilpresse, durch Übersetzungen, Lesungen, Vorträge oder Vortragsreisen neue Geldquellen erschließen. Ein Großteil der Autoren jedoch war mangels Arbeitserlaubnis auf Unterstützung von außen angewiesen, auf finanzielle Zuwendungen von wohlhabenderen Schriftstellerkollegen oder auf gezielte Maßnahmen von Hilfsorganisationen, die sich in den Asylländern gebildet hatten. Die wichtigste internationale Hilfsorganisation, die sich um Schriftsteller und Journalisten bemühte, war die »American Guild for German Cultural Freedom« (ab 1935).

Frauen im Exil

Überlebt haben manche Exilschriftsteller nur durch den Einsatz ihrer Frauen oder Freundinnen, die auch niedrige und schlecht bezahlte Arbeiten annahmen, um die Familien über Wasser zu halten. Anna Seghers hat in ihrer Skizze *Frauen und Kinder in der Emigration* (entst. 1938/39; ersch. 1985) auf die besondere Situation der Frauen aufmerksam gemacht. Die Umkehrung der Rollen, die die Frauen in die Position des Ernährers drängte, wurde dabei von den Männern häufig als eine weitere Kränkung ihres ohnehin labilen Selbstwertgefühls empfunden. Die Bedingungen für Schriftstellerinnen, denen aufopfernde Partner oder Partnerinnen nur in den seltensten Fällen zu Seite standen und die oftmals neben ihrer schriftstellerischen Arbeit auch noch den Unterhalt der Familie sichern mussten, waren besonders hart. Die Tatsache, dass sich trotz dieser enormen Anforderungen einige Autorinnen erstaunlich schnell auf die neuen Verhältnisse einstellten und sich die Sprache ihrer Exilländer rasch aneigneten, ist weniger Ausdruck einer generell höheren Belastbarkeit von Frauen als vielmehr Konsequenz der Erfahrungen von Marginalisierung und Ausgrenzung, die Schriftstellerinnen bereits in der Weimarer Republik sammeln mussten und die sie das Exil als eine zwar besonders schwierige, aber prinzipiell nicht unbekannte Lebenssituation begreifen ließ. Nachdem sich die Forschung lange Zeit auf die Aufarbeitung des ›männlichen Exils‹ beschränkt hatte, hat die Rekonstruktion des ›weiblichen Exils‹ mit der feministischen Forschung seit Beginn der 80er Jahre eingesetzt und zur Wiederentdeckung einer großen Anzahl von Autorinnen geführt (z. B. Jenny Aloni, Hermynia Zur Mühlen, Annemarie Schwarzenbach, Hedda Zinner). Unter dem Gesichtspunkt der Exilerfahrung wurden auch die Texte von jüdischen Autorinnen (Rose Ausländer, Hilde Domin, Else Lasker-Schüler und Nelly Sachs) neu gelesen. Der entscheidende Anteil, den Erika Mann an den Exil-Aktivitäten ihres Bruders, Vaters und Onkels gehabt hat, und die Bedeutung ihres politischen Kabaretts (»Die Pfeffermühle«) sowie ihre zahlreichen Reportagen und Bücher über den Alltag in Nazi-Deutschland (*Zehn Millionen Kinder. Die Erziehung der Juden im Dritten Reich*, 1938) wurden erst lange nach ihrem Tod gewürdigt. Ihr gemeinsam mit dem Bruder Klaus verfasstes Buch *Escape for Life* (1939), eine Darstellung des Exils in Amerika, wurde erst 1991 ins Deutsche übersetzt (*Deutsche Kultur im Exil*).

Zu den behördlichen und materiellen Problemen kam verschärfend hinzu, dass die Exilautoren in den meisten der gewählten Asylländer nur vorübergehend eine Aufenthaltsgenehmigung erhielten. Diejenigen, die nach Österreich und in die Tschechoslowakei geflohen waren, mussten nach dem Anschluss (1938) bzw. nach dem Einmarsch (1939) erneut die Flucht ergreifen, nach Kriegsausbruch 1939 flohen sie vor den faschistischen Truppen aus Belgien, Dänemark, Frankreich und den Niederlanden. Nicht allen gelang die Flucht. Aber auch Autorinnen und Autoren, die in die Sowjetunion geflohen waren, konnten sich dort keineswegs sicher fühlen. Viele von ihnen wurden Opfer stalinistischer ›Säuberungen‹. Allein England war ein relativ sicheres Exilland, das jedoch nur Autoren offen stand, die über entsprechendes Geld und Beziehungen verfügten. In dieser Situation wurde Amerika für viele Autoren zur einzigen Hoffnung, den faschistischen oder stalinistischen Verfolgern zu entkommen. Um nach Nord- oder Südamerika zu gelangen, brauchte man aber ein Visum und ein Ticket für eine Schiffspassage. Wie schwer beides zu beschaffen war, hat Anna Seghers in ihrem Roman *Transit* (1944) eindringlich beschrieben.

Die Zeit des zweiten Exils in Übersee – vor allem in Nord- und Südamerika – war noch härter als die des ersten, weil es mit dem Verlust des europäischen Kulturzusammenhangs verbunden war. Es gelang nur wenigen Autoren, in Übersee Fuß zu fassen. Am einschneidensten wirkte sich der neue – oft als künstlich empfundene – Sprachzusammenhang aus, der bis zur »Verweigerung« (Oskar Maria Graf) reichte. »Wir sprechen nun einmal deutsch. Diese Sprache haben wir mitgenommen, mit ihr arbeiten wir. Sogleich aber erhebt sich die Frage: wie können wir als deutsche Schriftsteller in einem anderssprachigen Land das Unse-

»Wir sprechen nun einmal deutsch«

Exil in Shanghai

re tun, uns lebendig erhalten? Wie können wir wirtschaftlich unseren Ort finden, wie können wir politisch-kulturell unsere Aufgabe erfüllen? Man kann Sprache nicht zerstören, ohne in sich selber Kultur zu zerstören. Und umgekehrt, man kann eine Kultur nicht erhalten und fortentwickeln, ohne in der Sprache zu sprechen, worin diese Kultur gebildet worden ist und lebt« (Bloch). Während die meisten Autorinnen und Autoren in Nordamerika blieben und dort z. T. nur überleben konnten, weil sie von Exilorganisationen oder wohlhabenden Kollegen unterstützt wurden, gingen andere weiter nach Mittel- und Südamerika. So wurde Mexiko zum Zufluchtsort für eine Reihe von Autorinnen und Autoren (z. B. Ludwig Renn, Bodo Uhse, Egon Erwin Kisch, Anna Seghers), die Kontakt zu mexikanischen Künstlern (z. B. Diego Rivera und Frida Kahlo) knüpften und die dortigen Erfahrungen literarisch verarbeiteten (vgl. Anna Seghers: *Karibische Geschichten*, 1962; Bodo Uhse: *Mexikanische Erzählungen*, 1957).

Lebens- und Arbeits-bedingungen

Die Lebens- und Arbeitsbedingungen des Exils waren – gleich, wo man sich aufhielt – härter, als es sich die Autoren vorgestellt hatten, als sie Deutschland Hals über Kopf, zumeist nur mit Handgepäck verlassen hatten. Die emphatische Stimmung, die in den ersten beiden Jahren noch geherrscht hatte, wich bald einer tiefen Ernüchterung, als deutlich wurde, dass die nationalsozialistische Herrschaft keineswegs nach kurzer Zeit zusammenbrach, sondern sich als stabil erwies und immer aggressivere Züge anzunehmen begann. Eine theoretische Auseinandersetzung über die Ursachen und den Charakter des Nationalsozialismus war daher unabdingbar. Ebenso musste diskutiert werden, wie der Kampf organisiert werden sollte und welche Funktion darin die Schriftsteller und die Literatur einnehmen konnten.

Kampf um die »Einheitsfront« der Exilautoren

Heraus aus der Isolation

Die Notwendigkeit, die in den Asylländern rund um das Deutsche Reich verstreut lebenden Autoren aus ihrer Isolierung herauszuführen, sie zum gemeinsamen Kampf gegen den Faschismus zu gewinnen, wurde insbesondere von kommunistischen und sozialistischen Autoren deutlich gesehen. Die bereits im September 1933 gegründeten *Neuen Deutschen Blätter*, die in Prag bis August 1935 erschienen und von Oskar Maria Graf, Anna Seghers, Wieland Herzfelde und Jan Petersen als dem Vertreter der illegalen Literatur im ›Dritten Reich‹ herausgegeben wurden, waren ein erster Versuch, die Exilautoren auf einen gemeinsamen Kurs zu einigen. Die *Neuen Deutschen Blätter* wollten nach ihrem eigenen Selbstverständnis »ihre Mitarbeiter zu gemeinsamen Handlungen zusammenfassen und die Leser in gleichem Maße aktivieren«; sie wollten »mit den Mitteln des dichterischen und kritischen Wortes den Faschismus bekämpfen«. Von Anfang an ging es den Herausgebern darum, das angestrebte Bündnis möglichst breit anzulegen und auch solchen Schriftstellern die Mitarbeit zu ermöglichen, die den Nationalsozialismus aus mehr oder minder diffusen humanitären oder kulturellen Erwägungen heraus ablehnten und sozialistischen und kommunistischen Positionen eher misstrauisch oder reserviert gegenüberstanden: »Viele sehen im Faschismus einen Anachronismus, ein Intermezzo, eine Rückkehr zu mittelalterlicher Barbarei, andere sprechen von einer Geisteskrankheit der Deutschen, oder von einer Anomalie, die dem ›richtigen‹ Ablauf des historischen Geschehens widerspreche, sie verwünschen die Nationalsozialisten als eine Horde verkrachter Existenzen, die urplötzlich das Land überlistet haben. Wir dagegen sehen im Faschismus keine zufällige Form, sondern das organische Produkt des todkranken Kapitalismus. Ist da nicht jeder Versuch, liberalistisch-demokratische Verhältnisse wiederherzustellen, ein Verzicht darauf, das Übel mit der Wurzel auszurotten? Ist nicht jeder Kampf, der nur der Form gilt, im Grunde ein Scheinkampf? Gibt es eine andere reale Kraft, die den endgültigen Sieg über Not und Tyrannei zu erringen vermag, als das Proletariat? Wir sind überzeugt, daß die richtige Beantwortung dieser Fragen gerade auch für den Schriftsteller bedeutungsvoll ist, denn die Wahrhaftigkeit der Darstellung und sogar die formale Qualität der Literatur hängen ab von der Tiefe des Wissens um das gesamte Geschehen und seine Ursachen. Das ist unsere Meinung. Aber nichts liegt uns ferner, als unsere Mitarbeiter »gleichschalten« zu wollen. [...] Wir werden alle – auch wenn ihre sonstigen Überzeugungen nicht die unseren sind – zu Wort kommen lassen, wenn sie nur gewillt sind, mit uns zu kämpfen.«

Auch in der von Klaus Mann herausgegebenen Exilzeitschrift *Die Sammlung*, die wie die *Neuen Deutschen Blätter* von September 1933 bis August 1935 erschien, ging es darum, die oppositionell gesonnenen Schriftsteller zu »sammeln« und auf den gemeinsamen Kampf gegen den Faschismus hin zu orientieren: »Sammeln wollen wir, was den Willen zur menschenwürdigen Zukunft hat, statt den Willen zur Barbarei [...]; den Willen zur Vernunft statt den zur hysterischen Brutalität und zu einem schamlos programmatischen ›Anti-Humanismus‹.« Die im Vergleich zu den *Neuen Deutschen Blättern* sehr viel schwächer profilierte Zeitschrift konnte zum Kristallisationspunkt vielfältiger Anschauungen werden. Neben überzeugten Marxisten und Sozialisten arbeiteten an der *Sammlung* radikaldemokratische, zionistische, liberale, konservative und sich als apolitisch verstehende Autoren mit. In den beiden Exilzeitschriften *Neue Deutsche Blätter* und *Die Sammlung* wurde im Kleinen jenes Bündnis vorweggenommen, das in der Folgezeit eine so große Rolle für das Selbstverständnis der Exilautoren und ihre literarische Praxis spielen sollte. Die Exilzeitschriften waren ein erster Schritt auf dem Weg zu einer Einheitsfront, die den Nationalsozialisten zunehmend unbehaglich wurde. Hatte Goebbels 1933 die Exilautoren noch zynisch als »Kadaver auf Urlaub« verhöhnt, so sah er 1935 »die literarische Giftmischerei des entwurzelten Emigrantenklüngels« bereits als »europäische Gefahr« an. 1934 begann die Einheitsfront konkretere Formen anzunehmen, als Johannes R. Becher in einer programmatischen Rede auf dem Allunionskongress der Sowjetschriftsteller in Moskau die im Exil lebenden Autoren aufforderte, ein breites antifaschistisches Bündnis zu bilden. Das auf dem Schriftstellerkongress 1935 in Paris vorgelegte *Programm zur Verteidigung der Kultur* war so offen formuliert, dass unterschiedlichste Strömungen sich damit identifizieren konnten. Andererseits hatte Brecht bereits 1933 davor gewarnt, das angestrebte Bündnis damit zu erkaufen, dass die Gegensätze zwischen bürgerlichen und marxistischen Autoren verwischt würden und nicht mehr Gegenstand der Debatte sein dürften: »Die These, daß man sie [die bürgerlichen Autoren] im Grunde in Ruhe lassen muß, um ihre Sympathie nicht zu verscherzen, war nie falscher als jetzt. Wenn überhaupt jemals, dann würden sie jetzt für eine wirkliche politische Schulung zu haben sein.« Brecht bestand darauf, dass das vorgelegte Programm Ausgangspunkt auf dem Weg zu einer politisch-sozialen Faschismusanalyse sein müsse, in der die Kritik an inhumanen Einzelerscheinungen des Faschismus in eine Analyse des Zusammenhangs zwischen Kapitalismus, bürgerlicher Gesellschaft und Faschismus (»Kameraden, sprechen wir von den Eigentumsverhältnissen«) überführt werden könne.

Klaus und Erika Mann

Internationaler Schrift-
stellerkongress Paris
1935 (Brecht, Becher,
Ehrenburg, Regler)

Bündnispolitik

    Nicht nur der Kommunistischen Partei angehörende oder nahe stehende Autoren wie Becher und Brecht, sondern auch sozialistische und radikaldemokratische Schriftsteller konzentrierten ihre Kräfte auf das Zustandekommen eines internationalen Bündnisses, das nach 1935, als auf dem VII. Weltkongress der Komintern der Volksfrontgedanke als Losung ausgegeben wurde, eine neue politische Stoßrichtung erhielt. Insbesondere Heinrich Mann wurde zur Zentralfigur der sich ab 1935 entwickelnden Volksfrontbewegung und schrieb eine Vielzahl von Aufsätzen, Reden und Appellen, von denen ein kleiner Teil sogar illegal nach Deutschland gelangte und dort kursierte. Heinrich Mann war überzeugt davon, dass »nur die deutsche Volksfront [...] das Werk der Einigung des Volkes gegen Hitler vollbringt«, dass »nur die deutsche Volksfront [...] die Gestalterin einer freien, glücklicheren Zukunft Deutschlands sein« könne. Als Vorsitzender des vorbereitenden Ausschusses zur Bildung einer deutschen Volksfront bemühte sich Heinrich Mann darum, das Spektrum des Bündnisses möglichst breit zu halten und vor allem Sozialdemokraten zur Teilnahme zu bewegen. Tatsächlich war der erste Aufruf zur Schaffung einer deutschen Volksfront, *Bildet die deutsche Volksfront für Frieden, Freiheit und Brot* (1936), der das Programm einer demokratischen Erneuerung Deutschlands auf der Grundlage der Vergesellschaftung der Großindustrie, der Großbanken und des Großgrundbesitzes, der Demokratisierung der Verwaltung und des öffentlichen Lebens enthielt, nicht nur von Kommunisten, sondern auch von Sozialdemokraten sowie einer Reihe namhafter bürgerlicher Autoren unterzeichnet (Feuchtwanger, A. Zweig, K. Mann). Trotz der unermüdlichen Aktivitäten von Heinrich Mann und anderen Autoren war die

Volksfront?

Arbeit im Volksfrontausschuss bereits im Sommer 1937 praktisch gescheitert. Die fehlende Aktionseinheit zwischen den beiden Arbeiterparteien KPD und SPD, die schon 1933 die Machtübernahme Hitlers ermöglicht hatte, lähmte die Arbeit im Ausschuss und machte es den Mitgliedern zunehmend schwer, solidarisch miteinander umzugehen. Führende Sozialdemokraten sahen in der Volksfront »keine Schwächung, sondern eine Stärkung des Faschismus«. Ziel des Kampfes könne »nicht die Einheitsfront mit Kommunisten sein, sondern die Liquidierung der kommunistischen Parteien in West- und Zentraleuropa« (R. Hilferding). Der offizielle Rückzug der Sozialdemokraten aus dem Volksfrontausschuss war das Ende der Volksfrontpolitik, die mit so großen Hoffnungen begonnen worden war.

    Eine ähnlich wichtige Bedeutung für das Selbstverständnis der exilierten Schriftsteller hatte neben der Volksfront die Beteiligung am Spanischen Bürgerkrieg (1936–39). Die spanische Volksfrontregierung war durch einen Putsch der Armee unter der Führung von General Franco bedroht, zumal Franco durch die deutschen und italienischen Faschisten massive Militärhilfe erhielt (Legion Condor). Die Volksfrontregierung wurde von der Sowjetunion und Frankreich und von Internationalen Brigaden unterstützt, in denen sich auch viele deutsche Intellektuelle als Freiwillige befanden (vgl. Gustav Regler: Das große Beispiel, 1940). Siebenundzwanzig deutsche Schriftsteller kämpften in den Reihen der Internationalen Brigaden, nicht nur mit der Waffe, sondern auch mit dem Wort. So wandte sich Erich Weinert mit zahlreichen Gedichten und Liedern, gesammelt unter dem Titel Camaradas (1947), an seine kämpfenden Genossen. Alfred Kantorowicz hat in seinem Spanischen Tagebuch (1948) vom Kampf der sozialistischen und kommunistischen Intellektuellen Zeugnis abgelegt. Andere Autoren unterstützten den Kampf indirekt durch ihre literarische Arbeit. Brecht beschäftigte sich mit dem Spanischen Bürgerkrieg in dem Einakter Die Gewehre der Frau Carrar (1937). Frau Carrar, eine spanische Fischersfrau, möchte ihren Sohn vom Kampf gegen die Faschisten abhalten und schickt ihn zum Fischen aufs Meer. Dort wird der Wehrlose jedoch von den Faschisten erschossen, es tritt also genau das ein, was die Mutter verhindern wollte. Frau Carrar gibt nun die im Haus verborgenen Gewehre an die Genossen heraus und zieht selbst in den Kampf. Brecht wollte mit diesem Stück zeigen, dass der Kampf gegen den Faschismus unvermeidlich ist und solidarisch geführt werden muss.

Spanischer Bürgerkrieg

Kontroversen um ein neues Selbst- und Literaturverständnis der Exilautoren – Expressionismus- und Realismusdebatte

Hinter der selbstgewissen Auffassung vieler Exilautoren, dass »Literatur von Rang […] nur antifaschistisch« sein könne, verbargen sich einige Probleme grundsätzlicher Art; so die Frage, in welchem Verhältnis Literatur und Wirklichkeit zueinander stehen, welche Funktion Literatur in den Klassenverhältnissen hat bzw. einnehmen soll, was es bedeutet, ein politischer Schriftsteller zu sein, was eine Literatur von Rang« ist und woran man sie erkennt; nicht zuletzt, was ›antifaschistische Literatur‹ eigentlich ist und wie sie sich inhaltlich und formal von anderer Literatur unterscheidet. In drei großen Kontroversen – der sog. Expressionismus-Debatte, der Diskussion um den Realismusbegriff und der Auseinandersetzung um den historischen Roman wurde versucht, eine Antwort auf diese grundsätzlichen Fragen zu geben.

»Literatur von Rang«

Die Expressionismus-Debatte ging aus von der Frage, ob der Expressionismus ein Vorläufer des Faschismus war oder ob er nicht vielmehr Ausgangspunkt für eine antifaschistische Entwicklung gewesen sei. Gottfried Benns kurzzeitige Kooperation mit den Faschisten schien der ersten Auffassung Recht zu geben, Johannes R. Bechers Entwicklung zum Marxisten und antifaschistischen Autor der zweiten. Ausgetragen wurde die Debatte im Wort, einer Literaturzeitschrift, die im Kontext der Volksfrontbewegung entstanden war (»Kind der Volksfront«) und die die Neuen Deutschen Blätter und Die Sammlung, die ihr Erscheinen im August 1935 hatten einstellen müssen, ersetzen sollte. Die Volksfrontorientierung dieser in Moskau erscheinenden Zeitschrift wurde schon an der Zusammensetzung des

Führt der Expressionismus zum Faschismus?

Herausgebergremiums deutlich. Neben dem parteilosen Marxisten Bertolt Brecht standen das KPD-Mitglied Willi Bredel und der bürgerliche Lion Feuchtwanger. *Das Wort*, das von 1936 bis 1939 erschien, gehört zu den interessantesten Exilzeitschriften; es gibt kaum einen prominenten Exilautor, der sich nicht mit Beiträgen an dieser Zeitschrift beteiligte.

Eröffnet wurde die Debatte durch den Aufsatz »Gottfried Benn, die Geschichte einer Verirrung« im September 1937 von Klaus Mann, in dem dieser Benns Annäherung an den Faschismus als »Selbstverrat« bezeichnete und einen Zusammenhang zwischen Expressionismus und Faschismus bestritt. Demgegenüber behauptete Alfred Kurella im gleichen Heft einen Zusammenhang zwischen beiden Strömungen und erklärte: »Erstens läßt heute sich klar erkennen, wes Geistes Kind der Expressionismus war, und wohin dieser Geist, ganz befolgt, führt: in den Faschismus. Zweitens müssen wir ehrlicherweise zugeben, daß in jedem vor uns aus jener Zeit etwas in den Knochen steckengeblieben ist.« Damit waren Stichworte gefallen, die die ursprüngliche Auseinandersetzung um die persönliche Problematik Benns auf eine allgemeinere Ebene überführten. Es ging nicht länger um Benns Verhältnis zum Faschismus, sondern um das Verhältnis der Exilautoren zum literarischen ›Erbe‹ des Expressionismus und damit indirekt um ihre eigene literarisch-politische Herkunft und Vergangenheit, d.h. um die politische Frage, inwieweit sich die Exilautoren als literarische Intelligenz an der Entwicklung von 1933 mitschuldig fühlten, und um die literarische Frage, an welche Traditionen sie anknüpfen sollten. Es galt, den Widerspruch aufzuklären, wieso »Benn, Bronnen, Heynicke, Johst nicht trotz, sondern dank dem Expressionismus zu Mystizisten und Faschisten geworden« waren und warum sich »Becher, Brecht, Wolf und Zech trotz dem Expressionismus zu Realisten und Antifaschisten« (F. Leschnitzer) entwickelt hatten. Anknüpfen konnte die Auseinandersetzung an der Expressionismuskritik, die Georg Lukács bereits 1934 in seinem Aufsatz »›Größe‹ und ›Verfall‹ des Expressionismus« in der in Moskau erscheinenden Exilzeitschrift *Internationale Literatur* geübt hatte. Lukács hatte darin vor allem die seiner Meinung nach allzu abstrakte Opposition gegen das Bürgertum, das überspannte subjektive Pathos, die gedankliche Flucht vor der Wirklichkeit, die Sehnsucht nach dem Krieg als Erneuerung, die Bohèmehaftigkeit, die Ablehnung des klassischen ›Erbes‹ durch die Expressionisten angegriffen und die avantgardistischen künstlerischen Methoden der Expressionisten als sterile innerliterarische Formen eines dekadenten Subjektivismus abgetan und die Exilautoren aufgefordert, mit ihrer literarischen Praxis an die deutsche Klassik und die großen bürgerlichen Realisten des 19. Jahrhunderts anzuschließen.

An der Debatte beteiligten sich viele Autoren mit Beiträgen, z.T. ehemalige Expressionisten, die den Nachweis zu führen suchten, dass der Expressionismus durchaus »erbfähige Elemente« enthalte und nicht in Bausch und Bogen verdammt werden dürfe: »Es wäre ein Fatalismus zu behaupten, aus Dichtern, die sich zum Expressionismus bekannt hatten, hätten unbedingt faschistische Dichter hervorgehen müssen, für den Expressionisten gäbe es keine andere Lösung als faschistisch zu werden; man könnte ebenso behaupten, aus der Republik von Weimar mußte und konnte sich nur der Faschismus entwickeln« (J. Kersten). Die polemische Frage von Ernst Bloch: »Gibt es zwischen Aufgang und Niedergang keine dialektischen Beziehungen? Gehört selbst das Verworfene, Unreife und Unverständliche ohne weiteres, in allen Fällen, zur bürgerlichen Dekadenz?«, versuchte den dialektischen Zusammenhang zwischen dem bürgerlichen ›Erbe‹, zu dem der Expressionismus seiner Meinung nach gehörte, und einer sich als sozia-

Gottfried Benn

»erbfähige Elemente« des Expressionismus?

listisch verstehenden Literatur deutlich zu machen: »Trägt das untergehende Bürgertum, eben als untergehendes, Elemente zum Aufbau der neuen Welt bei, und welches sind, gegebenenfalls, diese Elemente? Es ist eine rein mittelbare Frage, eine des diabolischen Gebrauchs; als solche ist sie bisher, wie es scheint, vernachlässigt worden, obwohl sie durchaus dialektisch ist. Denn nicht nur im revolutionären Aufstieg oder in der tüchtigen Blüte einer Klasse, auch in ihrem Niedergang und den mannigfachen Inhalten, die gerade die Zersetzung freimacht, kann ein dialektisch brauchbares ›Erbe‹ enthalten sein.« Bloch sah deutlich, dass es letztlich um die Frage ging, ob sich die Exilautoren von den experimentellen Strömungen der Moderne abwenden sollten zugunsten des Rückgriffs auf traditionelle Schreibweisen des 18. und 19. Jahrhunderts.

Ernst Bloch

Hinter der Frage nach der ›richtigen‹ Methode stand jedoch mehr oder minder unausgesprochen die politische Frage nach der »Weite und Vielfalt« der Volksfrontbewegung. Bloch wandte sich gegen die »Schwarz-Weiß-Technik« der »Neu-Klassizisten«, womit er Lukács und Kurella meinte, »fast alle Oppositionen gegen die herrschende Klasse, die nicht von vornherein kommunistisch sind, der herrschenden Klasse zuzurechnen« und damit das Volksfrontbündnis in unverantwortlicher Weise zu verengen. Bloch und andere vermuteten hinter der kompromisslosen Härte, mit der die Auseinandersetzung von Lukács und Kurella in Sachen Expressionismus geführt wurde, den Versuch, die Exilautoren auf bestimmte Theorien und Schreibweisen festzulegen und den Führungsanspruch der KPD in dieser wichtigen Frage durchzusetzen. Tatsächlich hat zumindest die Art und Weise, wie die Diskussion um das literarische Erbe des Expressionismus geführt wurde, Autoren, die sich den künstlerischen Methoden und Techniken des Expressionismus verbunden fühlten und die aufgeschlossen für das Experimentieren mit avantgardistischen Praktiken waren, abgestoßen und dem Volksfrontbündnis entfremdet. Der formelle Abschluss der Debatte, in dem Kurella seine Gleichsetzung von Expressionismus als Vorstufe des Faschismus zurücknahm und sein Versuch, zwischen den konträren Positionen zu vermitteln, indem er für die meisten Expessionisten ein »objektiv-reaktionäres Schaffen bei subjektiv revolutionären Absichten« für gegeben annahm, konnte den aufgerissenen Graben nur notdürftig zuschütten. Tatsächlich ging es ja nur am Rande um den Expressionismus, in Wahrheit aber um den Realismus, wie Lukács in seinem grundlegenden Aufsatz »Es geht um den Realismus«, dem letzten inhaltlichen Beitrag der Debatte, deutlich gemacht hat.

Die Expressionismusdebatte war Teil der übergreifenden Realismusdebatte, die, angeregt durch die Formalismus- bzw. Realismusdiskussion in der Sowjetunion in den 30er Jahren (Erster Allunionskongress der Sowjetschriftsteller in Moskau 1934), während des Exils geführt wurde. Maßgeblichen Anteil an dieser Debatte hatte neben Lukács, als Vertreter einer am klassischen Erbe ausgerichteten Realismuskonzeption, Bertolt Brecht, der einen neuen, an den praktischen Erfordernissen des Exils ausgerichteten Realismusbegriff zu entwickeln suchte. In mehreren großen Aufsätzen (»Die Expressionismusdebatte«; »Praktisches zur Expressionismusdebatte«; »Weite und Vielfalt der realistischen Schreibweise«; »Volkstümlichkeit und Realismus«) ging Brecht kompromisslos mit der Realismuskonzeption von Lukács ins Gericht. Brecht hat allerdings diese ursprünglich für das *Wort* geschriebenen Aufsätze mit Rücksicht auf die äußerliche Geschlossenheit der Volksfront nicht veröffentlicht – einzig »Weite und Vielfalt der realistischen Schreibweise« erschien noch zu Lebzeiten Brechts im Jahr 1955 –, teils waren sie am Nein der Herausgeber des *Wort* gescheitert. Generell hatte Brecht

Lukács – Brecht-Debatte

behauptet, dass es nicht darum gehen könne, den »Realismus« »von bestimmten vorhandenen Werken«, wie z. B. von Goethes, Balzacs oder Tolstois Romanen, einfach »abzuziehen« und als Muster für die Gegenwart aufzustellen. Die realistische Schreibweise, »für die die Literatur viele voneinander sehr verschiedene Beispiele« biete, sei keine überhistorische Schreibform, an die sich Autoren »klammern« dürften, sondern eine Schreibform, die geprägt sei von der Art, »wie, wann und für welche Klasse sie eingesetzt« worden sei. Mit seiner Realismusdefinition versuchte er, den von Lukács gesetzten formalistischen Rahmen zu sprengen: »Realistisch heißt: den gesellschaftlichen Kausalkomplex aufdeckend / die herrschenden Gesichtspunkte als die Gesichtspunkte der Herrschenden entlarvend / vom Standpunkt der Klasse aus schreibend, welche für die dringendsten Schwierigkeiten, in denen die menschliche Gesellschaft steckt, die breitesten Lösungen bereit hält / das Moment der Entwicklung betonend konkret und das Abstrahieren ermöglichend.«

Volk versus Barbarei

Zugleich verband Brecht mit der Forderung nach Realismus die Forderung nach Volkstümlichkeit und griff damit eine Kategorie auf, die bei den sozialkritischen Autoren des Sturm und Drang und den jakobinischen Autoren des 18. Jahrhunderts bereits eine große Rolle gespielt hatte: »Gegen die zunehmende Barbarei gibt es nur einen Bundesgenossen: das Volk, das so sehr darunter leidet. Nur von ihm kann etwas erwartet werden. Also ist es naheliegend, sich an das Volk zu wenden, und nötiger denn je, seine Sprache zu sprechen.« So verbanden sich die Parolen Volkstümlichkeit und Realismus in natürlicher Weise; »volkstümlich« hieß für Brecht »den breiten Massen verständlich, ihre Ausdrucksform aufnehmend und bereichernd / ihren Standpunkt einnehmend, befestigend und korrigierend / den fortschrittlichsten Teil des Volkes so vertretend, daß er die Führung übernehmen kann, also auch den andern Teilen des Volkes verständlich / anknüpfend an die Traditionen, sie weiterführend / dem zur Führung strebenden Teil des Volkes Errungenschaften des jetzt führenden Teiles übermittelnd«. Volkstümlich ist der Schriftsteller nicht, wenn er Schreibweisen übernimmt, die ursprünglich einmal volkstümlich waren, »was gestern volkstümlich war, ist es nicht heute, denn wie das Volk gestern war, so ist es nicht heute«, sondern nur das, was den Erfordernissen der jeweiligen Klassenauseinandersetzung Rechnung trägt. Für seine Zeit empfahl Brecht den Autoren, ihre Phantasie, ihre Originalität, ihren Humor und ihre Einbildungskraft unbeeindruckt von den literarischen Konventionen und aufgeschlossen für neue literarische Techniken im Kampf gegen den Faschismus einzusetzen. In seiner eigenen literarischen Praxis hat Brecht versucht, diese »riesigen Anweisungen« umzusetzen.

Die besondere Rolle des historischen Romans

Geschichte versus Gegenwart

Neben der Realismusdebatte scheint die Auseinandersetzung um den historischen Roman auf den ersten Blick vergleichsweise unbedeutend zu sein. Tatsächlich ging es hier jedoch um eine Diskussion, die mit der Realismusdebatte eng zusammenhängt und in der die abstrakt geführte Diskussion um das Realismusverständnis an einer bestimmten literarischen Form konkretisiert wurde. Beim historischen Roman handelt es sich um eine Gattung, die sich bereits in der Weimarer Republik weitgehender Hochachtung erfreute und insbesondere vor

bürgerlichen, aber auch von konservativen und faschistischen Schriftstellern geschätzt wurde.

Das Jahr 1933 bedeutete auf den ersten Blick für den historischen Roman keinen Einschnitt. Thomas Mann brachte den Plan für seinen *Joseph*-Roman bereits
ins Exil mit. Sein Bruder Heinrich hatte den Plan für den *Henri Quatre* ebenfalls
schon vor 1933 ausgearbeitet. Von Joseph Roths Trilogie über den Niedergang der
österreichischen Monarchie war der erste Band bereits in den 20er Jahren erschienen. Das scheinbar bruchlose Anknüpfen der Exilautoren am historischen Roman der Weimarer Republik hat schon auf die Zeitgenossen befremdlich gewirkt
und ihren Widerspruch herausgefordert. So erschien manchen Kritikern die Aufnahme des historischen Romans durch die Autoren des Exils geradezu als eine
politische Instinktlosigkeit: »Die Wahl eines historischen Stoffes bedeutet für einen emigrierten deutschen Schriftsteller in der Regel Ausweichen oder Flucht vor
den Problemen der Gegenwart. Flucht und Ausweichen sind kein Zeichen von
Stärke. Das muß sich auch in den Werken der ausweichenden oder flüchtigen
Autoren zeigen und es zeigt sich auch« (F. C. Weiskopf). Mit einem solchen Verdikt stellte Weiskopf die Exilautoren auf eine Stufe mit den Autoren der ›Inneren
Emigration‹, die dem historischen Roman ebenfalls eine besondere Hochschätzung entgegenbrachten. Noch schärfer als Weiskopf urteilte Kurt Hiller, der die
»Biographitis« als »Symptom elender Drückebergerei« abkanzelte und als einen
»zum Himmel stinkenden Skandal« bezeichnete: »Aber wenn das Belletristenge-
zücht mit Büchern über Katharina von Rußland, Christine von Schweden, Jose-
phina von Frankreich, über Ferdinand den Ersten, Philipp den Zweiten, Napoleon
den Dritten, den falschen Nero und den echten Peter, mit dieser ganzen Wissenschaft des Nichtwissenswerten dem Publikum Kleister ins Gehirn schmiert [...],
so treffe dieses Pack von Gestrigen der saftigste Fluch.«

Demgegenüber bemühten sich insbesondere die betroffenen Autoren um eine
Verteidigung des historischen Romans und versuchten zu bestimmen, welche
Funktion die Gattung im Kampf gegen den Nationalsozialismus haben könne und
wie sie sich sowohl vom historischen Roman der Weimarer Republik wie von
dem der ›Inneren Emigration‹ unterscheide. Döblin wandte sich in seinem Aufsatz »Historie und kein Ende« (1936) vehement gegen den Fluchtvorwurf und
bezeichnete im Gegenteil die Geschichte als eine »Zuflucht«, als »etwas Unver-
lierbares, eine Kostbarkeit«, an die man sich angesichts der faschistischen Ge-
schichtsverfälschungen halten könne und müsse. Die Vorliebe gerade der Exilautoren für den historischen Roman erklärte er mit dem »Wunsch, historische
Parallelen zu finden, sich historisch zu lokalisieren, zu rechtfertigen«, aus der
Notwendigkeit heraus, »sich zu besinnen«, und mit der »Neigung, sich zu trösten
und wenigstens imaginär zu rächen«. Er betonte den »Gegenwartsgehalt« des
historischen Romans dabei ebenso wie Ludwig Marcuse, der kategorisch erklärte,
»daß über den Gegenwartsgehalt eines Buches nicht entscheidet, welchem Jahrhundert oder Jahrzehnt die Fabel angehört«. Auch Feuchtwanger sah im historischen Roman in erster Linie ein Gestaltungsmittel im antifaschistischen Kampf
(»Vom Sinn und Unsinn des historischen Romans«, 1935). Seine beiden provoka-
torischen Fragen: »Wenn Sie zeitgenössische Inhalte geben wollen, warum erzählen Sie nicht zeitgenössische Stoffe statt der Vergangenheit?« und: »Wenn ein
Leser sich für die Vergangenheit interessiert, tut er dann nicht besser, eine exakte
wissenschaftliche Darstellung zur Hand zu nehmen statt des fiktiven Gebildes
eines Romanschriftstellers?«, warfen grundsätzliche Probleme des dichterischen
Verfahrens auf und hoben die Diskussion auf eine neue Ebene.

»Instinktlosigkeit«?

Geschichte als Zuflucht

Heinrich Mann

HEINRICH MANN

DIE
JUGEND
DES
KÖNIGS
HENRI
QUATRE

★

QUERIDO VERLAG
AMSTERDAM

Heinrich Manns Roman
erschien im Amsterdamer
Verlag Querido.

*Lukács' Plädoyer für den
historischen Roman*

Die Argumente, die die Autoren gegen den Fluchtvorwurf ins Feld führten, hatten sich 1938 bereits so stark durchgesetzt, dass eine Arbeitskonferenz des SDS zu dem Thema »Der historische Stoff als Waffe im Kampf um die Freiheit« stattfinden konnte. Als stärkstes Argument erwies sich die literarische Praxis der Autoren. Die Romane *Henri Quatre* (1935/38) von Heinrich Mann, *Der falsche Nero* (1936) von Lion Feuchtwanger und *Die Saat* (1936) von Gustav Regler galten als positive Beispiele und wurden von der Kritik als »eine aktuelle Kampfansage, ja teilweise als eine direkte Anleitung zum Kampf gegen die faschistische Tyrannei« gefeiert (E. Abusch). Eine offizielle Rehabilitierung erfuhr der historische Roman durch die Arbeiten von Georg Lukács (*Der historische Roman*, 1938), der im *Henri Quatre* Heinrich Manns, unbeschadet aller Kritik im Einzelnen, ein gelungenes Beispiel der Gattung sah. Lukács bemühte sich herauszuarbeiten, worin der spezifisch antifaschistische Gehalt des historischen Romans im Exil – im Vergleich zu dem der Weimarer Republik oder dem der ›Inneren Emigration‹ – eigentlich bestand. Die Bedeutsamkeit schien Lukács nicht so sehr darin zu liegen, dass im Medium des historischen Romans durch Parallelisierung und Kontrastierung Kritik am Faschismus geübt wurde, sondern im Kunstcharakter der Gattung: »Die Bedeutung des historischen Romans der Exilschriftsteller liegt aber gerade im ›Dichterischen‹: sie gestalten und verlebendigen in konkreten dichterischen Bildern jenen humanistischen Typus des Menschen, dessen gesellschaftlicher Sieg zugleich den gesellschaftlichen und politischen Sieg über den Faschismus bezeichnet. Jenen Typus des Menschen, dessen Allgemeinheit, dessen Vorherrschaft die kulturelle Rettung der Menschheit mit sich bringt; jenen Typus, um dessentwillen der Kampf gegen den Faschismus zu einer kulturellen Pflicht für jeden wird; jenen Menschentypus, in dessen Zeichen der Kampf gegen den Faschismus, der Kampf der Volksfront vor sich gehen soll.« Für Lukács war der historische Roman der deutschen Antifaschisten ein »Spiegelbild der radikalen ideologischen Umwendung der Intelligenz« angesichts der Vertreibung durch die Faschisten. Mit dem historischen Roman der Weimarer Republik oder mit dem der ›Inneren Emigration‹ hatte er nur die äußeren Gattungsmerkmale gemeinsam. Der historische Roman der Exilierten war das Medium, in dem sich die politische Orientierung der Intelligenz als »Kampf zwischen der liberalen und der demokratischen Weltanschauung in der Seele des Volksfrontschriftstellers« vollzog. Politisch und künstlerisch am weitesten fortgeschritten war für ihn der *Henri Quatre*. Hier sah Lukács »den Beginn der Rückkehr zu den Traditionen des klassischen historischen Romans«.

Lukács' Plädoyer für den historischen Roman ist Ausdruck seiner Realismuskonzeption, die er bereits in der Expressionismusdebatte entfaltet hatte und die auf scharfen Widerspruch von Brecht gestoßen war. Die Kontroverse zwischen Lukács und Brecht musste notgedrungen auch am historischen Roman aufbrechen. In seinem Roman *Die Geschäfte des Herrn Julius Cäsar*, an dem Brecht ab 1938, also in Kenntnis der Debatte um den historischen Roman, zu arbeiten begann, entwarf er ein Gegenbild sowohl zum historischen Roman seiner Schriftstellerkollegen (Persiflage des *Neuen Cäsar* von Neumann) wie auch zu der Kanonisierung des Typus durch Lukács. Brecht wollte in seinem *Cäsar*, der Fragment geblieben ist, »nicht Heldentaten im alten Stil« schildern, sondern »Hinweise darauf geben, wie Diktaturen errichtet und Imperien gegründet werden«. Im Aufstieg Cäsars zum Herrscher wollte er die letzten Jahre Hitlers vor der Machtübernahme schildern, in den Kampfrotten Catilinas die SA, in den alten Straßenclubs die Freikorps, in den Fachvereinen die Gewerkschaften. Mit dem drohenden Skla venaufstand wollte er auf die revolutionäre Lage Deutschlands in den letzten Jahren der Weimarer Republik hinweisen. Es ging Brecht also nicht um den »positiven Helden«, den Lukács gefordert hatte, sondern um dessen satirische Demontage. Seinen historisierenden Schriftstellerkollegen hat Brecht sehr ironisch in dem Biographen Caesars ein Denkmal gesetzt, der emsig darum bemüht ist, Einzelheiten über Caesars Privatleben zu recherchieren und die »unzähligen rührenden Züge« von Caesar zu sammeln, um sie der Nachwelt zu präsentieren. Brechts Roman enthält die »doppelte Lehre«: »Der ›wirkliche‹ Cäsar ist, was er in seinen ›Geschäften‹ ist, und: der Darsteller der Geschichte leistet nur dann seine Arbeit, wenn er lernt, diese darzustellen« (K. Schröter).

Antifaschistische Literaturpraxis

Die Auffassung Heinrich Manns, dass die »antifaschistische Literatur [...] in Wirklichkeit die einzige deutsche Literatur« sei, gibt die Selbsteinschätzung vieler exilierter Autoren wieder. Mit einer solchen Gleichsetzung, die natürlich nicht mehr als Wunsch bzw. Programm sein konnte, erhielt die Literatur im Selbstverständnis ihrer Autoren die Aufgabe, den Kampf gegen den Faschismus mit den ihr eigenen Mitteln zu führen: »Die Emigration allein darf Tatsachen und Zusammenhänge aussprechen. Sie ist die Stimme ihres stumm gewordenen Volkes, sie sollte es sein vor aller Welt [...]. Die Emigration wird darauf bestehen, daß mit ihr die größten Deutschen waren und sind und das heißt zugleich: das beste Deutschland« (»Aufgaben der Emigration«, 1934).

Hitler als diabolischer King Kong auf der Weltkugel thronend (Titelblatt der Londoner Ausgabe)

Aus einer solch anspruchsvollen Auffassung resultierte eine doppelte Zielbestimmung der antifaschistischen Literaturpraxis: »Einerseits ging es darum, die Welt vor dem Dritten Reich zu warnen und über den wahren Charakter des Regimes aufzuklären, gleichzeitig aber mit dem ›andern‹, ›besseren‹ Deutschland, dem illegalen, heimlich opponierenden also, in Kontakt zu bleiben und die Widerstandsbewegung in der Heimat mit literarischem Material zu versorgen; andererseits galt es, die große Tradition des deutschen Geistes und der deutschen Sprache, eine Tradition, für die es im Lande ihrer Herkunft keinen Platz mehr gab, in der Fremde lebendig zu halten und durch den eigenen schöpferischen Beitrag zu entwickeln« (Klaus Mann). Diesen beiden unterschiedlichen Funktionen entsprachen verschiedene literarische Verfahrensweisen. Mit dem Anknüpfen an überlieferte bürgerliche Formen wie dem historischen Roman oder dem Gesellschaftsroman versuchten die Autoren, sich in einen Traditionszusammenhang einzuordnen, den sie durch den Faschismus unterbrochen glaubten. Mit operationalen Genres wie Tarnschriften, Radioreden, Flugblättern, Manifesten usw. versuchten sie, den Kampf gegen den Faschismus direkt zu führen. Die unterschiedlichen Aufgaben waren dabei nicht im Sinne der Arbeitsteilung auf verschiedene Autoren verteilt, sondern sie waren in der Literaturpraxis einzelner Autoren häufig miteinander verbunden.

So ist die literarische Praxis von Heinrich Mann zum einen dadurch gekennzeichnet, dass er den bedeutendsten historischen Roman des Exils schrieb, den *Henri Quatre*, in dem er seine Ansichten vom Zustand der Welt und dem Verhalten der Menschen an einem geschichtlichen Beispiel dichterisch zu verdeutlichen und den antifaschistischen Kampf durch ein »wahres Gleichnis« mittelbar zu unterstützen suchte, zum anderen dadurch, dass er sich im Kampf gegen den Fa-

Heinrich Mann

schismus mit einer Fülle von politisch-publizistischen Arbeiten direkt engagierte. Zwischen 1933 und 1945 schrieb Heinrich Mann über 300 Aufsätze, die im Zusammenhang mit seinen rastlosen Bemühungen um ein deutsches Volksfrontbündnis entstanden und z. T. auf illegalem Wege nach Deutschland zur Unterstützung des dortigen Widerstandskampfes eingeschleust werden konnten. Auch sein Bruder Thomas Mann betätigte sich einerseits im traditionellen Sinne als Schriftsteller – im Exil entstanden die biblische Tetralogie *Joseph und seine Brüder* (1933–1943), der historische Roman *Lotte in Weimar* (1938) und der bedeutende Zeitroman *Doktor Faustus* (1947) –, andererseits wirkte er ebenfalls unmittelbar am Kampf gegen Hitler durch zahlreiche Aufsätze und insbesondere durch seine berühmt gewordenen Rundfunkreden mit.

Literatur und Politik   Die antifaschistischen Autoren repräsentieren einen Typus des politischen Schriftstellers, den es in Deutschland vorher nur in Ausnahmefällen und in gesellschaftlichen Umbruchzeiten wie z. B. während des Vormärz gegeben hatte. Die Verbindung von Politik und Literatur ist eine doppelte: Sie zeigt sich zum einen in der Kombination von publizistischem und literarischem Schaffen, zum anderen in dem angestrebten politischen Charakter der literarischen Produktion und der literarischen Qualität der politisch-publizistischen Arbeiten. Die Exilautoren knüpften nicht nur an den historischen Roman der Weimarer Republik an, sondern sie entwickelten auch den traditionellen Gesellschafts- und Zeitroman schöpferisch weiter. Zu nennen sind hier vor allem die Romane *Abschied* (1940) von Johannes R. Becher, *Die Väter* (1943) von Willi Bredel, *Adel im Untergang* (1944) von Ludwig Renn, *Pardon wird nicht gegeben* (1935) und die *November 1918*-Trilogie (entst. 1937–43, ersch. 1948/50) von Döblin, in denen die Auseinandersetzung mit dem Faschismus kompromisslos geführt wurde.

Insbesondere Döblins Roman *Pardon wird nicht gegeben* entwirft ein Spiegelbild der Epoche von 1890 bis 1930, die als Vorbereitungsphase für die faschistische Machtübernahme erscheint. Döblin erzählt unter Benutzung zahlreicher

Moskau 1934 – in der Mitte O. M. Graf, rechts W. Bredel, davor E. Toller

autobiographischer Elemente in stark stilisierter und typisierter Form, die in manchem an seinen Roman *Berlin Alexanderplatz* (1929) erinnert, die Geschichte einer ganzen Generation am Beispiel des Bauernjungen Karl, der aus Grauen vor der Armut seiner Klasse entflieht, in der Stadt und im bürgerlichen Leben Fuß fasst, Fabrikant wird und sich durch das kapitalistische System moralisch und politisch korrumpieren lässt. Eine große Wirtschaftskrise vernichtet die mit viel Mühe errichtete und mit Unmenschlichkeit erkaufte familiäre und ökonomische Existenz. Am Schluss des Romans trifft Karl seinen ehemaligen Jugendfreund Paul, der auf der Seite des Proletariats kämpft und der den Rechtfertigungsbemühungen seines Freundes mit dem lakonischen »Pardon wird nicht gegeben« begegnet: Karl selbst will sich auf die Seite seines Freundes stellen, wird aber bei den Straßenkämpfen, in denen Döblins Erinnerung an die Novemberrevolution von 1918 deutlich nachklingt, erschossen.

Bekannter als Döblins Roman ist Anna Seghers' *Das siebte Kreuz* geworden. Mit diesem Roman, der englisch 1942 und erst 1947 in deutscher Sprache erschien und den »toten und lebenden Antifaschisten Deutschlands« gewidmet ist, wurde die Autorin weltberühmt. Im *Siebten Kreuz*, einem Gegenstück zu dem im Untergrund geschriebenen Roman *Unsere Straße* von Jan Petersen, zeichnet die Autorin ein eindrucksvolles Bild vom Alltag im Dritten Reich und berichtet vom antifaschistischen Widerstandskampf. Die Vertrautheit mit den deutschen Verhältnissen und die differenzierte Bewertung ist angesichts der Tatsache, dass Anna Seghers (1900–1983) seit 1933 im Exil lebte und von direkten Erfahrungen mit den Verhältnissen in Deutschland abgeschnitten war, besonders erstaunlich. Die dem Buch zugrunde liegenden Informationen über den täglichen Faschismus besorgte sich die Autorin aus Zeitungen, Dokumenten, Archivmaterialien und aus zahlreichen Gesprächen und Interviews mit Häftlingen, die aus deutschen Konzentrationslagern geflüchtet waren. Auch von den sieben Kreuzen, die in einem Konzentrationslager für sieben geflohene Häftlinge aufgestellt worden waren und die im Roman zum Symbol des antifaschistischen Widerstandskampfes erhoben sind, erfuhr Anna Seghers durch Berichte. Im Roman wird die Flucht von sieben Häftlingen – nur der Kommunist Georg Heisler kann den Verfolgern entkommen – zu einem Prüfstein, an dem sich die persönliche und politische Moral derjenigen erweist, die mit Georg Heisler in Kontakt kommen. Einige bestehen die Prüfung nicht, andere wiederum entwickeln durch die Begegnung mit dem Flüchtigen eine Form von Solidarität, die über persönliche Interessiertheit hinaus eine politische Qualität gewinnt. Die Volksfrontorientierung der Autorin ist der archimedische Punkt, von dem aus das literarische Material organisiert ist und die Handlungen und Haltungen der Personen beurteilt werden. Weniger bekannt als *Das siebte Kreuz*, das auch verfilmt wurde, ist Seghers' Roman *Transit* (1944), der mit Feuchtwangers *Exil* (1940) zu den bedeutendsten Dokumenten der Exilliteratur gehört. Auch die Romane von Christa Winsloe (*Passagiera*, 1938), Adrienne Thomas (*Reisen Sie ab, Mademoiselle*, 1944) und Irmgard Keun (*Nach Mitternacht*, 1937; *Kind aller Länder*, 1938) erzählen von den Schwierigkeiten des Exilalltags, zugleich aber auch von den Chancen, die in den aufgezwungenen Ortswechseln lagen.

Neben dem historischen Roman und dem Gesellschafts- und Zeitroman erlebte die Publizistik in den zwölf Jahren des Exils einen erheblichen Aufschwung. Zwischen 1933 und 1945 erschienen weit über vierhundert Exilzeitschriften von mehr oder minder langer Lebensdauer. Sie waren Ausdruck der materiellen und ideellen Bedürfnisse der Exilierten, spiegeln zugleich aber auch die Zersplitterung

Anna Seghers

Buchumschlag

Anna Seghers

Zeitschriften des Exils

der Linken, die im Exil sogar noch zunahm. Tucholsky klagte bereits im Sommer 1933 über die Unübersichtlichkeit und Heterogenität der Exilpresse: »Anstatt ein gutes Journal zu gründen, gründet sich jeder seins, und natürlich werden sie alle miteinander eingehen. Es ist sehr schade.« Trotz dieser Zersplitterung waren die Zeitschriften das »beinahe einzige geeignete Mittel, dem Auseinanderbrechen von politischen Gruppen wie der Isolation von Einzelnen entgegenzuwirken. Zeitschriften konnten die von den politischen und materiellen Verhältnissen erzwungene räumliche Trennung überwinden. Ihnen gelang es – wenn auch kaum nach außen, so doch mit beachtlichem Erfolg innerhalb der Emigration –, Öffentlichkeit zu bewahren oder wiederherzustellen. Sie waren nicht nur Ausdruck des Wollens der Herausgeber, sondern in weit stärkerem Maße als in ›normalen‹ Zeiten Instrumente der Selbstverständigung und der Willensbildung unter ihren Lesern. Zeitschriften haben bei der Vorbereitung und Durchsetzung politisch wie kulturell bedeutsamer Bewegungen organisierende Funktionen übernommen, die ihnen unter anderen Bedingungen als denen des Exils kaum zugefallen wären. Sie wirkten als stabilisierendes Element, als geistige Klammer, und sind z. T. selbst zu ›imaginären‹ Zentren geworden« (H. A. Walter).

Exilzeitschriften

Zu den bedeutendsten Exilzeitschriften gehörten die mit der Volksfrontbewegung verbundenen Zeitschriften *Die Neue Weltbühne*, die die von Tucholsky und Ossietzky in der Weimarer Republik herausgegebene *Weltbühne* fortführte, die von Klaus Mann herausgegebene *Sammlung*, die von Anna Seghers, Oskar Maria Graf, Wieland Herzfelde und Jan Petersen herausgegebenen *Neuen Deutschen Blätter* und das von Brecht, Feuchtwanger und Bredel herausgegebene und in Moskau erschienene *Wort*. Herausgeber und Mitarbeiter verstanden ihre publizistische Arbeit als Form des politischen Kampfes: »Wer schreibt, handelt!« Der alte Gegensatz zwischen Wort und Tat, zwischen Dichter und Politiker war im Selbstverständnis der Herausgeber und Beiträger aufgehoben: »In Deutschland wüten die Nationalsozialisten. Wir befinden uns im Kriegszustand. Es gibt keine Neutralität. Für niemand. Am wenigsten für den Schriftsteller. Auch wer schweigt, nimmt teil am Kampf. Wer, erschreckt und betäubt von den Ereignissen, in ein nurprivates Dasein flieht, wer die Waffe des Wortes als Spielzeug oder Schmuck verwendet, wer abgeklärt resigniert – der verdammt sich selbst zu sozialer und künstlerischer Unfruchtbarkeit und räumt dem Gegner das Feld.« Von vornherein war der Literaturbegriff so weit gefasst, dass nicht nur »Pamphlet, Anklage, Aufschrei« in den Zeitschriften Aufnahme fanden, sondern »Literatur jeglicher Art«, d. h. auch Literatur, die die Epochenerfahrung in traditionellen Formen literarisch zu erfassen versuchte. »Gerade dadurch wollen wir vor der Weltöffentlichkeit beweisen, dass nicht zufällig fast alle Vertreter des literarischen Deutschland entschiedene Gegner des ›Dritten Reiches‹ sind« (*Das Wort*). Die antifaschistische Exilpresse hat eine nicht zu unterschätzende Funktion im Selbstverständigungsprozess der Exilierten gehabt, die erhoffte Aufklärung der Weltöffentlichkeit über den Faschismus in Deutschland und die angestrebte Unterstützung des Widerstandskampfes im Dritten Reich wurden jedoch nur in Ansätzen erreicht. »Einen sichtbaren politischen Erfolg hatten die Exilzeitschriften […] nicht. Sie sind zu wichtigen und bleibenden Dokumenten einer ohnmächtigen Opposition geworden« (H. A. Walter).

Wieland Herzfelde

Aufklärung der Weltöffentlichkeit

Unmittelbar zur Unterstützung der Widerstandsbewegung in Deutschland gedacht waren die oft auf abenteuerliche Weise eingeschleusten Tarnschriften, von denen bislang weit über fünfhundert bekannt geworden sind. Unter Tarnschriften versteht man Druckerzeugnisse, »die unter einem harmlosen, unverfänglichen

Umschlagtitel, zum Teil mit fingiertem Impressum (Verlag, Drucker, Druckort und -jahr) als Absicherung gegen polizeilichen Zugriff und zum Schutze der Verbreiter und Leser antifaschistische Schriften enthielten« (H. Gittig). Diese Tarnschriften wurden, nach der Aushebung der in den Anfangsjahren nationalsozialistischer Herrschaft noch bestehenden illegalen Druckereien durch die Gestapo, im Ausland hergestellt und zumeist in einer relativ hohen Auflage von bis zu zehntausend Exemplaren ins Reich geschmuggelt und dort von Widerstandsgruppen weiterverteilt. So wurde Brechts Aufsatz »Fünf Schwierigkeiten beim Schreiben der Wahrheit« unter dem ironisch-beziehungsreichen Titel »Praktischer Wegweiser für Erste Hilfe« bzw. als »Satzungen des Reichsverbandes Deutscher Schriftsteller« nach Deutschland eingeschleust. Thomas Manns Briefwechsel mit der Universität Bonn aus dem Jahre 1937 war als »Briefe deutscher Klassiker« getarnt, ein Auszug von Renns antifaschistischem Roman *Krieg* wurde gar unter dem Namen des faschistischen Autors Werner Beumelberg nach Deutschland geschmuggelt. Von Heinrich Mann gelangten über dreißig Aufsätze und eine große Anzahl von Aufrufen und Flugblättern nach Deutschland. Wie diese Tarnschriften im Reich wirkten, ist zum Teil belegt; so kursierten beispielsweise Abschriften von Heinrich Manns Reden in verschiedenen Konzentrationslagern. Sogar eine umfangreiche Anthologie der Exilliteratur erschien 1935 unter dem Titel *Deutsch für Deutsche* in Leipzig. Sie war herausgegeben von der Pariser Sektion des SDS und enthielt u. a. Gedichte von Brecht, Becher, Weinert; Kurzprosa von Seghers, Feuchtwanger, Graf, Bredel, Scharrer; Essays von Klaus und Heinrich Mann, Toller u. a.

Umschlag einer
Tarnschrift

Eine andere Form, direkt auf die deutsche Bevölkerung einzuwirken, stellen die über den Rundfunk verbreiteten Reden von Schriftstellern dar. Über den berühmten Freiheitssender 29.8. verbreitete Heinrich Mann flammende Aufrufe an das deutsche Volk: »Versäumt die Stunde nicht! Noch könnt ihr aufstehen gegen diese verworfenen Peiniger aller Völker! Sabotiert seinen Krieg! Werft Hitler nieder!« Auch Thomas Mann versuchte, die deutsche Bevölkerung in seinen *Fünfundfünfzig Radiosendungen nach Deutschland*, die von Oktober 1940 bis zur Kapitulation im Mai 1945 jeden Monat von dem englischen Sender BBC nach Deutschland ausgestrahlt wurden, zum Widerstand gegen den Faschismus aufzurufen. In seinen *Ansprachen an deutsche Hörer*, wie der offizielle Titel der Sendereihe hieß, gab Thomas Mann politische Kommentare zum Zeit- und Kriegsgeschehen, in denen er den verbrecherischen Charakter des Faschismus aufdeckte, seine notwendige Niederlage begründete und an die humanistischen Gegenkräfte seiner Hörer appellierte. Die Indienstnahme von Massenkommunikationsmitteln wie dem Radio war ein von den Verhältnissen erzwungener Ausbruch des Schriftstellers aus der Esoterik der traditionellen Buchproduktion, die, verglichen mit dem Rundfunk, nur eine verschwindend kleine literarische Elite des Volkes erreichte und den Faschismus massenwirksam nicht bekämpfen konnte.

Freiheitssender

Bertolt Brecht verfasste satirische Gedichte für den deutschen Freiheitssender (»Was der Führer nicht weiß«; »Wörter, die der Führer nicht hören kann«; »Die Sorgen des Kanzlers«; »Dauer des Dritten Reiches« usw.). Überhaupt spielte die Lyrik als eine operational eingesetzte Literaturform eine große Rolle für die Schriftsteller des Exils. Das politische Gedicht, d. h. das Gedicht, das ursprünglich politisch gemeint war und dem Kampf gegen den Nationalsozialismus dienen sollte, stellt einen Gegentypus zum Naturgedicht der ›Inneren Emigration‹ dar, das nur mittelbar eine politische Funktion erfüllen konnte. Brecht hatte die sich als reine, unpolitisch ausgebende Lyrik bürgerlicher Autoren, die die Tradition

»Was der Führer nicht weiß«

von Rilke, George und Hofmannsthal aufnahmen, bereits in der Weimarer Republik scharf attackiert und als verwerflich abgetan, insofern sie seiner Meinung nach politische Verbrechen verklärte bzw. rechtfertigte (»Ach, vor eure in Dreck und Blut versunkene Karren/ Haben wir noch immer unsere großen Wörter gespannt!«), oder aber sie als desorientierend und schädlich bezeichnet, insofern sie den Lesern ein bloß kulinarisches Vergnügen bereitete, sie von den Problemen der Gegenwart ablenkte und politisch wehrlos machte (»Wir haben die Wörter studiert und gemischt wie Drogen/ Und haben nur die besten und allerstärksten verwandt/ Die sie von uns bezogen, haben sie eingesogen/ Und waren wie Lämmer in eurer Hand«). In seinem Gedicht »Schlechte Zeit für Lyrik« hat Brecht das Dilemma des lyrischen Dichters angesichts der politischen Konstellation seiner Zeit benannt: »In mir streiten sich/ Die Begeisterung über den blühenden Apfelbaum/ Und das Entsetzen über die Reden des Anstreichers/ Aber nur das zweite/ Drängt mich zum Schreibtisch.«

»Schlechte Zeit für Lyrik«

Der Anstoß, Gedichte zu schreiben, lag für Brecht und andere Lyriker des Exils, wie Weinert und Becher, in dem »Entsetzen« über den Faschismus und in dem Wunsch, diesem Entsetzen Ausdruck zu verleihen, die Leser aufzurütteln und zu aktivieren. Dies konnte jedoch ihrer Meinung nach nur durch Gedichte geschehen, in denen aktuelle Probleme direkt zum Thema gemacht wurden und die so strukturiert waren, dass sie auf die Leser aufklärend wirken konnten. In argumentierenden und beschreibenden Lehrgedichten (z. B. »Was nützt uns die Güte?«, »Fragen eines lesenden Arbeiters«, »An die Nachgeborenen«) und vor allem in satirischen Gedichten hat Brecht versucht, eine Form von politischer Lyrik zu entwickeln, die eine qualitativ neue Stufe in ihrer Geschichte darstellt. Die *Svendborger Gedichte* (1939) aus dem dänischen Exil enthalten eine Fülle von Themen, Motiven und lyrischen Formen. Neben politisch-operativen Satiren, Balladen und weltanschaulich-politischen Lehrgedichten stehen lyrische Selbstdarstellungen, in denen der gesellschaftliche Zusammenhang jedoch immer präsent ist. Auch die Liebesgedichte Brechts sind Beiträge zu einer Form des freundlichen und menschlichen Umgangs miteinander, der in den ›finstren Zeiten‹ des Faschismus zwangsläufig verschüttet wurde.

Heimweh nach dem besseren Deutschland

Mehr dem traditionellen Typus von politischer Lyrik entsprachen die Gedichte von Erich Weinert, die dieser vor allem im Zusammenhang mit dem Spanischen Bürgerkrieg schrieb (*Camaradas*, 1947), und von Johannes R. Becher, in denen die klassischen Traditionen des politischen Gedichts wieder aufgenommen wurden. Mit seinen »Tränen des Vaterlands« und »Anno 1937« knüpfte Becher bewusst an das Gryphius-Sonett »Tränen des Vaterlands« an. Becher schrieb auch Naturgedichte, die wie Bertolt Brechts Naturgedichte (»Frühling«, »Vom Sprengen des Gartens«, »Der Pflaumenbaum«) Artikulationen des Heimwehs nach Deutschland sind, dessen Landschaft sich die Autoren weiterhin verbunden fühlten.

Die besondere Rolle Bertolt Brechts

Für die Exilliteratur war Brecht (1898–1956) nicht nur als Lyriker, Prosaist und Dramatiker, sondern auch als Literaturtheoretiker von besonderer Bedeutung. Dass seine große Produktivität auch nach 1933 ungebrochen blieb, war auch ein Verdienst der Frauen, die mit ihm ins Exil gingen, ihm die Mühen des Alltags fernhielten und Bett und Schreibtisch mit ihm teilten. Helene Weigel, die seit

1927 zahlreiche Frauenrollen in Brechts Stücken verkörpert hatte und 1929 dessen Ehefrau geworden war, trug als »jüdische Frau« in *Furcht und Elend des Dritten Reiches* maßgeblich zum Erfolg des Stückes im Exil bei. Nach der Rückkehr in die damalige SBZ hat sie zusammen mit Brecht das »Berliner Ensemble« zu einer der wichtigsten Theaterstätten in Deutschland gemacht. Elisabeth Hauptmann hatte Brecht ebenfalls bereits in der Weimarer Republik kennen gelernt. Sie war u. a. an der *Dreigroschenoper* beteiligt, arbeitete mit an der New Yorker Aufführung der *Mutter* 1935 und wurde nach dem Zweiten Weltkrieg Mitarbeiterin am »Berliner Ensemble« und Herausgeberin der Werke Brechts. Unverzichtbar für Brecht war auch Margarete Steffin, die Brecht bei den Vorbereitungen zu einer *Roten Revue* begegnet war und in der Aufführung der *Mutter* (1927) das Dienstmädchen gespielt hatte. In seinem Gedicht »Die gute Genossin M. S.« hat Brecht ihr ein Denkmal gesetzt. An *Puntila* und *Arturo Ui* war sie nach Brechts Aussage ebenso beteiligt wie an zahlreichen anderen Werken. Ihr Tod in Moskau 1941 traf Brecht tief, wie das Gedicht »Nach dem Tod meiner Mitarbeiterin M. S.« zeigt. Ruth Berlau stieß dagegen erst im Exil zum Brecht-Kreis. Sie trat als Rezitatorin seiner Gedichte auf, sorgte für Inszenierungen seiner Dramen und der *Svendborger Gedichte* und war als Gesprächspartnerin am Entstehen vieler Stücke und Filmprojekte beteiligt. In *Meti*, das erst nach seinem Tod herauskam, hat Brecht die Beziehung zwischen sich und Berlau auf eine allgemeine philosophische Ebene gehoben: »Den Besten gelingt es, ihre Liebe in völligen Einklang mit anderen Produktionen zu bringen; dann wird ihre Freundlichkeit zu einer allgemeinen, ihre erfinderische Art zu einer vielen nützlichen, und sie unterstützen alles Produktive.«

Das »Produktive« stand auch im Mittelpunkt der zahlreichen Arbeitsbeziehungen, die Brecht vom Anfang bis zum Ende seiner Karriere zu Männern aus den unterschiedlichsten Milieus hatte: Caspar Neher, Lion Feuchtwanger, George Grosz, Carl Zuckmayer, Paul Hindemith, Kurt Weill, Walter Benjamin, Hanns

Lion Feuchtwanger und
Bertolt Brecht in Paris
1935

Eisler, Paul Dessau und viele andere bedeutende Künstler haben kurz- oder langfristig der »Brecht-Company« (Fuegi: *Brecht & Co*, 1994) angehört, die jene Werke geschaffen hat, die den Weltruhm Brechts begründen sollten. Brecht selbst hat sich nicht als ein genialer Autor, sondern stets als ein Produzent verstanden, für den alles – die Werke der literarischen Tradition, die ihn umgebenden Menschen und seine eigene wechselnde Befindlichkeit – zum »Material« wurde, das er literarisch und politisch funktionalisierte, wobei im Exil der »antifaschistische Kampf« die höchste Priorität hatte.

»Die Rohheit kommt nicht von der Rohheit«

In seiner Analyse und Einschätzung des Regimes in Deutschland zeigte sich Brecht den meisten anderen Exilautoren ebenso überlegen wie in der Entwicklung neuer literarischer Formen, die er »von den Bedürfnissen des antifaschistischen Kampfes« ableitete und nicht von einem abstrakten Realismusbegriff, wie dies Lukács getan hatte: »Über literarische Formen muß man die Realität befragen, nicht die Ästhetik, auch nicht den Realismus. Die Wahrheit kann auf viele Arten verschwiegen werden und auf viele Arten gesagt werden. Wir leiten unsere Ästhetik wie unsere Sittlichkeit von den Bedürfnissen unseres Kampfes ab.« Die Faschismusanalyse, niedergelegt in den *Aufsätzen über den Faschismus* (1933–39), war Ausgangspunkt für seine literarische Theorie und Praxis. Gegen die Sicht bürgerlicher Intellektueller, die im Faschismus nur die allgemeine Verwilderung und Verrohung der Menschen in der modernen Zivilisation sahen, setzte Brecht eine materialistische Erklärung: »Die Roheit kommt nicht von der Roheit, sondern von den Geschäften, die ohne sie nicht mehr gemacht werden können. [...] Viele von uns Schriftstellern, welche die Greuel des Faschismus erfahren und darüber entsetzt sind, haben diese Lehre noch nicht verstanden, haben die Wurzel der Roheit, die sie entsetzt, noch nicht entdeckt. Es besteht immerfort bei ihnen die Gefahr, daß sie die Grausamkeiten des Faschismus als unnötige Grausamkeiten betrachten.« Brecht verstand den Nationalsozialismus als deutsche Spielart des Faschismus. »Der Faschismus ist eine historische Phase, in die der Kapitalismus eingetreten ist, insofern etwas Neues und zugleich Altes. Der Kapitalismus existiert in faschistischen Ländern nur noch als Faschismus und der Faschismus kann nur bekämpft werden als nacktester, frechster, erdrückendster und betrügerischster Kapitalismus.« Die Autoren, die gegen den Faschismus waren, ohne gegen den Kapitalismus zu sein, verglich Brecht mit Leuten, »die ihren Anteil vom Kalb essen wollen, aber das Kalb soll nicht geschlachtet werden. Sie wollen das Kalb essen, aber das Blut nicht sehen. Sie sind zufriedenzustellen, wenn der Metzger die Hände wäscht, bevor er das Fleisch aufträgt. Sie sind nicht gegen die Besitzverhältnisse, welche die Barbarei erzeugen, nur gegen die Barbarei. Sie erheben ihre Stimme gegen die Barbarei, und sie tun das in Ländern, in denen die gleichen Besitzverhältnisse herrschen, wo aber die Metzger noch die Hände waschen, bevor sie das Fleisch auftragen«. Mit seinen Werken wollte er die Gleichgültigkeit und die Lethargie, die viele Menschen angesichts der Gräuel in Deutschland befallen hatte, aufbrechen.»Als wir zum ersten Male berichteten, daß unsere Freunde geschlachtet wurden, gab es einen Schrei des Entsetzens und viele Hilfe. Da waren hundert geschlachtet. Als aber tausend geschlachtet waren und dem Schlachten kein Ende war, breitete sich Schweigen aus, und es gab nur mehr wenig Hilfe. [...] So also ist es. Wie ist dem zu steuern? Gibt es keine Mittel, den Menschen zu hindern, sich abzuwenden von Greueln? Warum wendet er sich ab? Er wendet sich ab, weil er keine Möglichkeit des Eingreifens sieht. Der Mensch verweilt nicht bei dem Schmerz eines andern, wenn er ihm nicht helfen kann.« Angesichts einer solchen Situation erhielt die Literatur die Aufgabe, den Leserin-

John Heartfield: Der Sinn des Hitler-Grußes

Faschismus und Kapitalismus in der Analyse Brechts

nen und Lesern Möglichkeiten des Eingreifens aufzuzeigen, sie aus der passiven Rolle des Mitleidenden herauszuführen und zum verändernden Handeln zu aktivieren. Um die Ursachen der Gräuel aufzudecken und Perspektiven zur Überwindung zu vermitteln, brauchte der Schriftsteller nach Brechts Meinung vor allem Kenntnisse: »Außer der Gesinnung sind erwerbbare Kenntnisse nötig und erlernbare Methoden. Nötig ist für alle Schreibenden in dieser Zeit der Verwicklungen und der großen Veränderungen eine Kenntnis der materialistischen Dialektik, der Ökonomie und der Geschichte. Sie ist aus Büchern und durch praktische Anleitung erwerbbar, wenn der nötige Fleiß vorhanden ist.« Brecht selbst hatte sich bereits während der Weimarer Republik intensiv mit dem Marxismus beschäftigt. Seine *Heilige Johanna der Schlachthöfe* (1927) und vor allem seine während des Exils geschriebenen Stücke zeigen, wie produktiv sich die kritische Aneignung des Marxismus und der dialektischen Methode auf Brechts künstlerisches Schaffen ausgewirkt hat.

In dem Lehrstück *Die Rundköpfe und die Spitzköpfe*, das er bereits Anfang der 30er Jahre als Bearbeitung von Shakespeares *Maß für Maß* begonnen hatte, aber unter dem Eindruck der nationalsozialistischen Machtübernahme und des Exils neu bearbeitete und 1934 abschloss, versuchte Brecht, die Funktion der Rassenpolitik für den Nationalsozialismus aufzudecken. Brecht verstand die Rassenverfolgung der Nationalsozialisten, die sich bereits lange vor 1933 programmatisch angekündigt hatte, als politisches Täuschungsmanöver, mit dem von den bestehenden Klassengegensätzen und der schweren ökonomischen Krise abgelenkt werden sollte. Brecht unterschied sich damit deutlich von Autoren wie Ferdinand Bruckner, in dessen Stück *Die Rassen* (1933) die Ursachen für die nazistische Rassenpolitik als »Gespensterkampf« im mystischen Dunkel verblieben, oder Walter Hasenclever, in dessen Lustspiel *Konflikt in Assyrien* (1938) der Antisemitismus ironisch attackiert wurde. Übereinstimmungen zeigen sich jedoch mit einem Autor wie Friedrich Wolf, der mit seinem *Professor Mamlock* (1934) ebenfalls den faschistischen Rassenwahn zum Thema machte und den Faschismus dabei als Ganzes angriff. Mit einer solchen Auffassung hatte Brecht die Gefährlichkeit der nationalsozialistischen ›Rassentheorie‹, die zur Ausrottung von sechs Millionen Juden führte, aber in fast fahrlässig zu nennender Weise unterschätzt. Brecht hat dies auch später angesichts der Massenmorde an den Juden selbst erkannt und sich von dem Stück distanziert.

In dem Lehrstück *Der aufhaltsame Aufstieg des Arturo Ui* (1941) hat Brecht den Zusammenhang zwischen Faschismus und Kapitalismus noch einmal in Form einer Polit-Parabel zum Thema gemacht. Der Aufstieg der Nationalsozialisten ist in das Al-Capone-Milieu Chicagos verlegt. Schon in der *Heiligen Johanna der Schlachthöfe* hatte Brecht kapitalistisches Geschäftsgebaren in Chicago angesiedelt. Mit dieser Verlagerung wollte Brecht, wie er in seinen Anmerkungen zum *Arturo Ui* schreibt, »der kapitalistischen Welt den Aufstieg Hitlers dadurch erklären, daß er in ein ihr vertrautes Milieu versetzt wurde«, zugleich aber auch auf die strukturelle Analogie zwischen Faschismus und organisiertem Gangstertum aufmerksam machen, auf die auch Theoretiker wie Max Horkheimer hingewiesen haben. Stärker noch als *Die Rundköpfe und die Spitzköpfe* ist der *Arturo Ui* ein politisches Schlüsselstück, in dem die Hauptakteure der deutschen Politik von 1929 bis 1938 und die Hauptstationen der faschistischen Machtergreifung und -sicherung »verfremdet« in einer »großen historischen Gangsterschau« (Prolog) vorgeführt werden. In der Zusammenarbeit der Führer des Karfiol-Trusts mit dem Gangsterchef Arturo Ui wird die Verbindung zwischen deutschen Wirtschaftskrei-

Lehrstück über Rassismus

Lehrstück über den Faschismus

sen und den Nationalsozialisten sinnfällig gemacht. Nicht nur die »Gangstermethoden« der Nationalsozialisten, sondern auch die Interessen von Wirtschaft und Industrie an der faschistischen Machtergreifung werden aufgedeckt. Der gegen Brecht oft erhobene Vorwurf, dass er durch die Verlagerung des Geschehens ins Gangstermilieu die Geschichte unzulässig vereinfacht und insbesondere den terroristischen Charakter des faschistischen Regimes bagatellisiert habe, trifft eine tatsächliche Schwäche des Stücks, die mit dem Typus des Genres zusammenhängt. Der Parabelcharakter des Lehrstücks zwang zu Vereinfachungen. Komplizierte Gesellschaftszusammenhänge wie die zwischen Faschismus und Rassismus in den *Rundköpfen und Spitzköpfen* und zwischen Faschismus und Kapitalismus im *Arturo Ui* waren mit der Form des Lehrstücks nicht in allen Feinheiten zu erfassen.

Grenzen des Lehrstücks   Brecht hat die Grenzen des Lehrstücks deutlich gesehen und während des Exils auch mit anderen dramatischen Formen experimentiert, ohne dabei jemals auf den Lehrcharakter seiner Stücke zu verzichten. In der Szenenfolge *Furcht und Elend des Dritten Reiches* (1935–38) hat er vierundzwanzig Szenen (in der endgültigen Fassung) aus dem faschistischen Alltag zu einer »Gestentafel«, wie er das Stück selbst nannte, montiert. Darin geht es nicht in erster Linie um die Aufdeckung politökonomischer und historischer Zusammenhänge wie in den Lehrstücken, sondern um eine Sozialpsychologie des Faschismus. Brecht zeigt, wie der Faschismus in alle Bereiche des Lebens eindringt und die zwischenmenschlichen Beziehungen vergiftet und zerstört. Anlässlich der Uraufführung in Paris hat Walter Benjamin gerade auf diese sozialpsychologische Seite von Brechts Faschismuskritik hingewiesen: »Jeder dieser kurzen Akte weist eines auf: wie unabwendbar die Schreckensherrschaft, die sich als Drittes Reich vor den Völkern brüstet, alle Verhältnisse zwischen Menschen unter die Botmäßigkeit der Lüge zwingt. Lüge ist die eidliche Aussage vor Gericht (›Rechtsfindung‹); Lüge ist die Wissenschaft, welche Sätze lehrt, deren Anwendung nicht gestattet ist (›die Berufskrankheit‹); Lüge ist, was der Öffentlichkeit zugeschrieben wird (›Volksbefragung‹); und Lüge ist, was dem Sterbenden in die Ohren geflüstert wird (›Die Bergpredigt‹). Lüge ist es, die mit hydraulischem Druck in das gepresst wird, was sich in der letzten Minute ihres Zusammenlebens Gatten zu sagen haben (›Die jüdische Frau‹); Lüge ist die Maske, die selbst das Mitleid anlegt, wenn es noch ein Lebenszeichen zu geben wagt (›Dienst am Volke‹).« In den einzelnen Szenen, die Brecht nach eigener Aussage aus »Augenzeugenberichten und Zeitungsnotizen« konzipiert hatte und unter denen die vier Einakter *Das Kreidekreuz*, *Rechtsfindung*, *Die jüdische Frau* und *Der Spitzel* besondere Berühmtheit erlangt haben, entlarvt Brecht vor allem das Versagen der bürgerlichen Intelligenz angesichts des Faschismus, aber auch die Schwäche des Kleinbürgertums und der Arbeiterschaft. Das in den einzelnen Szenen dargestellte, oft nur schlaglichtartig angedeutete Einzelschicksal erscheint in der montierten Szenenfolge als Massenschicksal, der gesellschaftliche Gesamtzusammenhang stellt sich in der Rezeption des Zuschauers her.

Brecht auf dem Weg zum   Formen des Lehrtheaters sind auch die Exildramen *Der gute Mensch von Se*
epischen Theater   *zuan* (1938–42), *Mutter Courage und ihre Kinder* (1939), *Herr Puntila und sein Knecht Matti* (1940) und *Das Leben des Galilei* (1938/44–45/53), die den Weltruhm von Brecht begründeten und ihn zum ›modernen Klassiker‹ machten. Mit diesen Stücken schuf Brecht eine Form des politischen Theaters, in dem Nutzen und Vergnügen eine dialektische Einheit bilden: »Das Theater bleibt Theater, auch wenn es Lehrtheater ist, und soweit es gutes Theater ist, ist es auch amü-

Szene aus *Mutter Courage*

sant.« Brechts Theorie des epischen Theaters, die er vor allem während der Exilzeit entwickelte und nach dem Krieg im Kleinen Organon für das Theater (1949) noch einmal übersichtlich zusammenfasste, geht aus von dem Gegensatz zwischen »Vergnügungstheater« und »Lehrtheater«. Diesen Gegensatz versuchte Brecht mit den Formeln »dramatisch« und »episch« zu fassen. Das moderne epische Lehrtheater, das Brecht forderte und in seiner Theaterarbeit zu verwirklichen suchte, unterscheidet sich vom dramatischen Theater vor allem dadurch, dass sich die Zuschauer nicht länger in die dramatischen Personen kritiklos und praktisch folgenlos einfühlen, sondern sich kritisch gegenüber dem Dargestellten auf der Bühne verhalten sollen. Diese kritische Haltung, die Brecht für die Voraussetzung dafür hielt, dass der Zuschauer die Lehre des Theaters in gesellschaftliche Handlung und Veränderung umsetzte, sollte durch Verfremdung des Dargestellten erreicht werden. »Eine verfremdende Abbildung ist eine solche, die den Gegenstand zwar erkennen, ihn aber doch zugleich fremd erscheinen läßt.« Bei diesem »Verfremdungseffekt« handelt es sich um ein dramaturgisches Mittel, das *Verfremdungseffekt* schon im mittelalterlichen und im asiatischen Theater angewendet wurde, dort aber mit dem Ziel, »das Abgebildete dem Eingriff des Zuschauers zu entziehen«, während es Brecht gerade darauf ankam, den dargestellten Vorgängen auf der Bühne »den Stempel des Vertrauten« zu nehmen, »der sie vor dem Eingriff bewahrt«, dem Zuschauer durch die Verfremdung also zum Eingriff und zur Veränderung Mut zu machen. Mit dem Mittel der Verfremdung hatte Brecht bereits in seinen frühen Stücken, so in der Dreigroschenoper (1927/28) und in den Lehrstücken der 20er Jahre experimentiert; in den Exildramen gewinnt dieses Mittel jedoch eine neue Qualität. Die Frage, worin eigentlich die Lehre eines Stückes bestehen kann oder soll, stellt sich für Brecht nach 1933.

Die gegenüber den Lehrstücken modifizierte Lehrkonzeption der Exilstücke wird besonders deutlich in *Mutter Courage und ihre Kinder* (1941). Mutter Courage bleibt auch angesichts der Gräuel des Krieges, durch die sie ihre Existenz und ihre Kinder verliert, unbelehrbar. Gerade aus ihrer Unbelehrbarkeit soll der Zuschauer lernen. Auch dem Stück *Der gute Mensch von Sezuan* liegt ein sehr differenziertes Verständnis von Lehrtheater zugrunde. Thema des Stücks sind, wie auch in *Herr Puntila und sein Knecht Matti* (1940), die antagonistischen Lebensverhältnisse innerhalb der kapitalistischen Gesellschaft, die den Menschen, entgegen seinem Wunsch, nicht gut sein lassen. Die gute Shen Te musste sich, um zu überleben, in den skrupellosen Shui Ta verwandeln. Dabei ist der Konflikt von Shen Te/Shui Ta nicht eine zufällige persönliche Konstellation, sondern von allgemeiner Bedeutung und Aussagekraft. Brecht dringt mit diesem Stück in das »soziale Getriebe der Welt« ein, indem er, wie er selbst gefordert hat, »Charaktere und Vorgänge als historische und veränderliche« und »widersprüchliche« darstellt und damit den Zuschauern Möglichkeiten zur Veränderung der Wirklichkeit aufzeigt. Das Schicksal erscheint nicht als etwas Unabwendbares, dem menschlichen Eingriff Entzogenes; Brecht versucht vielmehr deutlich zu machen, »daß dem Menschen sein Schicksal vom Menschen bereitet wird«.

Galilei als Wissenschaftler in der Entscheidung

Höhepunkt des neuen politischen Lehrtheaters ist der *Galilei*. In einer ersten Textfassung von 1938 hatte Brecht den Galilei als listigen Kämpfer gegen die Inquisition konzipiert, der sich mit seinem Widerruf den Machthabern nur scheinbar beugt, in Wirklichkeit aber mit seinem trotzigen »Und sie bewegt sich doch« seine Arbeit unbeirrbar fortsetzt und insofern als Symbolfigur für die Intellektuellen unter dem Faschismus gelten konnte. Ziel Brechts war es zu zeigen, wie die Wahrheit auch unter den Bedingungen einer Diktatur verbreitet werden konnte. Brecht selbst erschien diese Konzeption – ähnlich rechtfertigten die Autoren ihr Verhalten in der ›Inneren Emigration‹ – schon während der Arbeit am Stück problematisch, die Moral hielt er für »zu flach und zu billig«. Bereits in der fertig gestellten ersten Textfassung erschien Galilei nicht mehr, wie ursprünglich geplant, als exemplarische Widerstandsfigur, aber immer noch als Kämpfer für die wissenschaftliche Erkenntnis und deren Verbreitung. Unterschieden wurde zwischen dem subjektiven Versagen Galileis und dem objektiven Nutzen seiner wissenschaftlichen Forschung. Die positiven Seiten Galileis wurden durch die Darstellung seines ›Verrats‹ eingeschränkt; Galilei erscheint als faszinierende, widersprüchliche Gestalt.

»Große Bombe«

Als mit dem Abwurf der ersten Atombombe über Hiroshima 1945 die Menschheit in das Atomzeitalter eintrat, überdachte Brecht die ursprüngliche Galilei-Konzeption neu: »Das ›atomarische Zeitalter‹ machte sein Debüt in Hiroshima in der Mitte unserer Arbeit. Von heute auf morgen las ich die Biographie des Begründers der neuen Physik anders. Der infernalische Effekt der Großen Bombe stellte den Konflikt des Galilei mit der Obrigkeit seiner Zeit in ein neues, schärferes Licht.« Galileis Widerruf wird in der überarbeiteten Fassung von 1944/45 zum Verrat an der Wissenschaft und der Menschheit. Aus dem listigen Kämpfer für die Wahrheit wird der verbrecherische Wissenschaftler, der seine Erkenntnisse der Herrschenden ausliefert. Die Verantwortlichkeit des Wissenschaftlers für die Ergebnisse seiner Forschungen wird zum Kernproblem des Stücks. In der zweiten Version wird das menschliche und gesellschaftliche Versagen Galileis mit allen

Schärfe herausgearbeitet. Galilei selbst erkennt in einem Gespräch mit seinem Schüler Andrea seine Schuld sehr deutlich: »Ich hatte als Wissenschaftler eine einzigartige Möglichkeit. In meiner Zeit erreichte die Astronomie die Marktplätze. Unter diesen ganz besonderen Umständen hätte die Standhaftigkeit eines Mannes große Erschütterungen hervorrufen können. Hätte ich widerstanden, hätten die Naturwissenschaften etwas wie den hippokratischen Eid der Ärzte entwickeln können, das Gelöbnis, ihr Wissen einzig zum Wohle der Menschheit anzuwenden! Wie es nun steht, ist das höchste, was man erhoffen kann, ein Geschlecht erfinderischer Zwerge, die für alles gemietet werden können.« Gegen seinen Schüler Andrea, der seinen Lehrer entlasten möchte, hält Galilei an der gesellschaftlichen Verantwortung des Wissenschaftlers, die er selbst durch seinen Widerruf und sein Verhalten verraten hatte, fest: »Wenn Wissenschaftler, eingeschüchtert durch selbstsüchtige Machthaber, sich damit begnügen, Wissen um des Wissens willen aufzuhäufen, kann die Wissenschaft zum Krüppel gemacht werden, und eure neuen Maschinen mögen nur neue Drangsale bedeuten. Ihr mögt mit der Zeit alles entdecken, was es zu entdecken gibt, und euer Fortschritt wird doch nur ein Fortschreiten von der Menschheit weg sein. Die Kluft zwischen euch und ihr kann eines Tages so groß sein, daß euer Jubelschrei über irgendeine neue Errungenschaft von einem universalen Entsetzensschrei beantwortet werden könnte.« In dem Stück bekämpft Brecht die Auffassung von Wissenschaftlern, die sich und ihre angeblich ›reine‹ Wissenschaft von der politischen Verantwortung entbunden glauben: »Die Bourgeoisie isoliert im Bewußtsein des Wissenschaftlers die Wissenschaft, stellt sie als autarke Inseln hin, um sie praktisch mit ihrer Politik, mit ihrer Wirtschaft, ihrer Ideologie verflechten zu können. Das Ziel des Forschers ist ›reine‹ Forschung, das Produkt der Forschung ist weniger rein. Die Formel $E = m \cdot c^2$ ist ewig gedacht, an nichts gebunden. So können andere die Bindung vornehmen: die Stadt Hiroshima ist plötzlich sehr kurzlebig geworden. Die Wissenschaftler nehmen für sich in Anspruch die Unverantwortlichkeit der Masch oinen« (Anmerkungen zum *Galilei*).

Physiker – Todesengel des 20. Jahrhunderts?

Die Probe mit dem Kreidekreis (Berliner Ensemble 1954)

Die Lehren aus dem Exil   Wie kaum ein anderer Autor seiner Zeit stellte sich Brecht mit seiner literarischen Produktion auf die Bedürfnisse des Exils ein und zog Konsequenzen für Inhalt und Form seiner dramatischen Produktion. Hatte in der ersten Fassung des *Galilei* der Schwerpunkt noch auf dem Widerstandscharakter der Figur gelegen, um dem Kampf gegen die Hitlerdiktatur eine historische Parallele zu geben, so lag der Schwerpunkt der zweiten Fassung auf der Problematik von Wissenschaft in der modernen Gesellschaft, die sich für Brecht durch Hiroshima in aller Schärfe stellte. Die Wissenschaftsproblematik wird dabei nicht als metaphysisches Problem gefasst, sondern gesellschaftskritisch gewendet. Insofern setzte Brecht mit seinem *Galilei* seine kritische Haltung gegenüber dem Kapitalismus, die er in seinen anderen Exildramen vor allem als Faschismuskritik formuliert und thematisch gestaltet hatte, auf einer neuen Ebene fort.

Deutsche Literatur nach 1945

»Als der Krieg zu Ende war«

Die bedingungslose Kapitulation am 8. Mai 1945 schien ganz Deutschland in ein politisch-kulturelles Vakuum zu führen. Mit dem Ende der zwölfjährigen Herrschaft der Nationalsozialisten brach zugleich ein riesiges, vielfältig in sich verschlungenes Ideologie- und Propagandagebäude zusammen, der Traum von einem ›Dritten‹, einem Tausendjährigen Reich, der Glaube an Allmacht und Allgewalt des ›Führers‹, das Bewusstsein einer germanisch-deutschen Überlegenheit über

Endzeitstimmung

A. Paul Weber:
»Die Parade« (1963)

andere Völker und Rassen. Wo politische ›Gleichschaltung‹ die Uniformität der Institutionen anbefohlen hatte, herrschte nun das Chaos der Orientierungslosigkeit. Wo die Militarisierung des öffentlichen Lebens vorbehaltlose Begeisterung für den »totalen Krieg« geweckt hatte, erwies nun, nach der vollständigen Zerschlagung nationalso-zialistischer Unterwerfungsstrategien, der Schock des Zusammenbruchs seine ernüchternde Wirkung. Und die jahrelang geglaubten Heils- und Unheilslehren faschistischer Demagogie – sie wurden verschüttet unter den Trümmern ganzer Städte, begraben in Millionen von Kriegsgräbern, verflüchtigten sich alsbald zu einem Alptraum öffentlichen Bewusstseins, dem zugleich die Hoffnung auf einen Neubeginn entsprang.

Ankunft zu neuen Ufern

In einem Brief des Schriftstellers Wolfgang Borchert aus dieser Zeit heißt es, beispielhaft für die Bewusstseinslage einer ganzen Generation: »Wenn ich nun schreibe: Alle Ankunft gehört *uns*, so meine ich damit nicht uns Deutsche, sondern sie gehört dieser enttäuschten, verratenen Generation gleich, ob es sich um Amerikaner, Franzosen oder Deutsche handelt. Dieser Satz entstand aus einer inneren Opposition gegen die Generation unserer Väter, Studienräte, Pastoren und Professoren. Es soll heißen, sie haben uns zwar blind in diesen Krieg gehen lassen, aber nun wissen wir Sehendgewordenen, daß nur noch eine Ankunft zu neuen Ufern uns retten kann, mutiger gesagt: Diese Hoffnung gehört uns ganz allein!« *Ankunft zu neuen Ufern* – diese Formulierung enthält die Hoffnung einer ganzen Generation auf einen Neuanfang, der mit all dem hätte brechen können und sollen, was den Terror des Faschismus ursächlich mit heraufgeführt hatte. Die überkommenen Besitzverhältnisse, das Privateigentum an Produktionsmitteln, autoritäre und patriarchalische Gesellschafts- und Charakterstrukturen, entfremdete Bewusstseinformen – all diese Phänomene hoch industrialisierter kapitalistischer Gesellschaften standen zur Disposition. Sie umzuwälzen, dazu hätte es allerdings der Bereitschaft der Siegermächte bedurft – der Sowjetunion und der Vereinigten Staaten, Großbritanniens und Frankreichs –, eine Veränderung herbeizuführen, die einer Revolutionierung von oben gleichgekommen wäre. Und es hätte der Fähigkeit der Deutschen bedurft, unter dem Schock des Erlebten die in solchen Bedingungen beschlossenen Möglichkeiten in die Wirklichkeit einer radikal veränderten Gesellschaft, eines neuen öffentlichen Bewusstseins und neuer Lebensformen zu transformieren.

»Wer war schuld?«

Zumindest die Bereitschaft zu einer umfassenden Diskussion über Ursachen, Zusammenhänge und Schuldanteile der jüngsten Vergangenheit war vorhanden, eine Diskussion, an der sich Philosophen und Historiker, Schriftsteller und Publizisten gleichermaßen beteiligten, um über die sozialen Voraussetzungen und die asozialen Energien des NS-Staats aufzuklären. Allein im Jahr 1946 erschienen die folgenden Werke: Karl Jaspers: *Die Schuldfrage*, Friedrich Meinecke: *Die deutsche Katastrophe*, Eugen Kogon: *Der SS-Staat*, Alfred Weber: *Abschied von der bisherigen Geschichte*, Max Picard: *Hitler in uns* – um nur die Verfasser und Titel der wichtigsten selbstkritischen deutschen Stimmen zu nennen. Doch nicht nur nach Schuld und Verantwortung, sondern auch nach oppositionellen Kräften, nach Widerstand innerhalb wie außerhalb Deutschlands wurde gefragt – und nicht zuletzt nach dem Beitrag der Literatur zum Kampf gegen den Faschismus. Folgende Anthologien erschienen: *Deutsche innere Emigration. Antinationalsozialistische Zeugnisse aus Deutschland* (1946, hrsg. von Karl O. Paetel), *Die humanistische Front* (1946), *verboten und verbrannt* (1947, hrsg. von Richard Drews und Alfred Kantorowicz). In Aufsätzen und Essays von Alexander Abusch (*Die Begegnung*, 1947) und Alfred Andersch (*Deutsche Literatur in der Entscheidung*, 1948) wurde der Versuch unternommen, intellektuell und ästhetisch Unbelastetes aus der Zeit des Dritten Reichs in eine neue Zukunft zu retten und Brücken zu schlagen zwischen Autoren des Exils und der Inneren Emigration. Erinnerungen, Tagebücher, poetische Zeugnisse der gefährdeten Künstlerexistenz im ›Dritten Reich‹ wurden nun, nach dem Zusammenbruch des Jahres 1945, in rascher Folge veröffentlicht – Dokumente der Auseinandersetzung mit dem Faschismus, des Leidensdrucks, der Bedrängnis in Todesnot, die nicht dem Vergessen anheim fallen sollten. 1945 erschienen die *Moabiter Sonette* des von der SS ermordeten Albrecht Haushofer, 1946 die *Gedichte aus Tegel* des ebenfalls hingerichteten Dietrich Bonhoeffer, ferner Ernst Wiecherts *Totenwald* und Werner Bergengruens Gedichtband *Dies irae*; 1947 dann Emil Barths *Lemuria*, das *Tagebuch eines Verzweifelten* aus der Feder des ermordeten Friedrich Reck-Malleczewen, Luise Rinsers *Gefängnistagebuch*, Theodor Haeckers *Tag- und Nachtbücher*, Nelly Sachs' Lyrikband *In den Wohnungen des Todes* – Dokumente aus der Sicht der Opfer, denen 1955 die Aufzeichnungen Oskar Loerkes (*Tagebücher 1903–1939*) und Jochen Kleppers (*Unter dem Schatten deiner Flügel*) nachfolgten.

Vor allem aber fand sich, so Alfred Andersch, eine »tabula rasa«-Stimmung, ein Gefühl des Aufbruchs ebenso wie der Entschlossenheit, den Faschismus wie einen Spuk abschütteln zu wollen. Der Publizist Gustav René Hocke kleidete diese Stimmung im Juni 1945 in der Zeitschrift *Der Ruf* in Worte, die den Äußerungen Wolfgang Borcherts aus dieser Zeit sehr nahe kamen: »Diese zwölf Jahre, dieses schreckensvolle Interregnum werden uns Deutschen als eine Warnung vor maßlosen Zielen und hemmungsloser Gewaltpolitik in Erinnerung bleiben. Sie werden uns endgültig bestimmen, zu unseren echten Verpflichtungen zurückzukehren. Sie legen uns die Verpflichtung auf, ein wahrhaft freies Deutschland neu

Appell an die ›junge Generation‹

Heilbronn in Trümmern – nach dem Luftangriff vom 4. Dezember 1944

aufzubauen, das vom Willen nach Zusammenarbeit mit allen Völkern beseelt
ist.« Borchert hatte freilich darauf bestanden, dass der Aufbruch von der ›jungen
Generation‹ getragen werden müsse. In der Tat bestand die Bereitschaft, die vollständige Niederlage des nationalsozialistischen Deutschlands als eine einzigartige Chance zur Erringung einer neuen Freiheit zu verstehen, insbesondere im
Kreis jener jungen Schriftsteller und Publizisten, die in amerikanischen Kriegsgefangenenlagern in Berührung mit westlichen Demokratievorstellungen gekommen waren. Walter Mannzen und Walter Kolbenhoff, Alfred Andersch und Hans
Werner Richter zählten zu ihnen – Angehörige also jener »enttäuschten, verratenen Generation«, der allein Borchert seinerzeit eine »Ankunft zu neuen Ufern«
prophezeien mochte. Der Begriff ›junge Generation‹, der sich für diese Autoren
durchgesetzt hat, bezeichnete weniger eine Altersgruppe als eine politisch und
sozial bestimmte Gruppenidentität. Er benannte die Distanz zum Denken und
Handeln der Vätergeneration, die dem Faschismus zur Macht verholfen und ihn
gestützt hatte. Er hob die Gemeinsamkeiten der wider ihren Willen am Krieg
teilnehmenden Generation der Söhne hervor, gleichviel, wie sich ihre nationale
und soziale Herkunft bestimmte und unabhängig auch von ihrem biologischen
Alter. So diente dieser Begriff gleichermaßen der Abgrenzung wie der Identitäts-
stiftung. Denn zur herausragenden Gemeinsamkeit der ›jungen‹ Schriftstellergeneration gehörte ebenso, dass die ihr sich zurechnenden Autoren – geboren meist
zwischen 1905 und 1915 – bei Kriegsende bereits vielfältige lebensgeschichtliche
Erfahrungen, politische wie intellektuelle, gesammelt hatten, bevor sie auch nur
die Möglichkeit erhielten, sich an eine nennenswerte Öffentlichkeit zu wenden.

Ost-Heimkehrer

Dies gilt in gewisser Hinsicht auch für jene Autoren, die nach 1945 aus dem
Exil nach Deutschland zurückkehrten, allerdings nahezu ausnahmslos in die damalige Sowjetische Besatzungszone (SBZ), die spätere DDR. Nur hier konnten
die Exilautoren an politische und literarische Traditionen anknüpfen, die bis zu
den politischen Kämpfen der Weimarer Zeit zurückreichten, bis zur Mitgliedschaft in der KPD und im »Bund proletarisch-revolutionärer Schriftsteller« (BPRS).
Nur hier entstand, freilich von der sowjetischen Besatzungsmacht gelenkt, eine
Öffentlichkeit, die für ihre Erfahrungen aus der Zeit des Faschismus – KZ und
Gefängnis, Flucht und Exil, Widerstand und Krieg – Interesse zeigte. Nur hier

Aus dem Exil in die SBZ

waren die Exilautoren ebenso willkommen wie ihr literarisches Werk, denn sie
wurden hier gebraucht, auch aus Gründen einer politischen Kontinuität in der
Tradition der Volksfront. Viele, wohl die meisten von ihnen hätten die Frage,
warum sie ihren Wohnsitz im östlichen Teil Deutschlands genommen haben, in
jener Zeit wohl mit Anna Seghers so beantwortet: »Weil ich hier die Resonanz
haben kann, die sich ein Schriftsteller wünscht. Weil hier ein enger Zusammenhang besteht zwischen dem geschriebenen Wort und dem gelebten Leben. Weil
ich hier ausdrücken kann, wozu ich gelebt habe.« Bertolt Brecht, Johannes R. Becher, Friedrich Wolf, Arnold Zweig, Rudolf Leonhard, Theodor Plivier, Stephan
Hermlin, Erich Arendt, Wieland Herzfelde, Louis Fürnberg, Stefan Heym, Eduard
Claudius, Hans Marchwitza, Otto Gotsche, Karl Grünberg, Hans Lorbeer, Erich
Weinen, Bodo Uhse, Ludwig Renn, Franz Carl Weiskopf, Jan Petersen, Adam
Scharrer, Willi Bredel, Bruno Apitz, dazu der Philosoph Ernst Bloch, der Literaturwissenschaftler Hans Mayer – die Liste der Namen ist ebenso eindrucksvoll
wie die Vielfalt der Länder, aus denen diese Autoren zurückkehrten. Die Sowjet-
union, die USA und Mexiko waren die wichtigsten Exilländer, daneben Kolumbi-
en und Palästina, Frankreich, England und die Schweiz, einmal abgesehen von
Zwischenstationen wie Spanien (zur Zeit des Bürgerkriegs 1936), Skandinavien,

Tschechoslowakei oder auch (unmittelbar nach 1945) Westdeutschland. Die Erfahrungen aus dieser Zeit ließen sich nun – lebensgeschichtlich wie politisch und künstlerisch – produktiv einbringen in einen Prozess, der unter dem Anspruch einer »antifaschistisch-demokratischen Erneuerung« stand, mithin einen Neubeginn signalisierte, für den die des Faschismus nicht verdächtigen Künstler dringend benötigt wurden und zu dem man sie nachdrücklich einlud. Wohlgemerkt: Nur in der damaligen SBZ – die Entwicklung in den Westzonen ließ, so zeigte sich rasch, der Exilliteratur keinen Raum.

Selbst Alfred Döblin, der voller Hoffnungen und Tatkraft nach Deutschland zurückgekehrt war, eine Zeitschrift gegründet (*Das goldene Tor*, 1946–1951), sich in Rundfunkansprachen engagiert geäußert und sich publizistisch mit den Nürnberger Kriegsverbrecherprozessen auseinander gesetzt hatte – selbst Alfred Döblin erkannte schon bald, wie gering man im westlichen Teil Deutschlands seine Bereitschaft zur Mitarbeit schätzte, wie rasch konservative Tendenzen sich durchzusetzen begannen, wie leicht es sich offenbar mit Verdrängungen leben ließ. »Wir hatten in Deutschland nie eine solche politische Situation, rein nationalistisch und unfrei, reaktionär, wie jetzt«, schrieb er in einem Brief, bevor er 1951 abermals ins Exil ging, nach Paris, und seine Enttäuschung war unüberhörbar: »Man hat nichts gelernt, und es ist alles, bis auf die Vertreibung von Hitler, gleich geblieben.« Döblins Weg darf als repräsentativ gelten: Für den Westen Deutschlands blieb die deutsche Exilliteratur im Exil, nicht nur während der unmittelbaren Nachkriegszeit, sondern für mehr als ein Vierteljahrhundert. Diese Erfahrung, gleichsam ein zweites Exil innerhalb des ersten, hat der Exilverleger Fritz H. Landshoff in einem Brief an Arnold Zweig 1948 mit großer Erbitterung festgehalten: »Wer hätte gedacht, daß drei Jahre nach der Niederlage Hitlers das gesamte deutsche und österreichische Gebiet noch immer den Autoren, die 1933 Deutschland verlassen haben, praktisch vollständig verschlossen sein würde. Es ist ein beschämendes Resultat – und ein Resultat, das die ›Emigranten‹, Autoren und Verlage, gleich schwer trifft.«

Beispielhaft lässt sich die Problematik der Exilliteratur in der Nachkriegszeit auch an der Kontroverse um die Rückkehr Thomas Manns nach Deutschland ablesen. Thomas Mann lehnte die Aufforderung zur Rückkehr aus dem Exil, die Walter von Molo im August 1945 in durchaus honoriger Absicht ausgesprochen hatte, mit dem Eingeständnis ab, sich in den zwölf Jahren nationalsozialistischer Herrschaft seiner einstigen Heimat entfremdet zu haben. In dieses öffentlich geführte Zwiegespräch griff der Schriftsteller Frank Thieß mit einer rüden Polemik ein, um die deutsche Exilliteratur mitsamt ihrem Repräsentanten Thomas Mann gegenüber der literarischen Inneren Emigration herabzuwürdigen. Thieß wollte auf diese Weise die eigene Position eines »inneren Exils« als die gewichtigere, weil moralisch untadelige Haltung zum nationalsozialistischen Deutschland aufwerten. Es mag diese Polemik und die wenig glaubwürdige Person ihres Urhebers gewesen sein, die Thomas Manns Rückkehr endgültig verhindert und ihn zu seinem – später abgemilderten – Urteil geführt hat: »Bücher, die von 1933 bis 1945 in Deutschland überhaupt gedruckt werden konnten«, seien »weniger als wertlos und nicht gut in die Hand zu nehmen. Ein Geruch von Blut und Schande haftet ihnen an; sie sollten alle eingestampft werden«.

Immerhin wurde mit dieser Kontroverse erkennbar: Die Bemühungen der ›jungen Generation‹ um einen auch literaturgeschichtlichen Neubeginn blieben Ausdruck eines guten Willens, dem angesichts der bestehenden und fortwirkenden Traditionen und Kontinuitäten jedoch eine nur begrenzte Resonanz beschieden

Geistige Restauration in den westlichen Besatzungszonen

Thomas Mann und Johannes R. Becher in Weimar (1955)

Kontroverse zwischen Exil und Innerer Emigration

Kontinuität in der westdeutschen Literatur

war. Schon ein erster, flüchtiger Blick auf die Anfänge der westdeutschen Nachkriegsliteratur macht deutlich, dass nicht in erster Linie die Autoren des *Ruf* oder der »Gruppe 47« die literarische Szene beherrschten. Vielmehr dominierten – auch hinsichtlich der Werkvielfalt – gerade jene Autoren, die an konservative ästhetische Traditionen anknüpften: Hans Carossa, Georg Britting, Ernst Penzoldt, Stefan Andres, Josef Weinheber, Werner Bergengruen, Ernst Wiechert, Gertrud von Le Fort, Rudolf Alexander Schröder und Albrecht Goes, um nur einige Namen von Autorinnen und Autoren der Inneren Emigration zu nennen. Eine Analyse von Lesebüchern und Anthologien in Westdeutschland zeigte noch 1965, dass unter sechzehn der Häufigkeit nach geordneten Autoren die Namen Weinheber, Benn, Carossa, Britting, Bergengruen, Schröder und Ina Seidel auftauchten. Sie zeigte ferner, dass auffallend wenig Exilliteratur aufgenommen wurde: Ihr Verhältnis zu der gleichzeitig innerhalb Deutschlands erschienenen Literatur betrug 1:6.

Spaltung der deutschen Literatur

Mit der Kontroverse zwischen Exil und Innerer Emigration war also eine Scheidung der deutschen Literatur in zwei Lager vollzogen. Der politische Hintergrund dieser Trennung trat alsbald deutlich hervor. Die unterschiedliche Beachtung etwa, die Heinrich Mann und Thomas Mann in der Bundesrepublik fanden, ließ erkennen, dass die Unterscheidung zwischen Exilliteratur und literarischer Innerer Emigration nicht auf Dauer das entscheidende Rezeptionsmerkmal bildete, sondern die politischen Überzeugungen der Autoren und die ihnen entsprechenden literarischen Äußerungsformen. Während beispielsweise Thomas Mann – als bürgerlicher Humanist – in der Bundesrepublik wie in der DDR rezipiert wurde, fand Heinrich Mann – der engagierte Sozialist – bis in die 70er Jahre hinein nur in der DDR ein größeres Publikum. Die Spaltung der deutschen Literatur begann sich, nur wenige Jahre nach Kriegsende, zu verlagern: Nicht mehr nur zwischen Exil und Innerer Emigration verlief die Grenze, sondern sie verlief – entsprechend der Entwicklung der beiden deutschen Teilstaaten – zwischen sozialistisch-kommunistischer und bürgerlich-konservativer Literatur.

Schriftstellerkongress 1947

Zwar führte das demokratische Engagement der Autoren und Publizisten einer neuen ›jungen Generation‹ diese ideell mit den heimkehrenden Schriftstellern des Exils zusammen. Zwar entstand eine Gemeinsamkeit, die sich bis hin zu den beschwörenden Einigkeitsappellen auf dem ersten – und bis 1981 einzigen – (gesamt)deutschen Schriftstellerkongress des Jahres 1947 wahrnehmen lässt. Doch was politisch und literarisch dauerhaft weiterwirkte, waren Positionen und Formen, deren Traditionen bis in die 30er Jahre zurückzuverfolgen sind. Tatsächlich begann die Teilung der deutschen Literatur, die sich bald nach 1945 abzeichnete, bereits mit dem Jahr 1933, dem Jahr der nationalsozialistischen Machtübernahme. In diesem Jahr setzte die Vertreibung des gewichtigsten Teils der deutschen Literatur ein, eine Exilierung von Schriftstellern und Intellektuellen, deren Konsequenzen sich noch Jahrzehnte später zeigen: bis zur Existenz zweier deutscher Sprachformen, zweier deutscher Literaturen. Der Schriftstellerkongress 1947 – und deshalb repräsentiert er die Situation der deutschen Nachkriegsliteratur beispielhaft – bezeugte die Ohnmacht des Wortes, nicht seine Macht. Er bezeugte die Bereitschaft zum Neuanfang ebenso wie das Beharrungsvermögen überkommener Positionen und Traditionen. Und er legte offen, dass es nicht die Schriftsteller waren, die die kulturelle Entwicklung bestimmten und dominierten – sondern die Alliierten des Zweiten Weltkriegs.

Alliierte Kulturpolitik

Blickt man aus zeitlicher Distanz auf die kulturpolitischen und publizistischen Anfänge zurück, aus denen die deutsche Nachkriegsliteratur – Ost *und* West – hervorgegangen ist, so muss man sagen: Die Schriftsteller zahlten einen hohen Preis für ihren Versuch, sich einer Verantwortung zu stellen, die, um der Zukunft willen, aus der Vergangenheit heraus verpflichtend auf die Gegenwart einwirken sollte. Der Titel eines Essays von Hans Werner Richter aus dem Jahre 1947 laute- te: »Die versäumte Evolution«. Dieser Essay zog nüchtern, fast lakonisch eine frühe Bilanz jener Nachkriegszeit, von der Richter selber sich noch im September 1946 einen »absoluten und radikalen Beginn von vorn« erhofft hatte. Im Januar 1947 aber, nur vier Monate später, schrieb er: »Wir waren keine Phantasten, als dieser Krieg zu Ende ging. Wir haben keine Revolutionen erwartet [...]. Wir glaubten nur, daß es in Deutschland, infolge der fast schon überdimensionalen Erschütterungen durch den Krieg, gelingen müßte, auf legalem und vielleicht konstruktivem Wege sich der großen Evolution anzupassen. Erschüttert stehen wir nun vor dem Ergebnis. Auch diese Evolution scheint versäumt zu sein.« Der resignierte Tonfall Richters erzählt nicht nur von der Geschichte der Illusionen, denen sich die Autoren der ›jungen Generation‹ in der frühen Nachkriegszeit hingegeben hatten. Er spricht auch von den objektiven politischen Bedingungen, an denen ihre Hoffnungen scheiterten: den Vorstellungen der Siegermächte in den jeweiligen Besatzungszonen.

›Die versäumte Evolution‹

Diese wiesen schon wenige Monate nach der militärischen Niederlage Deutsch- lands grundlegende und unüberbrückbare Unterschiede auf. Die Gemeinsamkeit des Kampfes gegen den deutschen Faschismus, in die zunächst auch die Per- spektive einer vollständigen Entmilitarisierung und Entindustrialisierung ganz Deutschlands einbezogen war, hatte nur so lange Bestand, wie man sich noch im Krieg gegen den gemeinsamen Feind befand. Nach dem Sieg der Alliierten jedoch traten die Differenzen der jeweiligen Gesellschaftsordnungen und politischen Ideologien in den Vordergrund.

Differenzen zwischen Ost und West

»Errichtung der antifaschistisch-demokratischen Ordnung im Wege der volks- demokratischen Revolution« lautete die Parole, unter der in der SBZ ein grundle- gender Wandel angezeigt wurde, der die Autoren des Exils einbeziehen sollte. Doch in Wahrheit handelte es sich eher um administrative Maßnahmen als um eine soziale Revolution, um einen Sozialismus ›von oben‹ unter Beibehaltung und Neuschaffung hierarchischer, zentralistischer Strukturen. Motor dieser ›Re- volution‹ waren – neben der Roten Armee und der Sowjetischen Militäradminist- ration in Deutschland (SMAD) – vor allem die aus dem Exil zurückgekehrten Kommunisten, die sich zunächst in der KPD, dann – nach der von ihnen betrie- benen Zwangsvereinigung mit der SPD – ab 1946 in der Sozialistischen Einheits- partei Deutschlands (SED) organisierten. Mit ihrer Hilfe wurden Betriebe von Kriegsverbrechern enteignet, gingen Teile der Industrieproduktion in Staatseigen- tum über, wurden zwei Drittel des Landes an landlose Bauern verteilt (»Bodenre- form«) und ehemalige Nationalsozialisten aus Kulturinstitutionen und NSnahe Bücher aus den Bibliotheken entfernt. Aber es war kein ›revolutionärer‹ Geist, der diese Maßnahmen begleitete, sondern eine Machtpolitik im Geist und im Auftrag Stalins, die rigoros über individuelle Freiheitsansprüche und demokratische Spielregeln hinwegging. Auf diese Weise wurde eine diktatorische Staatsform na- hezu übergangslos durch eine andere ersetzt. Praktiziert wurde eine Politik des

Aufbau des Sozialismus

bürokratischen Staatssozialismus, die sich durch die schwierige wirtschaftliche Lage gerechtfertigt sah, in der sich – im Unterschied zu den von den Westmächten begünstigten Westzonen – die SBZ alsbald befand. Reparationen an die Sowjetunion belasteten die Industrie, Widerstände in der Bevölkerung behinderten die politischen Initiativen.

Rolle des Kulturbundes

Plakat von 1946
(Kulturbund)

In diese Strategie der »antifaschistisch-demokratischen« Umgestaltung wurden alle Bereiche der Kultur umgehend und konsequent einbezogen. Frühzeitig initiierte die Sowjetunion mit Hilfe exilierter deutscher Autoren eine eigenständige Kulturpolitik. Sie hatte bereits im Juli 1945 mit der Gründung des »Kulturbundes zur demokratischen Erneuerung Deutschlands« in der SBZ begonnen, der nicht zuletzt auf Anregung Johannes R. Bechers ins Leben gerufen wurde und ein außerordentlich breites Spektrum politischer, ideologischer und kultureller Positionen in der Tradition der antifaschistischen »Volksfront« von 1935 in sich vereinigen sollte. War die »Volksfront« der allzu späte – und eben deshalb zum Scheitern verurteilte – Versuch gewesen, alle linken und liberalen Bewegungen, Gruppen und Individuen unter Führung der Kommunistischen Internationalen (Komintern) gegen den Faschismus zu mobilisieren, so spiegelte die sowjetische Besatzungspolitik nach 1945 das Bemühen, aus den Fehlern und Versäumnissen der Vergangenheit zu lernen. Ihre Strategie hieß nun »antifaschistisch-demokratische Erneuerung«. Die Gründung des »Kulturbundes« war der – kommunistisch inspirierte und dirigierte – Versuch, über die Grenzen der Besatzungszonen hinweg eine gemeinsame Institution unterschiedlicher Fraktionen zu schaffen, die sich einig wussten im Ziel, zur »Vernichtung der Naziideologie auf allen Lebens- und Wissensgebieten« ebenso beizutragen wie zur »Zusammenarbeit mit allen demokratisch eingestellten weltanschaulichen, religiösen und kirchlichen Bewegungen und Gruppen« (»Gründungsaufruf« vom 4. Juli 1945). Ein öffentliches Forum, um solchen Zielsetzungen aus dem Geist des Antifaschismus Gehör zu verschaffen und zu ihrer Diskussion und Verbreitung beizutragen, bildete – gemeinsam mit dem Aufbau-Verlag – die Zeitschrift *Aufbau*, eine kulturpolitische Monatsschrift, deren Profil Johannes R. Becher in der ersten Ausgabe mit der Begriffstrias »Demokratie, Sozialismus und Christentum« umrissen hatte. Dies seien, so Becher in seinem programmatischen *Deutschen Bekenntnis*, die »Träger humanistischer Gesinnung, einer wahrhaft demokratischen Weltanschauung«. Dies waren nicht nur »schöne Fassaden«: Immerhin gab der *Aufbau* noch 1948 dem christdemokratischen Politiker Ernst Lemmer Raum, seine Überlegungen zur deutschen Einheit zur Diskussion zu stellen. Autoren wie Hans Fallada, Erik Reger, Herbert Ihering, Manfred Hausmann und Wolfgang Weyrauch fanden hier ein Forum. Und auch die seit 1946 erscheinende Wochenzeitung des »Kulturbundes«, der *Sonntag*, stand Schriftstellern wie Erich Kästner und Ernst Wiechert offen.

Dennoch: Es war eine Offenheit im Zeichen der »Volksfront« – sie darf nicht mit Liberalität im westlichen Sinne verwechselt werden. Bestimmend blieb für die DDR auch in den folgenden Jahrzehnten eine Kulturpolitik stalinistischer Prägung. Sie konnte sich freilich auf die Bereitschaft der Schriftsteller berufen, am »Aufbau des Sozialismus« und an der »antifaschistisch-demokratischen Umgestaltung« im östlichen Teil Deutschlands mitzuwirken. Die Autoren wurden in Anspruch genommen und verstanden sich auch als politische Schriftsteller, die an der Aufklärung der Bevölkerung über geschichtliche und gesellschaftliche Zusammenhänge mit ihren Mitteln teilhatten, die Verantwortung trugen und das Bewusstsein weckten für den Faschismus und die schuldhafte Verstrickung in ihn, die sich einsetzten für eine sozialistische Alternative und sich dabei auf der

Schutzumschlag

Seite des historischen Fortschritts sahen. Insoweit bildeten die Schriftsteller, schon in den Jahren von 1945 bis 1949, einen politisch wie kulturell wichtigen Faktor für die Entwicklung der frühen DDR, der jedoch von den administrativen Beschlüssen der Besatzungsmacht, der Partei und der Regierung in hohem Maße abhängig war. Die Reibungsverluste, die aus dem politisch-kulturellen Selbstverständnis der Autoren und ihrer realen politischen Abhängigkeit von Partei- und Politbürokratie notwendig hervorgingen, haben das Bild und die Erscheinungsformen der DDR-Literatur von Anfang an bestimmt.

Auch die literarische Entwicklung im Westen Deutschlands ist jedoch kaum zu verstehen, wenn man sich nicht die gesellschaftlichen Faktoren vor Augen führt, in deren Zusammenhang sie stand und entstand. Zwar bildete sich die westliche Literatur – anders als die eng auf Staats- und Parteibeschlüsse, auf Verbands- und Administrationsimpulse bezogene Literatur der SBZ und der späteren DDR – in relativer Eigenständigkeit und Widersprüchlichkeit zum politisch-ökonomischen Gesellschaftsprozess heraus. Doch darf andererseits nicht übersehen werden, dass Literatur – begriffen nicht als bloßer Spiegel, als Abbild von Realität, sondern als deren potentielle Kritik, als Medium des Eingreifens in und der Veränderung von Wahrnehmungen, aber auch der abweichenden Erfahrung von Realität – sich selbst dort noch in einem bestimmbaren Verhältnis zur Wirklichkeit befindet, wo sie sich von dieser abzukehren scheint. Dies gilt in besonderem Maß für die Zeit nach dem Zweiten Weltkrieg.

Literatur im Gesellschaftsprozess

Es war das erklärte Ziel der westlichen Siegermächte und zumal der Vereinigten Staaten, den deutschen Nationalcharakter, in dem man die Hauptursache für die Heraufkunft des Nationalsozialismus erblickte, durch eine grundlegende Umerziehung, eine »re-education«, verändern zu wollen. Der deutsche ›Nationalcharakter‹: Herrschsucht, Unterwürfigkeit, Aggressivität wurden als seine bestimmenden Merkmale erkannt, Preußentum und Militarismus als seine bestimmenden Wurzeln. Übersehen aber wurde der untrennbare Zusammenhang dieser – keineswegs typisch deutschen – Charakteristika mit den Eigentumsverhältnissen und mit den besonderen politischen Entwicklungen und sozialen Auseinandersetzungen, die zum Faschismus geführt hatten. »Re-education« – im Unterschied zur »democratization«, die sich auf institutionelle Reformen richtete – bedeutete in diesem Zusammenhang den Versuch, das politisch-kulturelle Wertsystem und -bewusstsein sowie die ideologischen Einstellungen der deutschen Bevölkerung zu verändern, und zwar im Sinne bürgerlich-freiheitlicher, individualistischer Demokratievorstellungen nach vornehmlich amerikanischem Muster. Diese »re-education« wurde ergänzt durch Prozesse gegen NS-Kriegsverbrecher und eine breit angelegte, in ihren Wirkungen jedoch häufig fehlgehende Kampagne zur Entnazifizierung, die der Schriftsteller Ernst von Salomon in seinem Buch *Der Fragebogen* (1951) auf sarkastische Weise in Frage gestellt hat. Zudem wurden die »re-education«-Bestrebungen der Westalliierten durch eine Reihe literaturpolitischer Maßnahmen unterstützt, die – zumindest bis zur Währungsreform 1948 bzw. bis zur Gründung des westdeutschen Staates – auf dem Recht der Besatzungsmächte beruhten, über die Papierzuteilung politisch regulierend einzugreifen und Publikationslizenzen zu erteilen, zu verweigern und zu widerrufen.

»re-education«

Die amerikanische Literaturpolitik kann hierfür als Beispiel dienen. Verantwortlich für die Richtlinien dieser Politik war das Auswärtige Amt in Washington, ihre Ausführung oblag den zuständigen Militärdienststellen in der amerikanischen Besatzungszone, dem *Office of Military Government for Germany* (US), kurz *OMGUS* genannt. Die entscheidende Dienststelle zur Überwachung kulturel-

OMGUS

ler Aktivitäten war die *Information Control Division* (*ICD*), die den gesamten Kulturbereich abdeckte: Publikationen, Rundfunk, Film, Theater, Musik. Eine Zensurinstanz also. Sie sollte die kulturpolitische »re-education« in zwei Phasen betreiben: zunächst in einer korrektiven Phase, in der man mittels eigens hierfür angefertigter Listen nationalsozialistische und militaristische Schriften verbot und aus Bibliotheken entfernte; dann in einer konstruktiven Phase, in der man vor allem mit Hilfe des Instruments lizenzierter Übersetzungen dem deutschen Publikum eine Literatur anbot, die den Umerziehungszielen entsprach.

Zensur

Eine statistische Übersicht aus dem Jahr 1948 lässt erkennen, dass von den bis zu diesem Zeitpunkt den deutschen Verlagen angebotenen Übersetzungen (insgesamt 288) nahezu 60 % eine erzieherische Absicht verfolgten. Es waren vor allem Biographien, auch Theaterstücke über die Väter der amerikanischen Demokratie (Franklin, Jefferson), die diese Aufgabe wahrnehmen sollten, von der deutschen Bevölkerung jedoch nur wenig beachtet wurden. Sozialkritische Werke hingegen, literarische Kapitalismuskritik, problemorientierte Romane über die Schattenseiten der USA (Caldwell, Faulkner, Farrell) konnten die Zensurschwelle OMGUS/ICD kaum einmal passieren. Ebenso wenig wurde eine Lizenz zur Aufführung des Theaterstücks *Alle meine Söhne* (*All my sons*, 1947) von Arthur Miller gewährt, da man diesem Stück »antibusiness«-Propaganda unterstellte und Miller zudem vor dem berüchtigten »Komitee für unamerikanische Umtriebe« des Kommunismus verdächtigt worden war. Die letztgenannten Beispiele machen deutlich, dass es nicht mehr nur um eine »konstruktive« Phase im Sinne amerikanischer Demokratieideale ging, sondern dass im Zuge der sich verschärfenden Differenzen zwischen den Vereinigten Staaten und der Sowjetunion seit etwa

Antikommunistische Propaganda

1947 die Kulturpolitik nachdrücklich in den Kurs des Antikommunismus einbezogen wurde. Damit aber degenerierte die amerikanische »re-education« zur bloßen Propaganda für die Rekonstruktion kapitalistischer Besitzverhältnisse. Beispielhaft für den Umgang mit Literatur zu Zwecken der Politik ist die Verfügung über George Orwells Satire *Die Farm der Tiere*, die von den Amerikanern aus Furcht vor einer Diskreditierung der sowjetischen Alliierten im Frühjahr 1947 beschlagnahmt worden war, ab 1948 aber nicht nur wieder verkauft, sondern sogar in einer Hörspielfassung mitantikommunistischer Tendenz verbreitet werden konnte. Im Zusammenhang mit der Berliner Blockade (1948) wurde mit den Mitteln des amerikanischen Geheimdienstes CIA die Kulturzeitschrift *Der Monat* gegründet, und für die massenhafte Verbreitung antikommunistischer Propaganda sorgten allein in den Jahren 1948/49 in den vom Faschismus befreiten Ländern Europas zahlreiche Broschüren in über vier Millionen Exemplaren. Mit der Währungsreform und der Gründung der Bundesrepublik Deutschland, endgültig aber mit dem 1949 in Kraft getretenen Besatzungsstatut war jedoch das Ende dieser Art restaurativer Kulturpolitik gekommen. Die einstige Besatzungsmacht musste fortan ihre kulturellen Interessen über die von ihr betriebenen Amerikahäuser ohne institutionelle Befugnisse durchzusetzen versuchen.

Kollektivschuld

Mit dem »re-education«-Programm ging der Vorwurf der Kollektivschuld einher, demzufolge das gesamte deutsche Volk den Faschismus heraufgeführt und aktiv unterstützt habe. Trotz dieses Vorwurfs, gegen den sich vor allem die jüngere deutsche Intelligenz (Alfred Andersch, Eugen Kogon, Hans Werner Richter) zur Wehr setzte, konnten die westlichen Alliierten doch auf eine große Bereitschaft der wieder zugelassenen Parteien rechnen, sich für einen demokratischen Neuaufbau einzusetzen. Als die wirklichen Alternativen zum deutschen Faschismus erschienen nun »Christentum und Demokratie, Sozialismus, Pazifismus und

Internationalismus« (Ossip K. Flechtheim). Selbst Teile der CDU bekannten sich in ihren »Frankfurter Leitsätzen« vom September 1945 und noch im »Ahlener Wirtschaftsprogramm« von 1947 zum Sozialismus als wirtschaftspolitischer Strategie. Der CDU-Politiker Jakob Kaiser erklärte 1946: »Erkennen wir, was nötig ist: Der Sozialismus hat das Wort.« Es war freilich ein Sozialismus des ›Dritten Wegs‹, ein Sozialismus, der sich sowohl vom westlichen Kapitalismus als auch vom Staatssozialismus sowjetischer Prägung abheben sollte, ein ›demokratischer‹ Sozialismus, wie ihn auch die SPD Kurt Schumachers nach 1945 programmatisch forderte. Der Gedanke nicht nur eines sozialistischen Deutschland, sondern sogar eines sozialistischen Europa fand bei der deutschen Intelligenz im Umkreis der Zeitschriften *Merkur, Frankfurter Hefte* und *Der Ruf* große Verbreitung. »Die Wandlung des Sozialismus – das ist der Weg zur jungen Generation –, die Wandlung der jungen Generation – das ist der Weg zum Sozialismus«, erklärte Hans Werner Richter. Man müsse »gleichsam den Sozialismus demokratisieren und die Demokratie sozialisieren«. Doch das glaubwürdige Pathos, mit dem die ›junge Generation‹ einen sozialistischen Neuanfang diskutierte und forderte, verstellte ihr zugleich den Blick darauf, dass sich die wirtschaftliche Realität in den Westzonen in eine gänzlich andere Richtung entwickelte.

Plakat der CDU zur Stadtverordnetenwahl von Berlin (1946)

Die westlichen Alliierten hatten rasch begriffen, dass ihre ökonomischen Zielsetzungen mit den Vorstellungen der Intellektuellen und Publizisten jener ›jungen Generation‹ keineswegs durchzusetzen waren, sondern allenfalls mit Hilfe einer Politik, die sich die Zustimmung der unternehmerfreundlichen, konservativen Teile des deutschen Bürgertums sicherte. Mochte nach Auffassung der großen Parteien in der unmittelbaren Nachkriegszeit auch der Sozialismus dem Interesse an einem Neubeginn in Deutschland dienen – den Interessen des westlichen Kapitals und Handels diente er keinesfalls. Deren Förderung aber betrieben die Alliierten in den Westzonen nachdrücklich. Während die Unternehmer bereits frühzeitig Organisationsmöglichkeiten erhielten, wurde die Einführung von Gewerkschaften bis zum Herbst 1946 zurückgedrängt. Enteignungsforderungen und Streiks beantworteten die Siegermächte mit Gefängnisstrafen. Den Verstaatlichungsparagraphen der hessischen Landesverfassung, den immerhin 72 % der Bevölkerung bejaht hatten, suspendierten die Militärbehörden kurzerhand. Mit dem Marshall-Plan, der einen amerikanischen Kapitalexport nach Westeuropa und vor allem nach Westdeutschland begründete, war die Grundlage für einen kapitalistischen Anfang gelegt. Es bedurfte nur noch der Währungsreform von 1948 und schließlich der formellen Staatsgründung der Bundesrepublik 1949, um die Wiederherstellung eines kapitalistischen Wirtschaftssystems und eines bürgerlich-parlamentarischen Staates zu gewährleisten.

Kapitalistischer Neuanfang

So stand die Literatur in Westdeutschland in den Jahren 1945 bis 1949 in einem spannungsreichen Verhältnis der Abhängigkeit zur Kulturpolitik der westlichen Alliierten. Die Autoren haben auf diese politischen Voraussetzungen vielfältig reagiert, auch in den nachfolgenden Jahren und Jahrzehnten: mit Protest und Kritik, mit Resignation und Melancholie, auf das »Wirtschaftswunder« ebenso wie auf Tendenzen politischer Restauration, auf atomare Aufrüstung oder auf die Notstandsgesetzgebung. In solchen Reaktionen trat stets ein Spannungsverhältnis zwischen politischer und literarisch-kultureller Repräsentanz hervor, in dem sich ein gravierendes Problem innerhalb der politischen Kultur der Bundesrepublik Deutschland insgesamt offenbart. Es ist, allgemein gesprochen, das Spannungsverhältnis zwischen Geist und Macht, zwischen Intelligenz und Politik, das die Geschichte der deutschen Literatur im 20. Jahrhundert grundlegend charakte-

Literatur und Politik

risiert. Nach dem Zweiten Weltkrieg prägte sich dieses Spannungsverhältnis in einer besonderen Weise aus. Wo die Kritik der Intelligenz in Ost und West – von literarischen Einzelgängern wie Heinrich Böll, Günter Grass oder Martin Walser im Westen bis zu Dissidenten wie Reiner Kunze und Wolf Biermann im Osten – die jeweils herrschende Politik öffentlich oder im literarischen Werk in Frage stellt, da denunziert umgekehrt diese die Intellektuellen, die Künstler, Literaten und Publizisten als politisch-moralisch irrelevant oder gar als der gesellschaftlichen Subversion verdächtig. Während der einstige Bundeskanzler Ludwig Erhard die intellektuellen Kritiker seiner Vorstellung von einer »formierten Gesellschaft« als »Pinscher« beschimpfte, bezichtigte der spätere Staatsratsvorsitzende Erich Honecker die von der Parteilinie abweichenden Schriftsteller eines »lebensverneinenden, spießbürgerlichen Skeptizismus« und warf ihnen »anarchistisches Verhalten« vor. Gerade die Tatsache aber, dass das oppositionelle politische Engagement von Schriftstellern ein Ärgernis geblieben ist, in der Bundesrepublik wie in der DDR, darf als Indiz für die gesellschaftliche Funktion der Literatur gelten. Es ist die besondere Sprachsensibilität poetischer Wahrnehmung, die zu Kritik und Widerspruch tendiert und es der Literatur erlaubt, eine vom politischen Alltag abweichende Erfahrung zu formulieren.

Politisch-kulturelle Publizistik

Diskussion in Nachkriegs-Zeitschriften

Besonderes Gewicht kam in den Nachkriegsjahren den politisch-kulturellen Zeitschriften zu, die in den vier Besatzungszonen erschienen. Denn angesichts einer nur spärlichen Buchproduktion boten Zeitschriften häufig die einzige Möglichkeit zur Entfaltung einer öffentlichen Diskussion. Freilich keiner uneingeschränkten Diskussion: Wie die Buchproduktion war auch die Zeitschriftenproduktion abhängig von der Lizenzvergabe durch die Alliierten, wie die Bücher unterlagen auch die Zeitschriften bis 1948 der alliierten Kontrolle, und wie die Bücher repräsentierten deshalb auch die Zeitschriften zu Teilen die unterschiedlichen Positionen der Besatzungsmächte in den jeweiligen Zonen. Dies gilt zum Beispiel in gleicher Weise für die Zeitschriften *Die Wandlung* (1945–1949, amerikanische Zone), *Lancelot* (1946–1951, französische Zone) oder *Aufbau* (1945–1958, SBZ/DDR). Doch nicht nur um die Darstellung, Vermittlung und Durchsetzung politischer Positionen ging es der frühen Publizistik in Deutschland, sondern auch um die Deckung eines Nachholbedarfs an literarischen Entwicklungen, wie sie etwa die ›short story‹ der amerikanischen Erzähler, die Diskussion um den Sozialistischen Realismus und die im Dritten Reich unterschlagenen avantgardistischen Strömungen darstellen.

Gründung neuer Zeitschriften

In den Jahren 1945 und 1946 wurden nicht weniger als siebzehn Zeitschriften ins Leben gerufen. 1947 waren es weitere vier, darunter so wichtige Periodika wie *Der Ruf, Frankfurter Hefte, Ost und West* und *Merkur*. Sie lassen sich mit Blick auf die thematisch-inhaltlichen Schwerpunkte, die sie setzten, unterscheiden nach politisch-ideologischen Argumentationen (*Wandlung, Ruf, Gegenwart*) und nach literarisch-kulturellen Aspekten (*Die Erzählung, Das Karussell, Das Goldene Tor, Story*). Daneben existierten einige Zeitschriften, die bereits das ›Dritte Reich‹ überstanden hatten, so die *Deutsche Rundschau* (seit 1874, 1964 eingestellt), *Die neue Rundschau* (seit 1890), *Hochland/Neues Hochland* (seit 1903/04). Dass die neu begründeten Zeitschriften ihre Aufgabe mit der Währungsreform in Westdeutschland (1948) und der Gründung der beiden Staaten (1949) im Wesentlichen erfüllt hatten, lässt sich an ihrer seit 1949 geringer werdenden Verbreitung ablesen. Der Elan ihrer Begründer und deren politisch-kulturelle Zielsetzung, die zum Brückenschlag, zum Neuanfang, aber auch zur Kritik an den Siegermächten tendierte, wurden durch die zunehmende politisch-ökonomische Abgrenzung Ost- und Westdeutschlands überholt und in Frage gestellt. Die Bereitschaft zum Dialog, Kennzeichen der frühen Jahre der Publizistik, wich der Resignation angesichts der politischen Realität.

Exemplarische Bedeutung für die Politik der Siegermächte wie für das Selbstverständnis der politisch-kulturellen Publizistik kommt der Zeitschrift *Der Ruf* zu. Diese Zeitschrift, 1946 gegründet, herausgegeben von Alfred Andersch und Hans Werner Richter, trug den Untertitel: »Unabhängige Blätter der jungen Generation«. Der Akzent lag hierbei auf »unabhängig«: Es war eine politisch-kulturelle Zeitschrift, die kritisch Position zur Politik der Siegermächte bezog, nüchtern Stellung nahm zur Trümmerwirklichkeit der Nachkriegssituation, freilich geprägt von dem für diese Situation typischen Idealismus des Neuanfangs und -aufbaus. Die Ablehnung eines »deutschen Schuldkontos«, das Insistieren auf der »Fülle des Leidens«, das auch den Deutschen zugefügt worden sei, führte jedoch zu einem Eingriff der Alliierten: Die amerikanische Militärregierung verbot im April 1947 (ab Heft 17) die Zeitschrift und ließ ihr Erscheinen erst wieder zu, als die bisherigen Herausgeber durch Erich Kuby abgelöst waren. Verbot und Ablösung führten dazu, dass Hans Werner Richter 1947 die wohl wichtigste deutsche Schriftstellergruppierung, die »Gruppe 47«, ins Leben rief – Indiz dafür, dass politische Aktivitäten problematischer wurden und sich zunehmend in literarisch-kulturelle Bereiche hinein verlagerten. Die Zeitschrift *Der Ruf* stellte im März 1949 ihr Erscheinen ein.

Keine andere Institution des bundesrepublikanischen Literaturbetriebs wurde so befehdet und beargwöhnt, aber auch überschätzt und stilisiert wie die »Gruppe 47«. In ihrer Blütezeit, Ende der 50er, Anfang der 60er Jahre, repräsentierte die Gruppe, die aus einer Privatinitiative des Schriftstellers Hans Werner Richter hervorgegangen war und bis zu ihrem Ende (die letzte, schon von der studentischen außerparlamentarischen Opposition befehdete Tagung fand 1967 statt) ein formloser Zusammenschluss blieb, tatsächlich die moderne, jüngere Literatur, über die ›man‹ sprach und die allein in der Öffentlichkeit zählte. Artikulierte die Gruppe zu Beginn durchaus noch einen politischen Anspruch an Literatur, so institutionalisierte sie sich im bundesrepublikanischen Establishment der 50er Jahre schnell als ein Umschlagplatz von Beziehungen, Meinungen und Tendenzen. Zu den insgesamt 29 Tagungen konnte nur kommen, wer von Hans Werner Richter persönlich eingeladen war. Anfangs blieben die Schriftsteller mehr oder weniger unter sich, die Sitzungen trugen Werkstattcharakter, die Kritik war kollegiale Arbeitskritik. Später waren die Literaturvermittler (Verleger, Lektoren, Kritiker) sichtlich in der Überzahl, die denn auch die Tagungen zu einer Selbstdarstellung des Literaturbetriebs umfunktionierten, in die sich nahtlos auch das provokante Auftreten Peter Handkes auf der Princetoner Tagung 1966 einfügt. Handke lenkte nicht zuletzt durch diesen Auftritt das Interesse einer größeren Öffentlichkeit auf sich. Im Mittelpunkt der Tagungen standen von Anfang an Autorenlesungen aus noch unveröffentlichten Manuskripten, die sich (wie auch die Spontankritik) immer mehr zum Ritual verselbständigten – abzulesen an der Dominanz der Starkritiker. Die »Gruppe 47« ist schließlich an ihren eigenen Widersprüchen und ihrer inneren Dissoziation gescheitert. Ihr Selbstverständnis eines unpolitischen

Der Ruf

Die Zeitschrift *Der Ruf* vom 15.11.1945 (Titelseite)

Die Gruppe 47

Publikumsbeschimpfung

Tagung der Gruppe 47
mit Autoren, Verlegern,
Lektoren und Kritikern
– Literaturbetrieb auf
einen Blick

literarischen Diskurses ging mit dem Aufkommen einer erneuten Politisierung der
Intellektuellen Mitte der 60er Jahre in die Brüche.

Aporien des lyrischen ›Kahlschlags‹

›Trümmerliteratur‹

›Trümmerliteratur‹ und Poesie des ›Kahlschlags‹ lauten die Schlagworte, unter
denen die neu entstehende Literatur der frühen Nachkriegszeit über lange Jahre
hinweg begriffen worden ist. ›Trümmerliteratur‹: In dieser Bezeichnung ist die
Wirklichkeit gegenwärtig, durch die diese Literatur geprägt wurde, die Realität
des Schutts und der Ruinen – nicht nur der Städte und Häuser, sondern auch der
Ideale und Ideologien –, die Realität des Krieges, des Todes, des Untergangs und
des Überlebens inmitten von Trümmern. »Kahlschlag« hieß: Abkehr von den
Traditionsbildungen im Umkreis der Inneren Emigration und des poetischen
Konservatismus – Neubeginn in poetischer Sprache, Bilderwelt, Metaphorik. Die
»Männer des Kahlschlags«, so forderte der Urheber dieses Postulats, Wolfgang
Weyrauch, im Nachwort zu seiner Lyrikanthologie *Tausend Gramm* (1949), soll-
ten als »Förster« Wegweiser im »literarischen Gestrüpp« ihrer Gegenwart aufstel-
len, um »in Sprache, Substanz und Konzeption […] von vorn an(zu)fangen, ganz
von vorn« – wenn nötig auch »um den Preis der Poesie«.

»Tabula rasa«

Dergleichen aber war leichter zu fordern als einzulösen. »Ein Ende machen.
Einen Anfang setzen, / Den unerhörten, der uns schreckt und schwächt«, hieß es
1945 in Hans Egon Holthusens programmatischem Gedicht »Tabula rasa«. Aber
gerade Holthusens Gedankenlyrik macht die objektiven Schwierigkeiten sichtbar:

vor der die Poesie in jenen Tagen stand: Die traumatischen Erfahrungen der
jüngsten Vergangenheit ließen sich offenbar nicht umstandslos abstreifen. Konservative poetische Traditionen, die die Schriftsteller der Inneren Emigration im
Dritten Reich gepflegt hatten, wirkten fort. Die Neigung zur Verdrängung der
Trümmerwirklichkeit überwog bei manchen Autoren die Bereitschaft zur Auseinandersetzung mit der Gegenwart. Beschaulichkeit, Idylle, eine in sich selber
ruhende Heiterkeit und Gelassenheit, die der Rhythmus der Verse im Gleichmaß,
in der Ausgewogenheit aufnimmt – dies sind Kennzeichen einer Dichtung, die
sich absetzt von der sie umgebenden Wirklichkeit, sich dieser entzieht, um im
Rückgang auf sich selber poetische Schönheit zu repräsentieren. In einem Gedicht Friedrich Georg Jüngers heißt es:

> In die Geißblattlauben will ich
> wo die Liebenden sich herzen,
> um beim Licht des Sichelmondes
> mit dem jungen Reh zu scherzen.

Diese Dichtung erweist sich nicht nur als vollständig enthistorisiert, sondern sie
strebt zugleich – orientiert an poetischen Traditionsmustern wie Sonett, Ballade, Elegie – nach Überzeitlichkeit der Aussage wie der Form, beispielhaft erkennbar an den Gedichtbänden Rudolf Hagelstanges (*Venezianisches Credo*,
1945) und Hans Egon Holthusens (*Klage um den Bruder*, 1947; *Hier in der Zeit*,
1949). Diese Zeitlosigkeit geht häufig einher mit einer deutlichen Zunahme religiöser Züge und christlicher Motive bis hin zur Versenkung in die vermeintliche Über- und Außerweltlichkeit der Poesie. Die Wirklichkeit aber führt lediglich zu der Erkenntnis, dass eine höhere Wahrheit: die Erfahrung von Glück,
Liebe, Naturseligkeit, Freiheit, in ihr nicht zu finden ist. Die Dichterin Ina Seidel
bekennt:

Friedrich Georg Jünger

> Was bleibt uns in den Trümmern unsrer Welt
> Für Zuflucht aus dem Labyrinth der Trauer?
> Was ist noch da, daran der Mensch sich hält,
> Als der Gestirne unberührte Dauer [...]

Lyrische Restauration also: Sie bringt eine Dichtung hervor, für die das Beharren
auf überkommenen Formtraditionen, auf Zeit- und Weltferne, auf Idyllik und
Beschaulichkeit ebenso charakteristisch ist wie ihre Unfähigkeit, poetisch erneuernd zu wirken, eine Lyrik zu formen, die erkennbar in den Prozessen ihrer Gegenwart steht. Gerade deshalb freilich hat diese Lyrik später, im Konservatismus
der Ära Adenauer, eine gesellschaftlich bedeutende Rolle gespielt. Denn ihre Autoren schienen, in Person und Werk, Antifaschismus und Antikommunismus
gleichermaßen zu repräsentieren und boten zudem mit ihrer Dichotomie von
Kunst und Leben die Gewähr für eine ›reine‹ Poetik, die in ihrer Realitätsabkehr
und Politikferne der Entwicklung der Geisteswissenschaften in den 50er Jahren
korrespondierte. So diente sie der Verklärung und Verschönung ihrer Gegenwart
gerade dadurch, dass sie sich – scheinbar – von ihr fern hielt.

Idylle, Beschaulichkeit

    Hinzu kam ein anderes Problem: Die Sprache war durch nationalsozialisti-
sche Emphase, durch rhetorisches Pathos, durch propagandistischen Bombast
verbraucht, also unglaubwürdig geworden. Sie ließ sich kaum mehr ohne Distanz oder Verfremdung zur Konstituierung poetischer Realität nutzen. Eben

Rückzug in die Lyrik

diese Distanz fehlte einer Dichtung, die ihre Themen im Umkreis des Kriegs und Kriegsendes fand, im Problemzusammenhang individueller Verantwortung und kollektiver Schuld, im Spannungsfeld zwischen Trümmerwirklichkeit und Aufbruchstimmung. Die Lyrik wurde nicht ohne Grund die herausragende literarische Repräsentationsform von Stimmungen der frühen Nachkriegsjahre: In ihr sahen viele Autorinnen und Autoren eine unmittelbar zugängliche Möglichkeit, ihren Erlebnissen und Erfahrungen, Eindrücken und Empfindungen Ausdruck zu verleihen. Die Absicht der jüngeren Autoren, zu »ahnen und (zu) erkennen was ist; wie das kam, was ist; und wie die Zukunft entwickelt werden kann« (W. Weyrauch) – diese Absicht schien sich am ehesten in lyrischer Subjektivierung realisieren zu lassen. Doch der Formentraditionalismus, dessen sie sich – im Unterschied zum ›Kahlschlag‹-Postulat Wolfgang Weyrauchs – häufig befleißigten, verrät die Befangenheit, die jedem Neubeginn entgegenstand. Unterschiedslos wird beispielsweise die Form des Sonetts für Liebes- und Naturpoesie in Johannes R. Bechers Deutschland-Lyrik oder für grelle Antikriegsgedichte verwendet, in einem Maß, dass Zeitgenossen von einer »Sonettenraserei« gesprochen haben. Diese Vorliebe entsprang nicht nur der gleichsam »demokratischen« Verfügbarkeit vorhandener Lyriktraditionen, sondern auch der Sehnsucht nach einer festen und strengen Form, die geeignet schien, das Chaos der Zeit und der Empfindungen zu bändigen. So wird die »Trümmerlyrik« der Nachkriegszeit zum Ort einer Diskussion, in der es um Vergangenheit, Gegenwart und Zukunft geht, eine Diskussion, die schwankt zwischen Untergangsstimmungen und der Euphorie des Aufbruchs, zwischen Depression und Zukunftsgewissheit, zwischen Resignation und Optimismus. Aber auch eine Diskussion, deren poetische Qualität in einem umgekehrten Verhältnis zu ihrer Intensität und Quantität steht. Nicht von ungefähr druckte die Zeitschrift *Ulenspiegel* nur wenige Wochen nach ihrem ersten Erscheinen einen Aufruf, in dem es hieß: »Wir bitten unsere Mitarbeiter vom Text, uns möglichst keine Gedichte zu schicken. Oder zu uns zu kommen und uns zu suchen. Wir sind fast nicht mehr da, die Gedichte haben uns überschwemmt. Schreibt Prosa statt Gedichte!«

›Trümmerlyrik‹

Auch Johannes R. Becher (1891–1958) – neben Bertolt Brecht wohl der namhafteste Lyriker, der nach dem Zusammenbruch des ›Dritten Reichs‹ in die damalige SBZ ging – lobte die »Strenge«, welche »die Magie der vierzehn Zeilen« des Sonetts dem lyrischen Produktionsprozess aufzwinge. Gerade an Bechers Lyrik jener Jahre aber lässt sich auch das Dilemma zeigen, in das eine ungebrochene Fortsetzung einmal bewährter und erprobter Formtraditionen führen konnte. Becher sah im Sonett jene Form, durch die »das Bewegungsgesetz des Lebens zum Inhalt (und zwar auf inhaltlich verschiedene Art)« werden sollte. Die »verschiedenartigen« Inhalte seiner beiden wichtigsten Nachkriegs-Lyrikbände (*Heimkehr*, 1946; *Volk, im Dunkeln wandelnd*, 1948) nehmen vor allem das Thema »Deutschland« auf. Als dessen geheimes, gleichsam magnetisches Zentrum erweist sich immer wieder das Wortfeld ›Heimat‹ (»Meiner Heimat Schönheit«, »Heimat, deine Sterne«, »Heimatlich«, »O Heimat – meine Trauer«), ›Heimat‹ freilich nicht in einem nationalchauvinistischen, sondern eher in einem politisch-sozialen Sinn. Abschied und Wiederkehr, Schicksal und Gericht, Schuld und Sühne, Demut und Verantwortung, Sehnsucht und Leiden bilden die wechselnden Aspekte, unter denen das Thema ›Deutschland‹ angesprochen wird, wobei – nicht allein in der Form des Sonetts – ein Gleichmaß in Reim und Rhythmus überwiegt, das mit großem Pathos und einem hochgestimmten, ja religiösen Ton einhergeht. Die

Johannes R. Bechers Gedichte

abgründige Erfahrung von Tod und Trümmern, gebannt in ein traditionsreiches Formkorsett – dies mag der Grund gewesen sein, warum Stephan Hermlin im Blick auf Bechers Gedichtband *Heimkehr* von einem »tragischen« Fall hat sprechen können. Becher sei, so Hermlin 1946, »in neo-klassizistischer Glätte und konventioneller Verseschmiederei gelandet« und habe eine »politisch richtig gestellte Aufgabe mit dichterischen Mitteln falsch gelöst«.

Festzuhalten bleibt: Dem Schriftsteller Johannes R. Becher ist ein Neubeginn nach 1945 ebenso wenig gelungen wie den einstigen Inneren Emigranten oder Autoren in der Tradition sozialistischer Agitationspoesie wie Erich Weinert, Hans Lorbeer und Kuba (eigtl. Kurt Barthel). Und auch für Bertolt Brechts Gedichtproduktion bedeutete das Jahr 1945 keine Zäsur: Die Exilsituation dauerte im Falle Brechts bis 1947/48. Brecht schrieb dementsprechend weiterhin auch Warngedichte und Satiren gegen den Faschismus, die er später in Form allegorischer lyrischer Bilder gegen den bürgerlich-liberalen Kapitalismus wendete, insbesondere in seiner westdeutschen Spielart (*Der anachronistische Zug oder Freiheit und Democracy*, 1947).

Nur wenigen Autorinnen und Autoren war es in einigen wenigen Gedichten möglich, den selbst gesetzten Anspruch auf einen poetischen Neubeginn einzulösen. Denn dieser Anspruch erforderte zugleich einen Verzicht auf Bilderreichtum, Metaphernfülle, lyrische Schönheit: »Die Schönheit ist ein gutes Ding«, bemerkte Wolfgang Weyrauch, um fortzufahren: »Aber Schönheit ohne Wahrheit ist böse. Wahrheit ohne Schönheit ist besser.« Wird man diese Entgegensetzung von Wahrheit und Schönheit auch als Scheinalternative bezeichnen müssen – eingedenk der Tatsache, dass es stets nur um die *Wahrheit der Poesie* geht, deren Ferment sehr wohl ihre Schönheit sein kann –, so bleibt von diesem Einwand doch das Wahrheitsmoment der Forderung Weyrauchs selber unberührt. In ihr spricht sich der Versuch der Heimkehrenden aus, Schluss zu machen mit den lyrischen Tändeleien, die über lange Jahre hinweg herrschaftssichernd im Sinne des deutschen Faschismus wirksam waren, das Bemühen, der Wirklichkeit, wie grau und rauh sie sich auch darstellen mochte, ins Angesicht zu sehen. Ein Unterfangen, das Wolfdietrich Schnurre in die Verse gefasst hat:

Versuch eines poetischen Neubeginns

> zerschlagt eure Lieder
> verbrennt eure Verse
> sagt nackt
> was ihr müßt.

Den konsequentesten Ausdruck für diese zugleich illusions- und schmucklose Haltung hat Günter Eich (1907–1972) in seinem Gedicht »Inventur« gefunden, das vermutlich bereits im April/Mai 1945 in einem Kriegsgefangenenlager entstanden und zuerst in der von Hans Werner Richter herausgegebenen Anthologie *Deine Söhne Europa* erschienen ist.

Eichs »Inventur«

›Inventur machen‹ – dies war eine Schlüsselsituation der Überlebenden, der Kriegsgefangenen, der Heimkehrenden. Sie erforderte, sich einer Bestandsaufnahme zu unterziehen, die Habseligkeiten zusammenzuzählen, die geringe Habe beisammen zu halten. Eine Situation, welche die Beschränkung auf die unmittelbare Umgebung verlangte, auf die konkreten Bedingungen und Voraussetzungen der eigenen Existenz. Die äußerste Verknappung der Form, die strenge Konzentration auf Mitteilung von Gegenständlichem, das Hervortreten einer elementaren Dingwelt gibt dieser »Inventur« am Nullpunkt der eigenen Existenz Ausdruck.

Günter Eich

Inventur

Dies ist meine Mütze,
Dies ist mein Mantel,
Hier mein Rasierzeug
Im Beutel aus Leinen.

Konservenbüchse:
Mein Teller, mein Becher,
Ich hab in das Weißblech,
Den Namen geritzt.

Geritzt hier mit diesem
Kostbaren Nagel,
Den vor begehrlichen
Augen ich berge.

Im Brotbeutel sind
Ein Paar wollene Socken
Und einiges, was ich
Niemand verrate.

So dient es als Kissen
Nachts meinem Kopf.
Die Pappe hier liegt
Zwischen mir und der Erde.

Die Bleistiftmine
Lieb ich am meisten:
Tags schreibt sie mir Verse,
Die nachts ich erdacht.
Dies ist mein Notizbuch,
Dies ist meine Zeltbahn,
Dies ist mein Handtuch,
Dies ist mein Zwirn.

Überwindung des Naturgedichts

Man hat Günter Eich deshalb auch einen »Überwinder des Naturgedichts« (Karl Krolow) genannt – mit einigem Recht, gilt ihm doch das Naturdetail so gut wie die Dingwelt der Städte als Material einer Poesie, die »Gegnerschaft« (Eich) sein und schaffen will zur Sphäre jedweder Macht. Gerade Günter Eichs viel zitiertes Gedicht »Inventur« aber darf nicht darüber hinwegtäuschen, dass es paradoxerweise nicht belegt, wofür es einzustehen scheint: eine Tradition der ›Kahlschlag‹-Poesie. Denn Eichs Gedicht ist die Ausnahme geblieben – auch im Werk des Dichters selber –, welche die Regel einer fortbestehenden Lyriktradition bestätigt.

Peter Huchel

Wie Günter Eich gehörte auch Peter Huchel (1903–1981) zur Gruppe junger Lyriker um die Dresdner Literaturzeitschrift *Kolonne* (1930–1932), zu deren Erfahrungsbereichen Landschaft und Natur, zu deren poetischen Visionen mythisch-antike wie naturhafte Gegenwelten zählen. Wie Eich nimmt auch Huchel Natur als eine poetische Konstante in sein Werk hinein, als ein nach 1945 freilich irritiertes Element, in das Schrecken, Grauen, Vergänglichkeit und Todeserfahrung verstörend hineinspielen. Anders als Naturlyriker in der Nachfolge Oskar Loerkes wie Wilhelm Lehmann (*Entzückter Staub*, 1946), Elisabeth Langgässer (*Der Laubmann und die Rose*, 1947; *Metamorphosen*, 1949), Horst Lange (*Ge*

dichte aus zwanzig Jahren, 1948), Oda Schäfer (*Irdisches Geleit*, 1946) und Karl
Krolow (*Gedichte*, 1948; *Heimsuchung*, 1948; *Auf Erden*, 1949) – von naturlyrischen Traditionalisten wie Georg Britting und Georg von der Vring zu schweigen – sucht Peter Huchel in seiner Lyrik ein »Unbehagen an der Wirklichkeit«
(Eich) mitzuteilen, doch härter als Eich, indem er schockartig disparate Materialien in seine Gedichte integrierte, die von einer neuen Erfahrungswirklichkeit
zeugten. Die Gedichte, die er nach 1945 vorlegte, haben die deutsche Naturpoesie
in nachhaltiger, Epoche machender Weise verändert. Mehr noch: Sie haben den
Begriff der ›Naturlyrik‹, der bis zu diesem Zeitpunkt eng verbunden war mit Autoren wie Oskar Loerke und Wilhelm Lehmann, selber fragwürdig gemacht. Politisches und Gesellschaftliches, Störendes und Verstörendes, Alltägliches und Ba-
nales findet sich in diesen Gedichten, aber auch die Szenerie von Krieg und
Nachkrieg, Grauen, Schrecken, Entsetzen. Eine wirkliche Erneuerung des Natur-
gedichtes, dies wird am Beispiel Peter Huchels und Günter Eichs erkennbar,
konnte nur dort gelingen, wo gesellschaftliche Wirklichkeit und naturhafte Gegenwelt in ihrem Zusammenhang, als eine untrennbare Einheit in beziehungsrei-
chem Wechselspiel, gesehen und entworfen wurden. Die Naturlyrik der
›Kahlschlag‹-Periode verlor jedoch in dem Maß an Substanz und poetischer
Glaubwürdigkeit, in dem sie sich von der Wirklichkeit abkehrte, um sich dem
Naturdetail zu verschreiben.

Peter Huchel

So bietet die kurze Periode der ›Trümmerlyrik‹ insgesamt ein höchst wider-
spruchsvolles Bild: radikal in der programmatischen Poetik des ›Kahlschlags‹, die
dennoch ausnahmsweise nur verwirklicht werden konnte; Wirklichkeitszukehr,
Vergangenheitsbewusstsein, Zukunftsorientierung und doch vielfache Zurück-
nahme in traditionellen literarischen Formen; Euphorie und Aufbruchstimmung
unmittelbar verschränkt mit Imitationen, Verstörungen, aber auch mit Kritik-
fähigkeit und Widerstandswillen. Die ›Trümmerlyrik‹ ist der angemessene Ausdruck der vielfach durchkreuzten Zeitströmungen, aus denen sie hervorging und
auf die sie einwirkte. Was sie nur ausnahmsweise zu leisten vermochte: eine
Literaturtradition selber auszubilden, die den sich anbahnenden Veränderungen,
den konservativen Tendenzen in der Bundesrepublik und den stalinistischen
Verhärtungen in der DDR, die subversive Kraft des Wortes entgegenzusetzen
vermochte.

Trümmerwirklichkeit und
Aufbaustimmung

Von der Schwierigkeit, Prosa zu schreiben

Heinrich Bölls freimütiges Bekenntnis: »Es war so unglaublich schwer, nach 1945
auch nur eine halbe Seite Prosa zu schreiben«, ist mehr als nur ein kokett-anek-
dotisches Spiel mit den eigenen Schreibanfängen. In diesem Eingeständnis teilt
sich die Einsicht mit, dass die konkreten Zeitumstände gerade von den Autoren
der ›jungen Generation‹ noch nicht verarbeitet waren. Sie schienen einer erzählerischen Vergegenwärtigung noch nicht zugänglich, die auf die Mitteilung von
Erfahrungen setzen wollte. Zugleich macht Bölls Eingeständnis abermals auf einen literarhistorisch bedeutsamen Umstand aufmerksam: Auch die Anfänge
der deutschen Nachkriegsprosa liegen nicht bei den Autoren jener ›jungen Generation‹ der Nachkriegsjahre, sondern sie liegen in der Zeit des Kriegs und Vor-
kriegs. Es sind schon entwickelte Traditionen, die fortgeführt werden, und bereits
bekannte Autoren, die fortwirken. Die Schreibsituation, aus der diese Autoren

hervorgehen und in der ihre Werke entstehen, ist die des Exils und der Inneren Emigration. In ihrem Zeichen stehen die ersten Prosaarbeiten, die nach 1945 erscheinen.

Christlich-konservative
Prosa der Inneren
Emigration

Autorinnen und Autoren der Inneren Emigration setzen jene christliche-konservative Poetik fort, von der schon die Rede war: Werner Bergengruen und Reinhold Schneider, Gertrud von Le Fort, Frank Thieß und Erhart Kästner. Weltflucht, gepaart mit dem Versuch einer metaphysisch bestimmten Überhöhung, ja Aufhebung erfahrenen Leides – unter diesem Aspekt stimmen sie mit den Autoren der vier wohl wichtigsten Romane einer späten »Emigration nach Innen« überein: Elisabeth Langgässer (*Das unauslöschliche Siegel*, 1946), Ernst Kreuder (*Die Gesellschaft vom Dachboden*, 1946), Hermann Kasack (*Die Stadt hinter dem Strom*, 1947) und Wolf von Niebelschütz (*Der blaue Kammerherr*, 1949).

Schon zu diesem Zeitpunkt erreichen die Werke exilierter Autoren die literarische Öffentlichkeit im westlichen Teil Deutschlands in ungleich geringerem Maße als die der Inneren Emigranten. Dies gilt zumal für die nach 1945 entstehenden Prosaarbeiten von Schriftstellern, die, zurückgekehrt in die damalige SBZ, erneut an Schreibtraditionen des BPRS anknüpfen oder die des sozialistischen Realismus fortführen, so beispielsweise Adam Scharrer (*Der große Betrug*, 1931; *Maulwürfe*, 1933; *Familie Schuhmann*, 1939; *Dorfgeschichten einmal anders*, 1948), Hans Marchwitza (*Kumiak*-Trilogie, 1934/1952/1959) und Willi Bredel (Trilogie *Verwandte und Bekannte* 1941/1949/1953). Ästhetischer Traditionalismus findet sich auch hier, wenngleich mit dem Vorzeichen der Wirklichkeitszukehr, des politischen Engagements und der Bereitschaft, einzugreifen in die gesellschaftliche Entwicklung. Aber es wird im Wesentlichen fortgesetzt, was zum Teil in den 20er und 30er Jahren bereits begonnen wurde: eine Sozialkritik nach realistischem Muster, nun unter antifaschistischer Perspektive. Auch Arnold Zweig, nach 1945 der Nestor des sozialkritischen Realismus in Deutschland, setzt – nach der 1947 auf deutsch erschienenen antifaschistischen Erzählung *Das Beil von Wandsbek* – sein Lebenswerk im Wesentlichen fort, so seinen monumentalen Prosazyklus *Der große Krieg der weißen Männer* über die Zeit des Ersten Weltkriegs mit den Romanen *Die Feuerpause* (1954; neue Fassung von *Erziehung vor Verdun*, 1934) und *Die Zeit ist reif* (1957).

Arnold Zweig

Anna Seghers und
Thomas Mann in
Weimar (1955)

Zu nennen ist in diesem Zusammenhang vor allem aber auch Anna Seghers (1900–1983), die nach den bedeutenden Exilwerken *Das siebte Kreuz* (1942) und *Transit* (1944) den 1943 noch im mexikanischen Exil begonnenen Roman *Die Toten bleiben jung* 1947 in Deutschland beendete. Dieses Werk Anna Seghers' ist der Versuch, in Form eines Romans eine Bilanz der ersten Jahrhunderthälfte zu ziehen. Die Autorin erzählt hier die (Familien-)Geschichte junger Arbeiter und Soldaten und ihrer reaktionären und faschistischen Verfolger und Mörder. Die Stärken dieses Romans liegen in den handwerklichen Details, in der atmosphärischen Gestaltung, der Figurencharakteristik, der Spannungserzeugung, der Schürzung und Lösung von Konflikten, der szenischen Vergegenwärtigung von Handlungsabläufen und der souveränen Verfügung über die ausgreifende Chronologie der Ereignisse. Anna Seghers hat sich mit diesem Erzählvorwurf einen weitgespannten historischen, politischen, gesellschaftlichen und psychologischen Hintergrund gewählt. Sie thematisiert Revolution und Konterrevolution, zeichnet das Zusammenspiel von ökonomischen Interessen und sozialem Handeln nach, wirft die Frage nach Kriegsschuld und politischer Verantwortung auf und legt die Klassengebundenheit von Denken, Fühlen, Handeln und politischer Moral offen. Aber gerade die Spannweite von Geschichte und Thematik erforderte offenbar auch eine erzählerische Klammer, die den Zusammenhang des disparaten Materials zu bewahren hatte. Sie besteht in der angestrengt wirkenden, zyklischen, wo nicht mythologischen Konstruktion eines tragischen Ineinanders von Untergang und Wiederkehr, das mit dem doppelten Motiv des ungeborenen Kindes zu Anfang und am Ende des Romans aufgeboten wird. Eine weitere Schwäche des Werks liegt in seiner polaren Struktur. Anna Seghers konfrontiert die verschiedenen Parteien, die sich im Roman als Täter und Opfer gegenüberstehen, auf eine starre, Übergängen und Nuancen kaum Raum gewährende Weise. Recht und Unrecht, Gut und Böse, Moral und Schuld werden schlicht der Klassenzugehörigkeit der jeweiligen Protagonisten zugeordnet. Man darf diese parteiliche Schreibhaltung jedoch nicht allein den sozialistischen Überzeugungen der Erzählerin Anna Seghers zuschreiben, sondern muss sie wohl auch als Ausdruck jener Funktionen begreifen, die, nach der Erfahrung des Faschismus, die Autorin der Literatur zugeschrieben hat: Instrument von Politisierung, Aufklärung und Erziehung zu sein.

Zu den von einem breiteren Publikum aufgenommenen Exilwerken zählt Hermann Hesses Roman *Das Glasperlenspiel* (1943), eine aus der Perspektive des Jahres 2200 auf die Gegenwart (das erste Drittel des 20. Jahrhunderts) zielende Kulturkritik an der »Unsicherheit und Unechtheit« der Bildungswerte im »feuilletonistischen Zeitalter«; zählt ebenso Theodor Pliviers *Stalingrad* (1945), eine dokumentarisch-realistische Darstellung der Vorgänge, die zum Untergang der 6. Armee in Russland und damit zur Wende des Zweiten Weltkriegs führten. Zu den breit rezipierten Exilwerken gehört vor allem auch Thomas Manns (1875–1955) Roman *Doktor Faustus* (1947), eine parabolische Faschismus- und Nietzsche-Kritik, die bis heute eine der faszinierendsten literarischen Verarbeitungen des Nationalsozialismus geblieben ist.

Der Humanist Dr. Serenus Zeitblom schreibt in den Jahren 1943 bis 1945 die Lebensgeschichte seines 1940 verstorbenen Freundes Adrian Leverkühn nieder, eines Komponisten, der sich nach abgebrochenem Theologiestudium der Musik zugewandt hat. Obwohl Leverkühn weiß, dass sich die musikalischen Formen verbraucht haben und deshalb nur mehr als kompositorisches Spielmaterial zu dienen vermögen, versucht er, der Sterilität eines solchen künstlerischen Verfah-

Die Romane von Anna Seghers

Schutzumschlag

Exilromane

Thomas Manns »Doktor Faustus«

rens zu entgehen. Dies gelingt ihm allerdings nur mittels eines Pakts mit dem
Teufel, dessen Preis einerseits in einer völligen Weltabgeschiedenheit der musikalischen Produktivität besteht, andererseits, am Ende dieser produktiven Phase,
im zerebralen Zerfall infolge einer syphilitischen Erkrankung. Der Teufel seinerseits verspricht Leverkühn eine »wahrhaft beglückende, entrückende, zweifellose
und gläubige Inspiration«, durch die er »die lähmenden Schwierigkeiten der Zeit
durchbrechen« werde. In der Tat schafft Leverkühn einige musikalische Meisterwerke, deren Höhepunkt die symphonische Kantate »Dr. Fausti Weheklag« bildet.
Nach einer Schaffenspause von neunzehn Jahren versammelt Leverkühn seine
Freunde um sich, beichtet ihnen den Pakt mit dem Teufel, spielt ihnen aus
seinem letzten Werk vor und bricht schließlich in geistiger Umnachtung zusammen. Thomas Mann hat in diesem Werk eine Fülle von Stoffelementen unterschiedlichster philosophischer, geistesgeschichtlicher, musiktheoretischer und
sozialhistorischer Bereiche zusammengeführt und zu einer eigenwilligen Ge-
schichtsdeutung miteinander verbunden: den Faustus-Stoff, theologische und
mythologische Vorlagen, Biographie und Philosophie Friedrich Nietzsches, nicht
zuletzt die Musiktheorie Theodor W. Adornos und die Kompositionslehre Arnold
Schönbergs. Alle diese Elemente sind integriert zur Künstlerbiographie Lever-
kühns, deren Entwicklung zunehmend Parallelen zur Heraufkunft des Faschismus in Deutschland aufweist. Über ihren Zusammenhang und ihre Verwendung
im Roman hat Thomas Mann in *Die Entstehung des Doktor Faustus* (1949), ebenfalls in Romanform, ausführlich berichtet. Seine innere Spannung aber erhält der
Roman *Doktor Faustus* durch die Einführung des Erzählers Serenus Zeitblom:
Dessen Hilflosigkeit angesichts des Weges seines Freundes Adrian Leverkühn,
die aus seiner humanistischen Grundhaltung resultiert, zeigt zum einen die Ohn-

*Verarbeitung des
Faschismus*

macht eines bürgerlichen Antifaschismus, der dem Faschismus nur Ablehnung,
nicht aber eine qualitativ andere, eigenständige Position entgegenzusetzen hat.
Zugleich bewirkt die Einführung dieser Figur die Einhaltung einer erzählerischen
Distanz, die eine »gewisse Durchheiterung des düsteren Stoffes« (Thomas Mann)
ermöglichte. So finden sich auch ironische Passagen, die trotz der Komplexität
des Stoffs und seiner Fülle und trotz der bedrückenden inhaltlichen Problematik
die Lektüre dieses Romans zu einem Vergnügen machen. Ein Vergnügen freilich,
dessen ernsthaften zeitgeschichtlichen Hintergrund, wenn er sich auch bisweilen
zu verflüchtigen droht, und dessen Aktualität, wenn sie sich auch bisweilen in
Abstraktion auflöst, der letzte Satz des umfangreichen Werks aus der Perspektive
des Erzählers Zeitblom noch einmal nachdrücklich betont: »Ein einsamer alter
Mann faltet seine Hände und spricht: Gott sei eurer armen Seele gnädig, mein
Freund, mein Vaterland.«

*Prosa der ›jungen
Generation‹*

Lag im Werk der Autoren des sozialistischen Exils und der einstigen Inneren
Emigration eine Ausformulierung und Kontinuität von geistigen und politischen
Haltungen vor, so handelt es sich bei Hermann Hesse und Thomas Mann um
Fortsetzung und Weiterentwicklung vielfach bestätigter poetischer Meisterschaft.
In jedem Fall lag ein literarischer Fundus vor, auf dem aufzubauen, an den anzu-
knüpfen war. Anders aber lagen die Dinge bei den Schriftstellern der ›jungen
Generation‹. Nicht nur bestand für sie die Notwendigkeit »das durch die Sprach-
politik des ›Dritten Reichs‹ entstandene Vakuum wieder aufzufüllen«, wie der
Schweizer Schriftsteller Urs Widmer (geb. 1938) gesagt hat. Sondern es musste
zugleich der Versuch unternommen werden, in diesem Vakuum eine Erfahrungswirklichkeit erzählerisch zu organisieren, deren Erzählbarkeit längst fragwürdig
geworden war. Die frühen Erzählungen Heinrich Bölls sprechen von diesem Pro-

blem fort während, auch wenn sie es nicht zu ihrem Gegenstand machen. Böll hat ihm mit dem Mittel einer konsequenten Vereinfachung, ja Einfachheit in Sprache und Syntax Ausdruck gegeben. »Aber gerade dieses ›Einfachwerden‹«, so Böll, »setzte eine ungeheure Verfeinerung der Mittel voraus, ungeheuer komplizierte Vorgänge.« Der schmucklos-parataktische Bau der Sätze wie deren unprätentiöse Konstruktion, die präzisen Detailbeschreibungen, das Anakoluth, die lautsprachlichen Mittel – dies sind Elemente einer »Trümmersprache«, die in den Erzählungen Bölls auf die unmittelbare Vergegenwärtigung eines Geschehens, eines Eindrucks, einer Stimmung aus dem Kriegserleben angelegt ist. So entsprach die Form der Kurzgeschichte der Darstellungsabsicht und dem Stilwillen der Nachkriegsautoren am besten, und sie entsprach der »Kurzatmigkeit der Epoche« (Böll), die keinen verbindlichen Erfahrungszusammenhang aufwies, sondern in schockhafte Einzelerlebnisse zerfiel, die der durchdringenden Reflexion unzugänglich geworden waren.

›Einfachwerden‹ – so lautet der programmatische Anspruch aller Neuanfänge der Nachkriegsprosa und zumal des Genres Kurzgeschichte. ›Einfachwerden‹, um innezuhalten, Atem zu holen, sich zu besinnen nach allem, was war. Ähnlich hatte sich Wolfgang Borchert in seinem flammend-expressiven Text *Das ist unser Manifest* bereits 1947 geäußert: »Wir brauchen keine Dichter mit guter Grammatik. Zu guter Grammatik fehlt uns Geduld. Wir brauchen die mit dem heiser geschluchzten Gefühl. Die zu Baum Baum und zu Weib Weib sagen und ja sagen und nein sagen: laut und deutlich und dreifach und ohne Konjunktiv.« Geschult an großen amerikanischen Erzählern wie Edgar Allan Poe und Ambrose Bierce, William Faulkner und Thomas Wolfe, vor allem aber orientiert an der Entwicklung der amerikanischen ›short story‹, wie sie mit dem Werk Ernest Hemingways in einer Anthologie (*Amerikanische Erzähler*, 1946) beispielhaft vorlag, veröffentlichten fast alle namhaften Autoren der Nachkriegszeit Kurzgeschichten in Zeitschriften und Sammelbänden. Ihre Erzählgegenstände finden sie in ihrem unmittelbaren zeitgeschichtlichen Hintergrund: Krieg, Faschismus, Terror, Gefangenschaft, Außenseitertum. Um Anklage und Humanitätspostulat, Glaubensirritation und Desillusionierung entwickeln sich Konflikte, die – zum Teil äußerst verknappt wie bei Wolfgang Borchert (*Das Brot*), zum Teil durch Montage aufgebrochen wie bei Ernst Schnabel (*Um diese Zeit*), zum Teil satirisch überschritten wie bei Wolfdietrich Schnurre (*Der Ausmarsch*) – zu existentiellen Grenzsituationen verdichtet sind. Mit solcher Verdichtung individuellen Erlebens konnte die Kurzgeschichte zur repräsentativen literarischen Form einer Zeit werden, die sich ihres eigenen Lebenssinns bewusst zu werden versuchte, indem sie sich des Sinnverlustes erst vergewisserte.

Andererseits aber zeigen gerade die frühen Erzählungen Heinrich Bölls (1917–85) einen Hang zum Pathos, zur Symbolüberladung, zur sentimentalen Selbstdeutung des Erzählten, der dem Ziel des ›Einfachwerdens‹ unübersehbar widerspricht. In der Konstruktion einer in sich konsistenten Dingsymbolik – Kreuz, Brot, Wein, Tabak –, im Entwurf sentimentaler Wunsch- und Phantasieräume findet sich der angestrebte Lakonismus des Erzählens wieder und wieder durchkreuzt. Sieht man sich etwa den Schluss der Erzählungen *Der Angriff* (1947), *Wiedersehen in der Allee* (1948) und *Der Zug war pünktlich* (1949) an, so erkennt man: Hier wird jeweils vom sinnlosen Tod im Krieg erzählt um den Preis, die Grenze zum Trivialen, zum Kitsch sogar zu überschreiten. Das Ende der Erzählung *Der Angriff* offenbart einen deutlichen Bruch zwischen erzählerischem Realismus und symbolhafter Überhöhung des Erzählten: »Paul rüttelte den Kleinen, aber der rührte sich nicht

›Einfachwerden‹

Heinrich Bölls Nachkriegsprosa

mehr: kein Splitter und kein Geschoß hatte ihn erreicht; sein Kinderherz war von Angst erdrosselt worden […] und noch im Tode bebte es – leise wie der Wind, der morgens in den Bäumen vor seines Vaters Haus gespielt hatte.«

Amerikanische Vorbilder

Auch in zwei umfangreicheren Werken der unmittelbaren Nachkriegszeit ist die Schwierigkeit, Prosa zu schreiben, spürbar: in Walter Kolbenhoffs Roman *Von unserem Fleisch und Blut* (1947) und in Hans Werner Richters *Die Geschlagenen* (1949). Kolbenhoff umstellt seine Hauptfigur, einen mörderisch fanatisierten »Werwolf«-Jungfaschisten, mit Reflexionen und Dialogen einer Reihe typisierter Rahmenfiguren zwischen Humanitätspostulat und Ideologieverdacht – und schafft so eine eher kunstlose Seelen-Fallstudie. Richters Roman, eine Darstellung der Schlacht bei Monte Cassino und anschließender Kriegsgefangenschaft, steht ebenfalls in einer realistisch-sozialkritischen Tradition, die sich in naturalistischer Detailtreue, in der Dialogführung und in der Außenwahrnehmung von Figuren und Handlung zur Geltung bringt. Die Übergewalt der gewählten Sujets teilt sich in der Schwierigkeit mit, die erlebte und erlittene Realität des Nationalsozialismus und des Krieges auf eine sprachlich innovative Weise in eine neue Erzählwirklichkeit zu transformieren, eine Problematik, die sich auch in den Prosaarbeiten anderer Schriftsteller dieser Zeit zeigt, so etwa bei Bodo Uhse (*Leutnant Bertram*, 1944; *Die Patrioten*, 1954), Harald Hauser (*Wo Deutschland lag…*, 1947), Wolfgang Joho (*Die Hirtenflöte*, 1948; *Der Weg aus der Einsamkeit*, 1953) und Bernhard Kellermann (*Totentanz*, 1948). Zu nennen ist in diesem Zusammenhang auch Hans Falladas Roman *Jeder stirbt für sich allein* (gekürzt 1947; 2011 in einer vollständigen Fassung). Fallada erzählt hier anhand von Gestapo-Akten die Geschichte des Berliner Arbeiterehepaares Quangel, das sich – ausgelöst durch den sinnlosen Kriegstod des Sohnes – entschließt, Widerstand gegen den Nationalsozialismus zu leisten. Verfolgung und Verhaftung durch die Gestapo, Folter und Leiden im Gefängnis und die Verurteilung zum Tod durch den Volksgerichtshof sind die Folge. Der Autor hat den Roman von nahezu 700 Seiten kurz vor seinem Tod in nur vier Wochen niedergeschrieben – vermutlich hieraus und auch durch die Nähe zum Sujet erklären sich die unübersehbaren handwerklichen Mängel (Brüche in der Handlungsführung, Schwächen in der Motivation der Figuren und der Dialoggestaltung). Doch Fallada hat mit diesem Roman seine Kunst der psychologischen Ausleuchtung eines kleinbürgerlichen Lebenszusammenhangs auf eine noch immer beeindruckende Weise fortentwickelt.

Arno Schmidts »Leviathan«

Vielleicht vermochte nur ein einziger Erzähler der frühen Nachkriegszeit, den Schock des Kriegserlebnisses ästhetisch produktiv zu machen, das heißt, eine neue Form literarischer Wirklichkeitsverarbeitung zu begründen: Arno Schmidt. Mit seiner Erzählung *Leviathan oder Die beste der Welten* (1949) gelang es ihm, einen bislang ungehörten Ton im vielstimmigen Chor der ›jungen Generation‹ anzuschlagen. Bei Schmidt findet sich eine Radikalisierung der Ich-Perspektive, eine naturalistisch-minutiöse Wiedergabe des Geschehens bis hin zu detaillierten Orts- und Zeitangaben. Aber im Unterschied etwa zu Bölls Erzählung *Der Zug war pünktlich*, die ebenfalls 1949 erschienen ist, hält Arno Schmidts erzählerisches Verfahren den Leser auf Distanz. Diese Distanznahme erliegt gar nicht erst der Versuchung, den Schock des Weltkriegserlebnisses und die Zerfallenheit des modernen Bewusstseins mit sich selber erzählerisch zu ›bewältigen‹, sondern sie nimmt die Distanz schaffende Brüchigkeit der Trümmerwelt formkonstitutiv in sich auf. Die zeitgenössische »Schwierigkeit, auch nur eine halbe Seite Prosa zu schreiben«, wird ihr auf diese Weise zu einer poetologischen Voraussetzung zeitgemäßen Schreibens.

Das Drama der deutschen Nachkriegsbühnen

»Im Anfang war das Chaos«, resümierte der Exildramatiker Fritz Erpenbeck 1948 seine Erfahrungen mit dem Beginn des Nachkriegstheaters. Ein »Chaos«, das sich offenkundig der allenthalben spürbaren kulturellen Aufbruchstimmung verdankte und ebenso dem Zwiespalt zwischen Kulturanspruch und Trümmerwirklichkeit. Denn nicht weniger als 98 von einst 200 deutschen Schauspielhäusern lagen in den vier Besatzungszonen in Schutt und Asche, darunter allein in Berlin 15 – aber bis zum Herbst 1945 gingen beim Magistrat der Stadt Berlin bereits rund 400 Gesuche um Spielerlaubnis ein. Die Tradition des großen deutschen Theaters in der Weimarer Republik und zumal in der Hauptstadt Berlin war durch Exil und Tod bedeutender Regisseure und Schauspieler unwiderruflich dahin – doch stellte der Theaterkritiker Friedrich Luft bereits im Frühjahr 1946 verwundert fest, an nahezu zweihundert Stellen der Stadt werde wieder Theater (einschließlich Oper, Operette, Konzert) gespielt.

Phoenix aus der Asche

Mit wenigen Ausnahmen kann aber von einem anspruchsvollen neuen Gegenwartsdrama kaum die Rede sein. Zwar bestand in der unmittelbaren Nachkriegszeit zumindest in der SBZ durchaus Interesse an Werken deutscher Exildramatiker. Bertolt Brecht (*Die Gewehre der Frau Carrar*, 1937, und *Furcht und Elend des Dritten Reiches*, 1945), Ernst Toller (*Pastor Hall*, 1939), Ferdinand Bruckner (*Die Rassen*, 1933) und Georg Kaiser (*Soldat Tanaka*, 1940) fanden zum Teil ein zahlreiches Publikum. Aber es waren eben ältere Stücke, Dramen aus der Exilzeit, die gespielt werden mussten, denn neue waren einstweilen nicht in Sicht. Friedrich Wolf beispielsweise, wichtiger Vertreter einer sozialistischen Dramatik (*Professor Mamlock*, 1934; *Wie Tiere des Waldes*, 1948), konnte an seine Erfolge während der Weimarer Zeit nicht wieder anknüpfen, obwohl seine Dramaturgie in aristotelischer Tradition in der frühen DDR kulturpolitisch favorisiert wurde. Ebenso wurden – zumindest im Westen – existentialistisch geprägte antifaschistische Dramen französischer Autoren mit pazifistischer Tendenz (Jean-Paul Sartre, Albert Camus, Jean Giraudoux, Jean Anouilh) aufgeführt und zum Teil heftig diskutiert. Eine gleichwertige deutsche Dramatik existierte nicht. Das deutsche Nachkriegsdrama im Westen stammte aus der Feder von Autoren, die ihren Hang zu Naturidyllik und Geschichtsmythologemen schon im ›Dritten Reich‹ hinlänglich unter Beweis gestellt hatten: Manfred Hausmann (*Worpsweder Kuchenspiel*, 1946), Bernt von Heiseler (*Philoktet*, 1947), Horst Lange (*Der Traum von Wassilikowa*, 1946), Frank Thieß (*Tödlicher Karneval*, 1948). Im Übrigen ließ auch die Kulturpolitik der Alliierten nur wenig Raum für eine ungehinderte innovative Entwicklung des Theaters. Lessings *Nathan*, Goethes *Iphigenie*, Schillers *Don Carlos* und *Kabale und Liebe* – so hieß die im Geist der Toleranz lizenzierte Klassiker-Auswahl. Nur von drei deutschen Theaterstücken gingen in dieser Zeit nennenswerte und folgenreiche Anregungen aus: von Wolfgang Borcherts *Draußen vor der Tür*, von Carl Zuckmayers *Des Teufels General* – beide Dramen wurden allerdings in der SBZ nicht aufgeführt, da sie als klein-bürgerlich, pazifistisch und nihilistisch galten – sowie von Günther Weisenborns *Die Illegalen*.

Programme der Nachkriegsbühnen

»Ein Stück, das kein Theater spielen und kein Publikum sehen will«, diesen pessimistischen Untertitel hat Wolfgang Borchert seinem einzigen Schauspiel mit auf den Weg gegeben. Eine Fehlprognose, wie man weiß: Borcherts Drama war – mit Carl Zuckmayers *Des Teufels General* – das erfolgreichste Stück auf den Bühnen der Nachkriegszeit. Ende 1946, in nur wenigen Tagen, in atemlosem

»Draußen vor der Tür«

Wolfgang Borchert –
daneben seine letzte
Arbeit, geschrieben im
Hamburger Klara-
Hospital (Oktober
1947)

Schaffensdrang niedergeschrieben, im Februar 1947 als Hörspiel vom Nordwestdeutschen Rundfunk auf Anregung Ernst Schnabels gesendet, im November
1947 – einen Tag nach dem frühen Tod des Autors – in Hamburg uraufgeführt
(Inszenierung: Wolfgang Liebeneiner), 1948 schließlich verfilmt unter dem Titel
Liebe 47 (Regie: Wolfgang Liebeneiner), erlebte es seither unzählige Inszenierungen und Aufführungen. *Draußen vor der Tür* galt als Generationenstück – in mehr
als einer Hinsicht. In ihm sprach sich die Erfahrung des Kriegs aus, in der, vermit-

Der Heimkehrer Beckmann
als Identifikationsfigur

telt über die Erlebnisse des Anti-Helden und Protagonisten Beckmann, eine ganze
Generation die Erfahrung eigenen Leidens wiederzuerkennen vermochte. Wie
der Unteroffizier Beckmann – fünfundzwanzig Jahre alt wie sein Autor – war die
Generation Wolfgang Borcherts als Opfer, betrogen und tief verstört, aus dem
Grauen des Kriegs heimgekehrt, müde und zerschlagen, ausgesetzt den Verdrän-
gungsversuchen ihrer Mitmenschen, den bedrängenden Erinnerungen, den Ein-
flüsterungen in Vergangenheit und Gegenwart. Zu dieser Erfahrung gesellte sich
die Erkenntnis der eigenen Identitätslosigkeit, das Wissen, keine Gewissheiten
mehr zur Verfügung zu haben. Beckmann war ein Anti-Held, der vor allem auch
die Mythenskepsis, die Heldenmüdigkeit, den Phrasenüberdruss der ›jungen Generation‹ zum Ausdruck brachte. Seine Perspektivlosigkeit, sein Orientierungsverlust boten der Identitätslosigkeit der Zeitgenossen eine Möglichkeit schmerzli-
cher Selbsterkenntnis. »Zwar hatte dieser Beckmann Lösungen nicht zur Hand«,
so hat Peter Rühmkorf (geb. 1929) im Rückblick auf seine eigene zeitgenössische
Disposition bemerkt, »aber gerade dass der Tiefverstörte auf jede Lösung eine
Frage wusste, entsprach aufs Haar der Disposition der deutschen Jugend.«

Lebensgeschichtliche Erfahrungen Wolfgang Borcherts bildeten die Voraussetzung jener Disposition, die ihn zum Schreiben erst befähigte und schließlich antrieb. Geboren am 20. Mai 1921 in Hamburg, wurde er nach Buchhändlerlehre
und Schauspielunterricht knapp 20-jährig zum Militärdienst eingezogen. Bereits
1942 klagte man ihn wegen »wehrkraftzersetzender Äußerungen« an, verurteilte
ihn wegen »staatsfeindlicher« Bemerkungen zu Haft mit »Frontbewährung« in
Russland, entließ ihn schließlich wegen Gelbsucht und Fleckfieber nach Deutsch-

land. 1943 wurde er abermals verhaftet, »wehrkraftzersetzender« Witze wegen, wiederum zu Gefängnis verurteilt und zur »Frontbewährung« entlassen. 1945 ging Borchert, nach kurzer Kriegsgefangenschaft, nach Hamburg, wo er, bereits schwer erkrankt, am Theater arbeitete. Nachdem er 1946 als »unheilbar« aus dem Krankenhaus entlassen wurde, fuhr Borchert 1947 in die Schweiz. Er starb am 20. November 1947 in Basel. Vor dem Hintergrund dieses Lebensweges mit den Stationen Verfolgung, Gefangenschaft, Krieg und Krankheit lässt sich Hoffnungslosigkeit als eine weitere Voraussetzung des Erfolgs bestimmen, den Borcherts Theaterstück erlebte. Eine paradoxe Voraussetzung allerdings: Borchert hat seine eigene Generation vielfach in Bildern einer Desillusionierung zu fassen gesucht, deren Radikalität doch nichts anderes war, als ein trauervolles Hoffen auf einen Neubeginn. »Generation ohne Abschied«, »Generation ohne Ja«, »Generation ohne Bindung«, »Generation ohne Ziel« – dies sind Benennungen, die in aller Bitterkeit von Hoffnungslosigkeit nicht weniger sprechen als von der Erfahrung, am Nullpunkt der eigenen Existenz, im äußersten Orientierungsverlust das Gegenbild eines Wandels zum Besseren aufblitzen zu sehen. Die Radikalität, mit der Borchert seine Figur Beckmann wieder und wieder die Sinnfrage stellen ließ, die Nachdrücklichkeit, mit der Autoritäten, Institutionen, Traditionen in Frage gestellt wurden, entsprang einer unnachsichtigen Absage an Bürgerlichkeit, historischen Zusammenhang, Krieg. Eine Radikalität, die Antworten verweigerte – und doch zugleich sich verstand als Aufforderung, die eigenen Erfahrungen für eine neue, selbst bestimmte, desillusionierte Zukunft fruchtbar zu machen.

Generation der Hoffnungslosigkeit

Borcherts Impuls, seine »Disposition« (Peter Rühmkorf) zum Schreiben wie seine Sprache selber, ist von seinen Zeitgenossen und insbesondere von den Angehörigen seiner eigenen Generation, wenn nicht in allem geteilt, so doch verstanden worden. »In Wahrheit«, so hat Dieter Wellershoff (geb. 1925) in seiner Autobiographie (*Die Arbeit des Lebens*, 1985) bemerkt, »entsprach die todessüchtige Verzweiflung seiner Heimkehrerfigur, des Unteroffiziers Beckmann, nicht meinem eigenen Lebensgefühl. Doch der Impuls, mit dem Borchert sprach, elektrisierte mich.« Dass Wolfgang Borchert von seiner eigenen Erfahrung sprach, radikal und unversöhnlich, hoffnungslos und doch voll Zukunftshunger – das machte, so Wellershoff, »auf einmal deutlich, daß, verglichen mit dieser Stimme, alle anderen, auch ich, sprachlos dahinlebten«. In der unausgesprochenen Aufforderung, sich der eigenen Erfahrung in einer eigenen Sprache bewusst zu werden, radikal und unnachsichtig, liegt die entscheidende Bedingung für den Erfolg dieses Generationenstücks, auch in den folgenden Jahrzehnten.

Nicht weniger als 130 Fernseh- und Bühneninszenierungen wurden bis Mitte der 60er Jahre gezählt, nicht weniger als 1,5 Millionen Exemplare des Werks bis Anfang der 80er Jahre verkauft, und noch mehr als fünf Jahrzehnte nach der Uraufführung weiß die Statistik von einzelnen Schüler- und Laienaufführungen zu berichten. Ein erstaunliches Faktum, denn die Erfahrung des Krieges, die Identitätslosigkeit und Hoffnungslosigkeit jener ›jungen Generation‹ Wolfgang Borcherts, nicht zuletzt das Drängen auf einen Neuanfang, desillusioniert und »nihilistisch« (Borchert) – diese Erfahrungen waren schon wenige Jahre später verdrängt durch Konsumideologie, durch politisch-historisches Desinteresse, Kalten Krieg und Remilitarisierung. Woher also das andauernde Interesse an einem Autor, der ganz unverkennbar aus einer besonderen Zeitstimmung heraus zu schreiben sich getrieben sah? Einen wichtigen Hinweis zur Beantwortung dieser Frage hat Heinrich Böll Mitte der 50er Jahre in einem Nachwort zu einer Taschenbuchausgabe von Borcherts Werk gegeben. »Die Reibung, die der einzelne zu

Borchert als Repräsentant

ertragen hat, indem er Geschichte macht und sie erlebt« – diese Reibung sei im Werk Wolfgang Borcherts dem Vergessen entrissen, sei als »Dokument und Literatur« (Böll) zugleich anschaulich und fassbar gemacht worden. Es scheint, als weise Borcherts Werk hierdurch über seine eigene Zeitgebundenheit hinaus: In den »Reibungen«, die der Unteroffizier Beckmann im Umgang mit seiner Geschichte, seiner Gesellschaft erfährt, lassen sich Kollisionen und Konflikte strukturell wiedererkennen, die in unserer Gegenwart in anderer Gestalt, doch unveränderter Substanz begegnen. Es dürfte, nicht zuletzt, von Borcherts expressivem Sprachgestus noch immer ein »elektrisierender Impuls« (Dieter Wellershoff) ausgehen, der zumal auf junge Menschen identifikatorisch wirkt.

Zuckmayers »Des Teufels General«

Angemessen einzuschätzen vermag man jedoch Borcherts Drama erst dann, wenn man ihm ein anderes zeitgenössisches Stück an die Seite stellt, das einzige, das sich mit ihm vergleichen lässt: Carl Zuckmayers Schauspiel *Des Teufels General* (entstanden 1942, im amerikanischen Exil, Uraufführung in Zürich, 1946). Vergleichbar ist es nicht nur hinsichtlich der Thematik – es befasst sich mit der Problematik der Militärs in nationalsozialistischen Diensten –, sondern auch wegen seines Erfolgs: Es avancierte zum meistgespielten Theaterstück auf den deutschsprachigen Bühnen der ersten Nachkriegsjahre (über 3000 Aufführungen bis 1950). Dieser Erfolg weist allerdings andere Voraussetzungen auf als der Borcherts. Er beruht wesentlich auf einer Dramaturgie, die für die zeitgenössischen Zuschauer entlastende Funktion besaß. Im Mittelpunkt des Stücks steht mit dem General Harras ein heldischer Typus, für dessen Charakterisierung der zeitgeschichtliche Hintergrund lediglich das szenische Arrangement hergibt. Des »Teufels« (= Hitlers) General wird als schneidiger Draufgänger mit jugendlichem Charme nach dem Vorbild des berühmten Fliegergenerals Ernst Udet gezeichnet. Seine militärischen Erfolge ermöglichen ihm einen sympathisch anmutenden saloppen Umgangston mit jeder Art Autorität, erlauben ihm individuelle Verhaltensweisen und eigenwillige Widerstandsformen (so rettet Harras einer Freundin zuliebe einen jüdischen Arzt). Doch so wenig sein Verhalten gegenüber den herrschenden Nationalsozialisten ein Rechts- oder Unrechtsbewusstsein zum Ausdruck bringt (»Sie haben mich gebraucht – und sie brauchen mich jetzt erst recht Außerdem – ist es mir wurscht«), so wenig verhilft ihm der sich zuspitzende dramatische Konflikt zu einer Einstellungsveränderung. Als er auf eine ultimative Forderung der Gestapo hin feststellen muss, dass sein Freund, der ideell motivierte Widerstandskämpfer Oderbruch, Sabotageakte an Flugzeugen begeht, sieht Harras seine einzige Rettungsmöglichkeit im selbstmörderischen Flug mit einer der defekten Maschinen.

Problematische Dramaturgie

Nicht sein Realitätsgehalt oder der inhaltlich konstruierte Konflikt lassen dieses Stück problematisch erscheinen, sondern seine Dramaturgie, die jedoch den Erfolg erklärt. Zuckmayer bietet die Möglichkeit zur Identifikation mit einem ungebrochenen Helden (in der Verfilmung Helmut Käutners verkörperte Curd Jürgens 1955 die Titelfigur), der, in eine am klassischen Muster geschulte tragische Situation geraten, notwendig entweder schuldig werden oder untergehen muss Unangemessen aber ist eine solche Dramaturgie einer Wirklichkeit, deren Vernichtungsmaschinerien individuelles Heldentum und einzelgängerische Opferbereitschaft entweder ad absurdum geführt oder politisch-militärisch missbraucht hatten. Da Zuckmayer das Verhalten seines Protagonisten nicht zu kritischer Beurteilung mit Mitteln der Verfremdung vorstellt, steht sein Stück ständig in der Gefahr, wirkungsvolle dramatische Elemente lediglich zum Zweck der Kolportage einzusetzen – zur bühnengerechten Feier eines trotz allem bewunderungswürdigen militärischen Einzelschicksals. Carl Zuckmayer konnte mit diesem Erfolg an die Wirkung seiner frühen Volksstücke anknüpfen (*Der fröhliche Weinberg*, 1925; *Der Schinderhannes*, 1927; *Der Hauptmann von Köpenick*, 1931). Eine Fortsetzung des Erfolges aber gelang ihm nach *Des Teufels General* nicht. Seine Stücke aus den 50er Jahren (*Der Gesang im Feuerofen*, 1950; *Das kalte Licht*, 1955) präsentieren Stoffe aus dem Widerstand in Frankreich und aus dem Kalten Krieg in aufdringlichem Symbolismus und mit melodramatischen Effekten. Hingegen fanden Zuckmayers Erinnerungen *Als wär's ein Stück von mir* (1966) großen Widerhall. Sie zeugen von der Bereitschaft des Schriftstellers Zuckmayer, als Autor Verantwortung für geschichtlich-gesellschaftliche Entwicklungsprozesse zu tragen – gerade dort, wo sich angesichts des deutschen Faschismus die Schuldfrage stellte. Diese Bereitschaft hatte Zuckmayer schon 1944, im Exil in New York, mit den Worten ausgedrückt: »Deutschland ist schuldig geworden vor der Welt. Wir aber, die wir es nicht verhindern konnten, gehören in diesem großen Weltprozess nicht unter *seine Richter.*«

Auch in einem anderen Theaterstück der unmittelbaren Nachkriegszeit wurde die Problematik des Faschismus in Deutschland thematisiert: in Günther Weisenborns *Die Illegalen* (Uraufführung Berlin, 1946). Weisenborn, heute zu Unrecht fast völlig vergessen, hatte sich nach seiner Rückkehr aus dem Exil 1937 der Widerstandsgruppe »Rote Kapelle« angeschlossen, wurde 1942 verhaftet und zu Zuchthaus verurteilt. Mit *Die Illegalen* schrieb Weisenborn ein Drama über die Leistungen der deutschen Widerstandsbewegung, deren Erfolge und Konflikte, Opfer und Aktivitäten in realistische Bilder gebracht werden: »Wir Illegalen sind eine leise Gemeinde im Land. Wir sind gekleidet wie alle, wir haben die Gebräuche aller, aber wir leben zwischen Verrat und Grab. Die Welt liebt Opfer, aber die Welt vergißt sie. Die Zukunft ist vergeßlich.« An Weisenborn selber hat sich diese Prognose bewahrheitet: Der Widerstandskämpfer blieb auch nach 1945 verdächtig. Seine Stücke – darunter die seinerzeit sehr erfolgreiche *Ballade vom Eulenspiegel, vom Federle und von der dicken Pompanne* (1949) – sind heute ebenso wenig bekannt wie seine noch immer lesenswerten Erinnerungen an seine Haftzeit, die 1948 unter dem Titel *Memorial* erschienen.

Weisenborns
»Die Illegalen«

Dass die politisch-gesellschaftliche Situation dem deutschen Nachkriegsdrama nicht eben günstige Voraussetzungen bot, das war eine Erfahrung, die auch der erst Ende Oktober 1948 nach Berlin-Ost zurückkehrende Bertolt Brecht (1898–1956) bald machen musste. Das Exil hatte Brecht fünfzehn Jahre lang umgetrieben wie kaum einen anderen Schriftsteller – »öfter als die Schuhe die Länder wechselnd« (Brecht). Aber es waren, den widrigen Umständen zum Trotz, Jahre höchster Produktivität im Leben des ›Stückeschreibers‹ gewesen. Die Situation, die ihn nun, 1948, in Deutschland empfing, hat Brecht in einem eindrucksvollen Bild festgehalten, das auch von der Desillusionierung des Dramatikers in der Stunde seiner Rückkehr nach Berlin spricht: »berlin, eine radierung Churchills nach einer idee hitlers. / berlin, der schutthaufen bei potsdam«, heißt es in seinem *arbeitsjournal.* Nicht weniger scharf fiel Brechts Urteil über die Situation des Nachkriegstheaters aus: Er nannte es »ruinentheater«. Damit war keineswegs die bauliche Substanz allein gemeint, sondern ebenso die Qualität der Bühnenarbeit selber. Schwierigkeiten sah und erfuhr Brecht vor allem bei der Durchsetzung des »epischen Theaters«. Man kann die Probleme, auf die Brechts Theater-Konzeption seinerzeit in der SBZ traf, einer Eintragung Brechts im *arbeitsjournal* vom November 1949 ablesen: »das KLEINE ORGANON kommt in eine zeit, wo die theater der fortschrittlichen Länder für die erzeugung staatsgewünschter eigen-

Bertolt Brecht

Vorhang des Theaters
am Schiffbauerdamm
mit der von Pablo
Picasso entworfenen
Friedenstaube

schaften mobilisiert werden. der einfühlungsakt wird in helden der arbeit usw
gelegt, er empfiehlt sich durch seine primitivität; aber in der tat macht er das
ganze unternehmen primitiv.«

»Fortschrittliche Länder« – das waren für Brecht die sozialistischen Staaten,
»staatsgewünschte eigenschaften« jene Bewusstseinsformen und Aktivitäten, die
sich im Sinn der kommunistischen Partei für den Aufbau des Sozialismus instru-
mentalisieren ließen: Orientierung an der Sowjetunion, Linientreue in ideologischer Hinsicht, Gehorsam und Disziplin gegenüber der Partei, ausgeprägtes Klas-
senbewusstsein und Vorbildlichkeit im politischen Handeln. Kunst sollte in eben
diesem Sinn eine »staatsgewünschte« Funktion für die Politik erhalten und entsprechende Dispositionen schaffen, ein Anspruch, den Brecht für seine künstlerische Tätigkeit nicht akzeptieren wollte. Brecht spielte mit seiner Eintragung auf
eigene Erfahrungen während seiner Theaterarbeit im Nachkriegsdeutschland an.
Seine erste Inszenierung am Deutschen Theater in Berlin sollte seinem im Exil
entstandenen Stück *Mutter Courage und ihre Kinder* gelten (entstanden 1939,
Uraufführung Zürich 1941), das Brecht zu diesem Zweck überarbeitet, das heißt:
im Sinn des epischen Theaters pointiert hatte. An der Entwicklung seiner Titelfi-

Lehren aus dem Krieg   gur, die aus ihren Fehlern im Dreißigjährigen Krieg *nicht* lernt, wollte Brecht die
Zuschauer etwas lernen lassen: »Daß der Krieg, der eine Fortführung der Geschäf-
te mit anderen Mitteln ist, die menschlichen Tugenden tödlich macht, auch für
ihre Besitzer.« Nachdem aber die Zürcher Uraufführung die Deutung des Stücks
als eine Art »Niobetragödie« ermöglicht und man im Blick auf die Mutter Courage
sogar von der »erschütternden Kraft eines Muttertiers« (Brecht) gesprochen hatte,
sah sich Brecht zu einer prägnanteren Fassung gezwungen. Die Fehler der Mutter
Courage wurden nun schärfer akzentuiert, Möglichkeiten zur Einfühlung in die
Figuren verknappt, neue Songs eingefügt, so dass die von Brecht gewünschte
Haltung einer distanzierten Darstellung und Wahrnehmung der Bühnenvorgänge
sich problemloser verwirklichen ließ. Nicht ohne Schwierigkeiten setzte Brecht
seine Vorstellungen gegenüber den Schauspielern durch, während die vorgezoge-
ne »eigentliche premiere« (Brecht) vor organisierten Arbeitern und Schülern einer
Funktionärsschule offenbar erfolgreich verlief. Gerade dieser Umstand aber wi-

dersprach der offiziellen kulturpolitischen Linie. Brecht wurde, unter anderem von Friedrich Wolf und Fritz Erpenbeck, mit dem Argument kritisiert, jene dramaturgischen Techniken nicht genutzt zu haben, die auf eine Identifikation des Zuschauers mit Bühnengeschehen und handelnden Figuren angelegt sind. »wie sehr«, so Brecht ironisch im *arbeitsjournal*, »hätte die ›wirkung‹ erhöht werden können, wenn die Courage am ende zur einsicht gelangt wäre!«

Brecht in der Deutschen Staatsoper Berlin (1951)

Genau um diese Art von »Wirkung« ging es Brecht nicht. Er wollte ein »Theater des wissenschaftlichen Zeitalters«: eine »Stätte der Unterhaltung«, doch nicht der Illusion, mit Stücken, welche die Welt »als eine veränderbare« (Brecht) zeigten, mit mündigen und kritischen Zuschauern und mit Schauspielern, die ihre Rollen *als Rollen* vorführten, also Distanz wahrten, statt Einfühlung zu produzieren. Die Möglichkeit jedoch, seine eigenen Vorstellungen durchzusetzen, bot sich ihm auch nach der Gründung ›seines‹ Theaters, des »Berliner Ensembles«, Anfang 1949 nur in begrenztem Maß. Zwar konnte Brecht das Ensemble nach eigenem Gutdünken zusammenstellen und – mit aufopferungsvoller Unterstützung durch Helene Weigel – Spielraum und finanzielle Mittel, Wohnmöglichkeiten für die Schauspieler und sogar Sonderverpflegung für das ganze Personal beschaffen. Doch was in der Öffentlichkeit der frühen DDR und zumal von ihren Kulturpolitikern an Progressivität auf der Bühne akzeptiert wurde, blieb weit hinter Brechts Vorstellungen von einer revolutionären Dramatik auf dem Theater zurück. Die revolutionäre »Große Pädagogik«, die Brecht gegen Ende der Weimarer Zeit im Zusammenhang seines »Lehrstück«-Konzepts entworfen hatte – sie fand in einer Zeit gesellschaftlicher Veränderungen, die auf »antifaschistisch-demokratische« Bündnisse zielten, keinen sozialen Raum.

Lehrstücke und episches Theater

Doch nicht einmal die »Kleine Pädagogik« des epischen Schau-Theaters ließ sich konsequent durchführen. Enttäuschung ist deshalb vielen Äußerungen Brechts aus dieser Zeit zu entnehmen, so etwa anlässlich der Premiere seines Stücks *Herr Puntila und sein Knecht Matti* (1940, Überarbeitung für die Zürcher Uraufführung 1948): »die spielweise wird in den zeitungen durchaus akzeptiert (›wenn das episches theater ist, schön‹). aber es ist natürlich nur so viel episches theater, als heute akzeptiert (und geboten) werden kann.« Und so auch nach der Zurückstellung seines Stücks *Die Tage der Commune* (1948/49), das im historischen Gewand der Pariser Revolution von 1871 eine Diskussion über aktuelle Erfahrungen des Proletariats im Klassenkampf führte. »DIE TAGE DER COMMUNE«, so bemerkte Brecht eher resigniert, »muß zurückgestellt werden, schon weil die volksbühne, etwa 60 000 Mitglieder zählend und die hauptmasse unseres publikums ausmachend, nur etwa 0,3 % arbeiter enthält.« Kurz: Brecht sah nach 1948 nur geringe Chancen, seine Ziele zu realisieren. Auseinandersetzungen mit den Kulturfunktionären der SED zählten in den folgenden Jahren zum Alltag des dialektisch geschulten Theoretikers und marxistischen Dramatikers, dessen politische Theorie den Verhältnissen in der frühen DDR so weit voraus war wie seine dramatische Praxis. Brecht musste sich mit den vorhandenen Mitteln und Möglichkeiten bescheiden, wenn er überhaupt etwas erreichen wollte. »aber wann«, so fragte sich, unzufrieden und ungeduldig, der heute längst zum Klassiker verklärte Dichter noch im November 1949, ein Jahr nach seiner Rückkehr aus dem Exil, »aber wann wird es das echte, radikale epische theater geben?« Sein Stück *Die Tage der Commune* kam erst im Jahr 1956, nach seinem Tod, zur Aufführung.

Anspruch Brechts und gesellschaftspolitische Wirklichkeit

Als der Krieg zu Ende war – so lautet der Titel eines 1947/48 entstandenen Stücks des mit Brecht befreundeten Schweizer Dramatikers Max Frisch. Es zeigt, wie tief die Vorurteile nachwirkten, die der deutsche Faschismus nach außen und

Schutzumschlag

Kein Nullpunkt

innen geweckt hatte, und es zeigt den schmerzhaften Prozess, den die Diskussion um Schuld, Verbrechen, Verletzungen und Kränkungen nach sich zog. »Als der Krieg zu Ende war«, trat auch die deutsche Literatur und Publizistik, in Ost und West, in eine Diskussionsphase ein, in der sich der ernsthafte Wille zur Vergangenheitsbewältigung mit dem Pathos des Neuanfangs verband. Doch eine Revolution fand nicht statt – weder in der politisch-sozialen Sphäre noch in der Literatur. Zwar ist die Situation der Deutschen nach dem 8. Mai 1945 von Intellektuellen und Literaten häufig als ›Nullpunkt‹ bezeichnet worden. Aber in welchem Maße problematisch und widerspruchsvoll die Situation der deutschen Nachkriegsliteratur sich in der Wirklichkeit darstellte, das zeigt sich beispielhaft an den Schwierigkeiten, vor die sich Brecht nach seiner Rückkehr gestellt fand, und an den Widersprüchen, mit denen er sich konfrontiert sah. »Es ist sicher«, so hatte der Optimist Brecht noch 1948 behauptet: »Mit der großen Umwälzung beginnt eine große Zeit für die Künste.« Aber der Realist Brecht hatte seiner optimistischen Prognose eine Frage angefügt, die von Skepsis und Zweifel eher als von blinder Zukunftshoffnung zeugte: »Wie groß werden sie sein?«

Beharrung und Aufbegehren, Verdrängung und Radikalität, Konservatismus und Innovation – dies sind die aufeinander verweisenden, miteinander sich entwickelnden, kontrovers ineinander verschlungenen Alternativen der Nachkriegszeit. Aus ihnen bildet sich die historische Identität der Jahre 1945 bis 1949 auf widerspruchsvolle Weise. Doch von einem ›Nullpunkt‹ kann im Hinblick auf das Jahr 1945 im Ernst nicht die Rede sein. Das Fortwirken überkommener Traditionen in Politik und Literatur, die mangelnden Möglichkeiten und Fähigkeiten zu einem radikalen Neubeginn, die historischen und sozialen Lasten und Belastungen aus Krieg und Faschismus, die von den alliierten Siegermächten vorgegebenen Restriktionen, nicht zuletzt aber die spätestens mit dem Jahr 1949 sich verfestigende Spaltung Deutschlands – all das steht am Ende dieser vergleichsweise kurzen Periode in der Geschichte der deutschen Literatur. »1947«, so notierte Peter Weiss, seinerzeit als Reporter schwedischer Zeitungen Augenzeuge dieser Entwicklung, mehr als dreißig Jahre später im Rückblick, »1947 – alles was seitdem geschah, ist Folge dieses grundlegenden Betrugs an den Erwartungen einer Erneuerung«. Die Jahre von 1945 bis 1949 setzten die politisch und literarisch orientierenden Wegmarken für die Entwicklung der deutschen Literatur während der nächsten vier Jahrzehnte. Sie schufen die Voraussetzungen ihrer künftigen Differenzierung in Ost und West.

Die Literatur der DDR

Modell ›Literaturgesellschaft‹: Literarisches Leben zwischen Sozialpädagogik und Zensur

Die DDR, eine Erziehungsdiktatur *par excellence*, hat der Literatur von Beginn an eine zentrale und begründende Funktion beim Aufbau und bei der Ausgestaltung des Sozialismus zugewiesen. »Literatur im realen Sozialismus«: Das war keine ausdifferenzierte gesellschaftliche Wertsphäre von eigener Gesetzlichkeit (wie sie Max Weber als für moderne Gesellschaften typisch beschrieben hat), sondern sie war programmatisch eingebaut in die allgemeine Strategie, sozialistische Verhältnisse durchzusetzen und »sozialistische Persönlichkeiten« als deren Träger zu erziehen. Insofern geht ein Verständnis des ›Systems DDR-Literatur‹ in die Irre, das einen diktatorischen Zensurapparat einer *an sich* autonomen Literatur strikt gegenüberstellt. Vielmehr sollte die Literatur *von vornherein* integraler Bestandteil des sozialistischen Volkserziehungsprogramms sein – und viele DDR-Autorinnen und Autoren wirkten gläubig daran mit. Damit war – und das ist der vielleicht entscheidende Charakterzug des ›Systems DDR-Literatur‹ – dem *Autor* die privilegierte (um nicht zu sagen: hypertrophe) Rolle des Volkserziehers und ›Sozialpädagogen‹ zugewiesen. Sie ließ in neuem Gewand den Typus des (bürgerlichen) »Großschriftstellers« wieder erstehen, von dem Führung und Prophetie, Verheißung und Trost erwartet wurde. Dies galt für die DDR paradoxerweise immer stärker, je mehr der Staat der SED in eine Legitimations- und Sinnkrise geriet. Zumal die nun kritischen Schriftsteller und ihre Werke übernahmen häufig – immer noch in der Rolle der Volkserzieher – die Funktion, die Kluft zwischen dem offiziellen Sinn des Staates und der utopischen Verheißung eines ›wahren‹ Sozialismus zu überbrücken und das immer größer werdende Sinndefizit zu kompensieren. Welche Rolle Texte von DDR-Autoren konkret spielten – ob eine eher beschwichtigende oder eine genuin kritische –, ist oft schwer zu entscheiden, jedenfalls nicht so oder so zu verallgemeinern.

Dichter und Literaten als Volkserzieher

Von Anfang an standen die demokratischen und sozialistischen Ziele der DDR-Kulturpolitik in einem unauflöslichen Gegensatz zu ihrer autoritären, ja: repressiven Umsetzung. Der Anspruch, Bildungsprivilegien als soziale Privilegien abzubauen, war der sympathische Ausgangspunkt. Alle Bildungsgüter der Nation sollten den Angehörigen aller Volksschichten gleichermaßen zugänglich sein – so auch die Literatur. Nach einem Begriff des führenden Literaturpolitikers und ersten Kulturministers der DDR, Johannes R. Becher, subsumierte man das literarische Leben unter den Begriff der »Literaturgesellschaft«. Die Formel zielte auf das ideale Leitbild einer umfassenden »Demokratisierung« (natürlich unter sozi-

Leitbild ›Demokratisierung‹

alistisch-autoritärem Vorzeichen) und Vergesellschaftung der Literatur auf allen Ebenen – der Autorschaft, der materiellen Herstellung, der Distribution, der Aufnahme/des Lesens, konkret: auf eine größere Verbreitung und somit gesellschaftlich-politische Wirkung einer Literatur, die man sich automatisch »demokratisch« und fortschrittlich vorstellte. Das Modell »Literaturgesellschaft« wandte sich damit einmal gegen die nicht zu bestreitende Ghettoisierung der Hochliteratur in nichtsozialistischen Gesellschaften, zum Zweiten gegen die »Poesiefeindlichkeit des Kapitalismus« (Karl Marx), d. h. gegen die durchgängige Vermarktung der Literatur in den westlichen Ländern, die damalige Bundesrepublik inbegriffen. Das auf den ersten Blick attraktiv erscheinende Modell »Literaturgesellschaft« im sog. »Leseland« DDR hatte in der Tat auch interessante, Literatur und Lesen befördernde Aspekte, die jedoch durch autoritäre und doktrinäre Rahmenbedingungen – allem voran: die Zensur – wieder zunichte gemacht wurden. Die SED-Politik hat am Ende fast alle Ansätze eines lebendigen, weil freien literarischen Lebens dadurch zerstört, dass sie allen am literarischen Stoffwechsel beteiligten Gruppen das Selbstbestimmungsrecht entzog. Den Autoren schrieb man vor, was sie zu schreiben hatten; den Verlegern und Lektoren, was sie zu veröffentlichen hatten; den Buchhändlern, was sie verkaufen sollten; und den Lesern schließlich, was sie lesen durften und was nicht. Die autoritäre Praxis von Lenkung und Zensur der Literatur führte die Parole der »Demokratisierung« ad absurdum und machte die Idealkonstruktion »Literaturgesellschaft« zur Farce.

Kontrollierte Literatur

An der Spitze des staatlichen Kontrollapparates der Kulturpolitik stand das »Ministerium für Kultur«; des Weiteren gab es bei den Bezirken, Kreisen, Städten usw. kulturpolitische Leitungsgremien. Im Kulturministerium war neben den Abteilungen Theater, Musik, Veranstaltungswesen vor allem die »Hauptverwaltung Verlage und Buchhandel« (früher: »Amt für Literatur und Verlagswesen« 1951–1956 sowie »Staatliche Kommission für Kunstangelegenheiten« 1951–1954) bedeutsam, welche die Aufgabe hatte, »die Verlage zu lizenzieren, die unterstellten Verlage anzuleiten und für eine zweckentsprechende Arbeitsteilung zwischen den Verlagen Sorge zu tragen; die thematische Jahres- und Perspektivplanung der Verlage anzuleiten, zu koordinieren und ihre Erfüllung zu kontrollieren; die Manuskripte der Buchverlage und die Erzeugnisse der nichtlizenzierten Verlage zu begutachten und Druckgenehmigungen zu erteilen.« Außerdem leitete die Hauptverwaltung den Buchhandel und das allgemeine Bibliothekswesen fachlich und ideologisch an, genehmigte die von den Verlagen vorgeschlagenen, auflagenstarken Schwerpunkttitel, verteilte die Druck- und Papierkapazitäten und organisierte Verlegerkonferenzen. Die Hauptverwaltung Verlage und Buchhandel war, so lässt sich heute sagen, die entscheidende Schalt- und Kontrollstelle einer landesweiten »Planungsliteratur« (Robert Darnton), wobei sie besonders eng mit der »Abteilung Kultur des Zentralkomitees der SED« zusammenarbeitete.

Verlagswesen

Auf den ersten Blick am deutlichsten unterschied sich die DDR von anderen und früheren deutschen Literaturgesellschaften in der Buchherstellung und deren Eigentumsverhältnissen. Alle größeren Verlage (von den 78 Buchverlagen über 60) waren ›volkseigen‹ (d. h. Staatsverlage) oder ›organisationseigen‹ (d. h. im Besitz von Parteien und Massenorganisationen) und damit dem Zugriff privater Eigentümer strikt entzogen. So gehörte z. B. der Verlag Dietz der SED, der Union-Verlag der CDU, der Verlag der Nation der NDPD, der Buchverlag Der Morgen der LDPD, der Tribüne-Verlag dem FDGB, Neues Leben der FDJ, Volk und Welt der Gesellschaft für deutschsowjetische Freundschaft und der Aufbau-Verlag dem De-

Gerhart Hauptmann
und Johannes R. Becher
(1946)

mokratischen Kulturbund (inzwischen weiß man: letztlich auch der SED). Früher
waren alle diese Verlage in einer »Vereinigung Volkseigener Betriebe« (VVB Verlage) zusammengeschlossen, später in die »Hauptverwaltung Verlage und Buchhandel« integriert. Die Buchproduktion gehorchte erklärtermaßen nicht dem
Prinzip der ›freien Marktwirtschaft‹, in der privatwirtschaftlich organisierte, auf
Gewinn angewiesene Verlage miteinander konkurrieren, sondern einer von vor-
geordneten Lenkungsinstanzen vorgegebenen Programmatik sowie einer ebenfalls von oben vorgegebenen Einteilung dessen, was inhaltlich produziert werden
sollte. Die Verlage brachten im Jahr regelmäßig über 6000 Titel in einer Gesamtauflage von ca. 150 Millionen Büchern heraus. Auf das einzelne Buch entfiel
also eine Durchschnittsauflage von beinahe 25 000 Exemplaren. Damit stand die
DDR, was die Pro-Kopf-Produktion von Büchern angeht, neben der Sowjetunion
und Japan an der Spitze in der ganzen Welt: Auf jeden DDR-Bürger kamen pro
Jahr, statistisch gesehen, acht bis neun neu produzierte Bücher.

Derselben Struktur – sozialistische Eigentumsverhältnisse einerseits, hierarchi-
sche Lenkung und Kontrolle andererseits – gehorchte auch der Vertrieb. Ein zentrales Auslieferungslager in Leipzig, der traditionellen Buchstadt, belieferte das
Einzelsortiment direkt; d.h., es waren keine freien Handelsvertreter wie in der
Bundesrepublik dazwischengeschaltet, die das Buch als Ware unter Marktge-
sichtspunkten anbieten. Zwar gab es noch den privaten Buchhandel bzw. private
Händler mit staatlicher Beteiligung. Aber der staatseigene Volksbuchhandel hatte
eindeutig die führende Stellung inne. Er verkaufte in ca. 700 Buchhandlungen ca.
85 % aller Bücher. Buchausstellungen, -basare, »Wochen des Buches«, Literaturfestivals und Kulturwettbewerbe von Produktionsbrigaden dienten der Werbung
für das Buch und zielten auf eine vermehrte Lektüre in allen Bevölkerungsschichten. Aber natürlich wurden Bücher nicht nur verkauft, sondern auch verliehen.
In der DDR gab es ca. 32 000 staatliche und Gewerkschafts- bzw. Betriebsbiblio-
theken mit insgesamt weit über 100 Millionen Bänden, wobei die Bestände der
wissenschaftlichen Bibliotheken mitgezählt sind. Circa drei Viertel der lesefähi-
gen Kinder liehen sich Bücher aus; von der erwachsenen Bevölkerung war ein
Viertel Bibliotheksbenutzer.

Buchvertrieb

Plakat

DDR-Bestseller

Diese Zahlen legen den Schluss nahe, in der DDR habe ein »einig Volk von Lesern« gelebt. In der Tat erreichten in der DDR Bücher hohe Auflagen, die in der Bundesrepublik als literarisch zu anspruchsvoll und/oder ›zu politisch‹ und damit als tendenziell unverkäuflich galten, wie z. B. Heinrich Heines *Deutschland. Ein Wintermärchen* und Anna Seghers' *Das siebte Kreuz* (Gesamtauflage zwischen eineinhalb und zwei Millionen Exemplaren). Erfolgreichster DDR-Roman war Hermann Kants *Die Aula* mit etwa einer Million verkauften Exemplaren. Solche – heute kaum vorstellbaren – Auflagen in einem Land mit damals 16 Millionen Einwohnern belegen, dass in der DDR die Distanz zwischen Publikum und Belletristik geringer war als in der Bundesrepublik, in der die Hochliteratur nach statistischen Angaben von 1961 nur mit einem Leseranteil von 1–2 % der Gesamtbevölkerung rechnen konnte. Zwar war die Arbeiterschaft – dem Parteianspruch nach die herrschende Klasse – an Buchbesitz und Lektüre nicht ihrer wirklichen Zahl entsprechend beteiligt, doch immerhin besaßen mehr als 95 % der Arbeiterhaushalte Bücher, und zwar zumeist zehn oder bedeutend mehr.

Wer las?

Andere Zahlen widersprechen diesen Befunden freilich. Wie verträgt sich damit z. B., dass 1970 bei einer repräsentativen Erhebung 30 % der Befragten angaben, dem Lesen von Literatur keine oder sehr wenig Bedeutung beizumessen? Dass 47 % der Befragten bekannten, keines oder höchstens zwei Bücher im Jahr zu lesen? Schließlich ergab diese Umfrage auch, dass Arbeiter und Angestellte Reisebeschreibungen, Abenteuer- und Kriminalromane, historische Romane und Biographien bevorzugten – und erst an vierter Stelle, mit weitem Abstand, Interesse für Belletristik im engeren Sinn, einschließlich der eigenen Gegenwartsliteratur, bekundeten. Spätere Untersuchungen von 1980 und 1981 haben diese Befunde erhärtet. Zum einen bestätigte sich, dass der soziale Status auch in der DDR von großem Einfluss auf das Verhältnis zum Buch war. Schüler, Studierende, Hochschulabsolventen und ›Intelligenzler‹ lasen viel, Arbeiter, Bauern, Hausfrauen und Rentner lasen wenig.

Was wurde gelesen?

So ergibt sich in puncto Lesen ein zwiespältiges Bild. Gewiss, noch in keinem deutschen Staat wurde so viel gelesen wie in der DDR. Doch ein demokratisches Volk kompetenter Leser gab es deshalb noch lange nicht. Auch in der DDR behinderte die ungleiche Bildung und der nachfolgende ungleiche Standort im System der vertikalen und horizontalen Arbeitsteilung die kulturelle Chancengleichheit. Auch in der DDR wuchsen, wie in der alten Bundesrepublik, Generationen heran, denen die konzentrierte, von eigener Initiative und Reflexion geprägte Auseinandersetzung mit kulturellen Produkten (wie sie die Lektüre sog. anspruchsvoller Literatur erfordert) immer schwieriger und fremder wurde, weil die gängigen Rezeptionsweisen des Fernsehens und Tonkonserven-Hörens sie nicht üben, sondern abgewöhnen. Dazu passt, dass der Anteil massenhaft verbreiteter Unterhaltungsliteratur von trivialem Gehalt (Science Fiction, der ›sozialistische Krimi‹, anspruchslose Romane über Alltagsprobleme usw.) in der Gesamtproduktion vom DDR-Literatur eine wachsende Rolle spielte. Zur Lesegesellschaft DDR gehörte auch der große Sektor der spannend-entspannenden Trivialliteratur. Der monotone Arbeitsalltag, frustrierende Mängel im Warenangebot, versagte Reisemöglichkeiten und politische Gängelung waren Schlüsselerfahrungen von DDR-Bürgern, die viele Leser in die schönen, heilen, aktionsgeladenen und vor allem fernen Welten der Unterhaltungsliteratur flüchten ließen.

›Leseland‹ vor und nach der Wende

Die Erfahrungen der Wendejahre seit 1989 haben den Mythos vom »Leseland DDR« vollends zerstört. Was man vorher schon vermuten konnte, hat sich nun deutlich gezeigt. Vor allem die eigene DDR-Literatur, im weiteren Sinne die ›schöne Literatur‹ überhaupt, hatte kompensatorische Funktionen der Lebenshilfe übernommen, die der Literatur in modernen, liberalen Gesellschaften nur im Ausnahmefall aufgebürdet werden. Die aktuelle DDR-Literatur der kritischen Autoren musste zum einen eine politische und Medienöffentlichkeit ersetzen, die der autoritäre Staat seinen Bürgern vorenthielt. Und sie machte zum andern, wie schon erwähnt, (utopische) Sinnangebote, die das unübersehbare Wert- und Sinndefizit des ›realen Sozialismus‹ ausgleichen halfen. Beide Ersatzfunktionen der (DDR-) Literatur haben mittlerweile endgültig ausgedient.

Eine wichtige Instanz der ›Literaturgesellschaft‹ DDR und ihres volkspädagogischen Anspruchs war der Deutschunterricht. Er spielte in der schulischen Erziehung eine zentrale Rolle und disponierte das Leseverhalten der künftigen Erwachsenen schon frühzeitig. Auf der Grundlage eines umfassenden Lehrplanwerks wurde dem literarischen Aspekt des Deutschunterrichts, der proportional umfangreicher war als hierzulande, eine doppelte Aufgabe zugewiesen: zum einen über die Auseinandersetzung mit sozialistischer bzw. humanistischer Literatur ein neues – sozialistisches – Menschenbild zu vermitteln und (in der Regel im Wege der Identifikation mit dem vorbildhaften literarischen Helden) ein parteiliches Denken, Fühlen und Handeln einzuüben; zum Zweiten über die Aneignung von Sprachkunstwerken die individuelle ästhetische Genussfähigkeit zu erweitern. Der dafür ausgewählte Lektürekanon hatte ein recht anderes Gesicht als der der bundesdeutschen Lehrpläne. Er favorisierte einerseits die neuere sozialistische Literatur (Gorki, N. Ostrowski, Seghers, Bredel, H. Kant usw.), zum andern die bürgerlich-humanistische Literatur (Lessing, Goethe, Schiller, Heine, H. Mann usw.). Insgesamt musste daraus für die Schüler der Eindruck entstehen, als ob Literatur sich fast ausschließlich bejahend-optimistisch zur gegebenen Wirklichkeit verhalte. Einen Text von Franz Kafka musste man z. B. im DDR-Deutschunterricht vergeblich suchen. Generell war in der Praxis des Unterrichts (vom starren Formaltraining des Sprachunterrichts einmal abgesehen) eine klischeehafte, Widersprüche zudeckende, nicht zum selbständigen Denken anleitende Art der Interpretation zu Hause, die an der Wirkabsicht vieler Texte vorbeiging.

Herstellung und Vertrieb der Literatur, Leseverhalten und schulischer Deutschunterricht sind wichtige Aspekte der ›Literaturgesellschaft‹. Doch die Kernfrage ist, wie schon gesagt, welche Aufgaben dem Autor in der DDR zugemessen waren, wie seine konkreten Lebens- und Arbeitsbedingungen aussahen. Die Unterschiede zum Status des Autors in westlichen Ländern sind gravierend. In der Bundesrepublik hatte und hat der Autor die Freiheit, sich nicht nur Themen und Formen auszusuchen, sondern auch, seine Texte vollständig und unzensiert zu veröffentlichen – mit der einen gewichtigen Einschränkung freilich, dass er einen Verlag finden muss, der ihn druckt. Der Markt und das an ihm offenbar werdende Interesse resp. Desinteresse der Öffentlichkeit ist für den westlichen Autor von entscheidender Bedeutung. Anders in der DDR. Der SED-Staat hatte den Schriftsteller umfassend in das realsozialistische System eingebunden – mit einigen Vorteilen für ihn, vor allem aber mit einschneidenden Nachteilen. Der zugemessene hohe Status des Volkserziehers und autoritativen Interpreten der gesellschaftlichen Wirklichkeit (natürlich nach marxistischem Muster) war einerseits verbunden mit einer Fülle individueller Förderungsmaßnahmen und Privilegien. Andererseits drohten dieselben verloren zu gehen und sich ins Gegenteil zu verkehren, wenn der Autor seine Erzieher- und Interpretenrolle nicht mehr affirmativ, sondern zunehmend kritisch, tabuverletzend wahrnahm.

Literaturkanon

Gesellschaftlicher Auftrag des Autors

Das strikte gesellschaftliche und politische Eingebundensein des DDR-Autors ist vor allem auf der Ebene der Institutionen offenkundig. In der Regel Mitglied des Schriftstellerverbandes, war der Autor durch dessen Statut verpflichtet, mittels seiner »schöpferischen Arbeit aktive(r) Mitgestalter der entwickelten sozialistischen Gesellschaft« zu sein. Weiter heißt es in der Fassung des Statuts vom November 1973: »Die Mitglieder des Schriftstellerverbandes der DDR anerkennen die führende Rolle der Arbeiterklasse und ihrer Partei in der Kulturpolitik. Sie bekennen sich zur Schaffensmethode des sozialistischen Realismus. Sie treten entschieden gegen alle Formen der ideologischen Koexistenz und das Eindringen reaktionärer und revisionistischer Auffassungen in die Bereiche der Literatur auf.« Damit hatten alle im Schriftstellerverband organisierten Autoren einen gesellschaftlichen Auftrag: auf ihre Weise – als Künstler – den Aufbau des Sozialismus voranzutreiben zu helfen. Der biedermeierliche Dachstubenpoet galt als endgültig überlebt, gefordert war statt seiner der »Sozialliterat« (M. Jäger).

So wurde auch die Berufsausbildung des Schriftstellers nicht dem Zufall überlassen. Seit 1955 gab es in Leipzig das Institut für Literatur »Johannes R. Becher«, das nach dem Vorbild des Gorki-Instituts in Moskau geplant und nacheinander von Alfred Kurella, Max Zimmering und M. W. Schulz geleitet wurde. Dorthin konnte der Anfänger-Schriftsteller im Wege der »künstlerischen Aspirantur« für ein zweijähriges Studium abgeordnet werden, um Literaturgeschichte und -theorie, Marxismus-Leninismus und nicht zuletzt: Schreiben zu lernen. Bis 1969 hatten bereits 113 angehende Schriftsteller das Institut absolviert und ein Diplom erworben, unter ihnen Ralph Giordano, Erich Loest, Adolf Endler, Karl-Heinz Jakobs, Kurt Bartsch, Rainer und Sarah Kirsch. Seine Blüte unter kulturpolitischem Aspekt hatte das Institut um 1960, als es als Pflanzstätte eines neuen Typus von Arbeiterschriftstellern im Sinne des Bitterfelder Weges fungierte. Zwar hat sich das »Becher-Institut« nicht über die Wende 1989/90 hinweg unverändert halten können, aber sein Grundimpuls, angehenden Schriftstellern das literarische Handwerk beizubringen, prägt auch das heute arbeitende »Literatur-Institut Leipzig«.

Die den Schriftstellerstatus begründende und allein sichernde Mitgliedschaft im Verband vernetzte den Autor auf viele Arten und Weisen vorteilhaft mit der Gesellschaft. Vor allem bot sie ihm vielfältige Möglichkeiten der finanziellen Absicherung seiner Arbeitsvorhaben, so durch die Vermittlung von Stipendien oder zeitlich limitierten Tätigkeiten als Dramaturg, Verlagslektor oder wissenschaftlicher Mitarbeiter. Lyriker, die auch in der DDR zu den Schlechterverdienenden gehörten, wurden zudem aus dem Kulturfonds der DDR gefördert; sie lebten von Übersetzungen (Nachdichtungen) von Lyrik aus fremden Sprachen, die sie nach von Fachübersetzern angefertigten Interlinearversionen herstellten. Renommierte Schriftsteller waren zudem dadurch abgesichert, dass sie als Mitglieder der Akademie der Künste ein Honorar erhielten. Erwähnenswert ist auch, dass die DDR-Verlage für belletristische Manuskripte Autorenhonorare in Höhe von 10–15 % des Ladenpreises zahlten, somit also mehr, als der bundesdeutsche Autor in der Regel von seinem Verleger bezieht. Schließlich sorgte die DDR mit einem ausgedehnten System von Literaturpreisen für das finanzielle Auskommen der Autoren. Die begehrtesten der insgesamt 12 staatlichen und 38 nichtstaatlichen Preise (von Parteien, Massenorganisationen, Akademien, Städten usw. verliehen) waren der Nationalpreis, der Heinrich-Mann-Preis, der Heinrich-Heine-Preis und der Lessing-Preis.

Nach dem Gesagten könnte der Eindruck entstehen, als ob die DDR das gelobte Land der Schriftsteller gewesen sei. Dies war sie gewiss nicht, weil die Schicksale ihrer Bücher (und damit der Autoren) einer rigiden, hierarchischen Lenkung und Zensur unterworfen waren. Mit der schon erwähnten Hauptverwaltung Verlage und Buchhandel gab es in der DDR eine Institution, ohne deren Zustimmung (Lizenz) keine Druckschrift hergestellt und verteilt werden durfte (eine Regelung übrigens, die der Verfassung der DDR widersprach, die in Artikel 27, Abs. 1, das Recht auf freie und öffentliche Meinungsäußerung garantierte). Doch damit nicht genug. Einem »Büro für Urheberrechte« stand es gemäß der 1965 eingeführten Vorlagepflicht zu, die Vergabe von Urheberrechten durch Autoren bzw. Verlage der DDR ins Ausland zu prüfen und gegebenenfalls abzulehnen. Jedes Manuskript, das ein Autor im Ausland (also z.B. der Bundesrepublik Deutschland) veröffentlichen wollte, musste zunächst einem DDR-Verlag angeboten und dessen Entscheidung dem Büro für Urheberrechte mitgeteilt werden. Diese umfassenden Zensurmaßnahmen wurden durch gesetzliche Sanktionsmöglichkeiten abgesichert, die in den letzten DDR-Jahren erheblich verschärft wurden. Ein Autor konnte seit 1973 mit einer Geldstrafe von bis zu 10 000 MDN belegt werden (vorher waren es 300 MDN), wenn er von ausländischen Verlagen Honorare annahm, ohne sie über das Büro für Urheberrechte transferieren zu lassen – wozu er immer dann gezwungen war, wenn er vorher keine Druckgenehmigung erhielt. Hinzu kamen Neuregelungen des politischen Strafrechts im 3. Strafrechtsänderungsgesetz vom 1. August 1979, das es möglich machte, die freie Meinungsäußerung auch in dichterischer Form als »staatsfeindliche Hetze«, »ungesetzliche Verbindungsaufnahme« oder »öffentliche Herabwürdigung« mit hohen Gefängnisstrafen zu belegen, wobei sowohl das »Herstellen« als auch das »Übergeben« und »Verbreiten« entsprechender Schriften als strafwürdig galt.

Vor allem die letzten 15 DDR-Jahre von 1975 bis 1989 sind – unübersehbaren Liberalisierungstendenzen und Zugeständnissen im Einzelnen zum Trotz – eine Periode immer massiverer Eingriffe in die Souveränität des literarischen Autors. Die Palette der Repressionen reichte von zensurierenden Eingriffen in Texte über das Verbot von Büchern und Theaterstücken, Ausschlüssen von Autoren aus Partei und Schriftstellerverband und publizistischen Kampagnen bis zu Stasi-Überwachung, strafrechtlichen Sanktionen und direkt oder indirekt erzwungenen Ausbürgerungen. Höhepunkte waren die Expatriierung Wolf Biermanns im November 1976 und der Ausschluss von neun Schriftstellern aus dem DDR-Verband im Frühsommer 1979 (unter ihnen Adolf Endler, Stefan Heym, Karl-Heinz Jakobs und Klaus Schlesinger) sowie die Verhängung einer Geldstrafe gegen Heym, weil er seinen Roman *Collin* ohne Erlaubnis im Westen veröffentlicht hatte, zur gleichen Zeit. Hinzu kam die brutale Kriminalisierung jüngerer Autoren wie Jürgen Fuchs, Ulrich Schacht, Lutz Rathenow u.v.a. sowie eine umfassende Einschüchterung aller kritischen Autoren durch (oft offenkundige) Bespitzelungsmaßnahmen der »Staatssicherheit«. Wie weit diese Maßnahmen gingen, wie tief sie in die Intimsphäre der Autoren eindrangen und ihre Menschenwürde verletzten, wissen wir inzwischen aus Dokumentationen wie Reiner Kunzes *Deckname Lyrik* (1990), Erich Loests *Der Zorn des Schafes* (1990) und Jürgen Fuchs' *Landschaften der Lüge* oder aus Christa Wolfs umstrittener Erzählung *Was bleibt* (1990). Umfassenden Aufschluss gibt vor allem Joachim Walthers gründlich recherchierte Darstellung *Sicherungsbereich Literatur. Schriftsteller und Staatssicherheit in der DDR* von 1996. Der von Wolf Biermann angestoßene Streit um Sascha Andersons Tätigkeit als Informeller Mitarbeiter für den Staatssicherheitsdienst (sie ist mittlerweile erwiesen) hat offen gelegt, dass selbst die literarische Subkultur der Jungen vom Prenzlauer Berg in Ost-Berlin sich der staatlichen Lenkung und Kontrolle nur bedingt hat entziehen können.

Stefan Heym

Schon vor der Wende war die Zensur als das unheimliche, aber großenteils noch geheime Zentrum des Literatursystems DDR erkennbar. Inzwischen ist das Geheimnis enthüllt, nachdem das Archiv der ominösen Hauptverwaltung Verlage und Buchhandel zugänglich geworden ist und viele Vorgänge der Buchverhinderung im Internet über die Adresse des Bundesarchivs für jedermann einsehbar sind. Jetzt ist die alltägliche Praxis dieses Repressionsinstruments im Detail nachvollziehbar. Dabei zeigt sich, dass die Zensur in der DDR strukturell anders konzipiert war und auch praktisch anders funktionierte als in anderen totalitären Systemen oder z. B. im historischen Absolutismus. Der ›reale Sozialismus‹ zielte primär nicht aufs direkte Verbot, sondern auf eine Instrumentalisierung oder wenigstens Einbindung der Literatur im Sinne des eingangs skizzierten Systems von Volksaufklärung und -erziehung. Und paradoxerweise hat die SED-Führung es auch erreicht, dass die meisten – selbst die kritischen – Autoren dieses System grundsätzlich hinnahmen, auch wenn sie für mehr Freiheit im Einzelnen plädierten. So muss man denn sogar von einer partiellen Zusammenarbeit (das unschöne Fremdwort dafür heißt ›Kollaboration‹) zwischen Zensoren und Autoren sprechen, der sich nur wenige Autoren wie Wolfgang Hilbig oder Hans Joachim Schädlich kompromisslos entzogen. Eine Folge war eine Verstümmelung der Texte (manche meinen auch: eine ästhetische Verbesserung mittels verschiedener Verfahren der Camouflage bzw. des ›Zwischen-den-Zeilen-Schreibens‹). Eine weitere Folge war ein Unmündighalten des Lesers und vor allem: die vorauseilende Verinnerlichung der Zensur durch den Autor als Selbstzensur – die vielleicht verheerendste Verletzung der Integrität des Künstlers *und* seines Werks. DDR-Literatur vollzog sich in einem Raum mit den Feldern Systemhörigkeit, Systemzugehörigkeit und Systemsprengung, wobei es zwischen diesen Feldern durchaus gleitende Übergänge gab.

Schon vor der Wende war die Liste der wichtigen literarischen Werke bekannt, die der Zensur für Jahre oder endgültig zum Opfer fielen. An ihrem Anfang standen Hanns Eislers *Johann Faustus* und Bertolt Brechts *Das Verhör des Lukullus*; es folgten Stefan Heyms *5 Tage im Juni*, Gedichte von Christa Reinig und Helga M. Novak, Theaterstücke von Heiner Müller und Volker Braun, Fritz Rudolf Fries' Roman *Der Weg nach Oobliadooh* und Christa Wolfs *Nachdenken über Christa T.* Besonders schwerwiegend waren die Druckverbote für Uwe Johnsons frühe Romane (vor allem *Mutmaßungen über Jakob*) und Wolf Biermanns freche Lieder. Nach dessen Ausbürgerung 1976 war nochmals eine Welle von Druckverboten zu verzeichnen, die u. a. Reiner Kunze, Stefan Heym, Thomas Brasch, Hans Joachim Schädlich, Jurek Becker, Ulrich Plenzdorf, Klaus Schlesinger und Erich Loest betraf. Volker Braun (*Hinze-Kunze-Roman*), Christa Wolf (Kassandra-Vorlesungen) und Günter de Bruyn (*Neue Herrlichkeit*) mussten Druckverzögerungen oder Änderungen ihrer Texte hinnehmen. Am schwersten traf die »Druckgenehmigungsverfahren« genannte Zensur jüngere, noch nicht etablierte Autorinnen und Autoren. Manche konnten vielleicht einmal einen Text in einer Zeitschrift oder einer Anthologie unterbringen, andere hoch begabte Autoren wurden überhaupt nur im Westen gedruckt, wie z. B. Monika Maron (*Flugasche*, 1981), Wolfgang Hegewald oder Katja Lange-Müller (alle drei siedelten in die Bundesrepublik über).

Auf dem X. Schriftstellerkongress des Jahres 1987 geschah dann etwas Unerhörtes: Zwei renommierte Autoren, Günter de Bruyn und Christoph Hein, griffen das »Druckgenehmigungsverfahren« frontal an und benannten es als das, was es war: als Zensur. Damit war der jahrzehntelangen stillschweigenden Duldung einer ›Zusammenarbeit‹ von Zensoren und Schriftstellern ein programmatisches

Klaus Schlesinger
Alte Filme
Eine Berliner
Geschichte/S. Fischer

Schutzumschlag

Verbandstagung
Blick auf das Präsidium
mit Erich Honecker

und öffentliches Ende gesetzt. Heins Rede schloss mit den Sätzen: »Die Zensur ist volksfeindlich. Sie ist ein Vergehen an der so oft genannten und gerühmten Weisheit des Volkes. Die Leser unserer Bücher sind souverän genug, selbst urteilen zu können. Die Vorstellung, ein Beamter könne darüber entscheiden, was einem Volk zumutbar und was ihm unbekömmlich sei, verrät nur die Anmaßung, den Übermut der Ämter. Die Zensur ist ungesetzlich, denn sie ist verfassungswidrig. Sie ist mit der gültigen Verfassung der DDR nicht vereinbar, steht im Gegensatz zu mehreren ihrer Artikel. Und die Zensur ist strafbar, denn sie schädigt im hohen Grad das Ansehen der DDR und kommt einer ›öffentlichen Herabwürdigung‹ gleich. Das Genehmigungsverfahren, die Zensur muss schnellstens und ersatzlos verschwinden, um weiteren Schaden von unserer Kultur abzuwenden, um nicht unsere Öffentlichkeit und unsere Würde, unsere Gesellschaft und unseren Staat weiter zu schädigen.«

Zwar annullierte die DDR das offizielle Druckgenehmigungsverfahren tatsächlich noch kurz vor der Wende, aber die ›Literaturgesellschaft‹ DDR war damit nicht mehr zu retten, so wenig, wie der ›reale Sozialismus‹ im Ganzen zu retten war. Die Utopie einer idealen Literatenrepublik als pädagogischer Provinz hatte sich als untauglich erwiesen, weil sie von Beginn an eine sträfliche Liaison mit der Unterdrückung elementarer Menschen- und Bürgerrechte eingegangen war.

Die fünfziger Jahre: Antifaschistischer Konsens und Auseinandersetzung mit der »neuen Produktion«

Antifaschismus und Sozialismus

Die DDR-Literatur ist, wie der Staat als Ganzer, auf den ineinander verzahnten Gründungsmythen von Antifaschismus und Sozialismus aufgebaut. Aus ihnen bezogen beide, Staat wie Literatur, über Jahrzehnte ihre Legitimation. Diese der Intention nach humanistische Weltanschauung wurde zunächst mehr oder weniger glaubwürdig von den Autoren der ersten, älteren Generation getragen, die wie Johannes R. Becher, Anna Seghers, Arnold Zweig oder Bertolt Brecht im Exil gewesen waren. Einige wenige Widerständler wie der Prosaautor Werner Krauss (*PLN. Passionen der halykonischen Seele*, 1946), später der führende Romanist der DDR, kamen hinzu. Der Antifaschismus wurde nun aber auch zur – geborgten – weltanschaulichen Basis für die literarische Arbeit der zweiten, jüngeren Autorengeneration, deren Angehörige das NS-Regime und den Krieg als Hitlerjungen und BDM-Mädel, SA-Leute und Soldaten selbst erlebt hatten, in der Regel als naiv Begeisterte oder als Mitläufer. Die Autoren, zumeist erst in den 20er Jahren geboren, ersetzten jetzt einen Glauben, ein ›totales‹ Weltbild, durch einen neuen Glauben, die neue, totalisierende Weltanschauung des Marxismus. Der aus dem schlechten politischen Gewissen geborene Antifaschismus wurde zur ideologischen Klammer, die Autoren wie Erwin Strittmatter, Franz Fühmann, Erich Loest, Hermann Kant, Christa Wolf, Heiner Müller, Erik Neutsch oder Dieter Noll untereinander und mit den Älteren (den beglaubigten Antifaschisten) verband. Nur wenige Autoren wie der eine Generation ältere Peter Huchel und Günter Kunert, dessen Mutter Jüdin war, haben sich der quasi familiären Loyalität gegenüber dem SED-Staat, der sich als »Sieger der Geschichte« anbot und alle Gutwilligen und Gutgläubigen großzügig in diese Siegergemeinschaft einschloss, entziehen können.

Sieger der Geschichte

Der zunächst sympathisch anmutende antifaschistische Grundkonsens der DDR-Literatur von ihren Anfängen bis zum bitteren Ende hat sich als verhängnisvoll erwiesen. Unter seinem Deckmantel wurden die Anfänge eines wirklichen politischen Neubeginns auf dem Boden der Sowjetischen Besatzungszone – die Installierung von Elementen der parlamentarischen Demokratie wie von Basisdemokratie – rasch wieder aufgegeben zugunsten der Einsetzung eines autoritären, repressiven Systems – des »Sozialismus von oben« –, dessen strukturelle Ähnlichkeit mit totalitären Systemen von rechts lange Zeit gerade von der (westlichen) Linken unterschätzt wurde. So entstand die paradoxe Situation, dass eine Vielzahl gutwilliger und begabter junger Autoren das System des ›realen Sozialismus‹ nahezu bedingungslos unterstützte (und eine dementsprechende Literatur schrieb), eben weil sie das Trauma der Nazi-Diktatur ohne Rest abschütteln und mit dem menschenfeindlichen System von vordem brechen wollte. Dass der vermeintliche Bruch vor allem Kontinuitäten beförderte – autoritäre gesellschaftliche und politische Strukturen und damit Untertanenmentalität, geheimdienstliche Observation und Terror, Militarismus, Fremdbestimmung in vielen Bereichen –, sahen die Autoren erst spät, manche zu spät (und manche verweigern sich dieser Einsicht bis heute). Aus diesem tief sitzenden Widerspruch zwischen ehrlich geglaubtem, emphatischem Antifaschismus und einer – näheren oder ferneren – Komplizenschaft mit dem Repressionssystem des ›realen Sozialismus‹ muss die DDR-Literatur, zumal die der 50er Jahre, verstanden werden.

Sozialismus von oben

›Vorab seien einige ökonomische und politische Fakten und Faktoren vergegenwärtigt, ohne die die pointiert politische, instrumentelle Rolle der frühen DDR-Literatur nicht zu verstehen ist: Die Phase der sog. antifaschistisch-demokratischen Neuordnung 1945 bis 1949, in der ernsthafte Ansätze eines politischen Neubeginns und massive Repressionen (z. B. die sowjetischen Straflager oder die Zwangsvereinigung der Arbeiterparteien) noch nebeneinander standen, war vor allem von einer immensen Anstrengung gekennzeichnet, eine massiv kriegsgeschädigte Industrie und Landwirtschaft wieder in Gang zu setzen. Auf dem Lande hatte man den Schritt zur ausschließlichen Privatisierung durch Verteilung (sprich: Enteignung) des Großgrundbesitzes an Neubauern getan (sog. Bodenreform), während die Industrie bis 1950 zu 60 % verstaatlicht wurde. Es liegt auf der Hand, dass eine Nachkriegswirtschaft, die fast nur Mängel zu verwalten hatte, der Bevölkerung Konsumverzicht abverlangen und zu einer hochgradigen Steigerung der Arbeitsproduktivität aufrufen musste. Das geschah bereits 1947, als vom II. Parteitag der SED die Parole ausgegeben wurde: »Mehr produzieren, gerechter verteilen, besser leben!« Eine ausgedehnte Aktivisten- und Wettbewerbsbewegung wurde stimuliert, für die im Herbst 1948 der Bergwerkshauer Adolf Hennecke das Signal gegeben hatte, als er seine Schichtnorm um 387 % übererfüllte. Die fortschreitende Verstaatlichung von Betrieben und deren Konzentration in Großbetrieben bzw. Kombinaten erleichterte eine zentralisierte Wirtschaftsplanung nach sowjetischem Modell. Für 1949/50 wurde ein Zweijahresplan, für 1951–55 ein Fünfjahresplan vorgegeben, womit umfassende und strikte Leitlinien für die landwirtschaftliche und industrielle Produktion gezogen waren.

Die Proklamation des Separatstaates DDR am 7. Oktober 1949 befestigte die Notwendigkeit, den einmal eingeschlagenen politisch-ökonomischen Weg in Abgrenzung vom kapitalistischen Westen und Anlehnung an die Volksdemokratien des Ostens in einem (knappen) halben Land weiterzugehen, auch wenn die nationale Agitation und Rhetorik kaum eingeschränkt fortgesetzt wurde und das Ziel, zumindest verbal, ein »einheitliches, friedliebendes, demokratisches Deutschland« blieb. Auf der 2. Parteikonferenz 1952 wurde dann der »»Aufbau des Sozia-

Ökonomische Zwänge

›Aufbau des Sozialismus‹

Hochmechanisierter
Ernteeinsatz

lismus« als »grundlegende Aufgabe« beschlossen. Freilich war es ein ganz bestimmter Typus von Sozialismus, der hier aufgebaut wurde. Seine Realisierung wurde angeleitet von einer Partei, der SED, die inzwischen zu einer Kaderpartei des stalinschen Typs umgebaut worden war. Der anfängliche Grundsatz der paritätischen Führungsbeteiligung von ehemaligen Kommunisten und Sozialdemo-

Zentralisierte Planung und Leitung

kraten war abgeschafft. Das Prinzip der zentralisierten Planung und Leitung wurde, nach sowjetischem Modell, auch immer straffer im Produktionsbereich angewendet. Die viel beschworene Arbeiterklasse war in der Tat die entscheidende Größe jener Jahre und jener Politik: aber als ökonomischer Planfaktor im Systemvergleich, und nicht als sich selbst bestimmendes Subjekt der Geschichte. Brecht hat einmal den Sozialismus als »die große Produktion« definiert. Damit meinte er nicht nur, dass im Sozialismus mehr und Besseres produziert würde als im Kapitalismus. Vielmehr ging es ihm um die Aneignung nicht nur fremder Natur durch den Menschen, sondern auch um die produktive, selbst bestimmte Aneignung der eigenen Natur. Die DDR-Literatur der 50er Jahre ist nicht nur eine solche der Affirmation eines autoritären politischen und ökonomischen Systems. Einige ihrer Autoren, so zeigt sich, fragen auch nach der Utopie einer qualitativ neuen menschlichen Produktivität im Sinne Brechts.

Kultur und Literatur als Planfaktor

»Der Schriftsteller und der Plan«

Schon früh wurden Kultur und Literatur sehr wichtige Aufgaben im Rahmen einer sozialistischen Gesellschaftsplanung zugeteilt. Bereits 1948 hielt Alexander Abusch eine Rede mit dem Titel »Der Schriftsteller und der Plan«, und ein Jahr später heißt es in einer Entschließung der 1. Parteikonferenz der SED: »Kulturarbeit im Dienste des Zweijahresplans leisten, das bedeutet in erster Linie die Entfaltung des Arbeitsenthusiasmus aller [...] Schichten des Volkes.« Die Tendenz war deutlich: Literatur und andere kulturelle Aktivitäten sollten nicht die menschliche Produktivität im Allgemeinen befördern und das Bewusstsein erweitern, sondern sehr konkret die Bereitschaft zur materiellen Arbeit stimulieren, um dem Sozialismus im Systemvergleich zum Sieg zu verhelfen.

Funktionalisierung der Literatur

Das Engstirnige eines sozialistischen Funktionalismus, dem eine stürmische Produktivkraftentwicklung alles bedeutete, zeigte sich vor allem dort, wo dieses Konzept unmittelbar auf den Produktionsbereich angewendet wurde. So wurde angeregt, dass die Schriftsteller sich unmittelbar an der gesellschaftlichen Basis umtun, Erfahrungen sammeln und diese literarisch umsetzen sollten. Ziel war die Gestaltung des »neuen Menschen, des Aktivisten, des Helden des sozialistischen Aufbaus«. Doch was bei Besuchen von Schriftstellern »an der Basis«, in Industriebetrieben, auf Großbaustellen und in der jetzt kollektivierten Landwirtschaft herauskam, war zumeist nur Parolenliteratur – langweilige, hölzerne Reportagen, Traktorenlyrik und Bejahungsstücke. Brecht hat 1953 diese Vorgänge lapidar kommentiert: »Die Kunst ist nicht dazu befähigt, die Kunstvorstellungen von Büros in Kunstwerke umzusetzen. Nur Stiefel kann man nach Maß anfertigen.« So ist eine beklemmende Parallelität zu konstatieren: nämlich der Gebrauch der Produktivkraft ›Arbeiter‹ wie der Produktivkraft ›Kunst‹ als Mittel zum Zweck gesteigerter Arbeitsproduktivität. Am 17. Juni 1953 zeigten die Arbeiter der DDR, was sie von dieser Funktionalisierung hielten. Wenn auch nach den Juni-Ereignissen von 1953 die restriktive (Kultur-) Politik gelockert wurde, so gilt doch, dass das einmal in den Jahren zuvor installierte Instrumentarium einer zentra-

istisch geplanten, hierarchischen, funktionalistischen Literaturpraxis seither nie wieder ganz außer Kraft gesetzt wurde.

17. Juni 1953 in Leipzig

Sozialistischer Realismus versus Formalismus

Im März 1951 sah sich das Zentralkomitee der SED auf seiner 5. Tagung veranlasst, die kulturelle Entwicklung der jungen DDR zum Hauptthema zu machen und deutliche Warnungen und Gebote auszusprechen. Die Partei startete jetzt explizit den Kampf gegen den sog. Formalismus in Kunst und Literatur. Formalismus wurde definiert als »Zersetzung und Zerstörung der Kunst selbst. Die Formalisten leugnen, dass die entscheidende Bedeutung im Inhalt, in der Idee, im Gedanken des Werkes liegt. Nach ihrer Auffassung besteht die Bedeutung eines Kunstwerks nicht in seinem Inhalt, sondern in seiner Form. Überall, wo die Frage der Form selbständige Bedeutung gewinnt, verliert die Kunst ihren humanistischen und demokratischen Charakter.« Die Ursachen solcher Tendenzen wurden in der Gesellschaftsformation geortet, der der Kampf der neuen sozialistischen Ordnung galt: im Kapitalismus und Imperialismus; oder in der Veranschaulichung von Stephan Hermlin: »Der Formalismus ist also der malerische, musikalische, literarische Ausdruck des imperialistischen Kannibalismus, er ist die ästhetische Begleitung der amerikanischen Götterdämmerung.« Angegriffen wurden unter den wechselnden Etiketten ›Dekadenz‹, ›Kosmopolitismus‹, ›Naturalismus‹, ›Modernismus‹ und immer wieder ›Formalismus‹ bedeutende Autoren der moder-

Wider die Moderne

Veröffentlichungsverbote

nen Weltliteratur (Kafka, Joyce, Proust u. a.) und vor allem Künstler im eigenen Land. Seit 1951 war eine ganze Kette von Veröffentlichungsverboten zu registrieren. Bücher wurden eingestampft, Theateraufführungen abgesetzt und Wandbilder übermalt. Eines der prominentesten Opfer war Hanns Eislers Opernlibretto *Johann Faustus* von 1952. Eisler fasst die Faustfigur als einen schwankenden Intellektuellen (und nicht vom nimmermüden »faustischen Streben« geleitet), die deutsche Geschichte als Kette von gescheiterten Revolutionen und Niederlagen – als die »deutsche Misere«, was den sieghaft-optimistischen Vorstellungen der SED diametral entgegengesetzt war. Also wurde Eislers Werk verboten.

Sozialistischer Realismus

Parallel zum Programm des sozialistischen Aufbaus in Ökonomie und Politik und als Gegengewicht zum gefährlichen Formalismus wurde der sog. sozialistische Realismus zur verbindlichen Kunststrategie erklärt. Der sozialistische Realismus als maßgebliche künstlerische Leitlinie wurde erstmals 1932 in der Sowjetunion (u. a. von Stalin), verbindlich dann 1934 von Andrej Ždanov formuliert. Nach dieser Doktrin sollte der Künstler »das Lebenkennen, es nicht scholastisch, nicht tot, nicht als ›objektive Wirklichkeit‹, sondern als die objektive Wirklichkeit in ihrer revolutionären Entwicklung darstellen. Dabei muss die wahrheitsgetreue und historisch konkrete künstlerische Darstellung mit der Aufgabe verbunden werden, die werktätigen Menschen im Geiste des Sozialismus ideologisch umzuformen und zu erziehen«. Bevorzugtes Sujet sollte die sozialistische Produktion sein. Im Zentrum des literarischen Werks hatte ein positiver, vorbildhafter Held zu stehen, der als Identifikationsangebot an den Leser gemeint war.

Kunststrategie der SED

Seine volle Wirkung entfaltete dieses Programm des sozialistischen Realismus in der DDR jedoch erst in seiner unmittelbaren Kombination mit der Literaturtheorie von Georg Lukács (1885–1971), der – wie später kritisch einbekannt wurde – bis 1956 eine »Monopolstellung« (Abusch) auf diesem Sektor einnahm. Lukács' bereits in den dreißiger Jahren vollständig ausgearbeitete Realismusauffassung knüpfte theoretisch an Hegel, ästhetisch an den Normen der Klassik und des kritischen Realismus an. Maßstäbe bürgerlicher Kunstproduktion aus dem 18. und 19. Jahrhundert wurden so als quasi überzeitlich gültige gesetzt: Das Kunstwerk sollte »alle wesentlichen objektiven Bestimmungen, die das gestaltete Stück Leben objektiv determinieren, in richtigem, proportioniertem Zusammenhang widerspiegeln«, so dass es selbst »als eine Totalität des Lebens« erscheint. Auf dem Wege der Typisierung der Erscheinungen sollte das »Allgemeine«, das Wesen, die »Gesetzlichkeit« der Wirklichkeit unter der Form der »Besonderheit« widergespiegelt werden. Formalästhetisch hatte das Kunstwerk, da es ja selbst »eine Totalität des Lebens« in sich sein sollte, organisch und geschlossen zu sein. Ein Abgehen von diesen Prinzipien galt mit und seit Lukács als Sakrileg, eben als Formalismus. Damit waren vorzüglich alle jene ästhetischen Techniken gemeint, die solchen Totalitäts-, Typus-, Organismus- und Geschlossenheitspostulaten zuwiderliefen: Formen der Montage, der Verfremdung, der Fabelunterbrechung, der parabolischen Gestaltung usw. Zugespitzt lässt sich also sagen, dass die DDR-Version des sozialistischen Realismus als Doktrin eine merkwürdige Mixtur darstellte: Ihrem ideologischen Gehalt nach folgte sie der (schematisierten) materialistischen Geschichtsauffassung; ästhetisch sanktionierte sie den Formenkanon einer bestimmten Entwicklungsetappe bürgerlicher Kunst als überhistorisch gültig. Künstler und Theoretiker, die diese Kombination ablehnten, gerieten in die Defensive und mussten sich ständig legitimieren (Brecht, Eisler, Dessau, später H. Müller, Kunert u. a.).

Georg Lukács

So dominiert in der DDR der frühen und mittleren 50er Jahre thematisch die *Traditionalismus*
Aufbauliteratur und ästhetisch eine Orientierung an überlebten Traditionen des
19. Jahrhunderts. Erst der 4. Schriftstellerkongress 1956 machte offenbar, dass
die administrative Bevormundung und Doktrinarisierung der Literatur nicht
mehr hingenommen wurden. Nicht nur Intellektuelle wie Hans Mayer wandten
sich gegen die »Panpolitisierung« und beklagten die mangelnde »Opulenz« der
landeseigenen Literatur. Auch fraglos sozialistische Schriftsteller wie die Seghers,
Claudius und Heym, ja selbst Bredel kritisierten das »öde, kleinbürgerliche Niveau« (Claudius), die »hölzerne Primitivität« (Heym) der Gegenwartsliteratur.
Der wenig später stattfindende XX. Parteitag der KPdSU, auf dem der stalinsche
Personenkult attackiert wurde, verstärkte solche Tendenzen freimütiger Kritik
noch und schien eine regelrechte Periode des ›Tauwetters‹ einzuleiten. Doch die
meist als ›Liberalisierungsphase‹ bezeichnete Etappe 1953 bis 1956 wurde abrupt
beendet. Nach den Aufständen in Ungarn und Polen (Oktober 1956) wurden die
vorherigen Zugeständnisse an die Autonomiebedürfnisse der Intellektuellen weitgehend zurückgenommen und sogar wesentliche Auffassungen, die die SED vorher selbst propagiert hatte, als revisionistisch gebrandmarkt. Das galt insbesondere für die jetzt obligate Kritik an Lukács, der durch sein Ministeramt in der
ungarischen »Regierung der Konterrevolution« endgültig desavouiert war.

Der Bitterfelder Weg

Initiativen und Versuche, die geschichtlich verfestigte Trennung von Kunst und *Keine Isolation vom Alltag*
Leben aufzuheben und die Arbeitsteilung zwischen Produktionsarbeitern und
Kulturschaffenden zu überwinden, hat es bereits im Lauf der 50er Jahre gegeben.
Doch sie blieben vereinzelt und wurden niemals maßgeblich. So hatten z. B. 1955
Kumpel des Braunkohlenwerkes Nachterstedt auf höhere Weisung einen offenen
Brief an die Schriftsteller ihres Landes geschrieben (er ging als *Nachterstedter
Brief* in die Literaturgeschichte ein), in dem sie mehr Volksverbundenheit der
Kunst und Literatur forderten. Der Brief war einerseits ein schon fast unzeitgemä-
ßes Plädoyer für die im Rückgang befindliche sog. Aufbauliteratur, andererseits
eine dringliche Aufforderung an die Berufsschriftsteller, ihre verbreitete Isolation

Willi Sitte:
»Arbeitertriptychon«
(1960)

vom Alltag der Produktionsarbeiter aufzugeben, kurz: die Kunst dem Leben anzunähern. 1957 forderte Walter Ulbricht dann auf einem ZK-Plenum, die Künstler sollten nicht mehr »seltene Ausflügler« in den Produktionsbetrieben in Stadt und Land sein, sondern »sich dort wie zu Hause fühlen, dass sie ihr Leben und ihre Interessen mit denen des Volkes verbinden«. Schließlich stellte der V. Parteitag der SED im Juli 1958 programmatisch das Ziel auf, »die Trennung zwischen Kunst und Leben, die Entfremdung zwischen Künstler und Volk zu überwinden«. Denn, so Ulbricht, »in Staat und Wirtschaft ist die Arbeiterklasse der DDR bereits Herr. Jetzt muß sie auch die Höhen der Kultur stürmen und von ihnen Besitz ergreifen«.

Kopfarbeiter in die Betriebe?

Für die Literatur war die im April 1959 durchgeführte Bitterfelder Konferenz entscheidend, an der neben ca. 150 Berufsschriftstellern fast 300 schreibende Arbeiter und Volkskorrespondenten teilnahmen. Von zwei Seiten her sollte die sozialistische Kulturrevolution im literarischen Bereich angegangen werden: Zum einen sollten die Schriftsteller, die Kopfarbeiter, in die Betriebe gehen, mit Brigaden zusammenarbeiten und die Arbeitsbedingungen an Ort und Stelle studieren. Und zum anderen sollten die »Kumpel«, die Handarbeiter, »zur Feder greifen«, um dadurch einerseits die alltäglichen Kämpfe und Fortschritte im Produktionsbereich zu dokumentieren und sich andererseits durch die eigene Schreibtätigkeit, die literarische Produktivität zu den »Höhen der Kultur« emporzuarbeiten.

Die Realisierung dieses Programms erwies sich von Anfang an als schwierig, was insbesondere für den ersten Aspekt galt. Denn es fanden sich nur wenige professionelle Schriftsteller, die bereit waren, für längere Zeit die Kopfarbeit mit der Handarbeit zu vertauschen bzw. zu verknüpfen. Es gab zahlreiche »Blitzbesuche« von Autoren und ›Patenschaften‹ zwischen Schriftstellern und Betrieben, ansonsten viele naserümpfende Urteile. Von einer allgemeinen Bewegung in den Bereich der materiellen Produktion hinein, die alle Schriftsteller erfasst hätte, kann nicht die Rede sein. Die Erfolge der »Greif zur Feder, Kumpel!«-Bewegung waren dagegen anfangs recht eindrucksvoll. In der Tradition der Arbeiterkorrespondenten aus der Weimarer Republik und in Parallele zu den sog. Volkskorrespondenten bei den Zeitungen, von denen es 1959 schon rund 9500 gab, entstanden Hunderte von Zirkeln schreibender Arbeiter auf Betriebs-, später auch Stadtteilebene, in denen hauptsächlich Arbeiter, später auch mehr und mehr Angestellte, Lehrer, Schüler usw. mitarbeiteten. Sie überschritten die Konsumhaltung gegenüber der Kultur, indem sie selbst – und zwar kollektiv, nicht als Schriftstellerindividuen – Texte produzierten, die für ihre Interessen wirken sollten. Das gilt insbesondere für das neue Genre Brigadetagebuch, das über alltägliche Vorkommnisse im Produktionsprozess geführt wurde, aber thematisch oft weit darüber hinausgriff, indem es die Beziehungen der Menschen untereinander, von einer Brigade zur anderen usw. darstellte und sich dazu vielfältiger Formen wie Bericht, Notiz, Stellungnahme, Glosse, Satire, Gedicht, Porträt usw. bediente. Sehr bald jedoch wurden dem Brigadetagebuch Aufgaben aufgebürdet, die es eindeutig überforderten: nämlich zur »Persönlichkeitsentwicklung« beizutragen, »Keimzelle der deutschen Nationalliteratur« zu werden und sich immer enger an die »künstlerische Meisterschaft« heranzuarbeiten; letzteres eine Forderung, die im Ganzen immer stärker an die literarische Produktion der Zirkel schreibender Arbeiter gerichtet wurde.

»Greif zur Feder, Kumpel!«

Kunst und Leben

In den Jahren 1960 bis 1963/64 vollzog sich dann ein Prozess zunächst kaum merklicher kulturpolitischer Revision, der die beiden Hauptziele des V. Parteitags und der Bewegung von Bitterfeld – Aufhebung der Trennung von Kunst und Leben und prinzipielle Annäherung der Hand- und Kopfarbeiter – wieder zurücknahm. Das »Laienschaffen«, die Literatur aus den Arbeiter-Schreibzirkeln (von denen nach wie vor Hunderte bestanden) wurde jetzt als »große Schule für die Herausbildung der künstlerischen Fähigkeiten und Talente der Arbeiter, Bauern und Intelligenz« betrachtet, schreibende Arbeiter als Nachwuchsreservoir quasi für die literarischen Profis, die sich nach Bedarf aus diesem Reservoir regenerierten.

Fortschreibungen zu den Themen Nazismus und Krieg

Mit der Gründung der DDR und der bald folgenden Proklamation des sozialistischen Aufbaus war das Thema Nationalsozialismus nicht erledigt; die Vergangenheit blieb anwesend, und keineswegs als durchschaute und überwundene. Einige Bücher von Autoren der älteren und mittleren Generation, z. B. von Bodo Uhse, Ludwig Renn und Stephan Hermlin, waren dem heroischen Widerstandskampf der Antifaschisten gewidmet. Aber konnten solche Bücher, erzählt aus der Perspektive der bereits überzeugten Antifaschisten und Widerstandskämpfer, die Gleichgültigen und Schwankenden, die ehemals Naiven und Mitläufer gewinnen? Lag in ihren fast durchweg positiven Helden ein Identifikationsangebot, das für die Angehörigen dieser so wichtigen Zielgruppe glaubwürdig, realistisch war, da sie doch zwölf Jahre als Realität nur den schönen Schein ästhetisierter Politik und dann die scheinbar ursachelosen Schrecken des Krieges wahrgenommen hatten? An dem Erfolg der gewollten pädagogischen Wirkung muss man zweifeln. Eine Ausnahme machte Franz Fühmanns viel gelesene Novelle *Drei Kameraden* (1955), die glaubwürdig und psychologisch nachvollziehbar die schrittweise Abwendung eines jungen Soldaten vom Krieg beschreibt.

Zeugen der Vergangenheit

Eine Reihe anderer Autoren, die auch Soldaten der Wehrmacht gewesen waren, hat in der zweiten Hälfte der 50er Jahre Prosatexte über den Zweiten Weltkrieg veröffentlicht. Ähnlich wie nach dem Ersten Weltkrieg hatte es offenbar des Abstands von ca. einem Jahrzehnt bedurft, bis die eigenen Kriegserfahrungen der literarischen Verarbeitung zugänglich wurden. Hierher gehören u. a. Karl Mundstocks Erzählung Bis *zum letzten Mann* (1956) und Harry Thürks Roman *Die Stunde der toten Augen* (1957). Dominantes Motiv ihrer Texte ist, wie bei Fühmann, der Frontwechsel, das Überlaufen auf die ›andere Seite‹. Die maßgeblichen, parteioffiziösen Literaturkritiker fanden wenig Gefallen an dieser Literatur, schalten sie veristisch, objektivistisch und missbilligten, dass sie über »naturalistische Reproduktionen« des Krieges nicht hinauskomme. Der »harten Schreibweise« dieser Autoren fehle die epische Distanz zum schwierigen Thema; kurz: Sie seien eben ›nur‹ »kritische Realisten« (keine sozialistischen) oder »Kriegsnaturalisten«, wie sie von nun an hießen.

»harte Schreibweise«

Erst mit 13-jährigem Abstand zum Kriegsende, 1958, erschien der nach Anna Seghers' *Das siebte Kreuz* (1939/42) populärste KZ-Roman, *Nackt unter Wölfen.* Wie Ernst Wiechert, dessen autobiographischer Bericht *Der Totenwald* 1947 herausgekommen war, hatte Bruno Apitz lange Häftlingsjahre im thüringischen KZ Buchenwald verbracht. *Nackt unter Wölfen* erzählt die Geschichte eines dreijährigen jüdischen Kindes, das von einem Polen nach der Evakuierung des Vernichtungslagers Auschwitz in einem alten Koffer in Buchenwald eingeschmuggelt wurde und überlebte. Die Symbolik des Titels wird (ähnlich wie in Anna Seghers' *Das siebte Kreuz*) perspektivisch positiv aufgelöst: Der Mensch ist stärker als der (faschistische) Wolf. – Die Kritik in der Bundesrepublik reagierte seinerzeit stark

Franz Fühmann

»Nackt unter Wölfen«

polemisch. Die Verfilmung von 1963 konnte in der Bundesrepublik bis 1968 nur in geschlossenen Vorstellungen gezeigt werden. International wurde *Nackt unter Wölfen* ein bemerkenswerter Erfolg. Anfang der 70er Jahre war das Buch bereits in ca. zwei Millionen Exemplaren in 28 Ländern verbreitet und in 25 Sprachen übersetzt.

Die westdeutsche Kritik der 50er und 60er Jahre an Apitz' Roman hat sich mittlerweile als berechtigt erwiesen. Zwar beruht der Handlungsstrang seines Romans, der um die Rettung des Kindes gelagert ist, auf Tatsachen – umso weniger authentisch, vielmehr entschieden legendenhaft ist die Darstellung der politischen Verhältnisse im KZ Buchenwald. Die Befreiung dieses KZs am 11. April 1945 war ein Werk der Amerikaner – und keine »Selbstbefreiung«. Auch sieht die Wahrheit über die illegale (kommunistische) Lagerleitung in Buchenwald völlig anders aus, als es uns Apitz – guten Glaubens? – weismachen will. Nach dem Motto »Wir müssen überleben!« kollaborierte die (selbst ernannte) kommunistische Häftlingselite – die ›roten Kapos‹ – über viele Jahre hin erfolgreich mit der SS zu Lasten anderer Häftlingsgruppen, die, proportional gesehen, entschieden mehr Tote zu beklagen hatten. Bruno Apitz' *Nackt unter Wölfen* ist somit nicht nur die handlungsstarke Romanfassung des kommunistischen Widerstands gegen die Nazis, wie ihn die Partei gern kolportiert sah, sondern zugleich ein herausragendes Dokument über DDR-typische Legendenbildungen, sprich: Fälschungen eben dieses problematischen Widerstands zu einem »gesäuberten Antifaschismus« (Lutz Niethammer).

Vom Aufbauroman zur Ankunftsliteratur

Reportage

Die literarische Auseinandersetzung mit dem Thema ›neue sozialistische Produktion‹ kam nur schwerfällig in Gang. Erst 1951/52 wurden Reportagen und Erzählungen aus den Betrieben zu einem bestimmenden Element der Literaturentwicklung. Doch sie kamen nicht von den Baustellen und Fabriken selbst, sondern waren erlebt und niedergeschrieben von Berufsschriftstellern und Journalisten, die sich dort umgetan hatten und denen die ›proletarische Perspektive‹ durchaus nicht (mehr) selbstverständlich war. Den Auftakt zu einer ganzen Serie von Aufbauromanen zwischen 1952 und 1956 bildete Eduard Claudius' Buch *Menschen an unserer Seite* (1951), die nach dem Leben geschriebene Geschichte des Ringofenmaurers Hans Garbe, der sich als Aktivist nur mit größter Mühe unter seinen Kollegen durchsetzen kann. Das Beispiel Garbe regte auch Brecht zu einem Fragment gebliebenen Stück (*Büsching*) und später Heiner Müller zu seinem Stück *Der Lohndrücker* (1957) an. Viele Autoren widmeten sich den neuen Verhältnissen auf dem Lande, mehr Aufsehen erregten jedoch die sog. Betriebs- oder Produktionsromane. Ihr literarhistorischer Stellenwert ist ausgesprochen fragwürdig. Sie waren belastet von dem, was Claudius einmal die leidige »Anwendung des Verpflichtungswesens auf die Literatur« nannte. Letztlich setzte sich in ihnen jene sozialintegrative Tendenz durch, die Konflikte zudeckte und zum Vertrauen in Partei und Staat aufrief. Der Arbeiteraufstand vom 17. Juni 1953 brachte auch in dieser Hinsicht keine grundsätzliche Änderung. Die Widersprüche, die in jenen Junitagen unter Anwendung von Gewalt ausgetragen wurden, sind in keinem damals veröffentlichten Werk der Literatur unverblümt behandelt. Stefan Heyms Roman *5 Tage im Juni*, durchaus eine Art Betriebsroman, konnte seinerzeit (noch unter dem Titel *Tag X*) und auch später nicht in der DDR erscheinen. So scheiter-

Aufbauroman

Bertolt Brecht, Johannes
R. Becher und Dr. Wallner
in einem letzten Gespräch
über gesamtdeutsche
Kulturfragen

te der erste Anlauf einer sozialistischen Produktionsliteratur. Zwischen 1956 und
1959 erschienen kaum noch Prosatexte, die hierher zu zählen sind.

Der 1959 proklamierte Bitterfelder Weg, gerichtet auf eine Verschmelzung des *Bitterfelder Weg*
bislang Getrennten: von Kunst und Leben, Kopfarbeit und Handarbeit, materiellen Bedürfnissen und moralischen Maximen – brachte der Produktionsliteratur
einen neuen Aufschwung. Doch der Impuls dieser Literatur versandete, noch ehe
sie eine massenhafte Qualität erreicht hatte. Eine »Nivellierung von Berufs- und
Laienkunst« wollte die Partei jedenfalls vermeiden. Zudem gingen nur wenige
Berufsschriftsteller den geforderten Weg in die Produktion. Autoren der mittleren
und jüngeren Generation wie Franz Fühmann, Christa Wolf, Herbert Nachbar
und Brigitte Reimann taten es, nicht jedoch das Gros der Schriftsteller.

Dominant wurde in jenen Jahren die sog. Ankunftsliteratur, in der Züge des *Ankunftsliteratur*
bürgerlichen Bildungs- und Entwicklungsromans, sozialistisch gewendet, wieder
auferstanden. In ihr ging es um junge Menschen, die untereinander und auch mit
den Anforderungen des ›realen Sozialismus‹ an sie in (begrenzte) Konflikte geraten, die sich aber am Ende eines stereotypen politischen Lernprozesses in Wohl-
gefallen auflösen und ein ›happy end‹ möglich machen. Kurz, die Helden der
Ankunftsliteratur kommen regelmäßig im Sozialismus an und wenden sich der
›besseren Zukunft‹ zu. Das belegen, neben dem titelgebenden Werk *Ankunft im
Alltag* (1963) von Brigitte Reimann, die einschlägigen Romane der Autoren Joachim Wohlgemuth, Herbert Nachbar, Werner Bräunig, Joachim Knappe, Karl-
Heinz Jakobs. Dem Prosatypus der Ankunftsliteratur verwandt, aber doch weiter
von der Produktionsliteratur im engeren Sinn entfernt ist jene Gruppe von zumeist umfangreichen Werken, die später in der DDR als Entwicklungsromane
bezeichnet wurden. Hierher gehören Anna Seghers (*Die Entscheidung*, 1959),
Wolfgang Joho, Erwin Strittmatter mit seiner Trilogie *Der Wundertäter* (erschienen 1957, 1973, 1980), Jurij Brežan und die jüngeren Max Walter Schulz, Günter
de Bruyn und Dieter Noll. Ziel ist durchweg die Eroberung und Sicherung eines
der werdenden sozialistischen Gesellschaft nützlichen Standorts. Den suchenden

Stalinismus

Subjekten wird dabei mehr Entfaltungsraum zugestanden, als das in den Betriebsromanen der Fall war. Dennoch sind den Versuchen der Subjekte, mündig zu werden, enge Grenzen gezogen – Grenzen, die eine verinnerlichte Version genormten, stereotypen Wahrnehmens und Denkens zieht. Das zentrale DDR-Thema der 50er Jahre, die stalinistisch-autoritäre Formierung des Sozialismus, die in der sog. Entstalinisierung seit 1956 nur halbherzig kritisiert wurde, regiert dabei nicht nur die Inhalte der Prosaliteratur, sondern obendrein auch die Form. Die erzählende Literatur der DDR ist bis in die 60er Jahre hinein von einem krassen Schematismus der Fabelkonstruktion, der Heldenwahl und der Personendarstellung geprägt, der in seiner Konventionalität dem geschlossenen, naiven Weltbild der Autoren entspricht: Schulbeispiel außengelenkter Ästhetik.

In einer Literaturlandschaft, in der die »berühmt-berüchtigte Theorie (und Praxis) der Konfliktlosigkeit« regierte und sich die »große heroische Illusion« einer »sozialistischen Nationalliteratur« festsetzte, muss das wirklich bedeutende frühe erzählerische Werk von Uwe Johnson (1934–1984) wie ein Fremdkörper wirken. Es markiert, wenn auch für die Leser seines Landes damals nicht nachvollziehbar, einsam und unüberhörbar den Beginn der Moderne in der Erzählliteratur der DDR. Dieses Erstgeburtsrecht muss Johnson nachdrücklich zugesprochen werden, ohne damit die Verdienste von Christa Wolf, Fritz Rudolf Fries oder Ulrich Plenzdorf schmälern zu wollen. Umgekehrt wird man heute, aus dem Abstand von dreißig Jahren, aus westlicher Perspektive auch die überraschend engen Zusammenhänge zwischen Johnsons zuerst veröffentlichtem Roman *Mutmaßungen über Jakob* von 1959 und der Aufbau- und Ankunftsliteratur leichter erkennen können. Denn Johnsons *Mutmaßungen* sind auch eine Auseinandersetzung mit dem Thema der »neuen Produktion« im marxschen Sinne (die Produktion des »neuen Menschen« inbegriffen), und sie sind auch ein Beitrag zum Problem des »Ankommens im Sozialismus« – nur dass dieser Beitrag, noch bevor das affirmative Genre eigentlich geboren war, dasselbe radikal in Frage stellte. Noch mehr muss Johnsons eigentlicher Erstling *Ingrid Babendererde. Reifeprüfung 1953*, entstanden in seiner Rostocker Studienzeit 1953 bis 1956, als DDR-Literatur begriffen werden. Er hatte das Buch vergeblich mehreren DDR-Verlagen angeboten – erschienen ist es erst nach Johnsons Tod als Nachlassveröffentlichung (und nicht in der DDR). In ihm geht es um den (historischen) Konflikt zwischen der christlichen Jungen Gemeinde und der Partei bzw. der FDJ im Vorfeld des 17. Juni 1953. Die scheinbar heile Welt der Schule und der ersten Liebe zerbricht, die beiden Hauptfiguren entscheiden sich für die Flucht in den Westen. Erzählt ist der erste Roman Johnsons in einem komplexen Verfahren der Brechung und Schichtung, das damals in der DDR schon in den Lektoraten – nur wenige Jahre nach der Formalismuskampagne – auf völliges Unverständnis stieß. Die Prosaliteratur der DDR in den 50er Jahren sollte eine Welt der Klischees, der Scheinlösungen und des öden Traditionalismus bleiben.

Uwe Johnson

Die ›neue Produktion‹ auf dem Theater

Die Theaterliteratur des Zeitraums 1949 bis 1961 ist von zwei Merkmalen geprägt. In der Dramaturgie und Schreibweise folgt sie, bis auf die Stücke des affirmativen Gebrauchstheaters, Brecht oder ist doch zumindest von ihm inspiriert. Ihren Stoff entnimmt sie zumeist unmittelbar den neuen Produktionsverhältnissen in Stadt und Land, wobei das Thema ›sozialistisches Landleben‹ eindeutig favorisiert ist: Fast jeder wichtigere Theaterautor hat in dieser Zeit sein »Agrodrama« geschrieben.

Brecht (1898–1956), inzwischen fest und endgültig in Ost-Berlin niedergelassen, beschäftigte sich in dreierlei Richtung mit dem Theater: Er realisierte mit dem Berliner Ensemble verschiedene eigene ältere Stücke, er bearbeitete Vorlagen anderer, insbesondere klassischer Autoren und führte sie mit seinem Ensemble auf, und schließlich brachte er einige wenige Stücke zeitgenössischer Autoren heraus. Der Schwerpunkt von Brechts Produktivität lag eindeutig in der Bearbeitung älterer Vorlagen – Shakespeares *Coriolan* (1951), Goethes *Urfaust* (1952) u. a. m. Was es mit Brechts Hinwendung zur Geschichte auf sich hat, zeigt am deutlichsten seine Bearbeitung von J. M. R. Lenz' *Hofmeister* (1950). Hofmeister Läuffer, die Hauptfigur, entmannt sich in einer ihm ausweglos scheinenden Situation selbst und steht damit gleichnishaft für die Selbstentmannung der Intellektuellen im feudalabsolutistischen Deutschland des 18. Jahrhunderts, die eher noch Hand an sich selbst legten als an ihre Unterdrücker. Brecht fand in dieser Fabel »die früheste – und sehr scharfe zeichnung der deutschen misere«. Läuffer gehört in die lange Reihe brechtscher Helden, die nichts lernen, aber den Zuschauer eben daraus lernen lassen wollen (die Courage, Don Juan, Lukullus, Coriolan u. a.). Charakteristischerweise fand er sein Modell eines Lehr-Stücks von deutscher Geschichte nicht im sanktionierten Kulturerbe der deutschen Klassik, sondern im randständigen Sturm und Drang. Angesichts einer solchen pointierten Deutung der Historie erweist sich Brechts Hofmeister-Bearbeitung – gleiches gilt für die anderen Adaptionen – als gar nicht so gegenwartsfremd, wie es zunächst den Anschein hat. Der Autor bringt in ihr seine Skepsis gegenüber der offiziösen harmonisierenden Geschichtsauffassung zum Ausdruck und rät indirekt zu einer Wiederentdeckung und -aneignung gerade der unklassischen, unbürgerlichen, plebejischen Elemente der deutschen Geschichte. Sein Rückgang auf die Historie ist Rückzug vor den ideologischen Gegebenheiten des ›realen Sozialismus‹, aber doch auch ein Versuch, die eigene kontroverse Position, historisch argumentierend, zu behaupten.

Auch Peter Hacks (1928–2003, der 1955 aus München in die DDR übersiedelte) hat zunächst Dramen im Geiste Brechts geschrieben. Seine frühen Stücke waren allesamt historischen Stoffen gewidmet (*Die Schlacht bei Lobositz*, 1956, worin eine Episode des Ulrich-Bräker-Stoffes behandelt wurde; das gegen die Fridericus-Rex-Legende gerichtete Lustspiel *Der Müller von Sanssouci*, 1957, u. a. m.), wobei sich der Autor hier noch ganz einig wusste mit der Tendenz von Brechts Bearbeitungen: die bisher nur ›von oben‹ geschriebene Geschichte ideologiekritisch umzudeuten. Gegen Ende der 50er Jahre wandte er sich dann zeitweise aktuelleren Stoffen zu, darunter auch dem Thema Bodenreform in der Komödie *Moritz Tassow* (1961).

Mit noch größerem Recht als Hacks sah Heiner Müller (1929–1995) in Brecht seinen Lehrer. Wirkliche Erfolge waren seinen alle falsche Harmonisierung verweigernden Stücken nie beschieden. Seinem ersten bedeutenden Produktionsstück *Der Lohndrücker* (1956) lag ein authentischer historischer Vorgang aus der Zeit 1948/49 zugrunde, der bereits Eduard Claudius und Brecht (*Büsching*-Entwurf) zu literarischen Umsetzungen animiert hatte. Müller fragte danach, wie sich die Normen des neuen Systems (›Normen‹ im wörtlichen und im übertragenen Sinn) auf die Menschen auswirken. *Der Lohndrücker* ist das beste und realistischste Stück über die ersten Aufbaujahre des Sozialismus. Es hält unbestechlich fest, dass der Weg zum Sozialismus ein eminent schwieriger, die Individuen kaum je beglückender Prozess war, in den die Menschen zunächst nichts von

Bertolt Brecht

Hinwendung zur Geschichte

Peter Hacks

Heiner Müller

sich außer ihrer Arbeitskraft einbringen konnten, also gerade das ihnen am meisten Äußerliche, Abstrakte. Mit Hegel und Marx ortete Müller in der Negation das geschichtsbildende und bewegende Moment.

Es sind nicht viele Theaterstücke der Zeit bis 1961, von denen zu berichten sich lohnte, weil sie Geschichte oder doch wenigstens Literaturgeschichte gemacht hätten. Aufsehen erregte noch Peter Hacks' freches Produktionsstück *Die Sorgen und die Macht*, dessen dritte Fassung schließlich 1962 aufgeführt werden konnte. Ansonsten regierte das Mittelmaß. Eine viel gespielte witzige Komödie von Heinar Kipphardt (bis 1959 in der DDR, danach in der Bundesrepublik wohnhaft) traf bereits mit ihrem Titel die Situation aufs Beste: *Shakespeare dringend gesucht* (1952/53). Wohl nur in Heiner Müller hatte das Theater der DDR einen Nachfolger Brechts gefunden, der von ihm lernte, ohne ihn je zu kopieren.

Die Lyrik der fünfziger Jahre

Die Lyrik der Jahre 1949 bis 1961 bietet kein einheitliches Bild. Es wäre verfehlt, etwa von Produktionslyrik als Dominante des lyrischen Schaffens zu sprechen, wie es für Prosa und Theater durchaus vertretbar ist. Ein Grund für die komplexe Vielfalt im Gedicht liegt darin, dass während der 50er Jahre zwei bis drei Generationen von Lyrikern mit sehr unterschiedlichen Lebenserfahrungen nebeneinander schreiben und veröffentlichen: die vor der oder um die Jahrhundertwende Geborenen (Becher, Brecht, Fürnberg, Arendt, Huchel, Maurer u. a.), die wenigen Angehörigen einer Zwischengeneration (Kuba, Hermlin, Bobrowski u. a.) und die in den 20er Jahren Geborenen, eine in sich durchaus inhomogene Gruppe (Cibulka, Fühmann, Wiens, Deicke, Kunert, Inge und Heiner Müller u. v. a.). Doch das Generationsargument sticht nicht so ganz, ist doch in anderen Genres der gleiche Sachverhalt gegeben. Entscheidend ist wohl, dass die Lyrik, bislang beispielhaft Medium individualistischer Selbstaussprache, auch jetzt keineswegs strikt mit dieser Tradition brach, sondern weiterhin bevorzugte Literaturform subjektiv geprägter Wirklichkeitsbearbeitung blieb; weshalb denn auch politisch-ideologische Ungleichzeitigkeiten der Autoren direkter in sie eingingen als z. B. in die Prosa. Die erste Hälfte der 50er Jahre ist auch, das ist nicht zu vergessen, die Zeit *Kulthymnik* der Kulthymnik auf Stalin und Ulbricht, an der sich selbst Becher, Brecht und Hermlin beteiligten. Man versuchte, wie Günther Deicke später mit treffender Selbstkritik festgestellt hat, den »großdeutschen Volksliedton« der Nazi-Verführer von ehedem durch ›sozialistische Lieder im Volksliedton‹ zu ersetzen, was zumeist schief ging. Die Tendenz zum Idyllischen, Konfliktlosen, gepaart mit ästhetischem Dilettantismus und einer Übernahme der »neuen Mundart«, dem »Kaderwelsch« (so Brechts böses Wort), setzte sich durch.

Brechts Spätlyrik   Brechts eigene späte Lyrik unterscheidet sich beträchtlich von der des Exils und der Nachkriegszeit, die fast durchweg direkt politisch nützlich sein wollte und in – wohl begründeter – asketischer und skrupulöser Zurückhaltung gegenüber dem ganzen Reichtum menschlicher und natürlicher Wirklichkeit verharrte. In den Gedichten seiner letzten Lebensjahre tritt das Nützlichkeitskalkül immer weiter zurück, die Kategorie der Schönheit dagegen, die den Dichter 1938 noch »verlegen« gemacht hatte, spielt eine immer größere Rolle. Jetzt schreibt er kein Warngedicht mehr über Deutschland, die »bleiche Mutter« (1933), sondern wirbt für ein »gutes Deutschland«, das er in der DDR, trotz aller Vorbehalte, wachsen sieht. Ist der Zyklus *Neue Kinderlieder* (1950) noch ein Werk des Übergangs, so sind endgültig die *Buckower Elegien* – 24 im Sommer des Jahres 1953, nach dem 17. Juni, entstandene Gedichte – ein Beispiel der neuen Schreibart. Dabei handelt es sich weder, wie von dem den Entstehungsort nennenden Attribut her zu vermuten, um reine Naturgedichte aus der märkischen Landschaft (Brechts Familie bewohnte damals ein Landhaus in Buckow), noch um Elegien im traditionellen Sinne von ›Klagegedichten‹. Vielmehr reflektiert Brecht, von seinem subjektiven Standort, seinen Bedürfnissen her, die erreichten wie auch die noch nicht erreichten Veränderungen in seinem Land, besonders aktuell nach dem 17. Juni 1953 (hier findet sich auch das berühmte Gedicht »Die Lösung«).

Neben Becher, Brecht, Weinert, der schon 1953 starb, und Louis Fürnberg sowie den auch bereits genannten Huchel, Hermlin und Kuba schoben sich im Lauf der 50er Jahre vor allem zwei ältere Lyriker in den Vordergrund, die aus ganz verschiedenen Gründen erst so spät zur Geltung kamen: der zunächst stark von Rilke beeinflusste Rumäniendeutsche Georg Maurer und Erich Arendt. Arendt (1903–1984) hatte zuerst 1926 in Herwarth Waldens Zeitschrift *Der Sturm* veröffentlicht. 1933 emigriert, nahm er 1936–39 am Spanischen Bürgerkrieg teil und wanderte schließlich nach Kolumbien aus. Erst 1950 kehrte er in die DDR zurück. – Seine vor 1933 entstandenen Gedichte erinnern stark an die aufs Wesentliche verknappten, gestischen, kurzzeiligen Gedichte des Expressionisten August Stramm. Die 1951–56 vorgelegten Lyriksammlungen Arendts enthalten entweder noch im Exil entstandene Gedichte oder spiegeln doch zumindest noch die Erfahrungen aus Kolumbien, keine DDR-Wirklichkeit. Traditionslinien von Klopstock, Hölderlin, dem Expressionismus her, aber auch aus der französischen (Rimbaud), spanischen (Aleixandre) und südamerikanischen Dichtung (Neruda u.a.) laufen bei ihm zusammen. Am ehesten Paul Celan vergleichbar, erlebt Arendt, mit Bitterkeit und Trauer, offenbar zunehmend das Zerstörerische und Selbstzerstörerische an der von Menschen gemachten Geschichte und drückt diese Erfahrung in einer bis aufs Äußerste verknappten, oft bis auf Einzelworte oder isolierte Metaphern reduzierten Sprache aus, die dem ungeübten Leser hermetisch erscheinen mag. – Arendts wichtigster Gedichtband *Ägäis* (1967) entstand während einer Griechenlandreise.

Erich Arendt

Ebenfalls in die 50er Jahre gehört die Lyrik Johannes Bobrowskis (1917–1965), wenngleich sie erst ab 1960 in Buchveröffentlichungen zugänglich wurde. Auf den ersten Blick mag sie, ähnlich den Gedichten Arendts, als Fremdkörper innerhalb der ostdeutschen Literaturentwicklung erscheinen. Bobrowski stammte aus Tilsit in Ostpreußen und wuchs im nahen Königsberg, der Stadt Immanuel Kants, auf. Nach einigen Semestern Kunstgeschichtsstudium in Berlin wurde er für lange Jahre Soldat. 1945 kam er in sowjetische Gefangenschaft, war als Bergarbeiter im Donezbecken und kehrte erst 1949 nach Berlin zurück. 1952 schrieb er seine große *Pruzzische Elegie* (1955 gedruckt); 1960 erschien der Gedichtband *Sarmatische Zeit* (zuerst in der Bundesrepublik, wenig später in der DDR), 1962 *Schattenland Ströme*, 1966 der Nachlassband *Wetterzeichen*. Bobrowskis Thema stand in Lyrik wie Prosa von Anfang an unverrückbar fest: »die Deutschen und der europäische Osten«. Nach der Erfahrung von Nazismus, Juden- und Minderheitenverfolgung und Krieg will der Autor sein Gedicht gegen das Vergessen und Verschweigen richten. Bobrowskis Gedichtsprache ist unverwechselbar. Er verwendet schwierige Bilder und komplexe Wort- und Satzinversionen, folgt teilweise schwer nachvollziehbaren Assoziationen und lässt verschiedene Zeit-, Bedeutungs- und Motivebenen einander durchdringen. Sein Verfahren spiegelt die verworfenen Sedimentierungen der Geschichte in unserer Erinnerung, die mühselig

Bobrowskis Thema

Günter Kunert

forschend abgetragen werden müssen, um sie – jenseits der üblichen Routine – bewältigen zu können. Noch mehr als für Arendt oder Maurer gilt für Bobrowski, dass er bei Klopstock und Hölderlin gelernt hat. Jedoch hat er die antiken Versmaße und Strophenformen als normative hinter sich gelassen und fast durchweg in freien Rhythmen, meist ohne vorgegebene Strophenformen, geschrieben.

Die Lyriker der nach etwa 1925 geborenen Generation hatten enorme Schwierigkeiten, aus Eklektizismus und dem bloßen enthusiastischen Jasagen herauszukommen, wie vor allem die zahllosen Fest- und Feiergedichte zeigen, die Tag für Tag in den Zeitungen der DDR abgedruckt wurden. Die demgegenüber notwendige Distanz und Nüchternheit gelang vor 1961 nur einem Autor überzeugend: Günter Kunert (geb. 1939), der freilich, an Brecht, Heine, Tucholsky und Ringelnatz sowie der amerikanischen Gegenwartslyrik (Edgar Lee Masters, Carl Sandburg) geschult, selbst nie schulebildend wie z. B. Bobrowski oder Maurer wirkte. Sein Ton war, von dem ersten Bändchen 1950 (*Wegschilder und Mauerinschriften*) an, gänzlich unpontifikal und profan und doch nicht wie gewünscht, insofern er seine Gegenstände zugespitzt ironisch, satirisch und aggressiv behandelte und Widersprüche nicht versöhnte, sondern ausstellte. Schon früh deutete sich freilich die Tendenz zum »schwarzen Lehrgedicht« an (Kunert forderte es 1965), mit dem der Autor dem gängigen blauäugigen Lehrgedicht widersprach und das ihm im Lauf der Jahrzehnte immer noch schwärzer geriet.

Zwischen Affirmation und Utopie. Der Umbruch in den sechziger Jahren

Nach dem 13. August 1961: die Proklamation der ›sozialistischen Nation‹

Am 13. August 1961 ließ die Regierung der DDR eine Sperrmauer zwischen Berlin/Ost und Berlin/West errichten, die mit einem Schlag die bislang halbwegs offene Grenze zwischen den beiden Teilen der Stadt beseitigte und im Lauf der Jahre den zweifelhaften Nimbus erwarb, eine der bestgesicherten Grenzen der Welt zu sein.

Kultur und Literatur der 60er Jahre haben mehr mit dem Faktum der Grenzschließung zu tun, als es auf den ersten Blick scheint. Durch die vollzogene ›Einmauerung‹ wurde das Augenmerk aller DDR-Bürger – auch der Schriftsteller – notgedrungen stärker auf ihre eigenen konkreten Lebensumstände und -verhältnisse gelenkt. Ein Abschweifen des Denkens und Vorstellens nach draußen wurde zwecklos, jedermann war gezwungen, sich mit den Alltagsproblemen an Ort und Stelle auseinander zu setzen. Das konnte gerade in der Literatur nicht zu einem weniger kritischen Verhältnis des DDR-Bewohners zu seinem Land beitragen, im Gegenteil. Wo die offiziöse Politik verkündete, es gäbe nur noch »Auseinandersetzungen zwischen gut und besser«, fanden sensible Autoren heraus, dass es Epochenwidersprüche von »zäherem, mächtigerem Gang« gebe, »als daß sie sich mit einem Schritt überholen ließen« (V. Braun). So ist die DDR-Literatur der 60er Jahre geprägt von einem Anwachsen kritischer Tendenzen, oder genauer: Der Fundus aller geschriebenen Texte ist davon geprägt. Denn immer häufiger wurden Manuskripte nicht gedruckt, Theaterstücke nicht aufgeführt. Und je

Wem gehört der Mensch? – Dramatische Flucht einer alten Frau, Ende September 1961 mehr die DDR-Literatur im Gefolge des 13. August 1961 ihr eigenes Land als Ort der Literatur annahm und die Bundesrepublik seltener Schauplatz literarischer Vorgänge wurde, desto häufiger wurden DDR-Texte nicht in der DDR, sondern nur in der Bundesrepublik gedruckt (z. B. Bieler, Biermann, Kunze, Heym, H. Müller). Jenes bis 1989 geltende gespaltene Literatendasein begann, dass ein Autor über das eine Land schrieb – aber nur in dem anderen Land (der Bundesrepublik) veröffentlichen durfte und (fast) nur dort gelesen wurde.

Mit dem 13. August 1961 ist auch das Signal für die Absage an eine einheitliche deutsche Kultur gegeben. So stellte Alexander Abusch, mittlerweile drei Jahre Kulturminister, im Dezember 1961 apodiktisch fest: »Gehen wir davon aus, dass unser Arbeiter- und Bauernstaat der einzige rechtmäßige und humanistische deutsche Staat, die deutsche Republik des Friedens und des Sozialismus ist, dann darf man auch nicht mehr verschwommen und verwaschen von der deutschen Kultur im allgemeinen sprechen; eine solche deutsche einheitliche Kultur kann in beiden deutschen Staaten mit entgegengesetzter Entwicklung gegenwärtig nicht existieren.« Sprach Abusch noch allgemein von der DDR-Kultur als »humanistischer Kultur«, so hieß es in den nächsten Jahren deutlicher und nunmehr regelmäßig: »sozialistische deutsche Nationalkultur«. Damit war erstmals auch der Nationbegriff in einer Weise mit Beschlag belegt, die der Tendenz nach alles, was sich kulturell auf dem Territorium der Bundesrepublik tat, ausschloss.

Zwei deutsche Kulturen?

Das Jahr 1965 brachte einen Höhepunkt der Kampagne gegen literarische und intellektuelle Tendenzen, die das System des realen Sozialismus grundsätzlich in Zweifel zogen. Auf dem 11. Plenum des ZK der SED im Dezember 1965 wurde ein Scherbengericht über alle »modernistischen«, »skeptizistischen«, »anarchistischen«, »nihilistischen«, »liberalistischen« und »pornographischen« Strömungen in der DDR-Gegenwartsliteratur wie übrigens auch im Film abgehalten, womit insbesondere die Autoren Wolf Biermann, Manfred Bieler, Werner Bräunig, Peter Hacks, Günter Kunert, Heiner Müller und Stefan Heym sowie der Naturwissenschaftler und Philosoph Robert Havemann gemeint waren.

Die Jahre 1965 bis 1971 sind insgesamt von Verhärtung geprägt. Nachdem die Zeitschrift *Sinn und Form* schon seit 1962 keine Westautoren mehr druckte, erschienen seit 1966 auch in der *Neuen Deutschen Literatur*, die bis dahin u. a. Walser, Weiss und Böll vorgestellt hatte, keine westlichen Texte mehr; Zeichen der verstärkten Abgrenzung und Abschließung einer DDR-Kultur, die sich selbst genug sein sollte. Nach einer im Sommer 1966 in der FDJ-Zeitschrift *Forum* geführten spannenden Debatte um Sinn und Funktion der Lyrik »in diesem besseren Land« (dies der Titel einer anstößigen Lyrikanthologie, herausgegeben von A. Endler und K. Mickel) brachten vor allem die Vorgänge in der ČSSR im August 1968 neuen Zündstoff. Das 9. Plenum des ZK der SED warnte nachdrücklich vor dortigen künstlerischen Tendenzen des »Modernismus«, die als Wegbereiter der »konterrevolutionären Entwicklung« gebrandmarkt wurden. In den gleichen Kontext gehört auch die Berührungsangst gegenüber der Neuen Linken in den westlichen Ländern, insbesondere in der Bundesrepublik.

Schutzumschlag

Das Neue Ökonomische System von 1963 und die Literatur

Auf dem VI. Parteitag der SED 1963 wurde eine weit reichende Kursänderung der Wirtschaftspolitik beschlossen, die den Namen »Neues Ökonomisches System (der Planung und Leitung)«, kurz NÖS oder NÖSPL, erhielt. Hauptziel des NÖS

Rationalisierung und Steigerung der Effektivität

war eine Modernisierung und Rationalisierung des Wirtschaftssystems zum Zweck einer Effektivierung der Volkswirtschaft. Auf der Grundlage eines wissenschaftlich fundierten Systems der Steuerung und Leitung (Operationsforschung, Netzwerkplanung u. a. m.) sollte eine qualitativ neue Stufe technisch-ökonomischer Effizienz und Produktivitätssteigerung erreicht werden. Die an der Leitung des Wirtschaftsprozesses Beteiligten (Techniker, Wissenschaftler, Ökonomen) wurden unter das Gebot permanenter Weiterqualifizierung gestellt, weil davon ausgegangen wurde, dass der Beitrag der Planer und Leiter entscheidend für das Fortschreiten der Arbeitsproduktivität sei.

»sozialistische Menschengemeinschaft«

Vom Jahr 1967 an sprach die SED statt vom NÖS nunmehr vom »Entwickelten gesellschaftlichen System des Sozialismus« (ESS). Damit wurde behauptet, dass die DDR-Gesellschaft nicht mehr nur versuche, den Sozialismus aufzubauen, sondern dass sie ihn bereits verwirklicht habe. Walter Ulbricht prägte den Euphemismus von der »sozialistischen Menschengemeinschaft« (der 1968 in der Verfassung festgeschrieben wurde), Erich Honecker sprach später nüchterner vom ›real existierenden Sozialismus‹. Er wurde nun nicht mehr als rasch zu durchschreitende Übergangsphase in der Entwicklung der menschlichen Geschichte dargestellt, sondern als »relativ eigenständige sozioökonomische Formation in der historischen Epoche des Übergangs vom Kapitalismus zum Kommunismus im Weltmaßstab«. Die seit 1963 im Rahmen des NÖS getroffenen Maßnahmen demonstrieren die starke Faszination führender Staats-, Wirtschafts- und Wissenschaftskreise durch die neuen (zuerst in westlich-kapitalistischen Ländern entwickelten) Möglichkeiten der wissenschaftlich-technischen Revolution (abgekürzt WTR) und das daraus erwachsende Bestreben, den real existierenden Sozialismus systematisch zu verwissenschaftlichen, ja gleichsam zu technologisieren. Die in westlichen Ländern bereits früh in Rechnung gestellte Möglichkeit einer Dialektik der Aufklärung, eines Umschlagens von menschenfreundlicher Rationalität in einen den Menschen instrumentalisierenden Absolutismus der Ratio wurde nicht als Gefahr erkannt. Zeit (als ökonomische Funktion der Effizienz), Leistung, Plan, Leitung wurden zu fetischisierten Leitbegriffen eines nur auf ökonomische Effizienz bedachten Sozialismus, der den schon vorher geltenden Primat der Produktivkraftentwicklung verfestigte und auf eine neue Stufe hob. Die Ironie der Geschichte liegt freilich darin, dass es die DDR trotz NÖS und WTR nie zu einer wirklichen Modernisierung von Wirtschaft und Gesellschaft gebracht hat, sondern nur zu einer schlechten, deformierten Kopie der westlichen Moderne mit einem Vielfachen an Folgeschäden für Mensch und Umwelt.

Die Literatur erfährt gegenüber den vorhergehenden Jahren eine noch stärkere Instrumentalisierung, ja regelrechte Ökonomisierung. Ziel ist das ›ökonomische‹ Kunstwerk, d. h. ein solches, dessen bewusstseinsbildende Leitung in einem adäquaten Verhältnis zu den aufgewandten Mitteln steht. Der Schriftsteller soll nicht nur »sozialistische Persönlichkeiten« im Kontext der »sozialistischen Menschengemeinschaft« darstellen, sondern – selbst eine Funktion der ökonomischen Hebeltheorie – vorzüglich Planer und Leiter, die den generellen Prozess der Produktivitätssteigerung beispielhaft voranbringen. Dass im NÖS eine gefährliche Fetischisierung von Rationalismus und Technik angelegt sein könnte, erkannten zunächst nur wenige Schriftsteller. So stand Günter Kunert 1966 noch ziemlich allein, als er vor der »Versachlichung« des Menschen im Sozialismus warnte und auf die Gefahren forcierter Wissenschafts- und Technikgläubigkeit hinwies: »Am Anfang des technischen Zeitalters steht Auschwitz, steht Hiroshima, die ich nur in bezug auf gesellschaftlich organisiert verwendete Technik hier in einem Atem-

Günter Kunert

zug nenne. Ich glaube, nur noch große Naivität setzt Technik mit gesellschaftlich-humanitärem Fortschreiten gleich.« Wenige Jahre später trat diese Skepsis bereits aus einer ganzen Reihe von Texten hervor, wofür vor allem Christa Wolfs Roman *Nachdenken über Christa T.* (1969) und Kunerts Gedichtbände einstehen.

Selbstbewusste DDR-Bilanz und Rehabilitierung des Ich in der Prosa

Auch in der Prosa der 60er Jahre spielt der Vergangenheitsstoff – Deutschland unter dem Nazismus – noch eine wichtige Rolle, bis hin zu drei Autoren der jungen Generation vom Jahrgang 1937 (Jurek Becker, Klaus Schlesinger, Helga Schütz). Ein Spektrum von Erzählsammlungen (Franz Fühmann: *Das Judenauto*, 1962; Anna Seghers: *Die Kraft der Schwachen*, 1965; Fred Wander: *Der siebente Brunnen*, 1971) und Romanen (Noll, Bobrowski, Becker und wiederum Fühmann: *König Ödipus*, 1966) ist hier zu verzeichnen. Lebhafte Diskussionen löste das Erscheinen des zweibändigen Romans *Die Abenteuer des Werner Holt* (1960/63) von Dieter Noll« \i aus. Das Werk stellt den Versuch dar, das alte Gefäß des autobiographisch geprägten bürgerlichen Entwicklungsromans gesellschaftlich verbindlich, antifaschistisch zu füllen. Der Autor lässt seinen Helden alle Schrecken des Kriegs und des nazistischen Terrors mit eigenen Augen erleben, bei Kriegsende zum orientierungslosen Heimkehrer werden und nach Lebenssinn und Selbstverwirklichung suchen. Doch Noll, der vor allem auf krass naturalistische Darstellungsmittel zurückgreift, bleibt in der literarischen Konvention stecken.

Die bedeutendste Prosa der 60er Jahre zum Vergangenheitsstoff stammt von Johannes Bobrowski. Wie in der Lyrik hat der Autor auch als Prosaist hartnäckig nur sein eines Thema, »die Deutschen und der europäische Osten«, umkreist. Auf den ersten Blick mag Bobrowskis Prosa altmodisch, umständlich, naiv erscheinen. Doch dieser erste Blick trügt. Bobrowski hat eine so souveräne, Trauer, Vergnügen und Erkenntnis zugleich stiftende Schreibweise gefunden, dass seine Texte trotz ihrer thematischen Beschränktheit alles andere als provinziell sind. Davon zeugen die Erzählungsbände *Boehlendorff und Mäusefest* (1965) und *Der Mahner* (postum 1967) ebenso wie die Romane en miniature *Levins Mühle* (1964) und *Litauische Claviere* (postum 1966). Bobrowskis meistgerühmter Prosatext ist der Roman *Levins Mühle. 34 Sätze über meinen Großvater* (1964). Wie in seinen anderen Prosaarbeiten mutet das Sujet zunächst antiquarisch, geographisch beengt und nicht gerade ›weltbewegend‹ an. Der Roman spielt in einem Weichseldorf im ehemaligen Westpreußen in den frühen 1870er Jahren und handelt von einem Rechtsfall, ist eine Kriminalgeschichte und damit in bewährter literarischer Tradition (man denke an Kleists *Kohlhaas* und *Der zerbrochene Krug*). Des Erzählers deutscher Großvater, ein Mühlenbesitzer, vernichtet – so die Fabel – einem zugewanderten armen Juden durch kriminelle Machenschaften die Existenzgrundlage, und obwohl die ›kleinen Leute‹ die Wahrheit ans Licht bringen, wird dem Juden kein Recht zuteil, der Übeltäter bleibt unbelehrbar. Bobrowskis große Kunst ist es, durch die Miniatur, die Darstellung der Verhältnisse im Kleinen und Alltäglichen, auch die Verfehltheit der gesellschaftlichen Struktur im Großen, eben einer Gesellschaft von Herren und Knechten, sichtbar zu machen. Dabei will er nicht verurteilen, Schuld zusprechen; nicht »deutsch reden«, sondern »lieber schon friedlich«. Dies geschieht nicht in wenigen markigen Hauptsätzen,

Johannes Bobrowski

sondern in einer Fülle von verzögernden, bedenklichen, nachfragenden Nebensätzen. Der Erzähler mischt sich immer wieder in die Fabel ein, unterbricht sie und sich, redet mit dem Leser und den Figuren seiner Geschichte und bewältigt auf diese Weise souverän die Schwierigkeit, seinen umstrittenen, durchaus ›politischen‹ Stoff gerecht zu erzählen.

Erst dem gegenüber Bobrowski zwanzig Jahre jüngeren Jurek Becker (1937–1997) gelang mit *Jakob der Lügner* (1968) ein Prosawerk über den Vergangenheitsstoff von vergleichbarer Eindringlichkeit und künstlerischer Souveränität, diesmal über die nazistische Schreckenszeit selbst. Becker war im Ghetto aufgewachsen und hatte einen Teil seiner Kindheit in den KZs Ravensbrück und Sachsenhausen verbracht. Sein erster Roman *Jakob der Lügner* ist stark von eigenen Erlebnissen geprägt. Im Zentrum steht die Gestalt des jüdischen Eismanns und Kartoffelpufferbäckers Jakob Heym, der aus Menschlichkeit lügt. Nachdem Jakob im von den deutschen Faschisten besetzten Ghetto einmal die Nachricht verbreitet hat, die Rote Armee sei im Vormarsch begriffen und werde die Stadt bald befreien, muss er immer neue positive Nachrichten erfinden, als deren Quelle er ein Radio angibt, das gar nicht existiert. Jakob weckt Mut, Lebenswillen, Hoffnung – ohne sie jedoch letztlich einlösen zu können. Am Ende steht die Fahrt ins Todeslager, von der der Erzähler als ein Überlebender berichtet: heiter, ironisch, witzig, Distanz schaffend und Pathos unterdrückend, psychologisch genau und ohne falsche Heroisierung.

Jurek Becker

Literatur des Anwesendseins

Wesentliches Kennzeichen der Prosa der 60er Jahre ist jedoch nicht mehr der Vergangenheitsstoff, vielmehr dominiert jetzt ›DDR-Literatur‹ im ganz wörtlichen Sinn. Vorbei war die »Abschieds-« und bald auch die ›Ankunftsliteratur‹, an ihre Stelle trat eine Literatur des Anwesendseins, deren Kern die jeweilige Autorerfahrung des Hier und Jetzt der unmittelbaren DDR-Gegenwart war. Das bedeutete keine Verarmung der Literatur, vielmehr entstand gerade gegen Ende der 60er Jahre hin eine Vielfalt der Sujets und Schreibweisen, analog zu dem Ernst und der Hartnäckigkeit, mit der sich relativ viele Autoren auf die Probleme ihres Landes einließen. Dieses Sich-Einlassen führte zunehmend dazu, dass die idealistische Programmatik der Ankunftsliteratur – die Vorstellung von der immer gelingenden Ankunft im ›realen Sozialismus‹ – durchbrochen wurde und die literarischen Beispiele des Nicht-Ankommens der Helden sich häuften – oder unter ›Ankunft‹ etwas ganz anderes verstanden wurde: nämlich das Zu-sich-selbstkommen, die Selbstverwirklichung eines Individuums über eine Integration in die Gesellschaft hinaus. Kehrseite einer Literatur, der die Belange des Individuums immer wichtiger wurden, war eine kaum verhüllte Absage an die Konzeption des Bitterfelder Wegs von 1959. Die einstige Forderung nach Aufhebung der Trennung von Hand- und Kopfarbeit schien jetzt eher peinlich.

Keine Fortsetzung der Produktionsliteratur

Generell standen die Prosaautoren der 60er Jahre vor dem Problem, dass sie die Produktionsliteratur der 50er Jahre weder fortsetzen konnten noch wollten, bot doch diese Literatur zu wenig Nachahmenswertes. Sie wirkte gestellt, stilisiert, scheinhaft, und die immer gleiche – positive – Entscheidung für den Sozialismus mutete langweilig oder gewaltsam an. Sicherlich gab es eine große Anzahl von Büchern, in deren Zentrum die ›sozialistische‹ Arbeit stand. Aber wenn einmal ein Autor, wie Werner Bräunig, einen Prosatext veröffentlichte, der jenseits der optimistischen Klischees und Heldenstilisierung die rohe Arbeits- und Alltagswirklichkeit auch noch im Sozialismus schilderte (so in seinem 1965 in der *Neuen Deutschen Literatur* vorabgedruckten Romankapitel *Rummelplatz*, das im Uranbergbaugebiet des Westerzgebirges, dem ›Wilden Westen‹ der DDR, angesiedelt war), folgten Disziplinierung und Verbot. Das kulturpolitische Klima der 60er Jahre war nicht dazu angetan, Autoren schwächerer Begabung und geringerer Durchsetzungskraft zu ermutigen und die Gestaltung literarischer Figuren zu befördern, die gerade keine »generationslosen Einheitsmenschen« (C. Wolf) waren.

So sind es Autoren, die entweder aufgrund ihrer Begabung oder ihrer Durchsetzungskraft und auch geschickt gewählter Sujets der Prosaentwicklung der 60er Jahre Kontur, Farbe und vor allem Realismus auch im Gegenwartsstoff zurückgegeben haben: Christa Wolf, Günter de Bruyn, Fritz Rudolf Fries (der freilich nicht gedruckt wurde) sowie, mit starken Abstrichen, Hermann Kant, Erik Neutsch und Erwin Strittmatter. In den zwischen 1963 und 1968 erschienenen Romanen dieser Autoren ist grundierendes Thema das Verhältnis des Einzelnen zur (sozialistischen) Gesellschaft, der Konflikt zwischen individuellen und gesellschaftlichen Erwartungen und deren Lösungsmöglichkeiten. Die Glücksansprüche des Individuums werden entschieden ernster genommen als in der Literatur der 50er Jahre, die literarischen Helden weit mehr psychologisch differenziert und individualisiert. Diese Literatur mahnt an, dass im Sozialismus nicht nur die Gesellschaft etwas vom Einzelnen verlangen dürfe, sondern umgekehrt auch der Einzelne von der Gesellschaft. Widersprüche, die auftreten, werden nicht durchweg in Harmonie aufgelöst: Am Ende kann auch die bleibende Dissonanz, ein Scheitern oder eben Nicht-Ankommen im Sozialismus stehen.

Erwin Strittmatter (1912–1994) galt in der DDR als Meister einer neuartigen Dorf- und Bauernprosa, deren zentrales Thema die Umwälzung der Produktionsverhältnisse auf dem Lande ist. Schon seine früheren Werke – der Roman *Ochsenkutscher* (1950), das Theaterstück *Katzgraben* (1953), die Kindergeschichte *Tinko* (1954) und der sozialistische Schelmenroman *Der Wundertäter* (Bd. 1, 1957) – gehörten zu den bemerkenswerteren Neuerscheinungen. Sein wichtigstes Buch ist der 1963 erschienene Roman *Ole Bienkopp*. In ihm geht es, angesiedelt in der Umbruchsphase der bäuerlichen Kollektivierung 1952 bis 1959, um den Gegensatz zwischen dem vorwärtsdrängenden »Wegsucher« und »Spurmacher« Ole Bienkopp, der eine »Neue Bauerngemeinschaft« (die LPG) gründen will, und den Menschen auf dem Dorf, die ›noch nicht so weit sind‹. Am Ende stirbt Bienkopp, der »Beackerer der Zukunft«, der »zähe Träumer«, der sich im Versuch, die Utopie ins Werk zu setzen, verbraucht hat. Kein Wunder, dass sich die Zeitungen der DDR über Monate hin mit dem Roman beschäftigten und es Mühe kostete, das gewaltsame Ende des Helden plausibel zu machen.

Ist Strittmatters *Bienkopp* der Bauernroman der DDR-Literatur überhaupt, so lässt sich Erik Neutschs Roman *Spur der Steine* (1964) als der signifikanteste DDR-Roman über die neue Produktion im industriellen Bereich bezeichnen. Es ist ein Buch, das in epischer Breite von Leben und Arbeit auf einer der Großbaustellen der DDR erzählt und gleichzeitig das NÖS-Literaturprogramm in die Tat umsetzt, indem in seinem Zentrum Planer- und Leiterfiguren stehen. Eigentlicher Held ist freilich der Zimmermannsbrigadier Harmes Balla – »König der Baustelle«, Einzelkämpfer, Glückssucher auf eigene Faust, der zwar nicht gegen den Sozialismus ist, aber durchaus nicht gerade selbstlos seine hohen Arbeitsleistungen erbringt. *Spur der Steine* wurde zur Vorlage für Heiner Müllers wichtiges Stück *Der Bau* (1965).

In den Romanen von Strittmatter und Neutsch ist die erzählte Zeit nahezu identisch mit der Zeit des Erzählers, d. h. es handelt sich um Gegenwartsromane im engen Sinne. Anders Hermann Kants (geb. 1926) viel gelesener und viel diskutierter Roman *Die Aula* (Vorabdruck 1964 in der Zeitschrift *Forum*, 1965 als

Einzelner und Gesellschaft

Erwin Strittmatter

Schutzumschlag

Bilanz bisheriger DDR-Geschichte

Hermann Kant

Schutzumschlag

Christa Wolf

Buch), für den die DDR bereits ein auch geschichtliches Thema ist, das es zu bilanzieren gilt. Das Buch hat eigentlich keine individuellen Helden mehr, sondern setzt ein Kollektiv oder eine gesellschaftliche Institution an deren Stelle. Es geht um die in der Aufbauphase der DDR eingerichteten Arbeiter- und Bauernfakultäten (ABF), an denen junge Arbeiter zur Universitätsreife geführt wurden, um später einmal die neuen Führungskräfte ihres Landes zu stellen. Erzählanlass ist die Aufforderung an den ehemaligen ABF-Studenten und jetzigen (d. h. 1962) Journalisten Robert Iswall, anlässlich der Schließung seiner alten ABF eine feierliche Rede zu halten. Die Rede wird nie gehalten, statt ihrer kommt der Roman zustande, der unter dem heineschen Motto steht: »Der heutige Tag ist ein Resultat des gestrigen. Was dieser gewollt hat, müssen wir erforschen, wenn wir zu wissen wünschen, was jener will.« Der Autor setzt die in dem Motto liegende Aufforderung literarisch ins Werk, indem er ein üppiges Geflecht aus Episoden, Anekdoten, Assoziationen und Reflexionen aus dem und über das Heldenzeitalter der DDR ausbreitet, womit er »Geschichtsbewußtsein […] wecken und wachhalten will«. Anhand der Lebensläufe des ABF-Kollektivs »Roter Oktober« soll gezeigt werden, dass die Arbeiterklasse zur gebildeten wie zur herrschenden Klasse geworden ist. Und so steht *Die Aula* (wie schon ihr Titel, der ja die proletarische Enteignung des bürgerlichen Bildungssymbols signalisiert) für die politische Grundsatzentscheidung und Entwicklung des Landes DDR, ist – vom Sujet her – *der* DDR-Roman schlechthin.

Kants Roman zeichnet sich durch den routinierten Gebrauch moderner Erzählmittel aus. Zeitenschichtung, Rückblenden, Perspektivenwechsel, innerer Monolog, ironische Brechung – dies und anderes mehr steht dem Erzähler mühelos zu Gebote und gibt dem Roman – in starkem Kontrast zu seinem Inhalt – formal einen geradezu westlichen Anstrich. Doch Kant, der kluge Arrangeur, schreibt zwar gescheit – auch glatt, souverän – aber routiniert: realsozialistischer Realismus, der letztlich keine Tabus aufbricht. Die so autoritären wie patriarchalischen Strukturen der DDR mit ihren fatalen Folgen für die Menschen werden an keiner Stelle tief greifend kritisiert. Dies gilt auch für seinen zweiten – dem ersten im Stil frappierend ähnlichen – Roman *Das Impressum* (1972), die Geschichte einer DDR-Karriere bis hin zum Ministersessel. Ein weiteres Mal rauht Kant die Widersprüche schick auf, um sie anschließend wieder umso zuverlässiger zu glätten. Wiederum pflegt er einen cleveren, intellektuell ansprechenden und dennoch leicht konsumierbaren Erzählstil.

Auch das Debüt von Christa Wolf (geb. 1929) fällt in die frühen 60er Jahre. Kein anderer DDR-Schriftsteller hat so stark aus der individuellen Erfahrung, »subjektiv authentisch« geschrieben und bekannt, dass ihm die Realität nicht mehr etwas Selbstverständliches, ohne Umschweife Darstellbares ist – und dennoch gleichzeitig ein so hohes Maß an Prägnanz in seinen Aussagen über die DDR-Gesellschaft erreicht wie Christa Wolf. Ihre Prosawerke entziehen sich auch bisher verwendeten vergröbernden Etiketten wie ›Agroroman‹, ›Produktionsroman‹ oder ›ABF-Roman‹, weil sie vom eigenen Anspruch her wie in dessen Realisierung entschieden komplexer sind. Vor allem in den seit 1967 veröffentlichten Texten von Christa Wolf gelangt das große Thema des Verhältnisses von Individuum und Gesellschaft auf ein neues Niveau. Die 1929 in Landsberg/Warthe geborene Autorin gehört zu jener Generation, die Nationalsozialismus und Krieg nur halbbewusst miterlebt hat und – so schien es zumindest – ungebrochen den Aufbau des Sozialismus in Angriff nehmen konnte. Nach dem Germanistik-Studium war sie zunächst Verlagslektorin und Redakteurin der *Neuen Deutschen Literatur*.

1961 veröffentlichte sie ihr erstes Buch *Moskauer Novelle*, das sie später selbst als doktrinär verwarf. Ihr zweites Prosawerk *Der geteilte Himmel*, 1963 als Buch erschienen, erregte sofort enormes Aufsehen. Binnen einem Jahr war das Buch in 160 000 Exemplaren gedruckt; es wurde in mehrere Sprachen übersetzt und 1964 von Christa Wolfs Namensvetter, dem Friedrich Wolf-Sohn Konrad Wolf, erfolgreich verfilmt. Mit einem Schlag war die Autorin berühmt. In dem kleinen Roman geht es um die Liebesgeschichte zwischen einem 19jährigen Mädchen vom Lande, Rita Seidel, und einem Chemiker namens Manfred Herrfurth. Rita folgt dem Freund in die Großstadt Halle/Saale, wo sie Pädagogik studiert, absolviert ein Praktikum in der Brigade eines Waggonwerks und verliert Manfred schließlich, der nach dem 13. August 1961 (die Handlung ist in den beiden Jahren davor angesiedelt) in West-Berlin bleibt. Sie besucht Manfred noch einmal, entscheidet sich jedoch gegen das westliche Gesellschaftssystem und damit auch gegen Manfred. Erzählt wird diese Geschichte aus der Perspektive Ritas, die im Herbst 1961 nach einem Selbstmordversuch ihr Leben neu zu ordnen versucht. – Vordergründig, und dies scheint ja auch der Titel zu signalisieren, geht es um eine Geschichte über Mauerbau und geteiltes Deutschland. Aber ihr »Grundthema« sei eigentlich, so die Autorin, »nicht die Teilung Deutschlands« gewesen, »sondern die Frage: Wie kommt es, daß Menschen auseinandergehen müssen?« Christa Wolfs Interesse gilt den Möglichkeiten des Einzelnen, sich in der DDR-Gesellschaft selbst zu finden und zu verwirklichen – und den Hindernissen, die in der Gesellschaft dagegen aufgerichtet sind. Folgerichtig geriet das Buch in der DDR ins Kreuzfeuer. Zwar war das Thema Republikflucht schon von Anna Seghers (*Die Entscheidung*) und Brigitte Reimann (*Die Geschwister*) behandelt worden, nicht jedoch in jener unorthodoxen Weise wie bei Christa Wolf, die es noch mit einem (in der DDR) Un-Thema wie dem Selbstmordversuch der positiven Heldin kombinierte.

Christa Wolf

Christa Wolfs Werk ist, über sich selbst hinaus, von besonderer literaturgeschichtlicher Relevanz, insofern es Zeichen gesetzt, Bewegung ermutigt hat und neue Tendenzen am deutlichsten markiert. Dies gilt thematisch, aber auch für die Erzählweise und die poetologische Reflexion darüber. Ihre 1967 erschienene Erzählung *Juninachmittag* und *Nachdenken über Christa* T. sind erste Beispiele einer Abkehr vom Konzept des auktorialen, olympischen, allwissenden Erzählers – ohne dass Christa Wolf das Recht des Erzählers auf Einmischung, Kommentar, Reflexion je preisgegeben hätte. Der »Tod der Literatur« und die »Exekution des Erzählers« (Kurt Batt über die Literatur der Bundesrepublik) ist ihre Sache nicht. Ihr geht es umgekehrt gerade um die Verwirklichung der »subjektiven Authentizität« als der vierten, eigentlich realen Dimension des Kunstwerks. Vor allem der Essay *Lesen und Schreiben* (1968) demonstriert ihre literaturtheoretische Arbeit.

Was ist der Mensch?

1969 erschien Christa Wolfs Roman *Nachdenken über Christa T.*, und damit wiederum ein Buch, das Aufsehen erregte. Das Buch stellt die Frage nach der spezifischen historischen Form von Individualität, die die neue Produktions- und Lebensweise in der DDR hat entstehen lassen. Erzählanlass war der frühe Tod eines Menschen, der Freundin Christa T., die der Autorerzählerin nahe stand und über die sie nun, nach deren Tod, nachdenkt. Trauer-Arbeit also ist der Inhalt des Buches, weniger aber im Sinne einer Elegie, eines hilflosen Klagegesangs, sondern vielmehr Lernen, In-Gang-Setzen von Erkenntnis über einen sehr bewusst und im besten Sinne anspruchsvoll lebenden Menschen und die Gesellschaft, in der sich dieses individuelle Leben vollzog. Christa T., Schulkameradin und Mitstudentin der Erzählerin, später Frau eines Tierarztes auf dem Lande und Mutter

»Nachdenken über Christa T.«

zweier Kinder, die schließlich mit 36 Jahren an Leukämie stirbt: Das ist die eher banale Biographie, die sich freilich darin nicht erschöpft, sondern auch der Lebenslauf einer Frau ist, die, in der Absicht der Übereinstimmung mit der sie umgebenden Gesellschaft, voller Ungeduld, Wahrheitshunger und Vollkommenheitsanspruch eine neue Identität entwickeln will – und Schritt für Schritt entdecken muss, dass die existierende Gesellschaft auf ein solches Individuum keinen Wert legt, sondern wohl angepasste, ›lebenstüchtige‹, schräubchengleich funktionierende und phantasielose »Tatsachenmenschen«, »Hopp-Hopp-Menschen« benötigt. So macht Christa Wolf unter der Hand mit ihrer Trauerarbeit einer Gesellschaftsordnung den Prozess, die sich die allseitige Entfaltung des Menschen auf die Fahnen geschrieben hat, in der die Menschen jedoch täglich-alltäglich zu Vehikeln einer abstrakten Produktivkraftsteigerung und ›Systementfaltung‹ gemacht werden, in der die wissenschaftlich-technische Revolution zum Fetisch geworden und das sich selbst bestimmende Individuum auf der Strecke geblieben ist. Erzählt ist dies alles in einer komplizierten, jedoch nie modisch anmutenden Darstellungsweise, die Rückblenden, Vorgriffe, Träume, Reflexionen u. a. m. dem Erzählinteresse des mehrdeutigen Nach-Denkens entsprechend auf- und ineinander schichtet.

Wie soll man leben?

Ähnlich Christa Wolf, wenn auch zumeist mit geringerer Radikalität, stellte seit Mitte der 60er Jahre eine Reihe neuer, jüngerer Autoren die Frage: Wie soll man leben? Unter welchen Bedingungen entwickelt sich der Mensch als moralisches Wesen? – Damit war eine ethische, auf der subjektiven Ebene angesiedelte Problematik zum Zentrum der Literatur geworden, die den mittlerweile weiten Abstand von der Programmatik des Bitterfelder Wegs und der proletarisch-revolutionären Literaturtradition deutlich hervortreten lässt. Hierher gehören von der Thematik, ästhetischen Qualität und ideologischen Stringenz her so unterschiedliche Autoren wie Karl-Heinz Jakobs (*Beschreibung eines Sommers*, 1961; *Eine Pyramide für mich*, 1971), Alfred Wellm (*Pause für Wanzka*, 1968), Werner Heiduczek (*Abschied von den Engeln*, 1968; *Marc Aurel oder ein Semester Zärtlichkeit*, 1971) und Irmtraud Morgner (*Hochzeit in Konstantinopel*, 1968). Sie behandeln Liebesbeziehungen und andere intersubjektive Verhältnisse, Fragen der Erziehung, der Identitätsfindung, der Hemmnisse oder Triebkräfte menschlicher Selbstverwirklichung, des angepassten oder unangepassten Lebens in der gegebenen Gesellschaft.

Die wichtigsten Beiträge zu dieser neuen literarischen Tendenz stammen von Günter de Bruyn (geb. 1926). Sein 1961 erschienener Roman *Hohlweg*, der die unterschiedliche Entwicklung zweier Freunde von den letzten Kriegstagen in die ersten Nachkriegsjahre hinein schildert, hatte noch all die Kinderkrankheiten eines Erstlings unter dem Primat des sozialistischen Realismus. 1968 erschien dann der »Liebes-, Frauen-, Ehe-, Moral-, Bibliothekars-, Sitten-, Gegenwarts-, Gesellschafts- und Berlinroman« *Buridans Esel*, der unter Verwendung der gängigen Dreiecksgeschichte eine brillante Demaskierung all der Anpassungsmechanismen, Lügen und Inkonsequenzen vornahm, die sich in der DDR-Gesellschaft breit gemacht hatten. Der arrivierte Bibliotheksdirektor Karl Erp, »Meister der Selbstrechtfertigung«, und sein männliches Selbstbewusstsein sind den Umwälzungen nicht gewachsen, die erforderlich wären, um seiner Liebe zur emanzipierten, klugen Kollegin »Fräulein Broder« Bestand zu geben. Feige kehrt er in die scheinbare Familienidylle zurück; eine ›Entscheidung‹, die von de Bruyn gerade nicht als Triumph sozialistischer Moral ausgegeben wird, sondern als das ganze Gegenteil davon. Das wird in einer an Jean Paul und

Günter de Bruyn

Fontane geschulten, psychologisch genauen, detailfreudigen und höchst amüsanten Erzählweise geschildert, die in de Bruyns drittem Roman *Preisverleihung* (1972) wiederkehrt.

In dem Maß, wie die kritischen Prosaautoren der 60er Jahre sich nicht mehr krampfhaft am ideologischen Geländer festhalten, in dem Maß befreien sie sich auch von den Dogmen einer im Jahrzehnt zuvor sakrosankten außengelenkten Ästhetik. So, wie es Bobrowski virtuos vorgemacht und Christa Wolf auf ihre ganz eigene Weise fortgesetzt hatte, bedienen sich jetzt immer mehr Autoren moderner Erzähltechniken: Rückblende, Zeitenschichtung, innerer Monolog und Bewusstseinsstrom, Einführung einer Erzählerfigur, ironische Brechung und Wechsel der Erzählperspektive – all diese Mittel der Subjektivierung, Differenzierung und Perspektivierung des bislang statisch als ›objektiv‹ gesetzten Erzählinhalts werden so geläufig, dass Max Walter Schulz 1964 davor warnen zu müssen glaubte, »die Totalitätsforderung an den Roman« preiszugeben und zu suggerieren, dass die Welt »nur auf verschiedene Weise poetisch interpretiert« werden könne. Bei einem Autor ging die »verhohlene Aneignung« (H. Küntzel) der modernen Erzählmittel so weit, dass sein erster Roman erst 1989 – kurz vor der Wende – in der DDR erscheinen konnte: bei Fritz Rudolf Fries.

Moderne Erzähltechniken

Für *Der Weg nach Oobliadooh* (1966) fand Fries sein Modell im spanischen Schelmenroman. Eigentlich hätte der Schelm, der Pikaro in der DDR-Literatur gar nicht auftauchen dürfen, ist er doch ein ›abnormer‹ Held, ein unernster Verneiner und Zerstörer, dem nichts heilig ist. Und doch vertraute Fries seine Interpretation der DDR einem Schelmen an, dem in Leipzig ansässigen Übersetzer, Romancier und Bohemien Arlecq, einer in vieler Hinsicht autobiographischen Figur. Sein Freund Paasch, Zahnarzt und werdender Familienvater wider Willen, ist zwar kein anarchistischer Pikaro, vielmehr ein versponnener Pedant, aber auch er taugt nicht als Vorbild. So stolpern denn die beiden durch die DDR der Jahre 1957/58 und auch einmal kurz, zur Flucht entschlossen, durch West-Berlin, um sich am Ende doch wieder in der DDR einzufinden – als Insassen einer psychiatrischen Klinik einigermaßen handlungsunfähig und perspektivlos. Ausgeträumt ist der Traum von einer »entfernten Sonnenstadt«, zu der »die eigene Stadt«, die DDR, nur »als das Filial und das Wirtschaftsgebäude« vorgestellt werden kann, wie es im vorangestellten Jean-Paul-Motto heißt, West-Berlin war diese Sonnenstadt nicht, geblieben ist allein das ›Land of Oobliadooh‹, die Welt des Jazz, Metapher einer poetischen Traumwelt jenseits der DDR-Realität. Doch Fries' Roman ist nicht nur vom Gehalt her ein Text gegen die Norm und gegen das Normale. Auch seine Erzählweise stellt sich gegen die geltenden Regeln und befördert die Anarchie. Fries, erkennbar geschult an den Klassikern der Moderne, vor allem Marcel Proust, der an mehreren Stellen verschämt beschworen wird, setzt seine Leserschaft einem assoziationsreichen, Vergangenheit, Gegenwart und Zukunft, Traum und Realität, Erlebtes und Vorgestelltes, Nahes und Fernes, Privates und Öffentliches mischenden Bewusstseinsstrom aus.

Fritz Rudolf Fries

Schließlich muss hier der wohl beste Roman von Stefan Heym genannt werden. Es ist sein *König David Bericht* (entstanden 1969–72; in der DDR 1973 veröffentlicht) – eine so scharfe wie literarisch souveräne Abrechnung mit den Repressionen der SED gegenüber den Schriftstellern und Intellektuellen im Lande, versteckt im Gewand einer spannenden biblischen Erzählung. Sie gehört zum kleinen Kanon jener Werke der DDR-Literatur, die bleiben werden.

Theater ohne Brecht:
Geschichten aus der Produktion und Parabelstücke

Die Theaterliteratur tritt in den 60er Jahren deutlich hinter der Prosa zurück, womit nichts über ihre Qualität, aber einiges über ihre gesellschaftliche Wirksamkeit gesagt ist. Entscheidend – und kennzeichnend für die Kulturpolitik der SED – war, dass die aufregendsten Stücke dieser Jahre – Hacks' *Die Sorgen und die Macht* und *Moritz Tassow*, Müllers *Die Umsiedlerin*, *Der Bau* und *Philoktet* und Brauns *Kipper Paul Bauch* – entweder gar nicht oder unter weitgehendem Ausschluss der Öffentlichkeit aufgeführt wurden. Zwar ist festzuhalten, dass sich Gegenwartsstücke auf den Theatern der DDR mehr und mehr durchsetzen (1956 waren DDR-Autoren zu 20%, zeitgenössische Themen zu noch nicht 40% vertreten; 1960 waren es schon mehr als ein Drittel DDR-Autoren und fast zwei Drittel zeitgenössischer Themen); aber die Stücke, die tatsächlich gespielt wurden, zeichneten nicht unbedingt ein illusionsloses Bild von den gegebenen Verhältnissen.

Tendenzen Die folgenden Tendenzen sind kennzeichnend für die Entwicklung der Theaterliteratur in den 60er Jahren: Anders als in der Bundesrepublik konzentriert sich das interessante Theater der DDR auf *eine* Stadt, die Hauptstadt Berlin mit ihren drei führenden Spielstätten: das Deutsche Theater (1883 begründet und vor 1933 Jahrzehnte von Max Reinhardt geleitet), die Volksbühne und das Berliner Ensemble Brechts, das nach seinem Tod von Erich Engel und später Helene Weigel geleitet wurde. Andere wichtige Regisseure dieser Jahre waren Wolfgang Langhoff, Benno Besson und Peter Palitzsch. Die bis dahin unangefochtene Autorität Brechts lockert sich, gerade bei seinen interessantesten Schülern (ein Prozess, der sich in den 70er Jahren fortsetzt). Die Produktionsthematik spielt weiterhin eine beträchtliche Rolle, freilich verändert durch die Strukturen, die vom Neuen Ökonomischen System gesetzt sind. Bei einigen Autoren ist eine starke Tendenz zum Parabelstück bzw. zur mythologischen Vorlage zu verzeichnen, wobei die gewählten Parabeln und Mythen durchaus die bedrängende Gegenwart meinen können. In einer nach wie vor eingeschränkten, reglementierten Öffentlichkeit, in der die publizistischen und audiovisuellen Medien mehr der Verhinderung als der Verbreitung von Nachrichten dienen, nimmt das Theater nicht selten die Funktion einer Ersatzöffentlichkeit wahr. Ein waches, im Verstehen von Anspielungen zunehmend geübtes Publikum entsteht. Eine größere Zahl anspruchsvoller Stücke, ob direkt auf Zeitstoffe bezogen oder im historischen bzw. mythologischen Gewand, erreicht das Publikum nicht oder um Jahre verzögert. Sie bleiben »Schubladenstücke« (O. F. Riewoldt). Das gilt vor allem für mehrere Texte Heiner Müllers und (später) Volker Brauns. – In der Breite entsteht eine umfangreiche Gebrauchsdramatik, was inhaltlich heißt: eine Vielzahl von leicht konsumierbaren sozialistischen Bejahungsstücken. Mit der Einführung des Fernsehens (Januar 1956), verstärkt seit ca. 1965, tritt das Fernsehspiel in den Vordergrund und verdrängt teilweise das Theater. 1966 besitzen bereits 54 von 100 Familien einen Fernsehapparat. Die Zuschauerzahlen der Theater gehen zurück bzw. stagnieren, viele Theaterautoren laufen gleichsam zum Fernsehen über oder werden zu Doppelverwertern, indem sie zwei Versionen der gleichen Vorlage erstellen.

Zeitstücke Die Hauptrolle spielen in diesen Jahren die ›Zeitstücke‹ von Helmut Sakowski, Claus Hammel, Armin Stolper, Rainer Kerndl, Horst Kleineidam, Horst Salomon (*Katzengold*) und ab Ende des Jahrzehnts Rudi Strahl, des erfolgreichsten Büh-

nenautors der DDR, sowie die Fernsehspiele der gleichen Autoren, zu denen u. a.
Karl Georg Egel (*Dr. Schlüter*), Rolf Schneider und Gerhard Bengsch (*Krupp und
Krause*) hinzukommen. Mag das eine oder andere Stück im Detail zu Wahrhaftigkeit und Authentizität vorstoßen: Insgesamt sind sie unkritisch, affirmativ. Die
meisten Produktionsstücke, die im Zeichen des NÖS entstanden sind, teilen diese
harmonisierende Tendenz. Das zeigen z. B. Helmut Baierls *Johanna von Döbeln*
(1969) und Erik Neutschs *Haut oder Hemd* (1966–1971).

Peter Hacks

Über die Jahrzehnte hin hat das Werk von drei Autoren – Peter Hacks, Heiner
Müller, Volker Braun – literaturhistorisches Interesse hinzugewonnen. Die Entwicklung von Peter Hacks, der einst auch bei Brecht begonnen hatte, verläuft in
den 60er Jahren immer deutlicher zum unverbindlichen Klassizismus hin (von
Hacks selbst als ›Klassik‹ verstanden). Die Stücke *Die Sorgen und die Macht* und
Moritz Tassow (1965) hatten durchscheinen lassen, dass die DDR noch ein Ort
der Notwendigkeit ist, die das Glück des Einzelnen und seine freie Entfaltung
hemmt, wo nicht verhindert. Diese Sichtweise ist Hacks im Lauf der Jahre abhanden gekommen, so dass er schließlich 1972 Grundsätze einer »postrevolutionären
Dramaturgie« veröffentlichen konnte. In ihnen heißt es: »Der Mensch ist, bereits
im gegenwärtigen Zustand des Sozialismus, in so hinlänglichem Maße Herr der
Geschichte, daß der dramatische Urheber anfangen kann, seinem Stoff als Herr
gegenüberzutreten; er vermag ihn den Gesetzen der Gattung entsprechend zu
gestalten und zur Gänze, wie Poesie muß, in Form zu verwandeln.« Das »Neue
Drama« habe vom »rein auf den Menschen bezogenen Wesen der Kunst« auszu-
gehen und sich von »überflüssiger Stoff-Fülle und unverdaut Zufälligem« zu befreien; von Erscheinungen also, die für die »schlechteste Dramenform«, die
»epischsoziologische«, kennzeichnend seien. Das ehemalige Vorbild Brecht ist
verworfen, was seinen praktischen Niederschlag bereits in den Stücken der 60er
Jahre gefunden hat. Stofflich ist Hacks immer mehr in Historie und Mythologie
ausgewichen (*Der Frieden* nach Aristophanes, 1962; *Die Schöne Helena*, 1964;
Amphitryon, 1968; *Margarethe von Aix*, 1969; *Omphale*, 1970; *Adam und Eva*,
1972) – ohne dass seinen Historien und Parabeln Aktualität eingeschrieben wäre,
wie es für Heiner Müller zu belegen ist. Hacks ist zum Theaterdichter des Allge-
meinmenschlichen, des bereits versöhnten Gattungswesens im »postrevolutionären« Zeitalter geworden.

Dagegen gibt es für Heiner Müller kein irgend Positives, das schon im Hintergrund wartet. Für ihn ist das Wesen der Dialektik Negation der Negation. Das
heißt konkret: Die kapitalistische Entfremdung ist im ›realen Sozialismus‹ zunächst nur ersetzt durch andere Formen der Entfremdung; ein plötzlicher ›Ausbruch‹ von Produktivität, Glück und humanem Verhalten ist keineswegs gegeben.
Diese Auffassung von Dialektik demonstriert am deutlichsten Müllers drittes Produktionsstück *Der Bau* (geschrieben nach Motiven aus Erik Neutschs Roman *Spur
der Steine*, 1963/64, Aufführung in der DDR 1979). *Der Bau* blieb lange Müllers
letztes Stück, das sich direkt und ohne Schwierigkeiten erkennbar mit der DDR-
Realität auseinander setzte. In der zweiten Hälfte der 60er Jahre trat neben den
Autor von Produktionsstücken der von Stücken über antike mythologische Stoffe.
Damit stand Müller nicht allein. Viele Stücke von Peter Hacks, aber auch z. B. Karl
Mickels *Nausikaa* (1968), nahmen Themen aus dem griechischen Mythos auf.
Doch bei keinem Autor ist die Reihe der Adaptationen so umfangreich und ge-
wichtig, beginnend mit dem *Philoktet*, dem *Herakles 5* (1966; gemeint ist die
5. Episode, die Reinigung des Augiasstalles), *Ödipus Tyrann* (1967; nach Sopho-
kles/Hölderlin) und eine Übersetzung des *Prometheus* von Aischylos (1967/68)

*Heiner Müller: Dialektik
auf dem Theater*

Heiner Müller

Probe von *Ödipus Tyrann* – die Ziegen scheitern am Widerstand der Schauspieler und dürfen nicht auf die Bühne (Wiener Burgtheater 1988)

Aktualität der Antike

nachfolgten. Auch das Lehrstück *Der Horatier* (1968/69), das ein Thema der römischen Geschichte verwendet, ist hier zu nennen. Hat sich Müller damit vom Marxismus abgekehrt? Ist es jetzt geboten, diesen Autor existentialistisch (und nicht mehr materialistisch) zu deuten, als ›Beckett der DDR‹ sozusagen?

Vor allem Müllers *Philoktet* (geschrieben 1958–64, erst 1977 in der DDR aufgeführt) beweist, dass dies nicht so ist. Seine Version des antiken Stoffes wandelt die Fabel des Sophokles in entscheidenden Punkten ab. Die Griechen Odysseus und Neoptolemos, der Sohn des Achill, fahren zur Insel Lemnos, um den dort vor Jahren wegen seines verletzten, faulenden Fußes ausgesetzten Philoktet zurückzuholen. Philoktet und sein Bogen werden gebraucht, denn ohne sie bzw. die Philoktet gehorchende Mannschaft kann Troja nicht erobert werden. Anders als bei Sophokles stirbt hier Philoktet von der Hand des Neoptolemos. Odysseus, dessen Hauptwaffe die Lüge ist, erweist sich als souveräner Beherrscher der unerwarteten Situation, indem er statt des lebendigen den toten Heros Philoktet mit nach Troja nimmt, um mit Hilfe des Leichnams dessen Mannschaft zum Weiterkämpfen zu animieren. – Müllers in einer kompakten, von verknappten Metaphern geprägten Verssprache geschriebenes Stück ist im Kern eine Parabel über den dialektischen Widerspruch zwischen Allgemeinem, Notwendigem, der Staatsraison (in Gestalt des machiavellistischen Realpolitikers Odysseus) und Besonderem, Individuellem, das Notwendige Verweigerndem (in Gestalt des außerhalb der Gesellschaft angesiedelten Philoktet), der über Neoptolemos als Medium ausgetragen wird. Und Odysseus, vom rationalen Kalkül (in seiner pointierten Gestalt: der List, der Lüge) beherrscht, vom absoluten Verzicht auf individuelle Moral und Mitleidensfähigkeit geprägt, ist gleichzeitig eine Chiffre für den Untergang des Individuums, des Humanismus und der Subjekt-Moral in Taktik und Terror der kommunistischen Realgeschichte seit mehr als einem halben Jahrhundert, kulminierend im Stalinismus (einer Problematik, die Müller in dem Stück *Mauser* (1970) historisch konkret weitergeführt hat).

Auch Volker Braun (geb. 1939) hat wesentlich von Brecht gelernt – und gehört doch schon einer Generation an, die Brecht als Person nicht mehr kannte. Laut

Volker Braun

Braun habe es Brechts Dramaturgie zum letzten Mal mit den Klassenkämpfen zu tun gehabt; etwas Neues in dieser Richtung sei nicht zu leisten. Jetzt gehe es um neue, nicht mehr antagonistische Widersprüche. Die neue Dramaturgie stelle demnach nicht mehr dar »aus der Sicht einer Klasse. Die Helden sind Freunde. Sie haben, entsprechend ihrer politischen und sozialen Stellung, unterschiedliche Interessen. Der Kampf muß nicht tödlich sein. Alle sollen menschlicher leben. Es gibt keine ›Lösung‹. Sie muß dem Publikum mit überlassen werden. Es bedarf umfassenden Wissens über den Bau der Gesellschaft.« Damit nimmt Braun bereits in seiner Theatertheorie erkennbar eine Mittelstellung zwischen Hacks und Müller ein, wie er es selbst formuliert hat. Der »glänzende Hacks« greife so weit vor, dass ihm »die Realität nicht mehr dazwischen kommt«, hebe sich »aus der prosaischen Wirklichkeit hinaus […] in die poetische Zukunft«. Der »großartige Müller« hingegen greife zurück »in die schneidenden Fesseln der Vorgeschichte«, in der er überwiegend die Realität sehe. Braun will keinem von beiden in seiner Ausschließlichkeit folgen. Zwar übersieht auch er nicht die Hypotheken der sog. Vorgeschichte, legt aber gleichzeitig so viel Dynamik und Kühnheit in seine Protagonisten des Neuen, dass die bessere Zukunft gewinnbar erscheint. Mittlerweile, nach dem Scheitern des Traums vom ganz anderen, ›wirklichen‹ Sozialismus, wirkt dieses Konzept freilich trügerisch.

Brauns Theorie vom Theater

Das zeigt vor allem Brauns erstes Stück *Die Kipper*, an dem er seit 1962 schrieb und das im Erstdruck 1967 *Kipper Paul Bauch* hieß. Wie Hacks mit Moritz Tassow und Herakles (in *Omphale*), wie Müller mit Balke (*Der Lohndrücker*), Barka (*Der Bau*) und ebenfalls Herakles hat Braun für sein Stück einen gigantischen Helden gewählt, der ein Arbeiter, ein Schöpfer ist, sich freilich auch als ein Verwandter von Brechts Baal-Figur erweist. Bald 40 Jahre nach seiner Entstehung mutet Brauns Stück über die Dialektik von großem Einzelnen und Kollektiv, von utopischer Projektion und pragmatischer Notwendigkeit wie ein Text aus einer längst vergangenen Zeit an; ein poetischer Entwurf, der wohl schon damals an den gesellschaftlichen und wirtschaftlichen Realitäten vorbeizielte. – Auch Brauns zweites Stück – in der ersten Fassung *Hans Faust* (1968), in der zweiten *Hinze und Kunze* (1973) betitelt – ist ein Produktionsstück. Wie in seinem ersten Stück ist Brauns Ziel keineswegs vordergründiger Realismus. Auch seine Texte haben wie die Müllers die Tendenz zur Parabel. Das zeigt die Handlungsstruktur so gut wie die stark stilisierte, metaphern- und sentenzenreiche Sprache, die es besonders liebt, Redensarten ›sozialistisch umzukehren‹, Wortspiele materialistisch zu wenden.

›Produktionsstücke‹

›Sensible Wege‹ in der Lyrik

In den 60er Jahren wurde die Lyrik zum Gegenstand erregter Debatten wie nie zuvor. Stein des Anstoßes waren einige Lyriker der jüngeren Generation, fast durchweg in den dreißiger Jahren geboren. Erstes wichtiges Datum war eine Lyriklesung junger Autoren in der Akademie der Künste im Dezember 1962, die vor allem einen neuen, von Anfang an angefeindeten Autor bekannt machte: Wolf Biermann. Auch Günter Kunert war inzwischen ›erkannt‹ als Kafka-Adept und unzuverlässiges Subjekt. Auf dem 11. Plenum des ZK der SED im Dezember 1965 waren es denn auch von den Lyrikern vor allem Biermann und Kunert, die scharf angegriffen wurden. Biermann, der 1964 eine Tournee in die Bundesrepublik unternommen hatte, erhielt striktes Auftrittsverbot für die DDR. Im Sommer 1966 fand dann jene Lyrik-Debatte in der FDJ-Zeitschrift *Forum* statt, die durch das

Maßregelungen

Erscheinen der Anthologie *In diesem besseren Land* ausgelöst wurde. Die Position der Orthodoxie vertrat damals der stellvertretende Chefredakteur Rudolf Bahro, später ein radikaler Kritiker des autoritären Sozialismus, der 1976 ins Gefängnis gesteckt wurde. Insbesondere vorher ungedruckte Gedichte von Volker Braun, Heinz Czechowski, Karl Mickel, Sarah und Rainer Kirsch erregten offiziellen Ärger. In ähnlicher Weise stießen zwei andere Anthologien aus den Jahren der ›Lyrikwelle‹ die öffentliche Diskussion an: *Sonnenpferde und Astronauten* (1964) und Saison für Lyrik (1967). Das Erscheinen von Reiner Kunzes Gedichtband *Sensible Wege* (1969) – aber nur in der Bundesrepublik! – reizte schließlich zu neuen, massiven Verdikten und trug dem Autor Veröffentlichungsverbot ein.

Rolle des Ich

Was war geschehen? Vor allem um die Rolle des Ich, der Subjektivität ging es in Lyrik und Lyrikdebatten jener Jahre. Jetzt begann eine Generation zu schreiben, die, gegen die bisher dominierende Rolle des Kollektivs, Platz einforderte für das »gescholtene, geschmähte, denunzierte Ich« (so Günter Wünsche in dem Gedicht *Rehabilitierung des Ich*) und im Einzelnen einen »kleinen Kosmos« voller Schöpferkraft, gewissermaßen die legitime Fortsetzung des außer Kraft gesetz-

Autonomie der Kunst

ten »lieben Gottes« sah (Uwe Greßmann). Folgerichtig wandelten sich auch die Haltungen der Lyrik: Personales Sprechen – eines Ich, eines Wir, der Ansprache eines Du – wurde häufig. Ein fortschreitender Verzicht auf belehrende Wirkung stellte sich ein, am deutlichsten bei dem ehemaligen Didaktiker Günter Kunert. Andere hielten am operativen Charakter der Lyrik fest, so Volker Braun, der dem Gedicht abforderte, »Erkenntnis, Bereitschaft, Lust« zu wecken. Jedoch gemeinsam war diesen und vielen vergleichbaren Positionen, dass sie sich sperrten gegen eine unmittelbare gesellschaftliche Nützlichkeit, wie sie von der Kulturpolitik des NÖS gefordert wurde.

Als wichtigste Lyriker der jüngeren Generation können Adolf Endler, Karl Mickel, Richard Leising, Rainer und Sarah Kirsch, Heinz Czechowski, Reiner Kunze, Wolf Biermann, Volker Braun, Kurt Bartsch, Bernd Jentzsch, Uwe Greßmann und Wulf Kirsten gelten. Übrigens kamen die meisten von ihnen aus der Provinz Sachsen, was Endler dazu bewogen hat, von der »Sächsischen Dichterschule« zu sprechen. Kunze, Biermann, Sarah Kirsch und Braun sind diejenigen unter ihnen, die damals und auch späterhin am meisten Aufmerksamkeit auf sich zogen.

Reiner Kunze

Reiner Kunze (geb. 1933) schien zunächst der Idealfall des proletarischen Dichters zu sein, der mit seiner Klasse aufsteigt und dichtend ihren Standpunkt vertritt. Der Bergarbeitersohn hatte Publizistik studiert und war 1959 freier Schriftsteller geworden. Zunächst schrieb er akklamatorische Verse und Reimsprüche (z. B. darüber, wie schön das Soldatsein im Sozialismus sei), die sich in nichts von der verbreiteten Bejahungslyrik unterschieden. 1963 kam der Gedichtband *Widmungen* heraus (in einem westdeutschen Verlag), der in der DDR noch als lyrisches Ereignis von Rang vermerkt wurde. Doch als dann 1969 *Sensible Wege* (wiederum nur in der Bundesrepublik) erschien und einige Gedichte enthielt, für die seitens der DDR-Behörden keine Lizenz erteilt worden war, war das Band zwischen dem Autor und seinem Staat zerschnitten. *Sensible Wege* vereinigt Gedichte, die bis 1960 zurückreichen und zeigen, dass Kunze damals schon sein blindes Vertrauen in den Staat DDR verloren hatte (*das ende der fabeln*, *das ende der kunst*). Zunehmend spricht aus seinen Versen (viele sind während des sog. Prager Frühlings 1967/68 in oder über die ČSSR geschrieben, woher Kunzes Frau stammte) Einsamkeit, Skepsis, Verzweiflung. Sein Ton wird bitter, ja scharf. Immer dünner wird die Kommunikation, immer seltener kommen die ausgesandten Rufe an. Im Prozess dieser Desillusionierung neigt Kunzes Gedichtsprache zunehmend zu Metaphernlosigkeit und epigrammatischer Kürze.

Auch Wolf Biermann (geb. 1936), Sohn eines Hamburger Arbeiters, den die Nazis im KZ Auschwitz ermordet hatten, schien anfangs nicht dafür prädestiniert, einst zum vielleicht wirksamsten Kritiker der DDR zu werden. 1953 war er aus Hamburg in die DDR übergesiedelt, hatte Philosophie studiert, war Regieassistent gewesen und begann nun, gegen Ende der 50er Jahre, eigene Lieder zur Gitarre zu singen. Der erwähnte Abend in der Akademie der Künste im Dezember 1962 machte dann seinen Konflikt mit Partei- und Staatsführung offenbar. Und von 1965 an wurde nur noch stereotyp das Verdikt des 11. Plenums wiederholt: »prinzipielle Gegnerschaft zum realen Sozialismus«, »Sensualismus«, »Genußstreben«, »anarchistischer Individualismus«. In der Tat: Hier stießen nicht nur abweichende Meinungen aufeinander, sondern unterschiedliche Haltungen, Verkehrsformen und Ziele. Der Autor kehrte sich von all jenen Dogmen, Ritualen, Autoritäten ab, die er nicht nur als Beiwerk eines an sich im Lot befindlichen sozialistischen Staates begriff, sondern als Strukturmerkmal. Und da er diese Kritik laut und öffentlich und mit enormem Kunstverstand vortrug, wurde er zu einem Ärgernis für die Parteiführung. Von Biermann erschienen zunächst vier Bändchen mit Balladen, Gedichten und Liedern – *Die Drahtharfe* (1965), *Deutschland Ein Wintermärchen* (1965), *Mit Marx- und Engelszungen* (1968), *Für meine Genossen* (1972) –, und zwar alle vier nur in der Bundesrepublik. In der DDR ist nie ein Buch des Autors gedruckt worden. Diese seine »Hetzlieder gegen den Krieg«, Liebeslieder, »Beschwichtigungen und Revisionen«, Balladen über Alltagskonflikte in der DDR und sozialistische »Ermutigungen« verleugnen ihre Meister nicht: François Villon, Heinrich Heine und Bertolt Brecht. Sie stiften zum Lernen der Dialektik an – aber vergnüglich; sie vermitteln Erkenntnisse – aber ungetrennt von Emotionen. Grobe Effekte und überraschende Zartheiten, gebrüllte Vulgarismen und leise Zärtlichkeiten, schöne Metaphern und ungeschminkte Direktheit, Wut und Trauer, Furcht und Hoffnung, Verzweiflung und Begeisterung stoßen in ein und demselben Lied hart aneinander. Hier mischt sich einer ein, hier will einer sich und seine Zuhörer/Leser verändern – und verzichtet doch gerade nicht auf jene Sinnlichkeit, jenes Genießen, das der, der (sich) verändern will, beim Lesen und zum Leben braucht. In Biermann erreicht das operative Gedicht und Lied eine neue Qualität.

Sarah Kirsch (1935–2013) gehörte, wie Reiner Kunze und mancher andere, über Jahre hin zu den wohlwollend geförderten Nachwuchsschriftstellern. 1967 erschien ihr erster Gedichtband *Landaufenthalt*, 1973 der zweite unter dem Titel *Zaubersprüche*. Sarah Kirschs Gedichte haben oft den Anschein des Spontanen, Naiven oder auch Idyllischen. Erst mehrfaches Lesen lässt entdecken, welch mühsamer Arbeitsprozess und welche Konfliktdimension in jedem einzelnen Gedicht (deren viele mit »Ich …« beginnen) stecken. Sarah Kirsch wünscht sich, dass »Hexen, gäbe es sie, diese Gedichte als Fachliteratur nutzen könnten«. Damit schreibt die Autorin der Lyrik zauberische, magische Möglichkeiten zu: sich selbst, den Geliebten, andere Menschen, Naturdinge zu verwandeln, sich anzuverwandeln; über das Gedicht unentfremdete Kommunikation herzustellen, an der es im Alltag und seiner entzauberten Sprache mangelt.

Volker Braun gilt mit Recht als Inbegriff des neuen lyrischen Sprechens einer Generation, deren bewusstes Leben durchweg in der DDR sich vollzog. Für ihn hat sich die Frage, ob eine spezifisch politische Poesie notwendig sei, gar nicht mehr gestellt. Ob agonal oder kontemplativ: das war keine Ermessensfrage des

Wolf Biermann

Ärgernis für die Parteiführung

Sarah Kirsch

Volker Braun

Schutzumschlag

Unmoderne Lyrik?

Ältere Skeptiker

Inge Müller

Autors mehr. Brauns antithetisch-dialektische Sprechweise, seine »Veränderungs-besessenheit«, seine Absicht, »die Widersprüche aus- und nicht abzutragen«, sind brechtsches Erbe. Von Brecht unterscheidet ihn hingegen die (eher an Majakow-ski erinnernde) stürmische Tonlage der Gedichte, die verrät, dass hier einer die »finsteren Zeiten«, Nationalsozialismus und Krieg, hinter sich sieht. Braun hat seinen ersten Gedichtband *Provokation für mich* (1965) selbst als »ein sehr per-sönliches Mich-Aussprechen zu Vorgängen, in denen ich mich als Jugendlicher sah«, bezeichnet. Sie sind in der Tat provokativ, drastisch, salopp, hemdsärmlig, polemisch (am deutlichsten in dem bekannten Gedicht *Kommt uns nicht mit Fertigem*). Strenger Bau der Gedichte ist dem Autor noch nicht wichtig. – *Wir und nicht sie* (1970) markiert eine neue Position, lässt bewusst für das Persönliche und Intime keinen Platz und wendet sich thematisch den gesellschaftlichen Alter-nativen in den beiden deutschen Staaten auf der Folie der fatalen Vorgeschichte bis 1945 zu. Freilich offenbaren diese Gedichte, nicht anders als Brauns Theater-stücke dieser Zeit, eine Sozialismusgläubigkeit, die zwei Jahrzehnte später merk-würdig fremdartig, jedenfalls aber historisch wirkt.

Keiner der wichtigen Lyriker dieser Generation – am wenigsten Braun – begann vollkommen oder durchweg originell. Am Anfang standen noch oft forsche, über-zogene Sprachgesten und pathetisch-deklamatorische Tendenzen. Und doch: Aus westlicher Sicht ist lange Zeit die neue Qualität dieser Lyrik von Rainer und Sarah Kirsch, von Braun und Mickel, Czechowski und Kirsten, Bartsch und Biermann nicht erkannt worden, weil man auf die sog. »Struktur der modernen Lyrik« (wie sie Benn in seinem Gedicht verkörperte und Hugo Friedrich beschrieben hatte) fixiert war und sich nichthermetische Lyrik nur noch als epigonal vorstellen konnte. Rainer Kirsch hat (unmittelbar auf die Gedichte Mickels zielend) umris-sen, was die Lyrik der besten Autoren seiner Generation kennzeichnet – und da-mit von gleichzeitigen westdeutschen Tendenzen stark unterscheidet: »Genauig-keit in der Behandlung des Gegenstands – das Charakteristische regiert das Ästhetische –, scharfes, am Marxismus geschultes Reflektieren der Epoche und das bewusste Weiterarbeiten klassischer ästhetischer Techniken.«

Neben den ersten Lyrikveröffentlichungen dieser 25- bis 30-jährigen erschie-nen in den 60er Jahren natürlich auch Gedichtbände älterer, zumeist entschieden skeptischer Autoren, so von Erich Arendt, Georg Maurer, Franz Fühmann, Johan-nes Bobrowski (der ja jetzt erst wirkt) und Günter Kunert. Peter Huchels (1903–1981) bedeutende späte Lyrik konnte dagegen nur in der Bundesrepublik erschei-nen (*Chausseen, Chausseen*, 1963; *Gezählte Tage*, 1972). Nachdem Huchel 1962 unter massivem Druck als Chefredakteur von *Sinn und Form* demissioniert hatte, war er für neun Jahre zur unfreiwilligen inneren Emigration verdammt. Erst 1971 ließ man ihn in die Bundesrepublik übersiedeln. Huchels von radikal skeptischer Geschichtsphilosophie geprägte Gedichte einer *nature morte*, in denen Chiffren der Erstarrung, der Vereisung, der Versteinerung dominieren, waren der dem Fortschrittswahn blind ergebenen DDR unerträglich.

Gleichzeitig mit den jugendlichen Stürmern und Drängern wie Braun und mit den überwiegend skeptischeren Autoren der älteren Generation schrieb damals eine Frau Gedichte, die zu keiner der beiden Gruppen zählte: Inge Müller (1925–1966). Als Koautorin ihres Mannes Heiner Müller, mit dem sie an den frühen Produktionsstücken gearbeitet hatte, kannte man sie, als Lyrikerin fragmenta-risch seit Anthologiebeiträgen 1965/66, später durch ihr *Poesiealbum* von 1976. Doch erst der 1985 aus dem Nachlass veröffentlichte Band *Wenn ich schon ster-ben muß* hat den Rang dieser Autorin öffentlich gemacht. Inge Müller, geborene

Meyer, ist eine Angehörige der ›lost generation‹ in einem sehr pointierten Sinn. Zu Kriegsende als Luftwaffenhelferin eingezogen, wurde sie verschüttet und, erinnerungslos, erst drei Tage später ausgegraben. Bald darauf fand sie ihre Eltern tot in den Trümmern und brachte sie eigenhändig auf einem Leiterwagen zur Bestattung. »Unterm Schutt« heißen denn auch gleich drei Gedichte Inge Müllers, *»Unterm Schutt«* die allesamt noch zehn, zwanzig Jahre nach diesen traumatischen Ereignissen eine atemlose, verstörte, distanzlose Sprache sprechen. Die erlittenen Schocks sind ganz unvermittelt, eingegangen in den gestammelten Vers, den unregelmäßigen Rhythmus, die zersprengte Form. Ganz ungeschützt und ohne jede didaktische Absicht hat Inge Müller von der Wirklichkeit der nazistischen Kriegsvergangenheit und ihren verheerenden Folgen bis in die DDR-Gegenwart hinein geschrieben, als dies – lange vor Fühmanns, Heiner Müllers, Christa Wolfs späteren Selbstanalysen – keiner sonst tat. Der Freitod Inge Müllers (Heiner Müller hat ihn mehrfach obsessiv beschrieben) war der Preis für ihre verzweifelte Isolation.

Schließlich ist auf zwei weitere Lyrikerinnen von Rang hinzuweisen, die aus unterschiedlichen Gründen in den 60er Jahren nicht in der DDR wirken konnten. Es sind dies Christa Reinig und Helga M. Novak, die beide Mitte der 60er Jahre die DDR verließen, weil man sie nicht veröffentlichen ließ. Schon in diesem Jahrzehnt ›verzichtete‹ die DDR also auf einige ihrer bedeutendsten Autoren, allen voran Peter Huchel und Uwe Johnson.

Wider die instrumentelle Vernunft.
Die Literatur der siebziger und achtziger Jahre

Für die neuere DDR-Literatur, deren Vorboten schon am Ende der 60er Jahre auszumachen sind, ist charakteristisch, dass sie sich in ziemlicher Breite von der vorbehaltlosen Bejahung des ›realen Sozialismus‹ lossagt und damit den Diskurs der Monosemie, der affirmativen Eindeutigkeit, verlässt. Sie richtet ihre Hoffnung zwar weiterhin, von wenigen Ausnahmen abgesehen, auf einen ›anderen‹, ›eigentlichen‹, sprich: utopischen Sozialismus, unterzieht aber gleichzeitig das herrschende System als zivilisatorische Struktur einer zunehmend schärferen, an die Wurzeln gehenden Revision. Kurz: Die DDR-Literatur wird in den letzten zwei *Literatur der* Jahrzehnten ihres Bestehens eine Literatur der radikalen Zivilisationskritik. Frei- *Zivilisationskritik* lich bleibt diese Haltung des Infragestellens bis zum Zusammenbruch der DDR auf merkwürdige Weise verhakt mit einer aus westlicher Sicht naiv anmutenden prinzipiellen Solidarität mit dem sozialistischen Entwurf. So wird die DDR-Literatur – anders als die anderer Ostblockländer – nur an ihren Rändern zu einer Literatur der Dissidenz.

Die DDR im Prozess der deformierten Modernisierung

In den 60er Jahren hatte die DDR ihren wirtschaftlichen Aufbau abgeschlossen *Ende der Rekonstruktions-* und war zu einem wichtigen Industrieland zumindest im Maßstab der sog. *periode* Zweiten Welt geworden. Man kann pointiert vom (verspäteten) Ende der Rekonstruktionsperiode sprechen. Es bedeutete gleichzeitig das Ende alter Orientierungen und Haltungen auf geistig-kulturellem Gebiet. Längst historisch war die

Phase der sog. antifaschistisch-demokratischen Umwälzung, vorbei auch die Zeit der vorbehaltlosen Identifikation der Kulturschaffenden mit dem neuen Staat und der neuen Produktion, die vom Mauerbau 1961 noch nicht wirklich unterbrochen, sondern eher noch verstärkt wurde. Die Jahre des Bitterfelder Wegs und der ›Ankunftsliteratur‹ (1959–1963) markieren die Phase der vielleicht stärksten Nähe der Intelligenz zu ihrem Land, einzelner Kritik zum Trotz. Seit der Installierung des NÖS 1963, das den Primat der Produktivkraftentwicklung aufrechterhielt, ihn aber mit ökonomisch-technischer Effizienz zu verbinden versuchte, bröckelte diese großenteils naive Identifikation und Loyalität schrittweise ab und machte auch die Identität der Schriftsteller zweifelhaft. Der Umbau der DDR zu einer sozialistischen Industriegesellschaft ließ negative Folgen erkennen, die man bislang nur der kapitalistisch-westlichen Zivilisation in ihrer dekadenten Phase zugeschrieben hatte. Dabei verkannten viele Intellektuelle bis zum bitteren Ende hin, dass die Folgekosten der halbierten, deformierten Modernisierung sozialistischer Provenienz noch entschieden höher waren als die der viel effektiveren und gleichzeitig zur Selbstkorrektur fähigen Modernisierung westlicher Länder.

»Genosse Sachzwang«   Herausgefordert vom »Genossen Sachzwang«, nämlich dem Druck, sich am Weltmarkt als Industrienation durchsetzen zu müssen, wurde jetzt eine »unreflektierte Modernität« zum »Fluchtpunkt der Entwicklung« in der DDR (V. Gransow). Freilich: Die im Westen wohl bekannte moderne »Herrschaft der Versachlichung« (W. Thaa) vermischte sich in der DDR bis zu deren Zusammenbruch immer wieder mit den Altlasten einer im Grunde vormodernen, feudalsozialistisch gebliebenen, zu Innovation und Umsteuerung unfähigen Gesellschafts- und Wirtschaftsordnung. Die Bevölkerung hatte die Schattenseiten der Modernisierung zu tragen, ohne ihre Vorteile genießen zu können – und litt gleichzeitig

Wolfgang Mattheuer:
»Die Ausgezeichnete«
(1973/74)

unter einem repressiv-hierarchischen System, das sich häufig noch nicht einmal den Anschein einer ›civil society‹ gab.

Im Zuge dieser Entwicklungen hat sich das Kulturengefüge der DDR im Laufe ihrer letzten 15 Jahre einschneidend verändert. So musste sich die DDR-Führung in den 80er Jahren nicht mehr nur mit einer innermarxistischen Oppositionskultur der ›wahren Sozialisten‹ (von Havemann, Biermann und Bahro bis zu Volker Braun) auseinander setzen, sondern mehr und mehr auch mit einer alternativen Subkultur, die an sozialistischen Modellen kaum interessiert war. Sie suchte nach anderen Lebensformen in einer denaturalisierten Umwelt. Gemeint sind die neuen sozialen Bewegungen (einander oft überlappend), die auch eine wichtige Quelle der Bürgerbewegung (Neues Forum u. a.) in der Umbruchsphase 1989/90 bildeten: die nicht institutionalisierten Friedensgruppen, die ökologische Bewegung, die Anti-Atomkraft-Bewegung, die Frauenbewegung und die Minderheitengruppen wie die der Homosexuellen oder Lesben. Ihre postmaterialistischen Bewusstseinslagen widersprachen sowohl dem Marxismus als auch der dem Westen

Fünf Kulturen

Neue soziale Bewegungen

Wolfgang Mattheuer:
»Hinter den sieben
Bergen« (1970)

abgeschauten Konsumorientierung zutiefst. Der Anspruch, die eigene Lebenswelt zu bewahren oder aus ihren industriegesellschaftlichen Beschädigungen heraus neu zu gewinnen, war dauerhaft mit den auch in der DDR sanktionierten ›modernen‹ Prinzipien der »formalen Rationalität« (Max Weber) bzw. der »instrumentellen Vernunft« (Horkheimer/Adorno) und ihrer repressiven politischen Umsetzung nicht in Einklang zu bringen.

Verunsicherung

Verunsicherung stellte sich nun auch bei den Autoren der mittleren und älteren Generation ein: War das der Sozialismus als das ganz Andere, auf den man hingearbeitet hatte? Wo blieb die stete Aufwärtsbewegung in Richtung Emanzipation aller, über eine gewisse wirtschaftliche Lageverbesserung hinaus? Ein Prozess des Umdenkens, eine Abwendung vom Glauben zugunsten der Reflexion setzte ein, in dessen Verlauf die Vorstellung des (quasi automatischen) Geschichtsfortschritts und am Ende sogar die Aufklärung (als historischer Ursprungsort des modernen Rationalismus), ja, die marxistische Zukunftskonzeption selbst fragwürdig wurden. Gewiss haben einzelne Ereignisse wie der Einmarsch von Truppen des Warschauer Pakts (einschließlich solcher der DDR) in die Tschechoslowakei im August 1968, wie die Biermann-Ausbürgerung oder die sowjetische Okkupation Afghanistans diese Entwicklung beschleunigt und vor allem jüngere Menschen sehr erregt. Aber der Prozess ist allgemeiner, umfassender, als dass er

Dialektik der Aufklärung

sich von einzelnen Punkten her fassen ließe. Die Intelligenz und die Literatur der 70er und 80er Jahre holen eine Einsicht nach, die drei, vier Jahrzehnte vorher bereits die Kritische Theorie Horkheimers, Adornos und Marcuses vollzogen hatte: die Einsicht in die »Dialektik der Aufklärung«, in die instrumentelle Vernunft als den schwankenden Boden auch der östlich-realsozialistischen Zivilisation.

VIII. Parteitag, Biermann-Ausbürgerung und die Folgen

Wende 1971?

Lange schien es so, als habe der VIII. Parteitag der SED vom Juni 1971 eine Wende der DDR-Politik, vielleicht sogar eine Wende in der Geschichte des Landes herbeigeführt. Für die Literatur gilt in der Tat, dass dieser Parteitag den Künstlern eine Art Generallizenz (mit ständigem Vorbehalt) erteilt hat und daraufhin ein lebendigeres literarisches Leben in Gang kam. Wohlgemerkt: Der VIII. Parteitag hat diese neue Literatur nicht selbst hervorgebracht, er hat sie nur lizensiert. Geschaffen haben sie Autoren bzw. bestimmte Lebensverhältnisse, und dies schon seit etwa Mitte der 60er Jahre. Nur: Plenzdorf hatte seinen neuen Werther ›in der Schublade‹ lassen müssen. Brauns *Kipper* durfte kein Theater spielen, Christa Wolfs *Nachdenken über Christa T.* kein großes Publikum lesen. Insofern ist das Jahr 1971 eine wichtige Zäsur, als es der kritischen DDR-Literatur zu mehr Öffentlichkeit verhalf.

»keine Tabus«

Der neue Erste Sekretär des ZK der SED, Erich Honecker, hatte mit einer Parteirede vor dem 4. ZK-Plenum vom Dezember 1971 das Signalwort gegeben, das seither unaufhörlich beschworen und interpretiert wurde: »Wenn man von der festen Position des Sozialismus ausgeht, kann es meines Erachtens auf dem Gebiet von Kunst und Literatur keine Tabus geben. Das betrifft sowohl die Fragen der inhaltlichen Gestaltung als auch des Stils – kurz gesagt: die Fragen dessen, was man die künstlerische Meisterschaft nennt.« Das schien zu bedeuten, dass überzeugte Sozialisten über alles und mit allen künstlerischen Mitteln schreiben durften, die sie vor sich selbst verantworteten – und nicht vor irgendeiner anderen, z. B. parteiamtlichen Instanz. Doch was war mit der »festen Position des Sozialismus« gemeint? Biermann (der »mit Marx- und Engelszungen« sprach und weiterhin in der DDR zum Schweigen verurteilt war) hatte sie offenbar nicht, ebenso wenig Reiner Kunze. Auch Volker Braun, Stefan Heym, Rainer Kirsch, Günter Kunert und Heiner Müller mussten sich – lange vor der Biermann-Ausbürgerung – Druck- und Aufführungsverboten beugen in jenen ›liberalen‹ Jahren, von jüngeren Autoren wie Thomas Brasch oder Stefan Schütz ganz zu schweigen.

Ulrich Plenzdorf

Ulrich Plenzdorfs *Die neuen Leiden des jungen W.* wurde zur Nagelprobe der Enttabuisierung. Im März 1972 erschien in *Sinn und Form* die Erzählung, aus der ursprünglich ein Film hatte werden sollen. Seit Sommer 1972 wurde das Stück gleichen Titels an 14 (!) Bühnen der DDR mit überwältigendem Erfolg gespielt. Dass viele offiziöse DDR-Kritiker brüsk und zurechtweisend auf Plenzdorfs Buch reagierten, ist verständlich; ging es doch aus Parteisicht um keine geringen Gefahren: Subjektivismus, Normenfeindlichkeit, Kritik an der Vorbildkultur und nicht zuletzt auch an einer geschönten Rezeption des bürgerlich-klassischen Erbes. Wenn bei einer Umfrage der FDJ-Zeitschrift *Forum* 40 % der befragten Jugendlichen erklärten, sie teilten Edgars Kritik, und sogar über 60 % sich gut vorstellen konnten, mit Edgar befreundet zu sein, dann bestand in der Tat Anlass zu der Sorge, dass hier eine ›falsche‹ Identifikationsfigur für die Jugend populär geworden war. Immerhin: Prosatext und Bühnenadaption wurden nicht verboten.

Die um Plenzdorfs *Neue Leiden* geführten Debatten deuteten die Grenzen an, die konfliktbereiter Literatur nach wie vor gesetzt waren. Sie wurden auch Stefan Heym deutlich, als er sich jetzt erneut bemühte, den Roman *5 Tage im Juni* zum Druck zu bringen. Der Autor hatte seit 1959 versucht, die erste Fassung des Romans unter dem Titel *Der Tag X* zu veröffentlichen. Das Manuskript wanderte erfolglos von Verlag zu Verlag und beschäftigte auch höhere Parteistellen. Jetzt also lag eine völlig neue, zweite Fassung vor (1974 in der Bundesrepublik gedruckt), die man als Auseinandersetzung mit dem 17. Juni 1953 von einer durchaus »festen Position des Sozialismus« aus verstehen konnte – eine Mischung aus historisch-dokumentarischer Reportage und Politthriller, versetzt mit Kolportageelementen, womit eine in Deutschland seit Ende der Weimarer Republik eingeschlafene Tradition Fortsetzung fand: die des journalistisch gemachten zeitgeschichtlichen Reißers. Allein, Honecker hatte schon 1965 eine »völlig falsche Darstellung der Ereignisse« in dem Roman gesehen, und dabei blieb die Partei auch jetzt. Das Thema 17. Juni war nach wie vor ein Tabu.

Grenzen auch für die Literatur

Immerhin konnte der im November 1973 abgehaltene 7. Schriftstellerkongress den vom VIII. Parteitag eingeleiteten kulturpolitischen Kurs bestätigen. Jetzt wurde der noch auf dem 6. Kongress 1969 hochgehaltene Bitterfelder Weg endgültig verworfen, die Doktrin, nach der Planer und Leiter die bevorzugten literarischen Helden zu sein hätten, offiziell verabschiedet, die Vorstellung einer homogenen »sozialistischen Menschengemeinschaft« aufgegeben, die Vielfalt der ästhetischen Positionen und Schreibweisen begrüßt. Die Dialektik von Individuum und Gesellschaft wurde als zentrales Problem benannt, eine Kollision der beiden Faktoren für durchaus möglich erklärt. Freilich: Auch die Jahre 1973 bis 1976 sind Jahre des Verbots oder doch zumindest der ängstlichen Einschränkung der literarischen Öffentlichkeit. Das demonstriert am deutlichsten der Umgang der Kulturbürokratie mit Volker Brauns *Unvollendeter Geschichte*. Sie durfte 1975 in *Sinn und Form* erscheinen, nicht aber als Buch. Als allzu wahr wurde offenbar die nach dem Leben geschriebene, dokumentarische Erzählung taxiert. 13 Jahre – bis 1988 – dauerte es, bis dem Text eine Buchausgabe in der DDR zugebilligt wurde.

Plädoyer für literarische Vielfalt

Bereits wenig mehr als ein Jahr nach der Veröffentlichung von Brauns brisanter Erzählung brach das mühsam austarierte Gleichgewicht zwischen Tabulockerung

Ausbürgerung Biermanns

und Aufrechterhaltung der staatlichen Ordnung auf literarischem Gebiet in sich zusammen wie ein Kartenhaus. Die DDR bürgerte Wolf Biermann aus und setzte damit eine Kette von Reaktionen der ungeliebten Literaten und staatlichen Sanktionen gegen sie in Gang, die am Ende wohl auch zum Untergang der DDR beigetragen hat. Dabei war der Eklat um Biermann nur der Zündpunkt – auch ohne ihn hätte es über kurz oder lang zur offenen Konfrontation der kritischen Autoren mit ihrem Staat kommen müssen.

Sanktionen

Biermann, dem schon 1974 eine Auswanderung aus der DDR nahe gelegt worden war, hatte im November 1976 die Genehmigung zu einer Reise in die Bundesrepublik bekommen, um dort auf Einladung der IG Metall einige Konzerte zu geben. Nachdem sein Kölner Konzert vom ARD-Fernsehen ausgestrahlt wurde (was ja auch auf fast allen DDR-Mattscheiben zu sehen war), vollzog das Politbüro der SED prompt eine Maßnahme, die es schon vorher ins Auge gefasst hatte: Am 17. November 1976 wurde Biermann die Staatsbürgerschaft der DDR entzogen. Die Tage nach der Biermann-Ausbürgerung zeigten – nicht überraschend, aber doch in diesem Umfang unerwartet –, wie viele Künstler der DDR über Zivilcourage verfügten, vor allem aber: wie viele sich einen souveräneren, toleranteren demokratischeren Sozialismus im Sinne Rosa Luxemburgs wünschten. Noch am 17. November verfassten und unterzeichneten zwölf DDR-Autoren den folgenden offenen Brief: »Wolf Biermann war und ist ein unbequemer Dichter – das hat er mit vielen Dichtern der Vergangenheit gemein. – Unser sozialistischer Staat, eingedenk des Wortes aus Marxens ›18. Brumaire‹, dem zufolge die proletarische Revolution sich unablässig selber kritisiert, müßte im Gegensatz zu

Protest gegen die Ausbürgerung Biermanns

Biermann in seiner Wohnung Chausseestr. 131 (Schallplattenhülle)

anachronistischen Gesellschaftsformen eine solche Unbequemlichkeit gelassen nachdenkend ertragen können. – Wir identifizieren uns nicht mit jedem Wort und jeder Handlung Biermanns und distanzieren uns von Versuchen, die Vorgänge um Biermann gegen die DDR zu mißbrauchen. Biermann selbst hat nie, auch nicht in Köln, Zweifel daran gelassen, für welchen der beiden deutschen Staaten er bei aller Kritik eintritt. – Wir protestieren gegen seine Ausbürgerung und bitten darum, die beschlossene Maßnahme zu überdenken.« Die Erstunterzeichner waren Sarah Kirsch, Christa Wolf, Volker Braun, Franz Fühmann, Stephan Hermlin, Stefan Heym, Günter Kunert, Heiner Müller, Rolf Schneider, Gerhard Wolf, Jurek Becker, Erich Arendt. Ihnen schlossen sich im Laufe weniger Tage über 70 weitere Kulturschaffende an. Andere, wie Reiner Kunze oder der gerade in der Schweiz befindliche Bernd Jentzsch, protestierten mit eigenen Verlautbarungen. – Die Biermann-Ausbürgerung war eine einschneidende Maßnahme und hat sich bereits wenige Jahre später als historische Zäsur in der kulturpolitischen Entwicklung erwiesen. Doch gravierender war, was auf sie folgte. Jetzt wendeten die zuständigen Parteigremien und Staatsorgane ein genau kalkuliertes Instrumentarium von Sanktionen an, das von Verhaftung und Hausarrest über Organisationsausschluss, Parteistrafen und Publikationsverbot bis zur bemerkenswert raschen Bewilligung von Ausreiseanträgen (aber nur für unbequeme Intellektuelle!) reichte.

Eine wesentliche Veränderung erfuhr die DDR-Literaturgesellschaft in den letzten 15 Jahren ihres Bestehens dadurch, dass ihr nun eine Reihe von Künstlern nicht mehr angehörte, die sie, laut und leise, mitgeprägt hatten. Der Exodus von Schriftstellern hörte mit dem Ende der 70er Jahre nicht auf, sondern hielt die 80er Jahre hindurch ungebrochen an und führte zu einem nicht wieder gutzumachenden Substanzverlust. Am Ende fehlten der DDR nicht nur ältere Autoren wie Loest, S. Kirsch, Becker, Schlesinger oder Schädlich, sondern auch jüngere wie Monika Maron, Wolfgang Hilbig, Thomas Brasch, Katja Lange-Müller oder Uwe Kolbe. Insgesamt hat man über einhundert übergesiedelte Schriftsteller gezählt. Nach der Wiederherstellung der staatlichen Einheit verliert dieses Faktum freilich rasch an Bedeutung. Im Gegenteil: Man kann die Umsiedlung von Schriftstellern in dieser Größenordnung als Vorwegnahme einer ohnehin wünschenswerten Durchmischung von deutschen Autoren Ost und West, einer nun tatsächlich offenen »Literaturgesellschaft«, werten. *Autoren-Exodus*

Mittel der Einschüchterung und Sanktionierung von Schriftstellern, die damals nach Belieben eingesetzt oder auch – als wirksame Drohung – zurückgehalten werden konnten, waren die neuen bzw. verschärften Strafgesetze. Seit 1979 wurde vom Gesetz gegen Devisenvergehen auch im Umgang mit Schriftstellern Gebrauch gemacht, und zwar gegebenenfalls dann, wenn sie Werke in einem westlichen Verlag erscheinen ließen, ohne dass ihnen das Büro für Urheberrechte dazu die Erlaubnis gegeben hatte. In den Jahren zuvor hatten DDR-Autoren bereits mehrfach von ihrem in der Verfassung verbrieften Recht auf freie Meinungsäußerung Gebrauch gemacht und Bücher in der Bundesrepublik drucken lassen, wenn sie schon nicht in der DDR erscheinen durften, z. B. Biermann, Heym, Kunert und Heiner Müller. Bis ins Jahr 1979 hatten die DDR-Behörden meistens über diese Gesetzwidrigkeiten hinweggesehen. Jetzt wendeten sie in den Fällen von Robert Havemann und Stefan Heym das Devisengesetz in aller Schärfe an. *»Gesetz gegen Devisenvergehen«*

Inmitten dieser nicht mehr nur ideologischen Auseinandersetzungen, sondern direkter staatlicher Übergriffe auf die Literatur hat die Interessenvereinigung der Autoren, der Schriftstellerverband, eine wenig rühmliche, schließlich der Staats- *Schriftstellerverband und Staatsmacht*

macht sekundierende Rolle gespielt. Auf seinem 7. Kongress im Mai 1978 löste Hermann Kant die 78jährige Anna Seghers als Verbandspräsidentin ab. Von den zwölf Erstunterzeichnern der Biermann-Erklärung nahmen nur Hermlin und Braun am Kongress teil. Die anderen zehn waren entweder nicht als Delegierte nominiert worden, wollten nicht teilnehmen, oder sie waren, wie Becker und

Ausschlüsse und Austritte

Müller, schon länger keine Verbandsmitglieder mehr. – Zum neuerlichen Eklat kam es ein Jahr später nach den Verfahren wegen Devisenvergehen gegen Havemann und Heym. Acht Schriftsteller schrieben einen Brief an Honecker, indem es u. a. hieß:»Immer häufiger wird versucht, engagierte kritische Schriftsteller zu diffamieren, mundtot zu machen oder […] strafrechtlich zu verfolgen […] Durch die Koppelung von Zensur und Strafgesetzen soll das Erscheinen kritischer Werke verhindert werden.« Daraufhin wurden im Juni 1979 die Briefautoren Bartsch, Endler, Poche, Schlesinger und D. Schubert sowie Heym, Jakobs, R. Schneider und Seyppel aus dem Verband ausgeschlossen; Erich Loest kam in Leipzig seinem Ausschluss zuvor, indem er den Verband ›freiwillig‹ verließ. Wieder hatte die Partei mit wichtigen Autoren gebrochen. Insgesamt verlor der Schriftstellerverband zwischen 1976 und 1989 über 30 Autoren durch Ausschluss oder Austritt.

›Glasnost‹ in der DDR? Kulturpolitik der Achtzigerjahre

Im März 1985 übernahm Michail Gorbatschow das höchste politische Amt der Sowjetunion. Damit kamen für dieses Land wie für die ganze Welt Veränderungen großen Ausmaßes in Gang.

Menschheitsbedrohung und Friedenspolitik

    Die frühen 80er Jahre waren für die Literatur der DDR zunächst wenig ermutigend, wie schon die ungebrochene Abwanderung von Autoren zeigte. Zwar war der IX. Schriftstellerkongress von 1983 auf Ausgleich bedacht – Hermann Kant sprach von »schmerzlichen Verlusten«, die den Verband betroffen hätten –, doch ein Neuanfang war er beileibe nicht. Freilich wurde in den Jahren 1980 bis 1983 das Thema der Selbstverstümmelung der DDR-Literatur auch von anderen, wichtigeren Themen verdrängt. Der Nachrüstungsbeschluss des Westens, speziell des Bundestages, aus dem Jahr 1979 ließ den Dritten Weltkrieg zu einer realen Bedrohung werden. Beide Systeme, so zeigte sich, waren unfähig, der immer weiter eskalierenden Rüstung Einhalt zu gebieten. So wurde die mögliche Selbstvernichtung der menschlichen Gattung nicht nur zu einem zentralen Thema der Literatur selbst, sondern auch zu einem solchen der Literaturpolitik. Am 13./14. Dezember 1981 kam es in Ost-Berlin zur (1.) »Berliner Begegnung zur Friedensförderung«, an der knapp 90 Künstler und Wissenschaftler aus Ost und West teilnahmen. Autoren aus beiden Systemen trafen sich dabei immer wieder in dem Befund, dass nicht ein System allein für den bedrohlichen Zustand verantwortlich sei, sondern beide – als Produkte ein und derselben »todkranken Zivilisation« (Christa Wolf) – ihn hergestellt hätten. Ein zweites Treffen von Schriftstellern aus Ost und West fand dann im Mai 1982 in Den Haag statt. Jetzt zeigte sich freilich deutlich, dass die Konsensfähigkeit beider Seiten selbst im Angesicht der zugespitzten nuklearen Bedrohung begrenzt war. Viele der bedeutenden Autoren kamen diesmal gar nicht erst.

Buchillustration

»Neues Denken«

    Als 1985/86 in der Sowjetunion der Reformkurs Gorbatschows in Gang kam und das Konzept ›Glasnost‹, verstanden als Transparenz aller gesellschaftlichen Vorgänge, verbunden mit einer rückhaltlosen Aufklärung der eignen Geschichte, sichtbar wurde, reagierte die Kulturpolitik der DDR mit ausgesprochener Zurückhaltung und Vorsicht, ja Ablehnung. Man verkleinerte Gorbatschows »neues Denken« zu einer innersowjetischen Angelegenheit oder gar zu einem bloßen »Tapetenwechsel« (Kurt Hager), den man nicht nachmachen müsse. Kritische Romane (von Tschingis Aitmatow, Valentin Rasputin oder Juri Trifonow) oder Filme (von Ellen Klimow oder Abuladse) konnten sich nur schwer durchsetzen oder wurden *Reaktionen* gar verboten. In den letzten drei Jahren der Existenz der DDR mehrten sich deutlich die Stimmen, die eine Übertragung des Konzepts ›Glasnost‹ auf das Kulturleben der DDR forderten oder doch wenigstens guthießen. Zwar gab es auch in den letzten Jahren noch Verbotsfälle von Büchern und Theaterstücken, aber 1985 konnten drei der wichtigsten Bücher des ›neuen Denkens‹ in der DDR erscheinen: Günter de Bruyns Roman *Neue Herrlichkeit*, Volker Brauns *Hinze-Kunze-Roman* und Christoph Heins *Horns Ende*, das offen von den Folgen des Stalinismus in der DDR der 50er Jahre handelt. 1986 war dann das Jahr, in dem das deutschdeutsche Kulturabkommen abgeschlossen wurde, das gewisse positive Folgen zeitigte: wechselseitige Theatergastspiele, mehr Autorenlesungen, Tage des DDR-Buchs und des DDR-Films in Städten der Bundesrepublik, freundlichere und intensivere Wissenschaftlerkontakte und eine Kooperation der beiden Nationalbibliotheken Leipzig und Frankfurt/Main. Christa Wolf, Heiner Müller und Volker Braun erhielten die höchste literarische Auszeichnung der DDR, den Nationalpreis, wobei zu fragen ist, ob die Annahme dieses Preises eine richtige Entscheidung war. Günter de Bruyn z. B. lehnte den Nationalpreis im Sommer 1989 rundweg ab. 1987 konnte Günter Grass gedruckt, Samuel Beckett gespielt und über Nietzsche wenigstens ungeschminkt diskutiert werden. Auf dem 10. Schriftstellerkongress im November 1987 nahmen Christoph Hein und Günter de Bruyn die Zensur unter Beschuss. Eine Initiative, die 1979 aus dem Verband ausgeschlossenen Schriftsteller wieder aufzunehmen, blieb allerdings erfolglos.

Wendet man den Blick von den etablierten Autoren und literarischen Instituti *Alternativbewegung* onen hin auf den staatlichen Umgang mit der neuen pazifistischen und ökologischen Alternativbewegung in der DDR, dann fällt das Urteil noch nüchterner aus, wie weit hier das ›neue Denken‹ Fuß gefasst habe. Und das betrifft dann auch die Literatur, soweit sie eine Literatur der jungen Subkultur war. Hier weigerte sich die offizielle Politik bis zum bitteren Ende, öffentliche Kritik und Protest zuzulassen – zumal wenn er massenhaft wurde. Höhepunkt dieser Konflikte waren die Verhaftungen nach der Luxemburg-Liebknecht-Demonstration am 17. Januar 1988, die auch den 25-jährigen Liedermacher Stephan Krawczyk und seine Frau, die Regisseurin Freya Klier, einbezogen. Krawczyk, einst offiziell belobigter Barde, aber seit November 1987 schon mit Auftrittsverbot auch für kirchliche Räume belegt, und Klier willigten Anfang 1988 unter Druck in eine Ausreise in die Bundesrepublik ein, womit die kritische Jugend zum zweiten Mal (nach Biermanns Ausbürgerung 1976) eine Symbolfigur verloren hatte. Doch die rasch angestellten Vergleiche zwischen 1976 und 1988 führten eher in die Irre. Interessanterweise gab es diesmal keine auffälligen Solidaritätsbekundungen namhafter Künstler mit den Inhaftierten wie 1976 oder 1979. Der Vorgang war und blieb Angelegenheit der jungen Alternativen und Bürgerrechtler.

Fakten oder Fiktionen?
Aspekte zivilisationskritischen Erzählens

Exekution des Erzählers?

Um das Jahr 1970 hatte der sensible Rostocker Literaturkritiker und Lektor Kurt Batt der westdeutschen Prosaliteratur wiederholt vorgeworfen, sie habe die Tradition schrumpfen lassen, die (politische) Revolte verinnerlicht und den Erzähler als verantwortliches Subjekt des Erzählten exekutiert. Im Gegensatz dazu attestierte er der Prosa seines Landes im Ton der Genugtuung: »Hier [in der DDR] erscheint Erzählen nicht als stummes Vorsichhinsprechen, sondern als Aussprache, die des Gegenübers bedarf, als eine Gattungseigenschaft des Menschen; die sich freilich nur in einer Gesellschaft entfalten kann, wo die Menschen miteinander und nicht gegeneinander leben, wo sie kommunizieren.« Die DDR als eine Gesellschaft des solidarischen Miteinander – und eine dementsprechend mit dem Gegenüber frei kommunizierende Erzählliteratur? Ein solches Fazit ging an den Tatsachen völlig vorbei. Vielmehr hat die DDR-Prosa der 70er und 80er Jahre modifizierend einen Prozess wiederholt, der die (west-)europäische Erzählentwicklung zwischen ca. 1910 und 1930 kennzeichnet. Die DDR-Prosa wurde jetzt mit einer Geschwindigkeit und in einem Ausmaß ›modern‹, ›gleichzeitig‹ mit der westlichen Welt, das das Scheitern eines gesellschaftlichen Aufbruchs, den Zusammenbruch eines politischen Experiments im innovationslosen Stillstand anzeigt. Insofern hat die DDR-Literatur zwar kaum eine systemsprengende, aber doch beträchtliche diagnostische, ja prognostische Kraft entfaltet.

Modernisierung des Erzählens

So lange der Glaube an die Durchsetzbarkeit einer humanen sozialistischen Ordnung, der Glaube an die Unaufhaltsamkeit des Fortschritts, also auch der Glaube an den Marxismus ungebrochen war – so lange konnte auch das literarische Erzählen antimodernistisch und orthodox realistisch bleiben. Wie die Weltanschauung, so das Erzählen: geschlossen, fortschrittsgläubig, rundum positiv. So sind nicht nur die Aufbauromane der 50er Jahre, sondern auch noch die Ankunftsliteratur um 1960 (mitgetragen von wichtigen, bald sich wandelnden Autoren wie Christa Wolf, Brigitte Reimann, de Bruyn und Jakobs) und die Entwicklungsromane von Strittmatter, Brežan, Noll und M. W. Schulz von einem an traditionellen Mustern haftenden Schematismus der Fabelkonstruktion, der Heldenwahl und der Personendarstellung geprägt, der die Unmöglichkeit einer außengelenkten Ästhetik signalisierte, offene Formen der Moderne in sich aufzunehmen. Ausnahmen bilden Uwe Johnson (der jedoch schon seit 1959 in der Bundesrepublik lebte), Johannes Bobrowski, Christa Wolf sowie – damals noch ohne jede öffentliche Wirkung – Fritz Rudolf Fries und Erich Köhler, mit Abstrichen auch Hermann Kant und Erwin Strittmatter. Ihre Prosa zeigt zuerst das Eindringen reflexiver Momente (vor allem in die Wiederentdeckung der Erzählerfigur), von Subjektivierung, Differenzierung und Perspektivierung. Sie geht erste Schritte aus der Eindimensionalität in die »unendlich verwobene Fläche« des Lebens (R. Musil), in die wirkliche Textur der Gesellschaft. Sie misstraut der ›objektiven‹ Chronologie und Kausalität. Sie setzt aufs individuelle Beispiel und geht Verallgemeinerungen aus dem Weg.

»Die Phantasie an die Macht«

Ein Spezifikum der neueren DDR-Erzählliteratur, das sie auch von der Prosa der klassischen Moderne deutlich abhebt, liegt nun darin, dass sie gegen dieses Diktat der instrumentellen Vernunft, die behauptet, die einzig wirklichkeitstüchtige, realistische Weltanschauung zu sein, Widerstand leistet und sich der »Mimesis ans Verhärtete und Entfremdete« (Adorno) verweigert. Sie entzieht sich dem »Bann der auswendigen Realität« (Adorno) nicht auf dem Fluchtweg, sondern indem sie Einbildungen, Phantasmen, Fiktionen als eine zweite, andere Realität gegen die erste, verordnete setzt. Wo, wie schon Ernst Bloch viel früher schrieb, »Phantasie fast Strafsache« ist, lautet jetzt die Parole der Literatur: »Die Phantasie an die Macht.« Gegen eine Koalition des Schreckens aus Männerherrschaft, Gewalt, Krieg und purer technischer Rationalität wird ein Neugewinn der lebendigen Imagination, des »bildlichen Denkens« gesetzt.

Zu den Autorinnen und Autoren, die das »bildhafte Denken«, die Kraft der Imagination geradezu methodisch wiederzugewinnen versuchen, gehört Irmtraud Morgner. Dabei greift sie auf alte Mythen, Märchen, Sagen und Legenden zurück, die sie umbildet, ausspinnt und neu pointiert, ihren eigenen Sehnsüchten und Träumen folgend. Mit ihrer Hilfe will sie das Alltäglich-Gewöhnliche verfremden und verzaubern und den Leser dadurch ahnen lassen, dass es noch wunderbare Alternativen zum öden Leben im Hier und Jetzt gibt. Ihre phantastischen Texte üben ein ins Überschreiten von Grenzen der empirischen Wirklichkeit, einer durchkalkulierten, erstarrten, gewalttätigen Wirklichkeit, die dem Lösungsmittel des Verrückten, Verworfenen, Phantastischen ausgesetzt wird. Denn in einer historischen und gesellschaftlichen Lage, die durch ein Zuviel an System, an Ordnung, an Repression charakterisiert ist, muss die Kunst Ordnung zerstören, entordnen, im Wortsinn anarchisch sein.

Irmtraud Morgner

Neben Irmtraud Morgner waren es vor allem Fritz Rudolf Fries (*Alexanders neue Welten*, 1983; *Verlegung eines mittleren Reiches*, 1985 – geschrieben schon 1967) und Christa Wolf, die die Erfindung, die literarische Fiktion wieder ins Recht setzten. 1973 erschien Wolfs Erzählungsband *Unter den Linden* mit drei »unwahrscheinlichen Geschichten«, die u. a. die grassierende Wissenschafts- und Technikgläubigkeit aufs Korn nahmen. Ähnliche Wege beschritten die Autoren der Anthologien *Blitz aus heiterm Himmel* (1975) und *Die Rettung des Saragossameeres* (1976), Franz Fühmann mit seinem Prosaband *Saiäns Fiktschen* (1981) und Rainer Kirsch mit den vier Erzählungen des Bandes *Sauna oder Die fernherwirkende Trübung* (1985). Immer häufiger ging es jetzt um den Widerspruch einer scheinbar perfekt funktionierenden Welt der technischen und politischen Apparate und der unberechenbaren menschlichen Subjektivität, die als ›Fehler im System‹ alles zum Einsturz bringt oder wenigstens zu bringen droht. Die Utopie des besseren Lebens schlägt um in ihr Negativ. Sie wird zur Warnutopie.

Für die literarische Fiktion

Zur Tendenz auf erweiterte Fiktionalität in der DDR-Prosa gibt es seit ca. 1975 eine starke Gegenbewegung: die faktographisch-dokumentarische Literatur. Beim näheren Hinsehen wird man jedoch gewahr, dass dies nicht nur eine Gegenbewegung ist. Denn auch hier, bei dem Hunger nach echten, wahren, glaubwürdigen Geschichten, geht es um ein Bedürfnis, das weder von der Routine des gelebten Lebens noch von der offiziellen Berichterstattung in der Zeitung oder im Fernsehen befriedigt wird. Erlebnisberichte, Reisebücher, Tagebücher, Memoiren, Reportagen, Protokolle, unfrisierte Interviews enthalten das Versprechen auf Authentizität in einem Umfang, der der fiktionalen Literatur gemeinhin nicht zugebilligt wird. Um wie viel höher musste die Erwartung gegenüber der dokumentarischen Literatur in einem Land sein, in dem die Literatur generell, mangels einer funktionierenden Öffentlichkeit, eine außerliterarische »Ersatzfunktion für Journalismus« (Thomas Brasch) hatte.

Franz Fühmann
SAIÄNS-FIKTSCHEN

Hinstorff
Schutzumschlag

Der Anfang der dokumentarischen Literatur in der DDR war beispielhaft. 1973 hatte Sarah Kirsch fünf Erzählungen aus dem Kassetten-Recorder unter dem Titel *Die Pantherfrau* herausgegeben, in denen fünf DDR-Frauen von unterschiedlichem sozialem Status aus ihrem Leben berichteten. 1975 erschien dann der von

Dokumentarismus

Maxie Wander

der Österreicherin Maxie Wander (1933–1977) edierte Band *Guten Morgen, du Schöne – Frauen in der DDR. Protokolle*, der die literarische Landschaft des Landes mit einem Schlag veränderte. So ungeschminkt und lebendig hatte man Frauen bisher nicht sprechen hören. Souverän und sprachmächtig äußern sie sich in den Gesprächen mit der Herausgeberin über ihre Lebensgeschichte, familiale Sozialisation (zumeist schon in der DDR-Ära), neue Familie, Arbeit, Sexualität – aber auch über unerfüllte Sehnsüchte und Hoffnungen. Sprechend erforschen sie unerforschtes Gebiet, entwerfen, indem sie das vergangene, gelebte Leben bewusst machen, neue Möglichkeiten des Zusammen- und Alleinlebens. Kaum ein anderes Buch sagt so viel aus über die DDR wie Maxie Wanders Protokollband.

Mit diesem Buch schien ein Bann gebrochen zu sein. Die in der Bundesrepublik schon im Zuge einer Politisierung der Literatur seit 1967/68 favorisierte dokumentarische Literatur spielte nun auch in der DDR eine immer größere Rolle. Anfangs waren es vor allem weitere ›Frauenbücher‹ in emanzipatorischer Absicht und in der Form von Erlebnisberichten, Reportagen und Protokollen. Später kamen dann auch ›Männerbücher‹ hinzu, wie Christine Lambrechts *Männerbekanntschaften. Freimütige Protokolle* (1986) und Christine Müllers *Männerprotokolle* (1986), und das Spektrum der faktographischen Literatur erweiterte sich überhaupt enorm. Nach allen Richtungen wurde die DDR-Gesellschaft auf authentische Nachrichten hin ausgeforscht.

Themenbereiche

Blickt man nicht, wie es hier bislang geschah, auf die Schreibweisen, sondern auf die Sujets der DDR-Prosa in den 70er und 80er Jahren, so fallen drei große Themenbereiche ins Auge. Zum einen beschäftigten sich die Erzähler nachdrücklicher und freimütiger als je zuvor mit dem DDR-Alltag der unmittelbaren Gegenwart. Zum Zweiten wandten sie sich zur näheren geschichtlichen Vergangenheit zurück, und das heißt vor allem: zu Nationalsozialismus und Stalinismus. Und drittens schließlich setzten sie sich mit Konstellationen und Gestalten der älteren Geschichte und des Mythos auseinander, die sie als Modelle gelebten Lebens prüften, umschrieben und gleichnishaft auf die aktuelle Wirklichkeit bezogen. Doch welches Sujet auch immer im Mittelpunkt steht: Die DDR-Prosa des letzten Jahrzehnts kommt darin überein, dass ihre Autoren die Grundlagen der sog. abendländischen Zivilisation – und in ihr das Modell DDR – in Frage stellen.

Scheitern im Sozialismus

Schon am Anfang der 70er Jahre wandte sich die DDR-Prosa in der Breite vom Postulat der harmonischen »sozialistischen Menschengemeinschaft« ab und stellte zunehmend problematische, ja: scheiternde, katastrophische Verhältnisse zwischen Individuum und Gemeinschaft dar. Die erzählende Literatur konzentriert sich nun immer häufiger auf Erfahrungen und Lebensläufe von Individuen, denen durch Einzelne und Institutionen der Gesellschaft, durch ein autoritäres und zweckgerichtetes Regelwerk, übel mitgespielt wurde. Die Konfliktbereitschaft der Autoren, das Konfliktbewusstsein ihrer Werke wächst. Fehler, Versagen, Schuld werden immer häufiger nicht nur beim Einzelnen, sondern auch beim Kollektiv, beim Staat, bei der Partei gesucht und gefunden. Die literarischen Helden entwickeln sich jetzt noch weniger regelhaft auf ein fest umrissenes »sozialistisches Menschenbild« hin (diese Kategorie ist obsolet geworden), sind – wie Christa T. so deutlich – weder ›typisch‹ noch vorbildhaft. Das Glücksbedürfnis des Einzelnen, seine Trauer, sein Scheitern, Sterben und Tod werden fast geläufige Themen; ein bruchloses ›Ankommen‹ im ›realen Sozialismus‹ ist die Ausnahme.

»beschädigtes Leben«

Die neue Erzählliteratur stellt das »bedrängte Individuum« und sein »beschädigtes Leben« (Heinrich Mohr) nicht nur vage anklagend dar, sondern recherchiert sehr genau die Umstände seiner Entstehung und Reproduktion und macht sie literarisch sinnfällig. Das zeigt sich vielleicht am deutlichsten darin, in welcher Breite und mit welcher Akribie vor allem die jüngere Prosa die Situation von Kindern und Jugendlichen in der DDR-Gesellschaft thematisiert. Plenzdorf hatte mit seinem Prosatext/Stück *Die neuen Leiden des jungen W.* (1972) ein Beispiel gegeben, das nicht nur inhaltliche Tabus, sondern (mit seiner »Jeanssprache«) auch sprachliche Normen verletzte. Wie »Old Werther« leidet sein Edgar Wibeau an den rigiden Anforderungen und Anpassungszwängen einer Gesellschaft, in der (wie in der Goethes um 1770) die Menschen offenbar nur leben, um zu arbeiten, und im Grunde Angst vor ihrer Freiheit haben. Plenzdorfs literarischem Wurf folgten rasch mehrere Texte, die ähnlich problematische, auf ihre Selbstverwirklichung pochende Jugendliche darstellen, so Rolf Schneiders *Reise nach Jaroslaw* (1974) und vor allem Volker Brauns *Unvollendete Geschichte* (1975). Sie durfte, offenbar als allzu wahr taxiert, 13 Jahre lang nicht als Buch erscheinen. Am Ende der Erzählung werden sich zwei junge Menschen, die sich lieben, ihrer gegängelten, subalternen Lage bewusst und brechen aus ihr aus. Sie sind beschädigt, aber nicht zerstört. »Hier begannen«, so heißt der letzte Satz, »während die eine nicht zu Ende war, andere Geschichten.«

Es fällt auf, dass es in der DDR ein Genre gab, das man eigentlich mit dem wilhelminischen Untertanenstaat um 1900 verbindet: die Schulgeschichte. Sie zeigt, wie die Schule mit ihrem Drill Anpassung, Konkurrenzverhalten und Strebertum fördert, so in Romanen von Alfred Wellm, Günter Görlich und Jurek Becker (*Schlaflose Tage*, 1978 – nur in der Bundesrepublik), so in Erzählungen von Erich Loest, Reiner Kunze (*Die wunderbaren Jahre*, 1976 – nur in der Bundesrepublik) oder Plenzdorf (*kein runter kein fern*, 1978 – nur in der Bundesrepublik). Ein noch größeres Tabu als die Institution Schule war zweifellos das Militär, das fast nur in den Prosatexten von Jürgen Fuchs (1950–1999), der 1977 nach Haft in die Bundesrepublik übersiedeln musste, thematisiert ist (*Fassonschnitt*, 1984; *Das Ende einer Feigheit*, 1988).

Neben den Kindern und Jugendlichen hielten nun auch Frauen Einzug in die DDR-Literatur – und zwar mit Macht. Jetzt schrieben Frauen über Frauen, die Ansprüche an die (Männer-) Gesellschaft stellten, die sich ihre Natur nach ihren eigenen Vorstellungen erobern wollten und ihre Lebensgeschichte wie die des ganzen Geschlechts als unabgeschlossene, noch einzulösende verstanden. Von Maxie Wanders und Sarah Kirschs beispielgebenden Interviewbänden war bereits die Rede. Andere Vorreiter einer DDR-Frauenliteratur mit ganz eigenen Zügen waren die Romane *Franziska Linkerhand* von Brigitte Reimann, *Karen W.* von Gerti Tetzner und *Leben und Abenteuer der Trobadora Beatrix* von Irmtraud Morgner, die alle drei 1974 erschienen. Prosabände von Helga Schubert, Helga Königsdorf, Christine Wolter, Rosemarie Zeplin, Helga Schütz, Gabriele Eckart sowie von Monika Maron, Christa Moog, Katja Lange-Müller und Barbara Honigmann (die nur in der Bundesrepublik veröffentlichen konnten) folgten im Lauf der letzten fünfzehn DDR-Jahre.

Das interessanteste und merkwürdigste Buch der neuen Frauenliteratur ist Irmtraud Morgners (1933–1990) Montageroman *Trobadora Beatrix*. Die Autorin mutet ihren Leser(inne)n viel zu, zaubert und träumt, phantasiert und springt durch die Weltgeschichte, die Gesetze von Zeit, Raum und Wahrscheinlichkeit missachtend. Die Minnesängerin Beatrix de Diaz wird im Jahre 1968 aus 800-jährigem Schlaf geweckt wie einst Dornröschen, und sie prüft und besieht die Welt daraufhin, ob sie für Frauen bewohnbar geworden oder immer noch eine »Frauenhaltergesellschaft« ist. Der fremde, historische Blick der Trobadora macht es der (DDR-)

Schulgeschichten

Frauenliteratur

Irmtraud Morgner

Leserschaft leichter, die vertraute, gegenwärtige Alltäglichkeit gleichfalls mit fremden Augen zu sehen und sich als veränderungswürdige bewusst zu machen. Dieses Bauprinzip der Verfremdung mittels Historisierung, Montage, Konfrontation, Vergleich des scheinbar nicht Vergleichbaren findet sich überall in dem Roman wieder: Erzählungen, Lieder und Gedichte, Legenden, Träume, Zeitungsmeldungen, Forschungsberichte, Passagen aus einem Aufklärungsbuch, Realien aus Ernährungswissenschaft, Verhaltensforschung und Zeitgeschichte (Vietnamkrieg), Interviews u. a. m. sind – teils dokumentarisch, teils fiktiv – in die Erzählhandlung einmontiert.

»Prinzip Hoffnung«
fragwürdig

Bücher vom Anfang und aus der Mitte der 70er Jahre, zumal die von Frauen, sind in der Regel inspiriert vom Prinzip Hoffnung, konkret: vom Glauben an die Utopie einer besseren, sozialistischen Gesellschaft. Danach – also noch vor der Wende! – geriet das utopische Denken in eine tiefe Krise, und eben das spiegelt die kritische Erzählliteratur der späten DDR seismographisch genau. Was sich jetzt vollzieht, ist ein geschichtsphilosophischer Paradigmawechsel von enormem Ausmaß. Das vom Marxismus vermittelte Fortschrittsdenken wird von den Künstlern verworfen, der Glaube an ein gesetzmäßig gesichertes Ankommen im Kommunismus geht verloren. Die Gründe sind nahe liegend: In den Horizont der Künstler und Intellektuellen in der DDR ist unabweisbar jene Kette traumatischer Erfahrungen getreten, die lange Zeit dem Bewusstsein der westlichen Intelligenz vorbehalten gewesen zu sein schienen, weil der unbeirrbare Glaube an den Sozialismus sie verdrängen half. »Der Alptraum«, formulierte Heiner Müller auf der ersten Berliner Begegnung zur Friedensförderung im Dezember 1981, ist jetzt, »daß die Alternative Sozialismus oder Barbarei abgelöst wird durch die Alternative Untergang oder Barbarei. Das Ende der Menschheit als Preis für das Überleben des Planeten.« Und hatte man lange mit Volker Braun die Geschichte für »unvollendet«, gleichzeitig aber vollendbar gehalten, allen schlechten Erfahrungen mit der DDR-Gesellschaft zum Trotz, so sah man sich jetzt mit der scheinbar unaufhaltsamen Durchsetzung einer Zweckrationalität realsozialistischer Prägung in allen Lebensbereichen konfrontiert.

Alltag als Thema

Gerade die vielstimmige Prosa über den DDR-Alltag demonstriert diesen Perspektivenwechsel. Dabei erweist sich der neue Trend zum Alltag als Gewinn und Verlust zugleich. Nie zuvor hat man der DDR-Prosa so viel ›echtes‹ Milieu, authentische Redeweisen, anschauliche Details über gewöhnliche Lebensvorgänge unter den Bedingungen des ›realen Sozialismus‹ entnehmen können wie jetzt den Texten Klaus Schlesingers, Erich Loests, Ulrich Plenzdorfs, Kurt Bartschs, Günter de Bruyns, Christoph Heins oder Uwe Saegers. Statt der Planer und Leiter sind nun überwiegend die kleinen Leute ins Visier genommen. Viele dieser literarischen Figuren aus der ›herrschenden Klasse‹ fliehen aus dem Verschleiß durch die Produktionsarbeit, in der weiter über sie verfügt wird, in die Privatheit, in die Intimität der Kleinfamilie – um die Erfahrung zu machen, dass sie auch hier verschlissen werden. Denn entweder erfahren sie die Privatsphäre als eintönige Tretmühle, wo es allenfalls um Schrankwand oder Farbfernseher geht (wie in Schlesingers *Alte Filme* oder Jurek Beckers *Schlaflose Tage*), oder das einstige Familienglück, die Partnerbeziehung wird zum Kampfplatz, ja Schlachtfeld (wie bei Kurt Bartsch), oder in Christoph Heins glänzender Novelle *Der fremde Freund* (Titel in der Bundesrepublik: *Drachenblut*) von 1983. Im aktuellen, sinnlichen Aufweis solcher sozialer und seelischer Provinzen der DDR – gerade in der Vergegenwärtigung eines neuen, durchaus spießigen Kleinbürgertums in diesem untergegangenen Land – leistet die Alltagsprosa Vorzügliches. Andrerseits ist mit

Schutzumschlag

dem Schrumpfen der erzählten Welt auf den Alltag eine Prosa der ›neuesten Sachlichkeit‹ à la Hans Fallada entstanden, deren Stärke in der Beobachtung des Augenblicks, nicht aber in der Aufhellung des gesellschaftlich-historischen Zusammenhangs liegt.

Erich Loests *Es geht seinen Gang oder Mühen in unserer Ebene* (1978) ist vielleicht das wichtigste Beispiel dieser Tendenz. Der Autor (geb. 1926) hatte 1950 mit dem Kriegsroman *Jungen, die übrig blieben* debütiert und später – nach sieben Jahren Haft in Bautzen 1957 bis 1964 – hauptsächlich Kriminalromane geschrieben. Die Hauptfigur des Romans ist der nicht-diplomierte Ingenieur Wolfgang Wülff – kein sozialistisches Vorbild, sondern durch und durch ›mittlerer Held‹: freundlich, intelligent und fleißig, aber ohne jeden Ehrgeiz und nicht der arrivierte ›Planer und Leiter‹, den seine karrieresüchtige Ehefrau gern aus ihm machen möchte. Indem Loest ein Stück aus dem Leben dieses Mannes nachzeichnet – sein vermeintliches berufliches und politisches ›Versagen‹, das die Auflösung seiner Ehe nach sich zieht –, kann er die DDR-Gesellschaft zeigen, wie sie war und blieb: spießig und muffig, unsolidarisch, autoritär und selbstgerecht. Dagegen rebelliert Wülff, der selbst ein kleiner (aber sympathischer) Spießer ist: nicht als heroischer Kämpfer, sondern indem er sich der totalen Vereinnahmung in dieses System, der Anpassung und Selbstaufgabe einfach entzieht und nicht ›erfolgreich‹ und ›vernünftig‹ ist, wo er es sein soll.

Ein neues Segment zivilisationskritischen Erzählens in der DDR ist das, was man als ökologisch-kritische Literatur bezeichnen könnte. Die reale Entwicklung der DDR-Wirtschaft und -Gesellschaft hat der Literatur wider Willen ein neues Sujet beschert: die kaputte Natur. Über lange Zeit hatten die Autoren ein eher unproblematisches Verhältnis zur Natur bzw. zum Umgang mit ihr. Die immer

Erich Loest

Sarah Kirsch und Christa Wolf

umfassendere Ausschöpfung der natürlichen Ressourcen schien Anlass zum Triumph, nicht zur Trauer. Nach Ansätzen eines sensibleren ökologischen Bewusstseins zu Beginn der 70er Jahre, z. B. bei Erwin Strittmatter, Jurij Brežan und vor allem in der Kinder- und Jugendliteratur, entsteht seit Anfang der 80er Jahre eine Fülle von Prosatexten, die über die zweifelhaften Erfolge des ›homo faber‹, des ›homo oeconomicus‹ Gericht halten, von Hanns Cibulkas Tagebucherzählung *Swantow. Die Aufzeichnungen des Andreas Flemming* (1981) bis zu Christa Wolfs literarisch eher anspruchslosem Tschernobyl-Tagebuch *Störfall. Nachrichten eines Tages* (1987). Vor allem aber ist Monika Marons Roman *Flugasche* (1981) zu nennen, den bis zum Ende kein DDR-Verlag herausbringen durfte.

Bewältigungsliteratur

Ein wichtiger Teil der späten DDR-Prosa ist dem Versuch gewidmet, die Wurzeln der Misere von heute in der Geschichte freizulegen. Eine dritte Phase der ›Bewältigungsliteratur‹ setzt so zur Mitte der 70er Jahre ein, die nun nicht mehr nur auf die Nazizeit, sondern auch auf den Stalinismus auf deutschem Boden gerichtet ist. Kein Buch stellt so genau die entscheidende Frage: »Wie sind wir so geworden, wie wir heute sind?«, wie Christa Wolfs Roman *Kindheitsmuster* von 1976. Die Autorin will wissen, wie eigentlich der ganz ›normale‹, alltägliche, gewöhnliche Faschismus beschaffen war, der von Massen von Menschen mitexekutiert oder ertragen – nicht aber bekämpft – wurde. Es geht also nicht um die Heroen des Widerstandes, auch nicht um die sadistischen Naziverbrecher, sondern um die Millionen von Mitläufern. Die Autorin findet sie, ehrlicherweise, in ihrer eigenen Familie, der des Lebensmittelhändlers Bruno Jordan. Der Titel *Kindheitsmuster* meint die in der Kindheit, in Familie, Schule und »Bund deutscher Mädchen« erworbenen und geprägten Muster des Verhaltens im Sinn des englischen ›pattern‹: Angst, Hass, Härte, Verstellung, Scheinheiligkeit, Verleugnung authentischer Empfindungen, Hörigkeit und Pflicht ohne Ansehen der Person – ›Eigenschaften‹, die ein Individuum einem Regime wie dem nazistischen anheim geben. Davon wird hier erinnernd erzählt, wort- und bildkräftig, von wirklichen Menschen, die das Buch wieder sehr lebendig macht, allen voran das Kind Nelly Jordan. Doch damit ist nur eine Erzählebene von vieren gekennzeichnet. Eine kurze Reise an den Ort der Kindheit ist für die Autorin der Hebel, die vergessenen, verdrängten Bilder der Vergangenheit wieder freizusetzen. In einer Art Gerichtsverfahren mit sich selbst, einem Selbstverhör konfrontiert die Erzählerin ihre eigene kleinbürgerlich beschädigte Kindheit mit ihrer Gegenwart im Jahr der Reise, 1971; schließlich noch einmal – das ist die dritte Erzählebene – mit den alltäglichen Erfahrungen während der Zeit der Niederschrift 1972–75. Auf einer vierten Ebene endlich reflektiert sie die »Schwierigkeiten beim Schreiben der Wahrheit«, die aus der Abwehr des tabuierten Themas erwachsen. Das Buch, ein »Kampf um die Erinnerung« (A. Mitscherlich), dokumentiert den Lernprozess der Erzählerin, die Zensur über das eigene Ich aufzuheben und trauern zu lernen. Es leistet gleichzeitig eine beachtliche Selbstkritik an den eigenen, auch in der DDR-Gegenwart noch wirksamen autoritären Charakterstrukturen, was die Wolf-Kritik des Jahres 1990 geflissentlich übersehen hat.

Kritik am Stalinismus

Eine neue Dimension wuchs der Erzählliteratur dadurch zu, dass das Thema Stalinzeit kein uneingeschränktes Tabuthema blieb. Der literarisch gelungenste Versuch, die verdrängten 50er Jahre in der DDR wieder anzueignen, ist Christoph Heins (geb. 1944) Roman *Horns Ende* (1985). Mit ihm hat Hein sich endgültig als einer der besten Erzähler und Stilisten seines Landes erwiesen. Es ist die Geschichte eines Mannes in den Vierzigern, der eine leitende Parteifunktion innehatte, 1953 aus der Partei ausgeschlossen wurde und als Kustos an ein Kleinstadtmuseum versetzt wird. Hier wird er 1957 – das ist die erinnerte Handlungszeit – nach grundlosen Denunziationen von der Staatssicherheit verhört und der Subversion für schuldig befunden. Wenig später wird er im Wald erhängt aufgefunden. Horns Tod wirkt als Verstörung, die das Verdrängen des eigenen gleichgültigen oder feigen Handelns nicht mehr zulässt. Fünf Einwohner einer ostdeutschen Kleinstadt legen sich Rechenschaft ab über ihre Rolle in den damaligen Vorgängen. Es zeigt sich, dass es nicht eine Wahrheit über die Vergangenheit gibt, sondern eine Vielzahl von Erlebnisperspektiven. Verstörend ist der für fast alle Figuren zutreffende Befund, dass sie sich in den 50er Jahren kaum anders verhalten als sie es einst in der Nazizeit taten.

Einen wichtigen Beitrag zur Aufarbeitung der traumatischen Vergangenheit hat jene Vielzahl von Autobiographien und Memoiren geleistet, die seit Ende der 70er Jahre erschienen sind. Aus ihnen ragen die Bücher zweier Autoren heraus, die als junge Menschen gläubige Nazis gewesen, nach 1945 rasch Sozialisten geworden waren – und denen dann in fortgeschrittenem Alter die ›zweite Erkenntnis‹ nicht erspart blieb, dass auch der ›real existierende Sozialismus‹ ein doktrinäres, menschenfeindliches System ist. Es sind dies Erich Loests *Durch die Erde ein Riß. Ein Lebenslauf* (1981 – nur in der Bundesrepublik) und Franz Fühmanns *Der Sturz des Engels. Erfahrungen mit Dichtung* (1982). Fühmanns Buch, zunächst eine Auseinandersetzung mit dem expressionistischen Lyriker Georg Trakl, stellt seinen eigenen lebenslangen »Konflikt zwischen Doktrin und Dichtung« mit schonungsloser Offenheit dar. Der Autor hatte ein weiteres autobiographisches Projekt in Arbeit, da starb er im Juli 1984 nach mehreren Krebsoperationen. Erst 1991 wurde es unter dem Titel *Im Berg. Bericht eines Scheiterns* aus dem Nachlass veröffentlicht. In einem beigefügten Auszug aus Fühmanns Testament finden sich die Sätze: »Ich habe grausame Schmerzen. Der bitterste ist der, gescheitert zu sein: In der Literatur und in der Hoffnung auf eine Gesellschaft, wie wir sie alle einmal erträumten.« Fühmanns fragmentarischer Text *Im Berg* ist die letzte Manifestation dieses gescheiterten grandiosen Traums, den er mit den bedeutendsten DDR-Autoren von Christa Wolf und Heiner Müller bis zu Wolf Biermann, Volker Braun und Christoph Hein gemeinsam geträumt hat.

Leichter schienen es Altkommunisten zu haben – wie Stephan Hermlin, von dem 1979 die kleine poetische Autobiographie *Abendlicht* erschien (freilich mehr Dichtung als Wahrheit), oder Stefan Heym, dessen voluminöser Memoirenband *Nachruf* 1988 nur in der Bundesrepublik erscheinen konnte. So viele Konflikte diese beiden Autoren, zumal Heym, immer wieder mit den DDR-Oberen hatten: Am Ende ihres Lebens steht eine unirritierbare Identität im Politischen und Ästhetischen, die den Autoren jüngerer Generationen – glücklicherweise – nicht mehr gegeben war.

Nach der Wende von 1989/90 erschien noch einmal eine stattliche Anzahl von autobiographischen und Memoirenwerken, die die hier skizzierte Bestandsaufnahme der doppelten Diktaturvergangenheit mehr oder weniger selbstkritisch weiterführten, so von Markus Wolf (*Die Troika*, 1989), Walter Janka, Gustav Just, Werner Heiduczek (*Im gewöhnlichen Stalinismus*, 1991) und Hermann Kant (*Abspann*, 1991; er war inzwischen als hochrangiger Informeller Mitarbeiter der Stasi – Deckname »IM Martin« – enttarnt). Aus ihnen ragt der erste Band von Günter de Bruyns Autobiographie unter dem Titel *Zwischenbilanz. Eine Jugend in Berlin* (1992) heraus, der die Zeit bis 1949, also bis an die Schwelle der DDR, beschreibt und in den Jahren seit 1986 entstanden ist. Der Autor erzählt anschaulich, episodenreich und ohne je der Versuchung zu großartigen, suggestiven Verallgemeine-

Autobiographien und Memoiren

Schutzumschlag

rungen zu erliegen, von seinem Leben als Kind, Jugendlicher und junger Mann in seiner Zeit, also zwischen 1926 und den ersten Nachkriegsjahren, bis er, der ehemalige Luftwaffenhelfer und Soldat, zunächst Landarbeiter und Neulehrer ist. Der 1996 erschienene zweite Band *Vierzig Jahre* gibt, nunmehr aus der Sicht eines Mannes, der inzwischen Schriftsteller geworden ist, eine aufschlussreiche, freilich zuweilen selbstgerechte Innenansicht der DDR bis zu deren Ende.

Auch Heiner Müllers späte Texte sind hier zu nennen. Eigentlich Dramatiker, hat Müller seit den mittleren 80er Jahren bis zu seinem Tod Ende 1995 fast nur noch autobiographische Texte geschrieben. Einerseits waren das unverschlüsselt persönliche Gedichte in eindrucksvoll lakonischer Sprache (so »Selbstkritik« von 1989 oder das Langgedicht »Mommsens Block« von 1993, andere schon aus den 50er bis 70er Jahren), die den Autor retrospektiv als einen der bedeutendsten Lyriker der DDR ausweisen. Andererseits hat sich Müller in den ersten, vom ›writer's block‹ gekennzeichneten Wendejahren gesprächsweise (durch seine Schwägerin, die Erzählerin Katja Lange-Müller, und andere) die Autobiographie *Krieg ohne Schlacht* (1992) abringen lassen, die zwar kein durchkomponiertes sprachliches Kunstwerk geworden ist, aber eine kaum ausschöpfbare Auskunftsquelle über seine Person, sein Schreiben in der DDR und seine Erfahrungen »in zwei Diktaturen« darstellt.

Tagebuch- und Briefsammlungen

Schließlich ist auf einige nach der Wende erschienene Tagebuch- und Briefsammlungen hinzuweisen, die Auskunftsquellen ersten Ranges zu einzelnen bedeutenden Autoren darstellen und auf ihre Weise eine Aufarbeitung der Geschichte der zweiten deutschen Diktatur leisten. Hierher gehören zwei Bände Tagebücher der früh verstorbenen Brigitte Reimann (1933–1973) und der Briefwechsel dieser Autorin mit Christa Wolf (*Sei gegrüßt und lebe. Eine Freundschaft in Briefen 1964–1973*, 1993) wie auch C. Wolfs Korrespondenz mit Franz Fühmann aus den Jahren 1968 bis 1984 (*Monsieur – wir finden uns wieder*, 1995).

Blick auf Klassik und Romantik

Ein gewandeltes Verhältnis zur Geschichte zeigt sich deutlich im radikal veränderten Blick auf die deutsche Kunstepoche, also auf Klassik und Romantik. Eine Vielzahl von Essays und erzählenden Texten stellt sich jetzt gegen das harmonisierende Bild der Klassik, vor allem Goethes, und wendet sich den sog. Außenseitern, den Abweichlern von der klassischen Norm zu, d. h. vor allem: den Romantikern. Hölderlin (der wahnsinnig wurde), Kleist und die Günderrode (die Selbstmord begingen), Jean Paul und E. T. A. Hoffmann, die einzelgängerisch-kauzig lebten und schrieben, ziehen das Interesse auf sich, so in Texten von de Bruyn (zu Jean Paul und anderen), Fühmann (zu Hoffmann und anderen), Gerhard Wolf (zu Hölderlin), Kunert (*Pamphlet für K.* – d. i. Kleist –, 1975), Sigrid Damm (zu Lenz und Goethes Schwester Cornelia, später auch zu Goethes Frau Christiane Vulpius), Brigitte Struzyk (zu Caroline Schlegel-Schelling) und vor allem Christa Wolf. Ihre Essays zu Kleist, Bettina von Arnim und Karoline von Günderrode, vor allem aber ihre Novelle *Kein Ort. Nirgends* (1979), geschrieben in der großen Depression der DDR-Intellektuellen nach der Biermann-Ausbürgerung, prüfen die alternativen Lebensentwürfe und Literaturkonzepte der Romantiker daraufhin, was sich aus ihnen für die Bewältigung aktueller Krisen lernen lässt. Quasi autobiographische Paralleltexte zu dieser Krisenerfahrung sind Christa Wolfs *Sommerstück* (1989 erschienen, aber schon über zehn Jahre früher geschrieben) und Sarah Kirschs *AllerleihRauh* (1988).

Alte Mythen

Die Erzähler der DDR wenden sich in den späten 70er und 80er Jahren nicht nur der Geschichte, sondern auch Märchen, Legenden und vor allem den alten Mythen zu. Die Autoren entziffern die Mythen, in erster Linie die altgriechischen,

Fühmann auch biblische, geschichtsphilosophisch: als Urbilder einer höchst widersprüchlichen abendländischen Zivilisationsgeschichte, einer fragwürdigen Modellierung der menschlichen Vernunft und »ihres Anderen« (Hartmut Böhme), nämlich der Körper, der Sinne, der Affekte des Menschen. An den Mythen fasziniert sie, in den Worten Heiner Müllers, »die Wiederkehr des Gleichen [...] unter ganz anderen Umständen [...] und dadurch auch die Wiederkehr des Gleichen als eines Anderen«. In der »Arbeit am Mythos«, mit Hans Blumenberg zu sprechen, manifestiert sich die Wiederkehr verdrängter, unbewältigter, nur ›verschobener‹ Traumata. Das hatten schon die zahlreichen Nacherzählungen der alten Mythen durch Hermlin, Fühmann oder Rolf Schneider gezeigt, das zeigten jetzt Fühmanns mythologische Erzählungen (*Der Geliebte der Morgenröte*, 1978; *Das Ohr des Dionysios*, 1985), Morgners bizarre Romane und vor allem Christa Wolfs ehrgeiziges Kassandra-Projekt, bestehend aus der Erzählung *Kassandra* und den dazugehörigen Frankfurter Vorlesungen *Kassandra: Voraussetzungen einer Erzählung* (1983).

Kassandra war die Tochter des Trojerkönigs Priamos, die von Apollon mit der Sehergabe ausgestattet wurde, gleichzeitig aber mit dem Fluch, dass niemand ihre Wahrsprüche glauben solle. Nach dem Fall Trojas wurde sie, als Beute Agamemnons, nach Mykene verschleppt und dort ein unschuldiges Opfer der Rache Klytämnestras an ihrem Gatten. – Christa Wolf sah in Kassandra »eine der ersten Frauengestalten [...], deren Schicksal vorformt, was dann, dreitausend Jahre lang, den Frauen geschehen soll: daß sie zum Objekt gemacht werden [...] Ihre innere Geschichte: das Ringen um Autonomie«. In den Vorgängen um Kassandra offenbaren sich für die Autorin die Ursprünge unserer Welt von heute als einer »Megamaschine« von »zerstörerischer Irrationalität«: die Herausbildung jenes spezifisch männlich-kriegerischen, zweckrationalen Zivilisationstypus von Frühgriechenland-Mykene, der sich sowohl gegen die (als mutterrechtlich vorgestellte) kretisch-minoische Kultur als auch gegen Troja durchsetzte. Die Erzählung versucht, indem sie den imaginierten inneren Monolog der mythischen Kassandra nachbildet, ein poetisches ›Lösungsmittel‹ gegen die Versteinerungen unseres Denkens und unserer Zivilisation ins Spiel zu bringen. Überdies enthält *Kassandra* eine palimpsestartige Darstellung des totalitären Überwachungs- und Bespitzelungssystems der DDR, das Christa Wolf bereits 1979 in der Erzählung *Was bleibt* minutiös und ohne mythologische Camouflage beschrieben hatte. Freilich veröffentlichte sie diesen Text damals nicht, sondern erst 1990, was eine heftige Debatte um ihre Person bzw. um Mut und Feigheit, Anpassung und Widerstand der DDR-Intellektuellen auslöste: den so genannten deutsch-deutschen Literaturstreit. Nach den Erfahrungen von Wende und Literaturstreit griff Christa Wolf 1995 mit ihrem Prosatex *Medea. Stimmen* ein weiteres Mal zu einer Frauengestalt der griechischen Mythologie.

Am Ende der 80er Jahre, und damit am Ende des Staatswesens DDR, bietet die Prosa ein uneinheitliches, d.h. vor allem: ungleichzeitiges Bild. Zu ihm gehört nicht nur, dass einige der besten Autoren im Westen leben und arbeiten und ihr ursprüngliches Publikum nicht mehr erreichen. Zu ihm gehört vor allem, dass sich eine Kluft aufgetan hat zwischen den in der DDR bis zuletzt populären Vertretern eines vormodernen Erzählens, die in der Bundesrepublik schon damals kaum einer kannte und heute erst recht keiner kennt, und einer immer größer werdenden Phalanx moderner Erzähler. Auch die intellektuelle und literarische Szene der DDR war zum Ende hin eine der »neuen Unübersichtlichkeit« (Jürgen Habermas) geworden.

Christa Wolfs
Kassandra-Projekt

Theater gegen das Verdrängen und Vergessen

Zahlen, Fakten

Seit dem Ende der 50er Jahre war das Theater der DDR von dem Dilemma geprägt, dass seine wichtigsten Gegenwartsstücke gar nicht oder erst mit beträchtlicher Verspätung auf die Bühne kamen. Allzu groß war die Sorge der kulturpolitischen Orthodoxie, die sinnliche Manifestation fragwürdiger Zustände im eigenen Land auf der Bühne könne das Publikum verstören oder Protest stimulieren. Dieses Missverhältnis hat sich bis zum Zusammenbruch des Landes nicht grundsätzlich geändert. Insgesamt geriet das Theater der DDR seit den 70er Jahren in eine Krise, die westliche Industrieländer schon länger kannten. Zählte man an den 68 Theatern (mit ca. 200 Spielstätten) 1955 noch 17,4 Millionen Theaterbesucher, so ging diese Zahl seither drastisch zurück. 1979 war mit 10,4 Millionen ein Tiefpunkt erreicht. 1980 konnten wieder mehr Besucher registriert werden, danach sank die Zuschauerzahl schrittweise auf unter 10 Millionen. Das waren proportional immer noch bedeutend höhere Zahlen als in der Bundesrepublik, aber auch das Theater in der DDR bekam offensichtlich die Konkurrenz der audiovisuellen Medien in einem Ausmaß zu spüren, das seinen Lebensnerv traf.

Generationenwechsel

Versucht man sich ein Bild von der Konstellation der maßgeblichen Theaterautoren, ihrer Stoffe und ästhetischen Konzepte in den 70er und 80er Jahren zu machen, so muss man feststellen, dass ein gravierender Wandel eingetreten und die frühere Übersichtlichkeit nicht mehr gegeben ist. Längst ist die unmittelbare Brecht-Nachfolge Geschichte und das Produktionsstück nicht mehr das wichtigste Genre. Die inzwischen ältere (Flakhelfer- und HJ-) Generation ist die eine Dominante des DDR-Theaters, einerseits durch Heiner Müller, andererseits durch Hacks, Strahl und Helmut Baierl vertreten. Die als Lyriker so deutlich eine Generation der unbefangenen, anspruchsvollen Stürmer und Dränger bildeten, sind dagegen auf dem Theater nie als auch nur halbwegs homogene Gruppe erschienen: der Lustspielautor Armin Stolper, der Auch-Dramatiker Ulrich Plenzdorf, der Arbeiterschriftsteller Paul Gratzik, die Gelegenheitstheaterdichter Rainer Kirsch und Karl Mickel oder der erst spät hervorgetretene Harald Gerlach – sie alle müssen als individuelle Autoren betrachtet werden, die überdies dem DDR-Theater keine dauerhaften Impulse vermitteln konnten. Nachdem Hartmut Lange, Kurt Bartsch und Einar Schleef die DDR früher oder später verlassen haben, ist es aus dieser Generation einzig und allein Volker Braun, ohne den das DDR-Theater nicht vorstellbar wäre. Erst mit Christoph Hein, Stefan Schütz und Thomas Brasch ist es zu einem bemerkenswerten Generationswechsel unter den Stückeschreibern gekommen. Ihr großenteils auch persönlicher Lehrer heißt nun nicht mehr Bertolt Brecht, sondern Heiner Müller, von dem sie sich im günstigsten Fall (wie Christoph Hein) wieder deutlich entfernt haben. Von ihm haben sie gelernt, dass das Theater den großen stofflichen Vorwurf, eine kühne operative Strategie und vor allem: eine eigne, poetische Theatersprache braucht.

Stefan Schütz

Mit ihnen verglichen wirken die Stücke der sog. Jungen, heute etwa 50jährigen, zumeist eher zaghaft und dramaturgisch wie sprachlich unentschieden, obwohl es gerade diese jüngeren Autoren waren, die sich aktuellen DDR-Themen zuwandten. Unter ihnen sind die Begabtesten Jochen Berg, Uwe Saeger, Jürgen Groß, Lothar Trolle, Georg Seidel (gest. 1990) und Peter Brasch, ein Bruder von Thomas Brasch. Ihre Themen fanden diese Autoren (außer Berg, der Antikenstücke schrieb) zumeist im Alltag des ›real existierenden Sozialismus‹, in dem sie verdrängte Probleme orteten: Doppelmoral und Opportunismus, Konsumismus und Kälte im Umgang miteinander. Doch bei aller Kritik im Detail erheben sich die meisten dieser Stücke kaum über einen »affirmativen Alltagsrealismus« (K. Siebenhaar). Eine eigne, provozierende Theatersprache ist selten.

Insgesamt liegt das Gewicht der in den 70er Jahren geschriebenen Dramen nicht bei den auf Aktualität versessenen Zeitstücken im engeren Sinn. Christoph Hein, der im Lauf dieser beiden Jahrzehnte als ernst zu nehmender Theaterautor hervortritt, hatte treffend gesagt: »Stücke, die in der Gegenwart geschrieben werden, sind Gegenwartsstücke. Diese Banalität zu behaupten, scheint mir wichtig, da heute ein Gegensatz zwischen sogenannten historischen und gegenwärtigen Stücken konstruiert wird [...] Gegenwart wird ohnehin verhandelt. Für das Nichtstattfinden von Zeitung/Berichterstattung ist Theater kein Ersatz.« So wie Hein haben sich auch Volker Braun, Heiner Müller und die jüngeren Thomas Brasch und Stefan Schütz dagegen gewehrt, die vor allem der Prosa aufgebürdete Aufgabe zu übernehmen, Ersatz für eine verhinderte journalistische Öffentlichkeit zu sein. Stattdessen haben sie sich, stärker noch als in den 50er und 60er Jahren, daran gemacht, theatralisch den vertrackten und verdrängten Geschichtsprozess aufzuarbeiten und wieder sinnlich zugänglich zu machen, der in die »gestockten Widersprüche« (F. Fühmann) einer hierarchisch-autoritären, durchaus unmenschlichen Gesellschaft im eigenen Land hineingeführt hatte. Was an der Prosa beobachtet wurde, findet sich auch hier: Die Rekonstruktion der offenbar fehlgegangenen Entwicklungsgeschichte der eigenen Nation wie vielleicht der ganzen Gattung kann sich auf unterschiedliche mittel- oder langfristige Abschnitte erstrecken: auf den Nationalsozialismus, auf über drei Jahrhunderte preußisch-deutsche Geschichte oder auf die abendländische Zivilisationsgeschichte als Ganze, deren strukturbildende Kräfte und sinnbildhafte Figuren vornehmlich in der frühgriechischen Mythologie und Geschichte aufgesucht werden.

Kein anderer Theaterautor hat sich so hartnäckig und tief in den ›Text der Geschichte‹ eingewühlt wie Heiner Müller. Auch er erkannte erst schrittweise die Notwendigkeit, »Geschichtsbewußtsein als Selbstbewußtsein« (V. Braun) zu entwickeln, d.h. was gegenwärtig gelebt und produziert wird, aus den Ablagerungen der Geschichte zu erklären. Aber mit dem ›Erklären‹ ist es nicht getan: Geschichte, und zumal die deutsche, ist weder etwas, das ›hinter uns‹ (als bewältigt, überwunden) liegt, noch etwas, das ›außer uns‹ (als vermeintlich objektiver, automatisch fortschreitender Geschichtsprozess) abläuft. In diesem Bewusstsein werden Geschichte und Aktualität miteinander identisch, weshalb Müller z.B. gegen all jene polemisiert, die in seinem NS-Stück *Die Schlacht* die aktuelle Relevanz vermissen. An einen Kritiker schreibt er 1975: »Daß Sie die Frage für notwendig halten, verweist auf die Antwort: die Aushöhlung von Geschichtsbewußtsein durch einen platten Begriff von Aktualität. Das Thema Faschismus ist aktuell und wird es, fürchte ich, in unserer Lebenszeit bleiben.«

Müller hat sich dem Geschichtsprozess in Etappen zugewendet. Bereits aus den frühen 50er Jahren stammen Szenen/Fragmente, die die jüngstvergangene deutsche Geschichte – NS-Regime und Zweiten Weltkrieg – thematisieren und hernach in *Die Schlacht* und *Germania Tod in Berlin* eingegangen sind. Später, in den 60er Jahren, hat er sich in mythischen Modellen wie dem *Herakles*, *Prometheus* oder *Philoktet* mit der abendländischen Zivilisationsgeschichte als einer Geschichte der repressiven Aneignung der Natur durch den Menschen, einschließlich der eigenen Triebnatur, auseinander gesetzt. Es ist nur folgerichtig, dass Müller dabei Zug um Zug auf die deutsche Geschichte und damit auch Preußen und das Naziregime stoßen musste – immer aus dem Interesse an der eigenen,

Zeitstücke

Heiner Müller

Dramen zur deutschen Geschichte

Triebgeschichte

Heiner Müller:
Die Schlacht

Collagen ohne Fabel

Müllers ›Schüler‹

gelebten DDR-Gegenwart heraus. Und so lässt denn Müller in den Stücken der 70er Jahre »die Geschichtsuhr rückwärts laufen« (Genia Schulz) – zur gescheiterten Revolution 1918/19, nach Preußen unter Friedrich Wilhelm I. und Friedrich II., schließlich bis zum »germanischen Erbe«: bis zu Arminius und Flavius und den Nibelungen-Helden im *Germania-Stück*. Müller wandelt ein Wort von Edgar Allan Poe: »Der Terror, von dem ich schreibe, [...] ist ein Terror der Seele« ab in: »Der Terror, von dem ich schreibe, kommt aus Deutschland«.

In *Die Schlacht* (1974) begnügt sich der Autor noch damit, in grausigen, verstörenden Bildern vom Krieg als einem lizenzierten Abschlachten die Situation des vermeintlichen ›Nullpunkts‹ 1945 ohne seine lange Vorgeschichte nachzuzeichnen. Übrig geblieben sind im Wesentlichen Schlächter, Mörder und andere Menschenverächter als die einzigen Überlebenstüchtigen. Die implizit gestellte Frage lautet natürlich: Was ist und was wird das für ein Sozialismus, der aus solchen Anfangsbedingungen und mit solchen Menschen aufgebaut werden muss? Die Stücke *Germania Tod in Berlin* (abgeschlossen 1976) und vor allem das Preußenstück *Leben Gundlings Friedrich von Preußen Lessings Schlaf Traum Schrei* (1977) entziffern dann schließlich – ein für die DDR sehr neues Vorhaben – die deutsche Geschichte als Triebgeschichte: als Prozess einer fortschreitenden Deformation der menschlichen Triebstruktur in Richtung auf die Verwandlung von Fremdzwängen in Selbstzwänge (»Jeder ist sein eigner Preuße«, heißt ein Kernsatz des Stücks), auf die Herstellung des autoritären (sadomasochistischen) Charakters, auf die Verkehrung der der Gattung gegebenen Möglichkeit lebendiger Produktivität in Todesproduktion. Müller verweigert in seinen Stücken einen positiven Zukunftsprospekt und beschränkt sich auf »konstruktiven Defaitismus«. Und während manche der neuen Stücke sich ganz dieser Art Defaitismus verschrieben (wie *Hamletmaschine*, 1978, und *Quartett*, 1981) und deshalb in der DDR kaum spielbar waren, bemühte sich Müller in anderen um eine konstruktive Deutung des Geschichtsprozesses (vor allem in *Der Auftrag. Erinnerung an eine Revolution*, 1980).

Auch Müllers Stücke der 80er Jahre zeigen, dass dieser Dramatiker, der mittlerweile in aller Welt gespielt wird, nicht auf eine Weltanschauung, auf einen Stil festzulegen ist. Müller schrieb weiter »synthetische Fragmente«, Collagen ohne Fabel, weil allein sie dem fragmentarischen Zustand der Geschichte, der Welt von heute und den Subjekten in ihr gerecht werden. Späte Stücke wie *Verkommenes Ufer Medeamaterial Landschaft mit Argonauten* (1983) oder *Bildbeschreibung* (1985), die wiederum die »Maschine Mythos« in Gang setzen und vor allem die extrem entfremdete Mann-Frau-Beziehung in verschiedenen Stadien des Patriarchats thematisieren, scheinen eher aus dem Geist des Poststrukturalismus (Foucault, Deleuze, Baudrillard u. a.) als aus dem des Marxismus geschrieben zu sein. Doch dann überraschte Müller sein Publikum ein weiteres Mal und legte mit *Wolokolamsker Chaussee* (1987) ein Stück vor, das sich mit der Gründungsgeschichte des Sozialismus als einer des Terrors und des Todes beschäftigt und, wenn auch sehr versteckt, das uralte Projekt der kommunistischen Utopie in sich trägt.

Heiner Müller wurde seit den 70er Jahren zu einer Art Lehrerfigur für junge Dramatiker aus der DDR. Thomas Brasch (vor allem mit *Rotter*, 1977), Stefan Schütz (z. B. in *Michael Kohlhaas ...*, 1978) und selbst Volker Braun bissen sich ähnlich dem älteren Müller in der deutschen Geschichte als Terrorzusammenhang fest, oder sie rekurrierten wie Müller auf die griechische Mythologie (so Berg und Schütz). Volker Braun ließ sich mit *Simplex Deutsch. Ein Spielbaukasten für Theater und Schule* (1980) und *Siegfried Frauenprotokolle Deutscher Furor* (1986) fast ›müllernd‹ auf den deutschen Geschichtstext ein: als eine Abfolge von Revolutionen ohne Revolutionäre, von Kriegen und Bürgerkriegen, deren stereotype Verkehrsform Mord und Totschlag ist.

Der wichtigste jüngere unter den Geschichtsdramatikern ist gewiss Christoph Hein. Er befragt die Geschichte daraufhin, welche Modelle bzw. Modellfiguren sie bereithält, aus denen heute noch zu lernen wäre. Dabei stößt er auf so unterschiedliche Gestalten wie den Führer der englischen Revolution Oliver Cromwell, dessen »mörderische Tugenden« ihn interessieren (*Cromwell*, 1979), oder Ferdinand Lassalle, den so intelligenten wie spießigen, passionierten wie selbstquälerischen Baumeister der deutschen Arbeiterbewegung (*Lassalle fragt Herrn Herbert nach Sonja. Die Szene ein Salon*, 1979). Um sie gruppiert er Schau- und Denkspiele (solche sind auch seine historischen bzw. parabolischen Erzählungen in dem Band *Einladung zum Lever Bourgeois*, 1980), die über die Einlassung auf die Historie Gegenwärtiges ins Bewusstsein rücken. Heins erfolgreiches Stück *Die wahre Geschichte des Ah Q* (1983), geschrieben nach einer chinesischen Novelle, verschärft die Analyse des von gesellschaftlicher Praxis ausgeschlossenen bzw. sich ihr selbst verschließenden Intellektuellen, die schon in seinen früheren Stücken eine wichtige Rolle spielte. Seine Chinoiserie, die realistische Partien, Parabel und Clownsspiel mischt, zielt auf jene unproduktive, nur reflexive Lebensweise aus zweiter Hand, die den Intellektuellen im Zweifelsfall zum Opfer oder zum Werkzeug der Mächtigen werden lässt – ein Thema marxistischer Dramatiker von Brechts *Turandot* bis zu Müllers *Hamletmaschine*. Die Wende- und Nach-Wende-Zeit hat in ernüchternder Weise die Aktualität von Heins Parabel unter Beweis gestellt. Als beredtes Gleichnis der letzten Phase der DDR, gekennzeichnet vom unaufhaltsamen Verfall des ›ancien régime‹, hat sich inzwischen Heins letztes Stück *Die Ritter der Tafelrunde* (1989) erwiesen.

Christoph Hein

Lyrik gegen die symmetrische Welt

In den 60er Jahren hatte die Lyrik eine wichtige Vorreiter-Funktion für die Literaturentwicklung der DDR. Früher als die anderen Gattungen brach sie aus den Normen der Widerspiegelung, der Repräsentanz und des Sozialaktivismus aus. Nicht nur ältere Autoren wie Arendt, Huchel und Bobrowski sperrten sich gegen die politisch-pädagogische Vereinnahmung der Poesie, sondern auch und gerade die Jüngeren. Ihnen gelang poetisch-praktisch etwas Erstaunliches, das bis dahin kaum möglich schien: Zwischen der Scylla der literaturfremden Instrumentalisierung (der Lyrik-Dominante der 50er Jahre) und der Charybdis der pur ästhetischen Autonomie fanden sie einen dritten Weg, nämlich die Synthese aus Gesellschaftlichkeit und Subjektivität, aus Politik und Poesie, aus Einverständnis und Provokation – eine Vereinigung des Gegensätzlichen, die sich lyrisch als ungemein fruchtbar erwies. Durch ihre Gattungseigentümlichkeiten von vornherein souveräner gegenüber dem Gebot des »sozialistischen Realismus«, vorgegebene Wirklichkeit, dem sich vor allem die Prosa viel schwerer zu entziehen vermochte, konnte die Lyrik der 60er Jahre zur Triebkraft einer selbstbewussten, ästhetisch anspruchsvollen, modernen DDR-Literatur insgesamt werden.

Lyrik als Ausbruch

Diese Lyrik der »arbeitenden Subjektivität« (D. Schlenstedt/G. Maurer) gerät seit Mitte der 70er Jahre in die Krise. Angesichts der immer krasser hervortretenden Deformationen der sozialistischen Industriegesellschaft, angesichts der

Praxis – »Esserin der Utopien«

Windstille im gesellschaftlich-politischen Leben und der Verhärtung der Kulturpolitik halten Trauer, Angst und Verzweiflung ihren Einzug ins Gedicht, wo früher Hoffnung und das Lob des Tätigseins vorherrschten. Auch die Lyrik aus den
70er und 80er Jahren ist von der Erfahrung geprägt, dass die sozialistisch-huma-
nistischen Träume von ehedem verwelkt sind, weil sich »Praxis [als] Esserin der
Utopien« (H. Müller) entpuppt hat. Das gilt nicht nur für die Autoren der älteren
und mittleren Generation von Arendt und Huchel bis zu Kunert und Endler, sondern besonders auffällig für die aktivistischen Aufbruchslyriker, die Anfang der
60er Jahre an die Öffentlichkeit getreten waren.

*Verluste nach der
Biermann-Ausbürgerung*

Zweifellos erlitt die Lyrik der DDR durch die mehr oder weniger freiwilligen
Übersiedlungen von Autoren im Gefolge der Biermann-Ausbürgerung im Vergleich zu den anderen Gattungen die schwersten Verluste. Durch den Weggang
Huchels (schon 1971), Biermanns, Kunzes, Sarah Kirschs, Jentzschs, Bartschs,
Braschs, Tragelehns verlor die DDR beinahe auf einen Schlag einen unersetzli-
chen Teil ihrer gewichtigen Poeten. Andere, zumeist Jüngere, wie Frank-Wolf
Matthies, Bernd Wagner, Wolfgang Hilbig und Uwe Kolbe, folgten nach. Damit
zerbrach auch das für die DDR-Lyrik der 60er Jahre so wichtige Gruppen-Selbst-
bewusstsein einer ganzen Generation.

*Veränderung der
Schreibweise*

Mit der Ernüchterung der Weltsicht der Autoren einerseits und dem staatlich
verordneten Funktionswandel der Poesie andererseits veränderten sich seit Mitte
der 70er Jahre nicht nur die Themen, sondern auch die Schreibweisen der DDR-
Lyrik gravierend. Eines ist so bemerkenswert wie das andere. Zunächst zum
Wandel der Themen: Die brechtsche Erkenntnis, dass die »Mühen der Gebirge«
passé seien und man sich auf die »Mühen der Ebenen« einrichten müsse, erreichte nun auch die Jüngeren. Kunert sprach sarkastisch von der »historischen Niede-
rung«, in der man sich befinde. Doch dabei blieb es nicht. Fortschritts-Ungläubig-
keit und Geschichtsskepsis verdüsterten sich im Lauf der 70er Jahre weithin zu
einer allgemeinen Zivilisationskritik, ja: zu radikalem Endzeitbewusstsein. Hierin
unterscheidet sich die Lyrik in nichts von Prosa oder Dramatik. Nicht nur Günter
Kunert vollzog jetzt den »endgültigen Abschied von der Utopie, vom Prinzip Hoffnung«. Beispielhaft zeigt das der Paradigmawechsel in der Auseinandersetzung
mit mythologischen Figuren, die nun die Lyrik immer zahlreicher bevölkern: Man
kehrt sich nicht nur von erhabenen Licht- und Lustgestalten wie Apollon und
Aphrodite ab (wie sie z. B. Georg Maurer liebte), sondern auch von den heroischen Begründern des Zivilisationsprozesses wie Prometheus oder Herakles. An
ihrer statt beherrschen nun die zwiespältigen Problemfiguren der abendländischen Zivilisation die lyrische Szene: Sisyphus, Odysseus und immer wieder:
Ikarus und Dädalus. Wie in den anderen Gattungen auch, erscheinen die mythologischen Gestalten aus der Frühgeschichte der abendländischen Zivilisation als
Sinn-Bilder eines zunehmend perspektivlosen Geschichtsprozesses, der in der
Gewaltförmigkeit der Vorgeschichte stecken geblieben ist.

*»Abschied von der
schönen Natur«*

Am deutlichsten zeigt sich der tief greifende Wandel der DDR-Lyrik in der Na-
tur- und Landschaftslyrik, die ja von Beginn an eine wichtige Rolle spielte. In ihr
vollzieht sich fast ausnahmslos ein »Abschied von der schönen Natur« (U. Heukenkamp). Becher, Fürnberg oder Maurer hatten in den 50er Jahren noch die
›schöne Natur‹ als Vorschein wahrer Menschlichkeit feiern können. Jetzt wird die
Natur als durchweg unwirtliche, gefährdete, ja: bereits dem Untergang geweihte
vorgestellt. Angesichts einer nach Maßgabe industrialistischer Rationalisierung
»durchgearbeiteten Landschaft« (Braun) bleibt für reine Naturlyrik kein Stoff
mehr übrig; sie wird notgedrungen zu einer Landschaftslyrik, deren Sujet jetzt

das unauflösliche Ineinander von Natur, Industrie-Kultur und Geschichte ist – mit dem entscheidenden Akzent, dass die zivilisatorische Unterwerfung und Durchdringung der Natur dieselbe zum Verschwinden zu bringen droht. Schon um 1970 hatte Volker Braun in dem Gedicht »Landwüst« lapidar festgestellt: »Natürlich bleibt nichts. / Nichts bleibt natürlich.« Sein Gedicht »Industrie« aus der gleichen Zeit führte aus, was das konkret hieß:

> In der mitteldeutschen Ebene verstreut
> Sitzen wir, hissen Rauchfahnen.
> Verdreckte Gegend. Glückauf
> Und ab in die Wohnhülsen. [...]
> Regen pißt auf Beton. Mensch
> Plus Leuna mal drei durch Arbeit
> Gleich
> Leben.

Jürgen Rennerts Satz: »Es stirbt das Land an seinen Zwecken«, wird ab Anfang/ Mitte der 70er Jahre gleichsam zum Motto einer ökologisch-kritischen Naturlyrik, die Vertreter aller Generationen umgreift. Dabei reicht die Spannweite von den eher konventionellen Beschwörungen der noch vorhandenen Reste heiler Natur z.B. bei Eva Strittmatter über die sympathischen, aber ästhetisch epigonalen Warngedichte Hanns Cibulkas bis zu den bedeutenden historischen Landschaftsgedichten Volker Brauns oder Wulf Kirstens. Zumal Kirstens Gedichte montieren der Historie entstammende, abgelebte, aber doch noch existente Realitätspartikel so mit Wahrnehmungsbruchstücken der gleichmacherischen Industrie-Gegenwart, dass genau ersichtlich wird, was im »mahlgang der geschichte«, im »reißwolf des fortschritts« verloren geht, bis am Ende »die heimat verödet zum allerweltsbezirk/und niemandsland«.

Gedichte wie die von Kirsten sind nicht unter der engen Kategorie ›Ökolyrik‹ abzulegen. Wenn sie, wie Hunderte andere, von Naturverschandelung und Umweltzerstörung handeln, wenn sie sich auf die Beschreibung von »Abfalllandschaften« (U. Heukenkamp) und sonstigen Formen der ›nature morte‹ einlassen, dann stehen solche, zugegeben dominanten, Motive in den besseren Gedichten doch immer für einen weiter reichenden Einspruch gegen eine allzu viereckig, allzu symmetrisch gewordene Welt (mit Hölderlin/ Braun zu sprechen), die neben der äußeren Natur auch immer die Natur des Menschen selbst, seine subjektive Lebensfähigkeit beschädigt. So kennzeichnet die späte DDR-Lyrik immer stärker eine radikale, ernüchterte Selbstreflexion auf der Basis einer Erfahrung, wie sie z.B. Volker Braun in seinem Rimbaud-Essay (1985) ausgesprochen hat. Dort heißt es: »[...] Ich stecke im sozialistischen Kies. Provinz, das ist der leere Augenblick. Geschichte auf dem Abstellgleis. Status quo. Was uns ersticken machen kann: aus der bewegten Zeit in eine stehende zu fallen.«

Aus dieser Selbst-Erkenntnis folgt – nicht nur bei Braun – ein lyrisches Sprechen, das seine kommunikative Qualität zu verlieren droht. Die Montage disparater Bruchstücke, die Bildsprache des ›absoluten Gedichts‹, die Tendenz zur radikalen sprachlichen Verknappung (gegen die Sinn und Bedeutung prätendierende Geschwätzigkeit der offiziellen Diskurse) sowie das Experimentieren mit dem sprachlichen Material als solchem halten jetzt in der Breite Einzug in die DDR-Lyrik und modernisieren sie endgültig – parallel dem Prozess, der für die Prosa bereits beschrieben wurde. Was bislang älteren Autoren wie Arendt oder

Experimentieren mit Sprache

Bert Papenfuß:
Harte zarte Herzen

Huchel vorbehalten gewesen schien, gilt jetzt auch für Autoren wie Mickel, Braun und Wolfgang Hilbig, mehr dann noch für die Jüngeren und Jüngsten wie Uwe Kolbe, Bert Papenfuß-Gorek, Stefan Döring und Durs Grünbein. Ausgehend von einer radikalen Skepsis gegenüber der offiziellen Sprache der Parolen und Verordnungen reflektieren gerade die Jüngeren ihr Werkzeug, das Medium Sprache, grundsätzlich. Misstrauisch gegenüber dem Anspruch traditioneller Dichtung (nicht nur der realsozialistischen), im Gedicht Wirklichkeit abzubilden, zu repräsentieren, machen sie die Sprache selbst zum Gegenstand ihrer poetischen Praxis. Im Rückgriff auf vielfältige Traditionen der Avantgarde-Literatur – unbewusst oder bewusst – wird ein großer Teil der jungen DDR-Lyrik sprachreflexiv und sprachexperimentell. Während ein Volker Braun z. B. die vorgegebene Sprache immer noch mit der Intention fragmentiert, der verstellten Wirklichkeit dadurch näher zu kommen, um ein eingreifendes Verhältnis zu ihr wiederzugewinnen, sind die meisten jungen Lyriker von einer solchen operativen Poetik weit entfernt. Ihr Ziel ist allein die Destruktion (man kann auch sagen: die Dekonstruktion) der über die Sprache laufenden Fixierungen – und das Spiel mit den solcherart freigesetzten Elementen der Sprache. Sascha Andersons Satz: »ich habe ausser meiner sprache keine / mittel meine sprache zu verlassen«, wiederholt Ludwig Wittgensteins Satz »Die Grenzen meiner Sprache bedeuten die Grenzen meiner Welt« – doch das erkenntniskritisch-skeptische Diktum Wittgensteins wird auf eine offene, innovative Ästhetik des Gedichts hin gewendet: Jenseits der normierenden Diskurse politischer und anderer Ordnungen lässt sich eine zwanglos handhabbare Sprache der Poesie entdecken, die, unter den gegebenen Umständen, als einziger produktiver Ausweg erscheint, sich selbst als Subjekt freizusetzen. Die Wende 1989/90 hat nun allerdings die DDR-Subjekte in so umfassender Weise freigesetzt, dass nicht nur die etablierte, sondern auch diese alternative DDR-Literatur ihren Ort verloren hat.

Hineingeboren und Aussteigen: Die junge Literatur der späten DDR

Die DDR-Literatur der letzten beiden Jahrzehnte hat, von den dogmatischen Vertretern der Vormoderne einmal abgesehen, einen gemeinsamen Nenner, der sich unter zwei Aspekten fassen lässt. Sie schreibt an gegen das Prinzip der instru-

Vielfalt und kritischer Konsens

mentellen Vernunft und gegen das, was es an Beschädigungen und Zerstörungen des Subjekts, der Gesellschaft und der Natur hervorgebracht hat. Und sie tut dies mit ästhetischen Verfahrensweisen, die längst die Doktrin des »sozialistischen Realismus« hinter sich gelassen haben und frei über die Darstellungsmittel der Moderne, der Avantgardebewegungen verfügen. Vielfalt, Mehrstimmigkeit, Experiment und künstlerische Autonomie hießen die Forderungen, und sie wurden in der Literatur auch wirklich umgesetzt. »Das Selbst-Entdecken steht jetzt gegen das Gezeigt-Bekommen, das Nachdenken vor dem Beweis, Haltung vor Erkenntnis, Praxis vor Abbild«, so stellte Robert Weimann, einer der führenden Literaturwissenschaftler der DDR, treffend fest.

Aus diesem kritischen Konsens, der am Ende Schriftsteller *aller* Generationen vereinte, hebt sich die literarische Praxis der jungen Generation in einer Weise heraus, die das bisherige, wie immer schon erweiterte Bild von DDR-Literatur sprengt. Jetzt treten, zunächst zögernd und von den üblichen Wegen des Öffentlichwerdens noch weitgehend ausgeschlossen, junge Autoren hervor, die alle-

samt »unvermischte DDR-Produkte« (so schon Wolf Biermann über Jürgen Fuchs)
sind, insofern sie den Westen nicht mehr aus sinnlicher Anschauung kennen,
sondern nur noch übers Fernsehen. Sie sind in den Sozialismus »hineingeboren«
(mit dem Titel eines Gedichtbandes von Uwe Kolbe zu sprechen) und haben
keine Alternativen zu ihm erfahren können. Als sie erwachsen wurden, war dieser Sozialismus nicht mehr als »Hoffnung« erkennbar, sondern nur noch als »de-
formierte Realität« (H. Müller). Sie fühlen sich nicht mehr als »Nachgeborene«
einer dunklen Zeit von Nationalsozialismus und Krieg, denen es vergönnt ist,
besseren, freundlicheren Zeiten entgegenzuschreiten (das war Brechts Erwartung). Die gut gemeinte Idee, nun seien sie an der Reihe, den »Stafettenstab« des
Projekts Sozialismus aufzunehmen und weiterzugeben, blieb ihnen fremd. Nicht
zufällig wird Volker Braun, der enthusiastische Barde der 60er Jahre, zur Kon-
trastfigur dieses neuen Selbstbewusstseins. Schon 1979 signalisierte Uwe Kolbe:
»Meine Generation hat die Hände im Schoß, was engagiertes Handeln betrifft.
Kein früher Braun heute. [...] Ich kann noch weitergehen und sagen, daß diese
Generation völlig verunsichert ist, weder richtiges Heimischsein hier noch das
Vorhandensein von Alternativen anderswo empfindet.« Und bei Fritz-Hendrik
Melle heißt es salopp und bündig: »Volker Braun? Da kann ich nur sagen, der
Junge quält sich. Dazu habe ich keine Beziehung mehr. – Ich bin schon in einer
frustrierten Gesellschaft aufgewachsen. Diese Enttäuschung ist für mich kein Er-
lebnis mehr, sondern eine Voraussetzung.«

Uwe Kolbe

   Diese jungen Autoren waren nicht mehr auf eine offizielle Karriere erpicht,
vielmehr stiegen sie aus – und manchmal schon gar nicht erst ein in das Regel-
system des ›real existierenden Sozialismus‹. Überwiegend gingen sie irgendwelchen Jobs nach, die am Rande der Gesellschaft angesiedelt waren und wohl etwas zur Reproduktion, nicht jedoch zur Produktion der ungeliebten
Wachstums- und Konsumgesellschaft beitrugen. Sie wohnten in Hinterhöfen und
Souterrainwohnungen am Prenzlauer Berg in Ost-Berlin oder in anderen herun-
tergekommenen Altbauvierteln der größeren Städte wie Dresden, Leipzig, Jena
oder Weimar. »Prenzlauer Berg«, so schrieben Ingrid und Klaus-Dieter Hähnel
schon 1981, »ist [...] längst nicht mehr nur eine Wohngegend, sondern eine ›Haltung‹. Die Risse in den Wänden der Hinterhof-Häuser erscheinen nicht selten als
die Korrelate für die ›Risse‹ und ›Nöte‹ des Ichs.« So bildete sich am Prenzlauer
Berg eine Kunst-Szene heraus, die wiederum nur als Bestandteil einer größeren
Szene von Nicht-mehr-Einsteigern, die gegen das realsozialistische Spießertum
rebellierten, zu begreifen ist. Unter diesem Blickwinkel ist die junge, die ›andere‹
Literatur der DDR nur eine Facette einer neuartigen gegenkulturellen Orientierung unter der DDR-Jugend der späten 80er Jahre, die die industrialisierte Umwelt, den neuen Mittelstand und eine staatlich gelenkte Jugendkultur pauschal
ablehnte. Diese Gegenkultur war, so lange die DDR bestand, kaum je konfronta-
tiv, aber dennoch, als andere, eindeutig definiert. Ihr »kleinster gemeinsamer
Nenner« lautete: »Null Bock auf alles Offizielle« (Daniela Dahn).

Prenzlauer Berg-Szene

Schutzumschlag

   Der Anspruch auf Selbstbestimmung galt nicht nur bezüglich der Herstellung
und Verbreitung dieser Literatur für eine »andere« Öffentlichkeit, sondern er zielte auch auf das, *was* gesagt wird. Nachdem man ›der Macht‹, ihren Institutionen
und ihrer Sprache die Gefolgschaft aufgesagt hatte und der Ideologieverdacht ein
totaler geworden war, nahm man eine grundsätzlich antiideologische Haltung
ein, die sich gegen jegliche verfestigte, zu Lehrsätzen geronnene Weltanschauung
sperrte. Ein repräsentatives Sprechen schien nicht mehr möglich. Von Fortschritt,
von Optimismus, von Hoffnung auf die ganz andere, die wirklich sozialistische

Ideologieverweigerung

Gesellschaft, ist hier nirgends mehr die Rede. Die DDR wurde erlebt als Land, in das man eingesperrt war, aus dem man kaum ausreisen, allenfalls (endgültig) ausreißen konnte; ein stehendes Gewässer, ein einziger »gestockter Widerspruch«, mit dem man als Individuum nichts zu tun hatte und von dem man auch nichts mehr erwartete.

Besinnung auf Sprache

Was aber bleibt einer Literatur, die keine Botschaft mehr verkünden will, die, so Uwe Kolbe, »Glauben […] nicht mit weiterem Glauben« ersetzen will? Nun, sie setzt auf die Sprache, und zwar in einer Radikalität und Ausschließlichkeit, die der DDR-Literatur vorher immer fremd war. Das geschieht auf dreierlei Weise (wobei diese drei Elemente in der Regel im Zusammenhang auftreten): (1) Die geläufige, die herrschende Sprache wird kritisiert, weitergehend: dekonstruiert. (2) Die Sprache wird als Spiel-Zeug entdeckt, aus dem heraus ein anderes, ein befreites Sprechen ›generiert‹ werden kann. (3) Die poetische Sprache wird, über ihre destruktiven und nur spielerischen Anteile hinaus, zu einer Gegen-Sprache in Opposition zur Herrschaftssprache. Sie will, mit Heiner Müller zu sprechen, einen Diskurs in Gang setzen, der »nichts und niemanden ausschließt«. Gewiss, dies taten auch schon Angehörige der mittleren Generation wie Elke Erb, Wolfgang Hilbig oder Gert Neumann. Doch die jungen Autoren wie Bert Papenfuß-Gorek, Stefan Döring, Sascha Anderson, Rainer Schedlinski, Jan Faktor, Gabriele Kachold oder Johannes Jansen gingen diesen Weg mit einer vorher nicht gekannten Radikalität und, teilweise, Virtuosität.

Ende der DDR

Das Ende der DDR bedeutete auch das Ende dieser aufregenden literarischen Subkultur. Doch wo jetzt keine eng zusammenhängende Gruppe mehr auszumachen ist, da gibt es immer noch eine Anzahl interessanter Autorindividuen, deren weiteren Weg zu verfolgen sich lohnt. Daran kann auch die Tatsache, dass zwei (oder mehr?) der Initiatoren dieser Szene – nämlich Sascha Anderson und Rainer Schedlinski – über viele Jahre hin Stasi-Informanten waren, nichts ändern. Der Mythos Prenzlauer Berg ist beschädigt, aber die Kunstproduktion dieser »Plantage« (Adolf Endler) doch nicht als Ganze tot, weil auf ihr auch ein paar Gärtner pflanzten, die gleichzeitig Böcke waren. Dies zu glauben, hieße ein weiteres Mal, dem autoritären Staat DDR und seinem Instrument Stasi Recht zu geben, statt

(Noch) einträchtiges Gruppenbild aus der Prenzlauer-Berg-Szene von 1981 (unten links: S. Anderson, Mitte rechts: Lutz Rathenow)

sich ihrer zu entledigen. Außerdem: Der Wert und Unwert von Literatur bemisst sich (leider) nicht nur nach der Charakterstärke ihrer Urheber.

Dass gravierende Umwertungen von Autoren und Werken der DDR-Literatur auch für die Zukunft zu erwarten sind, haben die letzten Jahre gezeigt. Während sich die herausragende Bedeutung von Uwe Johnson als *dem* Prosaautor der DDR (der freilich seit 1959 im Westen lebte) noch gefestigt hat, löst das Werk der 2011 verstorbenen Christa Wolf immer wieder neue Diskussionen aus. Geradezu erstaunlich ist die Renaissance des Dramatikers und Essayisten Peter Hacks, eines Verehrers von Stalin und Walter Ulbricht bis an sein Lebensende, die in jüngster Zeit das Feuilleton der *Frankfurter Allgemeinen Zeitung* eingeleitet hat. *Habent sua fata libelli.*

Die Literatur der Bundesrepublik

Der Literaturbetrieb

Für den Begriff ›Literaturbetrieb‹ gibt es mehrere Begriffsalternativen wie ›Literarisches Leben‹, ›Literaturmarkt‹, die sich im Grunde jedoch nicht voneinander abgrenzen lassen. Selbst ein Begriff wie ›Literarisches Feld‹, wird mittlerweile als Synonym für Literaturbetrieb verwendet, obwohl dahinter ein literaturtheoretisches Modell steht, das mehr bedeutet als eine bloße Metapher für den Zusammenhang zwischen Literatur, ihrer Vermarktung und ihrer Vermittlung. Spricht man vom Literaturbetrieb, so möchte man damit erstens die Wechselwirkungen zwischen der ästhetischen Seite und der ökonomischen Seite der Literatur beschreiben. Zweitens umfasst der Begriff alle Prozesse, mit denen Literatur im weitesten Sinne vermittelt wird. Zum Literaturbetrieb gehören also alle Personen und Institutionen, die für die Herstellung, Verbreitung oder Vermittlung von Literatur sorgen. Es stehen weniger die Texte selbst, sondern z. B. Autoren, Verlage oder die Literaturkritik sowie deren Handeln im Vordergrund. *Definition*

Es liegt auf der Hand, dass sich diese Institutionen und Akteure und damit auch ihr Handeln ständig verändern. In den letzten zwanzig, dreißig Jahren haben sich Verlagswesen, Buchhandel und Literaturvermittlung jedoch in einer Weise gewandelt, die weit über das Maß sich üblicherweise vollziehender Modifikationen hinausgeht. Dieser Prozess dauert an, und seine Konsequenzen sind derzeit noch nicht ganz absehbar. Der Auslöser für diesen Wandel lässt sich im Grunde mit einem einzigen Begriff zusammenfassen: Digitalisierung. Denn die meisten Veränderungen im Literaturbetrieb der letzten Jahre sind letztlich auf diese technische Innovation zurückzuführen, die kaum einen Bereich im Literaturbetrieb unberührt gelassen hat.

Verlage und Buchhandel im Zeichen der Digitalisierung

Am gravierendsten haben sich diese Entwicklungen auf Verlagswesen und Buchhandel ausgewirkt. Dies zeigt sich etwa, wenn man lediglich die technische Seite der Herstellung betrachtet: Druckvorlagen entstehen heute fast ausschließlich in einem überwiegend digitalen Arbeitsablauf.

Neben dem Offsetdruck stehen heute auch digitale Druckmaschinen zur Verfügung. Die Einführung dieses Buchdruckverfahrens hat sich bereits auf die Literaturproduktion ausgewirkt, denn es ermöglicht, selbst Kleinstauflagen rentabel herzustellen. Der Digitaldruck konnte so ein neues Segment auf dem Buchmarkt etablieren, die sog. Books on Demand (BoD). Bei diesem Druckverfahren wird *Digitaldruck*

das Buch durch eine digitale Druckmaschine erst dann produziert, wenn es bestellt wird. Die kostenintensive Druckvorlagenerstellung, Lagerhaltung und die
schwierige Kalkulation von Auflagenhöhen entfallen, wodurch heute jeder, der
sich dazu berufen fühlt, Autor eines gedruckten Werkes werden kann, ohne dass
dafür gravierende finanzielle Vorleistungen erbracht werden müssen. Mittlerwei-

Books on Demand –
ein zweiter Buchmarkt

le gibt es eine ganze Reihe von Verlagen, die sich auf BoD spezialisiert haben und
die ihr Verlagsangebot zum größten Teil am klassischen Buchhandel vorbei direkt
über das Internet vertreiben. Dieser zweite Buchmarkt wird von den großen Institutionen der Literaturvermittlung (wie etwa der Literaturkritik in den großen
Feuilletons) allerdings bislang weitgehend ignoriert – und dies nicht ganz zu
Unrecht: Reine BoD-Verlage filtern nur selten die angebotenen Manuskripte, eine
vor der Aufnahme ins Programm üblicherweise stattfindende qualitative Beurteilung (etwa durch Lektorate), die professionelle Bearbeitung, ein Korrektorat oder
gar ein typographischer Satz wird nur selten angeboten, ganz zu schweigen von
größerem Aufwand für Vertrieb und Marketing. Einige traditionelle Verlage (wie
etwa der Suhrkamp-Verlag mit seiner stw-Reihe) nutzen das Print on Demand-
Verfahren vor allem im Sach- und Fachbuchbereich, um Einzeltitel der Backlist
(also des eigenen Bestands an lieferbaren Büchern) lieferbar zu halten. Für höhere Auflagen, wie sie in der Belletristik üblich sind, ist dieses Druckverfahren jedoch unrentabel. Denkbar ist allerdings, dass absatz- und auflagenschwache
Genres und Gattungen – wie etwa die Lyrik – zukünftig auch von den etablierten
Verlagen nur noch im Digitaldruck und ›on demand‹ hergestellt werden, um sie
überhaupt im Programm halten zu können.

    Die meistdiskutierte technische Neuerung im Bereich der Vertriebsformen stellt
freilich das E-Book dar, das nicht mehr als physisch gedrucktes Exemplar hergestellt und verkauft, sondern in unterschiedlichen Dateiformaten zum Download

Ein wachsender Markt:
E-Books

angeboten wird. Obwohl bereits seit den 1990er Jahren E-Books und spezielle
Endgeräte zum Lesen von E-Books produziert wurden, stieß das rein digitale
Format erst mit der Marktreife von E-Book-Readern, PDAs, Smartphones und
Tablet-Computern auf größeres Interesse beim Lesepublikums. Auch wenn tech-
nikaffine Blogger und Feuilletonisten seitdem in regelmäßigen Abständen das
Ende der Gutenberg-Galaxie – also das Ende des Buchdrucks – vorhersagen, ist
das gedruckte Buch nach wie vor das wichtigste Trägermedium für literarische
Texte. Gleichwohl ist zu konstatieren, dass der E-Book-Markt derzeit das größte
Wachstumspotential überhaupt in der Branche hat: Nach Berechnungen der Un-
ternehmensberatung PricewaterhouseCoopers verdreifachte sich 2011 der Umsatz
mit E-Books auf dem deutschen Buchmarkt. Von 2011 auf 2012 stieg der Umsatz
mit E-Books von 38 Millionen auf 175 Millionen Euro. Gemessen am Gesamtumsatz handelt es sich mit weniger als 2 % Marktanteil zwar derzeit noch um
einen Nischenmarkt, bis 2016 rechnet PricewaterhouseCoopers jedoch mit einem Marktanteil von etwa 16 %. Auf dem US-amerikanischen Buchmarkt machen E-Books bereits heute 20–25 % aus. Freilich herrschen in den USA ganz
andere Marktbedingungen als hierzulande: So fehlen beispielsweise ein ähnlich
dichtes Netz an erreichbaren Buchhandlungen, ein dem deutschen System vergleichbarer Zwischenbuchhandel oder eine Buchpreisbindung, was den großen
Downloadportalen die Möglichkeit gibt, E-Books weitaus günstiger als die gedruckte Ausgabe anzubieten.

    Die meisten traditionellen Verlage bieten mittlerweile einen stetig wachsenden
Teil ihres Programms auch als E-Book an. Der E-Book-Markt sieht sich dabei noch
mit verschiedenen Problemen konfrontiert, die es in den nächsten Jahren zu

lösen gilt. Eines der gravierendsten ist dabei die Konkurrenz der verschiedenen Dateiformate und die damit verknüpfte Frage eines sinnvollen Kopierschutzes. Hinzu kommt, dass viele Leserinnen und Leser nicht nachvollziehen können, dass E-Books im Vergleich zu gedruckten Büchern nicht wesentlich billiger sind. Hierbei wird freilich übersehen, dass für die Erstellung einer E-Book-Datei zwar die Kosten für Druck und Lagerhaltung entfallen, dies aber eben nur zwei Faktoren innerhalb der Kalkulation des Buchpreises sind, die sich zudem, zumindest was den Buchdruck angeht, in den letzten Jahren deutlich reduziert haben. Der Kostenaufwand für Vertrieb, Werbung, Lektorat, Satz usw. ist bei E-Books jedoch derselbe wie bei gedruckten Büchern (jedenfalls es sich um einen der traditionell arbeitenden Verlage handelt), und auch die Einrichtung von eigenen E-Book-Vertriebskanälen kostet Geld. Ferner wird in Zukunft die Frage zu klären sein, warum für E-Books nicht auch wie für ihre gedruckten Pendants der ermäßigte Mehrwertsteuersatz gilt. Auch wenn E-Books für viele Verlage in wirtschaftlicher Hinsicht noch nicht besonders attraktiv sind, kann man doch mit Sicherheit davon ausgehen, dass sich diese Vertriebsform auf dem Buchmarkt bereits etabliert hat und weiter an Bedeutung gewinnen wird. Dass das E-Book das gedruckte Buch in absehbarer Zeit vollständig ersetzt, ist aber eher unwahrscheinlich.

Anfangsschwierigkeiten

Auch im Bereich der E-Books hat sich, ähnlich wie bei den Books on Demand, ein zweiter Markt entwickelt. So bietet der Branchenführer des Versandbuchhandels Amazon etwa jedem die Möglichkeit, das eigene Manuskript über die Kindle Direct Publishing-Plattform zum Download anzubieten. Dieser Service ist für Autoren kostenlos, die Vergütung erfolgt über eine Beteiligung an den Umsätzen, jegliche Qualitätskontrolle oder Manuskriptbearbeitung entfällt hier freilich genauso. Es liegt auf der Hand, dass die digitalen Vertriebsformen – zumindest in quantitativer Hinsicht – den Buchmarkt öffnen, was gelegentlich auch als »Demokratisierung des Buchmarkts« bezeichnet worden ist. Bei solchen euphorischen Beschreibungen technischer Innovationen ist freilich Skepsis angebracht – und dies schon allein deswegen, weil der Buchmarkt nach ökonomischen und nicht nach politischen Prinzipien organisiert ist und die Ablehnung eines Manuskripts durch einen Verlag somit keinen undemokratischen Akt darstellt. Eher sollte von »Popularisierung des Buchmarkts« die Rede sein: Jeder kann heute Autor werden. Nischen- und Special Interest-Titel, die auf dem angestammten Buchmarkt kaum rentabel gewesen sind, lassen sich digital rentabel vermarkten. Doch wer will das alles lesen? Erst die nähere Zukunft wird letztlich zeigen, wie tragfähig dieses zusätzliche Angebot ist, angesichts eines Buchmarkts, der schon lange vor der Digitalisierung unüberschaubar war.

Digitalisierung = Demokratisierung des Buchmarkts?

Die sog. Digitale Literatur (ein Sammelbegriff für diverse literarische Erscheinungsformen wie z. B. Hypertext, Hyperpoetry, Webfiction, Netzliteratur etc., die Digitalisierung und Internet hervorgebracht haben) konnte vor allem in den 1990er Jahren großes Interesse auf sich ziehen; in wirtschaftlicher Hinsicht ist sie für den Literaturbetrieb aber immer uninteressant gewesen. Viele Autoren (wie z. B. Rainald Goetz, dessen *Abfall für alle* aus einem digitalen Projekt entstand) bedienten sich dieses Genres – und auch heute noch stellen etwa Elfriede Jelinek oder Alban Nikolai Herbst einen Teil ihrer literarischen Produktion ins Netz. Die Literaturkritik jedoch setzt mittlerweile wieder ganz auf das Medium Buch. Die Vielfalt der Digitalen Literatur, die sich zwischen Darstellender Kunst, fiktionaler Literatur und Computerspielen bewegt, wird zur Zeit nur von einem überschaubaren Kreis von Spezialisten zur Kenntnis genommen. Ob das mobile Internet diesem Genre wieder eine größere Aufmerksamkeit verleiht, wird die Zukunft zeigen.

Digitale Literatur

Verlagsmarketing

Die Digitalisierung hat nicht nur die Herstellung gravierend verändert, sondern auch die Art, wie Bücher vermarktet werden. Dem Buchmarketing stehen heute Mittel zur Verfügung, deren Entwicklung vor zehn, fünfzehn Jahren noch gar nicht absehbar war. Dass ein Verlag oder eine Buchhandlung eine eigene Homepage hat, ist mittlerweile eine Selbstverständlichkeit; daneben bedienen sich die Vertriebs- und Werbeabteilungen der Verlage aber u. a. auch der verschiedenen *Social Media im Buchmarketing* Social Media-Plattformen wie Facebook, Twitter oder Google + , um dort ihre Produkte zu vermarkten: Aufmerksamkeit ist in einer von Informationsüberfluss und Schnelllebigkeit geprägten Gesellschaft ein kostbares und teuer zu erwerbendes Gut. Das ist ein Grund, warum auch der Buchhandel vor allem bei seinen ›Spitzentiteln‹ mittlerweile auf Strategien wie Guerillamarketing oder virales Marketing setzt – Kampagnen, die sich Marketingprofis oft teuer bezahlen lassen – ganz zu schweigen von Werbemaßnahmen im Internet oder in den Massenmedien. Dies alles sind freilich aufwendige Unternehmungen, die sich nur diejenigen Verlage leisten können, die über einen großen Werbeetat verfügen. Ein Effekt, der sich möglicherweise auf die Konzentration der Marketinganstrengungen zurückführen lässt, ist die sich auf dem deutschen Buchmarkt abzeichnende Tendenz, dass bei einigermaßen stabilem Gesamtumsatz einzelne Titel immense Auflagenhöhen von über einer Million Exemplaren erzielen: Neben den globalen Bestsellern wie der Harry Potter-Reihe waren das im deutschen Buchhandel in den letzten Jahren so unterschiedliche Titel wie Daniel Kehlmanns *Die Vermessung der Welt* (2,3 Millionen), Charlotte Roches *Feuchtgebiete* (1,8 Millionen) oder Hape Kerkelings *Ich bin dann mal weg* (über 4 Millionen).

Titelproduktion
Die Titelproduktion hat dabei in den vergangenen Jahren weiter zugenommen: 2011 stieg sie auf über 96 000 Titel (davon rund 82 000 Erstauflagen), womit sich das Angebot seit den 1950er Jahren fast versiebenfacht hat. Fast 11 000 Titel davon waren Übersetzungen (rund 64 % aus dem Englischen), wohingegen lediglich rund 1000 Lizenzen deutschsprachiger Titel ins Ausland verkauft wurden. Es liegt auf der Hand, dass es angesichts dieser Entwicklungen immer schwieriger wird, anspruchsvollen, unpopulären Genres und literarischen Themen ein Forum zu geben. Die sog. Hochliteratur hat zwar schon immer nur in den seltensten Fällen ein großes Publikum gefunden; wenn sich jedoch auch in Zukunft die Aufmerksamkeit der Buchkäufer auf einige wenige Titel konzentriert, wird sich der Druck auf Sperriges jenseits des Mainstreams weiter erhöhen.

Übersetzer im deutschen Literaturbetrieb
In diesem Zusammenhang sei darauf hingewiesen, dass trotz der hohen Anzahl an Übersetzungen im deutschen Literaturbetrieb der Beruf des Übersetzers nur für wenige ein erträgliches Einkommen liefert. Gerade bei schwierigen Texten stehen den teils jahrelangen Übersetzungsarbeiten oft nur niedrige Vergütungen gegenüber. Die Unzufriedenheit mit Entlohnung von Übersetzungen führte im Literaturbetrieb zu einem jahrelang andauernden »Übersetzerstreit«, bei dem es u. a. um Nachvergütung bei Bestsellern und die Beteiligung an E-Book-Ausgaben ging. Angesichts des Missverhältnisses im Bereich der literarischen Übersetzungen, für deren Lizenzen einerseits teils sechsstellige Summen gezahlt werden, deren Übertragung ins Deutsche andererseits mit meist eher geringen Honoraren vergütet werden, ist abzusehen, dass die Unzufriedenheit der Übersetzer auch in Zukunft zu Diskussionen im Literaturbetrieb führen wird.

Buchhandel

Der Sortimentsbuchhandel hat auf die Digitalisierung u.a. mit der Einrichtung eigener Shops im Internet reagiert, die zum Teil an die Datenbanken der großen Zwischenbuchhändler angeschlossen sind. Dadurch konnte jedoch nicht verhindert werden, dass ein großer Teil der Buchumsätze mittlerweile am Sortimentsbuchhandel vorbeifließt. Der Internetbuchhandel wird hierzulande vom Branchenriesen Amazon dominiert, daneben bieten viele Verlage mittlerweile via Internet die Möglichkeit, direkt bei ihnen zu bestellen. Auch der wachsende E-Book-Markt wird weitgehend unter Ausschluss des stationären Buchhandels direkt über die Verlage oder verschiedene Downloadportale abgewickelt. 2010 gab es zwar noch über 6700 Buchhandlungen und Buchverkaufsstellen in Deutschland, diese nach wie vor hohe Versorgungsdichte kann freilich nicht darüber hinwegtäuschen, dass der Rang des traditionellen stationären Buchhandels abnimmt: 2011 sank der Anteil des Sortimentsbuchhandels am Gesamtumsatz erstmals unter 50%.

Buchhandel im Internet

Der Buchhandel ist also in der Krise – und dies schon seit Jahren. Kaum ein Monat vergeht, in dem das *Börsenblatt für den deutschen Buchhandel* nicht von der Schließung weiterer Sortimente berichtet, darunter nicht selten Geschäfte mit langer Tradition. Lange wurde für diese Entwicklung der aggressive Expansionskurs der großen Buchhandelskonzerne wie Thalia und DBH (ein Zusammenschluss von Hugendubel, Weltbild u.a.) verantwortlich gemacht, die seit den 1990er Jahren ein flächendeckendes Filialnetz aufbauten, »Buchkaufhäuser« mit riesigen Verkaufsflächen eröffneten, viele Buchhandlungen aufkauften und kleinere Sortimente vom Markt verdrängten. Mittlerweile sind jedoch die Filialisten, deren Anteil am Gesamtumsatz des deutschen Buchmarkts 2009 noch rund 2,4 Milliarden betrug, selbst in die Krise geraten: 2011 und 2012 mussten Thalia sowie Hugendubel und Weltbild zahlreiche Filialen schließen.

Krise des Sortimenterbuchhandels

Die Buchpreisbindung, die in Deutschland und Österreich mittlerweile gesetzlich verankert ist, hat hier verhindern können, dass große Unternehmen den Druck auf den Markt mit Billigpreisen noch erhöhen. In der Branche herrscht weitgehend Konsens darüber, dass die Buchpreisbindung vor allem für die Ge-

Die Buchpreisbindung – Conditio sine qua non?

Blick in eine Buchhandlung im Januar 2013. Das Idyll trügt.

Preisgestaltung

währleistung der Vielfalt auf dem deutschen Buchmarkt eine wichtige Institution ist: Und doch wurde sie durch die Preispolitik mancher Verlage gerade in den letzten Jahren ausgehöhlt. So wurden etwa die erfolgreichen Buch-Editionen der *Süddeutschen Zeitung* und anderer großer Zeitungen und Zeitschriften von vielen Branchenexperten skeptisch beurteilt, da sie für einen Preisverfall im Segment Hardcover gesorgt haben. Da viele Verlage zudem eine zunehmend aggressive Preispolitik bei Sonderausgaben betreiben und die Stellflächen für das sog. Moderne Antiquariat (von der Preisbindung ausgenommene Restauflagen oder Billigproduktionen, die meist prominent im Eingangsbereich der Buchhandlungen platziert werden) eher zunehmen, läuft die Buchpreisbindung Gefahr, vom Markt selbst immer mehr unterlaufen zu werden.

Hauptkonkurrent des stationären Buchhandels ist freilich auch hierzulande das Internet, wobei Amazon.de den Markt beherrscht: 2011 betrug der Umsatz rund 3,5 Milliarden Euro (wobei Amazon natürlich längst nicht mehr nur Bücher im Sortiment führt). Allein in Deutschland unterhält das Unternehmen mittlerweile sieben eigene Logistikzentren.

Buchhandelsumsätze

Der Buchmarkt ist zwar, wirtschaftlich gesehen, in den letzten Jahren relativ stabil geblieben, weist aber seit zwei Jahren eine rückläufige Tendenz auf. 2011 betrug der Jahresumsatz rund 9,6 Milliarden Euro. Damit ist der deutsche Buchmarkt nach dem amerikanischen (2011: 21 Milliarden Euro) und japanischen (2010: 15,5 Milliarden Euro) aber immer noch der drittgrößte der Welt und mit Abstand der größte in Europa; vergleicht man diese Zahl jedoch mit den Ergebnissen anderer Wirtschaftszweige, so wird freilich deutlich, dass der Buchmarkt in volkswirtschaftlicher Hinsicht eher zweitrangig ist: Allein Aldi Nord hat mit 9,95 Milliarden Euro einen höheren Jahresumsatz als der deutsche Buchmarkt, und ein global agierender Internetkonzern wie Google macht über 10 Milliarden Dollar Umsatz – pro Quartal.

Non-Books

Schon längst sind Buchverkäufe nicht mehr die einzige Einnahmequelle des Buchhandels. Die Warengruppe ›Hörbuch‹, also Lesungen, Hörspielinszenierungen etc., die der Buchhandel zum überwiegenden Teil auf CD anbietet, verzeichnete in den letzten Jahren enorme Zuwachsraten, die mittlerweile allerdings rückläufig sind. 2011 hatte das Hörbuch aber immerhin rund 4 % Anteil am Gesamtumsatz des Buchhandels (also rund doppelt so viel wie E-Books). Die stärkste Warengruppe im Buchhandel ist immer noch die Belletristik mit mehr als 34 %, wovon rund 44 % als Hardcover und mehr als 50 % als Taschenbuch über den Ladentisch gehen. Der Erfolg des Hörbuchs ist nur ein Indiz dafür, wie wichtig in den letzten Jahren das Geschäft mit sog. Non-Book-Artikeln für den Buchhandel geworden ist: Bücher konkurrieren vor allem auf den großen Verkaufsflächen der Filialisten immer stärker mit DVDs, CDs, Spielwaren etc. um wertvolle Ladenstellfläche. Wie hoch der Anteil von Non-Books im Buchhandel ist, kann jedoch niemand genau sagen. Bei Thalia macht das Angebot laut eigenen Angaben mittlerweile bereits 20 % des Umsatzes aus, Hugendubel rechnet für dieses Segment mittelfristig sogar mit einem Umsatzanteil von 30 %.

Neoliberalismus im Buchhandel

Das Tempo, mit dem sich der Strukturwandel auf dem Buchmarkt vollzieht, ist enorm. Dass in seinem Sog mittlerweile auch einstmals als unumstößlich geltende Prinzipien des Literaturbetriebs in Frage gestellt oder gar ganz abgeschafft werden, lässt sich indes nicht allein auf die Digitalisierung zurückführen. So stand beispielsweise die bereits erwähnte Buchpreisbindung, die eine der Grundlagen für die Sicherung literarischer Vielfalt im deutschsprachigen Literaturbetrieb ist, in den 1990er Jahren zur Debatte, weil sie sich in ihrer damaligen Form –

als wechselseitige vertragliche Verpflichtung von Verlegern und Buchhändlern (der sog. Sammelrevers) – nicht mit den Wettbewerbsregeln der Europäischen Union vereinbaren ließ. Mittlerweile wurde die Buchpreisbindung in Deutschland und Österreich in nationalen Gesetzen verankert, in der Schweiz wurde sie dagegen 2007 aufgehoben.

Die Gegner der Buchpreisbindung versprachen sich von ihrer Abschaffung vor allem eine Ankurbelung des Marktes durch die Anfeuerung des Wettbewerbs. Obwohl dank einer verstärkten Lobbyarbeit des Börsenvereins des deutschen Buchhandels – der gemeinsamen Interessenvertretung aller am Buchhandel Beteiligten – die Besonderheit des Handelsgutes ›Buch‹, die der Staat auch durch einen verminderten Mehrwertsteuersatz unterstreicht, vorerst gewahrt blieb, muss doch konstatiert werden, dass sich der wirtschaftliche Neoliberalismus vor allem in den 1980er und 1990er Jahren auch auf die Buchbranche ausgewirkt hat. Welche Auswirkungen er haben kann, zeigt sich beispielsweise in Großbritannien, wo Mitte der 1990er Jahre die Preisbindung abgeschafft wurde: Das wichtige Geschäft mit Bestsellern, die nun zu Schleuderpreisen verkauft werden können, geht dort zu einem großen Teil am traditionellen Buchhandel vorbei. Die Zahl der stationären Buchhandlungen hat sich, u. a. als Folge der Deregulierung des britischen Buchmarkts, in den vergangenen sieben Jahren halbiert – allein 2012 mussten 400 Buchhandlungen schließen.

Der deutsche Buchmarkt wurde in den 1990er Jahren von einer starken Tendenz zur wirtschaftlichen Konzentration geprägt. Die großen Verlagskonzerne wie Random House/Bertelsmann (dazu gehören u. a. die Verlage Goldmann, Heyne und Luchterhand) oder Holtzbrinck kauften kleinere Verlage auf und reihten sie in ihre Unternehmensstrukturen ein. Die Dominanz der Verlagskonzerne relativiert sich indes, wenn man nach den umsatzstärksten Verlagen in Deutschland fragt: Unter den 15 größten Verlagshäusern findet sich mit Random House (dessen mehr als 40 Imprint-Verlage 2011 einen Umsatz von rund 318 Millionen Euro erwirtschafteten) nur ein einziger Verlag mit einem dezidiert belletristischen Schwerpunkt – während die ersten drei Plätze die auf Wissenschaft sowie den Schul- und Lehrbuchbereich spezialisierten Verlagsgruppen Springer Science & Media, Klett und Cornelsen einnehmen. Im Bereich der Belletristik sind die konzerngebundenen Verlage zwar Marktführer (hinter Random House und Bastei-Lübbe rangieren die Holtzbrinck-Verlage S. Fischer, Rowohlt und Droemer Knaur auf Platz drei bis fünf der umsatzstärksten Belletristik-Verlage), eine marktbeherrschende Stellung kann jedoch keinem deutschen Verlag zugeschrieben werden.

Wirtschaftliche Konzentration im Verlagswesen

Wirtschaftliche Konzentration zeichnet sich auch im Sortimentsbuchhandel ab, wobei zwei Filialisten am stärksten miteinander konkurrieren. Einer der beiden dieser Konzerne ist die DBH, die 2006 aus dem Zusammenschluss von Weltbild, Hugendubel und verschiedenen zu diesen Firmen gehörenden Unternehmen entstanden ist. Thalia, mit über 900 Millionen Euro Jahresumsatz die derzeit umsatzstärkste Buchhandelskette in Deutschland, verfügte 2011 in den deutschsprachigen Ländern über ein Netz von rund 300 Buchhandlungen. Hinter ihr steht der Einzelhandelskonzern Douglas, zu dem außerdem u. a. die gleichnamige Parfümeriekette, der Süßwarenhändler Hussel und die Juwelierkette Christ gehören. Neben den beiden großen Filialisten behaupten sich regional weitere Ketten wie die Mayer'sche Buchhandlung oder Osiander. Obwohl der große Boom der Buchhandelsketten mittlerweile vorbei ist, stellen diese auf dem engen, renditeschwachen Buchmarkt nach wie vor eine starke Konkurrenz für unabhän-

Wirtschaftliche Konzentration im Buchhandel

gige Sortimente dar: 2009 erwirtschafteten die 10 größten Filialisten, die allesamt über ein eigenes, wachsendes Internetangebot verfügen, rund ein Viertel des gesamten Buchhandelsjahresumsatzes. Auch diese Entwicklung stellt potentiell eine Gefahr für die Vielfalt im Literaturbetrieb dar – der traditionelle Buchhandel sieht sich vor die große Aufgabe gestellt, neue Strategien zu entwickeln, um beim Kampf um die Leser bestehen zu können.

Die Veränderung des Autorbildes und des Literaturbegriffs

Autor – Dichter –
Schriftsteller

Das Bild vom Autor, also die Vorstellung, was man unter einem Autor/einer Autorin zu verstehen hat, wodurch jemand zu einem Autor wird etc., unterliegt wie die meisten literarischen Begriffe (z. B. der Begriff ›Literatur‹ selbst) einem ständigen Wandel. Während noch in den 1950er Jahren der feine, aber bedeutende Unterschied zwischen ›Dichter‹ (als Verfasser von anspruchsvollen literarischen Texten) und ›Schriftsteller‹ gemacht wurde, dient der Begriff ›Autor‹ heute als Sammelbegriff für all diejenigen, die Bücher verfassen – unabhängig davon, ob es sich dabei um kompliziert konstruierte Romane, metaphernreiche Naturlyrik oder Kochbücher handelt. ›Schriftsteller‹ ist Verfassern literarischer Texte vorbehalten geblieben (unabhängig vom Niveau ihrer Produktion), als ›Dichter‹ aber würde man heute allenfalls noch einen Verfasser von Gedichten bezeichnen.

Literarische Wertung

Schriftsteller zu sein bedeutet heute also, ganz unterschiedliche Rollen spielen zu können, vom Entertainer, über den Engagierten bis hin zum Ästheten. Institutionen, die vorschreiben, was ein Schriftsteller tun oder wie Literatur sein soll, gibt es nicht mehr. Die Selbstverständlichkeit, mit der Literatur einst über einen »ästhetischen Wert« definiert wurde, ist schon längst fragwürdig geworden: Objektive oder gar zeitlose Kriterien für gute und schlechte Literatur existieren nicht. Da sich Wertungen aber immer im Kontext von tradierten Wertmaßstäben vollziehen, wäre es verfehlt, jedes literarische Werturteil für rein subjektiv zu halten. Fest steht allerdings: Diejenigen, die einst über die Deutungshoheit im Literaturbetrieb verfügten und ihre eigenen Vorstellungen von ›guter‹ und ›schlechter‹ Literatur als scheinbar allgemein gültige Urteile ausgeben konnten, haben diese Macht eingebüßt.

Erweiterung des
Literaturbegriffs

All dies zeigt bereits, dass sich der Stellenwert der Literatur innerhalb der Gesellschaft wesentlich verändert hat, dass sich Autorbild und die Vorstellung von dem, was allgemein als Literatur gilt, gravierend verändert haben. Grundsätzlich lässt sich sagen, dass der Literaturbegriff weiter geworden ist. Comics wurden, nunmehr begrifflich zu ›Graphic Novels‹ geadelt, in den letzten Jahren als eine ernstzunehmende Gattung aufgewertet, und die Genreliteratur (also Krimis, Science Fiction, Fantasy etc.) wird heute nicht mehr pauschal als ›Trivialliteratur‹ abgetan. Im Gegenteil: Nichts von *Harry Potter* gehört zu haben, gilt als Bildungslücke, in den einflussreichen Feuilletons werden selbstverständlich auch Krimis rezensiert und an germanistischen Instituten werden Vorträge über Science-Fiction-Serien und Computerspiele gehalten. Die anspruchsvolle Literatur (und damit ihre Autoren) hat also ihre elitäre Sonderstellung verloren, die Beschäftigung mit Literatur ist nur eine Freizeitbeschäftigung unter vielen, wobei das Lesen zwar immer noch ein gewisses Sozialprestige hat – dies jedoch mittlerweile weitgehend unabhängig von der Qualität des bevorzugten Lesestoffs.

Als George Steiner Anfang der 1970er Jahre das Schlagwort von der »Suhrkamp-Kultur« prägte, hätte er sich wohl nicht im Traum ausgemalt, dass der

Verlag Adornos, Handkes und Prousts eines Tages neben dem anspruchsvollen literarischen und wissenschaftlichen Programm auch eine eigene Krimi-Reihe verlegen würde. Dies sollte man freilich weder als ein Indiz für den Niedergang des Verlages noch für den Untergang des Abendlandes nehmen, sondern als eine wirtschaftlich notwendige Erweiterung der Programmschwerpunkte, die die oben beschriebene Entwicklung widerspiegelt: Die Unterhaltung ist endgültig in der Hochkultur angekommen.

Autoren haben heute ganz andere Möglichkeiten, mit ihrem Publikum in Kontakt zu treten. Einerseits gibt es noch Schriftsteller wie Patrick Süskind oder Botho Strauß, die sich fast völlig aus der Öffentlichkeit zurückziehen; andererseits nutzen viele Autoren beispielsweise das Internet, um unmittelbar mit ihren Leserinnen und Lesern in Kontakt zu treten, sei es über die eigene Homepage, über Facebook oder einen eigenen Twitter-Account. Während in den 1960er und 1970er Jahren Einrichtungen, die ein öffentliches Forum für den Austausch zwischen Autoren und Publikum schaffen wollten, als experimentell galten, haben sich diese mittlerweile im Literaturbetrieb etabliert: An vielen Universitäten gibt es regelmäßig stattfindende Poetik-Vorlesungen oder Poetik-Dozenturen, die Autoren die Gelegenheit geben, öffentlich über den eigenen Schaffensprozess zu reflektieren und darüber mit dem Publikum ins Gespräch zu kommen. Mit den Literaturhäusern hat sich zudem seit Mitte der 1980er Jahre eine weitere Einrichtung etabliert, in denen sich Autoren und Leser unmittelbar begegnen können. Autorenlesungen gibt es zwar im Grunde schon, seit es Literatur gibt; dass sich allerdings größere Städte angesichts klammer kommunaler Kassen eigene Veranstaltungsstätten leisten, die der Literatur vorbehalten sind, ist eine neue Entwicklung. Dass Lesungen nunmehr nicht mehr allein in Buchhandlungen stattfinden, lässt sich auch vor dem Hintergrund des erweiterten Literaturbegriffs erklären, denn Literaturhäuser bieten in der Regel ein Programm an, das nicht allein die Interessen eines elitären Publikums ansprechen soll. Die Wege zur Literatur sind also, wenn man so will, insgesamt kürzer geworden: Neben Literaturhäusern bieten mittlerweile diverse Literaturfestivals und Events die Möglichkeit, Literatur unmittelbar zu erleben. Mit den Lesebühnen, dem Open Mike und dem Poetry Slam haben sich in den deutschsprachigen Ländern zudem mehrere Veranstaltungsformate etabliert, bei denen der Vortrag der Texte im Vergleich zur traditionellen ›Wasserglaslesung‹ aufgewertet und zum integralen Teil einer Performance wird.

Ein weiteres wichtiges Forum, bei dem sich Autoren und Leser begegnen können, ist die Leipziger Buchmesse, die alljährlich im März stattfindet. Im Vergleich zur Frankfurter Buchmesse, der weltweit größten Buchmesse, die vor allem als Wirtschaftsmesse, als Handelsplatz und Kontaktbörse für Verleger, Autoren, Agenten, Buchhändler, Journalisten etc. fungiert, hat sich die Leipziger Messe als ›Lesemesse‹ fest etabliert. Natürlich wird auch in Frankfurt gelesen und werden in Leipzig auch Geschäfte gemacht – die jeweils unterschiedlichen Schwerpunkte sind indes klar unterscheidbar, was die Beibehaltung der beiden Messen rechtfertigt. Jedes Frühjahr ist Leipzig, das auf eine jahrhundertelange Tradition als Buchhandelszentrum zurückblicken kann – für fast eine Woche fest in der Hand des Literaturbetriebs: Das kaum zu überschauende Angebot an Lesungen, Buchpräsentationen, Diskussionsrunden, Preisverleihungen usw. umfasst mittlerweile einen dicken Veranstaltungskatalog. In den letzten Jahren füllten über 160 000 Besucher die Leipziger Messehallen, in denen über 2000 Aussteller ihre Frühjahrsnovitäten präsentierten. Die Frankfurter Buchmesse, die bis auf die letzten

Autor und Öffentlichkeit

Literaturhäuser

Buchmessen

Besucherströme bei der Eröffnung der Leipziger Buchmesse im März 2013. Das neue, 1996 eröffnete Messegelände Leipzigs mit der 238 m langen Glashalle im Mittelpunkt trug mit zur Etablierung der Leipziger Buchmesse als großer Publikumsmesse bei.

Schriftstellerische Interessenvertretung

Urheberrecht in Zeiten der Digitalisierung

Literaturagenten

beiden Tage lediglich für das Fachpublikum zugänglich ist, hatte in den letzten Jahren rund 280 000 Besucher und 7 500 Aussteller aus über 100 Ländern.

Viele Schriftsteller investieren heute viel Zeit in die Vermarktung ihrer selbst oder machen, wie die Popliteraten der 1990er Jahre, die Selbstvermarktung gleich zum Teil des Werks. Diese Individualisierung scheint gegenläufig zu der Entwicklung der 1970er Jahre zu sein, als der 1969 gegründete Verband deutscher Schriftsteller als gemeinsame Interessenvertretung in die Öffentlichkeit trat. Autorengruppen und Interessenverbände gibt es zwar nach wie vor (neben dem VS wäre hier vor allem der deutsche P. E. N. zu nennen), doch sind diese Gruppen heute nicht mehr so präsent wie früher bzw. sind es – auch das eine Folge der Digitalisierung – ganz andere Fragen, mit denen sich schriftstellerische Interessensvertreter nun beschäftigen. Zu einem großen Teil kreisen diese Fragen um das bestehende Urheberrecht. So hat sich etwa eine Vielzahl von Autoren, Publizisten und Verlegern den 2009 von dem Germanisten Roland Reuß initiierten sog. Heidelberger Appell angeschlossen, mit dem sich die Unterzeichner gegen die pauschale und unentgeltliche Digitalisierung ihrer Arbeiten wendeten. Auch die VG Wort, die die Zweitverwertungsrechte von Autoren vertritt, hat sich in die Debatte eingeschaltet und nachdrücklich die Einhaltung des aktuell geltenden Urheberrechts gefordert. Das Internet hat also ganz neue Probleme geschaffen, die eine starke Lobbyarbeit zugunsten der Autoreninteressen notwendig machen.

In den letzten 20 Jahren hat sich in Deutschland eine ganz andere Art der Interessenvertretung für Autoren wieder etablieren können: die Literaturagenten. Agenten gab es bereits im 19. Jahrhundert in Deutschland, doch erst als in den 1990er Jahren die massive Verlagskonzentration um sich griff, in der Folge die individuelle Betreuung von Autoren durch Verlage nicht mehr durchgängig gewährleistet war und sich der wirtschaftliche Druck auf die Autoren erhöhte, nahm der Einfluss von Agenten auch in Deutschland wieder zu. Selbst wenn Literaturagenturen hierzulande noch nicht so weit verbreitet sind wie in den USA, ist ihr Einfluss im Literaturbetrieb hierzulande mittlerweile doch so hoch, dass schon die Rede von den Agenten als »heimlichen Herrschern im Literaturbetrieb« (Ernst Fischer) ist. Agenturen suchen für die teils vorlektorierten Manuskripte ihrer Klienten geeignete Verlage und verhandeln über Honorare, Vorschüsse usw. Im Sachbuchbereich entwickeln sie eigene Publikationsprojekte, die sie dann Verlagen zur Realisation anbieten. Hohe Honorarabschlüsse sind in ihrem eigenen Interesse, da sie daran meist prozentual beteiligt sind.

Zum Wandel des Autorbildes hat schließlich auch die erfolgreiche Etablierung einer professionellen Autorenausbildung beigetragen. Am bekanntesten dürfte das aus dem Institut für Literatur Johannes R. Becher hervorgegangene Deutsche Literaturinstitut Leipzig (DLL) sein; daneben unterhalten mehrere Universitäten in den deutschsprachigen Ländern Einrichtungen, in denen kreatives Schreiben unterrichtet oder sogar als eigener Studiengang angeboten wird. Die oft gestellte Frage, ob man das Schreiben literarischer Texte eigentlich lernen könne, wurde als Folge der Gründung dieser Einrichtungen wieder neu verhandelt. Allerdings handelt es sich bei den neueren Literaturinstituten und Studiengängen nicht um Dichterschulen, wie sie etwa die Frühe Neuzeit oder das Barock kannte. Regelpoetische Vorschriften werden in Leipzig, Hildesheim, Wien oder Tübingen nicht vermittelt. Im Zentrum des Unterrichts stehen eher die Vermittlung fundamentaler textanalytischer und textkritischer Kompetenzen und das Feedback durch erfahrene Autoren auf die eigenen Texte. Der Erfolg gibt diesen Einrichtungen Recht: Nicht wenige Absolventinnen und Absolventen der genannten Einrichtungen, darunter Namen wie Clemens Meyer oder Juli Zeh, sind heute gefragte Akteure im Literaturbetrieb.

Autorenausbildung

Literaturvermittlung

Zwischen den Autoren, Verlegern, Buchhändlern und Lesern agieren zahlreiche Menschen, deren Arbeit der Vermittlung von Literatur gewidmet ist. Die wichtigsten Institutionen der Literaturvermittlung sind immer noch Schulen, Universitäten und Bibliotheken, die – wie auf der Hand liegt – sich ebenso wie alle bereits genannten Einrichtungen teils gravierend verändert haben. Diese Entwicklungen nachzuzeichnen, würde hier allerdings zu weit führen. Stellvertretend für die Veränderungen in der Literaturvermittlung soll hier dagegen auf zwei andere Institutionen eingegangen werden, die Literaturkritik und die literarischen Zeitschriften.

Seit Jahren spricht man bereits von einer Krise der Literaturkritik, für die dann, je nach Standpunkt, unterschiedliche Symptome, Ursachen und Therapien angeführt werden: Sie habe, heißt es beispielsweise, ihr kritisches Potential verloren und setze statt auf intellektuelle Auseinandersetzung auf oberflächliche Unterhaltung und reine Informationsvermittlung; statt kritischer Hintergrundberichte liefere sie aufpolierte Homestorys, und die Angst, Verlage als potentielle Anzeigenkunden zu verlieren, habe dazu geführt, dass es nur noch zahme Buchbesprechungen gebe. Diese Beobachtungen sind nicht ganz falsch. Allerdings handelt es dabei wohl weniger um Krisensymptome als eher um weitere Indizien des hier schon ausführlich beschriebenen Struktur- und Funktionswandels innerhalb des Literaturbetriebs. Denn es spricht beispielsweise einiges dafür, dass etwa die Feuilletons der überregionalen Tageszeitungen ihr Quasi-Monopol innerhalb der Literaturkritik verloren haben. Sie haben zwar ohne Zweifel noch großen Einfluss, sind aber doch für viele Leser nur noch eine Orientierungshilfe unter vielen. Gerade jüngere Leser, die weniger Tageszeitungen lesen als ältere Generationen, orientieren sich in Sachen Literatur eher übers Internet. Ob durch

Literaturkritik

Laien-Rezensionen beim Online-Buchhändler, Buch-Trailer auf *Youtube*, durch Literaturportale wie *Perlentaucher* oder in Blogs und Buch-Communities: Nie gab es, neben den ›klassischen‹ Medien Zeitung, Radio und Fernsehen, so viele Möglichkeiten, sich über Literatur zu informieren und – was beim Internet hinzukommt – auszutauschen. Die Expertenmeinung der professionellen Literaturkritiker ist da nur noch eine Stimme unter vielen. Das bedeutet: Die Zeit der charismatischen Großkritiker und Literaturpäpste ist wahrscheinlich vorüber – in den Tageszeitungen ebenso wie im Rundfunk und Fernsehen.

Literatur in Funk und Fernsehen

Gleichwohl stellen gerade Funk- und Fernsehanstalten für die Literaturvermittlung immer noch ein wichtiges Medium dar, wenngleich einflussreiche Sendungen wie das *Literarische Quartett* oder *Lesen!*, die für viele Leser (und Buchhändler) eine wichtige Orientierungshilfe gewesen sind, mittlerweile eingestellt wurden. In den Radio-Kulturprogrammen, bei 3sat, arte, im ORF, im Schweizer Fernsehen usw. ist die Literaturkritik aber immer noch ein fester Sendebestandteil, der mittlerweile auch über das Internet abrufbar ist. Die Formate haben sich freilich geändert, sie sind tendenziell eher kürzer und ›unterhaltsamer‹ geworden.

Das Feuilleton unter Druck

Auch die meisten Tageszeitungen leisten sich noch ein Feuilleton, in dem regelmäßig Bücher besprochen werden. Doch auch hier hat sich manches geändert. Auf den durch zurückgehende Werbeeinnahmen ausgeübten finanziellen Druck reagierten nicht wenige prestigeträchtige Zeitungen mit einer vermeintlich publikumswirksameren Gestaltung: Die elitären feuilletonistischen ›Bleiwüsten‹ mussten einem gefälligen, bunten Layout weichen, in dem nun für längere Artikel kein Platz mehr ist; der Raum für Kulturberichterstattung wurde insgesamt reduziert und viele Redakteursstellen wurden eingespart.

Literaturzeitschriften

Literaturzeitschriften sind schon seit dem 18. Jahrhundert eine feste Einrichtung im Literaturbetrieb. Finanziell lukrativ waren – wie schon Schiller erfahren musste – die wenigsten dieser oft kurzlebigen publizistischen Initiativen. Daran hat sich bis heute nichts geändert. Obwohl auch hier das Internet der große Konkurrent ist, hat der deutsche Literaturbetrieb doch eine große Vielfalt an unterschiedlichen Typen von teils sehr traditionsreichen Literaturzeitschriften zu bieten, wie z. B. die seit 1890 bestehende *Neue Rundschau*, die die österreichische Literatur prägenden *manuskripte* und *wespennest*, die für die westdeutsche Nachkriegsliteratur so wichtigen *Akzente*, die im Schillerjahr 1955 wiedergegründete Zeitschrift *die horen* oder auch *Sinn und Form*, die zu den wenigen Zeitschriften gehört, die die Wende überdauert haben. In den 1990er Jahren entstanden zudem mehrere Literaturmagazine wie z. B. *Bella triste* oder *Edit*, die besonders jungen Autoren ein Forum geben wollen. Der deutschsprachige Markt für Literaturzeitschriften ist also nach wie vor sehr lebendig und äußerst vielfältig hinsichtlich der dort abgedruckten Genres und Textsorten: Neben unpublizierten Manuskripten aller Gattungen finden sich Kritiken, Feuilletons, literarische Essays und wissenschaftliche Aufsätze. Auch wenn keine der deutschsprachigen Literaturzeitschriften eine nennenswert hohe Auflage hat, stellen sie doch immer noch ein wichtiges Forum für die Literatur und deren Vermittlung dar. Prekäre Unternehmungen, die ihren Herausgebern und Mitarbeitern ein hohes Maß an Hingabe und Herzblut abfordern, sind sie jedoch gleichwohl – wirtschaftlich solide sind die wenigsten. Selbst die einst so einflussreiche Literaturzeitschrift *Kursbuch* wurde 2008 eingestellt (und 2011 wieder zum Leben erweckt), die 2000 gegründete und anfangs recht erfolgreiche Publikumszeitschrift *Literaturen* fristet seit 2011 ein Schattendasein als Beilage des Monatsmagazins *Cicero*.

Literaturförderung

Staat und Kommunen fördern die Gegenwartsliteratur in den deutschsprachigen Ländern durch ein ganzes Bündel an Maßnahmen. Zum einen vergeben Institutionen wie der Deutsche Literaturfonds oder auch Behörden wie das österreichische Bundesministerium für Unterricht, Kunst und Kultur Arbeitsstipendien, Projektförderungen, Übersetzungs- und Druckkostenzuschüsse oder fördern, wie in Österreich, Verlagsprogramme und Literaturzeitschriften. Länder und Kommunen unterhalten Einrichtungen wie Literaturarchive, Dichterakademien, Literaturmuseen und Dichtergedenkstätten sowie die Literaturhäuser und fördern regionale Literaturinitiativen. Ein öffentlichkeitswirksames Instrument stellen zudem die Literaturpreise dar, von denen es in den deutschsprachigen Ländern eine kaum zu überblickende Anzahl gibt. Sie werden teils staatlich, teils kommunal oder auch privatwirtschaftlich gefördert. Der aufgrund seiner Vergabekriterien renommierteste Literaturpreis ist der von der Deutschen Akademie für Sprache und Dichtung jährlich vergebene Büchner-Preis, der derzeit höchstdotierte Preis ist der von der Mainzer Akademie der Wissenschaften und der Literatur sowie der Breitbach-Stiftung jährlich vergebene Joseph-Breitbach-Preis, dessen Preisträger 50 000 Euro erhält. Der populärste Preis dürfte allerdings der noch relativ junge Deutsche Buchpreis (dbp) sein, der auf eine Initiative des Börsenvereins zurückgeht. Obwohl es diesen Preis erst seit 2005 gibt, hat sich seine jährliche Vergabepraxis mit einer im August veröffentlichten Longlist, einer im September bekanntgegebenen Shortlist und schließlich der Verleihung am Vorabend der Frankfurter Buchmesse fest im Kalender des Literaturbetriebs verankert. Da der dpb ausschließlich neu erschienene Romane auszeichnet, ist er für den Buchhandel auch ein wichtiges Marketinginstrument – viele der ausgezeichneten Bücher avancierten im Anschluss zu Bestsellern.

Literaturpreise

Trotz dieser Vielfalt an Literaturförderung bedeutet es für die meisten Autoren gleichwohl ein Wagnis, sich ganz der Literatur zu verschreiben. Allein von ihren Honoraren und den Ausschüttungen der Verwertungsgesellschaften können nur

Autorenlesung im prächtigen Saal des Hamburger Literaturhauses

die wenigsten leben. Die meisten Schriftsteller sind also darauf angewiesen, ihre Einnahmen mit Lesereisen, Stipendien, Preisgeldern etc. aufzubessern, deren Vergabe freilich keine zuverlässige Einnahmequelle darstellt. Die Möglichkeiten, sich neben den eigenen literarischen Projekten als Autor für Radio, Fernsehen oder Zeitungen zu verdingen, haben in den letzten Jahren zudem eher ab- als zugenommen. Obwohl eine der in den 1970er Jahren erschienenen Untersuchung von Karla Fohrbeck und Andreas Johannes Wiesand vergleichbare Studie fehlt, lässt sich aber wohl doch festhalten, dass deren Fazit immer noch Gültigkeit hat: Die Vorstellung einer Autorenschaft, die ausschließlich mit den eigenen Projekten befasst ist, ist in den meisten Fällen eine Illusion.

Literatur versus Politik: Schreibweisen der fünfziger Jahre

Rekonstruktion und Wirtschaftswunder

Literatur und Politik – in der Geschichte der Bundesrepublik Deutschland waren sie niemals weiter voneinander entfernt als in den 50er Jahren. Die ökonomische Rekonstruktion der tradierten Produktionsverhältnisse und der ideologische Konservatismus markierten auf dem Weg dieser Republik Stationen, zu denen sich die Intellektuellen, die Künstler, die Schriftsteller ablehnend verhielten: Die Euphorie des ›Wirtschaftswunders‹ und die Verdrängung des Faschismus; die ›Demoralisation‹ der Arbeiterklasse bis hin zum Verbot der Kommunistischen Partei Deutschlands 1956 durch das Bundesverfassungsgericht; die Wiederaufrüstung und der Eintritt in die NATO; nicht zuletzt die drohende atomare Bewaffnung und die Bedrohung durch Industrialisierung und Technologien – alle diese Faktoren einer Stabilisierung des Kapitalismus bei gleichzeitiger Westintegration der Bundesrepublik bildeten zugleich auch Entwicklungsmomente einer wachsenden Distanzierung und Isolierung der Intelligenz. Diese nämlich sah sich mit ihren kritischen Fragen ins gesellschaftliche Abseits gedrängt. In höchstem Maß unzeitgemäß etwa war die Skepsis, mit welcher der Zukunftsforscher Robert Jungk den Fortschrittsoptimismus seiner Zeit mit den Selbstzweifeln der Atomwissenschaftler konfrontierte:»Das ist aber etwas ganz Neues für unser industrielles Zeitalter, ist vielleicht das erste Anzeichen zu einem gewandelten Berufsethos, das nicht mehr nur fragt: ›Was produziere ich?‹ oder ›Wieviel produziere ich?‹, sondern ›Wozu produziere ich?‹ oder ›Für wen produziere ich?‹ Und schließlich: ›Welche Wirkung hat meine Arbeit? Ist sie böse?‹«

Erbe des Faschismus

Die Literatur der 50er Jahre kann – mit unterschiedlichen Akzentsetzungen – als ein poetisches Reservoir solcher kritischen, auch selbstkritischen Fragestellungen apostrophiert werden. Denn nicht nur beunruhigte die skizzierte Entwicklung die Zukunftsforscher, sondern Beunruhigung ist ein entscheidendes Merkmal auch der Literatur dieser Zeit. In der Hinwendung zur jüngsten Vergangenheit erschließt sich ihr eine Möglichkeit, Gegenwartsprobleme mitzudiskutieren, in der Entwicklung neuer Schreibweisen, literarischer Perspektiven entsteht ihr Beitrag zur Veränderung von Wahrnehmungsformen und Anschauungsweisen. Das belastende Erbe des Nationalsozialismus erweist sich hierbei als allgegenwärtig: Selbst dort, wo die Literatur der 50er Jahre ihm auszuweichen versucht, bleibt dieses Erbe bestimmend – bis hinein in die Formen des ästhetischen Eskapismus.

Probleme der Lyrik

Die literaturgeschichtliche Kontinuität, die für die deutsche Lyrik der Nachkriegszeit, insbesondere für die Naturlyrik, kennzeichnend war, bleibt auch in den 50er Jahren bestimmend. Es sind, noch immer, Autoren wie Günter Eich und Elisabeth Langgässer, welche die Lyrik-Diskussion dieser Jahre prägen. Autoren, die schon vor der NS-Herrschaft in Deutschland bei aller Individualität in Thematik und poetischer Schreibweise dennoch vielfältige Gemeinsamkeiten aufwiesen, Dichter, die nachhaltig beeinflusst worden sind durch die Naturlyriker Oskar Loerke und Wilhelm Lehmann. Karl Krolow, Essayist und gleichfalls Lyriker in der Tradition Loerkes, hat die Gemeinsamkeit dieser naturlyrischen Poesie mit dem Hinweis auf einen »Entindividualisierungsprozeß« gedeutet, der sich in dieser Lyrik vollziehe, ein Zurücknehmen des lyrischen Ich, mit dem zugleich eine Hinwendung zu mikrokosmischen Erscheinungen, eine Art »Detailversessenheit« einhergehe. Den Naturlyrikern der 50er Jahre ist deshalb der Vorwurf des Wirklichkeitsverlustes gemacht worden, und in der Tat ist die Wirklichkeitsabkehr, die sich mit dieser Lyrik durchsetzt, eine Form des Rückzugs aus einer abgelehnten Realität. Die Problematik dieses Rückzugs auf Naturmagie und Innerlichkeit, Mikrokosmos und Naturdetail besteht in der poetischen Neuschaffung einer Gegenwelt, die mit der Realität, aus der sie hervorgeht, nichts mehr zu schaffen haben will. Was noch in den 30er Jahren angesichts der faschistischen Herrschaft zugleich Flucht und Protest sein mochte, das verwandelt sich nun, unter veränderten gesellschaftlichen Bedingungen, zur bloßen Abkehr von der empirischen Realität.

Karl Krolow

Es war diese Art Poesie, gegen die Theodor W. Adorno sein später vielfach missverstandenes Wort gerichtet hatte: »Nach Auschwitz ein Gedicht zu schreiben, ist barbarisch.« Adorno hatte damit eine Lyrik in Frage gestellt, in der die Todeserfahrung der nationalsozialistischen Vernichtungslager nicht als poetologischer Schock, als Erschütterung eingegangen ist. Solche Erschütterung fehlt auch bei dem Autor, der das Erscheinungsbild der Lyrik in den 50er Jahren in herausragender Weise repräsentiert hat: Gottfried Benn. Bereits lange vor 1933 als expressionistischer Autor hoch gerühmt, hatte sich Benn (1866–1956) nach anfänglichem Eintreten für den Nationalsozialismus schließlich als Stabsarzt in die Wehrmacht zurückgezogen und diesen Schritt als die »aristokratische Form der Emigration« bezeichnet. Da er keine Publikationsmöglichkeit besaß, war er nach dem Ende des Zweiten Weltkriegs als Autor nahezu vollständig vergessen. Erst die Veröffentlichung seiner Gedichtbände *Statische Gedichte* (1948), *Trunkene Flut* (1949), *Fragmente* (1951) und *Destillationen* (1953) holt ihn in das Bewusstsein der literarischen Öffentlichkeit zurück. Hinzu kommt die Publikation einer Reihe von Essays, Prosastücken und autobiographischen Schriften (*Doppelleben*, 1950), in denen Benn die Problematik seiner künstlerischen Existenz auf stets neue Weise thematisiert. »Dualismus« heißt das Stichwort, unter dem diese Existenzweise begriffen wird. Es ist der Dualismus zwischen einer Wirklichkeit, die als empirische belanglos scheint für das künstlerische Schaffen, und einer Kunst, die ihren eigenen Gesetzen gehorcht, die Schönheit ist, Stil, Form, unabhängig von jeder Gesellschaftlichkeit. In seinem Gedicht »Einsamer nie«, das bereits in den 30er Jahren entstanden ist, aber erst mit der Publikation der *Statischen Gedichte* eine größere Öffentlichkeit erreichte, hat Benn diese Selbstdeutung seiner Existenz formuliert:

Lyrik nach Auschwitz

Buchumschlag

Einsamer nie als im August:
Erfüllungsstunde – im Gelände
die roten und die goldenen Brände
doch wo ist deiner Gärten Lust?
Die Seen hell, die Himmel weich,
die Äcker rein und glänzen leise,
doch wo sind Sieg und Siegsbeweise
aus dem von dir vertretenen Reich?
Wo alles sich durch Glück beweist
und tauscht den Blick und tauscht die Ringe
im Weingeruch, im Rausch der Dinge –
dienst du dem Gegenglück, dem Geist.

Dualismen

Der Dualismus von »Erfüllungsstunde« und »Gegenglück«, der hier zum Thema der Poesie selber wird, die Einsamkeit, die aus diesem Dualismus für das lyrische Ich, den schöpferischen Menschen folgt: Sie sind Programm des Künstlers Gottfried Benn, für den Geschichte, Gesellschaft, Entwicklung, Lebensglück nur statistischen Wert haben, keine Qualität, die mit jener der Kunst, der Poesie auch nur vergleichbar oder für diese von irgendeinem Interesse wäre. »Denken und Sein«, so Benn, »Kunst und die Gestalt dessen, der sie macht, ja sogar das Handeln und das Eigenleben von Privaten sind völlig getrennte Wesenheiten.«

Benn-Rezeption

Die Benn-Rezeption der 50er Jahre macht deutlich: Es geht um Entsprechungen von Bewusstseinslagen. Die Erinnerung jedoch an deren Entstehung und Veränderbarkeit ist ausgelöscht in einer Zeit und einer Gesellschaft, die sich darum bemüht, ihre jüngste Vergangenheit zu vergessen. In den Gedichten des »todessüchtigen Benn« (Bertolt Brecht) wie in seiner Poetik prägt sich der von Adorno geforderte poetologische Schock allenfalls als Sublimierung aus: im Beharren auf dem Dualismus von Kunst und Leben, der die Existenz der Poesie unangetastet lässt.

Adorno hatte mit einem Diktum vom »barbarischen« Charakter der Poesie nach Auschwitz freilich nicht generell der Lyrik ihre Existenzberechtigung absprechen wollen. In einer selbstkritischen Präzisierung sagte er deshalb später: »Das perennierende Leiden hat soviel Recht auf Ausdruck wie der Gemarterte zu brüllen; darum mag es falsch gewesen sein, nach Auschwitz ließe kein Gedicht mehr sich schreiben.« Sein Recht auf Ausdruck hat sich solches Leiden vor allem in der Lyrik Paul Celans (1920–1970) gesucht: in einer äußersten Konzentration auf die Aussagekraft poetischer Sprache, die sich im Laufe der Jahre zunehmend gegenüber äußerer Wirklichkeit abschließt. Freilich mit einem anderen Gestus und mit anderem Ziel als die Lyrik Benns. In Celans wohl bekanntestem Gedicht »Todesfuge« (entstanden 1945) ist die Realität des Faschismus und der KZ-Vernichtungslager, in denen Celans Eltern umgekommen sind, in all ihrer Grausamkeit, in ihrer Unerbittlichkeit und Todesgewalt als erinnerte Vergangenheit sprachlich

Paul Celan

vollkommen gegenwärtig. Demgegenüber tendiert die spätere Lyrik Celans zu einer Vergegenwärtigung immanenter sprachlicher Bezüge und Verweisungszusammenhänge, die als poetologische Konsequenz ebenso wie als Existenzproblem des Lyrikers Paul Celan begriffen werden muss. Poetologisch konsequent sind die Gedichte Celans darin, dass sie sich gegenüber allen Formen des Eindeu-

»Todesfuge«

tigen sperren. Die Erfahrung, dass ein Gedicht wie »Todesfuge« obligatorischer, also aufgezwungener Gegenstand der Interpretationsrituale im Deutschunterricht werden und zudem zu einer Art Ware im deutsch-jüdischen Aussöhnungsgeschäft der 50er Jahre verkommen konnte, diese Erfahrung hatte Celan misstrauisch gemacht. Solcher Vereinnahmung verweigert sich die Lyrik der späteren Gedichtbände entschieden: nach *Mohn und Gedächtnis* (1952), *Von Schwelle zu Schwelle* (1955) und *Sprachgitter* (1959) erschienen noch zu Lebzeiten Celans *Die Niemandsrose* (1963), *Atemwende* (1967), *Fadensonnen* (1968) und *Lichtzwang* (1970), postum der Band *Zeitgehöft* (1976). In ihrer sprachlichen Verknappung, in ihrer ausgrenzenden Bilderwelt, in ihrer der Eindeutigkeit sich verweigernden Metaphorik konstituieren diese Gedichte eine verschlüsselte, oft rätselhafte Sphäre der Mehrdeutigkeit, die, wie der Philologe Peter Szondi in seinen *Celan-Studien* (1972) am Beispiel des Gedichts »Engführung« gezeigt hat, präzisierend wirkt: »Die Mehrdeutigkeit, Mittel der Erkenntnis geworden, macht die Einheit dessen sichtbar, was verschieden nur schien. Sie dient der Präzision.« Celan hat bis zu seinem 1971 postum veröffentlichten Gedichtband *Schneepart* dieses Ziel verfolgt. Seine Poesie galt ihm selber als »aktualisierte Sprache, freigesetzt unter dem Zeichen einer zwar radikalen, aber gleichzeitig auch der ihr von der Sprache gezogenen Grenze, der ihr von der Sprache erschlossenen Möglichkeiten eingedenk bleibenden Individuation«. Paul Celan nahm sich 1970 das Leben.

Sprache der Mehrdeutigkeit

Lassen sich Gottfried Benn und Paul Celan – bei aller unzweifelhaften Gegensätzlichkeit und Unvergleichbarkeit – als die beiden bedeutenden poetischen Repräsentanten bezeichnen, die das Bild der deutschen Lyrik nach dem Zweiten Weltkrieg nachhaltig geprägt haben, so darf nicht übersehen werden, dass auch in den 50er Jahren schon eine literarische Moderne sich zur Geltung bringt, die eigenen, unverwechselbaren Ausdruck sucht und findet. Die Traditionsüberwindung, die etwa Marie Luise Kaschnitz und Nelly Sachs gerade in Abgrenzung zur Naturlyrik der Nachkriegszeit repräsentieren, die surrealistischen Ansätze bei Ernst Meister, Christoph Meckel und Günter Grass (*Die Vorzüge der Windhühner*, 1956) – sie sind Ausdrucksformen einer neuen Besinnung auf eine eigenständige lyrische Sprache, die mit konventionellen Mustern zu brechen versucht, weil sie neue Erfahrungen mitzuteilen hat. Dies gilt in vergleichbarer Weise für Peter Rühmkorf und Ilse Aichinger, gilt auch für die Lyrikerin und Hörspielautorin Ingeborg Bachmann (*Gestundete Zeit*, 1953; *Anrufung des Großen Bären*, 1956), gilt vor allem aber für Hans Magnus Enzensberger, der mit seinen Gedichtbänden *verteidigung der wölfe* (1957), *Landessprache* (1960) und *blindenschrift* (1964) deshalb Aufsehen erregte, weil in seine Lyrik die politische Wirklichkeit – auch die des Faschismus – Eingang gefunden hat, ohne die Identität seiner Poesie zu zerstören. Sie konstituiert diese vielmehr, bildet ihre Voraussetzung, will Provokation sein, Widerspruch herausfordern, verlangt Antworten und nicht teilnehmende Versenkung. Das Gedicht »landessprache«, das dem 1960 erschienenen Band seinen Titel gab, beginnt mit den Versen

Ilse Aichinger

Enzensberger – Sprachrohr der jungen Generation

> was habe ich hier verloren,
> in diesem Land,
> dahin mich gebracht meine älteren
> durch arglosigkeit?
> eingeboren, doch ungetröst,
> abwesend bin ich hier,
> ansässig im gemütlichen elend,
> in der netten, zufriedenen grube.
> was habe ich hier? und was habe ich hier zu suchen,
> in dieser schlachtschüssel, diesem schlaraffenland,

wo es aufwärts geht, aber nicht vorwärts,
wo der überdruß ins bestickte hungertuch beißt,
wo in den delikateßgeschäften die armut, kreidebleich,
mit erstickter stimme aus dem schlagrahm röchelt
und ruft: es geht aufwärts!

Man sieht: Ende der 50er Jahre ist ein zwar an Brecht geschulter, doch eigenstän-
diger Ton in der Lyrik angeschlagen, ein politischer, gleichwohl nicht unpoeti-
scher Ton. Im Übergang zu den 60er Jahren entsteht als Antwort auf ›Wirtschaftswunder‹ und Überflussgesellschaft eine politische Dichtung, die angemessener
Ausdruck der ihr zugrunde liegenden literarischen Theorie ist: dass es nämlich
eine politische Identität und Qualität auch des literarischen Kunstwerks gebe, die
dessen poetischer Struktur immanent seien. Es ist eine Dichtung, die der Lyrik
Paul Celans, der Theorie Theodor W. Adornos näher steht als der Gottfried Benns.
Ihre Probleme findet sie in der unbewältigten Vergangenheit nicht weniger als in
den gesellschaftlichen Auseinandersetzungen ihrer Gegenwart, und sie präludiert
mit diesem Programm jener politischen Lyrik, die – etwa mit Erich Fried – in den
60er und 70er Jahren zunehmend in den Vordergrund tritt.

Vergangenheitsbewältigung und Gegenwartskritik: Themen und Traditionen des Romans

Martin Walser,
Heinrich Böll und
Ingeborg Bachmann
bei einem Treffen der
Gruppe 47 (1955)

Der Rückzug aus dem gesellschaftspolitischen Engagement der frühen Jahre in
die Literatur, der sich mit der Gründung der »Gruppe 47« beobachten lässt, hat
vor allem für die Prosa bedeutsame Konsequenzen gehabt. Denn die Konzentration auf die Sache der Literatur erlaubt eine stärkere Bemühung um die Herausbildung neuer Schreibweisen, eine Orientierung an der zeitgenössischen Weltliteratur, eine Besinnung auf Stoffe, Themen und Probleme der jüngsten
Vergangenheit wie der Gegenwart. Kann Heinrich Bölls Wort von der Schwierigkeit, »auch nur eine halbe Seite Prosa zu schreiben«, als repräsentativ für die
Nachkriegssituation gelten, so Siegfried Lenz' Einbekenntnis einer Vorbildsuche
für die frühen 50er Jahre: »Ich wußte durchaus, wovon ich erzählen wollte, doch
mir fehlte – neben manchem anderen – die Perspektive, und ich fand sie bei
Ernest Hemingway. Ich fand sie vor allem in seinen Geschichten, die für mich,
zum Teil auch heute noch, den Ausdruck einer musterhaften Spannung darstellen: es ist der Antagonismus zwischen Traum und Vergeblichkeit, zwischen Sehnsucht und Erfahrung, zwischen Auflehnung und demütigender Niederlage. Das
Schweigen und die Auflehnung – sie erschienen mir als reinste Form der Zuflucht
in einer Welt, in der der Tod seine sieghafte Erscheinungsform verloren hat.«

Siegfried Lenz (geb. 1926) ist mit Paul Schallück und Wolfdietrich Schnurre
eigentlich ein Autor der 50er Jahre. Einig ist er sich mit einer ganzen Reihe von
Autoren, dass sich der Schriftsteller bei der Bewältigung der Vergangenheit moralisch zu engagieren habe, wie dies für die 50er Jahre typisch ist. Lenz debütiert
1951 mit dem Roman *Es waren Habichte in der Luft*, dann folgen *Duell mit dem
Schatten* (1953) und *Stadtgespräch* (1963), immer wieder unterbrochen von Er-
zählungsbänden, deren bekanntester, *So zärtlich war Suleyken*, 1955 erschien.
Verspätet und – angesichts der politischen und literarischen Situation in der Bundesrepublik – als Anachronismus wirkend, legte Lenz 1968 seinen umfangreichs-
ten Roman, die *Deutschstunde* vor. Sein Held und Erzähler Siggi Jepsen schreibt

»Deutschstunde«

im Jahr 1954 aus der Perspektive eines in einer Jugendstrafanstalt Inhaftierten. Der jugendliche Siggi soll einen Aufsatz über die Freuden der Pflicht schreiben. Als er leere Blätter abgibt, wird er in Einzelhaft gesperrt – damit setzt der eigentliche Roman ein. Siggi erinnert sich zurück bis ins Jahr 1943, vor allem an seinen Vater, der im schleswig-holsteinischen Dorf Rugbüll seinen Dienst als Polizist tut. Eines Tages muss der Polizist dem dort zurückgezogen lebenden Maler Max Nansen, seinem ehemaligen Jugendfreund, den Berufsverbotsbescheid der nationalsozialistischen Kulturfunktionäre zustellen und für dessen Einhaltung sorgen. Siegfried Lenz hat hier Züge des Lebensschicksals von Emil Nolde eingearbeitet. Während der Vater den Maler mit paranoider Besessenheit zu überwachen beginnt, wird der Sohn zum Warner, Retter und Bewahrer. Aus diesem einmal aufgezwungenen Verhaltensmuster können Vater und Sohn nicht mehr ausbrechen, selbst als die Herrschaft der Nationalsozialisten beendet ist. So erfährt der Leser schließlich den Grund für die Inhaftierung von Siggi. Er hat auf einer Ausstellung ein Gemälde des Malers Nansen entfernt und ist wegen Diebstahls bestraft worden. Begebenheiten und Charaktere malt Lenz mit Detailbesessenheit und großer Sachkenntnis aus, auch ein Grund für die Popularität seines Romans, der hohe Auflagen erreicht hat. Aber schon die Konstruktion der Rahmenhandlung, Siggis Inhaftierung, wirkt brüchig und aufgesetzt; und bei seiner Erinnerungsfahrt in die Vergangenheit hat er Mühe, sich als allgegenwärtiger Erzähler auf dem jeweiligen Schauplatz zu legitimieren. Nicht einmal die Erinnerung selber, ihre Schärfen und Unschärfen, werden von Lenz thematisiert. Seine spielerische Form von Vergangenheitsbewältigung muss auch deshalb scheitern, weil der Autor die Verhältnisse in der Provinz und im nationalsozialistischen ›Reich‹ allzu sehr auseinander rückt und damit einen menschlichen Entscheidungsraum öffnet, der zwar die Boshaftigkeit des Vaters glaubwürdig macht, zugleich aber den tatsächlichen Verhältnissen nicht gerecht wird. Lenz ist nicht, wie vor ihm Oskar Maria Graf, ein Moralist der Provinz, deren Figuren sich selbst ins Unrecht setzen und somit eine epische Wirkung entfalten. Der rollenhafte Determinismus seiner Charaktere blättert sich zu selbstverständlich auf, die Wurzeln des autoritären Charakters, der den Nationalsozialismus mitgetragen hat, reichen tiefer, als es die holsteinische Dickschädeligkeit des alten Jepsen zu verstehen gibt. Und die Kunst hat nicht in der Provinz, in der Landschaft überlebt, sondern im Exil.

Siegfried Lenz

Die Antagonismen, von denen Lenz im Blick auf die 50er Jahre sprach, lassen sich in der Tat als Strukturmerkmal einer »jungen deutschen Literatur der Moderne« (Walter Jens) benennen. Autoren wie Heinrich Böll und Wolfgang Koeppen, Martin Walser, Alfred Andersch und Max Frisch bewegen sich im Spannungsfeld von faschistischer Vergangenheit und kapitalistischer Gegenwart, Zuflucht und Aufbegehren, Subjektivität und Identitätsverlust. Diese Antagonismen implizieren jene poetische Spannung zwischen Traditionalismus und Modernität, innerhalb derer die jüngeren deutschen Schriftsteller neu ansetzen.

Literatur der Antagonismen

Freilich wirken auch in der erzählenden Literatur der 50er Jahre Autoren fort, die schon vor 1945, sogar vor 1933 literarische Bedeutung besaßen. Der bedeutendste unter ihnen und sicherlich der bekannteste ist Ernst Jünger (1895–1998): vor 1933 Verfasser reaktionärer, nationalistischer Werke, im »Dritten Reich« exemplarische Existenz literarischer Innerer Emigration, nach Kriegsende rasch wieder in aller Munde durch seine Schrift *Der Friede* (1945), in der die Idee einer gemeinsamen Zukunft der europäischen Völker formuliert wird. Doch hinter solchen vordergründigen ›Wandlungen‹ ist ein Grundmuster erkennbar, das die Anziehungskraft Jüngers bei einem konservativen Publikum über die Jahrzehnte

Ernst Jünger

hinweg und bis in unsere Gegenwart hinein erklärt: Zwar bestimmt Jünger in seinen Schriften nach 1945 (vor allem *Atlantische Fahrt*, 1947; *Strahlungen*, 1949; *Der Gordische Knoten*, 1953; *Gläserne Bienen, 1957)* die »Freiheit« zum »Hauptfach des freien Menschen« (*Der Waldgang*, 1951), doch bleiben Elitarismus und Heroismus, die Feier des Kriegerischen und des namenlosen Opfers die entscheidenden Faktoren solcher ›freien‹ Existenz. Die in *Der Weltstaat* (1960) entwickelte Vision einer »großen und wachsenden Gleichförmigkeit«, die schließlich sogar »Kriegsheere« überflüssig machen könne, ist erkauft um den Preis von Opfern, Entbehrungen, Leiden, wie sie schon Jüngers Essay *Der Arbeiter* aus dem Jahre 1932 vorsah. Die Feier Jüngers als Repräsentant deutschen Geistes, die bis in die 80er Jahre hinein in vielfältigen Preisreden geübt wurde, galt nur vordergründig dem glanzvollen Stilisten, der Poesie und Essay auf neue Weise zu verbinden wusste. In Wahrheit sind die Ehrungen Jüngers (Goethe Preis der Stadt Frankfurt, 1983) eine Selbstfeier des deutschen Konservatismus, der sich sein eigenes politisch-kulturelles Versagen vor dem Faschismus nicht einzugestehen vermochte. Noch der Vietnamkrieg und die Studentenbewegung der Jahre 1967 bis 1969 gelten dem alternden Jünger in *Post nach Princeton* (1975) als Belege eines akuten »Mangels an Dezision«, den der politisch-militärisch stärkste Machtfaktor jener Jahre, die USA, verschuldet habe.

Traditionsbildung

Die ›junge deutsche Literatur der Moderne‹ ist hingegen einer sozialkritischen, realistischen Erzähltradition verpflichtet. Ein solches Erzählen setzt die Überzeugung voraus, dass Gegenwartsprozesse und Vergangenheitserfahrungen, dass Beschädigungen und Leiden, Erschütterungen und Entstellungen überhaupt als solche mitteilbar sind, dass sie sich in Form von Handlungen, in Personenentwicklungen, in sukzessiven Erzählverläufen organisieren lassen und dass Erzählungen dieser Art Konsequenzen haben können für Zeitgenossen, für Leser. Umgekehrt setzt solches Erzählen bei diesen voraus, dass sie ihre Stimmungen, Erfahrungen, Emotionen zu identifizieren und zu distanzieren vermögen im literarischen Medium, dass sie im Fremden Eigenes erkennen und das eigene Erleben durch fremdes zu transzendieren versuchen. Realistisch-sozialkritisches Erzählen erfordert mithin ein ungebrochenes Vertrauen in die Wirksamkeit von Literatur – in beiden Richtungen: hinsichtlich der Erzählbarkeit von Realität in ihrer Konflikthaltigkeit wie hinsichtlich des beschädigten Lebens, das im Erzählten über sich selber Erfahrungen zu machen sucht. Die deutsche Nachkriegsprosa repräsentiert dieses Vertrauen in einer Weise, welche die Überwindung des Nationalsozialismus in den Formen einer literarischen Bewältigung mitteilt.

Diese Feststellung gilt auch für den Schweizer Max Frisch (1911–1991). Er kann mit *Stiller* (1954) und *Homo Faber* (1957) als einer der wichtigsten Romanautoren der 50er Jahre gelten. In dieser so harmlos prosperierenden Gesellschaft, bei der alles in Ordnung zu sein scheint, wirken seine Romane, vor allem der *Stiller* als erfolgreichstes Buch dieser Zeit, wie Schlüssel für das Doppelbödige der angeblich so selbstverständlichen Realität. »Ich bin nicht Stiller«, lautet die unerhörte Begebenheit, mit der dieser Roman einsetzt. Der Amerikaner Jim Larkin White wird an der Schweizer Grenze verhaftet, weil er mit dem seit sechs Jahren verschwundenen Bildhauer Anatol Stiller identisch sein soll. White bestreitet dies heftig und kommt daher in Untersuchungshaft. Als seine »bildschöne« Frau Julika lungenkrank in einem Sanatorium lag, sei er plötzlich nach Amerika verschwunden und habe dort einen Selbstmordversuch unternommen, um seine Identität mit Anatol Stiller endgültig zu löschen. Dies alles kommt durch tagebuchartige Aufzeichnungen ans Licht, die White in der Untersuchungshaft kom-

Bertolt Brecht und Max Frisch in Zürich (1946)

mentierend und distanzierend niederschreibt. Durch einen Gerichtsbeschluss wird schließlich festgestellt, dass White mit Stiller identisch ist. White/Stiller gibt dazu keinen Kommentar. Ein »Nachwort des Staatsanwalts« hält den weiteren Verlauf fest. Stiller/White beginnt ein neues Leben mit seiner Frau Julika; er lebt mit ihr am Genfer See und versucht sich als Töpfer. Als Julika wiederum in eine gesundheitliche Krise gerät und schließlich stirbt, ist Stiller zum zweiten Mal an dem Widerspruch von Ich-Identität und persönlicher Verantwortung, dem Auslöser seiner inneren Verzweiflung, gescheitert. Max Frisch hat mit dem *Stiller* seinen ausgeprägtesten psychologischen Roman vorgelegt; seine Romane kreisen um die Themen von Ichverlust, Selbstwahl, Rollenhaftigkeit des Daseins (*Mein Name sei Gantenbein*, 1964) und Identitätsproblematik. Frischs Feststellung, er habe keine Sprache für die Realität, sondern für das Dahinterliegende, das die Realität Aufbrechende des Vorbewusst-Unbewussten, bestimmt die Eindringlichkeit seiner reflexiven Schreibweise, seiner Form von Bewusstseinsroman. Frisch lässt seinen Roman lapidar enden: »Stiller blieb in Glion und lebte allein.« Mit dieser hermetischen Reduktion der Figur, die schon zu beobachten ist, als das Gericht das Identitätsurteil spricht, war jede Form von Sprache diskreditiert, die auf der Ebene der faktischen Behauptung bereits glaubte, realitätsmächtig und literaturfähig zu sein. Mit allen Anklängen an Sartres Drehbuch *Les jeux sont faits*, 1947 (*Das Spiel ist aus*, 1952), dürfte durch Frischs *Stiller* deutlich geworden sein, dass die ›Realität‹ der 50er Jahre in starkem Maße reflexionsbedürftig geworden war und Frischs Roman einen psychologischen Innenraum eröffnete, in dem kein Stein auf dem anderen blieb.

Schutzumschlag

Eines der wenigen Werke der 50er Jahre, in denen Vergangenheitsbewältigung und Gegenwartskritik untrennbar miteinander verbunden sind, ist Heinrich Bölls (1917–1985) Roman *Billard um halbzehn* (1959). Die epische Konstruktion dieses Buches erscheint im Verhältnis zu der programmatischen Einfachheit der früheren Werke eher kompliziert, weil sich seine Fabel gegen lineare und sukzessive Erzählweisen sperrt. Ausgehend von einem einzigen Tag, dem 6. September 1958, und wieder in diesen einmündend, wird in Rückblenden die Entwicklung dreier Generationen der Architektenfamilie Fähmel seit 1907 geschildert. Das durchgängige Symbol für Aufbau und Zerstörung ist die Abtei Sankt Anton, die zu bauen Heinrich Fähmel 1907 beauftragt worden war, die sein Sohn Robert in den letzten Tagen des Zweiten Weltkriegs durch eine Sprengung zerstörte, um »ein Denkmal für die Lämmer, die niemand geweidet hatte«, zu setzen, und die schließlich Roberts Sohn Joseph während seiner Architektenausbildung wieder aufbauen helfen soll. Auf den 6. September 1958 nun konzentriert sich die Entwicklungsgeschichte dieser drei Generationen: An diesem Tag entdeckt Joseph Fähmel die Kreidemale, die sein Vater zur Anbringung der Sprengladung gezeichnet hatte; an diesem Tag kehrt ein Freund Robert Fähmels aus dem Exil zurück und muss feststellen, dass nach ihm noch immer gefahndet wird, während die alten Nazis als ›demokratische‹ Repräsentanten des Staates Bundesrepublik etabliert sind; an diesem Tag verlässt Johanna Fähmel, Roberts Mutter und Ehefrau Heinrich Fähmels, eine Heilanstalt, um am 80. Geburtstag ihres Mannes einen Altfaschisten zu erschießen – sie erschießt dann nicht ihn, sondern, Symbol der Verschränkung von Vergangenheit und Gegenwart, einen politischen Opportunisten, der die alten Faschisten vor seinen politischen Karren spannen will.

Heinrich Böll

Heinrich Böll

Diese Handlungselemente sind höchst komplex aufeinander bezogen: Die Erinnerungen werden als innere und äußere Monologe und in erlebter Rede vergegenwärtigt, zeitlich gegeneinander versetzt und ineinander verschränkt, sind verbunden durch vielfältige Symbole und Leitmotive, Assoziationen und Zitate, montiert zu einem vielfach gebrochenen »Weg aus den Schichten vergangener Vergänglichkeit in eine vergängliche Gegenwart« (Böll). Gleichwohl hat diese kunstvolle Konstruktion Kritik hervorgerufen, weil insbesondere die Symbolik des Romans nicht durchgängig aus dem Erzählgegenstand hervorgehe, sondern als erkennbar strukturierender Zugriff des Autors Böll seinem Stoff äußerlich bleibe. Dieser Vorwurf erscheint nicht berechtigt gegenüber dem zentralen Symbol, der Abtei Sankt Anton, wohl aber gegenüber dem symbolischen Gegensatzpaar, das den Roman strukturiert: dem mit »Sakrament des Büffels« und »Sakrament der Lämmer« bezeichneten Gegensatz von Verfolgern und Verfolgten, Nationalisten und Pazifisten, Faschisten und Antifaschisten. Mit diesem symbolischen Gegensatzpaar nämlich verändert sich ein biblisch-theologisches Bild zu einer Art überhistorischer und übergesellschaftlicher Folie, vor der politisch-geschichtliches Handeln zu werten sei. Damit ist freilich ein grundsätzliches Problem des vom Katholizismus ausgehenden Erzählers Böll bezeichnet, das er erst mit dem Versuch einer grundlegenden Kritik an der Institution Kirche in *Ansichten eines Clowns* (1963) zu überwinden beginnt: Bölls Hörspiele, Erzählungen und Romane überzeugen literarisch am wenigsten dort, wo in sie religiöse Elemente, Bilder und Maximen strukturierend eingehen oder wo diese gar als Motive und Symbole erzähltechnische Funktion bekommen. Bölls Roman *Billard um halbzehn* erscheint nicht deswegen zu Teilen problematisch, weil er künstlerisch ambitioniert gearbeitet ist oder weil sein Autor unter dem Einfluss des ›nouveau roman‹ einem »Modernitätsdruck« erlegen wäre, sondern weil Symbolstruktur und Motivbildung der Erzählintention nicht durchweg gerecht werden.

»Verfolger und Verfolgte«

Erzählte Zeitgeschichte

Erzählte Zeitgeschichte – so ließe sich diese Literatur knapp benennen. Die Mittel ihres Erzählens sind die der Einfachheit, sogar der Vereinfachung von Sprache und Syntax. »Aber«, so hat Heinrich Böll mit Recht betont, »gerade dieses ›Einfachwerden‹ setzt eine ungeheure Verfeinerung der Mittel voraus, unzählige komplizierte Vorgänge«. Vergangenheitsbewältigung also auch hierin: Der Schwulst der nationalsozialistischen Legitimationspoesie war ebenso zu überwinden wie die poetische Unbeholfenheit der Nachkriegszeit und ihr Wortbombast. Sie werden überwunden durch die kunstvoll vereinfachte Darstellung der Alltäglichkeit in Krieg und Nachkrieg wie etwa in Heinrich Bölls frühen Erzählungen und Romanen (*Der Zug war pünktlich*, 1949; *Wanderer, kommst du nach Spa...*, 1950; *Wo warst du, Adam?*, 1951; *Und sagte kein einziges Wort*, 1953; *Haus ohne Hüter*, 1954). Gleiches lässt sich von Hans Werner Richter sagen, der in Romanen wie *Sie fielen aus Gottes Hand* (1951) und *Linus Fleck oder Der Verlust der Würde* (*1959*) typische Zeitschicksale im Zweiten Weltkrieg und in der Nachkriegszeit zur Darstellung bringt. Kennzeichen dieser Darstellungsweise ist eine deutlich satirische Einfärbung des Erzählten, die ihrerseits Distanz des Erzählers gegenüber dem Erzählgegenstand signalisiert: Es geht nicht um Identifikation des Lesers mit den Vorgängen, sondern um Denkanstöße, um Kritik, um Infragestellung. Die Grenzen solchen Erzählens, das auch in Martin Walsers (geb. 1927) erstem Roman *Ehen in Philippsburg* (1957), einer Gesellschaftssatire über die Nachkriegszeit, noch zu beobachten ist, lassen sich freilich am besten dort zeigen, wo die realistische Erzählhaltung selber transzendiert wird. In Alfred Anderschs (1914–1980) autobiographischem Bericht *Die Kirschen der Freiheit* (1952) wird mit realistischen Mitteln die existentielle Situation von Flucht und Freiheit nicht nur geschildert, sondern zugleich, durch die Integration reflektorischer Elemente, objektiviert. Dadurch entsteht eine erzählerische Atmosphäre, wie sie An-

Gesellschaftskritik in der Satire

derschs spätere Romane mit ähnlichen Motiven und Stoffelementen (*Sansibar oder der letzte Grund*, 1957; *Die Rote*, 1960) kaum wieder erreicht haben.

Literarhistorische Überblicke stehen stets vor dem Problem, auswählen zu müssen aus der Fülle des Materials, das ihnen zugrunde liegt, und Entwicklungslinien zu ziehen, die manche Besonderheit möglicherweise unberücksichtigt lassen. Dies ist bei der hier vorgelegten Skizze nicht anders. War bislang vornehmlich von den Autoren der jungen deutschen Moderne sowie von einer älteren Autorentradition die Rede, so ist ein dritter literarhistorischer Entwicklungsstrang noch nicht erwähnt worden: jener der Exilschriftsteller, die auch nach der Gründung der Bundesrepublik Deutschland wichtige Prosawerke vorgelegt haben. So publiziert Thomas Mann nach dem *Doktor Faustus* seinen Roman *Der Erwählte* (1951), die Erzählung *Die Betrogene* (1953) und die meisterhafte Parodie auf den deutschen Bildungsroman *Die Bekenntnisse des Hochstaplers Felix Krull* (1954). Alfred Döblin, zu dem sich Günter Grass später emphatisch als seinem Lehrmeister bekannt hat, legt 1956 seinen bereits 1946 vollendeten Roman *Hamlet oder Die lange Nacht nimmt ein Ende* in Ost-Berlin vor (zunächst hatte sich kein Verleger für dieses wichtige Spätwerk um psychologische Fragen im Kontext der Kriegsproblematik interessiert!). Zu nennen ist in diesem Zusammenhang auch der erst 1962 erschienene Roman *Bericht über Bruno* von Joseph Breitbach: Der Autor nimmt die politische Wirklichkeit als Stoff eines spannungsreichen Romans, der mit realistischen Mitteln die materiellen Antriebe politischen Handelns (Besitzgier, Geltungssucht, Angst) darstellt. Insgesamt lassen sich die Werke der Exilautoren als Fortführung der jeweils eingeschlagenen Wege bezeichnen – keine Neuerungen, doch, wie etwa bei Thomas Mann, nochmals erzählerische Höhepunkte mit den bekannten literarischen Mitteln.

Drei Literaturtraditionen also: die der Emigranten, die der im Dritten Reich überlebenden Autoren, die der jungen Moderne. Daneben aber gibt es Autoren, die solcher – immer problematisch bleibenden – Zuordnung sich sperren: Hans-Erich Nossack beispielsweise, auch Gerd Gaiser. Gerd Gaiser erzielte einen großen Erfolg mit seinem Jagdfliegerroman *Die sterbende Jagd* (1953), der Anklänge an das Elitedenken Jüngers aufweist: Es ist der heroische Abgesang auf die heldischen Existenzen des Weltkriegs, der von einem konservativen Publikum begeistert aufgenommen wurde. Konservatismus auch bei Hans-Erich Nossack, doch in einem nonkonformistischen Sinne. In *Spätestens im November* (1955) werden Menschen vorgeführt, die sich in einer im existentialistischen Sinne absurden Aktivität verlieren. Als Ausweg wird die Selbstisolierung der Einzelgänger, die Suche nach dem eigenen Ich (*Spirale*, 1956; *Der jüngere Bruder*, 1958) dargestellt, ein Thema, das Nossack bis in seinen Roman *Der Fall d'Arthez* (1968) immer wieder aufgenommen und variiert hat.

Lassen sich in den Themen und Formen des Romans der 50er Jahre einerseits Fortführungen bereits entwickelter Erzähltraditionen feststellen, so andererseits ein unverkennbar neuer Ton in Stoffwahl und erzählerischen Mitteln. Die »junge deutsche Literatur der Moderne« knüpft zwar an ausländische (Hemingway) und deutsche Vorbilder (Arnold Zweig, Lion Feuchtwanger) an, doch entsteht sie aus literarischen Anfängen, in welche die Kriegsthematik, die Problematik des Faschismus, die Konflikte der Nachkriegszeit wie der Gegenwart als stilbildende stoffliche Voraussetzungen eingehen. Das Erzählinstrumentarium weist hierbei ein breites Spektrum literarischer Techniken auf, die von den begrenzten Möglichkeiten sozialkritisch-realistischer Einfachheit bis zum barock-grotesken Erzählmonument (Grass) reichen. In den 50er Jahren bildet sich in der Bundesre-

»Ungleichzeitigkeiten«

Drei Traditionen

Hans Erich Nossack

Neue Töne

publik eine Tradition erzählender Literatur aus, die in den 60er Jahren und bis in die Gegenwart über die Grenzen unseres Landes hinaus Geltung bekommt. Freilich nicht nur aufgrund ihrer literarischen Qualitäten, sondern auch wegen des unverwechselbaren gesellschaftspolitischen Engagements ihrer führenden Repräsentanten (Grass, Böll und Walser vor allem), das diese wieder und wieder gegenüber restaurativen Entwicklungen und konservativen Tendenzwenden aufgebracht haben. Auch deshalb ist die Spannung zwischen Literatur und Politik bis heute bestehen geblieben.

Theater ohne Drama

Schwieriger Neubeginn

Max Frisch berichtet, dass Bertolt Brecht nach einem gemeinsamen Theaterbesuch in der süddeutschen Stadt Konstanz im Jahre 1948 einen Wutausbruch bekommen habe. Brechts Zorn, so Frisch, galt der Naivität, der Gefühl- und Gedankenlosigkeit, mit der die deutschen Bühnen der Nachkriegszeit, nahezu unberührt durch die jüngste Vergangenheit, wieder begonnen hatten, Theater zu spielen: »Das Vokabular dieser Überlebenden, wie unbelastet sie auch sein mochten, ihr Gehabe auf der Bühne, ihre wohlgemute Ahnungslosigkeit, die Unverschämtheit, daß sie einfach weitermachten, als wären bloß ihre Häuser zerstört, ihre Kunstseligkeit, ihr voreiliger Friede mit dem eigenen Land, all dies war schlimmer als befürchtet.« Und Brecht hatte konsterniert hinzugefügt: »Hier muß man ja ganz von vorn anfangen.« Diese bittere Anekdote gibt Auskunft über zweierlei: über die Erwartung zum einen, mit der der Theaterpraktiker und -theoretiker Bertolt Brecht aus den Vereinigten Staaten nach Deutschland zurückgekehrt war: dass nämlich gelernt worden wäre aus den Erfahrungen mit dem Faschismus, auch in der Kunst – die Anekdote erklärt mithin auch, warum Brecht keine Möglichkeit sah, in der Theaterpraxis Westdeutschlands produktiv wirken zu können; und sie gibt zum anderen Auskunft über den desolaten Zustand, in dem sich das Theater Ende der 40er und in den 50er Jahren in der Bundesrepublik befand, nachdem die Irritationen der frühen Jahre verflogen, die Ansätze zu einem Neubeginn verschüttet, die Verdrängungen in vollem Maße wirksam geworden waren. Autoren wie Wolfgang Borchert, Carl Zuckmayer und Günther Weisenborn waren die Ausnahmen geblieben. Ihre von einem stark zeitkritischen Gestus geprägten Stücke konnten nicht an die Theaterentwicklung Westeuropas und der Vereinigten Staaten anknüpfen und enthielten ihrerseits keine Perspektiven einer dramaturgischen Fortentwicklung. Geprägt wurde deshalb das deutsche Nach-

Ausländische Theaterautoren

kriegstheater von ausländischen Autoren einer metaphysisch-religiösen Dramatik wie Paul Claudel, T. S. Eliot, W. H. Auden, aber auch Christopher Fry und Thornton Wilder. Nach dem Nationalsozialismus goutiert die westdeutsche Gesellschaft das Spiel mit Untergangsvisionen und Endzeitstimmungen, die, wie in Wilders *Wir sind noch einmal davongekommen* (1942/44), im Überzeitlich-Unverbindlichen einer historisch indifferenten Menschheitsfabel verharren. Daneben und danach treten, im Zusammenhang mit dem philosophischen Existentialismus, Stücke des absurden Theaters auf den westdeutschen Bühnen in den Vordergrund, Autoren wie Eugène Ionesco, Samuel Beckett, Jean-Paul Sartre, Jean Cocteau und Albert Camus.

Existentialismus

Die Aktualität des französischen Existentialismus lag in den ideologischen Defiziten begründet, die schon während und insbesondere nach dem Ende des Zweiten Weltkriegs als Gefühl der Leere, der Ohnmacht und Verzweiflung, der

Angst sichtbar geworden waren. Als eine Philosophie der Freiheit eines jeden Einzelnen bot er seinen deutschen Rezipienten eine Deutung der menschlichen Existenz an, die in mehrfacher Hinsicht interessant war. Einmal stellte er der deklassierten und desorientierten Kriegs- und Nachkriegsgeneration ein anthropologisch-philosophisches Modell vor, den »Menschen ohne Transzendenz«, in das die Erfahrungen der Materialschlachten, der Bombennächte und des nationalsozialistischen Terrors rückhaltlos eingebracht werden konnten. »Es gibt nur ein wirklich ernstes philosophisches Problem: den Selbstmord.« Mit diesen Worten beginnt Albert Camus' Essay *Der Mythos von Sisyphos* (1943; dt. 1956). Der Mensch, konfrontiert mit seiner »vorläufigen« Erfahrung des eigenen Todes und seiner Freiheit der Entscheidung: in diesen beiden Momenten lag das Faszinierende dieser so ungewohnt atheistischen, nicht-systematischen, ausschließlich auf die menschliche Existenz konzentrierten Philosophie. Darüber hinaus wurde durch die Auseinandersetzung, die insbesondere von Jean-Paul Sartre (*Das Sein und das Nichts*, 1943; dt. 1962) mit der deutschen philosophischen Tradition, angefangen bei Kant und Hegel, endend bei Husserl und Heidegger, geführt wurde, ein intellektueller Grund gelegt, der von der verhängnisvollen Entwicklung der deutschen »Philosophie der Existenz« bis zur Freiburger Rektoratsrede Heideggers zur Eröffnung des Sommersemesters 1933 – der Übergabe der gesamten philosophischen Tradition an die neuen Machthaber! – ablenkte. Schließlich bot der französische Existentialismus ein Literaturmodell (Sartre: *Was ist Literatur?*, 1947), das, bereichert und politisch glaubwürdig durch die Erfahrungen der französischen Résistance gegen die nationalsozialistische Besatzermacht, zum ersten Mal den Entscheidungsprozess des Schriftstellers *vor* dem Schreiben in den Mittelpunkt stellte und mit dem Begriff der »engagierten Literatur« den Schriftsteller ganz entscheidend in diese Philosophie der Freiheit einbezog: »Da die Kritiker mich im Namen der Literatur verdammen, ohne zu verraten, was sie unter Literatur verstehen, antwortet man ihnen am besten damit, daß man vorurteilslos prüft, was es mit der Kunst des Schreibens auf sich hat. Was heißt schreiben? Warum schreibt man? Für wen? Tatsächlich scheint sich nie jemand diese Fragen gestellt zu haben« (Sartre). Albert Camus und mit ihm Jean-Paul Sartre – vergleichbar trotz aller Differenzen und beide in den 50er Jahren nahezu vollständig ins Deutsche übersetzt – sind nicht nur als philosophische Essayisten von Bedeutung, sondern ebenso als Dramatiker und Romanciers: Ihre Wirkung ging in der Hauptsache von der Bühne und vom Roman aus. In *Die schmutzigen Hände* (1948) setzt sich Sartre mit der Haltung der bürgerlichen Intelligenz gegenüber dem Totalitarismus auseinander. Der bürgerliche Hugo soll im Auftrag der Kommunistischen Partei den Funktionär Hoederer beseitigen, aber als er ihn schließlich umbringt, tut er es aus Eifersucht, einem privaten Motiv. Als die Partei wieder auf die Linie Hoederers einschwenkt und nun Hugo im Weg steht, will er seinen Mord jedoch als politische Tat gewertet wissen. In Albert Camus' erstem Roman *Der Fremde* (1942) – es folgten *Die Pest* (1947) und *Der Fall* (1956) sowie zahlreiche Dramen und Essays – gilt der Büroangestellte Meursault als Fremdkörper der Gesellschaft, weil er beim Tod seiner Mutter keine Trauer empfindet. Als er einen Mord begeht und keine Reue zeigt, wird er zum Tode verurteilt. Er resümiert: »Damit sich alles erfüllt, damit ich mich weniger allein fühle, brauche ich nur noch eines zu wünschen: am Tag meiner Hinrichtung viele Zuschauer, die mich mit Schreien des Hasses empfangen.« Auch diese Interpretation der Gesellschaft als einer absurden Wolfswelt passte in das Stimmungsgefüge der Nachkriegszeit. Insbesondere für die junge universitäre Intelligenz der Bundesrepublik

»engagierte Literatur«

»Warum schreibt man?«

spielte der französische Existentialismus eine Schlüsselrolle in der Auseinandersetzung der Söhne mit den Vätern, die vom Verdacht der Mitschuld an der nationalsozialistischen Entwicklung nicht freigesprochen werden konnten.

Gegenwartsdrama?

Die individuellen Vernichtungs- und Selbstzerstörungsrituale des existentialistischen Dramas, so Sartres *Geschlossene Gesellschaft* (1944/49), treffen auf ein Publikum, das im Banne des ›Wirtschaftswunders‹ und des politischen Konservatismus die eigene geschichtlich-soziale Situation in den Kategorien der Unabänderlichkeit und Geworfenheit zu fassen versucht. Bertolt Brecht hingegen, der einzige deutsche Autor von Weltgeltung in dieser Zeit, wird als Kommunist von den westdeutschen Bühnen bis in die 60er Jahre boykottiert. So lässt sich sagen: Es gibt in den 50er Jahren kein ernst zu nehmendes Gegenwartsdrama in der Bundesrepublik. Wohl aber existiert ein deutsch-sprachiges Drama, das aus der Schweiz kommt und mit den Namen Max Frisch und Friedrich Dürrenmatt verbunden ist. Zu nennen sind hier vor allem Max Frischs (1911–1991) Stücke *Biedermann und die Brandstifter* (1959) und *Andorra* (1961) sowie Dürrenmatts Dramen (1921–1990) *Der Besuch der alten Dame* (1956) und *Die Physiker* (1962). Es sind Stücke aus dem Geist eines kritischen Humanismus und eines moralischen Rigorismus, die in zum Teil parabelhafter Form die Problematik individueller und kollektiver Bedrohung, individueller und kollektiver Schuld in der modernen Welt vorführen. Doch diese zeitkritische Gemeinsamkeit im Stofflichen darf nicht über einen wesentlichen Unterschied in den Theaterauffassungen der beiden Autoren hinwegtäuschen, die bedeutende Konsequenzen für ihre unterschiedliche Dramaturgie haben. Frisch hatte sein *Biedermann*-Stück als ein »Lehrstück ohne Lehre« bezeichnet, unverkennbar in Abgrenzung gegen Brechts pädagogisch-didaktischen Impuls, und er betonte in seiner Rede »Der Autor und das Theater« (1964) ausdrücklich sein Misstrauen gegenüber jenen Einwirkungsmöglichkeiten, die Brecht der Poesie im Zusammenhang gesellschaftlicher Prozesse hatte zumessen wollen. Dies mag erklären, warum Frisch in seinen Stücken vielfach abstrakt moralisiert, ohne Handlungseinsichten zu vermitteln: Sein impliziter Rückgang auf eine idealistische, im schillerschen Sinne zwischen Kunst und Leben trennende Ästhetik setzt ihn außerstande, dramaturgisch in zeitgeschichtlich konkreten Zusammenhängen zu argumentieren. Anders Dürrenmatt:

Friedrich Dürrenmatt

Seine *Physiker* repräsentieren den Versuch, die aktuellen Bedrohungen durch technologische Entwicklungen und zweifelhafte Fortschritte der modernen Naturwissenschaften dadurch bewusst zu machen, dass er ihnen – wie es in seinem 21 Punkte-Programm zu den *Physikern* heißt – ihre »schlimmst-mögliche Wendung« gibt. Der letzte dieser 21 Punkte lautet:»Die Dramatik kann den Zuschauer überlisten, sich der Wirklichkeit auszusetzen, aber nicht zwingen, ihr standzuhalten oder sie gar zu bewältigen.« Das heißt: Dürrenmatt will, hierin skeptischer als der dialektische Materialist Brecht, wohl die Konfrontation des Zuschauers mit der vorgestellten Problematik, nicht aber deren Lösungsmöglichkeit durch die List der Dramaturgie evozieren. Die»schlimmst-mögliche Wendung«, die das Geschehen – in einer Komödie! – nehmen soll, treibt zwar mit dem Entsetzen Scherz – weil dieses anders nicht mehr fassbar und darstellbar zu sein scheint. Doch sie belässt das Entsetzen in einer Welt, die ihre eigenen Erschütterungen nicht hat bewältigen können.

»Die Physiker«

Unter diesem Aspekt mögen Dürrenmatts dramentheoretische Überlegungen die angemessene Antwort auf die bundesrepublikanische Situation im Übergang zu den 60er Jahren gewesen sein. Dass sich für die Bühnen der Bundesrepublik kein deutsches Drama in den 50er Jahren gefunden hat, ist hingegen Indiz nicht nur einer unbewältigten Vergangenheit, sondern auch einer nicht-bewältigten Gegenwart. Erst die krisenhaften Erschütterungen der 60er Jahre wecken das Bewusstsein dafür, dass auch das Theater eine Sprache besitzt, die – Brecht hierin postum gegenüber Dürrenmatt ins Recht setzend – nicht nur zu überlisten, sondern auch standzuhalten, ja einzugreifen vermag.

Das Hörspiel: Zwischen Traum und Selbstzerstörung

Auch für den Bereich des Rundfunks lassen sich Forderungen Bertolt Brechts zitieren, die eine Beurteilung der Nachkriegsentwicklung erlauben. In einem Vortrag aus dem Jahr 1932 hatte Brecht medienpolitische Thesen formuliert, die nach 1945, unter dem Anspruch einer Demokratisierung weiter Öffentlichkeitsbereiche, von überraschender Aktualität hätten sein können. Brechts Absicht war es zu Beginn der 30er Jahre, den Rundfunk von einem »Distributionsapparat« zu einem »Kommunikationsapparat« zu verändern, die Hörer an der Produktion zu beteiligen und die Produktionsformen, entsprechend den sich weiterentwickelnden technischen Standards, zu verwandeln durch »immer fortgesetzte, nie aufhörende Vorschläge zur besseren Verwendung der Apparate im Interesse der Allgemeinheit«. Freilich nicht als Selbstzweck: Brecht ging es darum, »die gesellschaftliche Basis dieser Apparate zu erschüttern, ihre Verwendung im Interesse der wenigen zu diskutieren«.

Brechts Radiotheorie

Solcher Programmatik schien die öffentlich-rechtliche Organisationsform der Rundfunkanstalten in der Bundesrepublik zunächst zu entsprechen. Die Erfahrungen im Dritten Reich hatten gelehrt, dass die ›gleichgeschalteten‹ Massenmedien lediglich propagandistische Aufgaben wahrzunehmen vermochten, jedoch kaum innovative Impulse geben konnten. Die Folge war eine weitgehende Austrocknung ganzer Programmbereiche, so beispielsweise auch der Hörspielproduktion. Die öffentlich-rechtliche Organisationsform des Rundfunks verhieß – bei einer gleichzeitig privatwirtschaftlich organisierten Presse – Programmvielfalt dadurch, dass eine Beteiligung »aller gesellschaftlich relevanten Gruppen« institutionell verankert wurde, eine Einwirkungsmöglichkeit also der Kirchen nicht weniger als der Gewerkschaften, der Unternehmerverbände ebenso wie der Parteien garantiert schien. Die medienpolitische Praxis aber ließ dieses Konzept schon bald fragwürdig werden. Da die »gesellschaftlich relevanten Kräfte« über die in den Landtagen vertretenen Parteien zu bestimmen sind, entspricht ihr Einfluss tatsächlich dem Stärkeverhältnis der jeweiligen Landtagsfraktionen. Die beabsichtigte institutionelle Demokratisierung der Rundfunkanstalten verkümmerte zum »Parteienproporz«.

Eine ›Neuerung‹ im Sinne Brechts bedeutete nach dem Weltkrieg jedoch die enge Verbindung, welche die Hörspielproduktion mit der reportagehaften Form des Features einging. Nicht das reine Wortkunstwerk stand im Vordergrund, sondern die Vermittlung sprachlich anspruchsvoller Präsentationsformen mit inhaltlichen Problemen aus aktuellen Gesellschaftsbereichen (Politik, Kultur, Technik, Wissenschaft), wie sie Alfred Andersch, Axel Eggebrecht, Ernst Schnabel und – später – Helmut Heißenbüttel unternahmen. Die Beteiligung von Hörern, die mit solcher »Neuerung« einherging, war zugleich ein formbestimmendes Merkmal der Hörspielproduktion zwischen 1947 und 1950. So hatte Ernst Schnabel 1947 und 1950 die Hörer im Bereich des damaligen Nordwestdeutschen Rundfunks (NWDR) zur Mitarbeit an seinen Features aufgefordert. Der Erfolg verweist auf

Hörspiel und Feature

die Möglichkeiten der Weiterarbeit in diesem Bereich, die seither kaum mehr ausgeschöpft worden sind: 35000 bzw. 80000 Hörerinnen und Hörer beteiligten sich mit Erfahrungen, Notizen, Hinweisen an Schnabels Sendungen, die auf diese Weise zu ihren eigenen wurden. Ein Erfolg, der zur Popularisierung des Hörspiels beigetragen hat wie vergleichsweise nur Wolfgang Borcherts Hörspiel *Draußen vor der Tür* (1947).

Hörspiel als Wortkunst

Die organisatorische Trennung aber von Hörspiel- und Feature-Produktion etwa im Bereich des NWDR (1950) deutet bereits die Verengung des Hörspielbegriffs in den folgenden Jahren an. Das Hörerinteresse verlagerte sich, den gesellschaftlichen Entwicklungstendenzen entsprechend, in den 50er Jahren vom politisch motivierten Feature auf das Wortkunstwerk, die Hörspielform entwickelte sich zum sprachkünstlerischen Spiel, die Rezeptionsweisen veränderten sich von Beteiligung zu Verinnerlichung, von kritischer Aktivität zu entpolitisierter Konsumentenhaltung. So erstaunt es nicht, dass das Hörspiel der 50er Jahre geprägt ist vor allem durch die poetische Erschaffung von Traumwelten. Eine regelrechte Traditionsreihe von Hörspielen folgte dem Beispiel Günter Eichs, der mit seinem Hörspiel *Träume*, (1951) ein kopierbares Muster formuliert hatte, und ganze Hörspielstudios wurden in Laboratorien zur Produktion akustischer Traumreiche umgewandelt.

Günter Eich

Günter Eich (1907–1972) war der herausragende Repräsentant der westdeutschen Hörspielproduktion in den 50er Jahren. Er gehörte zu den Lyrikern in der Tradition des »Kolonne«-Kreises von 1930, die – wie etwa auch Peter Huchel – bereits im Dritten Reich Hörspiele geschrieben und produziert hatten (*Weizenkantate* und *Fährten in die Prärie*, beide 1936 uraufgeführt). Seinen Durchbruch als Hörspielautor erzielte er mit dem 1951 uraufgeführten Hörspiel *Träume*, das die Hörspielproduktion der folgenden Jahre nachhaltig beeinflusste, das als sprachliches Hörkunstwerk freilich einem eher traditionellen dramaturgischen Muster folgte. Über die Identifikation der Hörer mit träumenden Gestalten aus fünf Kontinenten, die das Stück in existentieller, alptraumhafter Bedrohung vorführt, und über eine Art Katharsis im aristotelischen Sinne sollte die Situation einer grundlegenden, daseinsbestimmenden Gefährdung vermittelt werden. Die emotionale lyrische Ansprache, die sprachliche Konstituierung einer alptraumhaften Sphäre, die Unmittelbarkeit und Suggestivität der poetischen Wortwelt Eichs dürften die Gründe für die erstaunliche Publikumsresonanz sein, die dieses Hörspiel erfuhr. Inmitten der Wirtschaftswunderwelt bewirkte Eich vornehmlich Abwehr und Erschrecken bei seinen Hörern, die er mit seinem Postulat: »Alles was geschieht, geht dich an«, aufwühlte und aufrüttelte. Und doch erschien es ihm notwendig, die zunehmend auf eine existentialistische Erwartung treffenden Hörszenen politisch zu präzisieren, ihrem Pathos einer generellen Bedrohtheit und Gefährdung eine gesellschaftlich akzentuierte, oppositionelle Qualität zu verleihen. Eich versuchte dies mit der berühmten Schlusssequenz: »Seid unbequem, seid Sand, nicht Öl im Getriebe der Welt«, die er dem Stück 1953 anfügte. Günter Eich, der produktivste und wirkungsvollste Hörspielautor nach 1945 – mit Wirkung nicht nur auf Hörer, sondern vor allem auch auf andere Autoren –, hat Präzisierungen solcher Art in späteren Überarbeitungen seiner Werke vielfach für nötig gehalten. Mit Recht: Der Anspruch auf eine Vermittlung politisch-gesellschaftlicher Postulate mit den Techniken modernen Hörspiels wird in den frühen Arbeiten bisweilen durchkreuzt von einer traditionellen Dramaturgie, die zu Überzeitlichkeit und Existentialität tendiert. In seinen späteren Arbeiten wie in seinen theoretischen Äußerungen tritt deshalb ein zunehmendes Misstrauen ge-

Günter Eich

genüber Konzeptionen hervor, die durch Sinnstiftung einer gesellschaftlichen Einvernahme noch widerstehen zu können glauben.

Neben Eich treten in den 50er Jahren eine Reihe anderer namhafter Schriftstel- *Weitere Hörspielautoren* ler als Hörspielautoren hervor, so beispielsweise Wolfgang Hildesheimer und Friedrich Dürrenmatt, Ingeborg Bachmann und Ilse Aichinger, Walter Jens, Heinrich Böll und Dieter Wellershoff. Während jedoch ihre Produktionen noch weitgehend einer literarischen Darstellung von Außenwelterfahrungen und -problemen verpflichtet bleiben, setzt mit Beginn der 60er Jahre eine Hörspielentwicklung ein, die das Unbehagen an der traditionellen Formensprache des Genres umsetzt in eine äußerste Konzentration auf die akustischen Möglichkeiten des Mediums selber, auf die technischen Standards des Rundfunks. Dieses ›Neue Hörspiel‹, das auch mit Originalton-Elementen arbeitet, kommt Brechts eingangs zitierter Forderung nach einer »Neuerung« sehr viel näher als das Hörspiel der 50er Jahre, wenngleich zu fragen bleibt, in welcher Weise es auch die »gesellschaftliche Basis« der Massenmedien zu ändern vermochte. Es verlangt einen aktiven Zuhörer, einen Mitspieler und Mitdenker, der sich auf Collage- und Montagetechniken, auf produktive Fragestellungen statt auf fertige Antworten, der sich auf das Zerstören vorgestellter Zusammenhänge einlassen will. Als Beispiel kann Wolf Wondratscheks Stereo-Hörspiel *Paul oder die Zerstörung eines Hörbeispiels* (uraufgeführt 1970) genannt werden, in dem nicht nur Zitate, Lautfetzen, Geräusche als Sinneseindrücke und Assoziationspartikel des Lastwagenfahrers Paul montiert sind, sondern in dem zugleich diese Montage und die Kunstfigur Paul selber sich fortwährend als Fiktionen zu erkennen geben. Die Destruktion des Mediums Hörspiel anhand eines Hörbeispiels wird selber noch einmal als lediglich fiktiv enthüllt – dies ist zugleich Kritik am Hörspiel der 50er Jahre wie produktive De-Montage des Mediums mit seinen eigenen Mitteln.

Es versteht sich, dass die Möglichkeiten, die poetischen Denk- und Argumen- *Experimente mit dem* tationsformen einer solchen Konzeption insbesondere jene Autoren zu nutzen *Medium* verstanden, die sich ihrerseits poetologisch an der Arbeit mit Sprachmaterial orientierten, Autoren also der Konkreten Poesie wie Franz Mon und Helmut Heißenbüttel, Sprachartisten wie Ludwig Harig, Poeten der Wiener Gruppe wie Ernst Jandl und Gerhard Rühm. »Alles ist möglich. Alles ist erlaubt«, erklärte Helmut Heißenbüttel 1968. Diese Erlaubnis hat bis zu einer vollständigen Auflösung von Sinnzusammenhängen geführt, für die das Misstrauen gegenüber Oberflächenphänomenen der Wirklichkeit grundlegend ist. Die technischen Möglichkeiten der akustischen Wirklichkeitsdemontage sind freilich nicht Selbstzweck des in den 60er Jahren sich neu entwickelnden Mediums, sondern bewirken »Neuerungen«, die auf eine produktive Verunsicherung gegenüber der »gesellschaftlichen Basis« des Mediums selber zielen: durch Veränderung von Wahrnehmungsweisen, Zerstörung von Sinnzusammenhängen in einer sinnlos gewordenen Umwelt, durch die »konstitutive Montage« (Ernst Bloch) des scheinbar Disparaten.

Ernst Jandl

Die Politisierung der Literatur (1961–68)

Die 60er Jahre sind für die Bundesrepublik Deutschland die Zeit einer tief greifenden gesellschaftlichen Krise gewesen. Die Beendigung der ökonomischen Rekonstruktionsperiode, der ungehemmt und krisenfrei prosperierenden Wirtschaft, die sich mit dem Ende der 50er Jahre andeutet, bildet für die Entwicklung in den 60er

Jahren eine ebenso wichtige Voraussetzung wie der Bau der Mauer in Berlin am 13. August 1961. Diese beiden Erscheinungsformen einer an ihre eigenen Grenzen gelangten Politik erschüttern das Selbstverständnis einer Gesellschaft, deren Glaube an die politische Potenz des Westens und an das eigene ökonomische Wachstum frei von jedem Selbstzweifel geblieben war. Selbstzweifel aber insbesondere innerhalb der jungen Generation, unter den Intellektuellen und unter den Arbeitern werden durch eine Reihe weiterer Faktoren innen- wie außenpolitischer Art geweckt und genährt: die »deutsche Bildungskatastrophe« (Georg Picht), die das hoch entwickelte Industrieland Bundesrepublik als bildungspolitischen Zwerg erscheinen lässt; die sozialen Kämpfe in der Dritten Welt und insbesondere der Vietnamesen gegen die amerikanische Kriegführung in Vietnam, die vor allem in der jungen Generation Empörung hervorruft; die ökonomischen Krisen der Jahre 1966/67, die Massenentlassungen und Zechenstilllegungen nach sich ziehen; die Bildung der Großen Koalition aus Sozialdemokraten und Christdemokraten im Jahr 1966, die gleichermaßen eine politische Nivellierung wie ein nur formales Demokratieverständnis der etablierten Parteien anzeigte; die Verabschiedung der Notstandsgesetze 1968, durch die im Krisenfall eine Reihe elementarer Grundrechte außer Kraft gesetzt werden können; nicht zuletzt die weltweite Studentenrevolte und die Bildung einer außerparlamentarischen Opposition, die gleichermaßen Faktor und Ausdruck dieser sozialen und politischen Krise ist.

Für den kulturellen Bereich und insbesondere für die Literatur haben diese Entwicklungsmomente einer sich verändernden Gesellschaft Konsequenzen gehabt, die sich bis heute verfolgen lassen. Konsequenzen vor allem für das Selbstverständnis der Kulturproduzenten: Diese nämlich begriffen zunehmend, dass das Bild vom ›freischwebenden Intellektuellen‹, der fern den sozialen Auseinandersetzungen seiner Zeit nur den eigenen schöpferischen Impulsen folgt, ein Trugbild war. Schriftsteller wie Günter Grass und Siegfried Lenz engagieren sich für die Sozialdemokratie, Martin Walser und Peter Weiss nähern sich sozialistischen Positionen, Hans Magnus Enzensberger wird einer der Wortführer der Neuen Linken und ihres Engagements für die Dritte Welt. Der Trennung von Kunst und Politik, Kennzeichen der 50er Jahre, folgt in den 60er Jahren die Politisierung der Literatur. Ihren deutlichsten und unmittelbaren Ausdruck findet die-

Günter Grass auf einer Gründungsversammlung des Schriftstellerverbandes se Entwicklung in der politischen Lyrik dieser Zeit. Autoren wie Erich Fried (*und Vietnam und*, 1966), Yaak Karsunke und F.C. Delius, Liedermacher wie Franz Josef Degenhardt und Dieter Sieverkrüpp greifen aktuelle Ereignisse als Themen für ihre poetischen Texte auf, um sie zu einer Lyrik, zu Liedern, zu Agitprop-Poesie zu formen, deren Gemeinsamkeit in einer entschiedenen Parteinahme gegen Herrschaft, Unterdrückung, Ausbeutung besteht. Studentenrevolte, Klassenkampf und immer wieder der Krieg in Vietnam stehen im Mittelpunkt dieser politischen Lyrik, die damit auch poetologisch eine Einstellungsveränderung bedeutet. Denn nicht mehr nur die politische Qualität von Poesie an sich, wie sie noch Enzensberger postuliert hatte, steht zur Diskussion, sondern in den Vordergrund tritt deren bewusste Funktionalisierung für den politischen Kampf.

Stichwort ›Vietnam‹

Politisches Theater: Zeitgeschichte als Bühnengeschehen

Die gesellschaftliche Entwicklung in der Bundesrepublik ist insbesondere für das deutsche Theater nicht ohne Folgen geblieben. Konnte in den 50er Jahren – mit Ausnahme der Schweizer Friedrich Dürrenmatt und Max Frisch – von ernsthaften Bemühungen jüngerer Bühnenautoren um die Herausbildung eines neuen deutschsprachigen Dramas kaum die Rede sein, so gilt für die 60er Jahre das genaue Gegenteil: Es entstehen zahlreiche Bühnenstücke mit zum Teil ausdrücklich politischer Thematik, unverkennbarem gesellschaftlichem Engagement und einer durchaus eigenständigen Formgebung. Die Gründe für solchen Wandel sind vor allem im Selbstverständnis der Autoren zu suchen, die sich mit ihren Mitteln – den Mitteln künstlerischer, dramatischer Verarbeitung von Wirklichkeit – den Entwicklungen ihrer Gegenwart und jüngsten Vergangenheit zu stellen versuchen. Hierbei geht es ihnen freilich nicht um eine bloße Abbildung von Realität, um deren bühnentechnisch wirksam aufbereitete Abschilderung, sondern es geht, wie Rolf Hochhuth sagt, um deren projektive Veränderung: »Politisches Theater kann nicht die Aufgabe haben, die Wirklichkeit – die ja stets politisch ist – zu reproduzieren, sondern hat ihr entgegenzutreten durch Projektion einer neuen.«

Als am 20. März 1963 Erwin Piscator das Trauerspiel *Der Stellvertreter* des bis dahin völlig unbekannten Schriftstellers Rolf Hochhuth (geb. 1931) zur Uraufführung brachte, löste dieses Stück eine literarische und politische Kontroverse von solcher Intensität aus, wie sie wohl keinem anderen Werk nach 1945 beschieden war. Hochhuth hatte mit seinem Stück ein Thema aufgegriffen, das in der Öffentlichkeit weithin tabu war: die mehr oder weniger billigende Haltung der Katholischen Kirche, insbesondere aber die des damaligen Papstes Pius XII. zu den Judenmorden im ›Dritten Reich‹. Die Handlung beruht auf ausführlichen zeitgeschichtlichen Recherchen; dennoch ist Hochhuths christliches Trauerspiel nicht ›dokumentarisch‹ im Sinne der wenig später entwickelten Dokumentarliteratur. Fast alle auftretenden Figuren und ihre Handlungen sind, im Rahmen der historischen Konstellationen, frei erfunden; die vorgefundene Wirklichkeit ist in Fiktion übersetzt und, unterstützt durch die Verwendung freier Rhythmen als Versmaß, ästhetisch verfremdet. Dennoch beruhte die außerordentliche Wirkung des Stückes allein auf seiner politischen und moralischen Herausforderung – die Mächtigen der Geschichte haben sich vor dem Tribunal der Szene zu verantworten. Im Zentrum des Stückes steht der Jesuitenpater Riccardo Fontana, der, als alle seine Versuche, die Haltung der Kirche zu beeinflussen, am macht-politischen Kalkül

Rolf Hochhuth

des Papstes abprallen, freiwillig mit den Opfern die Gaskammern von Auschwitz betritt. Obwohl Hochhuth die Abhängigkeit der Kirche von Wirtschaft und Politik aufzeigt, lässt er letzten Endes doch nur eine moralische Lösung zu: Der Einzelne kann sich frei zum Guten oder Bösen entscheiden – ein Ausgang, der zwar auf dem Theater den Knoten der Handlung löst, zugleich aber die geschichtliche Wirklichkeit und die Verstrickung der in ihr Handelnden in die Verbrechen auf unzulässige Weise vereinfacht.

›Realismus‹

Wer den Resonanzboden des Theaters in dieser Weise nutzte, stand allerdings in den 60er Jahren im Verdacht, das Theater, die Bühne, die Möglichkeiten des Schauspiels zur Durchsetzung politischer Ideen im Gewande der dramatischen Illusion missbrauchen zu wollen. Was provozierte, war das Element eines jeden politischen Theaters, das Brecht als Kennzeichen des Realismus bestimmt hatte: »Realismus ist nicht, wie die wirklichen Dinge sind, sondern wie die Dinge wirklich sind.« Diese Bestimmung des Realismus verweist auf ein charakteristisches Mittel des politischen Theaters, das gleichwohl nicht das politische Theater schlechthin ausmacht: das Einarbeiten und Verarbeiten dokumentarischer Elemente aus Zeitgeschichte und Gegenwart. Stücke wie Rolf Hochhuths *Soldaten* und *Der Stellvertreter*, Peter Weiss' *Die Ermittlung* und *VietNam Diskurs* sind politische Stücke in jenem umfassenden Sinn des Wortes, der die Aufarbeitung zeitgeschichtlicher Problematik meint. Zugleich aber lassen sie sich als dokumentarisches Theater begreifen, insofern sie, wie Peter Weiss sagte, »mit der Dokumentation eines Stoffes befaßt« sind. Diese Mischform eines explizit politischen Theaters mit dokumentarischen Elementen tritt in den 60er Jahren in den Vordergrund des deutschen Theaters. Es gehört zum Selbstverständnis dieses Theaters, dass es seinen Stoff aktuellen oder zeitgeschichtlichen Themen entnimmt. Diese lassen sich um vier Kernprobleme gruppieren: Friedenspolitik, Gewaltherrschaft, Revolution, Gegenwartsproblematik.

›Frieden‹

Friedensproblematik: In diese Thematik gehen die Erfahrungen des Zweiten Weltkriegs ebenso ein wie die Entwicklung neuer Massenvernichtungsmittel im Zeitalter der Kernspaltung. Kriegserlebnis und atomare Bedrohung sind die Stoffe, aus denen Autoren wie Heinar Kipphardt und Rolf Hochhuth, Leopold Ahlsen (*Philemon und Baukis*, 1960) und Hans Günter Michelsen (*Helm*, 1965) ihre Verarbeitungen dieser beiden Aspekte des Friedensproblems entwickeln. Hervorzuheben sind in diesem Zusammenhang insbesondere die Arbeiten Kipphardts und Hochhuths. Mit Mitteln des epischen Theaters (Songs, offener Szenenumbau, Schauspielerporträts, Einblendung von Originaldokumenten) zeigt Kipphardt (1922–1982) in *Der Hund des Generals* (Uraufführung 1962) an einem alltäglichen Beispiel Inhumanität und Irrationalität des Krieges. Das Problem des Befehlsnotstandes, aus unterschiedlichen Perspektiven vorgeführt, verdeutlicht die persönliche Verantwortung auch hoher Militärs und zeigt den Krieg als eine besondere Form der Menschenverachtung. Zur Distanzierung der Zuschauer wählt

Heinar Kipphardt

Kipphardt eine Gerichtsverhandlung. Sie ergibt den dramaturgischen Rahmen, von dem aus in Rückblenden das Geschehen während des Kriegs szenisch eingeholt wird. Die Inhumanität des Kriegs steht auch im Vordergrund von Rolf Hochhuths *Soldaten* (1967), doch mit einer entscheidenden Differenz: Hochhuth zielt nicht auf Abschaffung des Kriegs, sondern auf dessen ›humanere‹ Durchführung. So ist der Erfolg dieses Stücks, das mit einer eher konventionellen Spiel-im-Spiel-Dramaturgie arbeitet, vor allem aus dem gewählten Sujet zu erklären: der von Churchill militärisch geplanten, militärisch sinnlosen Vernichtung der Zivilbevölkerung (Bombardierung Dresdens 1943), ferner der im Stück glaubhaft entwickelten Hypothese einer Ermordung von Mitgliedern der polnischen Exilregierung durch Churchill. Bestimmte Voraussetzungen des Kriegs hingegen sind Gegenstand von Heinar Kipphardts *In der Sache J. Robert Oppenheimer* (1964): Am historischen Beispiel des Physikers Oppenheimer, »Vater der amerikanischen Atombombe«, nimmt sich Kipphardt eines Problems an, das vor ihm schon Brecht (*Leben des Galilei*, 1938/39) und Dürrenmatt (*Die Physiker*, 1962) aufgegriffen hatten – die Verantwortung des Naturwissenschaftlers für seine Erkenntnisse. Vor dem Hintergrund der Kommunistenverfolgung während der McCarthy-Ära in den USA bezieht Kipphardt dieses Problem auf die technologischen Entwicklungen im militärischen Bereich. Die Spannung des wiederum mit epischen Mitteln arbeitenden Stücks entspringt dem Zusammenspiel militärischer Pro-und-Contra-Argumentationen mit dem politischen Hintergrund jener Jahre, ein Bauprinzip, dem Kipphardt auch in seinem letzten, 1983 postum uraufgeführten Stück *Bruder Eichmann* treu geblieben ist.

Gewaltherrschaft: Was Max Frisch in *Biedermann und die Brandstifter* und *Andorra* bereits thematisiert hatte: das Problem individueller und kollektiver Schuld und Bedrohung, das wird in den 60er Jahren auch in Stücken westdeutscher Autoren Gegenstand dramatischer Bearbeitung, zum Teil freilich in einer zeitgeschichtlich konkreteren Form, in die dokumentarische Elemente integriert sind. Parabelhaft wie Frisch verfährt etwa auch Siegfried Lenz in seinem Diskussionsstück *Zeit der Schuldlosen* (als Schauspiel 1961 uraufgeführt, als Hörspiel bereits 1960 gesendet). Das Stück zeigt die Problematik des Schuldigwerdens in zwei genau aufeinander bezogenen Grenzsituationen, in denen scheinbar unbescholtene Durchschnittsmenschen mit einem »Schuldigen« konfrontiert werden. Die »Schuldlosen« werden schuldig, indem sie in einer Situation existentieller Gefährdung dem machtpolitischen Kalkül einer Diktatur erliegen: Um sich selber zu retten, nehmen sie die Vernichtung eines anderen Menschen in Kauf. In vergleichbarer Weise parabolisch moralisiert auch Lenz' zweites Bühnenstück dieser Jahre, das an Erich Kästners *Die Schule der Diktatoren* (1949, Uraufführung 1957) erinnert: die Komödie *Das Gesicht* (1964). Auch hier findet sich die Konstruktion einer extremen Situation, auch hier das Problem der Diktatur, auch hier das Schuldigwerden des Einzelnen. Problematisch in beiden Stücken ist die moralisierende Abstraktheit, mit deren Hilfe die Schuldproblematik zeitenthoben als gewissermaßen anthropologisch-existentielle Konstante vorgeführt wird. Zwar erfahren die Grenzsituationen bei Lenz eine politische Begründung, doch ist diese ihrerseits keiner erkennbaren gesellschaftlichen Realität verpflichtet. Es geht um eine politisch-moralische Abstraktion, um Problemdiskussion, um Gedankentheater – nicht um eine bühnengerechte Umsetzung der skizzierten Problematik in Gestalten, dramatische Handlung und Dramaturgie wie wenig später bei Peter Weiss.

Schuldigwerden

Von Dezember 1963 bis August 1965 fand in Frankfurt der sog. Auschwitz-Prozess statt. Angeklagt waren achtzehn Angehörige des ehemaligen Wach- und Aufsichtspersonals im nationalsozialistischen Vernichtungslager Auschwitz. Zum ersten Mal wurde damit einer größeren Öffentlichkeit das ganze Ausmaß der begangenen Verbrechen bekannt; zum ersten Mal wurden Schuldige von einem bundesdeutschen Gericht abgeurteilt. Peter Weiss, selbst als Jude ins Exil vertrieben, hat diesen Prozess und einen Lokaltermin in Auschwitz als Beobachter verfolgt. In seinem Dokumentarstück *Die Ermittlung* (das am 17. Oktober 1965 an 14 Bühnen in West und Ost gleichzeitig uraufgeführt wurde) beschränkt er sich, am Modell und Beispiel dieses Strafprozesses, auf die möglichst getreue Wieder-

Peter Weiss

gabe der Fakten. Aufgrund eigener Notizen, der Prozessberichte in der Tagespresse sowie historischer Dokumente versucht er den Tatbestand zu erhellen, der zu diesen Verbrechen geführt hat. Das Stück führt – in Form einer szenischen Montage – vor, was wirklich geschah und was vor Gericht verhandelt wurde: die Ausrottung der Juden. In seinen elf, jeweils dreifach untergliederten, die Alltagssprache leicht rhythmisierenden Gesängen (der Untertitel lautet denn auch bezeichnenderweise »Oratorium in elf Gesängen«) ersteht in Rede und Widerrede von Angeklagten und Zeugen, von Anklage und Verteidigung aber auch die mentalitäre Haltung einer Gesellschaft, die solche Verbrechen überhaupt erst ermöglichte. Anders als frühere oder gleichzeitige Versuche, den Nationalsozialismus zu begreifen und literarisch dingfest zu machen, begnügt Weiss sich nicht mit der moralischen Frage nach Schuld und Sühne. *Die Ermittlung* macht vielmehr deutlich, dass die Selbstaufgabe des Bürgertums zugunsten eines entfesselten Kapitalismus und die Verfilzung wirtschaftlicher und machtpolitischer Interessen zu einem System führten, das den Einzelnen ganz zwangsläufig auch moralisch korrumpierte und damit Auschwitz möglich machte.

Totalitarismus-Debatte

Warum es aber in den 60er Jahren im deutschen Drama überhaupt zu einer Thematisierung des Verhältnisses von Macht und Schuld kommt, bedarf noch einer Erklärung. Sie ist vor allem darin zu suchen, dass nach einer langen Zeit der Vergangenheitsverdrängung Ende der 50er und Anfang der 60er Jahre erstmals wieder eine öffentliche, nicht zuletzt eine wissenschaftliche Diskussion über den Nationalsozialismus stattfindet. Deren ideologische Variante bildet die Totalitarismus-These, die Kommunismus und Faschismus, Rot und Braun prinzipiell nicht unterscheidet, sondern – hierin den Parabel-Stücken vergleichbar – die Problematik von Machtkonstellationen zeitenthoben, übergesellschaftlich, gewissermaßen als im Grundsatz identische Unterdrückungsvarianten auffasst. Demgegenüber sind die Arbeiten von Hochhuth und Weiss als konkrete Problemstellungen politischen Theaters zu begreifen: In ihnen werden Situationen rekonstruiert, in denen sich das Phänomen Faschismus in geschichtlich-gesellschaftlichen Formen vergegenständlicht hat. Will man Parallelen zwischen künstlerischer und wissenschaftlicher Faschismus-Bearbeitung dieser Zeit ziehen, so lassen sich die Dramen Hochhuths und Weiss' den fortgeschrittenen Diskussionen der 60er Jahre durchaus an die Seite stellen.

)Revolution(

Revolution: Sie erscheint – Reflex deutscher Geschichte – im deutschen Drama dieser Zeit vornehmlich im Gewand der Historie bzw. als Problem der Dritten Welt. Vor dem Hintergrund des Kalten Kriegs über lange Jahre hinweg ein Tabu – Bert Brechts *Tage der Commune*, 1948/49 entstanden, wird beispielsweise erst 1970 in der Bundesrepublik aufgeführt –, gelangt die Revolutionsproblematik zu einem Zeitpunkt auf die deutsche Bühne, als das Problem der Revolution selber Gegenstand öffentlicher Diskussion geworden ist. Wiederum sind es vor allem Stücke von Peter Weiss (*Gesang vom Lusitanischen Popanz*, 1967; *VietNam Diskurs*, 1968; *Trotzki im Exil*, 1970; *Hölderlin*, 1972), von Rolf Hochhuth (*Guerillas*, 1970), aber auch von Hans Magnus Enzensberger (*Das Verhör von Habana*, 1970) und Günter Grass (*Die Plebejer proben den Aufstand*, 1966), in denen vor allem die Frage diskutiert wird, ob revolutionäre Gewalt prinzipiell legitimierbar sei oder ob mit der Perversion revolutionärer Mittel auch die Ziele einer Revolution diskreditiert werden. Von besonderer Bedeutung ist in den genannten Stücken die Rolle von Künstlern und Intellektuellen in revolutionären Prozessen – Konsequenz einer Selbstreflexion, welche die Autoren zur Bestimmung ihrer eigenen Rolle in den Auseinandersetzungen ihrer Zeit gezwungen hatte.

Die rätekommunistische Diskussion dieser Zeit etwa kommt in Tankred Dorsts (geb. 1925) Drama *Toller* (1968) zum Ausdruck. Dorst bringt mit der Entwicklung der Münchner Räterepublik von 1919 einen historischen Vorgang zur szenischen Darstellung, dessen aktuelle Dimensionen er in der Form einer politischen Revue, »in Parenthese, Brechungen und Spiegelungen«, aufblitzen lassen kann. Und Peter Weiss beispielsweise bekannte sich nach seinem erfolgreichen Stück *Die Verfolgung und Ermordung Jean Paul Marats dargestellt durch die Schauspielgruppe des Hospizes zu Charenton unter Anleitung des Herrn de Sade* (1964), das durchaus noch mit den genuinen Mitteln des Illusionstheaters Aspekte der Französischen Revolution vorgeführt hatte, nachdrücklich zum Sozialismus und engagierte sich öffentlich gegen den amerikanischen Krieg in Vietnam. Weiss erkannte zugleich, dass engagiertes politisches Drama den traditionellen Bühnenraum notwendig sprenge, dass es heraus müsse aus der bürgerlichen Bildungsanstalt Theater, dass ein Stück wie *VietNam Diskurs* »auf einen öffentlichen Platz« gehöre. In Stücken und Äußerungen wie diesen sind Anklänge an die Traditionen des Agitprop-Theaters und der Piscator-Revuen der Weimarer Zeit ebenso gegenwärtig wie die Einflüsse des in den 60er Jahren sich herausbildenden Straßentheaters. Mit der Revolutionsproblematik geht zugleich eine Reflexion über die Revolutionierung der dramatischen Formen, der Inszenierung, des Aufführungsraumes einher. Zwar ist der Einfluss Brechts allenthalben noch spürbar, doch deutet das Nachdenken über die Funktion des Theaters selber auf den Versuch hin, auch über die Theatertheorie Brechts hinauszugehen.

Tankred Dorst

Gegenwartsproblematik: Die Tendenz zur Abkehr von Brecht lässt sich bei einer Reihe von Stücken erkennen, die sich thematisch auf Randexistenzen, auf Grenzsituationen und -erfahrungen konzentrieren. Eine Abkehr jedoch nicht hinsichtlich des Realismuskonzepts, das ihnen zugrunde liegt: Gezeigt wird auch hier, »wie die Dinge wirklich sind« (Brecht). Doch das Sujet selber und seine szenische Entfaltung verweisen auf einen anderen theatergeschichtlichen Traditionszusammenhang. Autoren wie Martin Sperr (*Jagdszenen aus Niederbayern*, 1966; *Landshuter Erzählungen*, 1968; *Münchner Freiheit*, 1971), Rainer Werner Fassbinder, (*Katzelmacher*, 1969) und Franz Xaver Kroetz (*Wildwechsel*, 1971; *Stallerhof*, 1972) knüpfen an die Tradition des sozialkritisch-realistischen Volksstücks an, wie es Marieluise Fleißer und Ödön von Horváth vor dem Faschismus entworfen und realisiert haben. Das entscheidende gemeinsame Merkmal dieser Stücke besteht – neben dem Aufgreifen von Gegenwartsproblemen – vor allem in der Verwendung des (bayrischen) Dialekts, der zur Kennzeichnung einer spezifischen Identität genutzt wird, nämlich des autoritären Provinzcharakters. In Fassbinders *Katzelmacher* und in Sperrs *Jagdszenen aus Niederbayern* ist der dramatische Konflikt in vergleichbarer Weise angelegt: Ein Außenseiter (Gastarbeiter, Homosexueller) steht in einem kleinen Ort der bayrischen Provinz einer ihm feindlichen Gesellschaft gegenüber. Sexualneid, Ängste, Hass aufs Andersartige treiben diesen in eine vollständige Isolation, die schließlich sogar zum Verbrechen führt. Die bedrückende Enge der Provinz gibt auch in Kroetz' *Wildwechsel* und *Stallerhof* den sozialen Hintergrund: In beiden Stücken zerbricht die Liebesbeziehung zweier unterprivilegierter, abhängiger Menschen an den gewalttätigen Ansprüchen eines gesellschaftlichen Mikrokosmos, dessen latente Brutalität in offene Inhumanität umschlägt. Die Differenz zwischen Kroetz einerseits, Fassbinder und Sperr andererseits beruht in der unterschiedlichen Funktion, die der Dialekt wahrzunehmen hat: Schafft er bei diesen vor allem eine atmosphärische Verdichtung, so dient er bei Kroetz als Mittel zur Versprachlichung der dargestell-

›Gegenwart‹

Franz Xaver Kroetz

Rainer Werner Fassbinder

ten provinziellen Enge, der »Fallhöhe zwischen Sprachgewalt und Dumpfheit« (Kroetz). Nach seiner – später widerrufenen – Hinwendung zur DKP verändert sich auch Kroetz' Methode: Seine erklärte Absicht, »weg von den Randerscheinungen, hin zu den Mächtigen auf der einen und zum Durchschnitt auf der anderen Seite«, hat er in *Oberösterreich* (1972) und *Sterntaler* (1974) dramaturgisch verwirklicht.

Gegenwartsproblematik findet sich auch in einer Reihe anderer Stücke, die in den 60er Jahren entstehen. Martin Walser beispielsweise schreibt mit seinem Bühnenstück *Überlebensgroß Herr Krott* (1963) eine Kapitalismus-Parabel; Heinrich Henkel thematisiert in *Eisenwichser* (1970) die Wirklichkeit der Anstreicher-Arbeitswelt; Günter Grass nimmt in *Davor* (1969) eine Dramatisierung zentraler Diskussionen während der Schüler- und Studentenrevolte vor, die er bereits in seinem Roman *örtlich betäubt* (1969) verarbeitet hat; Rolf Hochhuth bringt mit *Die Hebamme* (1972) Obdachlosenprobleme auf die Bühne. Peter Handke (geb. 1942) bezeichnet sein Stück *Publikumsbeschimpfung* (entstanden 1965, Uraufführung am 8. Juni 1966 durch Claus Peymann), mit dem er seinen ersten großen Erfolg hat, im Untertitel als »Sprechstück«. In Form eines Prosa-Gedichts (auf vier Sprecher in der Abfolge und im Umfang beliebig aufzuteilen) führt dieses Stück ohne Handlung, Personen oder Requisiten Haltungen vor: »der Beschimpfung, der Selbstbezichtigung, der Beichte, der Aussage, der Frage, der Rechtfertigung, der Ausrede, der Weissagung, der Hilferufe«. In einem Spiel als Spiel übers Spielen sieht sich das Publikum mit sich selbst konfrontiert. Handke zitiert, rhythmisch durchstrukturiert und montiert, die Worte, Sprachhülsen, Kalauer und Phrasen des (Theater-)Alltags und macht sie, indem er sie auf die Bühne bringt und vorspielen lässt, körperlich erfahrbar. Die Sprechstücke, so der Autor in einer Nachbemerkung zur Erstausgabe, »ahmen die Gestik all der aufgezählten natürlichen Äußerungen ironisch im Theater nach«. Sie haben bei ihrem ersten Erscheinen provokanter gewirkt als sie wohl gemeint waren. Man übersah, dass in ihren auswuchernden Sprachklischees Sprachkritik transparent wird (ein Motiv, das Handke später in seinem Theaterstück *Kaspar* weiterführte). Die Sprechstücke zeigen »auf die Welt nicht in der Form von Bildern, sondern in der Form von Worten, und die Worte der Sprechstücke zeigen nicht auf die Welt als etwas außerhalb Liegendes, sondern auf die Welt in den Worten selber« (Handke). Die vehemente Gewalt, mit der sich hier Ausdruckselemente der Beat- und Pop-Musik zum ersten Mal auf dem bürgerlichen Theater geltend machten, können dennoch nicht übersehen lassen, dass Protest in der *Publikumsbeschimpfung* sich im Wesentlichen formal, nicht inhaltlich politisch artikuliert: »Sprechstücke sind verselbständigte Vorreden der alten Stücke. Sie wollen nicht revolutionieren, sondern aufmerksam machen.«

Insgesamt besteht also eine zunehmende Tendenz des Theaters, nicht nur allgemein politische und zeitgeschichtliche Fragen aufzugreifen, sondern gerade auch aktuelle Konflikte, Brennpunkte und Diskussionen zum Gegenstand von Bühnenstücken zu machen. Gesellschaftliche Transformationsstrategien werden auf dem politisierten Theater ebenso in Szene gesetzt wie Arbeitswelt und soziale Revolte, Provinzdenken und politische Handlungsweisen. Die Frage nach den Wirkungen eines solchen Theaters ist freilich eher skeptisch zu beantworten. Rolf Hochhuths *Hebamme* etwa avancierte zum erfolgreichsten Bühnenstück der Spielzeit 1972/73 (rund 250000 Besucher). Und doch darf bezweifelt werden, ob damit eine veränderte Einstellung der Zuschauer oder der Öffentlichkeit insgesamt zum Obdachlosenproblem zu erreichen war. Zu vermuten steht vielmehr,

Handkes »Publikums-beschimpfung«

Peter Handke

Wirkung des Theaters?

dass sich der Erfolg dieses Stücks – eine Komödie – seiner bühnenwirksamen Dramaturgie verdankt, die seine zentrale, bittere Problematik möglicherweise gerade verdeckt hat. Das Sujet bleibt, mit anderen Worten, notwendigerweise dem ästhetisch-sozialen Raum verhaftet, in dem es sich entfalten kann: dem Theater, dem Bühnen- und Zuschauerraum, der Ausnahmesituation des Theaterabends, der kaum über sich hinausweist oder über die bürgerliche Institution, in deren Zusammenhang er geschichtlich-gesellschaftlich steht.

Der Roman »zwischen Realismus und Groteske«

Das Ende der 50er Jahre bedeutet für die westdeutsche Prosa den Abschluss einer literarischen Entwicklung. Denn die Suche nach einer neuen, eigenständigen Sprache, Kennzeichen vor allem der frühen Nachkriegsliteratur, kann nun als ebenso beendet gelten wie das Suchen nach Themen, Gegenständen, Stoffen, die über die Erfahrung des Nationalsozialismus und des Kriegs hinaus in die Gegenwart reichen. Etabliert war zu Beginn der 60er Jahre ein literarischer Standard, der es erlaubte, von einer »Literatur der Bundesrepublik« zu sprechen. Und etabliert hatten sich eine Reihe von Autoren, die das literarische Bild der folgenden Jahre nicht nur nachhaltig geprägt, sondern als Einzelgestalten auch repräsentiert haben. Zu ihnen gehört vor allem Heinrich Böll, gehören auch Günter Grass, Siegfried Lenz, Martin Walser und Uwe Johnson. Für diese Schriftsteller gilt in einem besonderen Maße, dass sie sich neben ihrer literarischen Arbeit stets auch kritisch-publizistisch in der Öffentlichkeit äußern und sich auch in ihren Werken zunehmend auf Gegenwartsprobleme im engeren Sinne konzentrieren. Einige Beispiele:

An Wolfgang Koeppen (1906–1996) lässt sich zunächst der Widerspruch zwischen literarischer Bedeutung einerseits, öffentlicher Reputation und Werkverbreitung andererseits verdeutlichen. Koeppen, dessen frühe Werke *Eine unglückliche Liebe* (1934) und *Die Mauer schwankt* (1935, Neuauflage 1982 unter dem Titel *Die Pflicht*) auf den entschiedenen Einspruch der Nationalsozialisten gestoßen waren, publizierte in den 50er Jahren in rascher Folge die Romane *Tauben im Gras* (1951), *Das Treibhaus* (1953) und *Der Tod in Rom* (1954). Es sind Werke, in denen mit avantgardistischen erzählerischen Mitteln, geschult an John Dos Passos und James Joyce, Gegenwartsbewältigung unternommen wird, und zwar so radikal und scharfsichtig, dass sich Koeppens Romane als Erzählkunstwerke deutlich von gleichzeitig erschienenen literarischen Arbeiten abheben. Hatte Koeppen in *Tauben im Gras* bereits die Wiederkehr der Nazis in Westdeutschland angeprangert und Opportunismus, Restauration, die bekannte Entwicklung im Westdeutschland der Nachkriegszeit mit aller Schärfe herausgearbeitet, so wurde *Das Treibhaus* vollends zum Skandalon: »Abtritt-Pornographie« und »literarische Hochstapelei« wurde Koeppen vorgeworfen, von »pseudorevolutionärer Pubertät« und »Ruinen-Existentialismus« war die Rede. Solche Kritik galt dem zeitgeschichtlichen Impuls, aus dem heraus hier geschrieben wird, nicht dem literarischen Verfahren, das kaum einmal angemessen gewürdigt wurde. Zwar arbeitet Koeppen auch in diesem Buch mit Montagen, mit Formen der Bewusstseinsspiegelung, mit Sprachassoziationen, Gedankenfetzen, modernsten literarischen Simultantechniken. Doch anders als in den beiden anderen Werken steht in diesem Roman, eher konventionell, ein Held, genauer: ein Anti-Held, im Mittelpunkt, mit dessen Erfahrungen zugleich ein Stück bundesdeutscher Wirklich-

Wolfgang Koeppens Diagnose

»Treibhaus« Bonn

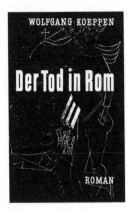

WOLFGANG KOEPPEN

Der Tod in Rom

ROMAN

Schutzumschlag

keit mitgeteilt wird. Gerade diese Erfahrung: dass ein Bundestagsabgeordneter der Opposition, ein Linker also, im »Treibhaus« Bonn mit seinen Bemühungen scheitert, eine auf Demokratie abzielende Politik durchzusetzen, dass er scheitert angesichts eines unentwirrbaren Geflechts von Interessen, Beziehungen, Lügen, Intrigen, Heuchelei, das durchaus als systemkohärent entlarvt wird – diese literarisch vermittelte Erfahrung erregte öffentlich Anstoß. Mit Hass und Verachtung, Zynismus und Ekel antwortet dieses Buch auf Adenauer-Staat und Wiederbewaffnung, Kapitalismus, Korruption und Industrielobby, auf alte Nazis und opportunistische Emporkömmlinge. Was dem Anti-Helden, dem Abgeordneten Keetenheuve, bleibt, ist die Freiheit der Desillusionierung: »Ein Sprung von dieser Brücke machte ihn frei«, lautet der letzte Satz des Buches. Ein Roman mithin ohne Heilsperspektiven: kein Ausweg, kein Aufruf zur Veränderung, vielmehr schonungsloser, rücksichtsloser Durchblick auf die Wirklichkeit dieses Staates, radikal, aber eben deshalb literarisch glaubwürdig und wahrhaftig. Koeppen hat sich seine desillusionierende Radikalität von der frühen, im Auftrag des Titelhelden verfassten Biographie *Jakob Littners Aufzeichnungen aus einem Erdloch* (1948/1992) bis zu seinem Prosatext *Jugend* (1976) bewahrt. Seine Kritiker aber versöhnten sich mit ihm erst angesichts seiner scheinbar unpolitischen Reiseberichte (*Nach Rußland und anderswohin*, 1958; *Amerikafahrt*, 1959; *Reisen nach Frankreich*, 1961). Gegenstand öffentlicher Diskussion blieb Wolfgang Koeppen vor allem deshalb, weil er sich aus dem Literaturbetrieb ebenso heraushielt, wie er sich weigerte, sich dem gängigen Bild des mit einiger Regelmäßigkeit publizierenden Schriftstellers anzupassen. Sein Werk, dies lässt sich prognostizieren, wird Bestand haben, und zwar jenseits seiner zeitgeschichtlichen Aktualität – wegen seiner literarischen Qualität.

Heinrich Böll

Auf andere Weise gilt dies auch für das Werk Heinrich Bölls. In seinem Roman *Ansichten eines Clowns* (1965) reflektiert der Ich-Erzähler, der Clown Hans Schnier, in einer Mischung aus Aggressivität und Resignation seine Ablösung von Institutionen sozialer Heuchelei. Ehe, Familie, Kirche, die bundesrepublikanische Gesellschaft der Adenauer-Zeit bilden den Gegenstand der Kritik, die sich aus der Perspektive eines Desillusionierten, eines Abtrünnigen herleitet. Solche Abtrünnigkeit ist das Thema auch von zwei weiteren größeren Prosastücken Bölls. In *Entfernung von der Truppe* (1964) wird Fahnenflucht als Tapferkeit gewertet: »Es wird dringend zur Entfernung von der Truppe geraten«, heißt es im »Moral« überschriebenen Nachwort. »Zur Fahnenflucht und Desertion wird eher zu- als von ihr abgeraten.« Und in *Ende einer Dienstfahrt* (1966) erscheint die feierliche Verbrennung eines Bundeswehr-Jeeps als Akt des Widerstands gegen die Staatsmacht. Ein literarischer Widerstandsakt freilich: Die Politisierung der Literatur zeigt sich in Bölls Prosa vorerst in einer stofflich-thematischen Akzentverschiebung, mit der an die Stelle der Vergangenheitsbewältigung der 50er Jahre Konflikte und Problemstellungen aus der Gegenwart treten.

Groteske als Stilmittel

Zu einem der größten Erfolge der deutschen Nachkriegsliteratur wurde Günter Grass' (geb. 1927) Roman *Die Blechtrommel* (1959), für den der Autor 1999 mit dem Nobelpreis geehrt wurde. Der Roman erreichte in nur zwanzig Jahren eine Gesamtauflage von drei Millionen Exemplaren und wurde in zwanzig Sprachen übersetzt. Er machte nicht nur seinen bis dahin kaum bekannten Autor mit einem Schlage weltberühmt, sondern verhalf auch der Literatur der Bundesrepublik zu einer Beachtung, die sie bis dahin kaum erfahren hatte. Der erste Satz: »Zugegeben: ich bin Insasse einer Heil- und Pflegeanstalt [...]«, benennt bereits die Perspektive des Außenseiters, aus der hier erzählt wird und die zugleich das Erzählen selber nachdrücklich ins Recht setzt. Vor allem hierum geht es dem Autor Grass, der seinen Helden Oskar sagen lässt: »Man kann eine Geschichte in der Mitte beginnen und vorwärts wie rückwärts kühn ausschreitend Verwirrung anstiften. Man kann sich modern geben, alle Zeiten, Entfernungen wegstreichen und hinterher verkünden oder verkünden lassen, man habe endlich und in letzter Stunde das Raum-Zeit-Problem gelöst. Man kann auch ganz zu Anfang behaupten, es sei heutzutage unmöglich, einen Roman zu schreiben, dann aber, sozusagen hinter dem eigenen Rücken, einen kräftigen Knüller hinlegen, um schließlich als letztmöglicher Romanschreiber dazustehen. Auch habe ich mir sagen lassen, daß es sich gut und bescheiden ausnimmt, wenn man anfangs beteuert: Es gibt keine Romanhelden mehr, weil es keine Individualisten mehr gibt, weil die Individualität verloren gegangen, weil der Mensch einsam, jeder Mensch gleich einsam, ohne Recht auf individuelle Einsamkeit ist und eine namen- und heldenlose einsame Masse bildet. Das mag alles so sein und seine Richtigkeit haben. Für mich, Oskar, und meinen Pfleger Bruno möchte ich jedoch feststellen: Wir beide sind Helden, ganz verschiedene Helden, er hinter dem Guckloch, ich vor dem Guckloch; und wenn er die Tür aufmacht, sind wir beide, bei aller Freundschaft und Einsamkeit, noch immer keine namen- und heldenlose Masse.«

Die Blechtrommel ist ein pikarischer Roman, der nicht die Entwicklung eines Helden, wohl aber dessen Beobachtungen, Erlebnisse und Erfahrungen in einem wüsten Episoden-Bilderbogen von barocker Sprachkraft an einem exemplarischen Ort notiert: Danzig ist der Schauplatz der Handlung, das Kleinbürgertum sein Gegenstand und der kleinwüchsige Oskar eben jener aufmerksam sich rückerinnernde Irrenhausinsasse, der Tabus mit der souveränen Behauptung ignoriert, es gebe »Dinge auf dieser Welt, die man – so heilig sie sein mögen – nicht auf sich beruhen lassen darf«. Zu diesen Dingen gehören Sexualität und Tod nicht weniger als die Alltäglichkeit der kleinbürgerlichen Ängste, Schwächen und Sehnsüchte. Zu ihnen gehören die Mythen des Katholizismus wie die Wiedereinsetzung von Geschichte als lebendige Verwirklichung von Individuen. Zu diesen Dingen gehört vor allem aber auch ein erzählerisches Verfahren, das, getragen von der Detailbesessenheit des blechtrommelnden Erzählers Oskar, die traditionellen Erzählmuster benutzt, um – diese unterwandernd und doch zugleich mit ihrer Hilfe – das Erzählen selber, die ausschweifende Phantasie und Sprachgewalt gegen die viel beredete Krise des Romans ins Feld zu führen. Ein realistisches Erzählen zudem: Kritiker haben Günter Grass mit Recht bescheinigt, dass gerade die Absurdität seines erzählerischen Einfalls zu einer sprachlichen Verdichtung der Stimmungen und Handlungen des Kleinbürgertums im ›Dritten Reich‹ geführt habe, die unerreicht sei. Die Groteske als genuines Mittel des poetischen Realismus – dies sagt mehr über die Realität des Weltzustandes aus, von dem hier die Rede ist, als es eine realistische Poetik vermöchte. Mit der nachfolgenden Novelle *Katz und Maus* (1961) und dem Roman *Hundejahre* (1963) hat Günter Grass noch zweimal Danzig zum Schauplatz seines Erzählens gemacht. Dem gebürtigen Danziger gilt diese Stadt als Mikrokosmos, weil sich »gerade in der Provinz all das spiegelt und bricht, was weltweit – mit den verschiedenen Einfärbungen natürlich – sich auch ereignen könnte oder ereignet hat«.

Auf die »Danziger Trilogie« folgt die Aufarbeitung von Gegenwartsproblemen in *örtlich betäubt* (1969). Der Roman spielt den Zusammenhang von politischem Denken und Handeln am Beispiel der Schüler- und Studentenrevolte des Jahres 1967 durch, deren Revolutionseuphorie Grass einerseits kritisch am historischen Gegenbeispiel individueller Erfahrungen im Dritten Reich reflektiert, andererseits

Schutzumschlag der Originalausgabe

Taschenbuch

Fortschritt im Schneckentempo

durch das durchgängig entfaltete Motiv »Zahnbehandlung« relativiert. Dieses Motiv nämlich nimmt – hierin Selbstaussage des politischen Reformisten Günter Grass – die Funktion einer symbolischen Korrektur der in der außerparlamentarischen Bewegung vorgetragenen Ideale wahr. Es geht dem Autor Grass um eine »Evolution Schritt für Schritt: die Springprozession«. Dieses Problem: Fortschritt als Evolution, ist das Thema auch eines weiteren Romans, in dem Grass Erfahrungen aus den 60er Jahren aufgearbeitet hat, nämlich im 1972 veröffentlichten autobiographischen Bericht *Aus dem Tagebuch einer Schnecke*. Der Wahlkämpfer Günter Grass, der für die SPD-Wählerinitiative durchs Land gereist ist, schildert, nach Berlin zurückgekehrt, seinen Kindern seine Erlebnisse und Erkenntnisse während dieser Tätigkeit, die in die Einsicht münden, gesellschaftlicher Fortschritt sei, dem Tempo einer Schnecke vergleichbar, nur mit Geduld und Ausdauer zu erreichen. Wie bei Böll, so findet sich auch bei Grass ein Zusammenspiel der öffentlichen politischen Reflexion und der literarischen Verarbeitung politisch-gesellschaftlicher Erfahrung. Es mag an dem didaktischen Impuls liegen, der in solch einer erzählerischen Absicht sich mitteilt, dass Grass' Romane der 60er Jahre literarisch keineswegs an den Ausnahmefall *Blechtrommel* anknüpfen können. Dennoch repräsentieren Grass wie Böll, bei aller Individualität der Person und der politischen Auffassungen und bei allen Unterschieden der Schreibweisen, einen identischen Typus des Schriftstellers: den des demokratisch engagierten Intellektuellen, für den Literatur und Politik, gesellschaftliche Erfahrung und ästhetische Verarbeitung untrennbar zusammengehören, ein Schriftstellertypus, wie ihn für die Weimarer Zeit Heinrich Mann beispielhaft darstellt.

Uwe Johnson   Zu einem der wichtigsten Erzähler der 60er Jahre avancierte in sehr kurzer Zeit auch Uwe Johnson (1934–1984), der, aus der DDR kommend, bereits 1959 seinen Roman *Mutmaßungen über Jakob* veröffentlicht hatte. Johnsons Schreibweise enthält als Form des Erzählens selber die irritierenden Momente der Wirklichkeit,

Uwe Johnson in New York

von denen sie handelt. Sie formuliert diese, gleichsam unter der Hand, in brüchigen Satzkonstruktionen, in Verstößen gegen syntaktische Konventionen und Interpunktionsregeln mit, lässt Unsicherheit, Erkenntnisschwierigkeiten, Orientierungsprobleme selber zu Sprache werden. Bereits mit seinem ersten Buch hatte Johnson so seine unverwechselbare, die Literaturkritik allerdings irritierende Sprache gefunden, die sich in seinen Romanen *Das dritte Buch über Achim* (1961) und *Zwei Ansichten* (1965) zur einkreisenden und akkumulierenden Detailbesessenheit verdichtet. Johnsons Thema ist die Spaltung Deutschlands. In *Das dritte Buch über Achim* etwa will ein westdeutscher Journalist namens Karsch ein Buch über ein Radfahrer-Idol in der DDR schreiben. Er scheitert jedoch an der Unmöglichkeit, zwischen diesen ganz verschiedenen Welten zu vermitteln und sprachlich eine Verständigung herzustellen. Die Darstellungsweise Johnsons weist damit über den vordergründigen thematischen Ansatz hinaus. Die detailbesessene Einkreisung dieser Welt der Radfahrer, die den »Fetischcharakter der dinghaften Welt« (H. Heißenbüttel) vor Augen führt, macht deutlich, dass vor allem von der Schwierigkeit des Mitteilens, des Überbrückens getrennter Welten, des Vermittelns disparater Erfahrungshorizonte die Rede ist.

Kontrovers wie bei kaum einem anderen Autor reagierte die Literaturkritik auf die Romane Martin Walsers. Hatte *Ehen in Philippsburg* (1957) noch weitgehend den Beifall der Rezensenten gefunden, so war die Roman-Trilogie um Walsers Helden und Ich-Erzähler Anselm Kristlein (*Halbzeit*, 1960; *Das Einhorn*, 1966; *Der Sturz*, 1973) in allen drei Teilen höchst umstritten. Gegenstand dieses Streits war vor allem die Frage, ob nicht Walser – bei aller zugestandenen sprachlichen Virtuosität – mit seiner kaum einzudämmenden poetischen Suada die Lesbarkeit seiner Werke und deren Identität als Romane selber gefährde. Und in der Tat bildet gerade die Frage nach der Möglichkeit des Erzählens als Erinnern vergangener Wirklichkeit das zentrale Problem dieser Literatur. Denn Walsers Erzähler Anselm Kristlein, nach seinem Roman-Erfolg *Halbzeit* berühmt geworden, schildert in *Das Einhorn* – im Bett liegend, aus der Bett-Perspektive sich erinnernd – seinen erfolglosen Versuch, als Auftragsarbeit für eine Schweizer Verlegerin ein Buch über die Liebe zu schreiben: »sie meint es aber so: Versöhnung von Leib und Seele, eine bessere Sinnlichkeit, heraus aus dem christlichen Sündensack, ins Freiere und so«. Doch Anselm Kristlein scheitert als Autor eines »Sachromans« zum Thema Liebe – und sein Scheitern ist das Thema dieses Romans, gibt ihm Stoff, Handlung, Vorwände für Exkurse, Assoziationen, erzählerische Ausschweifungen und Eskapaden, die alle dem einen Ziel dienen: die Unmöglichkeit, im Bombardement der Worte und Wörter, im Übermaß der Impressionen, Begebenheiten, Erfahrungsbruchstücke, in der Akkumulation der Reminiszenzen erinnerte Liebe als Wirklichkeit erzählerisch zu vergegenwärtigen. Die doppelte Distanzierung des Erzählers vom Erzählten – der Autor lässt einen Erzähler erzählen, eben seine Kunstfigur Anselm Kristlein, und diese wiederum steht in deutlicher Distanz zu ihrem eigenen Erzähl- und Erinnerungsvermögen –, diese zweifache Brechung erzählerischer Selbstgewissheit, die durch Witz, Ironien, Larmoyanz verstärkt wird, setzt den Roman in einen genauen Gegensatz zu jener Form künstlerischer Vergegenwärtigung des Vergangenen, wie sie noch für Marcel Proust unzweifelhaft war. Und so erweist sich die Poetik Prousts als eigentlicher Antipode dieses Buchs: »Ach du lieber Proust!« lautet der spöttische Anruf, der den Roman leitmotivisch durchzieht, Konsequenz jener Erkenntnis, die Walser in seinem Essay *Freiübungen* (1963) zu seiner produktionstheoretischen Quintessenz erhoben hatte: »Da irrt Proust. Gerettet wird nichts. Auch nicht durch Kunst.

Martin Walser

Martin Walser

Über das Scheitern

Das Muster wird gemacht und dann zerstört. Kunst zeigt nur, daß nichts gerettet wird. [...] Was allenfalls bleibt, ist nicht das Muster, sondern seine Zerstörung.« Diese Zerstörung führt der Roman vor, und zwar gerade mit dem Mittel wortmächtiger Einkreisung des Themas Liebe, das auf eben diese Weise – bewusst! – verfehlt wird. So ist Walsers Roman *Das Einhorn* ein Buch über das Scheitern eines Romans, das eben deshalb gelungen ist, weil es die Bedingungen dieses Scheiterns in sich selbst literarisch entfaltet. *Das Einhorn* markiert auf diese Weise einen Entwicklungsschritt des Autors Walser auf dem Weg zu jener Schreibweise, die er als »kapitalistischen Realismus« bezeichnet und in *Der Sturz* vollends ausgeführt hat: das Amorphe, Unbändige mitzuteilen, das der Widersprüchlichkeit unendlicher Einzelheiten entspringt und ihnen jene Fremdheit verleiht, die einen Grundzug der entfremdeten kapitalistischen Gesellschaft mitteilt. Den Roman *Das Einhorn* deshalb als »gallertartiges Gebilde« (Reich-Ranicki) zu verwerfen, deutet auf ein Missverstehen der erzählerischen Leistung Walsers ebenso wie auf ein vorgefasstes Verständnis dessen, was ein Roman sei und zu leisten habe.

Elias Canetti

›Beschreibungsliteratur‹

Einen Sonderfall innerhalb der Literatur der Bundesrepublik bildet der Roman *Die Blendung* von Elias Canetti (1905–1994). Denn dieses Buch erschien bereits 1936, erfuhr jedoch erst nach seiner Neuauflage 1963 eine Beachtung, die seiner Bedeutung entspricht. Es ist ein Werk, das Kritiker nicht zu Unrecht neben die Prosa Robert Musils und Franz Kafkas, James Joyces' und Samuel Becketts gerückt haben. In ihm wird ein Pandämonium der Beziehungslosigkeit, der Bösartigkeit, der Kommunikationslosigkeit entfaltet, in dem – ohne Moralisieren, aber auch ohne die Perspektive einer möglichen Wandlung – Verkehrsformen eines Kleinbürgertums zum Ausdruck kommen, das nur wenig später seine Disposition für den Faschismus auslebte. Der Sinologe Peter Kien, der weltabgeschlossen mit seiner umfangreichen Bibliothek lebt, lässt sich durch einen Trick seiner Haushälterin zur Heirat verleiten. Von diesem Zeitpunkt an treibt Kien in einer Art Odyssee von einer Monstrosität der bürgerlichen Welt zur anderen, bis er schließlich mit seinen Büchern sich selber verbrennt. Dem Chaos dieser Welt wird die Kälte der Erzählhaltung auf überraschende Weise gerecht: Canetti erzählt mit äußerster Distanz und klinischer Genauigkeit, er lädt den Leser zur Beobachtung ein, nicht zu innerer Anteilnahme. Auf diese Weise gelingt Canetti erzählerisch die Bändigung des grotesken Panoramas, von dem sein Roman handelt. Zugleich klingt in *Die Blendung* bereits das Thema der ›Masse‹ an, das Canetti in seinem Essay *Masse und Macht* (1960) weiterverfolgt hat. Als Dramatiker (*Hochzeit*, 1932, uraufgef. 1965; *Komödie der Eitelkeit*, 1950 und 1964, uraufgef. 1965; *Die Befristeten*, 1956) konnte sich Canetti nicht durchsetzen. Große Beachtung fanden hingegen seine autobiographischen Werke, in denen der Autor das Erlebnis der Wiener Bürgerwelt aufgearbeitet hat, und zwar als »Geschichte einer Jugend« (*Die gerettete Zunge*, 1977; *Die Fackel im Ohr*, 1980; *Das Augenspiel*, 1985).

Sind Heinrich Böll und Günter Grass, Martin Walser, Uwe Johnson und Siegfried Lenz die herausragenden Einzelfiguren der 60er Jahre gewesen und bis heute geblieben, so findet sich doch neben ihnen eine Reihe bedeutsamer literarischer Strömungen und Entwicklungen, die das Bild dieser Zeit ebenfalls wesentlich geprägt haben. Eines der gängigen Schlagworte, mit denen die Prosa zwischen 1961 und 1969 charakterisiert worden ist, lautet beispielsweise ›Beschreibungsliteratur‹. Trotz der Abschätzigkeit, die mit der Verwendung dieses Begriffs seinerzeit häufig einherging, taugt er recht gut zur Bestimmung eines breiten Spektrums unterschiedlicher Prosatexte, deren Gemeinsamkeit in der sprachlichen Form ihrer Annäherung an Wirklichkeit, an Bewusstsein, Situationen, Handlungen, besteht. Es sind dies realistische Erzählweisen, die nicht von einer sozialkritischen Perspektive ausgehen, sondern vielmehr soziale Faktizität selber in äußerster Dichte und Konzentration kritisch zum Ausdruck bringen.

Den programmatisch weitestgehenden Versuch, einer realistischen Beschreibungsliteratur zum Durchbruch zu verhelfen, unternahm seit 1964 die so genannte »Kölner Schule« des Neuen Realismus. Dieter Wellershoff (geb. 1925), Initiator, Mentor, Theoretiker und auch literarischer Repräsentant (*Ein schöner Tag*, 1966; *Die Schattengrenze*, 1969) dieser Gruppe, formulierte deren Programm in genauer Abgrenzung gegen die Fiktionalität grotesker und satirischer Prosa: »Die phantastische, groteske, satirische Literatur hat die Gesellschaft kritisiert, indem sie ihr ein übersteigertes, verzerrtes Bild gegenüberstellte, der Neue Realismus kritisiert sie immanent durch genaues Hinsehen. Es ist eine Kritik, die nicht von Meinungen ausgeht, sondern im Produzieren der Erfahrung entsteht.« Doch dieser Versuch einer Selbstbestimmung erfasst nur unzureichend die Formen, in denen der Neue Realismus sich verwirklicht hat. Autoren wie Günter Herburger (*Eine gleichmäßige Landschaft*, 1964; *Die Messe*, 1969; *Jesus in Osaka*, 1970), Günter Seuren (*Das Gatter*, 1964; *Lebeck*, 1968), Rolf Dieter Brinkmann (*Die Umarmung*, 1965; *Raupenbahn*, 1966; *Keiner weiß mehr*, 1968), aber auch Wellershoff selbst repräsentieren im Umkreis dieses Realismus deutlich voneinander sich abhebende Schreibweisen, die Wellershoffs Bestimmung realistischen Schreibens eher in Frage stellen als bestätigen. Dies wird erkennbar vor allem im schriftstellerischen Verfahren Rolf Dieter Brinkmanns (1940–1975), das in der Objektivierung seiner Erzählgegenstände bis an die Grenze einer Selbstaufhebung des Erzählens gelangt. Lebensbereiche und Situationen von existentieller Bedeutung (Geburt, Liebe, Tod, Sexualität) werden vergegenwärtigt, indem sie sich selber vergegenständlichen, sich selber zur Sprache bringen. Rolf Dieter Brinkmanns 1979 postum veröffentlichter Collage-Band *Rom Blicke* macht freilich deutlich, dass Brinkmann der Sprache allein solche Leistung nicht länger anvertrauen mochte. Er erweiterte seine Schreibweise deshalb um andere Ausdrucks-

»Kölner Schule« des Neuen Realismus

Eine wichtige Anthologie – die amerikanische Beatnikliteratur wird bekannt gemacht

Die Wirklichkeit ist durch Sprache allein nicht mehr auszudrücken – Zeichnung, Fotografie, montierte Dokumente des Authentischen treten hinzu: Manuskriptseite aus Brinkmanns *Rom Blicke*

möglichkeiten (Fotos, faksimilierte Wirklichkeitsvorlagen), deren Montage ihm eine offene, radikale Sprechweise erlaubte.

Realismus und Groteske

Als Parallel- und Gegenentwicklungen zum Neuen Realismus der »Kölner Schule« lassen sich Arbeiten ansehen, die realistische Erzählweisen mit Mitteln der Groteske verbinden. Renate Rasps Roman *Ein ungeratener Sohn* (1967) zählt hierzu ebenso wie die späteren Romane Günter Seurens (*Das Kannibalenfest*, 1968; *Der Abdecker*, 1970). Es sind Werke, die provokativ mit schockartigen erzählerischen Elementen arbeiten und eine Art Schwarzen Realismus begründen. In Rasps Roman etwa soll ein Junge durch Erziehung in einen Baum verwandelt werden: ein Einfall, vor dessen Hintergrund mit scharfsichtig-präziser Bösartigkeit die besitzgierigen Beziehungen von Menschen zum Ausdruck kommen. Dies gilt in ähnlicher Weise für Gisela Elsners Romane *Die Riesenzwerge* (1964), *Der Nachwuchs* (1968) und *Das Berührungsverbot* (1970). Der bürgerliche Alltag erscheint hier als Schreck- und Horrorvision des Banalen – eine Radikalität des Blicks, die Gisela Elsner in späteren Werken (*Der Punktsieg*, 1977; *Abseits*, 1982) nicht wieder erreicht hat.

Neuer Realismus –
Schwarzer Realismus

Schutzumschlag

Neuer Realismus und Schwarzer Realismus sind zwei höchst verschiedenartige Erzählweisen, die gleichwohl von demselben Bemühen zeugen: Wirklichkeit erfahrbar zu machen. Dabei stellen die neorealistischen Erzählformen den Versuch dar, in die Wirklichkeit so hineinzuhören, dass diese selber zu Sprache werden kann, während der mit den Mitteln der Groteske, des Schocks, des grellen Effekts arbeitende Realismus poetologisch ein Misstrauen gegenüber solcher Wirklichkeitserfahrung repräsentiert. Er benutzt Elemente der Verfremdung, der Wirklichkeitsverzerrung, der surrealistischen Bildersprache, um die Wirklichkeitsoberfläche so zu zerstören, dass aus der Banalität der Erscheinungsformen die bürgerliche Realität des alltäglichen Schreckens und Erschreckens, des Schocks und des Entsetzens hervortritt.

Der Roman also »zwischen Realismus und Groteske« (H. Vormweg) – gerade die Vielfalt der Prosa in den 60er Jahren erlaubt es nicht, mit der vorstehenden Skizze auch nur annähernd Vollständigkeit zu beanspruchen. Zu beachten nämlich sind außer den genannten des Weiteren so wichtige Autoren wie Peter Härtung (*Niembsch oder der Stillstand*, 1964) und Hubert Fichte (*Das Waisenhaus*, 1965; *Die Palette*, 1968), Gerhard Zwerenz (*Casanova oder Der kleine Herr in Krieg und Frieden*, 1966) und Ernst Herhaus (*Die homburgische Hochzeit*, 1967), nicht zuletzt Peter Handke, der mit *Die Hornissen* (1966) und *Der Hausierer* (1967) als eher traditioneller Erzähler debütiert. Den Zusammenhang der Prosa dieser Zeit aber bildet eben die Frage nach den Möglichkeiten und Grenzen realistischen Erzählens.

Prosa der entfremdeten
Welt

Diese Frage liegt auch der Prosa zweier Autoren zugrunde, die die traditionellen Gattungsbestimmungen eher sprengen als bestätigen wollen: Alexander Kluge und Jürgen Becker. Kluge erzählt in *Lebensläufe* (1962) und *Schlachtbeschreibung* (1964, Neuausgabe 1978) distanziert und scheinbar emotionslos. Er berichtet und registriert Mechanismen, in deren Zusammenspiel Individuen nur mehr Abhängigkeit erfahren. Keine ›Fabel‹ steht im Vordergrund, sondern Systeme der Erfassung und Zuordnung – eine Prosa der entfremdeten Welt. Radikalisierung des Blicks, Tiefenschärfe der Beobachtung auch bei Jürgen Becker (*Felder*, 1964; *Ränder*, 1968; *Umgebungen* 1970), doch in seinen Texten ausgehend von einem präzis und nuanciert sich äußernden individuellen Erfahrungsbereich. »Dieser Text«, so Jürgen Becker in einer Selbstinterpretation der *Felder*, »demonstriert nur die Bewegungen eines Bewußtseins durch die Wirklichkeit und deren

Verwandlung in Sprache. Bewußtsein: das ist meines in seinen Schichten, Brüchen und Verstörungen; Wirklichkeit: das ist die tägliche, vergangene, imaginierte.« Dass gerade diese Fragestellung thematisch erweitert wird durch eine Literatur, die sich in den 60er Jahren zunehmend und mit einiger Ausschließlichkeit auf den Gegenstandsbereich ›Arbeitswelt‹ konzentriert, diese Tatsache pointiert in besonderer Weise jene Entwicklung, die für die Literatur dieses Zeitraums insgesamt kennzeichnend ist: ihre Politisierung.

Die Eroberung der Arbeitswelt durch die Literatur

Wer für die Zeit von 1945 bis 1960 in der Bundesrepublik eine Literatur ausfindig zu machen sucht, die das Problem ›Arbeitswelt‹ thematisiert, wird sich enttäuscht sehen: Es gibt sie zwar, doch nur in einer sehr eingeschränkten, zudem ideologisch bestimmten Form. Ganz vereinzelt sind in diesem Zeitraum Werke älterer ›Arbeiterdichter‹ (Heinrich Lersch, Karl Bröger, Gerrit Engelke) wieder aufgelegt worden, die freilich kaum beachtet wurden noch gar von einer lebendigen Tradition der Arbeiterliteratur zeugen konnten. Diejenige Literatur aber, die sich mit Gegenwartsproblemen der ›Arbeitswelt‹ befasst, spricht – hierin der Tradition der ›Arbeiterdichter‹ verpflichtet – in verklärender, den Arbeitsprozess mythisierender und mystifizierender Weise von ihrem Gegenstand. Vor dem Hintergrund eines unbewältigten Faschismus, im Zusammenhang von Harmoniebestrebungen und Sozialpartnerschaftsformeln konservativer Politiker und Unternehmer erfüllt diese Literatur eine ideologische Funktion: In den Aufbaujahren der Bundesrepu-

Traditionslinien

Dichterlesung in einer Werkhalle (1967)

blik erscheint jener Arbeiter als vorbildlich, der (wie in Martha Schlinkert-Galins-
kys Roman *Der Schatten des Schlotes* aus dem Jahr 1947) »weiß, daß arm und
reich immer bleiben werden«, und dem es fern liegt, »diese Weltordnung zu verkehren«. Angesichts dieser eher arbeiterfeindlichen und realitätsfernen Literatur
stellte Walter Jens deshalb 1960 mit Recht die verwunderte Frage: »Arbeiten wir
nicht? Ist unser tägliches Tun so ganz ohne Belang? Geschieht wirklich gar nichts
zwischen Fabriktor und Montagehalle, ist das Kasino-Gespräch ohne Bedeutung,
prüft kein Labor seine lebenslänglichen Sklaven?«

Literarische Leerstelle   Bei der Suche nach Ursachen für diese literarische Leerstelle wird man einmal
mehr gesellschaftspolitische Gründe anführen müssen. Schriftstellerverbände
wie der »Bund proletarisch-revolutionärer Schriftsteller« (KPD) und gewerk-
schaftliche Buchgemeinschaften etwa hatten in der Weimarer Zeit eine wichtige
Aufgabe bei der Entwicklung und Verbreitung einer klassenbewussten Arbeiterliteratur wahrgenommen. Die Zerschlagung der Arbeiterorganisationen durch die
Nationalsozialisten im Jahr 1933 vernichtete nicht nur deren politische Macht,
sondern setzte auch ihre Funktion als kultureller Organisator der Arbeiterklasse
außer Kraft. Nach 1945 standen zunächst weniger kulturelle als vielmehr politische Probleme im Vordergrund der gesellschaftlichen Auseinandersetzungen, bedingt vor allem durch die restriktive Gewerkschaftspolitik der westlichen Besatzungsmächte. Die restaurative Entwicklung in der Adenauer-Ära, die schließlich
1956 zum Verbot der KPD führte, und die Aufbau-Ideologie der ›Wirtschaftswunder‹-
Jahre trugen schließlich ihren Teil dazu bei, dass sich eine mit sich selbst identische Arbeiterkultur nicht herausbilden konnte. Eine Voraussetzung hierfür findet
sich erst zu der Zeit, als sich die ersten Zeichen eines sich wandelnden Gesell-
schaftsverständnisses bemerkbar machen: mit dem Ende der ökonomischen Rekonstruktionsperiode in den Jahren 1960/61.

Programmatik   Ein wichtiges Datum bei der Wiederentdeckung des Themas ›Arbeitswelt‹ für
die Literatur bildet die Gründung der »Dortmunder Gruppe 61« am Karfreitag des
Jahres 1961. Der Gruppenname ist nicht absichtslos gewählt: Er deutet eine bewusste Gegengründung zur »Gruppe 47« an. Als ihre zentrale Aufgabe bestimmte
die »Gruppe 61« die »literarisch-künstlerische Auseinandersetzung mit der industriellen Arbeitswelt und ihren sozialen Problemen«. Erwartet wird von den Formen einer solchen Auseinandersetzung, dass diese eine »individuelle Sprache
und Gestaltungskraft aufweisen oder entwicklungsfähige Ansätze zu eigener
Form erkennen lassen«. Damit ist ein neorealistisches Programm formuliert, das
sich keineswegs der klassenkämpferischen Literatur der Weimarer Zeit verpflichtet fühlt, sondern ›Arbeitswelt‹ vor allem unter technologischen Aspekten auffasst. Im Mittelpunkt steht die »geistige Auseinandersetzung mit dem technischen
Zeitalter«, als Autoren kommen nicht Arbeiter und Angestellte in Betracht, sondern die Rede ist von »Schriftstellern, Journalisten, Lektoren, Kritikern, Wissenschaftlern und anderen Persönlichkeiten, die durch Interesse oder Beruf mit den
Aufgaben und der Arbeit der Gruppe 61 verbunden sind«.

Günter Wallraff   Aufsehen erregt und politische Wirkung erzielt hat seit seinen ersten Veröffentlichungen der Schriftsteller Günter Wallraff, ebenfalls Mitglied der »Gruppe 61«
(*Wir brauchen dich*, 1966; 13 *unerwünschte Reportagen*, 1969; *Von einem, der
auszog und das Fürchten lernte*, 1970). In seinen Reportagen konzentriert sich
Wallraff auf die Wirklichkeit der Arbeitswelt, deren Unterdrückungsmechanis-
men, deren systembedingte Brutalität und Destruktivität, deren Ausbeutungs-
und Herrschaftsformen er ans Licht der Öffentlichkeit gebracht hat. Immer wieder ist das ungläubige, verblüffte Staunen über das, was Walraff aufgrund seiner

Günter Wallraff als
Redakteur Hans Esser
(1977)

Beobachtungen zu berichten hatte, ist das Kopfschütteln über Korruption, Unterdrückung, Heuchelei in der öffentlichen Diskussion verdrängt worden von der Erregung über das Vorgehen Wallraffs, über seine Methode. Denn er begibt sich, um seine Informationen überhaupt erhalten zu können, meist unter falschem Namen in die Wirklichkeitsbereiche, aus denen er berichten will. In einem Prozess, der ihm wegen seines Vorgehens gemacht wurde – Amtsanmaßung, arglistige Täuschung, unsauberer Journalismus lauteten die Vorwürfe –, setzte sich Wallraff mit dem Hinweis zur Wehr: »Ich wählte das Amt des Mitwissers, um ein Stück weit hinter die Tarnwand von Verschleierung, Dementis und Lüge Einblick nehmen zu können. Die Methode, die ich wählte, war geringfügig im Verhältnis zu den rechtsbeugenden Maßnahmen und illegalen Erprobungen, die ich damit aufdeckte.« Identitätsverschleierung zur Realitätsentschleierung: Als Beispiel für diese Methode kann Wallraffs Tätigkeit als Bürobote im Kölner Gerling-Konzern dienen (veröffentlicht in *Ihr da oben, wir da unten*, 1973, mit Bernt Engelmann). Der Bürobote im Kasino der Vorstandsdirektoren, im exklusiv-feudalen Speisetrakt mit festlich gedeckten Tischen sich neben den Herren des Hauses niederlassend, erlesene Gerichte und Champagner bestellend; der Bürobote im Bürosaal des Firmenchefs Gerling selber, im Schneidersitz auf dem Schreibtisch, den goldenen Globus mit dem erdumspannenden Firmen-G in Händen haltend – Ironisierungen sozialer und innerbetrieblicher Hierarchien durch stellvertretendes, entlarvendes Handeln. Auf dem Schreibtisch entdeckt er Gerlings Wahlspruch: »Fortes fortuna adjuvat« (Den Starken steht das Glück bei) – er legt einen Zettel daneben mit der Aufschrift »Aber nicht mehr lange!« Aus einem Strauß von zwei Dutzend roten Nelken bricht sich der Botenjunge eine Blüte und steckt sie sich, Symbol der portugiesischen Revolution, ins Knopfloch. Als zwei Bevollmächtigte der Firma ihn schließlich entfernen wollen, sitzt er im Chefsessel und isst – einen Apfel. Wallraffs Handeln enthält somit seinen gesellschaftlichen und politischen Anspruch: den Anspruch auf eine Gesellschaft ohne Hierarchien, das Hintertreiben des etablierten Gesellschaftsgefüges als Entwicklungsmoment seiner Verunsicherung. Wallraff ist deshalb als »Untergrundkommunist« denunziert worden – in Wahrheit ist seine Methode nichts anderes als ein »soziologisches Experiment«

im Sinne Bertolt Brechts: Von einem »durchaus subjektiven, absolut parteiischen Standpunkt« aus zeigt Wallraff »die gesellschaftlichen Antagonismen, ohne sie aufzulösen« (Brecht). Diese Methode hat sich bis hin zu seiner Arbeit als »Türke Ali« (*Ganz unten*, 1985) als wirkungsvoll erwiesen. Und als erfolgreich auch: Von diesem Buch wurden binnen weniger Monate mehr als eine Million Exemplare verkauft.

Arbeiterliteratur – aber wie?

Die Frage nach der Identität der Autoren von ›Arbeiterliteratur‹ verweist auf ein entscheidendes Definitionsproblem dieses Begriffs. Traditionell wird eine Bestimmung dieses Begriffs entweder nach der Thematik (Literatur über Arbeiter) oder nach der sozialen Herkunft der Autoren (Literatur von Arbeitern) vorgenommen. Diese Definitionen haben sich jedoch als unzureichend erwiesen, weil in sie eine genauere Bestimmung der Funktion solcher Literatur (Literatur für Arbeiter) nicht eingeht. Gerade Kritiker der »Gruppe 61« haben ihr die prinzipielle Offenheit für alle Formen von Arbeiterliteratur zum Vorwurf gemacht, weil auf diese Weise keine qualitativ hinreichende Abgrenzung vom bürgerlichen Literaturbetrieb möglich geworden sei und der Arbeiter in der Literaturproduktion der Gruppe häufig zum Objekt der Darstellung werde, nicht aber – selber schreibend – als handelndes Subjekt hervortrete. Diese Vorwürfe, die später zur Abspaltung einer Reihe von Gruppenmitgliedern und zur Gründung des »Werkkreises Literatur der Arbeitswelt« führten, treffen freilich nur in einem eingeschränkten Maße zu.

»Gruppe 61«

Denn der »Gruppe 61« konnte es bei ihrem Versuch, auf das Phänomen Arbeitswelt mit literarisch-künstlerischen Mitteln überhaupt aufmerksam zu machen, in den ersten Jahren nach ihrer Gründung nicht um die Durchsetzung eines bestimmten politisch-gewerkschaftlichen Programms gehen, sondern allenfalls um die breit angelegte Initiierung eines neuen literarischen Entwicklungsprozesses.

Einer der wichtigsten Autoren der Gruppe war seit ihrer Gründung der Schriftsteller Max von der Grün (1926–2005), nahezu der einzige Autor dieser Zeit, der mit seinen Werken öffentliche Resonanz hatte. In Romanen wie *Männer in zweifacher Nacht* (1962), *Zwei Briefe an Pospischiel* (1968) und *Stellenweise Glatteis* (1973) wird mit realistischen, zum Teil auch mit dokumentarischen Mitteln die Problematik einer zunehmend industrialisierten Arbeitswelt vor allem im Bergbau geschildert. In seinem zweiten Roman, *Irrlicht und Feuer* (1963), hat Max von der Grün eigene Erfahrungen aus seiner Arbeit unter Tage (Bauarbeiter, Hauer, Lokführer, zweimal verschüttet) in seine Darstellung einbezogen. An der Entwicklung des Bergmanns Jürgen Fohrmann zeigt der Roman die soziale Problematik von Zechenschließungen, den Klassenkampf von oben, das Weiterwirken des Faschismus in der Gegenwart und nicht zuletzt die problematische Rolle der Gewerkschaften in Klassenauseinandersetzungen. Als ein Lehrstück zur Wirksamkeit sozialkritisch-realistischer Literatur lässt sich das Aufsehen verstehen, das die Veröffentlichung dieses Romans nach sich zog: Die Industrie sah ihre Interessen gefährdet und versuchte, eine einstweilige Verfügung gegen einzelne Passagen des Romans durchzusetzen; die Gewerkschaft Bergbau und Energie fühlte sich brüskiert und lud den Autor erst 1967 wieder zu Veranstaltungen; der Betrieb, dem der Autor als Arbeiter angehörte, drohte mit Repressalien; in einer Illustriertenveröffentlichung wurden alle unternehmerkritischen Passagen aus Angst vor Anzeigenverlusten unterschlagen; eine in der DDR erstellte Fernsehfassung wurde in der Bundesrepublik durch zusätzliche Podiumsdiskussionen, durch die Veröffentlichung von Umfrageergebnissen und durch zwei Dokumentationen zur dargestellten Problematik ergänzt, in ihrer Wirksamkeit und in ihrer Identität als Fernsehfilm mithin eingeschränkt. Durch diesen Vorgang konnte sich

Max von der Grün

der Autor Max von der Grün freilich nur bestätigt sehen: Seine Vorstellung von Literatur als einem spezifischen Medium gesellschaftlichen Handelns wurde gerade durch jene Aktivitäten bestätigt, die sich gegen seine Literatur richteten. »Literatur«, so ein Fazit Max von der Grüns, »kann mithelfen, Menschen zu aktivieren, ihnen ein politisches Bewußtsein zu geben, wenn diese Literatur Vorgänge transparent macht.«

Literatur als Medium gesellschaftlichen Handelns

Neben Max von der Grün nahmen Schriftsteller wie Bruno Gluchowski, Erwin Sylvanus (*Korczak und die Kinder*, 1957) und Josef Reding, aber auch jüngere Autoren wie Angelika Mechtel, F. C. Delius, Günter Wallraff und Peter-Paul Zahl Einfluss auf die Entwicklung der »Gruppe 61«. Dabei zeigte sich bald, dass die programmatische Offenheit der Gruppe bei gleichzeitiger Fixierung auf den Gegenstandsbereich ›Arbeitswelt‹ zunehmend eine Konfliktkonstellation heraufführte, die ohne eine genauere Bestimmung ihrer literarisch-politischen Funktion nicht lösbar schien. »Das beste wäre Auflösung und neuer Anfang«, schrieb deshalb F. C. Delius im November 1970, und seine Begründung für diesen Vorschlag resultierte eben aus der unzureichenden Selbstbestimmung der Gruppe. Die »Gruppe 61« sei »überhaupt kein Ort, kein Zentrum, keine Produktionsstätte, sondern ein Markenzeichen, unter dem sich einmal im Jahr ein paar Schreiber mit ziemlich unterschiedlichen Interessen und Ideologien zusammenfinden […], die Mitglieder der Gruppe scheinen nicht einmal einen gemeinsam reflektierten literarischen Anspruch zu haben, sondern eher einen individualistischen literarischen Ehrgeiz«.

Da aber eine gruppeninterne Lösung dieser Probleme nicht möglich war, kam es im Herbst 1969 zur Gründung des »Werkkreises Literatur der Arbeitswelt«. Seither hat der Werkkreis – in höherem Maße, als es die »Gruppe 61« vermocht hat – erhebliche Bedeutung für die Herausbildung einer Arbeiterliteratur bekommen, die zugleich eine Literatur von Arbeitern und für Arbeiter ist, also auch politische Ziele mit literarischen Mitteln verfolgt. In einer ersten Aufbauphase (bis 1970/71) wurden durch Reportagewettbewerbe potentielle Autoren aus der Arbeitswelt gewonnen, die sich danach in etwa 25 örtlichen Arbeitskreisen mit rund 350 Mitgliedern (Gewerkschafter, Sozialdemokraten, Kommunisten, Parteilose) organisierten, um gemeinsam über die Produktion von Texten, über politische Probleme und soziale Fragen zu diskutieren. Die Zusammensetzung der Werkkreise wies bis 1976 zu je etwa einem Drittel Arbeiter, Angestellte und Studenten unter den Mitgliedern aus. Die Gesamtauflage der vom Werkkreis publizierten Bücher – davon mehr als zwei Dutzend in einer publikumswirksamen Taschenbuchreihe – lag Mitte der 80er Jahre bei rund einer Million Exemplaren.

Werkkreis

Trotz seiner eindrucksvollen Entwicklung aber stand der Werkkreis auch zehn Jahre nach seiner Gründung noch immer vor einem entscheidenden Problem, das seinem literaturpolitischen Konzept entsprang. Das erklärte Ziel, die zum Teil kollektiv produzierten literarischen Texte »in den aktuellen Kampf der Arbeiterbewegung« einzubringen und auf diese Weise »eine Literatur der Arbeitswelt als Literatur der Arbeiterklasse« zu entwickeln, stellte die werktätigen Literaturproduzenten häufig vor das Dilemma, einen vorgedachten politischen Gedanken, eine Idee, eine bestimmte Absicht literarisch einkleiden oder in Literatur übersetzen zu müssen. Unter dem Vorzeichen eines sozialkritischen Realismus wurden deshalb in den Projekt- und Schreibschulungen der Werkkreise Schreibweisen vermittelt, die diesem Ziel genügten, oft genug freilich gerade auf Kosten der ästhetischen Besonderheit der Literatur. Vielfach führte die Vermittlung solcher Schreibweisen lediglich zu einer Naivität und Simplizität der Figurenzeichnung

Dilemma des Konzepts

Erika Runge

*»Alle Literatur ist
bürgerlich«*

wie der Handlungsschemata und insgesamt zu einer Konfektionierung der Werk-
kreis-Literatur. Die seit dem Ende der 70er Jahre stagnierenden Auflagenzahlen
und die sich verlangsamende Titelproduktion deuteten denn auch auf die allmähliche Erschöpfung dieses Literaturkonzepts.

Einen Schritt weiter in Richtung auf eine möglichst authentische Erfassung der
Wirklichkeit ging Erika Runge, ebenfalls Mitglied der »Gruppe 61« und später des
Werkkreises. In den Krisenjahren 1966/67, vor dem Hintergrund von Rezession
und Kurzarbeit, Massenentlassungen, Zechenstillegungen und Arbeiterdemons-
trationen, erprobte und publizierte sie mit ihren *Bottroper Protokollen* (1968) ein
literarisches Verfahren, dessen Vorzüge und Schwächen mittlerweile deutlich geworden sind: die Aufzeichnung von Originalaussagen derjenigen, die von gesellschaftlichen Krisen am nachhaltigsten betroffen waren und sind. Der Vorzug dieser Arbeitsweise lag vor allem in der Vielfalt medialer Anwendungsbereiche, für
die sich das dokumentarische Material anbot. Zu ihrem Arbeitsprozess notierte
die Autorin: »Die auf Tonband festgehaltenen Erzählungen wurden von mir möglichst klanggetreu abgeschrieben und dann gekürzt im Sinne von gerafft und
dramaturgisch geordnet. [...] Eigentlich bin ich vorgegangen wie bei der Montage
eines Dokumentarfilms, bei der die Roh-Aufnahmen erst nach Komplexen zerlegt
und dann in einer Auswahl neu zusammengesetzt werden.« Die *Bottroper Protokolle* ließen sich so als authentische Texte ebenso verwenden, wie sie sich zum
Theaterstück, zum Hörspiel und Fernsehspiel verarbeiten ließen, und konnten
gleichwohl ihre Identität unabhängig von dem jeweiligen Medium bewahren: Sie
blieben die Selbstaussagen der gesellschaftlich Deklassierten, die über ihre deprimierende Wirklichkeit ungeschminkt und desillusionierend Auskunft gaben.

Martin Walser hat in diesem Verfahren die einzige Möglichkeit gesehen, dem
Thema ›Arbeitswelt‹ illusionslos beizukommen: »Es ist lächerlich, von Schriftstellern, die in der bürgerlichen Gesellschaft das Leben ›freier Schriftsteller‹ leben, zu
erwarten, sie könnten mit Hilfe einer Talmi-Gnade und der sogenannten schöpferischen Begabung Arbeiter-Dasein im Kunstaggregat imitieren oder gar zur Sprache bringen. Alle Literatur ist bürgerlich bei uns. Auch wenn sie sich noch so
antibürgerlich gebärdet.« Doch Walsers Kritik »bürgerlicher Literatur« kann ihrerseits nicht das prinzipielle Dilemma der Protokolle und Dokumente beseitigen:
Deren Grenzen nämlich fallen zusammen mit denen der Wirklichkeit, die in ihnen »zur Sprache kommt« (Walser). Die Möglichkeit der Literatur, diese Wirklichkeit durch Utopie und Phantasie ästhetisch zu entgrenzen und zu überschreiten,
bleibt ihnen versagt. Erika Runge hat sich 1976 dieses Grundproblem der dokumentarischen Methode unter Hinweis auf ihre eigene »Sprachunfähigkeit«, auf
Ausdrucksängste eingestanden: »Warum habe ich denn nicht meine Erlebnisse
und Erkenntnisse, meine Phantasie und meine Sprache eingebracht? Ich war
dazu nicht imstande, obgleich ich das Bedürfnis hatte. Ich wollte schreiben, aber
mir fehlten die Worte. Ich wollte von mir, meinen Wünschen und Schwierigkeiten sprechen, aber ich hatte Angst, mich bloßzustellen.« Und die Hinwendung
zur »neuen Subjektivität« der 70er Jahre tritt deutlich hervor, wenn sie im gleichen Zusammenhang erklärt, sie werde »versuchen, Freiheiten, Phantasie, Spielraum – mich selbst und die Beziehung zu anderen auszuprobieren. Will die Fülle
der Möglichkeiten von Literatur nutzen, und das nicht nur aus Gründen politischer Einsicht, sondern um den Anspruch des Menschen auf Selbstverwirklichung, auf Individualität, auch für meine Person zu vertreten«.

Oberflächenzerstörung – Theorie und Praxis Konkreter Poesie

Als ernsthafter, gleichwohl nicht unproblematischer Versuch, über Theorie und Praxis des literarischen Realismus ebenso hinauszukommen wie über die Poetik eines Gottfried Benn, sind jene lyrischen Arbeiten anzusehen, die seit Ende der 50er Jahre unter dem Begriff ›Konkrete Poesie‹ zusammengefasst werden. In dieser literarischen Strömung sind höchst unterschiedliche Textprodukte und Texttheorien versammelt, deren Gemeinsamkeit vor allem in einer Gegnerschaft besteht: Sie wenden sich gleichermaßen gegen die Inhaltlichkeit der Poesie wie gegen ihre traditionellen (Vers-)Formen. Diese Gemeinsamkeit wiederum ist mit einer bezeichnenden Zeiterscheinung der ausgehenden 50er Jahre und vor allem der 60er Jahre verbunden, nämlich dem sich ausbreitenden Überdruss an – auch literarischen – gesellschaftlichen Konventionen, an Einverständnis und Gleichmaß herkömmlicher Sehweisen, Wahrnehmungsformen und Denkgewohnheiten. Insofern ist die ›Konkrete Poesie‹, bei aller Eigenständigkeit und Unverwechselbarkeit, durchaus den literarischen Rebellionen dieses Jahrhunderts, dem Dadaismus und dem Futurismus etwa, vergleichbar: Die Revolutionierung der poetischen Formen gilt ihr als revolutionäre Poesie. Den Begriff der Konkreten Poesie hat 1955 der Textproduzent und -theoretiker Eugen Gomringer in Anlehnung an Entwicklungen in der Bildenden Kunst gebildet, die den Begriff einer ›Konkreten Kunst‹ bereits seit 1930 kennt. Gomringer – und mit ihm brasilianische und japanische, französische und amerikanische Autoren – definiert die Konkrete Poesie als eine »ordnungseinheit, deren aufbau sich durch die zahl der worte und buchstaben und durch eine neue strukturelle methode bestimmt«. Ein Inhalt erscheint ihm nur dann von Belang, wenn sich dessen »geistige und materielle Struktur als interessant erweist und sprachlich bearbeitet werden kann«. »Inhalte« solcher Art findet Gomringer in Wörtern wie »baum, kind, hund, haus«.

Mit der Wendung gegen Inhaltlichkeit und Formtraditionen geht eine Besinnung auf den Materialcharakter der Sprache einher, die poetisch höchst anregend und innovierend gewirkt hat. Die experimentellen Texte Franz Mons etwa, der Wiener Gruppe um Gerhard Rühm, Friederike Mayröcker und Ernst Jandl, H. C. Artmanns Sprachwitz und -artistik, die Arbeiten Eugen Gomringers und Helmut Heißenbüttels destruieren sprachliche Oberflächenphänomene, indem sie Sprache zu ihrem eigenen Gegenstand machen, zerstören mithin den traditionellen Mitteilungscharakter der Sprache und konstituieren diese aufs neue in ungewohnten Verwendungszusammenhängen, die oft überraschende Einsichten ermöglichen. Unterstützt wird diese poetische Absicht durch optische Effekte, durch ein bestimmtes typographisches Arrangement des Textes beispielsweise, und durch akustische Elemente, die im Vortrag der Autoren selber, auf Schallplatten etwa und auf Lesungen, zur Geltung gebracht werden. Verändert wird also nicht nur die poetische Sprache, sondern mit ihr verwandelt – und zugleich audiovisuell erweitert – wird auch das Medium Poesie. Das Ziel dieses literarischen Unterfangens aber ist die Veränderung der Hör-, Seh- und Denkgewohnheiten der Rezipienten. Ein Beispiel von Claus Bremer:

Gegen die Inhaltlichkeit der Poesie

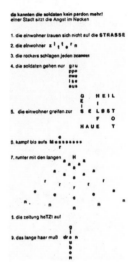

K. B. Schäuffelen

kann ich allseitig zeigen was ich zeige
kann ich was ich zeige allseitig zeigen
allseitig zeigen was ich zeige kann ich
was ich zeige allseitig zeigen kann ich
allseitig zeigen kann ich was ich zeige
was ich zeige kann ich allseitig zeigen

Helmut Heißenbüttel

*Schwierigkeiten
der Definition*

In diesem Text werden die drei Syntagmen (kann ich/ allseitig zeigen/ was ich zeige) derart zueinander in Beziehung gesetzt, miteinander durchgespielt, dass die eingangs gestellte inhaltliche Frage, die allerdings abstrakt bleibt, im Prozess des Gedichts selber, ja gerade durch diesen positiv beantwortet wird. Die Inhaltlichkeit dieses Textes bezieht sich zwar auf die Aussage, die ihm zugrunde liegt. Sein Verfahren jedoch verschränkt den Inhalt so sehr mit der Form, dass beide eines werden, dass die Form des Gedichts seine Aussage nicht lediglich umsetzt oder transportiert, sondern vollkommen organisiert, indem sie diese demonstrativ ins Recht setzt. Bleibt hier aber das Gedicht seiner inhaltlichen Aussage noch verhaftet, so wird im Beispiel von Konrad Balder Schäuffelen die Inhaltlichkeit ins Typographische entgrenzt, in optisch wahrnehmbare Bildlichkeit übersetzt.

Einer der wichtigsten Vertreter der Konkreten Poesie und zugleich einer ihrer bedeutendsten Theoretiker, Helmut Heißenbüttel (verschiedene *Textbücher* seit 1960), hat die Reduktion solcher Texte, ihr »Zurückgehen auf sprachlich Grundsätzliches«, und die »Überschreitung von medialen Begrenzungen« als deren wichtigste Merkmale beschrieben: »Die syntaktisch und semantisch komplexe Oberflächenstruktur der Sprache, in der wir uns gewöhnlich verständigen (zu verständigen versuchen), wird aufgeschlossen, unterwandert; reduziert und zugleich erweitert auf das hin, was diese Oberflächenstruktur trägt.« Deren Entgrenzungen ins Typographische oder in akustische Artikulation dienen ebenfalls der Oberflächenzerstörung: »sie sollen eine veränderte Erfahrung in einer sich verändernden Umwelt bezeugen und haben zumindest demonstrative Funktion«. Das Ergebnis einer solchen poetischen Operation ist vollständige Destruktion, freilich nicht in einem nihilistischen Sinne: »sie gibt vielmehr erst die Sprache frei in den Elementen, die sich zur überkommen Oberflächenstruktur zusammensetzen: Mittel, Darstellungsmittel, Ausdrucksmittel, Konstruktionsmittel für eine veränderte Syntax und für eine veränderte Semantik«.

Nach Heißenbüttels Auffassung lässt sich die Leistung der Konkreten Poesie dann angemessen und umfassend bestimmen, wenn man »deren Tendenzen nicht nur als neue Sprechweise erkennt, sondern ebenso als eine neue Weise, sich sprachlich in dieser Welt zu orientieren«. Mit diesem wichtigen Hinweis ist jedoch zugleich auch ein grundsätzliches Problem der Konkreten Poesie benannt, nämlich das des Widerspruchs zwischen theoretischem Anspruch und poetischer Praxis bzw. deren Wirkung. Das Gedicht als »seh- und gebrauchsgegenstand – denkgegenstand – denkspiel«, wie Eugen Gomringer es fordert, erwartet vom Leser Ergänzung, Erweiterung, Lust und Fähigkeit zu spielerischer Fortentwicklung. Es verlangt mithin einen Leser, der den theoretischen Postulaten Konkreter Poesie bereits entspricht, also für seine Textlektüre Voraussetzungen mitbringt, welche diese – dem Anspruch der Autoren nach – selber erst zur Folge haben soll. ›Konkrete Poesie‹ bedarf der Erläuterung, der theoretischen Explikation gerade deshalb, weil sie aller Inhaltlichkeit in kritischer Absicht entsagt, ohne doch ihrerseits als reines Spiel- und Sprachmaterial in jedem Fall eine neue, evidente Inhaltlichkeit herstellen zu können.

Gomringers Glaube an die Herausbildung einer »universal verstandenen Gemeinschaftssprache« aus der Konkreten Poesie ist deshalb nur als Utopiegebilde in eigener Sache zu verstehen. Die genuinen Leistungen der Konkreten Poesie liegen vielmehr darin, dass sie als eine literarische Entwicklung neben anderen im deutschsprachigen Raum der Nachkriegszeit erneuernd und anregend gerade durch ihre »Destruktionen« gewirkt hat. Freilich – von Ausnahmen wie Ernst Jandl (*Laut und Luise*, 1966) abgesehen – weniger auf ein breites Lesepublikum als vielmehr auf Literaturtheoretiker und auf Textproduzenten selber. Dies gilt vor allem dort, wo es – wie bei Helmut Heißenbüttel – gelang, poetische Synthesen zu entwickeln, verschiedenartige literarische Verfahrensweisen produktiv miteinander zu verbinden, also auch Elemente Konkreter Poesie in neue, wiederum verändernde Verwendungszusammenhänge einzubringen. In diesem Sinn lässt sich von der Konkreten Poesie sagen, was der revolutionäre sowjetische Dichter Vladimir Majakovskij über seinen futuristischen Kollegen Velimir Chlebnikov geäußert hat: Dieser sei »ein Dichter für Produzenten«.

ernst jandl: *lichtung*

manche meinen
lechts und rinks
kann man nicht
velwechsern.
werch ein illtum!

Eine Abgrenzung von den Verfahrensweisen der Konkreten Poesie ist die literarische Praxis von Arno Schmidt, der zeit seines Lebens eine literarische Ausnahmegestalt geblieben ist – eine Ausnahme hinsichtlich seiner individuellen Existenzweise nicht weniger als hinsichtlich seines Werks. Arno Schmidt (1914–1979) lebte seit Ende der 50er Jahre bis zu seinem Tod im Jahr 1979 gänzlich zurückgezogen am Rand der Lüneburger Heide, abseits von jedem Literaturbetrieb. Neben seiner Tätigkeit als Übersetzer, als Essayist, als Interpret zu Unrecht vergessener oder missverstandener Autoren (de la Motte-Fouqué, Karl May) konzentrierte sich Schmidt ausschließlich auf schriftstellerische Arbeiten, die zunehmend seinen unverwechselbaren literarischen Stil repräsentierten: eine kombinatorisch-assoziative Schreibweise mit Auflösung der traditionellen Orthographie, reich an Anspielungen und Mehrdeutigkeiten, voller Belesenheit, einem kritisch-aufklärerischen Denken verpflichtet, das erzähltechnisch vielfach durchkreuzt wird von Provinzerfahrungen und Elementen des Science-fiction. Zu nennen sind hier vor allem die 1963 unter dem Titel *Nobodaddy's Kinder* erschienenen frühen Erzählungen, ferner die Romane *Das steinerne Herz* (1956), *Die Gelehrtenrepublik* (1957) und *Kaff auch Mare Crisium* (1960), nicht zuletzt die Novellen-Komödie *Die Schule der Atheisten* (1972). Arno Schmidts Hauptarbeit aber galt in den 60er Jahren dem monumentalen, keinem literarischen Vergleich zugänglichen Werk *Zettels Traum* (1970). Dieses Buch entstand in den Jahren 1963 bis 1969 und wurde in einer originalgetreu faksimilierten, voluminösen Folioausgabe aufgelegt. Der Titel ist Anspielung auf Gelehrsamkeit und Sinnlichkeit gleichermaßen: auf die Zettelkästen des Autors nämlich und auf William Shakespeares *Mittsommernachtstraum*. Die ›Handlung‹ repräsentiert eine Konstellation von vier Personen: der Privatgelehrte Daniel Pagenstecher (fraglos eine Projektion des Autor-Subjekts), ein Übersetzer-Ehepaar namens Paul und Wilma Jacobi, das sich von Pagenstecher Rat für eine Edgar-Allan-Poe-Übersetzung holen will, und die sechzehnjährige Franziska, Tochter dieses Ehepaars. In drei parallel verlaufenden Gliederungssträngen – Kommentar/Handlung und Reflexion/Exkurse – verfolgt das 1330 »Zettel« umfassende Werk die Beziehungen, die sich zwischen diesen Personen entwickeln: spannungsreiche Gespräche, Reflexionen und Imaginationen über Literatur, die mit sexuellen Anspielungen und Verweisen aufgeladen sind. Das Werk Edgar Allan Poes steht – im Zusammenhang von Übersetzungs- und Theorieproblemen – im Mittelpunkt der literarischen Diskussion. Doch

Arno Schmidt

»Zettels Traum«

Schmidt bleibt bei der Inhaltlichkeit von Handlung und Thematik nicht stehen, sondern dringt vor zu den Tiefendimensionen von Sprache und Literatur, indem er etymologische Strukturen aufdeckt und in ebenso vielfältiger wie vieldeutiger Weise in Beziehung setzt. Zugleich leistet die Simultaneität der drei Gliederungsstränge eine wechselseitige Entgrenzung von Kommentar, Handlung und Exkursen, so dass Phantasie und Intellekt des Lesers zum Mitarbeiten aufgefordert werden. Auf seine Leser setzte Schmidt freilich keine allzu großen Hoffnungen: *Zettels Traum* ernsthaft zur Kenntnis zu nehmen, mochte sein Autor nicht einmal dreihundert Lesern zutrauen.

Der ›Tod der Literatur‹: das Jahr 1968

»Die Kunst ist tot«

Die Politisierung der deutschen Literatur, erkennbar vor allem im Drama und in der Lyrik der 60er Jahre, weist eine entscheidende Gemeinsamkeit mit der Betonung des Dokumentarischen und der Hinwendung zur Faktizität der Alltagswirklichkeit auf: Beide Phänomene enthalten tendenziell eine Absage an die Existenzberechtigung der Literatur selber. Konsequent haben sich die literaturtheoretischen Diskussionen Ende der 60er Jahre vor allem mit der Frage nach dem Sinn von Literatur befasst. Denn wenn einerseits Erfahrungen, Situationen, Probleme und Stimmungen unmittelbar und authentisch der Realität entnommen werden konnten, dann erschienen die ästhetischen Vermittlungen literarischer Kunstwerke nur mehr als luxurierendes Kulturgut. Und wenn andererseits die Bedeutung von Literatur sich bestimmen ließ nach ihrer Funktion für den politischen Kampf, dann konnte die Frage nach ihrer ästhetischen Qualität allenfalls von sekundärem Interesse sein. Aktualisiert wurden Überlegungen dieser Art durch die weltweit auftretenden Proteste gegen imperialistischen Krieg und bürgerliche Gesellschaftsformen, durch Demonstrationen und Aktionen in Italien, Frankreich, den Vereinigten Staaten. Im Pariser Mai 1968, jener Revolte französischer Schüler und Studenten, die den Staat de Gaulles nachhaltig erschüttert hat, wurden Formen der Auseinandersetzung mit der Staatsmacht und den kulturellen Traditionen erprobt und entwickelt, die, selber als ästhetische begriffen, den traditionellen Begriff des Ästhetischen im Sinne des ›Kunstschönen‹ bewusst außer Kraft setzten. »Die Phantasie an die Macht«, lautete eine der Parolen des Pariser Mai: Happening, lustvolle Provokationen, kulturrevolutionäre Graffiti, der Bau von Barrikaden sind die Kampfformen, in denen sich der Wille zum Umsturz manifestierte. Sie wurden begleitet von der leitmotivisch wiederkehrenden Wandinschrift »L'art est mort!« – Die Kunst ist tot.

Studentenbewegung

   In der Bundesrepublik wurden die Entwicklungen im Ausland, die Aktions- und Kampfformen in Kommentar und Analyse aufgegriffen und in die Praxis der Studentenbewegung und der Außerparlamentarischen Opposition einbezogen. Den wichtigsten Ort zur Diskussion revolutionstheoretischer Argumentationen und kulturrevolutionärer Theoriebildungen war die von Hans Magnus Enzensberger 1965 gegründete Zeitschrift *Kursbuch*. Ihre Themenschwerpunkte bildeten 1968 neben Vietnam, China und der Dritten Welt vor allem Probleme der Arbeiter- und Studentenbewegung und der Kulturentwicklung. Diese wurden zunehmend unter dem Aspekt einer Politisierung des Alltagslebens und einer Revolutionierung des Kulturbetriebes diskutiert.

›Kulturrevolution‹

   Eines der wichtigsten Dokumente dieser Diskussion ist das *Kursbuch 15* vom November 1968. In ihm wird die Parole vom »Tod der Literatur« programmatisch

Die bürgerliche Kritik hält Kultur für Kultur. Sie hält Kunstwerke für Kunstwerke. Sie hält Politik für das eine und die Welt des Geistes für das andere. Sie ist nicht fähig, zu verstehen, daß es einen politikfreien Raum nicht länger gibt, daß auch Geist politisch ist, daß auch das vorgeblich Unpolitische politische Folgen hat.

Sie ist nicht fähig, zu begreifen, daß sie selbst dem Geist, den zu verteidigen sie vorgibt, im Wege steht.

Sie ist nicht fähig, einzusehen, daß sie mit toten Begriffen von toten Dingen redet.

Sie glaubt noch immer, daß der Geist das Höchste sei, daß Geist sich ohne Macht verwirklichen könne, daß Geist Macht sei; sie hat ihre eigene Entmachtung dankbar hingenommen. Sie hat sich verbannen lassen auf die letzten Seiten der Zeitungen, der Wochenschriften, der Zeitschriften. Sie nimmt hin, daß die Politik, die auf den ersten Seiten gemacht wird, selbst in ihren eigenen Augen der Kritik widerspricht, die sie auf den letzten Seiten übt.

Sie glaubt immer noch, daß sie trotzdem etwas bewirken könne. Sie nimmt sich hin als liberalen Flitter einer längst nicht mehr liberalen Gewalt. Sie läßt sich jeden Tag demütigen, weil sie ja jeden Tag ihre Meinung sagen darf. Ihre bürgerliche Meinung.

Dürfte sie auch ihre Bürgermeinung sagen?

Dürfte in der bürgerlichen Welt Kritik sich politisch verstehen, das Leben gegen den Tod ausspielen?

Dürfte in der bürgerlichen Welt Kritik aufhören, mit einem nutzlosen und hilflosen, längst dem Gelächter preisgegebenen Vokabular das Sterbende, das Tote, für lebendig auszugeben und mit einem neuen Vokabular, gewiß tastend, gewiß experimentierend, gewiß den Versuch nur einen Versuch nennend, das Unbürgerliche, Gegenbürgerliche als das Neue und Künftige verstehen?

Können wir keine Kritik haben, die nicht um Jahrzehnte hinter der Praxis zurück ist, die alles über Bord wirft, was sie hindert, zu verstehen, was noch nicht verstanden ist, aber verstanden werden muß, wenn die Agonie nicht noch Jahrzehnte dauern soll?

Können wir keine Kritik haben, die den fadenscheinig gewordenen Kunstwerk-Begriff über Bord wirft und endlich die gesellschaftliche Funktion jeglicher Literatur als das Entscheidende versteht und damit die künstlerische Funktion als eine beiläufige erkennt?

Können wir keine Kritik haben, deren Scheinautorität sich nicht länger darauf gründet, daß der Kritiker mehr gelesen hat als seine Leser, Fachmann im Lesen ist, ein besseres Gespür hat, seine Ästhetik studiert hat?

Können wir keine Kritik haben, deren Autorität sich darauf gründet, daß der Kritiker sich über die Funktion klar ist, die Literatur hat, und daß von dieser Funktion abhängen muß, was über Literatur gesagt wird?

Können wir keine Kritik haben, die nicht vom überzeitlichen Charakter des Kunstwerks ausgeht, sondern vom jeweils zeitlichen Charakter, die Literatur nicht länger als das begreift, was sie angeblich ist, sondern als das, wozu sie dient und was mit ihr geschieht?

Diese Kritik wäre lebendig; sie ließe keine Trauer über die tote Kritik aufkommen.

Walter Boehlichs
Autodafé (Auszug aus
dem Kursbogen zu
Kursbuch 15, 1968)

formuliert und theoretisch begründet. »Die heute lebenden Schriftsteller«, so heißt es in einem Aufsatz des Kursbuch-Redakteurs Karl Markus Michel, »finden ihre Legitimation durch die großen Toten, deren Werk sie fortsetzen, das offenbar unendliche Kunstwerk Literatur, das sich durch Glanz und Elend und Hader seiner zahllosen Moleküle reproduziert.« Vor dem Hintergrund des Pariser Mai prophezeit Michel eine Kulturentwicklung, die nicht bestimmt werde »durch eine neue Literatur, aber durch neue Ausdrucksformen, die den literarischen Avantgardismus senil erscheinen lassen und die progressive westliche Literatur insgesamt an ihre Ohnmacht gemahnen, die aus ihrer Privilegiertheit folgt«. Peter Schneider hat diese Überlegungen in einem Aufsatz mit dem Titel »Die Phantasie im Spätkapitalismus und die Kulturrevolution« (*Kursbuch 16*) fortgeführt. »Die Kulturrevolution«, so Schneider, »ist die Eroberung der Wirklichkeit durch die Phantasie. Die Kunst im Spätkapitalismus ist die Eroberung der Phantasie durch das Kapital. [...] Heißt das, daß die spätbürgerliche Kunst tot ist? Ja.« Nur zwei Funktionen will Schneider für eine »revolutionäre Kunst« noch gelten lassen: »Die agitatorische und die propagandistische Funktion der Kunst.«

Dieses Programm ist nicht nur Programm geblieben, es ist, für kurze Zeit, auch Praxis geworden. Die Erschütterungen, die die Frankfurter Buchmesse 1968 erfuhr, die Sprengung des Germanistentags 1968, die massenhaften Demonstrationen gegen den Springer-Konzern – immer wieder erwies sich der Zusammenhang von politischer Zielsetzung und kulturrevolutionärer Aktionsform als unaufhebbar. Die Erweiterung des Kulturbegriffs, die sich in dieser Praxis äußert, die Freisetzung von Phantasie in gesellschaftlichen Auseinandersetzungen, der politische Kampf als Aktionsfeld der Sinnlichkeit schienen die gesellschaftlichen Erstarrungen in der Bundesrepublik für einen historischen Augenblick aufsprengen zu können. Herbert Marcuses Wort von der »repressiven Toleranz« der bürgerlichen Gesellschaft und seine Funktionsbestimmung sozialer Minderheiten, Außenseiter und Randgruppen gaben den Intellektuellen, den Schülern, Studenten und jungen Arbeitern die Identität einer konkreten Utopie: »Wenn sie Gewalt anwenden, beginnen sie keine neue Kette von Gewalttaten, sondern zerbrechen die etablierte. Da man sie schlagen wird, kennen sie das Risiko, und wenn sie gewillt sind, es auf sich zu nehmen, hat kein Dritter, und am allerwenigsten der Erzieher und Intellektuelle, das Recht, ihnen Enthaltung zu predigen.«

Politisch-kultureller Umbruch

Vor diesem Hintergrund lässt sich das Jahr 1968 mit einigem Recht als ein Jahr des politisch-kulturellen Umbruchs in der Bundesrepublik bezeichnen: In ihm laufen Entwicklungen zusammen, treffen Widersprüche aufeinander, deren Spannungsverhältnis in den Jahren zuvor sich noch hatte ausgleichen lassen. Jetzt aber werden politisch-gesellschaftliche Spielregeln und Konventionen außer Kraft gesetzt, erweisen sich überkommene Traditionen auch kultureller Art als brüchig, zerfallen, werden durch neue, subkulturelle Verkehrsformen ersetzt. Freilich haben diese Prozesse ihre Vorgeschichte, die sich über Jahre zurückverfolgen lässt, ebenso wie sie Konsequenzen gezeitigt haben, die bis weit in die 70er Jahre hineinreichen. Unter diesem Aspekt ist also das Datum 1968 auch eine Hilfskonstruktion, denn es gibt lediglich eine Orientierungsmöglichkeit in der Geschichte der Bundesrepublik Deutschland, aber es stellt so wenig einen Bruch innerhalb dieser Geschichte dar, wie es einen grundlegenden Neuanfang bedeutet. Für die Literatur gilt in vergleichbarer Weise, dass in den Jahren der Revolte zwar ihr Spielraum enger geworden war, dass aber ihr häufig vorhergesagter ›Tod‹ keineswegs eintrat. Die Literatur war deshalb weder am Ende noch war sie eines politisch-gesellschaftlichen Todes gestorben – sie hatte lediglich, so Günter Grass 1968 als Kritiker dieser Entwicklung, »keine Konjunktur« mehr.

›Tendenzwende‹ – Literatur zwischen Innerlichkeit und alternativen Lebensformen (1969–77)

Die gesellschaftliche Umbruchstimmung, die sich mit der Revolutionseuphorie des Jahres 1968 andeutete, die eine ganze Generation erfasst hatte und die sich in einem politischen Veränderungswillen, in kulturellen Neuansätzen auszudrücken versucht hatte – sie war schon nach kurzer Zeit verflogen. Mitte der 70er Jahre heißt es im Literaturjahrbuch *Tintenfisch:* »Ein Gespenst geht um in Deutschland: die Langeweile. Die ehemals radikalen Schüler sitzen schwitzend über Bonus- und Malus-Werten und denken über die Höhe ihrer Pension nach; die ehemals radikalen Studenten sitzen frischrasiert und gerade an ihren sauberen Schreibtischen und entdecken die alte oder die neue Ordnung, auf jeden Fall eine Ordnung; die ehemals radikalen Schriftsteller liegen in den warmen Armen der Gewerkschaft, seitdem sind sie ruhig; der Rest der Bevölkerung scheint, aus Angst vor Entlassung, regelmäßig und unauffällig zu leben.« Angesichts dieser Entwicklung ist von einer »Tendenzwende« gesprochen worden – worin liegen deren Bedingungen?

Gespenst der Langeweile

Zum einen hat sich die APO-Strategie vom »Langen Marsch durch die Institutionen« (Rudi Dutschke) als Illusion erwiesen: Die Institutionen wurden weder durch personelle noch durch politisch-administrative Eingriffe in ihrer Substanz, ihrem Eigenleben angetastet. Die Initiierung von Reformen im Schul- und Hochschulbereich beispielsweise, die auf die Kritik der Schüler und Studenten an den verkrusteten gesellschaftlichen Einrichtungen zurückging, führte nur in geringem Umfang zu Veränderungen struktureller und inhaltlicher Art. Zum überwiegenden Teil sind solche Reformimpulse lediglich nach dem technokratischen Gesichtspunkt der Effektivität aufgenommen und in Reglementierungen umgesetzt worden (Punktesystem in der reformierten Oberstufe, Rahmenpläne, Regelstudienzeit). Zum anderen – und dies erscheint gravierender – führte die Politisierung der 60er Jahre zu einer Vielzahl linker Organisationen, zu Parteigründungen und politischen Splittergruppen, in deren konkurrenzhaftem Sektierertum sich das Auseinanderfallen der Außerparlamentarischen Opposition manifestierte. Dieser Prozess lässt sich verfolgen bis hin zum Entstehen von Landkommunen und subkulturellen Gruppen, deren Gemeinsamkeit in dem Wunsch bestand, in alternativen Lebensformen eine neue soziale und individuelle Identität zu erproben und zu entwickeln.

Der Staat hat auf den Politisierungsprozess nach autoritärem Muster reagiert. Er leitete mit dem ›Radikalenerlass‹ der Ministerpräsidenten der Bundesländer (1972) eine politische Kontrolle für den öffentlichen Dienst ein, in dessen Folge – trotz Protesten von PEN-Club, Schriftstellerverband und Germanistenverband – Hunderttausende von Bewerbern überprüft worden sind. Insbesondere in der jüngeren Generation hatte sich dadurch ein Klima der Angst und der Resignation verbreitet, das sich einschüchternd auf ihr politisches Engagement auswirkte. Hinzu kam – im Zusammenhang mit der strafrechtlichen Verfolgung politisch motivierter Gewalttaten – 1976 eine Verschärfung von Zensurbestimmungen, die, erst 1980 zurückgenommen, auch für die Literatur nicht folgenlos geblieben ist. Denn der Strafrechtsanspruch des Staates gegenüber »Bestrebungen«, die sich »gegen den Bestand oder die Sicherheit der Bundesrepublik Deutschland oder

Radikalenerlass

gegen Verfassungsgrundsätze« richten, musste zum Faktor der Beurteilung jeglicher Veröffentlichung werden, auch der von Literatur. Damit aber war auch eine präventive Selbstzensur von Autoren und Verlagen nicht mehr auszuschließen. Die Schriftsteller selbst haben auf diese Entwicklung in literarischen Arbeiten reagiert. So nahm Heinrich Böll die Themen Gesinnungsüberprüfung, Staatsschutz und Terroristenverfolgung zum Anlass für seine Erzählung *Die verlorene Ehre der Katharina Blum* (1974), für die Satire *Berichte zur Gesinnungslage der Nation* (1975) und für seinen Roman *Fürsorgliche Belagerung* (1979). Peter Schneider hat eigene Erlebnisse in der Erzählung*... schon bist du ein Verfassungsfeind. Das unerwartete Anschwellen der Personalakte des Lehrers Kleff* (1977) beschrieben, ebenso Peter O. Chotjewitz in seinem Roman *Die Herren des Morgengrauens* (1978), beides Beispiele für eine neue Funktionsbestimmung der Literatur, die nach ihrem »Tod« als Medium zur Verarbeitung und Objektivierung eigener Erfahrungen wiederentdeckt wird.

›Entpolitisierung‹

Schutzumschlag

Am Ende des Politisierungsprozesses, so lässt sich resümieren, stand eine Entpolitisierung, die gleichwohl nicht unpolitisch war. Denn sie deutete vor allem auf eine Abkehr von gesellschaftlichen Institutionen, auf Misstrauen gegenüber Parteien und sozialen Hierarchien. Zugleich aber enthielt diese Entpolitisierung eine stärkere Betonung individueller Interessen und Motivationen, eine programmatische Rückeroberung der eigenen Sinnlichkeit, die für die literarische Entwicklung in den 70er Jahren Konsequenzen mit sich gebracht hat: In Autobiographien, in der Frauenliteratur, in der neuen Dialektdichtung, in einer Lyrik, für sich Privates und Politisches als untrennbar erweisen, zeigt sich ein veränderter Zugang zum Verhältnis von Lesen und Schreiben. Dieses nämlich wird nicht mehr ausschließlich unter dem Aspekt einer (professionellen) Autorentätigkeit und einer (konsumierenden) Leserhaltung gesehen. Vielmehr gewinnt Literatur vor dem Hintergrund des Begriffs ›Erfahrung‹ eine neue Qualität als reziproker Prozess des Lesens und Schreibens, der die individuelle Aufarbeitung und Reflexion von Subjektivität ebenso umfasst wie deren Erwiderung und Erweiterung im Medium der Literatur. Das Schreiben in der Frauenbewegung und die Betonung der ästhetischen Produktivität in literaturdidaktischen Konzeptionen können hierfür ebenso als Beispiele gelten wie die Schreiberfahrungen sozialer Randgruppen (z. B. Strafgefangene), die Entwicklung des Kinder- und Straßentheaters und die Entstehung des Autorenfilms, der auf die Herausbildung neuer Wahrnehmungsweisen angelegt ist, von denen er zugleich selber zeugt. Unverkennbar aber – und dies hat mit Recht zu kritischen Einwänden geführt – geht das Wiederentdecken der eigenen Subjektivität einher mit einer bewussten Abkehr von politisch-gesellschaftlicher Wirklichkeit, so dass der »objektive Faktor: Subjektivität« (R. zur Lippe) sich häufig reduziert auf den subjektiven Faktor Subjektivität, auf individuelle Selbstbespiegelung also, auf Introspektion und Innerlichkeit. Hier sind die Übergänge fließend, die Grenzen schwer zu ziehen, doch darf als Kriterium zur Beurteilung dieser neuen Subjektivität die Frage gelten, inwieweit deren Gesellschaftlichkeit in den Formen ihrer literarischen Verarbeitung noch gegenwärtig ist.

Die Entdeckung des Ich:
Zwischen Autobiographie und ›Verständigungstext‹

»Auf allen literarischen Beeten«, so notierte 1973 der Schriftsteller und Kritiker Reinhard Baumgart, ließen sich »neuerdings wie gedüngt wieder hochschießende Tagebücher und Intimgeschichten« beobachten. Diese Beobachtung bezog sich auf ein literarhistorisch bemerkenswertes Phänomen: Anfang der 70er Jahre veröffentlichte Max Frisch sein *Tagebuch 1966–1971* (1972) und drei Jahre später seine autobiographische Liebesgeschichte *Montauk*; Peter Rühmkorf legte »Anfälle und Erinnerungen« vor unter dem Titel *Die Jahre die Ihr kennt* (1972); Gerhard Zwerenz publizierte mit *Kopf und Bauch* (1971) die »Geschichte eines Arbeiters, der unter die Intellektuellen gefallen ist«: seine eigene nämlich; Jakov Lind geht in *Selbstporträt* (1970) und *Nahaufnahme* (1973) seinem Lebensweg nach; ebenso Günter Grass (*Aus dem Tagebuch einer Schnecke*, 1972), Walter Kempowski, *Tadellöser & Wolf*, 1971; *Uns geht's ja noch gold*, 1972), Peter Handke (*Der kurze Brief zum langen Abschied*, 1972; *Wunschloses Unglück*, 1972).

Als Gründe für diese autobiographische Konjunktur hat man zum einen eine Art Reflex auf die populäre Memoirenliteratur (Hildegard Knef, Peter Bamm) vermutet, zum anderen ein Versiegen der poetischen Invention, ein Versagen der Fiktion vor der Wirklichkeit. Gewichtiger aber scheint die Erklärung zu sein, dass nach den Jahren eines eingehenden politisch-gesellschaftlichen Engagements die Autobiographie und die literarische Verarbeitung lebensgeschichtlicher Elemente eine notwendige Rückbesinnung auf die eigene Individualität und Identität darstellte. Hinzu kam ein Abwehrmechanismus gegen technokratische Entwicklungstendenzen, die sich gerade Anfang der 70er Jahre allenthalben zeigten. »Je mehr Technokraten auf allen Gebieten zu Scheinobjektivierungen zwingen«, so Peter Härtling, »je nachdrücklicher sich Ideologien polarisieren, desto subjektiver wird die Literatur sein.«

Konjunktur der Autobiographie

Als überaus erfolgreiches Beispiel einer solchen autobiographischen Literatur lässt sich Karin Strucks Roman *Klassenliebe* (1973) bezeichnen. In ihm verarbeitet die Autorin ihre eigenen Erfahrungen als »aufsteigende« Arbeiterin, die nach einer Zeit der Politisierung während der Studentenbewegung ihre Subjektivität wiederfindet. Die Suche nach einer politisch-intellektuellen Identität, das Entdecken urtümlicher Bindungen in Sexualität und Mutterschaft (in *Die Mutter*, 1975, in problematischer Weise wieder aufgenommen und weitergeführt) bilden die inhaltlichen Schwerpunkte dieses Romans aus der Perspektive einer Ich-Erzählerin, in der sich unverkennbar die Autorin offenbart. Aufsehen erregte Karin Struck durch die bekenntnishafte Ehrlichkeit und Offenheit, mit der sie ihre Lebensgeschichte protokolliert hat. Sie dient ihr als Indiz für persönliche Identität und Wahrhaftigkeit: »Sich selber zensieren heißt sich selber kastrieren. Die Widersprüche ohne Angst offenlegen. Aber die Angst vor der Reduktion durch die anderen: das bist du also, dieser kleinliche Mensch?« Von Selbsterfahrungszwang und Offenbarungsdrang zeugt auch Verena Stefans Prosatext *Häutungen* (1975), in dem vor dem Hintergrund der Frauenbewegung in der Bundesrepublik ein Ablösungsprozess notiert wird: Ablösung von vertrauten sozialen Bindungen und Zusammenhängen, Lösung aus den tradierten Mustern sexueller Beziehungen, Entdeckung einer neuen, weiblichen Identität. Glaubwürdig ist diese literarische Reflexion, in der sich »autobiographische Aufzeichnungen Gedichte Träume Analysen« (so der Untertitel) zu einer neuen Form poetischer Selbsterfahrung verbin-

Karin Struck

den, soweit sich Verena Stefan auf jene Entwicklung konzentriert, die in den Satz mündet: »der mensch meines Lebens bin ich«.

»Neue Subjektivität«

Zeugnisse also einer neu entdeckten, sogar einer »neuen Subjektivität«. Sie entsagt weder der Geschichte noch der Politik, doch sie setzt an mit Selbstvergewisserung, mit Selbstreflexion und Selbsterfahrung. Gabriele Wohmann hat dieses Bekenntnis zum eigenen Ich in einem Gedicht vorgetragen, das den Charakter einer programmatischen Selbstaussage dieser Literaturentwicklung besitzt. »Selbstverständlich, sage ich, man kann eine Stellungnahme von mir erwarten/ Klar, den Minoritäten und so weiter/ Meine Sympathie, klar/ [...] Aber zuerst muß ich mal dieses nächste Lebenszeichen von mir hinkriegen, diese nächste kleine Herzrhythmusstörung [...].«

Auf eine andere Weise – poetisch radikal: in Form ständiger Selbstumkreisungen, Wiederholungen und Überlagerungen seiner Suchbewegungen – hat der Österreicher Thomas Bernhard (1931–1989) seine autobiographischen Erkundungen vorangetrieben. Abgründige Negativität, Leiden an der Wirklichkeit der Welt – das waren Merkmale schon der ersten Romane Thomas Bernhards (*Frost*, 1963; *Verstörung*, 1967; *Das Kalkwerk*, 1970; *Korrektur*, 1975). Doch mit dem ersten Band seiner Autobiographie tritt das Autor-Ich des späteren Schriftstellers Thomas Bernhard als Wahrnehmungszentrum ins Werk, ein Ich, das sich von nun an fortschreitend der eigenen lebensgeschichtlichen Voraussetzungen und Entwicklungsbedingungen zu vergewissern beginnt (*Die Ursache. Eine Andeutung*, 1975; *Der Keller. Eine Entziehung*, 1976; *Der Atem. Eine Entscheidung*, 1978; *Die Kälte. Eine Isolation*, 1981; *Ein Kind*, 1982). Es ist ein desaströser Lebensbericht mit dem Hintergrund Salzburg, der von grundlegend erfahrenen Erschütterungen handelt. Wie ein Strudel reißt dieser Bericht das Treib- und Sperrgut von Leiden, Krankheiten und Kränkungen in sich hinein, die das auto-

Thomas Bernhard

biographische Ich inmitten österreichischer Ungleichzeitigkeiten erfahren hat. Unablässig und in immer neuen Facetten werden Anklagen herausgeschleudert – ein Prozess der gleichzeitigen Hervorbringung und Vernichtung durch Sprache, ebenso obsessiv wie unabschließbar.

Auch in Günter Grass' Roman *Der Butt* (1977) haben autobiographische Elemente und Gegenwartsfragen Eingang gefunden, so die Frauenbewegung, Beziehungsprobleme, die Reisen des Autors nach Danzig. In diesem Roman sind sie jedoch – vergleichbar der späteren Weltuntergangs-Allegorie *Die Rättin* (1986) – produktiv in ein weit ausgreifendes und märchenhaftes, episches Gemälde integriert, das die Geschichte der Menschen von den Anfängen bis zur Gegenwart entfaltet. Allegorisiert in der Fisch-Gestalt des Butt, bildet die Widersprüchlichkeit historischer Prozesse den Erzählanlass dieses voluminösen, erzählerisch an die *Blechtrommel* heranreichenden Romans. Die ausschließlich egozentrierte Wahrnehmungsperspektive offenbart demgegenüber zugleich auch eine Wahrnehmungsbeschränkung. Die Konzentration auf Befinden und Empfinden eines autobiographischen Ich vertraut selbstbewusst auf die Möglichkeit, im Nachschreiben und Nacherzählen eigenen Erlebens Wirklichkeit aufarbeiten und mitteilen zu können. Da aber die Erfahrungs- und Wahrnehmungsmöglichkeiten, die dem autobiographisch erzählenden Ich zur Verfügung stehen, naturgemäß begrenzt sind, bleiben auch seine Erzählmöglichkeiten befangen im Programm eines Realismus, der Wirklichkeit nicht – wie bei Grass – durch Sprache, Form, Struktur transzendiert, sondern allenfalls strukturiert nachstellt. Mit anderen Worten: Nicht mehr die Literarität der Texte, sondern das in ihnen organisierte Erfahrungsmaterial wird zum Maßstab ihrer Qualität.

Als konsequenter, eben deshalb problematischer Ausdruck dieses Programms kann ein literarisches Genre gelten, das seit Ende der 70er Jahre sein Publikum gefunden hat, nämlich die so genannten ›Verständigungstexte‹. Konzeptionell liegt diesem Genre das Interesse an einem Austausch von Erfahrungen ›Betroffener‹ zugrunde. Inhaltlich bezieht es sich auf eine Vielfalt verschiedener Lebensbereiche (Liebe, Frauenprobleme, Gefängnis beispielsweise). Und programmatisch verzichten die ›Verständigungstexte‹ auf qualitative literarische Vergleichsmaßstäbe. Solche Texte vertrauen auf den Effekt des Wiedererkennens. Sie zielen auf Leser, die sich im schon Bekannten selber noch einmal begegnen wollen. Sie verzichten damit aber zugleich auf die Fähigkeit der Literatur, Wirklichkeitsräume zu entgrenzen statt zu verdoppeln, Erfahrungen zu irritieren statt zu bestätigen, neue Wahrnehmungsmöglichkeiten zu begründen, statt die alten Sicht- und Sehweisen aufs neue anzubieten. Dass aber solche Texte ihr Publikum tatsächlich auch finden, mag ein Kuriosum am Rande andeuten. Seit 1980 publiziert Kristiane Allert-Wybranietz im Lucy-Körner-Verlag Lyrik (*Trotz alledem*, *Liebe Grüße*), die binnen kurzem die Bestsellerlisten erklimmen konnte. Es sind Gedichte um einfache Dinge, um Gefühle, um »Beziehungen«: »Immer mehr/ legen ihre Gefühle/ in die/ Tiefkühltruhe./ Ob sie glauben,/ dadurch/ ihre Haltbarkeit/ zu verlängern?« Immerhin erreichte die Autorin innerhalb von drei Jahren eine Gesamtauflage von 450 000 Exemplaren – Indiz eines verbreiteten Bedürfnisses nach Bestätigung, Wärme, Wiedererkennen.

Probleme der Egozentrik

Innerhalb der neuen Subjektivität ist vor allem die Frauenliteratur abzugrenzen, freilich mit einigen Differenzierungen. Frauenliteratur ist in der zweiten Hälfte der 70er Jahre zu einem Etikett geworden, unter dem eine Fülle von sehr unterschiedlichen Texten verkauft wird. In nur wenigen Jahren ist eine große Anzahl von Frauenzeitschriften entstanden, von denen sich *Emma* als überregionales Blatt konsolidiert hat. Es gibt Musikgruppen von Frauen (z. B. *Schneewittchen*), die ausschließlich oder doch in erster Linie vor Frauen auftreten, es gibt Frauentheatergruppen, und es sind seinerzeit verschiedene Verlage gegründet worden (Frauenoffensive, Frauenbuchverlag, verlag frauenpolitik, AmazonenVerlag usw.), in denen Frauen Bücher von Frauen über Frauen für Frauen, also im strengsten Sinne ›Frauenliteratur‹ verlegten, z. T. auch selbst vertrieben und in Frauenbuchläden verkauften. Weitab vom professionellen Literaturbetrieb wurden hier Öffentlichkeitsmodelle erprobt, die sich den Mechanismen des männlich dominierten Kultur- und Literaturbetriebs zu entziehen versuchten und mit der Gefahr einer weiblichen Ghettoisierung zu kämpfen hatten. Neben solchen Versuchen, eine weibliche Gegenöffentlichkeit zu schaffen, gibt es ungezählte regionale Zentren und Initiativen, in denen – in mehr oder minder engem Zusammenhang mit der Frauenbewegung – Frauen Zusammenarbeit und politische Arbeit probieren und in denen Schreiben und Lesen als Formen der Selbsterfahrung und Kommunikation mit anderen eingesetzt werden. Gerade an die Literatur wird die Hoffnung geknüpft, dass sie sich zu einem Medium entwickelt, in dem sich Verständigung über sich selbst und mit anderen vollziehen könne und in dem unterdrückte und verdrängte schöpferische Kräfte von Frauen Ausdruck finden können. Dabei hat sich in den letzten Jahren immer deutlicher als eine grundlegende Frage herausgestellt, ob es eine weibliche Erfahrungs- und Schreibweise überhaupt gibt, wenn ja, worin diese besteht und worin sie sich von männlicher Schreibweise unterscheidet und welche Funktion sie für Frauen speziell und für die Gesellschaft allgemein haben könne. Die von Frauen geschriebenen und her-

Stichwort ›Emanzipation‹

ausgegebenen Literaturzeitschriften *Mamas Pfirsiche* (1976 ff.) und *Wissenschaft und Zärtlichkeit* (1978 ff.) versuchten, die Diskussion über die Frage nach den Bedingungen und Möglichkeiten einer weiblichen Ästhetik und Wissenschaft, die ja nur ein Teilaspekt der übergreifenden Frage nach den Möglichkeiten einer eigenständigen Frauenpolitik ist, theoretisch und praktisch ebenso voranzutreiben, wie dies einzelne Frauen tun, die über die Geschichte von Frauen arbeiten, dabei u. a. vergessene und verdrängte Schriftstellerinnen neu entdecken und so die historische Dimension von Frauenliteratur für die aktuelle Diskussion einholen. Der überraschende Erfolg von Frauenliteratur (von Verena Stefans *Häutungen* wurden in kurzer Zeit weit über 100 000 Exemplare verkauft) veranlasste auch die etablierten Verlage, sich um Frauenliteratur zu kümmern. Der Rowohlt-Verlag erweiterte sein Programm um die Reihe »neue frau«, und auch andere Verlage stürzten sich auf so genannte Frauentexte und beschnitten damit den Frauenverlagen ihre Existenzmöglichkeiten ganz erheblich. Viele Verlage verkaufen ihre alten bzw. neu entdeckten Autorinnen verstärkt mit dem verkaufsfördernden Attribut »Frauenliteratur« (z. B. Struck, Schwaiger, Plessen). Alle von Frauen geschriebenen Texte avancierten plötzlich zu Frauenliteratur, so dass die ursprüngliche Radikalität der Frauenliteratur inzwischen verstellt ist durch eine inflatorische Begrifflichkeit und eine Vielzahl von modischen Texten.

Die literarisierte Revolte

Thematisch heben sich innerhalb der neuen Literaturentwicklung eine Reihe von Werken ab, die sich mit den Voraussetzungen dieser Zeit, insbesondere mit der außerparlamentarischen Bewegung und der Studentenrevolte, befassen. Zu ihren Autoren zählen Peter-Paul Zahl (*von einem der auszog, GELD zu verdienen*, 1970; *Die Glücklichen*, 1979), Peter Schneider (*Lenz*, 1973), Gerd Fuchs (*Beringer und die lange Wut*, 1973), Uwe Timm (*Heißer Sommer*, 1974), Roland Lang (*Ein Hai in der Suppe oder das Glück des Philipp Ronge*, 1974), Christian Geissler (*Das Brot mit der Feile*, 1976), Bernward Vesper (*Die Reise*, 1969–1971 entstanden, 1977 postum veröffentlicht), Urs Jaeggi (*Brandeis*, 1978), Jochen Schimmang (*Der schöne Vogel Phönix*, 1979), Jürgen Theobaldy (*Spanische Wände*, 1981). Ihre Veröffentlichungen stehen in einem engen lebensgeschichtlichen und politischen Bezug zu einer Reihe autobiographischer Veröffentlichungen aus der Zeit der außer parlamentarischen Revolte, darunter Bommi Baumann, *Wie alles anfing* (1975); Daniel Cohn-Bendit, *Der große Basar* (1975); *Was wir wollten, was wir wurden*, hrsg. von Peter Mosler (1977); *Wir warn die stärkste der Partein* (1977); Inga Buhmann, *Ich hab mir eine Geschichte geschrieben* (1977). Diese Autoren schreiben Romane, Erzählungen, Prosatexte, Autobiographien, die Entwicklungsprozesse vorführen: Politisierungen, Einstellungsveränderungen, den Zusammenhang und Widerspruch von Privatheit und Öffentlichkeit, von theoretischer Reflexion und politischem Handeln. Subjektivität also auch hier, doch in ihrer Verflechtung mit den politischen Ereignissen um das Jahr 1968 und seinen Konsequenzen, die literarisch aufgearbeitet, verarbeitet werden.

    Nach dem Auseinanderfallen der APO setzte sich die Erkenntnis durch, »daß man nicht zu gleicher Zeit eine politische und literarische Revolte anzetteln kann« (P. Schneider). Die Romane freilich, die von der politischen Revolte handeln, repräsentieren – mit Ausnahme von Vespers *Die Reise* und Zahls *Die Glücklichen* – keineswegs eine literarische Revolte. Eher konventionell etwa erzählen Gerd

Fuchs, Uwe Timm und Roland Lang: Ihre Helden nehmen den geraden Weg von der Politisierungsphase bis hin zum Eintritt in die DKP, in der sie, unter Anleitung väterlicher AltGenossen, die »richtige« Politik machen: »Neben Otto sitzend, lernend was zu tun war, was in dem Flugblatt stehen sollte, wer es abschreiben, abziehen, verteilen würde, wie die Betriebszeitung es aufzugreifen habe, wie die Wohngebietszeitung, wie die nächsten Forderungen lauten müssten, wusste er plötzlich, dass er Zeit hatte. Das alles war Arbeit, klar definierte, sauber abgegrenzte Arbeit, war Arbeit, die zu leisten war.« (Gerd Fuchs: *Beringer und die lange Wut*). Die Technik, mit der hier, ähnlich wie bei Roland Lang und Uwe Timm, erzählt wird, ist die eines psychologischen Realismus: Im Mittelpunkt steht ein Held, dessen Entwicklung sich dem Leser mittels Einfühlung mitteilt. Uwe Timm etwa verschmilzt die Perspektive des Erzählers mit der des Helden, setzt durchgehend das Stilmittel der erlebten Rede ein, um dem Leser nicht nur den Entwicklungsprozess seiner Hauptfigur mitzuteilen, sondern um zugleich dessen Erkenntnisse und Handlungsweisen zur Identifikation anzubieten. Im Vordergrund also steht die politische Absicht, eingekleidet in eine Literatur, die überzeugen soll: »Aus dem allwissenden Erzähler wird der alles besser wissende Held« (H. P. Piwitt).

Die Perspektive des »Helden« teilt auch bei Zahl und Schneider, Vesper und Geissler Handlungen, Erkenntnisse, Reflexionen mit. Doch sind diese nicht als Identifikationsangebote formuliert, sondern, insbesondere bei Zahl, vielfältig gebrochen, realistisch im Sinne einer mit literarischen Mitteln – Collagen, Montagen, inneren Monologen, Verfremdungen – erfassten Wirklichkeit. Den größten Erfolg unter diesen Prosaarbeiten erzielte Peter Schneiders *Lenz* (1973): Diese Erzählung wurde bis heute in weit über hunderttausend Exemplaren aufgelegt und von der Literaturkritik mit großer Aufmerksamkeit, zumeist mit Beifall, bedacht. Schneider erzählt – mit seiner Titelfigur anspielend auf Georg Büchners Erzählung *Lenz* – von der Entwicklung, der Verunsicherung eines jungen Intellektuellen. Den Erfahrungshintergrund dieser Entwicklung bildet das Zerbrechen seiner Liebesbeziehung zu einem Mädchen aus dem Proletariat, eine Beziehung, in der Lenz die Möglichkeit sah, den »Widerspruch zwischen den Wahrnehmungs- und Lebensweisen der Klassen privat« zu überwinden. Doch nicht die Privatheit dieser Beziehung und ihres Scheiterns, sondern ihre Gesellschaftlichkeit gibt der Erzählung ihre Motivation: Es geht um den missglückten Versuch eines Brückenschlags zwischen Studenten und Arbeitern, um intellektuelle Askese und mangelnde Sinnlichkeit, um die Erfahrungslosigkeit abstrakter politischer Begrifflichkeit und Theoriebildung. Ein Ausbruch aus Westberlin nach Italien lässt Lenz erleben, dass es Möglichkeiten der Verbindung von Sinnlichkeit und Denken, Politik und Gefühl gibt, macht ihm deutlich, dass er gebraucht wird. Zurück in Berlin, sieht er in den kleinen Dingen des Alltags die Probe aufs Exempel der großen Worte. Schneider erzählt einfach, unprätentiös, parataktisch. Er berichtet von einem Lernprozess, dessen Ausgang offen ist: »Dableiben«, erwidert Lenz lapidar auf die Frage eines abreisenden Freundes, was er jetzt tun wolle. Der große Erfolg dieser Erzählung lässt sich vor allem aus ihrer Glaubwürdigkeit erklären: In der Figur des Lenz, seiner Verunsicherung, seinen Selbstzweifeln gegenüber den einmal geglaubten Dogmen, konnten sich viele Angehörige der APO-Generation wieder erkennen.

Als Bernward Vesper, Sohn des prominenten NS-Barden und Führer-Lyrikers Will Vesper, am 15. Mai 1971 Selbstmord verübte, hinterließ er ein umfangreiches Buch-Fragment, das 1977 unter dem Titel *Die Reise. Ein Romanessay* aus

Gebrochenheit des Ich

Bernward Vespers »Die Reise«

Schutzumschlag

dem Nachlass veröffentlicht wurde. Vesper beschreibt darin seine »Geisterreise ins Ich und in die Vergangenheit«, unternimmt, in Form einer Individualarchäologie, nichts weniger als eine radikale Erkundung seiner selbst, seiner Herkunft und Umwelt sowie der bundesrepublikanischen Wirklichkeit. Drei Ebenen des Reisens (und Schreibens), drei Spuren des Ich werden dabei verfolgt. Einmal die »Rückerinnerung« (im Buch »Einfacher Bericht« genannt) an die Wurzeln der privaten und politischen Geschichte: Selbstanalyse der zerstörten Kindheit und die Entlarvung des überlebensgroßen, autoritären Vaters, dessen Bild sich mit dem des Führers zu einer negativen Identifikationsfigur verwischt. Zum andern das Eintauchen in die künstlichen Paradiese, das wilde Überschreiten der körperlichen Grenzen im Rauschgift-Trip (beschrieben in einer assoziativ-wuchernden Sprache der Verrücktheit, die die Wunden der beschädigten Psyche offen legt). Schließlich die reale Zeit der Niederschrift 1969–71, als die Außerparlamentarische Opposition, zu deren Wegbereitern Vesper zählte, an ihren Fraktionierungen zerbrach und die ersten Ansätze zum politischen Terrorismus sichtbar wurden. Unmissverständlich macht dieses Buch deutlich, wie der Faschismus unterhalb der institutionellen politischen Ebene in Deutschland weiterwuchert und mentalitär die gesamte Gesellschaft durchtränkt; wie die Protestbewegung überhaupt erst dann begreifbar wird, wenn man die in ihr wirksame Absage an die Verbrechen der Väter, an die Verbrechen unserer Gegenwart erkennt. Mit einer Radikalität, die auch vor der Selbstzerstörung nicht zurückschreckt, hält Vesper an der Einheit von politischer und psychischer Befreiung fest. *Die Reise* wird für den Leser zu einer Entdeckungsfahrt in die Dispositionen der bürgerlichen Seele.

Alltagslyrik – politische Lyrik: Kein Gegensatz

Neubeginn in der Lyrik

»Was sind das für Leute«, fragte Günter Herburger 1967 in provokatorischer Absicht, »die Gedichte machen, leben sie noch, sind sie schon lange tot, benützen sie, wenn sie arbeiten, reinen Sauerstoff zum Atmen oder ist es ihnen gelungen, auf Schneeflocken heimisch zu werden oder in der Bernsteinstruktur ihrer Schreibtischgarnituren oder was?« Herburgers Provokation zielte auf einen Neubeginn in der Lyrik, der vor allem anderen Abkehr sein sollte: Abkehr von einer hermetischen, Kunst und Leben trennenden Dichtung, Abkehr von Natur- und Blumenpoesie. Was er intendierte, war die Hinwendung zu den Dingen des Lebens, die Hineinnahme des Alltags ins Gedicht, die Aufhebung der Kluft zwischen Kunst und Leben: eine Poetik, die sich gegen Benn sowohl wie gegen Celan richtete.

Einer der Dichter, die eine solche Poetik in ihrer literarischen Praxis bereits Ende der 60er Jahre verwirklicht hatten, war Erich Fried (1921–1988). Es sind zumeist epigrammatische Gedichte, dialektisch gebaut und pointiert Einsichten vermittelnd, in denen Beobachtungen zu Politik, Lebensformen, Denkweisen mitgeteilt werden. Mit dem Gedichtband *und Vietnam und* (1966) lässt sich der Beginn des politischen Gedichts in der Bundesrepublik datieren. Die Protesthaltung gegen den Krieg in Vietnam, die den Gedichten dieses Bandes Form und Pespektive verlieh, konnte freilich keine statische, unwandelbare Größe bleiben bei einem Autor, der die Entwicklungen seiner Gegenwart so genau diagnostiziert wie Erich Fried. Mit den politisch-gesellschaftlichen Ereignissen, von denen er spricht, verändert sich seine Thematik, seine Sprechweise. 1974 erscheint bei-

Erich Fried

spielsweise der Gedichtband *Gegengift*, in dem von Zweifel, Angst, Verzweiflung die Rede ist, auch von Selbstzweifel: »Zweifle nicht/ an dem/ der dir sagt/ er hat Angst/ aber hab Angst/ vor dem/ der dir sagt/ er kennt keine Zweifel«. Erich Fried ist politischer Dichter nicht weniger als Satiriker, und er ist in allem, was er schreibt, Moralist. Aus diesem Grund gibt es in seinen Gedichten keinen Gegensatz zwischen Politik und Leben, denn Leben, begriffen als Einstellung, als Denk- und Wahrnehmungsform, als Handlungsweise, steht für ihn immer in politischen Zusammenhängen, wird von diesen geprägt und wirkt auf sie ein.

Die Poetik der Alltagslyrik, die zugleich politische Lyrik ist, hat eine ganze Lyrikergeneration aufgenommen, zur poetischen Praxis gemacht und fortentwickelt. Arnfried Astel beispielsweise und Jürgen Theobaldy, Johannes Schenk, Karin Kiwus und Nicolas Born lassen in ihren Gedichten Einzelheiten zur Sprache kommen, die von sehr alltäglichen Dingen zeugen: Freude, Trauer, Glück, Empfindungen, Stimmungen werden ebenso sensibel registriert wie die uns umgebende Dingwelt und in der Form einer künstlerisch genau kalkulierten Einfachheit zum Ausdruck gebracht. Das Ich, von dem diese Lyrik spricht und das häufig genug zum Wir sich erweitert, bringt sich selber, seine Identität, seine Sinnlichkeit, bewusst in das Gedicht ein. Es spricht von sich, um sich anderen mitzuteilen, so Karin Kiwus in »Glückliche Wendung«:

Karin Kiwus

Spätestens	immer wieder
jetzt werden wir	die Lusttaste bedienen
alles vergessen müssen	gierig verhungern müssen
und unauffällig	und uns nie mehr
weiterleben wie bisher	erinnern können
hoffnungslos	an das Glück
würden wir sonst	

Freilich gelingt es dieser Lyrik nicht immer – und darin liegt ihr grundlegendes ästhetisches Problem –, jener Banalität zu entkommen, die ihrem Thema, der Alltagswelt, nun einmal eigen ist. Denn im genauen Registrieren alltäglicher Details gerät vielfach deren gesellschaftlicher Charakter aus dem Blick. »Für meine Gedichte wünsche ich«, sagt Jürgen Theobaldy, Autor und Theoretiker der Alltagslyrik, »daß sie etwas von der Haltbarkeit ihrer einfachen Gegenstände sichtbar machen, daß sie sich und ihnen etwas Dauer verleihen in einer Gesellschaft, die nur noch produziert, um vorzeitig wegzuwerfen.« Doch ein poetisches Verfahren, das sich in dieser Weise auf die »einfachen Gegenstände« bezieht, steht in der Gefahr, sich eben jenem Wandel unterwerfen zu müssen, dem auch die »einfachen Gegenstände« unterliegen, und gerade dadurch dem Vergessen anheim zu fallen.

Dieser Gefahr versucht eine Gruppe anderer Autoren zu entgehen, indem sie Situationen, Beobachtungen, Einzelheiten nicht nur in ihrer Faktizität genau registriert, sondern zugleich in ihrer Gesellschaftlichkeit, in ihrer politischen Qualität – wie Erich Fried – pointiert. Es sind Autoren wie Peter-Paul Zahl und F. C. Delius, Yaak Karsunke und Ludwig Fels, deren Gemeinsamkeit, bei aller Individualität und Unverwechselbarkeit ihres lyrischen Sprechens, in der präzisen Zusammenschau von Politik und Alltag, von individueller Erfahrung und gesellschaftlichem Zusammenhang besteht. Als Beispiel mag das Gedicht »Karl Marx im Konzert« von Yaak Karsunke gelten, entstanden anlässlich der Tournee der Rockgruppe »Rolling Stones« 1973:

Politik und Alltag

›diese versteinten
verhältnisse dadurch
zum tanzen zwingen
daß man ihnen ihre eigne
melodie vorspielt‹
Jagger jault auf der Bühne
You Can't Always Get What You Want
:& dieses Schwein (sagt Andreas)
wiederholt das solange
bis wir zu tanzen anfangen

›Poesie der Provinz‹

Von diesen Formen einer politisch verstandenen Alltagslyrik sind jene zu unterscheiden, die in den 70er Jahren mit dem zunehmenden Bewusstsein für Umweltprobleme und für Fragen des Regionalismus in den Vordergrund getreten sind: die so genannte ›Poesie der Provinz‹. Es ist eine Dichtung, die sich selbstbewusst darstellt, die die eingreifenden und auch die sich selbst reflektierenden Dimensionen von Literatur repräsentiert, die die Erfahrungen ihres jeweiligen Sprachraums in ihrer jeweiligen Regionalsprache, in ihrer Mundart, aufbewahrt hat. Doch sie nutzt diese Sprache keineswegs zu einer »tümelnden« Verklärung ihrer Heimat, sondern zu deren Veränderung angesichts zunehmender Bedrohung von außen. Es sind Autoren wie H. C. Artmann und Herbert Achternbusch, die für diese Dichtung als repräsentativ gelten können, Autoren wie Thaddäus Troll und Fitzgerald Kusz, für die das Spiel mit mundartlichem Sprachmaterial – hierin der Konkreten Poesie vergleichbar – immer auch zugleich Auseinandersetzung mit gesellschaftlicher Konvention, Kritik sozialer Erstarrung bedeutet. Autoren der Wiener Gruppe (Gerhard Rühm und Ernst Jandl, Konrad Bayer und Oswald Wiener) zeigen dies ebenso wie der Saarländer Ludwig Harig, Oswald Andrae aus Norddeutschland, der Schweizer Kurt Marti und der Elsässer André Weckmann: »Dialekt als Waffe« gegen eine Überfremdung der Provinz durch die Metropolen.

Oswald Andrae: »Riet dien Muul up!«

Riet dien Muul up!
Schree doch ut,
  wat du glöövst,
  wat du meenst,
  wat du denkst,
  wat dien Angst is!
Schree doch ut,
  wenn du Courage hest,
Up de
Gefahr hen,
  dat dar annern sünd,
   de di seggt: dat stimmt nich;
  dat dar annern sünd,
   anner Menen;
  dat dar annern sünd,
  de geern hißt!
Schree doch ut!
Naderhand

kann well kamen,
kann di sehn,
man kiekt weg
un will di nich.
Riet dien Muul up!

Die Neue Frankfurter Schule

Ein weiterer Traditionszusammenhang der 70er Jahre verweist auf jene im deutschen Sprachraum nicht eben zahlreichen Autoren und Werke, die dem Bereich literarischer »Komik« zugehören, jenem oft zitierten und doch nicht allzu hoch geschätzten Terrain, das literarhistorisch mit Namen wie Wilhelm Busch, Christian Morgenstern, Joachim Ringelnatz, Kurt Tucholsky und Karl Valentin bezeichnet ist. Wobei die Bestimmung von »Komik« keine geringen Schwierigkeiten bereitet. »Komisch ist etwas, mit dem man nicht fertig wird, schon gar nicht durch eine Theorie«, hat der Philosoph Odo Marquard bei Gelegenheit gelehrter Erwägungen zum Problem des Humors einmal bemerkt. Komik ist der Theorie feindlich, diese ihrem Gegenstand unterlegen. Das spricht nicht gegen die Theorie, noch weniger gegen die Komik: Beide sind einander inkompatibel. Die verschrobene Deutungskunst germanistischer Ideologen, die sich gelegentlich an die unbarmherzig desillusionierenden Bilderspuren eines Wilhelm Busch geheftet hat, belegt dies ebenso wie das Gähnen, das den Verehrer Charlie Chaplins überkommen mag, wenn man ihm die Gründe für sein Lachen herzählt. Der Theoretiker kommt der Komik nicht bei, weder exegetisch noch analytisch, weil diese den Tiefsinn verweigert, dessen jener bedarf. Eine komische Geschichte – so sagt der Lyriker und Zeichner Robert Gernhardt –, das ist »eine vollkommen herzlose und eine herzlich flache Geschichte. Sie steht nicht für irgendwas, sie schreitet einfach fort, wird von Bild zu Bild komischer und schließt mit einer wunderschönen, eiskalt servierten Pointe.« »Richtige Komik«, so Gernhardt, »vermittelt sich weniger über den Kopf als über den Bauch« – »keine Abschweifung, kein Mitgefühl, kein Hintersinn trübt den Fortgang der komischen Handlung.«

Gemeinsam mit F. W. Bernstein, Bernd Eilert, Eckhard Henscheid, Pit Knorr, Chlodwig Poth, Hans Traxler und Friedrich Karl Waechter gehörte Robert Gernhardt (1937–2006) zu jener Riege bundesdeutscher »Leistungskomiker« (Gernhardt), die, stimuliert durch die Aufbruchsbewegung der 60er Jahre, den antiautoritären Gestus jener Zeit in einen literarischen Stil verwandelt haben. Gemeinsam sind dieser Gruppe die Anfänge bei der 1962 begründeten satirischen Postille *Pardon* mit ihrer einzigartigen Mischung aus Kritik und Spott, Enthüllungsjournalismus und Sex, Aufmüpfigkeit und Blödelei, gemeinsam ist ihr die Fortsetzung dieser Praxis bei dem 1979 von ihnen ins Leben gerufenen, »endgültigen Satire-Magazin« *Titanic*, gemeinsam auch – teils einzeln, teils partnerschaftlich – die Mitarbeit an den Nonsens-Filmen und -TV-Programmen von Otto Waalkes. Nicht ungern hat sich diese Gruppe von Komikproduzenten das zufällig entstandene Etikett »Neue Frankfurter Schule« umhängen lassen – Parodie und Selbstparodie inmitten des ungelösten, unlösbaren Beziehungsgeflechts von Theorie und Komik, in dem die Komik die Oberhand behält.

Cover der Erstausgabe des Kultbuchs von Bernstein, Gernhardt und Waechter

»Trilogie des laufenden
Schwachsinns«

Warum dies so ist, lässt sich Eckhard Henscheids (geb. 1941) *Trilogie des laufenden Schwachsinns* (*Die Vollidioten*, 1973; *Geht in Ordnung – sowieso – genau –*, 1977; *Die Mätresse des Bischofs*, 1978) ebenso ablesen wie den Bildern und Texten Robert Gernhardts. Henscheids Trilogie lebt, selbst wenn der Autor dies nachdrücklich bestreitet (vgl. Eckhard Henscheid, Gerhard Henschel, Brigitte Kronauer, *Kulturgeschichte der Mißverständnisse*, 1997), vom Dunst der Szene, der sie entstammt. Die Stadt Frankfurt, die Lebensformen nach ›68, die Bohemiens, die Kleinbürger und der Alkohol, der Politjargon, die literarische Halbbildung und die philosophischen Versatzstücke – nirgendwo sind die Traditionen der 68er-Bewegung lustvoller destruiert worden als im ersten Band dieser Trilogie, »aus einer vornehmlich stilistischen Distanz zu ihr«, so Henscheid, und kaum ein Autor hat sie, aufgrund »ihrer verfremdenden, fast feindlichen Darstellung«, respektloser nacherzählt. Doch auch die in der »Walachei« (Henscheid) spielenden Provinz-Teile des voluminösen Opus zeugen vom Wiedererkennen und Weiterwirken als einem ästhetischen Prinzip: »der erste Teil der Romanhandlung hat eigentlich nichts mit dem zweiten und dritten im Sinn«, heißt es in *Geht in Ordnung – sowieso – genau –*, »aber irgendwie werde ich, der ich mich immer auf meine Ahnungen verlassen habe und nicht schlecht dabei gefahren bin, werde ich das Gefühl nicht los, daß alles Seiende geheimnisvoll miteinander verbunden ist, eins mehr, eins weniger, immerhin ---«. Die fortdauernde Selbstbegegnung – unter Einbezug des Autors – erzeugt hier den Verfremdungseffekt. Das gilt auch für Henscheids satirisch-polemische Werke *Dummdeutsch* (1995) und *10:9 für Stroh* (1998): Das Lachen des Lesers, wenn er sich denn in den Verfremdungen erkennen kann, gilt dem Spiegelbild, das er sieht.

»Kippfigur«-Geschichten

Anders Robert Gernhardt. In seinen Bildergeschichten, Gedichtsammlungen und Prosatexten (*Wörtersee*, 1981; *Hier spricht der Dichter*, 1985; *Kippfigur*, 1986; *Es gibt kein richtiges Leben im valschen*, 1987; *Wege zum Ruhm*, 1995; *Die Blusen des Böhmen*, 1997) finden sich Erlebnisse und Erfahrungen, Lektüreeindrücke und philosophische Prägungen der 68er-Generation versammelt, von der Frankfurter Kritischen Theorie bis zur Toscana als Lebensform. Doch funktionieren seine Texte – vergleichbar den Arbeiten des anderen großen Humoristen dieser Zeit, Loriot (Pseudonym für Vicco von Bülow) – nach dem Prinzip der Inkongruenz. Sprache und Sache, Anlass und Folgen, das Problem und der Aufwand, der mit ihm getrieben wird, stimmen nicht zueinander – und passen eben dadurch aufs genaueste zusammen. Mit Moral und Sozialkritik hat diese Schreibhaltung wenig, mit der komischen Eigendynamik von Situationen und Konstellationen hingegen viel zu tun. Etwa, wenn Gernhardt in den *Kippfigur*-Geschichten Gott und den Teufel vom Himmel herab über die erotischen Absichten eines jungen Mannes in Streit geraten läßt (»Das Buch Ewald«) oder wenn die psychophysischen Mechanismen eines missglückenden Liebesakts unbarmherzig, mit äußerster Beobachtungsschärfe seziert werden: »Beim normalen Beischlaf schließt gewöhnlich einer zuerst die Augen. Damit bedeutet er dem anderen, daß er noch auf dem Weg ist und um das Ziel weiß. Mit solch einem einzigen Augenschließen wird oft mehr gelogen als mit vielen Worten.« Robert Gernhardts Erzählungen setzen auf eine durchdachte Konstruktion von Verläufen und Verknüpfungen ebenso wie auf eine überlegte Organisation von Signalements und Doppelbödigkeiten. Erwartung und Enttäuschung sind – dies gilt auch für die besten Gedichte Gernhardts – kalkuliert eingesetzte Triebkräfte solcher Konstruktionen, Destruktionspointen und entleerte Hyperbeln souverän installierte Elemente ihrer Wirkung. Komik, die dem Nonsens entspringt, hat, so Gernhardt, mit der Zufälligkeit des Blödelns und der Kurzatmigkeit des Witzes nicht viel gemein. Der Nonsens »braucht ein System, ein Denksystem oder ein Reimsystem, das Sinn produzieren möchte und dem der Sinn verweigert wird. Der Leser oder der Zuschauer muß erst einmal in eine ihm sinnvoll erscheinende Struktur hineingelockt werden, und dann muß sich ihm der Sinn entziehen.« Sinnlos, also ohne Sinn, ist solcher Sinnentzug freilich nicht. Doch kommt die Komik, die den Inkongruenzkonstruktionen Gernhardts entspringt, ohne Tiefsinn aus.

Robert Gernhardt

Das Spiel mit der Sprache, das sich auf diese Weise zur Geltung bringt, hat Robert Gernhardt in der ihm eigenen Formensprache auch in seiner Lyrik realisiert: ironisch, satirisch, parodistisch und allemal ins Sprachspiel verliebt. Nichts ist ihm heilig, keine Tradition und kein großer Name – sei es der Literatur, sei es der Geschichte –, keine noch so verborgene Schwäche bleibt seinem Scharfblick verborgen, und kein Gefühl bleibt von seinem Witz verschont. Doch bilden Gernhardts Selbstironie und auch seine gelegentlich durchscheinende Melancholie die Garanten dafür, dass diese Qualitäten stets von einem doppelten Boden zeugen – der Wirklichkeit der Welt, von der die Texte handeln, und der Wirklichkeit der Sprache, in der die Texte reden:

Doppelte Begegnung am Strand von Sperlonga

Die Sonne stand schon tief.
Der Strand war weit und leer.
Schräg ging mein Schatten vor mir her,
indes der deine lief.

Du warst mir unbekannt.
Ihr nähertet euch schnell.
Dein Schatten dunkel und du hell,
so kamt ihr übern Sand.

Sehr schön und ziemlich nackt
liefst du an mir vorbei.
Da warn die Schatten nicht mehr zwei,
sie deckten sich exakt.

Wir sahn euch lange nach.
Ihr drehtet euch nicht um.
Ihr lieft, du und dein Schatten, stumm,
von uns sprach einer : Ach.

(aus: *Körper in Cafes*, 1987)

Eine doppelte oder zumindest spielerisch zweideutige Begegnung stellt auch die 1982 erschienene Anthologie *Unser Goethe. Ein Lesebuch*, ein außerordentlich erfolgreiches Werk mit über 1100 respektablen Druckseiten dar, das aus Anlass des 150. Todestags Goethes erschienen ist. Es wurde von Eckhard Henscheid und F. W. Bernstein (geb. 1938) herausgegeben und versammelt zahllose Bildgeschichten, Comics, Karikaturen, Gedichte, Aphorismen, Essaysplitter, Minidramen aus der Rezeptionsgeschichte Goethes. Es begegnen Namen wie Serner, Benjamin, Hegel, Rosenkranz, Heine, Döblin, Benn, Thomas Mann, Wollschläger, Eckermann und Goethe selbst, der unvergessene Arnold Hau, dazu mit Witz und Ironie die Autoren der Neuen Frankfurter Schule und andere geistesverwandte Ge-

»Unser Goethe«

genwartsautoren. Das Buch bewegt sich zwischen zwei Polen: einerseits einer kritiklosen, schwammigen Goetheverehrung, die seit den 50er Jahren wieder in Mode gekommen ist und ihre Wurzeln in dem um Goethe schon zu Lebzeiten entstandenen Mythos besitzt (»Die Verblödungsgefahr ist auch heute noch groß, wenn sich einer ungeschützt Goethen aussetzt, ihn zu feiern. Symptome: Die Sprache gerinnt, Satzteile flocken aus, Wortschlieren, Sabber und ein in toto ungutes Gefühl bleiben als Rückstände« – Vorwort); und andererseits in einem diametral entgegengesetzten Extrem, kurz zusammengefasst: »Im Mai 1968 schrieben die Studenten an die Wand des besetzten Germanistischen Seminars der Freien Universität Berlin: Wie fatal!/Im Regal/Wo gestern/Göthe stand/ Schläft heute/Dieter Kunzelmann« (Vorwort). Das erstaunlich umfangreiche Register der Werke Goethes, das dieser Anthologie beigegeben ist, fordert den geduldigen Benutzer zu produktiver Aneignung Goethescher Texte auf, die jenseits einer geistlosen Nachbeterei und schlichter Unkenntnis zu finden ist: »Über allem Gipfelm/Ost Rih,/In allwm Wipgeöns/Spüreat fu/Laum einem Jaucj;/ Sie Vöfelnein schqiifen om Waldw./Warooetnut valfe/Tihesz Xu aicj« (nach: *Ein Gleiches*). Durch den verballhornten Text hindurch scheint so die ursprüngliche Fassung wieder auf und erzeugt auf diese Weise den komischen Effekt: Das Alte wird im Neuen, wenn auch verschwommen, wieder sichtbar.

Widerstand der Ästhetik –
Die Literatur der achtziger Jahre

Tritt während der 70er Jahre unverkennbar eine Rückbesinnung auf Individualität und Subjektivität in die Literatur der Bundesrepublik, so zu Beginn der 80er Jahre eine Rückeroberung der Literatur selber. Diese Entwicklung ist als widerspruchsvoller Prozess zu verstehen: Die ›neue Subjektivität‹ hatte auf das Sinnlichkeitsdefizit der Politisierungsphase mit der Entdeckung des Ich geantwortet, jedoch in Sprech- und Wahrnehmungsformen, die dem begrenzten Horizont dieses Ich durchaus verhaftet blieben (Frauenliteratur, ›Verständigungstexte‹, Alltagslyrik). Die Rückeroberung der Literatur im Übergang zu den 80er Jahren antwortet ihrerseits auf das ästhetische Defizit der ›neuen Subjektivität‹, indem sie versucht, die Umgrenzungen und Beschränkungen dieses egozentrierten Wahrnehmungshorizonts mit seinen Beschädigungen und Leid-Erfahrungen poetisch zu entgrenzen. In diesem Versuch äußert sich zugleich das Bemühen, einem literarischen Dilettantismus entgegenzuwirken, eingedenk der Tatsache, dass die Mitteilungsfähigkeit der Literatur sich nicht beliebig auf die Komponenten ›Authentizität‹ und ›Spontaneität‹ reduzieren lässt.

Konservative Restriktionen

Zugleich lässt sich zu Beginn der 80er Jahre ein verstärktes politisches, zumindest gesellschaftliches Engagement der Schriftsteller in der Bundesrepublik beobachten. Auch dies ist Indiz eines widerspruchsvollen Entwicklungsprozesses: Die ›Tendenzwende‹ der 70er Jahre hatte ja nicht nur zu einer ›neuen Subjektivität‹, sie hatte auch zu einem Erstarken des politischen Konservatismus geführt, der sich mit der Bildung einer konservativen Regierung 1983 parlamentarisch bestätigt sehen konnte. Die Restriktionen auf politisch-kulturellem Gebiet – sie richteten sich in der Filmförderung beispielsweise gegen die Produktionen von Autorenfilmen wie Herbert Achternbusch (*Das Gespenst*), Alexander

»Berliner Begegnung«
1983 – Schriftsteller-
treffen aus Ost und West
zum Thema Frieden und
Abrüstung (am Tisch
von links Peter Härtling,
Stephan Hermlin, Günter
Grass, Walter Höllerer,
Uwe Johnson)

Kluge und Hans Jürgen Syberberg –, die Sparmaßnahmen, die im Kulturbereich insbesondere die öffentlichen Bibliotheken und damit einen wesentlichen Bereich der Lesekultur trafen, die Diskussionen um die kulturelle Außenrepräsentanz der Bundesrepublik, die beispielsweise ein Auftrittsverbot für unliebsame Autoren wie Günter Grass und Heinrich Böll bei Veranstaltungen der Goethe-Institute in Betracht zogen – diese kulturpolitisch restriktiven Tendenzen schufen die Voraussetzungen für Proteste der Betroffenen und damit ein Klima für die Verschärfung der Gegensätze zwischen Politik und Kultur, das an die 50er Jahre erinnerte.

Hinzu trat ein Problem, für dessen Diskussion die Schriftsteller in Ost *und* West sich in besonderer Weise aufgerufen fühlten: die Bedrohung des Friedens durch atomare Auf- und Nachrüstung. Zu einer solchen gemeinsamen Diskussion, der ersten seit 1947, trafen sich im Dezember 1981 auf persönliche Einladung des DDR-Schriftstellers Stephan Hermlin namhafte Autoren aus der Bundesrepublik und der DDR in Berlin (Ost), unter ihnen auch DDR-Emigranten wie Jurek Becker und Thomas Brasch. Doch während dieses erste Treffen, unter großer Anteilnahme der Medien und der Öffentlichkeit durchgeführt, als Erfolg schon deshalb gefeiert wurde, weil es überhaupt einen Austausch der Meinungen ermöglicht hatte, traten auf einem zweiten Treffen im Mai 1982 in Den Haag die Differenzen deutlicher in den Vordergrund, fehlten schließlich die eingeladenen DDR-Schriftsteller bei einem Treffen in Heilbronn im Dezember 1983 vollends. Wichtiger freilich als der derart sichtbar werdende Dissens, in dem die offiziellen politischen Differenzen zwischen beiden deutschen Staaten mittelbar hervortraten, blieb der demonstrative Effekt der gemeinsamen Friedensappelle. In ihrer Erklärung von Den Haag beschrieben sich die teilnehmenden Autoren als »Teil der internationalen Friedensbewegung« und stimmten »darin überein, dass die beiden Militärblöcke aufgelöst werden sollen, und zwar gleichzeitig und vorbehaltlos«. Dieser öffentlichen Demonstration eines sozialen Engagements von Schriftstellern und Intellektuellen entspricht – im

Friedensthematik

Übergang zu den 80er Jahren – eine Rückbesinnung auf die Widerstandskraft der Poesie.

Die Entgrenzung des Ich

Kritische Innenansichten

Angesichts der Produktionsflut »neuer Subjektivität«, die im Kontext der »Verständigungsliteratur« immer mehr die Züge eines modischen Dilettantismus angenommen hatte, erscheint es literaturgeschichtlich notwendig, nach dem Kriterium ästhetischer Differenz sorgsam zu unterscheiden. So sind auch solche Werke von dem Hintergrund der Schreibbewegungen in den 70er Jahren abzuheben, die aus ihnen ihrer theoretischen und sozialen Herkunft nach zwar hervorgegangen, doch nicht in ihnen befangen geblieben sind. Hierzu zählen neben Elisabeth Plessens *Mitteilung an den Adel* (1976), Nicolas Borns *Die erdabgewandte Seite der Geschichte* (1976) und Birgit Pauschs *Die Verweigerungen der Johanna Glauflügel* (1977) auch Karin Reschkes Roman *Verfolgte des Glücks* (1982), Brigitta Arens' *Katzengold* (1982), Brigitte Kronauers Roman *Rita Münster* (1983) und Anne Dudens Prosatexte *Übergang* (1983). Es sind autobiographisch motivierte Werke, insoweit in ihnen Frauen Geschichten von Frauen erzählen: die eigene Geschichte als Aufarbeitung politisch-gesellschaftlicher Konditionierung; die Projektion einer Selbstfindung auf eine Kunstfigur; das Leiden an der doppelten Unterdrückung der Frauen im historischen Gewand; das Aufbrechen eines lebensgeschichtlichen Erfahrungszusammenhangs in Splitter unzusammenhängender Erfahrungsschritte. So unterschiedlich die literarischen Verfahrensweisen, so verschiedenartig die ihnen voraufgehenden Erzählintentionen sein mögen – gemeinsam ist ihnen ein neues Vertrauen darauf, dass Literatur Erfahrungen mitzuteilen vermag, sofern sie zu eigener Sprache findet. Vergleichbar jenem Prozess der Selbsterfahrung, dem sich die DDR-Autorin Christa Wolf in ihrem *Kindheitsmuster* unterzieht, leisten Prosatexte wie die genannten eine Vermittlung eigenen Erlebens, individueller Lebensgeschichte mit Elementen der Zeitgeschichte und deren kritisch-psychologischer Reflexion. Dieser Prosa geht es nicht um Innerlichkeit, sondern um die kritische Innenansicht einer Individualität, deren Gesellschaftlichkeit umso deutlicher hervortritt, je radikaler und offener die Introspektion vorangetrieben wird.

»Malina«

Eine Art Leitbild dieser Prosa stellt der Roman *Malina* von Ingeborg Bachmann (1926–1973) dar, der im Jahre 1971 erschienen ist. Zusammen mit *Der Fall Franza* und *Requiem für Fanny Goldmann*, beide nur fragmentarisch als unterschiedlich weit vorangetriebene Entwürfe erhalten, hatte Ingeborg Bachmann *Malina* als Teil eines Romanzyklus mit dem programmatischen Titel *Todesarten* vorgesehen. Die Gemeinsamkeit dieser *Todesarten*-Romane liegt, wie sich den postum veröffentlichten Fragmenten ablesen lässt, vor allem in der identischen Grundstruktur: Frauen als Opfer, Männer als Täter. In *Malina* wird die ›Todesart‹ eines weiblichen Ich in drei Kapiteln, jeweils durch Einwirkung einer männlichen Figur, vorgeführt. Das Kapitel »Glücklich mit Ivan« zeigt die Liebe dieses Ich zu Ivan, die sich nicht erfüllen kann; »Der dritte Mann« schildert Alpträume des weiblichen Ich, in denen der Vater die beherrschende, vernichtende Figur darstellt; »Von den letzten Dingen« gibt minutiös die Schritte wieder, die zum Verschwinden des Ich führen – »in der Wand«. Einmontiert in diese drei Kapitel sind zahlreiche Telefongespräche, Briefe und Briefanfänge, Dialoge und Interviews, musikalische Motive und Märchenerzählungen. Das verbindende Element dieser Formenvielfalt bildet die durchgängige Erzählperspektive eines weiblichen, namenlos bleibenden Ich, dessen radikal subjektivierte Wahrnehmungen die in den Männerfiguren verkörperte Übergewalt einer patriarchalischen Gesellschaft mitteilen. Der Roman schließt, nach dem Verschwinden des Ich, mit dem Satz: »Es war Mord.«

In Ingeborg Bachmanns *Todesarten*-Projekt sind vielfältige Erfahrungen autobiographischer Art eingegangen, auch die einer gescheiterten Liebesbeziehung zu dem Schweizer Schriftsteller Max Frisch. Doch die Sprachkunst des Romans *Malina* übersteigt solche lebensgeschichtlichen Anlässe bei weitem. Die in Bachmanns Roman-Ich angelegte Bewegung des Suchens, des ortlosen Tastens, Vor-Tastens, Voran-Tastens zur eigenen Geschichte, zu den abgründigen Tiefen der Herkunft, Kindheit, Jugend, das Aufspüren der individuellen Besonderheiten, des pädagogisch-patriarchalisch Abgedrängten, des lebensgeschichtlich Verdrängten, diese suchenden Bewegungsformen, die einmünden in die Bereitschaft, sich selbst, in aller Widersprüchlichkeit, anzunehmen und von diesem lebensgeschichtlich erreichten Akzeptanzpunkt an experimentell zu leben, sich auf sich selber einzulassen – sie scheinen literarische Orientierungen gerade dadurch zu geben, dass sie nicht festgelegt, nicht dogmatisch verhärtet sind, sondern offen bleiben für die Erfahrungsräume der Leserinnen und Leser.

Voran-Tasten zur eigenen Geschichte

Dass dies nicht nur unter autobiographischen Aspekten, sondern auch am Beispiel einer Lebensgeschichte zu leisten ist, die längst selber zur abgedrängten und verdrängten Geschichte der Frauen zählt, hat Karin Reschke 1982 in ihrem Buch *Verfolgte des Glücks* gezeigt. Dieses »Findebuch«, wie es im Untertitel heißt, offenbart die Lebensgeschichte der Henriette Vogel, einer Frau, die in Biographien kaum – und wenn, dann abfällig – erwähnt wird, von der nur einige Briefe erhalten sind und von der auch an der Stätte ihres Freitods am 21. November 1811, am Kleinen Wannsee bei Berlin, keine Rede ist. Ein Grabstein findet sich dort zwar, doch erwähnt die Aufschrift nur den, der mit ihr gemeinsam in den Tod gegangen ist: Heinrich von Kleist. Karin Reschke erzählt also nicht nur die Lebensgeschichte einer vergessenen Frau, sondern auch die der spezifisch männlichen Form des Vergessens. Die Form des Erzählens ist die des Tagebuchs – ein »Findebuch« ist es aus mehreren Gründen gleichwohl: weil in ihm Henriette Vogel zu sich selber findet; weil die Autorin ihre Heldin finden, erfinden muss; weil die Leserinnen und Leser in diesem Buch eine vergessene Frau finden können und so – auf unterschiedliche Weise – einen Teil von sich selber. »Wir sind vom Glück verfolgt« – in dieser höchst widerspruchsvoll, in sich kunstvolldialektisch verschränkten Sentenz lässt sich das Dilemma einer weiblichen Biographie erkennen, die in ihrer Lebenszeit zu sich selber nicht kommen kann. Wenn Karin Reschke in Sprachgestus und Redestil den kleistschen Ton der Zeit auch aufnimmt und so geschichtliche Authentizität zu verbürgen scheint, so hat sie doch durch eine artistische Konstruktion dieses Geschichte gewordene Leben in die Gegenwart hinein entgrenzt. Denn das Buch beginnt mit seinem Ende, mit der Erzählung der letzten Tage, der letzten Stunden: damit, dass Henriette ihr Findebuch Kleist zur letzten Lektüre anvertraut. Mit diesem, mit Kleist also, lesen es die Leser(innen), wissend: Wenn es ausgelesen ist, folgt das eigentliche Ende, das den Anfang des Romans bildet – und so fort. Eine unendliche Geschichte nach Art einer Spirale, die sich durch die Geschichte der Frauen, der Weiblichkeit, des Unterdrückens, Vergessens, Verdrängens in die Gegenwart, in unsere Gegenwart hineinschreibt bis in unsere Biographien hinein: »Verfolgte des Glücks«.

»Findebuch«

Es ist kein Zufall, dass viele Prosawerke, die uns in diesem Kapitel als Beispiele für eine Entgrenzung des Ich dienten, von weiblichen Autoren stammen. Autorinnen wie Birgit Pausch, Karin Reschke und Anne Duden – sie knüpfen an die Erfah-

»Rita Münster«

Auflösung der Identität

rungen der Frauenbewegung an, sie realisieren die Idee weiblicher Emanzipation in ihrem Werk, aber sie verharren nicht bei der Produktion und Reproduktion von frauenspezifischen Erfahrungen und Ideologemen. Vielmehr stellen ihre Texte – in ihren gelungensten Passagen – Gegenentwürfe dar: Entwürfe einer neuen, durch Sprache konstituierten Welt. Dies lässt sich auch von Brigitte Kronauers Roman *Rita Münster* (1983) sagen: Auch hier bilden Individualität und Alltag einer Frau den Ausgangspunkt aller Wahrnehmung, doch der Rhythmus und die innere Spannung dieser Prosa-Textur treiben die individuelle Existenz der Romanfigur in eine Dynamik hinein, die sich von allen äußeren Wirklichkeitsbezügen abstößt, indem sie ihre eigene Wirklichkeit produziert. Im Zerfallen mit sich selber, in der Auflösung stellt sich – jenseits von ›Authentizität‹ und ›Spontaneität‹ – die Identität der Ich-Existenz her – Beispiel einer neuen, vielleicht einer weiblichen Schreibweise: »Immer wieder aber das Rieseln der Bäume, der Kuppeln, Gewölbe, der über breite und schmale Schultern geworfenen, gewaltigen Mäntel, Trauermäntel, Prunkmäntel, ein kreisendes Geräusch, ein Sausen, das in meinem Kopf wie am Horizont entlangfährt, durch alle Aderngleise und Nervenzweige, ich spüre es in den Zähnen. Eine Betäubung, ein Sterben voller Einverständnis, eine Auflösung, als würde ich durch ein großes Sieb gestrichen, lauter kleine Blätter zucken an mir, ich bin eine Ansammlung lockerer, beweglicher Bestandteile, zerrieben zu etwas Gleichartigem und immer noch bei mir, erst jetzt ganz bei mir.« Dies ist ein experimenteller Umgang mit dem entgrenzten Ich, Ausdruck eines Risikos, das in verlorener Sicherheit, in preisgegebenen Gewissheiten besteht.

Lyrik der beschädigten Welt

Der Verlust an Sicherheiten und Gewissheiten, der sich in der Prosa weiblicher Autoren, in der Entgrenzung des Ich, in der Neukonstituierung von Erfahrungswirklichkeiten am Beginn der 80er Jahre auch mitteilt, findet seine Entsprechung in einer Lyrik, die ihrerseits Beschädigungen aufweist und aufspürt. Fernab vom Programm einer Alltagslyrik, die in der Betonung des Lebenszusammenhangs, aus dem sie hervorgeht, ihre Eigenart mitteilt, entwickelt sich seit Mitte der 70er Jahre eine Lyrik, die in ihrer Formensprache ihren Kunstcharakter nicht verleugnet, sondern kunstvoll exponiert. Ihre Autoren sind Sarah Kirsch und Günter Kunert, Michael Krüger und Hans Magnus Enzensberger, ihre Themen, Stoffe, Motive und Bilderwelten findet diese Lyrik diesseits der Trennungslinien, die staatliche und soziale Grenzen setzen.

Ausbürgerung – Einbürgerung?

Sarah Kirsch und Günter Kunert gehören zu jenen Autoren, die Ende der 70er Jahre aus der DDR in die Bundesrepublik gekommen sind. Im Zuge der Ausbürgerung Wolf Biermanns zählen zu ihnen auch Thomas Brasch und Bernd Jentzsch, Reiner Kunze, Hans Joachim Schädlich, Jurek Becker und Erich Loest – namhafte Autoren also schon zum Zeitpunkt ihrer Übersiedlung, nicht erst durch die Tatsache eines Aufsehen erregenden Exils. Befremdlich war für die aus der DDR kommenden Schriftsteller vor allem das im wesentlichen politisch begründete Interesse an ihrer Person. Es überwog, so sagte Hans Joachim Schädlich (*Versuchte Nähe*, 1977), »zunächst auf Grund der Konstellationen in den beiden deutschen Staaten das Interesse an den persönlichen Umständen der Autoren«. Nicht ihre literarischen Arbeiten wurden diskutiert, sondern »die Lebens- und Arbeitsumstände in der DDR oder die Umstände der Ausreise in die Bundesrepublik oder während der ersten Wochen des Aufenthalts in der Bundesrepublik«. Denn die bundesrepublikanische Öffentlichkeit, so vermerkte auch Thomas Brasch (*Vor den Vätern sterben die Söhne*, 1977; *Kargo oder der 32. Versuch, auf einem untergehenden Schiff aus der eigenen Haut zu kommen*, 1977; *Rotter Und weiter*, 1978; *Lieber Georg*, 1979), behandelte »die Leute, die von dort kommen – zumindest die Schriftsteller – wie ganz besondere Tiere«. Die Autoren haben, je nach Temperament und politischer Überzeugung, unterschiedliche Konsequenzen aus dieser für sie neuen Erfahrung öffentlichen Interesses gezogen: Sie haben geschwiegen oder zunächst doch zumindest die öffentliche Diskussion in den Medien verweigert (Sarah Kirsch, Hans Joachim Schädlich), sie haben in der literarischen Szene der Bundesrepublik Fuß zu fassen gesucht (Thomas Brasch, Bernd Jentzsch, Günter Kunert), oder sie haben ihrerseits absichtsvoll die Lebenswirklichkeit der Bundesrepublik zu ihrem eigenen Thema gemacht (Wolf Biermann).

Sarah Kirsch hat als Lyrikerin in der DDR mit Natur- und Liebesgedichten begonnen. In ihrer Stoff- und Motivwahl ist sie sich auch nach ihrer Übersiedlung 1977 in die Bundesrepublik treu geblieben. Ihre in der Bundesrepublik erschienenen Gedichtbände (*Wintergedichte*, 1978; *Katzenkopfpflaster*, 1978; *Drachensteigen*, 1979; *La Pagerie*, 1980; *Erdreich*, 1982) kreisen um die Themen Natur, Landschaft, Tierwelt. Sie deshalb als »Naturlyrikerin«, etwa in der Tradition eines Oskar Loerke oder eines Wilhelm Lehmann, bezeichnen zu wollen, wäre freilich irreführend. Die Naturzustände, die Landschaften, die Tierwelten, aber auch die Beziehungen der Menschen, von denen diese Lyrik spricht, sind immer schon gestörte Beziehungen, irritiert durch geschichtliche Prozesse, technologische Entwicklungen, soziale Erosionen – auch darin ist sich Sarah Kirsch treu geblieben. Sie nimmt die Irritationen, die von den geschichtlich-sozialen Entwicklungen ausgehen, in Bilderwelt und Formensprache so auf, dass sie als Irritationen des poetischen Prozesses im Gedicht selber wirksam werden, zum Teil in durchaus parodistischer Absicht:

Sarah Kirsch

> Auf schwarzen Weiden das Melkvieh
> Suchet den Pferch auf und immer
> Zur nämlichen Zeit. Der zufriedene Landmann
> Sitzt auf dem Schemel am Rande des Wegs
> Raucht eine Marlboro während die Milch
> Wild in den gläsernen Leitungen strömt.
> (aus: *Erdreich*, 1982)

Das Lachen, das solche Parodie auslösen mag, dürfte jedoch kaum einer ungetrübten Lust an dem lyrisch verdichteten Naturbild Ausdruck geben. Was diese Lyrik provozieren will, ist ein Lachen des Schreckens, der nicht für sich bleiben, sondern über sich selber hinausgeführt werden soll. Aus eben diesem Grunde erscheint auch das lyrische Ich in den Gedichten Sarah Kirschs nicht befangen in den Imitationen, die es wahrnimmt und mitteilt. Es steht ihnen, den Gefährdungen und Beschädigungen des Lebens, vielmehr mit einer Fremdheit gegenüber, die zugleich Befremden vermittelt – und so auch, auf sehr subtile Weise, den Wunsch nach Veränderung des erreichten Natur- und Gesellschaftszustandes.

> [...] mir erscheint
> Siebenundzwanzig Rosenstöcke zu retten
> Ein versprengter Engel den gelben Kanister
> Über die stockfleckigen Flügel geschnallt

Der himmlische Daumen im Gummihandschuh
Senkt das Ventil und es riecht
Für Stunden nach bitteren Mandeln.
(aus: *Erdreich*, 1982)

Auch Michael Krüger (geb. 1943) hat in seiner Lyrik mit äußerst sensiblem Wahrnehmungsvermögen die Beschädigungen, die unsere soziale und natürliche Umwelt zunehmend prägen, registriert und in Bilder gefasst. Krüger, der als Verlagsleiter in München lebt und literarisch auch als Herausgeber der Zeitschrift *Akzente* wirkt, hatte als Lyriker 1976 mit dem Gedichtband *Reginapoly* debütiert, dem 1978 *Diderots Katze* folgte. Seine Lyrik, schon in diesen ersten beiden Bänden, ist ebenso artifiziell wie reflexiv, auch ihren eigenen Verfahrensweisen gegenüber. Am Anfang von Krügers Gedichtband *Aus der Ebene*, der 1982 erschienen ist, steht »Der erschrockene Mensch« – und die Frage, wie über den Schrecken, seine Wirkungsweise, seine Folgen, heute noch zu sprechen sei. Das heißt: das ungebrochene Vertrauen in die traditionellen lyrischen Formen ist, angesichts des

Alltäglicher Schrecken   alltäglichen Schreckens, der Frage nach den Mitteilungsmöglichkeiten gewichen – diese Frage wird zur Mitteilung selber: »Warme Rinde. Warmes Herz./ Und ein Wahnrest, gut verborgen,/ der sich durch den Schädel frißt./ Wie soll man diese Operationen/ der Seele beschreiben?« Vergleichbar den Irritationen bei Sarah Kirsch, durchzieht auch Krügers Gedichte Befremden, Distanz, Abwehr gegenüber den Lebensformen in Stadt und Natur (»Zu viele wollen mitreden,/ seit es so billig geworden ist«). Veränderungswünsche auch hier, doch schon ironisch gebrochen durch die Erkenntnis, dass Veränderungsziel und Bedingung der Veränderung aufeinander verweisen (»Natürlich/ wäre ein Leben möglich: // Natürlich/ natürlich«). Doch Michael Krüger vertraut der Kraft der Sprache noch und ihren Bildern. Er setzt darauf, dass der Schreibprozess Mitteilungen noch ermöglicht, die anders nicht zur Sprache kommen, zu Sprache werden könnten – in beiden Teilen Deutschlands.

Literatur	über den Rand hinaus
	ins Freie
Sieh da,	Deutschland.
die Schrift!	Ganz nutzlos
Sie schreibt dich	war es nicht
mühelos	ganz nutzlos.

An der Entwicklung Hans Magnus Enzensbergers (geb. 1929) lassen sich die Desillusionierungsprozesse der intellektuellen Linken beispielhaft verfolgen. Enzensberger, der 1968, auf dem Höhepunkt der Revolte, die von ihm herausgegebene Zeitschrift *Kursbuch* zum herausragenden Diskussionsforum revolutionärer Theoriebildung entwickelt hatte, erklärte 1978 an derselben Stelle, »daß es keinen Weltgeist gibt; daß wir die Gesetze der Geschichte nicht kennen; daß die gesellschaftliche wie die natürliche Evolution kein Subjekt kennt und daß sie unvorhersehbar ist; daß wir mithin, wenn wir politisch handeln, nie das erreichen, was wir uns vorgesetzt haben«. Dies war eine Absage an marxistisch begründete Zukunftsgewissheiten der 68er Bewegung, die auf persönlichen Anschauungen und Erfahrungen ihres Verfassers beruhte: Enzensberger, der dem »real existierenden Sozialismus« östlicher Prägung immer kritisch gegenübergestanden hatte, sah sein Engagement für die Freiheitsbewegungen in der Dritten

Welt nach einem längeren Aufenthalt auf Kuba nachhaltig irritiert. Der Alltag der kubanischen Revolution mit seinen Mangelerscheinungen, mit Unfreiheit, Zwängen und Kontrollen, zerstörte die Hoffnungen westlicher Intellektueller auf die »konkrete Utopie« (Herbert Marcuse) einer befreiten Welt und zugleich die theoretischen Voraussetzungen dieser Hoffnungen, die sich aus dem Marxismus herleiteten. Enzensberger hat diesen Desillusionierungsprozess in brillanten politischen Essays (*Politische Brosamen*, 1982) ebenso reflektiert wie in seiner zur gleichen Zeit entstehenden Lyrik.

Der Untergang der Titanic heißt der Titel der 1978 erschienenen Verserzählung, in der Enzensberger« seine kubanischen Erfahrungen verarbeitet hat. Dieser Titel spielt auf die Schiffskatastrophe des Jahres 1912 an: Die »Titanic«, Symbol des technischen Fortschritts, sank, obwohl für unsinkbar gehalten, nach der Kollision mit einem Eisberg. Enzensberger allegorisiert mithin den Untergang des Fortschrittsglaubens nach der Kollision mit dem »Eisberg« des nachrevolutionären Kuba. In 33 Gesängen, anspielend auf Dantes *Göttliche Komödie*, werden Kuba 1968 und Berlin 1977 zueinander in Beziehung gesetzt, historische Erfahrungen aus Kunst und Literatur (»Apokalypse. Umbrisch, etwa 1490«) zur Sprache gebracht und desillusionierte Entwürfe des Weiter- und Überlebens mitgeteilt (»undeutlich, schwer zu sagen, warum, heule und schwimme ich weiter«). Dem Ineinander von politischer Kritik und lakonischem Arrangement entspricht das Miteinander von gebundener Rede, strengem Versmaß, präzisem Strophenbau einerseits und umgangssprachlich-kalauerndem Tonfall (»Wer glaubt schon daran,/ daß er dran glauben muß?«) andererseits. Enzensberger hat seine Verserzählung eine »Komödie« genannt, in Anspielung auf Dürrenmatts Wort, dass »uns nur noch die Komödie beikommt«. Ihren lakonischen Tonfall nimmt sein 1980 erschienener Gedichtband *Die Furie des Verschwindens* auf (»Die Eiszeit/ mit Zündhölzern zu bekämpfen (sagst du), das ist/ eine müde Sache«). Enzensberger knüpft, nach einer Phase radikaler Kritik und revolutionären Engagements, an die sozialkritischen und ironischen Elemente seiner frühen Lyrik wieder an – verändert, gewiss, durch politischsoziale Erfahrungen, und doch sich gleich geblieben im Abstoßen von allen Ansprüchen auf Verpflichtung und Verbindlichkeit.

»Der Untergang der Titanic«

Eskapismus, ruft ihr mir zu,
vorwurfsvoll,
Was denn sonst, antworte ich,
bei diesem Sauwetter! –,
spanne den Regenschirm auf
und erhebe mich in die Lüfte.
Von euch aus gesehen,
werde ich immer kleiner und kleiner,
bis ich verschwunden bin.
Ich hinterlasse nichts weiter
als eine Legende,
mit der ihr Neidhammel,
wenn es draußen stürmt,
euern Kindern in den Ohren liegt,
damit sie euch nicht davonfliegen.

Enzensberger: »Die Furie des Verschwindens«, 1980

»Eisberg«, »Vereisung«, »Eiszeit« – dies sind Metaphern, die in der bundesdeutschen Lyrik im Übergang zu den 80er Jahren eine verbreitete Wahrnehmung be-

Günter Kunert

zeichnen: einen gesellschaftlichen, ja geschichtlichen Entwicklungsstand, der das Ende des aufklärerischen Denkens, das Scheitern allen Fortschrittsglaubens signalisiert. Technik erscheint als Fluch, Geschichte als Stillstand, gar als Rückschritt, politisches Handeln als Ohnmachtsgebärde. Seinen vielleicht konsequentesten Ausdruck hat dieses geschichtspessimistische Denken in der Lyrik Günter Kunerts gefunden. In seinen Gedichtbänden *Abtötungsverfahren* (1980) und *Stilleben* (1983) notiert Kunert in abgründigen Bildern Visionen von Endzeit und Untergang:

> Erde und Steine
> Sand und Geröll
> Ziegel und Quader
> Zement und Beton
> und immer wieder
> wir

Poetik der reinen Form

Dieses Gedicht aus dem Band *Abtötungsverfahren* trägt den beziehungsreichen Titel »Evolution«. Es benennt einen Entwicklungsprozess, der in Wahrheit nicht Entwicklung, sondern Wiederkehr des Immergleichen in lediglich äußerlich verändertem Gewande bedeutet. Dunkel und Finsternis, Höhlen und Blindheit, Monade und Blutspur – in den Bedeutungshöfen dieser Bilder entfaltet sich die Vision einer Apokalypse, die vom Bewusstsein der Unabwendbarkeit einer ökologischen Katastrophe ihren Ausgang nimmt. Kunert will keinen Kollaps herbeireden – er ist von ihm überzeugt, weil alle Menschheitsgeschichte von den Menschheitsidealen, die sie begleiteten – die sozialistischen eingeschlossen –, nur weiter fortgeführt habe. Kunerts Gedichte fassen derart ins Bild, in Symbole, Motive und Metaphern, was ihr Autor auch in Aufsätzen und Essays (*Verspätete Monologe*, 1981; *Diesseits des Erinnerns*, 1982) und in öffentlichen Diskussionen vertreten hat: »Die Übrigbleibenden werden ihre Lebenskraft, ihre Lebenssubstanz sich eigentlich nur erhalten können, wenn sie grundlegend anders denken und damit auch anders fühlen können. Und weil ich nicht daran glaube, bin ich kein Optimist und habe auch keine Hoffnung.« Dass Kunert dennoch seine Auffassungen publiziert, seine katastrophischen Visionen in Gedichten konzentriert, scheint seiner Hoffnungslosigkeit zu widersprechen – freilich nur auf den ersten Blick. Ihm geht es, gerade am Rande des Abgrunds, den er sieht, um die Wiederbelebung einer Poetik der »reinen« Form, in der Tradition Gottfried Benns: »Ohne Bewegung / ohne Bedeutung / ohne Bestand.« Dies gibt ihm, seiner eigenen Einschätzung nach, Kraft sowohl wie Legitimation, den endzeitlichen Beschädigungen der Welt die Widerstandspotentiale der Lyrik entgegenzusetzen – und sei es als Menetekel:

> Aus blinden Augen
> fällt Finsternis
> bevor die Hand
> ins Leere greift.

»Gegengeschichten«

»Die Eigenart des Ästhetischen«

Die Beobachtung, dass sich im Übergang zu den 80er Jahren eine Rück- und Neubesinnung auf die »Eigenart des Ästhetischen« (Lukács) vollzieht, dass verstärkt sogar auf die Widerstandskraft der Poesie gesetzt wird, lässt sich im Blick auf Kontinuitäten im Werk schon bekannter Autoren erhärten. Schriftsteller wie Peter Weiss, Alexander Kluge, Herbert Achternbusch, aber auch Heinrich Böll, Martin Walser oder Peter Handke, deren Anfänge bis in die 50er und 60er Jahre zurückreichen, haben konsequent auf der Fähigkeit der Literatur bestanden, Wirklichkeit fassen, verarbeiten und formen zu können. Im Einzelnen – in Stoffwahl, Sprache, Erzählperspektive und -struktur – kaum miteinander vergleichbar, steht ihr Werk dennoch für ein gemeinsames Programm: schreibend auf die Leser und deren Wirklichkeitswahrnehmung, also auf vermittelte Weise auch verändernd auf die Wirklichkeit einzuwirken.

Der Schriftsteller, so hat Martin Walser einmal gesagt, »zeigt an sich, durch sich, durch die Ausarbeitung seiner Mangel-Erfahrung, dass es ein Bedürfnis nach Veränderung gibt«. Die literarischen Ausarbeitungen dieser »Mangel-Erfahrung« können vielfältige Facetten aufweisen, doch zeigt sich ihre Gemeinsamkeit in dem Bemühen, »in den Beschädigungen das Beschädigende zu erkennen« (Walser). Heinrich Bölls Spätwerk *Frauen vor Flußlandschaft* (1985) treibt diesen Schreibvorsatz so weit, nicht das »Beschädigende« sondern – in Dialogen und Selbstgesprächen – allein die »Beschädigungen« zu Sprache werden zu lassen. Nach Art von Regieanweisungen werden Schauplätze vorgestellt, an denen kein Erzähler über ein Geschehen verfügt, sondern Personen in Gesprächen und Sprechweisen ihre Deformationen vorführen: in Form von sprachlichen Reduktionen, die von Persönlichkeitsdeformationen zeugen. In vergleichbarer Weise handelt Walsers Roman *Die Verteidigung der Kindheit* (1991) von der Beschädigung eines Menschen, der – vielfach gescheitert: familiär, beruflich, politisch, sexuell – in Ersatzwelten und vergangene Zeiten flüchtet, bevor er den Tod durch Tabletten findet.

›Beschädigungen‹

Die poetische Antwort Peter Handkes auf die Zumutungen der Wirklichkeit sieht anders aus: Sie besteht in der Konturierung einer eigenen, neuen, neu zu begründenden Lebenswelt durch Sprache, wie sie exemplarisch seine *Kindergeschichte* (1980) vorführt. Das Leben mit einem Kind dient hier dem Versuch, durch eine hohe Sprache, durch Pathos in Wortwahl und Satzbau, in Bildern und deren Auslegung Gegenarbeit gegen die verachtete, sich selbst entfremdete Wirklichkeit zu leisten – ein Schreibprogramm, dem Handke auch in Werken wie *Über die Dörfer* (1981), *Die Geschichte des Bleistifts* (1982) und *Phantasien der Wiederholung* (1983) treu geblieben ist. Der Dichter als Einzelgänger, als Eremit, als Flaneur – in diesem Selbstbild hat Handke sich immer aufs Neue entworfen und gefunden (*Nachmittag eines Schriftstellers*, 1987; *Versuch über die Müdigkeit*, 1989; *Versuch über die Jukebox*, 1989), am anspruchsvollsten und vollendetsten durchgeführt in dem Roman *Die Wiederholung* (1986).

»Kindergeschichte«

Auch Herbert Achternbusch und Alexander Kluge repräsentieren ein solches Programm, freilich auf höchst unterschiedliche Weise. Achternbusch (geb. 1938) spürt mit schmerzhafter, doch immer wieder ironisch gebrochener Intensität den Leiden einer Subjektivität nach, deren autobiographische Züge nicht verwischt, sondern nachdrücklich in ihren gesellschaftlichen und familialen Prägungen nachgezeichnet werden. Demgegenüber erscheinen die Geschichten Alexander Kluges eher als eine Art negativer Enzyklopädie: Er zeigt soziale Vielfalt und Heteronomie in einer Komplexität, vor der die Individuen zu verschwinden drohen. Achternbuschs Beharren auf der eigenen Subjektivität unterscheidet sich freilich deutlich von der ›neuen Subjektivität‹ der 70er Jahre. Und zwar nicht nur dadurch, dass er längst vor der modisch werdenden Entdeckung des Ich sein Thema: sich selbst, gefunden hatte, sondern vor allem auch dadurch, dass jedes

Achternbusch über Achternbusch

Herbert Achternbusch

»Komplexitätsgrade der Realität«: Alexander Kluge

Negative Enzyklopädie

einzelne Werk eine neue Variante ein und desselben Gegenstandes: Herbert Achternbusch darstellt. Von *Das Kamel* (1970) über *Die Alexanderschlacht* (1971) und *Der Tag wird kommen* (1973) bis *Der Neger Erwin* (1981), *Die Olympiasiegerin* (1982) und *Revolten* (1982) verzweigt sich das Ich-Thema in vielfältige und phantasie volle Metaphern und Allegorien hinein, entgrenzt sich in Gegenfiguren, Zwischen- und Nebentöne, Vergangenheits- und Zukunftswelten, um doch immer nur bei sich zu sein und zu sich selber zurückzukehren. Seine einzelgängerische Existenz, fernab vom Kulturbetrieb, findet ihr Pendant in einer Schreibweise, die sich um literarische Traditionen und Gepflogenheiten nicht kümmert, sondern die Subjektivierungsprozesse, von denen sie handelt, in der Subjektivität ihrer Wahrnehmungsformen fortsetzt. Achternbusch hat es deshalb weder als Autor noch als Filmemacher (*Der Depp*, 1982; *Das Gespenst*, 1982; *Die Olympiasiegerin*, 1983) leicht bei seinem Publikum gehabt, und er hat sich sogar diskriminierende Äußerungen durch Literaturkritik und Filmförderung (Bundesinnenministerium) gefallen lassen müssen. Aber die Konsequenz, mit der er als Buchautor wie als Regisseur, Produzent, Darsteller und Verleiher seiner Filme für nichts als sich selber einsteht, gibt seinen egozentrierten literarischen und filmischen Phantasien die Glaubwürdigkeit und Überzeugungskraft, die auch der DDR-Dramatiker Heiner Müller ihm zugesprochen hat: »Herbert Achternbusch ist der Klassiker des antikolonialistischen Befreiungskampfes auf dem Territorium der BRD.«

Der überaus vielseitige und umfassend gebildete Alexander Kluge (geb. 1932) – promovierter Jurist, Kirchenmusiker, Filmregisseur, Theoretiker und Fernsehproduzent – hat das Programm seiner eigenen filmischen und literarischen Arbeit folgendermaßen beschrieben: »Entweder erzählt die gesellschaftliche Geschichte ihren Real-Roman, ohne Rücksicht auf die Menschen, oder aber Menschen erzählen ihre Gegengeschichte. Das können sie aber nicht, es sei denn in den Komplexitätsgraden der Realität. Das fordert im wörtlichen Sinne den ›Kunstgegenstand‹, ein Aggregat von Kunstgegenständen. Sinnlichkeit als Methode ist kein gesellschaftliches Naturprodukt.« In dieser komplexen theoretischen Äußerung liegen eine Reihe von Voraussetzungen beschlossen, die Kluges Prosa seit ihren Anfängen (*Lebensläufe*, 1962) bestimmt haben. Kluges Erzählungen gehen aus von einer Wirklichkeit, deren Abläufe, Entwicklungen, Tendenzen in aller Komplexität wahrgenommen werden bis hinein in kleinste Details des Alltagslebens (»Die Kinder sind artig, die Frau mahnt sie zur Ruhe«), bis zu feinsten Gefühlsnuancen (»Wenn er seine Frau ansieht, wird er müde«). Die Organisation dieses Wirklichkeitsmaterials erschöpft sich aber nicht in der bloßen Wirklichkeitsreproduktion – im Sinne eines »Abbildes« oder einer »Widerspiegelung« –, sondern verdichtet und konzentriert die beobachteten Lebensausschnitte derart, dass Irritationen, Oppositionen, Widerstände aufgebaut werden.

Die ›Komplexität‹, die Kluge in seiner theoretischen Bestimmung fordert, findet sich in der Formenvielfalt und Offenheit seiner Texte wieder: Leser können mit diesen Erzählungen arbeiten und in ihnen sich und ihre Wirklichkeit nicht nur wiedererkennen, sondern sie zugleich mit eigenen Erfahrungen auffüllen. Daraus aber resultiert die literarische Einzigartigkeit dieser »Gegengeschichten« Alexander Kluges, wie sie in *Lernprozesse mit tödlichem Ausgang* (1973) und in *Neue Geschichten. Heft 1–18. ›Unheimlichkeit der Zeit‹* (1977) erzählt werden: Sie verarbeiten nicht nur Wirklichkeit in angemessener literarischer Komplexität, sondern sie verändern zugleich den Blick der Leser auf die Wirklichkeit, aus der sie selber hervorgegangen sind. Kluges negative Enzyklopädie, die er zu einer zweitausendseitigen *Chronik der Gefühle* (2000) zusammengefasst hat, produziert den Widerstand der Ästhetik, indem sie pointiert, zuspitzt, zur ›Science Fiction‹ hochrechnet, was als »tödlicher Ausgang« in unseren alltäglichen Verhältnissen vorgezeichnet liegt. Der Montagecharakter seines Erzählverfahrens bleibt diesem so wenig äußerlich wie der schwarze Humor, der es grundiert: Der Erzähler Kluge misstraut ebenso wie der Regisseur und der Theoretiker angesichts sozialer Komplexität und Heterogenität den Sinn und Zusammenhang stiftenden Kontinuitäten eines ›roten Fadens‹. Aus diesem Grunde montiert Kluge auch in seinen Filmen (*Die Patriotin*, 1979; *Die Macht der Gefühle*, 1983) heterogene, widerspruchsvolle Materialien aus Geschichte und Gegenwart zu komplexen Essays, aus diesem Grunde verweigern seine Theorieentwürfe (*Öffentlichkeit und Erfahrung*, 1972; *Geschichte und Eigensinn*, 1981, beide mit Oskar Negt) jeden Ansatz einer systematisierenden Denkweise. Kluge ist kein »herzloser Erzähler« (Enzensberger), sondern ein Aufklärer mit Wirklichkeits- und Möglichkeitssinn.

Eine ›Gegengeschichte‹ ganz anderer Art, eine Fiktionalisierung der Fiktion, hat Wolfgang Hildesheimer mit seiner Biographie *Marbot* (1981) verfasst. Wie der Titel sich nahezu als Anagramm zu Hildesheimers *Mozart*-Biographie (1977) lesen lässt, so die Titelfigur als eine Art Vexierbild ästhetischer Existenz. Denn Hildesheimers *Marbot* ist die Biographie einer fiktiven Gestalt der Kunstgeschichte, eine Figur, der durch die Brechung des Inzesttabus mit der Mutter etwas erotisch Sensationelles anhaftet, das sie zugleich für ihre besondere Begabung disponiert. Diese Figur arbeitet den psychologischen Deutungsmöglichkeiten in bildender Kunst und Malerei vor, indem sie sich auf eine rekonstruierende Einfühlung in Technik und Emotion, Farbgebung und Formensprache der Kunst des 19. Jahrhunderts konzentriert. Hildesheimer hat seiner Figur auf sehr behutsame und kunstvolle Weise Leben und Authentizität verschafft, indem er ihre Existenz in Dokumenten und Fotografien (scheinhaft) beglaubigt und sogar später in Vorträgen und bei Diskussionen aus dem Werk dieser fiktiven Figur zitiert hat. Stellt sich in der Motivverknüpfung von Inzest und ästhetischer Reproduktivität implizit auch die Frage nach den Bedingungen künstlerischer Produktion, so gibt die von Hildesheimer gewählte Fiktionalisierung der Fiktion zugleich das Problem auf, das Verhältnis von Literatur und Wirklichkeit neu zu bestimmen. Wolfgang Hildesheimer selber, der erfolgreiche Autor von *Lieblose Legenden* (1952/1962) und *Tynset* (1965), hat für sich, eigenem Bekunden nach, den Entschluss gefasst, das Schreiben aufzugeben und sich stattdessen der Malerei zu widmen. Eine Verbindung beider Ausdrucksformen hat Hildesheimer in seinen autobiographischen *Mitteilungen an Max über den Stand der Dinge und anderes* (1983) versucht.

In den »Gegengeschichten«, wie sie Alexander Kluge oder Herbert Achternbusch erzählen – aber auch bei jüngeren Autoren wie Ludwig Fels (*Mein Land*, 1978; *Betonmärchen*, 1892), Bodo Kirchhoff (*Die Einsamkeit der Haut*, 1981) und Rainald Goetz (*Irre*, 1983) –, geht es immer auch um Wirklichkeitskritik, um einen dialektischen Wirklichkeitsbezug im Sinne eines Gegenentwurfs, der über den gesellschaftlichen Status quo hinausweist – gerade in den innovatorischen Elementen seiner Formensprache. Anders verhält es sich bei einem ebenfalls jüngeren und überaus erfolgreichen Autor, nämlich bei Botho Strauß. Der Erfolg seines Werks dürfte nicht zuletzt aus dem Umstand zu erklären sein, dass Strauß, begabt mit einer überaus sensiblen Wahrnehmungsfähigkeit, der Wirklichkeit Töne ablauscht, die er zu einer durchaus goutierbaren Sprachäquilibristik verdichtet: Kultur- und Sozialkritik als genussreiche Reproduktion des Kritisierten. Botho Strauß, der als Dramaturg bei dem Theaterregisseur Peter Stein begonnen

Wolfgang Hildesheimer

Sprachäquilibristik:
Botho Strauß

Botho Strauß

hat, debütierte Anfang der 70er Jahre mit eigenen Theaterstücken (*Die Hypochonder*, 1972; *Bekannte Gesichter, gemischte Gefühle*, 1974; *Trilogie des Wiedersehens*, 1976; *Groß und klein*, 1977; *Der Park*, 1983). Neben seinen Arbeiten für das Theater, unter denen die *Kalldewey Farce* (1981) einen überaus großen Erfolg hatte, veröffentlichte Strauß seit Mitte der 70er Jahre Erzählungen und Romane (*Die Widmung*, 1978; *Rumor*, 1980; *Paare, Passanten*, 1981; *Der junge Mann*, 1984), eine Elegie (*Diese Erinnerung an einen, der nur eine Nacht zu Gast war*, 1985) sowie Fragmente und Reflexionen. Auch Strauß hat in seinem Werk das Generalthema der 70er Jahre aufgenommen – Entfremdung in unserer Gesellschaft und das Leiden an ihr –, auch Strauß geht es um Gesellschafts-, um Kulturkritik. Doch bleibt er dieser Gesellschaft, dieser Kultur auf eine problematische Weise verhaftet, weil er ihr, bei aller Sensibilität und Sprachartistik, phänomenologisch auf die Spur kommen will. »Ohne Dialektik denken wir auf Anhieb dümmer«, schreibt Strauß im Blick auf die Frankfurter Schule um Theodor W. Adorno, »aber es muß sein: ohne sie!« Dies ist, als Programm verstanden, ein Alternativentwurf zu Alexander Kluges Postulat der »Gegengeschichte«: eine brillierende Sprache, aber doch nur »vorübergehend sehr schön«, wie Thomas Bernhard sie charakterisiert hat – »wie ein Fliederbusch vor meinem Haus«.

Johnsons »Jahrestage«

Mit der Tetralogie *Jahrestage* (erschienen in den Jahren 1970, 1971, 1973 und 1980) hat Uwe Johnson eine Art »Gegengeschichte« und zugleich sein Opus magnum geschaffen. Ein zeitgeschichtliches Kompendium, das freilich alle zeitgeschichtliche Gebundenheit hinter sich lässt, indem es drei Zeitebenen miteinander verschmilzt: die Gegenwart der Gesine Cresspahl, aus deren Perspektive Ende der 60er Jahre in New York erzählt wird; die Nachkriegsgeschichte in Ost und West; die Zeit des Dritten Reichs. Johnson gelingt die erinnernde Integration dieser Ebenen zu einem Zeit-Panorama in facettenreichen, vielfältig gebrochenen Wahrnehmungsperspektiven, die um die Themen Faschismus, Sozialismus, Vietnamkrieg kreisen. Sein Werk richtet sich gegen die Diskrepanz von Anspruch und Wirklichkeit – heute wie vor dreißig oder fünfzig Jahren, in der kapitalistischen wie in der sozialistischen Realität, im Alltag wie in der Politik. Seine Schreibvoraussetzungen hat Uwe Johnson in den Poetik-Vorlesungen *Begleitumstände* (1980) beschrieben.

Peter Weiss' dreibändige *Ästhetik des Widerstands* (1975/78/81), die mit einem Gesamtumfang von fast tausend Seiten erschien, dürfte – neben Uwe Johnsons Tetralogie *Jahrestage* – das gewichtigste deutschsprachige Werk der 70er und 80er Jahre sein. Es ist der groß angelegte, weit ausholende Versuch, die Geschichte der europäischen Arbeiterbewegung in ihren Aufbrüchen und Zielsetzungen, in ihren Widersprüchen und Hoffnungen, im Scheitern, Versagen, Zweifeln, aber auch in den weltgeschichtlichen Kontinuitäten und Traditionen des Kampfes gegen Unterdrückung und Ausbeutung zu zeichnen. Peter Weiss erzählt diese Geschichte aus der Sicht eines fiktiven Ich-Erzählers, der – Inhalt des ersten Bandes – im Herbst 1937 zunächst im kommunistischen Untergrund in Berlin lebt, dann nach Prag ins Exil geht, schließlich am Spanischen Bürgerkrieg teilnimmt. Der zweite Band setzt, nach der Niederlage der Republikaner, in Paris ein, führt den Ich-Erzähler nach Schweden, wo er in einer Fabrik arbeitet, Kontakt zu Kommunisten aufnimmt und zum Kreis um Bertolt Brecht zählt, und endet im April 1940. Der dritte Band, eine »Hades Wanderung«, beginnt mit der Ankunft der Eltern in Schweden, lässt die Problematik eines dogmatischen Kommunismus hervortreten – pointiert vor allem durch die Gegenfigur des Max Hodann –, führt in die Stockholmer Parteizelle und ihre Aktivitäten, nach Nazi-Deutschland (Zerschla-

Peter Weiss

gung der Widerstandsorganisation »Rote Kapelle« und Hinrichtungen in Plötzensee) und zeigt die zermürbenden, neues Unheil ankündigenden Intrigen, Streitigkeiten, Terrorisierungen innerhalb der kommunistischen und sozialistischen Arbeiterbewegung vor dem Ende des Zweiten Weltkrieges. Die fiktive, gleichwohl zum Teil minutiös und dokumentarisch getreu rekonstruierende Geschichtsschreibung der Jahre 1937 bis 1945 bildet jedoch nur eine Ebene dieses »roman d'essai« (A. Andersch). Seine zweite, gleich gewichtige, ist die der kunsthistorisch-ästhetischen Diskussion: vom Pergamon-Altar über Géricaults »Floß der Medusa« bis zu Picassos »Guernica«, von Kafka über Neukrantz zu Brecht zeigt Weiss Kunst als das kollektive Gedächtnis der Menschheit, als das produktiv fortwirkende Ferment aller Klassenkämpfe, in welchem das Leben der Menschen sich unauslöschlich materialisiert hat und das seinerseits als Erinnerung und Äußerung der geschichtlich uneingelösten Hoffnungen arbeitet. Beide Ebenen, die zeitgeschichtliche des antifaschistischen Widerstandskampfes und die kunsthistorisch-kunsttheoretische ästhetischer Produktivität, verbindet Weiss in einer dritten Schicht, der des Werks selber. Die Gattungsbezeichnung »Roman« wird diesem nicht gerecht, handelt es sich doch kaum um Handlung, Figurenpsychologie, Charakterentwicklung, sondern eher um Abhandlung, Essay, Traktat, um kunsttheoretische, politische und wissenschaftliche Überlegungen mehr als um erzählerische Entwicklung eines Gesellschaftspanoramas oder eines individuellen Konflikts. Doch im Prozess des Erzählens wird deutlich, dass der Erzählduktus selber mit sich trägt und einlöst, was sein Autor sich vorgesetzt hat. Die verschiedenen Erzählschichten – Beschreibung, historisch-politischer Exkurs, ästhetische Analyse – verbinden sich im Fortgang des Werks zunehmend und im dritten Band vollends zu einer Synthese, die Essay und Bericht, Analyse und Reflexion miteinander verschmilzt. »Die Ästhetik wird nicht mehr definiert anhand von Kunstwerken«, so hat Weiss zum dritten Band bemerkt, »sondern schlägt sich direkt nieder.« Es geht um die Vermittlung des Politischen und des Künstlerischen, um eine Ästhetik, die in sich politisch ist, um eine Politik, welche die Formen, in denen sie sich vergegenständlicht, als Ausdruck ihrer Zielsetzungen – oder aber ihres Versagens! – begreift. Aus diesem Grunde legt Weiss den Finger gerade auf die Wunden der kommunistischen Arbeiterbewegung – Moskauer Schauprozesse, Stalinismus, Terror innerhalb der Bewegung –, aus diesem Grund lässt er seinen fiktiven Erzähler – vergleichbar dem Muster des Bildungsromans – die Kulturgeschichte der Menschheit auf ihre ästhetischen Widerstandspotentiale hin sich erarbeiten: »Du mußt lesen, Du mußt dich bilden, Du mußt dich auseinandersetzen mit den Dingen, die auf dich zukommen, Du mußt Stellung ergreifen, Du darfst nicht sitzen und alles nur auf dich zukommen lassen, Du darfst dich vor allen Dingen nicht dem Gedanken hingeben, daß Mächtige über dir sind, die doch alles bestimmen. Das sind die Grundgedanken, und deshalb immer wieder das Thema: Wo, zu welchen Zeiten haben sich Menschen gegen anscheinend unübersteigbare Widerstände hinweggesetzt?«

Weiss hat sich mit dem Ich-Erzähler des Werks, nach eigenem Bekunden, eine »Wunschautobiografie« geschrieben, freilich nicht im Sinne einer politischen Beschönigung der eigenen bürgerlichen Lebensgeschichte, sondern als Entwurf einer fiktionalen Synthese von Ästhetik und Widerstand, Kunst und Politik, deren Fiktionalität gerade nicht unterschlagen, sondern betont wird. »Wie könnte dies alles erzählt werden?«, lautet deshalb die stereotyp wiederkehrende Formel, die das Organisationsprinzip des Erzählens als Prinzip erzählerischer Selbstreflexion und poetischen Entwerfens zu erkennen gibt. Es geht darum, der bürgerlichen

Kollektives Gedächtnis der Menschheit

Widerstand der Ästhetik

)Wunschautobiografie(

»Du mußt lesen, Du
mußt dich bilden, Du
mußt dich auseinander-
setzen mit den Dingen,
die auf dich zukommen,
Du mußt Stellung ergrei-
fen, Du darfst nicht
sitzen und alles nur auf
dich zukommen lassen,
Du darfst dich vor allen
Dingen nicht dem Ge-
danken hingeben, daß
Mächtige über dir sind,
die doch alles bestim-
men.« – Peter Weiss mit
Blick auf den Pergamon-
Fries an seine Leser

»Unfähigkeit zu trauern« (Alexander Mitscherlich) eine »Ästhetik des Widerstands« entgegenzuhalten, die zu trauern gelernt hat, gerade über die eigenen
Schwächen und Versäumnisse. Die professionelle Kritik hat diesen Entwurf, dessen Entstehungsprozess Peter Weiss in Aufzeichnungen protokolliert hat (*Notiz-
bücher 1971–1980*, 1981), überaus kontrovers aufgenommen, Schriftsteller wie
Alfred Andersch und Wolfgang Koeppen hingegen waren sich einig in ihrer Bewunderung für das Werk. »Der Roman ›Ästhetik des Widerstands‹«, so Wolfgang
Koeppen, »ist für mich eines der erregendsten, mutigsten und traurigsten Bücher
meiner Zeit.«

Widerstand der Ästhetik – wenn sich die literarische Entwicklung der Bundesrepublik in den 80er Jahren auf diese Formel bringen lässt, dann gewiss deshalb,
weil in die Werke das Bewusstsein einer Krise Eingang gefunden hatte. Die Zu-
kunftshoffnungen der 60er Jahre waren ebenso in den Hintergrund gerückt wie
die Ich-zentrierte Wahrnehmungsperspektive der »neuen Subjektivität«. An ihre
Stelle ist das Wissen um drohende ökologische, atomare und soziale Katastrophen getreten, das die Autoren nicht unberührt ließ. Nicht nur in den demonstra-
tiven politischen Schritten an die Öffentlichkeit während der Schriftstellertreffen,
sondern gerade in der literarischen Ästhetik der Werke selber sprachen sich
Phantasiepotentiale und produktive Energien aus, die auf Veränderung des abgründigen sozialen Status quo setzten. Die Entgrenzung des Ich, die Lyrik einer
beschädigten Welt, die Rückeroberung der Sinnlichkeit und die Rückgewinnung
geschichtlichen Denkens und Handelns – dies sind Repräsentationsformen der
literarischen Opposition. Sie konnte freilich, angesichts der globalen Dimension
der empfundenen Bedrohung, nicht auf die Bundesrepublik begrenzt bleiben,
sondern sahen, beispielsweise, auch Autoren aus der DDR wie Irmtraud Morgner
und Christa Wolf an ihrer Seite. Ihre Gemeinsamkeit beruhte – um eine Formulierung Heiner Müllers auf dem Schriftstellertreffen 1981 in Berlin (Ost) aufzunehmen – auf dem Wissen um »die Subversion der Kunst, die notwendig ist, um die
Wirklichkeit unmöglich zu machen«.

Tendenzen in der deutschsprachigen Gegenwartsliteratur seit 1989

Die Zäsur des Jahres 1989 – Voraussetzungen und Folgen

Das letzte Jahrzehnt des 20. Jahrhunderts setzte mit der epochalen Wende 1989 ein. In diesem turbulenten Jahr kam es am 9. November in Berlin zur Öffnung der Mauer. Das war ein Ereignis von historischer Tragweite, das die politische Weltkarte grundlegend veränderte und Spuren nicht nur in der politischen, sondern auch in der kulturellen Landschaft Deutschlands hinterlassen hat. Von einer Zäsur zu sprechen, die mit der von 1945 vergleichbar ist, scheint nicht übertrieben, markieren doch beide Daten Wendepunkte in der Geschichte. Danach blieb nichts, wie es war – weder in Deutschland, Europa noch in der Welt. Der nach 1989 einsetzende Zusammenbruch der sozialistischen Staatengemeinschaft, die Auflösung des wirtschaftlichen wie militärischen Bündnisses leitete das Ende des Kalten Krieges ein. Die DDR, von der der Generalsekretär der SED, Erich Honecker, noch kurz vor dem Untergang vollmundig erklärte: »Den Sozialismus in seinem Lauf halten weder Ochs' noch Esel auf«, verschwand binnen kurzer Zeit von der politischen Weltkarte. Im Ausnahmezustand der Eiseskälte hatte sie Günter de Bruyn bereits Mitte der 80er Jahre in seinem Buch *Neue Herrlichkeit* (1985) gezeigt. Auch Annett Gröschner bezieht sich auf die Kältemetapher: In ihrem Roman *Moskauer Eis* (2000) erzählt sie Geschichten aus der Gefriertruhe, die mit dem Land zu tun haben, das am 3. Oktober 1990 seine Eigenstaatlichkeit aufgab. Während im Herbst 1989 das Staatsgebilde DDR bereits in Agonie lag, erstarrt an Ignoranz, staatlicher Willkür und politbürokratischer Selbstgefälligkeit, fassten die Bürgerinnen und Bürger des Landes Mut, ihrem Unzufriedenheit am ›Regiertwerden‹ öffentlich zu artikulieren. Massenhaft stimmten sie gegen eine zentralistisch ausgeübte SED-Herrschaft mit den Füßen ab. Viele der in den 90er Jahren geführten politischen, kulturellen, aber auch literarischen Debatten leiten sich direkt oder vermittelt aus der sog. ›Wende‹ her. Ein Ereignis, von dem die Schriftstellerin Helga Königsdorf sagte: »Diese Revolution war ein Kunstwerk.« Natürlich reagierte auch die Literatur auf die Öffnung der Mauer. Angesichts dieses unglaublichen Ereignisses gerieten Texte aus den Fugen. Durs Grünbein muss sein Gedicht »12/11/1989« aus dem Band *Schädelbasislektion* (1991) geradezu ermahnen: »Komm zu dir Gedicht, Berlins Mauer ist offen jetzt.« Hier wird offensichtlich zur Formenstrenge aufgefordert, während die Ereignisse im Herbst ›89 die Tendenz hatten, feste Strukturen

Untergang der DDR

Zustand der Kälte

aufzulösen. Aber es schwingt auch in dem Text die Frage mit: Wie kann, wie soll der Autor angemessen auf diese historische Zäsur reagieren, wie mit ihr umgehen?

Der 9. November und seine Vorgeschichte

Ende der 80er Jahre leitete der Staats- und Parteichef Michail Gorbatschow in der Sowjetunion gesellschaftliche Erneuerungsprozesse ein. Obwohl die Politbürokraten der DDR die programmatischen Begriffe ›Glasnost‹ und ›Perestroika‹ fürchteten und vehement versuchten, alle Überlegungen, die auf einen demokratischen Sozialismus zielten, rigoros zu unterbinden, wurde das Land von den neuen Ideen dennoch erfasst. Im Verlauf des Jahres 1989 spitzten sich die Ereignisse in der DDR immer mehr zu. Tausende DDR-Bürger flüchteten über die seit Mai offene ungarische Grenze nach Österreich (offiziell war sie ab September passierbar) oder besetzten die Botschaften der Bundesrepublik in Prag, Budapest und Warschau, um ihre Ausreise zu erzwingen. Aber es wuchs auch der Widerstand derer, die die DDR reformieren wollten und deshalb auf Veränderungen drängten. Seit März 1989 fanden in Leipzig im Anschluss an Friedensgebete in der Nikolaikirche die sog. Montagsdemonstrationen statt. Dieses Gotteshaus bildet in Erich Loests Roman *Nikolaikirche* (1995) das Zentrum oppositioneller Bürgerbewegungen und den Hintergrund einer Familiengeschichte, die vom ›Endspiel‹ der DDR handelt. Während sich anfangs nur einige hundert Menschen an den Protestmärschen durch die Leipziger Innenstadt beteiligten, waren es innerhalb weniger Monate mehr als 150 000. In dieser Zeit demonstrierte Egon Krenz, der designierte Nachfolger Erich Honeckers, durch seinen Besuch in China offiziell Sympathie mit den chinesischen Machthabern, die kurz zuvor die Proteste auf dem Platz des Himmlischen Friedens mit Panzern niedergewalzt hatten. Es war als ein deutliches Zeichen zu verstehen, gerichtet an die oppositionellen Kräfte im eigenen Lande, dass auch in der DDR eine ›chinesische Lösung‹ möglich wäre. Ein Höhepunkt in diesem stürmischen Herbst waren die Demonstrationen, die um den 7. Oktober 1989 (40. Jahrestag der DDR-Gründung) stattfanden. Im Vorfeld hatte Gorbatschow zum Reformunwillen der DDR-Führung mit der Bemerkung Stellung genommen: »Wer zu spät kommt, den bestraft das Leben« – ein Satz mit Initialzündung. Die Situation eskalierte, als die Demonstranten vor dem Palast der Republik in Berlin »Freiheit, Freiheit«, »Wir bleiben hier!« und »Gorbi, hilf uns« riefen. Auf diesen Druck von unten reagierte die Staatsmacht mit Polizeigewalt. Gegen das Volk setzte die Volkspolizei Knüppel ein, es kam zu Verhaftungen. Während die Partei- und Staatsführung nicht in der Lage war, auf die neue Situation durch grundlegende Reformen zu reagieren, verfassten Künstler und Schriftsteller Protestresolutionen, beteiligten sich an basisdemokratischen Gruppen und engagierten sich in neu gegründeten politischen Foren.

Um dem Willen nach Veränderungen öffentlich Ausdruck zu verleihen, organisierte der Verband der Theaterschaffenden für den 4. November 1989 eine Kundgebung, zu der sich ca. 500 000 Menschen auf dem Berliner Alexanderplatz versammelten. Sie waren sich einig im Protest gegen die Regierung der DDR und wollten ohne Anwendung von Gewalt Reformen in der DDR erstreiten. Unter den Rednern befanden sich auch Schriftsteller, die zuvor in ihren Texten Vorstellungen von einer anderen sozialistischen Gesellschaft entworfen hatten. Christa Wolf wies in ihrer Rede auf die Schwierigkeiten mit dem Wort ›Wende‹ hin, das trotz aller Bedenken zum Inbegriff der Systemveränderungen in der DDR wurde. »Ich

Montagsdemonstration am 20. November 1989 in Leipzig – Auch nach der Öffnung der deutsch-deutschen Grenze und der Einführung der freizügigen Reiseregelung am 9. November fanden in mehreren Städten der DDR wieder Demonstrationen für Reformen und freie Wahlen statt.

Demonstration in Ost-Berlin 1989 – Knapp vier Wochen nach dem 40. Jahrestag der DDR gingen am 4.11.1989 Hunderttausende in Ost-Berlin auf die Straße. Unter dem Motto »Keine Gewalt« wurde die friedliche Herbstrevolution in der damaligen DDR fortgesetzt und bekam durch diese Demonstration eine neue Größenordnung.

sehe da ein Segelboot. Der Kapitän ruft: ›Klar zur Wende!‹, weil der Wind sich gedreht hat oder ihm ins Gesicht bläst. Und die Mannschaft duckt sich, wenn der Segelbaum über das Boot fegt. Aber stimmt dieses Bild? Stimmt es noch in dieser vorwärtstreibenden Lage. Ich würde von revolutionärer Erneuerung sprechen. Revolutionen gehen von unten aus.« Stefan Heym schien es, »als habe einer die Fenster aufgestoßen nach all den Jahren der Stagnation – der geistigen, der wirtschaftlichen, der politischen, nach all den Jahren der Dumpfheit und des Miefs, des Phrasengewäschs und bürokratischer Willkür«. Zu den Rednern gehörten auch Heiner Müller und Christoph Hein. Mit dem an Schlichtheit kaum zu überbietenden Satz »Wir sind das Volk« hatten die Demonstranten in die Weltgeschichte eingegriffen. In Volker Brauns Erzählung *Das Nichtgelebte* (1992/93 entstanden) erinnert sich die zentrale Figur Georg an die Vielzahl von Möglichkeiten, die es 1989 gab, Geschichte eingreifend zu verändern. Rückblickend erkennt er, was mit den vergebenen Möglichkeiten an Lebensentwürfen ungelebt bleiben wird.

Auf den Demonstrationen zeigte sich, dass die lange Zeit Sprachlosen ihre »Sprachlosigkeit überwunden« hatten. In Sprüchen wie: »Dem Land ein neues Antlitz ohne Kalk aus Wandlitz« (dem Wohnort der Mitglieder des SED-Politbüros), »Glasnost und nicht Süßmost« oder »Rücktritt ist Fortschritt« artikulierte sich der Wunsch nach Veränderungen mit hintersinnigem Humor. Dabei erfuhr auch der Satz: »Wir sind das Volk« eine entscheidende Nuancierung, als daraus die Losung: »Wir sind ein Volk« wurde. Mit dem Wunsch nach Wiedervereinigung war ein Ziel anvisiert worden, das lange Zeit in Ost und West als Tabu galt. Doch der Wunsch nach staatlicher Einheit wurde nicht von allen geteilt. Als letzter vergeblicher, ja illusionärer Versuch, eine Mehrheit für die Errichtung einer »wahrhaft demokratischen Gesellschaft« zu gewinnen, darf die Erklärung von Künstlern und Vertretern von fünf Bürgerinitiativen »Fassen Sie Vertrauen!« gelten, die Christa Wolf am 8. November 1989 im DDR-Fernsehen verlas, um die Bürger der DDR, die ihr Land mittlerweile massenhaft verließen, zum Bleiben aufzurufen. Zu den Unterzeichnern gehörten auch Christoph Hein, Stefan Heym, Ulrich Plenzdorf, Ruth Berghaus und Kurt Masur. Einen Tag später war der Aufruf hinfällig. Am 9. November 1989 gab Günter Schabowski auf einer Pressekonfe-

»Wir sind ein Volk«

Die Mauer fällt

renz des Politbüros die Öffnung der Mauer bekannt. Über Nacht wurde das Bollwerk durchlässig, von dem es in Wolf Biermanns Gedicht »DIDELDUMM« heißt: »Vier Meter hoch, die Mauer hat uns / Den Himmel zerschnitten«. Doch auch durch die Grenzöffnung war der massenhafte Exodus nicht aufzuhalten.

Erneut machten Schriftsteller (Christa Wolf, Volker Braun, Stefan Heym u. a.) in dem Aufruf »Für unser Land« (26. November 1989) auf die tiefe Krise aufmerksam, in der sich die DDR befand: »Uns bleibt nur noch wenig Zeit, auf die verschiedenen Möglichkeiten Einfluß zu nehmen, die sich als Ausweg aus der Krise anbieten. Entweder: können wir auf der Eigenständigkeit der DDR bestehen und versuchen, [...] eine solidarische Gesellschaft zu entwickeln, [...] Oder: wir müssen dulden, daß [...] ein Ausverkauf unserer materiellen und moralischen Werte

Erster Nachruf auf die DDR

beginnt.« Aber solche Appelle halfen nicht mehr. Die Öffnung der Grenze leitete das endgültige Verschwinden der DDR ein. Den »vielleicht signifikantesten Text der Wendezeit« (W. Emmerich) hat wohl Volker Braun verfasst. Sein Gedicht »Das Eigentum«, das zuerst am 4./5. August 1990 ohne Titel auf der ersten Seite des *Neuen Deutschland* erschien und später auch unter der Überschrift »Nachruf« veröffentlicht wurde, kann durchaus als Abgesang gelesen werden.

> *»Das Eigentum«*
> Da bin ich noch: mein Land geht in den Westen.
> KRIEG DEN HÜTTEN FRIEDE DEN PALÄSTEN.
> Ich selber habe ihm den Tritt versetzt.
> Es wirft sich weg und seine magre Zierde.
> Dem Winter folgt der Sommer der Begierde.
> Und ich kann *bleiben wo der Pfeffer wächst.*
> Und unverständlich wird mein ganzer Text
> Was ich niemals besaß wird mir entrissen.
> Was ich nicht lebte, werd ich ewig missen.
> Die Hoffnung lag im Weg wie eine Falle.
> Mein Eigentum, jetzt habt ihrs auf der Kralle.
> Wann sag ich wieder *mein* und meine alle.

Das Gedicht Brauns entwirft unter Bezugnahme auf Büchner und Hölderlin (vgl. dessen Gedicht »Mein Eigentum«) eine ›poetische Landschaft‹ und reagiert zugleich auf den gesellschaftlichen Umbruch von 1989. Der Text verdeutlicht, dass angesichts der tiefgreifenden Veränderungen zur Disposition steht, was einst als sicher galt: das Eigentum. Das Volk lässt auf dem Weg in den Westen das sog. Volkseigentum zurück und kümmert sich nicht darum, was ihm nie Besitz war, aber eigentlich hätte sein sollen. Ein Verlust wird beklagt, doch es ist eine Klage ohne Wehmut, denn das lyrische Ich hat seinen Anteil daran, dass die Verhältnisse zusammengebrochen sind. Unweigerlich wirft der Umbruch die Frage nach der Zukunft auf. Heinz Czechowski (geb. 1935) beschreibt in dem im November 1989 entstandenen Gedicht »Die überstandene Wende« auch die unsicher gewordene eigene Position:

> Was hinter uns liegt,
> Wissen wir. Was vor uns liegt,
> Wird uns unbekannt bleiben,
> Bis wir es
> Hinter uns haben.

Seit seinem Erscheinen im Jahr 2008 gilt Uwe Tellkamps in buddenbrookscher Manier verfasstes Prosawerk *Der Turm* als der Roman der »Wende«. Der 1968 in Dresden geborene Autor, der 2004 für *Der Schlaf in den Uhren* den Ingeborg-Bachmann-Preis bekam und 2008 den Deutschen Buchpreis erhielt, debütierte 2000 mit dem Roman *Der Hecht, die Träume und das Portugiesische Café*. In seinem 2005 erschienenen Roman *Der Eisvogel* gerät der arbeitslose Protagonist Wiggo Ritter immer mehr ins Abseits der gesellschaftlichen Realität. Der DDR-Realität der Jahre von 1982 bis 1989 wendet sich Tellkamp in dem in Dresden spielenden Roman *Der Turm* zu. In dem monumentalen Gesellschaftspanorama zeichnet er das dramatische Geschehen einer in den Untergang taumelnden DDR nach. Christian Hoffmann, ein Arzt-Sohn, dem die bürgerlichen Wertvorstellungen, die in seiner Familie gelebt werden, näher als die inhaltsleeren sozialistischen Parolen sind, verfolgt abseits des Offiziellen konsequent seinen eigenen Weg. Aus seiner Perspektive entwirft Tellkamp eine DDR-Realität, die noch in den kleinsten Strukturen unverkennbar deutliche Zeichen des Verfalls aufweist. Um Dresden geht es Tellkamp auch in den Erkundungen, die 2010 unter dem Titel *Die Schwebebahn* veröffentlicht wurden.

Schutzumschlag

Ebenfalls für einen in der DDR spielenden Familienroman erhielt Eugen Ruge (geb. 1954) 2011 den Deutschen Buchpreis. In Ruges Roman *In Zeiten des abnehmenden Lichts* kommen Vertreter aus vier Generationen zu Wort. Worüber sie erzählen, das verdichtet sich zu einem Zeitbild, in dem die Zeichen der Auflösung immer deutlichere Konturen annehmen. Die Vertreter der ersten Genration stehen in Ruges Roman der DDR unkritisch gegenüber. Zweifelnd, aber doch positiv, verfolgt die zweite Generation den Aufbau in der DDR, während der Vertreter der dritten Generation in den Westen geht. Gänzlich emotionslos – als Vorgang eines Vergehens – registriert der Urenkel den Untergang der DDR, der für ihn nicht mehr als ein ein Geschichtsereignis ist.

Der deutsch-deutsche Literaturstreit – Es ging nicht um Christa Wolf

Während die Schriftsteller auf der Kundgebung am 4. November noch als Repräsentanten einer anderen Öffentlichkeit, einer »zweiten Ordnung« der Literatur und Kunst innerhalb der »ersten Ordnung« staatlicher Wirklichkeit, Rederecht hatten, büßten sie innerhalb kürzester Zeit diesen Vertrauensbonus ein. Im Juni 1990 löste Christa Wolfs Erzählung *Was bleibt* einen Literaturstreit aus, der mit ungewohnter Schärfe überwiegend in den westdeutschen Feuilletons geführt wurde. Bei dem Titel der Erzählung handelt es sich um die Verknappung der letzten Zeile aus Friedrich Hölderlins Gedicht »Andenken«: »Was bleibet aber, stiften die Dichter«, in dem nicht nur ein Anspruch artikuliert, sondern auch auf ein Dilemma verwiesen wird: Was vermag Dichtung, die der Tat das Wort redet, letztendlich zu bewirken.

Schutzumschlag

Was war geschehen? Christa Wolf hatte eine bereits im Sommer 1979 entstandene, nur wenige Seiten umfassende Erzählung veröffentlicht, die von ihr vor dem Hintergrund der Ereignisse des Jahres 1989 überarbeitet worden war. Sie handelt von einem Tag im Leben einer Schriftstellerin – Ähnlichkeiten mit der Autorin sind beabsichtigt –, die von der Staatssicherheit beschattet wird. Der Tagesablauf der Ich-Erzählerin kann nicht zu gewohnter Normalität finden, seit junge Männer von der Staatssicherheit vor dem Haus respektlos ihre Arbeit tun.

Das Objekt der Beobachtung fängt an, unsicher zu werden, sich selbst zu beobachten und nach dem Sinn der Observierung zu fragen. Angst stellt sich ein. Anstrengungen werden unternommen, sich dem aufgezwungenen »Dialog« zu entziehen, aber die »Abgesandten des anderen« sind da. Zur Zeit der Entstehung schien es der Autorin nicht angebracht, die Erzählung zu veröffentlichen. Als sie sich entschließt, den Text zu publizieren, ist der Zeitpunkt denkbar ungünstig gewählt.

Christa Wolf eine
Staatsdichterin?

Aufschlussreich an dem Streit war, dass es eigentlich nicht um die Autorin ging. »Es geht um Christa Wolf, genauer: Es geht nicht um Christa Wolf«, konstatiert Wolf Biermann. In der Debatte, in der Ulrich Greiner (*Die ZEIT*) Christa Wolf eine »Staatsdichterin« nannte, der er »Mangel an Mut« vorwarf, weil sie den Text in der DDR erst veröffentlichte, als ihr keine Gefahr mehr drohte, ist die Autorin nur Spielball. Zwar bescheinigte ihr auch Frank Schirrmacher (*F.A.Z.*), sie hätte seit Beginn ihrer schriftstellerischen Existenz daran gearbeitet, »die DDR zu retten«, aber zur Disposition stand nicht nur Christa Wolf. Was das Feuilleton tatsächlich verfolgte, benannte Jürgen Habermas: »Im übrigen war die Literaturdebatte um Christa Wolf ein gutes Beispiel für das Repetitive der eingefahrenen Sandkastenspiele. Jenes Feuilleton, das sich seit Jahrzehnten um die Rehabilitierung unserer jungkonservativen ›Reichswortgewaltigen‹ verdient gemacht hat, beeilte sich nach Öffnung der Mauer, Peter Rühmkorfs Erwartung zu erfüllen, ›daß man den Sozialismus jetzt mal ordentlich entgelten läßt, was man seinerzeit an den Nazis versäumt hat‹. Aber der Subtext der Debatte ist von älterer Machart. Endlich glaubte man, die Intellektuellen in Ost und West gleichzeitig an der Stelle zu haben, wo man sie des gemeingefährlichen Utopismus überführen und als die wahren Feinde des Volkes entlarven kann.«

Die Erzählung *Was bleibt* handelt auch von Fremdheit. Die observierte Schriftstellerin spürt, wie sie sich zunehmend fremd in dem Land fühlt, dem einst ihre Hoffnungen galten. Fremdheit schlägt auch der Emigrantin Medea in Korinth entgegen, der sich Christa Wolf in ihrem Buch *Medea. Stimmen* (1996) nähert. Medea half Jason und sie nahm seine Hilfe in Anspruch, aus dem Haus ihres Vaters, des Königs von Kolchis, zu fliehen, weil der König seinen Sohn töten ließ, um seine Macht zu sichern. Im Exil in Korinth entdeckt Medea, wie sich die Machtstrukturen gleichen. Erneut geht Christa Wolf – wie bereits in der *Kassandra*-Erzählung (1983) – bei der Bearbeitung einer mythischen Geschichte auf die Ursprünge zurück und zeigt, wie der Medea-Mythos in der patriarchal dominierten Überlieferungsgeschichte eine Umdeutung erfährt.

Nach Bedeutung sucht die Ich-Erzählerin in Christa Wolfs Erzählung *Leibhaftig* (2002). Sie befindet sich in einem Zustand äußerster Gefährdung, denn ihr Immunsystem ist zusammengebrochen. In dieser Krise, in der ihr Leben auf der Kippe steht, wechselt sie zwischen Traum- und Wachzuständen. In einem ›Bett-Boot‹ durchfährt sie ein Meer aus Erlebtem und Unbewusstem. Christa Wolf macht in *Leibhaftig* den Leib zum Erfahrungsträger und versteht ihn als Schriftort. Sprechend wird dieser Ort, als der Körper in einer Krisensituation die ihm eingeschriebenen Erfahrungen dem Bewusstsein zuspielt. Als literarisches Motiv ist Krankheit in den Texten von Christa Wolf ein Hinweis auf unbewältigte Konflikte der Protagonisten. Ihre Figuren werden aber auch an den herrschenden Zuständen krank.

Literatur und Staatssicherheit

Ein weiteres Kapitel im deutsch-deutschen Literaturstreit eröffnete 1990 Karl Heinz Bohrer. Auch er beschränkte sich in seinem Befund nicht auf Christa Wolf, sondern warf der politisch linksorientierten Literatur vor, dass sie sich mit ihrem gesellschaftlichen Engagement an der Zweckfreiheit von Literatur und Kunst versündigt hätte. Ulrich Greiner brachte diesen Vorwurf auf den Begriff der »Gesinnungsästhetik«, worunter er engagierte Kunst verstand, die »verschiedene Namen« trägt: »das Gewissen, die Partei, die Politik, die Moral, die Vergangenheit«. Greiner hielt einem Teil der Literatur der Nachkriegszeit und der jüngsten Vergangenheit vor, dass sie sich zu sehr mit »außerliterarischen« Themen beschäftigt hat: »mit dem Kampf gegen Restauration, Faschismus, Klerikalismus, Stalinismus etcetera«. Unter Berufung auf Bohrer machte sich Greiner gegen eine politisch engagierte Literatur stark und trat für einen autonomen Literaturbegriff in der Nachfolge Adornos ein, der auf der Trennung von Politik und Ästhetik beruht. Der Streit, bei dem es nur am Rande um ästhetische Fragen ging, war eine Auseinandersetzung um die Rede- und Meinungshoheit, um »Deutungsmonopole« (W. Emmerich). Wer dieses Recht verwirkt, wer sich schuldig gemacht hatte, wurde anhand von Biographien entschieden. In Uwe Wittstocks Fazit wird der zentrale Punkt der Auseinandersetzung beschrieben: »Es geht *nicht* um Literatur, sondern um eine exemplarische Abrechnung mit exemplarischen Lebensläufen. Die Schriftsteller sind Stellvertreter.«

Als Wolf Biermann in seiner Dankrede aus Anlass der Verleihung des Georg-Büchner-Preises im Oktober 1991 den Schriftsteller Sascha Anderson als »Sascha Arschloch« bezeichnete und ihn als Stasi-Spitzel enttarnte, eröffnete er ein weiteres Kapitel im Literaturstreit. Nach dem Disput über die sog. »Staatsdichter« und ihre politischen Verstrickungen in das System der DDR, traf es mit Anderson und Rainer Schedlinski, deren Spitzeltätigkeit 1991 bekannt geworden war, jene Innovationsfiguren der literarischen Szene des Prenzlauer Berg, deren ästhetisch orientiertes Literaturkonzept sich politischen Inanspruchnahmen verweigert hatte. Zur Szene vom Prenzlauer Berg zählten überwiegend jüngere Schriftsteller und Künstler, denen in der DDR keine Möglichkeiten eingeräumt wurden, ihre Werke zu veröffentlichen, weshalb sie begannen, literarisch-künstlerische Zeitschriften in Selbstverlagen zu publizieren – sog. ›Samizdat‹-Literatur (von russ. ›samsebjaizdat‹, sich selbst herausgeben). Die Herausgabe von Publikationen in Eigenverlagen war auch eine Reaktion auf das Scheitern der für Anfang der 80er Jahre geplanten sog. ›Akademie-Anthologie‹. Sie sollte Texte enthalten, »die Unbefriedigtsein am Zustand der Gesellschaft artikulierten, die Kritik, auch Unmut, ja auch Mißmut bezeugten, [...] kurzum, die eben das leisteten, was ihrem Wesen nach Literatur *auch* ist, nicht ausschließlich, doch zumindest *auch*.« (F. Fühmann). Aus diesem in der DDR gescheiterten Projekt ging die von Elke Erb und Sascha Anderson herausgegebene und dann im Westen erschienene Anthologie *Berührung ist nur eine Randerscheinung. Neue Literatur aus der DDR* (1985) hervor.

Diese »andere Literatur« aus der DDR, für die Klaus Michael den Begriff der »ausgegrenzten Literatur« vorschlägt, die aber auch als »dritte Literatur« (zur »zweiten Literatur« zählt F. J. Raddatz jene Werke, die von Autorinnen und Autoren aus der DDR verfasst wurden, die im Westen lebten und schrieben) bezeichnet wird, erfuhr nach 1989 eine enorme Aufmerksamkeit. Sie galt vielen wegen ihrer Unangepasstheit als die eigentliche DDR-Literatur. Anders als die reformso-

Engagierte Literatur versus Autonomie

Stasispitzel

Deckblatt der ›Samizdat‹-Zeitschrift *Entwerter – oder* in Ost-Berlin, die mit der geringen Auflagenhöhe von 15 Exemplaren ebenfalls die Aufmerksamkeit der DDR-Staatssicherheit erregte.

Wolf Biermann und Jürgen Fuchs nehmen Einsicht in ihre Stasi-Akten (Januar 1992).

zialistischen Schriftsteller reagierten diese Autoren auf eine ihnen verweigerte Öffentlichkeit mit der Herausbildung einer Gegenöffentlichkeit. Bis 1989 gab es in der DDR rund dreißig nicht genehmigte literarische und politische Zeitschriften, deren Auflagenhöhen häufig unter 50 Exemplaren lagen: so *Anschlag* in Leipzig, *und* in Dresden, *Mikado* und *Schaden* in Berlin. Selbst im entschiedensten Politikverzicht war diese ausgegrenzte Literatur insofern politisch, weil sie sich von der offiziellen Politik und der verwendeten Sprache in den Medien bewusst abhob. Gegen den zur Staatsdoktrin erklärten Ton des Sinnhaften, eröffnete man einen eigenen »Spielraum« für die Sprache und erkannte vorgeprägte Muster offiziellen Sprechens nicht an. Gerade dieser autonome »Spielraum« war nun dem Verdacht ausgesetzt, ein von der Staatssicherheit kontrolliertes und geduldetes Kulturbiotop gewesen zu sein. Es fehlte nicht an Versuchen, dem gesamten Untergrund nachträglich seine Legitimation abzusprechen. Zu Unrecht, wie es Peter Böthig formulierte, denn »nicht die Literatur, die kulturelle Identität des ›Prenzlauer Bergs‹ ist eingestürzt«.

Der Disput, der sich zunächst an Sascha Andersons Person entzündete, war nur ein Abschnitt innerhalb des viel umfangreicheren Kapitels, das vom Einfluss des Mielke-Ministeriums auf die Literatur der DDR handelt. Sascha Anderson hat viele Rollen gespielt. Vom Rollenspiel kommt er auch in seinem Buch *Sascha Anderson* (2002) nicht los, in dem er Autor und Hauptfigur in einem ist. Das Buch, das als Autobiographie angelegt ist, legt weniger Wert darauf, Neues zu offenbaren, sondern Anderson ist bemüht, den von ihm begangenen Verrat zu verdecken. Das Buch ist ein Gegenentwurf. Anderson schreibt gegen das Bild an, das von ihm in den Akten seiner Freunde auftaucht, indem er gegen dieses Bild seine subjektiven Erinnerungsbilder setzt. Er will der Geschichte seine eigene Sichtweise auf die Verhältnisse unterlegen.

Dichter als IM

Zeitweilig oder über einen längeren Zeitraum hatten auch andere Schriftsteller Kontakt mit dem Ministerium für Staatssicherheit. Darunter Autoren wie Fritz Rudolf Fries, Heinz Kahlau, Hermann Kant, Monika Maron und Paul Wiens. Als aber bekannt wurde, dass auch Christa Wolf und Heiner Müller informell für das Ministerium für Staatssicherheit tätig waren, überschlug sich die Debatte, was auch dazu führte, dass bei der Bewertung solcher Verstrickungen mit dem MfS wesentliche Sachverhalte in Vergessenheit gerieten. So beklagte Christa Wolf die Reduzierung ihrer Biographie auf die beiden Buchstaben IM, obwohl zu ihrer ›Täterakte‹ aus den Jahren 1959 bis 1962 (IM Margarete) auch der 42 Bände umfassende ›Operative Vorgang‹ gehört, den die Staatssicherheit über sie und ihren Mann angelegt hat.

Doch wie konnte sie vergessen, dass sie sich bereit erklärt hatte, für das MfS zu arbeiten? Diese Frage steht im Zentrum ihres Romans *Stadt der Engel oder The Overcoat of Dr. Freud* (2010). Während sie versucht, sich zu erinnern, ist das Land, dem sie sich zuwenden muss, bereits untergegangen. Die Ich-Erzählerin – sie trägt deutliche Züge der Autorin – begibt sich auf eine Spurensuche, bei der sie immer tiefer in die unterschiedliche Schichten der eigenen Biographie eindringt und zugleich in die Untiefen der DDR-Geschichte gerät. Was sie findet, zeigt sich vor dem amerikanischen Hintergrund, sie befindet sich in Santa Monica, in anderem Licht. Der Gestus ihres Insistierens ist unnachgiebig. In einem Mantel aus Schweigen will sich Christa Wolf nicht verstecken, vielmehr wendet sie bei der archäologischen Tiefenarbeit, die zu einer Erkundung des eigenen Selbst wird, den Mantel um und zeigt dessen verborgene Innenseite. *Stadt der Engel* ist Christa Wolfs letzter, zu Lebzeiten publizierter Roman.

Am 1.12.2011 starb die Dichterin in Berlin. Ein Jahr nach ihrem Tod erschien postum die Erzählung *August*, in der ein männlicher Protagonist im Zentrum des Geschehens steht. Diesen August hat es wirklich gegeben, er wird in Wolfs *Kindheitsmuster* zum ersten Mal erwähnt. Rückblickend erinnert sich August mit Ende sechzig an die ersten Nachkriegsjahre, als er acht Jahre alt war und mit Tbc in eine Mottenburg kam. Alles hatte der Junge verloren. Außer der Krankheit hatte er nichts und dennoch ist er überzeugt davon, dass er Glück hatte.

Schutzumschlag

Verbotene Bücher erscheinen

Es ist nach 1989 möglich, dass Bücher erscheinen, die in der DDR verboten waren oder aus politischen Gründen nicht publiziert wurden. Mit den Tagebüchern von Brigitte Reimann (1933–1973) *Ich bedaure nichts. Tagebücher 1955–1963* (1997) und *Alles schmeckt nach Abschied. Tagebücher 1964–1970* (1998) wird im wiedervereinten Deutschland eine Autorin entdeckt, die in ihren Aufzeichnungen schonungslos mit dem System und der eigenen Person umgegangen ist. Die Tagebücher sind die Lebenszeugnisse einer Frau, die noch nicht einmal vierzigjährig an Krebs stirbt. Ungeschützt und ohne Selbstzensur meldet sich die Autorin in den Aufzeichnungen mit ungestümer Leidenschaft zu Wort. Unvollendet blieb ihr 1974 postum erschienener Roman *Franziska Linkerhand*, der 1998 im Aufbau-Verlag neu veröffentlicht wurde. Die Neuauflage der Geschichte einer widerspenstigen Architektin, die an ihren Idealen festhält, war notwendig geworden, weil die im Verlag Neues Leben erschienene Erstausgabe – insbesondere im 13. Kapitel des Romans – politisch intendierte Streichungen aufwies.

Verboten war in der DDR auch Irmtraud Morgners (1933–1990) Roman *Rumba auf einen Herbst*. Der zwischen 1963 und 1965 entstandene Roman konnte erst 1992 erscheinen. Die HV-Verlage (die Hauptverwaltung Verlage und Buchhandel im Ministerium für Kultur) nahm die Druckgenehmigung für den in »Sonatenform« geschriebenen Roman, die sie bereits ausgesprochen hatte, nach dem 11. Plenum des ZK der SED von 1965 wieder zurück. Morgner wurde »modernistische Spielerei« und eine »düstere, sehr intellektualistische Schreibweise« vor-

Irmtraud Morgner

geworfen. Für ihre »historischen Gegenwartsromane«, in denen Hexen und Fabelwesen auftauchen, nutzt die Autorin Elemente des Phantastischen, um Gegenwärtiges im Historischen zu spiegeln. Diese besondere Romanform bietet ihr die Möglichkeit, von der Zensur unbemerkt, 150 Seiten des verbotenen *Rumba*-Romans in dem 1974 in der DDR erschienenen *Trobadora Beatriz*-Roman unterzubringen.

Werner Bräunig

Ein Jahr jünger als Brigitte Reimann und Irmtraud Morgner ist der 1934 geborene Werner Bräunig. Sein erst 2007 erschienener Roman *Rummelplatz*, der als verschollen galt, war eine »literarische Sensation«. Auch Bräunigs Roman fiel der Zensur in der DDR zum Opfer. Der Vorabdruck des vierten Kapitels aus dem im Entstehen begriffenen Werk im Oktober 1965 in der Zeitschrift *ndl* wurde auf dem 11. Plenum zum Anlass genommen, den Autor und seinen Roman heftig zu attackieren. Bräunig, Verfasser des Aufrufs »Greif zur Feder Kumpel«, hatte sich vom Kleinkriminellen zum Schriftsteller entwickelt. Die kritischen Momente, die er in seinem in der Wismut spielenden Roman benennt – Karrierismus unter den FDJ-Jugendlichen, Widerstand gegenüber Neuerungen, Begeisterung für amerikanische Musik, Aufzeigen von Verfehlungen beim Aufbau des Sozialismus (17. Juni 1953, XX. Parteitag der KPdSU 1956), Ideologievergleich zwischen dem Nationalsozialismus und der Politik in der DDR – begreift er als Ausdruck seines Engagements für die DDR. Doch offiziell wird seine Kritik – entgegen seinen Intentionen – als Verunglimpfung des sozialistischen Aufbaus verstanden. Die Vorwürfe und Änderungswünsche sind so massiv, dass Bräunig zwischen 1966 und 1967 aufhört, weiter an dem Manuskript zu schreiben. Es wäre auf »Streichungen an der Wirklichkeit« (Uwe Johnson) hinausgelaufen, die Bräunig ebenso wenig hinnehmen wollte wie der Verfasser der *Mutmassungen über Jakob* (1959). Auch Johnsons Debüt *Ingrid Babendererde* konnte in der DDR nicht erscheinen und wurde erst postum 1984 in der Bundesrepublik veröffentlicht. Während Johnson 1959 seinen Wohnort von Ost nach West verlegte, was er als einen »Umzug« bezeichnete, blieb Bräunig in der DDR. Die Veröffentlichung seines lange Zeit verschollenen Manuskriptes erlebte er nicht mehr. Er starb 1976, entmutigt von ständiger Kritik und zerstört vom Alkohol, in Halle/Neustadt.

Literarische Verarbeitung der ›Wende‹ in Prosatexten

Günter Grass
Ein weites Feld

STEIDL

Schutzumschlag

Nach der historischen ›Wende‹ wartet die interessierte Öffentlichkeit auf den Wenderoman. Unter ›Wendeliteratur‹ versteht Wolfgang Sauder Texte, »die – in welcher Form auch immer – die Übergangszeit von 1989/1990 als Motiv, Allegorie, zentrale Metapher oder Plot gewählt haben«. Ganz unmittelbar und sehr überzeugend reagiert F. C. Delius (geb. 1943) mit seiner Erzählung *Die Birnen von Ribbeck* (1991) auf das Ereignis der ›Wende‹. Er erzählt die Geschichte der Wiedervereinigung aus der Perspektive eines ostdeutschen Bauern als kritischen Kommentar. Darin finden sich auch historische Exkurse, in denen Ereignisse aus der Geschichte Deutschlands vor 1945 aufgerufen werden. Der fulminant erzählte Endlossatz ist eine Widerrede. Der Erzähler erhebt Einspruch gegen die Geschichte, die ihm den Boden unter den Füßen weggerissen hat. Schauplatz ist das kleine Dorf Ribbeck im Brandenburgischen, das durch Fontanes Gedicht »Herr

Die Nikolaikirche« von Pfarrer Ohlbaum ist als offene Kirche offen für alle, was für die DDR-Oberen zum Problem wird (Szene aus dem Film »Nikolaikirche«, Regie: Frank Beyer, 1995). Zum Gottesdienst der Leipziger Montags-gemeinde sind auch Pfarrer Reichenbork (links) und der Theologie-student Martin Vockers aus Königsau gekommen. Sie setzen sich für ihr Dorf ein, das dem Braun-kohletagebau weichen soll.

von Ribbeck auf Ribbeck im Havelland« berühmt wurde. Delius war nicht der einzige, der auf Fontane zurückgriff, um sich den Ereignissen von 1989 zu nä-hern. Bereits mit dem Titel weist Günter Grass in seinem Roman *Ein weites Feld* (1995) darauf hin, dass der Verfasser von *Effi Briest* darin eine bedeutende Rolle spielt. Im Spannungsfeld von deutscher Wiedervereinigung und den deutschen Einigungskriegen versucht Grass, Perioden deutscher Geschichte miteinander zu verschränken. Zeitgeschichte wird erkundet durch den Wiedergänger Fontanes, Theo Wuttke, genannt »Fonty«, der einen ständigen Begleiter hat – den ewigen Spitzel Hoftaller, eine Figur, die bereits in Hans Joachim Schädlichs Roman *Tall-hover* (1986) auftauchte. Das Buch wurde von der Kritik heftig angegriffen. Auch deshalb, weil Grass keinen Roman vorgelegt hat, in dem der 3. Oktober 1990 als Ausgangspunkt einer Heilsgeschichte gesehen wird.

Als der Schweizer Autor Adolf Muschg im Februar 1995 die deutschsprachige Gegenwartsliteratur gegen die vehement an sie herangetragene Forderung nach dem ›Wenderoman‹ in Schutz nimmt (»Der Roman der deutschen Einheit – du lieber Gott!«), lagen mit Brigitte Burmeisters Roman *Unter dem Namen Norma* (1994) und Fritz Rudolf Fries' Schelmenroman *Die Nonnen von Bratislava* (1994) schon wichtige Texte vor, die um das Verschwinden der DDR kreisten, andere erschienen erst im Verlaufe des Jahres (Volker Braun, *Der Wendehals*; Thomas Brussig, *Helden wie wir*; Günter Grass, *Ein weites Feld*; Jens Sparschuh, *Der Zimmerspringbrunnen*). Eine Chronik der ›Wende‹ hat Erich Loest (geb. 1926) mit *Nikolaikirche* (1995) geschrieben, verfilmt von Frank Beyer. Loest hat für seinen insbesondere in Leipzig spielenden Roman intensiv recherchiert: »Vier Jahre lang habe ich mich bemüht, genau herauszufinden, was damals geschah.« Der Roman beginnt 1985 und endet am 9. Oktober 1989. Am Beispiel der Familie Bacher entwirft Loest ein Bild der DDR-Gesellschaft in all seinen Schattierungen. Vom General der Volkspolizei über einen Hauptmann der Staatssicherheit bis zur Bürgerbewegung zeigt er das Spektrum der DDR-Gesellschaft in einem »Mikro-kosmos«. Die DDR-Geschichte interessiert Loest auch in seinem Roman *Sommer-gewitter* (2005). Darin rekonstruiert er den Verlauf des 17. Juni 1953. In *Prozess-kosten* (2007) beschreibt Loest, der 1957 wegen angeblicher Bildung einer staatsfeindlichen Gruppe verhaftet wurde, das Werden der DDR und ihr gleichzeitiges Vergehen. Angesiedelt zwischen Resignation und Hoffnung, zwischen Angst vor dem Zukünftigen und Freude über das Ereignis reagierte die Literatur (in allen Gattungen) auf dieses Ereignis. Dabei interessierte die Autoren vor allem, wie sich die Menschen in den neuen Verhältnissen zu recht finden, wie sie die neue Freiheit als Realität erfahren, mit ihr umgehen und was aus ihren Träumen, Wünschen, Hoffnungen und Ängsten geworden ist.

Entlang der Mauer

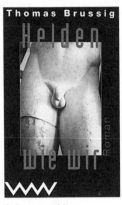

Schutzumschlag

Vergangenheitsbewältigung mit komischen und satirischen Mitteln

Dass über das Novemberereignis 1989 nicht nur tragische, sondern durchaus auch ironisch-komische Geschichten erzählt wurden, ist bemerkenswert. Lange Zeit war die deutsche Literatur dem Vorwurf ausgesetzt, sie wäre zu kopflastig. Exemplarisch für einen neuen, frechen Ton ist Thomas Brussigs (geb. 1965) Roman *Helden wie wir* (1995). Brussig verhandelt darin die Maueröffnung, die so unspektakulär auf einer Pressekonferenz bekannt gegeben wurde, als unerhörten »Fall«. Ohne jede Rücksicht auf das historische Ereignis erzählt er die phantastisch überhöhte Geschichte der Grenzöffnung. In seiner Version veranlasste nicht das Politbüromitglied Schabowski die Öffnung der Grenze, sondern der historische Akt ist einem gewissen Klaus Uhltzscht zu verdanken. Der Offiziersschüler der Staatssicherheit, der durch einen »operativen Eingriff« zu einem monströsen Penis gekommen ist, zeigt am 9. November den Grenzsoldaten an der Berliner Mauer sein beeindruckendes Geschlecht, woraufhin diese von der weiteren Sicherung des »Schutzwalls« absehen. Die Kurzbeschreibung des Romans: »Erektion statt Zeigefinger« fasst schlüssig zusammen, wovon diese DDR-Parabel handelt.

Nach Helden wie wir war auch Brussigs Roman *Am kürzeren Ende der Sonnenallee* (1999) außerordentlich erfolgreich. Beide Bücher wurden verfilmt (*Helden wie wir*, 1999, Regie: Sebastian Peterson; *Sonnenallee*, 1999, Regie: Leander Haußmann). Brussig geht es in seinem Roman über die von der Mauer geteilte Berliner Sonnenallee nicht um die Wahrheit über die DDR, sondern um die Wahrheit, die beim Erinnern oft auf der Strecke bleibt. Dem Buch liegt die Einsicht zugrunde: »Es war von vorn bis hinten zum Kotzen, aber wir haben uns prächtig amüsiert.« *Sonnenallee* handelt auch vom notwendigen Einfallsreichtum in einer Gesellschaft, in der alles geplant wurde und gerade deshalb vieles fehlte. Wer mehr als das sozialistisch Mögliche wollte, musste die realen Gegebenheiten listenreich unterlaufen und sich geschickt und teilweise nonkonform verhalten. Im Text, der topographisch in unmittelbarer Nähe zur Grenze angesiedelt ist, hält sich die Neugier auf den Westen in Grenzen. Kein Wunder, wenn man wie Micha Kuppisch gerade anfängt, Aufmerksamkeit für das andere Geschlecht zu entwickeln. Die Leichtigkeit, mit der sich Brussig eines schwierigen Themas angenommen hat, ist nicht von allen Seiten begrüßt worden. Seine »Mauerkomödie« wurde auch als »Beleidigung der Maueropfer« missverstanden. Die Mauer spielt auch in dem Monolog eines Fußballtrainers *Leben bis Männer* (2001) eine Rolle. Brussig stellt mit dem redegewaltigen Trainer einen Menschen ins Zentrum, für den der Fußballplatz eine Bühne und zugleich ein Schlachtfeld ist. Der Verführer findet in Heiko seinen Untertan. Heiko hat nie viel gefragt, sondern gemacht, was ihm gesagt wurde. Er hat gehorcht. Auch als Grenzsoldat, als er einen Flüchtling erschießt, hat er »nur« einen Befehl befolgt, für den er in der DDR Sonderurlaub und nach der Maueröffnung einen Prozess bekam. Das Provokante an Brussigs so leicht und unaufdringlich erzählter Geschichte besteht darin, dass der schuldige Trainer nicht zur Verantwortung gezogen wird. Erwähnt wird der 9. November 1989 auch in seinem Roman *Wie es leuchtet* (2004). Doch so richtig hat Brussig die Zeit zwischen 1989 und 1990 in diesem als ultimativen ›Wenderoman‹ angekündigten Buch nicht zum Leuchten bringen können. Das Komische tendiert zum Schwank.

Von einer Republikflucht und insofern von der Grenze ist in Klaus Schlesingers (1937–2001) Roman *Trug* (2000) die Rede. Dem perfekt inszenierten Vexierspiel liegt eine Spiegelgeschichte zu Grunde. Schlesinger setzt zwei Biographien (ein Immobilienmakler aus Düsseldorf trifft im Osten auf seinen Doppelgänger) zueinander ins Verhältnis. Seine Protagonisten sind sich zwar äußerlich zum Verwechseln ähnlich, aber als Vertreter unterschiedlicher Lebenskonzepte sind sie grundverschieden. Beide wurden durch die Verhältnisse geprägt, in denen sie aufwuchsen. In diesem Buch spielt Erinnerungsarbeit ebenso eine Rolle wie in *Die Sache mit Randow* (1996), einem Berlin-Roman, in dem Schlesinger eine Kriminalgeschichte zum Anlass nimmt, um sich mit Fragen von Schuld und Verrat auseinanderzusetzen.

Biographien stehen zur Disposition

Schuld und Verrat sind die zentralen Themen Uwe Saegers (geb. 1948). In *Die Nacht danach und der Morgen* (1991) beschreibt der Autor seine Dienstzeit bei den Grenztruppen der DDR. Erst nach dem Mauerfall kann Saeger das Buch veröffentlichen, das »Deformationen« in einem Land beschreibt, in dem Humanität amtlich bestätigt, aber bei den bewaffneten Organen nur bedingt einklagbar war. Saeger ist schonungslos dem System und der eigenen Person gegenüber. Das Buch ist der Versuch einer Selbstbefreiung, ohne etwas entschuldigen zu wollen. Wie das Überschreiten einer Grenze geeignet ist, Grenzsituationen zu beschreiben, hat Saeger in der Novelle *Das Überschreiten einer Grenze bei Nacht* (1989) beschrieben. Lüge und Verrat sind zentrale Themen des in Mecklenburg lebenden Autors, der 1987 den Ingeborg-Bachmann-Preis erhielt. Er greift sie erneut in *Die gehäutete Zeit. Ein Judasbericht* (2008) auf.

Die Mauer ist weg, die DDR auch

Dass man sich nach dem Mauerfall und dem Verschwinden der DDR neu orientieren musste, ist eine Erfahrung, die Hinrich Lobek in Jens Sparschuhs (geb. 1955) Heimatroman *Der Zimmerspringbrunnen* (1995) macht. Als Vertreter für Zimmerspringbrunnen schickt ihn Sparschuh auf eine Reise durch die deutschen Wohnzimmer der Nachwendezeit. Der ehemalige Angestellte der KWV (Kommunale Wohnungsverwaltung) erweist sich als lernfähig und überrascht seine Kollegen aus dem Westen mit einem grandiosen Einfall. Für seine ostdeutschen Zeitgenossen entwickelt er einen Zimmerspringbrunnen als Illuminationsobjekt, mit dem sich Erinnerungen wachhalten lassen. Doch dieses »plätschernde Nein zur rasenden Gesellschaft« ist eine zweifelhafte Hilfe bei dem Versuch, eine verschwundene Zeit nicht in Vergessenheit geraten zu lassen. Für den Autor allerdings erweist sich der Zimmerspringbrunnen als ein geeignetes Modell, um eine Reihe von Fragen, die sich aus der Wiedervereinigung ergaben, sehr unaufdringlich, aber dennoch entschieden zur Diskussion zu stellen. Von der ›Wende‹ weiß Sparschuh in subtiler Komik zu erzählen; Brussig ist also kein Einzelfall. Auch in seinen anderen Büchern entwickelt Sparschuh eine bemerkenswerte Vorliebe für

Jens Sparschuh
Der Zimmerspringbrunnen
Ein Heimatroman
Kiepenheuer & Witsch

Schutzumschlag

skurrile und weltfremde Personen. Seine Helden sind Suchende. Gesucht wird nach letzten Worten (*Der große Coup. Aus den geheimen Tage- und Nachtbüchern des Johann Peter Eckermann*, 1987) oder auch nach Gewissheit, die der verschrobene Eigenbrötler in *Kopfsprung. Aus den Memoiren des letzten deutschen Gedankenlesers* (1989) zu finden hofft. Hinrich Lobek sucht nach seiner verschwundenen Frau (*Der Zimmerspringbrunnen*, 1995), in *Lavaters Maske* (1999) wird nach den Gründen für den Tod von Lavaters Sekretär Enslin gesucht, und Olaf Gruber sucht in *Eins zu eins* (2003) nach den Wenden, wobei er mit den Folgen der ›Wende‹ konfrontiert wird. Sparschuh unternimmt einiges, damit sich seine Helden in den Nachwendejahren nicht verirren, doch passiert ihnen genau dies immer wieder. Diese Erfahrung macht auch Alexander, von dem Sparschuh in *Schwarze Dame* (2007) erzählt. Der Logiker hat leider am falschen Ort, in Petersburg, studiert. Mit den wissenschaftlichen Erkenntnissen, die er sich dort angeeignet hat, vermag er nach der ›Wende‹ nicht sehr viel anzufangen. Alexander kann zwar die dunkelsten Ecken der Weltgeschichte logisch ausleuchten, aber nachdem dem Kommunismus – weltpolitisch gesehen – der Strom ausging, ist für ihn auch jene Lampe erloschen, die er bräuchte, um in der Nachwendezeit seinen Weg zu finden. Dass eine Gesellschaft, die im Menschen stets auch den Kunden sieht, dafür Sorgen muss, dass es genügend Stauraum gibt, um die vom Kunden erworbenen Güter auch stellen zu können, ist eine Frage, die Hannes Felix in Sparschuhs 2012 erschienenen Roman *Im Kasten* umtreibt. Er ist Mitarbeiter der Firma **N**eue **O**ptimierte **A**uslagerungs- und **H**aushaltsordnungssysteme, abgekürzt NOAH, die betriebsintern als **N**orberts **o**lle **A**bfall **H**alde bezeichnet wird. Bei NOAH kann man Stauraum mieten und so Ordnung schaffen. Sparschuhs hochneurotischer Protagonist versucht zu ordnen, was nicht in Ordnung zu bringen ist. Der Wahn, dass immer mehr konsumiert werden soll, lässt ihn wahnsinnige Überlegungen anstellen, die komisch anmuten, aber in ihrer Konsequenz alles andere als wahnsinnig sind.

Endzeitgeschichten aus der sozialistischen Produktion

Ein tragisch-komisches Verwirrspiel, das durch die ›Wende‹ ausgelöst wird, inszeniert Volker Braun in der Erzählung *Die vier Werkzeugmacher* (1996). Zu DDR-Zeiten hatten vier Arbeiter in ihrem Betrieb eine Nische gefunden. Sie galten als Erfinder, weshalb man auf sie angewiesen war, und sie konnten es sich leisten, damals bereits ein Leben zu führen, das erst später Wirklichkeit werden sollte. Als die ›Wende‹ sie ereilt, schrumpfen die einstigen Ausnahmegrößen zu Wichten. Nicht ohne Hintersinn greift Braun auf den Berufsstand der Werkzeugmacher zurück. Das Wort ›Werkzeugmacher‹ ist reich an Bedeutungsnuancen, die Braun durchspielt. Die einst ›Macher‹ waren, haben in dem ›Werk‹, in dem sie vor der ›Wende‹ etwas darstellten, nichts mehr zu suchen. Auf das ›Zeug‹, das sie einst machten, kann man im ›Werk‹ verzichten. Braun geht in diesem Geschichtsschauspiel Strukturen veränderter Verhältnisse auf den Grund und legt Strukturen gesellschaftlicher Befindlichkeiten frei. Die Figuren haben in einem neuen Gesellschaftsstück neue Rollen zu spielen. Wie ein Kommentar zur Erzählung liest sich ein Passus aus Brauns Büchner-Preisrede (2000): »Es geht um fast nichts: die nackte Existenz, eine Privatsache, die Geschichte jagt über sie weg. [...] Nach dem heißen Brei der Volksdemokratie die kalten Schüsseln des Kapitalismus. Und ich sage kalt: die Erfahrung müssen sie machen, und lasse sie ruhig im Regen stehn, in diesen Verhältnissen, die ich nicht wollte, aber *man muß die Leute in allen Verhältnissen sehen*.« So radikal diese Unterweisung in Sachen Geschichte auch ausfällt; Braun erzählt sie mit einer Leichtigkeit, die sich konträr zur Schwere des Themas verhält. In seinem Prosaband *Wie es gekommen ist*

Die Wende greift um sich: Ein DDR-Plattenbau wird zu westlicher Produktwerbung genutzt (Szene aus dem Film »Good Bye, Lenin!«, Regie: Wolfgang Becker, 2003). In dem Film um eine sozialistische Aktivistin, die im Koma liegend die Wende verpasst, wird dazu eine witzig-ironische Erklärung gegeben: Coca-Cola sei eigentlich eine Erfindung der DDR und gehöre damit selbstverständlich zum sozialistischen Alltag.

(2002) fragt Braun, als dichtender Dialektiker geschult an Ernst Bloch, danach, unter welchen Voraussetzungen etwas geworden ist. Ihn interessieren aber ebenso die nichtrealisierten Möglichkeiten, von denen *Das Wirklichgewollte* (2000) und *Das unbesetzte Gebiet* (2004) handeln.

Christoph Hein

Der Gebrauchtwarenhändler Willenbrock, von dem Christoph Hein in seinem Roman *Willenbrock* (2000) erzählt, könnte mit seinem Leben zufrieden sein. Nach der Wende hat er sein Auskommen und seinen Platz im vereinten Deutschland gefunden. Doch Probleme hat er mit einer Folge der ›Wende‹. Durch die offenen Grenzen kommt es immer wieder zu Diebstählen und Raubüberfällen, an denen Osteuropäer beteiligt sind. Die neu gewonnene Freiheit ist gefährdet, da die Polizei weder Willenbrock noch sein Eigentum schützen kann, weshalb er sich genötigt sieht, zur Selbstjustiz zu greifen. Er legt sich eine Waffe zu, weil die Polizei versagt und um den Platz, auf dem seine Gebrauchtwagen stehen, baut er einen hohen Zaun. Selbstjustiz ist auch ein Thema in Heins Roman *Napoleonspiel* (1993), wobei der Autor den Niedergang politischer Systeme und die Frage der Schuld ins Zentrum der Aufmerksamkeit rückt. Hein erzählt die Geschichte einer Tötung, die im juristischen Sinne kein Mord war. Anhand eines Rechtsfalls diskutiert er, ob und wie es gelingen kann, in den wechselvollen Verläufen der Geschichte unschuldig zu bleiben. Fragen des Rechts, des persönlichen wie des gesellschaftlichen, sind ein Thema, das Hein immer wieder interessiert. So auch in seinem Roman *In seiner frühen Kindheit ein Garten* (2005), einem Kapitel aus der Geschichte der Bundesrepublik. Oliver Zureks Geschichte weist deutliche Parallelen zu der des RAF-Terroristen Wolfgang Grams auf, der 1993 auf dem Bahnhof von Bad Kleinen zu Tode kam. Olivers Vater, ein beamteter Lehrer, verliert den Glauben an das Rechtssystem bei den Recherchen über den Tod seines Sohnes und entlässt sich aus dem Eid, den er auf das Grundgesetz geleistet hat.

Ob mit dem System noch alles in Ordnung ist, diese Frage stellt sich auch Rüdiger Stolzenburg in Heins Roman *Weiskerns Nachlass* (2011). Stolzenburg ist mit fast sechzig an der Universität nur Inhaber einer halben Stelle. Einer seiner Studenten bereitet ihm eines Tages ein verlockendes finanzielles Angebot und nicht minder verlockend ist die Offerte einer Studentin. Stolzenburg könnte zum Selbsthelfer werden in einer Zeit, in der ihm kein anderer hilft. Er müsste dazu allerdings sein moralisch-ethisches Wertesystem gänzlich neu überdenken.

Ingo Schulze

Von den alltäglichen Sorgen, die sich nach der Wiedervereinigung bemerkbar machen, handeln Ingo Schulzes (geb. 1962) *Simple Storys* (1998). Die Geschichten sind, so der Untertitel des Romans, in der »ostdeutschen Provinz« angesiedelt. Die Zerfallserscheinungen des Ostens nach der ›Wende‹ werden hier zum Motor des Erzählens. Ängstlich und oft genug ratlos reagieren die Figuren auf den politischen Umbruch und versuchen, sich in den neuen Verhältnissen zurechtzufinden. Ohne Beschädigungen überstehen sie die ›Wende‹ nicht. Die kurzen Erzählpassagen – überwiegend in Rollenprosa verfasst – stehen für sich, weisen aber auch Bezüge untereinander auf. Erst allmählich fügen sich für den Leser die Teile zu einem Ganzen. Diese programmatische Erzählhaltung des Autors korrespondiert mit seiner Sicht auf die Verhältnisse. Es braucht Geduld, um sich Zusammenhänge erschließen und sich ein Urteil bilden zu können. In Schulzes Roman *Neue Leben* (2005) braucht der Leser neben Geduld auch eine gewisse Skepsis, denn der Autor stellt Enrico Türmer als eine zwielichtige Figur vor. Ihm darf man ebenso wenig glauben wie dem fiktiven Herausgeber der Briefe von Enrico Türmer. Im Text stößt man auf Sätze wie: »Natürlich sind die Details unwichtig.« Oder: »Aber so ist es nicht gewesen.« Enrico berichtet seinem Freund Johann von den Ereignissen im Frühjahr 1990, als er an einer aus der Bürgerbewegung hervorgegangenen Zeitung arbeitet, aus der schnell ein Anzeigenblatt wird. Es finden sich verschiedene Hinweise auf den Faust-Stoff: Enrico zeichnet seine Briefe mit Heinrich; ein seltsamer, an Mephisto erinnernder Herr namens Barrista erscheint mit einem Hund, der geradezu wölfisch aussieht, und schließlich findet auch Hanns Eislers *Faustbuch* Erwähnung. Vor diesem bedeutungsvollen Hintergrund entwickelt Schulze Ereignisse aus der ›Wendezeit‹, wobei Enrico ebenso wie die anderen Figuren ständigen Versuchungen ausgesetzt ist und Barrista eine durchaus teuflische Rolle spielt. Enrico wird schließlich ›türmen‹: Er verschwindet. Zurück bleiben aufgetürmte Probleme, die in einer Gesellschaft, die sich nicht in Ost und West teilt, der Lösung bedürfen. Dass mit ganz unterschiedlichen Erwartungen auf die Wende reagiert wurde, das thematisiert Ingo Schulze in seinem Roman *Adam und Evelyn* (2008). Im Herbst 1989 stehen die Protagonisten in Schulzes Roman vor der Entscheidung, ob sie in den Westen gehen oder in der DDR bleiben sollen. Sie haben für das Weggehen wie für das Bleiben gute Gründe. Aufregend ist die Erfahrung, dass ihnen die Geschichte die Möglichkeit lässt, zu wählen. Außer Mona entscheiden sich alle für den Westen, auch der Maßschneider Adam, der, weil er auch im Westen nur schneidert, was seinem ästhetsichen Empfinden genügt, in einer Änderungsschneiderei endet.

Julia Schoch

Fast will es scheinen, als wäre so lange alles gut, so lange man von der Freiheit träumt. Julia Schoch (geb. 1974) erzählt in *Mit der Geschwindigkeit des Sommers* vom Untergang der DDR und dem Ende des Traums von der Freiheit. Die 1974 in Bad Saarow geborene und in Potsdam lebende Autorin debütierte 2001 mit *Der Körper des Salamanders*. Während ihre Protagonisten in *Verabredung mit Mattok* noch an der Gegenwart zu verzweifeln schienen, lassen die beiden Protagonisten in *Selbstporträt mit Bonaparte* (2012) die Gegenwart hinter sich, wenn sie zum Roulettspiel in einem Casino verschwinden. Ihre Vergangenheit in einem verschwundenen Land betrachten sie als seltsam unnützes Anhängsel, da es mit ihrer Gegenwart nicht mehr das Geringste zu tun hat. Während ihre Eltern in einer Zeit lebten, in der sie auf Geschichte warteten, schauen die beiden Protagonisten gespannt einem Spiel zu. Eindringlich erzählt Julia Schoch von den Übereinstimmungen zwischen der Geschichte und dem Spiel. So lange die Kugel rollt, ist alles möglich. Man muss nicht notwendig verlieren.

Der Osten ist verschwunden und der alte Westen hat sich nach dem Mauerfall verändert. Davon handelt Katja Lange-Müllers (geb. 1951) Roman *Böse Schafe* (2007). In der Geschichte sind eine Matratze, eine Palme, ein Bademantel und der Titel *Waiting for the sun* der legendären Rockband *The Doors* bedeutend. Zwei Gestrandete, Harry und Soja, lernen sich kennen. Sie kommt aus dem Osten, er aus einem Knast im Westen. Beide heißen Krüger, und sie finden auf einer Matratze zueinander. Nichts scheint zwischen Soja und Harry zu stehen. Alle widrigen Umstände sind beseitigt, und sie könnten sich der gegenseitigen Findung hingeben. Aber irgendwie geht das Wunder nicht auf, was Soja auf die Palme bringt. Insbesondere Soja hat Lust auf mehr, doch absolute Lusterfüllung kann ihr Harry nicht bieten. Und dafür gibt es sehr einleuchtende Gründe, denn er ist HIV-positiv. Die Liebesgeschichte, die Katja Lange-Müller erzählt, gleicht einer Inselglückseligkeit. Doch weder der Westjunkie noch die Schriftsetzerin ahnen, von welcher Welle die Insel Westberlin am 9. November 1989 erfasst wird. Man kann *Böse Schafe* als Fortsetzung von Lange-Müllers Roman *Die Letzten. Aufzeichnungen aus Udo Posbichs Druckerei* (2000) lesen, der von Setzern in einer privaten Druckerei in der DDR handelt. Lange-Müllers Aufmerksamkeit gehört skurrilen Gestalten: Manfred hat eine Bewusstseinsspaltung, Willi lässt geheime Texte kursieren und Fritz hatte einst einen Zwillingsbruder in der Leiste. Alle drei zeichnen sich durch anarchistische Züge aus. In Posbichs Druckerei haben sie ihre Nische gefunden, bis sich der Inhaber in den Westen absetzt.

Katja Lange-Müller

Katja Lange-Müller übersiedelte 1984, Wolfgang Hilbig (1941–2007) 1985 in den Westen. Auf Hilbigs Beerdigung warf sie dem Dichterkollegen und Freund neben Blumen ein Brikett ins Grab. Mit dieser Beigabe erinnerte sie daran, dass Hilbig lange Jahre in der DDR als Heizer arbeiten musste und nur neben seiner harten körperlichen Arbeit Zeit zum Schreiben fand. Mit Hilbigs Tod haben die Deutschen einen ihrer bedeutendsten Dichter verloren. Seine Prosa zeichnet sich durch eine einzigartige sprachliche Eleganz aus. Kein anderer hat so vollendet von geschundenen Landschaften zu erzählen gewusst wie Hilbig, dem Schönheit nie Selbstzweck war. Die Funken, die er aus der Sprache schlägt, besitzen eine starke Leuchtkraft, so dass Konturen von apokalyptisch anmutenden Geschichtslandschaften sichtbar werden. Franz Fühmann bezeichnete die Gegenden, in denen Hilbigs Texte spielen, als »Latrinenlandschaften«, die nach der Würde der Gattung Mensch fragen. In seiner Erzählung *Alte Abdeckerei* (1991) wird die Abdeckerei zu einer Metapher. Eine im Auflösungsprozess befindliche Landschaft weist Spuren von Vernichtung auf. Hilbigs Perspektive ist der Blick von unten. Wie der Ich-Erzähler in *Die Weiber* (1987) schaut er aus vergitterten Kellern von unten nach oben. Der schreibende Arbeiter Hilbig kam in der DDR zwar den Vorstellungen der Kulturoffiziellen nahe. Doch in seinen Texten unterlief er die Regeln des sozialistischen Realismus. Bis auf STIMME STIMME (1983) konnte keines von Hilbigs Büchern in der DDR erscheinen. Er debütierte 1979 mit dem Gedichtband *Abwesenheit* in der Bundesrepublik, in die er nach seiner Verhaftung durch die Staatssicherheit und einer Gefängnisstrafe übersiedelte. Nicht gegangen zu sein, ist ein entscheidendes Problem des Schriftstellers Waller in Hilbigs Erzählung *Die Kunde von den Bäumen* (1994). Hilbig entwirft eine Figur, die vor 1961 nicht in den Westen geflüchtet war und nach dem Mauerbau versucht, in der DDR die Fühler in die Wirklichkeit auszustrecken. Doch dabei greift Waller ins Leere. Er sucht nach seinem Platz und als Schriftsteller nach seinem Text. Als Flüchtender hat er jeglichen Halt verloren, bis er in der Asche, bei denen, die den Müll entsorgen, zu sich und seinem Text findet. Hilbig, der 1989 den Ingeborg-

Wolfgang Hilbig

»Bleiben will ich, wo ich nie gewesen bin.«
(Th. Brasch)

Bachmann-Preis und 2002 den Georg-Büchner-Preis erhielt, wurde vertrieben aus dem einen Land und konnte nicht ankommen in dem anderen. Die Erfahrung, dass Gesellschaften Provisorien sind, teilte er mit der zentralen Figur seines Romans *Das Provisorium* (2000). Der östliche Teil Deutschlands nahm dem Schriftsteller C. die Luft zum Atmen, doch trotz großer Hoffnungen und Anstrengungen gelingt es ihm nicht, im anderen Teil des Landes heimisch zu werden. Zerrieben zwischen den beiden Teilen Deutschlands gelingt es der Romanfigur nicht, alte Bindungen abzuwerfen bzw. neue zu knüpfen. In endlosen Alkoholexzessen, gequält von Schreibhemmungen, ist der Schriftsteller C. ein Heimatloser. Was Hilbig bei diesen Suchbewegungen gelingt, ist der Entwurf eines Bildes moderner Unbehaustheit. C. taumelt durch eine Welt, die ihm keinen Halt bietet. Die Figur, die Hilbig C. nennt, hat in seiner Prosa Vorläufer. Auch in dem Roman *Eine Übertragung* (1989) führt ein gewisser C. ein Doppelleben. Eine weitere Begegnung mit C. gibt es in dem Roman »*Ich*« (1993).

Verschwunden Geglaubtes taucht wieder auf

Konnte man literarische Texte erwarten, in denen die ›Wende‹ thematisiert wird (auch wenn dazu zeitliche Distanz notwendig war), so überrascht die besondere Aufmerksamkeit, die nach 1989 der untergegangenen DDR zuteil wird. Es hat den Anschein, als würde die eigentliche »Geschichte der DDR-Literatur erst jetzt beginnen«, als wäre der »Altweibersommer der ostdeutschen Literatur« (I. Radisch) angebrochen. Offensichtlich ist es nach der ›Wende‹ möglich, ein Bild der DDR aus ganz verschiedenen Blickwinkeln zu entwerfen und sich dabei unvoreingenommen mit einem Gegenstand zu beschäftigen, an dem sich unterschiedlichste Themen entwickeln lassen. Der Begriff ›Wendeliteratur‹ kann auch im Hinblick auf jene Texte angewendet werden, »die das Leben vor und nach der ›Wende‹ aus der Perspektive der Nachwendezeit reflektieren«, auch wenn die ›Wende‹ nicht ausdrücklich thematisiert wird (F.Th. Grub).

In Rückblicken, die sich wie Erinnerungsdiskurse lesen, setzt sich Monika Maron (geb. 1941) mit der DDR-Vergangenheit auseinander, wobei sie die Verwerfungen des politischen Systems zeigt. In *Stille Zeile sechs* (1991) fasst Rosalind Pollkowski den Entschluss, nicht mehr für Geld zu denken. Die Historikerin, die an einem Institut arbeitet, das die proletarische Bewegung in Sachsen und Thüringen untersucht, verweigert dem System ihren Kopf und will nur noch Arbeiten übernehmen, bei denen sie den Kopf nicht benutzen muss. Doch der Kopf meldet sich immer wieder, als sie die Memoiren des Altkommunisten Beerenbaum notiert. Sie kann dessen geschöntes Lebensresümee nicht widerspruchslos hinnehmen. Als sie anfängt, ihren Kopf zu benutzen, um Beerenbaums Lügen zu entzaubern, stößt sie ihn vor den Kopf und trifft ihn ins Herz. Was sie sagen musste, lässt ihn verstummen: Beerenbaum stirbt an Herzversagen. Rosalind Pollkowski (bekannt aus dem Roman *Die Überläuferin*, 1986) muss nicht nur den Kopf verweigern, sondern dem System auch die Hand entziehen. Vor diese Entscheidung ist sie auf Beerenbaums Beerdigung gestellt. Beerenbaums Tod steht stellvertretend für den Untergang des Systems, das zusammenbrach, als es sich den drängenden Fragen und Ansichten der Nachgeborenen stellen musste. Als Wunder erlebt Johanna in dem Roman *Endmoränen* (2002) die ›Wende‹. Es ist das Ende einer Eiszeit, wie es der Titel deutlich macht. Das anfängliche Glücksgefühl nach 1989 weicht jedoch zunehmend der Einsicht, dass sie bei der Freude darüber, was

Monika Maron

sie hinter sich lassen konnte, vergessen hat, neu anzufangen. Der Frage, was es mit dem Glück auf sich hat, geht Monika Maron auch in dem Roman *Ach Glück* (2007) nach. Wiederum stehen – wie bereits in *Endmoränen* – Johanna und Achim im Zentrum der Handlung. Sie sind in der Nachwendezeit angekommen. Allerdings passiert im Leben der inzwischen vierundfünfzigjährigen Johanna nicht sehr viel, bis eines Tages Igor und wenig später ein Hund in ihr Leben treten.

Ende der Eiszeit

Einen nüchternen Blick zurück wirft Christoph Hein in seinem Roman *Landnahme* (2004). Es ist die Fortsetzung der in *Horns Ende* (1985) begonnenen Chronik über die »niederträchtigen und bösartigen Handlungen« der Bürger von Guldenberg. Die Geschichte von Bernhard Haber, Sohn von Vertriebenen, erzählt Hein vor dem Hintergrund der Ermordung von Bernhards Vater. Fünf Personen erinnern sich an den Außenseiter Bernhard. Er ist nach 1989 ein angesehener Bürger Guldenbergs. Die Stadt hat ihn verändert, aber er passt gut zu den Bürgern. In *Frau Paula Trousseau* (2007) wendet sich Hein erneut dieser Zeit zu. Diesmal richtet er sein Hauptaugenmerk auf die Malerin Paula, die sich fragt, ob sie sich im Leben vielleicht »umsonst angestrengt« hat. Niemand will ihren Nachlass haben, man interessiert sich nicht für sie, für eine Frau, die, ausgestattet mit künstlerischem Talent, ihre einstigen Ideale aufgab.

Das historische Phänomen der Wiedervereinigung hat nicht nur Schriftsteller mit Ost-Sozialisation fasziniert. Ausgehend von der Erfahrung der Teilung erzählt Jürgen Becker (geb. 1932) in *Aus der Geschichte der Trennungen* (1999) von den Möglichkeiten, in Landschaften der Kindheit Verlorengeglaubtes wiederzufinden. Nach der ›Wende‹ sind ihm diese Gegenden wieder zugänglich und konfrontieren ihn nicht nur mit seiner Biographie, sondern auch mit der Geschichte. Das vom Autor entworfene Handlungsgeschehen setzt die Aufhebung von Grenzen voraus. Einheit aber vermag er nicht zu entdecken – Trennungen bestehen weiterhin. Becker leistet in diesem Roman wie auch in der Erzählung *Der fehlende Rest* (1997) Erinnerungsarbeit. In den erzählerischen Zeitreisen, die er unternimmt, tastet er sich an verschüttete Schichten der Vergangenheit heran. Er sucht nach Zeichen und Spuren, die im Verborgenen liegen. Erinnern ist auch das zentrale Thema in *Schnee in den Ardennen* (2003), in dem Robert Capas Bild *Winterkämpfe* bedeutend ist. Becker nimmt ein Bild zum Anlass, um über das Erinnern nachzudenken. An den Rändern, wo sich Faktisches mit Mutmaßungen mischt, fransen die Erinnerungen aus. Welche Beobachtungen Spuren im Gedächtnis hinterlassen haben, erkundet Becker in *Die folgenden Seiten. Journalgeschichten* (2006). Ausgehend von Wahrnehmungen gilt seine Aufmerksamkeit dem Erinnerten und dem fehlenden Rest. Becker erkundet die Bereiche des Vergessens und hofft, jene Reste zu finden, gegen die sich das Erinnern sträubt. Dass dabei Arbeit in der Tiefe zu leisten ist, veranschaulicht er in den drei Tankstellen-Gedichten, die sich in dem Band *Dorfrand mit Tankstelle* (2007) finden. Tankstellen verwahren unterirdisch, was getankt werden soll. Das Verborgene – Aufgabe des Erinnerns – ist erst von Nutzen, wenn es nach oben geholt und gebraucht wird.

Jürgen Becker

An die Nacht, als die Mauer fiel, erinnert Thomas Hettche (geb. 1964) in seinem Roman *NOX* (lat. Nacht), der 1995 erschien. Hettche erzählt die Geschichte einer jungen Mörderin, die in das Gewimmel der vor Freude taumelnden Stadt eintaucht. Das Niederreißen der Grenze zwischen Ost und West korrespondiert mit einem Kriminalfall. Bei diesem Fall wird eine andere Grenze überschritten, die zwischen Leben und Tod. In *Woraus wir gemacht sind* (2006) begleitet Hettche Niklas und seine Frau Liz nicht durch Berlin, sondern er führt sie nach

Grenzüberschreitungen

New York. Erneut erzählt er eine Kriminalgeschichte vor dem Hintergrund der Zeitgeschichte. Einen Roman mit deutsch-deutschem Hintergrund hat Michael Kumpfmüller (geb. 1961) mit *Hampels Fluchten* (2000) vorgelegt. Kumpfmüllers Protagonist geht 1962 aus dem Westen in den Osten. Erzählt wird die Lebensgeschichte eines Mannes, der sich als Bettenverkäufer, Lebensmittelfahrer, Volksbuchhändler und schließlich Fahrstuhlfahrer verdingt. Ein »Durchschnittsmensch«, aber ein Liebhaber der Extraklasse, der die Frauen begehrt und das Glück mit ihnen genießt. Im Westen wie im Osten muss er einiges aushalten, und am Ende bleibt von ihm nur ein Notizbuch, das die Namen seiner Geliebten enthält, die sich erinnern werden. Im Untergang Heinrich Hampels nimmt Kumpfmüller das Ende der DDR vorweg.

Wendepunkte jenseits der ›Wende‹

»Das geht mir schon seit Wochen auf die Nerven. Immer, wenn ich den Fernseher anmache: Osten, Osten, Osten. […] Die Mauer ist offen, was soll das überhaupt heißen, die Mauer ist offen. Der Arsch ist offen.« Diese Beschreibung des Mauerfalls am 9. November 1989 findet sich in Sven Regeners (geb. 1961) Roman *Herr Lehmann* (2001). Das Debüt des Sängers und Texters der Band *Element of Crime* wurde auch erfolgreich verfilmt (2003, Regie: Leander Haußmann). Herr Lehmann kümmert sich zunächst nicht um die innerdeutsche Lage, sondern ihm bereitet der angekündigte Besuch seiner Eltern ernsthafte Probleme. Doch dann wird der Ignorant nachdrücklich mit der politischen Situation des geteilten Deutschland konfrontiert. Denn Schuld daran, dass sein Verhältnis mit Katrin zerbricht, haben die Zollbehörden der DDR. Regeners zentrale Figur hat keinerlei Ambitionen, er will nichts. Die Vorgeschichte der Lehmann-Figur bietet Regeners Roman *Neue Vahr Süd* (2004).

Wilhelm Genazino

Während Regener Herrn Lehmann in Bremen und später in Berlin-Kreuzberg verortet, spielt Wilhelm Genazinos (geb. 1943) Roman *Mittelmäßiges Heimweh*

Szene aus dem Film »Herr Lehmann« von Leander Haußmann (2003).

(2007) in Frankfurt am Main. Seit *Abschaffel. Eine Trilogie* (1977) ist Genazinos
Vorliebe für skurrile Helden bekannt. Spätestens seit *Ein Regenschirm für diesen
Tag* (2001), *Eine Frau, eine Wohnung, ein Roman* (2003) und *Die Liebesblödigkeit*
(2005) gilt der Büchner-Preisträger des Jahres 2004 auch als Spezialist für alltägliche Apokalypsen. Seine Figuren, angelangt an Wendepunkten ihres Lebens, sind
vom Verschwinden bedroht. Doch dagegen begehren sie nur mäßig auf. Zeichen
allmählichen Verschwindens registriert Herr Rotmund in *Mittelmäßiges Heimweh*.
Als er sich das Fußballspiel zwischen Tschechien und Deutschland während der
Europameisterschaft in einer Gaststätte anschaut, sieht der Dreiundvierzigjährige
plötzlich sein Ohr unter einem Tisch liegen. Doch Herr Rotmund weiß sich mit
Unvorhergesehenem zu arrangieren. Auch als er später seinen kleinen Zeh verliert, ist er nicht übermäßig irritiert, denn er hat gelernt, mit Verlusten umzugehen.
Die Katastrophe hat keine Signalwirkung, sie wird vielmehr umstandslos in den
Alltag integriert. Rotmund ist ein Beschädigter unter Beschädigten – um ihn her-
um Versehrte. Das erweist sich als eine Grundkonstellation der Geschichten, die
Genazino erzählt und auf die er auch in *Das Glück in glücksfernen Zeiten* (2009)
zurückgreift. Im Zentrum des Romans steht Gerhard Warlich, der, selbst erschöpft,
umgeben ist von Erschöpften. Er wünscht sich, etwas zu erleben, was der eigenen
Seelenbefindlichkeit entspricht, aber stattdessen ist er dem »Zwangsabonnement
der Wirklichkeit« ausgesetzt, die er als lästig empfindet. Von der Wirklichkeit als
Zumutung, in der der Einzelne den Alltag als Last und weniger Lust erfährt, davon
handelt Genazinos Roman *Wenn wir Tiere wären* (2011).

Das Politische tangiert Regeners und Genazinos Figuren nur wenig. Darin wei- *Judith Hermann*
sen sie Parallelen zu den Protagonisten auf, die im Mittelpunkt von Judith Hermanns (geb. 1970) zweitem Erzählungsband *Nichts als Gespenster* (2003) stehen.
Das Buch wurde verfilmt (Regie: Martin Gypkens) und kam 2007 in die Kinos,
konnte aber nicht wie *Herr Lehmann* Kultstatus erlangen. Judith Hermann debütierte 1998 mit dem Erzählungsband *Sommerhaus, später*. Häufig spielen ihre
Erzählungen im Dämmerlicht. Das Halbdunkel passt zu einer empfundenen Leere und verleiht ihren Geschichten eine eigenartige, beinahe bedrückende Stimmung. Ihre Figuren werden von einer merkwürdigen Müdigkeit erfasst. Sie ahnen, dass ihr Leben vielleicht ganz unspektakulär zu Ende gehen könnte. Das
sorgt für leises Erschrecken und für mehr Verwunderung als ein onanierender
Italiener in einem Café. Die Figuren würden sich gern spüren, aber sie haben die
Hoffnung verloren, dass sich so etwas wie ein erfülltes Leben noch ereignen
könnte. Sie sind eigenartig gebremst in ihren Ansprüchen und haben gelernt, ihre
Wünsche zu verstecken. Nun versuchen sie, möglichst unbeschädigt durchs Leben zu kommen. Judith Hermann interessiert sich für Zwischenräume. In dem
Erzählungsband *Alice* von 2009 wendet sie sich den Schwellenbereichen zu, wobei sie sehr genau auslotet, was sich ereignet, wenn der Tod das Warten beendet.
Ihre Protagonisten sterben und hinterlassen eine Leere, die durch nichts ausgefüllt werden kann. Der Tod drängt sich ins Leben hinein und beansprucht immer
mehr Platz darin.

Die Figuren von Judith Hermann sind mit der Frage konfrontiert, die in der *Angela Krauß*
Erzählung *Wie weiter* (2006) von Angela Krauß (geb. 1950) im Titel aufgerufen
wird. Die Texte der Bachmann-Preisträgerin von 1988 sind voller Geheimnisse. In
Wie weiter hebt sie Geschichten wie Mikadostäbchen auf. Durch Erinnerungsarbeit will sie Geschichte in den Griff bekommen und sie im Greifen, begreifbar
werden lassen. Während aber für das Mikado-Spiel ein unbeweglicher Untergrund erforderlich ist, ist der Boden, auf dem Krauß ihre Geschichten findet, in

Angela Krauß
Im schönsten Fall

Schutzumschlag

ständiger Bewegung. *Wie weiter* versteht die Autorin als Fortsetzung der 2005 erschienenen Erzählung *Weggeküßt*, in der eine mit dem Grenzenlosen konfrontierte Erzählerin nach Koordinaten sucht, die ihr Halt geben könnten. Immer wieder versuchen die Figuren sich zu orientieren, was ihnen angesichts permanent sich verändernder Bedingungen nicht gelingen will. Bemüht, die Bedingungsgefüge zu erkunden, erweisen sich die Figuren als nicht kompatibel. Sie büßen an Sicherheit im eigenen Auftreten ein und geraten ins Schlingern und Schwanken. Es sind die vielfältig verwendeten Bewegungsmetaphern, die einer Erzählung wie *Sommer auf dem Eis* (1998) eine vielschichtige Bedeutungsdimension verleihen. Sie liegen auch der Erzählung *Im schönsten Fall* (2011) zu Grunde, in der eine namenlos bleibende Ich-Erzählerin das Gleichgewicht verliert und ins Taumeln gerät. In einer beschleunigten Welt, in der Unmengen von Daten bewegt werden, sucht sie nach Halt. Doch die unaufhörlich fließenden Daten- und Informationsströme reißen sie mit in eine ungewisse Zukunft. Als sie überlegt, ob sie ihren Freund Karel nicht an ihr gemeinsames Leben erinnern soll, stellt sie fest, dass es dafür »noch zu früh« ist, weil es noch nicht hinter ihnen liegt. Die Erzählung ist in einem ungewissen Zwischenreich angesiedelt. Nichts hat in der Erzählung seinen festen Grund.

Vor der Frage, wie es weiter geht, stehen auch die beiden Brüder Liam und Pad in Christoph Ransmayrs (geb. 1954) Buch *Der fliegende Berg* (2006). Ransmayrs Roman gleicht einem Langgedicht. Seine Geschichte einer Bergbesteigung ist die Geschichte einer Verirrung. Angekommen in der archaischen Welt, entwickeln die beiden Brüder sehr unterschiedliche Vorstellungen davon, wonach zu streben im Leben sinnvoll ist. Während Liam dem Höhenrausch verfällt, findet sein Bruder in der Liebe zu Nyema Erfüllung. Ransmayr konfrontiert seine Figuren mit Extremsituationen und macht ihnen Entscheidungsdimensionen deutlich. Ihnen wird erst durch Verlust bewusst, was sie verloren haben. Die Haltsuchenden müssen lernen loszulassen.

Ein Flüchtender ist auch Ernst Lustig. Aber Steffen Menschings (geb. 1958) Held flüchtet in *Lustigs Flucht* (2005) nicht in die raue Welt der Berge, sondern er verschanzt sich in seiner Wohnung. Anders als der Protagonist in *Jakobs Leiter* (2003), er ist ein Süchtiger nach Büchern, Menschen und Geschichten, sucht Lustig nur Ruhe. Er begibt sich in die innere Emigration, weil er hofft, er könnte endlich seine Schiller-Biographie beenden. Doch in unruhigen Zeiten ist Ruhe nur schwer zu finden. Obwohl die Wirklichkeit in Lustigs Leben in Form von immer neuen Unglücken einbricht, trifft sie auf einen Widerspenstigen, der es gelernt hat, sich auch in schier ausweglosen Situationen zu behaupten. Lustig versteht es, sich auf die Widrigkeiten seinen Reim zu machen. Menschings Roman zeichnet sich durch entlarvende Komik aus, denn seine zentrale Figur ist absurd wie die Verhältnisse, in denen sie sich behaupten muss.

Von einer ganz anderen Flucht, der Flucht aus einer Ehe, erzählt Thomas Hettche in *Die Liebe der Väter* (2010). Die Scheidung bedeutet für Peter eine Zäsur, denn er bekommt nicht das Sorgerecht für seine Tochter. Hettche beschreibt den zermürbenden Kampf, den ein Vater führen muss, der den Kontakt zu seinem Kind nicht verlieren will. Auch Raoul Schrott macht sich in *Das schweigende Kind* (2012) zum Anwalt der um ihre Vaterrechte Betrogenen. Isa, die Tochter von Andreas, hat sich ins Schweigen zurückgezogen. Ihr will Andreas die ganze Wahrheit mitteilen, die einem Klagegesang gleicht. Der Verlierer in diesem mutteranklagenden Vaterepos ist Andreas, wobei der tragische Held dem Autor eine Idee zu selbsgerecht geraten ist.

Sprachexkursionen in zerklüftete Landschaften

Autoren wie Kurt Drawert, Reinhard Jirgl, Michael Lentz, Gert Neumann und Peter Weber knüpfen mit ihren Texten an die Traditionen der literarischen Moderne an, indem sie mit den grammatischen Sprachregeln brechen und herkömmliche Erzählverfahren unterlaufen. Die Auseinandersetzung mit der Sprache ist untrennbarer Bestandteil des Erzählens. Gert Neumann (geb. 1942), der seine Texte in der DDR nur in inoffiziellen Zeitungen veröffentlichen konnte, nutzt sprachliche Ausdrucksmöglichkeiten, die sich bewusst von einer durch Herrschaftsdiskurse geprägten Sprachgewalt unterscheiden (*Die Schuld der Worte*, 1979/1989; *Elf Uhr*, 1981/1990). Neumann wurde 1969 vom Literaturinstitut in Leipzig relegiert und gleichzeitig aus der SED ausgeschlossen. Seit dieser Zeit führte ihn die Staatssicherheit als ›operativen Vorgang‹ und setzte eine ganze Gruppe informeller Mitarbeiter auf ihn an. Franz Fühmann, der bedeutende Mentor der deutschsprachigen Gegenwartsliteratur, bezeichnet Neumann als »den bedeutendsten Schriftsteller (ganz ohne Phrase), den die DDR, nein, den wohl der deutschsprachige Raum besitzt«. Der Titel des Romans *Die Klandestinität der Kesselreiniger* (1989) ist programmatisch. Das ›Klandestine‹ verweist auf Geheimbünde. Die notwendige Arbeit findet im Untergrund, in der Abgeschiedenheit statt. Er deutet aber auch auf den geheimen Urgrund der Sprache hin, die sich gegenüber herrschenden Sprachrestriktionen verschließt, sich von ihnen abwendet und im Gegenentwurf zu einem Sprechen findet, das Einspruch erhebt gegen ein die Wirklichkeit verfehlendes Sprachgebaren. Neumann findet aus der Distanz zum herrschenden Sprachmissbrauch zu einer widerständigen Sprache, die sich nicht an einem »Gegen« abarbeitet, sondern auf das der Poesie Eigentliche verweist. »Klandestines Schreiben ist Überlebensmittel gegen krankhafte Verhältnisse [...]. Letztlich geht es darum, eine Möglichkeit für das Unsagbare zu finden« (A. Grunenberg). In *Die Klandestinität der Kesselreiniger* diskutiert Neumann, ob und wie es gelingen kann, einen inneren Raum vor den außen herrschenden Machtstrukturen zu bewahren. Ein – wie es im Untertitel des Buches heißt – »Versuch des Sprechens«. Der sprachkritische Ansatz, dem sich Neumann verpflichtet fühlt, reicht von Kleists Abhandlung *Über die allmähliche Verfertigung der Gedanken beim Reden* (1805/1806) über Hugo von Hofmannsthals *Brief des Lord Chandos* (1902), Walter Benjamins *Über Sprache überhaupt und über die Sprache des Menschen* (1916) bis zu den sprachkritischen Überlegungen Ingeborg Bachmanns.

Reinhard Jirgl (geb. 1953), der nicht zu den ›Szeneschriftstellern‹ des Prenzlauer Bergs gehört, verwendet Sprache wie ein Material, das es zu bearbeiten gilt. Er hat ein originäres System von sprachlichen Zeichen entwickelt und hält sich nicht an die gültigen Vereinbarungen der Orthographie und Grammatik. Seine Texte irritieren allein durch das Textbild. Jirgl empfindet es als »unzureichend« und »unlauter, [...] die Bedeutung von Texten, auch die politische, allein im Bereich des Inhalts dieser Texte zu suchen und durch ihn allein transportieren zu wollen. Die Netze der Inhalte sind infolge ihrer Beliebigkeit viel zu weitmaschig, um als Gradmesser für Bedeutung allein fungieren zu können.« In seinen Texten tauchen labyrinthische Landschaften auf, die vom Vergehen gezeichnet sind. Bereits in seinem Debüt *Mutter Vater Roman* (1990) konfrontiert er seine Leser mit Fragmenten, die aus einem Strom von Bildern herausgefiltert sind. Die Handlungen seiner Texte sind im deutschen Alltag angesiedelt. »Mangels größerer Gegner hat Jirgl sich auf den Alltag eingeschossen«, so Heiner Müller über das poetische

Gert Neumann

Widerständiges Sprechen

Versuche, das Unsagbare zu sagen

Reinhard Jirgl

Anliegen des Autors. Zur ›Wende‹ lagen sechs fertige Manuskripte vor, die in der DDR nicht erscheinen konnten. Noch 1990 erschien *Uberich. Protokollkomödie in den Tod*, ein Jahr später *Im offenen Meer* und 1993 *Das obszöne Gebet. Totenbuch*. Es folgte 1995 mit *Abschied von den Feinden* ein Roman, in dem das Leiden an der deutschen Vergangenheit thematisiert wird, der aber auch als Lagebericht zum Stand der Wiedervereinigung gelesen werden kann. In vielfachen Brechungen erzählt Jirgl von Trennungen, die im Privaten wie im Gesellschaftlichen verlaufen und von einer Rückkehr, die keine Heimkehr ist. Das Wort ›Leidensgeschichte‹ ist ein Topos in der Literatur, aber keiner buchstabiert ihn so wie Jirgl. Sein Roman ist ein »Bestiarium – und eine literarische Variante zu Picassos kolossalem Guernica-Gemälde. [...] Eine beklemmende DDR- und Nachwendezeitallegorie« (J. Hörisch). Von expressiver Wucht und Wortgewalt ist auch sein Roman *Hundsnächte* (1997), in dem der Autor eine apokalyptische Landschaft entwirft; topographisch verankert im Berlin der 1990er Jahre, einer Stadt, die als Abraumgelände nichts vom modernen Glanz einer Metropole hat, sondern einem Schreckensszenario gleicht. Jirgls Protagonisten sind gestrandete Existenzen, die sich in unterschiedlichen Phasen des Verfalls befinden. Sie tauchen als lebende Tote auf, die jede Hoffnung aufgegeben haben. Von diesen letzten Stadien des Alleinseins berichtet Jirgl. Bezeichnend für seine Figuren ist die Unfähigkeit zur Kommunikation. Davon handelt auch sein 2000 erschienener Roman *Die atlantische Mauer*, der die »unerschütterliche Schäbigkeit des Seins« (S. Barck) vorführt. Heiner Müller sieht in Jirgl einen Autor, der sich »gegen den verordneten Flachkopfoptimismus« wendet und sich mit den »Kellern (auch den individuellen), nicht den Fassaden« beschäftigt. Jirgl beschreibt intensiv und unbestechlich kalte Zustände, soziale Gefrierräume – Eiszeit als Daueratmosphäre der Gegenwart.

Kälte und Missgunst, Schmach und Verletzungen erfahren Johanna, Hanna, Anna und Maria in Jirgls Roman *Die Unvollendeten* (2003). Die Apokalypse der Vertriebenen endet nicht 1945, sondern sie setzt sich fort. Der zeitlich bis in die Nachwendejahre reichende Roman ist ein Epochenaufriss. Er zeigt Menschen, die unterwegs sind, getrieben von der vergeblichen Hoffnung, eine Heimat zu finden. Von Figuren, die Grenzen überschreiten, erzählt Jirgl in *Abtrünnig* (2005). Der im Berlin der Jahrtausendwende spielende Roman handelt von Flüchtlingen, die wie

Aufmerksamkeit für die Schattenseiten

Lebende Tote

»Die neu erbauten Konkurs-Ruinen des Metropolenwahns, raunend in pompöser Rüstung.« – Der neue Potsdamer Platz in Berlin in der Perspektive des Protagonisten in Reinhard Jirgls Roman *Abtrünnig*.

Abtrünnige ihre Heimat verlassen und die Seite wechseln. Verachtung macht sich unter ihnen breit, und es kommt zu Übergriffen, weil die Verlorenen nach den wenigen Fleischtöpfen greifen. Es heißt Abschied nehmen von Vertrautem. Jirgl, der 2010 mit dem Georg-Büchner-Preis ausgezeichnet wurde, konzentriert das Handlungsgeschehen in seinem 2009 erschienenen Roman *Die Stille* um 100 Fotos. Auf den Fotografien sind Augenblicke festgehalten, aber wenig erzählen die Bilder von den Menschen, die darauf abgebildet sind und von der Zeit, zu denen die Augenblicke gehören. Diese Aufgabe übernimmt der Erzähler, der nachträgt, was auf den Bildern nicht zu sehen ist. Jirgl verfolgt im Roman das Leben zweier Familien, die sich an ihr Eigentum halten, als die Staaten im Verschwinden begriffen sind. Immer wieder stellt Jirgl Figuren ins Zentrum des Geschehens, die versuchen, sich in die Geschichte einzuschreiben, wenn diese im Begriff ist, sie auszuradieren.

Abschied nimmt auch der Protagonist in Kurt Drawerts (geb. 1956) Roman *Spiegelland* (1992). Um sich von der Vätergeneration und der Generation seines Großvaters lossagen zu können, muss er sich der Vergangenheit stellen. Dieser Prozess verläuft mühsam und ist begleitet von grenzenlosem Unverständnis. Das Vorhaben des namenlosen Ich-Erzählers, der sich von den Fesseln seiner Herkunft befreien will, erweist sich als schwierig, weil das eigentlich verschwundene Land, die DDR, sich mit ihren Begriffen in der Biographie des Erzählers festgekrallt hat. Um sich aus dieser Umklammerung lösen zu können, ist es notwendig, die »Worte der Herkunft« zu verlernen, sich der Sprache der Väter zu entziehen. Vor dem Erzähler steht die Aufgabe, die verordneten Bilder, die die Wirklichkeit entstellten, aus dem Gedächtnis zu löschen. Dazu muss er mit der Generation des Großvaters und des Vaters radikal brechen. Drawerts radikal vorgetragene Abrechnung, die durchsetzt ist von Zweifel, lässt am Schluss offen, ob es gelingen kann, Herkunft und somit auch Sprache hinter sich zu lassen. Der Roman handelt vom Aufbegehren gegen die Macht und den Versuchen zu widersprechen, um sich aus dem Sklavenboot einer verordneten Sprache zu befreien. Für Drawert scheint es nur möglich zu sein, gültiges Sprechen zu retten, indem permanent versucht wird, sich festgefügten Sprachräumen zu entziehen. Von den Schwierigkeiten, in einer verkehrten Welt eine gültige Sprache zu finden, handelt auch Drawerts Roman *Ich hielt meinen Schatten für einen anderen und grüßte* (2008). Drawerts namenlos bleibende Figur erinnert an Kaspar Hauser, an den Verlorenen, der plötzlich auftauchte und von dem keiner wusste, wo her er kam. Zwei Personen, mit denen der historische Kaspar Hauser Kontakt hatte, werden für das erzählende Ich in Drawerts Roman zu Dialogpartnern. Doch nicht Nürnberg, wo der historische Kaspar Hauser im Jahr 1828 das erste Mal gesehen wurde, ist der Ort der Handlung, sondern Drawerts Figur wird zum Kronzeugen berufen, um die gesellschaftlichen Verhältnisse der DDR noch einmal durchzubuchstabieren. Eingeschrieben wurden sie ihm mit der gleichen Perfektion wie dem Verurteilten in Kafkas Erzählung *Die Strafkolonie*. Drawerts Figur gleicht diesem Verurteilten. Er ist ein Gezeichneter, dessen Sprache immer wieder ins Stocken gerät. Die Unterbrechungen, seine stummen Schreie, sind Zeichen eines Sprachnotstands. Im Stottern drückt sich die Klage über die sprachlichen Züchtigungen aus, die der Gequälte erfahren hat.

Zu den Auffälligkeiten der Prosa von Michael Lentz (geb. 1964) gehört es, dass er die von ihm ausgeschrittenen Sprachräume, bevor er sie gelegentlich ins Extreme treibt, zunächst auslotet. Die Ernsthaftigkeit, mit der er diese Aufgabe angeht, führt ihn mitunter dahin, das Absurde an bestimmten Zuständen und Da-

Mühsamer Abschied

Michael Lentz

seinsweisen herauszuarbeiten. »Die sprache erzog ich mir zum seismografen«, sagt Lentz, der für den Band *Muttersterben* (2001) im selben Jahr den Ingeborg-Bachmann-Preis erhielt. Lentz spürt dem Phänomen von Vergänglichkeit nach und fragt zugleich, was bleibt, wenn ein Mensch geht. Er muss den Tod anerkennen, aber er erhebt Einspruch gegen das gleichzeitig einsetzende Verschwinden von Erinnerungen. Das Verschwinden der Mutter hinterlässt ein Loch, das auf eine zurückgebliebene Leere hinweist. Michael Lentz spricht vom »sprachloch«, das sich mit dem Verschwinden einer vertrauten Person auftut und Sprachlosigkeit bewirkt. Auf der Suche nach dem, was verloren ging, unterliegt das Erinnern allerdings Störungen, weil Worte fehlen. Nach Worten sucht auch der Ich-Erzähler in Lentz' Roman *Liebeserklärung* (2003). Er denkt über die Gründe für das Scheitern einer Liebe nach. Lentz durchmisst den Raum zwischen Absenz und Präsenz, der voller Fallen ist, und durch den sich Grenzen ziehen, die es zu überschreiten gilt. Auf der »Geschlechterkampftrümmerwiese«, über der sich ein »Liebesgewitter« entladen hat, bleibt ein Ich zurück, das sich fragt, warum sein Lieben scheitert. Bei dem Versuch, aus einer Liebe zu verschwinden, weil er in einer neuen ankommen will, bleibt er buchstäblich auf der Strecke.

Wie Lentz ist auch Peter Weber (geb. 1968) Musiker. Weber, der mit *Der Wettermacher* (1993) debütierte, kennt sich mit sprachlichen Verwirrspielen aus. Er legt Wert auf Satzmelodien und Klang. Der passionierte Reisende, als der sich Weber in *Bahnhofsprosa* (2002) zu erkennen gibt, kommt auch in dem Roman *Die melodielosen Jahre* (2007) nicht los von Bahnhöfen, Hochgeschwindigkeitszügen und Zugrestaurants. Die zentrale Figur Oliver reist gern. Probleme hat Oliver nur mit dem Bleiben. Durch das ständige Unterwegssein fängt dieser Ruhelose Impressionen von deutschen und europäischen Großstädten ein, die sich durch surreale Verfremdungen auszeichnen. Weber sucht nach Sprachresten, die zu verschwinden drohen und findet neue Sprachfügungen, die seine Phantasie beflügeln. Die Befreiung aus dem Korsett sprachlicher Regelungen verschafft den »Sprachgelenken« jenen notwendigen Freiraum, um Wahrnehmungen in einer ihnen gemäßen Sprache ausdrücken zu können. Webers Schreiben setzt das Vergessen von Vorschriften voraus.

In einer ganz eigenen Sprache thematisiert Herta Müller in ihrem Roman *Atemschaukel* (2009) die Gulag-Erfahrungen der rumäniendeutschen Minderheiten in Stalins Lagern. Für ihren Roman konnte sie dazu auch auf die Berichte des Lyrikers und Büchnerpreisträger von 2006 Oskar Pastior (1927–2006) zurückgreifen, der als Siebzehnjähriger in ein ukrainisches Arbeitslager deportiert worden war. Ursprünglich wollten sie das Buch gemeinsam schreiben, doch Pastiors plötzlicher Tod machte diesen Plan zunichte. Allerdings weist Leopold Auberg, der im Zentrum des Romans steht, und aus dessen Perspektive erzählt wird, deutliche Parallelen zu Pastior auf. Mit expressiven sprachlichen Mitteln beschreibt Herta Müller, was Auberg im Lager widerfährt, der Halt in der Sprache zu finden sucht. Der grausamen Lagerrealität wird eine Sprache entgegengesetzt, die reich ist an metaphorischen Ausdrücken. Was Hunger bedeutet, was es heißt, im Angesicht des Todes zu leben und sich Menschlichkeit zu bewahren, die jenen fehlt, von denen die Häftlinge gefangen gehalten werden, überträgt Herta Müller in eine eindringliche Sprache, aus der kühne Wortschöpfungen (»Hungerengel«, »Herzschaufel«) wie Monolithe herausragen. Die 1953 geborene rumäniendeutsche Autorin erhielt 2009 den Nobelpreis für Literatur. In der Begründung wird auf »Landschaften der Heimatlosigkeit« verwiesen, die in ihrer Prosa Gestalt annehmen. Herta Müller reiste 1987 aus Rumänien aus und lebt seitdem in der Bundes-

Herta Müller

republik. Aus ihrem umfangreichen, in viele Sprachen übersetzten Werk ragen Texte wie *Der Fuchs war damals schon der Jäger* (1992), *Herztier* (1994) und *Der König verneigt sich und tötet* (2003) heraus.

Zwischen »Transit-Poesie« und »Erlebnisdichtung«?

Eine Bilanzierung der deutschen Lyrik an der Jahrtausendwende ergibt interessante Paradoxien. Von einer »zweigeteilte(n) Situation der deutschen Lyrik« (Th. Elm) wird gesprochen. Einer »subjekt- und geschichtslose(n) Transitpoesie« à la Durs Grünbein, Raoul Schrott, Thomas Kling, Barbara Köhler oder Bert Papenfuß stehe eine Ars poetica gegenüber wie sie u. a. Ulla Hahn in ihrem Band *Epikurs Garten* (1995) als »Bewußtseinspoesie der alten Art« bekräftigt. Lyriker wie Peter Waterhouse und Kling gelten als »Neo-Experimentelle« und junge Wilde der Poesie. Das Stigma der ›expressiven Lyrik‹ zeigt sich bald schon als »entleerte Kategorie« (M. Braun), ebenso läuft die Suche nach dem Hermetischen im Gedicht ins Leere. Denn neben der facettenreichen Sprachkunst der jüngsten Lyrikergeneration, die sich oft als Präsentation des Augenblicks zu erkennen gibt und sich der Dekonstruktion von Sprachstrukturen widmet, gibt es weiterhin eine Vielzahl von Gedichten, in denen der Blick auf Geschichte, Landschaften und die sog. klassischen ›Existentialien‹ (Liebe, Trauer, Kindheit, Alter, Tod) dominiert (Günter Kunert, Friederike Mayröcker, Ernst Jandl, Sarah Kirsch, Hilde Domin, Hans Magnus Enzensberger, Helga M. Novak). Wird einerseits der Verlust des lyrischen Ich beklagt, so ergibt sich andererseits als Gewinn ein »dissoziiertes lyrisches Subjekt« (M. Braun). An der Jahrtausendwende ist eine erfreuliche Heterogenität von Handschriften zu konstatieren, trifft man auf ein wahres »Stimmengewirr«.

Stimmenvielfalt

Der Lyriker Durs Grünbein (geb. 1962) verortet zu Beginn der 90er Jahre das Konzept seines Schreibens »am Schnittpunkt sehr vieler Stimmen«. Jene Stimmenvielfalt ‚grollt‘ in seinem zweiten Gedichtband *Schädelbasislektion* (1991) als »urbane(s) Gemurmel«, in dem sich (Schreib-)Traditionen wie Zeitsprünge ineinanderschieben. Im massiven Geröll der Phraseologien öffentlicher Rede ist er auf der Suche nach den eigenen Klängen und Dissonanzen. Dabei scheint ihm der Schreibende »nur noch punktuell faßbar«. Er ist zum »Transit-Künstler« (»Transit Berlin«) geworden: ›Ich bin nicht hier, sagt es. / Ich bin nicht dort‹. Grünbeins mit scharfem Skalpell ausgeführte Basislektion setzt am Schnittpunkt von Poesie und Naturwissenschaft mit einem lakonisch vorgebrachten Befund zur menschlichen Existenz ein: »was du bist steht am Rand / Anatomischer Tafeln«. In *Falten und Fallen* (1994) ist die marginale Position eines modernen Ich bebildert, das von den »Wundrändern her, vom Veto / Der Eingeweide, vom Schweigen / Der Schädel denkt, schreibt, lebt: »ein Tier / Das den aufrechten Gang übt«. In Grünbeins Gedicht »Aus einem alten Fahrtenbuch« wird die Poetologie des Lyrikers im ästhetischen Spiel des Verschwindens skizziert. Ausgewiesen als fremdes Material, das nach dem »Untergang des Sozialistischen Reiches« im sächsischen Sand entdeckt wird, dient der Fund als Stoff, um sich in Verfremdungspraktiken zu üben. Im Gedichtband *Nach den Satiren* (1999) – den Satiren des römischen Dichters Juvenal verwandt – wird im Gestus der spöt-

Schutzumschlag

tisch-kritischen Widerrede ein »Gesang der Satten« angestimmt. Die Jahrtausendwende zeigt sich dem Dichter, der nie an Utopien interessiert war, als geeigneter Zeitpunkt, um das Unzeitgemäße der Satiren am Verlust der Utopien im Gedicht zu spiegeln. Heiner Müller hatte 1995 in seiner Laudatio anlässlich der Verleihung des Georg-Büchner-Preises an den dreiunddreißigjährigen Grünbein die »Unersättlichkeit seiner Neugier auf die Katastrophen, die das Jahrhundert im Angebot hat, unter den Sternen wie unter dem Mikroskop« als Geheimnis seiner Produktivität gelobt. Seit 2001 hat Grünbein Texte von Aischylos (*Die Perser*, 2001; *Sieben gegen Theben*, 2003) und Seneca (*Thyestes*, 2002) übertragen. Die Arbeit an antiken Stoffen findet erneuten Widerhall in der eigenen poetischen Produktion. Nach den Aufsätzen *Antike Dispositionen* (2005) und *Gedicht und Geheimnis* (2007) stellen die Gedichte in *Strophen für übermorgen* (2007) das Erinnern als Scharnier zwischen Vergangenheit und Zukunft dar. Eine Gesellschaft ohne Gedächtnis würde einem »Schreckbild« (Th. W. Adorno) ähneln oder wie Grünbein in »Hippocampus« fragt

> Erinnerung, scheue
> Freundin, welches der Fenster
> Öffnest du heute für mich? [...]

Nach *Aroma. Ein römisches Zeichenbuch* (2010) – während eines Aufenthalts in der Villa Massimo in Rom entstanden –, in dem Grünbein die ewige Stadt mit allen Sinnen poetisch erkundet und Rom »ins Alphabet« bettet, taucht Rom in der Gedichtsammlung *Koloss im Nebel* (2012) als magischer Ort auf, wo sich die Sehnsucht des lyrischen Ich – wie im Gedicht »Paroxysmen an der Abendkasse« – noch in einer kleinen Pfütze zeitlos spiegelt

> In kleinen Pfützen stehn, gestochen scharf, Faksimiles
> Von Gründerzeitfassaden, ihren wuchtigen Balkons.
> Im Kellerfenster glänzt ein Stückchen Nacht: Lakritze.

Thomas Kling

Auch der »Spracharchäologe« und Performancekünstler Thomas Kling (1957–2005) präsentiert mit seinen Gedichtbänden *brennstabn* (1991), *nacht. sicht. gerät* (1993), *morsch* (1996) und *Sondagen* (2002) einen provokanten Zugriff auf den Materialcharakter der Sprache, indem er sich mit stilsicherer Technik in ihr Innerstes begibt. Wie auch Grünbein keiner Bewegung zugehörig, sind Kling Autoren wie Peter Waterhouse, Bert Papenfuß, Friederike Mayröcker, Raoul Schrott, Brigitte Oleschinski oder Barbara Köhler verwandt. »Jedes Gedicht, das ich sagte und schrieb oder schreiben wollte, kam aus einem: Ich kann nicht sprechen; ich habe keine Wörter« (Peter Waterhouse). Der Ekel vor dem »leeren Geröll« (Ingeborg Bachmann) der Syntax, vor der Flut öffentlicher Phrasen und Spruchbänder verbindet sich bei all diesen Lyrikern mit einer unbändigen Lust am Wortschöpferischen. Intellektuell geschult an der Sprach- und Sinnkrise des Fin de siècle – bestens vertraut mit der erkenntniskritischen Sprachphilosophie Ludwig Wittgensteins –, misstrauen sie vorgegebenen Wahrnehmungen und postulierten Sinnmustern. Sie werden zu Kritikern des abendländischen Denkens. Bei Kling verwandeln sich in rasanten Sprach-Bild-Schnitten »mundraum« und »zunge« – als Orte physiologischer Textgenese – in architektonische Räume, in denen sich »polylingual« (»Manhattan Mundraum« aus *morsch*) die Arbeit am »themen-, am textkadaver« (»bläue« aus *nacht. sicht. gerät*) vollzieht:

Manhattan Mundraum

die stadt ist der mund
raum. die zunge, textus;
stadtzunge der granit:
geschmolzener und
wieder aufgeschmo-
lzner text. [...]

In *Sondagen* schreibt Kling mit »Manhattan Mundraum Zwei« dieses Gedicht fort,
in dem nun ein anderes Sinnesorgan im Zentrum steht:

dies ist die signatur
von der geschichte;
verwehte wehende unverwehte
loopende wie hingeloopte
augn-zerrschrift

Wie in einem Palimpsestverfahren lagert Kling Bruchstücke intensivster Beobachtung übereinander, um eine größtmögliche Verdichtung des Materials zu erzeugen. Er zerstört Sinnzusammenhänge, um Details und die elementaren Bestandteile der Sprache zum Vorschein kommen zu lassen und verstellte Sinnhaftigkeit
erfahrbar zu machen. Diese Strategien dienen der Archivierung. Einen kritischen
Blick entwickelt Kling bei der historischen Sichtung lyrischen Materials. In seinem *Sprachspeicher* (2001) lagern Gedichte vom achten bis zwanzigsten Jahrhundert, die von ihm »moderiert« werden. Von den »Merseburger Zaubersprüchen«
bis zu Marcel Beyer, Ulf Stolterfoht und Barbara Köhler spannt sich ein eigenwilliger Bogen, der »vielfältige Sprachwelten, zahlreich in ihren Schichtungen« zeigt
und deren Nutzer aufgefordert werden, »sie sprechend zu entziffern«.

Die Lyrikerin und Multimediakünstlerin Barbara Köhler (geb. 1959) arbeitet
mit ähnlichen Mitteln an der Erweiterung von Sprach- und Denkräumen. Ihrem
Debüt *Deutsches Roulette* (1991) folgte 1995 der Band *Blue Box*. Im Titel verweist
sie auf ein Instrumentarium, mit dem im Film künstliche Räume erzeugt werden.
Interessiert an den Schnittstellen zwischen den Kunstwelten, zeigt sie im Gedicht
»Selbander« (in Korrespondenz zu Paul Celans Gedicht »SELBDRITT; SELBVIERT«
aus dem Band *Die Niemandsrose*, 1963) wie willkürlich die Grenzen innerhalb
der Sprache verlaufen, in denen der Dichter zum Grenzgänger zwischen
Machtzentren wird. Auch in Köhlers Gedicht »Entpuppung« wird Celans Gestus
aus seiner *Bremer Rede* (1958) reflektiert, wo er vom dialogischen Wesen des
Gedichts spricht. Ich (Subjekt), Stimme (Klangkörper) und Wort (Sprache) werden im fortlaufenden Prozess ihrer Rückspiegelung verfremdet. Dabei öffnen sich
»ungehörige Räume«, in denen sich Eigenes und Fremdes wechselseitig durchdringen. Das Gedicht als »Erscheinungsform der Sprache« ist auch in diesem
Text Köhlers »unterwegs«: »dir entgegen kommt es und geht zwischen uns«. Mit
ihren Übertragungen von Gertrude Stein (*Tender Buttons/Zarte knöpft*, 2004)
und Samuel Beckett (*Trötentöne/Mirlitonnades*, 2005) hat sie einen neuen Weg
eingeschlagen, der mit den »Gesängen« in *Niemands Frau* (2007) zum ältesten
Werk abendländischer Literatur – Homers *Odyssee* – führt.

Interessiert an klanglichen Verschiebungen und Versprechern, setzt Köhler in
der 3000 Jahre alten Tradierung des Stoffes mit Odysseus' Frau Penelope eine
weibliche Stimme als Erzählmedium ein. Die Wortmusik der *Odyssee* inspiriert

Barbara Köhler

die einst an der Konkreten Poesie geschulte Lyrikerin zu modernen Gesängen wie »Orpheus: Voicebox«, »Nachtstück: Arrhytmie« oder »Gewebeprobe: Penelope«.

Köhler folgt als Poetin dem Prinzip des Minimalismus und fabelt lieber »von zwei bis drei Wörtern« als ganze »Märchen in Prosa« zu erzählen. Lyrik ist für sie eine Kunstform, die sich in der Spannung »kürzester Wege« wie »größter Distanzen« von Wort zu Wort entwickelt. Diese rastlose Wort-Suche lässt sich auch in *Neufundland, Schriften, teils bestimmt* (2012) finden. Eine Sammlung, die zwischen den Genres changiert.

Elke Erb: Porträtgedicht

Für Barbara Köhler ist die Wortkünstlerin Elke Erb (geb. 1938) eine wichtige Gesprächspartnerin, deren »nicht-instrumentalisiertes Verhältnis zur Sprache« vor allem seit den 80er Jahren in eine ideologiekritische Richtung weist. Adolf Endler bezeichnet sie als »Protagonistin des miniaturhaften Prosa-Gedichts im Sinn Baudelaires und Rimbauds«. In der Tat führt Erb das Genre das Porträtgedichts seit der frühen Poesie und Prosa in *Gutachten* (1975) bis zu *Unschuld, du Licht meiner Augen* (1994) zu beeindruckender Perfektion. Seitdem sie dafür den Erich-Fried-Preis von Friederike Mayröcker überreicht bekam, verbindet beide Dichterinnen ein intensives Lektüre- und Gesprächsverfahren. Erb übt sich in Wortarbeit und lässt die Dinge sprechen, der Weg als Denkfigur und Suchmetapher durchkreuzt ihr Werk. Brigitte Oleschinski (geb. 1955; *Your passport is not guilty*, 1997; *Argo cargo*, 2003; *Geisterströmung*, 2004) urteilt in ihrer Laudatio zur Verleihung des Ida-Dehmel-Preises (1995): »Es ist, als ob man ihre Gedichte, während man sie vorwärts liest, rückwärts verstehen müsste, so wie Erfahrungen.« Auch die Gedichte in *Gänsesommer* (2005), die den Tagebüchern zwischen 1995 und 2003 entnommen sind, verlangen einen reflektierenden und denkenden Leser. In der Symbiose von Poesie und Kommentar entfaltet sich ein reicher Kosmos an Themen. »Grundbegriffe« werden nach ihrem Erkenntnisgehalt abgeklopft, über die Wahrnehmung beim Lesen wird nachgedacht. Erbs Gedichte sind »analytische Parabeln auf das Myzel unseres Alltags im Denken und Fühlen«, meint Ulrike Draesner (geb. 1962; *anis-o-trop*, 1997; *für die nacht geheuerte zellen*, 2001; *Kugelblitz*, 2005). Ihnen liegt ein Prinzip der Dialogizität zugrunde, das zum Gespräch herausfordert (mit Barbara Köhler, Gregor Laschen, Herta Müller). Doch auch von Verlegenheit bei der Wortarbeit ist die Rede, diese erfasst nicht nur den Text-Körper, sondern auch den Körper der Schreibenden (»Anpassung«).

> Wenn ich wie eben,
> da ich, in einem Zuge nacheinander,
> von Hölderlin, Mandelstam und Celan lese,
>
> wegen ihrer Schicksale den Reflex habe,
> die Hände wegzustecken, so dass meine Hände
> um den Körper fahren wie huschende Vögel
> und suchen nach einem Versteck,
>
> ist das wohl – Anpassung, jene unwillkürliche,
> die man gebraucht, wenn man gewahren will,
> denn nur im Ganzen, gliederlos ganzleibig,
> ist dem zu folgen.

Kurt Drawert nennt sein Begehren am Text: »meinem Körper eine Geschichte zu geben, die eine Kontinuität hat«. In den Gedichtbänden *Zweite Inventur* (1987) und *Wo es war* (1996) ist der Topos des Fremdseins, begleitet von einem morali-schen Grundton, von zentraler Bedeutung. Sein »Nirgendwo bin ich angekom-men. / Nirgendwo war ich zuhaus« aus »Ortswechsel« wird dennoch nicht im Ton der Klage vorgebracht. Der »Untergang eines Weltimperiums«, das »wie Was-ser in einem Spülbecken im Abfluß verschwand«, wird mit der Geschichte des Ich verknüpft: »kommen wir denn tatsächlich / nirgendwo her, sind wir die Nachge-burt / kalter Kriege gewesen, hingefickt lieblos / auf einem Friedhof der Ideolo-gien« (»Tauben in ortloser Landschaft«). In seiner Rede zur Verleihung des Uwe-Johnson-Preises versucht er eine Brücke zwischen dessen »Wanderschaft« und dem eigenen Orts- und Perspektivwechsel zu schlagen, indem er von einer Hei-matlosigkeit des Schreibenden im umfassenden Sinne spricht. Die Eindringlich-keit solcher Verse ist im Zusammenhang mit Drawerts *Haus ohne Menschen* (1993) zu lesen, in dem ein Gedächtnis als »begriffslose Landschaft« den Bauplan für die »nächste erbarmungslose, zerstörerische Utopie« abgeben wird. Davon handelt auch das Gedicht »... doch« aus *Wo es war*:

Kurt Drawert

> es muß auch eine Hinterlassenschaft geben,
> die die Geschichte des Körpers,
> auf die ich selbst einmal, denn das Vergessen
> wird über die Erinnerung herrschen,
> zurückgreifen kann wie auf eine Sammlung
> fotografierten Empfindens, und die die Geschichte,
> denn das innere Land
> wird eine verfallene Burg sein
> und keinen Namen mehr haben und betreten sein
> von dir als einem Fremden
> mit anderer Sprache, erklärt.

Mit *Frühjahrskollektion* (2002) lädt Drawert zu einer besonderen Modenschau ein. Auf dem Laufsteg werden Gedichte präsentiert, die aus hartem Material sind. Neben Industrielandschaften (»Ich liebe die Industriegebiete«), dem morbiden Zauber Roms und Engeln, die die Landstraße säumen (»Die Engel der Land-straße«), buchstabiert Drawert die »Idylle rückwärts«: »wie ein Film am Anschlag der Rolle«. Dabei kommt es schon vor, dass die »fröhlichen Toten« dem lyrischen Ich zuwinken. In Drawerts Kollektion dominiert das Modell »Aufbruch«, »Ab-gang«, »Abflug«, denn »kaum wache ich auf, / habe ich schon keine Zeit mehr« (»Keine Zeit«).

Mit seinem Debüt *so beginnen am körper die tage* (1984) begann Gerhard Falk-ner (geb. 1951) eine Lyrik, die von sinnlichen Partituren und von Melancholie bestimmt ist. 1989 kündigte er mit *wemut* sein poetisches Verstummen an, das 2000 mit dem »grundbuch« *Endogene Gedichte* wieder aufgehoben wird. Im Nachwort schreibt Falkner: »Die Ankündigung wurde eine Art trademark, sie folgte mir wie dem Orestes die Erynnien – allerdings nicht mit mythischer Wucht, sondern als notorischer Reflex.« Falkners stilistische Sicherheit, die sanfte Kontu-ren trägt und auf die Klangfülle des Buchstabens setzt, wird mit den Gedichten in *Gegensprechstadt-ground zero* (2005) und *Pergamon Poems* (2012) erneut doku-mentiert.

Als »Kultur-Archäologin« (A.-K. Reulecke) ist Anne Duden (geb. 1942) bezeich-net worden, die in ihren lyrischen Texten den Aspekt von Gewalt thematisiert, um Verdrängtes und Verschüttetes in unserem kulturellen Gedächtnis freizule-

Anne Duden

gen. In den Prosagedichten aus *Steinschlag* (1993), aber auch in *Hingegend* (1999) wird eine wahre Bilderflut heraufbeschworen, um die brutalen Strategien geschichtlicher Herrschaft freizulegen, denen das Ich ausgesetzt ist. »Unterdessen atme ich Steine / bei strengster Geheimhaltung / falle anhaltend auf die Härte des Pflasters zu«. Das bei Duden beschworene Bild des Reiters, das auch in *Steinschlag* an den Mythos vom Drachentöter erinnert, ist zur Karikatur verkommen, da ihm sein Auftrag sowie der »Zweck seines Ausritts« entfallen sind: »im verschwimmenden Mund die aufgeriebene taube Zunge«.

Für Wolfgang Hilbig sind Gedichte »Essenzen« der literarischen Arbeit. Bereits in seinem lyrischen Debüt *Abwesenheit* (1979) – 1986 folgte der Band *die versprengung* – sind die Räume karg ausgeleuchtet und ein Geruch von Verwesung liegt zwischen den Zeilen. Das lyrische Ich findet sich an Orten wieder, die vor Schmutz starren und wo dicker Rauch die Sicht nimmt. Ingo Schulze bescheinigt Hilbig eine somnambule Zielstrebigkeit bei der Erforschung von Territorien, die »nicht mal als Sperrgebiete« markiert sind. Traurige Abschiede und illusionslose Vergänglichkeit prägen hingegen die *Bilder vom Erzählen* (2001). Der Rabe als Bote des Todes wird zum Vertrauten des Ich, beide vereint Heimatlosigkeit.

> Hermetisch tickt die Zeit
> nicht Tod nicht Leben nichts beginnt –
> wie ein schlafender Rabe röchelt die Uhr
> und ich wache und wandle und träume doch nur.

Von »Zwiedeutschland« als Ursprungsland seines Denkens spricht hingegen der in Ostberlin geborene Uwe Kolbe (geb. 1957) in seinem Widmungsgedicht an Allen Ginsberg, das im Band mit dem assoziationsreichen Titel *Vineta* (1998) enthalten ist und die Ankunft in einer »ziemlich brutale(n) Freiheit« beschreibt. Vielleicht begibt sich Kolbe auch deshalb in den Gedichtbänden *Die Farben des Wassers* (2001) und *Heimliche Feste* (2008) immer häufiger auf Wanderschaft. Dabei werden Lebens-, Liebes- und Schicksalsreisen zum zentralen Thema.

So auch in der Sammlung *Lietzenlieder* (2012), in der Kolbe Erinnerungsräume öffnet, die von den Verwerfungen der Geschichte gezeichnet sind (»Der Quell ostdeutscher Flüsse ist ein Tränenstrom«). Im Liedhaften, das sich als Inbegriff lyrischen Sprechens mit dem Sonett aufs Feinste verbindet, streift Kolbe nicht nur durch die konkrete Landschaft Brandenburgs. Er betritt Gebiete der Sehnsucht, die – wie im Gedicht »Libuše« (eine Hommage an die 1998 verstorbene Libuše Moníková) – zum Verweilen einladen.

> Wir trinken Wasser, das aus deinen Bergen kommt,
> und können deine reiche Sprache doch nicht sprechen."

Sprachexperimentell arbeitender Klangkonstrukteur

Gänzlich unpathetisch reagiert auf Bilder des Versinkens und Verschwindens einer der sprachkritischsten Lyriker der letzten drei Jahrzehnte: Bert Papenfuß (geb. 1956), von dem 1994 *mors ex nihilo* sowie 1998 Gedichte aus den Jahren 1994 bis 1998 unter dem Titel *hetze* erschienen. Im Gedicht »die lichtscheuen scheiche versunkener reiche« aus *LED SAUDAUS. notdichtung. karrendichtung* (1991) wird sprachspielerisch vom »despotenreich« der ehemals Herrschenden gesprochen, denen der Gesellschaftsentwurf »versangundklangloste«; lakonisch resümiert als »menschenschicksal, ihr unternietzschen«. Mehr noch aber ist Papenfuß – wie auch Thomas Kling, Barbara Köhler oder Stefan Döring – interessiert an Klang-Installationen sowie am Entwurfscharakter sprachlicher Konstruktionen. Analytisch scharf und poetisch radikal offenbaren diese Inszenierungen die Sprache als machtzentriert und gewaltvoll. Darauf reagiert er mit Techniken der Dekonstruktion, in denen das Experiment als Zugriff auf den Stoff fungiert. Seit 1999 Mitbetreiber der Tanzwirtschaft »Kaffee Burger« in Berlin, entwirft Papenfuß seine Texte mit Sprachwitz und respektloser Ignoranz gegenüber grammatischen und syntaktischen Regeln. In »Piratenlehrjahr« aus *Rumbalotte* (2005) lautet die Devise: »Protest, Revolte, Revolution. Aufhebung des Privateigentums an Produktionsmitteln, Grundeigentum und Geld. Abschaffung der Prostitution und des Trauergottesdienstunwesens [...] Das sollte für den Anfang reichen. Los geht's!«

Bert Papenfuß in seinem »Kaffee Burger«

Eigenwillige Sehraster entwickeln auch Hans-Ulrich Treichel (geb. 1952; *Der einzige Gast*, 1994; *Gespräch unter Bäumen*, 2002; *Südraum Leipzig*, 2007), Kerstin Hensel (geb. 1961; *Bahnhof verstehen*, 2001; *Alle Wetter*, 2008) und Thomas Rosenlöcher (geb. 1946). Im Band *Dresdner Kunstausübung* (1996) führt Rosenlöcher Verhaltensmuster in Zeiten des Umbruchs (Krieg, Nachkrieg, ›Wende‹, Nachwende) vor, wobei auch das Deutschland-Thema ironisch kommentiert wird. So erlebt das lyrische Ich im Titelgedicht während eines Barockkonzerts – eingekeilt zwischen »Dresdner Kunstmumien«, die »zwar Weber nicht mehr, / doch Wagner noch kannten« –, im Zeitrafferprinzip seinen Fall aus der Zeit, während ein »Mückenaufnieder« den Augenblick festnäht. Im »Wiepersdorfer Tagebuch« *Am Wegrand steht Apollo* (2001) wird ein idyllisches, der Zeit nur scheinbar entrücktes Refugium beschrieben. »Umknarrt von Kiefernstangen / Park, Ententeich und Schloß« diagnostiziert das lyrische Ich dort, wo einst Bettina und Achim von Arnim hausten, dass der Lorbeer an »Gedächtnisschwund« leidet und die Gräber der Arnims »umgittert« sind: »Kein Blatt, keine Ranke. O Preußen«.

Die Zeit der Kindheit nimmt als Erkundungsraum der Subjektivität in vielen Texten einen besonderen Platz ein, wobei zwischen Stadt und Land eine räumliche Polarisierung stattfindet. Spuren der Herkunft legen Marcel Beyer (*Erdkunde*, 2002), Wulf Kirsten und Heinz Czechowski frei.

Eine besondere Art der Erdverbundenheit ist dem 1934 in Klipphausen bei Meißen geborenen Wulf Kirsten eigen. Bereits die frühen Gedichte (*Stimmenschotter*, 1993; *erdlebenbilder. gedichte aus 50 jahren 1954–2004*, 2004) sind von dem Gedanken durchdrungen, nur ein Gast auf Erden zu sein. Im Gedichtband *fliehende ansicht* (2012) erweist sich der Erdraum konkret »als unerschöpflicher Erlebnisfundus« und Gedächtnisraum.

Bei Lutz Seiler (geb. 1963), der 1995 mit dem Band *berührt / geführt* debütierte, führen sie in *pech & blende* (2000) in eine Zeit, in der es »nichts zu lachen« und »auch nichts zu reden« gab. Die Landschaft der Kindheit – wie sie in »haldenglühn« und »im osten, lisa rothe« entworfen wird – ist vom Uranabbau gezeichnet, mit der die politischen Spruchbänder und Redensarten der Erwachsenen assoziiert werden. Die Abraumhalde kündet vom unverantwortlichen Eingriff in den Naturkreislauf, von dem auch das Ich Zeit seines Lebens betroffen ist: »wir wären wenn wir hätten / gehen können immer fort / bei uns geblieben« (»im osten der länder«). Seine Gedichte in *vierzig kilometern nacht* (2003) kennzeichnet Atemlosigkeit. Sie führen ebenso wie in *im felderlatein* (2010) in die vom Uranbergbau zerstörte Heimat, durchkreuzen das »gelobte land« oder landen auf der »chaussee der jahreszeiten«, wo das rasante Tempo der Geschichte den Wunsch erzeugt: »wenn ich einmal hätte aufatmen können«. 2009 legte Seiler mit *Die Zeitwaage* seinen ersten Erzählungsband vor.

Bei der poetischen Erkundung von Kindheit und Jugend, Stadt und Natur weist auch eine neue Generation von Lyrikerinnen und Lyrikern erstaunliche Funde auf: Björn Kuhligk (geb. 1975; *Es gibt keine Küstenstraßen*, 2001; *Am Ende kommen Touristen*, 2002; *Großes Kino*, 2005; *Die Stille zwischen null und eins*, 2013), Ron Winkler (geb. 1973), Uljana Wolf (geb. 1979; *kochanie ich habe brot gekauft*, 2005, *falsche freunde*, 2009), Silke Scheuermann (geb. 1973; *Der Tag an dem die Möwen zweistimmig sangen*, 2001; *Der zärtlichste Punkt im All*, 2004, *Über Nacht ist es Winter*, 2007), Tom Schulz (geb. 1970; *Vergeuden den Tag*, 2006; *Kanon vor dem Verschwinden*, 2009, *Innere Musik*, 2012), Nadja Küchenmeister (geb. 1981; *Alle Lichter*, 2010), Nora Bossong (geb. 1981; *Sommer vor den Mauern*, 2011), Judith Zander (geb. 1980; *oder tau*, 2011).

Ron Winkler hat mit der Sammlung *Morphosen* (2002) debütiert und wurde für *vereinzelt Passanten* (2004) 2005 mit dem Leonce-und-Lena-Preis der Stadt Darmstadt geehrt. Indem er über Natur als problematischen Begriff in Jamben nachdenkt, nutzt er das Gedicht als »Referenz eines modernen Lebensgefühls«. In der Sammlung *Fragmentierte Gewässer* (2007) – 2010 erschien *Frenetische Stille* – wird die »Farm Kindheit« zu einer jener »Basisstationen des Später«, die das Jetzt regieren, denn das »Geburtsdatum Ost, das haftet / an«. Lyrisches Sprechen bedeutet, sich auf Ab- und Umwege zu begeben, um sich vom angestrebten Ziel erneut zu entfernen. Überhaupt tänzelt Winkler wie ein moderner Landvermesser lustvoll durch die poetische Landschaft, begleitet von Osmosegeräuschen, die auffallend oft von der »Lärmgruppe« Frösche durchsetzt werden.

»Für das Gedicht, so Jan Wagner (geb. 1971) in *Die Sandale des Propheten. Beiläufige Prosa* (2011), »ist nichts ›de facto‹. Alles muß hinterfragt und auf seine Möglichkeiten hin untersucht werden – und auf seine Unmöglichkeiten. Denn auch das Paradox ist eines der vorzüglichsten Instrumente der Lyrik. Als Hinterfrager, der sich in Paradoxien mit den Mitteln der Sprache »hineinbohrt«, erwies sich Wagner in seinen Gedichtbänden *Probebohrungen im Himmel* (2001) und *Guerickes Sperling* (2004). Genüsslich bringt er in *Achtzehn Pasteten* (2007) die Sprache zum Klingen oder er erweist sich in *Die Eulenhasser in den Hallenhäusern* (2012) als Geburtshelfer, der auf scheinbar vergessene Dichter aufmerksam macht, hinter denen aber dann Wagner selbst zu erkennen ist. Er schlüpft in verschiedene Rollen und zeigt sein dichterisches Können als Bauerndichter Brant, Sprachjongleur Vischhaupt und als Elegiendichter Miller.

Nora Bossongs Gedichte *Sommer vor den Mauern* wurden 2012 mit dem renommierten Peter-Huchel-Preis ausgezeichnet. Seltsame Schleier, manchmal auch solche der Kälte umhüllen die lyrischen Gebilde. Es ist ein Blick auf Distanz, der »hinter den Dingen« die Welten sucht: nach »Arkadien«, in »Neue Alte Welten« oder in »Besetzte Bezirke« führt. Bossong erteilt Referenzen im Reanimieren von Geschichte. In »Barkhof« kommt die im Alter von 31 Jahren verstorbene expressionistische Malerin Paula Modersohn-Becker nicht zur Ruhe

> ich atme Sand bleischwer
> ein Moor ich atme Sand ich stemme Sand
> ich trage Sand nur Sand [...]
> ich schlafe nicht gut ich atme nicht gut
> man ruft nach mir: Paula – [...]

Große und kleine Zeitläufte, Mikro- und Makrokosmos werden in den Gedichten von Volker Braun (*Tumulus*, 1999; *Auf die schönen Possen*, 2005), bei Günter

Kunert (*Mein Golem*, 1996), bei Sarah Kirsch (*Erlkönigs Tochter*, 1992), in Peter Horst Neumanns Bänden *Pfingsten in Babylon* (1996) und *Die Erfindung der Schere* (1999) und von Rolf Haufs (*Vorabend*, 1994; *Augustfeuer*, 1996; *Tanzstunde auf See*, 2010) entworfen, in denen die Autoren – auch in eigener Sache – zu Chronisten werden.

Der Autor als Chronist

Günter Kunerts (geb. 1929) Texte in *NachtVorstellung* (1999), sämtlich getragen von feiner Ironie, kritischem Blick und Sinnlichkeit, bringen erneut zentrale Motive hervor, denen eine Kritik an den Denk- und Handlungsstrukturen des Abendlandes eingeschrieben ist. Der melancholische Skeptiker spannt einen Bogen von dunkler Resignation über den magischen Impuls der Mythen und Märchen bis hin zur Beschwörung von Eros und Sexualität als Lebenselixier. Kunert schreibt gegen eine Welt an, die »pausenlos in Nichts zerfällt« und die Suche nach der eigenen Identität erschwert. Das ist auch die zentrale Frage in seinen Miniaturen *Der alte Mann spricht mit seiner Seele* (2006), die mit Zeichnungen des Autors versehen sind, in denen der körperliche Verfall und das Schwinden der Sinne ironisch aufgefangen sind.

Bereits mit *Der Pudding der Apokalypse* (1999) hat der Sprachjongleur Adolf Endler (1930–2009) sein lyrisches Werk gesichtet. Die Auswahl umfasst Gedichte von 1963 bis 1998. Im Gedicht »Resumé« heißt es

> Indessen nicht der kleinste *Seepapagei* in meinem Scheiße-Gesamtwerk!
> Um ehrlich zu sein: Das Gleiche gilt für den *Hüfthalter* oder den *Kronenverschluß*.
> Und wie konnte ich fünfzig Jahre lang das Wörtchen »Wadenwickel« verfehlen?
> Es gibt keine ausreichend lichte Erklärung für das [...]

In *Krähenüberkrächzte Rolltreppe* (2007) vereint Endler 79 kurze Gedichte aus einem halben Jahrhundert. Die »Rolltreppe« wird zum Maß für (Lebens-) Zeit und (Lebens-)Raum, schließlich muss das lyrische Ich »irgendwie sozusagen vorwärts ja vielleicht weiter« kommen. Endler übt sich in der Kunst alltäglicher Verstrickung (»Das Ei«), versucht das »schnapsversengt(e)« Herz beim Trennungsschmerz in den Griff zu bekommen (»Mein Herz dreht sich bass«) und die Lust am Reim mit schwarzhumoriger Konsequenz zu zügeln, wie in »Dilemma«:

> 1 – Wohin nur mit Mamma?
> 2 – Wohin mit dem Hamma?
> 3 – Wohin mit der Laubsäge, Kät'?
> 4 – Schon heere ick eene Bullensirene!
> 5 – Wohin mit der Extremität?

Eine wahre »Sprach-Hochgeschwindigkeitskamera« (Kling) setzt Friederike Mayröcker (geb. 1924) gegen Verluste jeglicher Art ein. Seit nunmehr sieben Jahrzehnten arbeiten ihre Sinnesorgane auf Hochtouren. Zum 80. Geburtstag verschaffte der Dichterfreund Marcel Beyer im Band *Gesammelte Gedichte* (2004) mit ca. 1000 Gedichten in zeitlicher Folge aus 65 Jahren einen Einblick in dieses einzigartige Schaffen. Das Alter ist für die Büchner-Preisträgerin (2001) kein Grund, die Schreibwut aufzugeben und sich aus dem einst selbst gewählten Poesiereservat vertreiben zu lassen. Bei jedem Gang durch Wien nimmt sie an einem »Augenschmaus« teil: »Plötzlich schießt es auf einen los durch ein Schriftbild oder durch ein Gesicht oder durch ein Wort.«

Gemeinsame Schreib-
und Lebenswerkstatt:
Ernst Jandl und
Friederike Mayröcker.

Eine Finsternis brach über Mayröcker herein, als 2000 ihr »Hand- und Herzge-
fährte« Ernst Jandl (1925–2000) starb. Seit 1954 betrieben sie zusammen eine
kreative Schreib- und Lebenswerkstatt. Mayröcker setzte Jandl, der ihre »souveräne Eigenmächtigkeit gegenüber der Sprache« lobte, mit dem *Requiem für Ernst
Jandl* (2003), der Gedichtsammlung *Mein Arbeitstirol* (2003) und ihrem zornigen und den Tod verachtenden Monolog *Und ich schüttelte einen Liebling* (2005)
literarische Denkmäler, die in der deutsch-sprachigen Literatur singulär sind.
»[...] in meinem Schosz die Notizblättchen zwitscherten während des Schreibens, während ich mich bewege und weinte [...] und es florte um mich herum
und ich schüttelte einen Liebling«. Mayröckers scheinbar undurchdringbares
Blätterlabyrinth enthält Träume, erinnerte Gespräche, Zitate, subtile Beobachtungen der eigenen Person und Zwiegespräche mit befreundeten Dichterinnen
und Dichtern. Dass Mayröckers poetische Erkundungsreisen längst nicht beendet sind, beweist ihr moderner Briefroman *Paloma* (2008), der aus 99 briefar-
tigen Texten besteht. Alle beginnen mit der Anrede »lieber Freund«, und so
versendet die Taube (Paloma) poetische Liebesbotschaften, um alte und neue
Herzländer zu erkunden.

Nach *Scardanelli* (2009) wurden mit *dieses Jäckchen (nämlich) des Vogel Greif*
(2009) sämtliche zwischen 2004–09 geschriebenen Verse Mayröckers publiziert.
Immer öfter durchlebt das schreibende Ich das Alter als Einsamkeitshölle. In
»Melancholia« heißt es:

> [...] suche nach Halt um weiter-
> leben zu können bald alles verweht [...], in meinem verwelkenden
> Zustand fast keine Flamme mehr und die Funken und Wolken be-
> wegen sich kaum bin tief gebeugt, [...]

Wütend konfrontiert Mayröcker das Motiv der Vergänglichkeit mit dem Anspruch das Künstlers auf Ewigkeit. Zum poetischen Prinzip wird das Außersichsein in *ich sitze nur GRAUSAM da* (2012). Das Ich – eine »überflutete Figur«, »von Visionen getrieben verschleppt und geblendet« – wildert umher, ruft Bilder von Gerhard Richter oder William Turner auf, gibt sich der Musik von Keith Jarrett und Robert Schumann anheim.

Die Liebesthematik ist ein zentrales Motiv in der Sammlung *Bodenlos* (1996) von Sarah Kirsch. In der nahezu »naturhaft anmutenden Kontinuität der Entwicklung« ihres Werks (A. Endler) gilt sie ebenfalls als Chronistin einer stets im Wandel begriffenen Natur und Kultur. Kirsch liefert kritische Bestandsaufnahmen, die von den »zerscherbten Hoffnungen« (»Keltisch«) handeln, denn »zu preisen gibt es heut nicht mehr viel«. Da »schwarzes Wissen mir den Hals beugt« (»Ferne«), muss auch die Herrlichkeit der Kindheit verabschiedet werden. So übt sie sich in *Schwanenliebe. Zeilen und Wunder* (2001) zunehmend im Umgang mit Metaphern der Kälte und des Abschieds, da unter »geduckten Bäumen« schon ein »Schwanenschrei« zu hören ist. Zuflucht findet die Dichterin, die 2013 gestorben ist, im Schutzraum des Märchens, in Magie und anderen Zaubereien. Dabei scheint ein »Epitaph« schon gesetzt:

»zerscherbte Hoffnungen«

> Ging in Güllewiesen als sei es
> Das Paradies beinahe verloren im
> Märzen der Bauer hatte im
> Herbst sich erhängt.

Diese Grundstimmung setzt sich in den lyrischen Tagebuchaufzeichnungen aus den Jahren 2003/2004 unter dem Titel *Regenkatze* (2007) fort, wo die Erinnerung auf Samtpfoten durchs Haus schleicht.

Weitwinklig öffnen sich die Gedichte in Rolfs Haufs' (geb. 1935) *Tanzstunde auf See* (2010). Die Architektur des Bandes gleicht einem Triptychon, dessen Teile sich gegenseitig kommentieren. Die Flügelteile, von Krankheit und Tod, Krieg und Nachkrieg handelnd, umschließen das Herzstück »Puppentanzen«, wo es trotzig heißt

> Jetzt erst recht. Wir lassen sie
> Tanzen: König Kaspar Krokodil

Haufs probt eine filigrane Choreographie, die jenseits von Marsch- wie Walzerschritt einen befreiten Blick auf das Existentielle wirft.

Die Liebesthematik durchzieht auch die lyrischen Texte (*Wer durch mein Leben will, muß durch mein Zimmer*, 2002; *Was ich mir wünsche*, 2007) von Thomas Brasch (1945–2001). »Eine Umarmung mit Thomas Brasch«, so Fritz J. Raddatz in seiner Grabrede, »war immer gleichzeitig die Umarmung mit einem großen Stück Traurigkeit.« 1976 zog Brasch von »Braunkohlendeutschland nach Steinkohlendeutschland«, da er zu den Mitunterzeichnern der Biermann-Petition gehörte. Ist von (Lebens-)Glück die Rede, schwingt stets auch Trauer, Schmerz,

Zweifel mit. Brasch erinnert mit seinem Liebessehnen an Heinrich Heine (*Deutschland – Ein Wintermärchen*) und Bertolt Brecht; die kargen Verhältnisse des zerrissenen Landes sind der ewige Stachel im Fleisch.

> Hör mein verflucht und zugenähtes Herz:
> hörst du? Es klopft und schlägt nicht, sondern klirrt
> Es ist aus Blut und Fleisch nicht, nur voll Schmerz
> Ein Klumpen Eis hat sich in mich verwirrt [...]

Helga M. Novak (geb. 1935) legt nach ihrem Gedichtband *Märkische Feemorgana* von 1989 mit *Silvatica* (1997) Gedichte vor, in denen der Wald zwar noch als »Traum meiner Kinderjahre« (»dieser wald«) erscheint, doch, »zerschossen und gerupft«, hat er nichts mehr mit der Beschaulichkeit früherer Naturgedichte gemein: »der Landstrich hier ist keine Nische / sondern eine letzte Chance« (»der große Wurf«). In der Jagdgöttin Artemis verbirgt sich nicht nur das durchs Unterholz pirschende wilde Weib, sondern vor allem das alter ego der Autorin. Beschädigung und Verfall von Ich und Natur gehen im Gedicht »bin beschadet« in einem groß angelegten Panorama zusammen:

Helga M. Novak

> bin beschadet und verbissen worden
> gekappt und angebrochen und entwurzelt
> die Schonung ist zu Ende [...]
> entnadelt und entlaubt
> ganz zugeneigt der Erde
> bin ich kahl und entwirrt [...]

Gedichte von Liebesdingen

Liebe, Eros und Tod bestimmen als große Themen diese Gedichte Novaks, von denen moderne Versionen entworfen werden: »hab keine sieben Jahre mehr / für eine neue Jungfernhaut / kann nicht mehr warten / bin zu alt komm her« (»bin zu alt«). »Wer über deutschsprachige Poesie verhandelt und den Namen Helga M. Novak außer acht lässt, hat Stromausfall«, lautet Michael Lentz' Hommage an die Dichterin. Seine Gedichtauswahl *wo ich jetzt bin* (2005) umfasst vier Jahrzehnte und zeigt eine Lyrik, die von suggestiver Sprachkraft und bizarrer Schönheit ist.

In triebhaft-erotischen Verstrickungen übt sich auch die 1958 geborene Kathrin Schmidt, die bereits 1993 den Lyrikband *Flußbild mit Engel* vorlegte. In »fischisch« und »entmantelt, umarmt« aus *GO-IN der BELLADONNEN* (2000) wird die Lust am eigenen und an anderen Körpern in anspielungsreichen Bildern vorgeführt, ohne dabei ins Vulgäre abzuleiten. Nach dem Erleiden eines Aneurysma steht der Autorin – »Ihr, der die Worte nie ausgegangen waren« (Roman *Du stirbst nicht*, 2009) – kein Wort mehr zur Verfügung. Dann aber legt sie 2010 mit *Blinde Bienen* ein grandioses poetisches Comeback vor und sprengt ihr unfreiwilliges »häftlingin«-Dasein.

> ich häftlingin du
> wasn zuletzt?: vogelkloppe
> ums tote insekt. ich lachend,
> rauchend aufm hochsitz, als mir
> smesser aufspringt im täschchen, [...]

Eine gänzlich andere Version von Sinnlichkeit liefert ein Autor wie Peter Härtling (geb. 1933) mit seinem Gedichtband *Horizonttheater* (1997). Fernab von triebhaftem Vorgehen in Liebesdingen, thematisiert er im elegischen Ton nicht nur die Vergänglichkeit der Liebe, sondern die der Liebenden selbst, denen ihr Mund bereits mit Erde gefüllt ist: »wir Grabschaufler, wir / Erdkrumenzähler, wir / aberwitzig Endlichen« (»Alte Liebe«). Auch in anderen Gedichten der 90er Jahre bleibt das Thema Liebe präsent (Doris Runge: »sirenenlied I« in *grund genug*, 1995; Wolf Wondratschek: *Lied von der Liebe*, 1997) oder wird in Bilder des Abschieds gefasst wie bei Hilde Domin (1909–2006; »Die Liebe« in *Der Baum blüht trotzdem*, 1999). Der Baum als extremer Zufluchtsort, der in Domins Debüt *Nur eine Rose als Stütze* (1959) die Erfahrung des Exils fasste, so wie der Vogel, dessen Nest eine Schwellenexistenz markiert, sie werden nun zum Seismograph und Zeitmesser für den Verbleib auf Erden. Die Gedichte »Notrufer« (»In mir ist immer / Abschied […] / In mir ist immer / Glaube […]«) und »Ich bewahre mich nicht« in *Der Baum blüht trotzdem* bilden ein poetisches Koordinatensystem, in dem das Credo der Dichterin aufbewahrt ist.

> Ich fiel mir aus der Hand
> Ich flügenschlagend
> fiel auf den Kies
> die Flügel schlagend […]

Als innigste Form individueller Zwiesprache ist Liebe als Thema auch bei der jungen Autorengeneration präsent. Bei Durs Grünbein oder Albert Ostermaier tritt sie allerdings »codiert« auf den Plan. In »Après l'amour« stimmt Grünbein seinen unsentimentalen Lobgesang auf ein Begehren an, das zwischen »vögeln« und »lieben« nach dem »bessere(n) Stil« sucht, um seine moderne Variante des Text-Begehrens zu begründen.

Albert Ostermaier (geb. 1967) entwirft nach *Herz Vers Sagen* (1995), *fremdkörper hautnah* (1997), *Heartcore* (1999) und *Autokino* (2001) mit *Solarplexus* (2004) eine poetologische Topographie des menschlichen Nervensystems. Das Ich »beschleunigt« sich aus seiner Mitte heraus und sucht »in der geschwindigkeit / den stillstand den moment / da alles sich bewegt«. Die Gedichte sind »bewegungsmelder«, die die inneren Erschütterungen registrieren und den »Herzschlägen« der Sprache überantworten. Stark narrativ, thematisieren sie Liebe, Tod, Krieg und die zunehmende Medialisierung der Welt. Eine Art lyrische Kinogeschichte schreibt Ostermaier mit *Polar* (2006) und weist dem Auge in der Pyramide der Sinnesorgane einen zentralen Platz zu. Handeln die Gedichte in *Autokino* von einer Grenzstation, in der das Leben als »kleiner billiger film« aufscheint, so ist *Polar* eine Liebeserklärung an das große französische Kino der 60er/70er Jahre.

Albert Ostermaier

Der Lyriker, Romancier, Musiker, Performancekünstler Michael Lentz (geb. 1964) kreiert in *Offene Unruh – 100 Liebesgedichte* (2010) die Figur eines rastlos Liebenden, »wobei er die Tradition experimenteller Dichtung vom Surrealismus über den Dadaismus bis hin zur Konkreten Poesie aufgreift und weiterführt« (Wulf Segebrecht).

Michael Lentz

> […]
> die liebe ist ein wort das auf der stelle tritt
> aber du bist nicht allein allein
> ist das nicht die größte einsamkeit nicht allein zu sein? […]

Nicht vergangene Vergangenheit –
Holocaust und Faschismus

Holocaust

Eine Gesellschaft ohne Erinnerung käme für Theodor W. Adorno einem ›Schreck-bild‹ gleich. Erinnern ist für jede Gesellschaft unabdingbar, geht es doch darum, etwas, was nicht innen ist, »ins Bewußtsein zurückzuholen« (J. Assmann). In den 90er Jahren ist nahezu kein Jahr vergangen, in dem nicht über die angemes-sene Form des Erinnerns und Gedenkens debattiert wurde. Häufig standen solche Diskussionen im Zusammenhang mit dem Holocaust. 1993 löste Botho Strauß' im *Spiegel* veröffentlichter Essay »Langanhaltender Bocksgesang« (Bocksgesang ist die Übersetzung des aus dem Griechischen stammenden Wortes »Tragödie«) mit seinen provokanten Thesen von »rechts sein« eine heftige Kontroverse aus. Zwar vertritt Strauß ein ›Rechts sein‹, das sich nicht gemein machen will mit neonazistischer Gesinnung, dennoch haben die Positionen dem Autor den Vor-wurf eingebracht, er trüge mit seiner Schrift dazu bei, die politische Rechte hof-fähig zu machen. Seither werden seine Texte mit dem Etikett ›rechtskonservativ‹ versehen. Strauß scheut sich nicht, extreme Positionen einzunehmen, auch wenn er dadurch Gefahr läuft, einseitig interpretiert zu werden. Bei seinen Prosatexten *Beginnlosigkeit* (1992), *Die Fehler des Kopisten* (1997) und *Das Partikular* (2000), in denen auf eine geschlossene Handlung verzichtet wird, handelt es sich trotz einer gewissen Nähe zur Poesieauffassung der Romantiker um Gegenwartsbefun-de.

Schuldfrage

Ebenfalls einen Streit löste die dokumentarische Darstellung Daniel Gold-hagens *Hitlers willige Vollstrecker. Ganz gewöhnliche Deutsche und der Holo-caust* (1996) aus. Seine These der individuellen Mitschuld des Einzelnen an den Gräueltaten des Hitler-Faschismus provozierte kontroverse Diskussionen. Auch das Jahr 2001 begann mit einer erbitterten Debatte über ein Sachbuch: Der His-toriker Norman G. Finkelstein beschäftigt sich in *Die Holocaust-Industrie. Wie das Leiden der Juden ausgebeutet wird* mit der Frage, wie der Holocaust gegen-wärtig für die Durchsetzung politischer Ziele funktionalisiert wird. Es zeigt sich nicht nur in diesen Debatten, sondern auch in literarischen Texten, dass die Auseinandersetzung mit dem Holocaust und dem Faschismus nicht nachlässt. Angesichts wachsender neonazistischer Gewalt ist die Auseinandersetzung mit diesem Kapitel der deutschen Vergangenheit unverzichtbar.

Debatte über den Luftkrieg

Heftig gestritten wurde auch in der sog. »Luftkrieg-Debatte«, die durch W. G. Sebalds (1944–2001) Zürcher Poetikvorlesungen (1997) ausgelöst wurde, die in erweiterter und ergänzter Form 1999 unter dem Titel *Luftkrieg und Literatur* als Buch erschienen. Darin stellt Sebald die These auf, dass erzählerische Darstellun-gen über Luftangriffe und deren verheerende Folgen für die Zivilbevölkerung in der deutschen Nachkriegsliteratur eher selten zu finden sind. Mit Verwunderung konstatiert der Autor, dass Hunderttausende die Bombeninfernos im Zweiten Weltkrieg miterlebt haben, ohne dass diese Erfahrungen literarisch umgesetzt wurden. Anlass der Debatte war eine angebliche Leerstelle innerhalb der deut-schen Nachkriegsliteratur. Doch sind – ausgelöst durch Sebalds These – auch Texte entdeckt worden, die seine Auffassung von der »literarischen Nichtreprä-sentanz« (W. Schütte) des Luftkriegs widerlegen. Sie sind von Sebald entweder übersehen worden oder genügten nicht seinen ästhetischen Maßstäben, wonach es Aufgabe der Literatur sei, »das Leben in dem furchtbarsten Augenblick seiner Desintegration« zu zeigen. Aus diesem Grund findet Heinrich Bölls Ende der 40er

W. G. Sebald

Jahre entstandener, aber erst 1992 veröffentlichter Roman *Der Engel schwieg* zwar Sebalds Beachtung, aber angemessener erscheinen ihm literarische Darstellungen, die sich stärker an das Faktische halten.

Sebald, der zunächst mit dem Großgedicht *Nach der Natur* (1988) hervortrat, hat sich danach mit *Schwindel. Gefühle.* (1990) und *Die Ausgewanderten* (1992) auch einen Namen als Prosaautor gemacht. In Sebalds letztem Roman *Austerlitz* (2001) erzählt er die Geschichte eines Mannes, der im Alter von einundzwanzig Jahren erfährt, dass er ein anderer ist. Weder sein Name noch seine Herkunft stimmen. Als Kind jüdischer Eltern kam er 1939 nach England. Wenn er wissen will, wo er hergekommen ist, muss er zurück in seine Vergangenheit fahren, denn er hat alles vergessen. In den Roman, in dem Bahnhöfe eine wesentliche Rolle spielen, hat Sebald – wie in seinen vorhergehenden Bücher – Schwarz-Weiß-Fotos integriert. Seine Texte sind komponierte Kunstwerke, die auf der sprachlichen und bildlichen Ebene eine Geschichte erzählen.

In der Luftkrieg-Debatte erwähnt Sebald Gert Ledigs (1921–1999) bereits 1956 erschienenen Roman *Vergeltung* zunächst nicht. Ledig, der zuvor mit *Stalinorgel* (1955) erfolgreich war, beschreibt in erschütternden Momentaufnahmen einen Luftangriff auf eine deutsche Großstadt. Die Kritik bemängelte an *Vergeltung* eine »gewollt makabre Schreckensmalerei«, sprach von »Perversität« und warf Ledig vor, er hätte den »Rahmen des Glaubwürdigen und Zumutbaren« überschritten. Minutiös wird aus unterschiedlichen Perspektiven das Inferno während der siebzigminütigen Bombardierung einer Stadt beschrieben. Mit kaltem Blick registriert der Autor grausamste Schreckensbilder, die er durch Anwendung der Montagetechnik zu einem Text fügt, der aus knappen Erzählpassagen gebaut ist. Auch Gisela Elsners (1937–1989) Roman *Fliegeralarm«* (1989) findet bei Sebald keine Erwähnung, obwohl das Buch von Bombenangriffen handelt. Diese werden – im Unterschied zu Ledig – nicht sachlich-nüchtern in ihrer Ereignishaftigkeit festgehalten, sondern mit den Mitteln der Groteske beschrieben. Kinder im Vorschulalter, die alle nur erdenklichen Perversitäten der nazistischen Ideologie in sich aufgesogen haben und vom Heldentod träumen, sehnen sich nach Bombenangriffen.

Entdeckung eines vergessenen Autors: Gert Ledig

Der Dresdner Neumarkt
nach dem Luftangriff am
13. Februar 1945.

Denn der Himmel schickt ihnen, was sie zum Spielen brauchen: Bombensplitter, Ruinen, Trichter. Volker Hage (geb. 1949) hat in *Die Literaten und der Luftkrieg* (2003) rekonstruiert, welche Spuren die Bombardierungen deutscher Städte in der Literatur hinterlassen haben.

In der Nacht vom 13. auf den 14. Februar 1945 bringt die Bombardierung Dresdens Tod und Verwüstung. Den Schrecken und die Zerstörung seiner Geburtsstadt beschreibt Durs Grünbein in *Porzellan. Poem vom Untergang meiner Stadt* (2005). Er spannt einen historischen Bogen zwischen August dem Starken und der Zerstörung der Stadt durch angloamerikanische Bomber. Mithilfe dieser Koordinaten geht der Autor an verschiedenen Stellen noch weiter in die Geschichte – bis zu den Assyrern – zurück. Aber Grünbein beschwört auch das heutige Dresden herauf, das er aus eigenem Erleben kennt. Allerdings hat er bei dieser lyrischen Geschichtsrekonstruktion stets auch Zweifel, ob er als Nachgeborener für diese Einlassung legitimiert ist.

> Stop, wer spricht da? Dieses Schlitzohr, ist er Sachse?
> Beißt sich durch die Gestrigkeiten, Clown und Historist,
> Scherbensammler, Freizeit-Christ. Treibt seine Faxen
> Mit der Scham, der Schande. Was uns Schicksal ist,
> Scheint ihm Hekuba, dem Pimpf da, Pionier. Das flennt
> Dicke Tränen und weiß nichts vom Heulen der Sirenen.
> Keinen Schimmer, was das ist: die Stabbrandbombe.
> Diese Brut, die Krieg nur aus den Kinosesseln kennt,
> Popcorn futternd dort im Dunkel, weit zurückgelehnt –
> Schatten, Schulstoff-Wiederkäuer, Nachkriegs-Zombies.

Der Zweifler, als der sich Grünbein zu erkennen gibt, weiß, dass er bei dieser archäologischen Grabungsarbeit Schaden nehmen kann. Der Exkurs wird zu einer Herausforderung, denn Grünbein versucht, in der Klage auch Anklage mitschwingen zu lassen und redet auch von Mitschuld, wenn er mit Respekt über die Opfer spricht. Grünbein nähert sich der historischen Zäsur, indem er nach Scherben sucht. Er entschlüsselt die Botschaften, die den Bruchstücken eingeschrieben sind.

Martin Walser   An einer Rekonstruktion von Geschichte ist auch Martin Walser in *Der springende Brunnen* (1998) gelegen. Allerdings erzählt er nicht die Geschichte einer Stadt, sondern er verfolgt den Werdegang eines heranwachsenden Jungen in der Zeit zwischen 1932–1945. Das Buch darf auch als Antwort auf Ruth Klügers *weiter leben. Eine Jugend* (1992) gelesen werden. Walser fordert einen solchen Vergleich heraus, wenn er über Klügers Buch sagt: »Jeder Leser wird auf dieses Buch mit seiner eigenen Geschichte antworten müssen.« Klüger erzählt die Geschichte ihrer Kindheit in den Konzentrationslagern Theresienstadt und Auschwitz-Birkenau und was es bedeutet, mit den Bildern des Grauens weiterleben zu müssen. Auch in Dieter Fortes Roman *In der Erinnerung* (1998) wird aus der Perspektive eines Kindes erzählt: Ein Zehnjähriger wächst in einer von Bomben zerklüfteten Landschaft auf. In dieser »erkalteten« Ruinenlandschaft bildet eine Maueröffnung sein Fenster zur Welt. Forte ist wie Elsner nur wenige, aber – was die Kindheitserlebnisse anbelangt – entscheidende Jahre jünger als Walser. Walsers zentrale Figur Johann ist in einem friedlichen Ort am Bodensee aufgewachsen, wo die politische Zäsur des Jahres 1933 nicht als weltveränderndes Signal verstanden wird. In Walsers Roman konstatiert der Erzähler zwar, dass einige Dorfbewohner plötzlich Braun tragen, aber beunruhigt fühlt sich dadurch niemand. Wer mitmacht, tut dies aus Geschäftssinn oder aus politischer Überzeugung zu Hitlers Partei. Dennoch verändert sich der Alltag im Dorf, wachsen Walsers Figuren unspektakulär in die neuen, von der nationalsozialistischen Idee regierten Zustände hinein. Für die Zeitgenossen – so Walsers These – bleibt die Gegenwart undurchschaubar und kann erst, wenn sie vergangen ist, entziffert werden. Das Trügerische an der Gegenwart scheint demnach zu sein, dass sich Veränderungen nicht plötzlich, sondern fast unbemerkt vollziehen. Eine Auffassung, die in der Kritik nicht unwidersprochen blieb.

Eine Debatte über den Umgang mit dem Holocaust hat Martin Walser durch seine Dankrede *Gedanken beim Verfassen einer Sonntagsrede* aus Anlass der Verleihung des Friedenspreises des deutschen Buchhandels (gehalten am 11. Oktober 1998) ausgelöst, in der er sich nicht nur dazu bekannte, dass er wegschaut, wenn der »Bildschirm die Welt als eine unerträgliche vorführt«, sondern auch die Augen verschließt, wenn die »schlimmsten Filmsequenzen aus Konzentrationslagern« gezeigt werden. Es ist die immer wieder dokumentierte »Dauerpräsentation unserer Schande«, die »Instrumentalisierung unsere(r) Schande zu gegenwärtigen Zwecken«, die Walser nicht hinnehmen will. Gern würde der Autor von den Deutschen als einem normalen Volk sprechen. Aber diese Normalität will sich nicht herstellen, weil Auschwitz mit »Drohroutine« benutzt, als »jederzeit einsetzbares Einschüchterungsmittel« funktionalisiert und als »Moralkeule« missbraucht wird. Den Thesen Walsers ist von Ignatz Bubis, dem damaligen Vorsitzenden des Zentralrats der Juden in Deutschland, vehement widersprochen worden, der Walser als »geistigen Brandstifter« bezeichnete. Diese »Lust am Tanz über Tabuminenfelder« (R. Baumgart) rief heftige Reaktionen hervor, weil Walser mit seiner Rede Fragen einer Erinnerungs- und Gedächtniskultur aufwarf, die auch in anderem Zusammenhang – wie der Debatte um das Holocaust-Mahnmal in Berlin – kontrovers diskutiert wurden.

Sonntagsrede mit Folgen

Erneut eine Walser-Debatte

Die »Neue Walser-Debatte« beginnt 2002 mit einer Ablehnung. Der Mitherausgeber der F.A.Z., Frank Schirrmacher, war nicht bereit, Walsers Roman *Tod eines Kritikers* (2002), von dem Schirrmacher sagte, es sei »ein Dokument des Hasses«, als Fortsetzungsroman in der F.A.Z. zu drucken, da er Walsers Buch als »Mordphantasie« an einem jüdischen Kritiker liest. Im Roman verschwindet André Ehrl-König, nachdem er ein Buch des Schriftstellers Hans Lach schlecht besprochen hat. Auf einer Party wird er von Lach mit den Worten angegriffen: »Ab heute nacht Null Uhr wird zurückschlagen.« Die Parallele zu Adolf Hitlers Kriegsankündigung (Verkündung des Überfalls auf Polen) ist eindeutig und sie ist geschmacklos gegenüber einem Juden, dessen Vorfahren Opfer des Holocaust wurden. Unter Mordverdacht gerät Lach, als Ehrl-Königs blutverschmierter Pullover auf seinem Jaguar gefunden wird. Als *Tod eines Kritikers* noch nicht als Buch erschienen war, wurden bereits massive Vorwürfe gegenüber Walser erhoben. Vor der Lektüre lag die Debatte, die es schwer machte, zum Text vorzudringen, als das Buch erhältlich war. *Tod eines Kritikers* kann als Schlüsselroman gelesen werden: Hans Lach ist Martin Walser und André Ehrl-König Marcel Reich-Ranicki. Die Mordphantasien bringen Walser den Vorwurf des Antisemitismus ein. Während er Wert darauf legt, eine Komödie geschrieben zu haben – der Kritiker bleibe

Roman mit Folgen

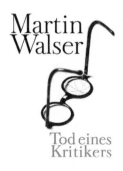

Roman Suhrkamp

Schutzumschlag

schließlich am Leben – können sich die Beteiligten nicht auf diese Lesart einigen. Walsers Roman spielt im Augiasstall des Literaturbetriebs, in dem Vertrauen ein Fremdwort ist. Hans Lach sehnt sich nach Freundschaft, aber ihm begegnet nur Feindschaft. Lach, der im dritten Teil (»Verklärung«) des Romans mit Michael Landolf zu einer Figur verschmilzt, schafft sich in Landolf einen Freund und Vertrauten. Er ist der Einzige, der ihn für unfähig hält, begangen zu haben, was man ihm vorwirft. Lach konstruiert sich diese Figur, weil er jemanden braucht, der ihm vertraut. Inmitten der fiktiven Figuren ist Landolf die Steigerung der Fiktion. Die Figur bleibt ohne realen Hintergrund und nimmt im Buch die Stelle ein, die Ehrl-König vorbehalten war. Doch der Freund, den Lach gern gehabt hätte, vernichtet mit Vorliebe seine Bücher. Ob es erlaubt ist, als Reaktion darauf, Ehrl-König im Geiste zu vernichten, entzweit die Debattierenden bis auf den heutigen Tag und hat dazu geführt, dass man Walsers Werk nach weiteren Anzeichen eines »literarischen Antisemitismus« untersucht hat (vgl. M. N. Lorenz).

»Günter Grass: Ich war Mitglied der Waffen-SS«

Günter Grass war einer der Prominentesten, der sich in der Walser-Debatte für den Kollegen einsetzte und ihn gegen die Vorwürfe des Antisemitismus verteidigte. Vier Jahre später wurde der Verteidiger zum Angeklagten. Am 18. August 2006 erschien die F.A.Z. mit dem Aufmacher: »Günter Grass: Ich war Mitglied der Waffen-SS«. Grass wird von der Geschichte eingeholt und gerät ins Kreuzfeuer der Kritik. Sein Eingeständnis, er habe gegen Kriegsende der SS-Panzerdivision Frundsberg angehört, sorgt in ganz Europa für Schlagzeilen. Das Eingeständnis findet sich in Grass' autobiographischem Werk *Beim Häuten der Zwiebel* (2006), das lange Zeit nur auf diesen Satz reduziert wird. Der Autor gibt zu, dass er sich als Siebzehnjähriger freiwillig zur Waffen-SS gemeldet hat, der er drei Monate angehörte. In die Kritik gerät der Nobelpreisträger aber vor allem deshalb, weil er seine Mitgliedschaft sechzig Jahre lang verheimlichte. Noch bevor *Beim Häuten der Zwiebel* erscheint, hat das Buch eine außerordentliche Medienpräsenz. Während Grass in der Novelle *Im Krebsgang* (2002) das 1945 in der Ostsee von einem sowjetischen U-Boot torpedierte und versenkte Flüchtlingsschiff »Wilhelm Gustloff« mit Tausenden von Toten vom Meeresboden wieder an die Oberfläche holt, taucht er in *Beim Häuten der Zwiebel* tief in die eigene Vergangenheit. In beiden Fällen überrascht, was er bei seinen Bergungen nach oben bringt. Grass behält in *Im Krebsgang* die verschiedenen Perspektiven im Blick, wodurch er die geschichtlichen Verwerfungen augenfällig werden lässt. Die Nichtaufarbeitung der Geschichte lässt den Mythos Gustloff zum Transportmittel für Ideologien werden. Grass' Erzählen gleicht einem Tauchvorgang und die Novelle wird zum Ort der Bergung. Versunkenes wird gehoben und vor dem Vergessen bewahrt, wobei der Wechsel von Sinken und Heben metaphorisch verwendet wird. Als der Jude David Frankfurter den Nationalsozialisten Gustloff in Bern mit mehreren Schüssen niederstreckt, wird ein Märtyrer geboren. Paul Pokriefke feiert seinen Geburtstag nicht, weil er nicht erinnert werden will – er versenkt sein Geburtsdatum. Weil die Weigerung, sich erinnern zu wollen, neonazistisches Gedankengut hochkommen lässt, machen sich Paul und »Er« (hinter der 3. Person verbirgt sich der Autor) an die Bergungsarbeit.

In die Untiefen der eigenen Biographie begibt sich Grass in *Beim Häuten der Zwiebel*. Das Buch beginnt, als der Krieg Grass' Geburtsstadt Danzig erreicht, und endet 1959, als sein in Paris geschriebener Roman *Die Blechtrommel* erscheint. In elf Kapiteln erzählt Grass von seiner Jugend und der Zeit während und nach dem Krieg. Der Schälvorgang, mit all seinen Begleiterscheinungen, liegt dem Erinnern zu Grunde. Schicht für Schicht kommt beim Schälen Vergessenes zum Vorschein. Wenn sich das Häuten als Hilfsmittel für das Erzählen als untauglich erweist, greift der Autor auf den Bernstein als Hilfsmittel zurück. Was im Bernstein aufgehoben ist, kann weder schöngeredet noch vergessen werden. Das Gedicht »Was bleibt« aus dem Band *Dummer August* (2007), das Grass Christa Wolf widmet, kann als lyrischer Kommentar zu der im Monat August geführten Debatte um seine Mitgliedschaft in der Waffen-SS gelesen werden. Dabei macht Grass auch auf eine Parallele aufmerksam. Christa Wolfs nach der ›Wende‹ veröffentlichte Erzählung *Was bleibt* löste den deutsch-deutschen Literaturstreit aus. Auch im Fall von Christa Wolf genügte die weit zurückliegende und zeitlich begrenzte Mitarbeit als IM (sie wurde später über Jahrzehnte von der Staatssicherheit observiert), um ihren literarischen Ruf zu beschädigen.

Wenn auch spät, so hat Günter Grass doch zugegeben, dass er sich in seiner Jugend verführen ließ. Anders als Grass hat Erwin Strittmatter, der – wesentlich älter als Grass – sich freiwillig bei der Waffen-SS meldete, bis zu seinem Tod keine biographische Aufklärung betreiben wollen. Strittmatter wurde zwar von der Waffen-SS nicht genommen, aber man darf bezweifen, ob tatsächlich im Krieg – wie er behauptet hat – keine Kugel seinen Gewehrlauf verliess. Strittmatter hat wesentliche Zeitabschnitte seiner Biographie geschönt, sodass ein Schatten auch auf sein Werk fällt, das nun kritisch zu sichten ist. In seinem Tagebuch aus der Zeit von 1954 bis 1973, das 2012 unter dem Titel *Nachrichten aus meinem Leben* erschienen ist, zeigt er sich weniger als kritischer, sondern wie etwa im Fall Janka oder in seinem Kommentar zur Biermann-Ausbürgerung als linientreuer Autor.

Nachhaltig hat Binjamin Wilkomirski (geb. 1941) sich geschadet. In seinem »autobiographischen« Buch *Bruchstücke. Aus einer Kindheit 1939–1948* (1995) nimmt der Verfasser für sich das Recht in Anspruch, die leidvolle Geschichte seiner Kindheit in Konzentrationslagern zu erzählen. Der Bericht hätte zu einem »Klassiker« der Holocaust-Literatur werden können – in zwölf Sprachen war er bereits übersetzt –, als D. Ganzfried 1998 herausfand, dass die erzählte Geschichte eine Fälschung ist und der 1941 in der Schweiz geborene Wilkomirski eigentlich Doessekker heißt und keinen Tag in einem Konzentrationslager zubringen musste. Die authentischen Erinnerungen an den Holocaust erwiesen sich als Erfindungen, die Traumata als reine Fiktion. Das Erzählen Wilkomirskis ist anmaßend, denn er schildert im Gestus des Erlebten, als wäre seine Zeugenschaft verbürgt. Daran entzündete sich die Debatte, ob es zulässig ist, aus der Sicht der Opfer zu erzählen, wenn das Erzählte durch die eigene Biographie nicht legitimiert ist. Wilkomirski war kein Opfer des Holocaust, sondern hat sich den Opferstatus erschrieben. »Das Buch, über dessen Qualität jetzt noch zu urteilen schwer fällt, hat, nach allem was man weiß, Menschen bewegt. Authentische Opfer erkannten in Wilkomirski jemanden, der ihrem Erleben eine Stimme gibt. Diese Wirkung bleibt« (I. Arend). Wilkomirski wird, wenn überhaupt, nicht wegen eines schwachen literarischen Textes zu verurteilen sein, sondern vielmehr wegen seiner moralisch anmaßenden Autorposition. Der Suhrkamp Verlag entschloss sich im November 1998, nachdem 13000 Exemplare des Titels verkauft waren, das Buch aus dem Programm zu nehmen.

Die Tagebücher Victor Klemperers (1881–1960), die in den 90er Jahren die Öffentlichkeit bewegten, sind hingegen authentisch. Aus seiner Autobiographie

Sehnsucht, ein Holocaust-opfer zu sein

Zeitgeschichte in Tagebuchform

»Ich will Zeugnis ablegen«

Curriculum vitae ist zu erfahren, dass der Romanist und Universitätsprofessor Klemperer bereits im Alter von sechzehn Jahren begann, Tagebuch zu führen. Abgeschlossen hat er das Kompendium erst ein Jahr vor seinem Tod, im Alter von 78 Jahren. Zwischen 1918 und 1932 sind die Aufzeichnungen *Leben sammeln, nicht fragen wozu und warum* (erschienen 1996) entstanden, die im Titel einen Grundsatz formulieren, dem sich Klemperer verpflichtet fühlt: Präzise und unbestechlich will er beschreiben, was sich in Deutschland ereignet hat. Auch nach der Machtergreifung der Nazis schrieb der in einer ›Mischehe‹ lebende Jude weiter an seinem Tagebuch, das 1995 unter dem Titel *Ich will Zeugnis ablegen bis zum letzten. Tagebücher 1933–1945* veröffentlicht wurde. Wie sich während der NS-Zeit das Klima in Deutschland veränderte, wie die nationalsozialistische Ideologie ein ganzes Volk erfasste, wird in den Aufzeichnungen aus der Sicht eines Betroffenen festgehalten. Beeindruckend ist der unheroische, stets um Sachlichkeit bemühte Stil Klemperers. Es ist die Haltung eines Mannes, der in seinen Aufzeichnungen wahrhaftig und gerecht sein will, gerade angesichts des Unrechts, das ihm widerfährt. Das Tagebuch, das er in seinem Buch *LTI* (Lingua Tertii Imperii, Sprache des Dritten Reiches, 1947) erwähnt, diente ihm während der Zeit der faschistischen Diktatur als »Balancierstange«, »ohne die [er] hundertmal abgestürzt wäre«. Klemperer darf als Chronist einer Epoche bezeichnet werden, in der er Außenseiter blieb – auch nach 1945, wie seine 1999 erschienenen Tagebücher über den Zeitraum von 1945 bis 1959 *So sitze ich denn zwischen allen Stühlen* verdeutlichen.

Walter Kempowski

Die ungeheure Wirkung dieser Tagebücher ist vergleichbar mit Walter Kempowskis (1929–2007) als Stimmensammlung konzipiertes Werk *Echolot*. Der vierbändige erste Teil dieses »kollektiven Tagebuchs« umfasst die Zeit zwischen Januar und Februar 1943 und dokumentiert die Schlacht um Stalingrad. Die zweite Sammlung, 1999 unter dem Titel *Fuga furiosa* erschienen – auch sie umfasst vier Bände –, setzt mit der Großoffensive der Roten Armee am 12. Januar in Ostpreußen ein und endet mit der Bombardierung Dresdens am 13./14. Februar 1945. Ebenfalls dokumentiert wird die Konferenz von Jalta, der Untergang der »Wilhelm Gustloff« (Günter Grass greift das Ereignis in seiner Novelle *Im Krebsgang* auf) und die Befreiung von Auschwitz. 2002 erscheint *Barbarossa ›41*. In dem einbändigen Tagebuch wird der Überfall auf die Sowjetunion dargestellt. Mit *Abgesang ›45* vollendet Kempowski 2005 die Großcollage *Echolot*. In zehn Bänden und auf etwa 8000 Seiten hat er die Kriegsjahre zwischen 1941 und 1945 aus der Perspektive unterschiedlichster Zeitzeugen zur Darstellung gebracht. Der Autor/ Herausgeber vereint Feldpostbriefe, Tagebücher, Notizen, Berichte, behördliche Eintragungen, schriftliche Zeugnisse von Überlebenden und Toten, von Tätern und Opfern zu einem Chor, der das Zeitgeschehen spiegelt. »Wir sollten den Alten nicht den Mund zuhalten«, schrieb Kempowski 1993, »und wir dürfen ihre Tagebücher nicht in den Sperrmüll geben, denn sie sind an uns gerichtet.«

Gefühlen eine Geschichte geben

Eingriffe in das Fakten-Material, die den Statuscharakter des Dokuments in Frage stellen, sind für das Darstellungsverfahren Alexander Kluges kennzeichnend. Er benutzt nicht nur Dokumente, sondern er verleiht Texten auch den Status von Dokumenten. Es war Günther Anders, der in die *Antiquiertheit des Menschen* (1955) von der Darstellung der Gefühle als einem »Desiderat der Philosophie« sprach. Mit seiner *Chronik der Gefühle* (2000) scheint Kluge diese Leerstelle ausgefüllt zu haben. Darin findet sich mit *Schlachtbeschreibung* (1964) auch ein Text, in dem es um die Zäsur ›Stalingrad‹ geht. Kluge hat den ursprünglich streng dokumentarisch konzipierten Text mehrfach überarbeitet. In einer dritten Fassung (sie entsteht dreiundzwanzig Jahre nach der ersten) wird benannt, was er 1964 nicht gesagt hat. »Ich würde heute«, so Kluge, »einen weiteren Schritt machen und sagen, dass man noch stärker an den Wurzeln graben muss. Die Ursachen dieses Kessels von Stalingrad, dieses organisatorischen Unglücks, dem 300 000 Menschen zum Opfer fielen, liegen entweder 30 Tage zurück, dem Beginn des Kessels, oder 300 Jahre, und dann sind sie in der preußisch-deutschen Tradition versteckt. Eigentlich würde ich heute sagen: Nein die sind viel älter, das sind Fragen, die 800 Jahre zurückliegen.« Im Unterschied zur Stimmenvielfalt von Kempowskis *Echolot* ist Kluges Sammlung kein zeitlicher Rahmen gesetzt. Kluge untersucht historische Ereignisse daraufhin, welchen Einfluss Gefühle auf ihren Verlauf hatten. Der einstige Regieassistent von Fritz Lang, der mehr als zwanzig Filme gedreht hat, erhielt 2003 den Georg-Büchner-Preis. Auf die Inventur der Gefühle folgt 2003 *Die Lücke, die der Teufel läßt*. Kluge setzt in dem Buch

Alexander Kluge

seine Suchbewegung fort, verlagert aber das Erzählinteresse auf die Geisterwelt objektiver Tatsachen. »Die Realität zeigt Einbildungskraft«, schreibt er im Vorwort. In *Tür an Tür mit einem anderen Leben* (2006) wecken u. a. die Verhaltensweisen des begabten, modernen Raubtiers im Tweed-Anzug sein Interesse. Diese Räuber folgen keinen Spuren, sondern sie legen Spuren in Form von Nachrichten. Kluges protokollarischer Stil ist unverwechselbar. Seine sachlich wirkenden Texte weisen durchaus fiktive Momente auf. Um ihren Anschauungswert zu erhöhen, collagiert Kluge seine Texte. Jeder einzelne ist Teil einer Geschichte, und er existiert Tür an Tür mit anderen. Die eigenständigen Erzählungen weisen offene Enden auf, durch die sie miteinander vernetzt sind. In *Das Bohren harter Bretter. 133 politische Geschichten* (2011) geht Kluge dem Handlungsspielraum des Politischen nach. Politik verlangt Entscheidungen. Kluge hingegen erzählt von Politikern, die, vor eine Entscheidung gestellt, abgewartet haben und beobachteten, was passiert, wenn sie nicht handeln. Auf den ersten Blick scheint es Kluge um das Faktische zu gehen. Doch die Sache selbst kann sich nicht erzählen, sie bedarf des Erzählers, der nicht nur das Material ordnet und organisiert, sondern auch Fiktionales verwendet, als wäre es dokumentarisches Material. Offensichtlich existiert in der Welt der Simulationen und Simulacren, der virtuellen Bilder und flüchtigen Medieninszenierungen der starke Wunsch nach glaubhaften Zeugnissen, die sich auf Wahrhaftigkeit gründen. Gerade Tagebücher, Chroniken und Dokumentensammlungen erzielten im Literaturbetrieb der 90er Jahre große Aufmerksamkeit, da sie verbürgtes Sprechen zu garantieren schienen.

Arbeiten mit historischen Zeugnissen

Auch Ursula Krechel rekonstruiert in *Landgericht* (2012) – für den Roman erhielt sie 2012 den Deutschen Buchpreis – die Geschichte eines Mannes, den es wirklich gegeben hat. Im Roman heißt er Richard Kornitzer. Als Jude wurde er 1933 aus dem Jusizdienst entlassen, 1939 musste er aus Deutschland fliehen. Als er 1948 auf Veranlassung seiner Frau nach Deutschland zurückkehrt, übergeht man den Richter. Er, der gern Recht sprechen würde, muss erfahren, dass es für ihn im Nachkriegsdeutschland keine Gerechtigkeit gibt. Er wird ans Landgericht in Mainz berufen. »Es ist ein Buch, das seine Form zur Anklage nutzt. Das ganze Land steht vor Gericht in ›Landgericht‹« (Andreas Platthaus, FAZ).

Ein Chronist, der das Faktische für unverzichtbar hält, ist der österreichische Autor Erich Hackl (geb. 1954). Er erfindet nicht, sondern seine Geschichten basieren auf authentischen Fällen. Als Rechercheur ist Hackl der Wahrheit verpflichtet. Er beschreibt, was sich ereignet hat. Seine Sympathie gehört Personen, die Grenzen überschritten haben oder die in Grenzsituationen über sich hinausgingen. Sein Buch *Die Hochzeit von Auschwitz* (2002) erinnert an ein solches Er-

Rekonstruktion authentischer Fälle

eignis. Die Rekonstruktion der Lebensgeschichte des Zigeunermädchens Sidonie in *Abschied von Sidonie* (1989) bezeichnet Hackl als »halblautes Erinnern«. Die Pflegeeltern, bei denen Sidonie aufwächst, lassen sich auch während der Nazizeit ihre Gefühle nicht verordnen. Sie trotzen den Mächtigen, solange es geht, und stehen zu ihrer Tochter. Aber sie sind chancenlos. Sidonie kommt in ein Todeslager, wo sich ihre Spur verliert. Der Chronist erinnert an Menschen, die Opfer von Gewaltherrschaft wurden. Ihn interessieren die, die Widerstand geleistet haben. Der Band *Anprobieren eines Vaters* (2004) vereint Protokolle von Widerstandskämpfern, die gegen das NS-Regime gekämpft haben. Hackl konzentriert sich in seinen Texten auf jene, die in komplizierten Zeiten über sich hinausgegangen sind und Verfolgten selbstlos halfen. Seine Aufgabe als Autor sieht Hackl darin, historisch Beglaubigtes öffentlich zu machen. Er erzählt von Opfern, die selber nicht mehr erzählen können, wie in *Als ob ein Engel* (2007).

Eine bisher kaum bekannte Biographie rekonstruiert Hans Magnus Enzensberger (geb. 1928) in *Hammerstein oder der Eigensinn* (2008). Kurt von Hammerstein, der 1930 zum Chef der Heeresleitung der deutschen Armee ernannt wurde, war ein höchst eigensinniger Mann, dem man neben seiner auffälligen Intelligenz auch eine »produktive Faulheit« nachsagte. Hitlers Aufstieg war entscheidend für Hammersteins Fall – im Januar 1934 wurde er aus der Armee verabschiedet. Für

Enzensberger: Befragung des Materials

Adolf Hitler besaß Hammerstein zu viel Eigensinn. Enzensberger hat einen dokumentarischen Roman geschrieben, wobei das von ihm angewendete erzählerische Verfahren der Fotografie näher steht als der Malerei. Enzensberger präsentiert nicht nur Dokumente, sondern er meldet sich auch als Fragender zu Wort, wenn er postume Gespräche mit Zeitzeugen führt und für die subjektive Meinungsäußerung die Form der Glosse nutzt. Dadurch verhindert er, dass sich in der Präsentation einer verzweigten Geschichte Fakten und Fiktion vermischen. Wenn der Autor das Wort ergreift, werden Ereignisse kommentiert und einer Wertung unterzogen. Lässt Enzensberger hingegen das Material sprechen, hält er sich als Wertender absichtsvoll zurück. Durch dieses Darstellungsverfahren wird Geschichte aufgefächert, und in den Falten dieses Fächers entdeckt Enzensberger die wesentlichen Momente einer Biographie.

Uwe Timm

Auf die Zeugnisse eines Chronisten greift auch Uwe Timm (geb. 1940) in seinem Buch *Am Beispiel meines Bruders* (2003) zurück. Er nimmt die Tagebücher seines 1943 verstorbenen Bruders zum Anlass, um über Verführbarkeit und Schuld nachzudenken. Lange Zeit hat er die Auseinandersetzung mit dem Bruder gescheut und dessen Tagebücher aus der Hand gelegt. Der Bruder, der freiwillig zur Waffen-SS ging, starb nach der Amputation beider Beine. Die Annäherung an die Bruder-Figur ist auch der Versuch, eine Generation zu verstehen. Bei diesem Verfahren nähert sich Timm aber auch der eigenen Biographie. Der Weg erweist sich als schwierig, denn man konnte in der Familie nicht einfach über den gefallenen Bruder sprechen. Vorbehaltloses Sprechen wäre aber notwendig gewesen, um etwas über den sinnlosen Tod in Erfahrung zu bringen. Timm spricht in *Am Beispiel meines Bruders* über seinen Bruder, ohne ihn zu entschuldigen. Die Aufarbeitung ist dennoch ein Prozess, ohne dass sich der Autor zum moralischen Richter aufschwingt.

Aber auch die Kehrseite des Faktischen, das Fiktive, wurde genutzt, um nach dem Funktionieren von gesellschaftlichen Herrschaftsstrukturen zu fragen. Doch stand bei solchen Erkundungen nicht das Dokument im Vordergrund, nicht die Präzision und auch nicht die Nähe zum Realen. Der Entwurf einer fiktiven Welt wurde vielmehr genutzt, um angesichts von Unterschieden auf gegenwärtige Parallelen zu verweisen. Christoph Ransmayrs schwarze Utopie *Morbus Kitahara* (1995) kann als politische Parabel gelesen werden, als Entwurf einer Welt, die in Verderbnis zu versinken droht. Alles ist im Zerfall begriffen, die Menschen leben nicht – sie vegetieren. Inmitten dieser phantastisch-unwirklichen Welt gibt es jedoch immer wieder Hinweise, die auf historisch Belegtes hindeuten. Der Titel des Buches – der auf eine Augenkrankheit verweist, kann als Schlüssel zur Deutung des Textes dienen, in dem ein schwarzes Inferno als Warnbild entworfen wird. Morbus Kitahara führt zu einer vorübergehenden Beeinträchtigung des Sehens, wenn zu lange starr auf einen Gegenstand geschaut wird. Ransmayr verschränkt in seinem Roman zwei Vorgänge: der Blick, der sich verfinstert, und die Welt, die immer dunkler wird. Mit dieser Weltsicht knüpft der Autor an seinen erfolgreichen Roman *Die letzte Welt* (1988) an.

Schutzumschlag

Ransmayr hat den Nationalsozialismus ebenso wenig wie Marcel Beyer, Iris Hanika oder Jens Sparschuh erlebt. Dennoch nähern sich die Autoren in ihren Texten – Sparschuh in *Der Schneemensch* (1993), Beyer in *Flughunde* (1995) und Hanika in *Das Eigentliche* (2010) – dieser Zeit, wobei ihnen interessante Befunde gelingen, die nicht im Historischen verharren. Bei dieser Form von Erinnerungs- und Aufklärungsarbeit sind es gegenwärtige Fragen, die Anlass bieten, sich in die Geschichte zu vertiefen. Erinnerungsarbeit kann aber auch durch Provokation ausgelöst werden, was Maxim Biller (geb. 1960) mit seinen literarischen Texten und Essays beabsichtigt. Sein großes Thema ist die Lüge: die in der Literatur und die im Verhältnis zur Geschichte (*Land der Väter und Verräter*, 1994). In der Erzählung *Harlem Holocaust* (1998) greift Biller auf grelle Beispiele und extreme Charaktere zurück, um so auf die Notwendigkeit eines normalen Verhältnisses zwischen Deutschen und Juden zu verweisen. Der bösartige Jude – wie ihn Biller zeigt – hat es mit dem verlogenen Deutschen zu tun. Beide treten sich nicht unmittelbar gegenüber, sondern sie verkörpern zu Zerrbildern geratene Haltungen.

Die Befürchtung, dass mit dem Aussterben der Generation, die die Zeit von 1933 bis 1945 erlebt hat, der Literatur ein wichtiger Stoff verloren gehen wird, hat sich bislang nicht bewahrheitet. Im Gegenteil. In immer neuen Facetten wird dieses dunkle Kapitel deutscher Geschichte zum Ausgangspunkt der unterschiedlichsten erzählerischen Versuche, so in Bernhard Schlinks Roman *Der Vorleser* (1995). Der sich vollziehende Generationswechsel wird von Hanns-Josef Ortheil (geb. 1951) in *Abschied von den Kriegsteilnehmern* (1992) thematisiert. Ortheil erzählt von dem sich schwierig gestaltenden Ablösungsprozess von der Vätergeneration als einem Teilbereich der Nachkriegsgeschichte, den er vor dem Hintergrund der Wendeereignisse von 1989 in Szene setzt.

Dagegen spielt Marcel Beyers (geb. 1965) stark beachteter Roman *Flughunde* ebenso wie Jens Sparschuhs *Schneemensch* während der Zeit des Zweiten Weltkriegs. In beiden Romanen greifen die Autoren in fiktionalen Geschichten auf einen realgeschichtlichen Zeithintergrund zurück, wobei ihnen die Vergegenwärtigung von Zeitgeschichte gelingt. Hermann Karnau, Akustiker und Mitarbeiter in einem Stab, der beauftragt ist, den Reden des Propagandaministers Goebbels zu noch mehr Wortgewalt zu verhelfen, ist der männliche Erzähler in Beyers *Flughunde*. Dieser Erzähler hat in Goebbels' Tochter Helga ein kindliches Erzählpendant. Zwischen diesen beiden Stimmen, ihren Beobachtungen, Träumen und Hoffnungen, wechselt das Erzählen. Allmählich wächst Karnau in die Rolle eines ›Meisters aus Deutschland‹ hinein und entwickelt sich zum Tonmeister des Todes. Beyer hat mit *Flughunde* den zweiten Teil einer Geschichte der Medien in Prosa vorgelegt. Begonnen hat er sie mit *Menschenfleisch* (1991), dem Roman, der vom

Marcel Beyer

Phänomen der Sprache handelt. Im dritten Teil, dem Roman *Spione* (2000), geht es um Formen und Macht des Visuellen. Mit seinem Roman *Kaltenburg* (2008) knüpft Beyer an *Flughunde* an. In *Kaltenburg* erzählt er die Geschichte von zwei Ornithologen vor dem Hintergrund der deutschen Geschichte während und nach dem Zweiten Weltkrieg. Beyer zeigt zwei Forscher, die von den Katastrophen der Geschichte immer wieder eingeholt werden. Dabei bildet Angst, und die Herkunft aus der Angst, ein zentrales Motiv des Romans.

F. C. Delius

Auf ein reales Ereignis greift F. C. Delius in seiner Erzählung *Die Flatterzunge* (1999) zurück. Der Kontrabassist der Deutschen Oper Berlin hatte 1997 auf einer Konzertreise in einer Hotelbar in Tel Aviv seine Getränkerechnung mit »Adolf Hitler« unterschrieben. Diese Ungeheuerlichkeit, eine Mischung aus Geschmacklosigkeit und schlechtem Pennälerscherz, verändert das Leben des bis dahin angesehenen Künstlers schlagartig und macht ihn nicht nur zur Unperson, sondern gar zur Inkarnation des Bösen. Delius hat für die Erzählung aus dem Streicher einen Blechbläser gemacht, einen Posaunisten, der auf eben jenem Instrument zu spielen versteht, das in Jericho Mauern zum Einstürzen brachte. Die Erzählung in Tagebuchform zeigt einen normalen Bürger, dem sein Dirigent Führerfigur war, der gelernt hat zu gehorchen und sich unterzuordnen. Er ist weder ein Rechtsradikaler noch ein Monster, eher ein Möchtegern, der gelegentlich aus dem zur zweiten Natur gewordenen Gehorsam ausbricht. Delius ist nicht daran interessiert, seine Figur vorschnell zu verurteilen, sondern entfaltet ein vielschichtiges Charakterbild. Dabei erweckt das Wort »Flatterzunge« – eine besondere Anblastechnik beim Posaunespielen – vielfältige Assoziationen. Als Chronist betätigt sich Delius erneut in *Bildnis der Mutter als junge Frau* (2006). Darin beschreibt der 1943 in Rom geborene Autor das Schicksal einer jungen Frau, die die Züge seiner Mutter aufweist. Er begleitet 1943 eine junge hochschwangere Frau bei einem Spaziergang durch Rom, der er über die Schulter blickt. Als wäre er Teil dieser Figur und vertraut mit ihrem Denken und Fühlen, wechselt das Erzählen zwischen intensiver Nähe und maßvoller Distanz. Delius ist der Autor des inneren Monologs, der sich als ein Satz über 127 Seiten erstreckt, und er ist zugleich auch der Adressat. In seinem 2009 erschienenen Roman *Die Frau, für die ich den Computer erfand*, erzählt Delius, der 2011 mit dem Georg-Büchner-Preis ausgezeichnet wurde, die Geschichte von Konrad Zuse, der als Erfinder des Computers gilt.

Aus subjektiver Sicht: Tagebücher

Wie war es denn wirklich?

Tagebücher geben Auskunft. Aus einer sehr persönlichen Sicht halten sie Eindrücke und Ereignisse fest. Wer Tagebuch führt, beschreibt nicht nur nüchtern, was sich ereignet hat, sondern häufig schwingt in den Notizen noch die Unmittelbarkeit des Erlebten mit. Dies ist sicherlich ein Grund dafür, weshalb sie gern gelesen werden. Anders als bei der Autobiographie, die aus zeitlicher Distanz rekapituliert, sind die in Tagebüchern festgehaltenen Beobachtungen dem Jetzt geschuldet. Als Quelle sind Tagebücher aufschlussreich, auch wenn man nicht erfährt, wie es denn wirklich gewesen ist. Ihr Wert besteht darin, dass ihnen entnommen werden kann, wie etwas erfahren oder erlebt wurde und welche Bedeutung Ereignisse für den Tagebuchschreiber hatten. Insofern geben Tagebücher Auskunft über die Zeit und zugleich über den Verfasser. Aus einer Ereignis- und Erlebnisfülle wird ausgewählt, was mitteilenswert erscheint, so dass auch Leerstellen in Tagebüchern beredt sein können.

Im Fall der Tagebücher des Theaterregisseurs Einar Schleef (1944–2001) hatte der Suhrkamp Verlag zunächst Bedenken, das umfangreiche Konvolut herauszugeben. Drei Jahre nach Schleefs Tod erschien der erste Band seiner Tagebücher, der den Zeitraum 1953–1963 umfasst, als Schleef in Sangerhausen lebte. Im letzten Band der fünfbändigen Ausgabe, erschienen ist er 2009, geht Schleef auf die Jahre von 1999 bis 2001 ein, als er in Berlin und Wien gearbeitet hat. Die insgesamt 2500 Seiten dokumentieren einen Zeitraum von fast 50 Jahren. Schleef gibt Einblicke in seinen Alltag und er erteilt Auskünfte über sein künstlerisches Schaffen, wobei die Sprache eines der zentralen Themen ist. Schleef wird geschätzt, aber er ist der breiten Masse kaum bekannt. Im Unterschied zu dem Filmemacher, mit dem Elfriede Jelinek ihn vergleicht. In ihrem Nachruf auf Schleef schreibt sie: »Bitte lesen Sie seine Bücher! Das muß sein! Schleef war als Dichter und als Theatermann die herausragendste Erscheinung, die ich kennengelernt habe. Es hat nur zwei Genies in Deutschland nach dem Krieg gegeben, im Westen Faßbinder und im Osten Schleef.« Als Autor hat Schleef mit den beiden *Gertrud*-Romanen (1980, 1984) auf sich aufmerksam gemacht. Bei diesem Versuch, seiner Mutter ein Denkmal zu setzen, hat er »Geschichtsschotter« aus verschiedenen Zeiten zusammengetragen. Die deutsche Familientragödie ist ein Monolog. Monologisch ist auch das Sprechen in Schleefs Tagebüchern (die Bände zwei, drei und vier erschienen 2006, 2007 und 2009). Bereits als Kind hat Schleef begonnen, Tagebuch zu führen. Der in Sangerhausen geborene Autor will eigentlich täglich Notizen machen und ist von sich enttäuscht, weil er den Vorsatz nicht durchhält. Schleef ist ein wacher und unbestechlicher Chronist des Zeitgeschehens. Er träumt von Verhältnissen, die der Lüge nicht bedürfen, trifft aber, wo er sich auch befindet, immer wieder auf Menschen, die sich hinter Masken verbergen.

Tagebuch hat auch Walter Kempowski (1929–2007) geführt. Der Sammler von Dokumenten begegnet einem in diesen Bänden selbst als Zeitzeuge. Er interessiert sich für individuelle Schicksale, weil darin Geschichte aufgehoben ist. Als eine »Art Tagebuch« bezeichnet er seine Notizen das Jahres 1983, die 2001 unter dem Titel *Sirius* erscheinen. Dem Epochenjahr 1989 wendet er sich in dem Band *Alkor. Tagebuch 1989* (2001) zu, während er die Folgejahre 1990 in *Hamit* (2006) und

Einar Schleef

Walter Kempowski inmitten seiner privaten Tagebuch-Sammlung. Kempowski besaß nach eigenen Angaben die größte Sammlung von Tagebüchern in Deutschland. In seinem Archiv befinden sich rund 6000 Tagebücher, Briefe, alte Schulhefte, Urkunden und andere Lebenserinnerungen.

1991 in *Somnia* (2008) Revue passieren lässt. »Hamit« heißt im erzgebirgischen Dialekt so viel wie Heimat. »Heimat«, stellt Kempowski desillusioniert fest, »können wir abhaken«. Eingeschrieben hat sie sich ihm aber ebenso wie die Erinnerungen an seine achtjährige Haftzeit wegen angeblicher Spionage in Bautzen (1948–56). Von dieser Zeit handelt *Im Block. Ein Haftbericht* (2004). Das Buch macht deutlich, warum Kempowski seit dieser Zeit wie »angestochen durchs Leben« lief.

Martin Walser

Ein fleißiger Tagebuchschreiber ist auch Martin Walser, der in den ersten Aufzeichnungen vom 15. September 1951 notiert: »Der Dichter führt eine freie Melodie ins Unsichtbare. Wer mitgeht, sieht später etwas.« Das Später hat nicht nur Walser im Blick. Neben der Selbstbeschreibung registriert er Ereignisse des politischen, kulturellen und gesellschaftlichen Lebens, damit die Leser etwas ›sehen‹ können. Walser lässt die Leser seiner Tagebücher – der erste Band erschien 2005 (1951–1962), der zweite 2007 (1963–1973), der dritte 2010 (1974–1978) – am Leben und Schreiben des Verfassers teilhaben. Zugleich dienen ihm die Tagebücher auch als Arbeitsbücher. Er nutzt sie, um Skizzen zu entwerfen und Figuren zu konzipieren. Der Zeuge und Beobachter öffnet seine Schreibwerkstatt.

Peter Rühmkorf

Auch Peter Rühmkorf (1929–2008) führte Tagebuch. Zu seinem Nachlass, den er dem Literaturarchiv in Marbach überlassen hat, gehören an die tausend Seiten mit Tagebuchaufzeichnungen. Rühmkorf wollte die Aufzeichnungen, die ihm »Tränenkrüglein« und »Rotzlappen« sind, eigentlich nicht zu Lebzeiten veröffentlichen. Doch dann erscheint 1995 *TABU I*. In witzig-selbstironischen Kommentaren auf die Ereignisse der Jahre zwischen 1989 und 1991 wendet er sich der großen Politik (Wiedervereinigung) ebenso zu wie der eigenen Person (ein »bis auf den Grund verfehltes Schriftstellerleben«). Mit dem zweiten Tagebuchband folgt Rühmkorf keiner zeitlichen Chronologie, denn *TABU II* (2004) liegen Aufzeichnungen der Jahre 1971–1972 zu Grunde. In bissigen Kommentaren beschreibt Rühmkorf, wie sich die Bundesrepublik nach 1968 verändert hat. Bei dieser Bespiegelung erweist sich der Autor auch der eigenen Person gegenüber nicht gnädig, so dass das Tagebuch ein »Klagebuch« und zugleich ein »finsteres Untertagebuch« ist.

Christa Wolf

Tagebuch führte auch Christa Wolf. Doch in dem Band *Ein Tag im Jahr 1960–2000* (2003) hält sie nur fest, was sich am 27. September eines jeden Jahres ereignet. Die Autorin war 1960 einem Aufruf der Zeitung *Iswestja* gefolgt, der an die Schriftsteller unterschiedlicher Nationen erging. Sie sollten aus ihrer subjektiven Perspektive den 27. September 1960 so genau wie möglich beschreiben. Der »Horror vor dem Vergessen« hat daraus eine Tradition werden lassen. Ausgehend von Alltagsbeobachtungen registriert die Autorin, was an diesem Tag in ihrer Umgebung und in der Welt passiert. Ein Tag im Jahr wird für das Gedächtnis zu einem »Stützpfeiler«, der dem Alltag und der Welt Halt bietet. Die »Pflichtübung« hat sich als »Realitätsübung« bewährt. Christa Wolf hat sie bis zu ihrem Tod 2011 beibehalten (*Ein Tag im Jahr im neuen Jahrhundert 2001–2011*, 2013).

Volker Brauns fast tausendseitiges Tagebuch – es erschien 2009 unter dem Titel *Werktage I* – erweist sich als Nachruf auf die DDR. Doch Brauns in der Zeit von 1977 bis 1989 festgehaltene Notate sind keine Ab-, sondern eine Aufrechnung. Das Faktische, auf das sich die Notizen gründen, machen dieses Buch zu einer Chronik und der Gestus, in dem es geschrieben ist, zu einem literarischen Zeugnis. Braun hat neben den Konflikten mit der Partei- und Staatsführung auch seine Träume, Reiseeindrücke und Überlegungen zur Literatur und Kunst notiert, er hat Gespräche mit Kollegen und Freunden festgehalten sowie das Entstehen und den Werdegang der eigenen Texte dokumentiert. Das Tagebuch vermittelt Einblicke in jene DDR-Mechanismen, die zu ihrem Scheitern führten.

Zwiesprachen mit historischen Personen

»Es besteht [...] kein prinzipieller Unterschied«, heißt es in Alfred Döblins Aufsatz *Der historische Roman und wir*, »zwischen einem gewöhnlichen und einem historischen Roman. Der historische Roman ist erstens ein Roman und zweitens keine Historie.« Wenn sich Autoren Personen der Zeitgeschichte oder Ereignissen der Vergangenheit zuwenden, resultiert ihr Interesse an der Historie aus der Gegenwart. Die Gründe, sich gerade historischen Figuren und Stoffen zuzuwenden, dürften vielfältig sein, aber sie unterscheiden sich wohl kaum von denen, ein aktuelles Zeitereignis aufzugreifen. »Der Autor«, heißt es bei Döblin weiter, »bedient sich gewisser Stoffe aus der Geschichte, die ihm liegen, für die Zwecke eines Romans genau so, wie er sich gewisser Zeitungsnotizen oder gewisser Vorgänge aus seiner eigenen Erfahrung bedient.« Ein historischer Stoff bietet Möglichkeiten, durch Verfremdung Parallelen zwischen der Vergangenheit und der Gegenwart herzustellen. Gegenwärtiges kann im spielerischen und experimentellen Umgang mit den Zeitebenen in ein historisches Gewand gehüllt werden. So wird Vergangenes zugleich aktualisiert und in Erinnerung gerufen.

Daniel Kehlmann (geb. 1975) wendet sich in seinem Roman *Die Vermessung der Welt* (2005) zwei Genies von ausgesprochen verschiedener Prägung zu. Carl Friedrich Gauß muss zu einer Reise von Göttingen nach Berlin förmlich gezwungen werden, während sich sein Gastgeber, Alexander von Humboldt, ein Leben ohne Reisen gar nicht vorstellen kann. Der jüngere der Humboldt-Brüder, ein bedeutender Naturforscher des 18. Jahrhunderts, bereiste insbesondere den südamerikanischen Kontinent und erforschte unbekannte Gebiete. Er vermisst Hügel, Flüsse und Täler, weil der Mensch wissen muss, wo er steht. Für Humboldt ist die Entdeckung der Welt ein einziges Abenteuer. Das mathematische Genie Gauß ist Anfang zwanzig, als sein Lebenswerk, die *Disquisitiones Arithmeticae* erscheinen. Auch Gauß ist ein Weltvermesser, aber jeder Ortswechsel ist ihm verhasst. Ihm genügte als Kind eine Ballonfahrt, um eine Vorstellung davon zu bekommen, was man sich unter dem Raum vorzustellen hat. Um das Er- und Vermessen des Raumes geht es beiden Forschern. Besessen von den Aufgaben, die sie erfüllen können, entgeht ihnen aber auch Entscheidendes. Sie sind wachen Auges für Unbekanntes, aber sie übersehen Naheliegendes und sind teilweise blind für Ereignisse des Zeitgeschehens. Mit hintergründigem Humor weiß Kehlmann von zwei Genies zu erzählen, denen ihre Genialität auch eine Last ist. Dem Autor, der bereits mit Büchern wie *Mahlers Zeit* (1999), *Der fernste Ort* (2001) und *Ich und Kaminski* (2003) auf sich aufmerksam gemacht hatte, gelingt mit *Die Vermessung der Welt* ein sensationeller Erfolg. Monatelang führt sein historischer Roman die Bestsellerlisten an.

Schutzumschlag

Nicht Alexander, sondern Wilhelm von Humboldt war einer der Ersten, dem Goethe seine »Marienbader Elegie« schickte. Er war der Meinung, Goethe hätte damit nicht nur das Schönste erreicht, was er je geschrieben habe, sondern es noch übertroffen. Allerdings verlief die Vorgeschichte dieser Verse aus der Sicht des Dichterfürsten weniger gelungen. In Marienbad verliebt sich der fast Vierundsiebzigjährige, dem die gebildete Welt Deutschlands zu Füßen liegt, in die neunzehnjährige Ulrike von Levetzow. Ulrike aber weist den Begehrenden zurück. In *Ein liebender Mann* (2008) greift Martin Walser diese Geschichte auf. Es ist die Geschichte eines doppelten Skandals: Darf er das in seinem Alter? Und darf sie

Thema Goethe

ihn zurückweisen? Die Nachwelt verdankt Goethes Erfahrung neben der Gewissheit, dass auch ein Genie in seiner Liebe richtig und in seinen Erwartungen falsch liegen kann, eines seiner schönsten Gedichte. Goethes Elegie ist ein Sehnsuchtsgedicht und Walsers Roman ein Sehnsuchtslied: »Meine Liebe weiß nicht, dass ich über siebzig bin. Ich weiß es auch nicht«, heißt es im Roman. Walser ist erneut bei seinem Thema; die Romane der letzten Jahre *Der Lebenslauf der Liebe* (2001), *Der Augenblick der Liebe* (2004) und *Angstblüte* (2006) sind Variationen darauf: Im Zentrum der Texte stehen gealterte und mit dem Altern beschäftigte Männer. In *Muttersohn* (2011) erfährt Percy Schlugen von seiner Mutter, das ein Mann für seine Geburt nicht nötig war. Der Roman ist ein Liebesroman: Er handelt von einer einzigartigen Mutterliebe. Liebe ist auch das zentrale Thema in Walsers Roman *Das dreizehnte Kapitel* (2012), wobei von einer unmöglichen Liebe erzählt wird, denn die beiden Liebenden, denen sich Walser zuwendet, sind eigentlich glücklich verheiratet. Walsers Perspektive, die nicht auf die Männer beschränkt ist, ist gerade für sie nicht immer schmeichelhaft.

Goethe, allerdings Goethes am 25. Dezember 1789 in Weimar geborener unehelicher Sohn August, steht im Zentrum von Anne Webers Roman *August. Ein bürgerliches Puppenspiel* (2011). Während andere Gestalten, Christiane Vulpius, Bettina von Armin oder Eckermann nichts dagegen haben, erneut auf der literarischen Bühne zu erscheinen, will August nicht mitspielen. Er, der sein Leben lang eine Rolle spielen musste, an der er scheiterte, will endlich seine Ruhe haben.

Während Kehlmanns Aufmerksamkeit zwei Wissenschaftlern gehört, hat sich Peter Härtling mit seinen Büchern *Schubert. Zwölf Moments musicaux und ein Roman* (1992), *Schumanns Schatten* (1996) und *Hoffmann oder Die vielfältige Liebe* (2001) drei Künstlerfiguren der Romantik zugewandt. In Schubert findet und erfindet sich Härtling einen Begleiter, der ihm bereits in seiner Jugend ein Vertrauter war. Der Komponist der *Winterreise* tritt in Härtlings Roman insbesondere durch die Zeilen »Fremd bin ich eingezogen, fremd zieh ich wieder aus« als ein Verwandter im Geiste in Erscheinung. Härtling stellt bewusst eine Beziehung zu seinen Protagonisten her. Er nähert sich ihnen als Gleichgesinnter und offenbart in der Beschreibung seiner Figuren die Züge der eigenen Person. Dabei wird eine Unterscheidung zwischen Faktischem und Fiktivem in *Schumanns Schatten* durch das Schriftbild verdeutlicht.

Eher unromantisch geht es in Thorsten Beckers (geb. 1958) Roman *Fritz* (2006) zu, der den Alten Fritz, wie man den preußischen König auch zu nennen pflegt, thematisiert. Becker – ein Spezialist in der Wiederbelebung historischer Stoffe – will das Genre nicht Lion Feuchtwanger streitig machen, der die »Domäne des historischen Romans so unangefochten beherrscht, [...] dass man beinahe versucht ist, zwischen seinem Namen und dem Begriff der Sache das Gleichheitszeichen zu setzen«. Becker wendet sich dem Preußenkönig zu, indem er auf Thomas und Heinrich Mann zurückgreift. Er lässt beide an einem Buch über den Alten Fritz schreiben. Der »Zauberer« Thomas entwirft ein Porträt, das sich an den Feldherrn, Musiker und Philosophen hält. Heinrich hingegen zeichnet in den von ihm geschriebenen Kapiteln ein Bild des Monarchen, in dem die Zeitbezüge und die sozialen Komponenten betont werden.

Von sprachlicher Eleganz und feinem Humor ist Beckers Roman *Agrippina. Senecas Trostschrift für den Muttermörder Nero* (2011). Der römische Staatsmann und Dramatiker Seneca war ein großer Stoiker, der in »De Vita Beata« (»Vom glücklichen Leben«) das höchste Gut, die »Harmonie der Seele mit sich selbst«

lobt. Was er in Beckers Roman wenige Stunden vor seinem Tod aufschreibt, zeugt jedoch nicht von Harmonie. Seneca stellt Rom unter der Herrschaft Julius Cäsars, Claudius' und Neros als machtgeiles, inzestuöses Sündenbabel dar. Denn wo »Staat ist und wo Familie ist, da ist auch Tragödie«.

Nicht dem preußischen König, sondern einer Nachfahrin, die aus der Verbindung zwischen Wilhelm von Oranien und der Berliner Bäckerstochter Marie Hoffmann hervorgegangen ist, gehört die Aufmerksamkeit von F. C. Delius in seinem Roman *Der Königsmacher* (2001). Die Geschichte eines Kindes, das aus dieser nicht standesgemäßen Liaison hervorgegangen ist und nichts von seiner wahren Herkunft weiß, ist ganz nach dem Geschmack einer historischen Schmonzette. Delius aber findet in dem erfolglosen Schriftsteller Albert Rusch eine Figur, die sich des historischen Stoffes annimmt, um einen Roman zu schreiben.

Reich an historischen Anspielungen ist auch Michael Lentz' Roman *Pazifik Exil* (2007), in dem sich Lentz auf die Spuren von Bertolt Brecht, Nelly und Heinrich Mann, Alma Mahler-Werfel und Franz Werfel begibt, die während des Zweiten Weltkriegs nach Amerika gegangen waren. An Orten ihres amerikanischen Exils erkundet er das Schicksal von Katja und Thomas Mann, fragt, wie es Martha und Lion Feuchtwanger erging und rekonstruiert Arnold Schönbergs Aufenthalt in der Fremde. Amerika war für sie die letzte Fluchtmöglichkeit. Lentz nähert sich den Verschwundenen, indem er ihnen zu einer Stimme verhilft, und er macht auf die Leerstelle aufmerksam, die ihr Weggang hinterlassen hat. Zugleich verweist er aber auch auf das »Sprachloch«, in das die ins Exil getriebenen Schriftsteller fielen. Lentz sucht, wo scheinbar nichts mehr ist. Er sucht nach zurückgelassenen Wortresten, die er in Sprachlöchern findet.

Mit ganz anderen Unbilden, nämlich mit meteorologischen, hat es René Descartes in Durs Grünbeins Erzählgedicht *Vom Schnee oder Descartes in Deutschland* (2003) zu tun. Der Schnee und Descartes finden für Grünbein in der Kältemetapher zusammen. Nüchternes und berechnendes Kalkulieren, wie es die Mathematik erfordert, ist Ausdruck von Kälte. Kalt wie der Tod aber ist der Winter, vor dem man in die Wärme flüchtet. Für Grünbein wird Descartes interessant, weil der als Begründer der rationalen Vernunft geltende Denker 1619/20, während des dreißigjährigen Krieges, in der Nähe von Ulm eine Tagtraumvision erlebt. In der folgenden Nacht hat er drei Träume, die er als göttliche Offenbarung seines Auftrages begreift: Er soll die verschiedenen Wissenschaften unter dem Dach der Mathematik zusammenführen. Der als Vater des rationalen Denkens geltende Philosoph lässt sich auch von Träumen und Visionen leiten. Er ist ein Müßiggänger, interessiert an der Mode, und zugleich verfolgt er die neuesten Entdeckungen in der Dioptrie. Dieser sich in Extremen bewegende Denker fühlt sich wohl in seiner Haut, aber diese Haut ist dünn wie Papier.

Durs Grünbein

Auch Peter Handkes Blick auf Don Juan, diesen Mythos der Moderne, ist überraschend und ungewöhnlich. Handke entwirft eine Figur, die man aus Mozarts *Don Giovanni* zu kennen glaubt, doch er stellt einen skeptischen Don Juan ins Zentrum seiner Erzählung. Handkes Don Juan misstraut der Überlieferungsgeschichte. So heißt denn auch sein 2004 erschienener Roman *Don Juan (von ihm selbst erzählt)*. Handke lässt Don Juan selber erzählen, denn den, den man zu kennen meint, kennt man in Wirklichkeit nicht. Der in Liebesdingen so außerordentlich Bewanderte stürzt eines Tages ganz unvermittelt in den Garten eines Kochs und beginnt zu erzählen. Handkes Don Juan ist kein Verführer. Er kommt den Frauen nahe und sie fühlen sich geborgen in seiner Nähe. Don Juan ist vor allem ein Getriebener, und er ist untröstlich über einen Verlust. Einer Welt, in der das Zählen bedeutend ist, kehrt er den Rücken. Handkes Don Juan, der rückwärts geht, schaut dort hin, wo er hergekommen ist. Mit diesem Buch bezieht Handke deutlicher Position zum Jugoslawien-Konflikt, in dem sein Name häufig gefallen ist, als es auf den ersten Blick den Anschein hat. Im Spiegel der mythischen Don Juan-Figur verdeutlicht er, wie unverzichtbar für ihn der authentische Bericht ist. Über Don Juan existieren viele Anekdoten und Geschichten, aber letztendlich ist entscheidend, was er selbst sagt.

Don Juan als »Erotiker von der traurigen Gestalt« steht im Mittelpunkt von Robert Menasses (geb. 1953) Roman *Don Juan de la Mancha oder Die Erziehung zur Lust* (2007). Für Nathan, die Hauptfigur des Romans, sind Frauen eine Obsession, worüber der Journalist seine Therapeutin in Kenntnis setzt. Er tut dies an dem für solche Problemstellungen entscheidenden Platz: auf der Couch. Menasse verschränkt wie bereits in *Die Vertreibung aus der Hölle* (2001) unterschiedliche Zeitebenen. Sein Don Juan fungiert dabei ebenso als Bezugsfigur wie die Jungfrau von Orleans in Felicitas Hoppes (geb. 1960) Buch *Johanna* (2006). In Hoppes Roman beschäftigt sich eine namenlos bleibende Ich-Erzählerin mit der Freiheitskämpferin, die durch Schillers Drama weltberühmt wurde. Ihr zur Seite steht ein Wissenschaftler, der bereits die akademische Hürde genommen hat, die die Doktorandin noch zu nehmen gedenkt. Zunehmend stellt sie sich allerdings während ihrer wissenschaftlichen Studien die Frage, was bei solchen Näherungsversuchen in Erfahrung zu bringen ist. Es hat den Anschein, als würden sie ebenso jungfräulich bleiben wie die Beziehung der beiden Jungwissenschaftler.

Sibylle Lewitscharoff (geb. 1954), die 1998 für *Pong* den Ingeborg-Bachmann-Preis erhielt und 2009 für *Apostoloff* mit dem Preis der Leipziger Buchmesse ausgezeichnet wurde, wendet sich in ihrem Roman *Blumenberg* (2011) dem Philosophen Hans Blumenberg (1920–1996, eines seiner Hauptwerke ist *Arbeit am Mythos*, erschienen 1980) zu. Blumenberg bekommt eines Nachts Besuch von einem Löwen, der sich am nächsten Tag, als wäre es selbstverständlich, auch in dem Saal niederlässt, in dem der Philosoph seine Vorlesung hält. Der Philosoph, der der Wirklichkeit zugetan ist, wird mit einem Wunder konfrontiert und fragt sich, was wirklich ist.

Expeditionen zu den Ursprüngen

Es gibt nach 1989 eine gewisse Lust, sich auf unbekannten Wegen in fremden Gegenden umzusehen. Peter Handke will mit seinem Reisebericht über Serbien *Eine winterliche Reise zu den Flüssen Donau, Save, Morawa und Drina oder Gerechtigkeit für Serbien* (1996) eine allgemeine Wahrnehmung korrigieren. Bereits die Vorabdrucke in der *Süddeutschen Zeitung* lösten eine heftige Debatte aus, in der dem Autor eine proserbische Position vorgeworfen wurde. Handke kritisiert in seinem Buch die Berichterstattung über den Krieg im ehemaligen Jugoslawien, die nach seiner Ansicht nicht dokumentiert, was sich tatsächlich ereignet hat. Er nimmt im Text für sich das Recht in Anspruch, Feststehendes in Frage zu stellen, sich nicht vorschnell mit vorgegebenen Meinungen abzufinden. Als Ergebnis dieser Wahrnehmungsbemühungen ist ein weiteres Buch über Serbien entstanden. In *Sommerlicher Nachtrag zu einer winterlichen Reise* (1996) tritt Handke für ein Volk ein, über das die Medien längst ihr Urteil gesprochen haben. Der Krieg, über den die Medien berichteten, habe so nur als Inszenierung »auf der Netzhaut stattgefunden« (P. Schneider). Eine Reise unternimmt Handke auch in *Kali. Eine Vorwintergeschichte* (2007). In der Geschichte, in der eine Sängerin die Hauptrolle spielt, wird die Sehnsucht nach dem Kindheitsland thematisiert. Von Sehnsucht handelt auch Handkes Erzählung *Die morawische Nacht* (2008). Einen Reisenden befällt Angst, weil er befürchten muss, nicht als der wahrgenommen zu werden, der er ›in Wirklichkeit‹ ist. Reisende sind Suchende. In Handkes *Versuch über den Stillen Ort* (2012) begibt sich der Autor auf die Suche nach Orten der Stille, wobei nicht allein der umgangssprachlich unter diesem Namen firmierende Ort sich als alleiniger Ort der Stille erweist. Eine Bedürfnisanstalt, noch dazu eine sehr luxuriöse, bildet in Handkes Erzählung *Der große Fall* (2011) eine Zwischenstation für seinen literarischen Helden, der sich von einer im Grünen gelegenen Villa auf den Weg in die Megapole macht, wo er eine Auszeichnung entgegennehmen soll.

Auf ganz anderen Wegen wandelt Irina Liebmann (geb. 1943) bei ihrer Reise durch das eigene Land. Ihr Bericht *Letzten Sommer in Deutschland* (1997) trägt den Untertitel *Eine romantische Reise*. Während die Autorin in *Berliner Mietshaus* (1982) die Bewohner eines Hauses um Auskunft über ihre Biographien bat, wird in dem Reisebuch das geeinte Deutschland in Augenschein genommen. Sechs Jahre nach der ›Wende‹ hält Liebmann Stimmungen in Ost und West fest, reist sie von Frankfurt an der Oder bis an den Rhein. Über die Landesgrenzen hinaus führt dagegen der Weg, den Felicitas Hoppe in *Pigafetta* (1999) unternimmt. Die Ich-Erzählerin heuert auf einem Frachter an und schreibt ein Seetagebuch während einer Schiffsreise, die sie um die Welt führt. Anders stellt sich das Handlungsgeschehen in Hoppes Buch *Hoppe* dar, in dem die Autorin bei sich selbst anzuheuern scheint, wenn Hoppe über Hoppe erzählt, wobei sie, ohne eine Autobiographie schreiben zu wollen, doch zum Gegenstand der Dichtung wird. Felicitas Hoppe wurde 2012 mit dem Georg-Büchner-Preis ausgezeichnet.

Es geht in die Ferne

Die Autoren setzen die ›erzählerischen Segel‹ aus den unterschiedlichsten Gründen. Dabei ist nicht allein entscheidend, wohin die Fahrt geht, sondern auch, wonach in den unerforschten Gebieten gesucht wird. Auf eine abenteuerliche Fahrt schickt Peter Handke den Apotheker von Taxham in seinem Roman *In einer dunklen Nacht ging ich aus meinem stillen Haus* (1997). Mit zwei Begleitern (einem Sportler und einem Dichter) durchquert der Apotheker Europa und öffnet »eine Tür in die Nacht«, wie es in Karl Krolows Gedicht »Das Bild, das man hinterläßt« heißt. Handke formuliert seine Kritik an der Gegenwart mithilfe von Motiven der Artusepik. Der Apotheker, der eine Läuterung erfährt, findet auf der Reise seine Sprache wieder. Ebenfalls ein Apotheker steht in Brigitte Kronauers (geb. 1940) Roman *Das Taschentuch* (1994) im Zentrum der Handlung. Die Schriftstellerin Irene Gartmann versucht, sich ihrem Jugendfreund Willi Wings zu nähern, doch der Erwählte entzieht sich den Zuwendungen der Erzählerin und wird schließlich durch seinen Tod unerreichbar. Von der Beziehung zwischen den Geschlechtern handelt auch Kronauers Roman *Teufelsbrück* (2000). Es ist die Geschichte einer Verzauberung durch die Liebe, die sich aber nicht als Erfüllungs-, sondern nur als Entsagungsgeschichte erzählen lässt. Auf sprachlich genussvolle, doch seelisch strapaziöse Spaziergänge lädt Kronauer mit *Die Tricks der Diva* (2004) ein. Sie führen ins »Gebirg«, auf die Wiese, in den Botanischen Garten oder an den Bahndamm. So stolpern in der Erzählung »Wirre Witwen, wissender Witwer« mehrere Witwen zwischen Klematis und Fraunschuh ihren »krüppeligen« Sehnsüchten und verhuschten Träumen hinterher. Der Garten wird zum Kampfplatz, auf dem mit geschliffenen Sprachschwertern ein Gefecht ausge-

Brigitte Kronauer

tragen wird, in dem die menschliche Natur gegenüber der Schönheit des zyklischen Werden und Vergehens von Nieswurz und Rittersporn unterliegt. Kronauers Spracharbeit wurde 2005 mit dem Georg-Büchner-Preis geehrt. Dass dies eine kluge Entscheidung war, bewies sie mit dem Roman *Errötende Mörder* (2007), der wohl das »kompositorisch rasanteste« Werk ist, dem der Roman *Zwei schwarze Jäger* (2008) in nichts nachsteht.

Wenn es bei Hoppe oder Handke in die Ferne geht, dann nicht allein deshalb, um die weißen Flecken auf der Landkarte zu erforschen – die Welt ist längst vermessen und hat ihre »Jungfräulichkeit« verloren. Den damit einhergehenden Verlust hat Claude Lévi-Strauss in *Traurige Tropen* beschrieben: »Nie wieder werden uns die Reisen, Zaubertruhen voll traumhafter Versprechen, ihre Schätze unberührt enthüllen.« Wo es immer weniger zu entdecken gibt, verändert auch das Reisen seinen Charakter. Der Reiseweg büßt an Erlebnisqualität ein, denn im beschleunigten Zeitalter wird die Geschwindigkeit als neuer Kontinent entdeckt, den es zu erobern gilt. Das ruft aber auch gegenläufige Tendenzen hervor. Diese reichen von Sten Nadolnys (geb. 1942) *Die Entdeckung der Langsamkeit* (1983) bis zu den Spaziergängern und Flaneuren, die wieder Konjunktur haben. Ob die Reisen in ferne Kontinente führen oder nur in die Nebenstraße, Ransmayr erinnert in seinem Prosagedicht *Ballade von der glücklichen Rückkehr* (2000) daran, was wirklich entdeckt werden will: »Eines Tages kehren wir unseren Träumen den Rücken und machen uns auf den Weg in die Tiefe zurück zu den Menschen. Wie viele sind wohl vor uns auf diesem Weg verschwunden, ins Eis gesunken, in fauliges Wasser, in den Abgrund, den Treibsand? Der Weg zu den Menschen, zurück ins Vertraute verzehrt noch größere Kräfte als die Routen ins Innere eines Traums.« In *Der fliegende Berg* (2006) erzählt Ransmayr die Geschichte von zwei Brüdern, die in den Bergregionen Osttibets den Phur-Ri, den fliegenden Berg, besteigen wollen. Entstanden ist ein fast lyrisches Buch über Liebe und Verlust, Halten und Loslassen, Finden und Verlieren, das, obwohl angesiedelt in einer fernen Bergwelt, in unserer unmittelbaren Gegenwart verortet ist. Bildmächtig erzählt Ransmayr in einer Art Langgedicht von einer fremden, aber dennoch von dieser Welt. Von der Fremde handelt auch *Atlas eines ängstlichen Mannes* (2012). In dem Roman werden in siebzig Episoden Kontinente und Zeiten bereist. Eine solche Fahrt tritt der Protagonist in Gerhard Roths (geb. 1942) Roman *Der Plan* (1998) an. Konrad Feldt reist nach Japan und unternimmt zugleich eine Entdeckungsreise, die ihn in unbekannte Gebiete seines Innern führt. Gesammelte Reisenotizen, die sich in erster Linie als subjektive Eindrücke verstehen, hat auch Adolf Endler (geb. 1930) mit *Warnung vor Utah* (1996) vorgelegt. Endler nimmt auf seiner Fahrt in die USA das Land mit, aus dem er kommt, ohne dass seine Vergleiche mit der DDR dabei vordergründig geraten. Doch durch die Reise verändern sich Haltungen. So empfindet der Autor im Land der unbegrenzten Möglichkeiten eine gewisse Enge, angesichts derer ihm ein Gefühl von Weite bewusst wird, das er manchmal in dem umzäunten und bewachten Land DDR hatte.

Manchmal werden Reisen unternommen, um zu fliehen. In Martin Mosebachs (geb. 1951) Roman *Das Beben* (2005) flüchtet der Erzähler nach Indien, wo er einen Königspalast in ein Luxushotel umbauen soll. Der Architekt steht vor einer Herausforderung. Während seine Ehe einem kleinen Beben nicht gewachsen war, soll das von ihm beaufsichtigte Bauwerk so sicher stehen, dass es allen möglichen Beben trotzt. Das Bauvorhaben scheitert schließlich und der anfangs Gefestigte schaut am Ende auf zwei unvollendet gebliebene Baustellen zurück. Eine

Nach dem Fernweh

Fernsucht

gewisse Fernsucht ist den Helden Mosebachs, der 2007 mit dem Georg-Büchner-Preis ausgezeichnet wurde, durchaus eigen. Bereits in dem Roman *Der Nebelfürst* (2001) begleitet der Journalist Thomas Lerner eine von sehr seltsamen Auftraggebern organsierte Polarexpedition. Ein Suchender im doppelten Sinne ist auch Hans in Mosebachs Roman *Der Mond und das Mädchen* (2007). Er sucht neben dem Glück auch eine Wohnung in Frankfurt am Main. Als er ein Heim für sich und seine Frau Ina findet, scheinen seiner Liebe zu ihr keine Hindernisse mehr im Wege zu stehen. Das Paar könnte sich auf den verlässlichen Bahnen des Ehelebens bewegen, wäre da nicht die Versuchung und die unheimliche Anziehungskraft des Fremden. In dem Roman *Was davor geschah* (2010) sucht der männliche Protagonist eine Antwort. Er fragt sich, warum sein Vorleben gerade in einem Moment intimster Zweisamkeit von Interesse ist. Die Frage erscheint ihm zunächst fremd, doch dann stellt er sich ihr erzählend.

In die Fremde geht es in dem Romandebüt von Kathrin Schmidt (geb. 1958) *Die Gunnar-Lennefsen-Expedition* (1998). Sie setzt in der Manier von Irmtraud Morgner die Segel der Phantasie. Kraftvolle und dabei unverkennbar weiblich ist diese Stimme. Sprachgewaltig, lustvoll und in geradezu barocker Manier erzählt Schmidt von phantastischen und grotesken Abenteuern, bei denen ein Ortswechsel nicht erforderlich ist. Sie beschwört merkwürdige bis mysteriöse Ereignisse herauf, wenn sie das Geschichtenkaleidoskop dreht. Bei dieser Expedition geht es nicht um das Erreichen der Polkappen, sondern um die im tiefsten Packeis verborgenen Bereiche des Erinnerns. Bei der abenteuersüchtigen Josepha Schlupfburg und ihrer Urgroßmutter Therese handelt es sich um zwei Reisende, die in der Kunst der Magie bewandert sind. Bei ihren Zeitreisen leisten sie auch Grabpflege »für die, die im Fischzug der Geschichte wegen vermeintlichen Mangels an Größe durch die Maschen des Netzes gerutscht waren«. Das zeitliche Spektrum, in dem sich der Roman bewegt, reicht vom Ersten Weltkrieg bis in die unmittelbare Gegenwart. Es geht um die eigenen Erfahrungen, um das individuelle Bild- und Erinnerungsreservoir, das in schwierigen Zeiten nicht verloren gehen darf. Allerdings erweisen sich dazu die eingefahrenen Sehraster geschichtlicher Wahrnehmung in Ost und West als untauglich.

Kathrin Schmidt

Nicht ins ewige Eis, sondern in die Südsee verlagert Christian Kracht das Handlungsgeschehen in seinem Roman *Imperium* (2012), der ihm den Vorwurf einbrachte, darin würde »rechtes Gedankengut« enthalten sein. Im Zentrum der Aussteigergeschichte steht der Lebensreformer August Engelhardt (1875–1919), der in der Südsee eine Kolonie gegründet hat, in der man sich nackt in der Sonne tummelte und von Kokosnüssen ernährte. Bei Engelhardt führte die einseitige Ernährung schließlich zu Wahnvorstellungen und zu einem extremen Antisemitismus. Bedenklich muten die Parallelen an, die Kracht zwischen Engelhardt und Hitler andeutet. Hitler hat » die Übel der Welt aus einem Punkt, dem der Rassenvermischung, heraus erklärt und das ›Heil‹ im Antisemitismus« (Paul Michael Lützeler) gesehen. Gelesen werden soll der Roman als eine Satire, die das Panorama einer Gesellschaft entwirft.

Dagegen handelt Raoul Schrotts (geb. 1964) *Finis terrae* (1995) von einer Reise, bei der die weißen Flecken auf der Landkarte noch zu erforschen sind. Schrott offenbart eine Vorliebe für das Vergessene, das Entlegene, das Dunkle und das weit Entfernte. Der Roman nähert sich dem Ende der Welt, wobei die Fragen umso dringlicher werden, die bei dieser Annäherung aufgeworfen werden. Ein nautisches Logbuch, eine Folge von nie abgeschickten Briefen, ein archäologischer Bericht und Tagebucheintragungen bilden das Material dieses ungewöhnli-

Weiße Flecken auf der Landkarte

chen Romans. Im Vorwort gibt sich der Autor als Herausgeber von aufgefundenen Schriften aus. Bevor diese Texte nachzulesen sind, wird der Leser mit Gustav Courbets Bild *Der Ursprung der Welt* (1866) konfrontiert, das sich über Jahre im Privatbesitz des Psychoanalytikers Jacques Lacan (1901–1981) befand. Auch Schrotts Novelle *Die Wüste Lop Nor* (2000) ist ein Expeditionsbuch. Nicht in die Wüste, sondern auf eine Insel begibt sich Schrott in dem Roman *Tristan da Cunha* (2003). Die Insel Tristan da Cunha bietet entfesselten Sehnsüchten und enttäuschten Leidenschaften Raum. Das Glück, das die auf der Insel Gestrandeten suchen, finden sie nicht. Wie bereits in *Finis terrae* zeichnet der Autor nur als Herausgeber, der überliefertes Material veröffentlicht. Schrott präsentiert Dokumente, aber er spricht ihnen den Status ab. Nichts ist sicher, was sich in den Dokumenten findet, keiner Quelle darf getraut werden, jedes Detail muss beachtet werden. Als Zweifler hat Schrott 2007 von sich Reden gemacht. Seiner Behauptung, Homer wäre ein Schreiber aus Kilikien gewesen, wurde von vielen Altertumsforschern heftig widersprochen.

Vom »literarischen Fräuleinwunder« oder »Die Enkel kommen«

Im zeitlichen Umfeld der Nobelpreisverleihung an Günter Grass (1999) entwickelte sich eine neue Phase in der Bestandsaufnahme deutschsprachiger Gegenwartsliteratur. Sein erster Roman *Die Blechtrommel* (1959) rückte dabei erneut ins Zentrum des Interesses. Grass gehört jener Autorengeneration an, die 1959/60 mit ihren Texten gegen ein konfliktreiches »Erzählverbot« rebellierte. Dadurch kam es in den 60er Jahren zu literaturinternen Debatten, in denen es um die Bedeutung der Gattungen und des Romans ging. Vierzig Jahre danach taucht eine neue Generation von Schreibenden auf, die ohne diesen grundlegenden Zweifel lustvoll fabuliert. Die Medien reagierten euphorisch und prägten Formulierungen wie »die Enkel kommen« oder sprachen vom »literarischen Fräuleinwunder«. Symbolisch schlägt Thomas Brussig – zusammen mit anderen Jungautorinnen und -autoren – 1999 auf dem Titelbild des *Spiegel* die Trommel des Oskar Matzerath. »Sie missachten literarische Theorien und Dogmen und erzählen so saftig, unterhaltsam und unbekümmert wie einst der junge Grass«, lautet der Kommentar. Als »junge Wilde der Erzählkunst« lehnten sie es ab, das »Gewissen der Nation« zu sein. Man sprach vom »KiWi Boywonder« (KiWi = Verlag Kiepenheuer & Witsch) und meinte damit Texte von Benjamin von Stuckrad-Barre oder Benjamin Lebert (geb. 1982), der 1999 mit *Crazy* debütierte..Es folgten 2003 *Der Vogel ist ein Rabe*, 2009 *Der Flug der Pelikane* und 2012 *Im Winter dein Herz*. Das Medienspektakel verwies auf ein Phänomen: Man muss nicht nur jung sein, sondern sich auch gut vermarkten lassen.

»Pop-Literaten«   Neben dem Etikett »literarisches Fräuleinwunder« kursierte auch das ›Label‹ vom »Pop-Literaten«. Es wurde gefragt, ob es sich um »Abgesandte eines neuen Zeitalters« oder »Dandys der Popmoderne« (I. Radisch) handeln würde. Ging das »Fräuleinwunder« in der Literatur auf die Welt des Mannequins in den 50er Jahren zurück, rief der »Pop-Literat« Autoren wie Rolf Dieter Brinkmann (1940–1975) und Hubert Fichte (1935–1986) auf den Plan, ohne an deren popliterarische Prämissen wirklich anzuknüpfen. Für Brinkmann gab es »kein anderes

Günter Grass und seine
Tochter Helene tanzend
bei dem Festbankett
anlässlich der Nobel-
preisverleihung 1999 in
Stockholm.

Spiegel-Titelblatt
41/1999 – Die Enkel
schlagen die Trommel
des Oskar Matzerath.

Material als das, was allen zugänglich ist und womit jeder alltäglich umgeht«. Zusammen mit Nicolas Born, Günter Herburger und Dieter Wellershoff wurde er zum Vertreter der »Kölner Schule« des Neuen Realismus. Als einer der ersten deutschen Autoren nach 1945 inspirierten ihn die amerikanische Pop- und Underground-Literatur sowie die Postmoderne-Theorien des Literaturwissenschaftlers Leslie A. Fiedler.

Eine schonungslose Inspektion legt Florian Illies (geb. 1971) mit *Generation Golf* (2000) vor. Die Generation der um 1968 Geborenen bekennt sich zum Kult, der alle Lebensbereiche erfasst hat. Ein durch Fitness gestählter und in Markenklamotten gehüllter Körper wird zelebriert und auf Weltreise geschickt. Selbstbewusst und ohne moralische Ressentiments proklamiert Illies, die Suche nach einem Ziel habe sich erledigt. Doch der 11. September 2001, die Wirtschaftskrise, Hartz IV und die alltäglichen Katastrophen – Familie, Latte Macchiato, Alter – bringen das schnittige Designermodell ins Schleudern und den Autor dazu, mit *Generation Golf zwei* (2003) »leicht verkatert, aber trotzig zuversichtlich nach einem neuen Lebensgefühl« zu fragen.

Benjamin von Stuckrad-Barre (geb. 1975; *Soloalbum*, 1998; *Livealbum*, 1999; *Remix*, 1999; *Blackbox*, 2000) und Christian Kracht (geb. 1966; *Faserland*, 1995; *Mesopotamia. Ernste Geschichten am Ende des Jahrhunderts*, 1999; *1979*, 2001; *Metan*, 2007, zus. mit Ingo Niermann) reagieren mit kritischen Kommentaren auf das ›Label‹ und die Frage nach dem Subtext der »neuen Popliteratur«. Obwohl ihre literarischen Vorbilder Bret Easton Ellis (Kracht) und Nick Hornby (Stuckrad-Barre) sind, sprechen sie allenfalls von »Literatur-Pop«. Die ästhetischen Mittel des Pop werden genutzt, er gilt als Referenzrahmen und stilbildendes Subthema. Gemeinsames Prinzip ist es, zu verfälschen und zu täuschen. »An der Straßenecke zu stehen und auf keinen zu warten, das ist Power«, führt als Motto *Remix* an und Stuckrad-Barre gibt zu, ein wertkonservativer Popkonsument zu sein. Nach der Dokumentation »Rausch und Ruhm« (2003) von Herlinde Koelbl über seine Zeit in einer Entzugsklinik, moderierte er 2006 die Sendung »Enzyklopädings« und arbeitet seit 2008 für die Axel Springer AG. Christian Kracht hingegen ist mit *1979* ein beunruhigender Roman über die ›Generation Golf‹ gelungen. Alles an seinem Ich-Erzähler – von den handgenähten Berluti-Lederschuhen bis zur

Literatur-Pop

Identität – befindet sich in der Auflösung: Es ist der radikale Versuch einer literarischen Sinnsuche.

Fräuleinwunder

Als Versuch einer effektvollen Kommerzialisierung von Literatur ist auch das Etikett »literarisches Fräuleinwunder« zu verstehen. Die Geschlechtszugehörigkeit, die bei den »Pop-Literaten« bedeutungslos ist, erweist sich hier als »Ausschlussmechanismus« (M. Vahsen), der den Trend zur Personalisierung der Autorschaft verstärkt. Die aufgeregt geführten Debatten veränderten auch die Literaturkritik, sie wurde zum medialen Event mit »Effektorientierung« (H. Müller). Als Sibylle Berg (geb. 1962) mit ihrem Debüt *Ein paar Leute suchen das Glück und lachen sich tot* (1997) zum »literarischen Fräuleinwunder« erklärte wurde, stilisierte man Person und Werk zum Trendsetter: als würden »Tic Tac Toe mit einem Elfriede-Jelinek-Abend vor ein besonders abgebrühtes Publikum« treten, lautete der Klappentext. Vor ihrem Buch *Amerika* (1999) warnte die Kritik sogar mit den Worten: »Dieses Buch gefährdet ihre seelische Gesundheit« (*Die Welt*), denn seit dem 1998 erschienenen Roman *Sex II* wurde sie als »Designerin des Schreckens« (*Süddeutsche Zeitung*) gehandelt. Inzwischen hat sich Berg als »Fachfrau fürs Zynische« (3sat) in der literarischen Szene etabliert und mit *Das Unerfreuliche zuerst* (2001) und den Romanen *Ende gut* (2004) und *Die Fahrt* (2007) sowie den »Abschiedsbriefen« von Frauen (2006) und Männern (2008) und dem 2012 erschienenen Roman *Vielen Dank für das Leben* ihren außerordentlichen literarischen Rang bestätigt.

Auch Karen Duve (geb. 1961; *Regenroman*, 1999, *Das ist kein Liebeslied*, 2002, *Die entführte Prinzessin*, 2005, *Taxi*, 2008 und *Grimm*, 2012)) sowie die als Jungmoderatorin und -autorin bekannte Alexa Hennig von Lange (1973), deren Buch *Relax* (1998) im »Techno-Trainingsklamotten-Milieu« Berlins spielt, wurden als »Fräuleinwunder« bezeichnet. Die seit ihrem Romandebüt *Das Blütenstaubzim*

Zoë Jenny

mer (1997) viel beachtete Schweizerin Zoë Jenny (geb. 1974) reagierte auf diese Etikettierung mit den Worten: »Ich weiß nicht, ob man mit 25 noch als Fräulein bezeichnet werden sollte und auch nicht unbedingt als Wunder, denn die Arbeit an Büchern ist hart und hat wenig mit Wundern zu tun.« Jennys *Blütenstaubzimmer* galt als »Wunderbuch«, das »einen Zeit- und Generationsnerv« traf wie einst J. D. Salingers *Fänger im Roggen* (*Stern*). Der Roman ist mit Peter Weiss' autobiographischer Erzählung *Abschied von den Eltern* (1961) verglichen worden, die für eine Generation autobiographischen Schreibens stilbildend war. Mit ihrem Roman *Der Ruf des Muschelhorns* (2000) knüpft Jenny an Hugo von Hofmannsthals *Brief des Lord Chandos* (1902) an, indem sie eine Welt zeigt, die von Sprache überfrachtet ist und nur noch in Phrasen und Spruchbändern schwätzt.

Die Debatten prägten auch der Erzählungsband *Sommerhaus, später* (1998) von Judith Hermann sowie die Bücher von Julia Franck (*Der junge Koch*, 1997; *Liebediener*, 1999; *Bauchlandung*, 2000), Alissa Walser (*Die kleinere Hälfte der Welt*, 2000), Jenny Erpenbeck (*Geschichte vom alten Kind*, 2000), Elke Naters (*Lügen*, 1999), Silvia Szymanski (*Chemische Reinigung*, 1998; *Sex mit Mike*, 1999) sowie Birgit Vanderbekes Roman *Ich sehe was, was du nicht siehst* (1999). Der Buchmarkt verzeichnete nicht nur hohe Verkaufsziffern, auch das Ausland reagierte mit großem Interesse und lobte die neuen Tendenzen in der deutschsprachigen Literatur. Doch wie schon Gretchen in Goethes *Faust* der Lockformel entgegensetzte: »Bin weder Fräulein, weder schön, / Kann ungeleitet nach Hause gehen«, zeigt die literarische Produktivität der Autorinnen, dass sie solch Geleit nicht nötig haben und ohne Medienspektakel auskommen.

Der 11. September 2001

Der Anschlag auf das World Trade Center am 11. September 2001 ist nach dem Zusammenbruch des Ostblocks die politische Zäsur des beginnenden 21. Jahrhunderts. Nachdem die Grenzen im Osten gefallen sind, erweist sich die neue Grenzenlosigkeit als ein fragiles Gebilde. Die Welt hat sich grundlegend verändert, seitdem die USA und Europa Ziele des Dschihad-Terrors wurden. Nach New York trifft es Menschen in Madrid und London. Der Kampf der Gotteskrieger gegen die Ungläubigen wird als Kampf der Kulturen verhandelt, während die eigentlichen Kulturen sehr gut nebeneinander existieren können. Die islamistischen Extremisten sehen in der westlichen Welt eine Bedrohung und werden mit ihren Anschlägen zu einer Bedrohung der westlichen Demokratien. Auf diese Gefahr von außen reagieren die westlichen Länder mit Maßnahmen im Innern – Sicherheitsstandards werden verschärft und Daten intensiver überwacht. Die Hoffnung, dass in einer globalen Welt die Chancen für eine »globale Demokratie« wachsen, rückt in weite Ferne. Die Bilder zweier in sich zusammenfallender Türme haben symbolische Bedeutung.

Kathrin Röggla (geb. 1971) war am 11. September in New York und nur etwa einen Kilometer vom World Trade Center entfernt. In *really ground zero. 11. September und folgendes* (2001) beschreibt sie das Unfassbare. Es handelt sich um die authentische Beschreibung eines unvorstellbaren Ereignisses, aber Röggla ist nicht gelähmt angesichts der schockierenden Bilder, sondern sie beginnt sofort mit der Analyse:»also der versuch, aus diesem haufen an ideologemen, aufgebrochenem vokabular, kontextverschiebungen, rhetorischen operationen, schrägen übersetzungen, einen überblick zu bekommen? also vom haufen der authentizität zum haufen der begriffsverschiebungen? das ist das spannungsfeld der schreibenden.« Der 11. September ist auch in Thomas Lehrs Roman *September.*

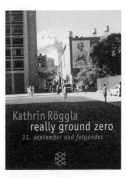

Schutzumschlag

Fata Morgana (2010) das zentrale Ereignis, in dem zwei Väter ihre Töchter verlieren. Sabrina kommt am 11.9.2001 im World Trade Center ums Leben und Muna stirbt 2004 bei einem Bombenattentat in Bagdad.

In Ulrich Peltzers (geb. 1956) Roman *Bryant Park* (2003), in dem auf drei Erzählebenen drei Zeitebenen miteinander verknüpft werden, sitzt der Schriftsteller Ulrich vor dem Fernseher und sieht, wie die Türme des World Trade Centers zusammenbrechen. Verzweifelt versucht er seine Freundin K. in Manhattan zu erreichen, die sich schließlich mit einer E-Mail meldet. K. ist Kathrin Röggla. Peltzer bewegt sich mit seinem Buch ebenso wie die schreibende Kollegin im »Spannungsfeld der Schreibenden«. In *Teil der Lösung* (2008) wendet sich Peltzer den durch den 11. September veränderten politischen Verhältnissen in der Bundesrepublik zu. Dabei richtet er seine Aufmerksamkeit auf eine Gruppe von jungen Leuten, zu der auch Nele und Christian gehören. Sie müssen eine Entscheidung treffen:»Entweder bist du Teil des Problems, oder du bist Teil der Lösung.« Peltzer erzählt eine Liebesgeschichte, die er in den politischen Verhältnissen der Gegenwart verankert. Der äußere Anschein, als würde alles seinen Gang gehen, täuscht. Berlin, wo Peltzers Geschichte spielt, gleicht einem Moloch. Im Roman bleibt nichts geheim. Die jungen Leute um Nele, die gegen den Überwachungsstaat mit militanten Aktionen vorgehen, versuchen sich dem Zugriff der Sicherheitsbeamten zu entziehen. Doch die wissen nicht nur, was sich in den Köpfe der Flüchtenden abspielt, sondern auch, was »in den Herzen« passiert.

Geschichten von
Gotteskriegern

In seinem Roman *Ein Zimmer im Haus des Krieges* (2006) hat Christoph Peters (geb. 1966) neben dem Herzen ein ausgesprochenes Interesse für den Kopf eines Gotteskriegers. Er erzählt die Geschichte des zum Islam übergetretenen Deutschen Jochen Sawatzki, der in dem deutschen Botschafter in Ägypten, Claus Cismar, auf seinen philosophischen Widerpart trifft. Zwei Vertreter unterschiedlicher Weltbilder begegnen sich. Cismar, ein Mann der Aufklärung, versucht Sawatzki, einen Vertreter des Glaubens, zu überzeugen. Doch Sawatzki bleibt taub für Cismars Argumente. Sein Weltbild, das auf der Annahme basiert, Gott ist da, er hat sich offenbart, und er möchte, dass die Menschen seinem Wort gemäß leben, vermag Cismar mit seinen Einwänden nicht zu widerlegen. Werden Menschen daran gehindert, so Sawatzkis Überzeugung, nach dem Wort Gottes zu leben, müssen diese Verhältnisse bekämpft werden. Peters, der 1996 mit der Erzählung *Heinrich Grewents Arbeit und Liebe* debütierte, 2012 erschien sein Internatsroman *Wir in Kahlenbeck*, beschäftigt sich in seinen Romanen immer wieder mit Glaubensfragen, so auch in dem in Istanbul spielenden Roman *Das Tuch aus Nacht* (2003) und in *Mitsukos Restaurant* (2009).

Die Geschichte eines Gotteskriegers erzählt auch der 1964 in Ostberlin geborene Sherko Fatah in seinem Roman *Das dunkle Schiff* (2008). Noch bevor Kerim als Selbstmordattentäter eingesetzt werden soll, gelingt ihm die Flucht und er gelangt als blinder Passagier auf einem Schiff nach Europa. Auch Fatah ist wie Peters daran interessiert, das Denken und Fühlen der islamistischen Fundamentalisten zu beschreiben. Er versucht zu verstehen, ohne entschuldigen zu wollen. Sehr schnell, das zeigt die Geschichte von Kerim, der keine Gewalttat verübt, kann aus einem Mitläufer ein Attentäter werden. Die Gewalt, vor der die Gotteskrieger nicht zurückschrecken, wird von Fatah ebenso drastisch wie von Peters beschrieben.

Persönliche und
Welt-Katastrophen

Das Wort »Katastrophe«, das einem in diesem Zusammenhang so leicht über die Lippen geht, hinterfragt die Wienerin Marlene Streeruwitz (geb. 1950) nicht nur in ihrem Roman *Entfernung* (2006). Seit *Partygirl* (2002), *Jessica, 30* (2004) und *Die Schmerzmacherin* (2011) ist die Zurichtung des Weiblichen im »Zauberland des Patriarchats« eines ihrer zentralen Themen. In *Entfernung* empfindet Selam das Leben als eine Katastrophe, als sie ihren Job als Kulturmanagerin verliert und aus finanziellen Gründen gezwungen ist, zu ihren Eltern zu ziehen. Sie muss Hierarchien akzeptieren, die sie glaubte, hinter sich gelassen zu haben. Eine Zeit »täglicher Beleidigungen« beginnt. Aus dieser Umklammerung versucht sie sich zu befreien, indem sie sich auf eine Stelle in London bewirbt. Dort wird sie in das Terrorattentat vom 7. Juli 2005 verwickelt. Die Welt ist nicht nur im Kleinen aus den Fugen geraten, sondern im Ganzen. Ihr persönliches Dilemma ordnet sich in den katastrophalen Weltzustand ein und ihre Lebensangst steigert sich zu konkreter Todesangst.

Nach London zieht es auch Isabelle und Jakob in Katharina Hackers (geb. 1967) Roman *Die Habenichtse* (2006). Während dieser Roman dem unmittelbaren Zeitgeschehen verhaftet ist, 2010 erschien *Die Erdbeeren von Antons Mutter*, 2011 *Eine Dorfgeschichte*, hat sich die Autorin in *Der Bademeister* (2000) und *Eine Art Liebe* (2003) mit der NS-Zeit auseinandergesetzt. In *Die Habenichtse* liegt der 11. September wie ein Schatten über dem Handlungsgeschehen. Als Schatten sind die zusammenstürzenden Türme noch auf dem Parkett eines Zimmers zu sehen, in dem die Vorbereitungen für eine Party getroffen werden. Jakob soll die Stelle eines Kollegen annehmen, der bei dem Anschlag auf das World Trade Center ums Leben kam. Im Unterschied zu seinem Kollegen hatte er Glück, denn er hatte noch einen Tag vor dem Anschlag im World Trade Center zu tun. Hacker beschäftigt die Frage, wie es weitergehen kann, und sie zeigt, dass es weitergeht. Es ist alles anders und dennoch wie immer. Die Habenichtse in Hackers Buch funktionieren. Sie fühlen wenig, aber sie sind elegant im Beiseiteschieben von Ereignissen, die ihren Gefühlshaushalt stören. Distanzhalten ist das entscheidende Motto.

Auf der Suche nach der verlorenen Kindheit

Eine Expedition zu den Anfängen des 20. Jahrhunderts unternimmt Günter Grass in *Mein Jahrhundert* (1999), indem er jedem Jahr ein Kapitel des Buches widmet und so eine Zeitalter Revue passieren lässt. Weniger ins Geschichtliche, sondern stärker ins Biographische dringen die Erzähler vor, die nach der Bedeutung von Landschaften für die eigene Biographie fragen. Wenn es in Peter Wawerzineks Roman *Das Kind das ich war* (1994) um Mecklenburg oder in Hans-Ulrich Treichels *Der Verlorene* (1998) um Ostwestfalen geht, dann interessiert die Autoren, wie sich diese Landschaften in Lebensläufe eingeschrieben haben. Erinnerungen an die Kindheit lassen nicht nur Auskünfte über Sozialisationen zu, sie erweisen sich als wahrer Fundus von Geschichten, in denen Bilder, aber auch Gefühle oder Gerüche eine große Rolle spielen. Der naive Blick des Kindes vermag genau zu registrieren, was sich in der Welt der Erwachsenen ereignet. Die Expeditionen sind von der Neugier erfüllt, bestimmter »Bilder habhaft zu werden«, in denen Erfahrungen gesammelt sind, wie es Walter Benjamin in seiner Großstadterinnerung *Berliner Kindheit um neunzehnhundert* (1932/38) beschrieben hat. Während sich die biographischen Exkurse der jüngeren Autoren von denen der älteren Generation (was das Interesse an der Herkunft betrifft) kaum unterscheiden, differieren sie erheblich in den Blicken, die sie über die eigene Biographie hinaus auf die realen gesellschaftlichen Verhältnisse richten. Für die nach 1945 geborenen Schriftsteller fand Kindheit im Spannungsfeld einer politisch, sozial und moralisch-ethisch determinierten Wirklichkeit statt, die durch die Generation der um 1920 Geborenen nachhaltig geprägt wurde. Deren Kindheitserinnerungen stehen so in doppelter Hinsicht zur Disposition.

Kindheit bedeutet Hineingeborensein, und das Erinnern an sie handelt von schmerzhaften Abschieden und seltsamen Ankünften. Martin Walser spitzt diese Thematik zu in seinem zwar nicht autobiographischen, aber biographischen Roman *Die Verteidigung der Kindheit* (1991), für den er aufwendig den persönlichen Nachlass eines Ministerialbeamten in Wiesbaden auswertete. Walser beschreibt darin die Kindheit als einen Lebensabschnitt, den sein Protagonist Alfred Dorn nicht enden lassen will, da er voller Möglichkeiten und Hoffnungen steckt. Der Verteidiger der Kindheit ist kein Freund der Gegenwart, da in ihr unaufhörlich Entscheidungen getroffen werden müssen. Weil der Eintritt in die Erwachsenenwelt das Ende der Schonzeit und der Unschuld bedeutet, versucht Dorn, sich dem Erwachsenwerden zu entziehen. Er fürchtet die Zeit, in der andere Spiele gespielt werden: *Erwachsenenspiele*, von denen Günter Kunert in seinem gleichnamigen Roman von 1997 erzählt. Zwar erlangen Biographien den »Status von Material« (P. Härtling), aber es handelt sich auch um Versuche von Vergegenwärtigung, wobei Vergangenes im Spiegel des subjektiv Erinnerten aufbewahrt werden soll. Kindheit zeichnet sich auch durch einen besonderen Erfahrungswert aus, dem

Schutzumschlag

sich Wulf Kirsten in *Die Prinzessin im Krautgarten* (2000) nähert. Günter de Bruyn (geb. 1926) hingegen konzentriert sich nicht auf die Kindheit, sondern schreibt eine sich in zwei Teile gliedernde Autobiographie. Mit *Zwischenbilanz* (1992) und *Vierzig Jahre. Ein Lebensbericht* (1996) hat er eine Bilanz gezogen, deren erster Teil mit der Gründung der DDR endet, während der zweite das Leben im Osten Deutschlands bis zum Untergang der DDR beschreibt. Wie zentral in der Kindheit gemachte Erfahrungen sein können, zeigt Heiner Müller in seiner aus Tonbandaufzeichnungen hervorgegangenen Autobiographie *Krieg ohne Schlacht* (1992). Die Geschichte von der Verhaftung seines Vaters wird zu einer zentralen Erfahrung, in der für Müller Verrat durch Wegsehen begangen wird.

Peter Wawerzinek – das Enfant terrible des Prenzlauer Bergs

»Soll man sich erinnern?«, lautet die Frage, die Peter Wawerzinek (geb. 1954) in *Vielleicht kommt Peter noch vorbei* (1997) aufwirft und durch eine zweite erweitert: »Wenn ja. An welche Verrücktheit?«. Randvoll mit Erinnerungen ist Wawerzineks stark autobiographische Geschichte *Das Kind das ich war* (1994) – ein Zitat aus Uwe Johnsons Roman *Jahrestage* –, in der von einem Kind erzählt wird, das Anfang der 60er Jahre in Heimen und bei mehreren Gasteltern aufwächst. Das Buch beginnt mit einem Bekenntnis: »Meine Heimat ist Mecklenburg. [...] Meine Muttersprache wohnt in der Gesichtsfarbe der wetterfesten Bauern. Von den Tieren auf dem Wasser habe ich meine Fröhlichkeit. Den Schollen im Wasser verdanke ich meinen Ernst. Die Traurigkeit der Quallen nahm mich bei der Hand. [...] Ich bin ein großer Wolkengucker.« Erneut greift Wawerzinek das Thema in seinem autobiographisch grundierten Roman *Rabenliebe* (2010) auf. Als er zwei Jahre alt ist, werden er und seine Schwester von ihrer Mutter verlassen. Die Mutter lässt die Kinder in einer Rostocker Wohnung zurück und geht in den Westen. Völlig verwahrlost werden sie von den Nachbarn gefunden. Als er fast 50 ist, inzwischen ist die Mauer gefallen, macht sich Wawerzinek auf die Suche nach seiner Mutter. »Rabenliebe« erzählt davon, wie Wawerzinek versucht, hinter das Geheimnis des »Mutterpaketes« zu kommen, das sie ihm aufgebürdet hat. Die »Mutterbilder«, die er entwirft, zerbrechen immer wieder, denn auf die Antwort, warum ihn seine Mutter verlassen hat, findet er keine Antwort. Der Roman ist in einer Sprache geschrieben, in der die Not ebenso aufgehoben ist wie der Wunsch, von der Not nicht beherrscht zu werden. Auch Moppel Schappik, die Titelfigur aus *Moppel Schappiks Tätowierungen* (1991), ist ein bekennender Mecklenburger. Diese Bindung an die Heimat hat Wawerzinek mit einem anderen Mecklenburger, Uwe Johnson, gemeinsam, der von seinem Jerichow nie loskam. Wawerzinek erzählt Geschichten, die im Alltäglichen angesiedelt sind, wo das Politische nur vielfach gebrochen, in seinen Absurditäten auftaucht. Unpolitisch sind seine Texte jedoch nicht. Mit wissendem Humor blickt der Erzähler zurück, und durch den Abstand erweist sich die fatale Anwesenheit des Staates nur noch als lächerlich: »Kinder des Staates, wie wir es waren, ernährten sich von Worten wie Massen, Kund und Gebung und wussten, was eine Schlüsselübergabe, eine Wanderfahne, Komplex, Bau, Ställe waren.« Dabei nimmt Wawerzinek nie die Rolle des Anklägers ein, sondern wie im Märchen erzählt er von einem versunkenen Land, das einst in einer dem Erzähler vertrauten Gegend Unterschlupf fand. Seine Autobiographie auf Raten, die er mit *Nix* (1990) begann, setzte Wawerzinek mit *Mein Babylon* (1995) fort. Auch dieses Buch handelt vom Abschied, denn A., der Protagonist des Textes, muss lernen, ohne Babylon zu existieren, das Risse bekommen hat und schließlich untergeht.

Von der Kindheit als einer Leidensgeschichte, die mit Verlusten verbunden ist, erzählt Arnold Stadler (geb. 1954) in *Mein Hund, meine Sau, mein Leben* (1994).

Es ist nach *Ich war einmal* (1989) und *Feuerland* (1992) Stadlers dritter Roman. Für ihn ist Kindheit Schreckenszeit, von der der Autor jedoch in einem Ton zu berichten weiß, der Lachen provoziert. Eigentlich sollte das Buch, in dem Stadler weit über den zeitlichen Rahmen der Kindheit hinausgeht, »Eine schießscharten-große Ritze für das Licht« heißen. Aber der Autor, darin dem Ich-Erzähler des Romans verwandt, scheitert mit seinen Vorstellungen bereits bei der Titelfindung. Im Alter von sieben Jahren, als der Erzähler noch in die Hose machte, wollte er Papst werden – zur Enttäuschung seiner Familie, aus der nur Bauern hervorge-gangen sind. Immer wieder erzählt Stadler vom Misslingen, handelt der Text vom Scheitern des Protagonisten, der sich schließlich in seiner Einsamkeit verschließt. Stadler ist ein Erzähler in der Tradition Thomas Bernhards, ein schwarzer Humo-rist, der mit außergewöhnlichem Sprachwitz auch noch den absonderlichsten Geschichten Humor abgewinnt. 1999 wurde er mit dem Georg-Büchner-Preis ausgezeichnet, im selben Jahr, in dem seine skurrile Geschichte einer Partner-schaft mit dem Titel *Ein hinreissender Schrotthändler* erschien.

Arnold Stadler

Als eine »Spezialistin« für gescheiterte Familienverhältnisse gilt die 1958 gebo-rene Angelika Klüssendorf, die 1985 die DDR verließ und in die Bundesrepublik übersiedelte. Sie debütierte 1990 mit der Erzählung *Sehnsüchte*, 1994 erschien *Anfall von Glück*. Von Kindheitsdramen handelt ihr Erzählungsband *Aus allen Himmeln* (2004). Die Protagonistin dieser Erzählungen, es handelt sich stets um das selbe Mädchen, ist eine Gefangene ihrer Kindheit. Kindheit als Strafe, das ist Klüssendorfs zentrales Thema, dem sie auch in ihrem Roman *Das Mädchen* (2010) nachgeht.

Mit der Inzestthematik vor dem Hintergrund der deutsch-deutschen Geschich-te beschäftigt sich Antje Rávic Strubel (geb. 1974) in ihrem Roman *Sturz der Tage in die Nacht* (2011). Der Roman spielt, wie bereits *Kältere Schichten der Luft* (2007), in Schweden. Von Interessen ist für die Autorin, wie eine Gesellschaft in die andere hineinwirkt. Das zeigt sie, indem sie das Handlungsgeschehen an ei-nen neutralen Platz verlegt, der nicht bereits mit Bedeutungen aufgeladen ist. Rávic Strubels erster Roman *Offene Blende* erschien (2001), im selben Jahr veröf-fentlichte sie den Episodenroman *Unter Schnee*. Zentral ist das deutsch-deutsche Thema auch in dem Roman *Tupolew 134* (2004), der von einer Flucht handelt, die mit einer Flugzeugentführung endet.

Erinnerungsarbeit leistet auch Hans-Ulrich Treichel in seiner Erzählung *Der Verlorene* (1998). Nach *Heimatkunde oder Alles ist heiter und edel. Besichtigun-gen* (1996) öffnet Treichel erneut die Familienchronik und gestattet Einblicke in eine außergewöhnliche Geschichte. Der Weg der Familie führt in den letzten Kriegstagen von Osten nach Westfalen. Dort angekommen, kreisen deren Gedan-ken bald nur noch um den auf der Flucht verlorenen Sohn. Im Bemühen, den Verlorenen nicht in einer Schattenexistenz zu belassen, sondern ihn im Familien-bewusstsein zu bewahren, wird der anwesende zweite Sohn in jenen Bereich des Vergessens gedrängt, aus dem der abwesende Bruder immer deutlicher hervor-tritt. Die eigentliche Katastrophe verankert Treichel nicht anonym in der Zeitge-schichte, sondern im persönlichen Bereich der Familienstruktur. Das Trauma ist der verlorene Sohn, der zum Sinnbild für die eigene Schuld wird. Vergessen wird dabei der Sohn, der den Eltern geblieben ist. Der Ich-Erzähler, der auf der Suche nach seiner Identität ist, muss sich gegen die dominante Brudergestalt behaup-ten. Die Geschichte des Bruders nimmt Treichel erneut in *Menschenflug* (2005) auf. Während die Erzählung *Der Verlorene* damit endet, dass der elfjährige Erzäh-ler seinen vermeintlichen Bruder in einem Fleischerladen sieht und eine erstaun-

Hans-Ulrich Treichel

Hans-
Ulrich
Treichel
Menschen-
flug

Schutzumschlag

liche, ihn geradezu erschreckende Ähnlichkeit feststellt, setzt der Roman etwa vierzig Jahre später ein. Der namenlose Erzähler von einst heißt nun Stephan und steht kurz vor seinem zweiundfünfzigsten Geburtstag. Zwar hat der akademische Rat ein Buch über seinen vermissten Bruder geschrieben, aber die Geschichte des Verlorenen holt ihn immer wieder ein. Weitere Fragen stellen sich und eine erneute Suche nach dem vermissten Bruder setzt ein. Doch inzwischen – die Eltern sind verstorben – ist zunächst nur Stephan daran interessiert, den Bruder in die Familie zu integrieren. Eher reserviert wird das Vorhaben wegen der Erbschaftsansprüche von den beiden Schwestern Stephans beobachtet. »Selbstdiagnose: Morbus biographicus«, denn Treichel schreibt die Geschichte vom Verlorenen auch in *Anatolin* (2008) weiter. In *Grunewald* (2010) erzählt Treichel in heiter melancholischem Ton die Geschichte eines Sprachlehrers, der sich in eine Spanierin verliebt.

Zwischen Geborgenheit und Alleinsein: Die Familie

Familiengeschichte ist in der Literatur der Moderne seit jeher eine Konflikt- und Verlustgeschichte. Die gesellschaftliche Realität ist geprägt von der schwindenden Bedeutung des Lebensmodells Familie und seit 1989 rapide fallenden Geburtenraten. Wo das Idealbild der intakten Familie nahezu ausgedient hat, trifft das Schreiben von Familien-Sagas auf ein neues Interesse. Doch die Literatur hat sich ihre kritische Haltung bewahrt.

Das Schicksal einer österreichischen Familie rekonstruiert Arno Geiger (geb. 1968) in seinem Roman *Es geht uns gut* (2005). Zeitlich umfasst der Roman die Jahre von 1938 bis 2001. In acht Rückblenden beschreibt Geiger einen Tag im Leben der Familie Erlach. Philipp Erlach wird mit Vergangenem konfrontiert, als er das Haus seiner verstorbenen Großmutter räumt. Während ihr Haus den Toten offen stand, sie Erinnerungsstücke aufbewahrte, macht er sich frei von den Hinterlassenschaften der Toten: »Er hat nie darüber nachgedacht, was es heißt, dass die Toten uns überdauern.« Das Nachdenken wird zentral in Geigers Buch *Der alte König in seinem Exil* (2011), das von seinem dementen Vater handelt. Geiger greift mit dem Alter und der Krankheit zentrale Themen auf, vor denen die Gesellschaft und jeder Einzelne steht. Das Buch zeigt aber auch einen Sohn, der seinen Vater, dem er nie sehr nahe stand, neu kennen und lieben lernt, nachdem sich der Vater in seine eigene Welt verabschiedet hat, er aber dennoch anwesend in der gemeinsamen bleibt.

Arno Geiger

Heimsuchung (2008) heißt der Roman von Jenny Erpenbeck (geb. 1967), in dem ein Haus zum Schauplatz einer Familien-Saga wird. Bereits in *Wörterbuch* (2004) lässt die Autorin eine Ich-Erzählerin ihre familiäre Situation überdenken. Die junge Frau ist herausgefordert, sich zu erinnern, als sie zur Kenntnis nehmen muss, dass ihre tatsächlichen Eltern ermordet wurden, so dass alle bis dahin *Lebensinventur als Sprachinventur* gültigen Lebenskoordinaten verschwinden. Die notwendige Lebensinventur wird zu einer Sprachinventur, wobei Wörter wie »Vater« und »Mutter« ihren vertrauten Klang verlieren. Ihre wohlbehütete Kindheit war eine Kindheit in einer Diktatur und der, den sie für ihren Vater hielt, hat in der Diktatur gefoltert und gemordet. Durch die schmerzhafte Erfahrung wird das Erinnern ausgelöst. Die Erzählerin macht ihrer Kindheit den Prozess, wobei sie nicht Gericht hält über ihre vermeintlichen Eltern, sondern über die Sprache, die ihr ihre Erzieher beigebracht haben. In *Aller Tage Abend*, dem 2012 erschienenen Roman, stirbt die Hauptfi-

gur – ein Säugling. Die Autorin nimmt den Tod des kleinen Mädchens zum Anlass, darüber zu erzählen, was es hätte erleben können. Fünf mögliche Leben
denkt sich Jenny Erpenbeck für das Mädchen aus und anhand dieser erdachten
Geschichten spannt sie einen erzählerischen Bogen, der um 1900 in einer galizi-
schen Kleinstadt beginnt und über Wien, Moskau bis ins heutige Berlin führt.

Nicht nur nach der deutschen, sondern auch nach der Geschichte ihrer Familie
sucht Julia Franck (geb. 1970) in ihrem Roman *Die Mittagsfrau* (2007), für den sie
2007 den Deutschen Buchpreis erhielt. Die Geschichte hat autobiographische
Züge. Kurz nach dem Ende des Zweiten Weltkriegs setzt Helene Würsich ihr Kind
auf einem Bahnhof aus. Bevor sie geht, vergisst sie nicht, Peter zu ermahnen, sich
nicht vom Fleck zu bewegen. Während er bis tief in die Nacht auf die Rückkehr
seiner Mutter hofft, hat sie eine Trennung vollzogen, die sein weiteres Leben
überschattet. Das unerhörte Ereignis steht im Prolog. Über einen Zeitraum von
mehr als drei Jahrzehnten verfolgt Franck die Lebensgeschichte dieser Frau und
ihrer Familie, weil sie nach Gründen sucht. Julia Francks Exkurs in die Geschichte handelt von der Sehnsucht nach Vertrauen. Ihre Figuren können nicht festhalten, was sie gern behalten würden. Als hätte ihnen das Leben zu viel Kraft abverlangt, entgleitet ihnen, was Halt versprechen könnte. Der Titel verweist auf die
sagenhafte Gestalt der Mittagsfrau aus dem sorbischen Kulturkreis. Sie setzt die
Sichel jenen an die Kehle, die ihre Mittagsruhe stören. Dem drohenden Tod können sie nur entgehen, wenn sie der Mittagsfrau eine Stunde lang ununterbrochen
von der Verarbeitung des Flachses erzählen. Sie müssen einen Erzählfaden spinnen und ihr Schweigen brechen, wenn sie nicht wollen, dass ihnen die Kehle
durchgeschnitten wird.

Losgelassen

Blicke und Rückblicke auf die Jugend

Von einer Jugend im Ruhrgebiet handeln Ralf Rothmanns (geb. 1953) Romane
Stier (1991), *Wäldernacht* (1994) und *Milch und Kohle* (2000), die als Trilogie zu
verstehen sind. Seine Figuren versuchen, aus kleinbürgerlichen Verhältnissen
auszubrechen. Die Gebiete, die Rothmann beschreibt, sind verschwunden, aber
sie sind in seinen Romanen ebenso aufgehoben, wie die zu diesem Milieu gehörenden Figuren. Der »Ruhrpott«-Autor, der 1976 nach Berlin gezogen ist, ist jenen
am Rande der Gesellschaft existierenden mit seinem Roman *Hitze* (2003) treu
geblieben. In *Junges Licht* (2004) blickt er zurück auf die Gegend seiner Herkunft.
Jugendliche sind die eigentlichen Helden seiner Bücher. Sie müssen, wie der
zwölfjährige Julian, Grausamkeiten und Gehässigkeiten ertragen. 2009 erschien
sein Roman *Feuer brennt nicht*. Im Erzählen allerdings eröffnet ihnen Rothmann
immer wieder Türen, durch die die Gedemütigten fliehen können. Rothmann ist
ein »Beschreibungsrealist«, was er auch in den Erzählbänden *Ein Winter unter
Hirschen* (2001), *Rehe am Meer* (2006) und *Shakespeares Hühner* (2012) unter
Beweis gestellt hat.

Von den Schwierigkeiten des Erwachsenwerdens handelt auch Katja Lange-
Müllers Buch *Verfrühte Tierliebe* (1995). Die Autorin, die in der DDR eine andere
Entwicklung nahm, als man das von der Tochter der Kandidatin des Politbüros
Inge Lange erwartet hatte, wurde wegen ›unsozialistischen‹ Verhaltens von der
Schule verwiesen und verließ mit siebzehn Jahren das Elternhaus. Das brachte
ihr folgenden Eintrag in die Personalakte ein: Lange-Müller hatte die »Tendenz zu
einer rückläufigen Kaderentwicklung« – ein nicht gerade versteckter Hinweis auf

Schutzumschlag

eine problematische, unangepasste Biographie. Während die Mutter bis in die höchsten Machtebenen aufstieg, verweigerte sich die Tochter dem System und verließ 1984 die DDR. Im ersten Teil von *Verfrühte Tierliebe* mit der Überschrift »Käfer« entwickelt ein pubertierendes Mädchen außergewöhnliches Interesse für die Welt der Insekten. Überhaupt kommen der Ich-Erzählerin die merkwürdigsten Ideen, durch die sie auf sich aufmerksam machen will. Wird sie aber wahrgenommen, dann muss sie erfahren, dass sie nur als Projektionsfläche dient – eine Erfahrung, von der die Autorin mit hintergründigem Mutterwitz zu erzählen weiß: »Mehr erstaunt als erschrocken, stand ich einfach stumm da, schräg geneigten Kopfes und mit offenem Schnabel, wie ein Kanarienvogel, dem man gerade sein Badehäuschen ausgetrunken hat.« Lange-Müller versteht sich nicht als DDR-Autorin, wenngleich ihre Texte häufig in der DDR angesiedelt sind. Sie entwickelt ein auffälliges Interesse für Außenseiter und gescheiterte Existenzen.

Kerstin Hensel

Von jugendlichen Mädchenfiguren, die auf steinigen Wegen unterwegs zu sich selbst sind, handeln verschiedene Texte Kerstin Hensels (geb. 1961). In *Im Schlauch* (1993) erzählt sie von der großen Sehnsucht der sechzehnjährigen Natalie nach Freiheit. Doch bereits am ersten Tag, an dem sie meint, alte Bindungen verlassen zu haben, gerät ihr Ziel in Gefahr. Sie betrügt sich selbst, weil sie ihre Sehnsucht nicht aufgeben will. Unangepasst ist auch Gabriela in der Erzählung *Tanz am Kanal* (1994). Sie durchläuft alle Tiefen des Erwachsenwerdens, bis sie begreift, dass sie nur schreibend bei sich ist. Hensel, die sich vorbehaltlos zu einem Realismus bekennt (»Ich sage Realismus, wie ich Aufklärung sage, und finde nichts dabei, die alten Latschen als neue zu tragen«), dringt in dem Roman *Gipshut* (1999) auch in Bereiche des Phantastischen vor, wobei sie mit Absurditäten des DDR-Sozialismus abrechnet. Das gilt auch für ihren Roman *Das Spinnhaus* (2003). Darin ereignet sich nicht nur Merkwürdiges, sondern das Spinnhaus wird auch von sehr eigenwilligen, unangepassten Zeitgenossen bewohnt. Die Außenseiter, die nicht ins Bild passen, finden allein im Spinnhaus, am Rande der Gesellschaft, einen Platz. Kerstin Hensel hat eine gewisse Vorliebe für Figuren, die das Glück verfehlen, die mit ihren Vorstellungen vom Anderssein scheitern wie die Stülpnagel-Sophie und die Winkler-Gisela aus der Episode »Kino«, die es in die Weite zieht. Sie wollen nach Amerika. Aber nach vier Tagen, die sie in der Gegend umherirren, kommen sie wieder dort an, von wo sie aufgebrochen sind: in Neuwelt. In Hensels Geschichten wird kräftig »gesponnen«, wobei sich die Autorin mit Vorliebe derjenigen Dinge des Wirklichen annimmt, die eher unwirklich klingen. So auch in dem Roman *Falscher Hase* (2005). In diesem Buch steigt der pensionierte Polizist Heini Paffrath in seine Vergangenheit hinab und begibt sich in jene Tiefen, in denen das sagenhafte Vineta vermutet wird. Bei seinem Abstieg kommt einiges an die Oberfläche, aber es ist nichts dabei, was an jenen Glanz erinnert, der der untergegangenen Insel nachgesagt wird. Unrat drängt nach oben. Unrat hat die Eigenschaft, schlecht zu riechen und ganz übel riecht es in *Lärchenau*, jenem Ort, dem Hensels Aufmerksamkeit in dem 2008 erschienenen Roman gleichen Titels gilt. Kerstin Hensel führt nach dem Ende des Zweiten Weltkriegs Adele und Gunter zusammen. Sie flüchtet sich in Traumwelten und er will unbedingt den Nobelpreis für Medizin erhalten. Besessen von dem Ziel, vergisst er jegliches Ethos, sodass auch seine Frau zum Versuchsobjekt wird. Hensel versteht es, die Absurdität alltäglichen Geschehens in ihren Texten bewusst zu machen.

Der Faktor Arbeit in der Literatur

Arbeit und Arbeitsverhältnisse sind ein Thema der Literatur. In den Anfangsjahren der DDR wurde auf positive Arbeiterfiguren mit Vorbildwirkung orientiert, wobei im Westen jene DDR-Autoren beachtet wurden, die die sozialistische Arbeitswelt kritisch betrachteten (Braun, Hilbig, G. Neumann). In der Bundesrepublik hat die Arbeiterliteratur die herrschenden Arbeitsbedingungen durchaus kritisch dargestellt (von der Grün, Wallraff), wofür sie im Osten gelobt wurde. Das Thema war ideologisch besetzt.

In den letzten Jahren ist die Zahl der Arbeitslosen in Deutschland nach einem historischen Höchststand wieder gesunken. Doch sie ist mit über 3 Millionen Beschäftigungslosen, zu denen nach Expertenmeinung ca. 1,5 Millionen hinzugerechnet werden müssen, immer noch entschieden zu hoch. Wer in ein Leben ohne Arbeit entlassen wird, sieht sich einer Vielzahl von Problemen und Konflikten ausgesetzt. Nach der Jahrtausendwende hat der Begriff »Wachstum« merklich an Glanz verloren. Das Ausbleiben des ökonomischen Aufwärtstrends bei denen, die nicht viel haben, bei Ein-Euro-Jobbern und Hartz-IV-Empfängern, verschärft die Kluft zwischen Arm und Reich. Das führt dazu, dass längst totgesagte Begriffe, wie Markt, Tausch- und Gebrauchswert, in ihrer Wirkmächtigkeit neu bedacht werden und Themen wie Vollbeschäftigung, Arbeitslosigkeit und Mobbing Eingang in die Literatur finden. Selbst sperrige Begriffe wie Joint Venture, McKinsey oder Umschulung erweisen sich als »literaturfähig«. Von daher ist es unberechtigt, der deutschsprachigen Gegenwartsliteratur vorzuwerfen, sie würde sich nicht um die aktuellen Zeitprobleme kümmern und selbstverliebte Nabelschau betreiben. Es gibt Autoren, die einen wachen Blick dafür haben, was in der Arbeitswelt »gespielt« wird. Sie wenden sich den Mächtigen ebenso zu, wie sie die nicht aus dem Blick verlieren, die keine Arbeit haben.

Michael Kumpfmüller beschreibt in seinem Roman *Nachricht an alle* (2008) das Schicksal eines Politikers. Selden ist Innenminister, der es mit einer Krise in seinem Verantwortungsbereich zu tun hat, als ihn die Nachricht vom Tod seiner

Schöne neue Arbeitswelt
– Alltägliche Szene aus
dem Businessleben.

Tochter erreicht. Bevor sie bei einem Flugzeugunglück ums Leben kommt, schickt sie ihm noch eine SMS: »Wir stürzen ab.« Der mögliche Absturz schwebt wie ein Menetekel über den handelnden Figuren des Romans. Kumpfmüller hat den Roman in drei Teile gegliedert. Im ersten Teil baut sich die Krise auf, sie erreicht im zweiten Teil ihren Höhepunkt und ebbt im dritten wieder ab. Diesen einzelnen Teilen hat er drei Chöre zugeordnet, wie man sie aus dem antiken Theater kennt. Die Chöre haben die Funktion der vertikalen Gliederung. Zwischen der Oberwelt, dem Bereich, in dem die agieren, die Geschichte machen, und der Unterwelt, die gegen die Oberwelt opponiert, wird die Zwischenwelt durch den Chor repräsentiert. Im Chor artikuliert sich die eigentlich schweigende Mehrheit.

Ernst-Wilhelm Händler

Ernst-Wilhelm Händler (geb. 1953) wendet sich nach *Fall* (1997) in seinem Roman *Wenn wir sterben* (2003) erneut dem Wirtschaftsbereich zu. Es ist durchaus ein eigenwilliger Fall, wenn die Unternehmerin Charlotte in *Wenn wir sterben* ihre Fabrik betrachtet, als wäre sie ihr Sohn. In Händlers Roman werden Geldgeschäfte auf hohem Niveau getätigt. Händler versteht es, mit der Sprache zu spielen. In *Wenn wir sterben* setzt er bei seinem Planspiel in den Unternehmeretagen der Wirtschaft Geld als alles bewegende Kraft ein. »Die Poesie dort suchen, wo sie niemand sonst finden will«, hat Händler seinem Roman als Motto vorangestellt. Als Autor weiß Händler, was Sprache zu subsumieren versteht, und als Unternehmer kennt er die Unterwerfungsmacht des Geldes. Das Handlungsgeschehen seines Romans wird ausgelöst durch eine Intrige – nicht Bär, sondern Stine wird Vorstandssprecherin in einem Unternehmen. Dafür »bedankt« sie sich, indem sie Charlotte empfiehlt, in eine Brachlandschaft im Osten zu investieren. Das Projekt bleibt auf der Strecke, die Firma erholt sich nicht mehr von der Fehlinvestition und die Beteiligten verlieren alles. Auch sie bleiben auf der Strecke. Hier scheitert man auf hohem Niveau und es ist erstaunlich, mit welcher Kälte die Beteiligten ihre Bahnen in den Bereichen des Ökonomischen ziehen – außer für Geld können sie sich nur noch für Körper erwärmen.

»wir schlafen nicht«

In dem Bereich, dem sich Kathrin Röggla in *wir schlafen nicht* (2004) zuwendet, stört der Körper, denn er hat die Eigenschaft zu ermüden. Wer meint, auf ein normales Schlafbedürfnis nicht verzichten zu können, wird es in dieser Branche, die sich durch McKinsey-Effizienz definiert, nicht weit bringen. Röggla nimmt ihren »Vokabelbetrieb« auf, wenn sie bemerkt, dass es ein Interesse gibt, Vorgänge zu verdunkeln. In *wir schlafen nicht* – das Buch ist nach thematischen Kapiteln geordnet – vermittelt sie einen Eindruck, auf welcher Basis ein modernes Wirtschaftsunternehmen funktioniert: »leistung, effizienz und durchsetzungskraft« werden, von einer bestimmten hierarchischen Stufe an, als positive Werte angesehen. Die Terminologie »Absturz«, »Austausch«, »Kompatibilität«, die der Computersprache entlehnt ist, verweist auf einen Grundsatz: Es geht um störungsfreies Funktionieren. Während der Recherchen hat die Autorin Interviews geführt und den Sprachduktus der Interviewpartner im Buch beibehalten. Röggla, die mit *Niemand lacht rückwärts* 1995 debütierte, hat bereits 1997 in *Abrauschen* den Abgesang auf die Arbeitsgesellschaft angestimmt. Röggla hat ein waches Gespür für die, die bei den Umbau- und Umbruchprozessen, die sich gesamtgesellschaftlich ereignen, abdriften, nicht mithalten können, überholt werden und zurückfallen; und sie hat einen Blick dafür, wodurch soziale Schieflagen entstehen. Wie schnell man überflüssig werden kann und seinen Platz an der Arbeitsfront verliert, beschäftigt auch Rolf Hochhuth in seinem Stück *McKinsey kommt* (2003).

Die Ich-Erzählerin in Anne Webers (geb. 1964) *Gold im Mund* (2005) gerät aus dem Gleichgewicht, als sie aus einer anderen Perspektive die Realität eines

Schweizer Großraumbüros betrachtet. Anders als in dem sprachlich hoch ambitionierten Buch *Erste Person* (2002) lässt sich Weber in ihrem Text aus der Arbeitswelt stärker auf die Realität ein. Die ironische Leichtigkeit, mit der sie das sie umgebende Refugium betrachtet, stellt bewusst Distanz her, um nicht betriebsblind zu werden. Die ins Auge fallende Ordnung, die im Büro herrscht, nimmt die Erzählerin zum Anlass, die aufgeräumte Bürowelt in Verhältnis zu der in Unordnung geratenen Welt zu setzen. Drastischer wird der angeschlagene Ton im zweiten Teil des Bandes, der zu einer Abrechnung mit den »lieben Bürovögeln« wird. Trotz vieler flatterhafter Anstrengungen sieht die Erzählerin in den Vögeln, die in den Büros ihre Voliere gefunden haben, nur Tote, von denen sie sich dankend verabschiedet: »Ich sah euch zu. Und schließlich begriff ich, was ihr mir zu sagen hattet. Ihr sagtet: Wir sind tot.« Nicht der Arbeitswelt, sondern dem Thema Liebe wendet sich Weber in *Tal der Herrlichkeiten* (2012) zu.

Wie tot fühlt sich auch Joachim Röhler, als er seine Kündigung erhält. Sein Leben und das Leben seiner Frau geraten in eine Schieflage. Annette Pehnt (geb. 1967), die mit *Ich muß los* (2001) debütierte, und die für *Insel 34* (2003) den Preis der Jury beim Ingeborg-Bachmann-Wettbewerb erhielt, erzählt in *Mobbing* (2007), wie der Verwaltungsangestellte Joachim Röhler aus seinem Job gemobbt wird. An der Arbeitsfront herrscht Krieg und man schießt mit scharfer Munition. Besonders die Kollegen von Jo, die sich mit der Chefin gegen ihn verbündet haben, versuchen, ihn bei jeder Gelegenheit zu treffen. Kleine Verwundungen werden zu einer großen Verletzung. Sehr genau und mit psychologischem Feingefühl beschreibt Pehnt die Auswirkungen der Arbeitslosigkeit. Während es im Umfeld, in dem Röggla ihre Figuren verortet, verpönt ist zu schlafen, entzieht sich Jo seiner Umwelt durch Schlaf. Er bleibt nach dem Niederschlag, den die Entlassung darstellt, zunächst liegen. Erzählt wird die Geschichte eines Jobverlustes und den damit verbundenen Folgen aus der Perspektive von Jos Ehefrau. Sie muss seinen Berichten vertrauen, was ihren Glauben an ihn auf eine harte Probe stellt. Jo gelingt es, seine Wiedereinstellung vor Gericht zu erkämpfen, aber die Diffamierungen hören dennoch nicht auf. Man stellt ihn kalt. Kalt ist es auch in diesem Buch, das an einem Valentinstag spielt. Der Traum von einem gutbürgerlichen Leben, von dem sich Reste in den Anschauungen von Jo und seiner Frau erhalten haben, ist ausgeträumt.

Die fatalen Folgen des Mobbing

Davon hat Herr Jensen, die zentrale Figur in Jakob Heins (geb. 1971) Roman *Herr Jensen steigt aus* (2006) nie geträumt. Hein, der mit *Mein erstes T-Shirt* (2001) debütierte und mit *Vielleicht ist es sogar schön* (2005) einen beeindruckenden Roman über den Tod seiner Mutter geschrieben hat, wendet sich in der Geschichte von Herrn Jensen einem Postangestellten zu. Herr Jensen, der aus seinem Job geworfen wird, wirft eines Tages seinen Fernseher und die dazugehörenden Videorekorder aus dem Fenster. Seine Arbeit als Briefträger hat er verloren, weil die Post betriebsbedingte Kündigungen vermeiden wollte. An ihm lag es nicht, dass er keine Arbeit mehr hat. Herr Jensen will arbeiten, aber seine Erlebnisse mit Umschulungen bestärken ihn in dem Glauben, dass die zuständigen Agenturen nicht wissen, wie sie ihm wieder Arbeit verschaffen sollen. Die Gesellschaft hat Herrn Jensen ins Abseits befördert, und er fügt sich in die ihm zugewiesene Rolle des Nichtstuers. Hein gelingt es, mit der Figur von Herrn Jensen die absurden Mechanismen gegenwärtiger Realität aufzuzeigen. Mit der Entsorgung seines Fernsehers beginnt Herr Jensen seinen Rückzug. Er hört auf mitzuspielen, nachdem er ausgeschlossen wurde. Aber er ist alles andere als der klassische Spielverderber. Er wird vielmehr in eine Rolle gedrängt, die er sich nicht aus-

Jakob Hein

gesucht hat. Obwohl sein Schicksal eigentlich tragisch ist, erzählt Hein die Geschichte mit Humor. Das Nichtstun, mit dem sich Herr Jensen abfindet, erweist
sich als permanente Herausforderung für jene, die zu viel arbeiten müssen. Diese
Komik macht Herrn Jensens Tragödie aus, wobei seine Tragödie voller unfreiwil-
liger Komik steckt. Als Herr Jensen nichts mehr tut und nur noch im Sessel in
seiner Wohnung sitzt, geht vom Stillsitzen und Nichtstun eine Bedrohung aus. Er
wird als eine Gefahr angesehen, weil er sich um nichts mehr kümmert.

Brauns »Machwerk« und
»Flickwerk«

Volker Braun, der es mit den »Machern« hat, greift in seinen Texten immer
wieder das Thema »Arbeit« auf. Nach der Erzählung *Die vier Werkzeugmacher*
erschien 2008 *Machwerk oder Das Schichtbuch des Flick von Lauchhammer*. Zu
DDR-Zeiten war der »Macher« aus der Lausitz bei Havarien zur Stelle und flickte,
was an Schäden behoben werden musste. Er wurde, was er aus sich, und das
Land aus ihm machte: ein Arbeitsmann. Er musste sich keinen Kopf machen,
denn er wusste seine Hände zu gebrauchen. Nach 1989 aber wird ihm der Kopf
zurechtgerückt, als man ihn wie ein altes Eisen beiseite legt. Nicht als Helfer,
sondern als Nummer ruft man ihn auf, wenn er sich im Arbeitsamt vorstellt. Was
ihm die Agentur anbietet, nimmt Flick an, der sich für keine Arbeit zu schade ist,
der im wahrsten Sinne des Wortes jeder Arbeit hinterher läuft. Auf *Machwerk*
folgt zwei Jahre später *Flickwerk*. Die Geschichten, die einen realen Kern besitzen, zeigen Menschen in ausweglosen Situationen. Sie müssen, um ihre Not zu
lindern, den Gürtel enger schnallen oder sich an ihm aufhängen, wenn die Situation alternativlos ist. Arbeit ist auch das zentrale Thema in Brauns Erzählung
Die hellen Haufen (2011). Durch die Oberfläche des Erfundenen schlägt immer
wieder die nackte Realität des in der Vergangenheit Gefundenen durch. Explosive
Brisanz bekommt der Text, wenn im letzten der insgesamt drei Teile der Bereich
der fiktiven Fakten verlassen wird, um den Konflikt in den »unermesslichen Bereich der Erfindung« zu verlegen. Es wird durchgespielt, was passiert, wenn die
Entrechteten nicht mehr still halten, wenn sie sich nicht mehr mit ihrer Situation
zufrieden geben.

Erinnerungsräume und Gefühlsattacken – Theater vor und nach der Jahrtausendwende

Heiner Müller

Heiner Müllers Tod im Jahr 1995 hat in der Theaterlandschaft eine Lücke hinterlassen. Müller, der als Autor und Regisseur nicht bereit war, »über diese Welt
hinwegzuschauen«, »beschrieb sie wahrheitsgemäß und wie er sie sah, als eine
Schlacht und ein Totenhaus« (Ch. Hein). Als sein Tod bekannt wurde, begann am
Berliner Ensemble eine Marathonlesung: Siebzehn Tage lang lasen Freunde täglich sechs Stunden aus seinen Texten. Eine Totenehrung für einen Dichter, die
man nicht einen Abschied nennen kann, vielmehr eine »Wortbrücke«. Volker
Braun beschrieb Müllers Krebsleiden als »Symptom des Ekels an den Verhältnissen, gegen die er, resistent gegen Verheißungen, aber nicht gegen Verblödung,
keine Abwehrkräfte besaß«.

In den 90er Jahren hat Müller überwiegend eigene Stücke inszeniert (*Hamlet/
Maschine*, 1989/90; *Mauser*, eine Collage aus eigenen und Texten von Kafka,
Brecht und Jünger, 1991; *Duell Traktor Fatzer*, 1993 und *Quartett*, 1994). Aber er
bringt 1993 auch *Tristan und Isolde* in Bayreuth auf die Bühne und 1995 im Ber-

liner Ensemble Brechts *Arturo Ui*. Neben der Theaterarbeit bekleidete er seit der
›Wende‹ verschiedene Ämter. Nicht nur wegen der Vielzahl von Verpflichtungen
und des Ausbruchs der Krankheit kommt die Arbeit an eigenen Stücken nicht
recht voran – Müller hat eine Schreibblockade. Mit dem Fall der Mauer sind Müller die Gegner abhanden gekommen, sieht er sich mit einer Zeit konfrontiert, der
es an »dramatischen Stoffen« fehlt. »Zerstoben ist die Macht an der mein Vers /
Sich brach wie Brandung regenbogenfarb«, lautet sein lakonischer Kommentar.
Ende 1994 begann Müller mit der Arbeit an *Germania 3 oder Gespenster am Toten*   *Totenbeschwörung*
Mann, einem neuen Stück. Das Gleichnis vom »Toten Mann« hat verschiedene
Bedeutungsnuancen: Es nimmt Bezug auf eine Höhe nördlich von Verdun und
erinnert an die Toten des Ersten Weltkriegs, ist Anspielung auf die Untoten, die
das Stück bevölkern und stellt über den Dialog mit den Toten eine Beziehung
zum eigenen Sterben dar. Das Stück reiht in loser Folge Szenen aus der deutschen
Geschichte aneinander, in denen Ausnahmezustände herrschen. Der Schluss-Satz
des Stücks, ein Zitat des sowjetischen Fliegerkosmonauten Jurij Gagarins, liest
sich dazu wie ein Kommentar: »DUNKEL GENOSSEN IST DER WELTRAUM /
SEHR DUNKEL.« Müller hat Theater als Form der Totenbeschwörung verstanden.
Er wollte den Dialog mit den Toten nicht abreißen lassen. In seinem politischen
Theater, in dem zugespitzte Konstellationen entworfen werden, steht immer auch
Gegenwart als gefährdeter Zustand zur Disposition. Müller hat permanent Zwiesprache mit der Geschichte gesucht, er hat seine Befunde in extremen Bildern
festgehalten, die er wie Versuchsabläufe auf der Bühne anordnete. Theater war
ihm ein Laboratorium der Phantasie, Überliefertes interessierte ihn als Material.

Nicht nur in der Radikalität ihrer Theaterarbeit ist Elfriede Jelinek (geb. 1946),
die 2004 den Literatur-Nobelpreis erhielt, Heiner Müller verwandt. Auch sie sucht
den Dialog mit den Toten: »Wir versuchen ständig, die Toten von uns abzuhalten,
weil wir mit dieser Schuld nicht leben können; das kann ja niemand.« Jelinek
greift mit ihren Stücken aber auch direkt in die aktuelle Gegenwart ein und pola-
risiert mit ihren Texten. Gerade diese Haltung hat ihr wiederholt den Vorwurf der
Nestbeschmutzung eingebracht. Als störend wird ihr Blick auf die österreichische
Geschichte empfunden, weil dabei Vergangenes nicht beschönigt, sondern mit
seinen Schattenseiten zur Sprache gebracht wird. In *Burgtheater* (1985) macht sie
die Liaison einer Burgschauspielerin (Paula Wessely) mit den Nazis zum Thema
ihres Stückes und begeht damit ein Sakrileg. Jelinek hatte es gewagt, nationale
Heiligtümer in Gestalt der Schauspieler-Dynastie Wessely/Hörbiger anzugreifen.
Dem Phänomen moderner Götzenverehrung ist sie auch in *Macht nichts*
(1999/2002) einer *Kleinen Trilogie des Todes* auf der Spur. Unter dem Titel *Der Tod*
und das Mädchen I–V (2002) holt Jelinek Anfang des neuen Jahrtausends in fünf
Prinzessinnendramen erneut verehrte Untote auf die Bühne. »Dreck auf die Toten
schmeißen, das ist mein Hobby«, schreibt Jelinek. Zum illustren Totentanz werden Schneewittchen und Jacqueline Kennedy, Ingeborg Bachmann, Marlen Haushofer, Dornröschen und Sylvia Plath heraufbeschworen. Selbstironisch, vor allem
was die Ikonen weiblichen Schreibens anbetrifft – auch die eigene Schreibexis-
tenz ist gemeint –, gelingt Jelinek eine »Macht- und Mentalitätsgeschichte der
Geschlechter«, mit der gängige Opfer-Täter-Diskurse aufgebrochen werden.

Auch ihre Romane *Lust* (1989) und *Gier* (2000) haben die Öffentlichkeit wegen vermeintlicher pornographischer Abschnitte erregt – eine fatale Verkennung
dessen, was Pornographie ist. Zwar handeln beide Texte von Lust und auch von
Sexualität, aber im Zentrum steht die Lust an der Gewalt. Die männlichen Protagonisten handhaben ihr Geschlecht als Machtinstrument, mit dem sie Gewalt

Elfriede Jelinek

»Körper« – eines der
zentralen Themen der
90er Jahre. Hier eine
Szene aus dem Theater-
stück von Sasha Waltz.

ausüben und Unterwerfungsstrategien praktizieren. Gerti sieht in *Lust* nur einen
Weg, die Permanenz männlicher Gewalt zu unterbrechen, indem sie ihren Sohn
tötet. Doch auch bei dieser Tat bleibt sie als eine moderne Medea Opfer. Es gibt
in diesem Text »drastische Stellen«, wie Jelinek in *Der Sinn des Obszönen* sagt,
»aber die sind politisch. […] Das Obszöne ist dann gerechtfertigt, wenn man den
Beziehungen zwischen Männern die Unschuld nimmt und die Machtverhältnis-

Apologetin des Untergangs   se klärt.« Jelinek ist eine Apologetin des Untergangs, deren Texte von Gewalt,
Tod und Verbrechen handeln. In ihrem Roman *Die Kinder der Toten* von 1995
sind es die Untoten, die immer wiederkehren und keine Ruhe geben wollen.
Dieser Dialog mit den Toten kann sich – wie in dem Stück *Wolken.Heim* (1990) –
auch über Zitate herstellen. Bei dem Stück, das zusammen mit *Raststätte* (1994)
und *Stecken, Stab und Stangl* (1996) eine Theatertrilogie bildet, handelt es sich
um eine Sprachcollage, in der es keine Figurenrede gibt. Der Text weist keine
dramatische Struktur auf. Erst in der Inszenierung bleibt das Textmaterial – verwendet werden Texte von Hölderlin, Hegel, Heidegger, Fichte, Kleist und Briefe
von Mitgliedern der Rote Armee Fraktion – auf Figuren zu verteilen, die es transportieren. Das Konfliktpotential des Stückes ergibt sich aus der Adaption des
Ideenpotentials, das auf der Bühne zur Disposition gestellt wird. Schauspieler
braucht es dazu nicht als Spielende, vielmehr wirft die Autorin Sprachmaterial
»wie Mikadostäbe in den Raum«. Wie ein Alp lastet in *Wolken.Heim* Tradition
auf dem eigenen Sprechen, das von Geistesgrößen (Heidegger, Kleist, Shakespeare) verstellt ist. Anders in *Sportstück* (1998), wo der Körper zum Fetisch und
Schauplatz wird. Der Körper wird auf dem Theater der 90er Jahre exponiert, um
Deformationen und Verletzungen als Folge von Machtmechanismen sichtbar

Exponierung und   werden zu lassen. »In vorderster Linie werden die Körper zur Schlachtlinie, zum
Inszenierung des Körpers   Kampfplatz, zur verstörenden Energie im neuen Theater. Die Körper sind nicht
mehr in erster Linie dazu da, einen Sinn szenisch zu formulieren – ihr Sosein,
ihr Betrachtetwerden, der Schock der Begegnung mit ihrer Physis selbst ist,
wenn man das noch so nennen will, ihr ›Sinn‹« (H.-Th. Lehmann). Ein Anliegen
der Inszenierung von Jelineks *Sportstück* durch Einar Schleef ist es, den auf den
Körper einwirkenden Kräften Ausdruck zu verleihen, aufzuzeigen, wie sie ihn
zersetzen, auf ihn Gewalt ausüben. Dieses mehrstündige Theaterereignis der

90er Jahre handelt von einem Kraftsportler, der sich unter Anwendung von Drogen einen Körper geschnitzt hat. Die Zuneigung, die der Bodybilder Andreas Münzer für seinen Körper entwickelt, zerstört das Objekt der Fürsorge gerade in dem Maße, in dem er es der besonderen Aufmerksamkeit unterzieht. Sein Körper – zur bloßen Hülle funktionalisiert – kündigt den Dienst auf. Er trägt die Last nicht, die ihm mit Lust aufgebürdet wird. Massensport begreift Jelinek als »Hieroglyphe der Gegenwart«. Sie erkennt darin einen massenhaften Hang, sich unter Gleichen zu bewegen, sich dem Rausch hinzugeben, ein Gleichgesinnter zu sein. Die zweifelhafte Zugehörigkeit, die Sportartikelmarken suggerieren, versperren den Raum, den Individualität bräuchte, um sich zu entwickeln. Für die Inszenierung von *Sportstück* hatte Jelinek einen entscheidenden Wunsch: »Machen Sie was sie wollen. Das einzige, was unbedingt sein muß, ist: griechische Chöre.«

Die Frage des Verrats – nicht nur die am Körper – ist in dieser Inszenierung ebenso zentral wie in dem thematisch ganz anders gelagerten Stück *Verratenes Volk* (2000) von Einar Schleef. Es ist das letzte Stück, das Schleef vor seinem Tod (2001) inszeniert. Bei *Verratenes Volk* handelt es sich um eine Collage aus Alfred Döblins *November 1918*, John Miltons *Paradise Lost* und Edwin Erich Dwingers *Die Armee hinter Stacheldraht*, geht es um enttäuschte Hoffnungen des Volkes, das vergeblich auf die Führer wartet, die nicht kommen, und das als verratenes Volk zurückbleibt. Kennzeichnend für

Schleefs Neubestimmung des Chores

Schleefs Theaterkonzept ist die Neubestimmung des antiken Chores, den er in Beziehung zur Droge setzt. Den Chor begreift er nicht als widerspruchsfreie Gemeinschaft von Gleichgesinnten, sondern als eine Gruppe, von der Gewalt ausgeht, die über Macht verfügt. Insofern ist der eigentlich Gemeinsinn vorspielende Chor – ein Eindruck, der durch das chorische Sprechen unterstrichen wird – ein heterogenes Gebilde. Es gibt im chorischen Gefüge etwas Abstoßendes, das zu dem Anziehenden im Widerspruch steht. Die Vereinnahmungsversuche im kollektiven Sprechen gelingen nur, wenn Einheit durch Unterdrückung des Individuellen vorgetäuscht wird. Für Schleef gehören »Drogeneinnahme und Chor-Bildung« zusammen, wie er auch einen Zusammenhang zwischen *Droge Faust Parsifal* (1998) sieht – so der Titel seines gleichnamigen Buches.

Im Alter von 82 Jahren äußert George Tabori (1914–2007) den Wunsch, »bis zum Jahr 2000« leben zu wollen. Der älteste Theatermacher der Welt, der 1992 den Georg-Büchner-Preis erhielt, stirbt 2007 im Alter von 93 Jahren. Der Sohn jüdischer Eltern – der Vater wird in Auschwitz ermordet – wird in Budapest geboren und geht als Achtzehnjähriger nach Deutschland. Er verlässt Deutschland 1933, emigriert 1935 nach London und zieht 1947 in die USA, wo er u.a. Brecht kennenlernt. Nach der Inszenierung seines Stückes *Die Kannibalen* 1969 am Berliner Schillertheater zieht Tabori wieder nach Berlin. Ein Grundsatz Taboris lautet: »Nicht das Theater ist in einer Krise – die Welt ist in einer Krise.« Tabori, der 1987 in Wien sein Stück *Mein Kampf* inszeniert, hat nie viel von Werktreue gehalten: Ich nehme »ein Stück und sehe, was ich davon haben kann. Werktreue interessiert mich nicht. Ein Stück ist eine Vorlage.« Taboris Dramen – u.a. *Die Goldbergvariationen* (1991), *Nathans Tod* (1991), *Die Ballade vom Wiener Schnitzel* (1996) – sind eng mit der jüdischen Thematik verbunden. Der Völkermord an den Juden wird in Taboris Stücken stets mitgedacht, auch wenn er nicht auf der Bühne gezeigt wird. Das Erinnern ist eine wesentliche Komponente von Taboris Theaterarbeit. Es ist nichts vergessen und auch nichts bewältigt, die Traumata sind gegenwärtig. Taboris letztes Stück *Gesegnete Mahlzeit* (2007), das aus den

George Tabori

Szenen »Frühstück«, »Mittagstisch« und »Abendmahl« besteht, handelt vom Vergehen der Lebenszeit.

Theater als Ort der Subversivität

Das Theater erweist sich weiterhin als ein Ort, an dem Subversivität erprobt wird, wobei herkömmliche Vorstellungen von Geschichte unterlaufen werden. Das Theater gibt sich nicht mit Überlieferungsmustern zufrieden, sondern lädt in der Auseinandersetzung mit der unmittelbaren Realität zu verschiedenen Blicken auf die Gegenwart ein. Grund für die Vielfalt dürfte auch ein Generationswechsel sein. Die ›Regietitanen‹ (Stein, Zadek, Peymann) haben Konkurrenz bekommen durch die jungen Wilden, zu denen Frank Castorf (seit 1992 Leiter der Berliner Volksbühne) ebenso zählt wie Thomas Obermeier (seit 1999 Leiter der Berliner Schaubühne), Christoph Schlingensief, Christoph Marthaler, Hasko Weber, René Pollesch und Andreas Kriegenburg. Sie alle stehen für veränderte Vorstellungen, was die Funktion des Theaters anbelangt. So gründen sich die Inszenierungen

Frank Castorf

von Castorf (geb. 1951) im Paradoxen. Er forciert Vorgänge auf der Bühne, die permanent zum Kippen gebracht werden und ins Groteske umschlagen. Nur scheinbar bedient Castorf Klischees, vermittelt er ›schnelle‹ Erfahrungen. Denn in dem Moment, in dem der Zuschauer meint, sich im Bekannten wiederzufinden, unterläuft Castorf in einer Wendung die vermeintliche Übereinkunft und entlarvt sie als Trugbild. In seinen Inszenierungen wird auf die Techniken der neuen Medien, des Films und des Fernsehens zurückgegriffen, denn es geht ihm darum, Kontraste, Brüche und verblüffende Bildwechsel auf der Bühne zu zeigen. Castorf nimmt sich der Dinge an, die im öffentlichen Diskurs scheinbar an Bedeutung eingebüßt haben und zeigt, was verloren geht, wenn sie wirklich aus dem Bewusstsein verschwinden. Sein Theater verweigert sich dem Trend des sog. ›Zeitgeistes‹. Gerade was nicht en vogue ist, was überholt scheint, als veraltet angesehen wird, hat auf seiner Bühne eine Chance, sich zu behaupten. Dass ein Enfant terrible wie Christoph Schlingensief, dessen Aktionen weit über das Theater hinaus für Aufmerksamkeit sorgen, an der Volksbühne inszeniert, erklärt den besonderen Status dieses Hauses gerade für ein jugendliches Publikum.

Schonungslose Darstellung der Wirklichkeit

Thomas Ostermeier (geb. 1968), der mit der Inszenierung von *Shoppen & Ficken* (1998) von Mark Ravenhill großen Erfolg hatte, tritt hingegen für einen neuen Realismus auf der Bühne ein; für ein Theater, das sich der Realität stellt und die vorhandenen Krisenerscheinungen aufzeigt. Nach Ostermeiers Überzeugung geht es nicht darum, den Zustand einer Realität hinzunehmen, sondern vielmehr darum, in der schonungslosen Darstellung der Wirklichkeit auf die unterdrückten Sehnsüchte zu verweisen. In seinem Programmpapier *Das Theater im Zeitalter der Beschleunigung* (1999) heißt es: »Die Haltung des Realismus versucht die Welt zu vermitteln, wie sie ist, nicht wie sie aussieht. Sie versucht, Wirklichkeiten zu begreifen und sie zu refigurieren, ihnen Gestalt zu geben. [...] Der Kern des Realismus ist die Tragödie des gewöhnlichen Lebens.« Diese Realismusvorstellung knüpft an naturalistische Theatertraditionen in der Nachfolge von Gerhart Hauptmann, Henrik Ibsen und August Strindberg an. Den neuen

Schockerlebnisse auf der Bühne

Naturalismus erleben die Zuschauer in Ostermeiers Inszenierungen als Schockerfahrung. »Schlachtfeld der 90er Jahre war der Körper. [...] Begegnungen waren das Zusammenprallen von Fleisch, von Leibern, die mit ihrem Leben spielten. [...] Die Vergewaltigung ist der Topos der 90er Jahre, als Mißbrauch, als Befreiung, als Strafe« (Th. Ostermeier). Verunsicherung der Zuschauer ist Programm dieses Theaters, das zuspitzt und Grenzen erfahrbar macht, die im Extremfall bis zur Ohnmacht führen, wie sie sich im Stück *Shoppen & Ficken* »in achtzig Prozent aller Vorstellungen« ereignen. Ostermeier tritt mit seinem Theater für die Unter-

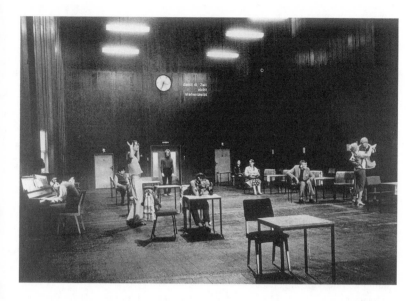

Szene aus dem Theaterstück »Murx den Europäer! Murx ihn! Murx ihn! Murx ihn ab!« von Christoph Marthaler (Volksbühne am Rosa-Luxemburg-Platz, Berlin 1993).

drückten und Entrechteten ein. Auf der Bühne erscheinen die Ausgegrenzten, die ihren Platz in der Gesellschaft nur an den Rändern gefunden haben. Sein Theater fungiert »als soziales Gewissen. Es leiht den Vergessenen, Abgeschlagenen, Ausgegrenzten seine Stimme« (J. v. Düffel) und rückt Randgruppen der Gesellschaft ins Zentrum, denen Raum zugestanden wird, sich zu artikulieren. Nicht mehr den Randgruppen, sondern der bürgerlichen Mitte gilt Ostermeiers Aufmerksamkeit in seinen Ibsen-Inszenierungen *Nora* (2003) und *Hedda Gabler* (2005). In seiner *Nora*-Inszenierung verlagert er den Ort Handlung in eine moderne Designerwohnung. Das Drama findet nicht Ende des 19. Jahrhunderts (UA 1879), sondern heute statt. Aber das ist nicht die einzige Aktualisierung, die Ostermeier vornimmt. Am Schluss des Stückes verlässt Nora ihren Ehemann Helmer nicht nur, wie es bei Ibsen vorgesehen ist, sondern sie erschießt ihn, bevor sie geht. Nora rechnet als Racheengel mit Helmer ab, der sie als Püppchen besitzen wollte. Doch aus dem Spielobjekt wird bei Ostermeier eine gnadenlos exekutierende Lara Croft. Das Spielobjekt aus der Computerwelt reagiert auf keinen Knopfdruck: Nora spielt ihr eigenes Spiel.

Auch Christoph Marthalers (geb. 1951) Theater setzt sich mit der beschleunigten Gesellschaft auseinander, die bei dem Schweizer Autor im Zustand permanenter Verlangsamung gezeigt wird. Seine Inszenierung *Murx den Europäer! Murx ihn! Murx ihn! Murx ihn ab!* von 1993 hat inzwischen Kultstatus erlangt. Marthaler gilt als der konsequenteste Vertreter einer Theaterpraxis, die sich durch eine ins Extrem gesteigerte Langsamkeit der Vorgänge auf der Bühne auszeichnet. In den Inszenierungen wird alltägliches Geschehen gegen die allgemeine Tendenz so verlangsamt, dass die reduzierte Geschwindigkeit vom Publikum als Herausforderung erfahren wird. Neben der Langsamkeit spielt in Marthalers Stücken die Musik eine entscheidende Rolle. In seiner Berliner Inszenierung von Melvilles *Lieber nicht. Eine Ausdünnung* (2003) – Vorlage ist Melvilles Erzählung *Bartleby*, in der der Satz »I would prefer not to« fällt – stehen zehn Klaviere auf der Bühne. Es gibt kaum Handlung. Das Wenige, das passiert, ist absurd und wiederholt sich. Es wird auch kaum gesprochen, erst nach 35 Minuten sagt ein Schauspieler »Guten Morgen«. Gelegentlich wird ein Klavier gestimmt und manchmal kommunizieren die Klavierstimmer miteinander, indem sie Klavier spielen. In der Welt, die Marthaler auf der Bühne zeigt, herrscht gähnende Langeweile. Ohnmächtig bewegen sich die Figuren in einem Leben, aus dem sie, wie Marianne in Marthalers Horvath-Inszenierung *Geschichten aus dem Wiener Wald* (2006), fliehen wollen. Marianne probt zwar den Ausbruch aus einer bürgerlichen Welt, aber der Versuch gleicht einem Trockenschwimmen – sie kommt nicht vom Fleck. Mit *Glaube Liebe Hoffnung* inszeniert Marthaler 2012 erneut ein Horvath-Stück an der Berliner Volksbühne, wobei er die im Zetrum stehende Elisabeth doppelt besetzt hat. In Marthalers Hamburger *Faust*-Inszenierung *Faust* $\sqrt{1+2}$ (1993) befindet sich Faust in einem Zustand äußerster Erschöpfung. Es tritt zwar nur ein Faust auf, der aber hat es mit fünf Mephistos und vier Gretchen zu tun. Faust ist zu müde, um noch erobern zu wollen. Das Stück ist für Marthaler nur noch als Anti-Faust spielbar. Angesichts einer Welt, die sich zwar der Vernunft verschrieben hat, der es aber an Vernünftigkeit oft genug mangelt, verwirft Marthaler eine realistische Darstellungsweise der Wirklichkeit. Ihm ist an der verborgenen Seite der Vernunft gelegen, die er zum Vorschein bringen will. In seiner Inszenierung wird der Text reduziert, verkürzt und an einer Stelle mit Text-Zitaten von de Sade angereichert.

»Faust« von Peter Stein

Hingegen wird in der 22 Stunden währenden *Faust*-Inszenierung für die Expo 2000 in Hannover von Peter Stein (geb. 1937) jeder Vers des gotheschen Schauspiels gesprochen. Auch Steins *Wallenstein*-Inszenierung mit dem Berliner Ensemble in der alten Kindl-Brauerei in Berlin-Neukölln (2007), bei der alle drei Teile des Dramas an einem Abend geboten werden, dauert zehn Stunden. Steins Theaterarbeit beruht vor allem auf Spracharbeit; der Intendant (1970–1985) der legendären Schaubühne am Halleschen Ufer, später am Lehniner Platz, hält sich an Schillers Text und verzichtet auf überraschende Einfälle, auf die das Regietheater gern zurückgreift.

»Faust« von Michael Thalheimer

Wesentlich kürzer als Steins Inszenierungen sind die beiden Teile der *Faust*-Tragödie, für die Michael Thalheimer (geb. 1965) als Regisseur am Deutschen Theater in Berlin (Premieren: I. Teil 2004, II. Teil 2005) verantwortlich zeichnet. Thalheimer, der bereits mit einer eindrucksvollen Inszenierung von Lessings *Emilia Galotti* (2001) auf sich aufmerksam gemacht hat, reduziert die Stücke auf Kernaussagen und macht so Umschlagpunkte deutlich. Im ersten Teil des *Faust*-Dramas legt er das Hauptaugenmerk auf den Teufelspakt und die Gretchentragödie, so dass die Frage der Schuld ins Zentrum gerückt wird. Der Verjüngung Fausts ist der Rock-Song *Child in time* der Gruppe *Deep Purple* unterlegt. Dabei kommt der unzufriedene Intellektuelle in Bewegung und sein Interesse für Gretchen wird geweckt. Als sie ihn fragt: »Glaubst du an Gott?«, versucht Faust sechs Mal, ihre Frage zu beantworten. Dabei gerät er zunehmend in Rage, während Gretchen ihre Frage stur ein ums andere Mal wiederholt, weil sie ihn nicht versteht. Thalheimer streicht radikal, wenn es darum geht, Konflikte sichtbar zu machen. Sein Minimalismus ist inzwischen zu seinem Markenzeichen geworden, dem er auch in seiner Inszenierung von Gerhart Hauptmanns *Die Ratten* (2007) und *Die Weber* (2011) treu geblieben ist.

Botho Strauß

Botho Strauß zeigt in seinen Stücken *Das Gleichgewicht* (1993), *Die Ähnlichen* (1998) und *Der Kuß des Vergessens* (1998) eine Vorliebe zur symbolischen Verschlüsselung. Seiner Auffassung nach reagiert der Autor »weniger auf eine Welt, als vielmehr auf sein eignes Weltverständnis«. Ihm ist Theater der Ort, »wo die Gegenwart am durchlässigsten wird«. Aber Gegenwart wird hier nicht als Spielart des Aktuellen verstanden. Nicht die Kommentierung unmittelbarer Zeitereignisse ist Aufgabe des Theaters. Der Dichter – so Strauß – weist den Weg denjenigen, die »tiefer in die Zeiten wollen«. Von dieser Überzeugung löst sich der Autor auch nicht angesichts eines Ereignisses wie der Maueröffnung. In *Schlußchor* (1991) informiert zwar ein Rufer über den Grenzfall und kann für einen Moment Aufmerksamkeit beanspruchen. Doch dann schließt sich über dem Aktuellen das Kontinuum der Geschichte, wird dem Ereignis die Besonderheit des Jetzt genommen. Der Kommentar von Botho Strauß zur deutschen Wiedervereinigung, den er dem Stück *Schlußchor* eingeschrieben hat, zeigt das außerordentliche politische Ereignis bereits als etwas Historisches, von dem die Menschen Notiz nehmen, ohne für längere Zeit in ihrem Tun innezuhalten. Zum Innehalten haben die beiden älteren Damen in Strauß' Stück *Die eine und die andere*, das Dieter Dorn (geb. 1935) 2005 in München auf die Bühne gebracht hat, keine Zeit. Vor dem Lebensende inszenieren beide noch einmal ein Spiel, in dem es um Macht geht. Dabei schenken sich die Kontrahentinnen nichts. Nichts geschenkt wurde den Zuschauern bei der Pariser Uraufführung von Strauß' *Die Schändung* (2005) nach Shakespeares *Titus Andronicus*. Eine Vergewaltigungsszene löste in der Luc Bondy-Inszenierung einen Theaterskandal aus. Strauß zeigt eine brutale, gewalttätige Welt, in der gequält und gemordet wird. Drastisch ging es deshalb auch in der Berliner Inszenierung von Thomas Langhoff zu. Allerdings ist Strauß nicht allein an der Darstellung von körperlicher Gewalt gelegen, sondern ebenso thematisiert er die durch Sprache verursachte Gewalt.

In der Haltung zur Historisierung trifft sich Strauß mit Peter Handke. In Handkes *Die Stunde, da wir nichts von einander wußten* (1994), einem Stück, in dem nicht gesprochen wird, zeigt Handke, wie zwischen Menschen nur Extremsituationen kurzzeitig ein Gefühl von Gemeinsamkeit aufkommen lassen, bis der Einzelne wieder in den Zustand der Depravierung zurückfällt. In *Spuren der Verirrten* (2006) – Uraufführung am Berliner Ensemble in der Regie von Claus Peymann (geb. 1937), der auch Handkes *Untertageblues* (2003) und *Spuren der Verirrten* (2007) inszenierte – nimmt Handke das inszenatorische Erzählen wieder auf. Verwundete Körper werden zu Trägern von Geschichten. Während zunächst nur einzelne Verirrte in Handkes Stück an Krücken gehen oder einen Stirnverband tragen, ist bald niemand mehr »ohne das Zeichen einer Verletzung oder Verwundung«. Versehrt ist auch der Erzähler, der sich aber im Schreiben zu finden vermag. In *Die Fahrt im Einbaum oder Das Stück zum Film vom Krieg* (1999) sind zwei Regisseure auf der Suche nach Bildern für einen Film über den Balkan-Krieg. Diesen Film zu drehen, wird für sie immer schwieriger, denn sie werden mit sehr verschiedenen Perspektiven auf diesen Krieg konfrontiert. Handke, dem an einer objektiven Berichterstattung über die Ereignisse in Jugoslawien gelegen ist, gibt 1999 aus Protest den ihm 1973 verliehenen Georg-Büchner-Preis zurück.

Peter Handke

Literatur aus naher Fremde

Begriffe wie »Literatur der Fremde« (S. Weigel), »Interkulturelle Literatur« (Th. Wägenbaur) und »Migranten- oder Migrationsliteratur« (H. Rösch) belegen den Versuch, eine Geschichte literarischer Werke von Autorinnen und Autoren verschiedenster nationaler Herkunft zu benennen, die seit nunmehr sechs Jahrzehnten zur deutschsprachigen Literatur gehört, aber immer noch als »andere« und »erweiterte« deutsche Literatur bezeichnet wird. Viele Begriffe erwiesen sich

Deutschsprachige Literatur von Autoren nichtdeutscher Herkunft

bislang als problematisch und unzureichend. Der konkrete literarische Text erscheint oft schon durch die Herkunft der Autoren am Rande deutschsprachiger Literaturentwicklungen. Im öffentlichen Bewusstsein (Literaturbetrieb, akademischer Bereich) wahrgenommen und – in Wissenschaft und Forschung – reflektiert, wird die Geschichte dieser wahrhaft »kulturübergreifenden und vielsprachigen Literaturbewegung« (C. Chiellino) erst seit Ende der 70er Jahre.

Harald Weinrich, Schriftsteller, Linguist und Literaturwissenschaftler, spricht gern von »Chamissos Enkeln« und verweist auf ein literarisches Phänomen, in dem sich Vertrautes und Fremdes mischt: Das Festhalten an der Herkunft ist für die »deutschen Autoren nichtdeutscher Muttersprache« (H. Weinrich) ebenso wichtig für die Herausbildung ihrer »poetische(n) Sprache« wie die fremde Sprache und Kultur.

Literatur ohne
Etikettierung

»Ich schlage vor«, verkündet Suleman Taufiq, »unsere Literatur mit Literatur zu bezeichnen«. Jenseits terminologischer Diskussion entwickeln die Autorinnen und Autoren in facettenreichen Sprachbildern experimentelle Wortkunst. So auch Mark Chain (geb. 1947) in seinem Gedicht »Die schwierige deutsche Sprache«:

> Ich bin ja untergebrochen worden,
> mehrmals täglich bebessert worden,
> verleidigt, beteidigt und gescheinigt worden.
> Beschuldet, verduldet und gestummelt worden
> verdutzt, besiezt, und deihnt worden [...]

Für Autorinnen und Autoren der sog. ›Gastarbeitergeneration‹ – wie Giuseppe Fiorenza Dill'Elba, Salvatore A. Sanna, Marisa Fenoglio oder Lisa Mazzi-Spiegelberg – war die Auseinandersetzung mit Deutschland und der Migrationsproblematik lange Zeit ein zentrales Thema. Lisa Mazzi-Spiegelbergs Reportagen *Der Kern und die Schale. Italienische Frauen in der BRD* (1986) oder Aysel Özakins *Das Lächeln des Bewußtseins* (1985) müssen im zeitlichen Kontext der Literatur von Frauen in der BRD, aber auch der Dokumentarliteratur als europäisches Phänomen gelesen werden.

Herta Müller

In die zweite Hälfte der 80er Jahre fiel die Einwanderung einer Generation von zwischen 1950 und 1960 geborenen Autoren, die der deutschsprachigen Minderheit in Rumänien angehört. Herta Müller, Richard Wagner, William Totok, Horst Samson, Johann Lippet, Helmuth Frauendorfer kamen aufgrund ihres politischen Engagements gegen die Ceaušescu-Diktatur unter großem Medieninteresse in die BRD. Herta Müllers (geb. 1953) Buch *Reisende auf einem Bein* (1989) gibt die Erfahrungen dieses exemplarischen »Übergangs« in beklemmenden Bildern der Gewalt und Angst wieder. Das Nachdenken über die kulturelle Vielfalt innerhalb der deutschsprachigen Literatur erhielt dadurch eine wesentliche Erweiterung, wie auch die Texte dieser Autoren neue Erzählperspektiven eröffneten. Anders verhielt es sich mit einer Autorin wie Libuše Moníková (1945–1998), deren Literatursprache von Anbeginn deutsch war. Ähnlich anderen aus Osteuropa eingewanderten Autoren (Ota Filip, Jiří Gruša«) wurden ihre Texte – die eigene kulturelle Traditionen auf hohem ästhetischen Niveau thematisieren – problemlos zur deutschen Literatur gezählt.

Die Generationszugehörigkeit spielt bei der Wahl der jeweiligen Literatursprache eine wesentliche Rolle. Während die ältere Generation oftmals zwischen den Sprachwelten pendelte und sich bald schon für eine Literatursprache entschied, teilt die Generation der »Hineingeborenen« nicht mehr die sprachlichen und kulturellen Erfahrungen ihrer Eltern. Für sie wird die deutsche Sprache ganz selbstverständlich zur »Trägerin von Erfahrungen, Erinnerungen, Geschichten, die nicht der deutschen Geschichte angehören« (C. Chiellino) – im Unterschied zu Aras Ören (geb. 1939), einem der wichtigsten Chronisten türkischer Migrationsgeschichte, der mit seinem »Berlin-Trilogie«-Poem (1973–1980) frühzeitig das Modell einer multikulturellen Gesellschaft entwarf und für den auch nach dreißig Jahren die Muttersprache weiterhin »Trägerin eines Gedächtnisses« (C. Chiellino) bleibt. Örens jüngster Roman *Sehnsucht nach Hollywood* (1999) liegt wiederum in deutscher Übersetzung vor. Auch Güney Dal (geb. 1944) und Yüksel Pazarkaya (geb. 1940) gehören Örens Generation an. Pazarkayas zwischen 1960 und 1968 entstandene, im zweisprachigen Band *Irrwege/Koca Sapmalar* (1985) veröffentlichte Texte sind frühe Dokumente, in denen ebenfalls der Prozess türkischer Migration skizziert ist. Bereits in den 80er Jahren erscheinen mit *Freihändig auf dem Tandem* (1985), *Eine Fremde wie ich* (1985), und dem Reportageband *Wir haben es uns anders vorgestellt. Türkische Frauen in der Bundesrepublik* (1984) Anthologien, in denen sich Schreibweisen der frühen ›Frauenliteratur‹ mit denen der ›Migrantenliteratur‹ überschneiden. Andere Texte stehen in Erzähltechnik und Themenwahl der Literatur der Arbeitswelt nahe, wie Güney Dals *Wenn Ali die Glocken läuten hört* (1979) oder Franco Biondis *Die Tarantel* (1982), was Korrespondenzen zwischen den Literaturen nur bestätigt.

Emine Sevgi Özdamar (geb. 1946) kam 1965 als so genannte Gastarbeiterin aus der Türkei nach Deutschland. »Ich sehe immer zwei Personen vor mir«, so Özdamar, »eine ist Gast und sitzt da, die andere arbeitet«. Neben vielseitiger Theater- (Benno Besson) und Regiearbeit (Brecht-Stücke) veröffentlichte Özdamar auch Gedichte, Erzählungen und Romane. Nach dem Erfolg des ersten Erzählbandes *Mutterzunge* (1990) erhielt sie 1991 für Kapitel aus dem Romandebüt *Das Leben ist eine Karawanserei, hat zwei Türen, aus der einen kam ich rein, aus der anderen ging ich heraus* als erste Autorin »nichtdeutscher Muttersprache« (H. Weinrich) den Ingeborg-Bachmann-Preis. Mit *Sonne auf halben Weg: die Istanbul Berlin Trilogie* (2006) – *Das Leben ist eine Karawanserei, hat zwei Türen, aus der einen kam ich rein, aus der anderen ging ich heraus* (1992); *Die Brücke vom Goldenen Horn* (1998); *Seltsame Sterne starren zur Erde* (2003) – gehört Özdamar zu den wichtigsten AutorInnen der Gegenwart.

1995 erschien Feridun Zaimoglus (geb. 1964) erstes Buch *Kanak Sprak. 24 Misstöne am Rande der Gesellschaft*, das den Beginn einer neuen Migrationsliteratur signalisieren soll und eine »historisch singuläre Dokumentation gleichermaßen kreativer und militanter Spielräume der zweiten und dritten Einwanderergeneration« (J. Tuschik) darstellt. Als Mitglied von »Kanak Attak« plädiert Zaimoglu im »Manifest« der 1998 bundesweit ins Leben gerufenen Initiative für eine gesellschaftliche Mündigkeit ohne »Anbiederung und Konformismus«. Jenseits einer »anachronistischen Dichotomie« deutscher und türkischer Identität wird die »Figur des jungen, zornigen Migranten« und die »Leier vom Leben zwischen zwei Stühlen« rigoros abgelehnt. Die jüngste Autorengeneration übt in bisher ungekannten selbstbewussten Tönen die »Auflösung einer homogenen Sprachordnung« sowie einen »grammatischen Anarchismus, der alle syntaktischen und semantischen Regeln« (M. Braun) außer Kraft setzt. Nach dem Erfolg von *German Amok* (2002) hat Zaimoglu – der sich gern auch mal als »Kanaken-Houellebecq« bezeichnet – mit den Romanen *Liebesmale, scharlachrot* (2000), *Leyla* (2006) und *Liebesbrand* (2008) den einstigen Ruf, Sprachrohr einer zornigen Generation von Türken in Deutschland zu sein, mit brillanter Erzählkunst überwunden. Zai-

Franco Biondi:
Passavantis
Rückkehr
Erzählungen

dtv

Schutzumschlag

Feridun Zaimoglu

moglu schreibt keine Literatur, die auf dem »Migrantenticket reist« (I. Mangold), sondern zum Besten gehört, das die deutschsprachige Gegenwartsliteratur zu bieten hat. Während er mit dem Bestseller *Leyla* eine vielschichtige Familiensaga präsentiert, die auch die »Vorgeschichte« der türkischen Immigranten in Deutschland berührt, führt *Liebesbrand* in die bundesrepublikanische Gegenwart.Mit dem Roman *Ruß* (2011) widmet sich der Autor einer besonderen deutschen Region: dem Ruhrpott, in der sein Protagonist Renz – ein ehemaliger Arzt – in einem Duisburger Kiosk sein Dasein fristet. Eine spannende Mischung aus »Road-Novel, Milieustudie und Thriller« (J. Magenau).

Schutzumschlag

Wie stark die deutsche Literatur »an den ethnischen Rändern der Gesellschaft intensiv befruchtet wird«, zeigen die Anthologien *Morgen Land. Neueste deutsche Literatur* (2000) von Jamal Tuschick (geb. 1961) und Ilija Trojanows (geb. 1965) *Döner in Walhalla. Texte aus einer anderen deutschen Literatur* (2000). Während Trojanow danach fragt: »Welche Spuren hinterlässt der Gast, der keiner mehr ist?«, ist Tuschicks Auswahl von dem Motto bestimmt: »Sind sie zu fremd, bist du zu deutsch.« Die darin vereinten Autorinnen und Autoren – Selim Özdogan, Silvia Szymanski, Sarah Khan, Franz Dobler, Raul Zelik und Terézia Mora – verbindet die Tatsache, dass sie keine »deutschen Eltern haben«, allerdings in Deutschland aufgewachsen sind, was unweigerlich die Frage nach der »ethnischen Differenz zur Mehrheitsgesellschaft« aufwirft. Entschieden grenzen sie sich von der »Leitkultur der neuen Popliteratur« ab. Der «Weltensammler« (*Der Weltensammler*, 2006) Trojanow, der in Kenia, Südafrika, Deutschland und Indien beheimatet ist, hat Indien vielfach erkundet (*Indien. Land des kleinen Glücks*, 2006; *Gebrauchsanweisung für Indien*, 2006) und plädiert für eine »Kampfabsage« im Krieg der Kulturen (*Kampfabsage. Kulturen bekämpfen sich nicht – sie fließen zusammen*, 2007). Als 2004 Trojanows Roman *Zu den heiligen Quellen des Islam. Als Pilger nach Mekka und Medina* erschien, hieß es, der Autor sei zum Islam konvertiert. Trojanow dazu: »Ich bin gegen Ideologien, also kann ich nicht Anhänger eines Dogmas sein«. Allerdings erhielt Trojanow als Pilger Zutritt zur Heiligen Stadt Mekka, was nur Muslimen erlaubt ist.

Um »Sicherheitswahn« und den »Abbau bürgerlicher Rechte« geht es in dem Buch *Angriff auf die Freiheit*, das 2009 in der Co-Autorschaft mit Juli Zeh erschien.

Mit ihrem Prosadebüt *Seltsame Materie* (1999) gewann Terézia Mora (geb. 1971) den Ingeborg-Bachmann-Preis. Ein Dorf an der österreichischen Grenze wird zum Fokus, in dem die Sehnsüchte und Träume der Bewohner mit der harten Realität konfrontiert werden. Die eigene Heimat wird zur »seltsamen Materie«, in der das Fremde reflektiert wird. In *Alle Tage* (2004) hat Mora, die auch als Übersetzerin aus dem Ungarischen tätig ist (István Örkény, Péter Esterházy, Lajos Parti Nagy), die Vielsprachigkeit thematisiert. Ihr Protagonist beherrscht zwar mehrere Sprachen, doch er vermag sich nicht mitzuteilen.

Entwurzelung und Entfremdung

Autorinnen und Autoren der zweiten und dritten Generation zeigen sich am Ausgang des 20. Jahrhunderts stärker an Problemen wie umfassender Entwurzelung und Entfremdung, der Ablösung von nationalen Sozialisationsmustern innerhalb weltweiter Globalisierungsprozesse sowie ›alter‹ und ›neuer‹ Identität interessiert. Im kosmopolitischen Wesen dieser Literatur zeigt sich das Motiv moderner Wanderschaft zwischen geographischen, sozialen und kulturellen Räumen als eine zentrale Kategorie, entwickeln die Autoren eine erstaunliche poetische Mobilität. Mit phantastischen Mitteln werden ästhetische Traditionsbezüge hinterfragt, die auch die Generationsproblematik berühren. Motive der Flucht und des ›Übergangs‹ in eine fremde Welt spielen bei Autorinnen wie Zehra Çırak und Saliha Scheinhardt eine besondere Rolle.

Eher selten – so bei Güney Dal in Momenten ironischer Distanzierung – arbeiten die Autoren mit komischen Erzähl- und Darstellungstechniken. Şinasi Dikmen (geb. 1945; *Der andere Türke*, 1986; *Hurra, ich lebe in Deutschland*, 1995) und der Satiriker Osman Engin (geb. 1960; *Dütschlünd, Dütschlünd übür üllüs*, 1994; *Kanaken-Gandhi*, 1998; *Westöstliches Sofa*, 2006; *Tote essen keinen Döner*, 2008) stellen die Ausnahme dar. Dikmen tritt auch als Kabarettist auf, um seine »Kultur des Sehens« als neue Satireform zu präsentieren. Auch Kaya Yanars (geb. 1973) Ethno-Comedy »Was guckst du?« will als neue Sehkultur, vor allem aber Sprachkultur verstanden sein. Er steht für eine Generation, die die Sprachen ihrer Eltern kaum mehr beherrscht und damit einen *aktuellen* Beitrag zur sprachlichen Verständigung zwischen Deutschen und Migranten leistet. Dem komischen Genre ist auch Wladimir Kaminer (geb. 1967) verpflichtet, der mit *Russendisko* (2000) erfolgreich debütierte und die Fremdheit als inspirierendes Heimatgefühl in eigenwilliger literarischer Form kultiviert (*Schönhauser Allee*, 2001; *Militärmusik*, 2001; *Ich mache mir Sorgen, Mama*, 2004; *Karaoke*, 2005).

Komik

Oft wird die Migrationsthematik in Raum-Metaphern übersetzt. So bebildert Adel Karasholi (geb. 1936) im Gedicht »Seiltanz« (1995) die Fremdeproblematik und den Aspekt ethnischer Herkunft in Korrespondenz zu Friedrich Nietzsches Seiltänzer im *Zarathustra*: »Fremde ist zu deiner Rechten / Und zu deiner Linken ist Fremde [...] Weder der Osten ist Osten / Noch der Westen Westen in dir / Denn du tanzt auf einem Seil.« Im Dualismus von Eiche und Ölbaum entwirft Karasholi zudem eine moderne Variante des Meridians, der als Ort der Aussprache im lyrischen Ich begründet liegt. In seinem Essay *In Bigamie leben und Meridiane umarmen* (2006) beteuert er nochmals: »Ich denke nicht daran, den Traum von einer Umarmung der Meridiane aufzugeben.« Seine Biographie ist mit zwei Städten verwachsen: Damaskus und Leipzig.

Raum-Metaphern

José F. A. Oliver (geb. 1961) kündigt mit seinem Gedichtband *Gastling* (1993) bereits im Titel das Programm einer poetischen Widerständigkeit an. In der Verfremdung des deutschen Wortes als »Fremder« und »Einheimischer« setzt er sich mit der fremden Sprache auseinander. Als Lyriker (*nachtrandspuren*, 2002; *finnischer wintervorrat*, 2005; *unterschlupf*, 2006) klopft Oliver »die Worte ab, um ihnen einen Laut wiederzuschenken, den sie irgendwann verloren haben«, urteilt der Dichterkollege Joachim Sartorius.

Für Navid Kermani (geb. 1967), Schriftsteller und habilitierter Orientalist, sind die deutsche Sprache und Kultur ein Gut, das es zu bewahren gilt. Er fühlt sich nicht im »nationalen Sinne« deutsch, verweist aber auf die Freiheit, die dem in Siegen geborenen, von iranischen Eltern abstammenden Intellektuellen gegeben ist. Mit Büchern wie *Gott ist schön: Das ästhetische Erleben des Koran* (1999); *Das Buch der von Neil Young Getöteten* (2002); *Kurzmitteilung* (2007) und dem Roman *Dein Name* (2011) gehört Kermani zu den innovativsten Gegenwartsautoren, die sich auch an ästhetischen wie politischen Debatten beteiligen.

Yoko Tawada (geb. 1960) hat mit der Feststellung: »Eigentlich darf man es niemandem sagen, aber Europa gibt es nicht«, die Wahrnehmung von Grenzen nicht nur verfremdet, sondern im klassischen Topos des Blicks die Angst vorm Verschwinden ironisch thematisiert. Körper und Stimme sind zentrale Denkbilder, mit denen Tawada Erfahrungen der Fremde als zeit- und raumumspannende Prozesse spiegelt. Die Stimme »schwebt [...] isoliert und nackt« in der Luft des fremden Landes, führt sie in ihrer Tübinger Poetik-Vorlesung aus. Den Prozess eines

Yoko Tawada

Yoko Tawada

Gegen Eurozentrismus

Identitätswandels und -zerfalls durchlebt die Protagonistin in *Das Bad* (1989), symbolhaft vorgeführt im Verlust der Zunge als Organ lustvollen Sprechens und des Sprechens von Lust. Tawada schreibt Gedichte, Prosa (*Ein Gast*, 1993; *Tintenfisch auf Reisen*, 1994; *Opium für Ovid. Ein Kopfkissenbuch für 22 Frauen*, 2000), Theaterstücke und Essays (*Talisman*, 1996; *Verwandlungen. Tübinger Poetikvorlesungen*, 1998) auf Deutsch und Japanisch. In der Erzählung *Das nackte Auge* (2004) landet die namenlose Protagonistin – eine junge Vietnamesin – durch Zufall in Westdeutschland, obwohl sie eigentlich in die DDR reisen sollte. Im wahrsten Sinne sprachlos, versucht sie durch Betrachtung der Realität habhaft zu werden. Tawada entwirft eine moderne Kinogeschichte, in der Traum und Wirklichkeit ineinander übergehen.

Tawada wie auch Rajvinder Singh, Rafik Schami oder Galsan Tschinag gelingt es, durch ihre vom asiatischen und arabischen Sprach- und Kulturraum geprägten Perspektiven und Erfahrungen europazentrierte Seh-Raster aufzubrechen. Rafik Schami (geb. 1946) – Mitbegründer von »Südwind Gastarbeiterdeutsch«, später »Südwind Literatur« und »PoLiKunst« – lässt in seinen Erzählungen, Romanen, Märchen sowie in *Vom Zauber der Zunge. Reden gegen das Verstummen* (1991) die Vielzahl orientalischer und europäischer Erzähl- und Denktraditionen ineinanderfließen.

Neue Blickrichtungen und Sujets werden erprobt, die durch Autoren des schwarzafrikanischen Raums noch beträchtlich erweitert werden. Indem eine Autorin wie Tawada ihre Texte mit feministischen und postkolonialistischen Theorien verknüpft, führt sie vor, wie eine »Ausgrenzung ihrer Literatur als Migrantinnenliteratur« (M. Howard) verhindert werden kann. Dieses Verfahren ist dem Anliegen Homi Bhabhas verwandt, der den Begriff der Identität im Sinne einer neuen *Verortung der Kultur* (2000) hinterfragt.

Literatur im Netz/Netzliteratur

Wird sich der Schreibtisch der Autoren künftig in einen »öffentlichen Ort« (Th. Hettche) verwandeln? Ist die »Geburt des Lesers als Ko-Autor« (S. Stillich) zu konstatieren? Weshalb bringt Marlene Streeruwitz Interessierten per online das Dichten bei? Im DuMont-Verlag erschien 2000 ein von Thomas Hettche und Jana Hensel verantwortetes Internet-Projekt mit dem Titel *Null* in Buchform, das zwischen dem 1. Januar 1999 und dem 31. Dezember 1999 *im* Netz entstanden war. Mit *Null* liegt ein »Textgespinst« vor, das von Autoren wie Burkhard Spinnen, Dagmar Leupold, John v. Düffel, Helmut Krausser, Julia Franck, Marcel Beyer und Judith Kuckart, Teréza Mora und Kathrin Schmidt als Tagebuch *im* Netz gemeinsam produziert wurde. Das Tagebuch scheint als literarische Form dem Anliegen – spontan und kreativ zu sein – besonders gerecht zu werden, wobei als ästhetischer Grundzug eine Form der »Durchlässigkeit« und die »Transparenz des Produktionsprozesses« (R. Simanowski) betont werden. Die Formel der »Echt-Zeit« hält zudem wie eine Klammer die Vielzahl der Notizen und Kommentare, der Kurzerzählungen und Gedichte in *Null* zusammen. Auf 26 ungeschnittenen Bögen – vom Nutzer zur Lektüre erst aufzutrennen – wird ein »hochkomplexes Dokument und Portrait der jüngeren deutschsprachigen Literatur dieses Jahres« (Vorwort) präsentiert. Eine sog. »Sternenkarte« gibt dem Nutzer eine inhaltliche Orientierung im 400 Seiten starken Blätterwald.

Auch Rainald Goetz (geb. 1954) legte mit *Abfall für alle. Mein tägliches Textgebet* (1999) ein »Online-Tagebuch« vor, das allerdings im Untertitel recht traditionell als *Roman des Jahres* spezifiziert wird. *Abfall für alle* ist Teil seiner auf fünf Bände geplanten *Geschichte der Gegenwart*. Der interessierte Internet-Nutzer konnte die Genese des Textes per Mausklick passiv miterleben. Georg M. Oswald, der neben Elke Naters, Sven Lager, Christian Kracht und Eckart Nickel am literarischen Internet-Projekt »Pool« beteiligt ist, sieht die von Goetz gewählte offene, kurze Form als Möglichkeit, »auf aktuelle Ereignisse zu reagieren und die relative Gleichzeitigkeit von Niederschrift und Rezeption« zu nutzen. Neben »Pool« gibt es gegenwärtig verschiedene andere Internet-Treffs: »Tagebuch – Schreiben am Tag«, das von Ingo Schramm und Doris Dörrie, aber auch ›Amateuren‹ genutzt wird; »Literatur-Café im Internet«, das sich als Treffpunkt von Autoren und Lesern versteht oder das Schreibprojekt »Odysseen im Netzraum«. Auffällig ist deren Projektcharakter. Die Autoren entfliehen dem Elfenbeinturmdasein, um »auf der Suche nach Formen des Schreibens, näher dran am Leben« (R. Goetz) zu sein. So lud das ZDF-Kulturmagazin »aspekte« die Autoren Joseph von Westphalen, Ilija Trojanow und Matthias Politycki ein, ihre Texte als »novel-in-progress« im Internet zu schreiben. In einem »Grenzverhältnis von Ästhetik und Demokratie« (I. Arend) – denn die Zuschauer hatten hier jederzeit aktiven Zugriff auf die sich entwickelnde Handlung – entstand Polityckis (geb. 1955) Roman *Ein Mann von vierzig Jahren* (2000). Der Autor bezeichnete den Vorgang nachträglich als eine »Mischung aus Marbacher Literaturarchiv und Peepshow für Intellektuelle«, bei dem sich sein Arbeitszimmer in einen öffentlichen Raum verwandelt habe.

Die derart produzierte Literatur *im* Netz hat jedoch nichts mit jener multimedial animierten Netzliteratur/Netzkunst zu tun, die sich ebenfalls in den 90er Jahren entwickelte. Hier wird mit Hyperlinks gearbeitet, die jederzeit den Einstieg in den laufenden Text ermöglichen (*Autopol* von Ilija Trojanow). Der Hypertext ›franst‹ an seinen Rändern aus. Eine Vielzahl von Erzählstrategien und Rezeptionsverfahren und modernen Fragmentformen entstehen, in denen ein lineares Erzählen (bei James Joyce oder Lawrence Durrell avantgardistisch bereits vorgeführt) brüchig wird. Bereits als Klassiker des Genres gilt der Roman *Afternoon, a story* (1987) des Amerikaners Michael Joyce (geb. 1945), der anhand solcher Links 1000 verschiedene Erzählvarianten anbietet. Joyce spricht von einer modernen Variante der »Kaffeehauskultur, aber ausgedehnt auf einen viel größeren Raum«. Der bisherige Status des Schriftstellers scheint zur Disposition zu stehen, nicht nur aus der Perspektive des Hypertext-Poeten, der sich als multimedialer Künstler versteht, indem er Wort, Bild und Ton gleichermaßen nutzt. Diese neuen medialen Möglichkeiten stellen nicht nur eine Herausforderung für das »konservative Medium« Buch (H. M. Enzensberger) dar, sondern gehen einher mit einem Funktionswandel der Autorposition. Das Ende der Gutenberg-Galaxis, Anfang der 60er Jahre von Marshall McLuhan prophezeit, geht jedoch nicht mit dem Ende des Buches einher. Digitalisierung bedeutet eine Herausforderung für das Buch, was Textgestaltung und Schrift anbelangt. Bislang hat sich das Buch in seiner herkömmlichen Gestalt gegenüber solchem Textdesign behaupten können.

Mit einer virtuellen Handschrift schreibt die Nobelpreisträgerin Elfriede Jelinek vom 3. März 2007 bis zum 24. April 2008 an ihrem »Privatroman«-Projekt *Neid*. Beim Öffnen des Menüs erscheint Hieronymus Boschs Gemälde der »Sieben Todsünden«. Durch das Anklicken der darauf abgebildeten Zahlen kann der Text geöffnet werden. In Boschs Todsündenkatalog ist der Neid als Hauptsünde an letzter Stelle dargestellt: Ein Hund neidet einem anderen seinen Knochen. Neid ist

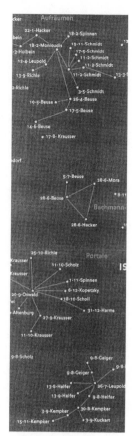

Ausschnitt aus dem Autoren-Sternenhimmel des Projektes »Null«.

Hypertext

Hieronymus Bosch:
»Sieben Todsünden«.
Boschs Todsündenkatalog
erscheint beim Öffnen
des Internetroman-
projekts »Neid« auf
Jelineks Homepage.

auch das zentrale Thema im Roman, der auf Jelineks Homepage unter *www. elfriedejelinek.com* stets verfügbar ist. Alle Figuren sind geistig und psychisch leer und in eine tote Landschaft gestellt. Die Hauptfigur Brigitte K. stolpert als ängstliche Geigenlehrerin durch die Steiermark und hat keinen Text. Doch wie alle Texte im Netz droht auch diesem das Aus durch Stromausfall oder durch die Autorin selbst, die sich vorbehält, »falls ich scheitere oder zu scheitern glaube […] ihn umzuschreiben oder ihn einfach aus dem Netz zu nehmen«. Denn ohne »Buch-Objekt« bleibt ihr die Vorstellung, dass es diesen »›Privatroman‹ gar nicht gibt«. Jelinek begreift die mediale Form auch als »innere Emigration«, um Distanz zu einer Öffentlichkeit zu schaffen, die sie seit dem Burgtheater-Skandal und den Romanen *Lust* (1989) und *Gier* (2000) attackiert. In ihrer Nobelpreisrede *Im Abseits* (2004) hat sie den Rückzug vorbereitet: »Wie soll der Dichter die Wirklichkeit kennen, wenn sie es ist, die in ihn fährt und ihn davonreißt, immer ins Abseits. Von dort sieht er einerseits besser, andererseits kann er selbst auf dem Weg der Wirklichkeit nicht bleiben. Er hat dort keinen Platz. Sein Platz ist immer außerhalb.« Mit *Neid* inszeniert Jelinek ihren literarischen Nicht-Ort im beginnenden 21. Jahrhundert.

Epilog

So weit, so gut mit dieser »Deutschen Literaturgeschichte«. Oder auch nicht. Mehrere hundert Autoren, viele tausend Werke, die diese Autoren hervorgebracht haben, geschichtliche Daten und Fakten in Hülle und Fülle, ein dichtes Netzwerk von Bezügen und Bezüglichkeiten, eine Art von Kartographie, die nicht jeden Erdhügel, jedes kleine Nebenflüsschen abbilden kann, die Wolken nicht und die Klimazonen auch nicht. Wohl aber die Richtung, Orte also, an denen es sich lohnt, ein wenig zu verweilen und die Gründe dafür zu benennen, Aussichten zu eröffnen, zur Nachdenklichkeit anzuregen und der Aufgeregtheit des Textes zu folgen. Nichts wäre fataler als das Fazit nach der Lektüre dieses Buchs, die deutsche Literatur wäre mit dieser Literaturgeschichte gleichsam »erledigt und weggesargt«, eine Sache, die man, möglichst auswendig, getrost nach Hause tragen könne. Wir, die Verfasserinnen und Verfasser dieses Buchs, wünschen uns Leser, die das Auswendige inwendig machen, sich die spürbare Sache der Literatur mit produktiver Phantasie zu Eigen machen, als »Kunstschrittmacher« fungieren, gleichzeitig aber auch ihren »Sitz im Leben« bedenken, das uns so vieles vorspielt und das uns oftmals auch mitspielt – nicht auf dem Niveau der Kunst, sondern dem der Schmiere.

Kein Geringerer als der Erzromantiker Novalis, gewiss kein Theatermann, hat in seinem *Blüthenstaub* mit Blick auf die Dramatiker seiner Zeit einen großartigen Satz geschrieben, der in diese Richtung zeigt: »Theater ist die tätige Reflexion des Menschen über sich selbst.« Es ist wohl zu einfach, wenn man dieses Diktum in die Schranken der klassischen Ästhetik verweist und ihm keinerlei weitere Gültigkeit zugesteht. Die Statistik spricht von einem ungeschmälerten Publikumsinteresse an den so genannten »Klassikern«. Das *Jahrbuch des Deutschen Bühnenvereins* weist für die Spielzeit 2000/01 neben Shakespeares *Romeo und Julia* (179.300 Besucher, 397 Aufführungen, 20 Inszenierungen), *Hamlet* (127.262 Zuschauer) vor allem Goethes *Faust* (30 Inszenierungen, 379 Aufführungen, 123.135 Besucher) als das meistbesuchte deutschsprachige Theaterstück auf; dieser Befund hat sich auch im ersten Jahrzehnt des 21. Jahrhunderts kaum verändert. Von »erledigt und weggesargt« kann also keine Rede sein. Novalis' Feststellung hat als Kern, der offensichtlich auch den heutigen Zuschauer betrifft, die Faszination, die von der »tätigen Reflexion des Menschen über sich selbst« ausgeht. Ein weiterer Blick in die Literaturverfilmungen (z.B. Hans Steinbichlers *Winterreise* [2006], die *Emilia Galotti*-Inszenierung des Wiener Burgtheaters von Andrea Breth, die während des Berliner Theatertreffens 2003 gezeigt wurde [DVD 2007], oder Leander Haußmanns *Kabale und Liebe* [2005] u.v.a.m.) zeigt, welch hohen Stellenwert das scheinbar weit zurückliegende in der Gunst des heutigen Publikums einnimmt, aus ebendenselben Gründen.

Theater: »tätige Reflexion des Menschen über sich selbst«

Gegenwart und Zukunft des Theaters

Die ironische Frage, die neuerdings durch die Köpfe geistert, »Elfriede Jelinek und sonst noch was?« kann in dieser Literaturgeschichte nur teilweise beantwortet werden. Die Bühnenwirklichkeit scheint sich nahezu täglich zu verändern, mit einer Rasanz, der man kaum noch folgen kann. Weithin von sich reden gemacht hat die Bremer Neuinszenierung von Brechts *Aufstieg und Fall der Stadt Mahagonny* (2012, Regie: Benedikt von Peter). Die Stuhlreihen wurden entfernt, der Orchestergraben hat keine Funktion mehr, Chor und Musiker begeben sich unter die umhergehenden Zuschauer, die, mit Textzetteln versehen, laut mitsingen, die Bühne ist begehbar, Treppen, Foyer und Theatervorplatz sind in das dramatische Geschehen einbezogen; Schauspieler und Sänger tragen Mikrofone, die den Ton in alle Richtungen übertragen, mit Videoprojektion wird das Geschehen übertragen, der Schauspieler hat seinen festen Ort verloren. Diese neuartige Totalitätserfahrung eröffnet dem Zuschauer eigenartige und ungewohnte Chancen der teilnehmenden Beobachtung, die seit Jahrhunderten gewohnte Starrheit der Institution Theater ist plötzlich aus den Angeln gehoben. Eine größere, unmittelbarere Nähe zum Theatergeschehen, auch in der Erfahrung der körperlichen Seite der schauspielerischen Arbeit, ist nicht möglich. Einem schwitzenden, schwer atmenden Schauspieler sieht man aus der Nähe sofort an, ob er aus dramaturgischen Erfordernissen ›lügt‹ oder tatsächlich ›ergriffen‹ mitspielt. So aus der Nähe betrachtet und vielleicht auch ›gerochen‹, bewegt sich der Zuschauer in der Nähe der oft zitierten Feststellung Adornos in seinen *Minima Moralia*: »Es gibt kein richtiges Leben im falschen.« Einen besseren Ort für die Erkenntnis dieser Selbstbezüglichkeit als die begehbare »Bühne«, die sich bewusst außerhalb ihrer gewohnten, tableau-artigen Anordnung von Bühnenbild, Requisiten und Schauspieler stellt, gibt es nicht.

Das Bremer Beispiel von der Veränderung auf dem Theater, der unmittelbaren Nähe zum Schauspieler, entstammt dem Spielplan einer großen Landesbühne. Die vielen naturgemäß experimentierfreudigeren Klein- und Kleinstbühnen landauf landab geraten dabei kaum ins Blickfeld. Sie werden für literaturwissenschaftliche oder gar literaturgeschichtliche Zwecke nicht hinreichend erfasst und dokumentiert. So bleibt nur der Rat, sich nach Herzenslust der oft erstaunlichen Vielfalt und Innovationslust der Kleineren Bühnen in der näheren Umgebung zu bedienen, solange es sie gibt.

Weiterführende Bibliographie

Allgemeine Literaturhinweise

Anz, Th. (Hg.): Handbuch Literaturwissenschaft. Gegenstände – Konzepte – Institutionen. 3 Bde. Stuttgart/Weimar 2007.

Arnold, H.-L./Detering, H. (Hg.): Grundzüge der Literaturwissenschaft. München ⁹2011.

Barck, K./Fontius, M. u. a (Hg.): Ästhetische Grundbegriffe. Historisches Wörterbuch in sieben Bänden. Studienausgabe. Stuttgart/Weimar 2010.

Barck, S. u. a. (Hg.): Lexikon sozialistischer Literatur. Ihre Geschichte in Deutschland bis 1945. Stuttgart 1994.

Borchmeyer, D./Žmegač, V. (Hg.): Moderne Literatur in Grundbegriffen. Tübingen ²1994.

Brauneck, M.: Die Welt als Bühne. Geschichte des europäischen Theaters. 5 Bde. und Register. Stuttgart/Weimar 1993 ff.

Brinker-Gabler, G.: Lexikon deutschsprachiger Schriftstellerinnen 1800–1945. München 1986.

Burdorf, D./Fasbender, C./Moennighoff, B. (Hg.): Metzler Lexikon Literatur. Begriffe und Definitionen. Begr. v. Günther Schweikle und Irmgard Schweikle. Stuttgart/Weimar ³2007.

Drügh, H. u. a. (Hg.): Germanistik. Stuttgart/Weimar 2012.

Eco, U./Carrière, J.-Ph.: Die große Zukunft des Buches. Gespräche mit Jean-Philippe de Tonnac. München 2010.

Gnüg, H./Möhrmann, R. (Hg.): Frauen Literatur Geschichte. Schreibende Frauen vom Mittelalter bis zur Gegenwart. Stuttgart ²1998.

Grimm, R. (Hg.): Deutsche Dramentheorien. Beiträge zu einer historischen Poetik des Dramas in Deutschland. 2 Bde. Frankfurt a. M. 1971–1973.

Hechtfischer, U./Hof, R. u. a. (Hg.): Metzler Autorinnen Lexikon. Stuttgart/Weimar 1998.

Jeßing, B./Köhnen, R.: Einführung in die Neuere deutsche Literaturwissenschaft. Stuttgart/Weimar ³2012.

Kilcher, Andreas (Hg.): Metzler Lexikon der deutsch-jüdischen Literatur. Stuttgart/Weimar ²2012.

Killy, W. (Hg.): Literaturlexikon. Autoren und Werke deutscher Sprache. 15 Bde. Gütersloh/München 1988–1993. 2., vollst. überarb. Aufl. hg. v. W. Kühlmann Berlin 2008 ff.

Kindlers Literatur Lexikon. 3., völlig neu bearb. Aufl. 18 Bde. Hg. v. H.-L. Arnold. Stuttgart/Weimar 2009.

Klotz, A.: Kinder- und Jugendliteratur in Deutschland 1840–1950. 5 Bde. Stuttgart/Weimar 1990 ff.

Lämmert, E. u. a. (Hg.): Romantheorie. Dokumentation ihrer Geschichte in Deutschland. Bd. 1: 1620–1880, Köln/Berlin 1971; Bd. 2; Seit 1880, Köln/Berlin 1975.

Lamping, D.: Handbuch der literarischen Gattungen. Stuttgart 2009.

Lutz, B. (Hg.): Metzler Autoren Lexikon. Deutschsprachige Dichter und Schriftsteller vom Mittelalter bis zur Gegenwart. Stuttgart ³2004.

Meid, V.: Metzler Literatur Chronik. Stuttgart/Weimar ³2006.

Meid, V.: Das Reclam Buch der deutschen Literatur. Stuttgart ³2012.

Meid, V. (Hg.): Geschichte des deutschsprachigen Romans. Stuttgart 2013.

Pechlivanos, M. u. a. (Hg.): Einführung in die Literaturwissenschaft. Stuttgart 1995

Rusterholz, P./Solbach, A. (Hg.): Schweizer Literaturgeschichte. Stuttgart/Weimar 2007.

Schlaffer, H.: Kurze Geschichte der deutschen Literatur. München ³2008.

v. See, K. (Hg.): Neues Handbuch der Literaturwissenschaft. 25 Bde. Wiesbaden 1972–1990.

Weimar, F./Fricke, H. u. a. (Hg.): Reallexikon der deutschen Literaturwissenschaft. Neubearbeitung des Reallexikons der deutschen Literaturgeschichte. 3 Bde. Berlin/New York ³2007.

Wellbery, D. E. u. a. (Hg.): Eine Neue Geschichte der deutschen Literatur 2007.

Wild, Rainer (Hg.): Geschichte der deutschen Kinder- und Jugendliteratur. Stuttgart ³2008.

Mittelalterliche Literatur

Bein, Th.: Liebe und Erotik im Mittelalter. Graz 2003.

Bertau, K: Deutsche Literatur im europäischen Mittelalter. 2 Bde. München 1972/73.

Bloch, Marc: Die Feudalgesellschaft. Stuttgart 1999.

Bumke, J.: Ministerialität und Ritterdichtung. Umrisse der Forschung. München 1976.

Bumke, J.: Höfische Kultur. Literatur und Gesellschaft im hohen Mittelalter. München ¹¹2005.

Bumke, J.: Wolfram von Eschenbach. Stuttgart/Weimar ⁸2004.

Brunner, H.: Geschichte der deutschen Literatur des Mittelalters und der Frühen Neuzeit im Überblick. Stuttgart 2010.

Cormeau, C. (Hg.): Deutsche Literatur im Mittelalter. Kontakte und Perspektiven. Stuttgart 1979.

Curschmann, M./Glier, I. (Hg.): Deutsche Dichtung des Mittelalters. 2 Bde. München 1980.

Dronke, P.: Die Lyrik des Mittelalters. Eine Einführung. München 1973.

Eis, G.: Mittelalterliche Fachliteratur. Stuttgart 1967.

Ennen, E.: Frauen im Mittelalter. München [6]1999.

Goetz, H.-W.: Moderne Mediävistik. Stand und Perspektiven der Mittelalterforschung. Darmstadt 1999.

Gottzmann, C. L.: Artusdichtung. Stuttgart 1989.

Grenzmann, L./Stackmann, K. (Hg.): Literatur und Laienbildung im Spätmittelalter und in der Reformationszeit. Stuttgart 1984.

Haverkamp, E. (Hg.): Hebräische Berichte über die Judenverfolgungen während des Ersten Kreuzzugs. Hannover 2005.

Heinzle, J. (Hg.): Literarische Interessenbildung im Mittelalter. Stuttgart 1993.

Heinzle, J. (Hg.): Das Mittelalter in Daten. Literatur, Kunst, Geschichte 750–1520. Stuttgart 2002.

Hoffmann, W.: Nibelungenlied. Stuttgart [6]1992.

Hohendahl, P. U./Lützeler, P. M. (Hg.): Legitimationskrisen des deutschen Adels 1200–1900. Literaturwissenschaft und Sozialwissenschaften Bd. 11. Stuttgart 1979.

Klein, D.: Mittelalter. Lehrbuch Germanistik. Stuttgart/ Weimar 2006.

Langosch, K. (Hg.): König Artus und seine Tafelrunde. Europäische Dichtung des Mittelalters. Ergänzte Auflage. Stuttgart 1999.

Lexikon des Mittelalters. 9 Bde. Stuttgart/Weimar 1999 (mit CD-Rom).

Mertens, V./Müller, U. (Hg.): Epische Stoffe des Mittelalters. Stuttgart 1984.

Metzger, W.: Handel und Handwerk. Graz 2002.

Nusser, P.: Literatur im Mittelalter. Stuttgart 1992.

Peters, U. (Hg.): Text und Kultur. Mittelalterliche Literatur 1150–1450. Stuttgart/Weimar 2001.

Richter, D. (Hg.): Literatur im Feudalismus. Literaturwissenschaft und Sozialwissenschaften Bd. 5. Stuttgart 1990.

Rohr, Chr.: Festkultur. Graz 2002.

Ruh, K. (Hg.): Abendländische Mystik im Mittelalter. Symposion Kloster Engelberg 1984. Stuttgart 1986.

Runciman, S.: Geschichte der Kreuzzüge. München [4]2003.

Scholz, M. G.: Walther von der Vogelweide. Stuttgart/ Weimar [5]2005.

Schweikle, G.: Neidhart. Stuttgart 1990.

Schweikle, G.: Mittelhochdeutsche Minnelyrik, Bd. 1. Frühe Minnelyrik. Texte und Übertragungen, Einführung und Kommentar. Stuttgart 1993.

Schweikle, G.: Minnesang. Stuttgart [2]1995.

Schweikle, G.: Germanisch-deutsche Sprachgeschichte im Überblick. Stuttgart [5]2002.

Sowinski, B.: Lehrhafte Dichtung des Mittelalters. Stuttgart 1971.

Stammberger, R. M. W.: Scriptor und Scriptorium. Graz 2003.

Tervooren, H.: Sangspruchdichtung. Stuttgart/Weimar [2]2001.

Wapnewski, P. (Hg.): Mittelalterrezeption. Ein Symposion. Stuttgart 1986.

Wapnewski, P.: Deutsche Literatur des Mittelalters. Ein Abriß von den Anfängen bis zum Ende der Blütezeit. Göttingen [5]1990.

Wehrli, M.: Literatur im deutschen Mittelalter. Eine poetologische Einführung. Stuttgart 1998.

Humanismus und Reformation

Baron, F.: Faustus on Trial. The Origins of Johann Spies's *Historia* in an Age of Witch Hunting. Tübingen 1992.

Beutin, H. u. W.: Zur Destruktion des ›Helden‹-Ideals in der frühen Neuzeit. In: Europa in der frühen Neuzeit (Festschrift Mühlpfordt). Bd. 4. Weimar etc. 1997.

Beutin, W.: Renaissance : Dichtarten im Niedergang und Aufstieg und Innovationen. In: Ders.: Sexualität und Obszönität. Eine literaturpsychologische Studie über epische Dichtungen des Mittelalters und der Renaissance. Würzburg 1990.

Beutin, W.: Vom Mittelalter zur Moderne. 2 Bde. Hamburg 1994.

Beutin, W.: ANIMA. Untersuchungen zur Frauenmystik des Mittelalters. 3 Bde. Frankfurt a. M. 1997/99.

Beutin, W.: Dantes laikale Weltsicht in der »Monarchia« und »Divina Commedia«. In: Topos 27/2007, S. 81–106.

Beutin, W.: Zu den sozialpolitischen Schriften des Paracelsus. In: Theophrastus Paracelsus Studien 2/2010.

Beutin, W.: Das Pest-Motiv im Traktat und in der Dichtung des 16. Jahrhunderts von Luther, Zwingli u. a. In: Theophrastus Paracelsus Studien 3/2011.

Brecht, M.: Martin Luther. 3 Bde. Stuttgart 1981/87.

Burke, P.: Die Renaissance. Berlin [4]1998.

Dinzelbacher, P.: Europäische Mentalitätsgeschichte. Hauptthemen in Einzeldarstellungen. Stuttgart [2]2008.

Hartmann, S./Müller, U.: Literatur und Stadtkultur im späten Mittelalter und der frühen Neuzeit. Jb. der Oswald von Wolkenstein Gesellschaft 7 (1992/93).

Hartmann, S./Müller, U.: Oswald von Wolkenstein († 2.8.1445) und die Wende zur Neuzeit. Jb. der Oswald von Wolkenstein Gesellschaft 9 (1996/ 97).

Henning, H.: Faust-Variationen. Beiträge zur Editionsgeschichte vom 16. bis zum 20. Jahrhundert. München 1993.

Lohse, B.: Thomas Müntzer in neuer Sicht. Hamburg 1991.

Oberman', H. A.: Zwei Reformationen. Luther und Calvin – Alte und Neue Welt. Berlin 2008.

Otten, F.: ›mit hilff gottes zw tihten‹ (…). Untersuchungen zur Reformationsdichtung des Hans Sachs. Göppingen 1993.

Patočka, J.: Andere Wege in die Moderne. Studien zu europäischen Ideengeschichte von der Renaissance bis zur Romantik. Würzburg 2006.

Riedel, V.: Antikerezeption in der deutschen Literatur vom Renaissance-Humanismus bis zur Gegenwart. Eine Einführung. Stuttgart/Weimar 2000.

Schorn-Schütte, L.: Die Reformation. Vorgeschichte – Verlauf –Wirkung. München ⁴2006.

Seebaß, Geschichte des Christentums (III): Spätmittelalter – Reformation – Konfessionalisierung. Stuttgart 2006.

Stein, Peter: Schriftkultur. Eine Geschichte des Schreibens und Lesens. Darmstadt 2006.

Stolt, B.: Martin Luthers Rhetorik des Herzens. Tübingen 2000.

Wagner, F.: Von Hrotsvith bis Boccaccio. Mittelalter und Renaissance in der deutschen Literatur der letzten drei Jahrhunderte. Göppingen 2006.

Walther, K. K. (Hg.): Lexikon der Buchkunst und Bibliophilie. Hamburg 2006.

Weiß, D. J.: Katholische Reform und Gegenreformation. Ein Überblick. Darmstadt 2005.

Witt, R. G.: ›In the Footsteps of the Ancients‹. The Origins of Humanism from Lovato to Bruni. Leiden etc. 2000.

Barock

Adam, W.: Poetische und Kritische Wälder. Untersuchungen zu Geschichte und Formen des Schreibens ›bei Gelegenheit‹. Heidelberg 1988.

Alewyn, R.: Das große Welttheater. Die Epoche der höfischen Feste. München ²1989.

Alexander, R.J.: Das deutsche Barockdrama. Stuttgart 1984.

Althaus, Th.: Epigrammatisches Barock. Berlin/New York 1996.

Barner, W.: Barockrhetorik. Untersuchungen zu ihren geschichtlichen Grundlagen. Tübingen ²2002.

Bauer, M.: Der Schelmenroman. Stuttgart/Weimar 1994.

Conrady, K.O.: Lateinische Dichtungstradition und deutsche Lyrik des 17. Jahrhunderts. Bonn 1962.

Dyck, J.: Ticht-Kunst. Deutsche Barockpoetik und rhetorische Tradition. Tübingen ³1991.

Gelzer, F.: Konversation, Galanterie und Abenteuer. Romaneskes Erzählen zwischen Thomasius und Wieland. Tübingen 2007.

Grimm, G.E./Max, F.R. (Hg.): Deutsche Dichter. Bd. 2: Reformation, Renaissance und Barock. Stuttgart 2000.

Henkel, A./Schöne, A.: Emblemata. Handbuch zur Sinnbildkunst des 16. und 17. Jahrhunderts. Stuttgart/Weimar 1996.

Herzog, Urs: Geistliche Wohlredenheit. Die katholische Barockpredigt. München 1991.

Hinck, W.: Das deutsche Lustspiel des 17. und 18. Jahrhunderts und die italienische Komödie. Commedia dell'arte und Théâtre italien. Stuttgart 1965.

Kemper, H.-G.: Deutsche Lyrik der frühen Neuzeit. 6 Bde. Tübingen 1987–2006.

Kühlmann, W.: Gelehrtenrepublik und Fürstenstaat. Entwicklung und Kritik des deutschen Spät-

humanismus in der Literatur des Barockzeitalters. Tübingen 1982.

Mannack, E.: Andreas Gryphius. Stuttgart ²1986.

Mauser, W.: Dichtung, Religion und Gesellschaft im 17. Jahrhundert. München 1976.

Meid, V.: Barocklyrik. Stuttgart/Weimar ²2008.

Meid, V.: Gedichte und Interpretationen. Bd. 1: Renaissance und Barock. Stuttgart 1982.

Meid, V.: Die deutsche Literatur im Zeitalter des Barock. Vom Späthumanismus zur Frühaufklärung 1570–1740. München 2009.

Meier, A. (Hg.): Die Literatur des 17. Jahrhunderts. Hansers Sozialgeschichte der deutschen Literatur. Bd. 2. München 1999.

Mehnert, H.: Commedia dell'arte. Struktur – Geschichte – Rezeption. Stuttgart 2003.

Moser-Rath, E.: »Lustige Gesellschaft«. Schwank und Witz des 17. und 18. Jahrhunderts in kultur- und sozialgeschichtlichem Kontext. Stuttgart 1984.

Niefanger, D.: Barock. Lehrbuch Germanistik. Stuttgart/Weimar ³2012.

Otto, K.F.: Die Sprachgesellschaften des 17. Jahrhunderts. Stuttgart 1972.

Rohmer, E.: Das epische Projekt. Poetik und Funktion des »Carmen heroicum« in der deutschen Literatur des 17. Jahrhundets. Heidelberg 1998.

Rötzer, H.G.: Der Roman des Barock 1600–1700. München 1972.

Schöne, A.: Emblematik und Drama im Zeitalter des Barock. München ³1993.

Segebrecht, W.: Das Gelegenheitsgedicht. Ein Beitrag zur Geschichte und Poetik der deutschen Lyrik. Stuttgart 1977.

Steinhagen, H./Wiese, B. v. (Hg.): Deutsche Dichter des 17. Jahrhunderts. Ihr Leben und Werk. Berlin 1984.

Szyrocki, M.: Die deutsche Literatur des Barock. Eine Einführung. Bibliographisch erneuerte Auflage. Stuttgart 1997.

Trunz, E.: Weltbild und Dichtung im deutschen Barock. Sechs Studien. München 1992.

Trunz, E.; Deutsche Literatur zwischen Späthumanismus und Barock. Acht Studien. München 1995.

Voßkamp, W.: Romantheorie in Deutschland. Von Opitz bis Friedrich von Blanckenburg. Stuttgart 1973.

Weisz, J.: Das deutsche Epigramm des 17. Jahrhunderts. Stuttgart 1979.

Windfuhr, M.: Die barocke Bildlichkeit und ihre Kritiker. Stilhaltungen in der deutschen Literatur des 17. und 18. Jahrhunderts. Stuttgart 1966.

Aufklärung

Alt, P.-A.: Aufklärung. Lehrbuch Germanistik. Stuttgart/Weimar ³2007.

Balet, L./Gerhard, E.: Die Verbürgerlichung der deutschen Kunst, Literatur und Musik im 18. Jahrhundert. Hg. u. eingel. von G. Mattenklott. Frankfurt a. M./Berlin/Wien 1973.

Barner, W. u. a.: Lessing. Epoche, Werk, Wirkung. München ⁶1998.

Bürger, Ch.: Leben Schreiben. Die Klassik, die Romantik und der Ort der Frauen. Königstein/Ts. 2001.

Buschmeier, M./Kauffmann, K.: Einführung in die Literatur des Sturm und Drang und der Weimarer Klassik. Darmstadt 2010.

Dedert, H.: Die Erzählung im Sturm und Drang. Stuttgart 1990.

Dülmen, A. van: Frauenleben im 18. Jahrhundert. München 1992.

Engelsing, R.: Analphabetentum und Lektüre. Zur Sozialgeschichte des Lesens in Deutschland zwischen feudaler und industrieller Gesellschaft. Stuttgart 1973.

Engelsing, R.: Der Bürger als Leser. Lesergeschichte in Deutschland 1500 bis 1800. Stuttgart 1974.

Ewers, H.-H. (Hg.): Kinder- und Jugendliteratur der Aufklärung. Stuttgart 1998.

Fankhauser, R.: Des Dichters Sophia. Weiblichkeitsentwürfe im Werk von Novalis. Köln u. a. 1997.

Fertig, L.: Die Hofmeister. Ein Beitrag zur Geschichte des Lehrerstandes und der bürgerlichen Intelligenz. Stuttgart 1979.

Fick, M.: Lessing-Handbuch. Leben – Werk – Wirkung. Stuttgart/Weimar ³2010.

Gallas, H./Heuser, M. (Hg.): Untersuchungen zum Roman von Frauen um 1800. Tübingen 1990

Garber, J. u. a. (Hg.): Physis und Norm. Neue Perspektiven der Anthropologie im 18. Jahrhundert. Göttingen 2007.

Grimminger, R. (Hg.): Deutsche Aufklärung bis zur Französischen Revolution. Hansers Sozialgeschichte der deutschen Literatur. Bd. 3. München ²1984.

Guthke, K. S.: Das deutsche bürgerliche Trauerspiel. Stuttgart ⁶2006.

Hertz, D.: Die jüdischen Salons im alten Berlin. Bodenheim bei Mainz ⁴2002.

Jamme, Chr./Kurz, G. (Hg.): Idealismus und Aufklärung. Kontinuität und Kritik der Aufklärung in Philosophie und Poesie um 1800. Stuttgart 1988.

Jürgensen, Chr./Irsigler, Ingo: Sturm und Drang. Göttingen 2010.

Kaiser, G.: Aufklärung, Empfindsamkeit, Sturm und Drang. Tübingen ⁶2007.

Kiesel, H./Münch, P.: Gesellschaft und Literatur im 18. Jahrhundert. Voraussetzungen und Entstehung des literarischen Marktes in Deutschland. München 1977.

Kimpel, D.: Der Roman der Aufklärung. Stuttgart ²1977.

Lehmann, Ch.: Das Modell Clarissa. Liebe, Verführung, Sexualität und Tod der Romanheldinnen des 18. und 19. Jahrhunderts. Stuttgart 1991.

Leibfried, E.: Fabel. Stuttgart ⁴1982.

Maier, H.: Das unglückliche Bewusstsein. Zur deutschen Literaturgeschichte von Lessing bis Heine. Frankfurt a. M. 1986.

Martens, W.: Die Botschaft der Tugend. Die Aufklärung im Spiegel der deutschen Moralischen Wochenschriften. Stuttgart 1968.

Niggl, G.: Geschichte der deutschen Autobiographie im 18. Jahrhundert. Stuttgart 1977.

Plachta, B.: Damnatur – toleratur – admittitur. Studien und Dokumente zur literarischen Zensur im 18. Jahrhundert. Tübingen 1994.

Reuchlein, G.: Bürgerliche Gesellschaft, Psychiatrie und Literatur. Zur Entwicklung der Wahnsinnsthematik in der deutschen Literatur des späten 18. und frühen 19. Jahrhundert. München 1986.

Sauder, G.: Empfindsamkeit. Bd. 1 u. 3. Stuttgart 1974/1980.

Schings, H.-J.: Melancholie und Aufklärung. Melancholiker und ihre Kritiker in Erfahrungsseelenkunde und Literatur des 18. Jahrhunderts. Stuttgart 1977.

Schings, H.-J. (Hg.): Der ganze Mensch. Anthropologie und Literatur im 18. Jahrhundert. Stuttgart 1994.

Schmidt, S. J.: Die Selbstorganisation des Sozialsystems Literatur im 18. Jahrhundert. Frankfurt a. M. 1989.

Schmidt-Linsenhoff, V. (Hg.): Sklavin oder Bürgerin? Französische Revolution und neue Weiblichkeit. Frankfurt a. M. 1989.

Schön, E.: Der Verlust der Sinnlichkeit oder Die Verwandlungen des Lesers. Mentalitätswandel um 1800. Stuttgart 1993.

Seibert, Peter: Der literarische Salon. Literatur und Geselligkeit zwischen Aufklärung und Vormärz. Stuttgart/Weimar 1993.

Sørensen, B. A.: Herrschaft und Zärtlichkeit. Der Patriarchalismus und das Drama im 18. Jahrhundert. München 1984.

Steinmetz, H.: Das deutsche Drama von Gottsched bis Lessing. Ein historischer Überblick. Stuttgart 1987.

Wegmann, N.: Diskurse der Empfindsamkeit. Zur Geschichte eines Gefühls in der Literatur des 18. Jahrhunderts. Stuttgart 1988.

Kunstepoche

Alt, P.-A.: Schiller. Leben, Werk, Zeit. 2 Bde. München 2004.

Becker-Cantarino, B.: Schriftstellerinnen der Romantik. Epoche, Werk, Wirkung. München 2000.

Behler, E.: Frühromantik. Berlin 1992.

Berger, J./Grün, K.-J.: Geheime Gesellschaften. Weimar und die deutsche Freimaurerei. München/Wien 2002.

Bohrer, K. H.: Der romantische Brief. Die Entstehung ästhetischer Subjektivität. München/Wien 1987.

Borchmeyer, D.: Weimarer Klassik. Porträt einer Epoche. Weinheim 1998.

Boyle, N.: Goethe. Der Dichter in seiner Zeit. Bd. 2: 1791–1803. München 1999.

Breuer, I. (Hg.): Kleist-Handbuch. Leben – Werk – Wirkung. Stuttgatr/Weimar 2009.

Brinkmann, R. (Hg.): Romantik in Deutschland. Ein interdisziplinäres Kolloquium. Stuttgart 1978.

Bruford, Walter H.: Kultur und Gesellschaft im klassischen Weimar 1775–1806. Göttingen 1966.

Busch-Salmen, G./Salmen, W. u.a (Hg.): Der Weimarer Musenhof. Literatur – Musik und Tanz – Gartenkunst – Geselligkeit – Malerei. Stuttgart/Weimar 1998.

Conrady, K. O. (Hg.): Deutsche Literatur zur Zeit der Klassik. Stuttgart 1977.

Conrady, K. O.: Goethe. Leben und Werk. 2 Bde.
Düsseldorf 2006.

Dörr, V. C.: Weimarer Klassik. Paderborn 2007.

Dülmen, R. v.: Poesie des Lebens. Eine Kulturgeschichte der deutschen Romantik. Köln u. a. 2002.

Engel, M.: Der Roman der Goethe-Zeit. Bd. I. Anfänge
in Klassik und Frühromantik. Transzendentale Geschichte. Stuttgart 1993.

Gay, P.: Die Macht des Herzens. Das 19. Jahrhundert
und die Erforschung des Ich. München 1997.

Gellhaus, A./Oellers, N. (Hg.): Schiller. Bilder und
Texte zu seinem Leben. Köln/Weimar/Wien 1999.

Genius huius loci Weimar. Kulturelle Entwürfe aus
fünf Jahrhunderten. Weimar 1992.

Heinz, J. (Hg.): Wieland-Handbuch. Leben – Werk –
Wirkung. Stuttgart/Weimar 2008.

Hoffmeister, G.: Deutsche und europäische Romantik.
Stuttgart ²1990.

Jeßing, B./Lutz, B./Wild, I. (Hg.): Metzler Goethe
Lexikon. Stuttgart/Weimar ²2004.

Kremer, D.: Prosa der Romantik. Stuttgart/Weimar
1996.

Kremer, D.: Romantik. Lehrbuch Germanistik.
Stuttgart/Weimar ³2007.

Kreuzer, J. (Hg.): Hölderlin-Handbuch. Leben –
Werk – Wirkung. Stuttgart/Weimar 2011.

Luserke-Jaqui, M. (Hg.): Schiller-Handbuch. Leben –
Werk – Wirkung. Stuttgart/Weimar 2011.

Mahoney, D. F.: Der Roman der Goethezeit. Stuttgart
1988.

Mandelkow, K. R.: Goethe in Deutschland. Rezeptionsgeschichte eines Klassikers. 2 Bde. München 1980.

Mandelkow, K. R.: Goethe im Urteil seiner Kritiker.
Dokumente zur Wirkungsgeschichte Goethes in
Deutschland. 4 Bde. München
1975/1977/1979/1984.

Möbus, F./Schmidt-Möbus, F./Unverfehrt, G. (Hg.):
Faust. Annäherung an einen Mythos. Göttingen
1996.

Müller-Seidel, W.: Die Geschichtlichkeit der deutschen
Klassik. Literatur und Denkformen um 1800. Stuttgart 1983.

Oellers, N./Steegers, R.: Treffpunkt Weimar. Literatur
und Leben zur Zeit Goethes. Stuttgart 1999.

Ott, U. (Hg.): »O Freyheit! Silberton dem Ohre …«.
Französische Revolution und deutsche Literatur
1789–1799. Marbacher Kataloge 44. Marbach/N.
1989.

Petersdorff, D. v.: Mysterienrede. Zum Selbstverständnis romantischer Intellektueller. Tübingen
1996.

Pikulik, L.: Frühromantik. Epoche, Werk, Wirkung.
München ²2000.

Richter, K./Schönert, J. (Hg.): Klassik und Moderne.
Die Weimarer Klassik als historisches Ereignis und
Herausforderung im kulturgeschichtlichen Prozeß.
Stuttgart 1983.

Safranski, R.: E. T. A. Hoffmann Das Leben eines
skeptischen Phantasten. München 1984.

Safranski, R.: Romantik. Eine deutsche Affäre.
München 2007.

Safranski, R.: Goethe und Schiller. Geschichte einer
Freundschaft. München 2009.

Schlaffer, H.: Wilhelm Meister. Das Ende der Kunst
und die Wiederkehr des Mythos. Stuttgart 1989.

Schlaffer, H.: Faust zweiter Teil. Die Allegorie des
19. Jahrhunderts. Stuttgart ²1998.

Schön, E.: Der Verlust der Sinnlichkeit und die
Verwandlung des Lesers. Mentalitätswandel um
1800. Stuttgart 1993.

Schöne, A.: Schillers Schädel. München 2002.

Schulz, G.: Die deutsche Literatur zwischen Französischer Revolution und Restauration. München
²2000.

Schuster, G./Gille, C. (Hg.): Wiederholte Spiegelungen. Weimarer Klassik 1759–1832. Ständige Ausstellung des Goethe-Nationalmuseums. 2 Bde.
München/Wien 1999.

Sengle, F.: Das Genie und sein Fürst. Stuttgart/Weimar
1994.

Stephan, I.: Literarischer Jakobinismus in Deutschland
(1789–1806). Stuttgart 1990.

Stiftung Weimarer Klassik und Kunstsammlungen
(Hg.): Die Wahrheit hält Gericht. Schillers Helden
heute. Weimar 2005.

Ueding, G.: Klassik und Romantik. Deutsche Literatur
der Französischen Revolution 1789–1815. Hansers
Sozialgeschichte der deutschen Literatur. Bd. 4.
München/Wien 1987.

Uerlings, H.: Friedrich von Hardenberg, genannt
Novalis. Werk und Forschung. Stuttgart 1991.

Voßkamp, W. (Hg.): Klassik im Vergleich. Normativi-
tät und Historizität europäischer Klassiken. Stuttgart
1993.

Wilson. D. W.: Geheimräte gegen Geheimbünde. Ein
unbekanntes Kapitel der klassisch-romantischen
Geschichte Weimars. Stuttgart 1991.

Witte, B. u. a.: Goethe-Handbuch. 4 Bde. und Register.
Stuttgart/Weimar 1996 ff.

Vormärz

Adler, H. (Hg.): Literarische Geheimberichte. Protokolle der Metternich-Agenten. 2 Bde. Köln 1977/
78.

Borgards, R./Neumeyer, H. (Hg.): Büchner-Handbuch.
Leben – Werk – Wirkung. Stuttgart/Weimar 2009.

Brandes, H./Kopp, D. (Hg.): Autorinnen des Vormärz.
Bielefeld 1997.

Bunzel, W./Stein, P./Vaßen, Fl. (Hg.): Romantik und
Vormärz. Zur Archäologie literarischer Kommuni-
kation in der ersten Hälfte des 19. Jahrhunderts.
Bielefeld ²2003.

Bunzel, W./Eke, N. O./Vaßen, Fl. (Hg.): Der nahe
Spiegel. Vormärz und Aufklärung. Bielefeld 2008.

Ehrlich, L./Steinecke, H./Vogt, M. (Hg): Vormärz und
Klassik. Bielefeld 1999.

Eke, N. O./Werner, R. (Hg.): Vormärz – Nachmärz.
Bruch oder Kontinuität? Bielefeld 2000.

Eke, N. O.: Einführung in die Literatur des Vormärz.
Darmstadt 2005.

Estermann, A.: Die deutschen Literaturzeitschriften
1815–1850. Bibliographien, Programme, Autoren.
10 Bde. Nendeln 1978–1981.

Feudel, W.: Lyrik im deutschen Vormärz. Halle 1985.

Fohrmann, J.: 1848 und das Versprechen der Moderne. Würzburg 2003.

Hädecke, W.: Poeten und Maschinen. Deutsche Dichter als Zeugen der Industrialisierung. München 1993.

Hohendahl, P.U.: Literarische Kultur im Zeitalter des Liberalismus 1839–1870. München 1985.

Höhn, G.: Heine-Handbuch. Zeit, Person, Werk. Stuttgart ³2004.

Koopmann, H.: Das junge Deutschland. Eine Einführung. Darmstadt 1993.

Lauster, M.: Deutschland und der europäische Zeitgeist. Kosmopolitische Dimensionen in der Literatur des Vormärz. Bielefeld 1994.

Liedtke, C. (Hg.): Literaturbetrieb und Verlagswesen im Vormärz. Bielefeld 2011.

Martin, A./Stauffer, I. (Hg.): Georg Büchner und das 19. Jahrhundert. Bielefeld 2012.

Obenaus, S.: Literarische und politische Zeitschriften 1830–1848. Stuttgart 1986.

Rosenberg, R.: Literaturverhältnisse im deutschen Vormärz. München 1975.

Sautermeister, G./Schmid, U. (Hg.): Zwischen Revolution und Restauration 1815–1848. Hansers Sozialgeschichte der deutschen Literatur. Bd. 5. München 1998.

Seidler, H.: Österreichischer Vormärz und Goethezeit. Geschichte einer literarischen Auseinandersetzung. Wien 1982.

Sengle, F.: Biedermeierzeit. Deutsche Literatur im Spannungsfeld zwischen Restauration und Revolution 1815–1848. 3 Bde. Stuttgart 1971/72/80.

Stein, P./Vaßen, F. (Hg.): 1848 und der deutsche Vormärz. Bielefeld 1998.

Steinecke, H.: Romantheorie und Romankritik in Deutschland. 2 Bde. Die Entwicklung des Gattungsverständnisses von der Scott-Rezeption bis zum programmatischen Realismus. Stuttgart 1975/76.

Titzmann, M. (Hg.): Zwischen Goethezeit und Realismus. Wandel und Spezifik in der Phase des Biedermeier. Tübingen 2002.

Vogt, M. (Hg.): Literaturkonzepte im Vormärz. Bielefeld 2001.

Vormärzliteratur in europäischer Perspektive. 4 Bde. Hg. von M. Lauster u.a. Bielefeld 1996–2001.

Weigel, S.: Flugschriftenliteratur 1848 in Berlin. Geschichte und Öffentlichkeit einer volkstümlichen Gattung. Stuttgart 1979.

Ziegler, Edda: Literarische Zensur im Vormärz 1819–1848. München ²2006.

Realismus und Gründerzeit

Aust, H.: Literatur des Realismus. Stuttgart/Weimar ³2000.

Bucher, M. u.a. (Hg): Realismus und Gründerzeit. Manifeste und Dokumente zur deutschen Literatur 1848–1880. 2 Bde. Stuttgart 1975/76.

Emmerich, W.: Proletarische Lebensläufe. Autobiographische Dokumente zur Entstehung der ›Zweiten Kultur‹ in Deutschland. 2 Bde. Reinbek 1975.

Engelsing, R.: Arbeit, Zeit und Werk im literarischen Beruf. Göttingen 1976.

Fohrmann, J.: Das Projekt der deutschen Literaturgeschichte. Stuttgart 1989.

Grab, W./Friesel, U.: Noch ist Deutschland nicht verloren. Eine historisch-politische Analyse unterdrückter Lyrik von der Französischen Revolution bis zur Reichsgründung. München 1970.

Guthke, K.S.: Das deutsche bürgerliche Trauerspiel. Stuttgart/Weimar ⁵1994.

Haas, W.: Die Belle Epoque. München 1967.

Kleßmann, E. und Göhler, R.: Mein gnädigster Herr! Meine gütige Korrespondentin! Fanny Lewalds Briefwechsel mit Carl Alexander von Sachsen-Weimar. Weimar 2000.

Knilli, F./Münchow, U. (Hg.): Frühes deutsches Arbeitertheater 1847–1918. Eine Dokumentation. München 1970.

Martini, F.: Deutsche Literatur im bürgerlichen Realismus 1848–1898. Stuttgart ⁴1981.

Mayer, H. (Hg.): Deutsche Literaturkritik in vier Bänden; hier Bd. 2: Von Heine bis Mehring. Frankfurt a.M. 1978.

Melchinger, S.: Geschichte des politischen Theaters. 2 Bde. Frankfurt a.M. 1974.

Moeller, J.: Deutsche Augenblicke, Briefe des 19. und 20. Jahrhunderts. Frankfurt a.M. 1991.

Obenaus, S.: Literarische und politische Zeitschriften 1848–1880. Stuttgart 1987.

Peschken, B./Krohn, C.D. (Hg.): Der liberale Roman und der preußische Verfassungskonflikt. Analysematerialien und Skizzen. Stuttgart 1976.

Sagarra, E.: Tradition und Revolution. Deutsche Literatur und Gesellschaft 1830–1890. München 1972.

Schlaffer, H.: Poetik der Novelle. Stuttgart/Weimar 1993

Schütz, H.: Juden in der Deutschen Literatur. Eine jüdisch-deutsche Literaturgeschichte im Überblick. München 1992.

Selbmann, R.: Dichterdenkmäler in Deutschland. Stuttgart 1988.

Stiftung Stadtmuseum Berlin (Hg.): Fontane und sein Jahrhundert. Berlin 1998.

Ueding, G.: Die anderen Klassiker. Literarische Porträts aus zwei Jahrhunderten. München 1986.

Widhammer, H.: Die Literaturtheorie des deutschen Realismus. Stuttgart 1977.

Wild, R. (Hg.): Mörike-Handbuch. Leben – Werk – Wirkung. Stuttgart/Weimar 2004.

Zerges, K.: Sozialdemokratische Presse und Literatur. Empirische Untersuchungen zur Literaturvermittlung in der sozialdemokratischen Presse 1876 bis 1933. Stuttgart 1982.

Literarische Moderne

Anz, Th.: Literatur des Expressionismus. Stuttgart/Weimar 2002.

Anz, Th./Stark, M. (Hg.): Expressionismus. Manifeste und Dokumente zur deutschen Literatur 1910–1920. Stuttgart 1982.

Anz, T./Kanz, C. (Hg.): Psychoanalyse in der modernen Literatur. Kooperation und Konkurrenz. Würzburg 1999.

Asholt. W./Fähnders. W. (Hg.): Manifeste und Proklamationen der europäischen Avantgarde (1909–1938). Stuttgart/Weimar 1995.

Best, O. F. (Hg.): Theorie des Expressionismus. Stuttgart 1982.

Bollenbeck, G.: Tradition, Avantgarde, Reaktion. Deutsche Kontroversen um die kulturelle Moderne 1880–1945. Frankfurt a. M. 1999.

Brauneck, M./Müller, Chr. (Hg.): Naturalismus. Manifeste und Dokumente zur deutschen Literatur 1880–1900. Stuttgart 1987.

Brinkmann, R.: Expressionismus. Internationale Forschung zu einem internationalen Phänomen. Stuttgart 1980.

Delabar, W.: Klassische Moderne. Deutschsprachige Literatur 1918–33. Berlin 2010.

Echte, Bernhard (Hg.): Emmy Ball Hennings: 1885–1948. »Ich bin so vielfach…«. Texte, Bilder, Dokumente. Basel/Frankfurt a. M. 1999.

Engel, M. (Hg.): Rilke-Handbuch. Leben – Werk – Wirkung. Stuttgart/Weimar 2004.

Engel, M./Auerochs, B. (Hg.): Kafka-Handbuch. Leben – Werk – Wirkung. Stuttgart/Weimar 2010.

Fähnders, W.: Avantgarde und Moderne 1890–1933. Lehrbuch Germanistik. Stuttgart/Weimar 1998.

Fähnders, W. (Hg.): Expressionistische Prosa. Ein Studienbuch. Bielefeld 2001.

Flasch, K.: Die geistige Mobilmachung. Die deutschen Intellektuellen und der Erste Weltkrieg. Berlin 2000.

Grimminger, R./Murašov, J./Stückrath, J.: Literarische Moderne. Europäische Literatur im 19. und 20. Jahrhundert. Reinbek bei Hamburg 1995.

Hallensleben, M.: Else Lasker-Schüler. Avantgardismus und Kunstinszenierung. Tübingen/Basel 2000.

Haug, W./Barner, W.: Traditionalismus und Modernismus: Kontroversen um den Avantgardismus. Tübingen 1986.

Hoefert, S.: Das Drama des Naturalismus. Stuttgart ⁴1993.

Jahraus, O./Neuhaus, S. (Hg.): Interpretationsmethoden am Beispiel von Franz Kafkas »Das Urteil«. Stuttgart 2002.

Kaes, A. (Hg.): Kino-Debatte. Texte zum Verhältnis von Literatur und Film, 1909–1929. München 1978.

Kanz, C.: Maternale Moderne. Männliche Gebärphantasien zwischen Kultur und Wissenschaft (1890–1933). München 2009.

Kiesel, H.: Geschichte der literarischen Moderne. Sprache, Ästhetik, Dichtung im 20. Jahrhundert. München 2004.

Koopmann, H.: Deutsche Literaturtheorien zwischen 1880 und 1920. Eine Einführung. Darmstadt 1997.

Kreuzer, H.: Die Boheme. Analyse und Dokumentation der intellektuellen Subkultur vom 19. Jahrhundert bis zur Gegenwart. Stuttgart 2000.

Lorenz, D.: Wiener Moderne. Stuttgart/Weimar ²2007.

Mahal, G.: Naturalismus. München ³1996.

Martens, G.: Vitalismus und Expressionismus. Ein Beitrag zur Genese und Deutung expressionistischer Stilstrukturen und Motive. Stuttgart 1971.

Mix, Y.-G. (Hg.): Naturalismus, Fin-de-siècle, Expressionismus: 1890 bis 1918. Hansers Sozialgeschichte der deutschen Literatur. Bd. 7. München/Wien 2000.

Ottmann, H. (Hg.): Nietzsche-Handbuch. Leben – Werk – Wirkung, Stuttgart 2000.

Raabe, P.: Die Autoren und Bücher des literarischen Expressionismus. Ein bibliographisches Handbuch in Zusammenarbeit mit Ingrid Hannich-Bode. Stuttgart ²1992.

Ruprecht, E./Bänsch, D. (Hg.): Jahrhundertwende. Manifeste und Dokumente zur deutschen Literatur 1890–1910. Stuttgart 1994.

Schmähling, W. unter Mitarbeit von Christa Seibicke (Hg.): Naturalismus. Stuttgart 1980.

Schorske, C. E.: Wien. Geist und Gesellschaft im Fin de Siècle. Frankfurt a. M. 1982.

Sprengel, P.: Geschichte der deutschsprachigen Literatur 1870–1900. München 1998.

Stöckmann, I.: Naturalismus. Lehrbuch Germanistik. Stuttgart/Weimar 2011.

Tebben, K. (Hg.): Deutschsprachige Schriftstellerinnen des Fin de siècle. Darmstadt 1999.

Vietta, S./Kemper, H. G.: Expressionismus. München ⁶2005.

Vietta, S.: (Hg.): Lyrik des Expressionismus. Tübingen ⁴1999.

Worbs, M.: Nervenkunst. Literatur und Psychoanalyse im Wien der Jahrhundertwende. Frankfurt a. M. 1983.

Wunberg, G. (Hg.): Die Wiener Moderne. Literatur, Kunst und Musik zwischen 1890 und 1910. Stuttgart 1981.

Wunberg, G./Dietrich, S.: Die Literarische Moderne. Dokumente zum Selbstverständnis der Literatur um die Jahrhundertwende. Freiburg ²1998.

Literatur in der Weimarer Republik

Barndt, K.: Sentiment und Sachlichkeit. Der Roman der Neuen Frau in der Weimarer Republik. Köln 2003.

Becker, S./Weiss, Ch. (Hg.): Neue Sachlichkeit im Roman. Neue Interpretationen zum Roman der Weimarer Republik. Stuttgart/Weimar 1995.

Berlin. Die Zwanzigerjahre. Kunst und Kultur 1918–1933. Text von R. Metzger. Bildauswahl von C. Brandstätter. München 2006.

Bock, P./Koblitz, K. (Hg.): Neue Frauen zwischen den Zeiten. Berlin 1995.

Fähnders, W.: Proletarisch-revolutionäre Literatur der Weimarer Republik. Stuttgart 1977.

Film und revolutionäre Arbeiterbewegung in Deutschland 1918–1932. 2 Bde. Berlin 1975.

Hoffmann, L./Hoffmann-Ostwald, D.: Deutsches Arbeitertheater 1918–1932. 2 Bde. Berlin ³1977.

Hörburger, C.: Das Hörspiel der Weimarer Republik. Versuch einer kritischen Analyse. Stuttgart 1975.

Jurkat, A.: Apokalypse. Endzeitstimmung in Kunst und Literatur des Expressionismus. Düsseldorf 1993.

Kaes, A. (Hg.): Weimarer Republik. Manifeste und Dokumente zur deutschen Literatur 1918–1933. Stuttgart 1983.

Kittstein, U.: Das lyrische Werk Bertolt Brechts. Stuttgart/Weimar 2012.

Knopf, J. (Hg.): Brecht-Handbuch. Bd. 1 Stücke. Bd. 2 Gedichte. Bd. 3 Prosa, Filme, Drehbücher. Bd. 4 Schriften, Journale, Briefe. Bd. 5 Register, Chronik, Materialien. Stuttgart/Weimar 2001–2003.

Kugli, A./Opitz, M. (Hg.): Brecht Lexikon. Stuttgart/Weimar 2006.

Lethen, H.: Neue Sachlichkeit 1924–1932. Studien zu Literatur des »Weißen« Sozialismus. Stuttgart/Weimar 2000.

Meyer-Büser, S.: Bubikopf und Gretchenzopf. Die Frau der Zwanziger Jahre. Hamburg 1995.

Petersen, K.: Literatur und Justiz in der Weimarer Republik. Stuttgart 1988.

Petersen, K.: Zensur in der Weimarer Republik. Stuttgart/Weimar 1995.

Rothe, W. (Hg.): Die deutsche Literatur in der Weimarer Republik. Stuttgart 1974.

Stürzer, A.: Dramatikerinnen und Zeitstücke. Ein vergessenes Kapitel der Theatergeschichte von der Weimarer Republik bis zur Nachkriegszeit. Stuttgart/Weimar 1993.

Vogt, J. u. a.: Einführung in die deutsche Literatur des 20. Jahrhunderts: Bd. 2: Weimarer Republik, Faschismus und Exil. Opladen 1977.

Weimarer Republik. Ausstellungskatalog. Herausgegeben vom Kunstamt Kreuzberg, Berlin, und dem Institut für Theaterwissenschaft der Universität Köln. Berlin/Hamburg 1977.

Literatur im Dritten Reich

Albert, C.: Deutsche Klassiker im Nationalsozialismus. Schiller, Kleist, Hölderlin. Stuttgart 1994.

Brenner, H.: Die Kunstpolitik des Nationalsozialismus. Reinbek 1963.

»Das war ein Vorspiel nur …«, Bücherverbrennung Deutschland 1933; Voraussetzungen und Folgen. Ausstellungskatalog der Akademie der Künste. Berlin/Wien 1983.

Delabar, Walter u. a. (Hg.): Banalität mit Stil. Zur Widersprüchlichkeit der Literaturproduktion im Nationalsozialismus. Bern 1999 (Beiheft 1 der Neuen Folge der Zeitschrift für Germanistik).

Denkler, H./Prümm, K. (Hg.): Die deutsche Literatur im Dritten Reich. Themen, Traditionen, Wirkungen. Stuttgart 1976.

Frietsch, E.: »Kulturproblem Frau«. Weiblichkeitsbilder in der Kunst des Nationalsozialismus. Köln 2006.

Giftig, H.: Illegale antifaschistische Tarnschriften 1933–1945. Leipzig 1972.

Gravenhorst, L./Tatschmurat, C. (Hg.): Töchter-Fragen. NS – Frauen – Geschichte. Freiburg ²1995.

Ketelsen, U. K.: Völkisch-nationale und nationalsozialistische Literatur in Deutschland 1890 bis 1945. Stuttgart 1976.

Klausnitzer, R.: Blaue Blume unterm Hakenkreuz. Die Rezeption der deutschen literarischen Romantik im Dritten Reich. Paderborn u. a. 1999.

Köppen, M./Schütz, E. (Hg.): Kunst der Propaganda. Der Film im Dritten Reich. Bern 2007.

Loewy, E.: Literatur unterm Hakenkreuz. Das Dritte Reich und seine Dichtung. Eine Dokumentation. Frankfurt a. M. 1966.

Rother, R.: Leni Riefenstahl. Die Verführung des Talents. Berlin 2000.

Schnell, R.: Literarische Innere Emigration 1933 bis 1945. Stuttgart 1976.

Schnell, R. (Hg.): Kunst und Kultur im deutschen Faschismus. Stuttgart 1978.

Schütz, E./Streim, G. (Hg.): Reflexe und Reflexionen von Modernisierung 1933–1945. Bern 2002.

Stollmann, R.: Ästhetisierung der Politik. Literaturstudien zum Subjektiven Faschismus. Stuttgart 1978.

Wulf, J.: Literatur und Dichtung im Dritten Reich. Gütersloh 1963.

Wulf, J.: Presse und Funk im Dritten Reich. Gütersloh 1964.

Zeller, B. (Hg.): Klassiker in finsteren Zeiten 1933–1945. Marbacher Kataloge. 2 Bde. Marbach/N. 1983.

Die deutsche Literatur des Exils

Arnold, H. L. (Hg.): Deutsche Literatur im Exil 1933–1945. 2 Bde. Frankfurt a. M. 1974/75.

Barron, S.: Exil. Flucht und Emigration europäischer Künstler 1933–1945. München/New York 1997.

Betz, A.: Exil und Engagement. Deutsche Literatur im Frankreich der Dreißiger Jahre. München 1986.

Dahlke, H.: Geschichtsroman und Literaturkritik im Exil. Berlin/Weimar 1976.

Durzak, M. (Hg.): Die deutsche Exilliteratur 1933 bis 1945. Stuttgart 1973.

Hassler, M./Wertheimer, J. (Hg.): Der Exodus aus Nazideutschland und die Folgen. Jüdische Wissenschaftler im Exil. Berlin 1997.

Heeg, G.: Die Wendung zur Geschichte: Konstitutionsprobleme antifaschistischer Literatur im Exil. Stuttgart 1977.

Huss-Michel, A.: Literarische und politische Zeitschriften des Exils 1933–1945. Stuttgart 1987.

Kreis, G.: Frauen im Exil. Dichtung und Wirklichkeit. Düsseldorf 1984.

Kunst und Literatur im antifaschistischen Exil 1933–1945. 7 Bde. Leipzig 1981 ff.

Loewy, E. (Hg.): Exil. Literarische und politische Texte aus dem deutschen Exil 1933–1945. Stuttgart 1979.

Rohl, S.: Exil als Praxis – Heimatlosigkeit als Perspektive. Lektüre ausgewählter Exilromane von Frauen. München 2002.

Schmitt, H.-J. (Hg.): Die Expressionismusdebatte. Materialien zu einer marxistischen Realismuskonzeption. Frankfurt a. M. ⁵1987

Schmitt, H.-J./Schramm, G. (Hg.): Sozialistische Realismuskonzeptionen. Dokumente zum 1. Allunionskongreß der Sowjetschriftsteller. Frankfurt a. M. 1974.

Schoppmann, C. (Hg.): Im Fluchtgepäck die Sprache. Deutschsprachige Schriftstellerinnen im Exil. Berlin 1991.

Stephan, A.: Exil. Literatur und die Künste nach 1933. Bonn 1990.

Walter, H.A.: Deutsche Exilliteratur 1933–1950. 7 Bde. Stuttgart 1978 ff.

Winckler, L. (Hg.): Antifaschistische Literatur. 2 Bde. Kronberg/Ts. 1977.

Winkler, M. (Hg.): Deutsche Literatur im Exil 1933 bis 1945. Texte und Dokumente. Stuttgart 1997.

Deutschsprachige Literatur ab 1945

Arnold, H.L. (Hg.): Kritisches Lexikon zur deutschsprachigen Gegenwartsliteratur. München 1978 ff. (mit Nachlieferungen).

Arnold, H.L. (Hg.): Die deutsche Literatur 1945–1960. 4 Bde. München 1995.

Arnold, H.L. (Hg.): Ansichten und Auskünfte zur deutschen Literatur nach 1945. München 1995 (= Sonderband Text + Kritik).

Assmann, A./Frevert, U.: Geschichtsvergessenheit – Geschichtsversessenheit: Vom Umgang mit deutschen Vergangenheiten nach 1945. Stuttgart 1999.

Barner, W. (Hg.): Geschichte der deutschen Literatur von 1945 bis zur Gegenwart. München ²2006.

Bohn, V. (Hg.): Deutsche Literatur seit 1945. Ein Almanach. Frankfurt a.M. 1993.

Böttiger, H.: Gruppe 47. Als Literatur Geschichte schrieb. München 2012.

Brauneck, M. (Hg.): Autorenlexikon deutschsprachiger Literatur des 20. Jahrhunderts. Neuausgabe. Reinbek bei Hamburg 1995.

Chiellino, C. (Hg.): Interkulturelle Literatur in Deutschland. Ein Handbuch. Stuttgart/Weimar 2000.

Endres, E.: Autorenlexikon der deutschen Gegenwartsliteratur 1945–1975. Frankfurt a.M. 1975.

Glaser, H.A. (Hg.): Deutsche Literatur zwischen 1945 und 1995. Eine Sozialgeschichte. Bern u.a. 1997.

Handbuch zur deutsch-deutschen Wirklichkeit. Bundesrepublik Deutschland. Deutsche Demokratische Republik im Vergleich. Hg. v. W.R. Langenbucher u.a. Stuttgart 1988.

Korte, H.: Geschichte der deutschen Lyrik seit 1945. Stuttgart ²2004.

Rischbieter, H. (Hg.): Durch den Eisernen Vorhang. Theater im geteilten Deutschland 1945–1990. Berlin 1999.

Schmitt, W.G.: Zwischen Antimoderne und Postmoderne. Das deutsche Drama und Theater der Nachkriegszeit im internationalen Kontext. Stuttgart/Weimar 2009.

Schnell, R. (Hg.): Metzler Lexikon Kultur der Gegenwart. Themen und Theorien, Formen und Institutionen seit 1945. Stuttgart/Weimar 2000.

Schnell, R.: Geschichte der deutschsprachigen Literatur seit 1945. Stuttgart/Weimar ²2003.

Steinecke, H. (Hg.): Deutsche Dichter des 20. Jahrhunderts. Berlin u.a. 1994.

Zimmermann, H.D.: Literaturbetrieb Ost/West. Die Spaltung der deutschen Literatur von 1948–1998. Stuttgart 2000.

Die Literatur der DDR

Agde, G. (Hg.): Kahlschlag. Das 11. Plenum des ZK der SED 1965. Studien und Dokumente. E. Ausgabe. Berlin ²2000.

Arnold, H.L./Meyer-Gosau, F. (Hg.): Literatur in der DDR. Rückblicke. München 1991 (= Sonderband Text + Kritik).

Berendse, G.-J.: Die »Sächsische Dichterschule«. Lyrik in der DDR der sechziger und siebziger Jahre. Frankfurt a.M. u.a. 1990.

Böthig, P./Michael, K. (Hg.): MachtSpiele. Literatur und Staatssicherheit im Fokus Prenzlauer Berg. Leipzig 1993.

Böthig, P.: Grammatik einer Landschaft. Literatur aus der DDR in den achtziger Jahren. Berlin 1997.

Brettschneider, W.: Zwischen literarischer Autonomie und Staatsdienst. Die Literatur der DDR. Berlin (West) ³1980.

Brüns, E.: Nach dem Mauerfall. Eine Literaturgeschichte der Entgrenzung. München 2006.

Dahlke, B. u.a. (Hg.): LiteraturGesellschaft DDR. Kanonkämpfe und ihre Geschichte(n). Stuttgart/ Weimar 2000.

Die DDR-Bibliothek. Ausgewählte Texte mit Kommentar in Einzelausgaben. Ca. 40 Bde. Leipzig 1995 ff.

Dokumente zur Kunst-, Literatur- und Kulturpolitik der SED, Bd. 1: 1949–70. Hg. v. E. Schubbe. Stuttgart 1972. Bd. 2.: 1971–74. Hg. v. G. Rüß. Stuttgart 1976. Bd. 3: 1975–80. Hg. v. P. Lübbe. Stuttgart 1984.

Emmerich, W.: Die andere deutsche Literatur. Aufsätze zur Literatur aus der DDR. Opladen 1994.

Emmerich, W.: Kleine Literaturgeschichte der DDR. Leipzig ²1997 (= Aufbau-Taschenbuch ²2005).

Forschungsstelle Osteuropa Bremen (Hg.): Eigenart und Eigensinn. Alternative Kulturszenen in der DDR 1980–1990. Bremen 1993.

Franke, K.: Die Literatur der DDR. München 1971 (= Kindlers Literaturgeschichte der Gegenwart, Bd. 2). Frankfurt a.M. ³1980.

Gansel, C. (Hg.): Gedächtnis und Literatur in den ›geschlossenen Gesellschaften‹ des Real-Sozialismus zwischen 1945 und 1989. Göttingen 2007.

Greiner, B.: Literatur der DDR in neuer Sicht. Studien und Interpretationen. Frankfurt a.M. u.a. 1986.

Hell, J.: Post-fascist Fantasies. Psychoanalysis, History, and the Literature of East Germany. Durham/NC (USA) / London 1997.

Hohendahl, P.U./Herminghouse, P. (Hg.): Literatur und Literaturtheorie in der DDR. Frankfurt a.M. ²1981.

Hohendahl, P.U./Herminghouse, P. (Hg.): Literatur der DDR in den siebziger Jahren. Frankfurt a.M. 1983.

In Sachen Biermann. Protokolle, Berichte und Briefe zu den Folgen einer Ausbürgerung. Hg. von R. Berbig u.a. Berlin 1994.

Jäger, A.: Schriftsteller aus der DDR. Ausbürgerungen und Übersiedlungen von 1961 bis 1989. Autorenlexikon. Frankfurt a.M. u.a. 1995.

Jäger, M.: Kultur und Politik in der DDR 1945–1990. Köln 1994.

Kleßmann, C./Wagner, G. (Hg.): Das gespaltene Land. Leben in Deutschland 1945 bis 1990. Texte und Dokumente zur Sozialgeschichte. München 1993.

Lehmann, H.-Th./Primavesi, P. (Hg.): Heiner-Müller-Handbuch. Leben, Werk, Wirkung. Stuttgart/Weimar 2003.

Opitz, M./Hofmann, M. (Hg.) Metzler Lexikon DDR-Literatur. Autoren – Institutionen – Debatten. Stuttgart/Weimar 2009.

Profitlich, U. (Hg.): Dramatik der DDR. Frankfurt a. M. 1987.

Protokoll eines Tribunals. Die Ausschlüsse aus dem DDR-Schriftstellerverband 1979. Hg. v. J. Walther u. a. Reinbek 1991.

Schivelbusch, W.: Sozialistisches Drama nach Brecht. Drei Modelle: Peter Hacks – Heiner Müller – Hartmut Lange. Darmstadt/Neuwied 1974.

Schlenker, W.: Das »Kulturelle Erbe« in der DDR. Gesellschaftliche Entwicklung und Kulturpolitik 1945–1965. Stuttgart 1977.

Schmitt, H.-J. (Hg.): Die Literatur der DDR. Hansers Sozialgeschichte der deutschen Literatur. Bd. 11. München/Wien 1983.

Staritz, D.: Geschichte der DDR. Erweiterte Neuausgabe. Frankfurt a. M. 2000.

Walther, J.: Sicherungsbereich Literatur. Schriftsteller und Staatssicherheit in der Deutschen Demokratischen Republik. Berlin 1999.

Wichner, E./Wiesner, H.: »Literaturentwicklungsprozesse«. Die Zensur der Literatur in der DDR. Frankfurt a. M. 1993.

Wölfel, U. (Hg.): Literarisches Feld DDR. Bedingungen und Formen literarischer Produktion in der DDR. Würzburg 2005.

Zimmermann, P.: Industrieliteratur der DDR. Vom Helden der Arbeit zum Planer und Leiter. Stuttgart 1984.

Die Literatur der Bundesrepublik 1949–1989

Arnold, H.L. (Hg.): Literaturbetrieb in Deutschland. München [2]1981.

Batt, K.: Revolte intern. Betrachtungen zur Literatur in der Bundesrepublik Deutschland. München 1975.

Born, N./Manthey, J. (Hg.): Literaturmagazin 7. Nachkriegsliteratur. Reinbek bei Hamburg 1976.

Buch, H.C. (Hg.): Literaturmagazin 4. Literatur nach dem Tod der Literatur. Reinbek bei Hamburg 1975.

Chiellino, G.: Literatur in der Fremde. Zur Literatur italienischer Autoren in der Bundesrepublik. Berlin 1989.

Durzak, M. (Hg.): Deutsche Gegenwartsliteratur. Ausgangspositionen und aktuelle Entwicklungen. Stuttgart 1981.

Engelmann, B. (Hg.): VS vertraulich. 3 Bde. München 1977–1979.

Fohrbeck, K./Wiesand, A.J.: Der Autorenreport. Reinbek 1972.

Fischer, L. (Hg.): Literatur in der Bundesrepublik Deutschland bis 1967. Hansers Sozialgeschichte der deutschen Literatur. Bd. 10. München/Wien 1986.

Glaser, H. (Hg.): Bundesrepublikanisches Lesebuch. Drei Jahrzehnte geistiger Auseinandersetzung. München/Wien 1978.

Hamm, P. (Hg.): Kritik – von wem, für wen, wie. Eine Selbstdarstellung der Kritik. München [3]1970.

Imayr, W.: Politisches Theater in Westdeutschland. Meisenheim 1977.

King, J. K.: Literarische Zeitschriften 1945 bis 1970. Stuttgart 1974.

Kröll, F.: Die Gruppe 47. Soziale Lage und gesellschaftliches Bewußtsein literarischer Intelligenz in der Bundesrepublik. Stuttgart 1977.

Lattmann, D. (Hg.): Die Literatur der Bundesrepublik. Autoren, Werke, Themen, Tendenzen, seit 1945. Frankfurt a. M. 1986.

Lüdke, W.M. (Hg.): Nach dem Protest. Literatur im Umbruch. Frankfurt a. M. 1979.

Lützeler, P.M./Schwarz, E. (Hg.): Deutsche Literatur seit 1965. Untersuchungen und Berichte. Königstein/Ts. 1980.

May, M./Goßens, P./Lehmann, J. (Hg.): Celan-Handbuch. Leben – Werk – Wirkung. Stuttgart/Weimar [2]2012.

Rutschky, M.: Erfahrungshunger. Ein Essay über die siebziger Jahre. Köln 1980.

Schmidt, W.G.: Zwischen Antimoderne und Postmoderne. Das deutsche Drama und Theater der Nachkriegszeit im internationalen Kontext. Stuttgart/Weimar 2009.

Schnell, R.: Geschichte der deutschsprachigen Literatur seit 1945. Stuttgart/Weimar [2]2003.

Schuhmann, K.: Weltbild und Poetik. Zur Wirklichkeitsdarstellung in der Lyrik der BRD bis zur Mitte der siebziger Jahre. Berlin/Weimar 1979.

Schwenger, H.: Literaturproduktion. Zwischen Selbstverwirklichung und Vergesellschaftung. Stuttgart 1979.

Vaterland, Muttersprache. Deutsche Schriftsteller und ihr Staat von 1945 bis heute. Berlin 2004.

Wehdeking, V.C.: Der Nullpunkt. Über die Konstituierung der deutschen Nachkriegsliteratur (1945–1948) in den amerikanischen Kriegsgefangenenlagern. Stuttgart 1971.

Wehdeking, V./Blamberger, G. (Hg.): Erzählliteratur der frühen Nachkriegszeit: (1945–1952). München 1990.

Würffel, S.B.: Das deutsche Hörspiel. Stuttgart 1978.

Zürcher, G.: Trümmerlyrik. Politische Lyrik 1945 bis 1950. Kronberg/Ts. 1977.

Tendenzen in der deutschsprachigen Gegenwartsliteratur seit 1989

Ackermann, I./Weinrich, H. (Hg.): Eine nicht nur deutsche Literatur. Zur Standortbestimmung der »Ausländerliteratur«. München/Zürich 1986.

Anz, Th. (Hg.), »Es geht nicht um Christa Wolf«. Der Literaturstreit im vereinten Deutschland. München 1991.

Anz, Th./Baasner, R. (Hg.): Literaturkritik. Geschichte – Theorie – Praxis. München 2004.

Arnold, H. L./Beilein, M. (Hg.): Literaturbetrieb in Deutschland. 3. Aufl. Neufassung. München 2009.

Baßler, Moritz: Der neue Pop-Roman. Die neuen Archivisten. München 2002.

BELLA triste. Zeitschrift für junge Literatur. Sonderausgabe zur deutschsprachigen Gegenwartslyrik. Gedichte. Szenen. Meinungen. Heft Nr. 17. Hildesheim 2007.

Berbig, R./Dahlke, B. u. a. (Hg.): Zersammelt. Die inoffizielle Literaturszene der DDR nach 1990. Berlin 2001.

Chiellino, C.: Interkulturelle Literatur in Deutschland. Ein Handbuch. Stuttgart/Weimar 2000.

Costagli, S./Galli, M. Deutsche Familienromane: Literarische Genealogien und internationaler Kontext. München 2010.

Döring, C. (Hg.): Deutschsprachige Gegenwartsliteratur wider ihre Verächter. Frankfurt a. M. 1995.

Elm, Th. (Hg.): Lyrik der neunziger Jahre. Stuttgart 2000.

Erb, A. (Hg.): Baustelle Gegenwartsliteratur. Die neunziger Jahre. Opladen/Wiesbaden 1998.

Ernst, T.: Popliteratur. Hamburg 2001.

Fischer, E. (Hg.): Literarische Agenturen – die heimlichen Herrscher im Literaturbetrieb? Wiesbaden 2001.

Fischer, G./Roberts, D. (Hg.): Schreiben nach der Wende. Ein Jahrzehnt deutscher Literatur 1989–1999. Tübingen 2007.

Fischer-Lichte, E./Kolesch, D. u. a. (Hg.): Transformationen. Theater der neunziger Jahre. Berlin 1999.

Grimm, G. E./Schärf, C. (Hg.): Schriftsteller-Inszenierungen. Bielefeld 2008.

Grub, F. Th.: ›Wende‹ und ›Einheit‹ im Spiegel der deutschen Literatur. Ein Handbuch. Berlin/New York 2003.

Hage, V.: Zeugen der Zerstörung. Die Literaten und der Luftkrieg. Essays und Gespräche. Frankfurt a. M. 2003.

Harder, M. (Hg.): Bestandsaufnahmen. Deutschsprachige Literatur der neunziger Jahre aus interkultureller Sicht. Würzburg 2001.

Hartling, F.: Der digitale Autor. Autorschaft im Zeitalter des Internets. Bielefeld 2009.

Hellström, M./Platen, E. (Hg.): Armut. Zur Darstellung von Zeitgeschichte in deutschsprachiger Gegenwartsliteratur (VII). München 2012.

Janke, P. (Hg.): Jelinek-Handbuch. Stuttgart/Weimar 2013.

Kraft, Th. (Hg.): aufgerissen. Zur Literatur der 90er. München 2000.

Lorenz, M. N.: »Auschwitz drängt uns auf einen Fleck«. Judendarstellung und Auschwitzdiskurs bei Martin Walser. Stuttgart/Weimar 2005.

Ludwig, J./Meuser, M. (Hg.): Literatur ohne Land? Schreibstrategie einer DDR-Literatur im vereinten Deutschland. Freiburg 2009.

Lützeler, P. M./Kapczynski, J. M. (Hg.): Die Ethik der Literatur. Deutsche Autoren der Gegenwart. Göttingen 2011.

Neuhaus, S.: Literaturvermittlung. Wien 2009.

Plachta. B.: Literaturbetrieb. Paderborn 2008.

Schiffrin, A.: Verlage ohne Verleger. Über die Zukunft der Bücher. Berlin 2000.

Wehdeking, V.: Die deutsche Einheit und die Schriftsteller. Literarische Verarbeitung der Wende seit 1989. Stuttgart/Berlin/Köln 1995.

Wehdeking, V. (Hg.): Mentalitätswandel in der deutschen Literatur zur Einheit (1990–2000). Berlin 2000.

Personen- und Werkregister

Bildquellen

A. Paul Weber Museum, Ratzeburg
(© VG Bild-Kunst, Bonn 2001) 483
akg–images 216, Umschlagabbildung
(Vorderseite)
Aufbau–Verlagsgruppe 678
Berliner Ensemble, Berlin (Foto: Percy
Paukschta, Berlin) 481
Bibliothèque Nationale de France, Paris
18
Bildarchiv Preußischer Kulturbesitz,
Berlin (Foto: Hermann Buresch) 15,
17, 60, 64, 72, 76, (Foto: Jörg P.
Anders) 84, 130, 205, (Foto: Dietmar
Katz), 210, 229, 246, 266, 325, (Foto:
Erich Salomon) 396, 436, (© VG
Bild-Kunst, Bonn 2001) 557, 668
Theodor Brüggemann, Köln 180
Deutsche Bibliothek, Deutsches Exil-
archiv 1933–1945, Frankfurt/M. 380,
(Foto: Curt Ponger) 472, (© Peter
Stein, South Salem) 475
Deutsches Literaturarchiv Marbach/N.
225, 296, 298, 315, 320, 342, 348, 352,
368, 369, 371, 373, 376, (Foto: Lotte
Jacobi) 380, 385, 386, 416, 420, 435,
471, 490, 502, 503, 632
Filmmuseum Berlin – Deutsche
Kinemathek 382, 687, 688
G.A.F.F.-Bildagentur, Berlin (Foto: Andrée
Kaiser) 676
Claus Gretter, Frankfurt/M. 696, 700,
709
Hamburger Theatersammlung/Archiv
Rosemarie Clausen 576
Heinrich-Heine-Institut, Düsseldorf 257,
(Foto: Walter Klein, Düsseldorf) 260
Elisabeth Henrichs, Frankfurt/M. 636

Herzog August Bibliothek, Wolfenbüttel
110, 118, 121, 141, 144, 149
Hinstorff-Verlag, Rostock 565
Historisches Museum der Pfalz, Speyer
187
Historisches Museum der Stadt Wien 362
Matthias Horn, Berlin 550
Interfoto Pressebild, München 397, 541
Internationales Trakl-Forum, Salzburg 374
Keystone Pressedienst, Hamburg 450,
543, 550, 651
Kunsthaus Zürich, Dada-Archiv 387
Renate von Mangoldt, Berlin 496, 500,
534, 544, 547, 549, 569, 574, 581, 600,
601, 612, 619, 655, 686, 691
Roger Melis, Berlin 501, 537, 546, 560,
571
Mitteldeutscher Verlag, Halle 554
Museum für Geschichte der Stadt Leipzig
248
Nationale Forschungs- und
Gedenkstätten, Weimar 178
Ordu Oğuz 701
Isolde Ohlbaum, München 521, 540, 542,
544 o., 545, 565 o., 599, 605, 614, 616,
619, 620, 625, 626, 634, 643, 644, 648,
649, 660, 662, 664 m. und u., 666,
685, 699, 715, 718, 725, 745, Umschlagabbildung (Rückseite: 1. v. r.)
Helga Paris, Berlin 582
Peter Peitsch, Hamburg 706, 727, 735
Friedrich Pfäfflin, Marbach/N. 432
picture-alliance/akg images/Erich Lessing
756
picture-alliance/dpa 442, 502, 523, 533,
538, 589, 594, 615, 629, 670, 671, 692,
719, 729

picture-alliance/IMAGNO/Franz
Hubmann 704
picture-alliance/ ZB 709, 717, 751
Klaus Podak, Gütersloh 624
Reclam-Bildarchiv, Ditzingen 127, 128,
129
Rotbuch Verlag, Hamburg 642
Rowohlt Verlag, Reinbek 627, 628, 721
S. Fischer Verlag, Frankfurt/M. 569,
731
Spiegel-Verlag, Hamburg 729
Staats- und Universitätsbibliothek
Göttingen 138, 139
Staatsgalerie moderner Kunst, München
370
Städtisches Kunstinstitut, Frankfurt/M.
183
Süddeutscher Verlag München,
Bilderdienst 559, (Foto: Hilde
Zemann) 743
Suhrkamp Verlag, Frankfurt/M. 429,
735
The Robert Gore Rifkin Collection,
Berverly Hills, California 447
Theodor-Storm-Gesellschaft, Husum
301
Bernd Uhlig, Berlin 744
ullstein bild 363, 462, 513, 527, (Foto:
Alex Stöcker) 407, 602, 687, 708, 712,
719 o., 741, Umschlagabbildung
(Rückseite: 2. v. r.)
Universitätsbibliothek Tübingen 140
Verlags AG Die Arche, Zürich 388
VG Bild-Kunst, Bonn 2001 384, 392, 416,
423, 427, 529, 556
Klaus Völker, Bremen 604
Günter Zint, Hamburg 631

„Literatur hebt den Augenblick auf, dazu gibt es sie"

Max Frisch